# 2012

SHANGHAI INFORMATIZATION

# 上海信息化年鉴

《上海信息化年鉴》编纂委员会

上海文化出版社

光网
我相信
智慧的生
22:30
电影真
赶紧织

中国电信
CHINA TELECOM

MONET 城市光网

2011年，中国电信股份有限公司上海分公司（以下简称“上海公司”）牢牢把握上海“智慧城市”建设机遇，深入都市型市场发展规律，有效实施光网领先工程，大力推进3G跨越工程，为“十二五”发展奠定了坚实基础。上海公司连续第三次获得“全国模范劳动关系和谐企业”，连续第四年被“中国质量万里行”评价为优，公司本部荣获全国文明单位三连冠。

上海公司拥有中国电信集团内最大的本地网。为2000万用户提供全方位的综合信息服务，承担了全国50%以上的国际电话汇接；上海已成为国内拥有固定电话、宽带和IPTV用户数量最多、内地国际通信出口流量最大的城市。

2011年，上海公司与全市所有区县政府签署信息化战略合作协议，进一步巩固了社会信息化领域的主力军地位.深度参与上海“智慧城市”建设,在“平安城市”、“智慧城镇”、“数字园区”、“电子政务”等领域不断取得突破，全年实施了150余个社会信息化项目。

加快实施光网领先工程，至年底，FTTH覆盖用户450万户，光网渗透率超过25%，上海继“宽带第一城”、“IPTV第一城”之后，再创“光网第一城”，领全国之先，引业界潮流，得到工信部、上海市政府、集团公司及社会各界的高度评价。

打造一流客户感知，服务质量保持领先。取得工信部百万用户申诉率同城同业最低、上海市通信管理局申诉量同城最低的佳绩。第三次蝉联由中国质量协会、全国用户委员会颁发的“全国实施用户满意工程先进单位和用户满意企业”以及由中国通信企业协会颁发的”全国通信行业用户满意企业”荣誉称号；连续第二届获得营业厅国家级服务业现场管理五星级荣誉。

# 联芯科技有限公司

## 企业简介

联芯科技有限公司（以下简称“联芯科技”）2008年3月成立于上海，是一家在全球拥有1 000余名员工的芯片设计企业。作为大唐电信科技产业集团（以下简称“大唐集团”）的核心企业之一，公司秉承大唐集团在TD-SCDMA领域核心技术成果及产业优势，致力于向终端厂商提供满足3G和B3G/4G用户需求的终端芯片及整体解决方案，同时为最终用户、行业用户及运营商提供模块和专业测试终端以及3G应用平台产品。

联芯科技从TD-SCDMA标准产生之日起，坚持走自主创新之路，拥有TD-SCDMA国际技术标准的核心知识产权，并先后创造了多个TD领域的世界第一。目前，联芯科技的TD-SCDMA芯片及整体解决方案已涵盖特性手机、智能手机和融合终端产品，为全球40余家终端制造商提供成熟稳定、全面细分的终端解决方案。

联芯科技以“成为全球领先的移动互联网芯片和解决方案提供商”为发展愿景；以“联接信息世界 用心丰富生活”为企业发展使命；以“创新价值成就客户，诚信正直注重结果”为核心价值观。未来联芯科技在保持TD-SCDMA技术领域优势的同时，还将在4G TD-LTE 技术领域持续领先，并向物联网、三网融合终端等业务领域发展，建设芯片设计产业中国自主品牌的“国家队”。

## 2012年里程碑

1月，联芯科技成为首家入围工信部MTNet2x2+2测试和中国移动规模技术试验第二阶段双模技术验证的芯片厂商。

2月，联芯科技数据卡方案LC5760亮相全球移动通信展览“2012年世界移动通信大会”。

5月 发布INNOPOWER系列芯片：LC1761、LC1761L、LC1810、LC1712、LC1713。

5月，联芯科技成为顺利完成工信部和中国移动组织的TD-LTE规模试验第二阶段测试的首批厂商之一。

## 联芯科技召开2012客户大会 四款新品齐发

5月10日，2012年 TD-SCDMA/LTE 芯片及终端产业高峰论坛（上海）暨第四届联芯科技客户大会于东郊宾馆召开，现场发布 INNOPOWER 原动力系列芯片的最新产品，为 TD 芯片市场注入新动力。与往届大会略有不同，除一贯延续“创新价值 成就客户”的核心精神之外，“跨越”一词跃然出现于联芯科技2012年大会主旨之中。

联芯科技芯片发布仪式一

联芯科技芯片发布仪式二

## 2012，跨越之年

2008年3月，联芯科技从大唐移动独立出来 ，开始“创业”之路。2010年，联芯科技发布INNOPOWER原动力系列芯片，实现无芯到有芯的转变；2011年，INNOPOWER系列芯片出货突破1 000万片。2011年国际通信展现场，联芯科技总裁孙玉望先生表示：“我们在芯片行业站稳了脚根。”如果说2011年是联芯科技的立足之年，那2012年，联芯科技则全面展开“跨越”之路。

从总体上来说，联芯科技三年大发展，在产品创新、市场规化、交付能力、管理提升、资本能力五大方面着力提升，为跨越式发展做好准备。具体来看，其核心是产品创新。

## 产品全面跨越

2012年客户大会现场，联芯科技带来四款INNOPOWER原动力芯片及解决方案新品，分别面对多模LTE市场、多媒体智能终端市场、低端功能手机市场和Modem市场。

首先要提到的是双核A9智能终端芯片LC1810。芯片采用双核CortexA9，主频达1.2GHz，多媒体方面具备2 000万ISP照相能力，集成双核Mali400 3D处理单元。LC1810的众多指标不仅全面满足运营商的标准要求，更刷新了目前市场主流TD多媒体智能机配置。LC1810的出现，有望使人们花千元左右就能享受到三四千元的智能机体验。

第二款是有标志意义的LTE多模芯片LC1761系列，具体分为两款，一款是可支持4G、3G、2G的LC1761，该款芯片是率先支持祖冲之算法的LTE多模芯片，率先满足LTE预商用背景下工信部、中国移动对于多模终端芯片的需求。另外一款是纯4G版本，即支持TD-LTE和LTE FDD的双模基带芯片LC1761L，不但可以满足纯LTE数据终端市场需求，也可与其他各种制式灵活适配，满足多样化的市场需求。

2012年是智能手机的爆发之年，联芯科技同样看好功能手机市场，推出双芯片低成本功能手机平台LC1712。LC1712将DBB、PMU、Codec集成在一片芯片上，采用两芯片架构，大幅提高了芯片集成度，直接为G3超低端、入门型、CMMB及低端双卡双待等各类FP手机市场提供Turnkey交付方案。

最后一款新品LC1713是业界最小的TD Modem芯片，能提供智能终端及数据类产品Modem解决方案。搭配目前主流的AP厂商，能推出高性能的旗舰智能终端解决方案，也同样可用于制造数据卡、MiFi和无线网关等产品。

联芯科技此次发布的产品在套片完备性和集成度上均有大幅提升，其智能机芯片，更是从入门级直接晋升到主流级。

# 《2012 上海信息化年鉴》编纂委员会

主　　任：艾宝俊

副 主 任：肖贵玉　王　坚　戴海波

委　　员：尚玉英　陈跃华　刘　健　傅新华　邵志清

周敏浩　戎之勤　马　静　张华芳　沈庭忠

史文军　徐惠明　林　晶

主　　编：王　坚　戴海波

责任主编：邱士龙　陆栋生　卢力英

部类主编：（按姓氏笔画为序）

朱宗尧　汪　羽　张建明　张晓莺　陈　潜

周正曙　姚丽旋　胡爱军　高静华

## 《2012 上海信息化年鉴》编辑部

主　　任：邱士龙

执行主编：胡炎生

助理编辑：庄晓璐　李丹文

承办单位：《上海信息化》杂志社

2011 年 9 月 7 日，上海市委、市政府召开推进智慧城市建设动员大会。中共中央政治局委员、上海市委书记俞正声，市委副书记、市长韩正出席会议。

2011 年 11 月 2 日，上海市政府举行“物联网助力智慧城市建设——2011 年物联网产业发展(上海)论坛”。本次论坛以“物联网助力智慧城市建设”为主题，总结上海物联网发展成果，对接智慧城市建设需求，探索物联网技术和模式创新的路径和方法。

2011年3月15日，由上海市经济和信息化委员会和浦东新区人民政府共同主办的国内信息化领域最大的博览会——2011上海国际信息化博览会在上海新国际博览中心开幕。

2011年11月1—5日，2011中国国际工业博览会在上海新国际博览中心举行。图为工博会上展示上海智慧城市布局。

2011 年 5 月 15 日，由科技部举办的科技活动周暨上海科技节在世博会中国国家馆拉开帷幕，上图为导航学术年会会场，下图为上海卫星导航定位产业技术创新战略联盟展台。

2011年12月29日，上海团市委第十届“上海IT青年十大新锐”颁奖典礼在团市委机关举行，副市长艾宝俊出席并颁奖。

2011年12月15日，上海团市委2011上海IT青年创新峰会在上海国际会议中心举行。

2011 年 9 月 7 日，工业和信息化部电信研究院华东分院（上海华东电信研究院）揭牌仪式在上海黄浦区科技京城举行。该院同时被列为上海通信技术中小企业公共服务平台，一期将建成一个国家级信息通信产品检测实验室和信息通信技术研究机构。

2011 年的世界电信日主题是“信息通信技术，让农村生活更美好”。左图为崇明电信员工为农民企业内员工讲解网上知识，右图为崇明电信员工为果农调试全球眼监控系统。

2011 年 7 月 12 日，2011 世游赛在上海举行。上海电信以“视频全高清、WiFi 全覆盖、800M 全天候、CIS 全建设”的超世博通信保障，确保了世游赛的万无一失。

中国电信于 2011 年 9 月正式对外发布天翼云计算战略、品牌及解决方案，计划 2012 年正式推出云主机、云存储等系列天翼云计算产品。图为中国电信的 NOC 监控大屏幕。

中国移动上海公司率先提出“无线城市”建设领先战略以助力上海“智慧城市”建设。图为用户们正在使用 WLAN 高速上网。

2011年12月12日，由中国银联主办的“上海地区菜场受理金融IC卡便民支付开通仪式”在徐汇区广元路菜场举行，图为中国人民银行上海分行标准化菜场受理金融IC卡小额支付系统的应用。

2011年11月23日，由上海市经济和信息化委员会牵头推进，各公用事业单位、付费通共同参与建设的上海电全国首家电子账单公共服务平台(www.ezhangdan.com)开通试运行。

2011 年 11 月 18 日，上海师范大学与美国加州大学北岭分校签署信息技术人员交流协议，协议的签署为促进学校信息化工作在国际化层面的交流搭建了良好的平台。

上海远程教育集团承建的上海教育资源库。

上海图书馆的图书自助式服务系统，可以实现 24 小时自助借书。

上海市无线电爱好者在野外架台进行业余无线电应急通信通联。

# 目　录

Contents

## 特　载

### 要论摘录



### 总　述



## 第一编　信息基础设施

### 综　述

### 第一章　专业规划与重大工程

## 第二章 重点工作



## 第三章 公共信息基础设施



## 第四章 信息网络设施



# 第二编 信息产业

## 综 述

## 第一章 信息产品制造业

## 第二章 信息服务业

# 第三编 政务领域信息化

## 综 述

## 第一章 政务信息资源与基础支撑系统



## 第二章 重点业务系统建设和机关信息化

# 第四编　经济领域信息化

## 综　述

## 第一章　信息化与工业化融合

## 第二章 农业信息化



## 第三章 金融信息化



## 第四章 电子商务应用推广与产业集聚

## 第五章 旅游信息化



# 第五编 社会事业与公共服务领域信息化

## 综 述

## 第一章 市政府实事项目



## 第二章 社会事业领域信息化

## 第三章 信息安全技术研发及产业化



# 第七编 信息化环境

## 综 述

## 第一章 信息化政策法规



## 第二章 信息化人才工作

## 第三章 信息化研究与咨询



## 第四章 信息化宣传



## 第五章 信息化社团



## 第六章 信息化合作交流及重要会展

# 第八编　区县信息化

## 综　述

## 第一章　浦东新区信息化建设



## 第二章　徐汇区信息化建设



## 第三章　长宁区信息化建设

## 第四章　普陀区信息化建设



## 第五章　闸北区信息化建设



## 第六章　虹口区信息化建设



## 第七章　杨浦区信息化建设

## 第八章　黄浦区信息化建设



## 第九章　卢湾区信息化建设



## 第十章　静安区信息化建设

## 第十一章　宝山区信息化建设



## 第十二章　闵行区信息化建设



## 第十三章　嘉定区信息化建设



## 第十四章　松江区信息化建设

## 第十五章　金山区信息化建设



## 第十六章　奉贤区信息化建设



## 第十七章　青浦区信息化建设



## 第十八章　崇明县信息化建设

# 第九编　社会诚信体系



# 附　录

## 软件企业认定和产品登记名单



## 特别鸣谢

# 特　载

# 要论摘录

## 大力推进面向未来的智慧城市

市委、市政府高度重视城市信息化工作，提出"十二五"期间要大力实施信息化领先发展和带动战略，把推进信息化作为上海创新驱动、转型发展的重要手段，大力创建面向未来的智慧城市。市委、市政府办公厅联合发布了推进智慧城市建设2011—2013年行动计划，相关重点工作有力有序推进。下面，就本市推进智慧城市建设有关情况，向大家做个通报。

### 一、本市推进智慧城市建设的背景和重要意义

信息化本身是建立在信息技术不断创新发展，及其在经济社会各部门应用扩散的基础上，推动经济社会发展转型的历史过程。当前，全球信息化发展进入新的发展阶段，信息技术正成为无所不在的通用型技术，并通过感知化、物联化、智能化的方式，对城市建设和经济社会发展产生越来越明显的渗透和带动效应。2009年IBM公司提出"智慧城市"的概念，主要是指以物联网、云计算、下一代互联网等新技术应用为依托，通过全面感知和广泛互联，并对感知信息进行智能处理和分析，提高对政务、城市运行、生产控制、环境监测、教育医疗、家居生活等管理效率和水平，使城市运行更安全高效、市民生活更便捷舒适。美国、欧盟、日本、新加坡等主要发达国家和国际大都市，纷纷提出建设智慧国家、智慧城市的发展战略。上海在谋划"十二五"发展中，把建设智慧城市提到重要的战略高度，加快推动信息技术与城市发展全面融合。

**（一）国内外智慧城市建设发展情况**

**1. 国外智慧城市发展情况** 世界各国纷纷部署实施新一轮信息通信技术（ICT）发展战略，把智慧城市建设作为争夺科技制高点和发展主动权的战略举措。美国将智慧地球写进国家创新战略，2009年提出分别投入110亿美元、190亿美元、72亿美元推进智慧电网、智慧医疗和宽带网络等建设，力图通过智慧城市建设刺激经济复苏，强化美国的技术优势及对全球经济的掌控力。欧洲以物联网为突破口，2009年提出欧盟物联网行动计划报告，推进物联网在航空航天、汽车、医疗、能源等18个主要领域应用，试图占据智慧城市建设主导地位。日本2009年提出"数字日本创新计划"和"I-Japan战略2015"，促进绿色、智能等新兴产业发展，推进横滨、丰田、京都、北九州岛四个地区试验区建设。韩国2009年发布《IT韩国未来战略》，5年内投入189亿韩元，推进RFID及传感网等技术应用，在济州岛启动智能城市项目。新加坡2006年启动"智慧国2015计划"，打造"一个智慧的国家、全球化的都市、无所不在的信息科技"，信息通信每年为新加坡贡献6%的GDP。

**2. 国内智慧城市发展情况** 国家"十二五"规划纲要提出"全面提高信息化水平"，"加快建设宽带、融合、安全、泛在的下一代国家信息基础设施，推动信息化和工业化深度融合，推进经济社会各领域信息化"。据不完全统计，全国已有20多个城市在"十二五"规划中明确提出建设智慧城市。如北京市在"十二五"规划纲要中提出"构建精细智能的城市管理"。广东省提出通过推进"数字广东"建设，让经济变得更有效率。南京市聚焦交通、医疗和电力等领域，推进"智慧南京"建设。宁波

市发布了关于建设智慧城市的决定，加快推进智慧应用体系、智慧产业基地和智慧基础设施建设。中国台湾地区制定《i-236智慧生活科技运用计划》，聚焦智慧小镇、智慧经贸园区建设，在安全防灾、医疗照护等领域开展智慧生活科技创新应用的服务示范。

**3. 国内外智慧城市建设的基本特点** 一是普遍把信息基础设施建设放在首位。如美国提出了国家基础设施(NII)、全球信息基础设施(GII)计划、国家宽带计划、国家无线网络计划；韩国仁川市提出建设无所不在的网络，并推进公共通讯平台的整合；南京市提出用智慧基础设施支撑“智慧南京”建设。

二是突出新技术的应用和示范带动。如瑞典智慧城市建设主要体现为智能交通系统的应用；日本聚焦推进电子化政府治理、医疗健康信息服务、教育培训信息化建设；沈阳市重点打造生态城市；山东省东营市重点建设黄河三角洲云计算中心等。

三是积极推动相关产业发展。如欧盟将信息和通信技术列为欧洲的战略发展重点，制定了《物联网战略研究路线图》；广东省通过打造“数字广东”，发展现代信息服务业；宁波市提出立足产业、发展应用，把培育智慧产业作为建设智慧城市的立足点，推进智慧产业基地建设。

**(二) 上海推进智慧城市建设的重要意义**

上海20世纪90年代较早启动了“信息港”建设，经过“九五”基础先行(着力推进信息基础设施建设)，“十五”重点突破(促进信息产业和信息技术应用加快发展)，“十一五”实施信息化领先发展战略(以“推进信息技术创新和深化信息技术应用”为主线全面推进信息化建设)，信息化整体水平保持国内领先(信息基础设施综合服务能力明显增强，信息技术全方位渗透经济运行、社会管理和公共服务各环节，信息技术创新及其产业化能力不断提升，信息安全保障能力不断提高)，一批新兴技术创新成果在世博会上得到充分展示和示范应用，为推进智慧城市建设奠定了基础。上海提出大力推进智慧城市建设，是顺应全球智慧城市建设浪潮，根据建设“四个中心”和现代化国际大都市的战略要求，以及科技、产业、经济社会发展的现状和未来趋势作出的重要战略选择。

一是通过推进数字化、网络化、智能化打造信息技术革命条件下上海未来发展最重要的基础设施。智慧城市建设信息基础设施是根基，智慧应用是核心，新一代信息技术产业发展是支撑，信息安全是保障。上海要通过建设更智慧、更高效的信息基础设施，以信息流带动全球资金流、物流等集聚和优化配置，通过信息化应用集成和创新，提升城市管理运行效率以及综合服务功能，为“四个中心”和国际大都市建设增添更强的动力。要加快推进宽带城市和无线城市建设，构建宽带、泛在、融合、安全的信息基础设施体系(目前已有近100个国家出台了宽带国家战略)，争取2013年实现百兆接入能力城镇化地区全覆盖，使上海成为国内通信质量、网络带宽和综合服务最具竞争力的地区之一，使广大消费者获得便捷和实惠的信息通信服务，这对上海今后的发展来说，将是比修公路、修铁路更为重要的一项基础设施。

二是通过推进智慧城市建设促进经济社会的转型发展。智慧城市体现的是城市发展理念、发展模式、发展方式的转变，与上海城市发展的未来方向、经济结构优化升级的内在要求是相统一的。上海的土地、能源等资源有限，环境约束凸显，正处在经济结构转型、城市功能提升的重要时期，转变经济发展方式是十分现实而又紧迫的任务，推进智慧城市建设就是要为破解发展瓶颈问题寻找科学合理的解决方案。通过大力推进信息化与工业化、城镇化、市场化、国际化在更大范围、更高水平上的融合与互动，深化信息技术在经济建设、产业发展、社会管理、公共服务等各领域渗透应用，以智慧感知和智能应用带动企业生产经营管理方式创新，促进产业转型、资源节约和环境保护，提升社会服务管理水平，不断增强城市软实力，在更高起点上推动上海的科学发展。

三是通过推进智慧城市建设培育发展新的经济增长点。通过智慧城市建设吸引集聚一批国内外的先进制造业、高端服务业企业、机构、人才等集聚，加大集成电路、软件等技术和产业的创新发展力度，带动一批产业链企业向基地园区的集群发展；高度关注云计算、物联网等新一代信息技术发展态势和带来的巨大商机，及早谋划，大胆探索，积极推进新一代信息技术产业化，抢占战略性新兴产业发展的制高点。进一步加大信息资源的公开、共享和开发利用力度，把信息资源产业化作为现代服务业发展的重要抓手，加快推进工业软件、网络视听、数字出版等面向生产和生活的信息服务业发展(信息服务业经营收入继续保持20%左右年均增速)。对与信息化密切相关的服务业新业态要放松管制，充分发挥信息技术作为新兴商业应用的催化剂和新兴产业发展引擎的作用，争取把上海打造成为国内新一代信息技术产业创新引领区和产业集聚区，促进上海经济实现新突破。

## 二、上海推进智慧城市建设的总体考虑

市委、市政府主要领导对推进智慧城市建设提出了明确要求。俞正声书记提出"城市的数字化、网络化、智能化，是在信息技术革命条件下上海'四个中心'建设最重要的基础设施，要着力打造智慧城市"。韩正市长提出，要"大力推进智慧城市建设，全面提高城市信息化水平"。根据市领导要求，前阶段有关部门通过调研起草、论证完善，编制形成《上海市推进智慧城市建设 2011—2013年行动计划》，经市委常委会和市政府常务会议专题审议后，面向社会公开发布。2011 年 9 月 7 日市委、市政府召开上海推进智慧城市建设动员大会，对下阶段重点任务进行部署安排。

1. **指导思想** 上海推进智慧城市建设的指导思想是：深入贯彻落实科学发展观，围绕上海加快实现"四个率先"、建设"四个中心"和社会主义现代化国际大都市的战略目标，按照上海"创新驱动、转型发展"的总体要求，深入实施信息化领先发展和带动战略，以提升网络宽带化和应用智能化水平为主线，着力构建国际水平的信息基础设施体系、便捷高效的信息感知和智能应用体系、创新活跃的新一代信息技术产业体系、可信可靠的区域信息安全保障体系，充分发挥市场机制和企业主体作用，注重政府引导，强化市场监管，大力推进以数字化、网络化、智能化为主要特征的面向未来的智慧城市建设，全面提高城市发展水平，让市民共享智慧城市建设成果。

2. **推进原则** 夯实基础、分步推进。把提升信息基础设施能级和夯实智慧应用基础放在突出位置，加强统筹规划、规范管理，加大投入和建设力度；通过分阶段发展，滚动推进实施计划，促进智慧城市建设持续深入发展。

创新发展、惠及民生。着眼于促进经济发展方式转变和市民生活改善，大力推进技术、应用、管理以及体制机制的创新发展，探索新模式，培育新业态，不断提高城市运行效率和公共服务水平，促进经济社会协调发展，使广大市民、企业切实感受到智慧城市建设带来的实惠和便捷。

突出重点、聚焦项目。围绕经济建设、城市运行、社会管理、公共服务重点领域，突出针对性、实效性和可操作性，聚焦公共性、基础性、创新示范性、业务协同性项目，强化阶段目标和建设进度，加快信息技术在城市发展各领域的深入应用。

市区联动、示范带动。市区两级政府统筹协调推进，支持区县先行先试，加快重点领域、重点区域和重点项目的示范建设，增强辐射和带动作用，促进设施完善、应用渗透和产业发展。

政府引导、企业主体。加强政府规划引导，强化政策法规、规范标准建设，完善市场监管，营造公平有序的市场环境；充分发挥市场配置资源的基础作用，坚持以需求为导向，以企业为主体，形

成全社会广泛参与智慧城市建设的良好氛围。

3. **发展目标** 上海建设智慧城市的三年发展目标是：通过持续推进，到2013年年底基本形成“基础设施能级跃升、示范带动效应突出、重点应用效能明显、关键技术取得突破、相关产业国际可比、信息安全总体可控”的良好局面。具体体现在：基本建成宽带城市、无线城市，实现百兆接入能力城镇化地区全覆盖，构建起多层次、广覆盖、多热点的全市无线宽带网络，成为国内通信质量、网络带宽和综合服务最具竞争力的地区之一；信息感知和智能应用效能显现，推进信息化与工业化、城镇化、市场化、国际化深度融合，电子商务年交易额超过8 000亿元，不断满足市民各类信息消费需求；新一代信息技术产业成为智慧城市发展的有力支撑，信息产业总规模达到12 800亿元，信息服务业增加值占全市GDP比重达到6.2%，成为国内新一代信息技术创新引领区和产业集聚区，以及信息服务业发展高地；信息安全总体实现可信、可靠和可控，网络空间治理、综合监管和应急处置能力明显增强。为实现上海信息化整体水平保持国内领先、迈入国际先进行列的“十二五”目标奠定基础。

## 三、推进智慧城市建设的重点任务

近三年内，本市智慧城市建设将围绕构建4个体系，突出工程化、项目化、具体化，重点实施24个专项，以及一批具有公共性、基础性、创新示范性和业务协同性的重点项目。强化项目的阶段目标和建设进度，落实资金、土地、政策、人才等保障，确保重点项目按计划有序推进；同时，根据实际情况提出新的建设项目，并对有关项目进行调整。

1. **信息基础设施领域** 现有基础：“十一五”期间，上海大力推动信息通信网络普遍接入，率先启动城市光纤宽带网建设，城域网出口在国内城市中率先达到万亿字节(TB)级别，互联网国际出口带宽从30 G提高到300 G，第三代移动通信(3G)进入商用阶段；各类终端普及率显著增长，移动电话、互联网用户普及率分别达到122%和68%，基本实现任何人在任何地点以多种方式接入互联网。新技术应用走在全国前列，成为国内首个下一代广播电视网(NGB)建设示范城市，IPv6、LTE等新技术应用部署取得突破。融合业务逐步普及，IPTV用户超过120万户，本地手机电视用户月访问数超过20万。各类功能型设施的服务能力大幅提升，曙光5000A主机系统投入运营，超级计算中心总计算能力突破230万亿次/秒。集约化建设模式从信息管线向通信机房、通信基站、无线室内覆盖系统推广，无线电管理机制不断完善，重大活动信息通信安全得到有效保障。

2011—2013年要按照“规划引导、集约建设，资源共享、规范管理，满足需求、适度超前”的原则，以提升信息基础设施综合服务能力和服务水平为主线，着力增强信息网络综合承载能力、设施资源综合利用能力和信息通信集聚辐射能力；加强信息基础设施规划和建设管理，促进机制完善和模式创新，不断满足市民和企事业单位对改善通信质量和服务水平的要求。重点实施5个专项：即宽带城市建设，完成光纤到户能力覆盖650万户以上家庭，以及490万有线电视用户NGB网络改造，家庭平均接入带宽达到20 Mbps。无线城市建设，无线热点覆盖重点公共场所和服务区域，总量超过22 000处(约13万个AP)；3G实现全市域覆盖，TD－LTE率先在国内实现试商用。通信枢纽建设，加强海光缆建设，力争本市登陆的海光缆通信总容量达到10 Tbps；互联网国际国内出口带宽分别达到1 Tbps、5 Tbps，提高网络运营商网间直联和互联带宽。三网融合，完成国家试点任务，开展管理平台建设，促进融合业务应用。功能设施建设，实施超级计算中心四期建设；建设高精度位置服务平台；发展互联网数据中心。

2. **信息感知和智能应用领域** 现有基础:“十一五”期间,信息技术全方位、深层次渗透全市经济运行、社会管理和公共服务各环节,电子商务成为日渐活跃的主要经济活动形式,2010 年交易额超过 4 250 亿元,第三方电子支付加快普及;电子口岸平台的交易、监管、物流、支付等功能深化拓展;国家级信息化与工业化融合试验区建设初见成效,“两化融合”发展格局基本形成。城市网格化管理、交通信息管理、应急联动处置等平台成为城市数字化、精细化管理的基础支撑。开展了“家校互动”学生成长教育信息系统、市民电子健康档案试点应用等教育卫生信息化建设,以及社区信息化建设、文化信息资源共享、“千村万户”农村信息化普及培训等,促进信息技术应用覆盖面向郊区城镇、特定人群拓展,数字发展机会日益均等化。建成上海地区 800 MHz 数字集群应急救援政务共网,电子政务应用向跨部门信息共享、业务协同转变,集中与分布相结合的基础信息资源开发共享体系基本形成,统一的行政审批、电子监察、电子采购等平台加快建设并初见成效。

2011—2013 年要“以用户为中心,以需求为导向”,充分发挥政府的引导带动作用,围绕重点领域提升服务水平,突出信息共享和深度挖掘,大力推进以信息感知、业务协同、系统集成为重点的智能应用,通过应用示范带动新技术、新业态和新模式的推广,使城市运行更安全、经济发展更协调、政府管理更高效、公共服务更完善、市民生活更便捷。主要围绕 8 个领域,实施一批重点项目:城市建设管理方面,深化网格化管理系统应用,推进建设市场管理、地下空间管理等信息平台建设完善,以及智能水网和智能电网应用,重点是加强信息的采集分析和深度挖掘,推进全覆盖、全过程的管理。城市运行安全方面,建设食品安全监管、智能化消防等服务平台,以及安全生产综合监管、多灾种早期预警、安防视频资源共享等信息系统,深化部门协同监管效能。智能交通方面,建设道路交通综合信息、交通管理和高速公路不停车收费等服务平台和应用系统。社会事业与公共服务方面,推进基于市民电子健康档案的卫生信息化、数字教育工程、社区生活服务信息化,以及电子账单服务平台、市民问诊式虚拟气象台等建设,为市民提供零距离、一站式、一线式的应用服务,积极探索以智能化为特征的新型社会服务体系。电子政务方面,助力党政机关管理和服务水平提升,建设网上党建、人才综合管理、网上行政审批、法人网上统一身份认证等服务平台和信息系统,推进政府网站无障碍改造,整合形成市民服务综合热线,提高项目建设质量和社会效益,发挥对智慧城市项目建设的示范引导作用。信息资源开发利用方面,建设法人信息共享和应用系统(二期)、中小企业信用服务平台等,推进空间地理信息共享应用,构建信息资源目录体系;借助政府信息公开不断深化的契机,推动政务信息资源的有效共享、深度挖掘和社会化利用。促进“四个中心”建设方面,推进第三方电子支付,拓展电子商务应用,深化电子口岸、航运中心综合信息平台等建设。“两化”深度融合方面,促进企业推进产品智能化提升工程、数字化工厂示范工程,完善产业信息化服务平台,开展数字园区建设。

3. **新一代信息技术产业领域** 现有基础:“十一五”期间,本地企业积极承担国家级创新任务,在“核高基”(核心电子器件、高端通用芯片及基础软件产品)、新一代宽带无线移动通信等国家科技重大专项研发任务中发挥重要作用;注重集成创新和引进消化吸收再创新,信息技术领域专利申请量年均增速超过 40%。信息产业加速转型,软件和信息服务业年均增长 20%,高于全市服务业增长水平,集成电路设计业增长快于制造业增长。重点领域高新技术产业化取得初步成果,2010 年信息产业总规模约 9 700 亿元,集成电路设计业在手机核心芯片等领域、软件产业在操作系统等领域形成研发和产业化优势,产业政策环境、公共服务平台不断完善。

2011—2013 年要坚持市场先导和政府引导相结合,“以企业为主体,以自主创新、产业链集群发展为主线”,积极探索新模式和新应用,实现信息产业的可持续发展,保持国内领先水平;在云计算、物联网等新一代信息技术产业领域，对接国家重大专项，推进产学研用协同创新；提升新一代信息技术产业对经济社会发展的渗透作用，为智慧城市建设提供技术支撑和产业保障。重点实施8个专项：云计算，以建设国家云计算试点城市为契机，深化实施"云海计划"，探索建立金融、健康等领域云计算商业模式。物联网，推进楼宇节能、社区智能安保等应用示范工程，推动上海物联网中心、物联网产业基地等建设。TD－LTE，推进国家TD－LTE规模技术试验网试点城市建设，加快在重点领域、区域和行业实施应用示范工程建设。高端软件，发展基础软件、工业软件和大型行业应用软件，促进智能终端发展，打造一批行业应用软件解决方案商和产业集聚区。集成电路，加快推进909工程升级改造，推动设计能力和制造工艺提升到45～32纳米国际主流水平，推进微电子装备技术研发和产业化。下一代网络(NGN)，以政府和电信运营商为重点，推进光网络规模部署和IPv6特色应用。车联网，加强智能车载信息服务系统等研发和产业化，探索形成满足用户需求的商业模式。信息服务业，以发展高端、培育新兴、集聚总部、聚焦基地为重点，发展金融、航运、贸易、旅游等专业信息服务业，以及互动娱乐、网络视听、数字出版等数字内容产业。

**4. 信息安全领域** 现有基础："十一五"期间，坚持技术与管理并重，围绕"平安办博"要求，加强信息安全技术研发和基础建设，建设了应急防范、灾难备份等平台设施，在安全审计监管产品、国产密码算法芯片及应用、安全集成等方面居于国内领先地位；信息安全组织体系和管理体制不断完善，强化预警预测、应急演练等机制，基本形成安全测评、风险评估、电子认证等专业信息安全服务体系；加强互联网舆情分析和研判，净化互联网环境，打击网络赌博、整治互联网低俗之风等专项行动取得明显成效。

2011—2013年要把信息安全摆在城市安全的突出位置，坚持"积极防御、综合防范"方针，以保障应用、促进发展、维护稳定为目标，着力夯实信息安全保障基础，切实加强信息安全前瞻性研究，主动应对信息安全新问题、新情况，努力构建健康安全的网络环境，确保城市信息安全保障与智慧城市建设同步规划、同步推进、同步落实，确保城市信息安全总体可控。重点组织实施三个专项：基础建设专项，推进网络与信息安全应急基础平台、信息安全测评认证平台(三期)、统一网络信任体系(二期)建设，提升基础网络信息安全保障能力。监管服务专项，建设互联网安全监察和网络安全专业监管支持系统，推进政务外网和公务网安全防护及灾备扩容。产业支撑专项，重点在安全芯片、网站认证与防护等领域，推进信息安全技术研发及产业化。

## 四、推进智慧城市建设的重点举措

智慧城市建设工作涉及部门多，涵盖领域广，推进难度大，是一项综合性的系统工程，需要市区各级部门统一思想、明确分工，也需要相关企业、社会机构等加大参与推进力度，需要社会方方面面的有力支持，不断提升整体推进合力。

**1. 加强组织推进保障** 为大力推进智慧城市建设工作，市委、市政府专门成立了市智慧城市建设领导小组，由俞正声书记担任组长，韩正市长、我和艾宝俊副市长担任副组长，有关部门的领导作为成员，统筹部署全市智慧城市建设工作；领导小组下设办公室，设在市经济信息化委，负责日常协调推进工作。市各相关委办局按照职责分工，负责相关领域任务的细化和落实，加强相互沟通协调，推动各项政策措施落到实处。各区县按照全市部署，结合区域实际，建立相应的组织体系，形成市区联动推进机制。同时，成立了市智慧城市建设专家委员会，建立专家决策咨询机制。智慧城市建设工作的有力推进，需要党外人士、广大企业和市民等关注了解和大力参与，积极献计献策，提出意见建议，形成全社会共同推进智慧城市建设的良好局面。

2. **加大改革性举措实施力度** 推进信息化和智慧城市建设不仅包括技术性的问题，同时也要突破相应的管理制度，形成合理的推进机制。如要加强信息化立法的顶层设计，抓紧制订本市信息化促进条例；加快制订落实国务院进一步鼓励软件和集成电路产业发展政策的实施细则，争取在集成电路保税、互联网服务等方面形成政策突破。要积极探索光纤到户建设中通信配套设施第三方专业维护的模式，先期组织实施光纤到户改造建设的电信运营企业，要预留足够的通信管道或光纤资源，满足后期进入的电信运营企业接入需求，确保居民的合理选择权，形成各运营商平等接入、速度和价格比合理的机制环境。又如基站建设落地难的问题，市里发布了公用移动通信基站站址布局专项规划，相关部门和区县要切实推进规划落地，在建设工程行政审批管理、产业基地园区建设等流程中把基站作为一项基础设施纳入其中；加快编制实施本市信息基础设施布局的专项规划，提升信息通信质量和城市服务功能。

3. **通过推进新技术、新应用探索合理的商业模式** 建设智慧城市要在关注新的信息技术发展态势基础上，充分发挥企业主体作用，加强应用示范，探索推进信息化与城市发展、社会进步、民生改善等相结合，形成合理的应用和商业模式。如物联网应用，RFID是最容易见效也最容易进入的途径，要重点支持有突破潜力的公司，聚焦安防、楼宇节能、物流等领域，探索物联网应用模式的突破，加快推进产业化和市场化。再如云计算，既是一种按需使用、动态扩展的技术，更是一种提供硬件、软件、平台等资源的新型服务模式；上海提出推进云海计划，要支持相关运营商、软件和信息服务企业率先在金融、电子政务、卫生健康、中小企业等领域向云计算服务模式转型，促进相关制造业和服务业的发展。同时要积极推进智慧城市试点示范区、示范项目等建设，如黄浦区提出建设“智慧外滩”，崇明县推进智慧岛数据产业园建设等，探索尝试新型的智慧城市建设模式。

4. **加大考核评估、人才培养和宣传普及力度** 有关部门将尽快研究建立智慧城市建设的统计制度和评估体系，定期发布相关的统计评估报告；将智慧城市建设纳入对有关领导、部门和区县的工作考核，加大督查力度。积极引进培育一批智慧城市建设的领军型、复合型、专业型人才，加大对相关人才的扶持力度，形成支持智慧城市建设的智力保障。大力宣传推广智慧城市建设的成果，加强相关知识普及和应用培训，引导市民和相关机构参与智慧城市建设方案意见征询、建设成果评估等，缩小城乡和群体间数字差距。

5. **积极争取国家有关部委的支持** 目前上海是国家“两化融合”、三网融合、TD－LTE和云计算的试点城市，也是国家电子商务的综合创新实践区和中国软件名城，在物联网等领域，也在争取成为国家试点。上海要积极争取国家有关政策资源，争取通过试点示范，在若干领域走在全国前列；争取工信部指导本市推进国际通信关口局、国家网络视听、信息安全产业基地等建设，体现上海智慧城市建设的水平。通过广泛开展国内外交流合作，学习借鉴有关成功经验和做法，推动上海智慧城市建设不断取得新突破，迈上新台阶。

（上海市委常委、常务副市长 杨 雄）

# “两化”深度融合已成为上海实现“创新驱动、转型发展”的重要抓手

## 一、深刻全面认识“两化”深度融合的重要作用

十七届五中全会提出推进信息化与工业化深度融合的重要举措。国家工信部等五部委联合下发了《关于加快推进信息化与工业化深度融合的若干意见》。本市将推进“两化”深度融合作为实现“创新驱动、转型发展”的重要抓手，并取得一定成效。

1. **增强产业创新发展能力** 一是推进战略性新兴产业重点专项发展。按照有舍有取的要求，本市集聚各方资源，重点实施11个专项，其中大规模集成电路、云计算、物联网、下一代网络、新型显示、卫星导航、汽车电子（属新能源汽车和汽车电子专项）等六个半专项属于新一代信息技术产业；智能电网、智能制造、民用航空、新能源高端装备和新能源汽车等四个半专项属于“两化”深度融合产业。二是提升产业自主创新能力。随着“两化”深度融合的推进，计算机辅助设计应用逐步从计算机辅助设计（CAD）、计算机辅助制造（CAM）向计算机辅助工程（CAE）、虚拟仿真、数字模型方向发展，研发设计模式不断创新，创新能力不断提高，创新成本不断下降。如上汽集团围绕自主荣威品牌建设，开发建成国内首个集成和支持柔性生产的汽车制造执行系统，平均缩短45%的制造周期。

2. **加快制造业改造提升** 一是技术改造投资重点投向生产装备智能化和生产过程自动化。技改投资占全市工业投资的50%左右，技改投资重点投向生产设备的数字化、智能化、网络化改造，提升了重大技术装备自动化成套水平，提高先进制造业的精准制造、高端制造、敏捷制造能力。二是加快建立现代经营管理体系。推进以质量、计划、财务、供应链、人力资源、安全等环节为重点的企业管理信息化，加强系统整合与业务协同，实现产品开发、生产制造、经营管理等过程的信息共享和业务协同，促进企业决策科学化，提高决策效率，建立现代经营管理体系。

3. **促进二、三产业融合发展** 一是促进生产性服务业（制造业领域）快速发展。“两化”深度融合使得工业研发设计、检验检测等与先进制造业密切相关的生产性服务业专业化、社会化、规模化发展成为可能，加快生产性服务业务从制造业领域剥离。二是推动电子商务跨越发展。随着网上交易、物流配送、信用支付等信息系统的日益完善，电子商务应用不断扩大，近三年上海电子商务交易额年均增长19%，预计2011年上海电子商务交易额将达到5 000亿元。三是促进信息服务业新业态、新模式发展。“两化”深度融合加快制造业营销体系的变革，催生出一批以信息化创新为手段，智能化、高端化和服务化的信息服务业新业态、新模式。

4. **推进产业绿色发展** 加快对钢铁、石化等高载能行业主要耗能设备和工艺流程的智能化改造，加强对能源资源的实时监测、精确控制和集约利用，为完成节能减排和工业固体废弃物综合利用目标做出重要的贡献，推进上海产业可持续、低碳化、绿色化发展。如上海焦化采用综合自动化信息平台，实现生产装置实时监控和优化调度，甲醇综合能耗从49.51下降到48.67。

此外，“两化融合”不仅提高了产业发展水平和能力，同时也对提升信息化发展综合环境、改善民生和提高城市建设管理效率发挥积极作用。

## 二、抓紧落实"两化"深度融合推进的各项任务

今天会上印发了本市推进"两化"深度融合的"十二五"规划，刚才市经济信息化委又对"两化"深度融合作了具体布置，希望各部门、各单位要认真贯彻落实。

**1. 加快形成全市推进工作机制** 市经济信息化委作为推进"两化融合"工作的牵头部门，要做好本市"两化"深度融合的规划制定、具体实施等工作；市发展改革委、科委、质监局等部门要配合做好相关工作，重点在项目、资金、技术、制度等方面做好研究和配套政策制定工作；市国资委要牵头推进市属国有企业的"两化"深度融合工作；市商务委、金融办等部门要牵头推进服务业"两化融合"工作。各区县政府要做好区县范围"两化"深度融合的工作安排，形成工作机制，在推进中小企业信息化方面积极发挥作用。

**2. 充分发挥社会各方的推进力量** 一是鼓励各企业要将"两化融合"列入企业战略规划，本着"实事求是、适度超前"的原则推进信息化在自身发展过程中的渗透应用。二是提高高校、科研院所等研究机构，以及企业内部技术研发部门的积极性，在基础研究、核心技术研发等方面发挥作用。三是充分调动相关行业协会、专业学会等社会团体的积极性，加强对企业的服务，把行业的"两化融合"需求理清楚，做好应用的对接。

**3. 积极争取工信部的关心和指导** 作为全国八个"两化融合"试验区之一，上海的"两化融合"工作是工信部进行先行先试，探索新型工业化道路的试验田。上海有责任、有信心在工信部的关心和指导下，积极实践"两化"深度融合，提供先行先试的经验。上海在全力做好自身工作的同时，要加强与工信部的沟通，在推进战略性新兴产业、加快技术改造、发展生产性服务业和信息化建设等领域积极寻求工信部的指导和支持，做好培训等相应工作。

## 三、全面形成"两化"深度融合的推进合力

"两化融合"是一项长期性、艰巨性的工作，全市各部门、各单位要找准着力点，完善工作机制，凝聚工作合力，关键要做到"三个坚持"。

**1. 坚持统筹规划与分类推进并进** 具体来说，就是要"大处着眼、小处着手"。所谓大处着眼，就是要对"两化融合"的大局有统筹的考虑，做好融合的顶层设计。要对"两化融合"的产业布局、区域布局有一个整体的考虑，结合上海产业发展的特点，有针对性地形成若干个"两化融合"示范行业、示范区域。如结合民用大飞机项目建设，大力推进航空产业的"两化融合"。所谓小处着手，就是要深入到"两化融合"的一线，从各行业实际需求出发分类推进。善于在工作中发觉对于全局工作具有推广意义的典型实例、经验和模式，举一反三地推进"两化融合"。

**2. 坚持政府引导与企业主导并举** "两化融合"的主体在于企业，一定要避免出现"一头热"的局面。政府部门一定要树立起服务的宗旨，通过制定配套政策、完善信息基础设施、搭建合作交流平台，着力营造有利于"两化融合"的综合环境，通过间接手段引导企业推进"两化融合"。企业应从自身规模和业务需求实际出发，制定适合自身的"两化融合"的方案，切实通过"两化融合"提升核心竞争力。如大型企业可以实施制造执行系统(MES)、决策支持系统等先进信息系统；中小企业可以依托信息化公共服务平台实施"两化融合"。

**3. 坚持提升制造业与发展服务业并重** 一是要把发展先进制造业作为核心内容。以重点行业的骨干企业为主体，促进信息技术在工业各行业的深入应用；以工业生产流程各主要环节为切入点，加快信息化对工业生产的全方位渗透和支撑；以工业产品的功能完善为着力点，进一步提高

工业产品的信息化含量。二是要积极推进信息化在服务业重点领域的应用推广。围绕加快建设国际金融中心、航运中心，以促进信息资源的开发共享为主线，以发展生产性服务业为重点，深入推广信息技术在重点服务行业的应用，促进信息流与物流、资金流的整合互动，实现制造业与服务业的融合发展。

“两化融合”工作正处于深化推进的重要阶段，希望大家振奋精神、开拓创新、全力以赴地完成各项工作，为上海产业“创新驱动、转型发展”做出应有的贡献。

（上海市副市长　艾宝俊）

# 提高认识　明确责任　合理推进智慧城市建设

深入贯彻落实市委、市政府推进智慧城市建设动员大会的要求，聚焦重点，细化任务，明确分工，确保实现今年智慧城市建设各项目标，同时谋划好明年的工作。

## 一、智慧城市建设推进工作取得了良好的开局

加快创建面向未来的智慧城市是本市“十二五”期间的重大战略任务，市委、市政府于2011年9月7日召开了智慧城市建设动员大会，公开发布了本市智慧城市建设2011—2013年行动计划，各项任务也已全面启动、有序推进，智慧城市建设的工作有了很好的开端。

1. **市委、市政府高度重视智慧城市建设推进工作**　6月27日市政府常务会议，7月8日市委常委会先后听取了市经济信息化委关于此后城市建设三年行动计划汇报，俞正声书记对行动方案给予了肯定。9月7日，市委、市政府召开“上海市推进智慧城市建设动员大会”，俞正声书记出席会议，韩正市长、工信部杨学山副部长讲话。韩正市长要求各级领导提高认识，明确思路，聚焦重点，积极抢占信息化发展的制高点；加强服务，形成合力，营造智慧城市建设的良好环境。杨学山副部长提出推进智慧城市建设要坚持“创新、求实、融合、统筹”四个基本思路和原则。近期，市委、市政府领导高度关注推进智慧城市建设相关工作，对光纤到户第三方专业维护、政府信息资源社会化利用、创建国家电子商务示范城市、建立市民健康档案等工作都作出了指示要求。

2. **按照项目化、工程化和具体化的要求有序推进各项重点工作**　三年行动计划共涉及4个领域24个重点专项119个(类)相关项目，信息基础设施处等部门制定了详细的工作计划，对重点任务、重点项目进行细化分解，明确了发展目标和时间节点；根据项目成熟度和具体特点，分步分类推进项目的立项建设，加大跟踪和协调力度。如基础设施方面，光纤到户工作有力推进，目前已覆盖240万户家庭，2011年年底前预计覆盖350万户家庭，实际光纤用户超过100万户。应用方面，法人信息库二期、法人“一证通”、航运信息平台等一批我委牵头组织推进的应用项目已经市政府专题会议同意立项，推进了一批“两化融合”重点项目，电子账单服务平台11月开通等。产业方面，启动了一批云计算、物联网等示范项目，建设浦东云计算创新试点区等。安全方面，举办了第一届信息安全活动周，推进市计算机病毒防范服务中心项目建设等。

3. **初步建立了工作推进机制**　市委、市政府专门成立了市智慧城市建设领导小组，由俞正声书记担任组长，韩正市长、杨雄常务副市长和艾宝俊副市长担任副组长，有关部门的领导作为成员，统筹部署全市智慧城市建设工作。领导小组办公室设在市经济信息化委，负责日常协调推进工作，已召集相关成员单位开了第一次联络员会议。各相关委办局按照职责分工，负责相关领域任务的细化和落实。各区县按照全市部署，结合区域实际，正在建立相应的组织推进体系，成立了市智慧城市建设专家委员会，建立了专家决策咨询机制。同时，市经济信息化委也形成了推进智慧城市建设工作机制，建立了工作例会制度，明确了任务分工和责任人，逐步形成工作简报、项目联系跟踪等制度性安排。

4. **探索推进若干领域的体制机制创新突破**　着力突破若干领域的瓶颈问题，形成更加完善

的体制机制。如第三方专业维护模式试点取得突破，成立上海市光纤到户工作推进联席会议，组建了上海市建筑通信网络有限公司，探索推进信息基础设施集约建设和光纤到户第三方专业维护模式。崇明陈家镇智慧岛数据产业园建设启动，与崇明生态岛建设相结合，利用国际海光缆登陆的信息基础设施资源优势，集聚软件和信息服务企业，促进数据资源的开发利用和产业化，探索信息服务业政策突破。此外，配合市发改委研究制定国发4号文地方配套政策，配合市税务局落实增值电信业务按3%税率征收营业税政策，启动《上海市信息化促进条例》地方性法规立法调研工作等。

## 二、切实增强推进智慧城市建设的自觉性、紧迫性和责任心

智慧城市建设是一项综合性的系统工程，与培育战略性新兴产业、推进高新技术产业化的思路、方式、举措有很大不同。智慧城市建设不仅涉及技术、产业问题，也涉及市民的信息化应用感受、民生改善等问题；不仅涉及企业集聚、基地建设等问题，也涉及城市安全和建设管理、政务、社会事业等各领域。因此，推进智慧城市建设难度大、任务重，虽然开局良好，仍然必须保持清醒的头脑，切实增强推进智慧城市建设的自觉性、紧迫性和责任心。

**1. 增强推进智慧城市建设的自觉性**　要认真学习把握智慧城市建设三年行动方案的核心内容，概括为：一个工作主线，即提升网络宽带化和应用智能化水平；两个发展目标，通过智慧城市建设，全面提高城市的现代化水平，让广大市民共享智慧城市建设成果；三个基本特征，即数字化、网络化、智能化；建立四个体系，是智慧城市建设的中心内容，即国际水平的信息基础设施体系，便捷高效的信息感知和智能应用体系、创新活跃的新一代信息技术产业体系、可信可控的信息安全保障体系；五项基本原则，即夯实基础、分步推进，创新发展、惠及民生，突出重点、聚焦项目，市区联动、示范带动，政府引导、市场主导。

**2. 增强推进智慧城市建设的紧迫性**　项目导向、需求导向与问题导向相结合，围绕需要突破的重点和瓶颈问题，抓好十个方面的事情：一是在项目推进过程中防止形成孤岛，影响推进合力；二是体制机制创新滞后于项目的推进；三是政府推动和市场推动要找到结合点；四是示范带动和产业带动相结合；五是支持发展和加强监督的问题；六是工作要求和责任主体积极性的问题；七是三年目标和市民期望要结合起来；八是直接参与和创造环境的关系；九是当心“起个早赶得晚”，把明确的事情扎扎实实推下去；十是推进工程中不断提高委内同志的工作能力和业务水平。

**3. 增强推进智慧城市建设的责任心**　市委、市政府把智慧城市建设领导小组办公室放在市经济信息化委，我们感到肩上的压力很大，要知道这项工作推进难度非常大，任务非常艰巨。一是智慧城市建设工作覆盖面广。如基础设施建设涉及市建交委、通管局、住房保障局、文广影视局等部门，信息感知和智能应用涉及建设交通、教育、卫生、食品、安监、民防、水务等部门。智慧城市建设领导小组办公室虽然设在市经济信息化委，但很多工作更多要协调相关部门、企业、区县等予以支持，共同推进。二是推进体制机制上存在障碍。如基础设施建设主要依托在沪的电信运营企业，受到央企集团发展战略和布局的影响很大，这是我们不能控制的因素；再如信息资源开发利用，涉及政府信息公开和跨部门信息资源整合等问题，需要突破体制障碍，进一步理顺工作推进机制。三是智慧城市建设跟各行各业的发展改革紧密相关。政府、企业、市民等对智慧城市发展有不同需求，如何平衡各方需求、做好顶层设计，有很大难度；同时智慧城市建设与行政审批制度改革、城市安全保障以及教育、卫生等领域的改革有很大关联，推进工作要适应改革发展的步伐和要求，不是

一朝一夕可以取得成效的。

## 三、形成合力，扎实推进智慧城市建设工作

智慧城市建设不仅是技术层面的问题，也是城市发展的新思路，需要委内责任处室和责任人统一思想，形成合力，明确分工，加大推进力度，需要市区各级部门、相关企业、社会机构等协同推进，需要社会方方面面的支持。这里对做好下一步工作再提五点要求。

1. **分解目标聚焦重点** 智慧城市建设三年行动计划经市委常委会、市政府常务会议审议通过，并已面向社会发布。接下来，我们的工作重心要转移到全面推进落实三年行动计划确定的四大类、24个专项、119个项目，确保圆满完成三年行动计划确定的各项目标任务。一是要分解目标任务。要对三年行动计划确定的各项目标任务进行分工和分解，做到"有目标、有责任、有进度"，确定各项目标任务的主要责任部门、处室和每一年的工作进度，并作为考核的重要依据。二是要聚焦重点项目。三年行动计划确定了四大类119个项目，项目非常多，我们不可能胡子眉毛一把抓，要把有限的财力、人力和精力聚焦到体现上海特点和水平，群众关注得实惠的关键项目。只有把关键项目建好了，才会起到事半功倍、建一带三的效果。

2. **进一步提高工作合力** 智慧城市建设是一项综合性、政策性非常强的工作，与我们推进高新技术产业化有很大的不同，光靠我们一个部门是做不成的，一定要充分发挥各方积极性，形成有效的工作合力。一是要联合委办局。虽说信息化是智慧城市建设的主线，但具体的项目都分散在各兄弟部门，其业务专业性非常强，如智能交通项目，如果建交委没有积极性，那我们是做不成的，所以一定要联合兄弟委办局，发挥他们的积极性（有些项目是以我们为主；有些项目是以其他委办局为主，我们做好协调和服务；有些项目我们更多的是跟踪和联系，及时了解情况）。二是要依靠区县。鼓励各区县根据资源禀赋和发展现状，围绕三年行动计划确定各自的重点项目。光纤到户、移动通信基站落地等项目一定要发挥区县的作用。新一代信息技术产业的发展离不开区县的支持（如何调动和发挥好区县的积极性，需要我们创造性地研究一些有效的举措）。三是要发挥专家作用。智慧城市建设不仅仅是抓项目、抓审批，而是一项理念超前、技术领先的系统工程，必须要有高水平的智囊团。要充分发挥专家优势，积极开展战略性、前瞻性的研究，制订促进政策；评估信息化重大项目和方案，加强相关的专业知识普及和培训。

3. **加强体制机制创新** 智慧城市建设过程中可能会遇到一些技术问题和困难，但智慧城市建设最大的困难来自于体制机制方面的障碍，这是我们必须要面对和解决的。一是要加强顶层设计。建立与智慧城市建设相匹配的推进体制、工作机制和管理体系，确定各部门的职能和职责，明确各方的权利和义务。二是要加大瓶颈突破力度。对基础设施落地难、信息共享利用难、城市信息安全保障等体制机制方面的瓶颈问题，要加大工作力度，加强制度设计，实现体制机制上的突破。三是要建立健全评价监督机制。智慧城市建得好不好，不能光由我们说了算，也不能光由政府说了算，应该由老百姓最终说了算。我们推进智慧城市建设过程中要发挥群众的力量，让群众成为推进智慧城市建设的主力军。如发挥消费者协会的作用，对通信质量、服务质量发布报告。

4. **明确责任狠抓落实** 牵头处室一定要做好总体统筹、协调推进，配合处室共同推进各项重点工作。建立完善联络员、工作例会和考核等工作制度，确保做到"四个明确"：一是人员明确。24个重点专项，都要明确分管委领导、处长、具体的联络人，要一一对应，中间不能出现空当。二是责任明确。要把具体项目落实到责任处室和每个岗位、每个人员，把任务拿到手，也要把责任带回去；

负责处室和相关人员会后都要明确自己承担的责任,与绩效考核、工作评比等做到相结合,各司其职、加强协作。三是情况明确。对重点项目的发展情况,一定要能够讲清楚、说明白,要了然于心。要把项目进展情况及时上报,对可能出现的问题和解决办法要及时进行沟通。四是节点明确。对每个月、每个季度要做什么,都要有具体细化的工作计划,对重点项目要与项目主体单位明确实施进度,严格按照时间节点要求,做好项目跟踪落实。(此外,综合处室要做好相关服务保障,如综合规划处要加强与市财政沟通,严格专项资金管理;综合规划处、经济运行处等要配合做好相关统计评估工作,办公室要配合做好智慧城市建设成果宣传工作,研究室要配合开展前瞻性调查研究,人事教育处要制定和完善相关工作考核方案等。)

推进智慧城市建设是全市的重点工作,更是经信委工作的重中之重,经信委同志尤其是智慧城市建设的相关责任处室,更要振奋精神,坚定信心,全力以赴,狠抓落实,把今年的工作任务目标完成好。同时,要认真谋划好明年的工作,做好重点工作的衔接,推动智慧城市建设工作取得新的进展,不断迈上新的台阶。

(上海市经济和信息化委员会主任　王　坚)

# 充分发挥“两化”深度融合工作在调结构、促转型、稳增长过程中的重要作用

自2008年工信部授予上海国家级推进信息化与工业化融合试验区以来，在工信部指导支持和市委、市政府部署推进下，上海探索形成了企业信息化建设为核心，传统产业改造提升和战略性新兴产业发展为主线，政府政策推动和专项支持为引导，高校、科研机构等社会各方积极参与的“两化融合”推进格局。目前，“两化融合”已融入上海经济社会发展全局，与培育战略性新兴产业、改造提升先进制造业、加快中小企业发展等重点工作实现紧密对接，在调结构、促转型方面的作用日益增强。现将有关情况报告如下。

## 一、“两化融合”工作总体情况

按照“点上抓企业标杆、线上抓产业联动、块上抓产业集聚、面上抓环境优化”的思路，全方位推进信息技术在工业发展各个领域、各个环节的渗透应用。推进过程中，重点实施“五个突出、五个着力”。

**1. 突出顶层设计，着力加强“两化融合”总体部署** 一是市政府批转发布《关于推进上海信息化与工业化融合促进产业能级提升的实施意见》和三年行动计划，明确了上海推进“两化融合”的目标、任务和工作机制。同时，联合市国资委印发了《关于加强上海市国资国企信息化工作的意见》，对国有企业信息化工作作出明确部署。二是将“两化融合”作为重要任务纳入“十二五”信息化发展规划和“智慧城市”建设方案，“两化融合”发展指数被列入上海信息化“十二五”规划的重点指标。三是对接战略性新兴产业发展和新兴信息技术应用，在三网融合、物联网、云计算等领域的专项发展意见或规划中体现“两化融合”的内容。

**2. 突出典型示范，着力推进“两化融合”重点项目** 发挥政府专项资金的引导和杠杆作用，重点支持骨干企业信息化深化应用、中小企业信息化平台应用、产业园区信息化示范应用、新兴信息技术推广应用、节能减排信息化试点应用等“五类项目”，扩大示范引领效应。如，高新技术产业化专项围绕以信息技术为主要支撑的高端产品研制和产业化发展，近三年累计支持“两化融合”项目近150个，涉及投资超110亿元；软件和集成电路发展专项围绕利用信息技术改造提升传统产业，钢铁、轨道交通、汽车等领域的工业软件研发应用取得了突破；信息化发展专项围绕信息技术在企业研发、生产、管理、营销等环节中的应用，近三年滚动支持了大型客机全球协同研制、自主品牌汽车柔性制造等六十余个项目，带动投资近5亿元；技术改造专项围绕企业装备设施和工艺的信息化改造，着力提高生产效率和产品质量；中小企业发展专项聚焦中小企业信息化应用及中小企业公共服务平台建设。

**3. 突出联动对接，着力拓展“两化融合”深度内涵** 产业链联动方面，加快推进龙头企业信息化应用，促进产业链上下游企业信息化水平的整体提升。如，上海电气加强电站、电梯等核心产业信息化，推动新能源、先进装备等领域产业协同发展；上汽集团加强汽车工艺规划与仿真系统开发应用，带动上下游企业工艺开发能力提升。产学研结合方面，依托复旦、交大等知名高校以及宝信

软件等企业技术中心，建立了4个“两化融合”研究中心和10个重点实验室，加强“两化融合”相关研究和实践；依托宝信软件、联创汽车电子等设立工业软件工程中心，加快了工业软件的研发和应用。企业对接合作方面，启动实施了推动电子商务企业创新发展、推动中小企业应用电子商务的“双推”工程，推动了近7 000家中小企业应用电子商务。

**4. 突出集聚发展，着力优化“两化融合”区域布局** 在加强全市面上推进的基础上，进一步下移工作重心，发挥区县及园区作用。一方面，推动“两化融合”向区县层面延伸，在5个区县推进“两化融合”实践区建设，并根据区县产业特点明确重点实践任务。其中，浦东新区被工信部认定为全国电子商务综合创新实践区。另一方面，推动“两化融合”向产业基地和园区拓展，着力打造“数字园区”，提升综合服务功能和集聚带动效应。如临港装备产业园区编制了《数字化产业园区建设与管理标准》，并作为企业标准在临港集团下属的洋山港等产业园区进行试点推广。

**5. 突出综合配套，着力改善“两化融合”发展环境** 抓指数评估，在全国率先建立“两化融合”发展水平评估体系和指数，为制定调整相关政策或规划提供有力支撑。抓人才培训，在工信部信息化推进司的支持和指导下，建立了国家“两化融合”人才培训基地，并依托市人保局职业培训指导中心等相关单位和企业，构建了首批4个联合培训机构和5个实训点，累计培训高级管理人员逾300人次，应用人员近万名。抓企业服务，加强“上海中小企业”网站和“企业呼声直通车”热线的公共服务功能，中小企业通过网站或热线即可完成政策咨询、项目申报、数据报送等，拓展了政府服务中小企业的渠道。

## 二、“两化融合”推进工作成效

经过几年的持续推进，本市“两化融合”工作取得积极进展。根据对全市1 000余家不同规模的企业调查分析，2010年上海“两化融合”发展指数达到72.3(预计2011年达到75)，继续保持全国领先。

一是从单个企业看，“两化融合”有力提升了企业运营水平。通过推进研发设计数字化、制造装备智能化、生产过程自动化、经营管理信息化、流通服务网络化，企业运营质量明显提升。如，宝钢集团自主开发了闭环高炉智能专家系统，高炉炉热预报准确度达到95%以上，填补了国内技术空白；上汽集团建成国内首个集成且支持柔性生产的汽车制造执行系统，平均减少45%制造周期。外高桥造船厂将一维码、二维码、RFID等技术应用于物料管理，率先实现船体构建、余料和管子全过程动态管理。

二是从关键环节看，“两化融合”在节能减排等领域实现应用突破。以“两化融合”促进节能减排作为突破口，重点推进信息技术应用。如，上海焦化采用综合自动化信息平台实现生产装置实时监控和优化调度，两年内甲醇产量由33.5万吨提高到49.1万吨，综合能耗从49.51下降到48.67。上海氯碱通过对聚氯乙烯生产采取裂解炉余热资源回收、为电机增加变频控制等技改措施降低了产品单耗。此外，同济大学“两化融合”研究中心自主研发的“企业生产和能耗过程耦合建模与能源综合优化系统”列入了《国家鼓励发展的工业领域节能减排电子信息应用技术导向目录》。

三是从产业层面看，“两化融合”加快促进了产业转型。信息技术在先进制造业和现代服务业关键环节、重点领域和骨干企业得到推广应用，带动了上海工业由数量规模型向品牌效益型、由粗放管理向精细管理、由传统制造向先进制造转变。同时，信息技术的不断创新和各项应用的深入拓展，进一步加快了二、三产业融合，促进了上海产业结构优化。2010年，上海总集成总承包、研发设计等生产性服务业完成营业收入5 300亿元；工业软件、互联网服务等信息服务业营业收入达到2 532亿元；电子商务交易额达到4 253亿元。

## 三、下一步工作安排

2012年是“两化融合”迈向深度融合的启动年，也是全面实施“两化融合”发展“十二五”规划的推进年。上海将深入贯彻国家《关于加快推进信息化与工业化深度融合的若干意见》要求，围绕“创新驱动、转型发展”主线，全面落实信息化“十二五”规划以及建设“智慧城市”三年行动计划相关任务，聚焦重点产业、骨干企业、核心区域、关键领域四个层面，推进实施产品智能化提升、工业研发设计创新等9项重点工程，加快促进信息化与工业化深度融合，力争到“十二五”期末，“两化融合”指数达到85。

1. **加强分类指导，加快推进企业信息化建设** 发挥企业主体作用，分类推进企业“两化融合”实践。中小企业，建立和完善信息化公共服务平台，建设中小企业信息化应用服务网络，支持IT企业开发和推广适合中小企业特点的信息化产品；大型企业，鼓励企业实施制造执行系统(MES)、企业资源规划(ERP)、数据挖掘系统、商业智能和决策支持系统等先进信息系统，加快集团管控、系统集成、业务协同和流程再造；行业龙头企业，推动建立全球供应链管理、协同研发设计制造系统和跨地域经营管理系统。

2. **着力自主创新，加快推进新兴信息技术产业化** 对接战略性新兴产业发展，加强自主创新，加快推进新兴信息技术研发、应用和产业化。高性能集成电路，加快“整机与芯片联动”，重点开发适用于轨道交通、航空、船舶、装备等行业的嵌入式芯片和系统。工业软件，大力发展汽车电子、交通电子、智能终端等领域的核心嵌入式软件平台。物联网，重点突破微型智能传感、虚拟工厂模型和仿真平台等关键技术，拓展在设备远程监控及检修、产品质量追溯、智能电网等方面的应用。同时，加快下一代移动通信网络增值业务、云计算技术和应用服务系统的开发。

3. **聚焦重点行业，加快推进制造业信息化改造** 结合国家产业调整和振兴规划的贯彻落实，聚焦重点行业和骨干企业，加快推进制造业信息化改造。民用航空，重点推进大型客机、支线飞机、商用飞机发动机和主要机载设备的设计研发、生产制造和客户服务的信息化应用。钢铁产业，着力提高钢铁生产过程的自动化和工艺集成水平。化工产业，加快工艺、装备和管控信息化，提高安全生产、节能生产、绿色生产水平。汽车产业，推广汽车研发生产信息化全覆盖，发展汽车电子，推进车联网应用。装备制造，重点推动新能源装备和先进重大装备向集成化、信息化方向发展。海工船舶，重点推进长兴岛、外高桥数字化船厂建设和海洋工程现代化。都市工业，重点推进信息技术在轻工、纺织、食品工业的广泛应用。

4. **服务“四个中心”建设，加快推进服务业信息化升级** 推进信息技术在金融、物流及生产性服务业等重点服务行业的应用，加快发展现代服务业。促进金融服务业信息化应用，深化完善各类金融信息系统、市场交易系统、企业信用征信系统；培育行业性第三方电子支付平台，推动手机支付、网络支付、数字电视支付等新型支付渠道建设。促进物流领域信息化应用，建设国际航运中心综合信息平台，大力发展第三方、第四方物流新模式，深入推进洋山深水港、外高桥、浦东空港、西北综合四大重点物流园区以及专业物流园区信息化建设。促进生产型制造向服务型制造转型，大力发展工程总承包、产品租赁、产品远程监测与维护等业务，带动相关信息服务业发展。

5. **突破关键环节，加快推进信息技术在节能、安全等领域的推广应用** 增强信息技术在工业节能减排、安全生产的保障支撑作用，着力提高工业生产效益。促进节能减排信息技术的研发和应用，支持重大耗能设备的智能控制系统改造、信息技术促进节能增效和清洁生产等方面应用；以冶金、石化、建材等高耗能行业为重点，鼓励企业建立和改造能源管理中心，利用信息化手段加强能源输配和消耗的监控；推进上海能效监控平台后继工程建设。加快信息技术在保障安全生产中的应用，建立食品追溯信息系统，加强危险品流通过程中的信息化监管，切实提高企业信息化应用中的信息安全保障。

（上海市经济和信息化委员会主任　王　坚）

# 总 述

## 2011年上海市国民经济和社会信息化工作综述

2011年是“十二五”规划开局之年，也是“智慧城市”建设启动之年。全市上下围绕《上海市国民经济和社会信息化“十二五”规划》，全方位推进《上海市推进“智慧城市”建设三年行动计划》的贯彻执行。大力推动网络基础设施建设，提升基础服务能力；全面推进民生和社会领域信息化深度应用，提升城市综合服务能力；积极拓展城市管理智能化建设，提升城市基础支撑能力；快速发展信息产业，充分发挥信息技术引领作用，并在物联网、云计算、无线通信等前沿领域得到进一步提升和发展。

### 一、信息基础设施建设全面推进，服务能级快速提升

2011年，上海着力推进光纤宽带网、无线城市、三网融合试点等重点工程建设，进一步完善信息基础设施规划、建设和建设工程配套管理，不断创新完善建设运营机制，信息基础设施建设深入推进。

2011年，本市光纤到户覆盖总量已超过400万家庭，开通用户超过100万户。完成500处移动通信宏基站站点和800处室内覆盖站点建设，基本实现3G网络全市域覆盖。新增无线局域网(WLAN)场点5 000处，总量超过12 000处。新建覆盖100万有线电视用户的NGB网络。互联网国际出口带宽增至450 Gbps，互联网省际出口带宽增至2 000 Gbps。高性能计算机应用领域不断拓展，曙光5000A主机系统全年平均使用率达74.39%。

### 二、信息产业继续保持快速发展，技术创新驱动效果日趋明显

2011年，本市继续坚持信息化领先发展和带动战略，努力推动电子信息制造业和信息服务业稳定、健康、可持续发展。信息产业增加值达到1 874.8亿元，比上年增长11.5%，占全市生产总值的比值为9.8%。信息产业逐渐成为上海加快经济转型、推进智慧城市建设、培育新兴战略产业、提高核心竞争力的重要抓手。

2011年，本市电子信息制造业完成工业总产值7 166.68亿元，比上年同期增长4.8%；电子信息制造业吸引新增投资244.7亿元，比上年增长22.8%，高于制造业投资增速18.8个百分点，成为上海制造业新增投资规模第一的支柱产业；战略性新兴产业电子信息制造领域实现工业总产值1 973.3亿元，对电子信息制造业增长的贡献率达到57.4%。

2011年，本市全年实现经营收入3 075.24亿元，比上年同期增长21.5%，连续5年保持20%以上的增长率。实现经营收入增加值1 106.21亿元，比上年同期增长17.3%，占第三产业比重达到9.96%，占全市GDP的比重达到5.8%。网络游戏、网络视听、贸易信息服务、金融信息服务等新业态、新模式、新应用频繁涌现，并迅速成长，为上海信息服务业创造了新的发展空间，成为上海信息服务业快速发展的重要动力。

2011年，新一代信息技术重点领域集成电路、通信与网络设备、新型显示已成为产业发展重心，汽车电子、物联网、云计算等也已成为产业发展的新亮点，“909”工程升级改造、TD－LTE规模技术试验、LED技术应用推广等项目的实施应用；多家企业云计算应用示范中心纷纷在上海启动建设；上海市物联网示范应用示范基地揭牌；国家数字电视工程中心、集成电路研发中心、硅知识产权交易中心、电信研究院华东分院、物联网中心等一批公共服务平台建设稳步推进。

## 三、信息化应用深入开展，全面提升智慧城市水平

2011年，上海市大力提升信息感知和智能应用水平。重点推进社会事业与公共服务、电子政务、信息资源开发利用及“两化”深度融合等重点领域信息化应用，全面提升城市智能水平。

社会领域信息化，截至12月底，电子账单公共服务平台已接入13家公用事业单位；高速公路不停车收费系统完成61根专用车道的建设任务；基于市民电子健康档案的卫生信息化工程已完成市级平台以及长宁等6个区县平台主体部分建设任务并实现互联；上海图书馆“无障碍数字图书馆”完成建设并开通运行；全市9个区县118个乡镇已启动农村集体“三资”监管平台业务平台建设。

经济领域信息化，本市继续深化两化融合，基本确立以两化融合为主要特征的产业发展模式，实现信息技术在先进制造业和现代服务业重点领域的全面渗透和高水平应用。信息化和工业化融合指数达到75，“两化融合”试验区工作连续两年位列全国首位。认定浦东软件园、临港产业区等5个园区为首批“数字园区”，进一步提升产业聚集发展水平。2011年，上海电子商务继续保持快速发展势头，全年电子商务交易额达到5 401亿元，同比增长27%。

政务领域信息化，本市以方便公众办事，缩小数字差距，提供办事效率为出发点，进一步完善电子政府支撑体系，拓展附渠道。2011年，市政府审批事项上网率达到91%，网上受理率达到66%，区县政府网站提供各类公共事务4 500余项；法人网上身份统一认证系统、法人共享与应用系统（二期）、航运中心综合信息平台、信息资源目录体系等形成建设方案；以“上海发布”为代表的政务微博群集中开通，涵盖公安、交通、民政等部门及金山、虹口、徐汇等区县近20多个官方认证微博。

## 四、信息化环境更趋完善，有效支撑信息化全面发展的良好格局

完成《上海市信息安全保障“十二五”专项规划》编制和发布；信息系统保密监管平台（一期）正式开通，政务网安全管理与防护能力逐步提升；信息安全技术、产业和服务的基础支撑能力逐渐提升。开展了《上海市信息化条例》等多项地方性法规立法工作，形成《上海市产业和信息化法治建设“十二五”规划》的草案；启动了促进战略性新兴产业发展条例、供用电管理条例、社会信用体系建设条例等多项地方性法规立法储备项目的调研工作。

制订《上海市工业和信息化人才继续教育行动纲要（2011—2013年）》，印发《上海市工业和信息化人才继续教育行动计划（2011—2013年）》（沪经信人〔2011〕123号）。“两化融合”联合培训机构和实训点、师资队伍和培训课程、教材的开发编撰和课件制作等陆续开展，全年累计培训409期，培训13 868人次。开展各类技能竞赛及人才评选活动，为提升本市信息化领域专业人才综合素质提供了平台。

2011年，围绕高新技术产业化、智慧城市建设等重大工作，上海市积极开展国内外产业和信息化领域的合作交流，进一步完善外资外经网络，做好会展论坛的主办和支持工作。

# 上海产业发展和信息化建设2011年工作总结和2012年工作要点（摘要）

## 一、2011年工作总结

信息服务业营业收入3 000亿元，增长20%左右，快于全市服务业增长。截至2011年年末，互联网国际出口带宽扩容至450 GB，国内出口带宽扩容至2 000 GB；光纤到户覆盖超过400万户，光纤上网用户超过100万户；“两化融合”指数达到75。

智慧城市启动建设。落实重点专项。加快推进光纤到户建设，第三方专业维护模式全国率先试点突破，组建市建筑通信网络公司；新建5 000处无线热点，新增IDC机架2 500架；三网融合试点建成IPTV和手机电视集成播控平台。改善市场环境。在国内省级城市中率先发布公用移动通信基站站址布局专项规划；新建移动通信基站基本实现集约化建设；完成外滩通道等移动通信网络优化建设。推进应用项目。电子账单公共服务平台接入13家公用事业单位；法人网上身份统一认证系统、法人共享与应用系统（二期）、航运中心综合信息平台、信息资源目录体系等形成建设方案；完成国家“两化融合”试验区工作验收，连续两年位列工信部8个试验区评估首位。加强智慧城市推进保障。完成组建智慧城市促进中心、市网络与信息安全应急管理事务中心；完成建党90周年、第14届国际泳联世界锦标赛信息安全和无线电保障任务，成功举办全国首届地区性信息安全活动周。

服务经济加快发展。信息服务业启动健康云、文化云等示范项目，本市被授予中国软件名城、国家云计算创新服务试点城市，推进智慧岛数据产业园和云海数据中心建设，协调14家企业获得第三方支付牌照，落实营业税差额征收和增值电信业务适用3%营业税税率政策。制定《关于推进专项工作的实施意见》，银联、盛大、上海天马以及智能传感器等一批云计算、新型显示和物联网专项获得国家支持；引进了东软、腾讯等一批新的企业或项目。

“十二五”规划完成编制。发布本市文化创意产业、工业发展、国民经济和社会信息化“十二五”规划；社会诚信体系建设发展“十二五”规划完成编制；工业调整淘汰落后产能规划形成初稿；软件和信息服务业、信息化与工业化融合、生产性服务业发展等“十二五”专项规划将陆续发布。

推动全市社会诚信体系建设，发布行政和司法部门企业信用信息公开目录，深化推进政府分类监管、工程建设、食品工业、中小企业、电子商务等领域的诚信建设。

## 二、2012年工作要点

国际出口带宽扩容至600 GB，国内出口带宽扩容至3 500 GB；累计完成光纤到户覆盖超过600万户，实际发展光纤上网用户总量突破200万户；WLAN热点总数达到17 000处（近10万个AP）；在全市推广使用100万份电子账单；“两化融合”指数达到78。

云计算，实施“云海计划”，建设云计算展示体验中心和云海创业大厦，争取国家云计算示范中心挂牌，推动智慧岛数据产业园和云海数据中心一期建设，争取微软云计算项目OFFICE 365中国运营中心落户。物联网，在城市安全、智能安防等领域实施应用示范工程，强化微机电系统、传感器等关键技术攻关及产业化。下一代网络，支持 IPv6 规范的 G 比特无源光网络等产品研发和产业化，支持移动互联应用软件开发；继续配合工信部做好 TD－LTE 扩大规模试验工作，积极推进 TD－LTE 行业应用。新型显示，提升 LED 产业研发和产品水平，推动 TFT－LCD 中小尺寸面板关键配套产业发展，积极推进激光显示产业发展。智能电网，围绕崇明陈家镇、虹桥枢纽等一批智能电网示范项目，推动钠硫、液硫等大容量储能、高温超导等研发和产业化，加快发展智能变电站、新能源接入及电力电子等产业，继续支持国家智能电网用户端检测中心建设。智能制造装备，加快微电子与光电子装备、工业机器人、核心智能测控装置与部件的研发和产业化；发展车联网和车载信息服务产业，推进汽车电子产业向高端发展。卫星导航，支持卫星导航多系统（GNSS）兼容定位等技术研发及产业化。

推进智慧城市建设促进中心建设。推进建立智慧城市建设专项资金，制定相应管理办法。积极争取国家支持，在相关领域先行先试。完成智慧城市建设三年行动计划执行情况的第一次评估，形成智慧城市发展水平评估指标体系和评估办法，建立新的全市信息化统计制度。

信息基础设施。一是宽带城市建设。继续开展光纤到户建设，家庭宽带用户平均互联网接入带宽提到 8 M 左右，提升约一倍；宽带上网资费大幅下降。完善运维模式，新建住宅通信设施实现第三方运维；编制完成信息基础设施布局专项规划。开展第三方网络带宽、通信质量和上网资费评估，试行发布评估报告。二是无线城市建设。加快扩大无线局域网等无线网络覆盖，制订公众无线局域网（WLAN）总体建设指南和实施意见。继续推进本市 TD－LTE 规模技术试验。加强公众移动通信基站集约化建设力度。三是深化三网融合。推进融合业务开展，完成国家三网融合试点任务，促进业务融合和应用发展。推进国家网络视听、数字出版、视频应用等产业基地和运营中心的建设。四是功能设施建设。继续推进 IDC 机房建设；完成上海超算中心四期项目立项准备工作。

信息感知和智能应用。一是推进智能城管建设。协同推进网格化管理系统向郊区城市化区域、专业领域拓展应用，完成水务管理专业网格化系统的顶层设计及初步建设，完善市政、市容绿化专业网格化系统。二是推动数字惠民。在全市推广使用 100 万份电子账单，继续推进基于市民电子健康档案的卫生信息化工程。推动信息化为特殊人群服务，进一步缩小“数字差距”，开展残疾人信息化应用技能培训试点工作。三是推进电子政务建设。推进法人网上统一身份认证项目建设，推动政府网站无障碍改造、来沪人员积分管理信息系统、市民服务综合热线、智能消防数字平台等重点项目建设。四是促进信息资源开发利用。推进法人信息共享和应用系统建设和应用，完成信息资源目录服务平台项目立项并启动建设，推进试点单位开展结构化数据库编目和共享公开，建立信息资源社会化利用机制。五是促进“四个中心”建设。推动上海国际航运中心综合信息平台的项目立项和建设，完善项目推进机制。六是推进“两化”深度融合。提升研发、制造、管理和市场营销等环节信息化应用及集成水平；提升产品智能化水平，推动制造业向高端发展，促进二三产业联动；利用信息技术促进节能减排和安全生产；推进数字园区建设，加强产学研用合作，优化基础环境和保障体系。

保障城市信息安全。一是推进智慧城市信息安全保障工作，推动信息安全基础设施、监管服务和产业发展等领域重点专项建设。二是做好重要信息系统安全监管，加强等级保护工作，督促三级以上信息系统开展等级保护测评，实施安全整改。三是加快建立城市网络与信息安全应急基础平台，推进上海市网络与信息安全应急管理事务中心建设。四是完善统一的网络信任体系建设应用，开展区域电子认证合作，实现区域网络信任体系互联互通。五是推进信息安全技术创新和产业发展，构建国家级信息安全服务平台，推动安全芯片、网络安全监控、嵌入式控制系统安全等领域关键技术研发和信息安全重大高新技术产业化项目落实。六是适时召开全市信息安全保障工作会议，加强三网融合信息安全保障，推动工业控制系统信息安全保障体系建设，加强指导和督促，完成政府网站安全管理国家试点工作。七是举办第二届信息安全活动周和技能大赛，加强信息安全教育培训，做好十八大等重要活动期间以及节假日的信息安全保障工作。

继续深化电子商务“双推”工作。稳步提升平台服务质量和中小企业应用水平，培育电子商务服务品牌；研究跟踪移动电子商务发展，鼓励新一代移动通信等新技术应用带来的电子商务服务模式的创新发展。

信息服务业。一是推进重点领域发展。高端软件创建中国软件名城，联合工信部建立协商会议制度；形成一批具有市场带动效应的国产基础软件示范应用项目；推动软件正版化，促进通用软件电子集市在政府采购中的应用。消费型信息服务业鼓励原创民族游戏产品和服务出口；支持PPS、PPTV等重点网络视听企业上市；建设面向专业领域和大型行业的数字出版数据库。生产型信息服务业推动轨道交通、智能电网等领域的工业软件研发及成熟产品的市场化应用。专业信息服务业推动交易信息服务平台、第三方支付系统监管、数据挖掘等重点金融信息服务项目建设；推广面向航运、贸易领域的大宗商品行业信息指数。新兴信息服务业争取国家级车联网与车载信息服务应用示范项目、工程落户；支持基于乘用车、特种车辆、北斗导航技术的重大项目建设。二是推进公共平台建设。筹建国家工程软件产品质量监督检验中心；争取中国信息技术服务协会正式落户；进一步完善工业软件工程中心公共服务功能，建设国际性工业软件体验中心；推动建设游戏软件测试与认证平台；对网络视听公共服务平台开展规划论证并启动建设；推动数字内容出版平台与传统内容提供商开展内容合作。三是完善政策环境。出台国发4号文件地方配套政策的实施细则，制定补贴认定标准、操作办法和促进企业做大做强的实施意见；制定国产基础软件行动方案，发布实施推进移动互联网产业发展行动方案；推进信息服务业领域营业税改征增值税试点工作；提高增值电信业务适用3%营业税税率政策覆盖率。

构建经济信息化领域领军人才交流平台，发挥领军人才在系统中的优势作用。继续加大本市经济和信息化人才继续教育力度，通过对专业人员知识更新，探索、推广培训项目，建设继续教育基地等，全面提升人才专业能力和综合素质。

# 第一编

# 信息基础设施

# 综　述

2011年，是"十二五"规划的开局年，也是上海推进智慧城市建设的启动年，市里成立了由市委、市政府主要领导挂帅的上海市智慧城市建设领导小组，召开了上海市推进智慧城市建设动员大会，发布了《上海市推进智慧城市建设2011—2013年行动计划》。

智慧城市，基础先行，2011年，信息基础设施服务能级快速提升，上海着力推进光纤宽带网、无线城市、三网融合试点等重点工程建设，进一步完善信息基础设施规划、建设和建设工程配套管理，为"十二五"开局打下坚实基础。

规范管理，不断创新完善建设运营机制。2011年，印发《关于本市"十二五"期间加快推进光纤到户建设的意见》、《关于进一步加强本市新建住宅建筑通信配套工程建设和设施维护工作的通知》，修订《住宅建筑通信配套工程技术规范》。发布全国首个基于城市建设坐标体系的《上海市公用移动通信基站站址布局专项规划(2010—2020)》。发布《上海市"十一五"信息基础设施发展报告》。启动《上海市信息基础设施布局专项规划》编制；完成嘉定区城北、云翔等大型居住社区信息基础设施专业规划编制工作。

基础先行，扎实推进智慧城市信息基础设施建设。2011年，大力推进光纤到户建设改造，光纤到户覆盖总量已超过400万家庭，开通用户超过100万户。互联网国际出口带宽增至450 Gbps，互联网省际出口带宽增至2 000 Gbps。完成500处移动通信宏基站站点和800处室内覆盖站点建设，基本实现3G网络全市域覆盖。新增无线局域网(Wireless Local Area Networks，简称WLAN)场点5 000处，总量超过12 000处。新建覆盖100万有线电视用户的NGB(中国下一代广播电视网Next Generation Broadcasting Network，简称NGB)网络。历年累计敷设集约化信息管线6 258沟公里；累计接入商务楼宇、基站、小区4 242个。

强化服务，信息网络和功能型服务设施服务能力大幅提升。截至2011年年底，全市固定电话交换机容量达1 328万门，比上年末减少10.6万门；固定电话用户达926.4万户；移动电话交换机容量达3 978万户，比上年末减少17万户；移动电话用户达2 620.6万户，比上年末增加259万户，其中3G用户数达464.7万户；宽带接入用户达603.7万户；光纤宽带网建设在国内率先启动，光纤到户覆盖用户超过400万户。长途光缆线路总长累计达4 729.05线路公里。高性能计算机应用领域不断拓展，曙光5000A主机系统全年平均使用率达97.87%。

（吴南竹）

# 第一章 专业规划与重大工程

## 概 述

2011年，信息基础设施规划扎实推进，覆盖范围不断扩大。组织编制完善《上海市"十二五"信息基础设施专业规划》。完成嘉定城北、云翔等多个市保障性住房基地信息基础设施专业规划编制。完成《上海市公用移动通信基站站址布局专项规划(2010—2020)》编制，并正式发布。启动编制涵盖电信、广电网络等基础设施的《上海市信息基础设施布局专项规划(2010—2020)》。启动"上海市公众无线局域网(WLAN)布局规划和实施策略"研究等。

重大工程信息基础设施配套建设工作加快推进。推进迪士尼、保障性住房基地等市重大工程信息基础设施配套建设。完成信息通信架空线综合整治工作，推进通信基站的景观化和集约化设置工作。组织市无线电管理局协调推进通信基站的景观化和集约化设置工作，减少通信基站对市容环境的影响。经过不懈努力，目前，增量基站已全部实现景观化建设，重要景观区域实现存量基站景观化的全面改造。

(吴南竹)

## 一、信息基础设施专业规划

### 上海市公用移动通信基站站址布局专项规划(2010—2020)

规划在全面调查和综合评判现状基站设施开展电信服务的适应能力以及与城市空间的相容水平基础上，通过对行业发展趋势及由此带来的设施布局调整要求，预测与本市公用移动通信事业发展相适应的基站分布态势，探索建立于本市城乡空间体系和关键资源要素配置相适应的基站设置密度分区标准，统筹多运营商、多技术体制下的激战设置需求，形成覆盖全市的基站站址布局。

规划在总体考虑上确立了"五个衔接"，强调了通信网络规划与城市规划的衔接；强调了中长期规划与近期建设之间的衔接；强调了规划不同层次的衔接；强调了布局与操作的衔接；强调了规划实施与政策配套的衔接。

规划范围是上海市行政区，总面积约6 340平方公里。规划期限是2010—2020年。该规划的主要成果是：确立了本市站址密度分区模型，在市域总体规划层面将室外宏基站设置密度分区划分为超高密区、高密区、密集区、一般区、边缘区、限建区共6大类。确立了本市基站站址综合覆盖半径模型，基站站址的综合覆盖半径分为2级5个层次。完成了本市基站站址的总体布局，至规划期末全市室外宏基站站址总数约为10 773个，其中，现状站址数4 452个，近期在建2 367个，规划新增3 954个。提出了本市公用移动通信基站设置的建设导则和政策建议。

### 嘉定区城北大型居住社区信息基础设施专业规划

2011年，为完善嘉定区城北大型居住社区信息基础设施布局，也为适应资源节约型、环境友好型城市建设需要和城市信息化快速发展需求，编制完成《嘉定区城北大型居住社区信息基础设施专业规划》，规划范围为北至祁连河—胜竹路，东至城北路—胜辛路，南至西练祁河，西至沈海高速(G15)，总用地面积约6.20平方公里。

根据城北大型居住社区的总体规划，详细分析了今后基地内人口增长、经济发展对通信的需求后，结合各运营商现有网络及相关网络技术的发展，对基地内的信息基础设施进行系统规划，城北基地内通信业务将满足交换容量73 600门，宽带容量57 750端口，有线电视77 600端口。新建综合信息机房1处；新建小区通信机房11处。新建集约化室外宏基站10处。新建市政道路通信管道约663.41孔公里。

城北基地建成后，区内居民等用户可以享受到安全、通畅的固定和无线语音通讯服务；可以在支付与原来相同的资费的情况下享受到10 M甚至100 M的高带宽的上网服务。在此基础上用户还可以享受到多种家庭、社区信息化服务，让信息化服务密切结合生活、体现"以人为本"。

### 嘉定区云翔拓展大型居住社区信息基础设施专业规划

编制完成《嘉定区云翔拓展大型居住社区信息基础设施专业规划》，旨在集约化部署各类信息基础设施资源，实现居民入住前通信管线、移动信号的全覆盖，让居民享受到百兆高速上网、畅通的无线通信以及自由的通信业务选择等高质量的信息通信服务，实现信息基础设施建设与区域的协调发展。

嘉定区云翔拓展区大型居住社区控制性详细规划范围确定为：惠平路、翔江公路、胜辛南路、嘉绣路围合而成的范围，用地面积约为2.46平方公里。其中：通信机房规划年限为2011—2031年；固网语音业务规划年限为2011—2031年；宽带、数据业务规划年限为2011—2021年；无线通信系统规划年限为2011—2021年。

根据规划，云翔拓展基地内通信业务将满足交换容量29 570门，宽带容量22 370端口，有线电视46 870端口。新建综合信息机房1处，作为居住区通信核心机房；新建小区通信机房7处，作为光缆汇聚、无线小区覆盖、室内覆盖集中机房。新建集约化室外宏基站5处。新建市政道路通信管道约150.88孔公里，进局管道8.7孔公里，红线内小区管道约230孔公里。

### 闵行新城MHC11001单元信息基础设施专业规划

为了进一步完善闵行新城MHC11001单元信息基础设施布局，按照"集约化建设，资源共享，统一维护"的原则，编制《闵行新城MHC11001单元信息基础设施专业规划》，对闵行新城MHC11001单元的通信网络、通信用房、通信基站、通信管道以及营业厅等进行规划，助力闵行新城MHC11001单元实现"创新智慧园、科技文化谷、水绿休闲港"的区域发展目标，在用户入住前实现通信管线全连通、移动通信信号全覆盖。

闵行新城MHC11001单元位于闵行区南部，是由申嘉湖高速公路(S32)—沪金高速公路(S4)—吴闵支线—剑川路—莲花南路所围合的区域，总用地面积约为226.35公顷。

根据规划，闵行新城MHC11001单元基地内通信业务将满足交换容量18 200门，宽带容量12 117端口，有线电视4 370端口。新建综合信息机房1处。新建集约化室外宏基站6处，市政道路通信管道约141.9孔公里。

（吴南竹）

## 二、重大活动信息通信保障工作

依托2010年上海世博会成功保障经验，组建沪、浙、军联合保障团队，通过在活动组织、频率征集与协调、技术准备、应急管理、宣传评估等方面的科学谋划，成功保障了第14届国际泳联世界锦标赛。赛事保障期间，对东方体育中心和金山区公开水域等核心区域及周边1.5公里范围开展频率台站清理整治活动，2011年7月16日至7月31日，累计出动无线电保障力量644人/天，监测车辆150辆/天，启用固定监测站176站/天，监测时间超过1 728站(车)/小时，发放设备标签7 200个，对共计50余家单位的200多台无线电通信设备进行执法检查，处置违规用频、非法设台、干扰申诉等事件5起，有效确保了比赛期间的无线电安全。除此之外，包括F1中国大奖赛等在内的重要文化体育活动的无线电安全工作全面完成，重大活动期间实现无线电安全保障无差错。全力做好重大活动无线电安全保障，完成青草沙原水切换工程通水切换期间(2010年11月—2011年6月)和俄罗斯学生在沪夏令营活动期间的通信保障工作。

（蒋晨晖）

## 三、推进本市重要区域通信网络优化工作

2011年，完成各越江隧道移动通信网络优化建设和市政府办公楼(人民大厦、市政大厦)移动通信网络优化的改造方案；编制东方绿舟信息基础设施优化改造方案；完成张江(北、中区)移动通信网络优化方案，初步落实了一批基站站址；启动编制外高桥保税区移动通信网络优化技术方案；下发《关于开展本市产业园区信息基础设施优化建设工作的通知》，指导本市各产业园区信息基础设施优化建设。

（吴南竹）

# 第二章　重点工作

## 一、宽带城市建设

### 光纤到户建设

**【推进光纤到户建设改造】** 作为2011年市重大工程项目，光纤到户建设工作进展顺利，新建小区实施光纤敷设到户，已建小区逐步进行用户端光纤到户改造，截至年底，光纤到户能力覆盖家庭数累计超过400万，实际光纤用户超过100万，覆盖区域基本达到"百兆进户、千兆进楼"的网络覆盖能力，全市家庭宽带用户实际使用带宽平均达4 Mbps，同比提高一倍以上。

**【加强网络优化和改造】** 2011年，进一步拓宽网络出口，提升网络可靠性和承载能力。互联网国际出口带宽增至450 Gbps，互联网省际出口带宽增至2 000 Gbps。同时，强化本市基础通信管线集约化建设管理，重点要提升郊区集约化覆盖率，全年完成约400沟公里管道施工。

（吴南竹）

**【上海铁通光纤到户建设】** 铁通上海分公司贯彻落实中国移动通信集团公司和铁通公司关于实施光纤接入网建设的部署，从2011年下半年开始加快推进既有网络技术升级改造的进程。在铁通上海分公司领导的统一部署下拟定了上海铁通网络技术改造方案，铁通总部同意调增上海分公司2011年投资额度计划4 000万元用于上海铁通光网络改造工程。2011年9月光网络改造工程进入实施阶段，到2011年年底完成119个小区、118个商务楼光网络改造。覆盖小区用户17万户、商务楼4万间，形成FTTH（光纤到户 Fiber To The Home，简称FTTH）端口能力8万个。

（周　旦）

### 下一代广播电视网（NGB）建设

**【概况】** NGB是中国下一代广播电视网，它以有线电视网数字化整体转换和移动多媒体广播（China Mobile Multimedia Broadcasting，简称CMMB）的成果为基础，以"高性能宽带信息网"（3T Net，T比特的路由、T比特的交换和T比特的传输）自主创新的核心技术为支撑，将电信网、计算机网和有线电视网三网融合，有线无线相结合，全程全网的下一代广播电视网。2009年7月31日，国家科技部、国家广电总局和上海市政府签订示范合作协议，宣告中国"下一代广播电视网（NGB）"示范网建设率先在沪启动。作为建设NGB网络的排头兵，东方有线已经完成上海中心城区150万户NGB示范网建设。预计未来进一步扩大规模，在三到五年时间内，将完成全市500多万有线电视用户的NGB改造，从而为本市三网融合试点以及建设"智慧城市"奠定扎实基础。NGB入户网络带宽已达100 M的接入水平，为高端增值业务，如远程医疗、高清通话等应用提供了技术条件。主要关键产品：接入网局端设备EOLT、缆桥交换机、缆桥终端设备及NGB网络集成方案设计、系统规划、业务系统布局等。

（孙逸瑾）

**【NGB建设】** 继续推进有线电视整转工作，完成有线电视网络"一城一网"整合，推进中心城区较难改造地区和实施郊区城镇化地区有线电视数字化整转共100万户。加快有线电视网络城域网改造和NGB网络建设，增建郊区传输光缆、网络设备，优化网络结构，提升网络端到端综合业务承载能力，推进中心城区和郊区城镇化地区NGB建设，年内新建覆盖100万有线电视用户的NGB网络。同时，完善NGB网络平台，在已有业务系统基础上开发视频点播等新业务系统，提高业务能力。

（吴南竹）

**【启动郊区有线电视数字化整体转换与NGB建设试点】** 自2006年开始，东方有线积极开展有线电视数字化整体转换试点，经过连续三年的试点，逐步摸索出了一条具有上海特色的整转模式。自2010年1月7日起开始全面正式启动上海市中心城区整转以来，截至2011年12月30日，已完成整转约245万户，转换率达94.23%，高于国内其他城市的数字化整转率。在全面完成市中心城区有线电视数字化整转后，2011年9月，在市文广局、各郊区文广局等政府部门的大力支持和具体指导下，上海浦东东方有线、上海闵行东方有线、上海松江东方有线等子公司作为建设主体，开始启动郊区网改和有线电视数字化整转。郊区整转沿用了创新的互动模式和一户两台方案，既满足了用户对整转以后的个性化需求，又符合本市绝大部分家庭对数字电视机顶盒的配备需求，获得了绝大多数用户的认同、理解和接受。截至2011年年底，郊区数字电视整转有效用户的覆盖已达33.11万户。与此同时，郊区NGB建设试点的序幕也于2011年拉开，率先开展NGB建设试点的浦东新区、闵行、松江、嘉定、青浦，NGB网络建设的覆盖户数已达57.86万户。在郊区整转和NGB建设试点区域，完成更新换代的有线数字电视网络的承载能力得到了大幅提升。

**【进一步加快推进市中心城区NGB建设】** 2010年，东方有线在世博会大背景下，积极创新，克服困难，顺利完成了中心城区100万户NGB示范网建设，超额50万户。紧接着2011年继续抓紧推进市中心城区的NGB建设。截至年底，2011年度市、郊合计100万户NGB建设现场施工基本完成。在市中心城区已完成100万户NGB建设的基础上，2011年继续拓展了50万户NGB建设，截至2011年12月30日，市中心城区完成NGB小区网络设计57.91万户，完成外线建设51.32万户，完成缆桥吊装50.28万户，现场施工基本结束，市中心城区NGB网络平均覆盖率达到约58%，各区NGB覆盖率总体上趋于平衡。与此同时，东方有线以三网融合业务试点为契机，开放思路、创新突破，完成公司核心增值业务的战略布局。这些工作的完成，为全面推进上海三网融合业务试点及建设“智慧城市”奠定了扎实的基础，为东方有线的后续业务发展创造了良好的条件。12月，中国下一代广播电视网(NGB)上海示范网100万户投入运营仪式在沪举行，中宣部副部长、广电总局局长蔡赴朝，中共上海市委常委、宣传部部长杨振武等领导出席启动仪式，并共同为上海下一代广播电视网(NGB)应用实验室有限公司揭牌。

（解　放）

**【有线电视网络整合工作完成】** 在2008年完成有线电视“村村通”、“户户通”工程的基础上，2010年上海市中心城区250万户有线电视用户实现了数字化，2011年对城乡150万有线电视用户实施了NGB(下一代广播电视网)改造，不仅提高了有线电视节目的丰富度和收看质量，还促进了有线电视网络的数字化应用，对于加强中华优秀文化传播，缩小城乡信息鸿沟，促进社会主义文化大发展大繁荣具有重要的意义。2011年上海实施了郊县有线电视网络的整合。多年来，上海郊县的有线电视网络条块分割、资源分散，没能与中心城区整合形成规模效应，不能满足三网融合的发展要求。2010年7月，市委、市政府正式批准了《上海市广播电视有线网络整合实施意见》，8月，有线电视网络整合工作正式启动。2011年3月31日完成了对浦东、宝山、闵行、松江、奉贤、青浦、嘉定、金山8个区有线网络资源的整合。4月12日，上海市有线电视网络整合工作会议在上海展览中心召开，标志着此项工作圆满完成。

（马丹华）

# 二、无线城市建设

## WiFi建设

**【提高无线局域网(WLAN)的覆盖范围】** 年内新增场点5 000处，总量超过12 000处，无线接入点(Wireless Access Point，简称AP)数达70 000个，进一步拓展了在交通枢纽、商业中心、公共活动中心、大专院校、商务楼宇、星级宾馆等场所的无线局域网覆盖。

## 3G移动通信基站建设

**【优化三种制式3G网络】** 扩大TD-SCDMA(时分同步码分多址Time Division - Synchronous Code Division Multiple Access，简称TD-SCDMA)网络的覆盖范围，提高WCDMA(宽带码分多址Wideband Code Division Multiple Access，简称WCDMA)和CDMA2000(码分多址Code Division Multiple Access，简称CDMA)的覆盖质量，全年完成500处移动通信宏基站站点和800处室内覆盖站点建设，基本实现3G(第三代移动通信技术3rd-generation，简称3G)网络全市域覆盖，基本实现中心城区和郊区主要城镇1 Mbps以上无线宽带接入覆盖。

（吴南竹）

**【面向3G的服务应用支撑技术研究与系统实现】** 2011年9月16日，上海市科学技术委员会主持召开了中国电信股份有限公司上海分公司和复旦大学承担的"面向3G的服务应用支撑技术研究与系统实现"项目通过了市科委组织的专家验收。项目完成了3G流媒体业务系统的开发并实现商用，制订了3G流媒体业务质量指标体系，开发了3G流媒体业务质量监测系统并在现网试用。项目还构建了一个面向3G网络特性的移动流媒体系统性能评估与仿真平台，实际用于运营商开展3G流媒体业务的关键技术评估与验证。项目对移动流媒体业务如何与3G承载网络相互适应这一运营中的难点问题进行深入研究，确定了3G流媒体业务系统的关键参数，开发了手机内置质量监测模块，提出了针对无线传输条件的QoS(服务质量 Quality of Service，简称QoS)机制、基于业务流特征的实时媒体流检测和识别技术、应用层DdoS(分布式拒绝服务 Distributed denial of Service，简称DdoS)防御方法，提升了3G流媒体服务的安全性和服务质量。项目开发的3G流媒体业务系统已成为中国电信移动视频业务的统一平台，发展用户近2 500万，平台架构具有开放性和兼容性，可扩展支持未来的多屏互动业务。

**【移动3G网络下多流流媒体的现场直播与点播关键技术及其应用示范】** 2011年7月29日，由上海交通大学承担的"移动3G网络下多流流媒体的现场直播与点播关键技术及其应用示范"项目通过了市科委组织的专家验收。项目面向移动3G网络下的数字学习服务，研究并实现了移动流媒体直播、多流服务器负载均衡、移动3GP(基于第三代移动通信技术的多媒体存储格式 Third Generation Partnership，简称3GP)流媒体库的搜索与个性化推荐、基于自然语言理解的问题匹配与短信自动咨询等关键技术；提出了基于HTTP(超文本传输协议 Hypertext Transport Protocol，简称HTTP)协议的多子流流媒体传输、基于协同过滤的混合推荐等方法。一套移动直播平台，支持多流流媒体，支持用户与直播现场的交互，能够支持并发数500客户/服务器；一个3GP流媒体库，实现了关键词搜索与个性化推荐的方法，可以支持并发数500客户/服务器；一个短信自动咨询平台，支持短信形式的自然语言咨询，实现了问答库的增量增长。该课题在电信学院的《添翼振翅》项目、上海交大继续教育学院的网络课程、北京义方天下教育科技有限公司上海分公司的《义方幼儿动漫》以及上海同济大学网络教育学院的网络课程等多个项目中进行了示范应用。

（沈蕴婕）

## TD－LTE规模技术试验网建设

**【推进TD建设和应用试点示范】** 推进TD－LTE(分时长期演进 Time Division Long Term Evolution，简称TD－LTE)规模试验网建设，协调完成220个TD－LTE室外基站和室内覆盖建设，形成覆盖中心城区核心区域(内环内约110平方公里)的规模试验网。推进TD－SCDMA网络建设，在已完成约7 000个基站建设的基础上年内协调落实新建约1 200个TD－SCDMA基站和室内覆盖系统，将TD地域覆盖率提升到70%以上，基本实现对全市人口的覆盖。同时，继续推进闵行、普陀TD－SCDMA应用试点示范区建设，做好在移动医疗信息服务、基础教育平台互动、智能社区和敬老服务、城市交通信息和智能停车服务、商业应用等方面的试点。

（吴南竹）

**【TD－LTE系统设备研制与示范实验网建设】** 2011年6月30号，由上海贝尔股份有限公司牵头负责，上海无线通信研究中心、上海电信科技发展有限公司等单位共同参与的市科委重大项目"TD－LTE系统设备研制与示范实验网建设"，通过了市科委组织的专家验收。该项目经过两年多时间的联合攻关与协作，取得了显著的成果：研制完成了TD－LTE系统设备，在上海构建了TD－LTE宽带移动多媒体示范实验网，验证了TD－LTE网络的可商用性。同时推进TD－LTE技术创新：申请专利35项，其中国际专利3项，发表论文24篇，培养研究生3名。在项目的实施过程中，攻破了一系列的技术难点，包括智能天线增强的MIMO(多入多出技术 Multiple-Input Multiple-Out-put，简称MIMO)技术，小区间干扰协调技术，多标准的网络管理系统，切换技术，高效的MAC(介质访问控制层 Medium Access Control，简称MAC)层调度技术，仿真平台，组网技术研究。这些技术为TD－LTE系统设备的后续的商用提供了坚实的基础。此外还提出了一系列的创新点：自组织网络配置技术包括自配置技术、优化技术、资源调度算法、LTE与UMTS/GSM(通用移动通信系统 Universal Mobile Telecommunications System，简称UMTS；全球移动通信系统 Global System for Mobile Communications，简称GSM)系统之间的移动性管理与负载均衡。针对不同场景下组网的需求，提出基于Macro(宏蜂窝 Macrocell，简称Macro)层，Femto(飞蜂窝 Femtocell，简称Femto)层和SNAP(子网络访问协议 Sub Network Access Protocol，简称SNAP)层的三层组网策略多拓扑层叠组网和负载均衡。这些创新点对于示范实验网络的建设起了重要的作用。这一项目的完成，对于推动国内 TD－LTE 产业生态的形成和健康繁荣发展起着重要的作用。所取得的一系列技术成果不仅有效完善了 TD－LTE 系统的功能和性能，确定了 TD－LTE 中长期可持续地技术演进路线，同时也增强了中国在国际标准化组织中的影响力，为 TD－LTE 系统走向全球奠定了坚实的基础。

（沈蕴婕）

# 三、三网融合试点

**【基础先行，推进三网融合平台建设和业务开展】** 推进 IPTV（交互式网络电视 Interactive Personality TV，简称 IPTV）、手机电视集成播控平台和 IPTV 传输、手机电视分发等试点业务网络建设，推进 IPTV、手机电视、基于有线电视网络的互联网接入等试点业务开展。2011年，本市 IPTV 用户达 145 万户，手机电视本地月使用用户近 50 万户，数字电视用户超过 260 万户，有线电视互联网接入用户近 40 万户。

**【落实政策，促进相关产业发展】** 为通过三网融合促进本市信息服务业和文化产业发展，对接本市加快推进高新技术产业化、培育发展战略性新兴产业的要求，把三网融合相关业务应用、网络视听、信息安全等信息服务项目，以及终端芯片设计、网络系统设备制造等电子信息制造项目，列入本市高新技术产业化、信息产业、信息化发展等专项指南，纳入有关专项资金支持的范畴，支持在内容提供、产品制造等产业链相关领域的企业发展。

**【完善机制，加强网络和信息安全保障和监管】** 将三网融合相关安全工作作为本市网络信息安全保障体系建设重要内容。进一步完善本市三网融合信息网络视听节目监管平台建设方案和网络信息安全技术管控平台属地化建设方案。督促试点企业加强网络信息安全和应急保障体系建设，落实信息安全等级保护、安全测评和应急演练等制度。

**【做好三网融合工作协调小组办公室工作】** 落实市三网融合工作协调小组指示要求，协调推进本市试点工作开展，加强与国务院三网融合工作协调小组办公室的工作沟通。组织试点单位完成三网融合第一阶段试点总结，并上报国务院三网融合工作协调小组办公室。完成试点安全保障自评估，试点安全工作得到了国务院三网融合安全评估小组的高度肯定。先后向国务院三网融合工作协调小组办公室发送工作简报共计 11 期。

（吴南竹）

# 第三章　公共信息基础设施

## 概　述

2011年，全市公共信息基础设施综合服务能力迈上新台阶。年内新建集约化信息管线约437沟公里，累计敷设约6 258沟公里；接入商务楼宇、基站、小区791个，累计接入4 242个；截至年底，在上海登陆的国际海光缆有6个系统，10条光缆；长途光缆线路总长达4 729.05公里；卫星站点累计达791个。上海超级计算中心的曙光5000A主机系统全年平均使用率达到97.87%。网络系统全年平均可用率为99.81%，进一步优化超级计算应用环境。

（吴南竹）

## 一、信息通信管线建设

**【概况】** 2011年上海信息化建设面临着重大的发展机遇，智慧城市建设给上海市信息管线有限公司（以下简称"信息管线"）带来了重要的发展契机与不断开拓的驱动力。信息管线在保证完成市级重要活动运营维护工作的同时继续投入力量参与迪士尼、虹桥商务区、长兴岛项目，各郊区新城、各类工业园区、开发区、经济园区信息基础设施优化建设，将信息基础设施建设与信息化应用推进更好地结合，为上海的信息通信基础设施建设不断做出努力和贡献。

**【管线通信管线】** 2011年，信息管线全年共开工新建管道461沟公里，其中，中心城区和新浦东为320沟公里，约占69%；郊区为141沟公里，约占31%。截至2011年年底，公司累计建设管道6 930沟公里以上，中心城区集约化信息管道平均覆盖率达到80%左右。

**【楼宇接入】** 截至2011年年底，信息管线累计接入商务楼宇、移动基站、企事业单位、居住小区等3 753栋（处）以上，其中2011年完成楼宇接入791栋（处），继续满足了运营商业务发展的需求，保持了高效的建设态势。

**【维护保障】** 目前全市已纳入信息管线维护的管道5 611沟公里，其中2011年新增了约509沟公里。

**【城市公共光纤网建设】** 信息管线根据智慧城市建设发展的需要，积极推进上海城市公共光纤网建设，完成城市公共光纤网二期建设规划。继续为公安、交警等政府部门敷设光缆达到2 200皮长公里，覆盖世博、三林、金桥、张江、高桥、川沙等功能区域，并结合地铁建设努力使新建光缆与原地铁1、2号线等多条线的光缆资源进行互联互通，继续扩大网络覆盖范围，优化网络路由，使上海城市公共光纤网真正成为上海智慧城市信息基础设施的重要组成部分，成为推动各类信息化应用的开放网络平台。

（陆　静）

## 二、移动通信基站

**【公用移动通信基站集约化建设、景观化改造】** 深化公用移动通信基站的集约化、景观化建设和共建共享要求。截至2011年11月30日，累计推进室外宏基站集约化建设395处（站址），其中共建比例达44.3%；协调室内覆盖集约化建设10个批次354个项目，覆盖建筑面积约1 900万平方米；完成TD－LTE规模技术试验网在张江园区基站设置审批工作；全力支撑本市重大项目配套建设。积极推动虹桥商务区“无线虹桥”建设，加大对区域内相关无线设施的规划、建设指导力度；全面启动国际旅游度假区核心区域迪士尼园区的无线子规划编制；加大对长兴先进制造业基地的规划指导和无线设施建设协调；完成《上海市公用移动通信基站站址布局专项规划(2010—2020)》的编制发布。规划明确了站址控制总量、布局方法、建设导则和管理要求，经市委常委会和市政府常务会议的审议通过，正式进入宣贯实施阶段并开始在区县落地；建成公用移动通信基站监管平台。

（蒋晨晖）

# 三、功能型服务设施

## 概况

2011年，上海市信息化功能型服务设施综合服务能力进一步提高。上海超级计算中心的曙光5000A主机系统全年平均使用率达到97.87%。网络系统全年平均可用率为99.81%，主机利用率显著上升，平均利用率达到74.39%，并且进一步优化超级计算应用环境。

（吴南竹）

## 超级计算中心

**【“魔方”主机运行稳定，大规模计算作业比例加大】** 2011年上海超级计算中心主机“魔方”(曙光5000A)运行稳定，系统全年可用率平均为97.87%，网络系统全年平均可用率为99.81%，主机利用率显著上升，平均利用率达到74.39%，并且进一步优化超级计算应用环境，推进大规模并行计算应用发展，全年并行规模在1 024核以上应用使用的机时占全年机时的20.46%，大大促进了高性能计算应用水平的发展，应用质量得到数量级的提升。“魔方”的运行使用，充分发挥大规模计算的优势，不仅缓解了计算资源紧张问题，还促进了国内高性能计算应用水平的提高。

**【高性能计算应用环境建设和应用情况】** 2011年中心全年新增50家用户，累计共有342家用户。这些用户主要应用在天文物理、生命科学、地质与地球科学、计算化学、纳米科学、材料科学、物理、生物、汽车、钢铁、船舶、航空航天、机械工程、市政工程、核电工程等领域，并且不断在动漫渲染、金融计算等领域开拓新业务。

2010年中心四期工程列入上海市“十二五”规划纲要，中心积极筹备四期工程建设；6月，中心与上海天文台合作“863”计划课题“天体大规模并行数值计算软件平台的研制”通过科技部验收；9月，“863”计划项目课题“工业仿真和优化设计网格社区的开发与应用”通过验收；11月，中心通过ISO27001信息安全管理体系换证审核。

**【合作交流】** 2011年中心开展一系列国际国内高性能计算交流合作活动。在这一年中，中心“超大规模并行电磁计算”联合实验室完成了国内某大型飞机平台上的通信天线以及大型相控阵天线完整精细模型电磁特性的精确计算；中心联手微软、摩根士丹利成功举办金融大赛并取得良好反响；中心接待法国国家大型计算中心、美国劳伦斯利弗莫尔实验室(Lawrence Livermore National Laboratory，简称LLNL)等超算中心的访问并进行深入交流；中心成功参加并参展ISC11(信息安全大会Information Security Conference，简称ISC)大会、2011全国高性能计算学术年会、2011中国国际工业博览会和ISC11大会。

（张 怡）

# 第四章 信息网络设施

## 概 述

2011年，上海信息网络设施服务能力大幅提升，国际通讯网络发展迅速，无线电事业进一步服务于社会和经济发展。上海电信行业完成业务总量409.8亿元，同比增长9.0%；完成主营电信业务收入473.6亿元，同比增长7.5%；实现电信利润总额97.0亿元，同比下降0.6%；实现电信业增加值262.1亿元，同比增长11.8%。

截至2011年年底，全市固定电话交换机容量1 328万门；固定电话用户926.4万户；移动电话交换机容量3 978万门；移动电话用户2 620.6万户，其中3G用户数464.7万户。光纤宽带网建设在国内率先启动，光纤到户覆盖用户超过400万户。互联网宽带接入用户603.7万户，同比增长24%。移动互联网用户1 782.1万户，同比增长31.5%。

## 一、国际通信网络

**【通信网络】** 中国电信上海公司是中国电信行业国际通信最大的出入口局，建有国际海缆登陆站和国际卫星站，是TPE(跨太平洋高速 Trans - Pacific Express，简称TPE)、APCN2(亚太二号海底电缆 Asia - Pacific Cable Network 2，简称APCN2)、CUCN(China - USA Cable Network中美电缆，简称CUCN)、SMW3(欧亚3号SEA - ME - WE 3，简称SME3)、FLAG(环球海底光缆Fiber - Optic Link Around the Globe，简称FLAG)国际大容量海光缆系统的登陆点，也是欧亚、中俄、中越、中印等大容量国际陆地光缆系统的终端站。拥有7个具有高可靠性的国际卫星传输系统，分别对应着Intelsat(国际通信卫星组织 International Telecommunications Satellite Organization，简称Intelsat)和Jsat(日本卫星 Japan Satellite Organization)的5颗卫星。截至年底，上海的国际电路已通达236个国家和地区，同时和中国电信海外分公司(美洲、欧洲等地)开通了众多10 G或2.5 G高带宽互联电路，并为中国联通、中国移动等公司提供国际通道。作为亚太互联网中心，上海公司主要向各大运营商提供宽带接入和流量交换，同时也提供逻辑上全透明的国际转接。上海公司还负责汇接中国电信网络内华东、中南、西南各省的国际通信业务。

**【长途电信网】** 上海公司也是中国电信国内长途电信网的重要枢纽节点，负责汇接福建、江西、浙江等省的电信业务，传输方式有光缆、微波、卫星等，已建成以DWDM(密集型光波复用 Dense Wavelength Division Multiplexing，简称DWDM)和SDH(同步数字体系 Synchronous Digital Hierarchy，简称SDH)为主的大容量传输系统。上海公司建有7万多路端的国际程控/软交换机，具有SSP(信令交换点 Signaling Switch Point，简称SSP)、ISDN(综合业务数字网 Integrated Services Digital Network，简称ISDN)等智能功能，还具备了完善的国际数据专线网，包括INTERNET(国际互联网)、CHINANET(中国宽带互联网)和CN2(中国电信下一代承载网 CHINANET Next Carrying Network，简称CN2)、ATM(异步传输模式 Asynchronous Transfer Mode，简称ATM)、FR(帧中继 Frame Relay，简称FR)、DDN(数字数据网 Digital Data Network，简称DDN)、IP -VPN(虚拟专用网 Internet Protocol Virtual Private Networks，简称IP - VPN)、MSTP(多业务传送平台 Multi - Service Transfer Platform，简称MSTP)等，可以为电信客户提供各种方便快捷高质量的国际通信业务。截至年底，上海公司本地电话交换机总容量达到1 251万门。

(王　勇)

# 二、移动通信网

【无线通信网】 CDMA网络规模平稳发展，截至年底，中国电信上海公司CDMA网络规模为：运营站点数超过4 500个，网络容量DO（数据优化Data Optimized，简称DO）载扇数超过15 000个，1X载扇数超过20 000个。已运营热点超过7 000个，WiFi（无线局域网Wireless Fidelity，简称WiFi）月活跃用户数超过26万户。2011年，京沪高铁顺利通车，主要无线质量指标优于竞争对手。顺利完成京沪高铁全程的CDMA网络验证测试。5月19日、6月9日和6月27日，上海公司分3次对京沪高铁全线测试优化，成为集团公司内首家对京沪高铁进行全业务测试的分公司，数据通过上海高铁服务器向沿线分公司进行共享，同时提出高铁E组网模型并纳入重保模块，实现实时监控基站的运行指标，呼叫建立成功率、掉话率、切换失败等指标分析。

（王　勇）

# 三、数据通信网

【基础数据专线网】 上海本地基础数据专线网（以下简称“数据专线网”）是一种以ATM交换为核心，以多种业务接入设备为接入层的数据传输网。数据专线网核心层是由17台7470设备、6台7670T组成，以ATM 155M互连，构成网状网；接入层是由阿尔卡特36系列、百灵达MUX（多路转换器多路复用器multiplexer，缩写MUX）等设备组成，36系列与7470以34 M、2 M互连，MUX以ATM 155M与上海本地宽带骨干网互连，多种接入设备满足用户不同业务和速率的接入需求。现已建成上海本地最大的数据网络，基本覆盖全市。数据专线网适用于信息量大、实时要求高、保密性强的客户需求，适合数据传输、图像传输和话音传输。可提供点对点、一点对多点的业务，便于金融证券公司、科研教育系统、政府部门租用数据专线组建自己的专用网，提供帧中继业务，提供语音、G3传真、图像等通信。截至年底，共有各类数据专线网节点1 200余个，端口能力近50 000个，共提供ATM骨干带宽交换能力约45 G。

【上海本地分组传送网】 上海本地分组传送网（Packet Transport Network，简称PTN网）是一种以T-MPLS/MPLS-TP（传送多协议标签Transport Multi-protocol Label Switching/Multi - Protocol Label Switching-Transport Profile，T-MPLS/MPLS-TP）技术为核心，为用户提供以太网接入的二层数据网络。PTN网络结构分为核心层、汇聚/接入层两层，核心层由8台华为OptiX PTN 3900设备组成，汇聚/接入层由8台华为OptiX PTN 3900和86台华为OptiX PTN 1900设备组成。核心层设备之间采用部分网状10 G以太口光纤互联，汇聚/接入层设备负责用户接入，多个汇聚/接入层设备组成环形结构双归属至两个不同的核心层3 900节点，全网分4个区域，分别为东北、西南、浦东、中区。PTN二层数据专线网适用于信息量大、实时要求高、保密性强的客户需求，适合数据、图像和话音等各类流量的传输。可提供点对点、一点对多点的业务，能满足金融证券公司、科研教育系统、政府部门租用数据专线组建自己专用网络的需要。截至年底，PTN网络共有节点数为102个，提供用户接口近1 700个，单台核心3900设备的交换能力为160 G。

【IP网络】 上海公司的IP承载网是世界上最大的IP承载网网络之一，承载着庞大的NGN（下一代网络Next Generation Network，简称NGN）语音、宽带接入、IPTV和VPN等业务，具备网络拥塞控制、流量控制和质量控制能力，具备ADSL（非对称数字用户环路Asymmetric Digital Subscriber Line，简称ADSL）、光纤、FTTB+LAN（光纤到楼宇局域网Fiber to The Building+ Local Area Network，简称FTTB+LAN）和PON（无源光纤网络Passive Optical Network，简称PON）等丰富的综合接入手段。上海IP城域网连接CHINANET骨干多个核心节点及部分省节点，截至年底，CHINANET上海节点的INTERNET国际出口带宽达227.55 G；CHINANET上海节点连接国内各省核心的国内数据通道以POS10G和POS40G技术为主，物理总带宽达到1 500 G；上海城域网连接CHINANET骨干网各节点中继端口能力 1 600 G。上海城域网连接 CHINANET 的出口端口能力达到 1 600 G，连接 CN2 的出口物理带宽 120 G，汇聚上海本地 8 个区局、7 个郊县，中继带宽达到 2 000 G，各 IDC（互联网数据中心 Internet Data Center，简称 IDC）机房上联至城域网骨干节点总带宽达到1 072 G。上海公司开展 IDC 业务的机房遍布全市，核心机房有 15 处。在网络结构上，上海本地的 IDC 业务主要服务全国各地，直接连接到核心出口层可以确保网络的冗余、冗灾性。

【IPTV 平台】 IPTV 是以电信宽带网络为传输通道，以电视机为终端，集互联网、多媒体、通讯等多种技术于一体，向家庭用户提供多种交互式服务的业务。截至年底，IPTV 平台总容量 170 万户，总节点为 150 个，用户数已超过 150 万，可同时支持 40 万用户在线点播。平台出口总带宽 A 平面流量 12 G，B 平面 86 G。自 IPTV 正式商用以来，业务数量稳步增长，并逐步提供互联网电视、智能电视等新业务。

（王 勇）

# 四、无线电管理

【概况】 2011 年全年，上海市无线电管理局以国家无线电管理“十二五”规划为指导，全面树立系统统筹的发展观。全方位推进无线电管理工作与区域经济社会发展的有机融合；努力提升无线电管理工作对党政机关的服务水平；加强对区域国防建设的支撑力度；确保无线电事业发展有效服务于经济和社会发展、民生保障以及城市运行安全。按照转型发展的要求，全面树立与时俱进的发展观。切实推动无线电管理模式从纯粹监管向服务与监管“两翼齐飞”转变；从全市集中管理向市、区两级及行业协同管理拓展；从被动式监管技术设施架构向主动式监管技术设施架构转变。结合无线电管理内涵和外延的调整，全面树立开放合作的发展观。进一步健全无线电管理“融合式”发展机制，深化军民协同、区域协同、行业协同；健全无线电管理作为政府公共服务的机制，深化行政审批制度改革，提升综合受理水平；健全无线电管理“引导”机制，加大法律法规、专项规划、政策规范及舆论氛围的引导、衔接。按照确保重点、试点先行的总体策略，全面树立资源配置为导向的发展观。重点聚焦频率资源综合利用工程，充分挖掘资源价值，有效服务“智慧城市”建设；重点聚焦台站管理创新工程，实现台站设置与人居和谐；重点聚焦无线电管理技术设施建设工程，促成精细管理，改进公共服务能力；重点聚焦无线电安全体系重构工程，形成合力，确保重要领域、重点区域、重大活动的无线电安全万无一失。

截至 11 月 30 日，全年累计办文 312 件，发文 213 件，工作专报 4 期，工作要讯 16 期；印发各类纪要 43 份，其中局长办公会议纪要 1 份、局办公例会纪要 10 份、专题会议纪要 32 份；完成累计 16 批次、412 人次的各类培训；完成累计 21 批次、204 人次的接待任务。共计对外受理业务 848 起，频率指配方面，新批准使用频率 52 个（组），续用频率 11 个（组），收回频率 26 个（组），临时指配频率 1 300 余组；保障国外政要访沪 14 起；完成国际卫星地球站协调 4 起。台站管理方面，新增台（站）3 107 个，报废台（站）386 个，核发和更换执照 6 674 个，受理无线电发射设备型号核准申请 161 套，设备进关审批（含进关盖章）共涉及 170 批次共 8 069 741 台设备，指配船舶呼号 77 个，指配业余无线电呼号 300 个。设备检测方面，完成 213 家单位 1 790 台送检设备的抽样检测；完成 F1 赛事期间包括车队、转播商在内的 41 家单位 1 112 台设备抽样检测；完成第 14 届国际泳联世界锦标赛期间 323 台设备抽样检测。无线电监测及干扰查处方面，累计监测时间 39 641 站/小时，出动监测车辆 315 车次，启动应急监测任务 20 次，共完成各类干扰查处 40 起。服务民生方面，妥善完成 17 起信访投诉事件的处置和意见反馈。

【频率管理】 积极应对国家频率划分规定及政策的调整。完成了 150 MHz、400 MHz 对讲机频率规划，助推模拟对讲机数字化；全力推动本市小灵通退网的前期准备；不断提高频率资源的应急保障能力。为武警、公安、安全等提升处突能力调配频率，强化电磁环境保护；为气象、射电天文等提升预测能力、提高科学研究水平配置频率；为包括 F1 中国大奖赛、第 14 届国际泳联世界锦标赛等重大活动提供全方位的频率保障；加强提升频率资源对产业及重要行业应用的支撑力度。全力做好本市 TD－LTE 规模技术试验网、轨道交通的区域延伸保驾护航；积极做好频率占用费的征缴工作。按节点超额完成年度频率占用费 500 万元的收缴工作。

【台站管理】 以城市建设坐标为基准，实现基站在规划、计划、站址认定、执照核发、基站申诉等环节的自动比对，推动基站全生命周期管理，本市存量、在建及规划基站的实时管控能力得到增强；启动本市重点固定无线电台站布局和保护规划的编制工作。根据《上海市无线电管理办法》的相关规定，会同市规划国土部门组织实施面向民用航空导航、水上无线电导航、水上交通管理和调度、铁路和轨道交通调度、广播电视发射台（站）、射电天文、海岸电台、一级干线微波路由等十一类重点固定无线电台站的保护规划，划定保护范围，启动规划保护；积极推进台站数据月报制度规范化。完成数据库改造及数据迁移，切实履行台站数据月报制度；结合无线电台（站）的定期检测同步实施台站数据校对，提升数据准确性和规范性。

**【安全保障】** 全面深化重点行业无线电安全保障机制。按照工业和信息化部与民航总局、铁道部等各部委的统一部署，进一步完善本市民航、铁路等行业的无线电安全保障机制。民航保护方面，继续开展机场区域无线电台站专项整治工作，组织完成浦东、虹桥机场净空超高基站的拆降工作，认真做好机场净空；在市文化广播影视管理局、文广集团的配合下，通过苏、浙两省应急联动机制，积极稳妥地处置了春节前夕发生的民航导航系统受到大规模干扰导致的航班大面积延误事件；积极参与拟订《上海市民用机场地区管理条例》，并组织实施宣贯。铁路保护方面，积极参与建立华东地区铁路无线电专用频率、台站保护工作机制；组织完成高铁 GSM－R（铁路移动通信 GSM for Railways，简称 GSM－R）的清频工作，开展沿线电磁环境常态保护工作；积极推动公用移动通信基站与高铁 GSM－R 基站的共建共享。

认真履行重要事件无线电安全保障任务。根据国家无线电办公室的统一部署，圆满完成建党 90 周年、两会及春运期间的无线电安全保障。持续开展打击利用无线电设备进行考试作弊的行动。按照国务院各部委的要求，积极开展打击利用无线电设备进行考试作弊的行为，全年参与各类考试专项保障 17 次，出动保障力量 156 人次，移动监测车 48 车次，共发现作弊无线电信号 4 起，实施无线电作弊阻断 2 起，现场抓获实施无线电作弊的人员 2 人，查获非法无线电发射设备 2 套。

**【技术能力建设】** 探索建立无线电监测设施部署新路径，按照工业和信息化部无线电管理局的要求，试点启动网格化无线电监测系统的布局。虹桥综合交通枢纽和徐家汇商圈试验网试点项目已经进入实施阶段，概念型验证网络完成搭建，启动规模部署。强化重点区域无线电监测能力建设，完成大型工作站的升级改造，启动虹桥综合交通枢纽和洋山深水港等 2 个综合性监测站建设。积极促成本市机动监测资源的整合，实现国家无线电监测中心、上海文广集团、广电总局 553 台、民航华东管理局等相关单位的共 28 个监测车（站）的有机统筹，有效拓宽了监测频段及覆盖范围，无线电干扰应急查处能力得到一定程度的提高。

**【全方位打造检测公共服务平台】** 加强检测实验室资质管理，完成检测实验室复评审和扩项评审，CNAS（中国合格评定国家认可委员会 China National Accreditation Service for Conformity Assessment，简称 CNAS）和 CMA（中国计量认证 China Metrology Accreditation，简称 CMA）资质覆盖 22 个检测项目；通过与国家无线电监测中心战略合作，初步具备全业务型号核准能力；建成电波暗室并投入运行，检测能级得到提升；积极开展与本市产学研用等相关部门的合作，服务产业链的力度得到加强。

高起点架构并建设无线电管理信息通信系统，编制形成无线电管理信息化系统（协同办公平台）的基本架构和实施路线图，一期建设项目基本建成；基本完成本市监测网络的传输架构；积极贯彻国家等级保护三级的信息安全策略。

**【总体规划与法制建设】** 《上海市无线电管理“十二五”规划》进入正式的报批和发布。结合《国家无线电管理“十二五”规划》、《上海市国民经济和社会信息化“十二五”规划》、《上海市智慧城市建设三年行动计划》，进一步修订完善无线电管理服务智慧城市建设的重要内容和载体。按照规划编制衔接的要求，近期将以上海市无线电管理委员会的名义正式发布。启动修订《上海市无线电管理办法》实施细则及其他政策性文件。结合工作实际及部门规章的调整，启动修订完善包括上海市150 MHz、400 MHz 数字对讲机频率规划、卫星移动地球站及终端管理、台站执照管理等在内的操作性规程。积极践行行政审批改革的各项要求。按照市行政审批制度改革的要求，加快落实常务副市长杨雄有关本市行政许可做到“效率最高、服务最好、收费最低”的指示精神，积极推进网上审批的前期准备，规范编制行政许可事项公示文本，积极开展网上审批信息资源共享。围绕重点任务，进一步健全联合执法机制。完善与上海市地方海事局、长江上海通信管理局和长江航运公安局的水上无线电专项执法机制；完善与市公安局的车载电台联合查处机制；完善与市工商局的市场专项整治机制。

**【区域及行业协同管理】** 全面贯彻2011年上海市无线电管理委员会全体会议精神，按照会议部署，全面完成2011年无线电管理各项重点任务，加快推动成员单位在重大活动保障、联合执法、产业及示范应用等方面的协同。有效推进无线电管理区县试点工作，在金山、松江、青浦、崇明、宝山等5个区县成功探索区县无线电管理工作机制转变，推动部分职能向下延伸。组建成立上海市业余无线电协会，根据工信部无线电管理局对于业余无线电管理工作的具体要求，会同市科技、教育、体育等相关部门成立上海市业余无线电协会，组建完成业余无线电应急通信保障分队，组织应急通信演练，开展业余无线电竞赛，进一步强化了业余无线电在城市运行安全保障和无线电管理志愿者队伍组建中的重要作用。此外，积极探索辖区内无线电管理军民融合式发展的路径，加快形成长效机制。

**【无线电宣传工作】** 拟订实施2011年宣传工作方案。进一步细化本年度各项宣传重点、任务以及责任分工。重点完成专项宣传任务，完成上海市无线电管理"十二五"规划的专题报道、"5·17"世界电信及信息社会日的新闻发布、2011年市无线电管理委员会全体会议的专题宣传以及无线电管理宣传月的组织推进。认真做好无线电专刊。按计划完成三期《上海信息化(无线电专刊)》的编辑出版工作，专刊视角进一步向长三角、军地拓展。继续巩固宣传阵地。在原有新华社、《文汇报》、《解放日报》、上海人民广播电台、上海电视台等主流媒体基础上，进一步巩固与《中国无线电》、《中国电子报》等媒体的合作机制，强化运营商短信推送等新载体的应用。同时，宣传工作纵向上向试点区县、横向上向海事、行业协会等延伸。

无线电管理全年宣传资料累计完成逾60万字；见诸电视广播10余次；报纸专题新闻报道近60次；网站登录及刊载100多件；短消息推送175万人次。其中，《文汇报》于"5·17"世界电信日在头版头条刊登了上海通过网格化监测系统编制频谱资源地图的专门文章；同时新华社专门撰写了有关考试保障的内参、《文汇报》关于射电天文与4G通信的有关内参得到了市委市政府领导的高度重视。

（蒋晨晖）

# 第二编

# 信息产业

# 综 述

2011年是“十二五”开局之年，上海信息产业在国家工业和信息化部的指导下，在市委、市政府的正确领导下，认真落实各项决策部署，深入贯彻落实科学发展观。

上海软件行业继续保持平稳快速增长，实现经营收入1 766.1亿元，同比上年增长21%，充分发挥对经济社会发展的支撑和引领作用。软件企业认定和软件产品登记工作高效有序开展，软件出口增长迅猛。

上海电子信息制造业领域积极应对复杂多变的经济形势和经济运行中出现的新情况、新问题，努力推进产业结构优化升级和发展方式的转变，在上年高位增长的基础上继续保持平稳增长。2011年上海电子信息制造业完成工业总产值7 062亿元，比上年增长3.2%。同时，大力推进国家数字电视工程中心、集成电路研发中心、硅知识产权交易中心、电信研究院华东分院、物联网中心等一批公共服务平台建设，做好上海电子信息制造业公共服务，促进产业发展。全年吸引新增投资244.7亿元，比上年增长22.8%，高于制造业投资增速18.8个百分点，成为上海制造业新增投资规模第一的支柱产业。

上海信息服务业以推进营业税改增值税试点为契机，加快推进各项重点工作，实现经营收入3 075.24亿元，比上年同期增长21.5%。实现增加值1 106.21亿元，比上年同期增长17.3%，占第三产业比重达到9.96%，占全市国内生产总值的比重达到5.8%。截至2011年年底，有规模以上信息服务企业4 000家，从业人员达到35.3万人。服务业规模进一步扩大，企业实力获得提升；结构机制得到优化，服务化趋势明显；创新驱动效果显著，新应用、新模式、新业态不断涌现。

# 第一章 信息产品制造业

## 概 述

2011年是"十二五"的开局之年，上海电子信息制造业领域以科学发展观为指导，以"创新驱动，转型发展"为引领，认真贯彻落实市委、市政府各项决策部署，积极应对复杂多变的经济形势和经济运行中出现的新情况、新问题，努力推进产业结构的优化升级和发展方式的转变，在上年高位增长的基础上继续保持平稳增长。2011年上海电子信息制造业完成工业总产值7 062亿元，比上年增长3.2%。

一是创新驱动显成效。自2009年上海启动高新技术产业化推进工作以来，创新驱动成效渐显，为进一步促进战略性新兴产业新一代信息技术的发展打下了扎实基础。2011年，上海战略新兴产业电子信息制造领域实现工业总产值1 973.3亿元，比上年增长6.8%，高于电子信息制造业工业总产值增速3.6个百分点，对电子信息制造业增长的贡献率达到57.4%。2011年，上海集成电路企业两家在境外上市(昂宝、新进)，展讯TD-SCDMA芯片被三星旗舰智能机GalaxyS Ⅱ采用，获得中国移动终端集采的57%份额。战略新兴产业新一代信息技术重点领域集成电路、通信与网络设备、新型显示已成为产业发展重心，汽车电子、物联网等也已成为产业发展的新亮点。

二是转型发展新突破。上海电子信息制造业积极调结构、促转型，着力优化投资结构，同时积极开拓新领域、培育新业态。电子计算机制造业企业在向内地省市梯度转移电脑生产的同时，加大了高端服务器产品的生产，主动转型，部分代工厂在收入增长有限的前提下，利润出现较大幅度增长。"909"工程升级改造项目月产能已达到1万片，映瑞LED(发光二极管Light Emitting Diode，简称LED)项目第一批蓝光及绿光LED芯片相继成功点亮，上海蓝光已建成26KK量产线，量产功率型芯片发光效率达100 lm/W(350 mA，封装成白光后)，物联网应用示范工程有序推进。

三是服务企业促发展。大力推进国家数字电视工程中心、集成电路研发中心、硅知识产权交易中心、电信研究院华东分院、物联网中心等一批公共服务平台建设，做好上海电子信息制造业公共服务，促进产业发展。2011年，上海电子信息制造业吸引新增投资244.7亿元，比上年增长22.8%，高于制造业投资增速18.8个百分点，成为上海制造业新增投资规模第一的支柱产业。全年服务器增长3.3倍；打印机增长44.3%；手机增长近7倍，移动通信基站产量增长63.8%；传真机产量增长2.2倍；集成电路产量增长46.6%。

(王 雷)

## 一、集成电路产业

### 概况

据上海市集成电路行业协会对上海集成电路产业180家主要企业的跟踪统计，2011年上海集成电路产业完成销售收入629.2亿元，比2010年增长17.0%。集成电路各行业的销售收入及增长率如表2-1。

表2-1 2011年上海集成电路各行业销售收入及增长率表

| 行业 | 2011年销售额(亿元) | 2010年销售额(亿元) | 增长率 |
|---|---|---|---|
| 设计业 | 148.53 | 113.2 | 31.2% |
| 芯片制造业 | 127.79 | 133.4 | -4.2% |

续 表

| 行业 | 2011年销售额(亿元) | 2010年销售额(亿元) | 增长率 |
| --- | --- | --- | --- |
| 封装测试业 | 286.96 | 250 | 14.7% |
| 设备材料业 | 65.93 | 41.3 | 59.6% |
| 合计 | 629.21 | 537.9 | 17.0% |

资料来源：SICA统计网，2012.02

近几年来，上海集成电路设计业持续快速增长(表2-2)，说明上海集成电路设计逐步趋向成熟，设计企业的规模及销售收入持续增加，同时从2008—2009年世界金融危机以来，设计企业将市场转向"内需主导"，调整产品结构等工作也取得初步成效。

**表2-2 2006—2011年上海集成电路设计业销售收入及增长率表**

| 年份 | 2006 | 2007 | 2008 | 2009 | 2010 | 2011 |
| --- | --- | --- | --- | --- | --- | --- |
| 销售收入(亿元) | 24.6 | 36.5 | 45.9 | 67.04 | 113.2 | 148.53 |
| 增长率 | 68.5% | 48.4% | 25.9% | 46.1% | 68.9% | 31.2% |

由于2011年全球半导体市场下滑，海外代工订单大量减少，以代工为主的上海芯片制造业销售额明显下降，仅为127.8亿元，比2010年减少4.2%。中芯国际(上海)的销售收入由2010年的54.5亿元，减至2011年的42.5亿元。上海华虹NEC和台积电(中国)由2010年的24.8亿元和19.4亿元分别增至2011年的26.3亿元和23.66亿元，增幅较大。上海宏力、上海先进、上海新进和上海贝岭基本持平或略有下降。同时受世界市场影响封装测试业增长幅度仅为14.8%。

在国家科技重大专项02专项和上海市经济信息化委、发改委、科委的集成电路专项推动下，上海半导体设备材料企业自主研发的半导体设备和半导体材料开始上市，都有营业收入，因此2011年设备材料业销售额增长59.6%。

(王 雷)

2011年上海集成电路产业虽然受到全球半导体市场大幅度回落的影响，但在国内产业政策激励和国内广阔的电子信息产品市场拉动之下，依然保持了平稳较快的发展势头。

在产业规模方面，据上海市集成电路行业协会对全市180家集成电路重点企业的跟踪统计，2011年上海集成电路产业销售收入为630.2亿元，比2010年增长17.2%，占同期国内集成电路产业销售额的35.9%，占全球半导体市场份额的3.0%。表2-3列出了2010年和2011年全球半导体市场规模、中国大陆和上海集成电路产业的销售收入和增长率。据不完全统计，2011年上海集成电路产业整体实现利润总额超过42.8亿元，取得了历史最好经济效益。

**表2-3 2010—2011年全球半导体市场、中国大陆及上海集成电路产业销售收入及增长率比较表**

| 地区 | 全球(亿美元) | | 中国大陆(亿元) | | 上海(亿元) | |
| --- | --- | --- | --- | --- | --- | --- |
| | 2010 | 2011 | 2010 | 2011 | 2010 | 2011 |
| 销售收入 | 3 005 | 3 020 | 1 440.2 | 1 572.2 | 496.6 | 564.3 |
| 增长率 | 32.8% | 1.3% | 29.8% | 9.2% | 33.2% | 17.0% |
| 占全球半导体市场份额 | 100% | 100% | 7.2% | 8.2% | 2.7% | 3.0% |
| 占中国大陆IC产业份额 | | | 100% | 100% | 34.5% | 35.9% |

注：表中上海IC产业仅包括设计业、芯片制造业及封装测试业销售额，不包括设备材料业的销售额。
资料来源：上海集成电路行业协会整理，2012.03

2010—2011年上海集成电路行业的销售收入增长率及其在产业链中的比重见表2-4。与2010年相比，2011年设计业的销售收入增长明显，且首次超过芯片制造业的销售收入。2011年芯片制造业的销售收入比

2010 年减少 4.2%，封装测试业和设备材料业的销售收入分别增长 14.8%和 59.6%。设备材料业成为 2011 年销售收入增长最快的行业。

表 2-4 2010—2011 年上海集成电路各行业的销售收入增长率及其在产业链中的比重表

| 行业＼年份 | 2010 | | | 2011 | | |
|---|---|---|---|---|---|---|
| | 销售额(亿元) | 增长率 | 占产业链比重 | 销售额 | 增长率 | 占产业链比重 |
| 设计业 | 113.2 | 68.9% | 21.0% | 149.5 | 32.1% | 23.7% |
| 芯片制造业 | 133.4 | 43.8% | 24.8% | 127.8 | −4.2% | 20.3% |
| 封装测试业 | 250 | 20.1% | 46.5% | 287 | 14.8% | 45.5% |
| 设备材料业 | 41.3 | 20.4% | 7.7% | 65.9 | 59.6% | 10.5% |
| 合计 | 537.9 | 33.7% | 100% | 630.2 | 17.2% | 100% |

资料来源：上海集成电路行业协会整理，2012.03

在产业投资方面，据上海集成电路行业协会统计网的统计，截至 2011 年年底上海集成电路产业的累计总投资为 241.81 亿美元，累计注册资金为 107.49 亿美元，分别比 2010 年净增 18.77 亿美元、11.59 亿美元。在各产业园区中，张江高科技园区是上海集成电路产业投资最集中的园区，其累计总投资和累计注册资金各占全市集成电路产业的 66.7%和 63.6%。这为张江高科技园区成为国内集成电路产业较为集中、综合技术水平较高、产业链较完整的集成电路产业基地奠定了物质基础。漕河泾新兴技术开发区是上海最早的集成电路产业园区。该园区集成电路产业的累计总投资和累计注册资金仅占全市同行业的 5.3%和 7.1%。

截至 2011 年年底，上海从事集成电路研究、开发、生产、服务及专业教育的企事业单位共 418 家，比 2010 年净增 11 家。从业人员总数为 110 763 人，比 2010 年净增 4 535 人。其中专业技术人员为 49 189 人，比 2010 年净增 1 233 人。专业技术人员占从业人员总数的 44.4%。详见表 2-5。

表 2-5 2011 年上海集成电路领域企事业单位和从业人员数量表

| 行业 | 企事业单位数量(家) | 从业人员总数(人) | 专业技术人员数量(人) | 专业技术人员占从业人员的比例 |
|---|---|---|---|---|
| 设计业 | 194 | 22 166 | 16 389 | 73.9% |
| 芯片制造业 | 11 | 15 738 | 7 275 | 46.2% |
| 封装测试业 | 28 | 32 508 | 7 408 | 22.8% |
| 设备材料业 | 78 | 14 535 | 7 362 | 50.7% |
| 其他 | 107 | 25 816 | 10 773 | 41.7% |
| 合计 | 418 | 117 063 | 49 189 | 44.4% |

资料来源：上海集成电路行业协会整理，2012.03

（孙美玉）

## 芯片制造业

**【概况】** 2011 年上海芯片制造业的销售收入为 127.8 亿元，比 2010 年减少 4.2%，芯片制造业销售收入占上海集成电路产业链的比重为 20.3%，占全国芯片制造业的份额为 26.2%。2006—2011 年上海芯片制造业的销售收入见表 2-6。由此可见，自 2006 年以来上海芯片制造业的销售规模有所下滑，占上海集成电路产业链的比重和占中国大陆芯片制造业的份额也明显下降。其原因是“十一五”期间上海芯片制造业缺少大型的投资项目，直至 2010 年 1 月上海华力微电子有限公司正式成立，上海才开始建设第二条 12 英寸芯片生产线。

表 2-6 2006—2011 年上海芯片制造业销售收入及增长率表

| 年份 | 2006 | 2007 | 2008 | 2009 | 2010 | 2011 |
|---|---|---|---|---|---|---|
| 销售收入(亿元) | 156.87 | 146.7 | 123.7 | 92.8 | 133.4 | 127.8 |
| 增长率(%) | 18.5 | -6.5 | -15.7 | -25.0 | 43.8 | -4.2 |
| 占上海集成电路产业链的份额(%) | 41.3 | 32.0 | 27.1 | 23.1 | 24.8 | 20.4 |
| 占中国大陆芯片制造业的份额(%) | 50.8 | 36.9 | 31.5 | 23.1 | 29.8 | 26.2 |

资料来源:SICA 统计网,2012.03

**【企业状况】** 上海拥有 12 英寸生产线两条(中芯国际、上海华力),8 英寸生产线 8 条(中芯国际 3 条、华虹 NEC 2 条、宏力、台积电(中国)和上海先进各 1 条),6 英寸生产线 3 条(上海先进、上海新进、上海新进芯各 1 条),5 英寸生产线 1 条(上海先进)和 4 英寸生产线 1 条(上海贝岭微电子)。合计晶圆产能为 45 万片/月(折合 8 英寸晶圆)左右。2011 年 4 月上海华力微电子的 12 英寸生产线初步建成,并进入 55 nm 工艺流片阶段,同时进行第二批设备的选型和订货,为下半年 45/40 nm 工艺流片做准备,计划于 2012 年底实现 65/55/45 nm 工艺量产。上海新进半导体为发展模拟电路生产,2010 年以来在闵行紫竹科学园区投资建设上海新进芯电子有限公司,新建的 6 英寸模拟电路生产线也将在 2012 年下半年投产。2011 年上海芯片制造企业的销售收入及增长率见表 2-7。

表 2-7 2011 年上海集成电路芯片制造企业的销售收入及增长率表

| 排序 | 企业名称 | 2011 年销售收入(亿元) | 2010 年销售收入(亿元) | 2011/2010 增长率 |
|---|---|---|---|---|
| 1 | 中芯国际集成电路制造(上海)有限公司 | 42.50 | 54.50 | -22% |
| 2 | 上海华虹 NEC 电子有限公司 | 26.28 | 24.83 | 5.8% |
| 3 | 台积电(上海)有限公司 | 23.66 | 19.43 | 21.8% |
| 4 | 上海宏力半导体制造有限公司 | 14.90 | 15.46 | -3.6% |
| 5 | 上海先进半导体制造有限公司 | 9.52 | 9.78 | -2.7% |
| 6 | 上海新进半导体制造有限公司 | 8.14 | 8.04 | 1.2% |
| 7 | 凸版中芯彩晶电子(上海)有限公司 | 1.56 | 1.36 | 14.7 |
| 8 | 上海贝岭微电子制造有限公司 | 1.23 | 1.32 | -6.8% |
| 9 | 上海华力微电子有限公司 | 12 英寸生产线已初步建成,2011 年 6 月开始流片,2012 年下半年投产 | | |
| 10 | 上海新进芯电子有限公司 | 6 英寸生产线正在建设中,2012 年 7 月投产 | | |
| 合计 | | 127.79 | 133.4 | -4.2% |

资料来源:SICA 统计网,2012.03

**【工艺技术水平】** 近两三年来在国家科技重大专项"极大规模集成电路制造装备和成套工艺"专项(02 专项)和市经济信息化委、市发改委、市科委高新技术产业化项目的大力支持下,上海芯片制造业的先进工艺技术开发取得了显著的进展,按照摩尔定律芯片特征尺寸不断缩小的发展规律,中芯国际(上海)和上海华力微电子的制程技术处于国内领先地位。2011 年,中芯国际(上海)的 90/65 nm 制程进入代工生产,45/40 nm 制程进入小批量试产,32 nm 制程已突破关键技术。上海华力微电子在 12 英寸全自动芯片生产线上进行 55 nm 制程流片已取得成功,正在进行 45/40 nm 制程的工艺试验。此外,华虹 NEC 和上海宏力不断加快特色工艺开发,先后建立了嵌入式非挥发存储器工艺、射频电路工艺、0.13～0.09 μm 嵌入式自对准分栅闪存工艺和 0.13 μm 硅材料通用 CMOS（互补金属氧化物半导体 Complementary Metal Oxide Semiconductor，简称 CMOS）工艺等工艺平台。在超摩尔定律技术发展方面，华虹 NEC 和上海先进分别建立了 0.18～0.13 μm SiGe BiCMOS（双极互补金属氧化物半导体 Bipolar CMOS，简称 BiCMOS）、高压功率集成电路和汽车电子芯片制造平台。华虹 NEC、上海先进和上海贝岭微电子还形成了 IGBT（绝缘栅双极晶体管 Insulated Gate Bipolar Transistor，简称 IGBT）和功率 MOS（金属氧化物半导体 Metal Oxide Semiconducto，简称 MOS）晶体管等规模化生产。

（孙美玉）

**【65 nm 12 bit 高性能 ADC IP 核产业化技术攻关】** 2011 年 9 月，由芯原微电子（上海）有限公司和复旦大学联合承担的“65 nm 12 bit 高性能 ADC IP 核产业化技术攻关”项目通过两年多时间的联合攻关，取得了一系列成果：采用 65 nm CMOS 低功耗工艺实现，电源电压不高于 1.2 V，采样时钟最高到 80 MHz，采用流水线结构。室温下，该 ADC 的有效位数达到 9.7 bit，动态范围达到 66 dB，实现多种功耗节省模式。同时完成了该 ADC 的 IP 封装与规范，提供前端设计包、后端设计包，在主流集成电路设计中完成数据的质量验证，IP 核在手机电视 SoC（系统级芯片 System on Chip，简称 SoC）中嵌入应用。

**【高性能移动通信终端应用处理器 SoC 芯片研制】** 上海盈方微电子有限公司以 IMAPX2 多媒体应用处理器的研发与产业化为基础，承担了集成电路设计专项课题“高性能移动通信终端应用处理器 SoC 芯片的研发及产业化”。IMAPX2 系列处理器采用 TSMC（台湾积体电路制造股份有限公司 Taiwan Semiconductor，简称 TSMC）65 nmLP 工艺，提供高性能、低功耗的千万门级多媒体应用处理，在千万门级 SoC 芯片设计上实现一次设计、一次流片成功。基于 IMAPX2 芯片，上海盈方微电子研发了平板电脑解决方案与网络高清数字机顶盒的系统整体解决方案，并实现芯片产业化，截至 2011 年 10 月，IMAPX2 系列芯片销量已经远远超过 200 万片，申请专利与著作权 10 项。

**【新一代高安全终端认证技术研究及产品研发】** 2011 年 8 月 5 日，由上海安创信息科技有限公司承担的“新一代高安全终端认证技术研究及产品研发”项目通过市科委专家验收。项目通过两年多的攻关，研制出新一代高安全终端认证产品以及一套高安全认证终端产品的解决方案。产品基于高性能安全控制芯片、数据传输速率达到 USB2.0 高速通信速率、支持模长为 1024/2048 位 RSA 非对称加密算法，集人机交互接口（显示和按键）、无驱无软、自启动、自带浏览器、指纹识别等功能于一体，可有效防止网银中交易伪造和交易劫持攻击，确保电子交易过程中信息的真实有效性。该产品已在用户单位试用并进行推广，运行稳定，产生了良好的经济效益。

**【高性能双界面 CPU 卡安全芯片】** 由上海华虹集成电路有限责任公司承担的“高性能双界面 CPU 卡安全芯片”项目，通过两年科技攻关，成功研发了国内首款高端 32 位 CPU 双界面芯片，并通过国内评估确认等级 4 级安全认证。项目研究的关键技术有：双界面通讯接口、高性能高安全微处理器、大容量存储器、加解密技术、安全抗攻击技术等。项目解决了一系列技术难点：高适应性、快速反应、低功耗的双界面电源稳压技术；射频电路中的高速解调技术；双界面通讯智能管理技术；芯片的低功耗设计技术；高性能/功耗比的密码协处理器设计技术；芯片抵抗物理攻击技术；大规模低功耗非挥发存储器可靠性设计技术。产品可用于金融 IC 卡、金融社保、金融公交、金融健康卡等领域。

**【基于 90 nm 工艺的高级内存缓冲（AMB）芯片的研发】** 由澜起科技（上海）有限公司承担的上海市“科技创新行动计划”2009 年度集成电路设计专项课题“基于 90 nm工艺的 AMB（内存缓冲 Advanced Memory Buffer，简称 AMB）芯片的研发”于 2011 年 9 月顺利完成。项目拥有多项技术创新：采用基于 LC 振荡器的中心控制 PLL（倍频器 Phase Locked Loop，简称 PLL），并将其时钟分配至 24 个 Serdes（并串行与串并行转换器）；采用自适应的内部电源，可根据工艺、工作频率产生最佳的工作电压；自校准电路抵消电压偏移和相位偏移；自校准 PLL 以达到最大调节范围等。项目采用90 nm工艺，芯片功耗比同类产品降低 40%。基于超低功耗 AMB 的 FB－DIMM（全缓冲内存模组 Fully Buffered－DIMM，简称 FB－DIMM）可以不用散热器，节约了制造成本，减少了生产流程，更容易实现批量生产。该项目申请了两项专利技术，并获得了两项专利授权。项目执行期内澜起 AMB 产品实现经济收入 1 506 万元，产品已走出国门，进入了包括惠普、三星等国际著名企业。澜起科技是 HPCSC（中国高性能计算机标准工作委员会 High

Performance Computer Standardization Commitee)的核心成员，该委员会致力于高性能服务器的标准制定，HPCSC能耗标准限定了服务器及其部件的能耗。澜起科技的AMB芯片是业内唯一通过HPCSC节能标准认证的AMB芯片，有力推动了行业的功耗标准，响应了国家节能减排政策。项目获得2010年度上海市科学技术奖三等奖。

【TD-LTE/TD-SCDMA双模加速固核的研发】 2011年6月23日，由联芯科技有限公司承担的课题"TD-LTE/TD-SCDMA双模加速固核的研发"通过市科委专家验收。通过TD-LTE通信算法、TD-LTE/TD-SCDMA双模固核设计、TD-LTE/TD-SCDMA双模固核验证等关键技术研究而实现的TD-LTE/TD-SCDMA双模固核产品，被成功应用于该公司自主研发的TD-LTE/TD-SCDMA双模基带芯片中。该款芯片已于2010年年底成功流片，是业界首款TD-LTE/TD-SCDMA双模基带芯片。该项目后续将向TD-LTE/TD-SCDMA的双模基带芯片设计厂商和TD-LTE/TD-SCDMA/GSM多模基带芯片厂商，以及WCDMA、CDMA2000等3G芯片设计厂商进行技术授权，实现多种网络制式的终端产品，同时也面向特殊终端领域，用于实现专用领域中支持TD-LTE的用户设备，以满足军队、武警、公安、党政等领域的推广和应用TD-LTE的需要。

【面向移动多媒体计算平台的图形加速处理器开发】 图芯芯片技术(上海)有限公司承担的集成电路设计专项课题"面向移动多媒体计算平台的图形加速处理器开发"已完成。该项目开发了适用于移动计算平台的图形处理器IP核，具有高性能低功耗低成本特性，能够兼容OES2.0、OES1.1、OVG1.1标准，并提供完整的应用编程接口和驱动支持。其客户基于该IP核的应用处理器已经成功商用于手机的移动终端。项目研究成果已经转让给多家国内外客户，并已有产品在市场销售。作为国际嵌入式图形处理器领域领先的新兴公司，图芯芯片技术(上海)有限公司的产品和服务大大降低了国内外相关企业进入多媒体应用处理器开发领域的门槛，丰富了国内AP开发的产业链。

【汽车车身控制器(BCM)专用芯片的研究】 由上海飞乐股份有限公司负责，上海大学承担的"汽车车身控制器专用芯片的研究"项目通过两年多时间的联合攻关，取得了一系列成果：成功试制出具有自主知识产权的BCM(汽车车身控制器Body Control Module，简称BCM)专用芯片MV12；提出了一种基于多核异构的BCM片上系统的架构；在多核系统中提出了一种基于模型的动态分配共享存储器的方法；自主研发了CAN控制器芯片；自主研发针对BCM芯片的基于多核异构的编译系统；建立基于本项目研制的BCM专用芯片的开发套件和实验平台。申请国家发明专利4项(已全部公开)；获得集成电路布图设计登记3项；获得软件著作权32项；在国内外核心期刊或会议发表学术论文11篇(其中EI检索6篇，SCI检索2篇)。

【4 Gbps宽带无线通信RFSOC芯片测试环境建设】 上海华岭集成电路技术股份有限公司承担的集成电路设计专项课题"4 Gbps宽带无线通信RFSOC芯片测试环境建设"于2011年6月29日通过验收。该项目建设应用于100 Mbit/s到4 Gbit/s数据率的无线通信、宽带无线通信系统和高数据率交换装置芯片的测试环境，通过集成RF芯片测试关键技术和测试环境建设研究、芯片典型故障分析、测试方法设计、典型产品测试分析实践和产业化测试优化研究，建立集成RF芯片测试环境和公共技术服务平台与服务体系，共获得7项软件著作权登记，申请3项发明专利。在已开发的RFSOC测试软件中，已有5项产品实现了批量生产测试，实现销售总收入1 500万元。该测试环境将在北斗卫星定位系统、保密通信、军用局域网络等军用领域发挥作用，在4G移动通信、蓝牙信号传送、GPS、无线宽带网络等民用市场领域提供测试服务。

【高端双界面CPU智能卡关键技术与芯片实现】 由上海复旦微电子集团股份有限公司承担的"高端双界面智能卡关键技术研究与产品实现"项目顺利完成。该高端双界面CPU智能卡芯片支持ISO/IEC 7816和ISO/IEC 14443-A/B通讯协议，内置8位微处理器(CPU)，指令兼容8051指令集，数据存储器为16K byte高可靠性EEPROM(电可擦可编程只读存储器Electrically Erasable Programmable Read-Only Memory，简称EEPROM)存储器。内置多种安全算法硬件协处理器，可支持包括SSF33、DES/Triple-DES、SHA-1和RSA等在内的多种安全算法，并具备安全防攻击功能，具有极高的安全性，适合国内正在快速发展的非接触CPU卡升级、多应用市民卡和下一代双界面的银行卡的应用需求，其安全性也已达到了评估确认等级4级认证的要求。可广泛应用于银行金融、医疗卫生、社会保障、公共交通、身份识别等对安全及通讯界面要求较高领域。已累计销售100多万片，并取得了超过1 000万元的销售额。

**【支持国密算法的移动存储控制SoC芯片研制及应用】** 随着信息技术的发展，数据安全问题面临着新的挑战，特别是金融、通信、军队、政务等领域，对信息的安全性提出了更为严格的要求。上海爱信诺航芯电子科技有限公司承担了上海市“科技创新行动计划”2009年度集成电路设计专项课题“支持国密算法的移动存储控制SoC芯片研制及应用”。课题于2011年6月完成全部研究内容。该芯片基于32位处理器，内部集成存储保护单元，可以有效地保护敏感数据；芯片硬件实现多种安全算法，密钥数据采用特殊安全管理，大大增强安全性；芯片基于独创安全防护体系，具有极强的抗攻击能力。该芯片性能高、功耗低、功能丰富，在技术上具有领先性，可以应用于电子商务、电子政务、安全认证、消费电子等领域。通过两年的建设，该芯片在移动终端中的应用已全面展开，并且率先在“金税三期”的新一代税控盘中得到产业化推广应用，同时也广泛应用于银行、公安、海关、消防、部队等部门的大容量加密U盘和加密硬盘，拥有“航天品质”的美誉，产生了良好的经济和社会效益。

**【TD-SCDMA/HSPA多媒体终端核心芯片及平台的研发和产业化】** 由展讯通信(上海)有限公司承担的市科委2009年度重大项目“TD-SCDMA/HSPA多媒体终端核心芯片及平台的研发和产业化”于2009年1月立项，经过两年多的技术攻关，成功研发了全球首款40 nm低功耗商用TD-HSPA/TD-SCDMA多模通信芯片SC8800G，并实现了成果的大规模产业化。项目攻克了40 nm工艺芯片设计、良率控制、电压域划分、HSUPA(高速上行链路分组接入High Speed Uplink Packet Access)通信链路的硬件化、HSUPA和电路域业务并发、HSUPA和HSDPA业务并发、复杂环境下HSUPA上行性能等关键技术难点，与国内外主流的65 nm技术芯片相比，集成度更高，功耗降低30%，成本降低40%～50%。截至2011年10月，出货量超过1 000万片，具有显著的经济和社会效益。

(沈蕴婕)

## 封装测试业

**【概况】** 2011年上海集成电路封装测试业的销售收入为287亿元，同比增长14.8%，占上海集成电路产业链的比重为45.6%，占全国封装测试业的份额为46.9%。2006—2011年上海集成电路封装测试业的销售收入、增长率、占上海产业链的比重及占全国封装测试业的份额如表2-8。其中除2008—2009年受世界金融危机影响增长率明显下降之外，其他年份均保持了两位数的增长。

**表2-8 2006—2011年上海集成电路封装测试业的发展规模情况表**

| 年 份 | 2006 | 2007 | 2008 | 2009 | 2010 | 2011 |
|---|---|---|---|---|---|---|
| 销售收入(亿元) | 174.1 | 252.9 | 263.5 | 208.2 | 250 | 287 |
| 增长率(%) | 27.9 | 45.3 | 4.2 | −21.0 | 20.1 | 14.8 |
| 占上海产业链的比重(%) | 45.8 | 55.1 | 57.7 | 51.7 | 46.5 | 45.6 |
| 占全国封装测试业的份额(%) | 35.1 | 40.3 | 42.5 | 41.8 | 39.7 | 46.9 |

资料来源：SICA统计网，2012.02

**【企业状况】** 2011年上海集成电路封装测试企业共有28家，其中销售收入超亿元的共22家。规模最大的几家企业如环旭电子、上海松下等(表2-9)，2011年销售收入分别达到83亿元和39亿元。日月光封装测试、星科金朋和凯虹科技的销售收入都在20亿元以上。上海雅斯拓智能卡、上海长丰智能卡、上海浦江智能卡系统和上海鲁能中卡等公司是上海智能卡和电子标签封装制造的主力军，近年来在完成2010年上海世博会门票(7 000余万张)、全国第二代居民身份证卡、上海交通卡和社保卡等政府工程中作出了卓越贡献。上海华岭集成电路技术公司是国内规模最大的集成电路芯片和成品测试的专业公司之一，其测试技术保持国内领先地位。2011年上海十大封装测试企业的排名见表9，其总销售收入为244.36亿元，占上海封装测试业销售收入的85.2%，这说明上海集成电路封装测试业的集中度很高。

表 2-9 2011 年上海十大集成电路封装测试企业排名表

| 排名 | 企业名称 | 2011 年销售额(亿元) | 2010 年销售额(亿元) | 2011/2010 增长率 |
|---|---|---|---|---|
| 1 | 环旭电子股份有限公司 | 83.83 | 79.33 | 5.7% |
| 2 | 上海松下半导体有限公司 | 39.17 | 39.43 | −0.7% |
| 3 | 上海凯虹科技有限公司 | 28.53 | — | — |
| 4 | 日月光封装测试(上海)有限公司 | 26.02 | 30.02 | −13.3% |
| 5 | 星科金朋(上海)有限公司 | 20.53 | 20.52 | 4.8% |
| 6 | 安靠封装测试(上海)有限公司 | 13.40 | 14.51 | −7.6% |
| 7 | 晟碟半导体(上海)有限公司 | 9.5 | 6.8 | 39.7% |
| 8 | 上海雅斯拓智能卡技术有限公司 | 9.02 | 7.52 | 19.9% |
| 9 | 上海凯虹电子有限公司 | 6.80 | 7.00 | −7.1% |
| 10 | 上海旭福电子有限公司 | 7.56 | 6.92 | 9.2% |
| | 合 计 | 244.36 | 212.05 | 15.6% |

资料来源：SICA 统计整理，2012.01

**【技术水平】** 2011 年，上海集成电路封装测试业处在从传统封装形式向新型封装形式的过渡时期。一方面传统封装形式如 DIP(双列直插式封装技术 Dual Inline-pin Package，简称 DOP)、SOP(小尺寸封装 Small Out-Line Package，简称 SOP)和 QFP(方型扁平式封装技术 Plastic Quad Flat Package，简称 QFP)等仍能满足市场的需要，另一方面许多先进的封装形式如 BGA(球形列阵结构 Ball Grid Array，简称 BGA)、PGA(引脚网格阵列结构 Pin-Grid Array，简称 PGA)、CSP(芯片尺寸封装 Chip Scale Package，简称 CSP)、WLP(圆片级封装 Wafer-Level Package，简称 WLP)、Flipchip(倒装芯片)和 MCP(多芯片封装 MultiChip Package，简称 MCP)等已逐渐成为主流。上海在开发世界先进的系统级封装方面取得了许多突破性进展，如中微半导体设备公司自主研制成功的硅通孔刻蚀机；上海新阳半导体材料公司成功研制了用于硅通孔的高纯铜电镀液及添加剂等；上海微电子装备公司自主研发了用于制作芯片上凸点焊接的先进封装光刻机。

(孙美玉)

## IC 设计业

**【概况】** 2011 年上海集成电路设计业实现销售收入 149.5 亿元，同比增长 32.1%，占上海集成电路产业链的比重由 2010 年的 21.0%提升至 23.7%，占国内设计业的份额由 2010 年的 31.1%提升至 31.5%。设计业是近年来上海集成电路产业链中增长最快的行业。表 2-10 列出了 2006—2011 年上海集成电路设计业销售收入和增长率在上海产业链中所占的比重，以及在国内集成电路设计业所占的市场份额。

表 2-10 2006—2011 年上海集成电路设计业发展规模情况表

| 年 份 | 2006 | 2007 | 2008 | 2009 | 2010 | 2011 |
|---|---|---|---|---|---|---|
| 销售收入(亿元) | 24.6 | 36.5 | 45.9 | 67.04 | 113.2 | 149.5 |
| 增长率(%) | 68.5 | 48.4 | 25.9 | 46.1 | 68.9 | 32.1 |
| 占上海产业链的比重(%) | 6.5 | 9.4 | 10.1 | 16.7 | 21.0 | 23.7 |
| 占国内设计业的份额(%) | 13.2 | 16.2 | 19.5 | 24.8 | 31.1 | 31.5 |

资料来源：SICA，2012.03

【企业状况】 截至2011年年底，上海有集成电路设计企业186家、设计服务企业8家，合计194家，比2010年净增7家。从企业规模来看，自2004年上海首次出现超亿元设计企业以来，每年超亿元设计企业的数量迅速增多，到2011年增至28家，占中国大陆99家超亿元设计企业的28.3%。2011年上海十大设计企业的排名见表2-11。

表2-11 2011年上海十大设计企业排名表

| 排名 | 企业名称 | 2011年主营业务收入(万元) | 2010年主营业务收入(万元) | 2011/2010增长率 |
|---|---|---|---|---|
| 1 | 展讯通信(上海)有限公司 | 422 523 | 253 690.3 | 66.6% |
| 2 | 格科微电子(上海)有限公司 | 116 825 | 57 676 | 102.6% |
| 3 | 联芯科技有限公司 | 94 410.5 | 80 563.7 | 17.2% |
| 4 | 上海华虹集成电路有限责任公司 | 61 043 | 68 657 | −11.1% |
| 5 | 上海复旦微电子集团股份有限公司 | 57 353 | 45 661 | 25.6% |
| 6 | 上海贝岭股份有限公司 | 43 981 | 41 819 | 5.2% |
| 7 | 超威半导体(上海)有限公司 | 39 889 | 28 245 | 41.2% |
| 8 | 中颖电子(上海)有限公司 | 31 343 | 37 309 | −16.0% |
| 9 | 昂宝电子(上海)有限公司 | 31 000 | 27 000 | 14.8% |
| 10 | 华亚微电子(上海)有限公司 | 27 915 | 26 899 | 3.8% |
| 合计 | | 926 282.5 | 667 520 | 37.6% |

资料来源：SICA，2012.03

【技术水平及技术创新】 2010年上海集成电路设计业自主开发成功的集成电路新产品超过90种，涵盖了3G/4G移动通信、高清数字电视、电源管理电路、高性能多核CPU、射频识别(RFID)、LCD/LED(液晶显示器Liquid Crystal Display，简称LCD)显示驱动、汽车电子集成电路、高精度AD/DA(模拟信号转数字信号/数字信号转模拟信号Analog signal to Digital signal/Digital signal to Analog signal，简称AD/DA)转换电路和接口电路等各类芯片。大部分数字电路和混合信号电路已采用0.13 μm或90 nm技术进行设计，有的产品已深入到65/40 nm技术领域。

2011年6月，灿芯半导体(上海)有限公司与中芯国际(上海)合作，实现了灿芯半导体公司第一颗40 nm芯片一次性流片验证成功。

由于近一两年来上海芯片制造企业纷纷推出高水平的特色工艺如0.35/0.18 μm BCD工艺、0.18/0.13 μm SiGe BiCMOS工艺、0.13/0.09 μm嵌入式自对准分栅闪存工艺以及高压功率器件工艺等，促使上海集成电路设计企业不断推出高水平模拟电路、嵌入式Flash/EEPROM SoC芯片、射频功率芯片和汽车电子集成电路芯片等新产品。

在国家科技重大专项"核高基"专项的推动下，上海设计企业承担的专项课题进展顺利，其中下一代高性能嵌入式CPU、自适应多模多频射频芯片、数字电视SoC芯片、130/90 nm嵌入式高密度存储IP核和嵌入式高速、高位A/D与D/A转换IP核等项目已进入验收阶段。

(孙美玉)

## 设备材料业

【概况】 2011年上海集成电路设备材料业的销售收入为65.9亿元，同比增长59.6%，占上海集成电路产业链的比重为10.5%。2006—2011年上海集成电路设备材料业的销售收入、增长率及占上海集成电路产业链的比重见表2-12。可以看到，"十一五"期间上海集成电路设备材料业虽然规模不大，但成长很快。进入"十二五"后一大批新设备、新材料产品进入市场，销售收入迅速增长，显示出良好的发展势头。

表 2 - 12 2006—2011 年上海集成电路设备材料业的发展状况表

| 年 份 | 2006 | 2007 | 2008 | 2009 | 2010 | 2011 |
|---|---|---|---|---|---|---|
| 销售收入(亿元) | 24.42 | 23.00 | 23.90 | 34.34 | 41.3 | 65.9 |
| 增长率(%) | 22.5 | −5.8 | 3.9 | 43.7 | 20.4 | 59.6 |
| 占上海产业链的比重(%) | 6.4 | 5.9 | 5.2 | 8.5 | 7.7 | 10.5 |

资料来源：SICA 统计网，2012.02.

**【企业状况】** 上海集成电路设备材料企业共有 78 家，产品范围遍及半导体工艺设备及工艺检测设备(包括集成电路、太阳能电池、LCD/LED 显示器件等)、硅材料、SOI(绝缘体上单晶硅)、掩模、封装零配件(包括封装基板)、封装材料、模具、半导体抛光液、超纯电镀液、超纯化学试剂和高纯电子气体等。

上海集成电路设备企业共有 20 余家，主要由本土化的设备制造企业和世界著名半导体设备厂商在上海开设的分公司组成。其中中微半导体设备(上海)有限公司、上海微电子装备有限公司、盛美半导体设备(上海)有限公司和睿励科学仪器(上海)有限公司是本土化设备企业的代表。这些企业虽仅从事刻蚀机、光刻机、清洗机和工艺检测设备的研制和生产，但在各自专业领域内表现十分出色。

上海还云集了一批世界著名半导体设备厂商在上海的分公司，如应用材料(中国)有限公司和东电电子(上海)有限公司等。这些公司是中国大陆集成电路企业和世界著名半导体设备厂商联系的桥梁。

上海从事硅材料生产和销售的企业共 50 余家。上海晶盟硅材料、上海合晶硅材料和上海申和热磁是从事硅材料生产的企业。上海新傲科技是国内唯一生产 SOI 晶片的企业，其 SOI 芯片技术处于国际先进水平。在封装材料方面，日月光半导体、上海柏斯高微电子、上海柏斯高模具等分别从事各种封装基板、封装零配件、模具等设计生产。在光刻掩模方面，上海凸版光掩模和上海光刻电子等专业从事集成电路和微电子器件的光掩模制造；上海华谊微电子和上海化学试剂研究所主要从事超净高纯化学试剂生产。

**【技术创新及技术水平】** 近一两年来上海集成电路设备材料业取得了一大批国内领先或世界先进水平的研发成果，其中部分已实现国产化，产品成功融入市场。中微半导体设备(上海)公司成功地自主研发了"90～65 nm 介质刻蚀机"和"45～32 nm 介质刻蚀机"，2011 年创造了订单 33 台、出货 22 台的佳绩。盛美半导体设备(上海)公司成功自主研发的"12 英寸晶圆兆声波清洗设备"已进入海力士(无锡)12 英寸生产线使用，并取得了韩国海力士公司的书面认定。上海微电子装备公司的"先进封装光刻机"已生产两台，提供给江苏长电科技公司正式使用。睿励科学仪器(上海)公司的"集成电路生产用全自动光学测量设备"也进入中芯国际(上海)12 英寸生产线试用。上海新傲科技的 8 英寸 SOI 晶片已实现产业化，产品除供国内使用外，还向世界著名半导体芯片厂商供货。上海新阳半导体材料公司自主开发成功"65～45 nm 芯片铜互连超高纯电镀液及添加剂"。安集微电子公司在实现"铜/铜阻挡层抛光液"和"90～65 nm 集成电路关键抛光材料"的研发与产业化的基础上，又开展了"45～28 nm 极大规模集成电路关键抛光材料"的研发与产业化。上海华谊微电子材料公司和上海化学试剂研究所成功生产超净高纯硫酸、硝酸、盐酸、氨水、氟化铵、醋酸、异丙醇和甲基吡咯烷酮等无机/有机化学试剂，并建立了年产千吨的生产系统。

(孙美玉)

**【"基于射频识别的工业环境下跨行业供应链系统关键技术研究及其应用示范"项目】** 2011 年 7 月 19 日，由上海宝信软件股份有限公司牵头的"基于射频识别的工业环境下跨行业供应链系统关键技术研究及其应用示范"项目通过市科委专家验收。项目通过两年多的联合攻关，突破了 RFID 在多尘、强电磁干扰、大范围金属背景等复杂生产制造环境下的可靠识读关键技术；研制了适于厚板使用的读写器、异型天线等设备；开发了易于与厚板供应链对接的中间件产品，有力地提升了 RFID 的应用技术水平；攻克了在现有生产节奏状况下 RFID 标签自动粘贴的技术难题，成功研制了适于厚板生产物流使用的自动贴标设备，实现了厚板生产物流与成品物流的有机连接；项目的示范工程以宝钢到外高桥的船板供应链系统为基础，采用 RFID 标识方式系统地实现了标签的自动粘贴、粘贴校验、实物信息采集、比对等自动处理过程，实现了厚板物流过程中的仓储、运输、配送等环节管理的智能化，提高了系统的作业效率和船板供应链效率，并实现了跨行业的全程船板物流动态跟踪。

（沈蕴婕）

## 上海先进半导体制造有限公司

上海先进半导体制造股份有限公司是历史悠久的模拟半导体代工厂，成立于1988年，也是国内最早从事汽车电子芯片、功率器件和传感器代工的半导体企业，2006年在香港主板上市。

先进半导体利用自身多年积累的技术优势，在市区各级政府的帮助支持下，确立了高性能汽车电子芯片、功率器件IGBT和传感器MEMS（微机电系统Micro-Electro-Mechanical Systems，简称MEMS）三大战略发展目标。公司在系统引进、消化国外先进半导体制造技术、管理、质量控制的同时，加快研发生产具有中国自主知识产权的关键技术，2011年有近百项发明专利诞生。

先进半导体连续通过了德国大陆集团VDA6.3汽车工业标准审核组的评定，成为德国大陆集团在中国大陆第一家获得VDA6.3的"A"级半导体芯片资质供应商，标志着"上海先进"的质量管理体系迈上了一个新台阶，证明了向世界主流汽车市场提供高性能、高质量汽车电子芯片的能力。随着研发不断深入，产能有序拓展，2011年，上海先进实现汽车电子圆片月产量10 000片以上，为全球汽车电子客户提供优质服务。

上海先进半导体有完善的汽车芯片制造质量管理体系和汽车芯片制造专业资质，掌握丰富的汽车电子芯片制造技术经验，拥有门类较齐全的工艺产品线，生产汽车电子产品50多种，广泛应用于车载娱乐、驱动、稳压电源、车身控制即核心控制部件，如悬挂控制、引擎控制等应用领域，是国内具有领先地位的汽车电子芯片制造企业和国际专业化的汽车电子芯片供应商。

上海先进半导体在以IGBT为代表的功率器件领域也处于领先水平，IGBT产品广泛应用于新能源、高速列车、家电、工业控制和国防等领域，2004年，先进半导体率先在国内开始量产1200V-IGBT产品，截至2011年年底，出片量已达50万片，揭开了国内半导体代工行业新篇章。

上海先进还是国内MEMS传感器代工厂，能够为国际大型企业制造包括三轴陀螺仪在内的各种MEMS器件。公司非常重视自主知识产权MEMS技术的开发，与国际知名研究机构结成产学研合作联盟，大力推进自主产品和技术开发。

2011年是中国第十二个五年计划的开局之年，上海先进在上海市政府的不断支持和帮助下，继续迈出"创新驱动、转型发展"步伐，把握国家02科技重大专项带来的大好时机，在国内牵头打造完整的汽车电子产业链，并继续在功率器件和MEMS等领域开拓创新，为从"先进制造"到"先进创造"做出了积极努力。

（张　杰）

## 华亚微电子（上海）有限公司

华亚微电子（上海）有限公司（以下简称"华亚微"）由留美学生于2001年回国创办，是世界级的数字视频图像解决方案芯片设计公司，总部设于中国上海，同时在南京、深圳、中国台湾、中国香港及美国加州设有分公司，员工总数达200多人，多为留美学生和来自中国台湾及大陆等产业经验丰富、技术创新能力强的管理、研发、营销精英。

华亚微自创办以来，以知识创新为主，重视知识产权保护，在国内外申请了百余项发明专利、布图登记及注册商标。产品被广泛应用于电视（液晶电视及CRT电视）、数字电视机顶盒、可携式液晶图像显示器（如可携式DVD播放机及车载电视）及电视盒等产品中，累积出货量超过2 500多万颗，客户群涵盖长虹、创维、TCL、海信、佳的美及金网通等中国知名企业，产品销售遍及全球。

（华　亚）

## 上海华力微电子有限公司

"909工程"升级改造项目上海华力微电子有限公司成立于2010年1月19日，同日开工建设的12英寸全自动芯片生产线由国资控股，项目总投资145亿元，其中注册资本66亿元。在注册资本的构成中，上海地方投资45亿元，华虹NEC和宏力半导体共同出资21亿元，国家发改委和工信部安排了首期2亿元补贴金。项目建设地点位于宏力半导体的12英寸生产线厂房内，技术水平为12英寸90～65～45 nm CMOS工艺技术，逻辑芯片和闪存芯片的产量分别为70%和30%，为国内设计企业加工芯片的比例将超过总产量的50%，首期工程完成后月产能可达1万片，全部建成后月产能可达3.5万片。

2011年4月，华力微电子的12英寸生产线初步建成，6月开始55 nm CMOS工艺技术正式流片并取得了良好效果。2011年下半年开始做45 nm/40 nm CMOS工艺技术流片的准备，并策划将产能扩充至每月2万片而进行生产设备选型订购。

上海华力微电子有限公司12英寸全自动芯片生产

线的建成标志着上海芯片制造业发展进入了新阶段。在工信部和上海市人民政府的全力支持下，该生产线依靠上海集成电路产业自身的技术力量规划、设计、建设，并自主开展了 55 nm 和 45～40 nm CMOS 工艺研发和产业化。不仅进一步壮大了中国芯片制造业阵营，为中国集成电路设计业增加了先进的芯片代工基地，同时也为加速中国芯片制造业发展提供了许多成功经验。

（孙美玉）

## 中芯国际集成电路制造(上海)有限公司

中芯国际集成电路制造（上海）有限公司于 2000 年 12 月在上海市浦东张江高科技园区注册成立，累计总投资 52 亿美元，注册资本 17.4 亿美元，是世界领先的集成电路芯片制造企业之一，也是中国内地规模大、技术先进的集成电路芯片制造企业。公司提供 0.35 μm～45/40 nm集成电路制程工艺设计和制造服务，包括逻辑电路、混合信号/CMOS 射频电路、高压电路、系统级芯片、闪存内存、EEPROM、影像传感器，以及硅上液晶微显示技术，可广泛应用于通讯、计算机、消费电子、汽车电子、工业控制及信息化等各个领域。

除芯片制造外，公司还为客户提供全方位的芯片代工解决方案，从光掩模制造、IP 研发及后段辅助设计服务到外包服务（包含凸块服务、晶圆片探测，以及最终的封装、终测等），有效缩短了产品上市时间，同时大大降低了成本。公司光掩模厂拥有规模大、技术先进的光掩模制造设施，可生产 0.5 μm～40 nm 工艺的光掩模版，实现便捷的流片服务和增值服务；提供更为丰富和多元化的 IP 完整解决方案，帮助新产品加快投入市场。

公司拥有约 6 000 名员工，其中境外人员 526 名；建有 800 多人的市级企业研发中心，由来自海外知名半导体公司和国内高校优秀的半导体人才组成；拥有先进而广泛的集成电路制造技术，在实现 65/55 nm 技术量产之外，还拥有国内最先进的 45/40 nm 试生产技术、32/28 nm技术研发能力。“十一五”和“十二五”期间承担了多项国家科技重大专项，与国内半导体设备业和材料业共同成长，带动了半导体产业链的全面发展。

公司立足自主研发和技术创新，追求拥有自主知识产权和核心技术，鼓励员工积极申请发明专利。截至 2011 年年底，累计申报国内外专利 5 379 项，其中已获得授权专利号 2 140 项。自 2008 年起，中芯国际专利申请数连续三年位居中国 IC 制造业专利排行榜首位。

展望未来，公司继续坚持国际化道路，保持独立运行的发展方向，通过实施差异化战略，优化公司的价值链，达成赢利发展，提升国际竞争力。

（中　芯）

## 展讯通信(上海)有限公司

展讯通信（上海）有限公司（以下简称“展讯通信”）是海外集成电路设计专家团队回国创业的著名集成电路设计企业，成立于 2001 年，位于上海浦东张江高科技园区。自成立以来一直致力于移动通信及多媒体终端核心芯片及专用软件的开发。为移动终端制造厂商提供高性能手机基带芯片、多媒体芯片、射频芯片、协议软件和系统应用平台等。

近十年来，展讯通信一直坚持以自主创新引领企业全面发展，紧跟国际移动通信前沿技术，专注于国际领先技术领域的移动终端核心芯片、专用软件和参考设计平台的研制和开发，完成了一系列国家和上海市重点科技攻关项目，取得了一批重要的技术成果，自主创新能力大幅度提高。产品涵盖了 2G、2.5G、3G、4G 等多个领域，2006 年开发成功 SC6800 系列 GSM/GPRS 多媒体娱乐基带芯片和 TD－SCDMA/GSM 双模多媒体基带芯片系列产品，2007 年成功开发了支持 HSPDA 标准的 3.5G 移动通信芯片，2008 年展讯通信推出了高清系列级解码核心芯片 SV6111、新颖 AVS 音频解码核心芯片 SV6100 和 CMMB 手机电视单芯片 SC6600V 等新产品。2007 年 2 月 11 日，展讯通信自主开发的“GSM/GPRS 手机核心芯片关键技术的研制和开发”项目获得中国科学技术进步一等奖。

2011 年 1 月 19 日，展讯通信在北京人民大会堂发布了 40 nm 低功耗商用 TD－HSPDA/TD－SCDMA 多模通信芯片 SC8800G，标志着展讯通信手机芯片设计水平首次超过世界一流手机芯片设计公司水平。该芯片已被国内和韩国三星等众多移动通信终端制造厂商所采用。

展讯通信坚持采用具有中国自主知识产权的“中国芯”打造“中国品牌”国产手机的理念，建立了芯片制造企业与本土手机整机厂商产业链联动的合作模式，显著推动了中国移动通信产业的发展。展讯通信已和华为等国内 200 多家知名移动通信终端制造厂商和手机设计公司建立了良好的合作关系，还不断加强与国际一流芯片厂商合作，拓展国际市场，致力于成为世界一流的手机芯片供应商。

展讯通信 2010 年、2011 年的营业收入分别为 25.37 亿元和 42.25 亿元，年增长率分别为 238.3%、66.6%。自 2009 年以来展讯通信的销售规模一直位于上海集成电路设计企业首位，自 2010 年起，连续两年在全国集成电路设计企业中排名第二位。

（孙美玉）

## 上海硅知识产权交易中心

**【概况】** 2011 年，上海硅知识产权交易中心（以下简称“中心”）以科学发展观为指导，围绕年初工作目标，不断扩大项目支持和坚持开发市场业务相结合，逐步增大服务范围和提升服务水平，在原有业务基础上勇于创新，开拓新业务模式，形成新业务布局。

**【开发项目与拓展市场】** 中心基本完成了国家科技重大专项中的 01、02、03 专项部分内容，在中期汇报中得到了相关部门领导的肯定。组织申报国家和上海市专项科研项目，在战略性新兴产业方面勇于探索，在物联网环境监测方面取了良好的成绩和进展，在物联网公共服务平台建设方面有所进展。此外，还十分注重社会效益和行业影响，注重加强知识产权保护意识，并在行业内进行推广，有效地加强了企业知识产权保护意识。中心组织了国际性的“SSIP2011 IP 重用技术国家研讨会”、成功举办首届“物联网（环境监测）圆桌会议”，配合国家半导体行业协会组织全国性的 IC CHINA“专利组合与专有技术”知识产权论坛等工作，促进上海及长三角地区乃至全国的集成电路的快速发展，有效地推动了国内外企业交流与合作。

**【IP 技术服务与服务范围】** 中心已经和 C－core、CK－core 建立应用推广协作关系，也与部分欧美中小 IP 企业建立业务拓展协作关系。同时，通过网站数据库和与 OCP－IP 联合主办的 IP 重用技术峰会建立起国内外 IP 供需双方展示洽谈平台。自身积累了以 ADC、DAC 为特点的数模混合 IP 开发服务能力，覆盖了国内主流 Foundry 的 0.18 μm～65 nm 工艺制程，性能从 10 位80 MHz到 12 位 100 MHz；ClassG 芯片的设计开发是中心向音频领域迈出的坚实一步。在技术开发中介业务方面，中心为 CETC38 所、海信信芯、华亚等单位提供数字信号处理器、数字电视芯片设计开发和流程整合服务。中心集成电路测试实验室也通过了 CNAS 的现场评审。

**【知识产权业务】** 中心承担国家科技重大专项（01、02）知识产权研究项目，并为三款国产 CPU 提供专利分析服务。此外，中心承担了国家知识产权局知识产权资产评估促进工程研究项目，每年出版中国集成电路知识产权报告、中国汽车电子行业知识产权研究报告、上海市信息技术领域专利态势分析。同时，中心知识产权业务团队也先后为数十家国内企业提供商业分析服务。司法鉴定服务知名度扩大，业务随之提升，得到了企业和相关司法机构的认可。

**【布局创新业务】** 中心紧密围绕国际产业发展趋势和国家产业发展战略，一年多来，已在物联网专利分析、环境监测传感网示范、基于北斗的新能源汽车联网监控等多个方面进行尝试和探索，和中科院、航天系统、环保系统等相关单位建立了良好的合作伙伴关系。

（硅知识）

## 上海华岭集成电路技术股份公司

**【概况】** 上海华岭集成电路技术股份有限公司致力于集成电路测试技术开发，产品验证分析和产业化测试。华岭积极投入国内先进的集成电路测试技术公共服务平台建设，建立了芯片设计验证分析、工程测试实验评估、产业化测试软硬件环境和快速高效的用户服务体系，立足上海，服务全国。

**【平台建设】** 针对“十二五”国内集成电路产品研发和生产需要，建立了由 100 多台（套）国际主流先进测试设备组成的 12 Ghz 芯片测试分析、1 000 Mbps 数模混合及 SoC 芯片实时动态测试和芯片产业化测试多级多功能公共服务平台，建立了 EDA－ATE（设计-测试）统一的技术开发和产业化测试软硬件环境，适应 12 英寸、45 nm极大规模集成电路大生产测试要求，年测试能力达到 10 亿颗。

**【技术发展】** 在平台建设的基础上，华岭根据国内外市场用户的需求，开发了 RF、信息安全、数字通信、数字音视频、高速接口、ADC/DAC（模数/数模转换器 Analog-to-Digital Converter/ Digital Audio Compress）、FPGA（现场可编程门阵列 Field-Programmable Gate Array，简称 FPGA）、FLASH（网页设计软件）等 400 多种集成电路产品测试技术和各类 IP 测试技术，申请发明专利 25 项，获得专利授权 3 项，测试软件国家著作权 57 项，大大提升了平台的技术创新和技术服务能力。

**【产业化服务】** 集成电路测试技术公共服务平台为集成电路企业提供可测性设计、测试软件、芯片验证分析、可靠性实验和产业化测试等多种形式的公共技术服务，2011年平台实现了国内外135家集成电路企业、260多种产品的测试技术服务和产业化测试，获得工信部十年(2001—2010)"中国芯"最佳支撑服务企业奖，荣获2010年度上海市大型科学仪器设施共享服务先进集体，取得了良好的社会效益和经济效益。

平台建立了产学研用可持续发展和技术创新体系，与上海集成电路设计、制造和封装产业良性互动，组成战略联盟，共同形成了完整的上海集成电路产业链，为中国集成电路产业技术进步和发展贡献了力量。

（华 岭）

## 中微半导体设备(上海)有限公司

中微半导体设备(上海)有限公司(以下简称"中微公司")成立于2004年5月，中微公司是海外归国专家在浦东张江高科技园区创建的半导体设备研发生产专业企业。中微公司的主要产品是用于纳米级集成电路芯片生产的等离子体刻蚀设备和用于三维(3D)集成电路芯片封装等领域的硅通孔(TSV)刻蚀设备。

中微公司开发和生产的12英寸等离子体刻蚀设备可用于65 nm～28 nm集成电路芯片的制造。设备采用了具有自主创新知识产权的"甚高频-去耦合反应等离子体源"和"双反应台反应器系统设计"两大专有技术。与国外同类设备相比，生产效率提高了35%，生产成本节省了35%～50%，刻蚀加工性能优异。自2011年以来，中微公司的刻蚀机已被海内外众多国际一流芯片生产线正式使用，2011年获得了33台等离子体刻蚀机订单。中微公司刻蚀设备已加工了300多万片65 nm、45 nm及40 nm集成电路12英寸晶圆片。中微公司研制的8英寸硅通孔(TSV)刻蚀设备也已进入客户芯片生产线。

中微公司及其产品备受国内外半导体业界欢迎，屡获海内外知名奖项，包括国际媒体《半导体国际》颁发的"2009年度全球最佳产品奖"、上海市评定的"2009年度上海市科技进步一等奖"、"2011年度上海市科技进步二等奖"等。

2011年，中微公司营业收入为26 894.9万元，其中出口销售额为2 320万美元。中微公司已成为上海发展最快的新颖半导体设备企业。

（孙美玉）

## 上海华虹NEC电子有限公司

**【概况】** 上海华虹NEC电子有限公司成立于1997年7月，现已成为世界领先的专业集成电路晶圆代工企业。客户遍及中国大陆、中国台湾、韩国、日本以及美国等国家与地区。公司目前拥有两条8英寸生产线，月产能已达9万片。公司地处上海，在中国台湾、日本、北美和欧洲等地均提供销售与技术支持。

**【特色工艺技术】** 华虹NEC为国内外客户提供涵盖1.0～0.13 μm工艺的、专业的、高附加值代工服务，专注于嵌入式非挥发性存储器、模拟/电源管理芯片、高压CMOS/显示驱动IC、射频以及功率器件等特色工艺平台以及逻辑、混合信号等通用工艺平台，代工产品已广泛应用于通讯、计算机、手机、家电、智能卡、MCU、汽车、开关电源、电池管理、医疗电子、绿色能源(包括风能、太阳能)、机车拖动、轨道交通、智能电网、音频、LED显示、新型照明(包括LED照明和节能灯照明)等领域。

**【一站式全程服务】** 华虹NEC为客户提供全方位、全天候服务，包括各类技术支持、单元库与IP、版图验证、晶圆加工、晶圆测试、可靠性测试和失效分析等。此外，华虹NEC还可以通过其合作伙伴向客户提供包括掩膜版制作和封装测试在内的一站式服务。

华虹NEC为客户提供"多项目晶圆"(即MPW项目)，来帮助客户降低生产成本。多项目晶圆服务引进优良的0.35 μm、0.25 μm、0.18 μm和0.13 μm工艺平台，开发的工艺覆盖存储器、BCD、逻辑电路和RF/CMOS等多种电路。能够提供一系列成熟的shuttle工艺来加速客户产品进入市场的时间和节约客户投片成本。另外华虹NEC还同北京、深圳、天津及苏州等地集成电路设计产业化基地合作，共同推广该项服务。

公司先后通过了ISO9001质量管理体系、ISO14001环境管理体系、ISO27001信息安全管理体系、OHSAS18001职业健康安全管理体系认证，索尼绿色伙伴认证，获得美国商务部产业和安全局("BIS")的"经验证最终用户"("VEU")授权，并且通过了ISO/TS16949汽车业管理体系符合性审核。由此具有更优良的产品品质和更高的信息安全性。

（华 虹）

# 二、通信和网络设备制造业

## 概况

2011年，作为“十二五”开局之年，在《国务院关于加快培育和发展战略性新兴产业的决定》将新一代信息技术定为七大重点发展领域，并致力推动新一代移动通信、下一代互联网核心设备和智能终端的研发及产业化，和《上海市推进智慧城市建设2011—2013年行动计划》的发布、高新技术产业化物联网专项等国家、市级产业导向及产业化项目的政策扶持、推动下，上海通信与网络设备企业积极把握机遇，创新驱动、转型发展，为社会经济发展提供有力的支撑。

2011年1—12月份，上海市通信设备制造业完成工业总产值871.5亿元，同比增长15.5%；实现销售收入877.7亿元，同比增长14.2%；创造利润总额为30.4亿元，同比增长12.4%。生产手机1 005.9万部，程控交换机164万线，移动通信基站490.4万信道。

## 第三代移动通信及长期演进技术(TD-LTE)

上海作为2011年中国移动牵头开展“TD-LTE规模试商用网一阶段暨规模技术试验”工作的六个城市之一，2011年主要在外场条件下进行TD-LTE同频组网技术的测试验证，上海TD产业链上下游企业随着试验及全球范围内试商用的逐步迈进，在3G的TD-SCDMA技术及长期演进技术即(TD-LTE)领域处于全国领先地位。

上海拥有完整的TD产业链，在网络设备方面有上海贝尔、大唐移动等；芯片开发企业有联芯、展讯、锐迪科等；终端设计的企业有上海闻泰、晨讯、龙旗等；网络规划企业有百林通信等；测试仪器企业有创远等，均有掌握关键技术的核心企业，产业各环节间具有强大的竞争力和互补协作性。无论网络设备还是终端芯片，上海都占据了重要的市场份额，各种数据都显示，上海已成为国内TD移动通信技术最重要的产业基地。

主要关键产品：TD-LTE单模及多模终端模块、TD-LTE/TD-SCDMA/GSM终端多模基带芯片和射频芯片、TD-LTE基站设备和系统设备、TD-LTE网络规划和测试系统等。

## 下一代网络(NGN)

2011年12月23日，国务院总理温家宝主持召开国务院常务会议，研究部署加快发展中国下一代互联网产业。会议明确了今后一个时期路线图和主要目标，2013年年底前，开展国际互联网协议第6版网络小规模商用试点，形成成熟的商业模式和技术演进路线；2014—2015年，开展大规模部署和商用，实现国际互联网协议第4版与第6版主流业务互通。

上海下一代互联网产业已经初具基础，聚集了以运营商及上海贝尔、上海中兴、上海华为等为代表的产业链重点企业，在基于国际互联网协议第6版的下一代互联网基础理论研究、关键技术研发及设备产业化、技术试验、人才培养等多方面有所拓展，后续规模化商用和发展已具备良好基础。

主要关键产品：通信传输设备、IPv6路由器、以太网交换机、IPv6互联网网关等。

## 移动终端

上海在移动终端领域的优势主要集中在TD-SCDMA芯片和手机方案设计环节。以联芯科技、展讯通信为代表的TD-SCDMA芯片设计公司占到了整体市场份额的50%以上；以闻泰、龙旗、晨讯科技、华勤等为代表的手机设计公司拥有国内的手机设计的大部分资源。

信息终端产业，作为移动终端的关键、核心组成，对于上海地区经济发展和电子信息制造业的发展具有极大的促进作用，是信息产业发展的重点领域下一步发展，智能终端领域的产业优势将集中应用于TD-LTE及平板电脑领域，继续巩固上海市在终端方案设计领域优势地位，顺应TD规模试验步伐，把握市场先机。

主要关键产品：终端芯片、终端整体解决方案、专业测试终端、智能终端操作系统等。

## 上海贝尔股份有限公司

**【概况】** 上海贝尔股份有限公司成立于1984年，是国务院国资委的直属120家中央企业之一，也是阿尔卡特朗讯全球旗舰企业之一，是中国高科技领域的第一家中外股份制公司，拥有强大的本土实力和广泛的全球资源。公司拥有遍布全国31个省市自治区的分公司，海外设有近20个办事机构，产品出口至全球50多个国家和地区。现有14 000余名员工，6 000余名研发工程师及近2 300名营销服务工程师，90%具有大学本科以上学历，平均年龄31岁。2011年，上海贝尔紧扣中央企业"一大目标"、落实"五大战略"、强化各项保障，审慎研判形势，积极应对挑战，全力推进各项工作，全面完成或超额完成国资委下达的全年经营发展的各项目标，实现"十二五"发展的良好开局。2011年公司通过严格控制和优化各项成本，不断提升经营效率，保持较好盈利水平；科技创新保持高投入，抗风险能力进一步提升，运营持续健康。据初步预测，实现营业收入约200亿元，其中海外销售约80亿元；完成利润约8亿元；研究与开发费约20亿元，技术投入比10%。

**【开拓国内外市场】** 公司在国内市场抢抓机遇，无线接入产品凸显业务优势，光接入产品实现历史性突破，承载网产品不断提升市场份额，战略行业领域贡献信息化建设，实现销售较好增长。海外市场攻坚克难，海外销售实现重点突破，海外风险管理不断加强。

**【推进科技自主创新】** 国家重大专项方面，率先按时完成工信部和中国移动上海TD-LTE规模试验外场一阶段测试。承担的国家重大专项课题成功申请到国家项目。新技术研发方面，在全球合作研发中，lightRadio™灵云无线技术及400G FP3TM网络处理器实现全球通信业革命性技术创新。无线通信领域致力开发面向新一代基站架构的2G、3G解决方案，固定接入领域，开展以10 Gbit/s为主的下一代PON技术和产品的关键技术研发和标准化。FTTx产品及下一代100 G高性能GPON平台获广泛的市场认可。承载网络领域，全面提升在光传输和IP领域的技术实力。公司全年共申请发明专利180余项，47项获专利授权，并在多个领域参与了国际标准建设。

**【提升国际化运营能力】** 公司实施更高层次的"走出去"战略——上海贝尔"新纪元项目"：海外并购及国际化经营的新突破，将有利于公司获取端到端电信解决方案的全球业务，获得核心前沿技术的全球知识产权以及实现人才资源的全球优化。实施多层次的"引进来"战略：推动外方股东阿朗集团在全球范围实施"中国战略"，引入国际业务，打造多个面向全球的国际性区域中心总部，落实产业升级。

**【强化中外股份制企业党建】** 公司进一步加强创新中外股份制企业中党的建设。持续开展创先争优活动；顺利完成党委换届选举；深入开展庆祝建党90周年系列活动，引领员工共建和谐企业。

**【获奖情况】** 科技创新方面，公司新一代多业务传送平台荣获国家科技进步二等奖，获中国年度光通信最具竞争力企业10强称号。CDMA研发团队荣膺中国电子质量管理协会全国奖。

质量建设方面，在2011年度中国电子信息行业、上海市和青岛市质量改进评比中，公司选送的质量改进8个项目分别荣获2011年度国家、行业和省市优秀质量管理小组称号。获2011年度"全国质量文化建设示范单位"称号。

企业社会责任方面，公司获"2011中央企业优秀社会责任实践"奖、"金蜜蜂2011优秀企业社会责任报告"、"金蜜蜂社会责任·中国榜永续发展奖"、"中国公益奖"、"上海企业社会责任推进奖"、"上海市文明单位"等奖项。

## 上海大唐移动通信设备有限公司

**【概况】** 大唐移动通信设备有限公司(以下简称"大唐移动")是国家大型高科技央企——大唐电信科技产业集团的核心企业，是中国拥有自主知识产权的第三代移动通信标准TD-SCDMA的提出者、核心技术的开发者及产业化的推动者。大唐移动以打造"无限沟通引擎"为企业发展理念，倡导"创新、市场、诚信、责任"的企业价值观，始终致力于TDD无线通信技术(及后续技术)与应用的开发，专注于TDD无线通信解决方案与物联网、移动互联网多网协调发展的融合。大唐移动面向国内和国际市场，全力推动TD-SCDMA及其后续演进TD-LTE产业化进程。

上海大唐移动通信设备有限公司(以下简称"上海大唐")是大唐移动在上海的分公司，也是大唐电信科技产业集团的骨干企业之一，是一家集研发、制造、销售和服务于一体的高科技公司。产品涉及LTE、TD-SCDMA、CDMA、GSM、WLAN等移动通信系统服务，并提供网络规划优化系统工具，同时积极拓展在物联网、三网融合以及行业信息化等多方面的应用，推出多个行业信息化应用解决方案和产品。上海大唐的目标是通过三至五年时间，将公司建设成为国际知名、国内一流的通信系统全面解决方案提供商。

2011年，上海大唐进行了一系列的网络产品研发产业化，网络覆盖，网络优化和培训服务产品的市场拓展。

【全制式自动路测产品】 全制式网络自动路测系统——SPAN ADT能够实现对多种网络制式的路测数据的自动采集和存储，可以应用于无线网络的网络质量监测、优化效果评定、割接情况检查以及日常维护，为网络优化工程师提供了更强有力的路测工具。SPAN ADT革命性地改变了传统路测的理念，其无人值守、远程控制的方法将路测的人力成本降至最低；同时数据实时上传，终端统一管理，实时监控，真正做到了运筹帷幄，减少了大量的重复测试。

在中国移动3G自动路测终端中，大唐移动凭借其产品优势，已经占有超过60%的市场份额。中国移动计划在2012年之前完成全国所有网络的测试自动化，届时，所有有无线网络的地方，都将实现测试数据采集分析自动化。

【TD-LTE网络规划优化产品】 随着六大城市试验网建设如火如荼地开展和3GPP(第三代合作伙伴计划The 3rd Generation Partnership Project，简称3GPP)标准快速地制定和完善，上海大唐LTE产品规划演进也在稳步前进，规划并开发的LTE系列产品包括LTE网络规划仿真软件eNPS，LTE路测软件Outum。这两款软件几乎贯穿了整个网络建设、网络规划优化的整个生命周期：

规划仿真软件eNPS集网络仿真和网络规划两大功能于一体，并且在LTE NPS的基础上开发，完美向下兼容TD-SCDMA网络规划功能，能够提供包括网络预规划、网络仿真、网络无线参数规划等全套的解决方案。

路测软件e-outum继承了TD-SCDMA路测软件的巨大优势，在此基础上不仅增加了LTE的各种特性，更是优化了系统界面操作，提高了路测Log导入导出效率，提升了路测工程师的操作体验，也为分析和定位问题提供了有力的保障。

【移动信息化产品】 信息化就是在行业内广泛应用现代信息技术，建设先进的信息基础设施，有效开发利用信息资源，大大提高员工绩效及部门协作效率，不断提高企业综合实力和竞争力。

上海大唐借助大唐电信科技产业集团在芯片设计与制造领域的核心优势，基于自身在无线通信及网管网优软件开发领域的深厚积累，深入研究物联网关键技术，开发了系列化行业应用产品，同时针对各行业个性化需求特点，包括无线应用、智慧交通、智慧农业、智慧园区等，定制形成了高效易行的行业信息化解决方案。

【室内覆盖系统集成产品】 室内覆盖系统集成产品包括多系统接入合路单元POI、干放、合路器、天线、功分器、耦合器、电桥、衰减器、负载等系列，同时可支持现网所有频段。2010年入围中国移动通信集团室内覆盖产品采购厂家，2011年入围中国联通通信集团室内覆盖产品采购厂家。已开发出的覆盖类产品涵盖了GSM、CDMA、WCDMA、TD-SCDMA、TETRA、PHS的各系统的相关有源、无源器件。上海大唐能提供各频段类美化天线系列，同时可提供特殊要求的设计、安装及配套服务。

【室内覆盖系统集成服务】 上海大唐拥有通信信息网络系统甲级集成资质，提供室内覆盖系统集成服务包括：网络覆盖产品的的物业协调、查勘、方案设计、工程物资仓储转运、施工、调测、开通、验收等全部工作内容。上海大唐作为最早进入直放站/室内分布的厂家，在上海、北京、河北、湖北、浙江、福建、山西、四川等十多个省市的移动、联通市场都提供了多年优质的集成服务，与各地运营商形成良好的合作关系，提供满意的服务。

上海大唐从2000年开始，先后进入GSM、CDMA、PHS、WLAN、3G等无线网络覆盖市场，重点开展了移动通信网络室内外无缝化覆盖、网络维护及优化的产品研究与开发，并建立了完善的业务运营务模式，率先在客户中提出了全业务运营商集成服务工作，包括室内覆盖建设、开通、优化和维护一条龙服务。上海大唐在全国有21家客户，其中移动客户为6个省市，联通客户为11个省市，电信客户为4个省市。

【网络优化服务】 上海大唐凭借优秀的多制式网络服务技术，丰富的网络优化经验和创新能力，在业界推出了TD-SCDMA、GSM、CDMA、WLAN的专业网络优化服务方案。

**TD-SCDMA网优服务** TD-SCDMA网络优化服务是上海大唐结合对客户需求的深入理解和覆盖全国的服务体打造的创新优化服务，TD-SCDMA网络优化服务主要包含：日常优化、专项优化、室分优化、网格保障优化、设备维护等细分服务，上海大唐移动自2005年开始，为中国移动提供了包括试验网和4期网络的优化服务，服务全国20余省份移动TD-SCDMA网络，TD-SCDMA网络优化能力业界领先，网络指标处于领先地位。

**GSM网络优化服务** 上海大唐GSM优化服务主要包括：GSM网络日常优化、GSM网络专项优化（例如：

KPI指标专项优化、数据核心网优化、端到端数据业务优化、无线接口信令优化、高铁、CBD等特殊场景优化)、GSM网络自动路测优化、GSM网络室分优化、GSM网络重大活动通信保障服务。2011年上海大唐在上海、四川、吉林、广西玉林、桂林、河南、江西鹰潭等地都开展GSM优化服务项目并获得客户的高度认可。

**WLAN网络优化服务** WLAN网络优化服务包含:建设规划、验收测试、日常维护优化、专题测试优化在内的全方位端到端优化服务,良好的优化服务使得客户的网络得到增值,提升了运营商WLAN网络的市场竞争力。上海大唐已经为中国移动、中国联通提供了多个WLAN校园网、WLAN公共热点的优化服务,WLAN网络优化能力业界领先,网络指标处于领先地位。

**CDMA网络优化服务** 上海大唐凭借优秀的CDMA技术,获得了电信集团认证网络优化一级B证书。通过长期的技术积累,在CDMA领域的多个专项问题(软切换、射频优化等)的网优服务中提出了新的解决方案,并在实施过程中得到了显著效果。上海大唐致力于提供专业的CDMA1X系统语音、数据和EVDO(数据演进Evolution Data Only,简称EVDO)系统的无线优化、系统优化、专题优化服务。

**【上海大唐培训服务】** 上海大唐通信学院细分学员不同层次的培训需求,提供包括专业技术能力培养、综合能力培养、校企合作联合人才培养(专业共建、双师型教师培养、专业实验室建设、校外实习基地、学生实习就业、订单式培养等)等全方位人员能力发展服务体系。其中校企合作联合人才培养服务依托于大唐移动,主导众多通信行业企业参与成立DCNE人力资源联盟,整合优势资源,致力于为学校提供人才培养目标梳理、人才培养方案制定、人才培养体系开发、双师型教师队伍建设、企业工程师走入课堂、学生走进企业工作岗位实践、无缝就业解决方案等全方位人才培养解决方案,实现学生、学校、企业、行业多方共赢。

## 联芯科技有限公司

**【概况】** 联芯科技有限公司(以下简称"联芯科技")于2008年3月成立于上海,为大唐电信科技产业集团下的核心企业之一,联芯科技秉承大唐电信科技产业集团在TD-SCDMA领域核心技术成果及产业优势,致力于成为全球领先的移动互联网芯片和解决方案提供商。

联芯科技从TD-SCDMA标准产生之日起,坚持走自主创新之路,拥有TD-SCDMA国际技术标准的核心知识产权,截至2011年12月,累计申请发明专利398个,已授权62个,先后创造了多个TD领域的世界第一。联芯科技的TD-SCDMA芯片及整体解决方案已涵盖功能手机、智能手机和融合终端产品,为全球40余家终端制造商提供成熟稳定、全面细分的终端解决方案。公司2011年实现收入9.4亿元,同比增长17.5%,净利润超1亿元。

联芯科技还积极开展TD-LTE和TD-LTE-Advanced 4G标准、核心技术和相关产品的研发工作,已取得阶段性成果,继续领跑未来4G市场;并在物联网、三网融合等战略性新兴产业领域积极拓展,建设芯片设计产业中国自主品牌的"国家队"。

**【重大项目】** 联芯科技已承担"核心电子器件、高端通用芯片及基础软件产品"及"新一代宽带无线移动通信网"国家科技重大专项、电子信息产业发展基金、国家发改委高新技术产业化项目、科技部863项目等数十个国家、上海市重大项目的研发及产业化工作,各项目执行情况良好。

**【TD-HSPA/GGE全系列功能手机解决方案——DTivy® L1808B】** 采用业界最成熟稳定的协议栈,延续LC1808四核架构,有百万片的商用验证保证,工艺更高,性能更好,功耗更低,大幅降低PCBA(印刷电路板Printed Circuit Board Assembly,简称PCBA)成本,提供高性价比Turnkey(管理台)方案,商用化UI(用户界面User Interface,简称UI)参考设计,支持客户快速差异化,大幅缩短产品上市周期,多媒体格式支持全面,编解码能力强,支持2D图形加速,提升多媒体性能。

**【TD-HSPA/GGE单芯片智能手机解决方案——DTivy® L1809】** DTivy® L1809智能手机解决方案基于联芯科技TD-HSPA/GGE(高速上行行链路分组接入技术Time Division-High Speed Uplink Packet Access,简称TD-HSPA)双模终端数字基带处理器芯片LC1809,集成应用处理器和通信处理器功能,支持OPhone/Android平台,拥有高集成度和低成本的双重优势,在2011年已有数款基于本解决方案所开发的商用终端上市规模销售。

**【低成本无线固话解决方案——DTivy® L1710FWT】** 为无线固话产品提供完整的Turnkey解决方案,缩短产品开发周期，降低客户开发成本。

**【高性能低成本功能手机解决方案——DTivy® L1710FP】** 高性能低成本功能手机 Turnkey 解决方案，支持 TD－HSDPA/GGE 双模，在实现手机电视、流媒体、可视电话、浏览器等特色业务的同时大幅降低开发成本。

**【智能手机及模块类产品 Modem 解决方案——DTivy® L1711MS】** 此款方案 LC1711 基带处理器芯片采用 55 nm 制造工艺，高达 390 MHz 的主频，支持 TD/GSM 双模，已完成与英伟达、三星、德州仪器、海思等主流 AP 的适配验证，支持与 Android、Windows、Linux 等平台无缝适配，持续优化设计，降低成本，主要 BOM 器件数量更少，待机功耗、业务功耗和底电流优势明显，该芯片可用于开发智能手机、平板电脑等智能终端。

**【TD－LTE/TD－SCDMA 单芯片双模基带芯片——LC1760】** LC1760 为联芯科技推出的 TD－LTE/TD－SCDMA 双模基带芯片，可实现 TD－LTE 和 TD－SCDMA 双模自动切换。该款基带芯片采用 MCU＋DSP 双核架构，自 65 nm 工艺向 40 nm 工艺演进，支持 20 MHz带宽，最高可实现 100 Mbps 的下载速率和 50 Mbps的上传速率。TD－LTE/TD－SCDMA 双模芯片自 2011 年 8 月底开始参加 MTnet 测试，经过 4 个月艰苦奋战，陆续通过了与大唐移动、上海贝尔、中兴通讯等多家系统网络内外场环境单模及多模功能测试，以及多 UE 加载等项目测试，测试成绩优异，2011 年 12 月联芯科技 TD－LTE/TD－SCDMA 双模芯片率先通过 MTNET 实验室双模功能一致性测试，顺利通过中国移动第二阶段规模技术试验的技术要求，标志着联芯科技自主研发的 LTE 基带芯片成熟度迈上新台阶。

## 上海闻泰电子科技有限公司

上海闻泰电子科技有限公司是闻泰通讯股份有限公司(以下简称“闻泰”)的全资子公司，成立于 2006 年，位于上海黄浦区科技京城内。闻泰是中国领先的手机设计和制造企业，致力于为全球各地手机品牌商和运营商提供手机主板和整机方案设计、生产制造以及无线终端互联网增值服务，也是国内少数几家成功由手机设计公司向生产制造垂直整合的移动通信终端设备设计及制造的高新技术企业。

闻泰拥有员工近 5 000 人，产品涵盖了从 2G 到 4G 的 GSM、CDMA、TD－SCDMA、TD－LTE 等全系列手持设备，客户群也从国内扩展到南亚、东南亚、中东、非洲、南美等 30 多个国家和地区。2011 年，公司成功完成 2009 年度上海高新技术产业化项目之 TD－SCDMA 增强型多媒体终端的研发和产业化，并成功推向市场，使其成为闻泰主要的产品之一，其中主要包括 TD 单芯片双卡双待终端、TD 三合一射频前端方案、TD 类智能手机方案产品等。2011 年，为了更好地适应未来发展，公司做出了一系列新项目开发的决定，其中主要包括TD－LTE 终端、物联网应用模块、自主智能操作平台项目的研究与开发等，并已取得阶段性成功。

闻泰从进入手机行业第一天就梦想把中国手机做到世界一流水平，以“推动科技进步，回馈社会”作为企业使命，时刻秉持与社会、合作伙伴、员工“共识、共和、共创、共享”的文化理念，在谋求自身成长的同时，为中国手机产业上下游企业打造共生共赢的合作平台，培育健康的产业环境，为把“中国创造”推向世界、推动中国通讯产业持续发展而不断努力。

## 希姆通信息技术(上海)有限公司

**【概况】** 希姆通信息技术(上海)有限公司(以下简称“希姆通”)成立于 2002 年 12 月，是晨讯科技集团旗下的手机研发设计企业。公司位于上海市长宁区，是中国领先的移动手机和无线模块整体方案提供商。

**【核心业务】** 希姆通的核心业务首先是提供以手机为代表的移动智能终端的研发、生产、ODM 代工；第二项核心业务是物联网无线模块和终端产品的研发、生产；其客户遍布全球 80 多个国家和地区。

希姆通始终站在无线通讯领域的科技前沿，致力于成为“全球无线通讯领域终端产品解决方案与服务的世界级企业”。面对当前创新型社会，希姆通的总体发展思路是积极主动创新研发，坚持合作共赢，继续推动移动手机终端快速发展，满足市场发展新需求。

**【重大项目】** 承担国家科技重大专项、承担国家重点新产品、承担上海市物联网专项项目。希姆通研发、生产和销售超过 20 种物联网 M2M(移动网络对机器 Mobile to Machine，简称 M2M)模块，广泛应用于 M2M 终端和网关设备，涵盖 GSM/GPRS、EDGE、WCDMA/HSPA、TD－SCDMA、GPS/AGPS 和短距离无线技术；M2M 模块出货量占全球 20% 市场份额，2009 年获“GSMA 协会最佳窄带应用类别 3G 嵌入式模块”奖；所有模块均满足工业环境的苛刻要求，主要产品获得了CE、FCC、GCF、PTCRB和AT&T、沃达丰、中国移动等主要运营商的认证，广泛分布在美国AT&T、英国沃达丰、日本NTT-DOCOMO、中国移动、中国电信、中国联通等各大运营商的物联网应用中。2011年，3G物联网无线通信模块SIM5320A获得美国AT&T认证、加拿大Rogers、意大利等多项运营商认证，进一步丰富了针对美国和欧洲市场的模块产品线。

希姆通全程参与中国移动物联网"宜居通"产品的规划设计和规范制订，并提供了宜居通终端解决方案，全方位参与中国移动的宜居通业务平台测试。

希姆通与公安部某研究所合作，开发了具备高级别安全性的安卓智能数据采集终端，采用高性能智能手机平台，提供了符合IP54工业级标准的警务通产品。

希姆通还为日本NTT-DOCOMO定制的基于3G网络多媒体老人家庭信息机实现批量出货，应用于日本国内的高龄老人看护等市场。

2011年希姆通的各方面工作都取得巨大的成功，持续同几家国际品牌的合作，完成了约二十个项目的交付，成为2010年业绩的最大增长点。

## 上海未来宽带技术及应用工程研究中心有限公司

**【概况】** 上海未来宽带技术及应用工程研究中心有限公司(以下简称"未来宽带")成立于2004年9月，是专注于下一代网络与业务发展的高新技术企业，致力于服务国家"三网融合"战略和下一代广播电视网NGB产业。企业注册资本5 395.35万元，已通过ISO9001质量体系认证，2008年经科技部批准为中国信息网络领域的最高工程技术研究机构——"国家宽带网络与应用工程技术研究中心"。

未来宽带是国家高科技发展计划("863"计划)重大专项"高性能宽带信息网3T Net"项目的主要承担单位，于2005年完成了覆盖长三角3万用户规模的3T Net示范区，并获得了2007年度上海市科技进步一等奖和2008年度国家科技进步二等奖，成功推动了3T Net技术成为NGB的核心支撑技术。

未来宽带积极为广电运营商提供NGB整体解决方案，包括：NGB网络规划与方案设计、NGB接入网设备、NGB综合网管系统、NGB核心网络系统集成、互动电视综合业务运营平台和业务运营支撑系统等。

2011年对未来宽带来说是持续快速发展，积聚力量，冲刺上市的重要的一年。未来宽带在促进NGB产业化发展、接入产品开发和生产、互动媒体业务支持系统应用、NGB实训中心、国家试验床和网管中心建设、国内外展会交流以及国际会议承办等方面都取得了瞩目的成绩。并在前两年基础上，继续为上海NGB规模示范建设提供整体解决方案并提供接入网设备，在广东、江苏、新疆等全国市场开始了新一轮布局，在积极推动上海下一代广播电视网建设的同时，还为全国NGB产业发展和通信制造产业发展做出了贡献，加速了三网融合演进技术在上海落地实施，促进了全国三网融合的发展。

**【重大项目和新产品新技术】** 2010年未来宽带新申请9个科研项目，其中国家"973"计划1项、国家科技支撑计划2项、工信部国家科技成果转化项目1项、上海市科委项目4项和张江发展专项项目1项，2010年申请获批项目5项，其中国家科技重大专项1项、"863"计划项目2项、国家科技支撑计划1项。联合上海工程技术大学开展学历教育，培养"下一代广播电视网工程"专业本科生，安排大三本科实习生29名。在知识产权方面，2011年，共申请专利20项，其中发明专利18项，实用新型2项，共获得授权专利14项，其中发明专利6项，实用新型3项，外观设计5项。在标准制订方面，新参加CCSA ST2(中国通信标准化协会通信设备节能与综合利用特设任务组China Communications Standards Association Standard Special Task Group，简称CCSA ST2)两项标准，新加入CCA的TC4工作组。全年发表科技、学术论文12篇。

**【以广电网为基础的融合创新示范网】** 作为"863"计划"三网融合演进技术与系统研究"课题9——"以广电网为基础的融合创新示范网"项目主要开展NGB融合创新示范网的技术体系和相关行业标准规范研究，研制适用于广电网络的融合宽带接入网成套设备，研究融合业务运营支撑服务共性关键技术，开展融合业务应用示范，改善电视用户体验。

未来宽带与课题各合作单位已开始了NGB融合创新示范网，拟建成万兆到楼、百兆入户的NGB融合创新试验区，覆盖100万用户，并建设面向三网融合的集成网管中心和多媒体数据中心。

**【高性能宽带信息网产业化工程】** 项目于2011年立项实施，作为国家重大科技成果转化项目，2011年度主要任务集中在3T Net产业推广应用网络建设和推广产业上。未来宽带已经通过各地网络资源整合，完成了3T Net产业推广应用网络建设，同时在全国各试验区城市进行了接入网建设和业务的开通。

在产业推广应用网络的规划和建设方面，开展了3T Net产业推广应用网络设计和规划。建成了连接北京、上海、南京、杭州、合肥、广州、海南7个骨干节点的长途骨干网，大部分链路已经开通。在昆山、常熟、太仓、吴江、张家港、合肥等15个城市试验区的网络设备安装完毕，覆盖100万真实用户，其中有11个城市的BOSS(商业运营支撑系统 Bussiness and Operation Support System，简称BOSS)服务器、网管服务器部署完毕，并开通了直播、点播、时移回看等高标清电视业务，以及互动媒体增值服务。同时，作为高性能宽带信息网主要部分的网管中心，于2011年12月底建成。

通过产学研用合作研究，在现有研究基础上构建了3T Net技术创新服务平台，成为3T net(高性能宽带信息网)技术创新辐射中心、新业务的测试中心和用户体验基地、行业工程人才和支撑性人才的培养基地、科研院校与企业合作的桥梁和中介机构，面向产业提供的开放服务，面向下一代网络NGN、下一代互联网NGI、下一代广播电视网NGB等实现3T Net产业化应用。随着本项目的下一步实施和高性能宽带信息网设备、系统产业化，不但为下一代广播电视网建设提供从技术到设备的保证，还可提升产业水平，调整产业结构，催生新兴产业。

**【iPON缆桥接入系统产业化】** 作为市经济信息化委的上海市高新技术产业化重点项目，期限为2009年10月到2011年12月。2011年，项目已经完成了iPON缆桥接入系统技术攻关，已形成符合NGB网络要求的系列化接入系统设备，主要包括接入前端设备EoLT(行尾测试End－of－Line Tester，简称EoLT)、iPON缆桥交换机、缆桥终端、互动业务支撑系统、网管系统等，这些设备中大量采用宽带中心的专利技术。该技术和设备完全符合广电总局双向改造指导意见和技术白皮书要求，并建设了产业化基地实现iPON缆桥接入系统的产业化。

通过该项目的支持和实施，iPON缆桥系列产品开始规模化生产，其产品得到了东方有线、嘉定有线等广电网络运营商的认可，并实际应用于东方有线上海NGB改造项目中。上海东方有线完全采用了宽带中心的接入网关键技术和iPON缆桥系统系列产品，为上海下一代广电网的有线电视数字化整体转换提供支持，下一代广播电视网建设可以极大地拉动内需、提升产业水平、调整产业结构、催生新兴产业，有效推动上海文化信息产业跃上新台阶。iPON产品的市场占有率达到70%以上，同时有效带动了本地区相关厂商共同发展。

iPON系列设备在外省市的产业化推广也表现突出，2011年中标了江苏、广东的广电网络项目，并与安徽、江苏等省签订了购销合同，占领了国内广电改造建设的市场份额，实现了从上海NGB改造走向带领全国NGB建设的发展快车道。

## 上海博达数据通信有限公司

**【概况】** 上海博达数据通信有限公司专注于网络数据通信产品的研发、生产、销售和服务，是国内优秀的网络通信设备供应商和整体网络解决方案提供商。博达的路由器、以太网交换机、网络安全产品、EPON(以太网Ethernet Passive Optical Network，简称EPON)产品广泛应用于电力、广电、运营商、金融、政府、军队及教育等行业，遍及亚洲、欧洲、美洲和澳洲等市场，为用户在互联网信息时代实现跨越式发展提供了产品保障和技术支撑。

**【业绩稳定增长】** 2011年是“十二五”规划开局之年，培育和发展战略性新兴产业是抢占新一轮经济和科技发展制高点的重大国家战略。博达公司顺应国家产业政策导向，不断探索，启动建设产品制造生产线，不断加强产业化能力，全力开拓电力、广电、运营商等行业市场，以满足客户个性化应用需求。

**【提升产能】** 随着国内外通信产业的迅猛发展，近年来公司规模加速扩张、产品线不断拓展、销售业绩迅速提升，原有产品外包加工模式已无法满足市场销售的需求。2011年，博达公司启动建设生产线，所有设备均自主生产，有效控制了生产成本和产品质量，进一步提高了生产效率，提升了产业化能力。

**【开拓市场】** 2011年，在国家导向性政策的引领下，博达公司抓住了智能电网、三网融合和智慧城市的发展机遇，加大了市场开拓力度，经营业绩显著上升，市场地位持续增强。

在电力行业市场，国家智能电网建设已进入全面建设期，博达公司继2010年以第二名中标“国网电力光纤到户试点工程”后，再度中标国家电网公司2011年电力光纤到户工程，并取得了超过50%份额的业绩。公司积极与各大电力行业用户开展业务合作，大批量的博达工业交换机、EPON产品已在全国各地区的智能电网试中广泛应用，为电力行业提供先进高效的通信产品据国家智能电网规划，预计到2020年智能电网总投资规模将达4万亿元。

在广电行业市场，国务院常务会议明确要求加快推进三网融合，2011年上海已建成100万户下一代广电示范网。博达公司承建了上海NGB示范网、长三角NGB试验网、湖南广电三网融合和有线电视数字化改造等项目，为三网融合建设提供了优质的网络产品和服务。预计中国下一代广电网的建设将为网络设备市场带来又一波发展热潮。

在运营商行业市场，无线宽带建设如火如荼，WLAN建设成为运营商建设的焦点，无线宽带上网已成为智慧城市建设必不可少的一部分。通过与战略合作伙伴的紧密合作，博达POE交换机已在云南、青海、福建移动、北京、黑龙江联通等各大运营商的WLAN建设项目中广泛应用，累计实现数十万热点覆盖。博达为全国智慧城市建设提供高性能产品，提升了信息网络带宽和接入能力。

## 上海瀚讯无线技术有限公司

**【概况】** 上海瀚讯无线技术有限公司(以下简称“瀚讯”)拥有新一代宽带无线移动通信系统核心技术的自主知识产权，是国家宽带无线多媒体标准制定小组的牵头单位，是国家未来15年(2006—2020年)重大科技专项“新一代宽带无线移动通信系统”的主要承担单位之一。瀚讯拥有丰富的科技储备，已经成功研发出适应不同需求的宽带无线移动通信基站、移动台和直放站等设备，并在全国多个省市开通了商用网络。瀚讯的核心团队汇聚了海内外宽带无线通信领域的优秀人才，在核心技术研究、设备开发和网络建设方面有着深刻的理解和丰富的经验；同时在公司管理、产业运作、市场开拓等方面拥有成功的经验。

**【MWE4001车载型基站】** MWE4001车载型集成一体化基站保持了MiWAVE系列基站的性能，并针对应急指挥、车队通信、野外搜救、海上巡逻等业务进行了系统优化设计，具有自动扫频、一键恢复、动态资源分配等功能，还采用了防震结构设计，结构简单，使用方便，适用于越野车、船只、飞机等承载环境，可在业务车安装车载终端(集成音视频采集和处理设备)，在业务人员身上配备单兵背负式终端(可集成音视频采集处理设备)，以建立一个临时的或永久的宽带无线多媒体网络。

**【MWE861单兵多媒体背负移动台】** MWE861是MiWAVE系列产品中的一款适合于单兵背负使用的多媒体移动台。它是应急通信系统中的重要组成部分，是对车载移动应急通信系统的有效补充和延伸。单兵内置WiFi AP或VoIP(语音网络协议Voice over Internet Protocol，简称VoIP)电话、GPS定位模块和音视频编码器，可满足远程高清视频回传、语音通信和双向数据传输等需求，能够提供无线接入和单兵定位等功能，适用于某些地形复杂、环境危险或车辆不能太大的环境，可广泛地应用于公安、消防、军队、交通、水利、电力等行业。

**【MWE851宽带无线移动台】** MWE851是MiWAVE系列产品中的一款适合于车载使用的集成式移动台，内置有GPS定位模块和音视频编码器，并且能够提供本地视频存储和云台控制，同时具有更高的发射功率(覆盖远)。MWE851可自动搜寻网络，并针对用户的业务需求自动创建和管理服务流。移动台使用可拆卸的全向或定向天线与基站系统进行通信，通过以太网接口向用户提供数据服务。

## 龙旗科技(上海)有限公司

龙旗科技(上海)有限公司(以下简称“龙旗科技”)诞生于2004年10月，由董事长杜军红带领原中兴通讯的3位员工共同创立，致力于移动通讯技术产品和服务。龙旗科技从4个人、100万元人民币起步，经过九年多时间，发展为总资产15亿元人民币，净资产10亿元人民币，2011年销售收入超过27亿元人民币，员工人数超过2 000人的中等规模企业。龙旗科技总部位于上海，在北京、深圳、西安、杭州、香港、美国、日本、巴西、新加坡、印度、越南等地设有分支机构，产品及服务范围遍及五大洲的50多个国家和地区，并和美国高通、中国台湾联发科、中国大唐、中国泰尔实验室、中国银联等国内外知名科研机构及通讯制造服务商建立了战略合作伙伴关系。

龙旗科技设立以来，先后荣获“上海市高新技术企业”、“上海市软件企业”、“上海市外商投资先进技术企业”、“中国软件业务收入百强企业”等称号，并通过了ISO9001质量管理体系认证、ISO14001环境管理体系认证、OHSAS18001职业健康安全等多项管理体系认证。龙旗科技主要经营团队平均年龄不到40岁，具有年轻化、知识化特征。龙旗科技十分注重研发实力的提升，70%员工为研发工程师；92%以上员工具有本科以上学历，其中硕士以上占42%。

2011年，龙旗科技的产品和技术继续在业界保持领先，并在印度、东南亚、北美、南美、欧洲、日本等国家和地区获得良好的市场拓展。在国内，继续强化与核心客户的战略合作关系，专注于产品、服务和客户满意度的不断提升。

（孙逸瑾）

# 三、新型元器件产业

## 概况

电子元器件是电子信息产业链的上游基础产业，受下游市场的影响较大。国际金融危机期间，市场萎靡使该行业跌入谷底。2011年在全球经济复苏的影响下，电子元器件行业保持了平稳增长，电子元器件行业、特别是新型元器件等产品生产增速位居电子信息行业之首。

2011年，中国电子元件产品的销售总额与总产量均为世界领先水平。在各类产品中，阻容元件、电声器件、磁性材料、压电石英晶体元器件、印刷电路板、微特电机、电子变压器、控制继电器产量都居世界领先地位。

上海电子元器件产业规模在国内排名第四位，世界知名企业的比重在国内排名第一，世界名列前茅的电子元器件公司在上海均有独资子公司或设立研发中心。

新型电子元器件体现了当代和今后电子元器件向高频化、片式化、微型化、薄型化、低功耗、响应速率快、高分辨率、高精度、高功率、多功能、组件化、复合化、模块化、智能化等的发展趋势；显示屏、显示器件则向平板化、薄型化、大屏幕、高清晰度、高画质、环保节能的方向发展；同时产品的安全性、绿色化也是影响其发展前途和市场的重要因素。

新的一年，随着战略性新兴产业的推出，创新驱动、转型发展更为显现。电子元器件企业继续抓住国内外市场，紧跟低碳经济潮流，加快产业结构的调整，突出科技创新，建设电子元器件制造业的世界级品牌，增加中国电子元器件产业的影响力。

## 新型传感器

**【概况】** 新型传感器已成为电子元器件开发的热点。传感器产品种类众多，是多种学科、多种技术的融合，是电子元器件技术的高端领域。随着物联网产业的兴起，对新型传感器的技术开发起到了前所未有的推动作用，掌握传感器的核心技术，关系着能否在未来的物联网产业中取得先机。为适应物联网时代的需求，与现代通讯技术和数字技术结合的新型传感器将向小型化、低功耗、长寿命、模块化、智能化、功能集成化、网络化、系统化等方向发展。

全球传感器市场在不断变化创新中呈现出快速增长的趋势。传感器领域的主要技术将在现有基础上予以延伸和提高，各国各企业竞相加速新一代传感器的开发和产业化。新技术的发展将重新定义未来的传感器市场，比如无线传感器、光纤传感器、红外传感器、智能传感器和金属氧化传感器等新型传感器的相继出现与市场份额的快速扩大。

（王　雷）

**【“基于自主协议WIA－PA无线传感器网络系统的研究与应用开发”项目】** 2011年9月19日，由上海工业自动化仪表研究院承担的“基于自主协议WIA－PA无线传感器网络系统的研究与应用开发”项目通过市科委专家验收。项目通过两年的攻关，取得了一系列成果：该项目研究开发了面向节能减排和质量控制的无线数据监测和处理系统所需要的、基于中国自主知识产权的工业无线网络协议WIA－PA，完成了无线终端节点、路由节点、网关的产品设计和研制，构建了110个物理节点规模的实验网络，并基于OMNET（基于组件的模块化网络平台Objective Modular Network Testbed，简称OMNET）平台完成1 000点虚拟节点的模拟仿真，证实了WIA－PA工业应用具有良好的实验基础；该项目成果已成功应用于包括高压容器和超超临界锅炉管道焊接过程的无线实时质量监控系统；该项目研发的具有自主知识产权的超声检漏无线网络产品填补了国内空白，为仪表产品跻身国际工业无线技术领域的领先地位奠定了坚实的技术基础。项目立项后上海工业自动化仪表研究院与上海锅炉厂有限公司共签订技术开发合同两份，合同总额42.5万元。

**【“大规模无线传感器网络应用关键技术研究及其在粮食仓储行业中的示范应用”项目】** 2011年9月19日，由上海申腾信息技术有限公司牵头承担的“大规模无线传感器网络应用关键技术研究及其在粮食仓储行业中的示范应用”项目通过了市科委专家验收。项目通过两年的联合攻关，取得了一系列成果：研制了无线传感采集节点和转发节点设备，开发了粮情监控平台软件，为大型粮食仓储集团提供了基于传感网的粮情监控解决方案;项目解决了无线传感网的若干关键技术,实现了物理层的低能耗侦听机制和干净信道评估算法;数据链路层的防碰撞退避算法;网络层基于能量代价评估的路由算法等,为大规模无线传感网的工程化建设提供了技术积累;项目成果已在上海粮油仓储有限公司投入应用,经实际使用,提高了库区的管理水平,降低了粮油损耗和管理成本。项目系统实现销售收入648万元,利税合计106万元。

(沈蕴婕)

## 光纤传感器

光纤传感器作为传感器家族的新成员备受青睐。光纤具有很多优异的性能,例如:抗电磁干扰和原子辐射的性能,径细、质软、重量轻的机械性能;绝缘、无感应的电气性能;耐水、耐高温、耐腐蚀的化学性能等,它能够在人达不到的地方(如高温区),或者对人有害的地区(如核辐射区),起到人的耳目的作用,而且还能超越人的生理界限,接收人的感官所感受不到的外界信息。

光纤传感器是以光学量转换为基础,以光信号为变换和传输的载体,利用光导纤维输送光信号的传感器。按光纤的作用,光纤传感器可分为功能型和传光型两种。功能型光纤传感器既起着传输光信号作用,又可作敏感元件;传光型光纤则仅起传输光信号作用。

## 红外传感器

红外传感器系统是用红外线为介质的测量系统,按照功能可分成五类,按探测机理可分成为光子探测器和热探测器。红外传感技术已经在现代科技、国防和工农业等领域获得了广泛的应用。这种技术已经在现代科技、国防和工农业等领域获得了广泛的应用。红外传感系统是以红外线为介质的测量系统,按照功能能够分成五类:(1)辐射计,用于辐射和光谱测量;(2)搜索和跟踪系统,用于搜索和跟踪红外目标,确定其空间位置并对它的运动进行跟踪;(3)热成像系统,可产生整个目标红外辐射的分布图像;(4)红外测距和通信系统;(5)混合系统,是指以上各类系统中的两个或者多个的组合。红外传感器根据探测机理可分成为:光子探测器(基于光电效应)和热探测器(基于热效应)。

## 智能传感器

智能传感器是具有信息处理功能的传感器。智能传感器带有微处理机,具有采集、处理、交换信息的能力,是传感器集成化与微处理机相结合的产物。与一般传感器相比,智能传感器具有通过软件技术实现高精度的信息采集,成本低、编程自动化能力以及功能多样化等优点,能稳定地工作在环境温度变化较大的场合,已广泛应用于国防、航空航天、工农业等领域。

## 高端连接器

连接器是一种电子机械系统,它提供一种可分离的连接方式,在两电路间减少信号失真或能量损失的情况下,进行稳定且长时间的信号传递或电/光能量传输,是一种重要的电子元器件。

射频连接器是指能工作在射频频率范围的连接器,也被称为无线电频率连接器,往往为同轴结构,也称射频同轴接连接器。射频连接器提供了一个快速简便的方法来连接同轴电缆和其他射频设备,具有工作频率高,信号传输速率快、衰减小、连接可靠等优点。射频同轴接连接器及电缆组件产品广泛应用于通信、汽车、交通、工业、国防、航空航天及专业设备市场。

上海地区生产的高端连接器是国内同行业中最具有创新水平和技术优势的电子元器件产品。如,上海雷迪埃电子有限公司研制的各类射频同轴接连接器、电缆组件、汽车接插件和微波无源器件等产品除大量用于民用通信设备,50%出口到欧美、日本等发达国家,在“神舟飞船”、卫星、军用雷达、导弹等尖端领域都有广泛应用。

## 上海尼赛拉传感器有限公司

上海尼赛拉传感器有限公司是中国科学院上海技术物理研究所德福光电技术公司与日本陶瓷株式会社于1986年创建的合资企业。总投资1.13亿元人民币。中国科学院上海技术物理研究所提供红外滤光片科研成果、工艺技术和生产设备,日本陶瓷株式会社提供生产传感器的设备、工艺技术和管理经验。

公司依靠科技进步,不断开发传感器新品种,并先后引进热释电红外传感器和霍尔器件自动生产线等先进设备。公司主要生产热释电红外传感器、超声波传感器、霍尔器件、滤光片及各类传感器应用品,90%以上的产品出口,深受客户信赖。

尼赛拉公司多年来被中国外商投资企业协会评为全国创汇创利“双优”先进企业,1991年被上海市政府批准为技术密集型和知识密集型“双密集型”企业,自1995年开始一直被认定为高新技术企业。1995年通过由法国国际质量认证有限公司ISO9002质量体系国际认证,2000年通过ISO14001环境管理体系认证,有关产品还获得了美国UL认证,2002年10月通过ISO9001(2000)

质量体系国际认证。

### 上海欧忆电子科技发展有限公司

上海欧忆电子科技发展有限公司（以下简称“欧忆”）是上海电力公司等投资的高科技企业。专业从事光纤传感器产品的开发、生产以及销售，所生产销售的线型光纤温度监测系统主要用于发电厂、变电站、煤矿、隧道、地铁等长距离、大空间、连续温度监测与火灾预警的场合。

在上海众多的越江隧道火灾预警、东海风力发电测温等重大市政工程项目中，欧忆产品卓有建树。

### 上海雷迪埃电子有限公司

上海雷迪埃（RADIALL）电子有限公司（以下简称“上海雷迪埃”）是法国雷迪埃集团与上海飞乐股份有限公司在中国成立的合资企业。主要从事各类高频同轴接插件、电缆组件、汽车接插件和各类微波无源器件等产品的研发、销售和生产，是高科技创新型公司、上海市高新技术企业，其产品被广泛应用于电信、汽车、交通、工业、国防、航空航天及专业设备市场。

2011年，上海雷迪埃在板对板射频同轴互连解决方案、全新复合材料同轴连接器、微型连接器、射频功率开关连接器、防水室外光纤组件等产品方面加大研发投入，并获得了丰硕成果，产品性能优异，并申请、获得了多项发明专利。

上海雷迪埃秉承首席执行官 Pierre Gattaz 倡导的“追求卓越，合作共赢”理念，与主要客户成功合作，是行业主要供应商之一。公司向客户提供的优良服务得到了市场认可，并获得了行业内顶尖企业如摩托罗拉、波音、空中客车等大客户的“最佳供应商”荣誉。上海雷迪埃的产品超过50%出口欧美、日本等发达国家和地区。在国内，“神舟飞船”、卫星、军用雷达、导弹等尖端领域都有雷迪埃的杰出产品。

（王　雷）

# 四、数字音视频产业

### 概况

2011年是“十二五”规划实施的开局之年，数字音视频领域的相关产业与企业已基本走出了“十一五”末全球金融危机的阴影，在复苏中迎来了新的生机，并将重心移至“十二五”规划的具体落实中。无论是战略性产业调整布局、产业升级与产品更新换代，还是前沿技术与产品的自主创新研发，都有实质性进步。回顾“十二五”开局年，上海有线电视数字化整体转换已从市中心城区顺利转移至周边郊区，完成了8个区的有线网络资源整合，实现覆盖33.11万户；与此同时，基本完成了2011年度市郊合计100万户下一代广播电视网（NGB）建设的现场施工任务；上海数字音视频企业抓住贯彻落实三网融合国策的大好发展契机，研发成功“多功能文化娱乐系统”等多种新一代家庭智能娱乐终端；全面进发卫星领域，设计开发了各类直播卫星接收机方案；为满足市场年轻一族的应用需求新潮流，一系列加进最新时尚功能的摄录一体机开发推出；激光微投影显示应用向新领域拓展；紧跟3D立体电视与智能电视快速增长期，正在完善从拍摄至终端接收及频道开设筹备的全产业链建设。

2011年数字音视频产品中，上海彩电产量2 004 145台（其中LCD液晶彩电1 042 610台，等离子彩电957 389台），销量2 023 109台（其中LCD液晶彩电1 054 361台，等离子彩电965 009台），产销率达到100.95%，其中出口608 848台；摄录一体机产量3 786 457台（其中数码摄录一体机的销量为3 782 867台），销量3 825 385台；产销率达101.3%，出口3 699 772台，汽车音响121 629台，销量119 738台，产销率达98.45%。

（解　放）

### 东方有线网络有限公司

**【概况】** 2011年是东方有线网络有限公司（以下简称“东方有线”）新一轮发展的起步之年，根据年初完成编制的“十二五”发展规划要求，东方有线积极应对各方面的竞争挑战，圆满完成郊区网络整合，顺利实现“一城一网”，在完成市中心城区数字化整转和扩大NGB示范网建设的基础上，于2011年9月正式启动郊区数字化整转和NGB网络改造建设。

同时，东方有线以三网融合业务试点为契机，开放思路、创新突破，完成公司核心增值业务的战略布局。这些工作的完成，为全面推进上海三网融合业务试点以及建设“智慧城市”奠定了扎实的基础，为东方有线后续业务发展创造了良好的条件。

2011年，东方有线各项工作及业务开展面临着极为严峻的宏观及微观环境，对公司部分传统业务造成了较大冲击，尽管在各方的积极努力下，完成了年初制定的各项指标。但应清楚地认识到，明年局势将更为艰巨。

（解 放）

**【实现“一城一网”】** 在市网络整合工作小组的统一领导下，东方有线以“一城一网、全程全网、明确主体、创新机制、统一规划、加强领导、政策支持”为原则，于2011年3月底顺利完成了浦东新区、闵行区、嘉定区、宝山区、松江区、金山区、青浦区、奉贤区的有线网络资源整合。

上海郊区有线电视网络整合任务的顺利完成是加强领导、统一组织、服从大局的结果；是市区合作、各方参与、密切配合的结果；是平等互利、实事求是、着眼发展的结果。有线网络整合完成后，形成了全市一张网，统一规划、统一管理、统一业务、统一标准、统一运营的发展新格局。

东方有线拥有9个控股子公司（8个郊区合资子公司和技术服务公司）、3个参股子公司、9个分公司，公司已基本建立了面向新一代有线网络的产业布局，覆盖全市有线电视用户约600万户。

（应捷文）

## 东方明珠广播电视研究发展有限公司

**【重视隧道调频广播覆盖系统研发】** 东方明珠广播电视研究发展有限公司（以下简称“东方明珠”）多年来一直注重各类广播的正常信号覆盖，努力探索寻找解决各种问题的途径，开发了用于不同领域、场所的硬件系统与设备。

隧道调频广播长期以来是广播覆盖的公共盲区，2011年，东方明珠将扫除盲区技术攻坚作为工作重点，积极推进隧道用十六套调频广播覆盖系统的研发。根据公司规划，并针对隧道广播的特殊覆盖需求，自主研发成功多频点调频广播重发系统，同时完成了上海12条越江隧道调频广播覆盖系统的改造。系统实际运行以来性能稳定、覆盖效果良好，得到了其他省市广电系统单位的广泛关注，并接待其考察学习。

2011年，东方明珠顺利完成了采用该系统的迎宾三路隧道广播覆盖，以及无锡广电停车库广播覆盖等项目。2011年隧道调频广播覆盖系统项目荣获第五届王选新闻科学技术奖三等奖，上海市文化广播影视管理局2010年度科学技术进步奖一等奖等多个奖项，并获得实用新型专利《多频点调频重发设备》（专利号：ZL 2010 2 0219080.7）一项。

**【增强数字电视覆盖网络与系统管理】** 2011年，东方明珠继续注重各类软件开发，其自主研发的地铁电视覆盖系统远程监控软件能对地铁电视覆盖系统进行远程监控及实施无人化管理，及时有效地掌握地铁电视覆盖系统的运行情况，便于管理者实时应急处理。该监控软件在国内处于领先地位，已成为各省市地铁电视业务的参考对象和学习模板。2011年，上海地铁电视覆盖系统荣获第五届王选新闻科学技术奖一等奖；国家广播电影电视总局2010年度科技创新奖二等奖；上海市文化广播影视管理局2010年度科学技术进步奖一等奖等奖项。

另一套公司自主研发的广播电视覆盖网规划软件不仅为各地地面数字电视组网提供了参考依据和指导方法，同时为运营商提供了建网前实际覆盖效果的预测，以及台站、频率、功率、天线选址等服务，从而为运营商节省了资金，缩短了工程周期，规避了无效投资和电磁污染。该项对国标具有良好支持的软件推出以来，受到了全国多家运营商的欢迎。2011年先后获得了第五届王选新闻科学技术奖二等奖、国家广播电影电视总局2010年度科技创新奖二等奖、上海市文化广播影视管理局2010年度科学技术进步奖一等奖等奖项，并获得实用新型专利《广播电视覆盖网规划系统及其信息获取子系统》（专利号ZL2010 2 0155835.1）一项。

## 上海高清数字科技产业有限公司

**【全面进发卫星领域】** 2011年，作为获得国家广电总局授权的四家直播卫星芯片企业之一，上海高清数字科技产业有限公司（以下简称“上海高清”）在战略性转折重组调整中全面涉足卫星产品研发，实现了多个领域的历史性突破。

在技术方面，2011年上海高清成功实现了拥有自主知识产权、支持安全模式的新一代直播卫星解调芯片的量产流片，一次流片成功的HD2501直播卫星芯片，各项性能指标都相当优异。同时，调配核心技术骨干全程参与广电总局直播卫星联合攻关组，先后成功设计开发了“直播卫星＋地面广播”、“直播卫星＋地面广播＋GPRS位置服务”、“直播卫星＋GPRS位置服务”等各类直播卫星接收机方案，参与起草的多项中国直播卫星系统及终端标准也得以实施。

市场方面，上海高清在国家直播卫星系统的招标中成功中标近百万片，成为市场份额第二大供应商，占据了近四分之一市场份额。直播卫星芯片的成功研制及产业化应用，为上海高清数字电视核心芯片产品布局的多元化及国内核心芯片的产业化奠定了重要基础。

**【多领域研发齐头并进】** 2011年，上海高清集中研发力量完成了人民日报电子阅报栏系统接收终端及播控平台的研制开发设计，并率先完成了北京、上海播控平台的搭建及3 000余台终端的商业化应用，成功实现了国内首创的面向多网络数据分发及多媒体互动信息服务终端，支持通过无线局域网、3G蜂窝网和地面数字电视覆盖网分发和接收数据的目标。

2011年12月，上海高清研发成功首款基本型的数字电视多标准、多格式、高清晰度SoC芯片HD3101，并实现样片流片，胜利完成了所承担的《工业与信息化部"核高基"高端芯片SoC专项》的重点研发任务。HD3101芯片兼容H.264/MPEG 2/AVS等各种主流音视频格式，定位于低成本的高清解码芯片，主推高安全性的直播卫星市场、地面数字电视的家家通市场及国内外有线及卫星电视市场。作为未来数字电视接收终端的最关键的核心元器件，SoC芯片的成功研制将有望打破国外芯片企业长期以来在此领域的垄断，具有广阔的市场及产业空间。

2011年，上海高清设计开发了具备地面、有线兼容解调的高性能、低成本数字电视解调芯片HD2311，并实现样片流片。通过全面更新算法，提高高码率动态与复杂信道门限性能等核心技术改进，HD2311芯片的技术性能全面超过《地面数字电视接收机通用规范》，具备优异的有线解调性能，达到DVB-C市场的领先水平。

HD3101及HD2311芯片的成功研制及样片流片，实现了从地面、直播卫星解调到有线兼容解调的扩展，实现了从信道多标准解调接收到信源多格式解码的产品线全面扩展，为企业发展并成长为完整的数字电视芯片龙头企业迈出了重要一步。

## 上海数字电视国家工程研究中心有限公司

**【技术/标准/专利研究】** 2011年10月底，上海数字电视国家工程研究中心有限公司（以下简称"工程中心"）的"数字电视国家工程研究中心平台建设"项目正式获得国家发展与改革委员会批准，标志着数字电视国家工程研究中心技术研究工作开始全面加速。

2011年，工程中心牵头并联合国内广播机构、制造企业和研究单位共同开展数字电视演进技术系统的研究，在反复论证基础上所形成的"新一代数字电视演进系统"方案被列为国家高科技研究发展计划（"863"计划）。

在未来智能电视设计服务中心的建设规划中，工程中心积极开展数字电视核心及共性技术研究开发，并与国内外主流器件提供商建立战略合作。2011年，与长虹共同开展国产SoC芯片数字电视终端样机的研制及下一代国产数字电视终端解决方案研究，并获得工信部核高基专项支持；与上海文广共同开展3D电视集成播出平台系统研制合作；将数字电视扩展用于非广播应用的高速铁路、神舟八号载人航天领域等；参与完成了《智能电视互动平台架构》等6项数字电视终端标准起草；参与了《手持式地面数字广播编码解码软件》等7项数字电视专利、软件著作权的起草。

**【产业与产业链建设研究】** 在开展技术研究探索的同时，工程中心也在同步进行数字电视产业趋势研究，通过开展行业调研、召开专家研讨会、集中撰写等多种方式，确保产业研究成果有一定的深度广度体现。

2011年，工程中心共完成了《未来十年全球数字电视技术和产业发展展望》、《未来城市中新的电视形态研究》、《新技术演进与媒体业态创新研究》、《超高清电视图像与电视屏幕尺寸关系评价研究》等七项软课题政策及产业研究项目。

在技术与产业研究的同时，工程中心也非常重视产业链建设与人才建设研究，积极开展行业高级人才培训及培养。2011年，工程中心与上海交通大学联合组织数字电视及新媒体高层管理及技术人员EMBA培训，组织召开了多场地面数字电视国标培训及国际国内论坛研讨会。

**【国际未来广播技术交流】** 中国广播电视数字化工作历经十年努力，已经取得了很多重大的技术突破，形成了完整的产业链。但相比国际领域快速变化的技术潮流，仍处于相对落后的状态，对国际上最新的技术发展动向及业务模式发展缺乏把握能力。

为了在新一代广播电视技术发展中掌握主动，工程中心经过大量的前期工作，联合全球广播电视行业主流研究机构，于2011年11月10—11日在上海共同举办了首届FOBTV（全球未来广播电视高峰论坛 Future of Broadcast Television Summit，简称FOBTV）。国际电子与电气工程师协会、美国高级数字电视系统委员会、加拿大广播研究中心、加拿大通信研究中心、欧洲数字视频广播组织、欧洲广播电视联盟、韩国电子通讯研究院、巴西TV Globo电视台、美国全国广播电视协会、日本广播电视协会科学技术研究所、美国公共广播电视台以及巴西电视工程师协会等国外数字电视领域主要技术负责人应邀出席了论坛，国内外同行250余人齐聚一堂进行了广泛交流。

工程中心与全球13家主要广播电视技术研究机构和标准组织的负责人共同签署了一份题为《未来地面广播电视的全球发展道路》的《FOBTV上海浦东宣言》。宣言呼吁全球广播电视研究机构和标准组织加强合作，共同探讨未来地面广播电视系统的需求，共同探索全球统一的地面广播电视标准，推动发达国家和发展中国家共享技术进步的成果。这是全球广播电视核心技术研究机构第一次提出未来地面电视采用统一的国际标准，围绕这个目标将开展一系列组织安排和技术攻关活动，为上海在中国电视工业的未来竞争中争夺主导权。

## 上海全景数字技术有限公司

**【郊区有线电视数字化整转】** 自2007年上海市启动有线电视数字化整转试点工程起，上海全景数字技术有限公司（以下简称“上海全景”）一路配合东方有线整转推进，在中标“上海中心城区数字电视整体转换项目”，为上海市整转工程提供标清、高清机顶盒200余万台之后，又于2011年7月参与了“上海市数字电视整体转换（郊区）项目”机顶盒的招标。

经过角逐，在参与投标的金陵时威、大亚科技、SVA、青岛海尔、四川长虹等多家机顶盒厂家中，上海全景成功入围“上海市数字电视整体转换（郊区）项目”，并率先通过东方有线测试。2011年共向闵行区、浦东新区、松江区等整转试点区域提供各类机顶盒十余万台。上海全景在机顶盒开发中采用最成熟的技术实现所需特定功能，从设计、开发、生产全过程的每个环节确保机顶盒的应有性能和使用可靠性，受到了东方有线郊区子公司的一致认同。

**【新系统新设备研发】** 下一代广播电视网（NGB）与三网融合是当今炙手可热的新技术，上海全景联合上海文广科技（集团）有限公司进行了大量需求调研，分析预测认为：集自办节目、信息与娱乐节目为一体的智能视频点播系统会切准市场需求脉搏。两家公司于2011年7月开始，针对宣传、文化、娱乐等领域的多种需求，共同致力于“多功能文化娱乐系统”的开发，并于年底顺利完成。该系统采用前沿的三网融合新技术，集成了高清视频点播、卫星电视直播、计算机局域网访问、视频会议广播等多项应用，利用现有双向有线电视网络，可以实现卫星电视、有线电视、局域网络的功能合一。

2011年，上海全景应用另一前沿的NGB新技术，利用在多媒体点播系统开发方面的成熟经验，自主开发了媒资库、媒资运营系统、门户系统等一系列新系统新设备，这些系统与设备中的会话管理、时移处理、边缘资源管理等新功能，均符合国家广电总局颁发的《下一代广播电视网（NGB）视频点播系统技术规范》的要求，其内容发布流程、点播流程等按照规范要求设计的业务流程均能保持正常运行。

**【智能电网信息平台建设】** 上海全景成立十余年，始终致力于前沿科技的研发创新及市场开拓，随着国家数字电视平移工程推进，先后成为上海、北京、广东、丽江等多个城市数字平移工程的技术合作方。除东方有线等广电客户外，百胜集团、迪亚（中国）、安美数字等新领域的国内外知名企业也被吸纳为该公司客户。上海全景不断进行内部管理优化，并启动“一体两翼”的新战略，以适应市场化运作需求，同时加快步伐考虑实施新的战略转型方案，进一步拓展发展领域。2011年6月，上海全景从数家竞标对手中脱颖而出，在“智能电网信息平台”相关招标中，一举收获从平台到终端的三个研发项目，正式成为国家电网在智能电网建设中的合作伙伴。智能电网是国家“十二五”规划的重要目标，国家电网已先后在北京、上海建成了中国第一批电力光缆到户的智能小区示范工程，通过光纤到户实现以智能用电服务为基础的系统化综合信息服务。与国家电网的合作，标志着上海全景已完成从单一广电行业服务商到三网融合领域领先技术服务商的战略转型。

（解　放）

## 上海索广映像有限公司

**【概况】** 上海索广映像有限公司（以下简称“索广映像”）成立于1995年12月，是由索尼（中国）有限公司与上海广电信息产业股份有限公司等合资设立的索尼牌视像产品制造企业。公司总投资为4.102 9亿美元，注册资金1.025 8亿美元。公司位于浦东新区金桥工业区南区，占地面积106 208平方米。

索广映像高度重视企业的社会责任，贯彻“给地球关爱”和“以人为本”的理念，致力于建立完善的环境和安全管理系统；生产最佳的绿色环保产品；创造一流的产品质量；树立一流的企业形象。公司先后通过了ISO9001质量管理体系认证、ISO14001环境管理体系认证、OHSMS职业健康与安全管理系统认证、2010年首批浦东新区社会责任达标企业，并获得了国家“产品质量免检”证书、上海市文明单位、上海市高新技术企业、国家商检一类管理企业、免办CCC诚信企业、海关实施AA类管理企业、“安全生产先进”企业、上海市厂务公开民主管理工作先进单位、上海市2星诚信创建企业、外商投资先进技术企业、上海市外商投资双优企业、上海市外商投资销售收入百强企业、上海市外商投资上缴利税百强企业、中国对外贸易百强企业、上海市创新型企业、上海市平安单位、全国职工技术创新优秀组织单位等荣誉。

【经营情况】 2011年,索广映像实现利润总额1.36亿元,主营业务收入51.63亿元。2011年各项产品总产量118万余台,其中液晶(LCD)电视机75.7万台,专业类视像产品42.3万台。公司承担的2010年上海市重点技术改造专项资金计划"高清3D液晶显示终端及关键部件产业化项目"通过了项目验收。

【科技质量工作完成情况】 索广映像2011年导入FTV新产品4个系列13个机种,PSG新产品5个系列13个机种,共26个型号。

自主设计完成投影机总装生产线。此生产线是索广映像也是索尼内第一个建立的标准化、规模化的投影机生产线,它需要在整个生产过程中保持相对静止,而且水平要求保持在小于0.05度内,是一条能生产多品种的兼用装配生产线及调试生产线。此生产线还具有重要部品及产品生产日期的追溯系统,以达到标准化的要求,体现索尼一贯倡导的敢于"梦想"的精神。

自主完成生产工装夹具设计。完成了S系列生产工装夹具14套、光机生产工装夹具M系列5套、E系列7套、C系列13套。

工装夹具出口。应索尼设计部门请求,由索广映像自主设计制作的检查工装夹具2套出口泰国。

(索　广)

【多管齐下确保生产经营】 2011年,索广映像的销售受自然灾害(日本地震、泰国水灾)和市场疲软的影响较大,另外,劳动力成本上升、招工难等问题也给公司经营带来了较多困难。针对这些不利因素,索广映像积极应对,在加强风险评估的基础上,做好事前规划和预案,从管理上下工夫。2011年,索广映像采取内部负荷控制和节能巡检等节能措施,尽可能降低用电负荷,平衡生产高峰和夏季用电高峰的矛盾,以挽回日本地震期间部分零部件供应不上所造成的产量损失;通过控制库存、确保资金、加强投资回报评估、强化预算管理、推进PJ项目来强化经营,降低经营成本;通过调整组织机构,成立技术委员会来加强企业技术建设,提高企业竞争力;通过与劳务所建立牢靠的紧密关系、开拓多种招聘途径以及采用多种激励措施留住人才等措施确保生产经营活动的正常开展。除了通畅的人力资源供应渠道外,索广映像还通过评估公司现状、考虑后续发展,对劳动力市场成本提高采取了增资、奖励、培训、增投外来员工福利保险、解决职工困难等多项措施,相关措施的落实与实施得到了员工的充分肯定,从而安定了职工队伍、提高了员工的主观能动性,增强了公司凝聚力,保障了生产任务的完成。

【人才培育促进企业发展】 为求得更大发展,索广映像新成立的技术委员会于2011年年初拟定了公司技术发展规划,决定从人才培育与牢牢把握新门类、新产品、新技术、新装备导入捷径入手,推动企业新一轮发展。索广映像为技术人员和新进大学生搭建了施展才华的平台,进一步提高其设计开发能力,以改变依赖进口或照图制作的现状,较快过渡到自主设计开发的新阶段。

(解　放)

## 上海文广互动电视有限公司

【加速新业务战略转型】 2011年,上海文广互动电视有限公司(以下简称"文广互动")抓住三网融合发展契机,针对下一代广播电视网络(NGB)进行战略布局,加速与各地有线网络联合开展互动业务、高清业务合作,并建立驻地运营服务体系,逐步从单一的数字电视频道经营,向付费频道集成运营、互动业务战略布局、频道产业化经营转变。

2011年,公司先后与上海东方有线网络有限公司、北京歌华有线网络股份有限公司实施深度性战略合作,充分利用有线网络运营商的网络资源,共同推进互动点播业务平台建设,大力发展互动点播业务,积极开发基于下一代广播电视网(NGB),以高清、互动为主要特征的家庭互动电视内容服务项目,使上海在全国三网融合发展中起到率先示范作用。

公司还与深圳市同洲电子股份有限公司正式签署《投资合作协议书》,共同出资成立合资公司,面向但不限于为全国有线数字电视运营商整体提供基于有线电视网络的视频内容分发业务。

为了实现更大能级的提升,公司从2011年下半年起又将战略布局调整拓展至游戏产业商业模式(游戏联营模式)的开发,与此同时还结合互动业务战略,深入探讨互动增值业务的应用及尝试互动商城等新项目运营。

【以技术创新带动业务模式创新】 文广互动高度重视技术研发,坚持以技术创新带动业务和模式创新。

2011年投入1 457万元用于技术研发，围绕互动电视内容生产、存储、播控、分发和交互应用等环节，完成了一系列前瞻性技术研究和应用示范。其中，自主开发的互动点播业务驻地内容管理系统和驻地电子节目菜单系统达到国内同行业先进水平；基于先进的数据分析模型和统计分析工具自主开发的用户行为统计分析系统，已经与上海东方有线业务平台实现对接，用于对上海地区互动电视用户行为的全样本统计和分析。

在互动电视领域新技术的研究中，成功申请国家高科技发展计划（"863"）项目《面向三网融合的集成播控平台研究与示范》和《超高清超媒体制作与管控技术研究》两项；上海市科委科技攻关项目《多格式细粒度的视频转码系统的研制与示范》和《面向下一代广播电视网的用户行为数据分析与决策辅助系统》两项。

在科研成果转化和知识产权方面，2011年公司共申请国家发明专利4项，完成上海市软件产品登记4项。2011年12月23—25日，在河南郑州召开的"2011年中国广播电视协会数字付费频道工作委员会年会"上，文广互动共荣获"栏目、节目、频道、个人"各类奖项24个。

**【储备实力进军3D领域】** 根据上海广播电视台的战略部署，文广互动与时俱进迈入了发展前景广阔的3D领域，在组织专业团队跟踪3D技术发展的同时，尝试3D电视节目的拍摄、直播和转播实践。经过数年探索，文广互动在技术、设备、节目内容等方面有了一定积累和经验，基本掌握了3D电视的全套制作流程，储备了一批专业拍摄、制作人员，具有一定程度上独立解决3D电视关键技术的能力，并初步具备了开办3D电视栏目或专业频道及开展3D电视业务的条件与能力。2011年，公司同NBA合作，首次在国内进行了两场3D版本的NBA季后赛转播，随后，又尝试了3D游戏电视节目的录制，完成了《荣誉勋章2011》游戏的3D节目制作。此外，公司3D制作团队还尝试了从3D电视的前期策划、拍摄，到后期的制作、发布和播出的全流程独立制作，拍摄并制作完成了3D电视节目《梦中少女——锦溪》。2011年，文广互动与国内外诸多3D内容供应商建立了联系，并与东方有线网络有限公司达成共识，拟在视频点播业务平台上率先开设3D内容专区。

## 天柏宽带网络科技有限公司

**【研发适时系统方案】** 面对"三网融合"的时代潮流，天柏宽带网络科技有限公司（以下简称"天柏宽网"）坚持"市场为导向、技术为手段、服务为宗旨"的理念，以"技术创新+模式创新"作为发展原动力，与时俱进地提出新的战略发展方向，并着手一系列系统方案的研发。

2011年，天柏宽网开发的"随心看"增值业务系统采用了创新的、业内独一无二的业务整合方式，受到各地运营商的欢迎；其最新多屏播发系统可以方便用户在数字电视广播网、IT互联网、手机电信网等不同网络终端的显示屏上观看视频节目；2011年9月底，天柏宽网在国家广电总局许可的、基于NGB网络的彩票科研项目中承担研发的双向电视彩票技术支持方案，成功运用于上海东方有线电视彩票业务，进入试运营阶段，并于年底在江苏省网上线；天柏宽网开发的家庭智能娱乐终端集数字广播电视、网络电视、3D体感游戏于一体，可以为用户提供电视教育、电视杂志、U盘接入欣赏音乐图片或影视内容、上网和健身游戏等全方位娱乐享受。另外，公司与高等院校合作的软件开发项目使得数字电视应用商城概念迈出了成功的一步。

天柏宽网研发的"随心看"与ICAS两项产品获得了由国家科学技术奖励工作办公室和中国广播电视工业设备协会联合颁发的2010年度科技创新奖；天柏宽网荣获2011年广电行业"十大民族品牌"称号；获中国电子报"2011数字电视最优秀解决方案"和"2011数字电视最有影响力解决方案提供商"奖牌。

**【平台建设、双网改造与新品开发齐头并进】** 除公司本身的新品研发外，天柏宽网还十分重视各类合作项目的承接。2011年，公司参与了"上海市数字电视公共服务平台"项目建设，该平台是虹口区人民政府为配合有线电视数字化整转以及下一代广电网络业务发展，以扩大数字电视应用为目的而大力支持的项目，旨在解决数字电视增值服务的开发和应用发展的产业瓶颈问题，提供一个开放的、公共的数字电视增值服务开发平台。天柏宽网承担了开放应用支撑系统的研发，完成了完整的应用开发设计、调试和仿真平台。2011年10月26日，来自上海市虹口区科委、东方有线网络有限公司、上海交通大学、华东师范大学等单位的领导和专家对该系统项目进行了验收。项目成果已在江苏、山东等地得到了实际应用，具有较大的应用推广价值和市场前景。

2011年，天柏宽网还参与了湖北随州、广东省网、上海东方有线、辽宁省网、河北省网、海南省网和重庆等地的双向网络改造项目，并在CA产品或EoC（以太数据通过同轴电缆传输Ethernet over Coax，简称EoC）产品的招标中获得全面成功。与此同时，在湖北赤壁开创了宽窄带结合的网改成功示范；在山东济南建立了全宽带全业务整转的高起点模式；在济南历城完成了全国最大的终端全接入双向网建设。

## 上海索广电子有限公司

**【高科技产品研发】** 2011年，上海索广电子有限公司（以下简称"索广电子"）经历了日本大地震和泰国洪水对生产带来的严重影响，以及欧洲经济危机导致的市场低迷等困难和挑战。在上海仪电控股（集团）公司和索尼公司的大力支持帮助下，全体员工齐心协力，中日双方同舟共济，最终克服重重困难，完成了全年近400万台摄录一体机的生产任务，同时也达成了累计2 000万台摄录一体机的出货业绩。这与公司产品年年更新、满足市场多重不同需要密不可分。

索广电子重视新技术、新产品、新工艺的研发与应用，始终关注、跟踪最前沿技术的动态与发展趋势，并不失时机地应用到所开发的新品中。2011年，索广电子研制生产了一批具有投影功能、人脸自动识别功能、高变焦倍率和高静像像素等科技含量高的摄录一体机，满足了应用跟潮流的许多年轻一族的用户群。

除消费类摄像产品外，索广电子还进一步拓展了产品覆盖领域，引进生产了广播级专业摄录一体机以及高清监视摄像机系列。丰富的功能、优异的性能、方便的使用受到普通消费者和专业人士的共同欢迎。高科技摄像机产品的不断创新稳固了已有市场，并使索广电子成为全球领先的摄录一体机研发生产基地。

## 上海力保科技有限公司

**【电子阅报栏进入实用市场】** 2010年世博会上，上海力保科技有限公司（以下简称"力保科技"）和轻工装备集团一起与人民日报社合作，在船舶馆、媒体中心等多处安放了人民日报电子阅报栏，为游客获取信息提供了方便，也为人民日报电子阅报栏在全国的推广提供了试点和经验。凭借在生产、服务等多方面的优势，力保科技在人民日报数字传媒公司对"人民日报电子阅报栏"项目招标中突出重围，成功拿下项目产销合同。为使该产品做到精益求精，力保科技借助已掌握和拥有的先进技术以及多年在显示领域的探究所积累的经验，对第一代电子阅报栏进行了较大程度的改进，使其在外观、使用等多方面都更符合现代人的审美观及操作习惯，从而为电子阅报栏销路的打开奠定了基础。在后世博效应的作用下，力保科技在2011年年底顺利完成了500台42英寸人民日报电子阅报栏的产销任务。迄今，已有百余台电子阅报栏安置于上海的各个酒店、学校、政府机构等地方。

**【宠物DR产品】** 力保科技一直致力于激光技术及产品研发，推出了技术含量高、具有影响力的激光产品。为求得更大发展，力保科技计划与张江集团合作成立激光显示公司，2011年，该计划实施受阻，公司面临产品青黄不接等不利局面。为了在困境中突围，公司上下齐心，统一认识，坚持"向市场要出路"的理念和"开发新领域产品"的思路，进行战略调整，通过产品拓展求得生机。

2011年，力保科技克服了财力、人力、物力不足的困难，经过设计研发、生产骨干通力配合，成功推出了新产品——X射线影像探测器（动物DR系统）。该款产品可以配合市场上现有的X光机，将宠物医院现有的X光片转换成数字图像，既便于储存，又解决了宠物医院更新X光机的资金问题。该产品研发过程中，力保科技申请了6项专利（其中，发明专利1项，实用新型专利4项，软件版权1项），共获得《成像元件的锁紧结构（专利号：ZL 2008 20208717.5）》、《成像元件的温控密封结构（专利号：ZL 2009 20213824.1）》、《医用X射线影像拍摄管理软件（2010SR001315）》、《CCD成像驱动电路装置专利号：（ZL 2010 201098409）》等授权专利4项。2011年，几大专业展会的良好反响及公司销售人员的调研结果显示：动物DR系统获得了上海多家宠物医院的青睐。2011年，新产品开始投入市场，并取得了良好的市场反馈。

## 百视通新媒体股份有限公司

**【概况】** 百视通新媒体股份有限公司（以下简称"百视通"）是中国大陆首家运营IPTV业务的新媒体公司，成立于2005年11月，是上海文广新闻传媒集团（SMG）旗下的新媒体公司。2005年3月，SMG获得了国家广电总局颁发的IP电视集成运营牌照，并获准"BesTV百视通"作为运营IPTV电视业务呼号，5月，与中国电信集团公司和网通集团签署IPTV战略合作框架协议，在全国范围内开展IPTV电视业务。百视通以上海广播电视台、东方传媒集团为后盾，依靠全业务、全平台的业务优势稳步拓展，在集成播控、技术研发和内容服务等多个方面居行业领先地位，公司致力于打造实施电视、手机、计算机、移动智能终端等多屏联动的"一云多屏"智能媒体计划。

**【积极拓展海外IPTV市场】** 2011年9月22日，百视通与印尼电信在上海签署《多屏融合新媒体技术与综合解决方案合作协议》，旨在推进上海广播电视台、SMG新媒体的海外业务拓展，并取得实质性进展。这是百视通继2010年向法国电信输出IPTV技术后，首次向东盟国家电信运营商输出IPTV等新媒体技术与跨平台融合解决方案，是百视通“走出去”的全球化战略实施的成功案例。百视通还与东盟其他国家如越南、文莱、马来西亚、新加坡、南美巴西、欧洲波兰、葡萄牙等国家的电信运营商进行了洽谈。百视通计划在两至三年内向全球30个国家提供新媒体技术及综合运营解决方案。

**【研发新媒体多终端应用】** 为在新媒体应用项目的开发上有所建树，百视通多年来一直致力于前沿技术的探索与研发，并应用在实际的项目中。为有更大的发展，百视通与清华大学联合申报“大型网络应用及服务平台方案设计与示范”国家核高基项目，2011年年底，该项目正式通过财政部的审批。此次联合申报课题由清华大学承担基础技术研究，由百视通研发基于IPTV、互联网电视、宽频网络电视、3G手机电视及移动终端视频等应用技术。双方联合设计整合了“数字媒体内容、应用服务、管控渠道”模式的平台系统架构，着力突破“一云多屏”新型数字媒体网络应用平台的关键技术，以提供数据资源访问、用户数据挖掘、在线支付、电视应用商店等核心应用，支持面向多终端的第三方应用，最终建成全程全网的跨平台、跨网络、开放的数字媒体内容应用及服务巨型网络平台为目标。百视通入选核高基项目，是广电新媒体公司首次获得国家重大科技专项的资助，标志着新媒体行业正逐渐步入产业化。

## 上海松下等离子显示器有限公司

**【借助PDP技术优势投入3D与智能电视研发】** 在全球3D与智能技术应用产品研发如火如荼的行业背景下，上海松下等离子显示器有限公司（以下简称“上海松下”）借助PDP（等离子显示板 Plasma Display Panel，简称PDP）等离子技术“动像清晰生动、细节层次可辨、色彩丰富逼真”的技术优势，跻于3D电视机开发行列，推出了一系列采用快门式3D方案、无损完美再现、景深感强、3D效果显著、有效保护眼健康的新颖电视机。在中国视像行业协会主办的2011年中国彩电行业研究发布会上，松下VT系列TH－P55VT31C全高清3D等离子电视被评为“优秀视觉技术产品”。

从2010年的3D TV立体电视到2011年的Smart TV智能电视，再到未来寄予厚望的云电视，平板电视的智能化已成为整个产业的既定发展路线，为此，全球各电视厂商纷纷倾力开发智能电视。上海松下及时把握消费趋势，于2011年跨入“智能时代”，将等离子技术运用于智能电视，在日系品牌中率先开发推出了一批PDP等离子智能电视机。这些智能电视机以其快速的浏览反应和流畅的画面播放、智能输入科学化操作、人性化界面设计、高端智能网络平台、强大的VIERA Connect、DLAN和WiFi功能，让消费者轻松享受家庭娱乐网络带来的无穷乐趣，广为消费者青睐。

**【实施全面质量管理】** 上海松下历来重视产品的品质管理，为有效控制产品生产全过程，公司建立了ISO9001：2000质量管理体系和ISO14001：2004环境管理体系。

公司以ISO9001为基础，树立“以品质取胜”的理念，建立了可操作的品质管理体系，以期在贯彻“以优异的产品质量赢得顾客的信赖”的质量方针中，实现快速平稳发展。全面质量管理中，将主要生产、质量指标表格化、数字化、图示化的“看板管理”起到了“直观、明了、简便、实用”的作用。

在ISO14001的推进中，上海松下将贯彻RoHS指令（《关于限制在电子电器设备中使用某些有害成分的指令》Restriction of Hazardous Substances，简称RoHS）放在重要位置，成立专门小组力推，同时对国内50多家供应商的总经理及技术人员进行RoHS指令相关知识的培训。“生产轴管理”围绕“不收入不良品、不制造不良品、不流出不良品”的“三不原则”实行全方位质量把关；同时开展强化全体员工质量意识的“不装不合格品——发现不合格的零件不装配，不做不合格品——保证自己的装配质量（自检），不放过不合格品——不让不合格品流入下道工序（互检、专检）”的“三不活动”。

2011年，上海松下全面质量管理实施更见成效，其“三不原则”的严格贯彻，“三不活动”的积极开展以及一系列配套的质量管理方案的结合应用，在有效确保其产品应有质量的基础上，使得其产品品质及质量管理水准不断攀升新台阶。

## 上海敏达网络科技有限公司

**【推进社区信息化标准建设】** 上海敏达网络科技有限公司（以下简称“敏达科技”）自成立以来一向重视技术规范和产品标准的制订，以期通过标准制订更好地指导规模化生产及拓展产品市场。在上海市信息家电行业协会的牵头下，敏达科技参与了多项标准的制订，其中上海市地方标准《居住区信息系统网络互联技术规程》是主要编制单位。在这一标准的编制过程中，敏达科技克服了商业化结合难、相关企业信息不对称等多个难题，通过调研及与相关企业进行多次沟通，缩小相关企业在标准条款上的认识差距，终于在2011年圆满完成了《居住区信息系统网络互联技术规程》的编制任务，且顺利通过业内专家评审验收。该标准的制订不仅使从事居住区智能化设备研发的相关企业具有统一协议、统一网络的通用互动平台，改变了过去各相关企业建立数据库各自为政的现象，且其实施为推进"十二五"规划重要目标之一的智慧城市建设，缩短建设进程，使信息化应用和服务更好地惠及市民发挥应有的作用。

## 上海显恒光电科技股份有限公司

**【概况】** 上海显恒光电科技股份有限公司（以下简称"显恒光电"）是由上海联和投资有限公司等数家国有投资法人和美国硅谷技术团队共同投资组建的合资公司，于2011年1月5日在上海市徐汇区漕河泾开发区注册成立。公司旨在承担全球尖端半导体化合物研发任务，开创新材料、新光源应用，引领世界激光显示新时代的历史使命。公司成立伊始就把拥有自主知识产权作为公司的核心价值来重点规划和实施。2011年度公司共申请31项国内专利，其中申请了"采用环形电子束激发的激光装置及投影系统"、"设有双法拉第筒的电子束束斑尺寸测量装置及其测量方法"等发明专利9项，申请了"具有恒定激光输出的激光CRT"、"一种微米级电子束焦斑尺寸的光学测量装置"、"一种多路温度保护系统"等实用新型专利22项；申请了1项国际PCT(《专利合作条约》Patent Cooperation Treaty，简称PCT）和1项美国专利。

**【挑战激光显示尖端技术】** E-Laser(E激光）技术肇始于1964年荣获诺贝尔奖的苏联物理学家巴索夫博士的研究，经过中外几代科学家40余年的不懈努力，已经走完了从理论到实验、从低温到室温，直至原理机成功出光的艰难历程。显恒光电成立之初就把研发的重点指向了有发展前景的E-Laser激光显示技术及其应用产品，经过研发部门短短6个多月的艰苦努力，2011年10月17日E-Laser一体化原理机研发成功。这一成果是在原来俄美科学家40多年研发基础上显恒光电自主开发的第一个阶段性工程机，对原理机进行了诸多方面的改进与优化。与美国原理机相比，无论是整机结构、高压电控部分、控制模组，还是高压电源、水冷散热器，其优势明显占上风。系统集成和整合是最终向工程化和产品化发展的关键工作，显恒光电拟进一步完善现有一体化原理机，更多考虑的是完成数字化控制和同时兼顾测试平台的整合。2011年，红光、绿光芯片研发已完成，蓝光研发也取得突破性进展，未来将在显恒光电实验室实现E-Laser RGB(红绿蓝色彩模式Red Green Blue，简称RGB)三色全部出光并合成。

（解　放）

# 五、计算机产业

## 2011年产业发展特点

2011年，上海市计算机行业发展呈现新时期两极分化之势。计算机制造业发展总体稳中略降，一些整机制造厂向西部转移，影响本市相关指标在全国的占有率。而基于计算技术所衍生的电子信息技术、服务及新兴产业发展迅猛。其中，物联网、云计算以及高端软件、高端服务器和信息服务等是重点发展对象。技术发展使计算机产业发展环境不断发生变迁，这种状况在2011年表现尤为突出。上海打造"智慧城市"带动了"物联网"、"云计算"项目在各领域的应用，新的市场需求扩大，为上海计算机产业转型发展创造了良好的机遇。详细数据对比见表2-13。

**表2-13　2011年计算机产业发展情况表**

| 年份 | 2010年 | 2011年 | 同比(%) |
|---|---|---|---|
| 单位数(个) | 74 | 69 | −7% |
| 从业人数(人) | 136 757 | 99 863 | −27% |
| 工业总产值(亿元) | 3 873.84 | 3 080.46 | −20.40% |

续 表

| 年份 | 2010 年 | 2011 年 | 同比(%) |
| --- | --- | --- | --- |
| 工业销售产值(亿元) | 3 835.62 | 3 012.89 | −21.40% |
| 年末资产总计 | 1 070.43 | 813.45 | −24% |
| 主营业务收入 | 3 957.35 | 3 101.92 | −21.60% |
| 利润总额 | 23.59 | 17.21 | −27% |
| 税金总额 | 2.42 | 2.03 | −16.10% |
| 微机产量(台) | 93 884 417 | 70 051 285 | −25.30% |

注：统计局授权协会统计名单范围内企业只是一部分，故此表并非完整数据。

（许 可）

### 长江计算机(集团)公司

**【拓展多领域业务】** 长江计算机(集团)公司(以下简称"长江计算机")利用公司在人才和IT技术上的长处，不断将业务向不同领域延伸，走出了一条适合自身再发展的新路。

2011年，在石油领域围绕中石化加油结算系统，完成上海市高新技术产业化重点项目"中石化新一代自助式加油站"的研发，研发的基于GPS/GIS技术的全国运维管理平台监管系统、油站交易系统为企业在石油领域的延伸提供了技术保障。截至年底，已成功进军吉林、辽宁市场，加油卡系统已覆盖到6省2市。

交通领域以ETC不停车收费管理系统为核心，完成"自由流技术不停车收费系统"研制；进行了光幕模式ETC系统、网口模式RSU(速率传感器装置Rate-Sensor Unit，简称RSU)和并列双车道ETC系统的研发，在解决跟车、旁道干扰等ETC技术难题方面有了重大突破，技术处于国内领先地位。在完成国家核高基项目"电子控制器在线状态监控支撑平台"研制基础上，集团制定了针对乘用车信息服务(4S店)、商用车智能管理(油耗管理)形成《乘用车一站式信息化服务》初步方案，车辆油耗管理取得技术突破。完成"基于物联网的高清视频电子警察及卡口系统研发和产业化"项目以及轨道交通应急响应系统开发。

医疗领域围绕医改带来的巨大信息化需求，初步形成涵盖"医院信息化集成系统"、"数字化医院集成管控平台"、"基础设施(建筑设备)管理系统"的数字化医院整体解决方案，推进了医疗仪器产品中医舌面相分析系统以及脉象模拟手的开发进程，并在社区医疗项目建设中进行应用推广。

在汽车领域，2011年长江计算机产品销售逐步从上海向浙江、北京、江苏等地延伸，覆盖了上海通用和上汽集团90%以上的生产线，承接的新项目达10项，涉及沈阳、烟台、上海、无锡和临港等地。

（解 放）

## 六、新型显示产业

### 概况

通过"十一五"前期的努力，上海新型显示产业已初步形成了产业基础，技术和人才集聚效应开始显现，产业规模快速扩展，新技术成果不断涌现，骨干企业迅速成长，市场扩展步伐不断加快。2011年新型显示高新技术产业化工业总产值达587亿元，同比略有增长。薄膜晶体管液晶平板显示器(TFT-LCD)、发光二极管(LED)等领域产业规模不断扩大；有机发光二极管(OLED)、激光显示等产业也不断壮大。

（王 雷）

### 半导体照明

**【概况】** LED被称为第四代照明光源或绿色光源，具有节能、环保、寿命长、体积小等特点，可以广泛应用于各种指示、显示、装饰、背光源、普通照明和城市夜景等领域。

在后世博效应的催动下，2011年的半导体照明产业显示出了迅猛的发展态势，越来越多的新兴企业投身到半导体照明行业中来，得到了各行业的热切关注。

中国国际工业博览会、国际LED照明展会、中国LED照明展等各著名的专业展会拥有越来越多的半导体照明企业参展，并吸引了众多的专业观众观展了解半导体照明行业。上海正逐步对LED产业进行市场化推广，将LED照明逐步融入商业、家居、公共事业等各方面，总而言之，LED产业正处在持续发展的上升势头。

随着LED产品技术的逐步成熟以及产品价格的逐步下降，2011年上海半导体照明大规模集中示范及大量应用，2011年度上海半导体照明产业的产值较2010年有较大提升。

**【映瑞光电LED项目】** 2011年1月5日，映瑞光电张汝京所主导的LED项目在上海临港产业区内举行了开工仪式，这一项目受到了上海市政府的高度关注，对于业内企业来说更是极具影响的新闻。该项目总投资约16亿元，生产内容涵盖LED芯片外延片及芯片生产、封装测试等，其中一期投资10亿元。未来几年将逐步建成覆盖LED产业的上、中游关键环节的完整产业基地，对打造上海以LED为背光源的平板显示产业基地，形成LED“衬底—外延片—芯片—封装—应用”完整产业链具有重要意义。

**【路灯LED节能改造】** 上海计划对全市38万盏路灯实施LED节能改造。一盏普通的高压钠灯功率在400 W左右，而同样的LED路灯则只需要150 W，以本市30多万盏路灯来统计，一年可节省的电力相当可观，另外，相比传统路灯，LED路灯具有节能、可控、寿命长的优点。针对如今上海正大力打造“绿色照明”，逐步推广LED路灯的大环境下，将会是半导体照明发展的趋势、热点。

**【中小企业LED技术应用推广】** 2011年8月11日、11月2日，由上海市促进中小企业发展协调办公室、上海市光电子行业协会分别牵头市旅委、市建交委所举办的中小企业LED技术应用推广会顺利召开，会议促使LED企业与酒店、道路交通建设部门等相关机构进行交流、沟通，促进了LED照明的各领域推广，对推动LED照明的商业化做出了极大贡献。

**【第四届城市照明论坛】** 2011年11月2日，由中国国际工业博览会组委会、中国照明电器协会半导体照明专业委员会、上海市光电子行业协会、上海世博(集团)有限公司主办，科锐赞助的“第四届城市照明论坛——2003—2011中国LED先锋人物颁奖典礼”在新国际博览中心举办。此论坛是本届中国国际工业博览会的重要议程之一，论坛主要针对在后世博时代可持续性的LED行业发展策略，先进的LED产品与技术，全球各地LED应用经验分享等主题进行的，旨在倡导更多的城市采用LED照明技术，大幅节约能耗及维护成本。并对LED先锋人物进行颁奖。

**【民族品牌与国际领先技术相结合】** 为全面推动半导体照明产业变革，淘汰低效能照明光源，发展绿色照明产业，中国著名照明企业上海亚明灯泡厂有限公司(以下简称“上海亚明”)与全球LED照明领域的行业领先者科锐公司在上海成功签署战略合作协议。双方将充分发挥各自在产业界的优势，在LED照明应用的产品开发、技术交流、业务互动和市场拓展等方面进行深层次合作。科锐此次与上海亚明达成战略合作，不仅是实现了跨界合作与完美组合，更是民族老字号与国际领先技术的完美结合。科锐的产品不仅能够满足照明级的性能规格，更进一步依据应用需求而优化，并充分从客户角度出发，方便终端的设计使用。科锐高性能多系列产品应有尽有，将为客户“智”造更大价值。上海亚明是一家有着88年历史文化底蕴的民族产业老字号企业，是中国第一家民族照明品牌，也是中国第一只灯泡的制造者。此次与民族品牌上海亚明的战略合作将是“科锐芯，中国情”的重要体现，相信通过双方的携手及共同努力，将全力开创LED绿色照明新时代。

**【高效照明产品推广】** 2011年高效照明产品推广再次被列入上海市政府实事项目，“合璧”继续采用国家和地方财政双重补贴办法推广高效照明产品。统计显示，截至2010年年底，“合璧”已累计补贴推广了2 300万只高效照明产品，取得了年节约用电11亿千瓦时的良好节能效果。按照市经信委公布的节能减排目标，“十二五”期间，“合璧”节能产品惠民专项将组织推广高效空调400万台、T5型荧光灯和LED等高效照明产品4 000万只。

(李智鸣)

### LED

2011年上海LED产业不断蓬勃发展。前端拥有映瑞、蓝光等外延和芯片企业，进行产能扩张。映瑞光电LED项目1月5日开工建设，已实现小批量量产；上海蓝光稳步发展，产值也不断提升。后端应用方面，三思的LED显示产品已达到国际先进水平；LED路灯、隧道灯等LED照明灯具累计销售达10万余盏，并中标深圳地铁项目及全国30多条隧道LED照明灯具项目。上海亚明已建成年产20万套LED照明灯生产线，积极扩大LED照明市场销售，已中标人民大会堂射灯改造项目，又获得上海6家超市LED灯具改造项目订单。相关配套方面，中微、理想能源、永胜、中晟等MOCVD设备生产厂家不断加紧研制，上海LED产业链不断完善，产业规模持续扩大。

（王 雷）

## 平板显示

**【概况】** TFT－LCD方面，随着大批TFT－LCD高世代线的投入，2011年平板显示产业整体竞争激烈，相较于大部分企业亏损严重，上海平板显示产业较为平稳。上海天马保持良好增长势头，并获得国家战略性新兴产业平板显示方面的专项资金支持；中航光电子不断提升产能，技术改造，进行产品优化与转型。

AM－OLED（主动矩阵有机发光二极体面板 Active Matrix/Organic Light Emitting Diode，简称AM－OLED）方面，上海天马2011年2月20日成功点亮第一款发射AM－OLED彩色产品，大尺寸（12.1英寸）AM－OLED屏样品2011年10月在日本横滨国际平面显示器展会上展出并取得较好反响。

激光显示方面，已初步形成激光显示研发和产业集聚基础，以三鑫、广电光显为主的生产厂商不断突破核心技术，扩大产业规模。

（王 雷）

**【动态】** 2011年是上海天马4.5代AM－OLED中试线动工第三年，该项目自2009年以来已经组建了技术团队、拟定净化间等设施改造方案、设备选型与招标等任务；2010年，安装设备、连线、调试、打通关键工艺等，投资近5亿人民币对该项目进行布局，2011年新增投资9亿元，添置相应设备并改造配套装置和洁净室，建设国内第一条第4.5代AM－OLED中试线，填补国内技术与产业空白，形成月加工玻璃基板（730 mm×920 mm）1 000张的能力而加大投入，并达到国际先进水平。布局AM－OLED，将加速推动天马跻身全球一流企业。天马已是全球规模最大的小尺寸面板供应商，且拥有核心知识产权。这一项目也是“上海市高新技术重大项目”。

2011年中国国际工业博览会期间，上海三鑫科技发展有限公司推出的全球首款微型激光投影机，是基于激光微显示研发平台最新研制的新一代微显示终端，具有节能、低碳、环保、小巧、便携等特点，同时拥有自主知识产权，为建立激光微型显示行业标准奠定了良好的基础。此产品使三鑫科技在激光微投显示领域填补了国内空白，并处于国际领先地位。

3D电视机属于高端市场，单就上海地区而言，每个月3D高清电视机的销量都超过了1万台，而平均售价日趋合理。众多消费者对于3D电视机一直处于观望状态，而3D频道的建立无疑将更大幅度地推动3D电视产业的进一步快速发展，首个3D频道的建立势必鼓舞人心，让消费者更清晰地看到了3D电视步入千家万户的美好前景。焕发3D电视市场的活力。

（李智鸣）

## 特种光电材料和装备

**【概况】** 随着光电子和信息技术的发展，对于光电材料和设备的要求也越来越高，发展具有产业前瞻性的材料、装备是如今产业进步的很重要的一环。

材料方面：OLED作为第三代显示技术是如今正在极力研发的技术。上海在此方面由各大科研院校进行研究，华东理工大学精细化工研究所以及上海有机所，从事OLED材料的研发与制备，若能充分利用上海产、学、研一体的优势，那OLED这个高新领域会得到极大的发展。

设备方面：MOCVD（基于金属有机化合物化学气相沉淀的气相外延生长技术 Metal－Organic Chemical Vapor Deposition，简称MOCVD）作为LED最核心环节的外延片生长关键设备，也是制造环节中单项投资最大的设备。国内MOCVD主要依赖进口，但已有国内企业在进行开发，国内拥有的进口MOCVD系统为200台左右，其中Aixtron MOCVD系统和Emcore MOCVD系统占绝大多数，有少量的Thomas Swan MOCVD系统、法国ASM MOCVD系统和日本RIPPON SANSO MOCVD系统，主要用于GaN LD/LED的研究和制造。上海这边也逐步有重点企业正进行MOCVD的开发，例如理想能源，若能下线则有望进一步降低LED成本，对上海LED产业的建设起到推动作用。

**【动态】** 上海金桥将在2011年度全面代理三菱电机新推出的OLED大屏显示产品，全力拓展这一技术在国内行业市场的应用。三菱电机与上海金桥的合作，标志着OLED技术即将进军商用显示行业。OLED拼接屏除响应节能环保政策外，同时还丰富了三菱电机自身的产品线，给用户带来更多技术层面的选择。此外，上海金桥在政府行业（党政机关/军队/纪检法）拥有较深厚的资源优势，况且政府行业用户对于安全性及产品品质需求使其对价格的高承受度等特征，三菱电机与上海金桥此次合作，在一定程度上有助于OLED产品在该行业的渗透。

（李智鸣）

### 上海三鑫科技有限公司

上海三鑫科技发展有限公司（以下简称“三鑫科技”）是一家专注于激光显示领域的高科技企业，拥有国际化的管理和研发团队，具备强大的激光微显示引擎及终端消费产品研发、设计、生产能力。公司产品以“激光多媒体显示终端”为核心定位，产品线覆盖独立型微型投影机、嵌入式微型投影显示模块（主要应用于手机、数码相机、游戏机等手持式电子产品）、嵌入式小型投影显示模块（主要应用于数字机顶盒、DVD播放器等多媒体设备）。

三鑫科技是国内在激光微显示领域中科研能力及产业化成熟度处于全球领先的企业，推出的Laseno系列微型激光投影机是全球都在探索与追求的目标，美国、日本等先进的国家都把新一代光源技术列为国家级的重点科技攻关项目，这是将来发展的必然趋势，是基于激光微显示研发平台最新研制的新一代微显示终端，具有节能、低碳、环保、小巧、便携等特点，同时拥有自主知识产权，为建立激光微型显示行业标准奠定了良好的基础。此产品使三鑫科技在激光微投显示领域填补了国内空白，并处于国际领先地位。该产品基本解决了光学引擎的散热问题，解决了激光对人眼的安全问题，显著抑制了显示图像中的相干噪声，经上海市质量检测技术研究院认证，和国家光学仪器产品监督和检验中心测试，其输出光通量为20～50流明，分辨率为SVGA，光学引擎体积为10立方厘米，并达到了IEC60825标准的1级安全标准。经上海市浦东科技信息中心检索及专家讨论，本项目微型激光显示仪的分辨率、最高亮级、单位功耗效率及视觉安全等技术指标达到国际先进水平。

（王　雷）

### 上海天马微电子有限公司

上海天马微电子有限公司（以下简称“天马微电子”）成立于2006年4月，主要从事液晶显示器及相关材料、设备、产品的设计、制造与销售。天马微电子正在建设4.5代AM-OLED中试线项目，自2009年以来已经组建了技术团队，拟定净化间等设施改造方案、设备选型与招标等任务；2010年，安装设备、连线、调试、打通关键工艺等。2011年增加投资5亿元用于添置相应设备并改造配套装置和洁净室，为建设国内第一条第4.5代AM-OLED中试线，填补国内技术与产业空白，形成月加工玻璃基板（730 mm×920 mm）1 000张的能力而加大投入，并达到国际先进水平。2011年2月，以成功完成了OLED中试线的调试，现阶段的任务就是针对产品的效率、可靠性和寿命等细节作进一步攻关。

（李智鸣）

## 七、汽车电子产业

**【概况】** 2011年是上海汽车电子产业实施“十二五”发展规划的开局之年。国内汽车工业的持续快速增长，有越来越多的汽车采用更多更复杂的电子系统，助推了上海汽车电子产业的集聚与发展。综合市场数据分析，上海汽车电子产业规模，2011年为731亿元，同比增长10.4%，占全国市场约30%，成为业内的排头兵。

**汽车电子产业区域性聚焦更明显，结构性布局更合理** 本市汽车电子产业基本实现产业结构、区域布局的转型调整，形成汽车电子国内最完整的产业链配置；形成嘉定、浦东为集聚区，松江、青浦、徐汇、杨浦、闵行、奉贤等为拓展区的国内汽车电子产业最具规模的区域布局。2011年汽车电子区域性聚焦更明显，产品结构布局更合理。诸如：飞乐股份公司收购了国际品牌AEES项目、收购了上海德科电子仪表有限公司；上海华东汽车信息技术公司成功收购南京天擎汽车电子公司等，在业务发展上为打造优秀的国际化中高端汽车电子零部件企业打下基础。

产业发展的热点之一，本市已开始进入新能源汽车电子领域的企业主要有30多家。其中，上汽瞄准汽车驱动电力化趋势，把加速推进“电控系统”的应用开发作为新能源汽车领域自主创新的重点，达到与整车同步发展的目的。上汽全资子公司捷能汽车技术公司，专注于混合动力和纯电动汽车的动力系统集成和控制集成开发，成功实现了为第一个新能源产业化项目荣威750混合动力轿车的配套。上海捷新动力电池系统公司已成功建立锂离子电池和配套系统工程应用开发能力、动力电池及模块验证测试能力和电池系统集成能力。

**形成与国内汽车市场高速发展相适应的汽车电子产业化发展态势** 上海180余家汽车电子领域企业中，普遍关注的是自主品牌、产品质量。2011年，上海市政府主管部门、汽车电子企业、相关软件企业重视汽车电子软硬件产业链对接及技术，联合突破中国在汽车电子领域的重大核心技术，鼓励产业链分工和协助，分享了软硬件结合在核心技术研发及产业化推进上的经验。上海积极推进汽车电子嵌入式软件的应用工作，首批应用推进试点单位计13家，有利于提升企业汽车电子相关产品的科技含量及市场竞争力。2011年，上海汽车电子芯片产业链本土化进程加快。在构建"汽车电子芯片制造产业化平台"以来，上海先进半导体公司汽车电子晶圆月产能已经超过万片，累计生产汽车电子晶圆逾6万片。

**开拓车联网与车载信息服务新的产业形态** 2011年，在上海智慧城市计划中建立了车联网专项，加强智能车载信息服务系统研发和产业化，探索形成满足用户需求的商业模式，实现替代进口。2011年4月，上海地区成立了跨行业、跨地区、跨部门的"上海车联网与车载信息服务产业联盟"，已有成员单位56家，涵盖汽车整车及汽车电子零部件、集成电路、通信网络、系统软件、信息服务、城市交通、科研院校等产业链主要企事业单位，上汽集团为理事长单位。上海在嘉定区设立了国际汽车城车联网产业基地，车联网与车载信息服务产业作为一个新的业态，在十二五期间成为物联网与云计算技术应用的主要载体，形成战略性新兴产业的增长点。

**【企业与产品】** 上海汽车电子产业链几乎涵盖所有汽车电子门类产品的研发、制造及应用领域，并有汽车与汽车电子跨国公司区域总部或研究中心16家，本土企业汽车电子领域国家级技术中心8家，市级技术中心10家。

全球汽车电子十大跨国公司相继在上海建有合资企业或研发中心：德国大陆、博世、日本电装、美国德尔福、伟世通、天合、法国法雷奥、现代莫比克以及德国海拉、日本小糸、高田、霍尼韦尔、里尔公司、飞思卡尔、科世达等这些合资公司在高附加值关键零部件配套中占有主导优势。

上海汽车电子本土企业中：上海捷能汽车技术公司、上海实业交通、信耀电子、航盛实业、上海沪工、德科电子仪表、联创电子、联盛汽车电子、航天汽车机电、航天电源、科博达、上海电驱动、上海瑞华、上海德朗能等一批具有自主创新能力的，逐步成长为上海汽车电子自主技术产业化骨干，在行业中的影响力正在扩大。

上海汽车电子产品配套包括汽车半导体、传感器、控制模块、电动车窗、自动空调、智能灯光控制、电子组合仪表、车载娱乐系统、安全气囊、防抱死制动系统、自动变速电子控制、电控助力转向控制、发动机控制系统、胎压监测、嵌入式软件、汽车总线、动力电池、电池管理系统、电机及驱动、信息服务等产业链环节。

上海汽车电子企业已从单纯为上海大众、上海通用、荣威等本地车企配套，走向为国内外车企的配套发展，提供线束、半导体等元器件、HID整流器、传感器、车身电子控制器、车载电子产品等配套及模块化供货。以节能、环保、安全为主线，由上海企业与国内合作开发的新能源汽车用电池系统、驱动控制等在产品化、工程化方面取得了实效。

（屠传奇）

# 第二章 信息服务业

## 概 述

2011年,上海信息服务业全行业在上海市委、市政府的领导下,以推进营业税改增值税试点为契机,把握国发4号文的发布和上海智慧城市建设的重大机遇,按照创新驱动、转型发展的要求,加快推进各项重点工作,上海市信息服务业各主要经济运行指标均比2010年同期有所提高,产业发展迈上新的台阶,“十二五”规划开局良好。

2011年上海信息服务业实现经营收入3 075.24亿元,比上年同期增长21.5%。实现增加值1106.21亿元,比上年同期增长17.3%,占第三产业比重达到9.96%,占全市国内生产总值的比重达到5.8%。截至2011年年底,有规模以上信息服务企业4 000家,从业人员达到35.3万人,其中2011年经营收入超亿元企业达到225家(不包括信息传输服务企业),上海累计有43家信息服务业企业在海内外上市。

一是规模扩大,企业实力进一步提升。2011年上海信息服务业实现经营收入3 075.24亿元,是2006年的2.5倍。同时,增速达到21.5%,是2008年以来增速最快的一年。实现增加值1 106.21亿元,首次超过房地产业。2011年,上海共有11家企业在海内外上市,融资106亿元,是自国发18号文发布以来上市企业最多的一年。2011年,信息服务业超亿企业达到225家,比上年增加52家;经营收入超亿元软件企业192家,比上年增加42家;其中经营收入超10亿元软件企业19家,比上年增加3家;超千人软件企业29家,比上年增加5家。累计认定软件企业2 038家,全国排名第三,仅次于北京和广东。

二是结构优化,服务化趋势明显。信息服务业中软件产业和互联网信息服务业的比重不断上升。同时,软件产业的产业结构日趋合理,服务化趋势更加突出。服务收入的增长带动软件业务调整,特别是与网络相关的软件信息服务发展迅速。随着网络视听、第三方支付等市场的成熟,互联网信息服务业从网络游戏一枝独秀的局面逐步转变为多足鼎立的局面。

三是创新驱动,新应用、新模式、新业态不断涌现。软件产业技术创新成果显著,研发投入不断增加,上海软件企业研发资金投入占软件总收入的比例平均达到25%。产品结构不断优化,2011年上海登记软件产品3 634个,累计16 803个,主要有基础软件、工具软件、网络通信软件、中间件软件、行业管理软件、信息管理软件等。

四是新应用、新业态、新模式不断涌现。在云计算领域:盛大、华东电脑等企业突破了虚拟化、海量存储、云计算管理平台等关键技术,并实现了产业化应用。在移动互联网领域:随着移动终端的逐步普及,互联网信息服务业的企业纷纷推出了各具特色的位置服务应用,如盛大、丁丁和大众点评网等。在互动娱乐领域:盛大文学的“云中书城”利用云计算技术为版权方提供了包括内容录入、自主定价、营销推广、支付结算等的整体解决方案;巨人网络研制的军事游戏《光荣使命》是国内首款具有自主知识产权的大型第一人称射击游戏(First - Person Shooter Game,简称FPS游戏)。

(杨立哲)

## 一、软件行业管理

**【概况】** 2011年,上海软件行业以推进营业税改增值税试点为契机,实现经营收入1 766.1亿元,同比上年增长21%,为2006年营收的2.9倍。作为整个现代服务业的核心引擎,上海软件产业继续保持平稳快速的增长,充分发挥了对经济社会发展的重要支撑和引领作用。

2011年软件企业认定工作高效有序开展,全年上海新认定软件企业创历史新高,共认定386家,较2010年增长18%。软件产品登记工作有序开展,共登记软件产品 3 634 个，较 2010 年增长 24.45%，创历史新高，位居全国第一。软件出口也增长迅猛，出口产值达 15.75 亿美元(不含嵌入式系统软件)，较 2010 年增长 41.4%。

**【软件企业认定工作】** 2011 年，在上海市经济和信息化委员会的领导下，软件企业认定工作高效有序开展。2011 年上海新认定软件企业创历史新高，全年共认定 386 家，较 2010 年增长 18%。截至 2011 年年底，上海累计认定软件企业 3 225 家。2011 年预计登记进口软件产品 40 个，2011 年软件企业年审共通过 1 652 家企业。

**【软件产品登记工作】** 2011 年，上海软件产业技术创新硕果累累，产品结构不断优化，全年共登记软件产品 3 634 个，较 2010 年增长 24.45%，创历史新高，位居全国第一。截至 2011 年年底，上海累计登记软件产品达 16 803个。2011 年上海登记系统软件共计 30 个，主要以操作系统和嵌入式操作系统为主。2011 年上海登记支持软件总计 173 个，占全部登记软件产品总数的 4.76%，其中主要以各类工具软件、网络通信软件和中间件软件为主。2011 年上海登记应用软件 3 431 个，占全部登记软件产品的 94.4%，其中行业管理软件 955 个，较 2010 年增长 44%；嵌入式应用软件 703 个，较 2010 年增长 277%；信息管理软件 572 个，较 2010 年增长 18.43%；控制软件 476 个，较 2010 年增长 49.22%；网络应用软件 342 个，较 2010 年增长 17%。

**【软件行业工作】** 2011 年是"十二五"开局之年，上海软件产业以推进营业税改增值税试点为契机，把握国发 4 号文件和上海智慧城市建设的重大机遇，产业规模不断扩大，创新能力显著增强，产业集聚日益明显，国际化水平持续提高，人才队伍不断壮大，对国民经济和社会发展的支撑作用进一步增强，有力推动了上海"创新驱动、转型发展"发展战略的贯彻落实。

上海软件产业"十二五"开局良好，2011 年实现经营收入 1 766.1 亿元，比上年同期增长 21%，是"十一五"开局之年——2006 年营收的 2.9 倍。作为整个现代服务业的核心引擎，上海软件产业继续保持平稳快速的增长，充分发挥了对经济社会发展的重要支撑和引领作用。2011 年上海软件出口增长迅猛，出口产值达 15.75 亿美元(不含嵌入式系统软件)，较 2010 年增长 41.4%。占上海软件出口比重最大的国家是美国，其次分别为日本、新加坡、法国和爱尔兰等国。

上海一直以来注意充分发挥企业的主体作用，积极引导，重点扶持，鼓励企业兼并重组，实现优势联合，支持软件企业做大做强。2011 年上海经营收入超亿元的软件企业达到 192 家，比 2010 年的 150 家增加了 28%，其中超 50 亿元的软件企业 2 家，超 10 亿元的软件企业 19 家。此外，上海软件企业人才规模也不断扩大，2011 年超千人软件企业 29 家。2011 年上海共有 10 家软件企业获批发行股票，并先后成功实现 IPO，是 2010 年的 2.5 倍。另外，百视通也通过借壳成功登陆上交所。截至 2011 年年底，上海共有 43 家各类软件及信息服务企业在国内外各类资本市场上市，其中国内创业板是上海软件企业上市的主要途径。

2011 年上海创建软件名城，积极推进智慧城市、云计算、移动互联网、高端软件等新兴战略增长点。2011 年 9 月 7 日，工信部和上海市政府签署协同开展中国软件名城创建工作合作备忘录，上海是首个部市共建中国软件名城的直辖市。

2011 年 9 月 7 日，上海正式发布《上海市推进智慧城市建设 2011—2013 年行动计划》。重点推进云计算、物联网、TD－LTE、高端软件、集成电路、下一代网络(NGN)、车联网、信息服务 8 个专项建设。

2011 年 11 月 22 日上午，"上海云海数据中心"正式揭牌。这是上海加快实施"云海计划"，提升信息产业综合竞争力，促进产业结构调整，建设"智慧城市"，率先实现经济发展方式转变的重要举措。

2011 年 10 月 10 日，国内首个"智慧岛"——上海"智慧岛数据产业园"正式落户崇明。作为上海"十二五"信息服务业规划发展和智慧城市建设的核心载体之一，"智慧岛数据产业园"重点发展以数据产业为核心的软件和信息服务业，计划建成亚太地区国际通信转接中心。

(姚宝敬)

# 二、软件产业

## 概况

2011 年上海软件产业运营呈平稳增长态势，实现经营收入 1 766.1 亿元，比上年同期增长 21%。全年新增认定软件企业 386 家，登记软件产品 3 634 个。截至

2011年年底，有198家企业获得计算机信息系统集成资质认证，其中一级的12家、二级的33家、三级105家、四级48家。经营收入超亿元软件企业192家，其中经营收入超10亿元的软件企业19家，超千人软件企业29家。实现利润总额275.5亿元，比上年同期增长30.2%，占营业收入的比重达到15.6%。在国家相关鼓励软件出口和外包的政策激励下，2011年上海软件出口增长迅猛，出口产值达到15.75亿美元，比上年同期增长41.4%。占上海软件出口比重最大的国家是美国，其次分别是日本、新加坡、法国和爱尔兰等国。

（杨立哲）

## 运软网络科技(上海)有限公司

运软网络科技（上海）有限公司是一家进行自主知识产权和核心技术研发的独立软件开发商，其使命是为企业数据中心和运营网络提供基于开放架构的多层次虚拟化IT基础设施，满足企业IT基础网络和硬件的需求。运软网络专注于桌面虚拟化、应用虚拟化、移动虚拟化以及云计算基础设施平台的研发和推广应用，帮助企业化繁为简，将复杂的IT部署与运维进化为一套精简集中、自动化的管理模式，帮助企业构建一套井然有序的IT基础设施，实现灵活、低成本、高水准的业务支持。

项目突破了虚拟化技术在服务器、PC机和移动终端等方面应用的多项关键技术，运用虚拟桌面基础设施、虚拟移动基础设施、串流技术在虚拟桌面和移动终端等方向开展研究与开发，取得有成效的实验结果，为进一步市场推广奠定了技术基础。虚拟桌面实现一台物理机运行30台虚拟机，一个节点承受100个并发用户，满足4台主机集群运行一周不间断的技术要求；移动虚拟终端实现一台主机运行100个手机虚拟机，满足4台主机集群里运行一周不间断的技术要求；一台串流服务器支持500用户，且运行一周不间断。申请国家发明专利2项，获得软件著作权2项，录用论文1篇。

## 上海北塔软件股份有限公司

2011年8月18日，由上海市科学技术委员会主持，召开了上海北塔软件股份有限公司承担的上海市科委科研计划课题“业务管理模型驱动架构技术研究及电力行业BSM(制动器安全检测系统Brake Safety Monitoring，简称BSM)系统的开发应用”的验收会。该课题研制了一套IT综合管理软件，能够实现业务结构图、业务拓扑图、业务流量拓扑图、故障管理、业务报表管理和层次化管理的相关功能。研制的产品支持在Windows Server各版本环境中运行，客户端支持IE7.0和IE8.0，在主机硬件2CPU、4G MEM或更高配置的情况下，支持网络设备200台、业务系统20个的管理规模，除了拓扑生成、报表生成等大数据量操作外，系统提供的用户响应时间在5秒之内。研制期间申请国家发明专利3项，新申请软件著作权2项。该课题通过与国家电网华东分公司的合作，在上海电力和安徽电力进行了示范应用，该系统已在用户单位运行六个月以上，运行稳定。

上海北塔软件股份有限公司是专业从事IT运维管理产品研发、应用解决方案、咨询和服务的产品化软件企业，致力于为用户提供全面的网络管理、IT基础架构管理及应用方案、IT服务管理咨询。北塔软件专注于IT管理、系统优化与运营维护，以及与此相关的网络与IT技术的开发，是业内优秀的独立软件开发企业，也是网络与系统规划管理、运营维护、性能优化领域的倡导者和先行者。

（沈蕴婕）

## 上海启明软件股份有限公司

**【概况】** 上海启明软件股份有限公司(以下简称“启明软件”)是一家为客户提供综合信息技术服务的供应商。现有员工近800名，在日本和中国上海、成都、济南设有分(子)公司，2011年总产值1.67亿元人民币。启明软件八次获得国家规划布局内重点软件企业称号、首批获得软件企业认定，是国家计算机信息系统集成二级资质企业、软件能力成熟度五级认证企业、国家级企业信用评价AAA级信用企业。在2011年继续保持“上海名牌”、“上海市技术先进性服务企业”、“上海市高新技术企业”、“上海市服务外包重点企业”、“上海市明星软件企业”等称号，是上海研究生联合培养基地。2011年启明稳定主业经营格局，加快主营业务的发展，扩大主业经营规模，进一步优化公司组织结构，不断提高经营管理水平，精耕细作，切实提高企业综合经济效益。2011年济南启明软件有限公司正式在济南高新区齐鲁软件园注册成立。

**【业务整合巩固优势】** 作为行业解决方案供应商，启明软件勇于创新，颇具实力，曾荣获上海市科学技术进步一等奖、承担国家“863”计划重大项目。已拥有27项自主知识产权的软件著作权、文字版权和专利。涉及的领域主要包括金融、通讯、消费电子、教育和企业应用。主要业务包括：面向消费电子设备的解决方案及服务；面向金融领域的软件开发及服务；面向企事业单位的系

2012×2×42=2016 5页

统集成、软件开发、运维服务。启明软件在项目管理和质量控制上积累了丰富的经验，在安全管理和知识产权保护等方面信誉卓著。

**【面向移动终端提供解决方案和服务平台】** 随着启明软件移动终端功能定制业务的发展，在“863 课题”基础上进行了深入和优化，并以此为支撑，以移动商务解决方案和应用商店解决方案为突破口，为客户提供准产品化的服务；同时根据客户的业务特性，利用基于多平台的从需求开发到系统测试、运维的整体优势提供个性化服务，最大限度满足客户需求。启明软件为用户提供了手机、平板电脑、数字电视等终端设备上的多层次、多类型的服务：包括“移动终端应用解决方案”、“移动终端软件功能定制”、“移动终端内容服务(提供工具产品和制作)”、“移动内容服务推广平台的构建”以及服务、推广平台的运营维护。启明软件“面向移动终端的解决方案和服务平台”覆盖了当下流行的移动开发平台，包括谷歌的 Android、Symbian、APPLE 的 iOS(i 系列操作系统 iPhone/iPad/iTouch Operating System，简称 iOS)、微软公司的 Windows Phone。已经拥有包括移动商城、多屏阅读、应用商店、智能电视网络服务等核心方案。

**【金融行业软件服务规模扩大】** 启明软件为国内及海外客户提供海外信用卡结算业务上的系统解决方案，其服务规模也不断扩大，大型金融项目顺利开展，推出了信用卡管理系统、加盟店会员卡管理系统等核心解决方案，通过采用外部 BI 报表门户接口，实现动态报表来管理庞大的数据量，提供更高效的查询，显示结果包括二维、三维报表，采用 SSH(安全外壳协议 Secure Shell，简称 SSH)框架，底层的 DAO(数据访问对象 Data Access Objects，简称 DAO)方法会通过 Hibernate(开放源代码的对象关系映射框架)反向生成，事情管理配置会交给 Spring 全程负责，业务逻辑的处理会交给 Servlet，达到了高类聚、低耦合。

**【启明谐鸿聚焦物联网】** 谐鸿物联网系统应用平台是为企业提供的一个崭新的全方位信息互动平台。以物联网基础应用系统为平台，通过中间件平台将各类传感器的信息进行采集交验，来实现主干业务的平稳安全运行和业务效率的提高。同时，可以集中管理业务中庞大的信息源，为信息资源的共享提供妥当地支援。本平台整合 RFID 主流接口及各类传感器，通过平台整合优势完成与价格低廉操作便利的各类主流终端进行交互，同时通过模块构造体的方式为二次开发提供接口解决企业对平台使用的便利性及高效维护性，通过便捷快速的方式进行数据采集及传输一体化信息交互，加之移动网络 3G 技术实现 GPS 定位、定点追踪和信息交换等各项功能。

(任渊杰)

# 三、互联网服务业

## 概况

2011 年，上海互联网服务业实现经营收入 494.5 亿元，比上年同期增长 37%。在网络游戏领域，随着社区交友、网络视听、微博等互联网新应用的不断涌现，网络游戏用户的时间与精力正在被分散。2011 年，上海网络游戏收入超过 150 亿元，比上年同期增长 20%左右，增长速度正开始逐步放缓；在网络视听领域，随着网络视听行业商业模式和定位的确立，行业格局的初步形成，上海网络视听产业进入高速增长期。从监测数据来看，2011 年上海网络视听产业的增长速度超过 100%。但由于版权成本的节节攀升，整个行业仍然处于亏损状态；在第三方支付领域，随着央行第三批第三方支付企业名单的公布，上海共有 33 家企业获得 35 张第三方支付牌照，全国排名第一。

(杨立哲)

## 上海传漾网络科技有限公司

上海传漾网络科技有限公司(以下简称“传漾科技”)是中国智能化数字营销的先导者，以业界领先的广告发布和数据解析技术为驱动，高效整合媒体资源，将数字营销从精准、高效提升至全程、智能，帮助客户在数字营销领域更智能、更简捷。实现系统单机每天可服务 1 亿～1.5 亿次广告响应，并可联合解决百万量级的并发请求，致力于成为中国互联网营销的商业智能引擎。在互联网富媒体精准领域处于国内领先，和中国互联网数据中心(DCCI)建立战略合作伙伴关系联合推出了网络广告监测系统。传漾科技已服务超过七十家高端品牌客户，包括迪奥、三星、诺基亚、百事可乐、惠普、IBM、高露洁等国际知名品牌。

传漾科技于 2009 年由行业领先的资深团队组建而

成。在2009年9月和2011年2月传漾科技分别获得经纬创投、祥峰投资、海纳亚洲创投的成功融资,这三家公司曾经分别与苹果电脑、联邦快递、东方爱婴、展讯、巨人网络、易居、如家等在内的多家公司合作。传漾科技总部位于中国上海,分别在北京、重庆、广州、成都、长沙、西安、武汉、厦门、台北等重点城市成立分公司和办事处,员工超过300名。传漾科技旗下拥有两大平台——技术平台及营销平台。技术平台包括行业领先的Dolphin广告发布协作平台及Eagle广告监测协作平台等。媒体平台包括Max品牌广告网络平台(门户、垂直、SNS、Video);RT电子商务智能营销平台;二线城市本地化营销服务等。业务范围涉及广告投放、效果监测、电子商务、广告销售、技术研发及各项增值服务。传漾科技将始终坚守自己的使命,致力于成为中国数字营销的商业智能引擎。

## 汇付天下有限公司

汇付天下有限公司(以下简称"汇付天下")定位于金融级电子支付专家,聚焦金融支付和产业链支付,致力于将资金流和电子商务无缝结合,为行业客户提供定制化综合支付运营方案,加速企业电子商务资金流的周转。2010年支付结算量超千亿元,居国内独立第三方支付行业的领先地位。汇付天下已与40余家大型基金公司、国内所有航空公司、网易、搜狐、中国平安保险集团、联想集团、苏宁易购、京东商城、凡客诚品等达成战略合作,在国内航空旅游、理财支付领域业内第一。汇付天下首批获得中国人民银行颁发的《支付业务许可证》,首家获得中国证监会许可从事基金网上交易支付结算业务,是中国支付清算协会常务理事单位。2007—2010年连续四年获得"最佳电子支付平台"奖。汇付天下有限公司2006年7月成立,总部设于上海,并在北京、深圳、成都、广州等地设立分公司,核心团队由中国金融行业资深管理人士组成,投资额近十亿元人民币,2010年支付结算量超千亿元,居国内独立第三方支付行业的领先地位。

## 订餐小秘书

订餐小秘书是由上海邦助信息技术有限公司创立于2004年,总部设在中国上海,现有员工近600人。订餐小秘书是中国首屈一指的餐厅预订服务平台,成功整合了高科技产业与传统餐饮业,以呼叫中心结合互联网的模式向200万会员提供"免费的餐厅和美食介绍及订位"服务,已与上海、北京等超过4 000家餐厅建立了合作关系。每天有超过10 000名客户通过电话、互联网和手机客户端享受订餐小秘书提供的专业的餐厅预订服务。2011年成功开发出中国最领先云餐厅系统,大大加快了中国餐饮行业迈进互联网时代的脚步。

## 上海新跃物流企业管理有限公司

上海新跃物流企业管理有限公司(以下简称"新跃物流")以"中小型物流企业公共服务与管理平台"为载体,为中小型物流企业提供垂直行业服务的综合性电子商务企业。新跃物流服务的陆运物流企业2 000多家,占上海陆运物流企业总量的20%,提供包括电调营运、流程跟踪、位置信息、保险支付、资金结算和财务管理等全方位服务,逐步形成一个独立的第四方物流综合服务平台。帮助中小型省际陆运物流企业实现"技术促进管理,服务降低成本,文化提升行业",是新跃公司从成立起一直追求和努力的目标。

## 上海一嗨汽车租赁有限公司

上海一嗨汽车租赁有限公司(以下简称"一嗨租车")是实现全程电子商务化管理的连锁租车服务提供商。一嗨租车运用自主开发的先进订车管理ERP系统,配合精确的GPS全球定位系统,以及全电子化的后台账单处理系统,打造了一嗨租车强大的技术平台。率先在业界提出"公共交通+租车"的低碳出行方式,而其"水泥+鼠标"的电子商务经营模式,也有别于传统汽车租赁,大大降低了租车行业的门槛。

一嗨租车创立于2006年1月,是中国首家实现全程电子商务化管理的汽车租赁企业,总部设立于上海,在全国近50个城市开设了近300个服务网点,服务范围覆盖全国。现拥有70多种车型,数千辆车。凭借专业、可靠、创新的服务日渐受到了业界的广泛好评,客户涉及能源、教育、广告、金融、制造业等各个领域。2008年一嗨租车营业额达2 000多万元,2009年营业额近1亿元,2010年,一嗨租车的营业额达到1.6亿元。2011年,公司增加注册资本至1亿美元。

## 上海筑京现代建筑技术信息咨询有限公司

上海筑京现代建筑技术信息咨询有限公司(以下简称"筑京现代")是一家提供建筑工程选材信息交流平台的专业咨询公司,筑京现代的品牌"筑想网"以为天下建筑找好产品为企业使命,帮助约25大类超过870个细分行业的建筑材料和设备供应商建立和完善业绩、产品、解决方案等知识平台,为企业提供专业的信息采集技术指导和软件平台支持,对建筑材料和设备供应商企业的信息化应用水平的提升起到积极推动作用。筑想网团队在为大量著名建筑工程提供选材技术决策服务经验的基础上，积极倡导“看业绩、比技术、做工程”之科学公平的建筑工程采购理念。筑想网自主研发的“中国建筑工程选材库”、“企业智库”、“电子展厅”等数据库产品，能持续整和和完善中国不同类型的建筑工程的用材信息和技术亮点信息，一方面为中国的建筑设计从业人员提供建筑技术信息，分享专家技术经验资源；另一方面为房地产开发商提供工程选材决策技术支持。

### 上海逸尚信息咨询有限公司

上海逸尚信息咨询有限公司(以下简称“逸尚信息”)是一家依托互联网技术为服饰类企业提供流行资讯的信息服务企业，属于B2B范畴，主要以网站图库的形式为设计师提供国际最新流行信息和设计素材。逸尚信息自2004年以3 000元投资创立，通过第一时间，全世界、全方位收集服饰设计所需的款式流行资讯，为服装企业提供信息分享、趋势分析、产品设计建议，开创了全球领先的专业服装设计资讯平台，也建立了中国服装企业设计与资讯管理的新模式。有着良好市场需求和可复制性，POP(卖点广告 Point Of Purchase，简称 POP)已经形成了以服装、鞋、包、珠宝、家纺等多个行业的资讯网站集群，并继续以同样有效的模式复制到其他相关产业。POP时尚网络已成为中国最大的服饰设计资讯平台，拥有1 000万数据的资讯库，5个网站的集群，服务着60万用户，其中有李宁、恒源祥、报喜鸟、波司登、红蜻蜓、安踏等在内的15 000多个国内知名品牌，涵盖国内80%的服装品牌，70%的鞋帽品牌和90%的箱包手袋品牌，每年的客户续约率高达90%，帮助国内企业节约开发成本达10亿元，提高整个行业产值20%左右。此外，POP时尚网络还为18万中国服饰设计师提供资讯和中介服务，并成为我国港台地区和内地多家服装院校的教学素材。公司每年保持250%以上的增长速度，预计2012年销售额将达到7 000万元。整合时尚资讯产业链，推动时尚产业软实力，致力推动中国时尚行业发展。

(沈蕴婕)

# 四、电信服务业

### 概况

2011年，上海电信服务业实现经营收入595.06亿元，比上年同期增长7.8%。完成固定资产投资115.2亿元。截至2011年年底，上海电话用户数达到3 547万户，其中固定电话用户数926.4万户，较上年末减少8.6万户，固定电话普及率达到40.2部/百人；移动电话用户数2 620.6万户，较上年末净增259.6万户，移动电话普及率达到113.8部/百人。互联网宽带接入用户数531.4万户，较上年末净增44.7万户。

(杨立哲)

### 中国电信股份有限公司上海分公司

**【助力智慧城市建设】** 中国电信股份有限公司上海分公司(以下简称“上海公司”)积极承担上海“智慧城市”的建设责任，全力推进“城市光网”和“无线城市”建设。截至2011年年底，“城市光网”覆盖已超过450万用户，光纤入户(FTTH)用户突破130万户，电信WiFi热点上网场点数达到7 248个(新建3 736个)。

**规划引领，夯实智慧城市建设基础** 上海公司深刻认识到信息基础设施对于上海城市发展的重要性，主动积极参与上海市“十二五”规划的讨论，同时接应市政府规划，制定《上海电信十二五信息化发展规划》，确定了“十二五”期间两大发展目标，一是为上海建设具有国际竞争力的信息基础设施，二是为上海提供具有国际竞争力的信息服务能力。

**服务市民，智慧应用惠及千万家庭** 2011年年初，上海公司积极响应政府号召，实施“免费带宽倍增、免费WiFi上网；赠送百G云存储；实现20兆极速带宽”的“二免一赠一极速”计划，上海市民在基本不增加额外支出的情况下，就能实现上网带宽的明显提升，并体验到全新光网应用，受到广大市民的热烈欢迎，掀起一波“光网入户”的热潮。

2011年2月1日，上海公司率先推出宽带测速网站，并承诺“用户测试速率达不到电信公司承诺速率的，给予差值三倍赔偿”。经过努力，铜线ADSL用户速率不达标率下降到0.01%以下，光网用户速率不达标率为0。

2011年10月1日起，推出新一轮的智慧城市宽带再提速计划，包括“光网家庭再提速、免费体验大签约、中小企业新回馈”三大举措。一是针对城市光网家庭客户，在“二免一赠一极速”速率倍增的基础上，再统一免费提速至10 M～30 M。二是针对城市光网尚未覆盖的全市铜缆家庭客户，实施免费提速体验活动。在城市光网覆盖后愿意改造成光网的签约客户，2 M及以下免费升至4 M，3 M和4 M免费升至6 M。三是针对广大中小企业客户，在光网未完工期间，免费提升带宽，最高可至6 M。今后凡签约转入光网的企业客户，带宽将普遍提升4～10倍。

**引领行业，繁荣产业助力上海经济** 落户浦东新区康桥的中国电信园区，已经成为亚太信息通信枢纽的主要核心平台；落户浦东新区金桥的中国电信视讯运营中心，已跻身国内视讯业前列，与国内外50多家知名媒体开展深度合作，吸引了诸如CCTV、湖南卫视、优酷等企业进驻浦东金桥，依托上海、辐射全国的产业效应已经显现。

在国内率先取得了云计算综合平台规模化应用的经验和成果。自2011年1月1日起，向高带宽光网用户免费赠送100G容量的e云存储空间，开创了将云计算技术应用于公众客户日常生活的国内先例；8月31日，中国电信率先对外发布天翼云计算战略及解决方案，上海公司同步积极落实上海市政府的"云海计划"，完成了云计算领域的大量实践。

上海公司发起成立的"城市光网应用联盟"，得到了盛大网络、PPTV、土豆网等互联网知名企业的有力响应，合作推出"城市光网"高带宽应用业务，年内覆盖60万光网用户。

**智慧应用，绽放智慧之花** 智慧生活，让百姓生活更多彩。上海公司与上海文广合作的IPTV已形成国内公认的"上海模式"，用户规模突破150万，成为国内"IPTV"第一城；中国电信视讯运营中心，面向全国已发展5 000万用户，其推出的天翼视讯、三屏互动等智慧应用，受到用户广泛欢迎。

智慧社区，让市民生活更和谐。上海公司积极服务上海平安城市建设，已在全市建设3万多个监控点，基本覆盖全市主要区域，让市民出行更放心。形成了平安社区视频监控、家庭家电智能管理、楼宇消防电梯智能管理等多项成功案例。

智慧医疗，让居民生活更健康。上海公司推出的智慧医疗，让医生、护士通过无线网络，方便实现病历检索、电子处方下达、多方会诊等功能，医院诊疗效率大幅度提升，已应用到了全市60余家二、三级医院。

智慧商圈，让百姓生活更便捷。上海公司已在徐家汇、五角场、南京西路、淮海路等主要商圈，成功实现了移动支付、商圈个性化信息推送和提醒、顾客无线上网、商圈内停车位智能管理等多项"智慧商圈"应用。

**【做好重大活动通信保障】**

**为温家宝总理与网民在线交流实施通信保障** 2011年2月27日，中共中央政治局常委、国务院总理温家宝在中国政府网、新华网与网友在线交流。应新华社和中国电信集团公司要求，上海公司实施了新华网网上直播的重要通信保障工作。成立重要保障工作的专项工作小组，从2月25日开始，对CHINANET上海节点、DNS域名系统、新华网CDN（内容分发网络 Content Delivery Network，简称CDN）所在的IDC机房进行网络安全检查和加固，并制定相应的互联网安全应急预案；2月26日，对涉及保障的重点设备和线路，指派专人严密盯守，对已感染木马、僵尸的IP地址实施了专项清理；2月27日上午8点，对相关DNS（域名系统 Domain Name System，简称DNS）、IDC机房等关键系统进行全面保障，11点，通信保障工作顺利完成。

**上海"两会"通信保障** 2011年1月15—21日，上海"两会"召开，上海公司开通FTTH、ADSL、DDN专线、模拟电话等业务，并实现了会场WiFi全覆盖。此外，在人大会场开设电信"微型营业厅"，将服务送进会场，受到了代表委员的一致好评。

**上海世游赛期间通信保障** 上海公司开通语音、ISDN、ADSL、FTTO（光纤到办公室 Fiber To The Office，简称FTTO）、高清IPTV等业务，对运动员下榻的5家指定酒店实现WiFi覆盖并出动各类应急通信车辆11台，调集各类视讯光端机和传送设备146套。共开通155条视讯传送路由，为组委会主转播商中央电视台提供地面光缆链路使用时间共计89 304分钟，卫星转播7 833分钟，服务涉及数十家国际国内电视媒体和组织。800 M数字集群应急车吸收通话数总计49 220次，通话时长总计100多小时，CDMA应急车吸收话务量总计118 976爱尔兰。

**大运会通信保障任务** 上海公司共为深圳电视台、欧洲广播电视联盟上星传送比赛17 515分钟，平均每辆车每天传送时长接近12小时。在大运会星罗密布的20个场馆，布下光端机转播点98处，提供154路高清电视光路、31路IP通信光路，累计传输时间长达1 283小时，其中直播比赛场次65场，累计直播时间183小时，得到了众多媒体的一致肯定。

**【上海电信博物馆向公众免费开放】** 2011年6月23日，上海电信博物馆向公众免费开放。上海是中国电信业的起源地之一，上海电信自1871年开办电报业务起，已走过了一个多世纪。上海电信博物馆立足还原历史本貌，由电报通信、市内电话通信、无线通信、长途电话通信、综合荟萃五个部分组成展示内容，以珍贵的史图、丰富的实物结合多媒体技术简明地透视出上海电信从起步到壮大的发展轨迹，是上海电信的百年缩影。上海电信博物馆历经五年建成，内有珍贵的通信老设备、老器材和历史图片，还有融知识性、趣味性为一体的可让观众参与的科普项目。参观者可以系统地回忆上海通信业的发展历史，比如从莫尔斯人工发报到卫星地球站建成，从长波电台开通到移动电话使用，从磁石电话出世到海底电缆敷设；可以形象地看到老一辈人曾经耳熟能详的场景，比如清末时期留着长辫子的中国报务员在拍发电报，20世纪30年代的114查号台的前身，20世纪80年代以前弄堂口的公用传呼电话站。走遍电信博物馆，可以深刻地感受到通信业不仅从侧面反映出上海这座城市的文明进程，而且推进了上海的城市发展和经济建设。上海电信博物馆于2010年6月23日正式开馆，仅面向社会团体开放。

**【承建、运营上海公共外交协会网站】** 2011年12月5日，上海公共外交协会网站（http：//www. spda. org. cn）正式开通，上海公共外交协会网站由上海公司的下属机构上海热线承建，并负责为网站的建设、维护、拓展提供技术服务，支持网站的日常运行。上海公共外交协会网站为扩大上海公共外交协会的影响力和知名度，更好地发挥人民政协的作用，更好地宣传服务上海，增进国际社会对中国和上海的了解作出贡献。

**【光网高带宽应用】** 上海公司推出一系列基于光网的高带宽应用，包括IPTV和高清IPTV、e云存储、天翼视讯PC版、全球眼等。IPTV用户已超过150万户，同时推出高清IPTV业务，提供720 P或1080 i高分辨率的视频节目，引领高清收视潮流，用户超过3万户。e云存储为用户提供安全稳定、高速、便利、超大容量的数据存储、备份和恢复服务。年内，启动"家庭存储，百G赠送"活动，面向上海公司城市光网10 M及以上速率用户免费赠送100 G存储空间，e云存储的开通用户超过51万户。天翼视讯PC版（www. tv189. com）是中国电信打造的视频门户，包括超清电影、电视剧、综艺、娱乐、纪实、游戏、原创、直播等8大频道，其中上海公司光网视频专区，提供高达4 Mb/s码流、720 P以上的超清视频节目。全球眼是由上海公司推出的一项基于宽带网络的图像远程监控、传输、存储、管理的新型增值业务，适合于政企商家及家庭用户安防监控使用。此外，上海公司还与盛大网络、PPTV、土豆网、激动网共同发起成立了"城市光网应用联盟"，通过应用通道的方式，对光网用户使用联盟合作应用，给予流量保障和提速优化，提升光网用户的高速应用体验。

**【IPTV】** IPTV用户发展保持稳步增长，截至2011年年底，用户规模达154.8万户，较2010年年底增加23.8万户。加强提升IPTV产品内涵、丰富产品内容、包装推出高清独立产品、针对光网用户全面优化视频质量，用户感知有效提升，用户活跃度创历史新高，突破85%。在用户发展上，加强IPTV与城市光网的融合发展，有效填充光网价值，光网用户中IPTV用户渗透率超50%；在增值业务发展上，以休闲娱乐、增值视听、信息服务、电视商务、行业分组等五大类业务为重点，聚焦PPV、游戏、商城、卡拉OK等产品亮点，并开发开机广告等功能。同时，新推出社区栏目，并开展"IPTV汽车销售"、"拉郎配"等群众喜闻乐见的活动，极大提升IPTV的用户美誉度。

**【无线宽带】** 自2011年1月1日起，上海公司针对五类公共热点实行WiFi免费的服务承诺，首批开放范围为机场、火车站、长途汽车站、客运码头和体育场馆公共区域，全年共开放18个公共场点免费。成立WiFi时长卡运营中心，推进平台升级，不断完善产品性能。为实现用户多手段便捷购买WiFi账号的问题，率先在上海进行创新实践，实现了全国各运营商用户（含境外来大陆地区用户）访问上海公司网上营业厅，手机用户（含手机客户端）访问上海公司掌上营业厅，或者通过登录中国电信WiFi Portal页面（含手机、手机客户端）链接到上海公司网上营业厅，通过银联、支付宝、11888充值付费卡、国际信用卡（VISA、MASTER）和集团公司翼支付等支付手段，在线购买WiFi时长卡的功能，实现了跨平台、跨地域、跨运营商，一点销售、一点认证，全国通行，开创了以移动互联网的模式销售电信产品的新路子。

**【移动支付】** 2011年11月，翼支付账户可全国漫游，提供给用户更便捷的使用方式，用户可以通过登录www. bestpay. com. cn实现公共事业费缴、手机充值购买等服务，更可以随时随地通过手机UIM卡菜单通过空中圈存为翼支付钱包进行充值。截至年底，上海公司累计发展翼支付账户用户超过10万户，初步形成了翼支付的线上线下应用环境，除提供用户自助服务功能如充值、圈存等以外，还开通了基于翼支付账户支付的虚拟商品订购功能，成功引入了旅游产品、景点门票、食品等虚拟商品的订购，还新增了公用事业缴费等与用户生活相关的应用，丰富了基于翼支付账户支付的应用。

**【社会信息化】** 上海公司全面实现智慧城市领跑的目标，进一步凸显了城市信息化主力军的地位。一是广泛开展信息化合作，超额完成信息化收入目标。落实与全市各区县政府的信息化战略合作协议，巩固主力军地位，全年完成15个“智慧城市”专项规划。二是深度参与上海“智慧城市”建设，行业应用取得突破。在智慧政务、智慧交通、智慧医疗、智慧教育、智慧制造等五类行业开展重点拓展，以物联网和云计算产品为代表的新兴行业应用得到规模化推进。

**【天翼领航】** 根据集团公司要求，将商务领航更名为天翼领航。继续注重天翼领航品牌内涵提升，进一步优化天翼领航通信版和信息版套餐，推出更多销售策略，满足政企客户的需求。推出天翼领航A8自主版套餐，通过移动业务的发展降低宽带价格，释放高宽带价格风险。天翼领航通过业务品质提升实现差异化竞争，为各企业客户提供了从“通信应用”、“信息应用”到“行业应用”多层次多样化全方位的信息解决方案。

（王　勇）

## 中国移动通信集团上海有限公司

**【无线城市助力智慧城市建设】** 2011年8月5日，中国移动与上海市政府签署共建智慧城市合作框架协议并揭牌“无线城市综合应用平台”，积极构建GSM、TD-SCDMA、TD-LTE与WLAN四网协同的多层次、广覆盖、多热点宽带网络，力争到2013年实现上海大型楼宇90%深度覆盖，高铁等各类交通线路通信信号全覆盖。双方积极扩建国际通信关口局，进一步助力上海打造亚太通信枢纽；建设云计算基础设施和公共服务平台，助力上海成为全国云服务中心；建设物联网综合业务平台，力争2013年应用终端超过百万量级；进一步推进上海视频基地建设，促进上海网络视听、互动娱乐、数字媒体等信息服务产业发展。截至2011年年底，中国移动通信集团上海有限公司（以下简称“中国移动上海公司”）已建成并试商用无线城市平台，政务公开、公交查询等10大类共53项重点应用上线使用，为上海市民提供“一揽子”民生信息服务、“一键式”便民服务和“一站式”政务服务。通过无线城市平台，市民可以使用手机、电脑等终端随时、随地、随需地获得与政务公开、公共事业服务、个人生活等各种城市服务信息。中国移动上海公司和所有互联网用户可以通过访问WEB网站 www. shmcity. com或WAP网站 wap. shmcity. com，通过手机号码或邮箱注册成为无线城市会员，使用包括公共事业查缴、票务及外卖订购、综合交通信息服务在内的40多项应用。中国移动上海公司引入多家公共事业单位及医疗机构资源，陆续推出公用事业账单支付、医疗健康档案查询等服务。智能停车、无线政务等一批应用在闵行、普陀两个TD示范区率先推广，医讯通计划免疫项目被闵行区政府列入2012年政府实事工程。“陆家嘴无线金融示范区”项目成为浦东新区政府“十二五”期间建设“智慧浦东”的重要内容，市民在陆家嘴可通过智能手机；iPad和手提电脑等终端一键式免费登录“CMCC-LJZ”无线网络，访问陆家嘴“无线金融城”平台，享受政务、公共事业、交通、金融、购物、教育等移动信息化服务。

**【培养战略型数据业务，探索新兴领域】** 中国移动上海公司着力培育战略型数据业务，数据业务收入占收比接近30%。手机视频全网业务收入超过10亿元，连续两年实现翻番，全网月均使用客户达到1 500万户，“G客G拍”已成为业内有影响力的品牌，全年征集作品超6万部，作品发行累计收入超5 000万元。手机支付/手机钱包客户数超过100万，手机阅读客户数达32万，MM新增开发者10万。中国移动上海公司积极拓展信息化业务，围绕重大项目、重大客户、重大行业集中突破，集团短信、IDC、政企专线、BlackBerry成为增量主要来源，其中BlackBerry继续保持客户规模和业务收入全国“双第一”的领先地位。

**【网络质量提升】** 中国移动上海公司不断扩大2G与TD网络规模，TD-LTE试验网已覆盖陆家嘴、人民广场等主要商务区域，WLAN热点近6 000个。持续简化网络结构，调整网络边界，实现主要城区单厂商覆盖，组建3个MSC POOL，提升网络运行的质量和效率。全面推行双频网优化，内环内1 800 M宏站业务量占比已达57%。开展“三高”基站整治以及“工兵”、“深耕”行动，最差小区占比降至0.14%。提升2 G/TD互操作成功率，整体全程呼叫成功率提升至99.20%，TD占比显著提升。完成WLAN胖改瘦以及承载网和CMNET网络融合试点。以世游赛通信保障为契机，成功完成首次全业务通信保障，语音、短信、WLAN、IMS语音、有线宽带等业务运行畅通，话务量每线0.3 erl左右，掉话率0.15%，接通率100%，网络质量达到公司精品网络标准。

【提升客户服务满意度】 中国移动上海公司贯彻"客户为根、服务为本"理念，深化客户满意度运营管理。升级投诉总量同比下降30%，投诉处理满意率提升11个百分点。推出"透明计划更放心"、"绿色计划更安心"、"便捷计划更贴心"、"质优计划更称心""四心"服务。营业厅平均等候时间缩短为忙时10分钟、闲时5分钟。对客户量少、竞争力差的资费套餐开展清理，确保资费主体清晰简明。针对不同网龄及信用评价的客户推出不同额度的小额欠费不停机话费透支服务，对高网龄、高价值客户开展重点关怀，VIP客户标准满意度提升8个百分点。垃圾短信治理成效显著，每万客户垃圾短信举报量较年初下降80%。面向iPhone客户全力打造"一张Micro SIM卡"、"一本操作手册"、"一批客服专席"、"一个专用WLAN入口"、"一系列客户端软件""五个一"服务模式。

【全业务经营】 中国移动上海公司进一步加强与铁通协同发展，网络、支撑系统、客服、渠道方面的融合程度进一步提升。PBOSS、EOMS等支撑系统已延伸至铁通，实现移动铁通业务的一站式受理，实现10086、10050客服热线的座席和接入系统统一。家庭宽带客户同比实现翻番。首个光纤入户家庭宽带在浦东万科金色城市小区正式开通。加强与东方有线等具有宽带运营资质企业的合作，积极探索和推进全业务融合、资源共享和新产品研发的全方位合作。加速发展IDC业务，流量排名前5的移动互联网企业全部入驻，Top 1000内容引入率达100%，形成规模效应。成功引入腾讯、盛大等重要互联网企业及太保集团、RIM公司等重要集团客户的数据中心，实现内容引入数量与质量双丰收，运营服务水平再上台阶。

【打造TD-LTE示范区】 2011年9月28日，新一代宽带无线移动通信网——国家重大科技专项"TD-LTE规模技术试验"取得重大进展，中国移动上海公司顺利完成TD-LTE规模技术试验第一阶段试验目标，建设完成200个TD-LTE室外基站和20个室内覆盖，其中开通100个宏站和10个室内覆盖。试验进一步解决了TD-LTE推向实际应用系列问题，通过在上海中心商务区、科技园区、高校园区等典型城市场景中的试验，为TD-LTE技术的试商用做好准备，加速打造GSM、TD-SCDMA、TD-LTE与WLAN四网协同覆盖的精品"无线城市"网，助力上海智慧城市建设。此前，上海移动与张江高科技园区管委会签署《关于共同推进张江高科技园区TD-LTE四网协同无线园区建设合作框架协议》，在张江高科技园区内积极打造TD-LTE示范区，构建TD-LTE产业链，推进信息基础设施建设，提升信息服务能力，努力将张江高科技园区建设成为一个以TD-LTE为引领，2G、3G、WLAN、4G四网协同的"无线园区"，助力"数字高原，智慧浦东"的发展目标。

【和谐企业建设展现新面貌】 以纪念建党90周年为契机，开展"为党旗添彩、为企业扬帆"主题系列活动，激励广大党员立足岗位、勇创一流，党组织的凝聚力和战斗力进一步增强。深入推进"为民服务创先争优"活动，员工窗口意识明显增强，服务作风明显改进。以"争先进位、创新提效、和谐聚力"为主题深入开展形式多样的企业文化实践活动，为企业管理变革营造良好氛围。精神文明创建活动成果显著，公司连续六届荣获"上海市文明单位"称号，对外服务窗口单位实现文明单位全覆盖。开展"学党史、承传统、转作风、强党性"反腐倡廉主题教育活动，反腐倡廉意识进一步提高。建设"廉政风险内控系统"，提升了廉政风险的识别、预警与调控能力。公司作为唯一一家通信企业入选首批上海市廉政文化示范点。策划开展以"智领上海·移动改变生活"为主题的系列公关宣传活动。作为上海履行社会责任的唯一优秀企业代表，参展"上海首届公益伙伴日"活动，企业影响力进一步彰显。积极推进员工素质工程，大力开展劳动竞赛、岗位练兵、合理化建议等活动，鼓励员工岗位奉献，促进员工岗位成长，涌现出一批爱岗敬业、刻苦钻研、勇于探索、善于创新的优秀员工。班组建设蓬勃开展，形成"一班一品、标杆班组、班组论坛"三大特色。

（骆远远）

## 中国联合网络通信有限公司上海分公司

【概况】 2011年，中国联合网络通信集团有限公司上海分公司(以下简称"上海联通")全面实施宽带提速计划，完成了2 000余栋商务楼宇和大部分工业园区千兆光纤带宽的上联改造，企业客户全部具备了千兆到楼、百兆到户的网络接入能力，而每M带宽的接入费用较原有资费最多下降了近90%，同速率产品平均较以前资费下降约50%。截至年底，上海联通累计已建逻辑站9 903个，新建WiFi热点1 000处；完成了2 000个基站的HSPA+改造，首批部署HSPA+的地区主要包括中环内大部分地区及虹桥机场、闵行、松江和奉贤大学城、宝山中心城区等中环外重要地区，将无线网络速度从

14.4 M提升到21 M;新增城域网出口带宽90 G,接入楼宇1 160栋,接入小区90万户;与日本、美国等5个国家和地区的13家境外运营商建立了业务连接。2011年1月,新建成的金桥国际局割接开通;5月,第一个LTE测试电话打通;8月,上海首条国际以太互联中继(MPLS-VPN NNI)开通,中国联通是国内通信行业中唯一能提供此项国际业务的运营商。2011年经营情况见表2-14。

**表2-14 上海联通经营情况表**

| 项目名称 | 单位 | 2010年 | 2011年 |
|---|---|---|---|
| 营业收入 | 亿元 | 52.28 | 59.28 |
| 利润额 | 亿元 | 1.95 | 4.44 |
| 总资产 | 亿元 | 123.22 | 133.82 |
| 移动电话交换机容量 | 万门 | 620 | 650 |
| 移动电话用户数 | 万户 | 357.85 | 387 |

在家庭客户方面:3月,完成80%自建小区扩容升速工作,推出了以10 M为起点的"沃家庭"套餐;9月,完成所有自建小区用户扩容升速工作;年内,ADSL接入小区的网络改造工作基本完成,所有联通ADSL接入小区均升速至10 M。提速后的"沃家庭"10 M产品费用仅为1 280元/年,比原有资费优惠约35%。

在3G业务方面:推出了30余款3G智能终端合约计划,推出的20余种手机增值产品和12大类、25种行业应用产品,在移动办公、物联网、电子商务等方面开展了多种应用,如面向个人的"移动办公""移动销售"业务、面向公安系统的"移动警务"、海关的"移动查验"、电力系统的"无线抄表"、金融系统的"移动展业"、保险公司车险业务的"移动查勘"、媒体的"移动采编"等。在全市营业厅部署了近千台云应用终端,将云计算业务从内部使用推广到外部商用,开展云桌面、Webhosting云主机、云存储等各类应用,为城市"云经济"率先提供业务示范。

在客户服务方面:以客户感知为导向,开展"全业务服务体系"建设;贯彻"大服务"理念,推动上海联通从生产运营导向至客户服务导向转变,以实现联通集团提出的"卓越服务"目标。全年陆续开通的网上投诉处理中心、10010客服热线集团客户专席、10018 VIP客服专线、在线客服、微博客服以及61481100服务监督热线等,拓宽了服务渠道,服务质量明显改善。

**【多方展开战略合作】** 2011年,上海联通与多方展开战略合作以提供创新服务。1月10日,与中国电信股份有限公司上海分公司就已建住宅小区通信配套设施共享试点及2011年第一批基站共建合作举行签约仪式,在已建住宅小区实现通信配套设施共享。3月底,推出漫游中国台湾一卡双号产品,用户可以在一张SIM卡上同时拥有联通和中国台湾台哥大两个号码,在上海使用联通号码享受当地资费,在中国台湾使用台哥大号码享受当地资费,为用户节省了两地的漫游费用。5月9日,与浦东新区经济信息化委就共同推进"智慧浦东"建设签署战略合作协议。双方在完善区域信息化基础设施、推动区域信息产业升级、提升区域信息化服务民生水平三个方面开展合作,不断提升浦东新区的信息化整体水平。5月,与长宁区政府"智慧高地"合作项目全面开启,编制完成《打造长宁"智慧高地"的建议报告》,双方共同以深化"数字长宁"建设、推进"智慧高地"战略实施。7月18日,与太平洋保险有限公司、携程旅行网签署战略合作框架协议,双方在3G增值业务领域开展深入合作,并探讨新的应用与服务。9月8日,与人民日报(上海)数字传播有限公司合作推广的"《人民日报》电子阅报栏"正式使用。该阅报栏采用无线方式,通过卫星、3G、电子广播网向读者展现全新的阅报方式,是数字新媒体领域的一项突破性应用。10月26日,与复旦大学附属中山医院签署战略合作框架协议。2009年,上海联通为中山医院搭建了医疗行业万兆骨干千兆到桌面的网络,为中山医院提供统一的通信云计算平台,把多种通信手段与中山医院内部的应用管理系统融合,使医院的工作流、信息流通过多种通信手段在各个系统间连接,最终与中山医院内部的业务终端构成一个闭环式的完整通信办公环境。

**【参与"智慧城市"建设】** 2011年9月,《上海市推进"智慧城市"建设三年行动计划》颁布。上海联通于21日发布了《上海联通对接上海智慧城市建设白皮书》,承诺未来3年新增固定资产投资120亿元,用于推进城市光纤宽带网络建设,构建新一代宽带无线移动通信网,推动亚太通信枢纽的成形，助推新一代信息技术产业化的形成和“云海计划”的实施，打造一个适应“智慧城市”发展需要的具有国际水平的信息基础设施，从而实现市政府提出的“基础设施能级跃升”要求。上海联通已形成相对完备的基础网络资源：2009—2011 年年底，累计完成固定资产投资 80 亿元，形成了相对完备的光缆网、传输网、IP 网和承载网，核心层出口带宽达 120 G。作为中国联通三大国际出口局之一，上海联通拥有 C2C、APCN2、FLAG、中美和 SMW3 等海光缆资源，为上海的对外交流提供了国际通信网络保障。在移动网络方面，已建成 3G 基站 8 000 多个、室内覆盖分布系统 6 000 余套，全网无线接入能力达到 14.4 M。为 4G 的到来做准备，年内部署了具有领先意义的 3.75G 网络，已完成近 2 000 个站点的 HSPA＋升级，中环内和中环外的部分重要区域的数据传输速率由 14.4 Mbps 跃至 21.6 Mbps；正在进行的 LTE FDD 技术的小规模测试，下行速率已达上百兆，无论是网络制式还是链接速度，均在实际意义上达到国际领先水平。新的沃宽带产品采用全光纤化技术和新一代的高性能路由器进行组网，实现了千兆到楼和光纤到户的接入方式，整体技术性能和网络承载能力达到国际先进水平。同时，“沃家庭”10 M～30 M 宽带产品已向家庭用户提供，该产品还与上海广电影视集团合作，向用户提供高清电视服务。超过 70％以上的在网老客户完成了光网提速，在资费保持不变的情况下，老客户的平均接入带宽从 1 M～2 M 提升到了 10 M 以上。上海联通在运营商中率先提出“泛载宽带”概念，在已有的光纤网、2G 网、3G 网的基础上，年内完成的近 3 000 个 WiFi 热点布局，覆盖上海市主要商业中心和公共区域。基础光网已覆盖小区家庭用户 140 万户，占全市家庭用户数的 1/4。

（应　燕）

# 五、软件和信息服务业公共服务体系

各区县、基地（产业园区）积极推动软件和信息服务业高新技术产业化，合理定位、聚焦重点领域，错位竞争格局初步显现。浦东初步形成了以园区为核心的企业集聚，张江依托浦东软件园、银行卡产业园和数字出版基地集聚了众多软件产业、数据服务业和数字出版类的龙头企业。金桥初步形成了网络视频产业链。徐汇区依托其在互动娱乐方面的优势地位，积极对接产业链上下游，谋划布局移动互联网产业集聚区。闸北区着力打造上海市云计算产业基地，集聚云计算企业近 100 家，2011 年营业收入突破 30 亿元。杨浦区借助区域内高校的资源优势，推动云计算创新基地的建设，构建云计算创业孵化器、云计算企业加速器、云计算总部基地和云计算人才实训基地的发展格局。普陀区积极推动区域内企业自主创新，促进企业成为技术创新的主题，并建立了人才激励机制，通过培养创新人才来提升企业的创新能力。虹口区以国家数字出版基地虹口园区挂牌为契机，加大招商引资力度，吸引了一批数字出版产业企业入驻。

（杨立哲）

# 第三编

# 政务领域信息化

# 综 述

2011年,上海加速推进电子政务建设,提升各级政务服务平台效能,服务型政府建设取得新进展。在政府信息公开方面,全市政府子网站全主动公开政府信息目录19.1万条,主动公开各类政府信息13.2万条,同时实现了“中国上海”门户网站的中、英文改版和WAP(无线应用协议Wireless Application Protocol,简称WAP)门户改版,对审计、财政预决算、重大建设项目的公开进行了探索。区县政府网站和市政府部门网站继续开展政府信息公开、网上办事服务和互动交流工作,利用手机、微博等新渠道深入开发便民服务应用。

进一步建设和完善重点业务系统,在便民服务方面,社会保障卡继续扩大新型农村合作医疗发卡对象,增加社保卡覆盖范围。在经济管理方面,市经济信息化委完成上海市经济运行物联网监控系统,实时掌握能源存量情况。市财政局完成金财一期配套建设,拓展预算编制子系统,完善预算执行子系统,深化政府采购信息管理平台应用,并改造上海财政门户网站实现信息公开。市统计局建立全市统一的采集平台实行企业“一套表”联网直报。在社会管理方面,市公安局金盾工程(二期)全面建成,市人大“上海市选民登记信息管理系统”建设完成。在政府内部管理方面,市电子政务灾难备份中心在首批6家试点单位的基础上,又完成3家增补试点单位的数据容灾业务接入建设。

(刘迎风)

# 第一章　政务信息资源与基础支撑系统

## 概　述

2011年，上海市为进一步推进政府信息公开工作，颁布了《2011年上海市政府信息公开工作要点》，对审计、财政预决算、重大建设项目的公开进行了探索。在“中国上海”门户网站建设10周年之际，对网站实施中、英文改版和WAP门户改版，并编纂了《上海政府网站10年》一书。区县政府网站和市政府部门网站继续开展政府信息公开、网上办事服务和互动交流工作，利用手机、微博等新渠道深入开发便民服务应用。重要公共服务热线进一步完善，同时启动了12331食品安全投诉举报热线的建设。

（刘迎风）

## 一、政府信息公开

**【概况】** 2011年，是“中国上海”门户网站（以下简称“门户网站”）建设10周年，网站实施中、英文改版和WAP门户改版，并编纂了由市长韩正作序的《上海政府网站10年》一书，作为成立10周年的献礼。门户网站以持续深化四大核心内容建设为基础，完善网站功能服务，同时加强对全市各级政府网站建设指导，进一步推动全市政府网站各项工作。

经过近十年的持续推动，门户网站带领本市政府网站在内容建设、功能拓展、安全管理、运营维护、集约化管理等方面建设成效显著。政府网站作为电子政务唯一面向公众的应用平台，作为“加快政府职能转变、创新行政管理体制”的重要载体，在建设“服务政府、责任政府、法治政府、廉洁政府”，实现“两高一少”目标中发挥着重要的作用。

**【信息公开与要闻发布】** 根据《2011年上海市政府信息公开工作要点》，门户网站进一步整合政府部门信息公开资源，对审计、财政预决算、公共资源配置、重大建设项目的公开也进行了有效的探索。及时发布了三公预算、部门预算等内容。开设“十二五规划与发展”、“政府工作报告（2010年度）”、“政府工作专题报告集（2010年度）”、“上海进一步完善社会保险制度”、“上海建设世界著名旅游城市”等多个专题。

门户网站全年集中发布的市政府文件和部门公开信息（文件、通知等）1 805条，其中市政府普发文件166个，市政府常务会议9次，市政府法规（草案）征求意见稿18个，市政府各部门文件等1 602条；其他公开信息包括：市政府实事项目评议与征集、市政府工作百题集（400题）等。门户网站“政府信息公开”栏目全年页面总访问量2 265.5万页（次），位居网站主要栏目访问量第三。

门户网站“上海要闻”（含部门信息、区县动态、便民提示、视频与图片）全年发布信息88 553条，日均242条（以日历日计），其中选用市政府部门、区县报送信息70 092条，占发布总量79%；图片新闻2 391幅，日均6.6幅。“上海要闻”页面总访问全年1.8亿页（次），较上年增28.5%，居主要栏目访问量首位。

**【领导信箱与政民互动】** 门户网站“在线访谈”邀请市政府部门、区县领导围绕政府工作、市民关注热点难点开展在线交流，共举办67期（当年举办11期），累计最高峰同时在线人数9.5万人次；互动平台开展政府规章草案民意征询17次，主要有：《上海市化学工业区管理办法（修订草案）》征询公众意见、《上海市建筑消防设施管理规定（修订草案）》征询公众意见、《上海市著名商标保护办法（草案）》征询公众意见、《上海市再生资源回收管理办法》征询公众意见等。全年联合各部门、区县网站开展网上征询（征集、公示、评议）129次，“委办局、区县在线访谈预告”161次，访谈预告覆盖全市范围。

互动类栏目（市委领导信箱、市长之窗、互动平台、在线访谈、征询平台）全年页面总访问1 663.2万页（次）。

（杨　蕾）

## 二、应用支撑平台

门户网站办事平台提供各种办事事项 1 698 项，其中提供在线受理 842 项、状态查询 762 项、结果反馈 748 项、办事三大环节全部提供的办事事项 748 项。热门服务增加公众关注的电子账单、公用事业网上缴费、医院专家免费预约等；提供生活地图查询 33 项，“主题服务直通车”提供 651 项办事与服务。

“网上办事”页面访问总量 164 万页（次）（含市民办事、企业办事、网上政务大厅栏目），居主要栏目页面访问量 5%；“便民事项”页面访问总量 7 776 万页（次）（含查询平台、服务平台、便民问答、便民提示、服务导航、城市生活等），占主要栏目页面访问量 23.97%。

（杨　蕾）

## 三、政府门户网站

### “中国上海”政府门户网站

**【概况】** 在市委、市政府领导下，“中国上海”政府门户网站（以下简称“门户网站”）围绕服务公众宗旨，继续做好政府信息公开、网上办事与服务、政民互动等工作，以提供结合政府重点工作的专题服务、开展上海市政府网站备案工作、强化网站维护管理机制等为重点，各项工作开展取得良好成效。

2011 年，门户网站获：（1）中国信息化研究与促进网、工业和信息化部电子科学技术情报研究所信息化研究与促进中心举办的“第二届中国政府网站最佳实践经验交流暨 2010 年中国优秀政府网站推荐及综合影响力评估总结表彰大会”“2010 年度中国互联网最具影响力政府网站”、“2010 年度中国政府网站领先奖”与“2010 年度服务创新型政府网站”三项大奖；（2）中国社会科学院信息化研究中心和国脉互联政府网站评测研究中心联合举办“第五届中国政府网站国际化程度测评”“领先奖”；（3）市网宣办、市文明办主办、以“传播世博、服务世博”为主题的上海市第五届优秀网站评选活动中，包括“中国上海”门户网站的沪上 12 家网站获“最佳网站”称号；（4）电子政务理事会、《电子政务》杂志社主办的政府网站集约化建设与精品栏目管理经验交流大会，“便民问答”、“wap 手机版”两个栏目被评为“2011 年中国政府网站信息公开精品栏目”，“市民办事　企业办事”被评为“2011 年中国政府网站网上办事精品栏目”，“政府规章草案民意征询平台”被评为“2011 年中国政府网站政民互动类精品栏目”；（5）中国社会科学院信息化研究中心和北京国脉互联信息顾问有限公司联合举办的“2011 年第六届中国特色政府网站评选”“最佳实践案例奖”；（6）中国信息化研究与促进网进行的“2011 年中国优秀政府网站推荐及综合影响力评估”“中国互联网最具影响力政府网站”、“中国政府网站领先奖”与“服务创新型政府网站”三项第一。

**【中英文、WAP 无线门户全面改版】** 2011 年 11 月 1 日，“中国上海”中文新版上线。中文新版紧紧围绕用户，体现服务至上、创新为本理念，突出服务个性化、集聚化和整合化。率先推出视频新闻检索功能，采用先进的语音识别系统结合人工比对方式，将视频语音转化为文字内容。并以“我”—“用户”作为主线进行串联，使公众无论在哪个栏目哪个页面均可快速定位想要的栏目和内容。

同时，英文版也进行了改版。英文新版从页面设计、栏目结构到功能应用都做出了一些调整。积极探索以主题服务为核心，开设出入境、婚姻收养、就业和供水服务等专栏，包括办事指南、办理机构、表格下载、网上受理等办事服务信息。另外，针对外籍人士在沪外出办事，由于语言限制，无法准确表达办事部门名称、办事地址等情况，特别新增了政府部门和服务场所联系方式短信发送服务。

门户网站于 2007 年率先打造政府网站 WAP 门户，开创服务新模式。2011 年新改版的 WAP 门户采用 WAP2.0 标准建设，支持 HTML（超文本标记语言 Hyper Text Markup Language，简称 HTML）协议，优化用户体验，增加互动功能。WAP 门户新版内容更丰富，界面更友好，公众能随时随地获取与门户网站同步的政府信息与服务。

**【政府网站建设 10 年相关书籍编纂工作】** 作为迎

接建网10周年纪念的重要举措，2011年，门户网站编纂了《上海政府网站10年》一书，并参与了《电子政务》杂志社组织的《中国政府网站实践者丛书·上海卷》的编纂。

《中国政府网站实践者丛书·上海卷》共10万字，包括门户网站十年建设发展和各部门、区县的53个案例精选，该书已由上海人民出版社出版。

《上海政府网站10年》共71万字，该书由市长韩正作序。凝聚了本市各政府网站的100多位管理者和工作者多年的理论沉淀和实践经验，追寻10年发展轨迹，总结10年建设经验，展示10年建设成果。其中门户网站共分建设篇、运维篇、创新篇、展望篇和大事记、获奖记录以及各部门、各区县的十年发展回顾。该书目前已由上海人民出版社出版并公开发售。

**【开展全市政府网站测评工作及优秀集体、先进个人推优】** 2011年年初，2010年政府网站测评和优秀案例、"世博贡献奖"推选工作顺利完成，门户网站组织市政府部门、区县网站分管领导和网站负责人、电子政务专家、新闻记者和网站社会监督员等，开展现场测评及网上投票，测评最终结果显示，本市政府网站总体达标情况良好，63个被测单位全部达标。同时，有6个区县政府网站和15个市政府部门网站获得优秀案例奖，有3个区县政府网站和7个市政府部门网站获得世博贡献奖。

12月，门户网站启动2011年本市政府网站测评及结合政府网站建设10周年的先进集体、优秀个人评优工作。2011年网站测评主要考察政府网站建设工作、内容保障工作和公众体验三方面。其中，公众体验是2011年新增加的测评项目，目的在于贯彻政府网站以人为本的建设理念，推动政府网站围绕公众需求和使用习惯进行建设。

**【依托"五个系统"全面加强安全防范与管理】** 政府网站安全防范与管理是网站运行的根本保证，门户网站始终秉承全员参与、明确责任、预防为主、快速响应、风险管控、持续改进的系统信息安全方针，构建全面完善的安全防范与管理保障体系。

网站安全防范与管理依托"五个系统"，即以"内容管理系统"为核心，建设"信息自动备份系统"，确保网站信息内容发布安全可靠；运用"网站运行状态自动监测管理系统"、"网站访问统计分析系统"、"网站纠错系统"，对全市政府网站系统运行实施日常监控、管理。另外还建立了安全定期检测、安全应急处置、安全联络报告、异地备份等工作机制。

2011年网站各子系统稳定运行，网站内容管理系统(两机房网络链路保障)正常运行、电子邮件系统监测及账户开设、检索系统更新、信息备份系统、访问统计分析系统运行维护、网站运行状态监测系统、个性化门户网站监控、WAP无线门户监控、繁体网关、网站无障碍以及办公网络计算机系统的维护工作有序进行。系统安全方面，本年度未发生因黑客攻击而导致服务停止事故。

**【网站建设基本数据】** 2011年年底，门户网站数据库信息总量61.56万条，静态页面数63.4万余张(与上年同比增5.06万，增幅8.7%)；图片10.65万余幅(与上年同比减少2.88万，降幅21.3%)。其中，市政府公报1 538条，法律法规812条，各类办事规程1 737条，市政府各类文件961件，市政府规章322条，便民问答5 081条。累计发布要闻类信息46.88万条(与上年同比增加13.88万条，增幅42.0%)。

2011年，门户网站总点击数26亿次，首页总访问量2 468万(日均6.7万)，页面总访问量5.16亿(日均141万)，比上年增14.9%。自开通以来，门户网站累计首页总访问量1.7亿，页面总访问量24.66亿。

截至年底，门户网站"公务信箱"开户1.18万余，"企业实名信箱"用户1 631个，电子邮件订阅服务用户8 230余；手机短信订阅服务用户数18万人，短信平台发送年度累计104万条；全网检索系统可检索数据35万条。

(杨　蕾)

## 区县政府网站与市政府部门网站

**【概况】** 2011年，本市区县政府网站和市政府部门网站(以下简称"政府子网站")继续深入开展"政府信息公开、网上办事服务和互动交流"等工作，较好完成了为门户网站内容保障提供信息与办事服务资源等工作，积极开展网站安全管理，网站标准化、规范化、集约化建设得到进一步深化，并在三公经费公开、预算公开、专题栏目建设、规范管理相关子网站建设等方面取得良好进展。全市64个政府子网站全年首页总访问量约1.73亿(日均57.1万)，页面总访问量36.4亿(日均997.7万)，首页访问量与页面访问量比值约1∶21。

**【政府信息网上公开】** 全市政府子网站全年公布的主动公开政府信息目录共19.1万余条，其中区县政府网站13.2万余条，市政府部门网站5.9万余条；主动公开的各类政府信息(文件、通知、公告)13.2万余条，其中区县政府网站9.1万余条，市政府部门网站4万余条；通过政府子网站受理的政府依申请公开信息 12 194 件(次),其中区县政府网站 4 484 件,市政府部门网站 7 710 件。

金山区网站开设工程建设领域项目信息公开专题网站,提供检索、查询等服务,实现项目统一编码和全过程信息查询服务;建立招生考试专栏,方便公众浏览和查询招生考试信息,方便考生办理相关手续;发布经济运行等方面的统计信息,给宏观决策提供真实可靠的依据,为社会公众了解金山提供快捷便利的渠道。

市人力资源保障局网站在信息公开板块中增设了财政专项资金和部门预算两类栏目,首次将三公经费数额对外发布。财政专项资金浏览量为 82 224 次,部门预算浏览量为 19 520 次。市教委注重中考、高考等公共服务类信息公开,开设各类专题栏目 9 个,实现了与公众利益密切相关的事项全程公开,集中为公众提供系统完整的教育公共信息服务,2011 年累计公布各类信息 1 480 条。另外,提供政府信息解读服务,以便公众更多地了解相关政策的出台背景、依据、操作方法、实施步骤等信息,2011 年累计公布各类政策解读 137 条。

**【网上办事与便民服务】** 2011 年,全市政府子网站围绕"十二五"开局之年、拓展办事服务内容,提升服务水平,特别在便民服务方面深入挖掘、整合资源,取得显著成效。区县注重区内服务,结合区域特色发掘服务资源、整合服务信息;部门网上办事推进力度持续加强,构建统一办事服务平台等工作也逐步开展。

区县政府网上审批简化流程公共服务事项 3 500 余项。区县各类审批事项上网比例约 90.1%,并有 77.3% 的上网事项实现在线受理功能,网上提供各类公共服务事项 4 500 余项。长宁区推出"经适房网上选房平台",市民通过上网查询房源数据库可及时知晓哪些房源已经被选,及时调整自己要选的目标房源,为上台选房做好准备和预判。推出"网络电子版便民区域地图",为公众提供更直观、形象、全面的区域地图查询平台;徐汇"手机价格报"受到用户好评,"手机价格报"信息汇集区内 20 个菜市场的监测数据,共涵盖 4 大类 28 个品种,蔬菜、水果、粮油等重要副食品的最新参考价格及涨跌趋势,用户足不出户就能遍览市场行情。

市政府部门网上审批与业务系统衔接效率提高。2011 年,市政府部门审批事项上网率为 91.0%,网上受理率 66%。市人力资源保障局开发"手机版职介岗位和培训项目查询系统";市建设交通委网站整合建设"交通微博群";市农委"上海三农路线图"方便市民查询"农业旅游景点、品牌农产品及生产企业"信息,还提供任意两地公交车线路及开车路线等多种交通查询。市商务委网站开设"电子商务"热点专题,展示本市重点电子商务企业的特色优势。外资网上办事系统成为覆盖市、区两级政府外资工作主管部门的统一办事平台;市政府外办"外国人来华签证邀请确认函网上办理平台"提供一揽子服务,方便申办和统计。

**【网上互动】**

区县网站接受网上咨询月平均 6.1 万人次;接受网上投诉月平均 647 人次;网上公示评议、征集"政府工作规划(草案)、决议、意见"和政府工作调查、民意测评意见 459 项,共有 101 万人次参与;单位网站开展"在线访谈"节目 64 期。徐汇区网站建设"政府网站智能服务平台",市民与"智能机器人"互动问答,网站部分栏目还实现"听网功能",人工语音朗读帮助盲人和弱视力人群轻松听读政府信息。

市政府部门网站网上咨询月平均 1.8 万人次;接受网上投诉月平均 2 358 人次;网上公示评议、征集"政府工作规划(草案)、决议、意见"和政府工作调查、民意测评意 801 项,共有 239.9 万人次参与;单位网站开展"在线访谈"节目 309 期。市公安局网站"派出所网上工作站"以全市 302 所派出所为依托,虚拟网络做强实体、放大警务效能;市教委探索"网上审批改革,引入监察部门全程监督",推进全委 20 个教育行政审批事项全部实现网上流转审批,监察部门全程监察,确保行政审批的效率与公正。

(杨　蕾)

# 四、重要公共服务热线

## "110"报警电话

2011 年,110 报警服务台共接警 12 604 365 起,同比增加 4.0%;处警 3 948 777 起,同比增加 4.1%,其中报警案件类 656 028 起,同比增加 1.0%;纠纷类 740 202 起,同比减少 3.1%;煽动性案件类 8 248 起,同比增加 16.5%;事故类 1 340 818 起,同比减少 15.3%;交通管理类 390 673 起，同比减少 5.4%；社会求助类 380 344 起，同比增加 6.8%。

（柴　珏）

## "12365"产品质量投诉热线

上海市质量技术监督局和上海出入境检验检疫局两局联合，从信息系统再建改造、规范运行流程、开展业务技能培训、推动干部交流和业务联动入手，建立了"一线一网、集中受理、分工处理、反馈闭环"的上海质检 12365 质量热线处置全新工作模式。2011 年 8 月 17 日，国家质量监督检验检疫总局副局长魏传忠出席了 12365 质量热线的开通仪式。上海两局联合开发与应用模式所展现出来的"网络功能完善、服务优质高效"的特点，得到国家质量监督检验检疫总局领导高度肯定，成为全国质检系统 12365 共建工作可供借鉴的亮点。新开通的上海质检 12365 质量热线，统一受理涉及两局职能范围内的举报、申(投)诉和咨询业务，进一步整合了质检两局的资源，提升了上海质检公共服务能级。

（周莉蓉）

## "12348"法律咨询专线

2011 年，本市"12348"法律咨询专线共接答法律咨询 170 531 件，同比增长 12.980%，其中，市法律援助中心接答 75 191 件，占全市接答量的 44%，同比增长 6.99%。从咨询内容看，占前 3 位的分别是房屋纠纷 32 972 件，占咨询总数的 19.33%；劳动争议纠纷 24 385 件，占咨询总数的 14.3%；婚姻家庭纠纷 18 232 件，占咨询总数的 10.69%。为了切实满足群众的法律需求，填补以往"12348"法律咨询专线夜间人工服务的空白，从 2011 年 3 月起，"12348"法律咨询专线将人工服务时间从"朝九晚九"改变为 24 小时全天候服务，在全市范围内挑选了业务素质较高的资深律师接答夜间来电。据统计，截至 12 月底，"12348"专线夜间共接答法律咨询电话 7 766 件，咨询内容列前三位的分别为劳动纠纷、婚姻家庭纠纷、侵权纠纷，切实解决了群众的夜间法律咨询需求，取得了良好的社会效益。在服务群众的同时，本市"12348"专线十分重视发挥对社会突发事件的预警功能。对于来电反映的群体性纠纷、刑事案件线索等影响社会稳定的重大事件，专线内部建立了一整套应急响应、区县联动和信息反馈机制。本市"12348"专线在规范内部管理、狠抓服务质量等方面的工作力度得到加强。2011 年，在全市范围内开展了"12348"优秀接答岗、优秀接答员竞赛活动，进一步增强了各接答单位创先争优、服务群众的积极性，努力把"12348"专线打造为本市司法行政系统为民服务的品牌，为人民群众提供更为优质便捷的法律援助服务。

（尹晓楠）

## "962200"社区服务热线

"962200"上海市社区服务热线坚持政府主办、社会参与，本着"以民为本，需有所应，便民利民，服务社区"的服务理念，以居民生活需求为导向、以社区服务信息为基础，集咨询(家政服务、社区政务、社区信息、生活百事等)与服务(家政服务、家电维修、物业维修、冷门服务、社区事务等)为一体，面向社区居民提供专业化、个性化、规范化的社区服务。同时，也是"安康通"为老关怀服务援助系统的受理、服务平台。2011 年，"962200"在 2010 年的基础上，健全了"一号通"社区服务功能，加大服务热线建设力度，实现民生服务项目话务集中受理的工作要求。

截至 2011 年年底，"962200"社区服务热线共接听市民来电 401 089 个，接通率达到 100%。社区服务热线与社区生活综合服务系统共享信息资源，形成信息资源管理平台，以实体服务为后台支撑，其构建的以提供居家生活服务为主要内容的社区服务超市项目达到 8 大类 55 个，其中 11 个重点项目被列为便民服务的热门项目。同时，其数据库服务信息达 12 大类 103 小类，信息总量 10 万条。

（方廉焘）

## "9682000"信息化服务热线

2011 年是上海市计算机病毒防范服务中心的"9682000"信息化服务热线投入运行的第 10 年，全年正常运作，通过电话咨询、上门现场技术服务等方式，为政府机关、企事业单位和广大市民提供信息化咨询、信息安全、计算机网络等方面的多方位、多元化信息服务。

在日常服务中，呼叫中心不仅要接听客户的各类电脑报修、电脑咨询、投诉和建议，更要及时地向相关部门、加盟店反映客户的需求，监督维修跟进工作，对维修完成情况进行回访，完成最后闭环。为提高工作效率，在持续做好人工沟通记录的同时，呼叫中心接听还要负责各种电脑故障及资料的统计存档，使各种信息储存更完整，查找更方便，保持了原始资料的完整性。

经过呼叫中心全体工程师一年来的努力工作，2011 年共计受理免费技术咨询电话服务 89 048 次，上门技术服务 4 905 次，并在全市布置了 10 个加盟服务网点，提供快速、便捷、优质的技术服务，从技术服务统计情况看主要以系统故障、网络故障、硬件故障、病毒入侵等类型为主。呼叫中心对所有上门技术服务都进行了回访，以热情的工作态度，为客户的切身利益着想，想方设法为他们排忧解难，保障服务质量，得到客户好评。

每周在全市20余家电视、广播、报纸等媒体和市经济信息化委网站、市民信箱等网站发布计算机病毒预报。

发放免费期刊——《信息安全和服务》12期，共发行16 150册，全面介绍全市信息化发展的状况、信息安全防范知识等，免费发放面保持在稳定的范围内。

（吴恩平）

## “12319”城建服务热线

上海市城建热线服务中心（以下简称“12319热线”）是建设交通系统聆听市民呼声，解答公众咨询，受理市民关于建设交通领域相关问题投诉的平台，是反映社情民意的渠道。2011年，12319热线围绕“十二五”规划，不断加强信息化建设，发挥信息平台功能，提升服务能级。

2011年1月1日至12月31日，12319热线共接入市民来电70万个，接通64.4万个，接通率达92%，日均接电1 918个。受理与建设交通行业相关的市民诉求52.6万件，占总诉求量的92.1%，来电反馈率达99.4%。全年，回访市民诉求1.9万件，回访满意率达93.9%。催办3 933件，办结率达93.6%；督办41件，办结率82.9%。

突出热线特点，开展专项工作。为了满足市民季节性诉求要求，12319热线进一步完善热线系统，保证线路畅通，并理顺工作流程，保证每个市民呼声能及时传到有关部门。一是开展“夏令热线”活动。与新民晚报、上海电视台和上海人民广播电台等多家媒体合作，第六次开通“夏令热线”。活动得到各方积极响应，沈骏副市长、市建交委系统“一委四局”、新民晚报及电力公司领导纷纷走进12319热线，与市民“零距离”对话，各职能部门鼎力相助，积极为市民排忧解难。“夏令热线”期间，市民来电量近7.4万个，市民满意度81.62，为历年最高。二是开通2011年春运热线。与市春运办、市交通港口局、铁路局及新民晚报等单位联手，连续第三年开设春运热线，受理市民有关铁路、长途客运、航空和水运方面的投诉和建议。共受理市民关于春运方面诉求750件。其中咨询690件，投诉55件，建议5件。

拓展受理范围，做好便民利民工作。为切实方便市民，不断提升热线服务能级，自我加压，扩大业务受理范围。一是增加机动车紧急救助业务。为方便市民，建立机动车紧急救助网络，受理本市区域内驾驶员遇到汽车故障抛锚等情况，共受理相关信息82件。二是与政风行风热线互动。接转受理政风行风热线962114市民来电近800个；实行受、处理情况月报制度，及时将有关情况通报市纠风办、市建设交通纪委，作为政风行风测评的依据。三是增加交通卡网上充业务。开通交通网上充咨询业务，并积极研发可操作性系统，全年共受理相关信息4 518件。

改善热线系统，发挥热线信息平台作用。为进一步提升信息平台功能，提高服务效能，热线不断完善系统，挖掘信息，深入分析。一是完善系统查询功能。共提出词汇修改、数据统计、系统功能及回访督办等需求27个。系统的日益完善，是平台的有力支撑和保障，使热线的受理工作更顺畅、更规范，提高了工作效能。二是挖掘素材，强化信息分析。通过对受理信息的分析，形成《年报》、《通报》、《专报》、《快报》等材料，及时报送领导及相关部门，为其决策提供依据，全年共计编写相关材料17篇。此外，在软硬件设备方面，为预防系统风险，年内对热线系统进行安全测评，查找漏洞，避免发生故障。

（顾　涛）

## “962020”上海旅游热线

进一步在市民和游客中宣传推广上海旅游热线“962020”，融合“12301”全国旅游热线，提供信息咨询、宣传推广、旅游投诉等服务，及时跟进上海各项节庆文体活动，成为旅游咨询最便捷和权威的途径。2011年电话接通5万余次，接通率100%，投诉率为零。

# 第二章　重点业务系统建设和机关信息化

## 概　述

2011年，各部门进一步建设和完善重点业务信息系统。在便民服务方面，社会保障卡继续扩大新农合发卡对象，增加社保卡覆盖范围。在经济管理方面，市经济信息化委完成上海市经济运行物联网监控系统，实时掌握能源存量情况。市财政局完成金财一期配套建设，拓展预算编制子系统，完善预算执行子系统，深化政府采购信息管理平台应用，并改造上海财政门户网站实现信息公开。市统计局建立全市统一的采集平台实行企业"一套表"联网直报。在社会管理方面，市公安局金盾工程（二期）全面建成，市人大"上海市选民登记信息管理系统"建设完成。在政府内部管理方面，市电子政务灾难备份中心在首批6家试点单位的基础上，又完成3家增补试点单位的数据容灾业务接入建设。

（刘迎风）

## 一、重点业务系统信息化建设

### 社会保障卡

建成市民服务统一管理平台，进一步提升为民服务效能。市民服务统一管理平台整合、集成了"962222"热线电话接听、语音留言、信息查询、前台业务受理、后台业务处理、传真、短信服务等多项功能。该平台优化了市民服务工作流程，同时提供多途径市民服务方式，尤其是新增的短信服务功能，可以将网点地址和电话、业务办理所需携带的资料以手机短信方式发送给市民，大大提升了为民服务效能，市民反响良好。

通过三级系统安全等保评定，进一步提升安全保障能力。根据全面开展全市重要信息系统安全等级保护定级工作要求，针对系统安全隐患，建立信息安全管理新制度及采取信息系统安全新手段，进一步加强社会保障与市民服务信息系统的安全保障能力，并通过了《信息安全技术　信息系统安全等级保护基本要求》中第三级安全保障能力要求，为信息系统的高效、稳定、安全运行和服务奠定基础。

继续扩大新农合发卡对象，增加社会保障卡覆盖范围。配合"市政府实事800所村卫生室新农合实时报销项目"，社会保障卡面向新型农村合作医疗参加对象发放的范围持续扩大，2011年基本完成青浦、松江、奉贤、嘉定4区20余万新农合对象的制发卡工作。2011年，全市共制发各类社会保障卡、居住证件379.57万张，其中社会保障卡（蓝、红、金卡）96.17万张、学籍管理卡31.59万余张、儿童卡1.31万余张、敬老服务卡17.11万张、居住证9.56万张、临时居住证223.81万张。"962222"呼叫中心全年提供来电咨询77.01万人次，接待来访0.60万人次，处理来信2.39万封，短信服务2.91万条。市民信息服务网点击43.93万人次，回复邮件0.25万封。

（邢　勤）

### 电子政务灾难备份中心系统

上海市电子政务灾难备份中心项目（以下简称"灾备中心"）是上海市信息安全保障体系中的关键性项目，也是上海市信息安全应急防范体系的主要组成部分。主要服务对象是面向市级委、办、局电子政务内、外网及市医保、社保等关于国民经济、社会生活领域的重要信息系统，全部建成后可进驻100余市级各信息系统的同城异地备份系统。根据市政府相关部门业务需求和灾备中心建设规划，灾备中心具备以下几种灾难恢复能力：介质异地存放；数据级灾备；应用级灾备；在线级灾备。

2006年10月，市发展改革委批复《上海市电子政务灾难备份中心项目可行性研究报告》，确定了建设规模、投资规模和项目选址，并明确项目资金由市建设财力安排。

灾备中心项目分为二期建设。一期主要是灾备机房及其配套设施建设。灾备中心选址上海市浦东张江软件园内，占地面积为6 000平方米，总建筑面积为1.2万余平方米，地上建筑四层，地下一层。灾备中心整体功能划分为机房区、运营功能区、客户服务区、备用生活区和基础设施区等五大功能区域。一期建设于2007年1月正式启动，2008年6月基本建成通过验收，获得“上海市优质工程白玉兰奖”。

二期为上海市电子政务灾难备份信息系统建设。灾备中心信息系统是一个同城异地灾难备份系统，在市政务外网物理网络平台上搭建IPSEC VPN(网络安全协议虚拟专用网络 Internet Protocol Security Virtual Private Networks，简称IPSEC VPN)与全市各电子政务生产系统相连，构建了数据容灾网络。主要的设计思路是：数据集中和接入标准化。系统设计为两级灾备的模式，将异构平台复杂系统的数据在各接入单位内集中后统一传输到灾备中心；采用多种方式，既满足不同系统的实际情况，又实现了多样系统上的标准化。灾备中心信息系统自2010年12月基本建成上线运行，截至2011年12月，为9家试点单位系统提供的容灾数据量为21 TB，灾备传输次数9 000余次，累计远程灾备传输数据量103 TB；为全市委办局单位提供了介质容灾服务，共有12家单位办理介质存放业务，存放灾备介质553件，灾备数据量约为22 TB。灾备系统运行至今稳定可靠，在日常工作中已经产生实际作用。

集中的数据灾备系统降低了全市电子政务各类灾备建设和运营的成本，提高了资源利用率，为进一步推进本市其他各委办局单位对同城异地数据级灾难备份入驻灾备中心创造条件。

（李　潇）

上海市电子政务灾难备份中心(以下简称“中心”)是根据市信息安全体系要求，在浦东新区张江建设完成的面向全市范围的集中式电子政务信息系统灾难备份基地，由上海市人民政府办公信息处理中心负责运维管理。2011年，中心继续加强介质容灾和数据容灾服务，全年共办理各类介质容灾业务45次，出入库介质数据量累计达86.14 TB，截至12月底，库内存放容灾介质共计531件，数据量22.17 TB。继2010年中心完成首批试点6家单位的数据容灾建设任务后，2011年中心又完成首批增补3家试点单位(市财政局、市地税局、市审计局)数据容灾业务接入建设，9家单位全年完成数据容灾作业共计11 567次，传输数据量89.73 TB，每周增量约为1.87 TB，截至12月底，总计容灾数据存储量为61.2 TB。2011年，中心建设完成了“上海市电子政务灾难备份中心信息系统项目”，并通过专家技术验收及系统验收。此外，中心还不断加强数据容灾运维，提高服务能力，3月，中心协助市统计局完成了因其数据机房搬迁而导致的容灾业务迁移。5月，因市水务局业务系统的生产设备发生故障，中心协助完成容灾设备接替生产设备从而保障其生产业务系统正常运行，经半年接替运行后，11月，再次协助市水务局实施了生产设备及业务系统数据的恢复。2011年，中心还不断加强容灾领域学习交流，全年接待参观学习共计11批次。

（江纪元）

## 交通卡

2011年，上海公共交通卡股份有限公司围绕“创新转型谋发展，服务群众促和谐”这一主题，在“三为”(为持卡人、为社会、为运营企业)服务方面取得了可喜的成效。

为方便交通卡、沪通卡持有者的充资、移资，解决服务网点受地域、时间限制等矛盾，交通卡公司研制开发了网上交易系统。通过该系统，用户可自助实现交通卡、沪通(储值)卡的充值、移资以及过期卡的续期。“网上充”在线交易平台的系统，需要配合使用连接个人电脑的交易终端机实现对卡片的操作。每个使用“网上充”在线交易平台的用户，将在系统中建立自己的个人账户，通过账户将资金充入用户卡中。个人账户可采用“e充卡”进行充值，或使用网上银行转账。为方便单位批量用户的充值，网上交易系统还可建立单位主账户，批量实现对下级子账户的定期充值操作。

根据副市长沈骏、主任黄融在公司调研时提出的交通卡服务网点进街道社区，为市民提供方便的要求，在市委办公厅督查室的指导下，2011年10月交通卡公司自主研发的公共多媒体自助服务终端在四川北路、大宁路街道的事务受理中心和生活服务中心5个服务点试点投入使用，市民可通过终端进行查询、移资、续期和e充卡充资等，其中2个服务点可向市民提供普通零值卡退卡服务。

为了更好地解决交通卡与其他行业(银行、社保等)共同发行联名卡的密钥控制和应用问题，上海公共交通卡股份有限公司组织芯片厂商研发了双COS(片内操作系统 Chip Operating System，简称COS)的CPU(中央处理器 Central Processing Unit，简称CPU)卡。其芯片除具备接触及非接触式功能以外，还同时支持两个发卡机构各自使用单独的COS应用，各自单独发卡，拥有各自独立的密钥体系，做到密钥独立、应用独立，互不干涉。这为交通卡以后与银行、移动合作实现“一卡多能”创造了技术条件。

上海公共交通卡股份有限公司还利用数据仓库，分析本市公交、轨交、出租等行业的总体客流变化规律，定期形成客流信息分析报告和出租汽车调价等专项分析报告送市建交委和市交通信息中心等单位，积极为本市智慧城市建设作贡献。定期与交研所、交通指挥中心交流，提供定制化信息；利用交通卡客流数据资源，为市交港局交通研究院、市交通信息中心提供课题支持。

随着全国信息化工程的日趋成熟，电子货币支付方式必将取代传统的支付方式，用电子货币取代现金已成为社会时尚和需求。上海公共交通卡股份有限公司在不断完善交通卡支付渠道，丰富交通卡服务内容，促进高科技行业的发展以及带动城市交通管理水平的提升方面将投入更大的力量，作出更加卓越的贡献。

（程李燕）

# 二、市级机关信息化

## 上海市人民代表大会常务委员会

**【概况】** 2011年，上海市人大常委会（以下简称“市人大常委会”）参与上海世博中心会议系统和网络系统改造工作，利用网络信息传播优势，借力“上海人大公众网”这一交流平台，做好人大制度的宣传工作。2011年7月，市人大常委会在原有系统基础上，建设、完善了一套全市统一的，满足区县和乡镇人大代表换届选举选民登记工作需要的选民登记信息管理系统，并使用该系统成功完成了换届选举的选民登记工作。

**【“上海市选民登记信息管理系统”建设】** 上海市区县和乡镇的人大代表换届选举工作于2011年7月至2012年1月期间同步进行，这是全市人民政治生活中的一件大事。在市人大常委会副主任王培生的领导下，选举工作组就本次换届选举工作使用选民登记系统的有利条件和面临的新情况、新问题等进行了深入的调研，对如何进一步建设、完善选民登记信息管理系统提出了许多建设性的意见和建议。“上海市选民登记信息管理系统”（以下简称“管理系统”），作为选民登记工作的重要组成部分，必须按照选举法的相关规定，正确展现依法进行选民登记工作的客观规律，必须坚持“一个原则、三个为主”。“一个原则”即选民登记属地化原则；“三个为主”是有工作单位的本市人员，以在单位进行选民登记为主；退休和无工作单位的本市人员，以在现居住地进行选民登记为主；注册地与生产经营地分离的企业，其职工以在生产经营地进行选民登记为主。考虑到选民登记工作也是一项严肃的政治任务，系统必须具备高度安全性和保密性。

**【系统建设基本目标】** 本着推进上海市选民工作信息化管理，进一步提高选民登记工作水平和效率的目的，建立、完善一套全市统一的，具有选民登记、选民信息入库、选民资格网上转移和统计分析等功能的管理系统。管理系统增加了第二代身份证刷卡登记、与实有人口库实时比对等新功能。管理系统能通过市、区县、乡镇和街道三级网络运行，以信息化的手段贯穿选民登记工作的全过程，实现数据资料逐级上报、分级查询和统计分析等功能；能实现选民登记工作相关职能部门间信息和资源共享、协同工作；能为全市选民登记工作的科学决策提供快速、准确的参考信息；能为广大选民及时、便捷地提供选民登记信息服务；能提高本市选民登记工作的管理水平和工作效率，节省经费开支；能促进本市选民登记工作的制度化、规范化和科学化。

**【系统总体结构和技术特点】** 管理系统面对的用户、网络、数据资源比较复杂，系统构架设计也相应比较灵活，总体分为交互层、应用系统层、应用支撑层和资源层，而标准规范和安全管理是贯穿整个系统的两个体系。系统使用传统的账号式管理和选举工作区域管理相结合的方式来进行数据访问控制。对于选举委员会、选举工作组等相关管理人员，其需要实现的管理性工作，如选区管理、选民信息分派等，使用账号方式登录系统进行操作。对于各选区内的选民登记、审查工作，则不以账号登录，而直接将选区内的每个单位作为权限个体直接绑定权限，也就是以选举工作区域管理为基础的权限管理。“选民登记管理系统”采用了云计算模式对系统性能进行了优化，通过整合数据，带动了服务器的整合，顺应了虚拟化分区技术的发展，降低了网卡、光纤卡、内置硬盘等硬件资源的需求量，提高了系统CPU资源的利用率。管理系统一端和互联网相连，网络环境复杂，通过采用不同网络端按需部署数据的方式从源头上确保数据安全。

**【系统建设经验、使用情况和意义】** 管理系统能在较短时间内建设完成依托于有一个架构合理、运行高效的组织机构。市人大常委会建立了一套完整的组织机构,明确了责任与权利。组织机构分为三层:(1)系统建设指导委员会,负责全局的安排和对重要事件的指挥;(2)系统建设实施办公室,负责需求分析、整体规划、系统分割、任务分配,从整体上把握整个系统建设;(3)系统建设实施组,由各个子系统的负责人和各自实施小组组成。“选民登记管理系统”建设完成后,为了确保其顺利上线运行,市人大常委会牵头组织了全方位、各层次的系统应用培训,派专人对各区县选举委员会有关人员进行了30余次统一培训。全市各区县、乡镇选举办也先后举办了8 045次各类业务培训活动。开通了24小时技术咨询热线,及时解决各区县选举工作机构在系统使用过程中所遇到的各类技术问题。截至2011年11月,本市年满18周岁,具备选民资格的人口为1 270.06万人,管理系统开通后,选民登记人数为1 080.98万人,登记率为84.46%,1 036.01万选民参加投票,参选率为95.84%。使用管理系统能够提升选民登记工作的管理水平和决策水平,降低选民登记工作成本,提升人大工作信息化形象。虽然系统在实际使用过程中由于种种原因还存在着部分选民被抢登、重登和漏登等情况,但其整体建设构想对上海乃至全国的换届选举信息化工作都有一定的借鉴作用。

**【上海市第十三届人大四次会议期间的信息化工作】** 2011年市人代会首次在上海世博中心召开。上海世博中心作为上海世博会的中心场馆,专门为举办上海世博会期间的各项会议而设计建造,其会议系统、网络系统都与市人代会的各项要求有所不同。市人大常委会提前介入上海世博中心的各项会前准备工作,多次组织人员现场勘察,细致介绍市人代会信息化工作的各项具体要求,组织、协商并确定了改造实施方案,还提前制定了多套预案。在上海世博中心会议系统和网络系统改造期间,市人大常委会始终抓紧每一个关键节点,确保各系统按时间表有序推进,确保各项测试结果达到预期目标。2011年1月17—21日,上海市第十三届人大四次会议在上海世博中心胜利召开。其间,会议系统和网络系统运行正常。

**【借力“上海人大公众网”,做好人大制度的宣传工作】** 2011年2月,“上海人大公众网”英文版正式上线,英文版页面与中文版页面基本保持同步更新。“上海人大公众网”英文版的开通,不仅为海外友人了解人大制度和上海人大工作提供了一个新的窗口,也符合上海建设信息化大都市的实际需求。2011年度,“上海人大公众网”的浏览量达到3 400万次,发布新闻、稿件5 465篇,社会影响力不断增强。市人大常委会也着力提升“人大网议日”等品牌栏目的社会认知度。2011年5月,网议日主题是“贯彻养犬条例,建设和谐社区”。本期网议日活动不仅邀请了市人大常委会主任刘云耕和部分市人大代表作为嘉宾参加活动,而且还联手东方网、新华网上海频道、解放牛网等主流网络媒体共同参与报道,这不仅助推了相关法规的颁布实施,也提高了“上海人大公众网”和“人大网议日”栏目的知名度。2011年,“上海人大公众网”在网友意见征集平台上开设了“我为食品安全献良策”和“我为城市运行安全献良策”等专题征集活动,很好地配合了市人大常委会年度的专项监督工作。市人大常委会在网络宣传上借力上海人大公众网,发挥其联系市民群众的渠道和平台作用,用网络媒体特有的方式和优势来宣传人大制度和上海人大工作,得到了广大市民的支持和肯定。

(宋 兵)

## 中国共产党上海市委组织部

**【概况】** 2011年,中国共产党上海市委组织部(以下简称“市委组织部”)信息化建设以服务组织工作大局为中心,围绕编制《上海市组织系统信息化工作“十二五”发展规划》、基层党建信息化工程、干部管理信息系统应用、人才工作信息化、办公门户和网络基础建设等内容,不断提升信息系统服务和保障能力,为组织工作科学化建设提供有力地支撑。

**【编制《上海市组织系统信息化工作“十二五”发展规划》】** 根据中组部《全国组织系统“十二五”信息化规划》和上海“智慧城市”建设的有关精神,市委组织部坚持“以人为本”的设计思想,秉承“以用促建,建管结合”的信息化建设理念,结合本市组织工作当前实际及长远发展,通过制订方案、现状梳理、初稿起草、专家研讨、用户座谈、区县调研和规划定稿等几个关键环节,研究制订了《上海市组织系统信息化工作“十二五”发展规划》(以下简称“规划”),确定了“十二五”期间全市组织系统信息化工作的建设目标、总体框架和重点建设工程。规划经部务会议专题研究审议通过,得到了部领导的充分肯定,明确了“十二五”期间“以信息化强化制度、信息化促进规范、信息化实现程序”总体目标。在部机关党员学习大会上对规划进行了介绍和宣传,增强了大家对组织系统信息化工作的关注度、认同度和支持度,提高了大家的信息化意识,得到了同志们的好评和鼓励。

(窦忠秋 凌旭峰)

【基层党建信息化工程取得新进展】 “上海市基层党建信息化工程”项目于2011年7月得到了“同意立项”的批复后,市委组织部迅速开展了可行性研究报告的编制工作,并于11月初报至市发改委,争取尽快得到批复。为配合基层党建工作,“上海基层党建网”开展了“推荐市先进基层党组织和优秀共产党员标兵”网络投票活动,党员网友共参与投票28万张;“党建论坛”开设创先争优公开承诺专题,1.3万党员在论坛晒出承诺。为纪念建党90周年举办的“党史知识竞赛”闯关晋级专题网络比赛活动,全市共有53万党员群众积极参与;市委组织部邀请7位嘉宾围绕党员群众关心的热点问题进行网上直播访谈,有上万人参与互动。市委组织部推出的“组织生活网络导引”、“网报互动”、“晒晒我们的组织生活”、“党徽我的荣耀 我的风采”留言征集评选等专题栏目和活动得到党员群众的热情参与,网络浏览量达到1 331万,网友留言8.3万余条。

(汤晨弘)

【干部业务信息化继续深化应用】

**全力保障换届工作** 顺利地完成区县换届考察人选的民主推荐计票、现领导班子及成员的民主测评统计、民意调查统计等工作,并按要求输出统计结果,为区县换届按计划进度完成任务做好了保障。通过确定计票方式和票样模板、进行表制作和提前试读、组织模拟演练等工作,节约了计票时间,提高了计票效率,保证了计票质量。

(刘振波 陆 辉)

**促进应用系统建设** 对局档库、任免审批系统、干部教育系统等进行升级改造,提高了工作效率,优化了业务操作;建设年度绩效考核结果分析系统,以雷达图、饼状图、柱状图等图形化的形式对近三年的年度绩效考核结果进行对比查看、分析,方便领导有效掌握绩效考核结果;对领导班子酝酿系统进行改进,为换届工作提供辅助决策服务;就干部材料库、公开选拔平台等系统的建设与相关处室进行了沟通,对项目建设进行了初步探索,明确了工作思路,为下一步开发建设提供了良好的基础。

(刘振波)

**市管干部数字档案查阅试运行工作启动** 在市委组织部部长碰头会上,专题审议并通过了《上海市委组织部机关内部局域网查阅市管干部数字档案规定(试行)》。在学习借鉴中组部有关数字档案查阅规定的基础上,市委组织部按照“干部数字档案的保管保密要求等同于纸质档案”的要求,于2011年12月起在部机关开展查阅市管干部数字档案试运行工作。此项工作以数字化扫描为契机,以建立健全工作制度为保障,有力推动了干部数字档案建设工作。

(乔 健)

**统计工作继续保持良好势头** 高质量完成了2010年全市党内统计年报和干部统计年报工作,两个年报均被中组部评为“全优”报表单位。以“全市组织系统优秀统计分析报告评选活动”为抓手,进一步提高信息资源利用和信息服务工作水平,并在全国公务员统计布置会上进行了经验交流。编辑《2010年上海市党员党组织统计资料》和《2010年上海市人力资源统计资料》,在全市解放日报等主要媒体上发布《2010年上海市党内统计公报》和新闻稿件,扩大党务公开和资源共享的力度。

(徐 冰)

【人才工作信息化取得新突破】 市委组织部牵头建设的“上海市人才综合管理服务平台”被纳入《上海智慧城市三年行动计划》重点支持专项,为人才工作信息化发展提供了有力保障。为更好地服务和凝聚各类高层次人才,市委组织部2011年开展“上海市高层次人才网”网站的建设,提供服务专窗、网上沙龙、网上博客等功能,在领导和专家之间搭建了便捷的网上互动沟通桥梁。已完成建设的“上海高层次人才信息库”目前已涵盖两院院士、“973”计划首席科学家、领军人才、长江学者等重点高层次人才3 000余人,可提供信息查询、统计分析,人才服务等功能。“上海高层次人才决策分析平台”引入“人才地图”概念,可查看人才在各个行政区域和类别的分布情况,为辅助领导决策提供了有力支撑。

【办公平台取得新进展】 为进一步强化部机关办公平台的服务功能,2011年对门户首页、机关党建等栏目进行了改版。为进一步加强信息资源的利用和挖掘,基于部内办公特点,开发了具有自动编号、文件流转、短信提醒、自动归档、统计分析等功能的“白头公文”系统,实现了对日常工作信息的全记录。系统一方面丰富了干部材料库内容,实现对干部信息的“全跟踪”;另外也解决了日常白头公文的存档问题,拓宽了对机关干部的绩效考核评价手段。已完成对部内所有处(室)的“白头公文”系统专场培训,培训参加人数超过100人,已在系统内登记白头公文超过1 000篇。

(朱 磊)

【网络基础不断得到夯实】　本市“大组工网”建设工程于2010年完成建设任务，自2011年开始进入后期管理与维护阶段。市委组织部积极为各区县组织部处理涉及“大组工网”的网络问题，协调集成商与项目监理方整理项目验收材料，于2011年11月顺利通过了“大组工网”建设工程的项目验收。为提升市委组织部机关各处室访问互联网的流畅度，将部机关的互联网带宽从原来的8M提升到20M，并增设一条10M互联网线路供部内重要节点用户使用。为方便机关处室群发短信，与中国移动协商，部署了MAS(移动代理服务器Mobile Agent Server，简称MAS)短信平台，为部内各项工作提供了便利。

（仲　亮）

【信息化建设规范和制度得到进一步加强】　为加强信息化建设项目管理，在征询处(室)意见的基础上，市委组织部制定了《上海市委组织部信息化项目建设和运行管理规范(试行)》等文件。通过建立规范，将信息化建设管理程序制度化，统筹了项目资金安排，提高了建设效率。系统建设功能的“事前征询”，使系统建设能更好地满足用户的需求，少走了不少冤枉路。通过制定《系统使用规范》和《系统用户使用说明书》等文件和规范，加强了系统使用管理，规范了系统的使用行为，也为用户的具体使用提供了帮助。

（朱　磊）

## 共青团上海市委员会

【打造“四个平台”，不断提高共青团信息化建设与应用水平】

**搭建信息资源平台**　建立了上海共青团信息资源目录体系，对网站、信息系统等资源进行了系统梳理，为信息共享和业务协同提供支撑；进一步完善团员、团干部和团组织基础数据库，提供信息采集、查询、统计等功能，现已积累各级团组织信息4.5万余条，团员团干部信息110万条。在全团首创了面向社会的共青团地理信息服务，将团组织、青年文明号、社工、志愿者活动等(合计超1 000个地标)直观、形象地通过网络地图进行展示，让共青团的服务更加贴近青年。

**巩固应用支撑平台**　通过加强技术建设提供应用支撑，建设共青团信息资源目录体系和交换平台，为本市共青团组织一定范围内的目录服务中心互访和信息共享打下基础；升级和改造了短信平台，增加了彩信群发功能，升级后的平台，操作更加简便，性能更加稳定。

**丰富业务应用平台**　打造了三个共青团业务应用系统。一是建立了上海共青团基本信息管理系统，在确保信息资源实时更新的基础上，通过应用系统实现对数据进行统计、分析和挖掘。二是完善了上海青年志愿者管理平台，实现对各类志愿服务团队、志愿服务项目和志愿者的服务和管理。三是建立上海共青团优秀评选系统，促使信息公开和效率提高，同时实现人才信息的即时查询和跟踪培养。

**健全公共服务平台**　2011年，针对上海共青团工作门户网站进行了二期改版，更突出各条线基层团组织工作动态，更突出团务百事通互动版块，更突出团市委各品牌活动、主题活动的专栏。同时结合上海共青团的重点工作，制作了“创先争优”、“纪念建党90周年”和“牵手行动”等专题网页，成为各级全市各级团组织将其作为展示团建工作的重要窗口。截至2011年12月，上海共青团各级团组织共报送信息约30 243条。

【完善信息化制度体系建设】　为加强信息化安全体系建设，加强病毒防范，完善备份策略，确保上海共青团信息化的四个平台能够安全有效的运作，在修订完善的基础上，逐步推出了《共青团上海市委计算机防病毒管理办法》、《共青团上海市委计算机运维管理制度》、《共青团上海市委机关计算机机房管理办法》、《共青团上海市委信息系统变更管理规定》、《共青团上海市委机关计算机远程访问管理制度》等一批信息化相关制度，形成较为完整的信息化制度体系。

【共青团信息化工作培训会议】　2011年11月22日在上海青年管理干部学院青年会堂召开共青团信息化工作培训会议，回顾、总结上海共青团信息化工作开展情况，并开展应用系统的使用培训，推进基层团建信息化进程，团各区(县)委、各局(公司)、大专院校团委、各市属单位团组织信息化负责同志200余人参加。

【《大力发展信息服务业，助推传统制造业提升能级》专题报告】　参与市政协“加快改造提升传统产业”常委会议专题协商议政暨“提升传统产业能级，促进上海产业结构优化”重点课题信息服务业子课题，最终形成《大力发展信息服务业，助推传统制造业提升能级》专题报告，获得了良好的社会反响。

【深化青少年网络文化建设】　继续做好青少年网络动态日报和舆情研判。一是召开青少年网络文化专家座谈会,聘请了6位新媒体研究方面的资深人士和新媒体企业负责人担任"上海青少年网络文化研究专家",完成了《充分运用新媒体进一步密切团青关系的研究》重点课题。二是完善青年网络动态分析系统的分级管理功能,扩大基层团组织使用范围,实现对青年网络动态监测的二级工作机制。三是继续做好《网络动态快报》编辑工作,改版《网宣参考》,主动搜集网络涉沪、涉团、涉及青少年的网络舆情,为把握舆论走向,引导青少年提供有益的参考和借鉴,共编辑《网络动态快报》245期,《网宣参考》简报38期。

**【上海共青团官方微博建设】** 重点加强"共青团上海市12355"、"上海青年志愿者"、"上海红领巾"等微博内容发布与管理,完善工作机制,使其成为密切团青关系的有效新媒体平台。2011年底前,在团市委的部署下,开设了"青春上海"官方发布微博平台,截至2012年1月3日,"青春上海"在新浪、腾讯、东方网、新民网等主要网站上的官方微博粉丝总数达到29 830个,发布信息102条,累计转发及回复1 161条;"共青团上海市12355"在新浪、腾讯、东方网等主要网站上的官方微博粉丝总数达到539 297个,发布信息4 752条,累计转发及回复38 580条;"上海青年志愿者"在新浪上的官方微博粉丝总数达35 621个,发布信息2 591条,累计转发及回复19 459条。与市政府"上海发布"微博进行良性互动,为"上海发布"提供7次,共计11条有关青少年服务发展的发布内容。

**加强青年网络评论员队伍的建设** 指导和鼓励各级团组织开通官方微博,截至2011年10月,各级团组织新浪认证微博共276个,进一步提升了影响力。专门遴选了新一批青年网宣评论员加入上海青年网宣评论员队伍,进一步充实了网宣工作的力量。召开上海青年网宣总结培训会,邀请"上海地铁Metro"微博、"共青团上海市12355"微博、"杨浦共青团"微博负责人与大家交流经验。同时,积极争取市网宣办等主管部门的资源和协助,邀请专家为网络宣传员授课,商请市网宣办在学代会期间为创造良好网络舆论环境保驾护航。

**探索运用新媒体进行组织开展活动** 3月份,"上海青年志愿者"官方微博开展了"快乐志愿e起来"活动,全天直播志愿行动,各基层团组织官方微博也积极参与,形成了团内活动的"同城效应"。利用"上海12355"官方微博和"青年报"微博,实时报道团市委全会会议进展情况,帮助基层团组织及时掌握会议精神。据统计,"上海青年志愿者"微博发起活动8项,线上线下参与互动粉丝超过10 000人次;"上海12355"微博开展的专题活动(微博话题)9项,线上线下参与互动粉丝近4 000人次。

**【开展网上"纪念建党90周年活动"】** 联合新浪网、盛大文学、切客网、土豆网、奇艺网、上海青年公益门户网站等共同主办"红色七一,我YOUNG我秀"主题活动,开展"理想之路·微博秀"、"红色之旅·签到秀"、"奋斗之路·征文秀"、"经典之声·播客秀"等四个系列活动,吸引百万人次网友参与活动。

(华辰武)

**【12355上海青春在线青少年公共服务中心】** 2011年,"12355"上海青春在线青少年公共服务中心立足青少年需求,积极整合资源,拓展服务功能,为广大青少年提供了心理健康、法律咨询、家庭教育、就业创业、健康医疗、婚恋交友等各类服务。截至2011年12月31日,中心网站和热线总访量达9 451 572人次,"一对一"服务达94 748人次,提供面询服务696人次后,台重点处理个案280个。重点开展了以下工作:(1)中心成功注册民非登记,2011年10月8日中心得到上海市社团局正式批复,完成民办非企业注册登记,正式更名为"上海青春在线青少年公共服务中心"。(2)加强中心学习交流,到"12315"、"12333"等呼叫中心学习调研,并与"12315"进行结对共建,进一步深化、加强合作联系。(3)"12355"热线服务能力提升显著,对呼叫中心机房及硬件进行升级改造,提高设备使用性。全年电话呼入总量比2010年同期增长9.78%,心理咨询、家庭教育占呼入总量的64.5%,启动"轻松备考"、"寒暑假自护专线"等专线服务,电话咨询服务满意率达到99%以上;(4)拓展网上服务功能,开通新浪、腾讯等微博,累计粉丝55万。通过定期更新与"12355"相关的心理学知识、法律知识和俱乐部专家案例点评,与青年网友开展有效互动。

(吴少戎)

## 上海市经济和信息化委员会

**【建设党建信息化平台】** 从2011年初起,开始建设一个面向市经信系统全体党员、实现党建主要业务一体化的党建信息平台,实现党建宣传网络化、党员党组织管理规范化、党员服务社区化,为市经信系统内四千多个党支部、六万多名党员服务。项目内容包括:党建网站、党员社区、党管系统(包括党员党组织管理系统、干部人才管理系统等)、反腐倡廉建设系统、音视频系统、数据交换服务及接口等。

**党建网站** 党建网站建设除了应有的信息发布功能外，重点在于多媒体、GIS、统一消息等技术的全面使用，如多媒体资料库、网络视频互动、网上直播室、爱国主义教育基地、网络党校、党组织GIS、短信传真等功能，努力建成一个多技术应用、多方位展现的先进党建网站（www.shjxdw.cn）。

**党员社区** 党员社区采用了真正意义上的web2.0技术，通过社区论坛为党员提供一个互动交流的平台，通过社区博客为党员提供一个自我展示的空间，通过微博为党员提供一个即时信息共享的场所，通过支部建站为各级基层组织提供一个组织宣传的渠道，形成界面友好、功能完备的党员社区，提高系统内党员的参与度和归属感；通过建设活动专区、中心组学习、离退休干部专区纵向整合特定党员社区的全部资源，加强特定对象之间的沟通交流。

**党员党组织管理系统** 党员和党组织管理系统实现了党组织管理、党员管理、党内基本业务管理、党员党组织综合信息、党内统计报表、干部管理、人才管理、教育培训宣传、应急动员等功能，形成流程规范、数据标准、功能完善的党务管理信息系统，通过对党员党组织数据采集过程的优化，对党员党组织管理工作的优化，对党员党组织管理信息统计优化，提高机关党委和基层党组织的工作效能。

**反腐倡廉建设系统** 反腐倡廉系统的核心是案件管理系统，目标是通过制度加科技的结合，实现纪检监察机关查办案件和案件监督管理工作全过程网上管理，进一步强化查办案件工作程序的规范化，确保依纪依法安全文明办案，提高纪检监察办案工作的决策水平和监督管理水平。案件管理系统以与案件查办工作相关信息（主要是线索）为基础，以案件办理工作流程为核心，实现案件查办工作全程信息化，通过对案件数据进行深层次的挖掘和统计分析，为领导决策提供依据。系统做到两级管理，三级报送，即上海市纪委、大口委办局纪工委和区县纪委能直接联网登录系统进行案件管理，大口委办局下属单位可以通过各种途径按规范进行信息录入，完成全市纪检监察数据的三级无缝报送。

**【建立软件和信息服务业网上服务平台】** 为了促进上海市软件企业和计算机信息系统集成企业能力和水平的不断提高，确保各应用领域计算机系统工程质量，评定企业从事软件产品开发、计算机信息系统集成的综合能力，2011年市经济信息化委开发了软件和信息服务业网上服务平台（xxfwy.sheitc.gov.cn）。系统包含软件企业的双软认定、企业集成资质认定和监理临时资质认定三个方面的业务，提供了办理事项的信息发布、材料提交、信息修改、在线受理、在线审核、办理事项状态等功能。企业不再需要到现场办理以上业务，大大提高了工作效率。系统还实现了双软认定、集成资质和监理临时资质三者之间的数据协同，避免了重复填报，提高了企业材料提交的效率，降低了数据的错误率。

系统实现了复杂的申报、初审、复审和批复流程的网上处理，极大程度地减轻了企业在这些环节的办事负担；不同部门的审核人员通过此系统以不同的身份登录，完成各自的审核工作，真正实现了协同处理。

**【建立健全“呼叫中心”】** 2011年，市经济信息化委在更好地服务于企业和市民上采取了一系列措施，其中“呼叫中心”的建立就是措施之一。市经济信息化委利用现有的西门子程控交换机平台和短信平台，结合各项业务需求量身定做了企业级客服中心。系统采用多层次、多模块的架构设计，将交换技术、CTI（计算机电信集成Computer Telecommunication Integration，简称CTI）技术、多媒体技术、计算机网络技术有机地结合起来，以信息技术的方式实现工作流与电话服务的同一性。

在系统前端，主要由程控交换机、IVR（互动式语音应答Interactive Voice Response，简称IVR）服务器、CTI服务器、在线录音监听服务器、传真服务器等几个部分组成。其中，程控交换机是通信平台的核心部分，承担电话的呼入、呼出、转接、通话、强插、强拆、会议、监听等主要功能。CTI服务器是呼叫中心的关键部分，它是电话网与计算机网络集成的纽带，一方面，它获取交换机的状态并实现对交换机的控制，另一方面，它与交换机、IVR语音传真服务器、在线录音监听服务器、坐席客户端协调工作，完成：用户资料同步弹出、电话及用户资料转移、软摘机、软挂机、智能电话外呼预拨功能、座席与IVR随意切换、传真自动收发等功能。

“呼叫中心”的建立，提供了市经济信息化委对企业和市民电话的“一门式”服务，与门户网站一起形成了两种互补的服务方式，进一步提高了服务质量。

**【建立评估审核系统，完善预算内信息化项目资金“一体化”平台】** 市信息化项目预算管理经过近几年的不断努力，已经形成了从申报、审核、评审到审批整个流程的网上管理平台，业务集成了市经济信息化委所有的信息化专项和发改委有关专项，对象涉及全市相关单位、专家和有关部门，网络架构包含互联网、政务外网、内网和涉密网。2011年在市经济信息化委已有专项资金申报、信息化预算项目申报的基础上，开发了评估审核系统，通过该系统，一方面可以对各市级财政预算单位申报的项目进行网上审核评估；另一方面建立信息化项目归口管理项目库、全过程管理子系统、绩效评估子系统，整合专项资金已审核的项目和市级财力审核系统，实现项目申报、审核、评估整个过程信息化管理。从原有的项目前置审核向信息化项目全过程管理转变，加强了项目监管和绩效评估，从而提高了信息化项目管理水平和管理质量，提高了政府投资资金的使用效率。

**【完成上海市经济运行物联网监控系统】** 监测分析工业和信息产业运行，协调解决经济运行中重大问题并提出相应的政策措施是市经济信息化委的工作重点之一。历经多年信息化进程，各职能单位、部门大都建立了较为完善的业务信息系统，利用这些已有的信息，市经济信息化委建立了物联网信息系统，实时监控重点能源企业的存量，汇聚、处理、分析其信息和数据，为决策分析提供准确的依据。

系统包括上海市战略储备库的油品存量实时监管、上海市煤炭资源库存实施监管、重点地域加油站运行情况监管三个子系统，分别与煤场、油库进行系统对接。利用加密互联网传输通道结合双向GPRS(通用分组无线服务技术General Packet Radio Service，简称GPRS)设备，依靠无线网络实时采集数据；通过设定管理规则，建立科学合理的数据模型，对信息加以储存、显示、分析和预警。系统设计采用先进的SOA(面向服务的体系结构Service-Oriented Architecture，简称SOA)理念，能够和已有的及需要建设的其他相关系统集成。

**【门户网站建设】** 上海市经济和信息化委员会网站(www.sheitc.gov.cn)作为全市工业和信息化信息发布的一个平台，也是政府服务企业的有效途径。主要职能包括：产业发展、经济运行保障、高新技术创新、信息化建设等。2011年市经济信息化委对门户网站进行了全面改版，从技术上、功能上都焕然一新。网站结合市经济信息化委工作职能，整合各类业务资源，并加强维护监督，从内容和管理上不断提高网站的质量和水平。2011年市经济信息化委网站的两个案例"专项资金管理与服务"、"企业呼声直通车"参加"中国上海"门户网站评选，均取得了"优秀案例奖"。

**以网站为信息公开主渠道，抓实主动信息公开事项** 按照国家信息公开条例和市政府有关规定，市经济信息化委将最新公告、政策法规、信息公开事务等，实时公布在门户网站上，2011年主动公开信息目录217条，依申请公开网上受理1件，公开的行政许可和非行政许可审批事项28项，发布"工业动态"信息950条、"最新动态"信息36条、"研究报告"信息89条，"经济要闻"信息1 100条、"民营经济"信息59条、"中小企业服务"信息74条、"计算机病毒预报"信息74条，同时为用户提供了便捷的信息公开内容检索功能。"信息公开"提高了市经济信息化委工作的透明度，网站是市经济信息化委信息公开的主渠道。

**网站突出服务功能，加强双向互动** 市经济信息化委由专人预审、复审和分发网站上企业和市民提交的各类办事需求、咨询和投诉等，网站提供了直通渠道，提高了企业对政府服务的满意度。"网上办事"、"网上咨询"、"网上面对面"等是市经济信息化委在网上为企业和个人服务的重要手段，它改变了原有的单向服务方式，集聚了委内所有资源，一个口子，一种声音服务企业。企业的咨询、建议、提问、需求和其他需要市经济信息化委办理的事项都可以经由网上提出申请，这些申请流转到相关业务处室经过处理后，在外网及时将办理状态和结果告知申请对象。2011年通过网上"主任信箱"、"企业呼声直通车"受理的事项有703件。

**网站是工业和信息化有关信息的资讯中心** 网站及时发布全市工业经济运行最新动态、委内工作最新动态、国内主要经济要闻、全国工业经济运行研究报告以及高新技术产业化最实时、最前沿的信息，及时发布全市工业经济运行数据，包括：全市工业、区县工业、都市产业、现代工业园区、产品数据库、行业协会等，开辟工程建设领域项目信息公开专栏；网站提供企业信息化问答、软件和信息服务业办事窗口以及各类信息化方面的政策和资讯。网站每天更新各类信息20万字以上。

**网站是业务处理的统一服务平台** 网站集成了市经济信息化委对外业务处理的十多个信息系统，为企事业单位和市民提供了方便的协同处理和查询功能。如：经济运行和产业安全监督平台、软件和信息服务业网上服务平台、专项资金申报平台、开发区产业项目报送系统、加油站GIS站点查询、上海市产业分布图、中小企业服务平台、个人信用服务平台等。网站真正成为"一门式"服务的支撑平台。

(张舒敏)

## 上海市商务委员会

**【概况】** 2011年，上海市商务委根据国家信息化

"十二五"规划、上海市国民经济和社会发展"十二五"规划以及上海建设国际贸易中心"十二五"规划的总体要求，在研究制订上海市商务委电子政务"十二五"规划的基础上，开展了行业信息化研究和业务系统升级改造等一系列信息化建设工作。

**【外资网上办事系统通过验收】** 为了进一步提高外资审批、管理、服务的专业化水平，提高外资审批和管理行政行为的公开、透明，上海市外资网上办事信息系统于2008年立项建设，2009年初完成了一期任务并由市领导在线开通。2011年，项目召开专家评审会正式结项验收。该项目实现了市商务委及授权的15个区县、开发区外资审批部门业务网上受理和审批功能，实现了跨部门行政审批，大大提高了与区县和其他部门的外资审批工作合力。

**【稳妥推进"走出去"信息服务平台】** "上海市'走出去'信息服务平台"是2011年上海市政府信息化重点项目，是市政府服务"走出去"事业的信息平台，市商务委外经领域首个信息系统。该系统主要为各类对外经济合作主体提供对外投资、对外承包工程、国际人力资源合作、对外援助等方面的权威、及时、集约、有效的公共信息。该平台立足上海、服务全国、实施政务公开、提供网上办事，彰显企业实力、实现广泛链接、帮助架线搭桥，呈现全方位、全天候、立体化、功能化以及一定的权威性和为国内外各界"走出去"服务的社会性等特点。重视和支持"走出去"事业，进一步提升上海公共信息服务能级，对进一步实现政府对"走出去"事业的引领和指导，提高国际经济技术合作的便利化和高效化具有积极意义。"走出去"信息服务平台经过项目建设需求调研、申报准备和用户需求报告编制，于2011年委托市政府采购中心完成了招标程序，年内建设完成并上线运行。

**【外资联合年检系统顺利上线运行】** 外资联合年检项目是落实市领导关于"一站式"办理业务审批的要求，改善上海外商投资企业投资环境，加强部门监管力度，提高外资数据统计、数据质量而投资建设的本地化联合年检系统。外资联合年检系统从上海市各部门联合年检的工作需要出发，加强各部门系统整合、信息数据流的互联互通，避免信息孤岛，合理规划利用各部门联合年检数据，使之更广泛的利用于业务管理、统计分析、辅助决策、企业服务，更好评价外资项目的运行情况、加强产业政策导向、产业结构调整，及时、准确、全面地掌握全市外商投资运行态势，综合反应外资对全市经济、社会各领域的影响，提高对招商引资外资管理及决策水平，促进本市利用外资工作的全面发展。项目自2010年9月开始进行前期准备工作，2011年2月底完成系统测试和系统部署，3月1日系统上线运行。项目主要包括：外商投资企业联合年检本地系统、外资联合年检参检部门数据交互系统、年检项目跟踪系统、信息发布系统等。

（姚　尧　周　和）

## 上海市教育委员会

**【《上海市教育信息化"十二五"发展规划》】** "十二五"是中国迈向教育现代化的重要战略机遇期，教育信息化是教育改革与发展的创新动力，也是国家信息化的基础性工程。《国家中长期教育改革和发展规划纲要(2010—2020年)》专门将"加快教育信息化进程"列为一章，从教育信息基础设施建设、优质教育资源开发与应用、国家教育管理信息系统三个方面提出了教育信息化的发展目标和路线；《上海市中长期教育改革和发展规划纲要(2010—2020年)》(以下简称"《规划纲要》"，也专门将"教育信息化：为学生提供更加开放、便捷的学习环境"作为重点任务，从探索建立信息化教育新模式、加强教育信息化基础设施和信息系统建设、完善教育信息化服务体系三个方面提出了上海教育信息化发展的目标和内容。经过广泛调研、科学研究、内容编制、意见征求、修订完善等一系列过程，上海市教育信息化领导小组在上海市教育体制改革领导小组的领导下，历时近两年时间，编制完成了《上海市教育信息化"十二五"发展规划》(以下简称"《规划》")，并于2012年1月正式颁布。

上海市教育信息化领导小组自2010年2月正式启动《规划》编制工作伊始，就确定了《规划》要在"为了每一个学生的终身发展"的理念下，在思想上有引领、行动上有指导、绩效上有评估，服务于教育新体系的建设、服务于教育新模式的构架、服务于教育新格局的多元、服务于教育新布局的均衡。

《规划》由"十一五"期间上海教育信息化工作取得的主要成绩、上海教育信息化建设存在的不足与问题、教育信息化面临的挑战与机遇、指导思想和建设目标、上海教育信息化"十二五"发展的主要任务、重点示范项目、保障措施等七部分组成。与《国家中长期规划》、《上海中长期规划》、《上海十二五规划》、《智慧城市计划》、《上海教育十二五》相衔接。满足市民终身学习的需求，努力支撑学习型社会的建设，为每一个受教育者营造好"老师总在我身边"的信息化学习环境，实现"为学生提供更加开放、便捷的学习环境”的目标。

**【上海教育信息化公共服务平台建设工程】** 上海教育信息化公共服务平台建设工程(以下简称“教育信息化工程”)是《上海市中长期教育改革和发展规划纲要(2010—2020年)》提出的十项重点发展项目之一。

**指导思想** 教育信息化工程建设秉承“面向一线、提升服务、加强统筹、优化基础”的原则。面向一线:以应用需求为驱动,推进教育模式的变革和创新,充分利用社会资源,将教育信息化与学校内在需求进行有效对接,深入挖掘和调动教育信息化建设的内生动力。提升服务:顺应信息技术发展趋势,结合信息化管理的特点,充分发挥教育行政部门、学校和社会力量的作用,构筑便捷灵活、泛在共享、协同配合的信息化支撑服务体系,提升教育决策与服务水平。加强统筹:统筹整体规划,加强顶层设计,明确发展重点,坚持分类指导,鼓励形成特色,推动共享应用,有效融合各级各类教育平台,建立教育资源共建共享新机制。优化基础:优化整合上海教科网和“校校通”网络,进一步保障各教育单位之间的互联互通,构筑高速可靠、安全绿色、开放共享、持续发展的教育信息化基础设施环境。

**建设目标** 到2015年,实现教育信息基础设施的全面覆盖和教育信息资源的广泛应用,各级各类教育单位基本实现符合教育现代化要求的信息化环境构筑,推进信息技术在教育教学工作中深度应用,为每一个受教育者营造“老师总在我身边”的信息化学习环境。

**建设内容** 围绕教育信息化工程的实施,上海市教育委员会将重点抓好两个层面的融合问题:一是建设上海市市级教育信息化公共服务平台:加强上海教育信息化的统筹规划和顶层设计,强化标准建设与应用,探索教育的新技术、新思路和新方法,促进系统整合、数据互通、资源共享、服务创新,构筑符合上海教育改革和发展的市级信息化环境,建设一个体现上海教育特色的市级信息化公共服务平台。二是推进上海市市级教育信息化示范引领工程:深化信息技术与教育的全面融合,以应用需求为驱动,促进上海人才培养模式与教育理念、教育内容、教育模式、教育管理体制的全面变革与创新,实施一批具有引领意义的市级教育信息化项目。

**主要任务** 优先发展基础设施环境:系统规划上海教育城域网的整体架构,以升级改造“上海教科网”和“校校通”网络为基础,加快上海教育城域网基础网络、统一出口、数据中心和无线网络建设,构筑高速可靠、绿色安全、开放共享、持续发展的教育信息化基础设施环境,并基于上海教育城域网安全防御体系建设,建立完善各级教育网络的运行管理体制和保障机制。构建优质教育资源共建共享机制:以上海学习网建设为基础,充分利用全社会资源,加快各级各类数字化教育资源建设,构建优质教育资源目录和交换中心,有效融合各级各类学习平台和服务,推进优质数字化教育资源的开发、积累、融合、共享和服务,建立教育资源共建共享新机制,以跨校认证为抓手,推动各类资源共享应用,提高资源利用率。探索教育教学的手段和模式创新:以数字化教学环境建设和学习方式变革试验为抓手,积极探索以教材数字化、资源网络化、教学个性化、学习自主化、活动协作化、管理自动化、环境虚拟化为特征的信息化教育教学新模式,大力推进信息技术与教育理念、教育内容、教育模式、教育管理体制的全面融合,形成一批优秀教学研究成果和实践经验。提高教育管理的服务创新:推进教育管理公共服务平台建设,规范数据采集与管理流程,构建绩效评价体系,实现教育管理电子化、管理过程科学化、公共服务系统化,全面提高教育管理水平和公共服务质量。

**保障措施** 成立市教育信息化专家委员会:由教育部有关司局、上海市相关委办局的领导和教育教学、教学技术、信息技术等领域专家组成。其职能为组织开展教育信息化咨询工作;定期审核教育信息化重大项目;指导推进全市、各区县教育信息化工作。建立协同推进机制:明确市教委是上海教育信息化工作的责任与统筹推进主体,各区县政府和各级各类学校是教育信息化的实施主体,积极吸引企业参与教育信息化建设。完善各类信息化项目管理制度及信息化工作绩效评价制度,建立教育信息化评估体系,促进教育信息化可持续发展。推动标准应用与示范,建立市场准入制度,引导教育信息化标准规范体系的应用和推广。加强队伍建设:实施“教师的教育信息化素养与应用能力提升”项目,纳入教师培训计划,开展对教师、教育管理者、信息技术人员三类人员的教育技术能力培训,涉及10万名中小学教师、200名教育管理者和所有的信息技术人员,提高全员教师信息化素养;同时依托教师资格证申请和职称评审过程中的信息技术考试、增加精品课程评估中信息化手段使用率等来提升高校教师的信息化素养。确保经费支持:采用多方筹措经费的方式,保障教育信息化工程建设。市教委将通过《规划纲要》的“十大工程”建设确保每年信息化建设投入资金;同时,通过“上海高等教育内涵建设工程(085工程)”建设的资金投入,解决高等院校信息化建设一部分资金。各区县教育行政管理部门在做好现有信息化建设绩效评估的基础上,稳步提高对教育信息化工作的投入力度。

（信息中心）

## 上海市公安局

**【《上海市公安局科技与信息化“十二五”发展规划》】** 2011年，编制完成并下发了《上海市公安局科技与信息化“十二五”发展规划》（以下简称“《规划》”）。《规划》依据公安部“金盾工程”和《上海市国民经济和社会信息化“十二五”规划》的总体要求和发展目标，结合上海公安今后五年的业务工作对于信息化的实际需求而编制。《规划》提出了上海公安今后五年信息化“大整合、高共享、全联通”的建设目标，希望通过《规划》的实施，在警力低增长的情况下，依靠科技和信息化手段的深度应用，为公安实战和各项任务的完成提供强有力的科技支撑。《规划》的制定遵循了三个方面的原则：一是衔接部、市，服从大局的原则，在规划编制的内容方面，保持与公安部“金盾工程”的部署相一致，与本市“智慧城市”建设相融合，与长三角警务一体化相衔接。二是突出重点，兼顾条块的原则。《规划》以全局应用的大平台整合建设为重点，兼顾各条线单位信息综合系统的整合和分县局配套建设要求。三是紧扣目标，循序渐进的原则。明确了各平台、系统的整合部署，分步实施，有序推进。《规划》从三个方面对“十二五”重点建设任务进行了安排：一是信息通信基础设施建设，主要安排网络、通信手段、图像信息、数据共享、信息采集和安全等6类项目的建设，以满足各类实战应用对于信息通信基础的需求。二是平台、条线综合应用系统建设，主要安排6个平台、24个条线综合应用系统等内容的建设。三是关键技术的攻关和科技成果的转化应用，主要针对公安工作中亟待解决的热点、难点问题，重点开展成果的转化应用。

**【上海公安智慧城市建设启动】** 2011年9月7日，上海市政府召开了上海市推进智慧城市建设动员大会。动员大会的召开，标志着本市智慧城市建设正式启动。为合力推进智慧城市建设，依据《上海市国民经济和社会发展第十二个五年规划纲要》，上海市委、市政府制订了《上海市推进智慧城市建设2011—2013年行动计划》（以下简称“《行动计划》”）。在《行动计划》119个（类）项目中，涉及公安的项目共有7个，其中5个项目由公安牵头实施，分别是“智能化消防数字平台”、“安防视频资源共享系统”、“交通管理综合应用系统”、“第二代社会保障卡”和“互联网安全监察支持系统”。另外，2个项目由公安配合市有关委办局实施，分别是“道路交通综合信息应用服务平台”和“三网融合试点业务”。

上海智慧城市建设是市委、市政府在“十二五”期间的一项重要规划。市公安局党委对于参与本市智慧城市建设十分重视，专门组建了上海市公安局智慧城市建设领导小组，全面指导、督查本市智慧城市建设中涉及公安项目的实施和推进。截至2011年年底，各项目牵头建设单位正在抓紧编制、申报《项目建议书》。

**【金盾工程（二期）全面建成】** 根据2008年全国“金盾工程”二期工作会议精神，上海公安于2011年底前完成“金盾工程”二期建设任务。按照公安部“金盾工程”二期建设总体部署，上海公安结合世博安保工作的需求和局内信息化发展的实际情况，确立了以“视频IP（互联网协议Internet Protocol，简称IP）网络、SDH（同步数字体系Synchronous Digital Hierarchy，简称SDH）网络传输平台”等6个项目组成的网络基础设施建设、以“身份认证与访问控制管理系统”等2个项目组成的安全技术设施建设、以“中国上海门户网站公安分网站系统改建”为信息中心技术系统建设、以“警用地理信息平台”、“公安网与政务网接入平台安全系统及网络系统”等5个项目组成的平台建设、以“派出所综合管理系统”、“实有人口信息系统”等10个项目组成的应用系统建设为上海“金盾工程”二期建设内容，共计25项项目。截至2011年年底以“金盾工程”二期建设为主要内容的信息化建设已全面完成，并取得初步成效。

（柴　珏）

## 上海市安全生产监督管理局

**【概况】** 2011年，上海市安全生产监督管理局（以下简称“市安监局”）以上海市安全生产监管信息化的建设与运维为主线，在推进和完成各项信息系统项目建设，做好项目的运行维护保障工作，不断强化和提高信息化使用、应用与服务水平，提高上海市的安全生产监管水平。

**【推进项目建设】** 建设危险源视频监控子系统、危险源监管平台、应急救援平台。重大危险源视频监控子系统建设中拟定了项目建设方案，完成了项目招投标。实现了华谊集团、上海化工区、金山石化、宝钢化工的重大危险源视频接入工作。完成了上海市安全生产应急救援软件系统建设，包含框架、数据库表单以及录入数据情况、使用情况、系统存在的问题及整改。更新了GIS（地理信息系统Geographic Information System）矢量数据和遥感影像数据。对危险源监管平台中关于重大危险源监控视频的界面进行了更新。完成GIS遥感影像显示,完成与应急平台GIS整合,并添加危险源监控平台专业图层,GIS地图加四大化工区单位标识;完善两大平台角色配置后权限问题;完成一期集成方案。自主开发了应急预案备案系统,遵照分级管理、属地为主原则设计,实现市、区县、街镇三级安监管理部门对本级管理的生产经营单位的生产安全事故应急预案,进行采集、更新、查阅、审查、统计分析和上报功能。实现应急预案备案系统和应急救援平台整合与数据共享。

**【强化系统运维】** 及时响应各类网络、计算等设备故障报修,快速、有效处置各类软硬件故障,确保局机关信息化设备正常运转。2011年度共处理计算机终端设备故障599起;国家局视频会议系统调试28起,其他会议系统调试230起;机房强电设备、消防设施、空调设备、UPS电源、监控设备、服务器、网络设备、应用业务系统日常巡检68次,排除网络、服务器等故障35起;门禁系统维护62起;电话系统维护42起。对30楼机房精密空调主、备机联动设置,实现两台精密空调轮流工作,对机房精密空调加湿水盘清洗、加湿除湿功能设置,压缩机保养检测,空调室外机清洗。19A应急指挥室大屏VGA线路维修、调试;增配19A应急指挥室大屏VGA(视频图形阵列Video Graphics Array,简称VGA)线路等。重大危险源视频监控服务器政务外网网络配置、TCP/UDP(传输控制协议Transmission Control Protocol,简称TCP;用户数据报协议User Datagram Protocol,简称UDP)端口映射。完成内网知识库服务器网络模块采购、IP地址配置。互联网络绿盟IPS(互联网协议群Internet Protocol Suite,简称IPS)引擎库、规则库、恶意站点库、白名单更新2次。互联网网络山石网科安全设备临时license(授权)更新,安全日志分析。政务外网新增"OA(办公自动化Office Automation,简称OA)服务器交换机",交换机VLAN配置,满足重大危险源视频监控服务器接入需求。完成局内网计算机瑞星杀毒软件、北信源补丁系统安装,每月定期升级内网瑞星、外网卡巴斯基病毒库、病毒扫描工作。完成局内网计算机廉政屏保安装。

**【加强网站宣传】** 2011年,围绕市政府安全生产领域重点工作,局网站开设了"工程建设领域项目信息公开"栏目,做好工程建设领域项目信息、信用信息的公开共享工作。开设"《危险化学品安全管理条例》宣贯"栏目,对条例修订背景、修订内容、部门职责、企业责任等内容进行详细解读,加强危险化学品行业的安全监管。设置完善"50万农民工培训"栏目,对该项市政府实事项目的进展、完成情况及时发布。设置完善"安全生产专家"栏目,发布专家名单,及时公布专家工作动态,加强应急管理工作。设置完善"职业健康"栏目,开展职业危害申报备案、职业卫生专项治理,及时发布职业健康法律法规、技术标准和规范性文件。2011年全年,局网站主要栏目"工作动态"共发布93条,"政府信息公开"共发布87条,"区县快讯"共发布133条,"公告栏"共发布32条,"事故快报"共发布206条,"焦点新闻"共发布557条。共上报"中国上海"门户网站信息343条,采用228条。根据市安监局网站浏览量统计与"中国上海"浏览量统计,安监局网站2011年首页浏览量为712 140人次,2011年首页浏览量为7 406 517人次,比2010年增长50.8%。

(安监局)

## 上海市民政局

**【概况】** 2011年,上海民政信息化建设坚持"以需求为导向、以应用促发展"的原则,紧密围绕"以人为本、以人和为目标"的现代民政理念,全面落实"共建国家现代民政示范区"部市合作协议、上海民政信息化发展"十二五"规划纲要,全面推进上海民政信息化重点项目调研、上海市居民经济状况核对信息系统、上海民政门户网站、民政电子政务平台(三期)、民政地理信息系统(GIS)、信息安全保障体系、社团信息化系统等项目的建设工作,为推动现代民政事业提供了扎实的信息化技术保障。

**【上海市居民经济状况核对信息系统建设】** 为快速响应市政府有关收入核对政策的调整变化,2011年,主要开发完成经适房全市推广、廉租房业务新模式、住房保障业务协同平台(试点)等系统,并上线运行。为进一步扩大资产核对范围和提升核对手段,与全市63家不同性质的银行实现了数据比对,其中与农行、交行、建行等8家银行建立了电子比对专线。为加强收入核对系统内部应用和管理,完成了内、外网子系统开发、电子签章改造、救助低保业务收入核对试点、二阶段项目验收等工作。为贯彻"共建国家现代民政示范区"部市合作协议精神,完成了全国低收入家庭经济状况核对系统需求调研课题,形成了《交换信息标准》、《可行性研究报告》和"预演系统"等成果,为在全国范围内推广试行救助低保业务收入核对提供了参考。

【全面推进网站建设】 2011年，主要是从提升办事服务功能、完善管理制度、提高综合管理能力等方面着手，提升上海民政网站建设的整体水平。一是在全市范围内率先完成网站全网无障碍改造；完成短信平台建设，在网上办事和网上互动栏目中发挥了办事流程短信提醒作用；完成市民政局网站GIS功能集成和应用，实现了机构基本信息、婚姻登记预约信息在网站和业务系统间实时共享。二是完成网站内容管理系统升级，通过建设运行发布交流平台和延伸发布权限，发挥各子网站编辑人员的主动性、积极性、责任心，提高了信息发布的及时性和准确性。三是规范网站管理，加强网站安全，编制了《上海市民政局网站管理规范》初稿。四是为做好一年一度的本市政府网站测评和优秀案例推选工作，对市民政局、市社团局网站进行了升级改造，不仅优化了网上办事平台、信息采集平台、短信平台、互动交流平台等功能外，还针对测评要求开展了优秀案例汇编申报及互评工作。市民政局网站、市社团局网站均荣获2011年度上海市政府网站测评优秀案例奖。另外，还建成老年报社网站建设、民政青年网站；实现新民网民政微博信息共享。全年发布政务信息1 053条(含图片1 274张)，国内民政405条，媒体关注390条，视频新闻51条。更新政府信息公开类信息236条，新增政府信息214条。发布业务信息、便民信息发布及各类栏目开设申请65件。开展网上调查、民政大家谈、在线访谈等节目8期。全年共向"中国上海"门户网站报送信息2 785条，录用率达92%。

【优化上海民政电子政务平台(三期)】 2011年，着重在应用推广、丰富功能、业务整合等方面开展建设，进一步优化和提升了民政电子政务平台的功能。在2011年4月份正式切换到新平台，并在局财务综合系统等重要业务、会议活动中部署使用了短信提醒功能，可以随时调用短信平台进行信息发送，使民政服务对象和工作人员能及时收到短信提醒，极大地提高了服务水平和工作效率。开发完善了领导一周活动安排、局内分机查询、视频新闻等功能；充实了在线帮助和下载专区模块的内容，新增了"党风廉政"、"中青班刊"等专栏，进一步提高了平台的展现能力，丰富了平台展现内容。完成了与民政地理信息系统、局财务综合系统、市居民经济状况核对信息系统的业务整合，实现了统一登录、统一权限、统一数据展现等支撑性应用，发挥了平台的内部办公门户作用。

【逐步完善上海民政地理信息系统】 2011年，为加快民政地理信息系统(以下简称"民政GIS")在各项业务中的推广应用，大力推进界面友好、数据维护机制、数据标准化等方面的建设进程。根据地理信息系统空间位置可视化特点，进一步美化系统界面，使用户界面更友好、功能更丰富、展现形式更多样，满足不同用户的操作需求。根据民政业务条线众多、机构和用户对象众多的特点，建立适应各种数据发布流程的维护机制，满足不同部门的数据维护要求，提高各业务部门的主动性和积极性。适时制订了民政业务数据标准、数据接口与交换标准，突破了原有系统不能和民政GIS实时数据交换的瓶颈，成功实现了救助数据、养老数据、婚姻登记预约信息和网站机构信息的系统整合，保证了数据发布的及时性、一致性。开发应用了领导视图、班车线路管理、养老机构规划、救助业务和养老业务决策模型，进一步加强了专题分析和辅助决策能力。按照部门合作协议精神，实现与市残联GIS底图数据共享和开发利用，提高了市残联的GIS应用水平。

【建设信息安全保障体系】 2011年，牢固树立"信息化工作无小事"的观念，对安全保密工作常抓不懈，确保民政信息化安全工作不出问题。根据市重要信息系统安全等级保护工作协调小组办公室文件要求，对市民政局重要信息系统进行自查排摸定级，对救助信息管理系统和电子政务平台进行安全测评整改；根据市网络与信息安全协调小组办公室文件要求，制订应急预案，定期组织信息系统安全检查；根据市经济和信息化委员会的统一安排，积极组织人员参加安全员培训和第一届"上海市信息安全活动周"活动。根据市保密委员会文件要求，统一安装并使用了保密工作管理平台软件，实现了涉密人员、涉密设备、保密检查等动态管理；制定市民政局手机及3G移动终端管控制度；积极组织人员参加市保密干部培训；起草了市民政局六项保密管理制度以及局保密应急处置预案并组织演练。全年共组织4次局机关保密工作检查，累计检查涉密设备300余台(件)，非涉密设备300余台(件)，总体情况良好，在市保密局的保密抽查中未发现违规和泄密现象，达到了"以查促管"的效果，并顺利通过了市保密局的保密工作年度考核。

【开展重点信息化项目课题调研】 为顺利推进《上海民政信息化建设"十二五"发展规划纲要》、《上海市推进智慧城市建设2011—2013年行动计划》的实施和落实，坚持"一盘棋"建设思想，积极开展重点信息化项目立项调研。根据项目建设要求，积极协调市民政局有关处室、市残联、"一门式"政务研发中心等有关单位，开展社区事务综合服务平台、社区生活服务信息化平台两大重点项目前期调研，初步确定了项目基本定位、建设内容和2012年工作计划，形成了可行性研究报告初稿。为合力推进《上海市推进智慧城市建设2011—2013年行动计划》，积极参与市社保卡系统应用、市民热线项目建设，同时也为了顺利推进上海市居民经济状况核对信息系统建设进程，开展信息化大楼的选址评估和初步功能设计，为2012年项目顺利立项做好前期准备工作。

**【推进民政业务系统(项目)的建设】** 2011年，主要加强居住地管理、孤儿管理、原有系统功能完善和推广应用等工作，全面推进养老业务信息化应用水平。为贯彻落实上海市《关于开展本市户籍人员居住地服务和管理试点方案》精神，对居家养老子系统进行了升级改造，并在部分街镇进行了试点运行。孤儿信息管理系统。按照民政部有关文件精神，为切实加强上海市儿童福利信息化建设，做好孤儿基本生活费发放等相关工作，开发完成了“上海市孤儿信息管理系统”，并实现了与民政部孤儿信息管理系统数据交换。根据统一标准和满足不同用户实际应用的需求，从用户角度出发对机构管理子系统划分为通用版和扩展版升级改造，目前已开发完成通用版并进入试运行阶段。根据业务处室实际应用需求，更新了设置审批子系统部分功能模块，新增了GIS系统数据接口，提供了机构审批辅助决策功能。另外，积极开展国家级“核高基”项目国产中间件在民政相关业务系统中应用、测评和验收工作，推动市民政局业务系统应用水平和国产基础软件健康发展。推进上海市募捐组织信息服务平台建设工作，主要完成了平台设计、系统开发、设备安装、网络调试、功能测试等工作，为全面上线试运行做好准备。

**【社团信息化建设】** 继续在市社团局网站互动平台中引入短信功能，将网上咨询、网上投诉答复时间缩短至1个工作日，市社团局局长信箱答复时间缩短至3个工作日。全年共处理网上咨询220件、网上投诉72件、市社团局局长信箱26件，做到了“事事有反馈、件件有落实”。探索网上年检新模式，实现网上年检“三联动”。在2011年的社会组织年检中，全面采用电子签章方式对全市社会组织进行年检。采取“三联动”措施，极大提高了年检效率：一是与市法人信息库的数据共享、信息联动。首次在年检中加入社会组织税务信息和资质监管类信息，全方位地掌握社会组织各方面的信息。二是与调查问卷的信息联动。将年检信息与上海市社会组织基础信息调查同步，使其作为年检的一种数据补充，通过这两部分数据的采集，为建设本市社会组织“数据仓库”奠定基础。三是首次与市教委开展联合年检并实现信息联动。将本市民办学校的二次年检合并为一次年检，通过将两家网上年检系统的整合对接，民办学校可以一次填报、同时完成登记管理机关年检和办学许可证年检两项工作，这一系列做法开创了全市电子政务跨部门合作新模式。2011年，全市共有8 443家社会组织和900多家业务主管单位完成网上填报和网上初审，年检完成率达98.5%。加强统计分析功能，推动业务系统升级改造。2011年，对社团业务信息管理系统进行了全面的升级改造，建成了综合查询、信息汇总、图形分析、统计报表、专项报告等六大模块十项功能。通过改造更加突出了结构清晰、图表优化、利于汇总、支持决策的特点，更好地满足市区两级社会组织登记管理的需求。

（市民政）

## 上海市财政局

**【概况】** 2011年，市财政局在市委、市政府的正确领导和财政部的指导帮助下，结合本市2011年重点工作部署，按照《上海市金财工程三年行动计划(2009—2011年)》有关2011年信息化工作具体安排，围绕财政改革与发展，服务“两基”建设，扎实推进财政信息化建设，确保信息系统稳定运行。按照“制度加科技”要求，拓展财政信息化应用，建设乡镇财政性资金管理平台，深化应用政府采购信息管理平台，加快构建资金网上监管平台。围绕局中心工作，完善金财工程主体应用，拓展完善预算编制和预算执行子系统，扩展应用非税收入管理信息系统，深化应用行政事业单位资产系统。推进门户网站建设，开通上海财政网站并拓展网站功能，启用综合办公系统。加强基础保障体系建设，做好运维保障工作，实施金财一期基础设施建设、财政信息系统数据级灾备，加强信息系统和网络信息安全。建立市与区县两级联动机制，服务区县信息化建设。

**【开展乡镇财政性资金管理平台建设】** 开展乡镇财政性资金管理专项治理是2011年市委、市政府确定的“4+3”专项治理工作中的一项重要内容。为了建立全市乡镇财政性资金管理及“制度加科技”的长效监管机制，从4月开始启动乡镇财政性资金管理平台建设工作。一是制定了乡镇财政性资金管理平台建设实施方案，编制了业务需求、技术标准和基础数据规范。实施方案明确了平台的建设内容，即：依托金财工程应用支撑平台，区县集中部署建设，形成市、区县、乡镇三级管理的金财工程体系，实现“乡镇日常监管、区县全面监管、市级重点监管、中央专项监管”的要求。二是加强工作指导和服务，积极有序推进平台建设。先后举办了乡镇财政性资金管理平台演示会、区县师资培训班和系统管理员培训班。主动与各区县加强联系沟通，及时跟踪了解各区县最新工作推进和落实情况，帮助区县、乡镇及时解决管理平台推进工作中出现的问题，切实有力推动全市范围的乡镇财政性资金管理平台建设工作。截至2011年年底，全市109个乡镇中已上线的乡镇为87个，上线率为80%，超额完成了30%的既定目标。

**【深化政府采购信息管理平台应用】** 政府采购信息管理平台自2007年启动建设以来，平台功能逐步增强，应用不断扩大，初步达到了“制度加科技”的目标要求。2011年，本市将“加快推进政府采购信息化管理平台建设，逐步扩大集市采购的范围”列为“制度加科技”重点工作。市财政局在稳定运行电子集市的基础上，加快平台二期建设。一是将电子集市采购应用范围从市级预算单位扩大到全市各区县级所有预算单位。2011年，全市预算单位通过平台完成58 700笔集市采购，涉及金额12.34亿元。二是进一步扩大电子集市商品采购品目。增加了公务车辆的保险、加油、维修服务和会计审计服务等，可供选购的商品扩大到17大类250个品牌2 549种。三是扩展完善平台二期功能。优化五类法定采购流程操作，增加标书比对和字体缩放功能，方便专家评标；提供灵活可配置的标书模板和审核流程，方便采购代理机构制作审核电子招标文件；建立采购代理机构信息系统对接接口，方便代理机构采购信息与平台实现交换对接。四是切实强化平台预警监控。增加了区县预警设置功能，以方便区县财政局对采购活动进行预警监管。

**【加快资金网上监管平台构建】** 自2009年开始着手开发财政资金动态监控系统以来，市财政局不断摸索一套行之有效的系统功能框架。2011年，本市将“结合‘金财工程’建设，构建财政性资金和社会公共资金网上监管平台”也列为“制度加科技”重点工作。一是推广应用国库单一账户和公务卡系统。从下半年起分三批14场次对约880家市级预算单位近1 800人进行操作应用培训，同时，开发单位专用存款账户额度审批功能，将市级全额预算单位非财政性资金全部纳入专用存款账户管理，为市级预算单位全面实施国库单一账户体系和公务卡改革提供技术保障。二是继续完善资金监管系统。根据市局提出的流向、流量、流速三大类共27种预警规则，在预算管理系统中以“提醒”方式启用这些规则，从而加强对财政性资金使用的监督管理。三是试点应用单位财务集中系统。通过试点应用完善软件功能，积累推广经验。结合国库单一账户、公务卡的推行，将单位财务系统与预算执行进行衔接，提升系统应用效率，增强单位会计核算的准确性，为后续的财政监管打好技术基础。

**【拓展预算编制子系统】** 一是在做好预算编制子系统平稳运行保障工作的同时，着手开发了国有资本经营预算管理功能，包括预算编制、指标下达、预算调整、预算执行和账务处理的各个环节，扩展了预算编制系统涵盖面。二是根据2012年部门预算编制加强对“三公”经费和会议费管理的要求，在预算编审时，增加“三公”经费和会议费与相对应的经济科目之间严格的钩稽功能以及对“三公”经费和会议费的审核和控制数核定功能。三是开发了绩效目标管理功能模块，增加项目支出绩效目标的填报、审核和批复功能。四是开发了市级事业单位会计报表管理系统，新增会计报表定义、填报、审核、汇总、催报和分析等功能，实现了报表数据填报和拨款数据及资产数据联动审核。

**【完善预算执行子系统】** 2011年，市财政局主要从三个方面进行了完善预算执行子系统的工作。在应用功能方面，增加了政府采购自筹资金、政府采购一次招标分年有效、政府采购提前支付等管理功能，扩展了公务用车加油和维修等款项的公务卡支付功能，以满足新增业务管理要求；开发完成银行账户管理子系统，对预算单位从账户的开设、审批、备案的全流程进行管理，并将账户管理子系统与预算执行子系统进行对接，提高了系统处理的严密性。在流程方面，将原先需要在两个系统中分段运行的支付申请、资金拨付和会计核算整合到一体化系统中，解决了处理时效性和连贯性问题。在性能方面，对30多个响应时间较长的功能点进行了代码优化，提高了报表的查询速度，升级了报表引擎性能，系统运行速度明显提升。

**【扩展非税收入管理信息系统应用】** 为深化推进非税收入收缴分离改革，建立健全市与区县联动的非税收入收缴体制，2011年，市财政局进一步扩大非税系统缴纳范围，新增执收点用户数2 200个，增加八项收入缴费，将主管部门集中收缴等项目纳入平台管理，同时罚没收入和国有资本经营收入等业务也在平台上全面铺开。

拓展优化非税系统收缴功能，新增票据管理、罚没收入二期和非税项目计提基金功能，其中票据管理功能实现票据从样张、计划、印制、发售、库存、使用、核销等全过程的管理，提升财政部门“以票管收，信息控费”的能力；罚没收入二期实现执法单位在线开票，将罚没收入信息化管理延伸到执法单位开票环节，以满足罚没收入收缴在非税系统中统一管理的要求；非税项目计提基金功能实现了在收缴环节直接将轨道交通建设基金计提入库。

**【深化应用行政事业单位资产系统】**　在确保行政事业单位资产系统稳定运行的基础上，为及时反映各行政事业单位国有资产总量及存在形态，动态管理行政事业单位资产采购、使用、处置、变动等业务情况，拓展了资产系统功能，新增附属设备管理、大型维修、资产使用和资产处置等功能，并组织市本级预算单位深化应用新增功能；组织实施了区县财政的资产系统推广应用工作，完成区县师资培训80多人，组织召开区县推广应用座谈会，及时解决系统应用中出现的问题，协助多家区县财政部门结合自身管理实际开展资产动态管理。2011年，所有区县财政部门已通过系统完成2010年行政事业单位资产数据上报工作，全市收集资产卡片1 100万张。

**【开通上海财政门户网站】**　上海财政门户网站于2011年1月1日正式开通，包含首页，信息公开、互动交流、网上办事3个一级栏目，24个二级栏目和英文版等内容。其中：首页包括最新文件、图片新闻、热门办事项目、结果反馈、便民查询、快速通道等内容；信息公开包括机构概况、新闻中心、政策法规、财政数据、规划计划等栏目；互动交流中完成网上提问、网上投诉、局长信箱、评议调查、在线访谈等方式的网络交流功能；网上办事中提供26项市财政局行政审批事项、34项业务事项的网上办理，实现了全网统一的“网上办事大厅”。此外，还设有15个专题专栏，包括财政信息公开、地方财政收支、行政复议、区县之窗等。2011年，上海财政网站每天的页面点击量为20万，在市级单位中名列前茅，同时获评2011年度“中国政府网站优秀奖”，也是全国唯一一家上榜的地方财政部门网站。2011年，在确保财政网站平稳运行的同时，进一步拓展网站的网上办事功能。一是建立了上海市财务会计信息管理平台。该平台由会计师事务所在上海财政网站上填报经审计后的财务年报，经上海市财务会计管理中心审核入库后，提供对外查询、统计分析等功能。二是新增了会计从业资格无纸化考试网上报名系统。该系统在财政网站上每月向考生提供考试时间、地点、人数等信息，考生直接在网上报名、网银付款，并在线打印准考证和成绩。自2011年4月正式对外运行起至年底成功报名近12万人次。三是增加企业财务快报系统。根据财政部的要求，该系统为企业、财政工作人员提供企业财务快报的报表制作、报表发布、在线填报、自动分类、汇总、统计等方面功能。从3月初顺利上线起至年底，每月完成约2 000多户企业数据的填报、审核、汇总及上报。

**【启用综合办公系统】**　2011年，顺利完成综合办公系统的开发并于6月1日正式启用。该系统在覆盖原办公自动化收文、发文、网上提问、政府信息公开等模块的基础上，新增了督办事项、行政审批、签报等功能，基本实现了文书管理模块与档案系统的一体化建设。同时还导入了原OA系统中的收、发文7万多条数据，保证了新老系统的正常衔接，并组织市财政局各处室、市财政监督局、市财政局各直属单位文件管理员共8批约220人次的应用操作培训。截至12月底，共对外提供电话咨询、现场服务等技术支持1 600余次，保障了系统的正常运行，大大提高了市财政局的办公效率，降低了办公成本。

**【实施金财一期基础设施建设】**　按照财政部及市发改委批复的上海金财一期工程建设内容，组织完成了金财一期工程基础设施建设任务。通过该项目的实施，一是完善了由业务网、业务专网和因特网组成的财政信息化网络布局，并优化了与政务外网、公务网和城市金融网的接入方式。二是加强防火墙、入侵检测和数据库审计等安全监管功能，建立了统一的安全保障体系和网络安全监控管理系统。三是建立了网络访问层、应用服务层和数据库层的设备资源池，统筹运维管理，优化资源配置，提高了硬件设备的共享度和利用率。四是将虚拟化管理、动态令牌等新技术运用到信息化体系中，提升信息化对财政科学化精细化管理的保障能力。

**【实施财政信息系统数据级灾备】**　为提高财政数据的安全性，切实做好保密工作，确保业务应用、数据存储的万无一失，市财政局依托市政府电子政务灾难备份基础设施，在需求调研的基础上，将市级财政信息系统数据级灾备列入2011年试点单位，经与市政府办公厅信息中心、信投公司及万达公司多次讨论，确定了财政信息系统数据级灾备的技术路线。10月，市财政局数据级灾备系统正式投入运行，并于2011年年底通过了市有关部门的验收。

**【加强信息系统和网络信息安全】** 为提高财政信息系统的信息安全保护能力和水平，保障和促进财政信息化建设，一是开展财政重要信息系统等级保护定级、备案、测评工作，梳理出5个重要信息系统（上海财政网站、非税收入、政府采购、预算管理和综合办公），将这5个系统的安全保护等级定为第三级。同时，顺利完成财政网站三级等保的测评工作。二是开展保密检查。共检查了近350台计算机，其中涉密计算机25台、非涉密计算机323台，基本做到了全覆盖。另外，对涉密计算机和移动存储介质台账清单进行重新修订，实行了“户籍化”“电子化”管理。

**【建立市与区县两级联动机制】** 2011年，市财政局在抓好市本级信息化建设的前提下，进一步加大对区县信息化工作的指导和服务力度，解决各区县在信息化工作中遇到的难点，提高各区县财政信息化水平。一是建立了区县财政局信息部门负责人工作例会制度。每季度召开一次工作例会，交流市、区县两级信息化建设情况。通过例会，加大市与区县两级联系力度，使区县及时了解预算管理系统的应用情况、乡镇财政性资金管理平台推进情况和广域网升级改造项目进展情况。二是通过对口乡镇的沟通联络工作，实地调查研究、听取意见，及时掌握乡镇实际情况和问题。在财政性资金管理平台建设中，特别针对乡镇提出的财政信息化建设建议着重进行了考虑。三是指导区县财政做好信息化建设规划方案。安排专人到区县财政局介绍预算管理业务一体化平台的应用及管理情况，以辅导区县确定信息系统建设方向。同时，帮助使用市局系统的区县财政局完成其本级2012年部门预算网上编审工作。

（时　珺）

## 上海市城乡建设和交通委员会

**【城市基础设施建设维护项目管理信息系统】** 2011年，城市基础设施建设维护项目管理信息系统（以下简称“城维系统”）根据项目管理和信息共享的要求，进行了应用功能的拓展和数据交换接口的完善。系统应用功能拓展方面，结合市发改委的城市建设项目储备库系统的开发，以及市建交委的业务需求，进一步拓展了城维系统中城市建设项目储备库管理子系统的功能，实现了本市建设和交通行业中的城市基础设施建设项目储备的统一管理、推进和申报；完善数据交换接口方面，建立和完善了城维系统与市发改委、市财政局以及各行业主管单位、各区县管理部门的项目数据交换接口和数据传输操作等功能。

**【城市网格化管理信息系统】** 上海城市网格化管理信息系统由市级平台、19个区县级平台和2个专业平台（市政、绿化）组成。2011年，该系统拓展管理范围150余平方公里，涉及闵行、宝山、奉贤、青浦、崇明、金山等6个郊区县，累计覆盖城市化区域达1 113.5平方公里，划分责任网格达1 526个、万米网格达34 619个，部件总数约达1 053万个。同时，探索城市管理与其他社会管理联动，在本市奉贤区南桥镇试点建设镇级平台，拓展管理内容，将工商、教育、文化体育、医疗卫生、综合治理等社会管理内容纳入城市网格化管理范畴。2011年1—12月，本市城市网格化管理信息系统共计立案1 198 745件，结案1 193 037件，结案率为99.5%，从而及时发现和有效处置了大量的城市管理问题。同时，通过城市网格化管理信息系统，开展了违规设置道路指示牌和公用电话亭、公交候车亭违规设置广告专项调查，发现1 635块违规指示牌和2 934块违规广告牌，为下一步集中专项整治打下了基础。

**【遥感综合调查】** 2011年，遥感综合调查为行业管理提供信息采集和分析服务，主要对涉及全市范围的土地利用变化和绿化林地变化进行了分析：全市土地利用变化分析，是以上海市生态用地地方标准为参照，利用2010年、2011年航空遥感数据对全市的用地现状进行分类，以及两年间的用地变化情况进行分析，分析所得的矢量图层和统计成果，已经为全市交通规划提供了有效的基础数据。全市绿化林地变化分析，是利用航空遥感数据对2010—2011年间全市绿化、林地的详细变化情况进行分析，生成新的矢量图层，并形成覆盖率和变化状况的定量统计，为绿化市容局对各区地的业务考核以及信息系统提供基础数据和管理依据。

**【旧区改造信息化】** 2011年，根据市建交委、市旧改办要求，旧区改造信息化工作，主要涉及郊区棚户简屋地块信息获取，以及旧区改造信息管理系统功能拓展。完成了郊区建城镇区域棚户简屋地块信息的采集、汇总工作，形成完整的GIS矢量图层，以及呈报市领导的专题图册。为配合市、区两级旧改信息联动的需要，旧区改造信息管理系统又新开发了数据上报子系统。该子系统是为实现各区每月上报地块改造进度信息、市旧改办及时下达各项通知而建立的。通过该子系统提供的网络页面即可完成信息的填写、提交、审核、入库等操作，以及各项通知的下发工作，有效地提高了旧改信息在市、区两级旧改部门传递和应用的效率。

**【上海住房公积金网运行情况概述】**　上海住房公积金网是上海市公积金管理中心的官方网站，2011 年网站的建设和管理始终围绕宣传公积金，服务于全市公积金缴交单位和职工，发展公积金网上业务这三个方面，不断推进公积金信息化进程，取得了较好的成绩。一是网站的访问量不断攀升，首页点击量累计 8 209.99 万人次，全年 1 427.12 万人次，日均 39 099 人次，比上年度上升了 15.71%。二是网站的会员队伍不断壮大。个人会员累计发展 246.75 万人，全年发展 30.27 万人，日均发展 829 人；单位会员累积发展 97 962 家，全年发展 19 844 家，单位会员总数已占正常缴交公积金单位账户总数的 90%以上。三是网站内容更新快，公积金新闻和重要报告在网站第一时间刊登，得到媒体和社会的高度关注，全年网站更新内容 5 300 余篇，图片资料 2 000 余幅。四是网站的在线咨询回帖速度和高度体现为民排忧解难的精神得到网民的青睐，全年帖子超过 22 000 条，成为网站和市民互动的重要窗口。五是公积金网上直联业务发展迅速，网上基数调整共完成基本公积金 66 143 家单位、2 788 912人次，分别占全市调整总量的 66.24% 和 65.51%；单位信息修改直联业务全年 10 626 笔，占网上和建行网点该项业务总和的 29.22%；此外个人的开户、转移、启封、停缴等 6 项直联业务全年共完成 971 749 人次，比 2010 年全年增长 60.89%，上述 6 项网上业务总量占网上直联与建行网点柜面总和业务量的比重继续上升，达到 38.78%，比 2010 年的 27.36%上升了 11.42 个百分点。六是网站内容管理系统进行了升级改造，在此基础上网站进行了年度改版，网站首页和各栏目以全新的面貌展示给广大缴存职工和缴存单位，得到 96%以上的网民满意率。继 2010 年首次获得“中国政府网站优秀奖”之后，上海住房公积金网再次获得 2011 年度“中国政府网站优秀奖”，这也是上海住房公积金网连续两年获得中国政府网站优秀奖称号，并荣获上海市第五届优秀网站的称号。

**【经适房公积金贷款系统】**　2011 年，为贯彻《上海市经济适用房住房管理实行办法》的文件精神，落实《上海市住房公积金个人购买经济适用住房贷款实施细则》的工作要求，市公积金管理中心针对经适房贷款特殊的业务要求，积极展开工作，在短短三个月内开发完成了经适房公积金贷款系统。经适房公积金贷款业务受理网点已经遍布全市 16 个区，近百个受理网点。截至 2011 年底，经适房公积金贷款受理业务量总计达 3 700 笔，放款资金约 9.6 亿元，有力地支持和配合了全市经济适用住房的申购工作。

经适房系统建设工作主要围绕三个方面展开：一是结合经适房业务特点，开发拓展系统处理功能，提高经适房购房家庭申购和还款能力。《上海市住房公积金个人购买经济适用住房贷款实施细则》为提高经适房申购家庭的购房能力在公积金贷款政策上给予了更大的优惠和支持。围绕经适房公积金贷款的业务特点，中心在对贷款政策和业务需求进行了深入研究和论证后，投入力量在较短时间里完成了需求分析、方案设计和开发测试工作。整个经适房贷款系统与传统公积金贷款系统在业务处理功能上做了较大调整：扩大了经适房共同借款人范围，拓展了经适房贷款家庭的补充还款渠道，增加经适房贷前提取部分公积金支付房款的功能。系统实现了公积金贷款对经适房特殊群体的政策倾斜，提高了经适房申购家庭的购房和还款能力，社会反响很好。二是开发统一预约调度系统，解决经适房集中配售，受理网点人员不足，办理业务困难的矛盾。经适房贷款与传统公积金贷款业务不同，集中申购配售可能导致短期内出现业务受理高峰，造成受理网点人力资源不足，客户业务办理困难的问题。为此，中心提出了“集中预约，分散受理”的工作思路，开发了《经适房公积金贷款综合预约调度系统》，通过呼叫中心提供业务咨询和预约登记管理，由系统统一调度全市的受理网点资源。客户通过电话咨询后，预约指定的网点办理业务，减少等候时间，避免来回奔波，也缓解了业务受理网点资源不足的矛盾，提高了业务办理效率。三是提高信息共享，优化业务流程，提高业务运作效率。为应对经适房公积金贷款可能出现面广量大的情况，中心开发完成了经适房申购人信息导入功能和公积金贷款资格预审功能。通过对市保障房中心提供的经适房申购人信息预审，提前掌握了潜在的经适房申购家庭的公积金贷款信息，减少了办理时间，提高了工作效率。

**【委门户网站】**　2011 年，上海建设交通门户网站完成了后台管理系统由 C/S 架构转为 B/S 架构的改造，实现分布式管理目标；进一步完善了信息公开、网上办事、便民服务和政民互动四大板块的内容和功能；新建了建设交通政务微博平台，将上海建设交通系统内已开设的各政务微博集中展示，为政府与市民沟通建立了新的渠道。

【上海公路信息化建设】 2011年公路信息化建设和管理工作紧紧围绕着发展主题，在路网运行趋于常态化管理的基础上，大力推进ETC高速公路不停车收费工程，并将干线公路动态监测技术的开展与实施作为工作重点，实现了"十二五"的良好开局。2011年，上海市城乡建设和交通委员会完成了"上海市高速公路网视频监控系统完善工程"，基本实现了高速公路网所有射线高速公路主线视频全覆盖。落实开展了"干线公路安全防护工程"及"干线公路情报板工程"两项机电设施大中修工程，为普通干线公路实现动态监测的目标迈出重要的一步。ETC（电子不停车收费系统 Electronic Toll Collection，简称ETC）建设方面，全路网年内累计完成ETC新建车道61根，使路网ETC车道总数达到178根，为ETC的进一步推广应用打下坚实基础；同时，还完成主线ETC车道改建11根，匝道ETC车道改建23根，基本完成ETC/MTC（Manual Toll Collection人工半自动车道收费系统，简称MTC）混合车道的改造任务，并对ETC系统进行了调整和完善，有效地提高了ETC运行效率。

路网运行保障工作全面进入"后世博"时代，上海市城乡建设和交通委员会路网动态运行管理工作已趋于常态化管理。积极推行运行管理信息化平台"上海公路动态运行管理系统"，并于行业内各单位推广应用，提高路网运行保障规范化水平；在加强制度完善、系统优化、队伍建设等方面，多管齐下实现交通信息采集发布、交通分析研判、应急处置、公众出行信息服务等各项动态管理业务的常态化管理，顺利完成了清明、五一、国庆等重要节假日以及F1赛事、世游赛等重大活动的交通保障任务。同时，上海市公路管理处积极尝试公路服务官方微博"@路线·途"，为公众出行提供了更多样、便捷的服务方式。2011年，公路路网管理中心被授予了全国交通建设系统"工人先锋号"的荣誉称号。

（顾　涛）

## 上海市交通运输和港口管理局

【"综合公交服务信息平台"】 根据市智慧城市三年行动计划总体部署，完成了"综合公交服务信息平台"任务分解和相应推进机制建立。一是完成了本市公交信息服务总体设计和基础设施管理系统等前期论证工作。将总体设计和基础设施管理系统建设作为智慧城市任务组成部分，2011年完成了课题论证和项目立项的前期工作，2012年三季度完成总体设计，指导运营企业和第三方服务单位相关信息化应用和建设。二是推进了区县公交信息发布试点建设。杨浦区实施了新江湾城1201线的节能型电子站牌试点工程，实现了简易站牌的车辆位置信息发布，促进了新江湾城的信息服务水平提升；宝山区建交委也启动了友谊路公交智能化项目建设，实施公交信息发布，并纳入2012年区府实事工程，浦东新区也在推进POS（销售终端Point of Sale，简称POS）客流采集和节能型站牌的示范建设。三是推进了智能停车系统建设。截至2011年底，黄浦、徐汇、静安、长宁、杨浦等5个区的重点区域分别建成了停车诱导系统，覆盖193个停车场（库），32 057泊位数，267块停车诱导屏，以及全市6个P+R（停车换乘Park and Ride，简称P+R）停车场（库）；年初集中在黄浦区道路停车场推广应用手持POS机收费，28台手持POS机投用于原卢湾区21条道路停车场收费工作。

【《上海公路客运信息平台》升级改造项目通过验收】 上海公路客运信息平台升级改造项目在完成主体功能建设后，经受了2011年春运、黄金周网上售票的考验，2011年7月顺利通过了上海市交通港口局组织专家验收，12月份通过市经济信息化委组织项目专项验收。升级后的平台改进了检索算法，突破了原平台最多预售20天的技术瓶颈，实现了客票预售期延长到33天，保障了春运期间长途客运行业整体稳定。

【《车辆综合性能检测信息系统》建成投用】 上海市车辆综合性能检测信息系统于2011年底建成并投入使用，该系统服务于本市车辆综合性能检测业务的监督管理，本市18家检测站本地数据即时上传至系统数据库，形成车辆技术管理档案，供交通运输管理部门使用，实现了车辆综合性能检测站、检测质量监管部门、各类营运车辆监管部门之间的信息共享机制。

【《出租汽车营运数据分析系统》完成主体开发】 在不改变市出租运营企业日常管理流程的前提下，通过建设出租汽车营运数据分析系统接入本市5万辆出租汽车每天运营数据，建立并优化模型，对行业主要运营指标的统计分析，为管理部门决策提供量化依据。2011年底前已完成系统主要功能开发，并试点实现主要企业的数据上传。针对项目涵盖数据量大、数据处理占用资源多等技术瓶颈，首次尝试采用了数据仓库的新技术，利用数据库和应用程序的协同计算以提高系统工作效率。

【首个内河航道信息化建设标准编制完成】 为进一

步规范市内河航道信息化基础设施建设，统一相关技术配置标准，组织开展了内河航道信息化基础设施建设标准编制工作。通过开题、编制、广泛征求意见、内部评审和市建交委科技委组织的技术审查，《上海市工程建设规范——内河航道信息化设施设置规范》2011 年底已颁布实施，为本市内河航道信息化建设提供依据。

**【进出口包装危险货物作业电子化申报审批】** 上海港码头管理中心在散液危险品电子化申报审批基础上，2011 年底完成了进出口包装危险货物作业申报系统开发，通过实时采集上海港各主要码头的危险品作业数据，实现了全港危险货物作业申报审批电子化和装卸作业的电子化监控，并在此基础上与车辆运输 GPS 信息相整合，为码头安全监管提供技术手段。

**【上海港政管理移动执法信息系统建成投用】** 从上海港政日常管理需求出发，2011 年下半年，上海港港政管理中心建成了移动执法信息系统，并投入使用。系统建立了"一户一档"岸线基础信息资料数据库，通过手持智能设备和无线通讯网络，将现场执法情况及处理结果传送至中心数据处理平台，实现调查取证、依据查询、信息归档、汇总分析等功能，有效保证执法过程中相关信息及时获取，进一步提高了上海港岸线管理力度和服务水平。

**【首个内河水上搜救中心建成并投入使用】** 2011 年 10 月，依托宝山区蕰藻浜视频监控建设，整合 AIS（船舶自动识别系统 Automatic Identification System，简称 AIS）、VHF（甚高频无线电波 Very high frequency，简称 VHF）以及应急联动软件平台，建立起本市第一个内河水上搜救中心，即上海内河水上搜救中心宝山分中心，建成了大屏幕监控中心，并集成了航道视频监控、船舶运行 GPS 监管、突发事件应急救援等功能。该分中心的建设为本市内河搜救体系建设做了探索和提供了经验。在此基础上，最终确立了市级搜救中心、区级搜救分中心、站级搜救点的三级体系架构，目前相关项目已完成工程可行性批复，2012 年底建成。

**【内河交通管理与应急联动系统建成并投用】** 2011 年 8 月中旬，上海内河交通管理与应急联动系统完成应用功能开发并上线试运行，系统实现了签证、港口作业、黄浦江旅游票务等信息集成，各类内河事故应急处置功能，以及基于 GPS（全球定位系统 Global Positioning System，简称 GPS）、AIS 的日常监管功能。系统投入使用后，各区县海事部门可通过系统及时传递突发内河事故信息，为水上交通安全管理及事件应急处置工作提供了有力的技术支撑，实现了管理手段的创新。

**【推广应用 AIS 及船载桥梁报警助航系统】** 在反复测试及改进的基础上，完成了内河船载桥梁报警助航系统的应用功能进一步拓展，使其符合全面推广要求，并完成了跨河设施、水闸、取水口等共计 3 948 处数据采集，同时完成了太浦河、淀峰、油墩港三处 AIS 信号基站建设，加大黄浦江上游水系地区 AIS 信号覆盖密度，实现上海沿海及内河 AIS 基站信号联网共享。该系统研制和应用获得中国航海学会中国航海科技三等奖。

**【建立黄浦江票务监管平台】** 2011 年 1 月 24 日，在公平路码头打印出了第一张客票，标志着本市"黄浦江旅游客运票务监管系统"完成主体功能开发，进入试运行，为加强行业管理部门对黄浦江游览票务市场监管提供了技术手段。在先后经历风采公司的日常操作使用、"世游赛航线"和"嘉年华航线"公共航班联网售票等检验，目前系统已稳定运行。

（陈良贵）

## 上海市文化广播影视管理局

**【概况】** 2011 年，上海市文化广播影视管理局（以下简称"市文广影视局"）以信息化规划为出发点，以推进重点信息系统建设为抓手，以改造信息基础设施为支撑，在保障信息网络安全的基础上，积极推进信息化各项重点工作、专项工作，取得了显著的成效。市文广影视局以"十二五"开局年为契机，始终从全局和战略的角度出发，大力探索和推进信息化与文化、文物、广播、电影及电视行业的深度融合，并借助整体搬迁的历史机遇，对信息机房、语音及数据网络等弱电系统进行了全面的升级改造，使得市文广影视局信息基础设施实现了一次"华丽的转身"，为将来信息化的高速发展打下了坚实的基础。

**【市文广影视局新址办公楼弱电工程圆满竣工】** 根据上海市政府的要求，市文广影视局于 2011 年 5 月 23 日整体迁入四川中路 276 号新址办公。在整个新址办公楼改造项目中，弱电工程在工期紧、任务重、跨春节的情况下顺利交付使用，网络及信息系统一次切换成功，未发生任何安全事故，有力保证了市文广影视局能够顺利按时搬入新址正常办公。弱电工程涵盖了以下 11 个子系统：结构化综合布线系统、网络中心机房工程、多媒体会议系统、计算机网络系统、电话语音通讯系统、有线电视系统、综合安全防范系统（包含视频监控子系统、入侵报警系统和无线巡更系统）、门禁及一卡通系统、室内管道桥架系统、信息引导及发布系统与监测中心综合布线系统。该弱电工程的建设实现了最初方案设计时制定的目标：一是满足市文广影视局日常办公的信息化需求，通过智能化系统对楼宇运行进行现代化管理，并为大厦内的工作人员及管理人员等营造良好的工作、学习氛围；二是节约能源，符合低碳环保办公理念，降低运营成本；三是立足未来，面向发展。办公楼的弱电系统建设应充分考虑到市文广影视局在未来五年乃至十年的信息化发展需求，能顺利过渡到下一代技术。截至2011年底，市文广影视局新址办公楼的弱电系统已经不间断运行累计达200天，各子系统运行状态一切正常、稳定。

（符慧君）

**【中心城区完成了有线电视数字化整体转换和覆盖全市150万户下一代广播电视网（NGB）建设】** 按照市委、市政府正式批准的上海市中心城区有线电视数字化整体转换方案要求，自2006年启动市中心城区数字化整体转换试点开始，2010年1月7日正式启动市中心城区数字化整体转换到2011年6月29日最后一批小区完成信号转换，至此，历时约5年的上海市中心城区数字化整体转换已全部结束，中心城区有线数字电视网络整体覆盖约260万户，累计已完成数字化整体转换约245万户，数字化转换率达94.23%，共计安装整体转换机顶盒约518万台（其中互动功能机顶盒约230万户台，基本收视功能机顶盒约263万台、NGB高清机顶盒约25万台）。在整体转换区域中还完成了150万户NGB接入网建设，NGB宽带业务用户约20万户。

上海市整体转换采用了为用户免费提供两台机顶盒方案，基本满足了用户对有线电视数字化以后的需求，获得了绝大多数用户的认同、理解和接受。截至2011年年底，有线数字电视用户可收看到70余套免费标清数字电视节目，收听到20套数字广播节目；拥有高清电视机的用户，可以选择高清机顶盒收看近20套高清电视节目，1套3D电视节目；还可选购50余套付费数字电视节目以及视频点播、节目回看、家庭金融等互动服务。丰富的节目内容、多样的节目形式、自由的节目选择、贴心的收视指导，给用户带来全新的收视体验。

而在NGB区域，已实现了百兆到户，平均每户保证带宽可达到30M以上。除基本公共服务外，NGB用户还可以享受到海量的高清视频点播和录制、高清电视证券、高清电视金融、高清视频电话、互动教育、极速游戏、电视短信、高速宽带上网等服务应用，真正实现了“足不出户看高清大片、炒股票、支付水电煤账单、进行家庭通讯、娱乐、教育、百兆上网”等三网融合服务，实现了由“看电视变为用电视”。

（刘丕国）

**【上海非物质文化遗产网二期建设完成】** 上海非物质文化遗产网（www.ichshanghai.cn）于2009年初启动开发，经一年试运行于2010年6月正式开通，并于2011年5月份完成了二期建设。网站以本市非物质文化遗产资源普查成果为基础内容，融传统中国元素和海派文化于一身，全面、完整、权威地反映了上海市非物质文化遗产及保护工作的现状。二期建设在原有架构上进一步新设了非遗剧场、非遗大讲堂、专家视角、传统文化主题互动游戏等版块；提升了非遗项目高级搜索、非遗项目资源分布电子地图等功能；新增了第二批市级非遗名录项目图文和音像资料、国家级项目系列专题片、非遗经典剧目曲目等大量多媒体内容；加入网络活动和SEO等新技术，进一步扩大网站的流量。

自网站完成二期建设以来，内容建设不断加强，访问量逐步提升，数据累计新增量近2GB，收录了上海市前两批128项市级名录项目、传承人、重要活动等图文信息，发布非物质文化遗产信息近800篇，累计访问量11万人次，并以网站为平台，举办了《非物质文化遗产法》宣传海报设计作品征集、“上海学子非遗展馆行”、“八面玲珑”——海派面塑艺术展等多项活动。通过这些形式和手段，保证非物质文化遗产的持久宣传，吸引新用户的关注和参与，推动非物质文化遗产深入人心。

（葛永铭）

**【基于广播电视节目语音搜索的开发与应用】** 2011年，上海市文化广播影视监测中心（以下简称“监测中心”）已建成一套功能较为齐全的广播电视监管平台，对上海市区播出（含转播）的上百套节目进行实时监测，基本实现了广播电视信号采集的数字化、信息化和网络化，并实现了信号层异态事件监测的自动预警。为解决面向海量的广播电视节目素材的快速提取，同时，监测中心与中科院自动化研究所合作，利用计算机音视频预处理、音频切分与分类、自动索引、关键音检索、语音识别等基于内容理解的自动化处理技术，首次将语音内容快速索引与搜索技术应用于广播电视监测领域，实现了从海量的广播电视音视频节目数据中快速搜索用户所需要的节目内容。

（卢南琼）

## 上海市环境保护局

**【概况】** 2011年是上海市环保局信息化能力建设项目的实施年，按照上海市环保重点工作的安排部署，上海市环境信息化工作在上海市环境保护局和环境保护部信息中心的领导下，在坚持业务协同、信息共享和提高政府部门工作效率的基础上，更加重视面向公共服务和惠及、改善民生方面的建设，努力优化政府对外服务的流程和环节，提升政府对外服务的工作效率；同时，通过创新技术的应用，使得政府管理信息系统的安全性、稳定性以及运行效率得到显著提升。配合从管理型政府向服务型政府的转型，上海市环保信息化建设围绕环保中心工作，以"一中心、两平台、三应用"为重点，扎实推进环境保护电子政务和网上行政审批系统的建设，着力提高环保部门高效的管理能力、科学准确的决策能力和快速反应能力，提高环境信息化基础支撑能力和应用服务水平。

（孙 瑛）

**【环保综合业务平台建设】** 建立环保综合业务平台旨在加强环境管理与公共服务相结合、深化应用与数据共享相结合，促进系统发展与保障信息安全相结合。本平台的建设内容包括"两级门户"、"两大集成"、"三方消息渠道"、"十大公共服务应用"。"两级门户"包括公共门户以及个人门户。公共门户集中展现局内工作动态、空气质量、行政审批动态等公共信息；个人门户则提供更好的个性化服务，使用Portal（门户网站）技术实现个人门户的定制，用户可根据业务需求关注重点、灵活定制个人工作桌面。

"两大集成"：平台实现对公共服务及多项业务应用的全面集成，包含权限集成、界面集成。权限集成实现了单点登录，即向用户提供统一的登录入口，用户通过一次登录获得所有需要访问的系统和应用软件的授权，即可遍历所有业务应用，提高工作效率，改善用户体验。平台实现用户、角色、权限、资源统一集中管理，并兼备良好的扩展性。界面集成实现所有应用都采取统一的界面开发规范和样式，呈现一个完整、统一的应用平台。

"三方消息渠道"：建设统一的消息平台，实现短信、邮件、即时通讯三方消息渠道并行发送。平台提供开放的消息接口，流程触发机制、消息反馈和模板定制功能，广泛应用于局内外各相关业务的提醒与通知。

"十大公共服务应用"：包括信息发布、全文检索、会议安排、共享日历、通讯录、电子邮件、即时通讯、短信平台、消息中心、工作指挥调度。信息发布模块为各个部门提供统一的内部公共信息发布和管理平台，发布站点包括架构在政务外网上的综合业务平台和架构在互联网上的"上海环境"网站，遵循规范的发布流程，实现一次编辑、多栏目、多站点发布；全文检索提供对平台文档中心的综合查询，根据资源属性信息、目录以及内容进行基于关键字的全文检索，支持多格式文档、多类型信息资源；会议安排实现对各单位的内部会议安排和管理、会议室管理、会议通知的发送与反馈统计；共享日历提供各单位及个人的日程安排与发布功能，可按权限查阅局机关、局领导、直属单位的日程安排；通讯录包括联系人管理、联系组管理、局机关通讯录管理以及直属单位通讯录管理；电子邮件将原有的电子邮件以OWA方式，整合入公共服务中，实现邮件实时收发功能；即时通讯平台使用户可以轻松地通过服务器所配置的组织架构查找需要进行通讯的人员，并采用多种沟通方式（文本语音或视频等形式）进行实时沟通；短信平台和消息中心为综合业务平台搭建统一的短信平台和消息平台，都是内部工作交流的通讯平台；同时，统一消息平台融合三方消息，即短信、电子邮件和即时通讯。使用统一消息平台可实现三方消息的同时发送，发送消息过程中也可加入审核环节。工作指挥调度系统根据工作性质划分为计划型工作和任务型工作。计划型工作可在系统内预先设定，系统定时自动触发；任务型工作可由领导进行任务分配，或者由业务系统自动产生，并进入工作指挥调度系统。

至2011年年底，整个综合业务平台除工作指挥调度应用以外，其余功能都已进入试运行阶段。

**【市环保行政许可事项网上办理服务】** 上海市环境保护局从2011年9月15日起，正式建成使用上海市环保局行政许可事项网上办理平台，实现了14项行政许可事项网上"一办到底"的服务。上海市环保局行政许可事项网上办理平台分内外网两个层次，外网依托上海市环境网站，实现行政许可事项的在线受理、结果公示、状态查询和审批信息政务公开功能；内网（政务外网）与环保综合业务平台整合，实现行政审批许可事项内部审批全过程控制；内外网之间，构建了数据交换平台，实现内外网实时互动。

已实现网上一办到底的行政许可事项，包括"建设项目环境影响评价文件"、"建设项目试生产（试运行）审批"、"建设项目环境保护设施竣工验收"、"核技术利用单位辐射安全许可"、"转让放射性同位素的审批"、"对在野外进行放射性同位素示踪试验的审批"、"危险废物综合经营许可证核发"、"经水路运输医疗废物的批准"、"废弃电器电子产品处理资格申请"、"在环保部门管理的自然保护区内开展活动的审批"、"微生物菌剂(不涉及出口)应用环境安全许可审批"、"环境污染治理设施运营资质预审、关闭、闲置或拆除污染防治设施、场所的审批"和"房屋建筑类工地夜间施工作业许可"等。截至2011年12月底,已申请成功项目932项,准予受理624项,办结602项。

上海市环保局行政许可事项网上办理平台的建成和使用,大大方便了企业、公众办事,提高了审批工作的规范性和效率,增强了审批工作的透明度。

(王　勤)

**【建立"上海市主要污染物排污许可证申请审批系统"】** 该系统的建设旨在加强上海市重点环保监管企业日常管理,促进重点企业自觉履行环境保护的职责,改善环境质量。

上海市主要污染物排污许可证申请审批系统共包括许可证申请、变更、撤销、注销和补办五项内容,通过不同的工作流进行审批流转。系统采用"外网申请,内网审批,外网公示"的模式,通过数据交换进行内外网的数据共享,保障数据安全。

"上海市主要污染物排污许可证申请审批系统"纳入上海市环保局网上办事的统一框架,采用预制企业的模式,每个企业设置一个唯一的、一次性使用的串码进行登录申请,企业通过"上海环境"网站的"网上办事大厅"中的"排污许可证办理事项"进行一站式申请,在线填写申请表格和上传相关附件(工业企业类共13张申请表和20项相关附件,污水处理厂类共11张申请表格和14项相关附件)。审批人员通过"一门式"综合业务平台的排污许可证申请事项进行审批,并通过短信平台将审批过程及结果发送给企业联系人,通过数据交换将补正通知、公告等发送到外网,在"上海环境"网站公布排污许可证审批结果,接受公众监督。系统自动生成企业名称、法人名称、组织结构代码、联系方式等企业基本信息,同时生成企业的污染物排放信息,以及环保部门的监管信息等,用于生成排污许可证副本内容,为污染源企业的管理提供信息支持。该系统的建立,对上海市的节能减排、重点污染源管理提供了信息化管理决策支持。

**【开发建设"上海市饮用水源保护区信息系统与水质分析管理系统"】** 为满足全面掌握上海市饮用水水源地的基本情况、水质情况及变化趋势的迫切需要,2011年,在加强饮用水源地水质监测的同时,建立上海市饮用水源保护区信息系统及水质分析管理系统(以下简称"系统"),满足饮用水源地环境管理的需求。

系统是在上海市饮用水源地边界划分的基础上,利用上海市人口、道路、河流、水文、政区等测绘地理信息数据,取水口、监测点等环境保护要素的地理信息数据,以GIS为平台建立和开发的,实现了对上海市饮用水源地的分布管理以及黄浦江上游、青草沙、陈行、东风西沙四个水源保护区和全市中小水源地饮用水源保护区数字化管理。同时在全市所有水源地的水质自动监测、常规监测和监督性监测的基础上,建立了水源地水质数据库,并实行动态更新;开发水质分析模块,对水源地水质监测数据库进行统计分析;通过系统,判断水质特征、主要问题以及产生原因。

系统软件平台具有先进性、开放性、可扩展性和实用性的特点,管理人员可以利用上海市饮用水源保护区信息系统直观地浏览编辑上海市饮用水源地保护区信息,对饮用水源地的空间要素和属性数据进行综合分析和信息处理,并以专题图、表格、统计图等各种方式进行展示,具有实用性、交互性、智能化等特点,对上海市饮用水源地水质的保护和管理提供有力的技术支撑。

(刘东胜)

**【"上海环境"网站改版工作】** 根据上海市环境保护信息化建设规划,在建设公共服务平台和综合业务平台两大平台的基础上,市环保局对"上海环境"网站进行了改版工作,实现了信息发布在两大平台之间的实时数据交换以及全部行政审批事项上网办理。

"上海环境"网站改版后新建了网上办事大厅,通过办事指引和页面链接提供"一站式"服务入口,按照"一点受理、抄告相关、并联审批、限时反馈"的工作机制,开展信息查询、政策解答、结果公告等便民功能,切实提高了网上办事和服务能力。另外,网站改版后将网上互动服务进行了细分,领导信箱、咨询、投诉和举报均建立网上反馈机制。网站继续开展"环保大家谈"访谈栏目,围绕政府重点工作和公众关注热点,推出10期专题进行网上解答和讨论。同时,围绕政府重要决策和与公众利益密切相关的事项,开展网上调查、网上听证、网上评议等工作,征集公众的意见和建议,及时分析汇总。2011年,"上海环境"网站持续扩充公众服务功能,提供便民地图指引、网站手机版等，加强对外宣传。2011年8月开始推出分段空气质量预报栏目，为市民提供更为精确的环境质量信息，颇受好评。自“上海环境”网站改版以来，访问人数有了大幅提升，比改版前上升了50%左右。

**【“上海环境”网站系统通过三级等保测评】** 根据上海市经济和信息化委员会下发的《关于开展本市2011年度公共信息系统的通知》，为提高网络和重要信息系统的信息安全保护能力和水平，上海市环境保护局积极开展信息系统安全等级保护工作，严格按照《信息系统安全等级保护实施指南》等相关要求对“上海环境”政府网站依照等级保护中三级保护的要求进行建设，并于2011年12月底通过了安全测评。

受上海市环境保护信息中心的委托，上海市信息安全测评认证中心自2011年11月中旬起启动对“上海环境”网站系统的安全等级测评。测评工作依据GB/T 22239—2008《信息系统安全等级保护基本要求》安全标准中三级系统安全保障要求，内容主要包括对物理环境、网络平台、系统平台、数据安全和安全管理进行测试与评估。在现场测评工作结束后，综合各项测评结果，上海市信息安全测评认证中心将在测评中发现的主要问题与上海市环境保护信息中心进行交流、沟通以及提出整改意见。整改完成并通过安全测评后，上海市信息安全测评认证中心向环境保护信息中心出具了《信息系统安全等级测评报告》。

（刘　敏）

## 上海市水务局(上海市海洋局)

**【概况】** 2011年是实施“十二五”规划的开局之年，是中央做出加快水利改革发展重大决定、全国上下深入贯彻落实的重要一年，也是上海推进建设“智慧城市”三年行动计划的起步之年。2011年，上海市水务局（上海市海洋局）信息化建设紧紧围绕“转变观念，提升站位，服务大局”的总体要求，按照“一条主线，二个确保，三大重点，四项措施”的思路开展工作，实现了水务、海洋信息化“十二五”发展的良好开局，为全市水务（海洋）发展作出了积极贡献。

**【开展信息化规划、计划研究】** 依据《上海市推进智慧城市建设2011—2013年行动计划》的新要求，上海市水务局（上海市海洋局）在深入开展调查研究的基础上，编制了《上海水务（海洋）信息化发展专题调研报告》，基本摸清了水务、海洋信息化的发展现状，分析和梳理了目前存在的问题和面临的挑战，提出了今后发展的思路和重点以及有关的建议和要求。对水务、海洋信息化“十二五”规划进行了修编，确定了“十二五”期间水务、海洋信息化指导思想、基本原则、工作目标、主要任务和重点项目规划。编制完成了《上海市水务局贯彻落实“智慧城市建设2011—2013年行动计划”实施方案》，明确在水务专业网格化管理、智能苏州河、防汛预警监测等方面的11项重点建设任务。

**【完成水利普查清查阶段数据处理工作】** 水利普查是一项重大的国情国力调查。按照上海市水利普查领导小组办公室的统一部署，上海市水务信息中心于2011年4月完成了实施方案编制和专家审查、工作图表制作、清查登记系统开发等前期准备工作。上海市清查数据填报工作从2011年5月开始全面启动，随着清查阶段的深入和工作细节的调整，对普查数据处理方案和清查登记系统进行了多次修改完善，并根据河流普查技术路线的调整先行完成了对全市河流数据预处理工作。2011年7月底，各区县基本完成清查数据的填报录入，拉开了市级清查数据审核上报工作的序幕。截至2011年8月10日，国普办要求的24张清查表、数万条清查数据完成正式上报。

**【完成《上海市水资源管理系统实施方案》编制】** 根据中央一号文件精神和上海市加快最严格水资源管理制度的试点方案，按照“用水总量”、“用水效率”和“纳污总量”三条红线的控制监测要求，《上海市水资源管理系统实施方案》修订完成。根据专家意见，结合实际情况，进一步梳理了上海水资源各项业务流程和信息需求，完成《上海市水资源管理系统需求分析报告》、《上海市水资源管理系统实施方案》和《上海市水资源监控能力可行性分析报告》，该《实施方案》已经水利部批复同意，将为下阶段落实水资源信息化建设提供重要依据和基础。

**【建成“数字水务”一期工程项目】** 该项目经过近3年的建设，于2011年10月24日通过了项目完工验收，11月21日通过项目文档验收。完成了水务数据中心、水务公共信息平台和三个应用系统（防汛保安决策支持系统、水资源管理信息系统、基于WebGIS的水务信息服务系统）的建设。项目的建成实现了涵盖全市水务系统，涉及气象、海洋、海事、水文、水利、供水、排水等行业或部门共计约4.1TB的多源、异构、海量数据的统一交换和集中管理，对防汛保安、水资源管理等专业应用提供了有效支撑。自系统运行以来，已在多次台风、暴雨、高潮位期间，特别是在台风期间及短历时暴雨的防汛指挥调度工作中发挥了显著效果。

**【苏州河综合管理信息系统取得进展】** 该项目分三期建设，2011年已完成一期和二期建设，正开展三期建设。该系统接入整合了堤防巡查、污水处理厂监测、部分区县水文监测、下立交道路积水监测、视频监视、排水泵站运行工况、防汛墙位移沉降、市气象局实时雨量等数据，收集河道、工程设施及综合整治数据；开发三维实景、视频监视、实景视频、水闸模拟、数据服务、应急管理等功能，实现与市排水公司、排水处、堤防处等单位数据、视频的双向交互，为智能苏州河建设奠定了良好的基础。

**【完成防汛"一网四库"应急管理系统建设】** 项目于2011年3月通过了整体验收。建设内容包括防汛工作联络网、防汛专家资源库、抢险队伍物资库、预警预案管理库等。项目已完成局属5个相关单位、18个区县三个年度的防汛基础资料的收集、处理、校核及数字化上图；完成全市各级防汛预案文档的收集、更新及人员撤离信息的数字化上图；完成200处下立交数据的数字化上图；完成道路中心线、门牌号、地名等基础数据的数据更新工作；优化"水务热线灾情上图模块"，在新数据基础上完善定位规则，进一步提高灾情自动定位率达75%左右；完成防汛风险图40余个图层成果的集成和发布。

**【编制完成《国家防汛抗旱指挥系统二期工程(上海部分)初步设计报告》】** 按照水利部项目管理办公室的统一要求，2011年完成了《国家防汛抗旱指挥系统二期工程(上海部分)初步设计报告》。报告针对上海特大城市防汛的特点，在一期工程的基础上，提出了"3＋7＋2＋1"的建设内容，即部署国家洪灾评估系统等3个国家系统，定制开发防汛工程综合查询与展示、汛情会商辅助支持、综合信息服务等7个地方系统，完善中央报汛站水情采集，探索旱情采集和移动指挥。通过整合资源和深化应用，促进信息技术与防汛业务的深度融合，提高向国家报汛的精度和实效性，扩展防汛异地会商功能，提升上海市防汛指挥决策的整体水平。

**【完成电子政务系统升级改造】** 上海市水务局(上海市海洋局)电子政务系统统一框架已基本搭建完成，功能上实现了局属单位电子政务系统与局电子政务平台的统一。优化和完善了8项三类许可事项和3项二类许可事项的功能，保障了行政许可网上办事系统正常运行。完成了上海市水务(海洋)工程建设领域项目信息公开和诚信体系专栏的建设，并于2011年12月投入试运行。截至2011年12月底，累计受理水务行政审批事项2 649项，办结2 313项；受理海洋行政审批事项207项，办结190项；在水务(海洋)网上更新政府信息公开文件1 202件，受理申请政府信息公开事项318项，继续保持零有责投诉、零行政复议、零行政诉讼的记录。

**【推进海洋信息化建设】** 积极推进"数字海洋"上海示范区项目，编制完成了项目建设规划书，已分别通过上海市互联网咨询公司、上海市投资咨询公司的审查，待上海市发展和改革委员会相关部门审批。推进上海市海域动态监视监测管理系统建设，2011年5月，国家海洋局批复同意《上海市海域动态监视监测管理系统总体方案》(海管字〔2011〕86号)，项目建设规划书已于2011年9月编制完成，10月上报市政府办公厅电子政务办审查。

**【完成供水管理信息系统建设】** 2011年按照供水行业管理的要求，开发了供水管理信息系统(二期)，并通过第三方上海市软件测评中心功能测试。系统综合利用数据管理和GIS、通信及计算机网络技术等专业技术和手段，整合现有供水基础信息，建立供水信息综合数据库和供水行业管理信息，实现供水基础信息和供水管理数据的综合管理。

**【深化排水行业基础数据库建设】** 拓展了养护报表分析系统的功能和应用。组织实施积水上报系统和车辆GPS跟踪试点，开发了排水养护和运行企业信息系统。进一步扩大中心城区地道排水泵站监测系统的应用。与各区县完成2011年度数据维护签约，完成各区县数据维护的检查和录入推进工作。

**【完成下立交积水监测系统二期项目申报工作】** 该项目是根据上海市下立交的特点，借鉴国内外积水监测的成果和经验，按照集约建设的原则，综合集成计算机、通信、网络等信息技术，依托基础数据库和防汛业务管理系统，设计了上海市下立交积水自动监测系统，实现91处主要干道下立交积水监测点监测，完善防汛信息采集手段，提高防汛灾害预警、指挥调度、抢险救灾的水平。系统包括遥测站系统和中心站系统。系统整体架构采用二级架构，底层是遥测站系统，通过GSM短消息或GPRS方式将传感器数据发送至移动公司，移动公司通过专线将数据转发到至中心站系统，再通过市政务外网，中心站系统将数据传给市公安交警总队指挥中心、市排水公司等防汛成员单位。该项目已获得市经济信息化委和市财政局批复。

**【构建堤防(泵闸)设施管理移动服务平台】** 该项目以上海堤防(泵闸)设施管理系统为基础，以智能终端设备为载体，充分利用无线移动3G技术，构建堤防(泵闸)设施管理移动服务平台，实现GIS定位、堤防巡查与养护、泵闸突发事件上报、防汛数字预案的启动与回复、车辆导航、项目管理、物资管理与OA系统重要节点的处理等功能，为水利工程设施安全运行和养护维修、相关突发性事件的处置实现全面及统一管理、防洪安全等提供高效的信息服务。汛期中，通过手持终端启动数字防汛预案，迅速将防汛防台预警信息传递到相关防汛防台责任单位或责任人，大大提高了信息传递的效率。

**【推进执法信息化建设】** 完成了"十一五"信息化项目验收和"十二五"信息化实施计划的编制；完成了总队执法监管电子政务系统和签章客户端环境部署和培训，并启动了执法业务系统的试运行；完成了车载GPS设备的运行检测，以及总队网站托管的备案工作；配合执法监管系统的应用，完成了总队应用服务器和数据存储服务器的备份策略调整；加快已建信息化成果的推进应用工作，并在应用中深化完善信息化系统。

**【获"全国水利信息化工作先进集体"称号】** 2011年，全国水利信息化工作会议表彰了全国水利系统信息化工作先进集体和先进个人。市水务信息中心被授予"全国水利信息化工作先进集体"荣誉称号。近年来，市水务信息中心紧紧围绕水务、海洋发展大局，坚持科学发展、履职尽责，全面推进信息化规划，加强重点项目建设，推进信息资源整合和共享，推动信息技术与水务海洋业务工作的全面融合，不断提升信息化服务保障能力，进一步支撑了水务、海洋事业的可持续发展。

**【信息标准和管理规范】** 结合水务、海洋信息化工作的实际需求，编制完成了上海市地方标准《水务信息管理第4部分：河流(湖泊)编码》，规范了河流(湖泊)编码原则和编码方法，完成了2 500条(个)市管、区(县)管、镇(乡)管河流(湖泊)实体代码的编制；编制完成了《水务数据中心建设规范》、《水务公共信息平台运行维护规程》、《水务行业基础数据库及综合管理系统建设导则》、《海洋公共服务信息安全体系实施导则》。相关标准规范成果在水务数据中心、水务公共信息平台、水务各行业基础数据库、海洋网络等建设工作中得到了较好的应用。

(蓝　岚)

## 上海市民防办公室

**【完成民防指挥信息化建设和保障任务】** 根据"2011—民防演练"的要求做好技术保障，圆满完成了"网上演练"、"机动指挥所开设"和"指挥所自备电源应急启动和切换"等三大演练科目的保障任务。完成国防教育日全市警报试鸣和消防紧急疏散演练的技术保障任务。对全市无线警报控制系统终端和已建有线警报控制设备进行了升级维护，提高了统控系统的可靠性，提高了统控率和有无线双控率。继续抓好重点目标和重要区域防空(防灾)监视网建设，根据拟定的防空(防灾)监视网布点建设计划，已初步选择了新的布点单位，按计划力争在2012年完成新建网点建设任务。

**【地下空间网格化管理信息系统建设】** 结合宝山区民防办公室地下空间管理网格化试点建设的成功经验及本市地下空间安全管理的具体需求，研究制订了区级地下空间管理专业网格系统技术方案，指导协助浦东新区民防等区县民防办公室积极推进地下空间管理专业网格系统建设。地下空间管理专业网格系统建设现已正式列入《上海市推进智慧城市建设"三年行动计划"》，与市建委共同组织推进项目建设。结合市地下空间管理工作的需求和民防部门现有信息技术资源情况，已初步编制完成了项建书拟上报审定。

**【上海市地下空间综合管理信息系统建成应用】** 上海市地下空间综合管理信息系统是上海市民防办公室地下空间管理信息化建设的重点推进项目之一，在前二期已完成建设四个子系统(信息处理、工程信息、使用备案和地理信息)的基础上，今年进入三期建设阶段，重点开发"安全管理"和"应急管理"两个子系统，三期建设内容主要以满足区县民防办地下空间日常业务管理工作为重点，系统紧密结合市区民防部门地下空间安全管理工作流程构建科学高效的管理信息系统，其中包括业务表格设计、界面框架风格优化等问题，都要符合各级管理人员的应用需求。2011年10月，系统已正式上线试运行，2012年初在全市推广应用。

**【完成内网分级保护工作】** 按计划完成市民防办内

网的分级保护测评。在递交测评申请材料和预测评的基础上，国家保密局涉密信息系统安全保密测评中心系统测评（上海市）分中心对机关内网分级保护测评进行了正式测评。2011 年 11 月初，测评中心下发测评报告，本次测评通过。

**【民防网站工作】** 做好民防网站和公务网站日常信息更新与网站维护管理工作。做好各类上网信息的及时发布和各栏目与专栏的内容更新。2011 年，民防网站上网信息 2 289 条，公务网站上网信息 1 766 条。处理了咨询、投诉和领导信箱共 228 件。网站首页访问量 314 271，页面浏览量 5 184 758；完成有关专栏建设和内容调整。做好“9·17”警报试鸣网上保障工作，2011 年 9 月 17 日开通防空警报试鸣暨人民防空集中宣传活动专栏，设置防空警报试鸣效果调查表及在警报试鸣后收集与整理网上对警报试鸣效果的情况反馈，并增加“社区防灾演练的组织与实施”网上视频栏目等；为加强上海民防部门整体网站建设的水平，并促进全市民防系统的行风建设，2011 年上半年完成了对区县民防网站的测评工作。加强网站安全工作，根据信息系统等级保护的有关要求，完善了网站系统软件的安全功能和配置及相关服务器的系统安全设置，同时制定和完善了相关的管理制度。顺利通过了信息系统等级保护二级的测评，获得了备案证书。2011 年底根据要求启动政府网站安全管理试点工作，并按此要求启动了网站备案和实名认证工作。

**【民防行政审批管理系统升级建设】** 启动了民防行政审批系统 4.0 版的开发建设工作，针对市区两级用户的使用意见和建议进行了充分调研，完成了系统建设方案。于 2011 年 9 月中旬启动项目并正式进入开发阶段，2011 年底完成新版软件并上线在市民防办内试运行。做好日常系统维护管理工作和每天对政务外网和外网审批数据进行交换。

**【办公自动化系统运行保障】** 对办公自动化系统做好日常维护工作和功能完善，包括用户权限的更新和修改以及解决各类故障等。根据分级保护的要求，对软件系统和数据库进行了安全功能和设置的加固，对系统服务器的安全设置进行了完善并升级了系统版本。

**【为民众防护体系建设提供信息化保障】** 完成上海市应急避难和疏散场所管理信息系统项目建设。系统强化对应急避险和疏散安置场所的常态化管理，将全市应急避险和疏散安置场所在电子地图上进行定位，依据市政府相关文件精神，实现对应急避险和疏散安置场所的建设、管理、登记及维护等全过程监管。系统基于上海市测绘院的上海市地理信息公共服务平台（政务版），实现了基础地理信息和民防专题信息的无缝集成，总体架构设计合理，技术路线先进，可用于市民防办组织指挥，也可为 18 个区县民防办用户和市相关委办局（教育局、旅游局、体育局、市容绿化局等）提供对应急避险和疏散安置场所的有效管理提供了实用、直观的地理信息和服务。

**【完成防空防灾一体化应用平台科研项目】** 课题研究现有应用系统集成关键技术，解决现有基础数据资源和民防专业数据、视频监控资源的接入和整合应用，为现代城市防空防灾应急处置提供技术支持。2011 年完成项目验收。

**【承担市级地铁机动指挥所建设项目科研课题】** 组织对地铁指挥所特点、指挥信息要素的配置及在建设中可能遇到的难点、难题预先进行相关课题的调研和论证。2011 年，该科研项目已完成开题报告的编制工作，通过了专家评审，正在为下一步全面展开项目建设做准备。

（陈奕平）

## 上海市绿化和市容管理局

**【概况】** 2011 年是“十二五”开局之年，也是延续世博效应、加快建立城市管理长效机制的第一年。在这一年里，上海市绿化和市容管理局结合行业“十二五”发展规划，围绕“内强素质、外树形象、提升能级、协调发展、追求卓越”的工作要求，创新管理促发展，注重内涵抓建设，全面完成了上海市绿化市容行业信息化工作的全年计划，顺利地转入了从“以建为主”向“管建并举”的新阶段，机制完善、管理规范、建设长效、有序运转，迈出了绿化市容行业信息化发展“十二五”发展坚实的第一步。

**【基本完成户外广告监察系统建设】** 2011 年 4 月，户外广告监察系统建设工作正式启动，该系统通过运用 RFID 技术，建立了重点区域户外广告三维显示系统，构建城市户外广告牌身份标识体系，实现户外广告移动监察管理，创新户外广告的管理手段，使户外广告审批和规划信息连接，巡查、处置有机结合，实现封闭循环的全过程管理。

**【完成综合统计系统的开发】** 2011 年完成了“上海

市绿化和市容管理局综合统计信息管理平台”的开发工作。该系统集数据采集(含网上直报)、数据汇总、查询为一体,规范了统计业务流程、统计信息标准,全面实现统计业务工作的自动化,打破了绿化、林业、市容、环卫、城管等条线之间的统计壁垒,为上海市绿化市容行业发展的运行、决策支持等提供信息服务。

**【完成崇明东滩综合信息系统建设】** 2011年在对崇明东滩鸟类自然保护区管理工作开展了充分的调研、梳理和分析的基础上建设了“崇明东滩自然保护区信息化管理平台”。该系统整合了保护区各类信息资源,满足了保护区科研监测、巡护执法、国际交流等多方面的工作要求、提高了保护区管理工作效率,加强了崇明东滩鸟类自然保护区管理处的信息化管理水平。

**【完成存量违法建筑数据管理系统建设】** 根据市建交委城市环境处和拆违办对历史存量违法建筑普查工作的要求,于2011年4月启动了“上海市存量违法建筑数据库”建设工作,利用本次违法建筑普查工作成果,掌握了全市存量违法搭建情况,完成了拆违数据库管理系统的建设,并对各区县拆违办进行了系统操作培训,满足了各级管理人员数据查询的需要,并为领导快速决策提供数据依据。

**【完善和推进行政事务受理系统】** 上海市绿化和市容管理局行政事务受理系统自2010年4月正式运行以来,在全市市级、区级受理部门运行,系统应用逐步推广、用户不断增加。2011年,为配合本市“夏令热线”工作的顺利开展,进一步提高系统运行效率,在原有系统市级、区级两级层面的信息传递的基础上,定制了行政事务处理、督办三级模块,实现了系统诉求的市级—区县级—乡镇、街道级的三级信息流转,为街道、城管分队等三级部门的诉求信息网上流转提供了便捷。

**【Lidar技术绿化市容数据快速获取应用研究顺利进行】** 开展了“Lidar(激光雷达 Light Detection And Ranging,简称Lidar)技术在绿化市容数据快速获取的应用”科研项目研究。Lidar技术是当今一种新型的信息获取技术,在绿化市容数据快速获取中的应用,利用GIS以及雷达技术相结合,快速获取绿化、市容等三维数据参数,进行Lidar技术在绿化市容中的分析和研究,将有利于行业信息采集手段的拓展,为今后提高行业信息获取手段,提供技术储备。

**【完成绿化林业遥感解译工作】** 绿化林业遥感解译工作已延续六年,通过2011年的绿化林地遥感解译工作,掌握了全市绿化林地覆盖面积、覆盖率等总体情况;获得了各区县绿化林地分布图、各类绿地林地面积汇总统计数据、2010年和2011年绿地林地增减对比图及列表等数据资料,为绿化林业数据更新,林木绿化率的考核提供了较准确的依据。

**【完成智慧城市三年行动计划项目前期工作】** 智慧城市三年行动计划项目是在绿化网格化系统建设项目基础上,通过改善市容环卫信息化方面的不足,充分发挥原有信息系统资源的功能,整合绿化、市容、城管业务的各方面资源,实现资源共享共用的重大项目。该项目将应用网格化管理理念,加大市容环卫业务管理的深度与广度,实现市容环卫管理从定性到定量,从粗放到精细管理的转变,从而使市容环卫管理提高到一个新的水平;同时将深化完善绿化专业网格化管理。

**【建立信息化领导小组,加强行业信息化管理建设】** 针对近年来在推进信息化工作中遇到的问题和瓶颈,上海市绿化和市容管理局建立了市、区绿化市容管理部门和局直属单位的信息化建设领导小组,明确了信息化工作分管领导和职能部门,形成了各单位信息化工作由分管领导负责、职能部门落实的机制,指导和督促本单位信息化职能部门对信息化建设工作的统筹规划,贯彻实施上级主管部门对信息化工作的要求,组织好本单位推进信息化工作的应用,对行业信息化应用和网络安全监管起到了积极的作用,使得信息化工作真正做到“有人可管,有事可抓”,把信息化建设的目标落到了实处。

**【加强信息化管理队伍建设,开展各项培训工作】** 2011年针对不同对象、不同业务开展不同形式的信息化培训,包括全行业信息化分管领导培训、GIS管理和操作培训、行政受理人员培训和政务信息人员培训等,共计参加培训的人数超过300人次。培训内容涵盖行业信息化整体需求、发展方向、规划计划、业务系统操作、信息处理规范、规范制度学习等。培训活动通过现场授课、专题研讨、实际操作、视频会议等多种形式开展,有效提升了信息化工作人员的业务管理水平,深化了各业务系统在行业内的应用,进一步提高了绿化市容行业信息化管理能力和领导水平,为构建“高效、务实”的新型管理体制和推动绿化市容行业的信息化进程,起到了推动作用。

**【高标准做好网站维护工作，打造行业网站集群化管理模式】** 上海市绿化和市容管理局门户网站2011年针对网站的栏目、功能、界面进行了改版，强化了网站的互动性，增加了精品导读、工程建设领域和信用信息公开专栏；强化了网上评议、网上办事、在线查询等功能；扩充了市民关注的行业资讯。改版后的网站，在对外宣传、促进工作、提高信息服务等方面发挥了其他媒体不可替代的重要作用，先后荣获2010年全国林业系统十佳网站、2010年上海政府网站优秀案例奖、2011年政府网站在线办事精品栏目等。同时上海市绿化和市容管理局出台了《上海市绿化市容(林业、城管)系统网站管理办法》，统一制度、标准和规范，对行业内各单位网站进行整合，实现资源共享，落实安全措施，提高行业网站安全防护和管理水平。

（金 苹）

## 上海市人口和计划生育委员会

**【概况】** 2011年，上海市人口和计划生育委员会(以下简称“市人口计生委”)信息化工作紧紧围绕国家人口计生委和本市人口计生工作要点中提出的各项任务，认真贯彻落实“智慧城市”建设要求，主动服务大局，服务基层，加强部门协调，努力提升人口计生信息化支撑能力。11月，市人口计生委根据市委、市政府的统一部署，按照《上海市推进智慧城市建设2011—2013年行动计划》相关工作要求，制定《关于推进全市人口计生系统智慧城市建设2011—2013年行动计划》，提出“智慧人口计生”建设任务，切实做好本市人口计生业务的信息化应用保障工作。

**【基层人口计生信息化应用】** (1) 逐步推进居(村)委边界确认工作，路名地址与行政区划代码匹配模块上线运行。根据本市户籍人员居住地服务管理改革试点的任务要求，解决基层人口计生部门难以准确界定服务管理对象所属管辖区域的难题，市人口计生委组织力量对全市4 607个居(村)委进行了边界确认、地图标注和代码映射工作，约占全市5 500余个居(村)委的80%。在此基础上，市人口计生委开发了路名地址与行政区划代码匹配应用模块。3月初，该应用模块上线在全市人口计生系统运行。该模块可共享市测绘院路名地址坐标资源，结合居(村)委边界标注与代码映射关系，充分发挥GIS定位功能，实现了快速判断异地管理服务对象所属居(村)委的功能。既可满足基层人口计生部门对管辖区域界定的迫切需求，又可满足全市人口计生统计区域摆脱行政区划的限制，实现多样化统计的需求，也可为人口计生统计GIS提供更加科学地展现方式，提高了基层工作效率。(2) 大力推进人口计生综合管理信息系统居(村)委应用子系统试点工作。根据国家人口计生委有关居(村)委重点人群电子台账和提高人口计生数据库数据质量的工作部署，结合本市人口计生基层的实际需求、网络条件和安全要求，市人口计生委年初组织13个区(县)、18个街道(镇、乡)共462个村居委开展了“居(村)委应用子系统”的试点工作。各试点单位已经通过“离线安全介质”模式成功测试“居(村)委应用子系统”中“电子台账”及“信息核对”功能模块，并完成了与“人口计生综合管理信息系统”的无缝对接。建立了满足基层需求、符合安全要求的工作模式。

**【完善人口计生电子政务平台】** 2011年，市人口计生委以业务需求变更作为出发点和着力点，继续加强本市人口计生系统电子政务建设。根据2011年新颁布的《上海市计划生育奖励与补助若干规定》中，关于2011年1月1日至6月30日按老标准领取过独生子女父母年老一次性计划生育奖励费的对象，需按照新标准进行补发的要求，开发完成独生子女父母年老一次性计划生育奖励费补发模块；根据国家人口计生委行政执法信息化工作的新要求，修改完善计划生育技术服务人员和机构审核模块；根据本市户籍人员居住地管理服务改革试点的要求，修改完善独生子女父母光荣证办理模块，实现了现居住地管理。并根据户籍人员居住地管理服务发展趋势，做好了电子政务平台适应性调整的技术方案储备工作；根据国家人口计生委流动人口动态监测抽样调查的要求，开发完成了国家人口计生委流动人口抽样调查数据录入模块。7月11日，上述模块同步上线运行，保障了工作的有序衔接。

**【提升人口计生信息化支撑能力】** (1) 建设人口计生舆情监测平台。市人口计生委依托上海科技情报中心“舆情监测平台”，开发完成了基于境内外45家平面媒体及5个主要论坛社区的“人口计生舆情监测平台”。平台每日动态更新监测对象产生的与人口、社会、资源及计划生育相关的舆情信息。目前，已收集各类舆情信息2 725篇。(2) 开展本市法规数据收集和应用需求调研。结合人口管理职能，在上海图书馆的大力协助下，市人口计生委完成了本市地方性法规数据的收集和数字化工作，开展了法规数据库结构和应用功能需求调研，为人口宏观管理和研究奠定信息基础。(3) 完成上海市统计年鉴数据收集、整理工作。为加强人口发展研究工作，完成1981年至2010年(共29年)的上海地区相关统计年鉴数据的收集整理工作。下一步将开展统计数据结构分析、数据库结构设计和查询、输出、展示等应用需求调研，研究与现有应用功能之间的协同问题。(4)积极探索人口信息数据资源开发和利用。市人口计生委与复旦大学经济学院(国家985平台)合作，对本市全员流动人口数据和流动人口抽样调查数据，就职业和行业分布开展了探索性的数据挖掘工作。在2011年流动人口动态监测工作期间，开展问卷设计与数据汇总工作，完成了《上海市流动人口动态监测调查数据报告》，为业务主管处室提供了不同视角的参考意见。(5)开展人口计生行政办事公共服务平台信息化需求分析和功能设计课题调研。按照国家人口计生委行政执法信息化工作要求，市人口计生委于7月至12月开展了《行政办事公共服务平台信息化需求分析和功能设计》课题调研工作。形成了行政事务处理流程一般化矩阵、分类业务流程图及需求说明书、应用框架和服务平台框架需求说明书、统计及监控需求说明书、用户授权体系需求说明书、安全等级保护需求分析等成果，课题调研成果报经国家人口计生委政法司领导审核，获得了国家的好评。

**【编制《全市人口计生系统智慧城市建设2011—2013年行动计划》】** 根据市委、市政府的统一部署，按照《上海市推进智慧城市建设2011—2013年行动计划》相关工作要求，结合《上海市人口和计划生育发展第十二个五年规划纲要》以及本市人口计生部门"十二五"期间信息化发展规划，市人口计生委编制了《关于推进全市人口计生系统智慧城市建设2011—2013年行动计划》(沪人口委〔2011〕45号)，明确了建设目标和主要任务并与"十二五"规划有效衔接。行动计划的目标是：到2013年底，上海人口计生系统通过"智慧人口计生"建设，基本形成信息化工作平台基础设施能级跃升，信息化工作模式在全国人口计生系统示范带动效应突出，人口计生重点工作实现信息化工作手段全覆盖，信息化工作平台网络与信息安全总体可控的良好局面，完成《上海市推进智慧城市建设2011—2013年行动计划》中本部门承担的工作任务，为实现本市人口计生部门"十二五"期间信息化发展规划目标奠定坚实基础。行动计划提出：基本建成覆盖市、区(县)、街道(镇、乡)、居委(村)的多级人口计生工作网络的信息化工作平台；加强人口计生业务工作信息化建设，全面实现各级人口部门重点业务信息化全覆盖；加强信息化对宏观辅助决策的支撑作用，建成本市实有人口和计划生育动态监测体系信息化平台；加强网络与信息安全建设，建成本市人口计生信息系统集中监控和用户行为审计工作平台；以信息化手段为抓手，实现人口计生宣传教育、公共服务、业务培训工作的数字化、网络化、智能化建设。重点任务有：工作网络的信息化应用全覆盖，深入推进人口计生信息共享，完善政府门户网站的建设与内容保障，推进人口计生科学技术服务信息化建设工作，建设网上党建服务平台和远程培训平台，提供"智慧化"的人口计生宣传教育服务，建立特定服务对象信息化服务体系，完善集群式"12356"综合服务热线体系，建设实有人口计划生育动态监测系统，推进本市人口计生"云计算"建设，建设本市人口计生信息系统集中监控和用户行为审计工作平台。

**【建设用户行为审计及网络与信息安全综合监管系统】** 为保障本市人口计生系统基于统一电子政务平台的行政审批和人口管理的严肃性、规范性和可追溯性，加强全市人口计生系统行政事务处理的过程管理和人口信息安全。根据《国家信息化领导小组关于加强信息安全保障工作的意见》、《信息安全等级保护工作的实施意见》和上海市公安局、上海市国家保密局、上海市密码管理局、上海市经济和信息化委员会关于组织开展本市重要信息系统等级保护工作的通知等文件精神和要求，对全市人口计生系统用户行为、核心业务应用系统和全市人口计生数据库进行强制审计，加强信息安全手段和措施，市人口计生委立项开展了核心业务用户应用行为审计和网络与信息安全综合监管系统建设。系统建成后将主要提供系统应用用户和运维用户应用行为审计、网络与信息安全软硬件的运行状况综合监控、业务系统软硬件资源的运行状况综合监控、系统网络边界防护等功能。

**【完成"上海市实有人口计划生育动态监测系统"立项】** 根据《上海市流动人口计划生育工作规定》(市政府第74号令)、《上海市人民政府关于印发〈上海市人口和计划生育事业"十二五"规划〉的通知》(沪府发〔2011〕79号)中提出的"市人口计生部门建立动态监测机制"、"探索建立符合大城市特点的人口发展监测体系"的工作要求，经深入调研，市人口计生委编制了"上海市实有人口计划生育动态监测系统"项目建议书，并报市经济信息化委审核。6月，经专家评审，"上海市实有人口计划生育动态监测系统"批准立项。项目建设目标：充分利用现有的信息资源、公共网络资源和硬件平台资源；整合和优化配置动态监测任务，提高人口动态监测工作效能；以实有人口统计和监测数据为基础，加强现有数据资源的开发再利用，将人口统计数据、动态监测数据转化为信息资源，在综合分析的基础上开展科学应用；整合各方研究力量，对监测数据和其他相关数据进行深度挖掘，形成分析研究成果；及时、准确把握人口总量、结构、分布和变动趋势，实现对全市人口与计划生育以及人口生存发展状况的动态监测。最终逐步形成统一管理、资源共享、分层应用的人口动态监测体系和工作机制。项目主要功能点主要有实有人口计划生育抽样监测、实有人口计划生育统计监测、人口动态监测分析等内容。本项目建成后将可定期对流动人口的避孕节育、优生优育、生殖健康、婚育变动等基本情况，对人口出生、人口总量、人口素质、人口分布、劳动力人口变动、特殊类型人口数量等状况进行监测，并可开展居留意愿、生育意愿、避孕节育和各类人口生产、生活状态等抽样调查，以掌握人口发展变动趋势。同时，探索开展流量人口发展监测，促进人口安全和合理布局。

**【人口计生电子政务平台运行维护】** (1) 完成"上海市人口与计划生育综合管理信息系统"运维。截至2011年年底，全市人口计生行政事务办结量为100.85万件；电话热线技术支持服务11 546次；邮件支持303次；新增功能14个；业务需求变更25单次；代码修改102处；优化功能4处；运维事件36件；故障抢修2次。本系统的主要硬件设备已经运行了6年，进入故障多发期。由于按照双路冗余设计，在主要设备多次出现故障的情况下，仍保证了信息系统对外提供服务，全年系统可用率达99.63%。(2) 完成"PADIS流动人口交换系统上海子系统"运维工作。根据国家人口计生委流管司要求，完善统计考核功能，加强基层工作考核，高质量通过国家人口计生委流管司考核评估，使上海流动人口计划生育信息化工作始终处于全国较高水平。全年省级交换数据147.98万条。(3) 完成全员流动人口计划生育数据信息上报工作。根据国家人口计生委有关规定，市人口计生委完成全员流动人口数据季度上报工作，全年共上报4批流动人口计划生育数据，总计3 729.9万人次。上报数据质量始终位于全国前列，得到了国家人口计生委相关主管部门的充分认可。(4) 大力推进部门信息共享。据统计，全年共享获取各人口管理相关部门的人口信息数据851.9万条，向实有人口管理信息系统及市人社等部门提供专业信息数据101.18万条。(5) 完成"上海人口计生"政府门户网站运维工作。本年度"上海人口计生"政府门户网站运行情况良好。6月14日，独生子女父母奖励标准调整后，网站及时开设了专门栏目，主动发布权威信息，开展政策宣传与舆论引导，通过网络媒体的宣传作用有效降低12356热线电话及基层办事窗口的咨询压力。全年网站信息发布3 126篇，视频16个，网上咨询3 614条。全年网站点击量824.42万次。(6) 完成托管机房设备整体搬迁和虚拟化平台构造工作。由于本市人口计生系统信息化应用规模不断扩大，设备数量逐年增加，托管机器设备的东方有线原有机房已经无法满足实际需求，市人口计生委决定对托管设备进行整体搬迁，制定翔实的搬迁方案，确定工作步骤和流程，落实各个环节的责任人，明确意外情况应急处置规则和协调机制，于5月21—24日组织实施了机房搬迁工作。为了进一步挖掘现有硬件设备的潜力，增强系统硬件资源配置的灵活性，利用机房搬迁的机会，市人口计生委采用虚拟化技术构造应用服务器层的云平台(资源池)。将外部数据交换系统、人口地理信息系统、数字签章系统、用户行为审计和集中监控系统、档案管理系统等涉及的服务器、存储器纳入资源池统一调配，按应用配置性能适当的虚拟机对外提供服务，极大提高了资源利用率。既增加了设备冗余度，又增强了系统扩展能力。(7) 完成重要信息系统信息安全等级保护年度测评工作。根据相关部门要求，市人口计生委委托专业机构完成了"上海市人口与计划生育综合管理信息系统"信息安全三级等保测评和"上海市人口计生政府门户网站"二级等保年度测评工作，符合率分别达到82%、81.2%，继续保持引领地位。

(沙卫涛)

## 上海市审计局

**【概况】** 2011年是"十二五"规划实施的开局之年，也是上海创新驱动、转型发展的关键之年。上海市审计局紧紧围绕本市电子政务、审计署和市局审计信息化发展规划的要求，积极开拓思路、加强领导，深化认识，努力适应审计工作面临的环境变化和自身发展要求，积极推进审计信息化各项任务，取得了初步成效。

**【上海市"金审二期"工程顺利通过审计署验收】** 根据《国家发展改革委关于金审二期项目建设书的批复》和《审计署关于落实金审工程二期项目地方建设投资计划的通知》要求，2006年，上海市启动"金审工程"二期建设，将"上海审计信息化系统"部分建设内容纳入国家金审二期总体规划，浦东、闸北等8个区审计局参与同步建设。2010年底上海市"金审二期"工程基本建成，2011年12月中旬，审计署受国家发改委委托，组织验收委员会对整体工程进行了验收。

上海市“金审二期”工程建设内容主要包括：一是完成审计署金审工程统一开发的“审计管理系统”和“现场审计实施系统”的部署和推广应用；二是完成部分区会计结算中心等联网审计系统的部署和应用；三是完成与审计署审计内网的链接；四是构建了上海市审计机关的防病毒体系等。工程建成并投入使用后，初步实现了审计业务和审计管理数字化，促进了审计信息共享与业务协同，提高了审计质量和效率，对于强化审计监督、提升审计管理和科学决策水平，发挥了积极有效的作用。

**【推进区县局审计信息化工作】** 2011年，上海市审计局采取措施，加强指导，着力推进区县审计机关信息化工作上一台阶。一是深入调研、摸清家底。一季度市局开展对全市18家区县审计局审计信息化建设及应用情况的调研，制定下发了《上海市审计局关于进一步加强区县审计局信息化建设工作的意见》，明确工作的突破口和推进方向。二是规划引领、有序推进。市局推动区县局制定“十二五”审计信息化发展规划及年度计划，确立“十二五”期间建设的目标、任务和措施。三是强化措施、建立联动。市局完成了市区网上公文流转和市区经常性工作网上办理功能的改建工作，推进了“上海市审计机关专网共享平台”的应用；建立了《上海市审计机关计算机审计联系人制度》，召开了第一次计算机审计联系人碰头会。通过经验交流和工作研讨等形式，形成市区信息化工作合力；开展了对6个区县审计局7名计算机审计骨干的项目带教实践，提升区县审计局开展计算机审计工作的实战能力；召开了“上海市区县审计机关信息化工作现场推进会”。青浦、虹口等5个区审计局和市局计审处分别介绍和演示了审计信息化的主要做法和取得的成功经验，对促进区县局审计信息化工作具有较强的借鉴作用。

**【加强信息化安全保密工作建设】** 上海市审计局在信息化建设中始终坚持两个同步，系统建设与安全建设同步，系统运行与保密要求同步。2011年，市局结合“上海市第一届信息安全活动周”活动，在局内组织开展了应急预案的现场演练，通过演练检验了信息系统应急预案的实用性和可操作性，提高了应急领导小组的指挥协调能力以及应急处置小组的技术保障能力，为今后快速处置网络与信息安全突发事件积累了宝贵经验，有效提高了整体应急保障能力。2011年，上海市审计局还承担了国家保密局“1122应用示范项目”多个课题的研究建设任务，强化信息安全保密新技术在审计工作中的研究和应用。针对信息保密要求的不断提高，上海市审计局与相关单位联合开发了网络终端内容审计软件，实现了涉密检查方式从突击检查向常态检查的方式转变，既提高了检查效率，又进一步增强了审计干部的保密观念。

**【继续加大对计算机审计各类人才的培养力度】** 2011年，上海市审计局组织开展了系列计算机技术培训，注重培养适应信息化环境下开展审计工作的各类人才。一是普及培训。上半年，市局组织对全市审计机关审计人员开展了现场审计实施软件(2011版)的操作培训，指导审计人员熟悉和掌握“现场审计实施系统更新版”软件的操作步骤和使用技巧；二是计算机审计骨干培训。四季度，市局组织举办了第五期计算机审计中级培训班，全市审计机关共42名学员参加了51天的全脱产培训。培训内容围绕审计署中级培训大纲及“五能”培养目标的基础上，结合上海审计特点，增设了信息系统审计、审计情景案例模拟和当前信息化热点专题讲座等内容，注重提升学以致用的能力；三是技术专家型人才培训。为培养更高层次的计算机技术专家型人才，市局每年选取重点，有针对性地举办专题培训班。2011年，市局举办了针对SAP(企业管理解决方案软件Systems Applications and Products in Data Processing，简称SAP)、ORACLE(甲骨文公司开发的数据库管理系统)等ERP(企业资源计划Enterprise Resource Planning，简称ERP)系统审计的专题培训班，培养信息系统审计方面的专门人才。目前，全市审计机关共有9名员工(市局8名，区县局1名)通过了国际信息系统审计师考试。

**【信息化环境下的审计工作】** 一是探索新的审计方式。2011年市局在已完成社保和医保联网审计系统部署应用的基础上，又部署建设了援疆投资联网审计系统，积极探索非现场远程审计模式，优化整合审计资源，节省人力成本，提高了审计工作效率。同时市局继续加大信息系统审计的开展力度，在14个审计项目中开展了结合型信息系统审计，结合业务审计重点对信息系统的安全性、有效性和经济性进行审查、分析和评价。二是开展课题研究。2011年由市局计审处和金融处联合承担的市局重点课题“金融行业信息系统审计研究”顺利结题，为进一步推进信息系统审计与审计业务的有机融合打下了基础。三是开设交流专栏。2011年，《上海审计》杂志开设了“计算机审计专栏”，为计算机审计经验的总结交流提供了平台。四是强化技术攻关。2011年，市局开展了对PERL审计工具集、便捷型商业智能技术等7项审计新技术的研究，并在项目实践中大胆尝试和应用。五是参加案例征集。2011年，市局积极组织全市审计机关参加审计署计算机审计方法、AO应用实例、信息系统审计案例和《计算机审计中级培训后续课程大纲》的征集工作，共报送案例35篇，后续课程大纲6篇。

（张　韧）

## 上海市国有资产监督管理委员会

**【概况】** 2011年，是上海创新驱动、转型发展的启动之年，也是上海市国有资产监督管理委员会(以下简称"市国资委")国资国企攻坚破难的改革年。一年来，市国资委信息化工作根据两委年度工作部署，围绕国资国企改革中心任务，落实上海"智慧城市"建设会议和"市国资委系统企业信息化工作推进会"精神，着力推进制度规范建设、国资监管平台建设和企业信息化建设，做好"十二五"规划开局年的各项工作。进一步明确了国资监管信息化和企业信息化建设的目标任务，推进国资监管信息系统建设、企业信息化建设和企业软件正版化工作，完善《市国资委系统"十二五"信息化专项规划》，完成了《推进国资监管信息化工作研究》课题，积极开展国资委系统企业信息化水平测评活动，做好机关信息化保障工作。

**【推进企业信息化建设】** 以充分调研为基础，以规划和项目建设为牵引，针对企业信息化建设实际，制定下发了《关于加强上海市国资国企信息化工作的意见》，进一步明确了国资监管信息化和企业信息化建设的目标任务，提出工作要求，指导企业加强信息化建设。在企业上报的35个信息化案例中，遴选23个企业信息化案例汇编《市国资委系统企业信息化案例选编》，并通过市国资委门户网站设立企业信息化专题专栏，进一步宣传交流企业信息化工作。按照"联合委办，合力推进"的思路，联合市经济信息化委召开信息化工作会议。交流企业信息化工作经验，沟通信息，了解企业信息化发展的现状和发展趋势，部署"十二五"信息化发展规划和"两化"融合工作，进一步理清思路，推进工作。

委分管领导带队赴上海建工、国盛集团、上海仪电、锦江国际、交运集团、久事公司、上海城建等单位的企业信息化工作专题调研，了解企业对信息化工作推进会的落实情况和制定信息化建设规划情况，引导企业健全信息化工作机制，提高信息化能力。组织国资委系统企业参加2010年度上海市社会诚信体系建设优秀成果奖申报，上海城建、锦江航运等3家单位完成上报。其中由市国资委推荐的锦江航运——企业诚信品牌创建获2010年度上海市社会诚信创建活动奖。

**【信息化"十二五"专题规划】** 2011年，根据本市国资国企改革发展"十二五"规划编制工作的总体部署和要求，对本市国资国企信息化建设"十二五"专题规划进行课题研究，编制形成本市国资国企信息化建设"十二五"专题规划。

**"十二五"信息化工作总体要求** 以科学发展观为指导，立足上海国资国企改革发展全局，按照"制度加科技"和"两化"融合的工作要求，围绕"十二五"期间国资国企发展目标，遵循信息化工作基本规律，完善国资监管信息系统，将信息化融入国资监管和国企改革发展的全过程。通过推进国资监管信息化提升国资监管效能，通过推进企业信息化增强企业核心竞争力。

**"十二五"信息化工作主要任务** 构建国资系统三大网络，优化工作内网、完善工作外网、建设涉密网；提升国资监管信息系统效能，整合现有信息系统、深化信息系统应用、扩大业务覆盖范围、夯实信息系统基础；加强国资委电子政务建设，进一步完善机关电子政务平台、着力建设国资委数据中心、持续优化国资委门户网站；加强集团信息化管控能力建设，建设集团级信息系统平台、加强信息化资源管控、推进集团数据中心建设；分层、分类推进企业信息化建设，优化信息系统布局、推进产业与信息化的融合、探索应用云计算和物联网等新技术；进一步健全和完善信息化工作体系，推行信息化标准、加强信息安全管理、建设信息化工作队伍。

**落实"十二五"信息化工作的保障措施** 加强组织领导，完善信息化领导体制和工作机制；开展信息化水平评价，建立市国资委系统信息化测评指标体系；采取灵活的建设模式，灵活采用独立开发、委托开发、定制软件等方式，优先使用标准化系统；加大信息化投入，建立出资监管单位信息化持续投入机制，其投入水平纳入信息化水平评价内容；建立项目引导机制，在国资预算中支持国资监管信息化建设，支持与国资监管对接、配套的信息化示范项目建设；推行示范工程，组织实施市国资委系统信息化示范工程，推广重点应用项目；加强制度建设，制定市国资委机关和出资监管单位开展信息化工作的指导意见；组织合作交流和工作培训。

**【开展国资委系统企业信息化水平测评活动】** 探索建立企业信息化评价体系，组织20家企业试点、进行自我测评、网上数据采集等，收集了各单位有关信息化建设方面的测评数据。在数据汇总和信息化水平初步分析基础上，制定印发了《关于开展上海市国资委系统企业信息化水平评价工作的通知》，并开展全系统的企业信息化水平评价活动。有53家企业完成企业自测自评的数据采集，进一步提高企业信息化水平评价结果的科学性、全面性和准确性。

**【推进国资监管信息系统建设】** 根据委领导关于建立适应信息系统需要的数据采集办法的要求，拟订《上海市国资委国资监管数据报送管理暂行办法》。对各类业务数据采集软件进行调整、优化，建立数据采集统一入口，实现集团企业用户在一个系统界面中进行所有业务数据的报送和查询等操作。在数据采集整合的基础上，实现跨业务、多系统的资源共享，通过构建查询、预警、分析等系统功能满足不同层次用户的数据使用需求。

在企业和机关的试运行的基础上，优化和完善系统功能，拓展业务应用。把信息系统的登录与办公系统登录进行整合，重新进行权限配置。开通了企业版国资监管信息系统，在全系统联网运行。

**【系统配套项目】** 启动并试运行上海市企业法人治理信息(二期)、上海市国资委“促进就业、控制减员”信息系统、“国有企业职位薪酬调查”子系统等系统配套项目。组织安全生产信息系统向企业全面推广应用。根据用户需求，将原有系统进行进一步的完善和提高，并将系统配套项目归类并入国资监管信息系统。完成相关配套项目的验收。

**【开展信息化应用研究】** 联合市经济信息化委和上海国有资本运营研究院，探索云计算在国资监管系统中的应用方式及前景，研究建立国资监管专用云的技术和方案，共同做好《推进国资监管信息化工作研究》课题。

**【信息安全】** 根据市委、市政府办公厅关于市公务网(政务内网)、政务外网的使用要求和发展规划、市保密局有关分级保护的规定以及市国资委“十二五”信息化规划和国资监管信息系统向企业推广应用的需要，对市国资委涉密网、办公业务网、互联网等网络应用重新梳理，进一步理顺网络应用环境。组织完成政务外网应用的安全认证，将网络应用根据条件分阶段实施。

**【完成《推进国资监管信息化工作研究》课题】** 为配合新一轮国资国企改革进程，提升市国资系统信息化建设水平，加强和完善国资监管工作，推进市国资委系统企业信息化工作，市国资委、市经济信息化委联合上海国有资本运营研究院，6月初成立相关各方参加的课题组，并组织了课题研讨。课题共分四个部分：国资监管现状及未来发展趋势；新时期国资监管的信息化需求；当前主流信息化模式梳理；十二五期间国资监管信息化方案建议。本课题聚焦了十二五期间国资监管的趋势与要求，通过对案例和实证的研究，对新形势下如何借助信息化手段完善和提升国资监管进行深入研究，其中特别对以云计算为代表的新型信息化监管思路、工作模式、实现形式进行可行性论证。

**【推进软件正版化工作】** 完成市国资委系统2010年推进企业使用正版软件工作总结和2011年工作打算，报送市版权局。根据推进企业使用正版软件的工作安排，指导企业分步推进软件正版化工作。为巩固已完成企业软件正版化的成果，实现本年度的企业正版化工作目标，联合市版权局对委管企业(本部)使用正版软件情况进行专项检查，重点检查操作系统、办公套件、防病毒软件和研发等应用软件，进一步摸清企业软件正版化的实际，为更好推进企业软件正版化打下基础。开展使用正版软件专项检查，下发《关于开展市国资委机关使用正版软件专项检查的通知》，现场抽查机关处室使用正版软件的情况。

**【做好机关信息化保障工作】** 启动OA系统升级改版，协调办公系统、内网网站功能的调研和开发。系统完成数据迁移、上线试运行调试。在试运行的基础上，不断完善功能，逐渐实现企业交互，提高办公效率。做好计算机、办公、网络设施的维护保养，监控网络设备，确保正常运行；及时更新防病毒软件，调整、调试设备，确保公务网正常使用。

**【委网站】** 2011年，市国资委门户网站共编发信息2 200多条，内网网站编发信息1 200多条；主动公开信息58条，发布咨询、监督等互动交流信息35条。上报国务院国资委门户网站信息近800条，录用360多条；上报中国上海门户网站近1 200条，录用1 000条。新版网站开通一年来，网站的点击率超350万人次。

**【拓宽互联网应用】** 积极配合机关各处室开展互联网应用，满足工作需要。开通市国资委系统企业信息化平台系统的数据报送服务，搭建了企业与机关之间信息即时、顺畅沟通的网络平台；开展“上海市国资委系统新世纪最具影响力的先进人物评选”活动，开通了网络投票平台。有6万多人参与投票，较好地发挥了网站的作用；开展“国有企业党风建设和反腐倡廉工作情况”网上调查问卷，进一步拓宽了国资委系统企业信息化平台系统的应用范围。

（赵　泉）

## 上海市工商行政管理局

**【概况】** 2011年，上海市工商局（以下简称“市工商局”）信息化工作在市委、市政府和工商总局的正确领导下，坚持围绕中心、服务大局，积极服务工商行政管理业务，为工商行政管理业务提供有力的技术保障，取得了一定的成效。

**【进一步推进数据质量建设】** 2011年上半年，工商总局在上海举办了全国工商系统数据建设管理培训班，下发了《国家工商行政管理总局2011年数据质量检查实施方案》并部署了2011年数据质量检查工作任务。按照总局的工作要求，上海市工商局组织相关业务人员对业务数据进行了梳理分析，并对相关应用系统实施了调整，以确保以优异的成绩迎接全国工商数据质量检查工作。2011年下半年，工商总局下发了《关于进一步做好数据质量检查相关工作的通知》，并下发了对上海局874个试检数据项质量试检情况，对此，市工商局积极应对，从数据抽取视图和数据检查模型两方面对存在错误的数据逐个进行分析验证，并如期完成数据的清理和改进工作。

**【构建信息安全保障体系】** 按照《上海市人民政府办公厅关于进一步加强政府网站安全管理工作的意见》（沪府办〔2011〕74号）、市网安办《关于做好迎接建党九十周年信息安全保障工作的通知》等相关安全工作文件精神和工作要求，市工商局进一步明确信息安全工作责任，落实各项信息安全管理制度，做好信息安全管理知识与技能的培训，开展系统内信息安全管理经验的交流，实施了上海工商信息系统三级信息安全等级保护的各项安全加固措施，确保了上海工商信息系统安全稳定运行。

根据《上海市工商行政管理局网络与信息安全事件专项应急预案》的要求，市工商局已形成每年开展2次信息安全应急演练活动的工作机制。2011年6月，市工商局办公室、信息中心组织开展了“公众服务网主页防篡改、入侵检测、核心交换机故障应急、应用审计日志检查”4类信息安全事件的模拟防范演练。10月，又针对“本地数据库备份恢复、备用电力切换、应急门户启用、消防逃生”4类信息安全事件进行了应急演练。通过应急演练，切实提高了信息安全应急预案的执行力和可操作性，验证了相关组织、人员应对网络与信息安全事件的组织指挥能力和应急处置能力。

2011年下半年，按照三级信息安全等级保护的基本要求，通过对上海工商信息系统的安全现状的分析，结合市工商局信息安全等级保护测评报告的建议，梳理了信息安全风险点，修订了信息中心信息安全管理体系文件，编制了《上海工商信息系统安全方案》，明确了今后几年市工商局信息安全的建设规划。

**【稳步推进信息化项目建设】** 2011年，如期完成了食品流通许可证软件、办公自动化应用系统改造（信息公开发布管理及后勤管理）、商标管理、营业执照公示、政务外网布线、计算机系统三级等保改造、上海市政务信息资源综合利用等开发项目，并通过了专家组的验收。完成了市局的节能型“业务处理与数据中心”的工程建设，并顺利实施了网络切割和机房搬迁，并且业务应用系统的运行得以平稳过渡。业务数据质量管理、公众服务平台整合改造、电子行政效能监察、档案管理系统改造等2011年度财政预算信息化项目也正处于开发实施阶段。流通领域商品索证索票管理、广告监测、消费维权点、工商所综合监管、应用支撑平台、系统平台改造等金信工程改造项目的应用系统已完成初验，投入试运行。

**【开展信息化课题调研】** 按照工商总局和上海市政府关于“十二五”期间电子政务建设总体要求，结合市工商局《上海市工商行政管理局信息化“十二五”建设规划》，“十二五”期间，上海工商信息化将以“整合、融合、一体化”为基本原则，从数据质量建设、公众服务平台完善、工商新职能的信息化应用、基层信息化建设以及新兴技术手段的运用五个方面作为重点建设内容，市工商局积极开展相关信息化课题调研。

在2011年，根据年初市工商局制定的信息化课题调研任务计划，如期完成了“OA系统改造方案可行性研究”、“电子行政效能监察体系建设研究”、“业务专网移动办公可行性研究”等一系列信息化建设的课题研究。市工商局还加大了对分局、工商所的信息建设需求的调研，在遵循全市工商信息化整体规划的前提下，积极探索基层信息化建设的管理模式，建立分局数据落地工作审批制度，编制了市局数据落地分局的工作方案，提升了分局信息化项目管理的标准化和规范化。

**【以信息化手段进一步提升信息化管理水平】** 探索“以信息化手段管理信息化”的理念实践。市工商局“信息化综合管理系统”项目被列为2011年上海市信息化发展专项资金项目。该系统上线，将覆盖项目管理、课题管理、日常保障、内务管理四个部分，具体涉及立项、政府采购、项目实施、项目验收、资产系统监控、故障申报、资产管理、资金管理和事务管理等多项信息化管理工作，是上海市工商行政管理信息系统内部管理平台的重要组成部分。其不仅可以全面提升上海市工商行政管理局信息化管理效能和水平，更好地服务于工商行政管理业务，同时可以更好地为上海市政府部门信息化项目管理整体水平的提高做有益的探索和积累经验。

（李佳音）

## 上海市质量技术监督局

**【“金质工程”项目建设全面完成】** 经过五年的艰辛努力，上海市“金质工程”完成了各项建设内容和内部验收，实现了行政审批、监督检查、行政处罚、公共服务等工作的电子化，建成了覆盖上海市质量技术监督系统市区两级所有行政部门、数据大集中的“一网一库四系统”。建成的业务管理系统、一门式受理及服务系统、行政办公辅助系统和综合分析系统四类应用系统共21个子系统，既覆盖了计量、特种设备、食品等所有业务，又涉及了质量档案、质量风险监测、综合分析等为领导决策分析提供支撑的信息分析，还包括电子地图、信息资源目录等展示和资源管理系统。上海市“金质工程”自上线运行以来，处理了近30万笔行政审批业务，办结了2 000多起行政案件，答复了30多万次咨询，处理了12 000多次产品质量申投诉事件，办理了6 000多笔公文，召开及转播了100多场视频会议，形成了7个地方标准，提高了质监系统行政办事效率，提升了质监公共服务能级。

**【规范和推进组织机构代码管理及应用】** 为适应全市网上并联审批工作要求，进一步理顺全市组织机构代码管理工作的关系，明确市、区代码管理部门职责，优化管理流程，编制了《上海市组织机构代码工作管理规范》。同时，充分发挥代码的基础数据作用，为市府办公厅政府信息公开工作提供市、区两级政府机关和所有事业单位的组织机构代码信息。做好法人库前置交换系统维护工作和上传数据的比对工作，确保共享信息的准确性和有效性，组织机构代码信息比对成功率达到93.54%，资质类信息比对成功率99.88%。

**【完成了网站的改版建设工作】** 在原有各业务信息单项查询基础上，进一步完善了结果查询功能，并实现了网站发布系统和业务审批系统的无缝衔接，确保信息的准确性和实时性；进一步完善了网站的全文检索功能，增加了信息分类选项，为网站发布类信息查询提供更为精确的范围，通过对检索数据库的视图建立，实现了信息查询更快捷，信息检索更准确。本次升级改造基于统一平台开发，市局和18个区县局的办事大厅触摸屏系统采用设计风格一致、栏目设置一致的形式，提高了触摸屏系统的信息维护及时性。

为了确保局长信箱、网上咨询、申诉举报等互动栏目的质量水平，结合管理部门的工作要求，对局长信箱的告知处理、重复来信填写、信箱栏目的查询结果等做了内外系统的调整，使服务界面更友好，服务功能更加完善。配合机关党委工作，建设了“党群之窗”专栏。旨在展现质监人的风采，凝聚质监人的合力，倾听质监人的呼声，推进和谐质监的建设。

**【加强区域监管应用推广工作】** 为提升区县监管手段的提升，推进已建成的区域监管系统在各区县的全面使用，以宝山区质量技术监督局为试点进行深化系统应用，先后对宝山区质量技术监督局巡查人员、上海市食品生产监督所和上海市打假除患办公室进行了50人次的使用培训，跟踪试点单位的应用情况，积极主动解决巡查人员使用系统碰到的问题，为系统顺利推广保驾护航。

**【按时完成年度信息化项目】**

**完成食品生产监督管理系统、食品许可必备条件库建设** 完成食品生产监督管理系统、食品许可必备条件库系统开发，并进入试运行。梳理了28大类食品生产与出厂检验必备条件信息与资料，形成必备条件数据库。食品生产监督管理及必备条件库建立后，将实现食品业务所有事项行政审批网上“一办到底”，实现食品检验数据与行政审批和监管数据的交换，将有效提升食品生产行政审批及行政监管工作效率，为食品生产风险监测奠定数据基础，进一步保障食品生产安全。

**完成市局内部资金管理项目的建设** 根据市局资金管理的业务需求，完成了内部资金使用管理项目的开发和使用培训，通过部分处室的试运行，系统功能得到了进一步的完善，为在全局推广应用打下基础，信息化手段为市局资金管理规范，高效提供了有力的工具。

**行政审批网上“一办到底”功能得到升级完善** 遵照“人民质检、服务人民”的宗旨，积极推进行政审批标准化管理工作，相继完成了产品质量检验机构的计量认证、产品质量检验机构资格审批、机动车安全技术检验机构资格许可、特种设备制造单位资格的许可、特种设备安装改造维修单位资格许可、特种设备安装改造维修施工告知、气瓶检验机构核准证、特种设备使用(变更)登记等8个事项网上“一办到底”系统的完善升级工作。

（周莉蓉）

## 上海市统计局

**【概况】** 2011年，上海市统计局统计信息计算中心(以下简称“计算中心”)在局党组的领导下，在分管局领导的指导和支持下，围绕局、总队工作重点和年初制定的目标任务，团结一致，锐意进取，扎实推进各项工作，取得了较好的成绩，被评为市人口普查先进集体。

**【落实统一平台和联网直报各项工作】** 按照国家统计局总体技术方案和市统计局、总队领导的有关要求，建立了全市统一的统计数据采集和处理平台，从2011年年报开始全面实行企业“一套表”联网直报。

**设备环境的准备** 网络条件得到很大改善，在原先市政务外网提供的20M因特网出口带宽基础上，新增一条70M电信线路，2011年3月开通。此后经与上海电信联系，在企业报送高峰时段扩展到200M，另一条4M电信专线也升级为6M。经过与市经济信息化委积极沟通，在2012年部门信息化预算中新增项目“统计一套表网报管理系统”，对网上直报平台所使用的小型机和存储设备进行升级，同时，通过局财基处向国家统计局申请购置一台小型机，12月初完成了项目招投标工作。与市灾备中心联系落实了网上直报数据远程备份措施。

**平台软件的选择** 通过对浙江、四川、湖北、北京等省市平台建设情况的学习考察，结合本市近年来全面实施网上直报的经验以及基层统计的实际情况，局“四大工程”建设领导小组会议确定继续使用现有软件建立全市统一平台，在条件成熟时再转换为国家平台，取得国家局数管中心同意。计算中心完成了应用软件、数据库和中间件的安装调试，建立了试点环境，并以国家局推荐的软件另建一个独立平台，向国家局上报数据。

**“一套表”制度的定义** 以计算中心为主、各有关专业参与的“一套表”数据管理组建立工作机制，7月份开始集中办公，经过一个多月的努力，完成了“一套表”试点用的指标字典、报表制度、审核关系、汇总表的定义，其中包括在国家局报表制度基础上本市新增的内容。

**基层统计人员的培训** 8月份，对各区县和参加“一套表”试点的乡镇统计人员集中进行了“一套表”平台操作培训，并建立了试验报送环境，供各专业处、区县统计人员学习、测试和培训使用。12月上旬，计算中心向各区县技术人员布置了年报“一套表”平台有关工作，并做了技术培训。12月中旬带各专业处计算机人员共12人参加了国家局的平台软件培训。

**平台的完善** 9、10月份，全市4 000多家试点单位进行了两个月的数据试报送。计算中心对各区县提出的关于平台功能、权限管理、报表制度等问题进行了归纳总结，在年报正式开始前，结合年报的特殊数据处理需求，对平台进行完善。计算中心继续做好仍在使用的区县级报送平台、年定报平台、试验平台和上报平台等多个软件平台的软硬件维护，确保工作不断不乱。

**【完善数据仓库系统功能，分批加载数据】** 根据局领导有关要求以及系统使用情况，对数据仓库功能进行了充实完善，特别是跨专业数据查询和汇总、组合条件查询、多数据源的数据比对等方面做了很多改进。期间，国家统计局总工程师郑京平来沪对数据仓库建设也作过具体指导。按照数据仓库格式要求，计算中心对局电子档案数据进行了整理，分批、分专业加载至数据仓库，已经加载了2006—2011年的所有专业数据、工商局提供的名录数据、第二次经济普查的全部数据，其他历史数据正陆续加载。在全面实行“一套表”网上直报后，建立各专业年定报数据的定期加载机制，由各专业处自行加载。确保在数据采集和处理完成后，能及时进行数据加工和分析。

**【全面完成第六次人口普查数据处理工作】** 在市人普办的统一领导下，计算中心负责人口普查数据处理工作。4月份完成了数据处理和上报任务，此后协助人口处完成国家局要求的数据查询，继续进行后期资料开发。

**准备工作** 制定数据处理工作方案和实施细则，建立市级数据处理环境，指导督促各区县完成数据处理环境准备，光电扫描仪、服务器等设备都由计算中心送到各区县，现场开箱验货、安装调试、报表测试。对数据处理软件和相关知识也进行了多次培训，包括光电录入、数据处理、查询系统、局域网建设、网络安全等。光电扫描仪由各区县数据处理人员实际操作，计算中心现场指导和考核。

**光电录入** 从2010年底开始，计算中心组织各区县对人口普查原始报表进行光电录入，计算中心统一负责光电扫描仪、服务器、网络交换机、磁带机的维护和零部件更换，并做好设备的及时调配，最终提前一个多月完成全市 8 万多普查小区、1 000 多万张普查表的光电录入工作。

**数据处理**　光电录入完成后，组织指导各区县完成数据编辑、审核、汇总和上报，由于时间紧、数据量大、国家软件尚不完善，经常需要到区县解决各类技术问题。此外，还自行编制了一些数据审核、汇总补充程序，尽快查找问题，修正数据。

**资料开发**　编制人口普查数据查询系统，整理普查数据，做好指标编码、指标计算等，完成查询系统的二次开发，协助各区县进行后期资料加工以及全市普查数据的资料开发工作。

**质量把关和工作协调**　认真细致完成对数据处理每个环节的工作，包括扫描仪测试、报表印刷、设备验收运送、扫描仪分配、进度控制、零部件更换、数据审核、汇总等等，一丝不苟，严格把关落实，同时做好与国家局、软件公司、设备供应商的联系协调，及时解决各类问题。

**【完成局计算机房的改建工作】**　将原统计登记办公室改建为新机房，改建内容包括：机房装饰装修；电气系统；UPS 系统；精密空调及新风系统；气体消防系统；机房集中监控系统；综合布线系统；机柜系统。各子系统全部验收通过，新机房已于 2011 年 3 月开始正式投入使用。根据资产价值相似性和安全要求相似性原则，把两个机房作为一个整体，划分不同的安全区域，研究确定合理布局，进行设备梳理和搬迁。在部分厂商不提供无偿支持的情况下，克服困难，在设备拆卸、搬运、安装、调试、开机运行的各个环节，力求精细，终于顺利完成搬迁，做到了工作时间网络不断、服务不乱，保障了全局各部门日常工作的进行。

**【加强系统安全】**　按照国家局和市经济信息化委要求，对市统计局所有的信息系统组织安全测评并获得通过，比以往测评一个或几个信息系统覆盖的范围更广，同时，首次对市统计局全部信息系统进行风险评估。按照国家局统一部署，安装、配置、投入使用了国家局下发的网络管理系统和信息安全审计系统。按照国家公安部文件精神和国家局部署，制定市统计局信息安全等级保护整改工作方案，并在等级保护差距分析基础上制定等级保护具体整改方案，经专家评审通过后已报国家局数管中心，并逐步开始整改工作。

**【其他业务工作】**　初步拟订了市统计局“十二五”信息化发展规划和“十二五”信息安全规划。完成了 2011 年“信息系统运维”等项目招投标以及具体实施工作，编制了市统计局 2012 年度信息化预算并报市经济信息化委。组织完成国家局布置的信息化基本情况年报的数据采集、审核、汇总和上报工作。做好 2010 年各专业年报数据的收集、整理和电子归档工作。做好局办公自动化、月度库、基本单位名录库等应用系统的日常维护。做好网络系统的日常维护、网络流量和安全情况监控，为局新进人员和人员调整做好设备和网络配置。做好局队计算机设备政府采购、登记、入库、分配；做好局队计算机、打印机等设备的维护维修。

（唐庆茹）

## 上海市新闻出版局

**【概况】**　上海市新闻出版电子政务系统一期建设是 2011 年的一项重要工作，成立了由政策法规处、业务受理处、财务处、监察室、机关党委和办公室组成的电子政务建设工作小组，同时成立了网上办事工作小组，由政策法规处牵头，业务受理处和办公室信息中心组成。

电子政务系统一期的主要建设内容：建设新闻出版局机房；建设包括网络平台、主机存储平台、系统软件平台等在内的新闻出版电子政务信息化基础平台；建设新闻出版电子政务系统安全保障平台；建设以新闻出版内容审读、行业监管、行政业务、网上办事、公共服务、办公管理和统计分析为核心功能的电子政务应用系统。项目的主要服务对象是机关工作人员、区县文广局的对口处室、出版单位、印刷单位、发行单位、行业协会和社会公众等。2011 年已完成内外网信息系统平台建设、政务网站改版和办公管理等应用系统的上线试运行。

2011 年行业内信息化建设也取得了一定的成绩，韬奋网站正式上线、书号实名申领信息系统（二期）开始试运行、数字作品版权登记保护平台通过验收、“文化中国”英文网站获上海市优秀网站称号、“中国最美的书”官方网站正式上线及成功推出出版行业发行员竞赛管理软件。

**【完成内外网信息系统平台建设】**　2011 年完成新闻出版局机房建设，网络平台、主机存储平台、系统软件平台等在内的新闻出版电子政务信息化基础平台和安全保障平台建设。新建办公内网系统，2011 年 8 月办公外网和办公内网正式运行，2 套网络物理隔离。

（梁国奋）

**【网上办事和行政业务系统建设】**

**从流程上进行区分** 把46项行政审批事项拆分成154个子项，分成简易审批件、一般审批件和重大审批件，能够实行网上审批的，均开发了网上申请、查询、反馈和审批功能。各业务处室直接受理件包含内容审查和商业秘密的，不实行网上审批，由各业务处室使用行政业务系统进行办理。新闻出版局可实行网上审批的行政审批（备案）事项共140项，占全部154个事项的90.9%。

**从网络上进行区分** 网上审批结合了互联网、政务外网和局域网，能够实现互联网申请、查询、反馈，办公外网受理，办公内网办理的工作模式，并给各区（县）预留了政务外网接口，委托各区（县）实施的审批事项能够实时归集到新闻出版局数据库，方便监管和统计。此外，开发了VPN功能，方便审批人员能够在局机关以外的地点安全登录系统完成审批，避免工作中断。

**从设计上考虑甄别、服务和监管需要** 为避免大量无效申请浪费系统资源，设计了“确认”环节，经过初步确认的申请才提交到办公外网、启动办理；开发了短信平台，确立了编码规则，每一个申请事项都对应唯一编码，通过编码和查询密码可以在政务网站查询办事进度，并在受理、补正、办结等环节获得短信提示。对于到政务大厅直接申请办理的事项，也确认了数据归集的范围，能够在各种格式表单上自动生成，避免层层重复填报；网上审批所有事项流程均纳入监察室监察范围，做到全程可见、自动提示、全程监察。

（赵书雷）

**【上海市“扫黄打非”网站上线】** 上海市“扫黄打非”网站是上海市新闻出版局政务网站的子网站，是为全市各级“扫黄打非”工作部门提供信息互传互动的工作平台，为广大人民群众提供了了解“扫黄打非”工作，举报非法出版活动的服务窗口，进一步加强了市、区县执法部门之间、执法部门与人民群众之间的工作交流与互传互动。网页的主要内容包括：通知公告、工作要闻、市场监管、外埠信息、政策法规及问题解答。

（黄潇玮）

**【上海市新闻出版局党务公开网页上线】** 为更好推进基层党务公开工作，2011年8月，在上海市新闻出版局局域网内建立了“上海市新闻出版局机关党委党务公开网页”。网页设置了一级目录7条：党组织决议决定及执行情况、党的思想建设情况、党的组织管理情况、党委自身建设情况、联系和服务党员群众情况、党风廉政建设情况和其他应当公开的事项，二级目录27条，三级目录56条，涉及局机关党委思想、组织、制度和党风廉政建设各方面工作内容。网页内还设立了党员“建言献策”栏目，用于加强和党员沟通交流。已经对近三年来局机关党委自身建设和加强党员队伍建设等方面的工作内容进行了全面整理，上网公开基层党建信息135条。

（王新平）

**【韬奋网站正式上线】** 2011年9月，韬奋网站（www.zoutaofen.cn）正式上线。韬奋网站是通过网络信息技术，利用数字化多媒体方式，面向社会公众服务的一个全面展示韬奋生平、遗稿手迹以及各时期珍贵史料的多媒体网上平台。网站设韬奋故居、韬奋生平、手迹与著述、韬奋图书馆、生活书店、韬奋研究、韬奋纪念七个栏目。在已有的纪念馆、故居的基础上，进一步开放馆内各类藏品，并整合相关资源，形成最权威的韬奋专题网站。韬奋网站对馆内各类藏品进行分类入库，分别建立图片库、书目库、相关人物库。各藏品辅以详细文字说明及丰富的影像资料。目前网站已上传韬奋手迹76份、各类图片300余张，馆藏图书书目2 000余册，并提供《韬奋全集》《店务通讯》《生活》《大众生活》《抗战》等近900册重要刊物的在线阅读。韬奋网站的建立，不仅使公众可以通过网络访问，深入了解韬奋其人及其对中国文化事业的贡献，还可以通过网站向研究者提供相关出版史料及相关服务。

（王　晨）

**【书号实名申领信息系统（二期）试运行】** “书号实名申领信息系统二期”采用C/S（客户端/服务器）结构，用户需要下载客户端到本机运行系统，而一期采用B/S（浏览器/服务器）结构，用户通过浏览器运行系统。这样改进的好处一是在用户的本机上安装了一些代码库和数据效验程序，可以减少网络的传输压力；二是可以实现离线操作，网络一旦不通，出版社用户仍然可以使用系统录入图书数据。传统的C/S结构最大问题是客户端软件的升级管理问题，也就是说，当有新的软件版本时，出版社和省局用户机器上的应用程序都要重新安装新的软件。针对这个问题，二期系统采用了自动核对版本，自动升级的技术。当用户每次运行本系统时，系统自动核对前后台软件版本，发现有新版本时，自动下载和安装新的升级组件，解决了客户端软件统一升级问题。

在功能上，二期系统主要在操作的规范性、方便性、实用性等方面有所改进。如：增加了三审人员匹配制，申领书号时所填的三审人员必须在本社取得新闻出版总署教育培训中心颁发的编辑资格证书的名单中选择，没有证书的一律不得作为三审和责任编辑；新增了申领书号信息与选题备案信息比对功能，便于查询核对；增加追加计划多次发放功能，出版者在分配发放后，即可看到发放结果，同时提供对追加计划修改的留痕功能等。

二期系统的性能较一期有了较大提升，每个页面的响应时间在秒级，对单条记录的插入、删除记录操作的处理时间一般不超过5秒钟。对批量记录操作处理时间与批处理的数据量有关，一般情况下不超过30秒。综合查询进行了系统优化，查询时间一般不超过30秒钟。

二期系统在安全性方面也更为严谨。系统对权限进行严格的管理，每一个用户都具有相应的权限，不能访问该用户不具有权限的页面。每个用户需要向中国版本图书馆信息技术部申请USB Key设备，在使用本系统的过程中要保持该设备一直在线。系统的用户有两个密码：一个是USB Key的密码，一个是系统注册密码。密码经过MD5加密算法保存在数据库中。数据在传输过程中进行了加密处理，加强了系统的安全性、可靠性。

改进后的书号实名申领信息系统（二期）将于2012年正式上线运行。

（吕 晶）

**【数字作品版权登记保护平台通过验收】** 数字作品版权登记保护平台作为张江国家级数字出版基地体系结构的重要组成部分，旨在以科学的技术手段管理和保护数字作品的版权。该平台自2009年7月份启动，经过两年多的建设，一期项目已正式完成并通过上海市新闻出版局验收，同时入选新闻出版总署重大项目库。

数字作品版权登记保护平台将全面实现数字作品预登记功能、流畅预登记/登记功能、全面的著作权登记功能、数字水印保护功能、短信通知功能、著作权证书远程打印功能、网上支付功能及快速检索功能。通过该平台的开发运用，一方面为公众提供了高效便捷的网上申请模式，更好地满足著作权人对数字作品的不同登记需求，提高工作效率，节约登记成本；另一方面有利于维护著作权人的合法权益，在发生版权纠纷时提供法律依据，为数字作品的“确权、示权、维权”提供技术保障。同时，为广大版权所有者和传播者提供便捷的版权贸易、政策法规、公众信息等便民、利民服务。

数字作品版权登记保护平台完备的版权监管、版权保护、联网执法功能，有利于著作权行政管理部门加强对版权的社会管理，提高执法监管效率，及时发现、制止和打击各种侵权盗版行为，切实保护版权所有者的利益，维护正常的经济秩序，促进版权产业健康、有序发展。

（张 羽）

**【“文化中国”英文网站获上海市优秀网站称号】** www.cultural-china.com是上海新宏文化传播有限公司创建的文化类英文网站。网站旨在通过明快的风格用英文展示悠久丰富的中国文化，促进中国文化和文化产品走向世界；推进以互联网为平台的文化交流；为海内外浏览者提供与中国文化相关的知识信息服务和其他外延服务。同时，www.cultural-china.com也对国内出版社、博物馆、剧院、画廊、艺术品鉴赏收藏等多种文化艺术团体进行对外宣传。

网站有民俗、景观、历史、文学、思想、艺术、中医、汉字、武术、饮食、上海等栏目，以多方位的角度来介绍博大精深的中华文化，内容涵盖面广，更新频率迅速；根据受众的需求，开设了文化工具、电影中的中国文化、文化问答、文化新闻等栏目。

网站于2008年4月上线运营，现有20多万个页面，涉及中国文化各个方面。截至2011年10月，每月独立访问IP在60万以上，用户覆盖范围超过200个国家和地区，其中85%以上为境外访客。目前，网站在国内同类网站中排名居前。2011年5月，网站入选了第五届“上海市优秀网站评选”活动，并荣获优秀网站的称号。同年，网站荣获了上海市第11届优秀对外宣传项目“银鸽奖”三等奖。

**【“中国最美的书”官方网站正式上线】** 2003年8月，上海市新闻出版局与“世界最美的书”主办方——德国图书艺术基金会取得联系，决定举办“中国最美的书”评选，并参加翌年的“世界最美的书”评选。上海市新闻出版局每年出资举办“中国最美的书”评选活动，聘请海内外著名设计家担任评委，将荣获“中国最美的书”称号的图书送往德国莱比锡参评“世界最美的书”，其真正的意义就在于为传达信息、拓宽视野、更新理念提供平台和窗口，为真正提高中国的书籍设计水平提供服务。2011年3月，上海新宏文化传播有限公司承办了“中国最美的书”官方网站，并于2011年10月正式上线，网址：www.beautyofbooks.com.cn。“中国最美的书”官方网站现有栏目包括“活动实录”、“评委介绍”、“书籍展示”、“论坛”、“在线报名”。作为评选活动信息发布的权威平台，不仅对历届获奖的书籍进行在线展示，并应用论坛、微博等互联网传播理念让更多的人关注和参与到“中国最美的书”

活动中来。

（陈明明）

**【独创出版行业发行员竞赛管理软件】** 在2011上海发行行业职业技能竞赛中首次将发行员的职业培训、考核与信息化、科技化理念和手段相结合，使用的出版行业发行员竞赛软件系统系全国首创。该系统由上海新闻出版教育培训中心研发，主要面向新闻出版行业发行员竞赛中操作技能考核。系统主要功能包括学员现场考试子系统，试卷管理子系统，学员评分子系统，考场监控子系统，学员信息管理子系统，信息维护管理子系统等。软件系统一方面提升了考试的创新性、多元化和实用性，另一方面也为今后高级发行员和发行师的计算机培训项目提供了较好的培训与考试的先进手段，并且一改传统纸质考核方式而增加了富有创新、灵活，实用、贴近工作的上机模拟操作，以真正达到考核发行员实际运作能力的目的。通过此次竞赛，100余位参赛选手有望获得高级发行员资格。参赛选手中的5%将获得发行师资格。

（刘　翔）

## 上海市体育局

**【建成竞技体育管理平台】** 竞技体育管理服务平台（以下简称"管理服务平台"）将市体育局涉及训练的各个单位、部门和人员全面整合起来，充分利用各自的优势为基层运动队服务。管理服务平台提供两站访问形式，即在训练区域以政务外网方式访问平台和非训练区域以互联网方式访问平台。在管理服务平台设置"热线"服务窗口，基层单位、教练员和运动员如果遇到急事、难事或不确定向哪个部门、领导反映的事项，都可以点击该热线。市体育局、体职院、各训练单位通过管理服务平台，及时发布与训练比赛相关的信息，提供理论政策、法律法规和技能培训等相关信息。上级领导和职能部门可以通过管理平台获取对教练员、运动员服务保障等情况。各管理层面对竞技体育发展中重要问题的探索，可以通过管理服务平台采用问卷形式，以获得教练员、运动员的意见。教练员每阶段的训练计划、运动员训练或比赛中的实施情况等数据，全部存储在数据库中，教练员、运动员可以根据需要随时调阅这些资料。

教练员、运动员通过管理服务平台，一是进行"六个一"（一课一讲评、一日一沟通、一周一分析、一月一小结、一阶段一评价、一年一考评）的交流沟通；各管理服务层面，根据权限设置，进行互动交流。二是将思想、生活和训练中的一些问题，上传具体受理部门；受理部门在规定时限内给予解决，同时将处理结果告知对方，并由服务对象给予服务质量评价。三是向局机关处室、体科所、体育医院、专家等咨询有关政策、资料、康复、营养等各方面问题。四是向训练单位负责人或业务处室上报周计划、月计划和年度计划，单位负责人或业务处室经过审核，反馈审核意见。

**【稳步推进上海体育网站建设】** 2007年3月市体育局官方网站正式命名为"上海体育"网。网站实行"一年一改版，边做边优化"的动态运维模式，以及赛事活动项目为先、基础功能项目同步跟进的灵活操作程序。网站的基本板块是："信息公开"、"网上办事"、"便民服务"、"邮件系统"、"市府实事"、"健身地图"、"体质在线"、"体育配送"、"基层频道"、"工作动态"等。网站配合全市重大体育赛事活动，制作了大量专题页面和局党办、局工会、局团委、体育彩票、业余训练、足协等子网站等五十余个。"网上办事"是打造信息化、服务型政府的重要载体，市体育局所有行政事项均已实现网上受理、状态查询、结果反馈及事项咨询等功能。网站在已有的"网站纠错"和"页面推荐"的基础上，增辟了RSS（简易信息聚合Really Simple Syndication，简称RSS）订阅功能，方便网民更快捷地了解上海体育的最新资讯。网上咨询、信访接待和局长信箱等互动专栏在业务部门的配合下，保持与网站的同步升级。

**规范网站体制，理顺运行机制** "上海体育"网由上海市体育宣传教育中心和市体育局信息中心分别负责网站的内容和技术运维，由网站开发商提供技术支撑。"上海体育"已建立健全了各项规章制度，其中包括：信息审核发布制度、信息报送制度、网站值班制度、网站应急响应制度、数据安全备份制度等。网站还专门编制了《"上海体育"网工作手册》，对内容编辑管理、技术应用建设、安全应急预案、人员分工安排等各级工作层面进行严格界定。

**强化服务功能，提升亲民形象** "上海体育"网在线访谈和短信平台两大功能已经成为互动交流的亮点。其中，在线访谈功能为网民搭建了与"上海体育"网直接交流的平台。短信平台及时播报各大重要赛事、最新比赛资讯和本埠重要赛程赛况。

**优化特色栏目，打造网站品牌** 体育配送子系统覆盖了全市18个区县级网点和209个社区指导站级网点。市体育局通过网上申请、网上审批、网上公告、网上查询等服务手段，将街道、区县的体育健身资源需求加以整合，形成市级规模的批量采购。

**【升级改造上海市全民健身电子地图】** 上海市全民健身电子地图(以下简称"电子地图")涵盖了上海市18个区县各类综合性公共体育场馆、社区公共运动场、社区健身苑点、社会经营型场所、学校体育场馆、开放性游泳池、体育彩票投注站及体育用品商铺等共计约一万个信息点。其中各类公共体育场馆104家、社会经营型场所1 400家、社区公共运动场306个、体质监测站81个、开放性游泳场馆350家、社区健身苑点2 160个、开放型学校体育场馆500个、体育彩票电脑销售点2 287个及健身苑点、体育用品商铺等。实现了场地资源的信息化和数字化服务。

登录电子地图,市民不仅可以查询到所需的体育场地,了解场馆的地址、联系方式、开放时间等基础信息,体验如场馆影像、用户点评、服务评级、优惠券领取等多种服务功能,而且可以享受到场地周边有关文化、医疗、银行、酒店、餐饮、加油站等生活服务信息。电子地图能够自动收集、整理、分析体育行业信息,能够为政府整合利用现有资源,规划管理体育场地提供决策依据。"电子地图"数据的维护,采用分工负责制,公益性场馆信息由市体育局方面提供,并负责定期核对,经营性场馆等行业数据委托承包商采集核对。

电子地图在线服务平台现有四个版块,主要功能有:新闻资讯板块依托"上海体育"网新闻板块,发布市体育局官方信息,宣传全民健身活动,普及健康养生知识。赛事集锦板块主要发布上海体育近期赛事及热门赛事信息,并按赛事举办日期和热点体育项目进行分类。场馆展示板块集中提供体育场馆搜索、热门场馆推荐、各场馆的地图分布、交通指示和详细情况展示,并设置了区域选择。人气评论板块是为了收集更新场馆信息、增强市民的参与度和提升平台的关注度。借助电子地图在线评论功能,市民可以对场馆的状况,服务水平,价格等进行打分和评价,并上传场馆图片和视频,以期实现平台共建的目的。

**【完善上海市民体质监测网络信息系统】** 上海市民体质监测网络信息系统(以下简称"系统"),系统以本市业已建成体质监测站为基础,建立了市民体质监测中央数据库,每年采集样本数据40万个以上。系统建立了基于互联网环境的VPN内部局域网,成为一个虚拟网络"域"。系统具有"双机热备份"功能、海量存储功能和CPU级的系统镜像。系统通过网络发布最新的终端软件,供基层站点自动升级应用系统。系统建立了内部管理子系统,为市、区两级管理部门提供了各自的管理平台。管理平台职能包括:站点评议、业务交流、数据汇总、生成汇总报表和分析报表、综合查询、模糊查询、数据下载等。系统2009年投入使用以后已经取得较好的社会效果,获得了2011年度上海市科技进步一等奖。

体质测评数据是该系统的主要数据来源。体质测评数据分为三大部分,即身体形态测评,身体机能测评和身体素质测评。运动营养测评方面,用户通过答题来获得饮食调节处方。心理测评方面,用户也是通过在线答题,获得心理平衡度的调节处方。

市区二级管理功能是通过基于VPN虚拟内部网站来实现的。二级管理的核心是逐级审核,严格把关,确保市民检测的原始数据正确、有效。除此之外,内部管理网站还开辟了电子公告栏、业务百科、业务论坛、内部电子邮箱、数据下载和视频点播等栏目,提供远程业务管理功能。本市目前有81个工作端点和20个管理端点。网络登录采用SSL(安全套接层Secure Sockets Layer,简称SSL)协议,网络系统以用户号和用户密码来验证登录用户的合法性,所有合法用户均享受VPN虚拟内网的加密保护。

(俞志炎)

## 上海市知识产权局

**【上海市知识产权局网站改版】** 上海市知识产权局网站于2011年12月完成网站成立以来的第三次改版。根据市政府网站建设的各项要求以及本机关行政业务的需求,本次改版旨在增强网站的便民服务,完善网上办事、网上服务和网上互动等功能。

**完成版面调整,浏览更趋合理亲民** 本次网站改版首先对于首页各板块的组成进行了重新排列构建,将体现机关政务的各类新闻和政府信息公开与服务公众的网上办事、网上服务、网上互动等板块放在首页面的首屏位置,避免了公众浏览网站重要信息需要滚屏的麻烦操作。同时根据旧版网站栏目页面浏览量的多少,分析得出网站中较受关注的内容,并结合本机关业务调整情况对其余业务板块进行了梳理调整,方便公众更便捷地从市知识产权局网站上查找到需要的信息。

**完成网上行政审批办理的功能开发,促进网上办事功能更趋完善** 市知识产权局现有行政审批事项三项,原先均采用线下受理的方式,为了方便公众,更好体现服务政府的职能,本次网站改版的另一个主要目的就是重新开发建设网上行政审批事项的受理平台,已完成网上受理、后台办理、网上反馈的全流程设计开发,并于首页推出使用。

（丁文洁）

## 上海市粮食局

**【概况】** 近年来，上海市粮食局围绕保证上海粮食安全，确保粮食供应充足、粮食价格稳定的中心工作，着力推进粮食行政管理业务信息化建设，不断扩展信息化技术在粮食行政管理业务上的应用空间，取得显著成效。

**【业务信息化发展】** 一是建成了覆盖全市超市、卖场、批发市场等五个粮食销售业态的200余个网点的上海粮食市场监测信息系统，实现对全市粮食批发、零售市场价格、销量动态信息的监测、汇总、分析。为保证上海粮食安全，确保粮食供应充足、粮食价格稳定以及为领导科学决策奠定了坚实的数据基础。二是建成了粮食收购信息系统。及时掌握收储粮食的数量、质量、价格等重要信息，还在惠农便农方面做出了有益的尝试，发放售粮农民信息一卡通，通过刷卡快速收粮，方便农民售粮。

（熊一鸣）

## 上海市监狱管理局

**【概况】** 2011年，是上海市监狱管理局实施"十二五"规划的开局之年，也是上海监狱信息化建设任务较重、项目较多、要求较高的一年。在局党委的正确领导下，局信息化建设工作紧紧围绕监狱现代警务机制建设，站在全局信息技术管理业务顶端，为监狱现代警务机制建设提供技术保障和科技支撑。为此，专门制定《局科技信息工作管理办法》，进一步规范科技信息工作管理。向市发改委报送《上海市监狱信息化（一期）可研报告》，同时认真做好《全国监狱信息化（一期）上海配套工程可研报告》的编制和专家评审工作。并开发14个应用系统，扎实推进场所警戒机制建设，升级改版上海监狱信息网等，取得了较为明显的工作成效。

**【重视监狱信息化应用系统的建设工作】** 2011年，在全局开发的14个应用系统中，监狱指挥中心系统、监督体系系统、综合治理系统、生活卫生系统、教育改造系统、刑罚执行系统、信息门户网站、人力资源系统升级项目、新版计分考评系统等9个应用系统已全面投入试运行，OA系统升级项目、狱政管理系统升级项目等5个应用系统正在加快建设中，完成了对基层监狱监控全覆盖一期工程和喊话对讲、手机屏蔽、无线报警系统的评估验收，并开展监狱监控全覆盖二期工程建设。在此基础上，制定完善基层监狱民警办公场所局域网网络点、计算机全覆盖建设配置标准和实施方案。

**【推进场所警戒机制建设】** 按照场所警戒机制的"213"运作方案，监狱局积极推进"监狱指挥中心、监区分控平台、民警现场管控点"三级警戒设施建设。在南汇监狱建成指挥中心的基础上，宝山、五角场监狱和未成年犯管教所指挥中心建成并投入试运行；按照局"一个监区一个分控平台"的建设标准，全面推进全局88个监区分控平台的建设工作，已建成74个；民警现场管控点建设上，各监狱均已确定管控点建设位置和数量。场所警戒机制建设的全面实施，对优化警力资源配置、加强监狱正规化管理、确保场所安全、提升管理能级产生了较强的辐射带动和集聚效应。

**【升级改版上海监狱信息网】** 为全面提高监狱工作信息化、现代化和正规化水平，上海监狱以规范、实用、指导为原则，初步搭建起由1个局信息平台、4大业务板块（监管改造、队伍建设、后勤保障、综合业务）和14个基层单位信息平台组成的"1＋4＋14"信息网络平台。上海监狱信息网作为信息发布的阵地、正规管理的载体、推进工作的工具、网上办公的平台、学习交流的园地的功能作用已初步显现。

（冯立章）

## 中国保险监督管理委员会上海监管局

**【上海市机动车辆保险分析系统试运行】** 2011年8月15日，"上海市机动车辆保险分析系统"启动试运行。该系统基于现有机动车辆联合信息平台基础开发，通过整合上海地区车险市场的承保、理赔、车型等大量数据，可实现多维度数据的动态分析，为监管、行业及相关部门提供及时、有效的数据支持。

**【上海保监局网络文件传输平台启用】** 2011年8月15日，上海保监局网络文件传输平台正式上线，该平台实现了上海保监局非行政许可类文件与业内保险机构的即时无纸化传输。

**【上海保险业信息化平台获得知识产权保护】** 上海市机动车辆联合信息平台已经顺利取得由中华人民共和国国家版权局颁发的四个软件系统（包括交强险集中管理软件、"车船税"代收代缴管理软件、商业险集中管理软件以及机动车辆保险"见费出单"管理软件）的《中华人民共和国国家版权局计算机软件著作权登记证书》以及上海市经济和信息化委员会颁发的《软件产品等级证书》。

**【“上海市机动车辆保险联合信息平台及上海市机动车辆保险理赔信息服务系统”项目荣获2010年度上海金融创新推进奖】** 2011年2月11日，上海市政府召开2010年度上海金融创新奖颁奖大会。上海保监局“上海市机动车辆保险联合信息平台及上海市机动车辆保险理赔信息服务系统”项目荣获2010年度上海金融创新推进奖。

**【上海保险客户需求分析系统荣获“2010年度上海市社会诚信体系建设优秀成果奖”】** 由上海保监局申报的上海保险客户需求分析系统荣获上海市社会诚信体系建设联席会议办公室组织评选的“2010年度上海市社会诚信体系建设优秀成果奖”。

**【上海保监局“机动车辆联合信息平台及保险理赔信息服务系统”获中国保险学会“保险管理科学创新奖”二等奖】** 上海保监局“机动车辆联合信息平台及保险理赔信息服务系统”荣获2011年度中国保险学会“保险管理科学创新奖”二等奖。

（王　飞）

## 上海市国家保密局

**【制定保密工作“十二五”规划】** 根据全国保密事业发展规划和上海经济社会发展纲要，经过深入调研论证和广泛征求意见，市委保密委组织制定了《上海市保密事业发展“十二五”规划》，制定了完善政策法规、加强监督管理等6大类共28项主要任务，提出了至2015年本市要基本健全以教育培训为先导、法规制度为基础、监督检查为保证、科学技术为支撑的现代保密管理体系的发展目标。

**【加强涉密单位3G通信保密】** 市保密局印发了《关于进一步加强手机及3G移动终端使用保密管理工作的通知》，对全市100余家重点涉密单位开展了手机保密管理专项检查，指导各单位积极开展自查，健全管理制度，落实防范措施，加强了手机及3G移动终端的保密管理。

**【加强技术研发与应用】** 建成开通了涉密计算机违规外联监管平台，并实现与国家监管平台总中心的联调对接。完成“国家保密管理支撑关键技术应用示范工程”建设，部署应用并改进完善了8个项目、15项成果。组织完成“保密工作综合管理工作平台”、“户籍化强制免疫防御系统”2项科技攻关项目，并通过了项目验收。在全市200多家涉密单位配备了“涉密设备户籍化管理平台”等保密产品4 500多台。

**【推进销毁中心建设】** 本市涉密载体销毁中心建设全面启动。机构设置为正处级事业单位，计划用地20亩，配置大型碎纸设备和电子销毁设备，设计安装销毁流水线2条，总投入为2亿多元。新的销毁中心建成后，将明显提高本市涉密载体的销毁能力，提高销毁工作的规范化。

**【健全政府信息公开审查机制】** 积极指导各级政府部门进一步健全完善政府信息公开保密审查制度，并对政府信息公开保密审查中的具体问题加强协调。

**【举办技术窃密泄密演示报告会】** 市委保密委会同市委组织部、市委宣传部、市委党校联合举办了“上海市技术窃密泄密演示暨保密技术防范工作报告会”，并运用本市涉密网络平台进行直播。报告会邀请国家保密局有关领导做了保密技术防范专题报告，并就计算机网络、通信和办公设备的泄密隐患以及各类窃密设备、手段作了技术演示。

**【开展保密技术培训】** 市保密局组织开展保密技术产品配备专项培训20期，全市1 400多家机关单位、2 300多名保密干部、技术人员参加了培训。

（郑小翔）

## 上海市人民检察院

**【概况】** 2011年，上海市人民检察院（以下简称“市院”）信息技术部门深入落实科学发展观，认真贯彻最高人民检察院（以下简称“高检院”）和市院党组对信息化工作的总体部署和具体要求，以“适应发展、加快建设、突出应用、加强管理”为工作主线，围绕基层、基础、基本功，通过抓质量来体现重点工作成效、抓规范来验证基础保障水平、抓管理来确保重点项目实施，不断提升信息科技保障能力，在应用系统完善、基础网络建设、信息安全保障、信息资源共享等方面均取得新的进展，推动信息技术和检察工作全面深入融合，为促进检察工作科学发展提供有力的科技支撑。一是完善应用软件系统，加强检察信息化建设。完善和优化了案管案辅软件，实现了执法(工作)档案应用的全覆盖。二是推进信息化基础设施建设，上海检察二级专线网实现了全覆盖。三是提升整网信息安全水平，全市18家检察院涉密信息系统分级保护实施方案通过专家评审，上海检察机关非涉密信息系统通过等级保护达标测评。四是探索建立司法信息资源共享体系，提高信息利用率。建成了覆盖全市的刑事案件庭审音视频资料点播系统，全面部署应用驻监狱检察信息系统。五是引领基层创新发展，积极探索信息化发展新机制。基层院积极探索适合本院发展的信息化应用，发挥了有效支撑作用。

**【召开全市检察机关信息技术工作会议】** 2011年2月16日，全市检察机关信息技术工作会议召开。会议总结了2010年检察信息技术工作部署，通报了2011年工作要点。市院副检察长柳小秋出席会议并指出：全市检察机关信息部门的同志要认清形势，充分认识巩固和完善上海检察信息系统开发应用工作的重要性和艰巨性；充分认识做好迎接高检院应用软件统一的各项准备工作的重要性和复杂性；充分认识做好信息化标准化、规范化等基础性工作的重要性和长期性。要直面困难、增强信心、抓住机遇、乘势而上，突出“适应发展、加快建设、突出应用、加强管理”的工作主线，主动适应上海打造“智慧城市”以及检察机关实施信息化强检战略的发展需要，围绕基层、基础、基本功，抓质量、抓规范、抓管理，加快推进信息化和检察工作发展的全面深入融合。

**【完成市院重点课题研究】** 为进一步提高软件应用质量，推进全市检察信息化工作科学发展，市院将全市检察机关软件应用质量问题作为2011年市院党组成员重点课题，副检察长柳小秋担任课题组组长，市院和长宁区院信息技术部门和案管部门的主要负责人参加。课题组立足于近年来市院主导开发的主要应用软件，从一个基层检察院的视角出发，选取长宁区院作为软件应用情况的研究对象，深入开展调研，全面分析上海检察机关软件应用质量的总体情况，查找和研究制约上海检察机关软件应用质量提升的主要问题和原因，寻求针对性的解决思路和具体措施，力求推动全市检察机关软件应用质量得到提高。课题经检察长办公会讨论通过。

**【完善优化案件管理系统】** 为进一步加强对案件的统一归口管理，在2010年案件管理系统已完成开发部署的基础上，2011年市院对案件管理系统进行了优化完善，实现了信息登记、流程监控、显性质量管理、统计查询和工作台等功能，为案件实时、精确管理提供了有效的信息化手段。2011年12月20日，系统正式上线试运行。

**【执法(工作)档案软件得到进一步应用】** 为进一步提高队伍管理规范化，在已完成执法(工作)档案软件一期的基础上，2011年市院采取整体开发、分期应用的模式，完成了执法(工作)档案软件二期的研发工作，建立综合部门人员工作档案，从而将覆盖面扩大到全体检察干警，实现执法(工作)档案软件应用的全覆盖。

**【上海检察二级专线网实现全覆盖】** 2011年下半年，四岔河和军天湖检察院联入检察专网。至此，全市20家分院、区县院和3家派驻农场院在内的上海检察机关二级专线网实现了全覆盖，青东、四岔河、军天湖等农场检察院实现了实时获取各类检察信息、参加专线网视频会议、在线应用软件开展执法工作，为提升市院监所检察工作水平提供了坚实的信息化基础。

**【涉密信息系统分级保护实施方案通过专家评审】** 全市检察二级专线网分级保护工作取得重要进展。2011年10月，上海市院会同市保密局，按照国家和高检院有关安全保密的规定和要求，对分院、区县院业务网及分支网络涉密信息系统分级保护实施方案集中组织了评审。全市18家检察院的分级保护实施方案顺利通过专家评审，占分院、区县院总数90%。

**【“上海检察”门户网站通过“三级”等级保护达标测评】** “上海检察”门户网站作为检察机关非涉密信息系统，按照等级保护实施方案，完善管理制度，强化信息安全措施，于2011年4月正式通过了“三级”安全标准的达标测评，并经市公安局备案证明，为检务公开提供了有力的安全保障。

**【实现了上海检法之间首次信息资源共享】** 为加强政法资源共享体系建设，2011年6月，刑事案件庭审音视频资料点播系统在全市检察机关部署应用，上海检察机关与审判机关之间首次实现了信息资源共享。该系统为检察机关开展审判监督，出庭公诉情况观摩以及查阅、考核和评审提供了详细客观的视频信息。为确保系统使用和工作规范的有效运行，市院还配套出台了《上海市检察机关刑事案件庭审音视频资料管理规定》等规范化管理制度。

【驻监狱检察信息系统在全市部署应用】 至2011年8月，市院全面完成了驻监狱检察信息系统在全市12个派驻监狱检察室的部署应用，实现了对减刑、假释、保释、重新犯罪、监外执行等狱政信息的共享，提升了检察机关对刑罚执行活动监督的时效。

【提高信息化队伍专业能力】 为提高信息化队伍专业水平，市院在全市检察机关范围内选用信息技术骨干参与信息化项目方案评审、重点项目岗位技术攻关。专门成立了有人才库成员和技术骨干参与的项目实施小组，实际参与了案管软件升级改造、新大楼工程建设、分级保护实施方案评审等重点项目，真正实现了信息化人才在工作中锻炼，在实践中成才。浦东区院桑鹏罡被高检院借调参与统一业务应用软件研发、虹口区院陈军标被市院政治部选派赴新疆喀什地区对口支援检察信息化工作、金山区院许朝晖受河北省邯郸市检察院邀请主持开发"绩效管理软件"。2011年浦东院的桑鹏罡和金山院的许朝晖两位同志被评为全国检察机关信息技术先进个人。

【虹口区检察院围绕能效评比工作创新信息化应用推进形式】 为拓展信息化应用范围，创新信息化应用推进形式，虹口区检察院利用刑事案件庭审音视频资料开展区院指控犯罪能效考核活动，开发了《指控犯罪能效庭审录像系统》，将案件庭审录像供全院干警学习评议。利用网络创新法律文书评比形式，采用网上评议、投票和网下评议相结合的方式，通过信息平台展示优秀文书，提高评比的透明度和优秀文书的价值，为全院能效评比工作提供有力的信息技术支撑。

【嘉定区检察院采用虚拟容灾技术确保新大楼搬迁信息数据安全】 嘉定区检察院在新大楼整网搬迁工作中，采用专用的网络数据容灾备份网关，搭建虚拟化环境，对整网信息数据进行实时异地存储备份，提升整网信息数据恢复效能，保证了整个业务应用的连续性，确保整个搬迁工作的有序衔接。

（董云卿）

## 上海市高级人民法院

【积极助力法院审判执行工作】 充分利用电子案卷，方便承办人查阅，大大提高调卷效率，提升上诉申诉案件的审判执行效率。开发好用实用的应用软件，提升审判服务功能，如劳动争议等快速审理软件，裁判文书自动附录法律条文及自动纠错软件，庭审光盘刻录查询软件，网上执行事务中心等。建设全国法院审判相关信息快速检索库，精选案例库及上海市司法鉴定人名册等多个实用信息库，方便法官办案查询。建立审判业务文件数据库网络管理平台，提升法院审判业务指导和适法统一工作水平。加大与法院外相关部门协作与沟通，提升信息共享服务能力，法院与多家银行建立了"点对点"数据交互，与监狱管理局就减刑假释案件进行信息共享、与劳动仲裁委就仲裁案件信息交互共享。充分整合信息，落实最高法院质效评估指标体系新要求，完善审判质效评估系统，促进审判管理科学化。在审判流程中提供即时查询当事人信息模块，有效防止恶意诉讼，有益于发现关联案件。开发涉少年法庭、涉知识产权、司法救助、案款发放等专项管理模块，满足审判管理的精细化要求。

【积极落实法院司法改革要求】 贯彻最高法院《关于部分基层人民法院开展小额速裁试点工作的指导意见》的精神，开发小额速裁案件信息化审理平台，开辟审判专门流程和快速通道。贯彻落实诉调对接流程化管理改革新要求，开发诉前调解管理系统，有效规范诉调全过程。贯彻《国有土地上房屋征收与补偿条例》，开发行政非诉和拆迁强制执行案件立案、审查、执行等专门流程管理软件，与现有信息化系统无缝对接。贯彻落实最高院《关于开展委托执行案件专项清理活动的工作方案》，完善执行案件委托受托管理模块，使委托受托执行案件办理流程更科学更高效。

【积极推进法院庭审系统应用】 继续推进上海法院庭审装备标准化、信息化建设，全市共有649个法庭使用庭审系统，平均录制率98.87%，平均审核率、刻盘率近100%，平均瑕疵率低于0.5%，应用水平呈现提高态势。利用庭审系统开展"庭审百例评审"、"庭审规范监督检查"等，规范管理呈现向上态势。为规范庭审数据的利用，制订《上海法院庭审数据查阅管理规定(试行)》，使庭审数据在重要庭审的多方旁听、信访庭审作风问题的澄清、申诉审查案件的回放、初任法官的观摩学习、检察院庭审信息共享等方面发挥了重要作用，呈现多样化利用态势。

【积极满足基层法院信息化发展需求】 完善海事法院审判管理系统，使海商事案件管理平台整体融入上海法院审判信息平台，充分共享审判信息资源。整合卢湾、黄浦两院审判执行信访等信息系统及数据，实现"撤二建一”后信息化系统顺利对接，确保新黄浦法院挂牌后各项工作的顺利开展。指导基层法院审判大楼或法庭信息化建设，对海事法院连云港新审判楼、徐汇法院新大楼、嘉定法院新大楼等的弱电系统与庭审系统的建设进行指导与协调。积极支持基层法院信息化发展，对基层法院信息化新需求、新要求，给予积极支持、出谋划策、协助推进，及时提供需要的数据接口，实现应用开发标准化、规范化。

**【积极拓展司法为民服务渠道】** 建立上海法院知识产权司法保护网，拓展司法为民服务渠道。建立上海法院“服务律师平台”，方便律师事务所和律师直接在互联网上对其所代理的案件提出立案申请，完成递交材料、联系法官、签收文书、查询案件办理进程等工作。建立徐汇法院网上执行事务中心，畅通执行法官与当事人沟通渠道，公开执行过程信息。建立长宁法院当事人电话呼叫服务系统，方便当事人诉讼。建立和改进上海法院互联网站，着力推进上海法院司法公开力度。建立三维诉讼引导系统，方便直观地引导当事人有序诉讼。

**【积极建设法院队伍管理创新机制】** 开发廉政风险监督提示系统，运用科技手段织起审判执行综合各环节的廉政风险监督网，对上海各级法院的审判风险、执行风险、综合风险等3个方面、9类风险、60个提示点进行实时监督提示。开发考勤管理系统，加强上海法院工作人员考勤管理，规范法院工作人员因私出国、因私出省(市)，完善请假申请、审批与汇总流程。开发廉洁自律和惩处信息管理系统，并为法官业绩档案增加廉政档案信息。开发干部提拔流程管理系统，提供信息记录、节点提醒功能，做到科学管理。建立和完善党建和党务公开网站，提升法院文化建设信息化管理水平。

**【积极开拓司法政务信息化领域新建设】** 开发启用高院文秘管理系统，实现高院内部文书的拟稿、审核、签发、文号、打印、上网及法律文书的签发、盖章、打印等流程化、一体化管理，推进无纸化办公进程，有效节能降耗。加强安全保密工作，对高院安防系统进行全面改造。加强“技防”工作，对干警桌面计算机的移动介质采取技术措施进行管理，有效减少安全隐患。加强计算机病毒防范工作，对全市计算机和服务器及时更新病毒库，增强巡检频次，确保防病毒安全。在高院建立安全保密专用室，集中管理涉密设备，并出台相关管理规定，受到市保密局网络信息安全保密专项小组的肯定。

**【积极提升法院信息化管理成效】** 整合法院信息技术力量，成立上海法院信息化工作指导小组，并下设三个工作小组，出台相关工作规则，有效开展信息化指导工作。2011年就法院信息化安全发展、融入上海智慧城市建设大局、远程审判管理规则、智能辅助法官办案手段、信息化考核实施细则等问题多次召开研讨会，集思广益，富有成效。开办信息化专业培训班，介绍新知识，拓宽新领域，提升专业管理能力。制订并下发《上海法院信息化运维管理规则》，进一步明确运维人员岗位责任、操作流程、保密纪律、廉政要求等，规范信息化运行维护管理。建立“两个平台(即业务软件操作培训平台、信息技术沟通平台)、一门服务热线、专人负责”的管理机制，提升服务保障水平。开展信息化调研指导，编写下发《上海法院信息化“十二五”发展规划(建议稿)》，编写《上海法院信息化工作动态》共计26期，编发2012年信息化预算指导性文件，下发2011年信息化系统维护合作项目指导性文件等。开展信息化工作检查考核，有力推进上海法院信息化管理工作标准化、整体化发展。开展队伍政治与廉洁素质建设，积极参加法院主题教育活动和各类政治学习，认真开展政法干警核心价值观教育，增强队伍的凝聚力、创造力和战斗力，不断改进工作作风，不断加强廉政建设，严格项目采购程序，全年未发现廉政方面问题。增强工作职责感，勤勉扎实工作，努力服务保障。

(曹红星)

## 上海市通信管理局

**【概况】** 2011年，上海电信行业完成电信业务总量409.8亿元，同比增长9.0%；完成主营电信业务收入473.6亿元，同比增长7.5%；实现电信利润总额97亿元，同比下降0.6%；实现电信业增加值262.1亿元，同比增长11.8%。电话用户总数达到3 547万户，其中：固定电话用户926.4万户，移动电话用户2 620.6万户，分别同比下降1.0%和增长11.0%。固定电话用户普及率为40.2线/百人，移动电话用户普及率为113.8部/百人。3G移动电话用户464.7万户，同比增长135.5%，3G用户占移动电话用户的比例为17.7%。互联网宽带接入用户603.7万户，同比增长24%。移动互联网用户1 782.1万户，同比增长31.5%。IPTV用户153.8万户，手机电视用户169.3万户，同比分别增长17.7%和349.0%。互联网网民1 525万，同比增长23.1%，普及率为66.2%。截至2011年年底，上海共有275 230个网站主办者开办了316 322个网站，其中：网站主办者中，57.41%为单位主办者，42.59%为个人主办者。上海主办者共拥有域名440 954个，其中，55.94%为.com域名，33.20%为.cn域名。在上海各区县中，网站主办者数最多的是浦东新区，其次为闵行区、徐汇区、黄浦区、普陀区和嘉定区。

**【许可证发放】** 2011年，共核发各类增值电信业务许可证117张，依法注销51张；累计1 025张。

**【网络互联互通管理】** 加强互联互通、网络互联架构自查和检查。目前，上海本地通信网络均实现双路由、双节点，多路由、多节点，迂回路由、冗余备份、自动倒换等要求和措施。以网间质量检测机制、重大争议协调机制、网间质量督查机制、网间数据报送机制、网间情况通报机制、网间情况通报机制、互联单位组织协调机制等工作机制为手段，确保以互联网为重点的监管措施落到实处。

**【电信码号管理】** 2011年，共审批核配96个上海本地固定网万门局号；审批核配“96”字头上海本地短号码4个；收回本地“96”字头短号码共12个；全国码号备案29次，其中“95”字头短号码备案22次、“1”及其他字头备案7次；共审批本地短消息类服务接入代码6个，全国跨省短消息类服务接入代码备案75次；共收回5个本地短消息类服务接入代码。在上海本地网范围内，核配的固定电话网万门局号资源累计共计2 740个，“96”字头短号码目前在用的共计173个，移动短消息类服务接入代码共计211个；“95”字头短号码备案共计177个；全国性短消息类服务接入代码备案共计391个。

**【电信资费管理】** 加强资费备案审批管理，引导电信企业以更优惠的价格服务社会。2011年，受理企业上报的资费方案85个。据统计，电信业务资费水平总体有较大降幅：移动国内漫游双向每分钟通话费下降32%，固定本地营业区内通话费下降了20%，(固定)互联网宽带接入使用费下降了15%，国内IP电话平均通话费下降了9%。

**【电信服务管理】** 围绕工信部“为民服务　创先争优”活动主题，结合行风建设工作，切实开展电信服务质量监管。以电信质量规范与法规为依据，处理电信用户申诉及咨询1 654人次。

**【电信设备管理】** 2011年，审核了上海地区的120家通信设备生产企业的727张获证产品的生产、进网许可标志使用等情况。

**【电信建设管理】** 严把通信建设市场准入关。受工信部委托，2011年，共受理、审查通信用户管线、系统集成等资质评审85家，颁发管线企业资质证书23家，系统集成企业资质证59家。切实做好通信建设项目招标投标备案工作。2011年，收到各公司招标项目备案数高达425项，其中涉及设计89项、施工297项、监理39项，招标类型涵盖工程、维护、服务等领域。积极组织各类培训、认证工作。2011年，举办了三期通信工程概预算人员培训班，共580人参加；一期通信工程概预算人员继续教育培训班，共200人参加；十一期安全生产人员培训班，共1 980人参加，四期资产记录员培训，共240人。加强通信工程质量监督。共受理上海电信、移动、联通和管线公司质监申报7 078次、备案629次。

**【网络与信息安全管理】** 指导、监督上海市各基础电信运营企业深入开展通信网络安全防护工作，并对37个三级及三级以上通信网络单元开展了例行的符合性评测和风险评估。

优化管理流程，简化审批材料，加快审批进程，提高网站备案的审核效率。加强互联网信息安全管理，参与了打击侵犯知识产权和制售假冒伪劣商品专项行动、打击利用互联网发布虚假药品信息非法销售药品专项、整治非法网络广告等24项专项行动；共关闭291个违规违法网站。

**【重大通信与应急通信保障】** 开展应急通信保障演练，共组织市级应急通信保障演练1次，参加市级演练4次，各电信运营企业进行模拟演练477次。加强一案三制建设，全年制定和修订市级预案共3个。完成国家应急指挥调度系统建设。完成防汛应急通信保障任务，对45处地下设施的防积水等进行了整改，完成抗击梅花强台风、防汛、抢险救灾等应急通信保障任务及应急公益性短信的发送任务，共发送公益短信3 200万条。组织对移动通信基站进行防雷击检查，共检查1 800个，整改25个。圆满完成了上海世游赛、花滑赛、F1、国际马拉松赛、工博会等重要通信保障任务。做好组织协调，强化海光缆保护工作，保证海底通信光缆的安全。

**【推进三网融合试点工作】** 按照国家、市三网融合领导小组的工作部署，积极推动三网融合试点工作。截至2011年年底，上海电信、移动、联通等三家基础电信企业已与上海文广集团、百事通等单位建立起业务合作关系，并提供了IPTV、手机电视等融合类业务。从事有线电视信号传输的东方有线网络有限公司，也已获得上海市通信管理局颁发的互联网信息服务、互联网接入服务、因特网数据中心、呼叫中心等增值电信业务经营许可证，并已开展业务。

（陈 波）

## 上海市邮政公司

**【概况】** 上海市邮政公司（以下简称"上海邮政"）邮路总长度达24.27万公里。全年邮政业务收入44.72亿元，比上年增长11.02%，其中代理金融业务收入10.38亿元，比上年增长29.2%；函件业务收入15.85亿元，比上年增长14.6%；集邮业务收入7.73亿元，比上年增长4.4%；发行业务收入6.62亿元，比上年增长7.3%；电子商务和分销业务收入1.88亿元；机要通信业务比上年增10.6%，并保持全年质量全红。人均劳动生产率21.09万元。

邮乐网招商工作稳步推进，上海地区已有43家商户成功上线，在全国同业排名第二；2011年，上海邮政完成国家"863"项目子项目"RFID（射频识别技术Radio Frequency Identification，简称RFID）在速递总包处理中的应用"、夹叉带分拣机样机研制；实现数据大集中和信息资源共享；实现营业支局到中心局邮件无纸化封发，确保网上总包清单及时准确率；优化包裹处理流程，实行开拆、分拣一次扫描勾核；内部管理系统启用综合办公OA系统，初步实现电子化办公。

**【推进电子商务业务发展】** 上海邮政继2010年开展电子商务成功销售世博门票以后，趁势发展电子商务业务。根据市场需要，相继开发"邮政乐购"业务、网络团购"爱心包裹"业务、"自邮一族"业务、代售"航空机票"业务、"刮刮乐"网点即开型福利彩票业务、彩信业务、短信业务、代收代缴业务等。2011年8月15日，"邮政乐购网"业务在天潼路481号开办中国邮政第一家邮政乐购线下实体店，实现线上与线下互动，全年完成销售额2 041.31万元，全国同业排名第5；充分利用网络团购商业模式发展"爱心包裹业务"，与拉手网合作在全国范围内开展三期"爱心包裹"团购活动，共筹得学生型爱心包裹2.19万个，学生型温暖包裹4 462个，学校型爱心包裹60个，共计314.32万元，全国同业排名第4；"自邮一族"业务11月与中石化上海分公司签订战略合作协议，结合路华救援、至尊租车、天平汽车保险、太平洋保险等配套服务，共吸引16 118名私家车主入会，形成收入313.3万元。

（陆婵芸）

**【参展世界邮政博览会】** 9月27—29日，中国邮政集团公司上海研究院（以下简称"上海研究院"）具有完全自主知识产权的MPS（多重处理器系统MultiProcessor Specification，简称MPS）信函分拣机展机，参展在德国斯图加特举行的2011年世界邮政博览会。这是中国首次以参展商身份在世界邮政博览会上亮相，向世界展示中国邮政科研实力和高科技设备产品系列。上海研究院MPS信函分拣机展机在现场进行设备演示，其产品性能、外观设计、生产工艺等方面堪媲欧美同行产品，引起观众围观，成为斯图加特邮政博览会上新亮点。MPS信函分拣机由上海研究院自主研发，创新和突破许多关键技术，"信函自动分拣设备的转辙器"、"分拣机信函集堆入格装置"和"皮带传输装置的调速机构"三项关键技术获得由国家知识产权局颁发的实用新型专利称号，该三项专利技术的应用，提高设备响应速度，提升信函处理量，减少故障发生，保证设备高速运行又不易出错。自主研发高速分离技术，使供信速度由原来分拣机3万多封/小时提高到4.3万封/小时，达到世界先进水平；实现信封上汉字地址的高效识别，对印刷体中文地址识别率超过90%，首创信函道段分拣功能（即直接一次分拣到投递段）；停机卡塞率为1/18万（百万分之五），低于国际上卡塞率万分之一技术标准。上海研究院MPS信函分拣机已在上海邮区中心局、北京中心局分拣使用。

（龙 潜）

**【发展国内异地标准特快业务】** 上海市邮政速递物流有限公司加快业务结构调整，将国内异地标准特快业务（以下简称"标准特快业务"）作为经营发展主攻业务。依托"京沪穗深流程优化"及"长三角前置封发"时限优势，发展商务楼高端客户，针对不同区域商务楼特点，合理调整揽、投站点，新组建大客户、重点市场和AB类商务楼等多种类经营团队，提升整体服务能力和水平；与品牌公司、电子商务运营商加强合作，逐步完善仓储、理货、配送综合服务功能，把握淘宝仓落户上海机遇，开发"淘宝商城"等多家电子商务行业规模客户。"双十一"期间，上海淘宝商城出货21万件，其中通过上海EMS发出标准特快邮件8万多件；开拓领馆签证类业务市场，继美领馆签证业务后，相继开发了德领馆、巴西领馆、澳大利亚领馆的签证业务，形成业务收入1 300余万元。此外，针对客户对标准特快业务需求，建立二级售后客服平台，在规模较大的分公司成立独立客服中心，设立服务专线，及时为大客户提供邮件查询、投诉处理、信息反馈等“一站式”售后服务，实现从取件到发运直至售后全覆盖一揽子服务，提升标准特快业务品牌价值，以推动该业务高速发展。全年标准特快业务收入实现5.23亿元，同比增长44.95%，位列全国邮政标准特快业务收入第二。

（许云彩）

# 第四编
# 经济领域信息化

# 综 述

2011 年，上海在经济领域信息化方面工作取得明显进展，信息技术在国民经济重要行业和关键领域的推广应用工作得到进一步加强，对促进经济增长方式转变、推动传统产业升级改造和提升产业竞争力方面的作用凸显。

按照国家推进信息化与工业化深度融合的战略要求，加快“两化融合”与战略性新兴产业发展、高新技术产业化、传统产业改造提升等重点工作对接，召开了全市推进两化深度融合工作会议，发布了两化深度融合“十二五”规划。并且依托高校、研究咨询机构以及企业技术中心组建的 4 个“两化融合”研究中心和 10 个重点实验室继续发挥重要作用，逐步形成全社会推进“两化融合”合力。

农业信息化建设工作着眼于应用、服务与管理，在为农综合信息服务、提高现代农业管理水平等方面深入推进。在平台体系建设和发展应用两方面获得进一步提升。

市政府和社会各界高度重视电子商务，从政策、法规、安全、支付、物流等层面加大推进力度，各项指标均突破预期目标。本市电子商务交易额(快报)达到 5 401 亿元，比 2010 年增长 27%，相当于全市商品销售总额的 12%。上海电子口岸建设通过各专项应用的规划实施，继续深化应用并扩大覆盖范围。“法人单位基础信息库”作为国民经济信息化中的一个基础性信息库，于 2011 年 3 月 21 日通过专家技术验收，系统正式建成投入使用。

# 第一章　信息化与工业化融合

## 概　述

2011年，本市按照国家推进信息化与工业化深度融合的战略要求，加快“两化融合”与战略性新兴产业发展、高新技术产业化、传统产业改造提升等重点工作对接，召开了全市推进两化深度融合工作会议，发布了两化深度融合“十二五”规划。“两化融合”发展水平指数达到72.3。

一是推进重点项目建设，加强典型示范。围绕飞机、汽车、海洋装备等关键产品，重点推动完成“大型客机全球协同研制平台”、“集成的支持柔性生产的汽车制造执行系统”、“海洋重工装备300英尺水深自升式钻井平台工程研发系统”等项目建设。储备了电气风电、新能源汽车、发电机组、数字造船等一批战略性新兴产业核心产品信息化项目。认定了“上海烟草供应链信息系统”等30个“两化融合”示范项目。

二是推进数字工厂建设，树立企业标杆。围绕节能减排、安全生产、自动控制、数字研发等关键环节，加快企业信息化建设。推进国资国企信息化，市经济信息化委与市国资委联合发布《关于加强上海市国资国企信息化工作的意见》；上海华谊成立集团信息公司，统筹推动集团信息化建设；中国商飞召开“两化融合”专题现场会，加快“ARJ21－700支线飞机数字化客户服务平台”上线；上海交大开展“数字工厂”理念和关键技术的基础性研究。

三是推进区域信息化建设，加快集聚发展。制定“数字园区建设与管理规范”企业联合标准，在十余个园区推广应用；认定临港产业区、漕河泾新兴技术开发区、市北高新技术服务业园区、浦东软件园、杨浦科技创业中心等5个园区为首批“数字园区”。推进“两化融合”实践区建设，认定闸北区为“两化融合”实践区，浦东、杨浦、松江、宝山等实践区在电子商务创新集聚、产学研服务、中小企业信息化等方面取得了进展。

四是推进融合机制建设，凝聚推动合力。加强与工信部合作，举办全国“两化融合”深度行上海站活动，扩大“两化融合”工作影响力。提升信息化公共服务水平，市中小企业办累计建成61家综合服务站、专业服务站和信息化辅导站；电子商务“双推”工程累计推动近7 000家中小企业应用电子商务。加强产学研合作，复旦、交大、同济等高校“两化融合”研究中心，以及自动化仪表研究院、电器科学研究院等重点实验室推动了一批行业“两化融合”产学研平台项目。

（陆　森）

## 一、重要活动

**【上海市推进“两化”深度融合工作会议】** 2011年12月19日，上海市政府召开推进“两化”深度融合工作会议。工信部副部长杨学山、上海市副市长艾宝俊出席会议并讲话，市政府副秘书长肖贵玉主持会议。会上发布了本市推进“两化”深度融合发展“十二五”规划，明确到“十二五”末，基本确立以“两化融合”为主要特征的产业发展模式，实现信息技术在先进制造业和现代服务业重点领域的全面渗透和高水平应用，“两化融合”对产业结构优化升级和经济发展方式转变的助推作用明显增强，整体水平继续保持国内领先，发展指数达到85，基本形成适合特大型城市发展的现代产业体系，上海在新型工业化道路上走在全国前列。同时，会上授予临港产业区、上海漕河泾新兴技术开发区、上海市市北高新技术服务业园区、上海浦东软件园、上海杨浦科技创业中心等5个园区为上海市“数字园区”，并对“大型客机供应商研制符合性管理”等30个项目授予上海市推进信息化与工业化融合示范项目。

**【上海国家级“两化融合”试验区通过验收】** 2011年12月19—22日，工信部专家验收组对上海市国家级信息化与工业化融合试验区进行了实地验收，听取了上海市经济和信息化委员会关于上海市“两化融合”试验区工作总结报告。验收组对上海“两化融合”工作给予充分肯定，并形成四方面意见：一是出色完成了工信部对“两化融合”试验区建设的总体要求和年度重点工作指导计划，确立了“两化融合”在上海“创新驱动、转型发展”中的重要战略地位；二是高度重视顶层设计，通过规划引导、合理推进、专项支持等环节建立和健全了“两化融合”政策环境，完善了体制机制，对全国推进“两化”深度融合有借鉴意义；三是着力构建了较为完备的“两化融合”支撑体系，推进“两化融合”领域的政产学研用有机结合，支撑作用效果显著，同时在服务机构、平台推广、评价体系和人才培训等方面国内领先；四是注重发挥企业在“两化融合”过程中的主体作用，通过培育和发掘典型，树立行业标杆，激发企业积极性，有效带动骨干企业核心竞争力和产业链上企业“两化融合”水平的提升。

（陆　森）

# 二、发展水平评估

**【概况】** 本次发展水平评估的调查工作共覆盖1 224家企业，从企业规模看，大型企业125家，较2010年增加14家，中小企业1 099家，与2010年基本持平；从产业覆盖看，范围覆盖“两化融合”行动计划重点推进的十个产业领域，其中信息、汽车、生产性服务业等产业增加企业样本较多。

**【总体评估结果】** 上海市2011年“两化融合”发展水平为75.53分，较2010年提高2.98分，同比提高4.5%。其中，社会“两化融合”水平为86.75分，同比2010年提高4.1%，大型企业“两化融合”水平为74.39分，同比提高3.1%；中小企业“两化融合”水平为65.84分，同比提高6.8%。结合对2009—2010年有关评估数据的回顾，2011年度上海“两化融合”发展水平的主要增长来自于中小企业，社会“两化融合”水平与总体水平基本保持同步增长，大型企业“两化融合”水平增长相对放缓。

**【社会“两化融合”水平】** 社会“两化融合”相关指标中（表4－1），有8项指标同比2010年实现了增长，其中有5项指标增长幅度同比高于2010年，这些体现出良好的上升趋势的指标集中在“两化融合”的社会创新与应用基础、服务环境与信息产业方面；两个工业指标呈现较为明显的增长速度减慢趋势，另外一个与制造相关性较大的指标IC芯片设计销售收入也出现一定程度的增长放缓。信息基础设施建设、信息化应用水平提高与信息服务业增长，是带动上海社会“两化融合”水平提高的主要来源。

表4－1　2011年社会“两化融合”水平情况表

| 指标名称 | 单位 | 绝对数值 | 同比2010年增长(%) | 2010年同比2009年增长(%) |
|---|---|---|---|---|
| 全社会研究与开发经费支出相当于全市生产总值的比例 | % | 2.90 | 3.2 | 0.0 |
| 全市电子商务交易总额 | 亿元 | 5 401 | 31.8 | 25.9 |
| 软件企业认定情况(存量) | 家 | 1 646 | 8.2 | 6.6 |
| IC芯片设计销售收入 | 亿元 | 150 | 34.0 | 67.0 |
| 城域网出口带宽 | GB | 2 000 | 33.3 | 22.2 |
| 全市规模以上工业总产值 | 亿元 | 31 987.44 | 6.22 | 25.0 |
| 重点支柱工业总产值 | 亿元 | 21 332.66 | 7.3 | 28.0 |
| 软件与信息服务业增加值占全市生产总值的比重 | % | 5.76 | 6.7 | 4.7 |

【企业"两化融合"水平】

一是企业信息化投入占销售收入比例下降,中小工业企业波动较大。调查数据显示,大型企业信息化投入占其销售收入比例(以下简称"信息化投入占比")平均为1.60‰,同比2010年降低6.8%,达到2009年以来的最低点。中小企业信息化投入占比平均为9.7‰,同比2010年降低4.1%,较2009年高出3.4%。

二是企业网站与内网建设平稳发展,中小企业使用光纤接入比例大幅度提升。95.2%的大型企业拥有门户网站,与2010年基本持平。拥有门户网站或企业主页的中小企业达到85.7%,同比2010年提高4.3%。82.5%的大型企业完全实现企业内部网络应用,与去年基本持平,另有16.7%的企业部分建成内部网络,同比2010年提高3.1%。78.6%的大型企业已完成内部邮件系统建设,同比提高1.1%。77.9%的中小企业使用专用邮件系统(内部邮件及第三方服务),同比提高2.8%。使用光纤宽带的大型企业比例达到93.7%,使用光纤宽带的中小企业比例达到61.7%,同比2010年增加31.8%,远高于2010年的增幅。

三是企业信息化硬件基础增长不大,业务流程信息化覆盖率趋于稳定。大型企业每百人计算机数量达到57.4台,同比2010年提高0.8台,中小企业每百人计算机达到59.3台,同比提高1.3台。大型企业自动化生产装备普及率达到50.1%,同比提高1.8个百分点,中小企业自动化生产装备普及率达到25.9%,同比提高0.1个百分点。企业业务流程信息化覆盖率达到89.8%,其中中小企业业务流程信息化覆盖达到89.4%,同比提高0.4个百分点,大型企业业务流程信息化覆盖率达到92.1%,同比降低0.1个百分点。

四是企业信息化模块/系统应用平均普及率小幅提高,发展呈现出两极分化。大型企业各相关信息化模块/系统的平均应用普及率达到71.8%,同比2010年继续小幅上升,与2010年的普遍增长所不同的是,有超过一半的模块/系统普及率出现不同程度提高,主要集中在原有普及率较低的功能模块/系统;近一半的功能模块/系统的普及率出现不同程度的降低或基本持平,主要集中在一些原有普及率相对较高的模块/系统方面。中小企业各环节相关信息化应用模块的普及率提高不明显。信息化研发工具、财务信息化普及率同比基本无变化,OA系统的普及率略有上升,接近80%。

五是中小企业各环节信息化应用能级提升较明显,与大型企业差距进一步缩小。大型企业在各环节信息化应用深度,即能级方面的得分多数与2010年基本持平;而中小企业在研发、生产与管理环节都有一定的能级提升。

六是中小企业信息化集成应用趋势好于大型企业,广度与深度同时提高。93%的大型企业实现了不同程度的信息化集成应用,比2010年降低1.4%,考虑到样本扩大因素,可视为与2010年基本持平。79.9%的中小企业实现了不同程度的信息化应用集成,同比2010年提高11.3%,增幅同比高于2009—2010年。在集成深度方面,按照未集成、数据共享与优化阶段(简称集成阶段Ⅰ)、业务功能互通阶段(简称集成阶段Ⅱ)、业务协同阶段(简称集成阶段Ⅲ)的阶段划分,大型企业集成应用深度方面呈现两极分化的情况,即处在阶段Ⅰ与阶段Ⅲ企业占大多数。中小企业各阶段分布均匀,且增长态势好于大型企业,由阶段Ⅰ进化到阶段Ⅱ的企业比例高于大型企业。

2011年企业"两化融合"水平情况详见表4-2。

表4-2 2011年企业"两化融合"水平情况

| 企业类型 | 研发设计能级得分 | | 生产管控能级得分 | | 办公管理能级得分 | | 市场流通能级得分 | |
|---|---|---|---|---|---|---|---|---|
| | 2011年 | 2010年 | 2011年 | 2010年 | 2011年 | 2010年 | 2011年 | 2010年 |
| 大型企业 | 73.72 | 73.76 | 71.91 | 71.59 | 71.3 | 71.48 | 69.3 | 69.46 |
| 中小企业 | 67.95 | 63.34 | 61.83 | 56.24 | 61.2 | 58.1 | 66.01 | 68.05 |

(辛 竹)

# 三、支持机构

## 研究中心

【概况】 依托高校、研究咨询机构以及企业技术中心组建的4个"两化融合"研究中心和10个重点实验室继续发挥重要作用,逐步形成全社会推进"两化融合"的合力。

**【"上海市推进信息化与工业化融合研究中心"】** 上海市互联网经济咨询中心作为上海市四家市级推进"两化融合"研究中心之一，于2011年承担了大量上海市推进"两化融合"的相关工作。

"两化融合"综合性研究：一是参与编制信息化与工业化融合年度报告，该报告已纳入市经济信息化委《2011年度上海产业和信息化发展报告》系列丛书。二是撰写松江区、浦东新区和宝山区"两化融合"发展水平报告。三是承担了《"两化融合"综合研究》工作，编制了10期"两化融合"研究工作动态。四是积极开展行业"两化融合"咨询研究，发布本市化工行业"两化融合"发展水平报告，开展化工行业"两化融合"现状研究。

2010年度"两化融合"发展水平指数：2011年6月，中心发布本市2010年度"两化融合"发展水平指数。2010年上海市"两化融合"指数为72.3，比上年度增长4.2%。

参与承办"两化融合"深度行活动：工信部、财政部、国资委等部门于2010年4月联合印发了《关于加快推进信息化与工业化深度融合的若干意见》，明确了"重点围绕改造提升传统产业，着力推动制造业信息技术的集成应用，用信息技术促进生产性服务业发展，促进工业结构整体优化升级"的主要任务。为加强宣传贯彻，工信部于2011年9月至2012年2月，围绕"转方式，调结构，实现两化深度融合良好开局"的主题，分别在重庆、上海等城市开展"两化融合"深度行系列活动。中心积极配合市经济信息化委，参与承办上海"两化融合"深度行活动，开展"两化融合"示范项目评优、数字园区的评估和认定等工作。

测试服务：2011年完成工业软件公共测试与验证平台及网站的搭建，扩充了嵌入式软件测试环境，包括嵌入式软件代码规则扫描、静态质量度量、单元测试和系统测试环境。在工业软件公共测试与验证平台建设过程中，通过深入行业领域，中心积极开拓工业软件测试宣传推广服务。截至2011年年底，共完成工业软件成果鉴定41个，工业软件系统验收项目24个，其中包含重大核高基项目2个。服务行业遍布装备制造、轨道交通、汽车电子、船舶制造、航空航天、智能电网、化学医药、钢铁和节能环保、轨道交通等领域。2011年还面向工业企业开展了质量保障工作，服务企业包括上海汽车集团、中国商用飞机有限责任公司和通用汽车集团，为客户建立起质量保证体系框架、第三方质量保障实施方案，帮助客户提高体系质量。

（曹惠芳　王颖东　朴希望）

**【复旦大学推进信息化与工业化融合研究中心】**

2011年度，复旦大学推进信息化与工业化融合研究中心作为上海市推进"两化融合"四大研究中心之一，紧紧围绕"两化融合"主题，开展了多项工作。

**编写《2011"两化融合"发展报告》** 《发展报告》分为实践篇和成果篇，简述信息化与工业化融合发展现状以及发展水平的评估，并结合重点行业、区县及产业园区的具体情况来论述"两化融合"的发展情况，并对次年的"两化融合"发展进行了展望，分析了"两化融合"的特点、机遇和挑战。而成果篇，针对"两化融合"的理论研究成果、技术攻关成果以及项目应用成果等进行了论述，充分体现了本市"两化融合"的特征，四大研究中心和十大重点实验室的具体工作等。

**编写《上海市信息化与工业化融合研究成果汇编》** 《成果汇编》结合了区县、重点产业以及产业园区的研究分析，从概念到发展情况分析，再到现状分析以及对未来工作的展望、政策建议等。上海信息化与工业化融合四大研究中心在理论和技术研究方面为成果展示提供了有力的支撑。通过加强科研院所与企业的沟通，推动信息化领域新技术等方面的应用和产业化。本书围绕"两化融合"选中的重要产业门类，以关键信息技术和共性解决方案为切入点，开展相关技术研发和攻关项目，从十大重点实验室中选择几个重点实验室2011年的重点攻关项目来论述研究成果。书中还论述了2011年支持项目的跟踪评估情况，具体内容由互联网中心提供，主要从后评估的角度来审视上海市在推进信息化与工业化融合工作的具体成效。

**编写《上海市企业信息化与工业化融合实践与探索》** 本书从信息化与工业化融合的概念出发，对信息化与工业化融合的内涵和外延进行了深入阐述，借鉴国外信息化与工业化的状况，结合中国企业现状，提出了中国信息化与工业化融合的具体步骤和实施方法。具体阐述了上海市10大行业19家企业的信息化与工业化融合的过程及经验，通过案例研究，归纳了企业实施信息化与工业化融合的规律，展示了信息化与工业化融合为这些企业在相应领域内不断创新提供动力，为其他企业的具体实施提供借鉴，也对政府制定相关政策提供了很好的启示。

（俞东慧）

**【上海交通大学推进工业化与信息化融合研究中心】**

理论技术研究 2011年，上海交通大学推进工业化与信息化融合研究中心主要围绕"产品研发设计与信息化融合"及"数字化工厂体系研究与典型案例分析"两个主题开展工作。

一是产品研发设计与信息化融合。针对产品研发设计信息化需求，重点围绕“产品研发设计与信息化融合”开展深入的理论、方法与应用的研究，主要包括产品研发设计创新体系、模块化产品开发理论与方法、精益产品开发方法与技术、供应商协同产品开发技术、产品型谱管理技术、精益产品创新管理技术、新产品研制供应商协同项目管理等。

二是数字化工厂体系研究与典型案例分析。针对国内企业数字化工厂建设现状，重点围绕“产品研发设计与信息化融合”开展深入的理论、方法与应用的研究，主要包括研发设计与创新、生产与运营管理、物流与供应链管理、产品与客户服务、智慧工厂总体架构。为企业的数字化工厂提供理论支撑和实践经验，并通过向数字化工厂的转变不断提升企业竞争力和利润水平。

**围绕“两化融合”项目** 一是民用飞机产品单一数据源建设。针对中国商用飞机有限公司现有 ARJ21 型飞机仍需提升的问题，进行单一数据源规划建设。力图消化和借鉴波音（含麦道）的产品数据管理的原理、方法和实践，为中国民航飞机走出一条产品数据管理的新路。

二是企业信息化发展规划。就企业信息化方面作了完整的调研分析，包括企业信息化现状，系统实现的平台、工具、国内外企业最佳应用实践、后续发展趋势等。如根据上海泛亚汽车研究中心多元客户环境下关于“企业信息化”方面存在的问题，提出相关实施建议。根据光明集团“企业信息化”方面的发展现状，设计其后续发展规划。

三是数字化客户服务平台技术研究。针对中国商飞上海飞机客户服务有限公司现状，进行数字化客户服务平台技术研究，力图为中国民航飞机走出一条客户服务的新路。

四是现代化生产基地发展蓝图规划。结合油墨生产企业面临的行业特点、产品特点和市场未来发展变化的趋势出发，勾勒出以精益化、智能化、数字化、低碳化为特征的生产基地建设蓝图，为企业未来发展指明了方向，并初步制定现代化生产基地发展蓝图的实施步骤。

五是基于 B－BOM 的民用飞机制造物联网应用解决方案预研。飞机申请适航证，必须提供完整清晰的 B－BOM，并且要与 E－BOM（CAD 生成的设计物料清单 Engineering Bill of Materiral，简称 E－BOM）、M－BOM（ERP 系统使用的制造物料清单 Manufacturing Bill of Materiral，简称 M－BOM）相一致，在充分分析民用飞机制造过程的复杂性和控制安全性要求的基础上，提出了以 RFID 为关键应用技术的基于 B－BOM 的民用飞机制造物联网应用解决方案，并展开相关关键技术的预研工作。

六是基于 RFID 的仓储智能化管理应用解决方案预研。以钢铁物流服务为背景，研究工业化和信息化融合过程中基于 RFID 的智能化仓储物流管理技术，通过将 RFID 技术应用于智能仓储、物流配送、过程监控等的各个环节的应用，构建基于 RFID 的智能化仓储管理系统，并对新技术条件下的物流服务模式进行研究，借此进一步改善企业经营状况，提升企业的持续盈利能力。

七是胶印自动化灌装生产线研发制造。依据中钞油墨有限公司需求，进行胶印自动化灌装生产线研发制造，该生产线的研发成功将有效提高企业生产自动化程度，提高企业的生产效率。

八是新产品研制项目管理流程设计。依据中国有色（沈阳）机械有限公司需求，进行新产品研制项目管理流程设计，提高新产品研发项目。减少了新产品研发项目的流程，缩短了新产品项目研发周期，大大提高了产品设计质量、制造质量、采购质量、安装质量和使用与后期服务质量。

（明新国）

**【同济大学“两化融合”研究中心】** 同济大学“两化融合”研究中心聚焦节能减排、安全生产、产品创新研发三个方面展开信息化与工业化的深度融合研究，形成了具有自身特色和研发优势的技术创新体系，在关键领域获得以工业软件系统为核心的一批自主知识产权。与上海市重型装备、石化、钢铁等制造行业中具有能源密集型、安全生产需求高、复杂产品创新设计要求高的典型企业建立了产学研用合作机制，为研究中心理论与技术成果的深度应用提供了实施平台，并取得了显著成效。

**理论与技术研究内容** 一是“两化融合”促进企业生产制造过程节能减排共性关键技术创新。面向重型装备、石化、钢铁等典型能源密集型制造企业，对企业生产过程能源综合优化、生产与能源耦合系统分析、企业能效综合评估、面向企业节能潜力分析的数据挖掘、企业能源管理等节能减排共性关键技术展开深入研究，提出了“两化融合”促进企业节能减排技术框架与实践导引路径。并在此基础上进行技术的深度应用，实现了从企业局部示范环节到企业全局、企业到集团、集团到行业、行业到区域的逐步推广工作。

二是“两化融合”促进企业安全生产共性关键技术创新。以“两化融合”促进企业安全生产为切入点，聚焦飞机制造等重型装备行业，重点围绕特种设备管理、人员生产安全管理、安全生产知识库构建、安全生产动态监测监控、安全事故应急管理、特种设备与安全人员及安全工作的协同管理、安全环保健康(HSE)、复杂装备安全生产综合管理业务分析与建模等关键技术，推进安全生产信息化技术的研究开发与应用，引导高危行业提高信息化水平，促进生产本质安全。

三是企业创新产品开发及绿色设计技术研究。围绕复杂产品创新设计中的多学科协同设计集成平台和产品绿色设计关键技术展开研究，开发了企业创新产品开发及绿色设计支撑环境系统，通过提供友好的绿色创新设计环境，加速复杂产品创新设计中的多学科协同优化设计进程，同时充分考虑到产品全生命周期内的能耗与排放，大大提高复杂产品的整体性能和可持续发展。

**产学研合作项目建设及其成效** 一是"两化融合"促进节能减排领域。研究中心重点在重型装备、石化、电力设备制造等能源密集型行业加强信息技术对生产制造过程节能减排领域的深度应用和推广工作，取得了显著成效。如上海氯碱化工股份有限公司下属电化厂通过对氯产品产业链实施生产过程能源综合优化与节能潜力分析技术，产品综合能耗降低了6.7%，排放总量下降了5.3%；中国商用飞机有限责任公司实施以精细化的生产与能耗模型为基础的民用飞机生产能源综合管理系统，提高了企业综合能源管理水平；上海正泰电气有限公司建立了包含产品设计、生产全过程的绿色制造系统，通过高压/超高压系列变压器设计制造一体化能源综合优化系统的应用，实现了变压器产品综合能耗下降5%以上，排放降低5%以上；作为上海制造行业的典型用能大户，上海重型机器厂有限公司通过信息技术对生产制造过程节能减排的深度应用，实现了企业冶铸、锻造、热处理和机械加工全流程的能源综合优化，明显降低了企业单位产品的综合能耗水平。

二是"两化融合"促进安全生产。研究中心与上海大型制造企业进行产学研合作，共同开展"两化融合"促进安全生产领域的技术研发和系统实施。建立了《大型制造企业安全生产综合管理技术框架》，并开发出工业软件"大型制造企业安全生产综合管理系统"，该系统是企业"两化融合"促进安全生产的有效平台。此外，系统还能提供企业事故预防知识、辅助企业实施安全生产培训和应急演练。研究中心为中国商用飞机有限责任公司定制实施的"民用飞机生产安全综合管理系统"已经投入企业实际运行，有效提升了中国大型飞机研制的安全生产管理水平，保障了支线飞机和大型客机的顺利研制与交付。

三是"两化融合"促进产品创新研发领域。通过发电设备产品创新开发工程分析环境系统在上海锅炉厂有限公司景德镇电厂CFB(循环流化床技术 Circulating Fluidized Bed，简称CFB)锅炉和河北唐山开滦电厂CFB锅炉产品研发中的应用，实现了规范化的产品设计分析开发管理模式，为高参数、大容量电站锅炉产品的设计分析提供了有效的支撑环境和管理手段，提高了企业产品的研发效率和研发管理水平，节省了人力与物力资源，为企业创造直接经济效益达960万元人民币。上海鼓风机厂有限公司将发电设备产品创新开发工程分析环境系统应用于高温气冷堆核电站氦气压缩机组产品的研发过程中。通过系统应用，提高了工程分析效率15%以上，提高了面向项目的工程分析的精细化管理水平，企业的工程分析知识得到了沉淀、共享和重用，节省了人力与物力，为企业创造了直接经济效益。

（王 坚）

## 重点实验室

**【网络化集成控制技术重点实验室】** 2011年网络化集成控制重点实验室围绕着网络化控制系统、智能家居系统、智能电网用户端能源管理系统、物联网系统进行了多项新技术的攻关和新产品的开发。网络化控制方面重点完善了PLC(可编程逻辑控制器 Programmable Logic Controller，简称PLC)产品系列，研发中小型PLC、支持CANopen(控制局域网高层通讯协定 Control Area Network open，简称CANopen)、Modbus/TCP(Modbus传输控制协议)、EtherNet/IP(以太网协议)主、从站通信。智能家居方面进一步完善系统性能，针对第一代智能家居系统进行固化定型，完成了手持移动设备软件(iPhone/iPad/魅族)、GMS(全球移动通信系统 Global System For Mobile Communication，简称GMS)短信控制、玻璃面板系列终端产品、中央空调终端控制器等产品的研发，承接了尼塞拉、沁科、康泰等多个工程项目和集团公司内部示范项目。智能电网用户端能源管理系统方面修改并形成了以用户端综合管理平台为核心，包括智能配电、能源管理、智能楼宇、分布式能源等子系统的智能电网用户端系统框架，研发了包括PMU(电力系统同步相量测量装置 Phasor Measurement Unit，简称PMU)设备及能源管理软件的智能电网产品，开发了智能电网用户端综合能源管理软件，重点突破了相量检测、时间同步、网络通信等多项智能电网用户端的核心技术。物联网方面，在嵌入式软、硬件开发、RFID、无线传感网等技术上进行技术储备，并针对感知层关键技术开展研究，研发了系列前端产品。

（蔡忠勇）

**【工业过程测控技术重点实验室】** 2011年，工业过程测控技术重点实验室围绕自身测控技术的优势，通过关键技术的研发和应用，带动了一些产业的联动发展，为其加快产业转型发展、结构调整提供有力的技术支持和保障。首先，重点打造面向工业过程测控技术的工业嵌入式软件测评服务平台，建立起工业软件试验与认证的标准，同时摸索出一条软件测试的基本模式，工业软件测评软件技术取得长足进步。其次，建立起智能排水综合性管理平台，通过利用计算机信息技术对排水系统中的数据进行全面采集、数据分析，从而对调度系统提供更加完善和全面的信息，该套系统大大提升了数据与信息的处理分析能力，优化生产管理调度方案，实现生产管理系统的全面智能化。

（卞爱民）

**【冶金生产过程自动化技术重点实验室】** 上海宝信软件作为上海市"两化融合"冶金生产过程自动化技术重点实验室，2011年做了以下五点重点工作。一是宝信体验中心正式对外开放参观和体验，集中展示和推广"两化融合"成果，共计1 000多人次参观体验，单位涉及工厂、学校、研究所及政府单位。二是建立和运行系统集成实验室，成功搭建云虚拟环境，为宝信工业软件的研发和工程项目的使用打好基础。三是面向冶金行业应用的可配置MES（制造执行系统 manufacturing execution system，简称MES）平台及具有全流程优化管控关键技术的冶金行业MES软件产品项目基本完成，申请了一项发明专利，获得三项软件著作权，完成三项软件产品登记，项目成果已经在10余家企业得到成功应用。四是与上海大学合作开展"造船MES"项目，成功研发应用于包括造船行业在内的MES软件产品，具有工厂建模、质量管理、绩效分析、生产管理、物料管理等功能，在江南造船、二重、电气集团等6家造船行业及装备制造企业得到示范应用。五是开展工业软件新技术仿真技术探索，通过以炼钢—精炼—连铸生产过程为对象，进行较为深入仿真技术的研究。

（吴毅平）

**【电驱动及控制信息技术重点实验室】** 2011年，上海电气中央研究院电气传动室作为上海市推进"两化融合"重点实验室，紧紧围绕"两化融合"主题，重点开展了以下工作内容。一是推进电机驱动器（变频器）开发研制工作，开发完成永磁同步电机驱动器（带位置传感器），已成功地为上海江宁机床设备有限公司、上海仪表机床厂等10多家数控机床上用作进给传动的配套。二是工业控制软件平台产业化推进工作。作为工程自动化系统集成关键软件，研发NetControl（控制网系统）组态软件，主要应用于轨道交通、机械制造等工业自动化监控系统，已计应用近30套，取得很好的经济效益。三是智能控制器等自动化基础产品开发及产业化。完成智能控制器软硬件平台研制工作，并于2011年7月通过了工信部对该项目的中期检查。现以此技术平台为依托，已初步完成了印包机械、磨煤机等设备专用控制系统研发配套工作。四是继续以支撑项目发展所需，推进技术开发、测试、试验平台建设。继续完善电力电子及电力传动开发技术平台、控制系统开发平台、试验与测试平台等各实验室平台的功能。

（齐　亮）

**【汽车先进技术现实及虚拟的开发和应用重点实验室】** 2011年，泛亚深入实施"两化融合"重点实验室项目，整车虚拟技术研究团队统筹多方资源，对重点的虚拟技术能力进行识别，同时公司投入了可观的人力和财力进行攻关，取得了阶段性的成果。在新赛欧、新豪华商务车、宝骏等诸多重量级产品的自主研发过程中，"两化融合"重点实验室项目的建设效果得到了广泛应用和检验。泛亚也以此为契机，形成了强大的CAE（计算机辅助工程 Computer Aided Engineering，简称CAE）虚拟技术研究团队，也搭建了强大的计算机软硬件计算平台，为整车的低成本和高质量开发提供了很好的技术基础。首先，泛亚虚拟技术研发团队完整地运用整车虚拟样车开发评审流程，采用创新的虚拟分析方法和手段，不断提升了整车的分析能力。其次，在整车开发前期，通过对整车安全性能进行虚拟分析和研究，将主动安全技术和被动安全技术的研究成果应用到新产品的开发过程中，在整车的振动噪声分析中，通过运用虚拟分析手段识别高中低不同频率段的声音来源，满足客户对于低噪声的期望。再次，对整车的结构可靠性、耐久性、安全性做出前瞻性的预测，保证整车架构、软模和硬模的设计数据发布的准确性，在后续的物理验证中，可以减少甚至取消部分物理试验，并大幅度地降低物理试验失效的风险，保证整车开发和验证的进度，确保顺利投产。

（郑立强）

**【工业领域高性能计算应用重点实验室】** 2011年，本实验室开展的工作主要面向四个方面，并各自取得了不少成果。一是提升和完善面向工业企业的高性能计算应用服务建设。为宝钢和上汽等工业用户内部计算资源整合和再分配提供咨询建议，与中航商用航空发动机有限责任公司建立了上海超级计算中心商发分中心，部署了高性能计算资源平台并投入使用，部分工业仿真前后处理模块实现了远程可视化操作。二是高性能计算仿真平台和工业社区的升级和完善。工业社区项目Xfinity系统平台主要完成了四个版本的开发测试工作，对Xfinity软件整体架构进行了优化，修复了很多早期版本在运行过程中发现的bug，部署运行的各类工程计算计算软件总计达到三十个。三是基于GPU(图形处理器Graphic Processing Unit，简称GPU)的高性能并行计算技术研发。开展GPU异构平台上的基准性能测试，着力解决并完成格子玻尔兹曼LBM算法在CPU+GPU集群上的移植等并行计算实际工作。四是工业仿真云计算平台综合技术研究和探索实践。调研了上汽、核工院等代表的工业用户实际应用需求和企业现有计算平台情况；上海超算中心“魔方”计算机现有集群中抽取了数十个胖节点组建新的机群环境，并部署实施部分工业仿真应用软件；与微软合作开展了集群代理软件的开发、测试与部署。

（李根国）

**【民用飞机数字化协同研制与服务重点实验室】** 2011年，“两化融合”实验室紧紧围绕两型产品数字化研制生产的信息化需求，取得了重要进展。一是民用飞机数字化研制设计项目研究。大型客机产品数据管理和协同研制平台主要完成供应商协同研制环境项目并通过验收；ARJ21新支线飞机数据管理平台完成对原系统优化升级，实现了三大中心新支线数据管理平台系统的融合和数据平台的共享。二是民用飞机数字化总装制造项目研究。大型客机制造执行系统(MES)实现对M立方系统核心业务的重构，解决系统松散、并发性能不过硬、数据备份不完善等问题；制造过程质量管理系统打通了制造过程质量管理中故障拒收报告的工程处理部分。供应链管理系统实现材料需求管理、订单管理、合同管理、运单管理、采购收货管理、库房管理、配送管理、物料跟踪管理。测量设备管理系统系统实现了对测量设备、测量业务的管理。三是民用飞机数字化客户服务项目研究。初步建成实时、异地、协同的数字化客户服务体系，数字化客户服务系统门户平台上线运行，为C919大型客机项目数字化客户服务系统开发和技术研究奠定了良好的基础。

（李云峰）

**【海洋重工装备工程研制信息化重点实验室】** 2011年工作主要围绕海洋重工装备300英尺水深自升式钻井平台，开展了信息化平台补充建设，完成专注于海洋工程结构物的水动力、结构、立管及系泊系统分析的软件Sesam的引进，和原有的总体性能分析软件NAPA、结构有限元分析软件、结构有限元分析软件、机构运动仿真软件和三维设计建造软件等形成了较为完善的钻井平台设计分析的软件环境。开展了集装箱自动化码头核心技术、集装箱码头全电力装卸工艺、深水动力定位系统集成技术、自升式平台升降系统、抛石整平船控制监测一体化管理系统等重要项目的建设。

（王　宁）

**【煤化工企业能源优化信息技术重点实验室】** 根据2011年度工作计划安排，本试验室在能源优化信息技术平台方面的研发取得重要成果，主要完成生产装置自动化控制系统新建和改造以及对生产工艺、设备运行数据的采集、煤化工工艺生产过程模拟仿真培训系统、生产调度预警及应急预案处置系统、甲醇装置全局性生产流程的物料平衡建模、基于MES的企业生产信息门户平台等功能投入实际运行。一是“煤化工企业能源优化信息技术”项目进展情况。针对生产装置自动化改造以及数据的采集工作已在今年上半年全部完成，增加完成了对大宗原辅料皮带秤计量数据的采集，为建立基于生产工艺流程过程的能耗实时监控和物料平衡优化模型建立了基础，建立甲醇装置全局性生产流程的物料平衡、实时能耗建模及监控管理，完成基于MES的企业生产信息门户，建设煤化工工艺生产过程模拟仿真培训平台，建立设备点巡检系统。二是推进集团内部信息化服务队伍和信息化服务业务整合。组建华谊信息技术有限公司，将原来的信息化队伍和业务整体划转到华谊信息公司。

（李　锋）

**【PDM平台开发技术重点实验室】** 2011年，本试验市重点围绕电梯产品数据管理、产品开发、工艺技术等方面，进一步完善PDM(产品数据管理Product Data Management，简称PDM)平台架构。一是平台技术的研究针对电梯产品的技术特点，总结了三个平台的技术，提出了基于PDM系统的开发模型，即产品开发平台和产品数据管理平台及工艺技术平台。二是电梯产品开发平台的组成。产品开发包括电气驱动设计、控制系统设计、PCB(印刷电路板 Printed Circuit Board,简称 PCB)设计、传动设计、机械设计、装潢设计、CAE 仿真分析、电梯管理软件设计等八个专业子系统组成,根据电梯行业标准和企业设计规范形成了各个专业的设计子系统。三是产品数据管理平台,主要包括 BOM 管理、配方管理、技术文件管理、图档管理的功能。通过产品配置书,能够查询、统计各类与图号(物料)相关的图纸、文件、工艺等信息。图档管理支持各种版本产品数据的管理和收发。四是工艺和技术平台。包括机械工艺、电气工艺、工时计算、材料定额、CAM(计算机辅助制造 Computer Aided Manufacturing,简称 CAM)仿真管理、NC(网络计算机 Network computer,简称 NC)程序管理、刀具管理、工装技改设计、基数据管理等功能和子平台。流程支撑产品工艺的流转和反馈,一直到工艺和相关信息全部完成,提交图档管理。

(孙　华)

# 四、“两化融合”实践区

2011 年,上海的“两化融合”推进工作继续向区县层面延伸,在原浦东、松江、宝山、杨浦四个“两化融合”实践区的基础上,认定闸北区为本市“两化融合”实践区,重点围绕信息化公共服务平台开展具体实践工作。各实践区工作成果显著,有力支撑和带动了全市“两化”深度融合。

## 浦东新区

**【夯实“两化融合”基础】** 一是争取国家和上海市的支持。获得“国家电子商务综合创新实践区”、“上海市软件和信息服务产业基地”、“上海市物联网产业基地”、“上海云计算服务创新示范区”等多个批复。二是明确组织推进机制。建立了上层由浦东新区信息化领导小组领导决策,中层由浦东新区经济和信息化委员会行使职能,基层由各单位分管领导、综合部门和专业人员组成的工作小组。三是研究制订相关产业规划、计划。出台了《智慧浦东建设纲要》,印发了《浦东新区推进电子信息制造业高新技术产业化行动方案》、《浦东新区推进软件和信息服务业高新技术产业化行动方案》两个产业行动计划。四是完成两个产业研究报告。完成了《年浦东新区软件和信息服务业发展报告》和《浦东新区电子信息制造业发展报告》。

**【完善“两化融合”支撑体系】** 一是加快建设信息化基础设施。浦东新区主干光缆总长达到 10 000 公里;城市光网覆盖用户 40 万户,覆盖率达到 29%,基本建成覆盖全区重点区域、重要场所的 3G 网络,无线基站从 800 多个增加到 1 700 多个,WiFi 热点覆盖达到 1 275 个。二是发布专项规划、计划。浦东新区率先发布《浦东新区推进物联网发展行动计划》、《浦东新区推进电子书产业发展行动计划》。三是构建社会信用体系。发布《浦东新区企业社会责任导则》,在政策、企业和社会三个层面上,整合企业社会责任征信资源,定期发布社会责任报告。

**【突出“两化融合”重点】** 一是开展智慧园区、智慧社区建设试点,确定 2 家园区和 5 家社区为建设试点单位。二是推动钢铁、生物医药等重点行业持续前进。在钢铁行业,以西本物流、锦商网、东方钢铁和我的钢铁网为核心,有效服务于钢铁产业链上的中小企业;在生物医药行业,以张江生物基地公共服务平台为依托,打造“张江药谷”品牌,形成了良好的创新创业环境。三是推动重大项目落地。组织钢铁、物流、电子商务等领域 8 家企业进行“上海市‘两化融合’示范项目”申报;完成“上海市云计算服务创新示范区”申报工作;2 个项目获“上海市高新技术产业化重点项目”支持。

**【建设国家电子商务创新实践区】** 一是建立机制。上海市经信委和浦东新区人民政府共同设立了“国家电子商务综合创新实践区”建设联合领导小组;市商务委和浦东新区政府正式签署了《共同推进浦东新区商务发展战略合作协议》。上海市和浦东新区共同推动设立“上海电子商务创新联盟”。二是全方位推进。支持上海文化产权交易所打造全国第一个文化产权交易电子商务平台,探索推动互联网诚信安全服务平台的推广应用模式和路径,推动电子商务在农产品、煤炭交易等领域的创新应用,推广移动电子商务。

**【加强社会领域信息化资金管理】** 一是及时出台社会领域信息化资金管理政策。发布了《浦东新区社会领域信息化资助资金操作细则》、《浦东新区社会领域信息化资助资金申报指南》、《浦东新区社会领域信息化资助资金申报指南》。二是将IT治理融入项目管理。在资金管理、项目管理中不断强化IT治理理念,加强管理项目受理、过程跟踪、验收检查等各个环节,聘用第三方机构对项目成功度、效果认同度、项目管理成熟度等方面进行审计。

**【营造“两化融合”发展环境】** 一是开展研究、培训等工作。“两化融合”人才培训316人,通过补贴费用的形式,吸引企业参加COBIT(信息技术控制Control Objectives for Information and related Technology,简称COBIT)、ITIL(信息技术基础架构库Information Technology Infrastructure Library,简称ITIL)等项目管理培训,提升企业信息化管理水平。二是召开“2011年中国(上海)制造业信息化论坛”,围绕“两化融合”推进的热点,结合制造业企业转型的具体需求,推动信息化在制造业企业的深入应用。

(周沈斌)

## 宝山区

**【信息化促进节能减排】** 信息化促进节能减排是宝山区推进“两化融合”的一项重要工作。2011年,通过与上海交通大学、同济大学等单位合作,深入调研分析华润雪花啤酒、景峰药业等能源密集型企业,分析信息化促进节能减排的典型案例,完成了《信息技术促进区域性节能减排的具体实施路径、机制和方法研究》,形成政府、企业、社会利用信息技术促进节能减排的具体实施路径、方法和关键节点,提出了切实可行的扶持政策建议。同时,于2011年9月承办了上海市“两化融合”促进节能减排高级研讨会,积极探索“两化融合”促进节能减排的有效途径,努力增强区域可持续发展能力。

**【建立企业“两化融合”引导工程】** 通过政府各部门、各街镇园区、行业协会推荐,企业自荐和各种调研掌握的情况,建立了宝钢设备检修、标五紧固件、景峰药业、淘大食品等50个“两化融合”项目储备库,初步构建产业、企业和项目三层面相结合的“两化融合”示范体系。2011年,上海中国弹簧制造有限公司“运营管理和控制信息平台”、上海标五高强度紧固件有限公司“上海紧固件供应链服务平台”、华润雪花啤酒(上海)有限公司“能源计量管理信息系统”被评为上海市推进信息化与工业化融合示范项目。

**【深入开展“两化融合”人才培训工程】** 2011年,宝山区针对中小企业管理者和技术人员的实际需求,分类别、层次举办“两化融合”专题培训班,完成了500名专业人才培训。培训突出针对性和实效性,既安排理论授课,也组织企业到上海市工业软件体验中心、上海大众汽车制造数字化工厂等现场学习实践。搭建平台让企业和信息化的“前沿阵地”直接对话,学习借鉴先进的信息化建设理念、思路和实现路径,从而与企业的发展有更好的结合,逐步激发企业内生动力,推动信息技术在企业研发、设计、生产、管理和流通等环节的广泛应用。

**【完成区域“两化融合”发展水平评估】** 为全面掌握“两化融合”发展现状、制定有针对性的推进措施,宝山区信息委与上海市互联网经济咨询中心共同开展了发展水平评估工作。评估以制造业为重点,围绕金属结构、机械、紧固件和弹簧、通信传输设备等制造企业,发放调查问卷600多份,收回163份,并形成了《宝山区中小企业“两化融合”调查情况报告(2010年)》。调研结果为下一步推进宝山区“两化融合”实践区建设,提供了较好的现实支撑依据。

**【建立“两化融合”服务体系】** 一是建立一支高水平的专家队伍。选聘形成了宝山区信息化带动工业化专家组,针对重点行业和企业的需求,开展技术咨询、关键和共性技术协同研究等工作。二是培育服务信息化带动工业化的专业中介机构。依托复旦软件园、智力产业园、重点软件和信息服务企业和上海大学等单位,搭建信息技术企业与传统行业、传统企业互动交流、项目对接的工作平台,让企业自主选择必要的技术支持单位或服务机构,降低了信息化建设的成本和风险。

**【完成中小企业公共信息服务平台课题研究】** 为了给中小企业提供从创立、成长到转型发展的生命周期内各项经营与管理服务,降低中小企业运行成本,2011年,宝山区完成了中小企业公共信息服务平台研究。深入研究了中小企业公共信息服务平台建设内容、主要功能、保障措施和监督机制等,形成平台日常运行外包服务机制,以便更好地为企业提供服务。

(林必德)

## 松江区

2011年,松江区在上海市经济和信息化委员会的关怀和指导下,在区委、区政府的正确领导下,围绕工作要求和年初工作计划和“四个一”(即培训一批企业信息化骨干及政府管理人员、扶持一批企业的“两化融合”项目、树立一批推进工业化与信息化融合的先进示范企业、制定一套符合区域内“两化融合”发展特点的相关配套政策)的工作目标，积极探索，使“两化融合”工作得到稳步推进。

**【完善“两化融合”支撑体系】** 将编制完成的《松江区主要区域信息基础设施总体规划》与《松江新城总体规划修改(2010—2020)》的要求进行对接，编写了《关于加强信息基础设施规划建设管理的实施意见》，纳入松江区总体规划，与城市发展同步规划、同步建设，以规范管理松江区信息基础设施建设。建设完成“松江区信息基础设施管理平台”，构建“城市光网”，提升网络宽带支撑能力。现已覆盖小区324个，覆盖用户数达到26万余户，入户数9万余户，基本建成覆盖全区重点区域、重要场所的3G网络WiFi热点1 062个。并协调共享基站建设，解决了部分区域信号覆盖薄弱问题，有效改善企业信息通信服务环境，降低了网络使用成本，引导企业走信息化发展道路。

**【加大对企业的扶持力度】** 一是为营造有利于松江区科技创业和创新发展的外部环境，为创业苗圃、科技创业孵化器、科技企业加速器等创新载体的健康发展提供制度保障。2011年松江区制订了《松江区关于鼓励和促进科技创业的实施意见(暂行)》。《实施意见(暂行)》承接了国家、市两级政策，明确了科技创业范畴和主要目标，对科技创业的人才、载体、资金等创业关键要素进行了聚焦。二是修订《松江区中小型企业创新资金管理办法(修订)》，并明确了区科委为创新资金政策实施和管理的主体。三是为加强政府与松江大学城各高校之间的联动，提升大学生创新创业意识和能力，搭建政产学研用的服务平台，编写了《大学生创业政策与服务手册》。系统梳理创业培训补贴、创业场地租赁、创业融资、天使基金申请、企业注册登记、企业税收减免等方面的政策。四是重点围绕改造提升传统产业，推动制造业信息技术的集成应用，用信息技术促进生产性服务业发展，提高信息产业支撑融合发展的能力，加快走新型工业化道路步伐，促进工业结构整体优化升级。区科委(信息委)按照市经信委的要求，会同区经委、区财政局等部门深入调研，制定了《松江区信息化和工业化融合专项资金暂行管理办法》，设立专项资金。

**【深入开展调查研究】** 以多种形式组织开展了以高新技术企业、小巨人企业、民营经济企业、专利企业为基础的企业调研，形成“两化融合”企业库。调研通过点面结合的方式，点上重点调研了区高新技术企业、小巨人企业的信息化建设情况，面上调研了区中小企业、工业企业的信息化基本情况，全面了解和掌握工业企业的整体经营、发展现状、内部信息化建设水平。积极完成了2010年松江区“两化融合”水平评估。共收到有效问卷157家，其中大型企业34家，中小企业123家，主要分布于装备、信息等产业领域。

**【开展培训宣传】** 企业信息化建设的主体是企业，引导企业开展“两化融合”工作，提升企业综合实力，是一项长期而艰巨的任务。两年来，松江区结合科委其他政策宣传，通过专题报告、政策宣讲、企业沙龙、企业座谈等多种方式积极开展“两化融合”培训，培训达500人次，涉及企业近200家，企业信息化的意识有了一定的提高，企业了解政府有关政策的途径也有原来的被动接受转变为主动咨询。

**【扶持企业开展“两化融合”工作】** 为了进一步推进松江区的“两化融合”，重点围绕改造提升传统产业，推动制造业信息技术的集成应用，用信息技术促进生产性服务业发展，提高信息产业支撑融合发展的能力，加快走新型工业化道路步伐，促进工业结构整体优化升级。区科委按照市经信委的要求，会同区经委、区财政局等部门深入调研，制定并由区政府办公室转发了《松江区信息化和工业化融合专项资金管理暂行办法》(沪松府办〔2011〕60号)，设立专项资金，具体扶持松江区中小企业开展“两化融合”工作。

**【引导企业开展信息化建设】** 按照上海市信息化专项资金及区“两化融合”专项资金管理办法的要求，在充分宣传政策的基础上，积极组织企业申报市、区两级“两化融合”专项资金，充分发挥政府资金杠杆作用，引导企业开展企业信息化建设，累计扶持企业开展信息化项目建设资金总额690万，企业项目总投资近1.5亿元。后续将做好市、区项目的申报、评估，做好项目资金的管理和跟踪验收工作。

（胡　伟）

## 杨浦区

2011年，杨浦区紧紧围绕国家创新型试点城区建设，以《上海市推进信息化与工业化融合实践区2011年工作指导计划》的要求为着眼点，积极对接市级产业示范工程和项目，完善区域创新服务体系，充分发挥区域科教资源集聚优势，推进杨浦“两化融合”实践区建设。

**【加快高科技园区信息化建设】** 结合上海“智慧城市”建设要求，加快环同济设计产业基地、科技创业中心等信息化建设。在推动网络基础设施升级改造的同时深化信息技术应用，探索物联网、云计算等新兴信息技术在产业园区管理服务中的应用。开展区域内12家科技园区信息基础设施及公共服务平台摸底调查，掌握园区信息化建设基本情况；加强与通信运营商的合作，实施数字园区信息化工程，对创智天地、财大科技园、城市概念园区等实施移动网络、光纤网络、无线宽带网络3A接入，在科创中心、高科园区开展信息化巡演活动；探索园区信息化建设扶持政策，聚焦区域内科技园区、经济园区、商务楼宇，草拟《关于优化杨浦区商务设施通信环境的实施意见》及专项资金管理办法，在支持园区通信环境改善、园区综合服务信息化平台建设、通信基础设施共建共享试点等方面做出尝试。

**【依托创新试点城区建设推动产业发展】** 结合国家创新型试点城区建设，利用信息技术实现产业应用为抓手，促进产业转型升级，推动产业集聚发展，努力实现“做大做强优势产业，培育发展新兴产业”的目标。加快发展电子信息产业，打造以创智天地为核心的辐射江湾五角场地区的高新技术产业集群，年内引进IBM、卡巴斯基、中国电信互联网部等重点企业。培育壮大战略性新兴产业，成立区战略性新兴产业联席会议；上海市物联网应用示范基地暨上海物联网科技园揭牌运营，物联网产业技术创新联盟不断壮大；“上海市云计算创新基地”建设顺利推进，云海创投基金管理公司和基地管理公司完成注册登记，“云海创投基金”已初步完成募集工作，启动创智坊7－7号“云海大厦”办公项目与展示中心项目建设，举办云海创新沙龙13期。推动创新平台建设，创建上海市数控机床优化技术专业技术服务平台、上海市集成电路失效分析专业技术服务平台等9个上海市专业技术服务平台。

**【探索产学研结合体制机制创新】** 围绕国家创新型试点城区建设，着力创新体制机制，重点突破制约产学研等各类创新要素充分融合与互动的瓶颈。一是区校联动实现深入对接，完善区校高层对接机制；建立区政府各职能部门、街道（镇）与高校业务处室、二级学院的工作对接机制；推进区校之间创新平台的对接机制。二是探索与科研院所、行业组织联动。与上海科学院、上海交通大学签订合作框架协议，推动实施智能公交电子站牌等应用示范项目。三是以行业龙头企业为依托，区所共建物联网科技园、上海电缆所科技园、上海仪器仪表所科技园，将科技园打造成承载产学研技术成果转化的平台，带动产业集聚发展。四是政府搭建交流平台，依托上海电缆研究所等国家技术转移示范机构、上海钢铁现代服务产业技术创新战略联盟等开展产业对接交流活动，年内举办了创新资源与金融资本项目对接会，高校团队与企业就物联网技术在智能交通、工程机械、嵌入式系统与服务等方面的应用进行互动交流。

**【深化“两化融合”实践区建设】** 加大“两化融合”宣传力度，发挥科技人才资源优势，为企业发展输送优秀人才，并利用“千人计划·海外精英与知识杨浦同行”等活动让海外人才了解杨浦的区情、发展规划及形态布局，服务实践区建设。配合开展“两化融合”发展水平指数评估工作，完成158家企业的调查问卷；对高校、科研院所、企业和创新人才进行科技创新资源摸底调研，结合杨浦实际开展“创新区域产学研体系建设、知识输出及企业应用的研究”的软课题；出台《2011年度杨浦国家创新型试点城区建设和发展专项资金项目指南》，80个项目通过评审和复审成为首批资助项目，资助金额3亿元；利用信息技术创新企业服务，实行网上科技创新政策推送服务。积极拓展实践领域，不断优化实践区综合环境。推进上海环保科技园建设，培育区域节能环保产业发展环境；湾区数字化产业园（杨浦）揭牌运行，借鉴湾区发展经验，推进高校、科研院所的科研成果、资源优势与产业发展结合；上海联合钢铁交易所、上海联合矿权交易所挂牌，汽车产业设计研究院等落户杨浦，为产业培育、推动企业发展创造有利条件。

（陆军霞）

## 闸北区

2011年，闸北区积极按照上海市“两化融合”实施意见的总体要求，结合区域产业和信息化特点，重点围绕“两化融合”相关服务与实践平台建设推进“两化融合”探索和实践，扎实推进闸北区“两化融合”实践区的建设，取得了良好成效。

**【实施顶层设计】** 为认真贯彻国家关于“信息化带动工业化，工业化促进信息化”的“两化融合”战略，推动闸北区“两化融合”实践区的建设。一方面根据区域实际情况，研究制定了《闸北区推进“两化融合”实践区行动方案》，明确工作目标、措施及内容；另一方面结合智慧城市建设工作，在制订《“智慧闸北”建设“十二五”规划》中将“两化融合”纳入智慧闸北建设的战略部署；同时，结合闸北“两化融合”特色出台了《闸北区政府关于云计算产业发展的若干扶持政策》，通过政府补贴的方式，加快闸北区软件和信息服务业发展，进一步鼓励和推动软件和信息服务业与闸北的传统工业、生产性服务业、现代服务业相融合，取得了明显的成效。

**【提升产业能级】** 闸北区作为上海市首个云计算产业基地和国产基础软件基地，以及国家服务业综合改革试点区域之一，为推进工业化与信息化“两化融合”奠定了良好基础，并进一步推动了闸北的产业结构调整，进一步促进了闸北产业能级提升。2011 年，实现区域重点领域高新技术产业总产值（含总营收入）527.34 亿元，同比增长 40.68%。其中软件和信息服务业领域总营收入 220.73 亿元，同比增长 41.97%，继续保持增速全市第一、总量首次进入全市第三；先进装备领域实现高新技术总产值 92.53 亿元，同比增长 29.65%；新能源产业领域，实现总营收入 64.21 亿元，同比增长 28.43%；新材料产业领域，实现总营收入 18.23 亿元，同比增长 40.07%；智能电网领域，实现总营收入 75.38 亿元，同比增长 25.14%；生物医药产业领域，实现总营收入 38.75 亿元，同比增长 55.17%。以金融服务衍生业、人力资源服务业和生产性服务业等为代表的现代服务业被确立为闸北下一步重点推进的新兴产业予以重点扶持和发展，在“十二五”期间将具有广阔的发展空间。

**【完善基础设施】** 在推进“两化融合”实践区建设过程中，一方面与中国电信、中国移动、中国联通签订了 2011 年合作协议，明确规定要通过基础网络提升和功能平台打造，着力推进“智慧闸北”信息化基础设施建设；另一方面在落实协议工作上，2011 年新增宏基站 30 余个，累计完成宏基站 290 个，新增 WLAN 热点覆盖 100 处，累计完成 700 处，覆盖闸北区域内重点商区、医院、宾馆及星级酒店、党政军机关、移动自由营业厅等重要区域和场所。完成各类光纤接入点 700 余个，商务楼宇光纤接入 100 余栋，居民小区光纤接入 50 余个。NGB 网络改造工程新增 10 万户，NGB 网络覆盖率达 64%。

**【推进新兴产业】** 闸北区认真贯彻落实国家和上海市发展战略性新兴产业的总体部署，一方面在云计算、物联网、智能电网、移动互联网、软件和信息服务业等新一代信息技术产业领域，对接国家重大专项，推进产学研用协同创新；另一方面不断地优化产业发展环境，提升新一代信息技术产业对经济社会发展的渗透作用，带动传统产业转型升级，为智慧城市建设提供技术支撑和产业保障。例如，2011 年入驻云计算产业基地的云计算及相关联企业已超过 100 家，总注册资本超过 15 亿元，总营收入超过 20 亿元；健康云项目和鼎捷中小企业云已申报上海市云计算示范项目。

**【创建平台项目】** 为进一步推动新技术应用，提升企业信息化水平，闸北区抓住上海首个云计算产业化基地建设契机，鼓励并推动企业为主导力量，建立了一批“两化融合”公共服务平台，例如“中小企业服务云”、“市北园区管理平台”、“分布式能源管理平台”。2011 年，鼎捷在中小企业软件服务领域开拓全新商业模式，全面提升客户竞争力，创造新的企业战略增长点，建设云基础平台、服务管理平台及云门户网站建设，推出以“管理精进云”为核心的应用服务。积极开展“两化融合”示范项目等的申报工作，龙创自控的“基于分布式网络的公共能源监测服务平台”获得上海市“两化融合”优秀项目奖，市北高新技术服务业园区获得数字园区授牌。

**【推动培训宣传工作】** 组织推进“两化融合”人才培训，依托高校、研究中心、园区及企业的培训资源，组织编写培训教材，围绕专利管理运用、公共服务平台建设维护等，大力培养各领域的骨干专业技术人才。组织召开软件信息服务业专利战略推进大会，企业知识产权管理工作研讨会、金融助力创新型企业发展座谈会等，着重强调“转型发展、创新驱动”的重要性、紧迫性，优化“两化融合”推进氛围。

（张秋波）

# 五、企业信息化应用

## 中国石化上海石油化工股份有限公司

**【概况】** 中国石化上海石油化工股份有限公司(以下简称"上海石化")是上海石油化工的主要生产企业，是中国最大的炼油化工一体化综合性石油化工企业之一，也是中国重要的成品油、中间石化产品、合成树脂和合成纤维生产企业。2011年，上海石化以"保安全、争效益，抓改革、强管理，调结构、促发展"为工作主线，全力保持生产经营安稳运行，全面推进"六期工程"建设，稳步促进体制机制改革，保持企业和谐稳定，圆满完成各项生产经营任务和目标。2011年，上海石化坚持信息化"六统一"原则，通过深化ERP(企业资源计划)、LIMS(实验室信息管理系统 Laboratory Information Management System，简称LIMS)应用，建设MES(生产执行系统)、APC(先进过程控制 Automatic Power Control，简称APC)系统，全面推进经营管理、生产营运、信息基础设施与运维三大平台建设和应用，加强系统集成，保障安稳运行，确保规范应用，为提升上海石化生产经营水平和核心竞争力提供了有效支撑。上海石化在中国石化集团公司2010年度企业信息化水平评价中列为A级企业，荣获中国石化集团公司"信息化先进单位"荣誉称号、"全国石油和化工行业"两化融合"优秀实践奖"。

(吕燕君)

**【MES系统应用成效显著】** 2011年11月17日，上海石化MES(生产执行系统)项目通过中国石化集团公司验收。MES是以生产物流管理为核心，集物料移动、生产调度、生产统计、能源管理、生产绩效为一体的生产营运指挥平台，项目覆盖上海石化所有生产和能源单位，使物料管理"日平衡、旬确认、月结算"，能源管理"日跟踪、旬平衡、月结算"；生产调度报表及时率提高1倍，完成物料平衡时间缩短20小时。MES的应用有效支撑上海石化统计、计量专业化重组，使生产核算及边界更加明晰。MES与ERP、实时数据库系统的集成，打通企业信息化三层架构主脉，实现管控一体化、数据同源，提高了数据采集和使用水平，使数据一致性得到保证。

(梅　松)

**【2号焦化装置先进过程控制系统投用】** 上海石化2号焦化装置先进过程控制系统于2010年8月开始研发，2011年5月正式投用。该系统包括支路平衡控制器、烟气氧含量控制器、主分馏塔控制器和吸收稳定控制器4个控制器以及柴油95%点、蜡油终馏点2个软仪表。系统投用后，在保证主要安全约束前提下，装置总液体产品收率提高0.51百分点，平均能耗降低0.512千克标油/吨，柴油95%点产品质量标准偏差减少30.69%，蜡油终馏点产品质量标准偏差减少47.68%，实现控制器自动调整处理量，自动控制烟气氧含量、焦炭塔预热以及主分馏塔切换过程，减轻操作人员劳动强度。

**【炼化一体化PPIMS模型系统投运】** 2010年10月上海石化启动炼化一体化PPIMS项目，2011年8月系统投入运营。项目覆盖上海石化生产装置和部分辅助生产装置系统，适用原料选购、装置负荷、装置边际效益、产品结构和炼油与化工之间的原料互供等方面优化，满足炼化一体化企业在原油及加工方案选择时"宜烯则烯、宜芳则芳、宜油则油"的要求，提高编制计划效率和科学性，实现炼化一体，整体效益最大化。

(吕燕君)

**【实时数据库系统完成升级改造】** 2009年12月上海石化启动实时数据库升级改造(二期)项目，并于2010年10月系统上线运行，在12月通过验收。改造后系统具有生产管理装置工艺流程图展示、投入产出实时展示、数据历史曲线、生产报表、报警信息查询、数据查询等功能，为生产执行系统(MES)、班组成本核算、生产运营实时监控与分析、中国石化生产营运等系统提供了生产数据支撑。

(顾士杰)

**【与中国移动通信集团签订战略合作框架协议】** 2011年10月28日，上海石化与中国移动通信集团上海有限公司签订战略合作框架协议。根据协议，移动公司将全力支持上海石化信息化网络建设，推动先进通信和信息技术在上海石化的优先应用，推广集团数据业务体验和试用，重点开发无线视频监控、定位与管理系统，满足上海石化提高运营管理效率、降低企业运营成本目标。

**【400兆数字无线集群网平台投用】** 2011年，上海

石化400兆数字无线集群系统建成投用。系统由摩托罗拉公司提供的中继台、对讲机和维护终端组成，信号覆盖上海石化厂区，具有强大的语言、文字及调度功能，编组灵活，使用方便；解决了无线电信道拥挤和窜台问题。

（全志根）

## 宝钢集团有限公司

**【概况】** 2011年，宝钢集团有限公司（以下简称“宝钢集团”）在企业战略发展规划指导下，围绕公司经营管理目标和不断提升软实力的要求，持续推进数字化宝钢的建设进程。在国资委组织的央企信息化水平评价中，宝钢水平指数获得94.27分，A级，总体排名第十一名，行业排名第一名。在中钢协组织的大型钢铁企业“两化融合”发展水平评估中，宝钢股份获得82.53分，排名第一。电子商务获得国家技术质量奖一等奖，同时被商务部评为“国家电子商务示范企业”。宝钢股份“环境监测、监视与信息管理系统”被评为上海市推进“两化融合”示范项目。

**信息化规划** 宝钢集团在充分考虑信息安全工作特性的基础上，结合集团公司战略规划和政策约束，依据“管理与技术并重”、“适度安全”的原则，设计了集团信息安全建设蓝图，建立了适应宝钢国内及海外发展战略、具有宝钢特色的信息安全管理体系。

**数字化宝钢解析** 宝钢集团开展数字化宝钢规划，提升信息化服务水平，按照“信息共享、流程贯通、业务协同、资源利用、权力受控”进行总体规划和设计，支持宝钢从制造到服务的转型。2011年5月，借助钢铁行业“两化融合”指标，宝钢组织宝钢股份、宁波钢铁等十家钢铁单位开展了数字化发展水平评估工作。

**信息化制度建设** 为确保集团管控/共享信息系统的高效稳定运行，宝钢全面修订了《管理信息系统运行管理办法》，进一步落实了信息系统运维相关方的职责分工，并逐步将信息系统报修、变更等流程融入系统，促进信息系统运维工作的透明化、规范化，加强了对系统问题的跟踪推进力度，促进信息系统运维水平的提升。

**集团管控/共享系统推进** 宝钢集团在战略规划、协同办公、财务、人事、审计、科研等管理领域，通过信息系统对子公司的覆盖实施，卓有成效地支撑了集团管控、经营管理及共享服务，详见表4-3。

表4-3 宝钢集团管控/共享系统覆盖进展情况

| 单元 | e-HR | 协同办公 | 财务系统 | 内部审计 | 电子商务 | 工程项目 | 科技管理 | e-Learning |
|---|---|---|---|---|---|---|---|---|
| 集团总部 | 已覆盖 | 已覆盖 | 已覆盖 | 已覆盖 | 已覆盖 | 部分覆盖 | 已覆盖 | 已覆盖 |
| 宝钢股份 | 已覆盖 | 已覆盖 | 已覆盖 | 已覆盖 | 已覆盖 | 除宝钢国际外全部覆盖 | 已覆盖 | 已覆盖 |
| 八一钢铁 | 已覆盖（接口） | 设置公文节点 | 已覆盖 | 已覆盖 | 已覆盖 | 未覆盖 | 未覆盖 | 已覆盖 |
| 宁波钢铁 | 已覆盖（接口） | 接口模式 | 未覆盖 | 已覆盖 | 已覆盖 | 未覆盖 | 未覆盖 | 已覆盖 |
| 宝钢资源 | 已覆盖 | 已覆盖 | 已覆盖 | 已覆盖 | 已覆盖 | 未覆盖 | 已覆盖 | 已覆盖 |
| 宝钢金属 | 已覆盖 | 公文、联络件使用集团模块 | 已覆盖 | 已覆盖 | 已覆盖 | 未覆盖 | 已覆盖 | 已覆盖 |
| 宝钢工程 | 已覆盖 | 已覆盖 | 已覆盖 | 已覆盖 | 已覆盖 | 未覆盖 | 未覆盖 | 已覆盖 |
| 宝钢化工 | 已覆盖 | 已覆盖 | 已覆盖 | 已覆盖 | 已覆盖 | 部分覆盖 | 已覆盖 | 已覆盖 |
| 华宝投资 | 已覆盖 | 已覆盖 | 已覆盖 | 已覆盖 | 已覆盖 | 未覆盖 | 未覆盖 | 已覆盖 |
| 宝钢发展 | 已覆盖 | 已覆盖 | 已覆盖 | 已覆盖 | 已覆盖 | 部分覆盖 | 已覆盖 | 已覆盖 |

**人力资源系统(e-HR)** 2011年，宝钢e-HR系统的HR-BI自动报表功能上线。实施了薪酬总额管控、进减员管控、个税优化功能；完成了机构岗位模块优化完善；实施集团总部后备干部推荐、集团总部领导及员工绩效评价；根据业务需要，完成岗位累积制功能开发，系统支持股份总部及多家子公司实施工作。作为远程支付与银

企直联项目的组成部分，完成了 e-HR 系统薪酬付款银企直联功能上线并与标准财务系统集成落账功能。推出沪内公司补充公积金相关功能并支持大部分公司实施配置。根据国税总局通知要求，实施企业年金企业部分个人所得税计算规则和相应抛账调整，完成了上海市三保合并(社保政策调整)在系统内相应调整的支持。完成自助服务平台升级及完成经理自助功能服务。

**协同办公系统** 探索移动办公应用，自主集成并设计开发了集团统一的移动应用平台，率先在集团公司高层中试点移动办公应用以进一步提升办文效率。依托协同办公系统软硬件资源，架构面向战略规划相关人员的管理信息平台，以实现各类与战略规划相关知识的传承与共享；通过战略规划指标体系的层层分解和执行跟踪，强化公司战略规划的 PDCA 管理，以推进公司发展目标的实现。依托协同办公系统软硬件资源，建设经济管理研究专项应用，支撑经济管理研究业务的发展和管理研究知识的积累和分享。展开信息共享和知识管理推进方案的研讨，进一步推进了技术共享平台在宝钢股份下属单元、岗位知识推送在宝钢资源下属子公司及香港总部的深化应用。顺应公司规模扩张和组织架构调整需求，新增覆盖了湛江钢铁、宝钢德盛、宝钢节能、宝钢建筑，支撑了梅钢公司与梅山公司的合并、宝钢检测与宝钢检修的整合、宝钢技术服务事业部的成立，并将公文延伸至韶关钢铁。

**宝钢标准财务系统** 在集团统一会计系统及股份一体化财务系统基础上优化整合，建设了宝钢标准财务系统。集团总部完成统一会计系统总账、报表和固定资产模块向标准财务系统集团总部环境的切换，宝钢股份完成了系统升级。系统重点提升费用和采购报支业务、销售结算和收款业务核算控制和处理的标准化、自动化程度；分步实现与业务系统集成，实现对私银企直连功能；该系统与财务公司系统集成，实现电票处理流程系统化，并满足共享中心新增票据窗口业务模式需要，实现基于影像的发票报支审核。宝钢标准财务系统发票管理子系统完成相关验证工作，通过与服务商合作，开展实质性的增值税发票统一网上认证工作。在推广覆盖方面，完成一钢、五钢以及宝钢发展板块的覆盖，统一流程、规则及代码；宝钢国际完成标准财务系统总账、报表升级至宝钢标准财务系统基础版，并完成固定资产模块、应付模块，员工报支功能覆盖宝钢国际及下属各分子公司；宝钢工程总部完成总账、报表升级至宝钢标准财务系统，实现全员报支功能覆盖宝钢工程总部。

**宝钢内部审计系统** 持续支撑了宝钢各级审计部门的工作，有力促进了审计体系的集中管控与共享；实现了对全集团各类审计项目的集中管理与监控，加强了审计成果在全集团审计体系内的共享，并推动了信息化条件下联网审计模式的实施。全年在系统中累计实施了 412 个审计项目，涵盖了管理审计、经营审计、投资审计三大类。累计审计单位 781 家/次，形成 2 032 件审计成果。“宝钢内部审计管理系统功能优化项目”于 2011 年年底启动。

**持续推进电子商务** 采购电子商务向宝钢金属、宝钢资源、宝钢工程、宝钢发展等板块深入推进，新增 19 家采购组织(累计 132 家)。新增长协采购模式，推进了电子单据、设备修复等深层业务协同服务。营销电子商务完成了对股份内电子商务的整合工作，实现了股份内统一对外的服务渠道。对于宝钢股份电工钢及钢管的直销业务进行了全面支撑，加工中心的电子商务服务得到了全面应用，完成 57 家大客户通道的实施工作。宝钢的现货销售进一步集中，新增了寄售模式、定金支付模式，提升了宝钢的市场影响力和渠道管理能力。

**宝钢科技管理系统** 在充分调研子公司科研管理实际情况的基础上，通过对原系统的总结提炼，形成了科技创新的 8 个标准业务模块(包括合理化建议、自主管理、科研项目管理、科研外协管理、科研零固管理、技术秘密管理、专利管理、软件著作权管理)，并成功在宝钢资源、宝钢金属、宝钢化工、宝钢发展按照“标准化＋配置化”的模式上进行了推广实施，取得了良好效果。截至 2011 年年底，系统共运作了 2 万多条合理化建议，涉及约 250 个科研项目。同时通过系统推广，推进了子公司技术创新体系的建设和完善。

**宝钢工程项目管理系统(BPMS)** 2011 年，宝钢集团持续推进 BPMS(业务流程管理系统 Business Process Management System，简称 BPMS)在下属子公司的共享应用。宝钢发展通过 BPMS 实现了基建项目管理的规范化、透明化和基建项目费用 100％线上受控，为宝钢发展工程项目管理水平的提升提供了支撑。梅山公司通过 BPMS 实现了属地各项目信息在相关业务系统的串接，消除信息孤岛，提高了工作效率。

**宝钢档案信息资源管理系统** 由宝钢股份研发的宝钢档案信息资源管理系统一期功能于 2011 年 7 月 31 日正式投入运行，系统涵盖的档案业务种类包括科技档案(工程项目资料及项目档案、科研项目档案)、文书档案(公文)、部分声像档案和实物档案。系统以标准化为前导，以目录体系可扩展为原则，支持集中部署和分布式部署两种模式，为在集团范围内进一步推广实施奠定了基础。截至2011年年底，系统已积累工程项目资料279.93万份，工程项目档案文件407.35万份。

**【宝山钢铁股份有限公司】** 宝山钢铁股份有限公司（以下简称“宝钢股份”）利用制造管理系统（9672系统）升级改造的契机，全面提升制造管理能力。各应用项目组遵循“传承、发展、高效”的原则设计新系统应用功能，努力提升新系统的管理水平。同时，按照信息安全等保三级要求，对系统相关的机房及网络、主机、数据及应用进行了安全功能设计，确保安全功能与系统建设同步进行，详见表4-4。

**表4-4　2011年宝钢股份9672项目群进展情况**

| 序号 | 项目名称 | | 状态 |
|---|---|---|---|
| 1 | 9672系统升级改造 | —主机软硬件升级子项目 | 实物交接 |
| 2 | | —机房及网络配套改造子项目 | 竣工验收 |
| 3 | | —制造管理子项目 | 基本设计完成 |
| 4 | | —设备管理子项目 | 基本设计完成 |
| 5 | | —财务成本子项目 | 基本设计完成 |
| 6 | | —钢管条钢制造管理子项目 | 基本设计完成 |
| 7 | | —数据灾备系统建设子项目 | 前期研究 |
| 8 | 配套项目 | —运输管理计算机系统升级改造项目 | 基本设计阶段 |
| 9 | | —股份总部数据仓库系统改造项目 | 第一阶段需求 |

宝钢股份建设环境自动监测系统共计接入80套现场在线监测站点，对空气、噪声、烟气、水质环境进行监测，涵盖572个污染监测因子，跨5个厂界监测区域（包括大院直属厂部、罗泾厂区、不锈钢事业部、特钢事业部、梅钢公司），其中在线数据平均有效采样率大于98%，平均数据保存周期大于3年，单个监测因子平均连续采样记录数大于350 000个，并接入全球眼环境在线视频信号4套，实现了宝钢股份环境治理技术从传统手工采样分析向信息化自动监测分析的转型。宝钢将借助该系统强化公司环境管理与治理，进一步提升公司环境管理绩效、改善公司厂区及周边社区的环境面貌。并且宝钢股份硅钢新建L3系统一次性不停产切换上线，实现了CP控制计划、协同计划、自动作业管理等18项硅钢特色的功能。

**【宝钢资源有限公司】** 宝钢资源有限公司（以下简称“宝钢资源”）围绕公司新一轮的发展战略，配合公司国际化进程的需要，重点关注在物流、海外、贸易风险管控等方面的发展。宝钢资源经营管理系统在为贸易、生产、资源开发板块提供有效支撑的基础上，2011年着手建设了物流板块信息子系统，覆盖宝航运、宝江、宝船公司。功能涉及航运经营、船舶管理等，系统将公司整体的管控要求与船端的船舶管理有效集成，将公司的管理要求延伸到业务的最前端。1月，宝钢资源香港总部信息系统顺利上线，系统不仅符合宝钢资源的各项管理要求，同时还较好地满足了香港当地的会计准则和税务要求，为香港总部开展各项贸易活动提供了很好的支撑。

**【宝钢金属有限公司】** 宝钢金属有限公司（以下简称“宝钢金属”）按照“整体规划、分步实施”的原则有步骤、有计划地完成各板块信息化规划及分步实施。其中工业气体板块、金属制品板块ERP系统、宝钢汽贸综合销售管理系统正式投运，金属包装板块统一ERP系统项目完成项目规划及初步方案。为体现子公司信息化人员的工作价值，宝钢金属制定了子公司信息化人员的职业培养和发展路径，建立了子公司信息化人员能力评级标准并形成定期评价机制，构架起吸引人才、留住人才的良好机制。

**【上海宝钢化工有限公司】** 上海宝钢化工有限公司（以下简称“宝钢化工”）全面开展梅山MES系统的建设，第一阶段的实时数据库子系统和检化验分析子系统已经实现试运行，其中实时数据库共计完成3 866个DCS数据点的采集，编制完成17幅工艺总貌图，实现了梅山化工三大装置的实时信息全程管理；其他各个模块的基本设计已经完成评审工作进入到开发阶段，共计完成22项生产业务流程、255个生产管理页面或报表的设计。为支撑宝钢化工的未来发展，启动了宝钢化工经营管理系统升级相关的业务调研和需求分析工作。

**【华宝投资有限公司】** 2011年，华宝信托核心业务系统完成需求分析，进入设计开发阶段，预计2012年8月1日投入试运行。该系统将覆盖公司信托业务的全流程管理，并预留与财务系统、估值系统的数据接口，为进一步提高信托业务的工作效率打好基础。

华宝证券快速交易系统是针对资金量大、追求快速下单和回报的短线交易型VIP客户，采用了全新设计的专用柜台系统，使用了专用的VIP交易席位，较一般的交易系统快2～3倍。系统于2011年5月转入正式交易，为客户提供了一套全新思路和技术的交易系统，改变了传统证券投资的观念和操作方式，实现了程序化交易的功能。不仅吸引高端客户加入，而且为证券经纪业务和投资理财业务的发展方向开拓了渠道。

**【上海宝钢工程技术有限公司】** 根据宝钢工程信息化规划框架，启动了经营管理共享系统一期项目可行性论证工作。共梳理营销、采购、财务、项目管理现状业务流程198个，通过差异分析，提炼共性流程24个，通过对营销及采购管理流程在宝钢工程公司范围内的共性程度的论证，阐明了构建共享系统的可行性。

**【宝钢发展有限公司】** 宝钢发展有限公司（以下简称"宝钢发展"）进一步规范信息化项目管理，有效提升信息化管理水平。通过2010—2011年信息化集成建设，已初步完成专业管理层和经营管理层系统。

**宝钢发展风险预警报告系统** 规范了风险管理流程，实现了在线风险监控，为公司管理层快速进行风险决策提供了支持。该系统通过与相关业务系统集成，实现了部分风险的自动预警，减少了人工干预，提高了信息的真实性；通过与协同办公系统的集成，实现了风险相关信息的及时传递和个性化推送。系统上线后，从风险状态信息、风险应对信息、到管理层风险决策信息的传递时间由上线前的一个月改变为系统自动采集数据并实时反映，大大提高了公司对重大风险的防范能力。

**不动产管理系统** 2011年7月1日正式上线，经过3个多月的试运行，推动了宝钢发展不动产管理业务的信息化进程，规范了管理流程和管理行为，提高了工作效率，取得了良好的运行效果。

**资源再生专业管理系统一期项目** 2011年8月1日正式上线，涵盖宝钢磁业主营业务的管理范围，包括原料采购、销售、库存、生产、委外、质检、成本、结算等，宝钢磁业、氧化铁生产部、宝齐公司的相关业务已全部进入系统处理数据，实现了数据在各部门之间的共享。同时，通过系统的价格管控、资金管控，减少了人为对业务的干预度，降低了经营风险，为宝磁公司实施低成本策略提供了支撑。

（谢立群）

## 上海纺织（集团）有限公司

**【概况】** 2011年是"十二五"规划的开局之年，上海纺织（集团）有限公司（以下简称"上海纺织"）信息化工作以集团战略规划和信息化专项规划为指导，围绕强化总部管控能力、推进业务信息化和加强IT治理三方面的具体目标，扎实推进集团的信息化建设。

**【集团人力资源信息化（GHRS）项目（一期）】** 2011年10月27日，上海纺织GHRS（政府人力资源系统Government Human Resource Services，简称GHRS）项目正式启动，12月31日前完成了需求调研和需求确认工作。

**【集团财务信息化（GFIS）项目】** 2011年集团财务信息化项目在实现了核算集中、合并报表和预算三个模块功能的基础上，以GFIS平台启动了资金池建设工作，5月实现与浦发银行的直连；同时，还根据上海市国资委监控指标实施了"财务风险预警"子项目，实时监控风险水平；此外，还完成了GFIS与GPMS的合并。

**【集团物业经营信息化（GPMS）项目】** 项目于2011年1月完成需求调研、讨论和确认，同年6月完成系统功能的蓝图设计和与GFIS合并方案的设计，9月中旬四家试点园区上线试运行。

**【档案信息化项目】** 档案管理系统于2011年12月28日通过最终验收并正式投入运行。该系统与OA实现了无缝集成。一是实现了用户集成。二是实现了OA中的公司级发文、收文、合同和经济专讯等内容定期同步到档案系统归档。三是实现了电子档案在线查找、借阅和审批等。

**【集团门户定制平台(GCMS)项目】** 2011年4月集团启动了门户定制平台(GCMS)项目，在市场无成熟产品的前提下，经过与开发商的紧密合作，于11月建成了理念超前、技术先进、功能齐备、性能优越、安全可靠的门户定制平台。该平台可提供网站群管理、会员管理、在线调查和模板定制等功能。以该平台为后台，快速、高效且免费地建成了4个网站，利用在线调查完成了企业信息化测评中的企业自评工作，利用会员管理实现了分权限的党内公开功能。

**【上海纺织集团信息门户(竞争情报)】** 2011年8月上海纺织依托北京铱星在线信息技术有限公司的资讯平台和资讯库，发布了该信息门户。提供宏观经济、企业关注、纺织行业、产品关注、能源行业、服装行业、上市企业关注、政府机构等相关信息。

**【集团总部IT基础建设】** 一是完成了核心交换机的升级，提高了网络的可用性；二是扩容了存储系统，将存储能力提高到10 TB；三是开始实施集团光纤内网覆盖工程，在提高安全性的同时加快数据传送速率；四是将集团本部的电子邮箱扩容到263 G，优化了国际邮件往来链路，强化了垃圾邮件过滤；五是将移动总机应用范围扩大到了集团所有二级单位的主要领导。

**【提升信息化服务能级】** 2011年集团下发了《上海纺织控股(集团)公司关于申报集团信息化重点项目的通知》(沪纺织信〔2011〕82号)、《上海纺织控股(集团)公司关于加强企业信息化基础建设的指导意见》(沪纺织信〔2011〕83号)和《关于开展信息化测评的通知》(沪纺织信〔2011〕188号)，引导投资企业加快信息化建设。一是组织了集团内重要信息化项目的申报、评审和核实工作；二是根据经营者考核内容中相关条款，结合信息化项目中的具体工作，对相关企业进行针对性的考核。

**【集团电子商务】** 2011年5月，上海纺织在调研下属企业电子商务开展情况的基础上，以信息化沙龙形式研讨、起草了集团电子商务方案提交集团领导，邀请艾瑞的资深电子商务咨询顾问为主要领导进行了相关理念的培训，并与东方网签订了战略合作协议，共同推进服装在线营销。

**【上海纺织外贸企业外贸管理系统业务财务一体化建设】** 为解决财务、业务信息孤岛现象，实现物流、资金流、信息流、控制流的高度统一，2009年，上海汉森投资发展公司、上海联合纺织印染进出口有限公司、上海纺织装饰(集团)公司相继进入外贸管理系统财务、业务一体化建设。至2009年年底，基本实现了外贸管理信息系统业务财务全流程操作贯通，重要节点初级管控有效，统计查询功能基本适用，取得了项目初步上线成功的效果。

**以信息化支撑业务发展** 协助联吉讨论、推动办公自动化和进销存信息化工作，协助研究院梳理、整合现有电子信息资源平台，协助上实国贸推进外贸业务财务一体化等；此外，集团与上海锦安签订了信息化战略合作框架协议，既有效降低外贸企业的信息化成本，更通过双方在信息化管理上的深度合作，从战略高度为下属外贸企业整体管理水平创造技术条件。

**信息化融入业务** 一是尝试在项目中后期引入第三方服务，中立地评价项目目标的实现程度，即评价业务需求被满足的程度；二是尝试建立IT项目审计制度，有计划性地对已完成的IT项目的成效进行系统性评估，已完成相关知识的培训；三是尝试引用“内部需求成熟度模型”判断是否具备立项条件，在项目可行性分析阶段严格把关，以确保项目能顺利进行并达到预定目标。

**信息化高可用性** 一是在系统试点上线后，引入第三方机构进行系统性能和安全测评，以确保正式上线的系统能满足在并发处理能力和技术安全性方面的要求；二是实施了身份认证(CA)项目，将OA、GFIS、GPMS、GHRS等集团型系统的用户名及访问权限以硬件Key绑定到员工，实现员工身份的集中、唯一识别，确保系统仅被合法人员登入；三是完成了信息安全测评工作，通过对集团本部和下属11家企业的问卷调查和实地走访，得出了各单位的信息技术安全水平，并针对每家单位的弱项提出了具体整改建议。

**国资信息化推进工作会议** 在2011年3月17日市经济信息化委、国资委联合召开的国资信息化推进工作会议上，汇报了集团以土地房屋资源管理信息化和集团财务信息化为重点的信息化工作，同会发言的集团还有电气集团、上汽集团、城投集团、港务集团。

**信息化测评工作** 一是完成了市国资委信息化测评问卷的在线填报；二是根据国家国资委、市国资委测评内容制定了上海纺织第一年的测评内容，并分在线问卷调查和企业实地调研两个环节完成。

**推动投资企业加强信息化建设** 一是组织了集团内重要信息化项目的申报、评审和核实工作；二是根据经营者考核内容中相关条款，结合信息化项目中的具体工作，对相关企业进行针对性的考核。

【上海龙头(集团)股份有限公司信息化建设】

**针织事业部OA协同办公系统**　针织事业部完成OA协同办公系统的部署，并继续优化、扩展部署DRP系统及终端POS系统。现DRP系统已覆盖到整个集团的业务部门，上海地区POS覆盖率达到100%，外地区域自营店也已全部覆盖。同时，着手对上海地区终端门店基础网络进行优化升级，实施“全球眼”，集中了宽带、视频、通讯。

**国贸事业部业务一体化平台**　国贸事业部继续深入应用业务一体化平台，在满足基本业务需求同时，完成系统外围接口如海关、银行等的开发，从而做到实时获取运营数据，使外贸风险得到有效控制。同时，在财务模块方面进一步优化，完善财务高级分析功能，做到运营决策科学化。

**家纺事业部营销管理系统**　扩展部署家纺事业部营销管理系统，整合下属四个品牌系统(民光、凤凰、414、皇后)，消除“信息孤岛”，使之品牌运营一体化，进一步优化业务流程，事业部下属约60家终端已完成POS覆盖，并强化终端盈利分析功能。

**服饰事业部终端管理**　对于终端管理，服饰事业部也加快信息化步伐，全年共完成部署35家终端，并与集团数据中心分析平台(BI)对接，及时获取终端数据，动态分析运营效果。

**二期弱电整体工程**　二期弱电整体工程在2009年第一季度顺利完成，并积极配合各事业部的搬迁，确保入驻之前通信网络的畅通，以及各业务系统的集中归置，安保、会议系统及各事业部考勤系统、餐厅饭卡等辅助功能也同步完成。

**完成国贸专卖店POS系统建设**　该项目在中环百联龙生活馆系统基础上进行自行设计、开发、安装、调试、培训，从开始筹备到最后完成只用了半个多月时间并达到了预期的效果。在硬件、软件资金投入上基本为零，单单软件费用就为企业节省近十万元的支出。

**优化上海三枪(集团)有限公司SAP项目**　2008—2009年经过一年半的优化调整，在实际运用中对生产、物流节点的清晰反映、数据的准确性、完整性已逐渐合拍，促进了生产调控力度的提高，但一些项目遗留问题(如系统数据清理、最终用户培训、SUN故障处理方案等)需做好妥善处理。其中DRP分销系统已在所有分公司上线运营，到2009年年底，所属直营专卖店(总约500家)的POS系统将安装到位，后期进行系统优化和最终数据处理分析。

**上海海螺(集团)有限公司SCM二期优化项目竣工**　经过多方努力，在2009年7月份正式竣工验收，该项目特别增加了终端专卖店的管理，并部分与财务系统接口。现整体运行平稳，业务流程得到梳理优化，整个营销环节的工作效率得到提升。

(郁幼君)

# 第二章　农业信息化

## 概　述

2011年，上海农业信息化平台体系建设情况良好。上海市农村集体“三资”(即资产、资金、资源)监管平台建设得到进一步推动；本市十三项普惠制涉农补贴列入涉农资金监管平台监管范围。同时，西郊电子商务平台、农产品价格信息系统、渔港渔船安全救助信息服务系统等一系列系统平台运行正常。在农业信息化发展应用方面，“上海智慧农业示范项目”获国家工业和信息化部首批物联网专项资金支持；“农业物联网创新推广中心”在沪成立；“上海三农服务热线(12316)”扩容后开通，农业信息化发展应用取得进一步提高。

## 一、农业信息化平台体系建设

**【农村“三资”管理平台】** 市纪委、市监察局、市农委、市财政局与市经济信息化委等五个部门从2011年起，在全市范围内共同推进上海市农村集体“三资”(即资产、资金、资源)监管平台建设。该平台于2011年12月20日正式开通。在清产核资的基础上，建设农村会计业务平台，实现会计核算网络化，逐步建成市、区两级监管平台，完成农村集体资产、资金、资源变化的动态监管。同时，还在全市行政村建成信息公开平台，落实集体组织成员的知情权、监督权和收益分配权。

**【建立涉农资金监管平台】** 本市13项普惠制涉农补贴列入涉农资金监管平台监管范围，所有补贴在1 391个涉农行政村公开，已导入数据89万条，涉及农户28万户。全市总体进展情况良好。截至2011年10月底，全市9个区县118个乡镇(包括社区街道)已启动业务平台建设，启动率100%，其中24个镇已基本完成数据采集工作，完成率20.3%。1 683个行政村(包括居委会)已全部启动公示平台建设，其中1 200个村已基本完成数据采集工作，完成率达71.3%，全市纳入监管平台的集体资产已达600亿元以上。

**【西郊电子商务平台】** 2011年，通过对网上西郊、呼叫中心、农产品安全追溯系统的深化建设，加强了西郊B2B电子商务的影响力；通过建立产销对接平台和仓储管理系统，完善了供应链体系，使西郊B2B电子商务的竞争力得到有效提升，促进西郊B2B电子商务快速、健康发展。初步形成电子商务运营体系，并升级农产品安全追溯系统追溯码为二维码，提升了系统效率与安全性，使追溯码具备防伪的功能。由于消费者消费习惯的变化，银行卡、消费卡等已经逐渐取代现金成为一种重要的支付手段。应用开发移动结算系统使B2B电子商务平台具有银行卡、消费卡等结算的功能。

**【农产品价格信息系统】** 为保持上海农业与农村经济的持续健康发展，促进农民增产增收，上海金农工程一期建设完成了价格监测预警系统，构筑起上海农产品价格监测体系。一是数据上报系统：上海市七大批发市场75个农产品数据日报系统；一大集贸市场32个农产品数据日报；三大定点区县(嘉定区、浦东新区、崇明县)36个农资、农产品价格数据一个月两次上报。二是数据统计系统：实现了75个批发市场农产品数据的周同比、周环比、旬同比、旬环比、月同比、月环比分析；以及蔬菜、粮食、油类、海产品、淡水产品、水果、畜禽产品、鸡蛋8大类数据的旬同比、旬环比、月同比、月环比。各类型的趋势图展示。三是数据分析工作：已实现上海农产品价格信息旬报工作。

**【渔港渔船安全救助信息服务系统运行情况良好】** 2011年上海市渔港渔船安全救助信息服务系统运行情况良好。围绕系统应用，上海渔港监督局设有1个市级监控指挥中心、8个分中心，已形成了一个覆盖上海市渔船、渔港，并连接市、区(县)各级渔业安全管理部门的一体化安全救助信息网络。2011 年台风“梅花”期间，应急中心每四小时通过系统指挥平台向所有渔船发出告警信息，并根据“梅花”的最新动向与预测走向，及时合理地调整告警时间间隔，引导渔船返航进港避风。中心还充分利用系统的各子系统的功能，及时查看港内渔船的停泊秩序、分布情况和在港数量，视情况做出合理、科学的调度和指挥，实现对渔船的实时动态管理。

## 二、农业信息化发展应用

**【研究基于 GIS 的农业生产管理及溯源】** 一是利用 GIS 和远程视频监控技术，实时监控自然灾害、极端天气等恶劣自然环境对农作物的影响，实时监控作物生长过程和恶劣环境带来的损失与破坏情况。二是利用传感器技术，应用 GIS 平台，实时监控大田作物生产过程。分析周围环境如水分、温度、养分、光照强度、湿度与二氧化碳浓度等不同因素对作物生产过程的影响，以便控制大田作物的生产过程。三是利用 GIS 和编码技术，在全市矢量地图上直观展示蔬菜、水稻、生猪领域农业企业的生产过程农事操作，农产品运输、仓储和销售等农产品生产全过程，实现农产品从田头到餐桌全过程监控与追溯。

**【“上海智慧农业示范项目”获国家工业和信息化部首批物联网专项资金支持】** 该项目将设在崇明长江农场，建设占地 5 000 亩的智慧农业综合应用示范区，通过传感技术、网络技术、计算机技术及时获取农作物生长环境和生长状况。通过集成智能农机、DGPS 子系统、土壤养分检测体系、病虫害预警预报体系以及地理信息空间数据库，研究和实施智慧农业在长江农场的综合应用。示范区建设内容将主要分为智慧管理、智慧生产、智慧组织、智慧科技四个方面。

**【“农业物联网创新推广中心”在沪成立】** 2011 年 10 月 29 日，工信部软件服务业司司长陈伟、长宁区人民政府常务副区长杲云共同为“农业物联网创新推广中心”举行了揭牌仪式。该中心得到了国家工信部软件服务业司与上海市长宁区人民政府的大力支持，由工业和信息化部软件与集成电路促进中心与上海农业信息有限公司共同合作，致力于物联网在农业领域的技术创新、应用创新、示范推广等工作。CSIP-SAIC（工业和信息化部软件与集成电路促进中心－工商行政管理总局 National Software and Integrated Circuit Public Service Platform-State Administration for Industry and Commerce of the People's Republic of China）农业物联网创新推广中心将整合市场、产品优势，积极推动物联网应用技术和示范工程，形成技术创新、应用方案创新和商业模式创新的合力，加快农业物联网技术的应用与发展，促进物联网产业快速健康发展。

**【“上海三农服务热线（12316）”扩容后开通】** 市委农办、市农委主办的“上海三农服务热线（12316）”于 2011 年 9 月 30 日在原“上海农科热线”的基础上正式扩容开通。扩容开通后的“上海三农服务热线”，继续秉承“上海农科热线”成功的经验与做法，坚持公益性服务理念，努力在创新服务形式、拓宽服务领域、提升服务能力、增强服务效果上求新突破。热线切实做好政府、农民、专家和市场之间的信息沟通桥梁，增强服务的及时性、针对性、有效性，为广大农民和市民提供优质服务。热线将进一步加强市、区（县）之间联动，逐步实现以“12316”为全市统一接入号，统一服务标识、统一服务用语、统一服务程序、统一考评标准、统一服务规范。同时，还将利用信息化技术升级管理软件，实现从提出问题到解答问题全过程信息化处理、三方在线即时通话、“农民一点通”视频电话在管理中心和联办单位及区县热线之间视频转接、视频电话与所有在线专家可视化交流等内容，提高服务质量和服务效率。

（贺凌倩）

# 第三章 金融信息化

## 概 述

2011年，上海地区金融IC卡发展情况良好。在《人民银行关于推进金融IC卡应用工作的意见》等政策指导下，人民银行上海总部协调本市各商业银行积极开展工作，有效推动上海地区金融IC卡发展上新台阶。

在中国证监会统一领导和上海证监局的具体指导下，本市各证券、期货、基金公司以满足资本市场创新和业务发展需要、保障信息系统安全稳定运行为目标，继续深化IT治理工作，保持IT人员和资金的高投入，加强系统基础设施、系统备份能力、安全保障能力的建设，推进交易系统、银证银期等系统的建设、扩容、升级工作，加强系统的运维监控保障，落实重要信息系统等级保护工作，推进行业整体信息化水平的提高。

保险行业信息化进一步提升，电子核保手册系统、网上保全服务系统、受托账管后督项目等平台系统助力行业发展。

## 一、重点项目

### 上海地区金融IC卡

**【概况】** 2011年，在《人民银行关于推进金融IC卡应用工作的意见》等政策指导下，人民银行上海总部协调本市各商业银行积极开展工作，有效推动上海地区金融IC卡发展上新台阶。

**【受理环境建设】** 上海地区特约商户POS终端占比99%左右的直联POS终端(20.68万台)已全部可以受理接触式金融IC卡。其中，13.49万台终端同时还可受理非接触式金融IC卡，这些能受理非接触式金融IC卡的终端广泛分布于本市各百货、超市和便利店，为今后全面推广金融IC卡小额快速支付应用创造了条件。另外，本市2.25万台包括ATM的自助终端中约有1.08万台终端可受理金融IC卡，占比超过48%，其中，工行、交行、招行、广发等4家银行可受理金融IC卡的ATM终端在各行ATM终端总量中的占比均超过95%，其他布放ATM终端的商业银行均在加紧进行硬件升级和软件更新，预计于2012年6月底前全面完成ATM终端受理改造。

**【发卡情况】** 上海地区金融IC卡发卡银行队伍不断壮大，发卡数量稳步增长。截至2011年11月，上海共有5家银行发行了金融IC卡，累计发卡量达148.51万张，同比增长超过30%。在发卡类型和功能上，各家银行充分发挥金融IC卡多应用和非接触快速支付优势，纷纷推出集合2种或2种以上功能的金融IC卡，如借记加电子现金功能、贷记加电子现金功能、借记加贷记再加电子现金功能等。同时，各发卡银行积极与行业合作，推出兼具金融支付和行业应用管理功能的金融IC卡，如工行与交警部门合作推出的牡丹畅通卡、浦发与中国移动合作推出的手机钱包联名卡、中行与上海华为技术有限公司合作推出的华为园区卡等。

**【应用推广】** 本市各家发卡银行和银联分公司积极探索，从充分发挥金融IC卡安全、快速的小额支付应用优势、方便市民持卡用卡的角度出发，在上海地区推出了数款让市民喜闻乐见的小额支付产品，包括自动售卖机、标准化菜场的快速支付、停车场的不下车收费、大型企业集团的园区综合应用等。现由交行合作推出的自动售卖机已覆盖上海10条地铁线路，机具数量超过1 200台；全市拥有非接触式金融IC卡受理业务的标准化菜场已有32家，受理终端近2 000台；全市提供金融IC卡全自动计缴费服务的停车场达到30家。在“重点加强金融IC卡与公共服务领域结合应用”的思想指导下，人民银行上海总部与上海市政府相关职能部门不断加强沟通合作，积极开展社保卡加载金融功能工作，并积极探索金融IC

卡在公共交通、公共事业缴费、教育、医疗、通信等领域的结合应用,已就具有金融功能的上海市第二代社会保障卡建设项目相关组织架构和计划进度达成初步共识。

(侯文瑾)

# 二、证券业信息化

## 概况

2011年,在中国证监会统一领导和上海证监局的具体指导下,本市各证券、期货、基金公司以满足资本市场创新和业务发展需要、保障信息系统安全稳定运行为目标,继续深化IT治理工作,保持IT人员和资金的高投入,加强系统基础设施、系统备份能力、安全保障能力的建设,推进交易系统、银证银期等系统的建设、扩容、升级工作,加强系统的运维监控保障,落实重要信息系统等级保护工作,推进行业整体信息化水平的提高。

## 证券公司

**【上海证券】** 进一步健全与完善公司信息类管理制度。部署了网络监控系统。完成了同城灾备中心机房的网络安全区改造。启动了多银行存管项目的建设,并及时完成了柜台及外围系统的升级工作,支持第三方存管单客户多银行服务。完成了投保基金报送系统的项目建设。完成了经纪业务统一账户管理系统推广。完成了经纪业务投资顾问管理平台建设。完成了国际业务总部QFII FIX项目管理工作。完成了证券投资总部股指期货套保项目的项目管理工作。完成了集合理财电子合同项目的立项申请、项目评审工作,并顺利通过了和中央证券登记结算公司的系统联测工作。开展了公司合规平台项目建设工作。

**【国泰君安】** 上线了最新的UFT交易系统,优化了营销系统,对零售客户数据中心、理财服务大厅、集中管理平台等系统进行了升级改造。完成系统管理及监控构件研发。初步完成网上交易双因素试点工作。

**【申银万国】** 完成了客户综合分析系统的建设。在现有单客户单银行第三方存管的基础上推出了单客户多银行第三方存管服务。增加了代办股份转让定价委托、成交确认委托功能,实现了手机自动升级功能。

**【爱建证券】** 更换了核心交换机和路由器。对营业部实行了标准化改造,架构提升为双行情系统双活运行,并且进一步完善了VPN备份。上线了统一账户管理系统。增加了第二套移动交易系统。

**【海通证券】** 完成了约定购回业务和债券质押式报价回购业务的系统规划、开发建设。进一步优化了客户信息资料的修改模块。完成经纪业务FIX接入方案规划与建设工作。完成了系统投资管控流程的优化和系统升级。完成资产管理系统与自营系统间的防对敲系统建设及上线。牵头承办了"证券信息技术研究发展中心(ITRDC)"行业课题。

**【德邦证券】** 通过中国电信外高桥北机房扩建德邦证券中心机房,增加了双线IDC机房。启动了手机炒股系统升级项目。对资产管理系统进行了升级完善,完成了TA、基金估值、电子合同等IT系统建设。

**【中银国际】** 完成了灾备数据中心机房建设、交易中心机房、网络及应用系统搬迁工作。完成了公司融资融券系统项建设。完成集中交易账户系统、多银行存管系统、沪深中登公司新接口等较大的系统升级测试工作。完成数据备份系统建设并正式上线。

**【华宝证券】** 完成了公司新网站的建设,主要包括公司网站二期和基金电子商务平台的开发和推广。完成了后台搭建及网上交易动态口令。完成了深圳证通数据存管业务上线工作。开展统一业务支持平台的建设。

**【航天证券】** 按照新的监管要求重新修正了集中交易系统、网上交易系统、运行维护其他系统的应急预案和灾备方案,并完善了信息技术管理制度。

**【光大证券】** 部署上线了金融服务平台项目,推动了报价回购业务流程梳理与系统建设。

## 期货公司

**【中期期货】** 采用"异构"创新理念搭建期货公司风控管理系统。推进了机房的搬迁及双活系统的部署工作。对技术管理制度及流程做了重新的梳理及修订。

**【大陆期货】** 上线信息技术管理平台系统并投入使

用。正式启动灾备双活项目。

**【华鑫期货】** 推进上期技术平台建设，确立上期技术综合交易平台的主系统地位。建立和推进了虚拟机系统的应用。建立了高层次技术安全后备保障体系。

**【浙石期货】** 上线了机构版交易系统，增加了公司到各交易所和银行的链路，开始筹备搭建虚拟机系统。

**【东吴期货】** 不断完善各项规章制度，对核心系统进行了升级改造，主要完成了核心网络设备、服务器等硬件设备的更新换代和生产系统历史数据的分离工作。完成了银期系统改造，总部与营业部间虚拟专用网络的建设。

**【光大期货】** 上线了新交易系统。各项测试均能达到理想效果。数据中心系统期货风险监控模块、客户影像管理模块等功能模块已完成上线工作。

**【东兴期货】** 开发了业务部门报表查询系统，上线了影像采集系统，顺利完成了机房搬迁。

**【东证期货】** 完成了营业部不间断电源等系统的改造，完善了网上交易站点优化部署。完成部署了核心交易系统异地灾难备份系统，上线了深证通异地数据存管服务。完成构建了期货异常交易监控系统，部署实施了期货净资本动态监控的监控系统。开发了特殊法人机构和VIP客户参与期货市场的软件系统。部署了堡垒机系统。

**【申银万国期货】** 完成了主交易系统的切换，建设完成的DMA交易结算系统填补了国内期货行业FIX交易的应用空白。

**【华闻期货】** 应上期技术要求，将在其一期托管机房内的主交易系统进行了搬迁。

**【湘财祈年期货】** 正式上线了两大程序化交易软件。实现了客户登陆MAC地址的实施监控及历史登陆记录查询、接口工具处理新年度数据的变更，以及居间人提成计算和员工薪酬计算及相关审批报表等功能。组织后台部门进行了多次应急演练。

**【新湖期货】** 从核心机房的扩建、灾备中心的扩建、基础设施冗余设施的扩建三个方面着手，启动了核心托管机房扩建项目、灾备中心扩建项目、核心信息系统冗余设施的扩建项目。引入了期货业IT运维管理系统。建设了机构客户专用交易系统，建立同上证通、深证通网络通道、CTP系统同机构客户对接通道、期现套利策略模拟平台，并从程序化交易平台通道提供、程序化交易模型研究设计、程序化交易策略推送速度加强方案等几个方面进行研究部署，部署或优化了多种程序化交易平台通道。

**【恒泰期货】** 启动打造期货核心交易系统及灾备系统，组织建设并正式上线运行呼叫中心、手机行情系统等。采购了IT运维管理软件系统。联合恒泰证券公司完成IB业务信息技术系统部署。

**【海证期货】** 完成了公司网站、客服平台系统、OA系统和短信平台的升级工作。

## 基金公司

**【交银施罗德基金】** 完成的项目包括基础设施类的虚拟服务器升级项目、日志审计设备升级项目、虚拟带库项目、数据库整合项目、视频会议改造等；应用系统包括投资交易系统银行间下行接口与算法交易、估值系统升级、估值系统电子对账、风控系统项目投资研究报告管理系统升级项目、综合管理平台工作管理。

**【汇添富基金】** 持续完善和优化金融数据中心，进行网络建设和改造，机房搬迁与建设、邮件系统建设与升级、资源监控系统建设、灾备系统完善等工作。对投研平台三期进行改造，持续完善了营销服务平台一期。开发完成了营销服务平台、客服系统改版，实现一对多专户、保本等系统升级。持续建设灾备系统，现已在深圳建立了异地灾备系统。

**【上投摩根基金】** 将股指期货交易模块实现与原基金投资管理系统的无缝连接。增加算法交易应用服务器。上线投研一体化平台，对资金清算系统进行了重新构架设计。对TA系统和直销系统进行升级改造，并按进度要求完成中央数据交换平台的接入工作。

**【中银基金】** 完成了ETF基金交易系统、估值系统的测试和上线工作，完成了投资交易、估值、登记注册等信息系统的建设和测试工作，对现有的TA系统进行了相应改造并顺利上线。公司完成了网上交易系统与中国银行“理财产品网上直付系统”的顺利对接，制定了投研管理平台二期的详细需求和开发计划。

**【富国基金】** 对网络架构进行了大幅改造，提高了网络安全性。完成了虚拟化基础架构建设。

**【纽银梅隆西部基金】** 开通了深圳通异地数据存管业务、新版本的网站系统和网上交易系统，并上线了公平交易系统和XBRL报送系统。对登记过户、直销及反洗钱系统进行了改造。公司还对股指期货、专户、货币基金及网上交易定投等新业务系统进行了测试。

**【东吴基金】** 大规模对现有核心系统服务器和其他设备进行升级和更换，对网上交易、网站等系统进行了系统升级，提升系统安全等级，对内外网的网络进行了升级和改造。

**【兴业全球基金】** 完成了公司整体网络架构的优化升级，完善了系统监控体系，优化各类报警阈值、扩大监控管理范围。完成了“侧袋结算”专户的系统实现的研究、测试和相关模块上线工作。已成功实施业内第一例“侧袋结算”专户的处理工作。统一了两套TA的业务规则，并优化各类系统参数，上线了算法交易模块。

**【华安基金】** 一是投研系统建设方面，加强数量分析和数量研究的应用；二是营销系统建设方面，加强营销服务工具和客户投资工具的建设；三是办公系统建设方面，以电子化审批的效率提高和功能改进为方向，提升内部运营效率。

**【华泰柏瑞基金】** 采用高安全等级灾备架构，积极推进了公司灾备系统建设。

**【泰信基金】** 部署了网络安全审计系统。在深圳证券通信有限公司滨海中心托管机房建立了灾备中心。升级办公网络线路带宽。上线了指数基金辅助决策、保本基金项目、特定客户资产管理业务，组建数据交换平台项目工作小组，将联系人和工作计划提交给中登，对特定客户资产管理系统、直销系统进行升级改造，完成系统搭建和通讯连通工作。

**【财通基金】** 作为新成立的基金公司，主要进行了机房建设、网络布线、系统设计与开发、产品设计与上线等工作。

**【海富通基金】** 完成了股指期货业务相关支持系统、社保基金相关支持系统、创新分级基金支持系统上线。建设完成了直销货币基金赎回资金提前清算功能。完成年金报告自动生成系统开发。完成部署负载均衡设备，增加三地机房设备监控点，完善应用虚拟化平台的监控。

**【长安基金】** 完成了机房基础建设、办公机房及机房综合布线系统。完成各个业务系统部署和联测，进行压力测试，完善业务系统权限和业务数据备份。

**【国联安基金】** 采用了虚拟化技术对公司的应用系统进行整合，对公司的客户服务系统进行了全部改造。与金证公司进行合作开发了国联安全新的客服系统。采用了专户理财系统，对数据中心进行了升级改造，并结合了中登公司统一数据交换平台的要求。

**【光大保德信基金】** 基础设施建设方面在机房空调外机设备间环境、机房KVM设备、测试环境三个方面进行了改造建设。升级了投资交易系统，采取了两套直销及网上交易系统并行，最终合并到新系统的创新过渡模式，对估值、资金清算系统进行了改造。

**【汇丰晋信基金】** 实施了深圳通异地数据备份系统，上线了指数基金—新版自动交易模块。安装了上网行为管理系统。

**【诺德基金】** 在信息系统建设方面完成了几个较大的项目的实施工作，包括网上交易专业版升级改造、发行LOF分级基金系统改造、新版网站项目、风控系统项目等。

**【申万菱信基金】** 完成了办公系统改版升级、网络设备更新、文档管理系统建设以及专户管理系统建设。

**【农银汇理基金】** 完成了8个应用系统的预研、新建和改造。包括投资交易系统、网站系统、客户服务系统、特定客户理财账户管理系统、报表系统、估值和资金系统、销售管理和分析系统以及中央数据交换平台系统等。

（鲁　岳）

# 三、保险业信息化

**【能繁母猪电子耳标信息系统】** 2011年，安信农业保险股份有限公司建立了能繁母猪电子耳标信息系统。该系统通过借助电子芯片RFID技术对能繁母猪的生产、保险等信息进行自动识别、全程追踪、预测预警和监控，准确提供能繁母猪品种、数量、畜龄、防疫次数、胎产次数等信息，为保险公司确定保险标的、准确快速理赔和防范降低风险提供技术支持，从而实现理赔自动化处理。能繁母猪电子耳标系统是物联网技术在能繁母猪的保险承保、契约变更、理赔申请处理和风险提示等方面运用的信息化管理项目，也是完善食品安全体系、完善疫病控制体系、提升农业保险信息化管理能力的重要手段。

（季春涛）

**【新一代寿险核心业务系统P10项目】** 2011年5月，中国太平洋人寿保险股份有限公司P10项目上线。P10项目是太平洋寿险全面推进的新一代寿险核心业务系统，构建了交易、打印、统计、影像、文档和集成6大专业技术平台，通过这些平台的有机整合和组合应用，完成了包含35个关键应用系统的研发、升级和数据大集中工作，全面达成了公司营运、销售、综合、内控四个领域的专业化建设目标，大大增强了公司整体层面的流程规范性和一致性，提升了公司经营管理能力。P10项目使太平洋寿险在国内寿险行业率先实现了核心业务系统及周边系统真正意义上的数据大集中，因其最佳实践成果及其IT平台整体架构先进性和领先优势，被国际知名的研究与咨询公司塞讯授予“塞讯亚洲典范保险公司奖”。

（白文怡）

**【电子核保手册系统】** 2011年，中国人寿再保险股份有限公司上海分公司向上海地区寿险公司推广使用中再寿险电子核保手册系统。该系统由中再寿险合作开发，拥有完全自主知识产权，是集医务、财务、职业等于一体的综合性核保手册系统，同时提供财务核保指南、体格、血压、血脂、肺功能、多风险因素评点计算器，并具备信息查询、被保险人数据采集、传输等功能。该系统的建成填补了中国保险业在核保风险评估方面的空白，属于国内行业领先的信息系统。

**【网上保全服务系统】** 2011年1月，平安养老保险股份有限公司网上保全服务系统正式上线运营。该系统依托平安官网，针对企业、个人对于保险便捷服务的实际需求，从保险信息查询披露、网上自助申请、自助操作、电子签名单证下载四方面支持客户日常保单维护需求，并在全国首次推出团体客户网上自助操作功能，为保险团体、个人开拓了新的服务渠道，是利用新兴技术为保险运营创新的典范。

**【受托账管后督项目】** 2011年第二季度，长江养老保险公司受托账管后督项目上线，开创了年金系统自动化核对的先河。后督系统包括业务动态跟踪、受托指令核对、受托自身核对、账管数据核对、短信核对五大块，具有以下特点：一是兼容多产品、多计划模式，具有良好扩展性，新产品、新计划只需进行个性化设置，无需全流程重新开发，极大地降低了开发成本；二是业务时效监控、业务动态跟踪的流程相对统一，支付、缴费、转移等关键流程在各产品模式下具有统一性；三是各业务部门在后督系统中分工明确，职责清晰，审计、风控部门均可使用，监督工作全面电子化。

**【全球网真视频会议系统】** 2011年6月，汉诺威再保险公司全球网真视频会议系统上线。该系统提供了真人大小的图像，超高清晰度的视频（720p和1080p）、空间环绕立体声效果，可以直接重现会议成员的各种语音变化，营造出“会议室连会议室”的环境。除了直接的眼神交流以外，全双工的、接近于零的延时能够让与会者实时进行交流，捕捉对话中的每个细节，任何表情、动作都清晰可见。该系统已覆盖汉诺威全球所有办公场所，汉诺威也成为在全球保险行业中首批全面部署该系统的用户。

**【“立保通”电子投保系统】** 2011年7月，太平人寿保险有限公司试点推出“立保通”电子投保系统，通过建立统一的中间业务平台，实现了从客户信息录入，到即时审核、即时交费、即时承保的一体化电子投保流程，实现了无纸化实时承保，将寿险行业的电子化运营方式向前推进了一大步。

**【团体E行销系统】** 2011年7月，平安养老保险公司在全国上线运行团体E行销系统，探索综合金融新模式。该系统是基于平安集团实现企业客户“一个客户、一个账户、多个产品”的综合金融、交叉销售理念搭建的E化行销支持平台，从销售策划、销售支持、销售管理三方面为销售人员提供了前中后无缝对接的一站式服务支持，具有以下功能：一是可以针对企业客户进行深度挖掘，推荐合适的综合金融产品；二是采用国际先进的销售漏斗理念进行销售商机管理和支持；三是通过优化中台报价流程，为销售人员和企业客户提供快速报价；四是通过业绩查询、预警及监控等功能为管理层提供决策支持。

**【企业保险风险管理系统】** 2011年7月，中国太平洋财产保险股份有限公司企业保险风险管理系统正式上线运行。该系统基于基础地理数据库，通过整合各种灾害数据，提前预测台风、暴雨、泥石流发生概率及可能走势，并根据风险分布图及风险概率图对不同的区域进行危险等级划分，为客户创建个性化的风险量化评估报告，对保险公司承保客户和指导客户降低潜在风险提供量化意见，是加强保险公司风险管控能力和降低企业客户财产损失的有力工具。

**【车险3G快速理赔系统】** 2011年9月，太平洋财产保险公司车险3G快速理赔系统上线。该系统将最先进的3G通讯网络技术融入理赔流程，使查勘人员与后台专业核损人员通过移动视频设备实现在线联系，现场勘验、事故评估、单证收集、损失核定及理赔告知等一系列工作可控制在20分钟内完成，简化了理赔流程，提高了理赔时效，而理赔流程、标准和政策的公开透明也大大提升了客户满意度。

（王 飞）

# 第四章　电子商务应用推广与产业集聚

## 概　述

2011年，根据上海市推进智慧城市建设行动计划的要求，上海电子口岸建设通过各专项应用的规划实施，继续深化应用并扩大覆盖范围。上海电子口岸平台在2011年全年总计完成报文交换总数1.7亿个，同比增长9.5%。

"法人单位基础信息库"作为国民经济信息化中的一个基础性信息库，于2009年9月经市发改委批复，投入财力537万元，用于建设上海市法人信息共享与应用系统。项目发展情况良好，在2011年3月21日通过专家技术验收，系统正式建成投入使用。

2011年上海市电子商务发展迅速，各项指标均突破预期目标。本市电子商务交易额(快报)达到5 401亿元，比2010年增长27%，相当于全市商品销售总额的12%。其中，B2B交易额为4 817亿元，占电子商务交易总额的89%，比2010年增长23%；网络购物交易额达584亿元，占电子商务交易总额的11%，较2010年增长69%，相当于全市社会零售总额的8.6%。同时，电子商务集聚区效益进一步放大，为上海市国民经济发展发挥了重要的促进作用。

## 一、重点项目

### 电子口岸建设情况

**【概况】** 2011年根据上海市推进智慧城市建设2011—2013年行动计划的要求，上海电子口岸建设通过各专项应用的规划实施，继续深化应用并扩大覆盖范围。上海电子口岸平台在2011年全年总计完成报文交换总数1.7亿个，同比增长9.5%。

**【"一单两报"技术研发与试点实施】** 在上海口岸办主持推动下，完成"一单两报"联合客户端研发工作，并正式启动试点，同时完成了与九城报检软件的接口模块开发工作。参加试点的企业完成了其内部系统改造以及客户端的安装和联调。

**【上海国际航运中心门户网站建设】** 根据市经济信息化委对上海国际航运中心门户网站的总体规划及市建交委的推进要求，对门户网站的栏目、功能以及采用的技术等方面进行深入研究与设计，梳理、归纳、整合并完成了项目实施方案，后续将展开网站详细需求收集和协调、信息提供等各项工作。

**【参与投建全国海事船舶动态数据中心项目】** 根据国务院关于推进上海加快建设国际航运中心的指示精神，在市府办公厅、上海电子口岸办等协调推动下，协助配合建设全国海事船舶动态数据中心。根据交通部海事局研究决策，确定该数据中心选址上海电子政务灾备中心机房。2011完成了该数据中心的机房建设，并启动了船舶动态数据合作规划工作。

**【启动洋山港区入境集装箱货物提货单电子放行试点】** 为推进检验检疫无纸化申报工作，2011年11月洋山港区入境集装箱货物提货单电子放行试点全面启动。研究可操作的业务及系统流程，制订应急预案，全面提高检验检疫口岸通关申报和放行效率，进一步优化上海口岸通关环境。

**【扩大"全国海关税费电子支付系统"应用覆盖范围】** 2011年全国海关税费电子支付系统完成了开发完善等基础工作，并且在长三角、珠三角、环渤海等地区开展了全国范围的应用推广。上半年，在长三角地区的上海、南京、杭州和宁波四个直属重点关区进行试点，对系统进行了检验和适应性改造；下半年，开始陆续在广东、环渤海各地海关区域推广，实现了部分关区的系统全覆盖。

2011 年海关税费 EDI 电子化支付系统全年实现支付额总计达到 9 110 亿元，入网企业 7 000 余家。

（俞鸿斌）

### 法人信息共享与应用系统项目

“法人单位基础信息库”是国民经济信息化中的一个基础性信息库，并在“十五”期间被确定为国家电子政务建设一期工程任务中重点建设的四个国家基础数据库之一。2009 年 9 月经市发改委批复，投入财力 537 万元，用于建设上海市法人信息共享与应用系统。项目建设由市经济信息化委牵头，上海市信息投资股份有限公司为法人单位，市工商局、市地税局、市质监局、市编办、市社团局、市环保局、市安监局和市食药监局等八家单位参建，中心机房设在市工商局。

本项目是在原“上海市企业基础信息共享与应用系统”的基础上进行建设，在原有的企业法人领域基础上扩大到事业单位、社会团体等法人领域，结合本市政府部门对法人数据的业务需求以及跨部门的信息共享要求，建成覆盖全市法人领域的共享信息库，为法人数据应用的准确性和唯一性提供统一的平台，进一步推进市政府各部门对法人领域信息资源的共享与应用。进而形成工作合力，全面提高政府各部门之间数据资源利用率、提升各行政部门的业务管理水平，并为市领导提供辅助决策依据。

2009 年 10 月项目启动建设，2011 年 3 月 21 日通过专家技术验收，系统正式建成投入使用。经过运行与推进，接入系统的单位用户已由原来 8 家参建单位扩大至 18 家，注册个人用户达到 1 056 户，在法人单位的注册、证照与资质的申办等过程中实现了跨部门的信息共享，注册用户可随时方便地查询相关法人的各类基础信息，提升了行政部门对相关法人在经营活动中的资质资格审查与监管，同时，系统可对各行业的法人信息数据进行统计分析，提供了辅助决策依据。

（李　潇）

## 二、电子商务双推工程

**【概况】** 2011 年上海市电子商务快速发展，各项指标均突破预期目标。本市电子商务交易额（快报）达到 5 401 亿元，比 2010 年增长 27%，相当于全市商品销售总额的 12%。其中，B2B 交易额为 4 817 亿元，占电子商务交易总额的 89%，比 2010 年增长 23%；网络购物交易额达 584 亿元，占电子商务交易总额的 11%，较 2010 年增长 69%，相当于全市社会零售总额的 8.6%。

**【电子商务示范工程】** 为促进上海电子商务的发展，加快推进上海国际贸易中心建设，扶持和培育与国际贸易中心地位相一致的具有国际竞争力的知名电子商务企业，发挥先进企业和园区的示范引导作用，上海市自 2010 年开始实施电子商务示范工程，其中一项重要工作就是开展“上海市电子商务示范园区、示范企业”的创建工作。2011 年共评选出 12 家上海市电子商务示范企业、3 家示范园区和 1 个行业示范平台。在上海市示范企业工作的基础上，经上海市推荐有 8 家企业获评商务部“电子商务示范企业”称号。

**【中小企业国际市场开拓专项扶持】** 中小企业国际市场开拓资金是中央财政设立用于支持中小企业开拓国际市场业务的专项资金。按照财政部财企〔2010〕87 号《中小企业国际市场开拓资金管理办法》以及上海市相关实施细则，2010 年电子商务首次被纳入可申报范围，并有 1 153 家中小企业获得了资金支持，取得了良好效果。2011 年中小企业国际市场开拓资金利用第三方电子商务平台开展网络营销活动并给予 431 家外贸企业专项资金支持。

**【开通网上国际贸易中心平台】** 依托部市合作机制，“中国（上海）国际贸易中心平台”于 2011 年年底正式开通。平台以信息发布、贸易与交易促进、诚信企业推荐、商务服务、政策咨询为主要服务内容，累计上传信息超过 7 万条，初步形成综合性商务信息服务体系，是智慧城市三年行动计划中推进较快、收效较早的项目之一。

**【推进“双推”工程】** 继续深入实施电子商务“双推”工程，实现电子商务平台与应用企业共赢。2011 年有 3 430 家中小企业与“双推”平台企业对接成功、获得资金补贴，其中民营企业超过 70%；15 000 多家中小企业参加“双推”平台组织的各类培训宣讲。

**【举办国际网络购物大会】** “2011 中国（上海）国际网络购物大会”是由市商务委主办的国内首届国际网络

购物专业会展，150家设展企业覆盖网络购物整个产业链，吸引了537家参会供应商、100多家外贸型供应商，5 000多名观众，为网购产业链上下游企业搭建了谋求合作商机的平台，推动了内外贸对接，帮助内外贸企业开辟新的营销渠道。

**【浦东电子商务服务集成功能区创建】** 浦东是首个国家电子商务综合创新实践区，2011年争取到国家现代服务业综合试点资金支持，积极打造电子商务服务集成功能区，实现区域电子商务服务业资源的集聚和协同。功能区的核心唐镇电子商务创新港初具规模，2011年上缴国家税收达1.04亿元，吸引了包括1号店、火速、通联银华等130多家电子商务贸易和服务企业。全球零售业巨头沃尔玛电子商务中国区总部也落户浦东。

**【电子商务重要活动】** 2011年3月，启动2011年中小企业国际市场开拓资金电子商务支持项目，组织平台申报、评审，并做好各项服务工作；召开上海市电子商务发展联席会议第一次会议。5月，上海市参加五部委联合召开的电子商务专题工作会议，并着手开展电子商务示范城市创建工作。6月，"2011中国(上海)网络购物国际论坛"在上海美兰湖国际会议中心举行。论坛主题是"网络购物促进贸易转型"，是网络购物产业一次规模较大的国际化会议；"2011中国(上海)国际网络购物大会"在上海世贸商城举行。展览面积10 000平方米，设置展位210个，参展企业150余家，参会观众近5 000人；上海市商务委与沃尔玛全球电子商务签署《在沪发展电子商务合作框架备忘录》，沃尔玛将在上海设立电子商务中国区总部，全面负责沃尔玛全球电子商务在中国的运营。8月，东方钢铁、新蛋贸易(中国)有限公司等8家电子商务企业成为首批"商务部电子商务示范企业"；中国(上海)网上国际贸易中心平台和浦东新区电子商务集成服务功能区两个项目列入现代服务业综合试点重点项目，并启动项目建设。11月，八部委联合印发《关于同意北京市等21个城市创建国家电子商务示范城市的复函》，原则同意上海报送的国家电子商务示范城市工作方案；11月16日，国家电子商务示范城市授牌仪式在深圳举行，"国家电子商务示范城市"铭牌正式授予上海。12月，中国(上海)国际贸易中心平台正式上线；评选出2011年12个上海市电子商务示范企业、3个示范园区、1个行业示范平台，并举行授牌仪式。

（杨　珞　张静静　彭日峰）

**【上海获批国家电子商务示范城市】** 2011年3月，国家发展改革委、商务部、人民银行、国家税务总局、国家工商总局等五部委联合发布《关于开展国家电子商务示范城市创建工作的指导意见》(发改高技〔2011〕463号)。5月，五部委在深圳联合召开国家电子商务示范城市创建工作会议，提出根据实际发展需要分批组织开展电子商务示范城市创建工作。上海市发展改革委、市商务委会同有关部门、企业、协会等，进行了广泛调研和征求意见，编制了《上海创建国家电子商务示范城市实施方案》，并经市领导同意，以市政府名义上报国家。11月，国家发展改革委、商务部、财政部、人民银行、国家税务总局、国家工商总局、海关总署、国家质检总局等八部委联合印发了《关于同意北京市等21个城市创建国家电子商务示范城市的复函》(发改办高技〔2011〕2753号)，将上海列为国家电子商务示范城市，原则同意《上海创建国家电子商务示范城市实施方案》，并在深圳举行的第十三届中国国际高新技术成果交易会上正式授牌。2010年，上海电子商务交易额达到4 252.8亿元，占全国比重达到10%。下一步，上海将深入贯彻落实科学发展观，围绕创新驱动和转型发展，发挥政府规划引导和龙头企业带动两种作用，利用国内国外两种资源，繁荣虚拟、实体两个市场，以建设在线贸易中心、金融中心、物流集散中心为重点，努力建设与上海城市功能定位相适应，主体集聚、业态丰富、标准领先、环境优良的亚太电子商务中心城市。同时，围绕网上金融管理、外资准入、电子合同等方面的法规政策先行先试，为形成全国性解决方案提供实践基础。争取到2015年，上海电子商务年交易额超过1.2万亿元，占全国电子商务交易额的比重继续保持领先水平。

（李如心）

## 三、电子商务集聚区

**【嘉定3131电子商务创新园】** 2009年，由电子商务、投融资领域、传媒、旅游、家居、健康等产业垂直领域的资深人士创建了嘉定3131电子商务创新园。根据产业发展趋势及园区建设优势、集聚优势，战略性地确立了

“电子商务”为主题的信息产业定位，打造新商业文化。旗下电商产业联盟现有1号店、易迅网、齐家网、驴妈妈等十余家B2C垂直领域的领军企业，全国数千万会员资源。嘉定3131电子商务创新园集群抱团、行业自律，形成集群优势。除了产业集聚功能外，嘉定3131电子商务创新园还承载电子商务产业孵化功能。3131不仅吸纳了各领域发展成熟的龙头企业，同时吸引了中小电子商务企业及缺乏专业管理和技术支持的意欲拓展网络销售渠道的传统产业企业。入驻企业可借助3131的技术资源、管理经验、政府扶持、融资渠道开拓一片新的商业格局。优化生态商业链是3131电子商务创新园又一特色，企业间多方面互溶、共享、沟通、发展、共赢，良性循环，保持商态平衡，不断壮大规模并形成标准化可复制运作模式。2011年，嘉定3131电子商务创新园建立健全园区各项服务体系，迅速聚集资源，形成一定的聚集效益和规模效应。实现两年内成熟型企业税收产出不低于1 000元/平方米/年的目标，发展中企业未来两年内达到该标准。

**【浦东新区唐镇电子商务创新港】** 唐镇电子商务创新港是以电子商务公共与集成服务平台为核心，推动模式、政策和技术创新的电子商务服务业集聚区。创新港抓住战略机遇与制度创新优势，已初步形成了门类较全、起点较高的新兴电子商务企业集群。2011年电子商务商品交易额达3 106.6亿元，占全市58.4%；服务类电子商务交易额达到1.5万亿元，比上年增长1.9倍。唐镇电子商务创新港顺应电子商务产业发展新趋势，依托浦东区位优势聚焦发展电子商务服务业。涵盖了网站建设、系统集成、认证服务、网络营销、信息服务、咨询服务、电子支付、配送物流、呼叫中心、资金融贷等。创新港开港一年来共引进142家电子商务贸易和服务公司，其中电子商务服务业企业87家、从事网络贸易的企业55家。2011年交易额达到33.8亿元人民币，销售额达到22亿元人民币。2011年获批浦东新区创意产业园，被市经济信息化委评为创建生产性服务业功能区。

**【宝山智力产业园】** 宝山电子商务产业发展势头迅猛，主要是以钢铁服务业、批发零售业的电子商务应用为代表的企业电子商务应用为主，逐步形成以易迅网、为为网为代表的网络零售企业；以东方钢铁、Mysteel为典型的第三方电子商务交易与服务应用等。2011年宝山电子商务产业交易总额大幅增长，电子商务交易总额约为380亿元，同比增长30%；网上零售额约45亿元，同比增长迅猛。宝山电子商务核心宝山智力产业园由“一心三园”构成，其中，“一心”由核心园区上海智力产业园的南区、中区、东区、北区组成，“三园”是指上海钢铁金融产业园、大宗商品电子商务园、上海吴淞口国际邮轮电子商务功能园。宝山智力产业园电子商务企业门类齐全，按所从事不同领域电子商务企业可分为：代运营服务、IDC数据中心服务、物流服务、软件技术服务、培训服务。电子商务产业特色明显，结合宝山区“上海钢铁现代服务业综合试点区”、“上海吴淞口国际邮轮服务综合改革试点区”和“上海国际酒类贸易中心”的建设，充分发挥电子商务产业与钢铁、邮轮现代服务业的联动发展优势，同时带动与之配套的资讯、贸易、物流、旅游等产业，实现产业集群的跨越式发展。园区已建成八大管理公共服务平台，包括政策推送平台、投融资担保平台、企业孵化平台、人才服务平台、诚信联盟平台、物流仓储平台、品牌推广平台、技术研发平台、电子商务统计平台。

（杨 珞 张静静 彭日峰）

# 四、行业信息化

## 中国电信上海理想信息产业(集团)有限公司

**【概况】** 中国电信上海理想信息产业(集团)有限公司(以下简称“理想集团”)，连续多年荣膺“国家规划布局内重点软件企业”、“上海市明星软件企业(经营型、成长型)”等称号，主要提供信息通信技术服务，涉及信息系统集成、应用软件开发、软硬件产品研制、增值业务运营和IT外包服务等五大方面，产品和服务覆盖全国31个省、市、自治区，并延伸到香港、澳门等地以及美洲、欧洲等海外地区。客户遍布电信、政府、金融、教育、烟草、制造和化工等多个行业，拥有全国性的营销渠道和运维服务体系。公司致力于中国IT产业发展，借助中国电信精品网络资源，定位于电信与IT产业融合的ICT服务商形象，为社会信息化、企业信息化和家庭信息化提供全方位、专业化的应用集成服务。

2011年，是“十二五”规划起始年，理想集团紧扣“智慧城市”建设主旋律，立足当前，着眼长远，在公司层面组织了新一轮的战略规划、业务规划，并开展了新办公地制度建设、安全生产管理、重大故障管控、重要资质保有、市级文明单位创建、规范业务外包管理等重点工作。在产品开发、市场拓展、行业应用、重大ICT项目、重大通信保障、城市光网建设等各方面都付出了努力取得了进步。公司已连续第6年获得“国家规划布局内重点软件企业”称号,继续荣获上海市“经营型和创新型明星软件企业”称号,通过ISO9001、TL9000、ISO20000、ISO27001等多套质量管理规范体系的年度审核及认证。

**【企业ICE产品线更加丰富】** 企业集成协作环境(Integrated Collaborative Enviroment,简称ICE),产品线已扩展至ICE、内控系统、人力资源系统、统一认证、办公效率监督等。在电信领域,继续保持主导地位,联合中国电信集团公司向全国各省推进OA规范升级,开拓北方电信、贵州电信等省级公司、信元公众、号百商旅、天翼支付等电信专业公司,市场占有率不断扩大。在上海市政府领域,承接了市委组织部、民政局、公安局、卫生局等项目,党管系统在长宁区、宝钢得到成功推广。在中大型企业领域,以全业务移动融合解决方案为切入点,新增工银瑞信、清华大学、商飞公司、临空项目等标杆案例。统一认证业务拓展到江西等地,“办公效率监督”成功推广数家客户,知识库等新的延伸应用在上海电信得以实施。在由RIM主办的2011中国首届黑莓应用开发大赛中,“黑莓版移动OA”获得“最佳企业应用奖”。

**【区县电子政务覆盖17省222个区县】** 区县电子政务在全国覆盖17个省份222个区县,今年新增17个区县。挖掘政府应用需求,扩展电子政务平台延伸功能和模块,先后引入政民e通、政府门户等产品,在宁夏民生视窗项目中实施应用。以“智慧城镇”规划为依托,成功拓展智慧社区、智慧旅游业务,在枫泾落地。紧跟国家“政务云”方向,制定天翼电子政务星火燎原计划,完成首个架构在云平台运营的试点项目广西省级政务云平台项目。通过移动试点将移动政务推向市场,在广西防城港、云南迪庆、四川资阳、内蒙古包头九原区、辽宁葫芦岛绥中县、山东泰安东平县等地启动移动政务应用试点布局。

**【数字医疗产品应用多样化】** 提供的应用由单一的无线数字医疗,发展为面向二三级医院客户的无线数字医疗、无线门诊输液、移动OA,和面向中小医院、固移融合的CHIS系统(即医院信息管理系统)。以标准化接口,在新华医院崇明分院及吉林、包头、常州等多地的二三级医院快速实现无线应用,上海已签约医院超过百家。中标河南省区域卫生综合信息化平台项目、焦作市卫生局“数字医院”建设规划项目。社区档案等基层应用在鄂尔多斯试点,其中6个社区服务中心已投入使用。首个PAD社区随访E通项目在宁波海曙区落地,各类移动手持终端均可应用,实现固移合一、多屏互动。

**【商务领航运营三大产品板块】** 围绕IT外包服务、SaaS、行业应用三大产品板块,具体包括高端客户IT外包服务、电脑医生、在线安全、ECP等多项应用,业务内涵更加丰富,服务流程不断完善,服务能力和客户感知显著提升。商务领航平台3.0上线、Netcare客户上线时间控制在5个工作日内、对服务商定期评估淘汰制等一系列举措被付诸实施。针对高端服务存量用户,提供一站式IT外包服务,树立雅高酒店连锁集团、人寿保险等标杆客户。其中,中国电信集团公司签订的爱立信中国设备租赁与网管专家业务,理想参与提供服务,实现了设备与电路平均容量为99.99%的超高标准。借助这样的大客户项目,联合合作伙伴形成全国的IT外包服务体系。高端客户IT外包服务年度净增用户14家,电脑医生用户数净增7 387户,在线安全净增用户数2.34万户,ECP净增用户12.8万户。

**【理想呼叫中心形成运营管理产品线】** 产品线涵盖质检、培训考试、即时通信、知识库等产品,并在外包呼叫中心解决方案中形成调查问卷、客户管理、知识库、电话营销等产品系列。继12309最高检热线后,又形成上海工商外国语学院、国妇婴、我友网、韵达快递、东方有线知识库、闵行区中心医院、上海公积金12329服务热线、糯米网、承大网络公司等标杆案例。12309在最高检进入二期建设,并在贵州落地。社区关爱服务、医疗预约挂号平台在部分地区商用,与社区街道、第三方服务公司等合作形成相对完善的服务体系。

**【电子商务及支付领域应用继续拓宽】** 开发完成上海电信天翼支付产品,支撑上海电信融合支付平台实现OTA空圈管理等六大提升。平台上近4万用户使用手机钱包等移动支付业务,交易量快速增长。成功支撑各省电信多渠道接入的网关支付业务以及外行业的网关支付需求。

**【智能业务签下一批重点项目】** 凭借在此领域多年积累的丰富经验,签下审计署、无线电管理局、沙特馆、卢湾公安车牌识别系统、南京宝宁汽车、如皋规划馆等一批重点客户或项目。

**【信息网络及信息安全业务提供全面解决方案】** 为用户提供包括信息系统建设、信息安全建设、网络应用建设以及信息系统运行维护保障于一体的全面解决方案。在政府、教育及电信等行业签下无线电管理局、虹口教育局电子书包平台等重大项目。医疗卫生行业数据安全解决方案，在长宁区卫生局成功试点；信息系统安全验收测评服务，在电信行业实现突破；僵尸网络检测系统新产品，完成原型研发，进入产品化阶段。

**【行业应用在多个支柱行业突围】** 理想集团提供的移动互联网平台应用和行业应用已逐步渗透快消品、物流、政府等多个支柱行业。基于汉康豆腐等典型项目经验，外勤E通产品形成自主知识产权的《外勤E通行业解决方案开发规范》，成为上海电信云计算平台上首批行业应用产品之一。基于移动终端的数字巡访类业务、天翼无线巡更类业务，深受大型连锁企业青睐，如家酒店计划在上海百家门店中安装，其中30家重点区域星级酒店已部署完成。物流运输管理及加盟结算、建筑能耗智能管理、场馆多媒体展示应用、医疗卫生行业数据安全等集成应用解决方案，分别在万家物流、交运日红、池州人民医院、如皋规划馆、如皋博物馆、泰州图书馆、长宁卫生局、虹口教育局、市应急办、市交通执法总队等客户中试用。

**【云计算业务崭露头角】** 理想集团基于虚拟化技术和并行开发技术，自主开发云计算管理平台、云监控等多项产品，并获得多个云计算集成项目，如上海电信IT云计算管理平台、行业云管理平台、全球眼并行计算项目等。在上海电信云存储等项目中，融合部分成熟业务与云计算技术，理想集团的解决方案全面实施。整合中小企业云服务门户，联手合作伙伴提供各类云应用，如企信通、网络传真、协同通信、保险E通、外勤E通等多项的商务领航SAAS应用。此外，基于云计算的智能视频分析、行业应用云平台两个解决方案，入选"第三届中国云计算大会"优秀解决方案。

**【自主开发的移动中间件在项目中应用】** 理想自主开发的移动中间件达到运营级要求。由原有面向中小企业应用的EMA（企业移动代理Enterprise Mobile Agent，简称EMA）模式，向面向平台服务运营的NMA（网络型综合办公业务Network Mobile Application，简称NMA）模式的架构升级，并部署应用于上海电信行业云平台，满足规模应用的负载均衡需求。基于理想移动中间件，C8500手机适配于社区医疗、数字医疗、电子政务、汉康订货、全球眼等行业应用，并在中国电信集团掌上营业厅、上海电信掌上营业厅及黑龙江掌上营业厅、国泰君安移动办公等多个项目中予以实施。

**【圆满完成两大通信保障任务】** 参与第14届国际泳联世界锦标赛通信保障，保障工作获得世游赛组委会、上海市通信管理局表扬和表彰，被评选为先进单位。同时参与F1世界大奖赛的通信保障工作。

**【"智慧城市"业务亮相工博会】** 2011年11月1—5日，2011中国国际工业博览会于在上海新国际展览中心举行。在历次工博会上中国电信闪亮的展台中，理想集团先后有无线巡防、移动电子政务、保险E通、物流E通、工商E通、销售管家、综合办公等多个业务亮相。本次，切合"智慧城市"主题，社区关爱平台、无线数字医疗、社区随访、外勤E通、协同通信、数字城管等产品。中国电信展出的业务分为"政务监管、社会民生、行业产业、家庭娱乐、手机应用"等五大板块，由理想集团负责整体系统集成工作。重点展示的"协同通信"在上海已有10万左右的用户数，以理想集团会议室、外地厂商办公室及展会现场多点、实时互动的场景演示方式，多媒体视频会议、电话会议、即时通信等功能吸引了参观者浓厚的兴趣。"外勤e通"是以行业应用平台为载体，面向企业客户提供基于手机终端的外勤人员（外销、外修、外送、外巡）管理的应用，同样得到了较多关注。

（刘　锋）

# 第五章 旅游信息化

## 概 述

2011年，依据"十二五"规划的工作布局，围绕"建设世界著名旅游城市"中心任务，上海旅游局在提升旅游公共服务水平、运用信息化手段助力旅游市场管理等方面取得了新的成绩。

## 一、旅游环境信息化建设

**【A级景区游客中心建设】** 为拓展上海旅游咨询服务中心的布局，让更多来沪游客和市民能够得到方便快捷的旅游咨询服务，依据上海现有A级景区游客中心运营情况，确定了最终选址。市旅游咨询中心与景区所在旅游管理部门签订责任书，逐步确定每个游客咨询中心设计方案，并进行设备配置及施工，完成了10个旅游咨询服务中心改造任务，提升景区游客中心的服务范围，并将其纳入上海旅游咨询服务中心的运营管理。

**【提升旅游咨询分中心运营管理】** 在2010年新建、改建45个中心工作任务完成以后，市旅游局运用计算机技术，搭建中心网络管理平台，实现信息网络化服务，对各咨询分中心服务对象资料发放情况进行登记管理，进行资料品种、品质调查，及时掌控资料配送情况，完善配送物流，并进行网络服务统计，对国内游客、境外游客的人数、国别以及提问咨询的种类进行详细记录，细化旅游咨询数据库，提升工作人员服务水准。

**【建设上海"手机导游"公共服务系统】** 推进3G技术与旅游资讯相结合，开辟手机用户的旅游咨询服务和智能导游服务领域，实现旅游信息和导游服务可视、快捷、随身服务。结合旅游咨询门店、热线电话、网络平台等多种渠道，构建景点、住宿、交通、餐饮、娱乐、购物等旅游信息会聚、多语言环境、多层次的上海旅游信息公共服务平台。主要功能包括资讯发布更新、导览、导游文字、图片及语音解说服务、导航和热点推荐等功能。第一代上海手机导游于2011年12月7日上线运营并投入使用。

**【上海旅游质量管理系统开发和旅行社试点】** 上海旅游质量管理系统是上海旅游团队管理系统的进一步延伸，通过旅游电子合同进一步规范旅行社的市场经营活动。系统将团队出境游、赴台游、团队国内游及旅游包车的合同示范文本作为电子合同模板，实现与游客签订的旅游电子合同进行数据备案、市区旅游管理部门动态监管、消费者线上查阅等旅游质量监管功能，并能与原有团队管理系统实现对接。

**【"全国旅游团队管理服务系统"开发】** 国家旅游局"全国旅游团队服务系统"在上海经过试点运行以后，已经完成上海团队旅游团队信息与国家旅游局信息系统的对接，按时准确上传信息。并受国家旅游局委托，邀请市财政局有关专家组织了评审会，对系统一期目标的设计开发、技术文档、数据接口、推广可行性等各方面进行全面评估和评审，并争取年内完成项目二期开发和验收。

（刘 旲）

## 二、旅游电子商务信息化

**【概况】** 2011年旅游电子商务在上海旅游产业中的地位明显提升，呈现出良好发展的势头，上海主要旅行

社基本形成通过现代网络信息技术手段实现旅游商务活动各环节的电子化。包括通过网络发布、进行旅游宣传促销、开展旅游售前售后服务，进行电子旅游交易并且使更多的旅游企业平等的面对市场，凭借特色产品和服务的优势获得发展机遇。同时，上海旅游电子商务步入务实发展轨道，呈现出以下三大特点：一是在线旅游规模迅速扩大，中小旅游企业旅游电子商务应用意识普遍提高，在线旅游在市民出游和商务活动中应用日趋广泛；二是旅游电子商务应用开始进入协同商务阶段，携程构建了全国性的航空意外险平台，开始尝试旅游保险业务的电子化；三是在线旅游由“机＋酒”模式向景区端产品扩张延伸，驴妈妈的“旅＋游”模式日益成熟，迎合了散客时代的自助游趋势。

**【携程旅行网】** 携程旅行网通过互联网、服务联络中心、无线等渠道，为广大旅行者提供包括酒店、机票、旅游度假等全方位的旅行服务，占有国内在线旅行服务市场约50％的份额，现市值约60亿美元，是全球市值前三的在线旅行服务公司。携程在国内旅游业率先提出“精益服务”理念，在2011年4月24日中国旅游研究院主办的“精益思想在现代旅游服务业中的应用”研讨会上被认为“是保障旅行服务品质和提升消费者满意度的重要服务创新，携程精益服务极有借鉴与推广价值”。4月21日，携程旅行网召开新闻发布会，成立驴评网。5月9日，携程旅行网与东方航空在宣布双方独家合作推出新的旅游品牌“神机游”以及系列自由行产品，拓展国内休闲旅游市场。

**【悠哉旅游网】** 经过7年的努力，悠哉旅游网积累并形成了标准化的业务操作方式，培养了一支专业、训练有素的旅游业务团队。秉承“做比客先、想比客全”的服务理念，自主批量采购航空、酒店和地接资源，提供专业旅游服务。2011年4月，悠哉旅游网上线支付宝、财付通、快钱、招商银行等网上支付网关，支持多家银行多种支付手段，推出“即时确认”、“即时支付”功能。悠哉旅游网获得多项荣誉。1月，在解放报业集团承办的“新旅途、星开始”2010年度旅游评选中悠哉旅游网荣获2010年旅游业“闪耀之星”大奖。7月，在中国电子商务运营创新论坛暨2011中国最具价值行业电子商务网站评选中，悠哉旅游网荣获“2011中国最具价值旅游行业电子商务网站”和“中国行业电子商务网站用户满意度”两个奖项。8月，2011(第十届)中国互联网大会上悠哉旅游网荣获得互联网十周年优秀企业奖。

**【驴妈妈旅游网】** 驴妈妈旅游网以景区票务为切入点，力促景区从门票经济向综合营销转型。现有5 000多家景区和5 000多家特色酒店加盟驴妈妈，遍及全国30多个省及直辖市。2011年3—7月，驴妈妈旅游网相继宣布与百事可乐开展旅游电子商务企业与传统消费品巨头跨界合作，联合第一财经频道、宁夏卫视高端媒体打造“自助旅游体验师”电视节目。

**【趣游国际旅行社】** 创新地结合了最流行的SNS社区理念，自主研发了趣游的“驴友驿站”，为广大会员提供了更直接的交流分享、互动交友的社交平台，完善报名、交易功能，让用户体验更加便捷流畅。用户还能清晰地管理自己参与趣游的活动、日志、照片等等，打造旅行者的电子商务与社交网络的互通环境。

（刘 昊）

# 第五编

# 社会事业与公共服务领域信息化

# 综 述

2011年，社会事业与公共服务领域信息化建设持续推进。市民信箱、付费通等历年实事项目继续深入推进，上海市电子账单公共服务平台(www.ezhangdan.com)开通试运行。

社会事业领域信息化建设继续深入推进。在教育领域，高校信息化建设持续开展；上海远程教育集团开展上海终身教育学分银行建设。在文化领域，上海图书馆积极推进中心图书馆"一城一网一卡一系统"服务平台建设，启动中心图书馆"少儿一卡通"服务；文化信息资源共享工程、东方社区信息苑等项目继续深入推进；上海广播电视台、东方传媒集团(SMG)等单位推出移动互联视频服务。在医疗卫生领域，市民电子健康档案的卫生信息化工程启动；瑞金、市六和岳阳医院开展整合移动应用、临床路径和质量监管的新一代智能电子病历系统试点；市一、市十、肺科等12家医院开展基于电子病历的医院信息整合平台试点；医联工程已联网34家市级医院；"基于医联平台的统一医疗预约服务系统"开通运行；22家市级医院开通了"一站式付费"服务。在帮助残疾人工作方面，电信运营商为全市一万名听力言语障碍者提供手机短信优惠服务，为三万多户视力障碍者家庭提供固话通话优惠服务；网站无障碍改造工作继续推进，静安区政府门户网站、上海图书馆"无障碍数字图书馆"投入运行；听力残疾人新闻栏目无障碍建设项目启动建设。

（陈可乐）

# 第一章　市政府实事项目

## 概　述

付费通、市民信箱等历年实事项目继续深入推进。上海付费通信息服务有限公司获得了由央行颁发的《支付业务许可证》，将公用事业缴费服务拓展到全国多个城市，并依托付费通平台，建设上海市电子账单公共服务平台，为市民提供公用事业电子账单服务。市民信箱继续为市民提供个人医疗记录、社会保障、电子账单等信息推送服务，注册用户达409万人。

（陈可乐）

## 一、付费通

**【获第三方支付牌照】**　2011年5月18日，上海付费通信息服务有限公司（以下简称"付费通"）获得了由央行颁发的《支付业务许可证》，成为全国首批获得第三方支付牌照的27家单位之一。借此次申牌工作，付费通还大幅加快了公司内外各层次的蜕变，重新梳理和规范自身的业务流程，通过融资扩大自身规模，加强业务、资金和技术的风险控制，更细致地推敲和制定产品线，公司建制及人力资源配备更加趋于合理化，市场推广的诉求愈加理性。

**【全国平台建设】**　2011年9月，付费通初步完成全国平台的建设工作，以江苏省无锡市为起点，付费通借助EBPP（电子账单处理及支付系统 Electronic Bill Presentment & Payment，简称EBPP）系统面向全国，为更多的市民家庭提供基本生活账单的在线查询、支付与理账服务。截至2011年年底，除上海以外，付费通陆续开通了北京、天津、南京、无锡、杭州、临安、青岛等多个城市的业务。

**【电子账单平台运营】**　电子账单的推行是付费通利用得天独厚的资源优势，将逐步取消纸质账单，并将多张家庭账单合并统一为一张电子账单成为可能。2011年11月23日，付费通承建的电子账单公共服务平台（www.ezhangdan.com）开通试运行，通过该平台，上海市民可以申请各类公共事业费的电子账单，减少纸质账单的浪费，节约社会资源。电子账单还被纳入"2012上海市政府实事项目"，目标是到2012年年底实现100万份电子账单的应用。电子账单的推出，最重要的意义是绿色环保。由纸质改变为电子形式（E-mail、手机短信、手机彩信），减少账单印刷和投递的成本。其次，电子账单可以呈现传统出账机构的电子详单。另外，电子账单还涉及其他信息有效性问题——法律的认可，此问题可以通过在客户申请电子账单的时候，出账机构、付费通和客户的三方协议中约定解决。

**【提升网站用户体验】**　在快速发展的同时，付费通将更多的目光对准了用户。为了更好地为用户提供便利、快捷的服务，付费通不断优化缴费流程，以满足日益增长的用户需求。付费通网站经过数次修改，已经成功缩短了用户每次缴费时间，简化了缴费流程，提升了用户体验，增加了用户依赖度。

**【适时推进缴费新品种】**　为了能够更好地满足日益增长的用户需求，2011年，付费通相继推出了包括信用卡还款、房产税缴纳等更为丰富的缴费品种。其中，房产税作为上海市税务局唯一指定网上缴纳平台，缓解了全市各征税网点的服务压力，大大减少了纳税人的缴费成本。

**【缴费终端再添新渠道】**　随着iPhone手机用户的疯狂增长，付费通及时推出了iPhone手机客户端V1.0，用户可以非常方便地用手机摄像头扫描账单条码进行缴费。随后，又推出了安卓版客户端，为更多的用户提供了缴费便利。目前，付费通已通过电脑、电话、手机等多种信息终端，为上海市民家庭提供水、电、煤、手机、电话、宽带、数字电视、个人住房房产税等多种基本生活费用的在线查询及支付服务。其中手机信息终端作为新的缴费途径，有着与时俱进的意义。

**【付费通企业服务有限公司】** 由付费通企业服务有限公司发行的商银通申付卡目前已正常销售。为了能给用户提供更加丰富的增值服务，付费通企业服务公司运营的网上商城也相继推出了团购、券币、彩票、飞机票等一系列丰富多彩的产品。作为对主营业务的补充与支持，付费通在增值业务的开发上一直以服务用户、挖掘用户价值为核心，循序渐进地将原有的付费通业务架构拓展到与生活相关的各种层面，从而为会员提供更加丰富的服务选择。

（陈雨辰）

# 二、市民信箱

市民信箱自2004年成立以来，利用实名制平台的优势，向用户提供个性化的缴金记录、公共事业费账单及各类银行账单，电子账单服务开展至今，收到了用户的良好反应，给广大市民的生活带来便捷。平台运行至今，电子账单由一开始的少量信息源合作，逐步扩大到现在多渠道、全方位的综合服务类平台。在2011年，实现了与上海市电子账单公共服务平台的对接，市民信箱用户可通过该平台申请水、电、燃气、通信费电子账单，自愿取消纸质账单，并可使用查询、付费等服务功能。拥有市民信箱实名制账户的用户可以免费申请五类信息和账单，分别是：(1) 个人记录信息查询，包括个人医疗记录和健康档案查询、违章车辆牌照查询和个人婚姻登记档案信息查询。(2) 社会保障信息，包括个人养老保险缴费记录、个人住房公积金缴费记录和个人医疗保险缴费记录。(3) 银行信用卡对账单，包括交通银行(上海分行)太平洋卡对账单、工商银行(上海分行)牡丹卡对账单和农业银行(上海分行)金穗卡对账单。(4) 公用事业费账单，包括上海电力公司电费账单、自来水闵行公司水费账单、自来水市南公司水费账单、自来水市北公司水费账单和燃气集团公司燃气费账单。

（谈子亚）

# 第二章 社会事业领域信息化

## 概 述

2011 年,社会事业与公共服务领域信息化坚持“以人为本,便民利民”的方针,依托各行业主管部门积极开展信息化应用,为市民带来便利和实惠。

在教育领域,各高校在加强信息基础设施建设的基础上,积极开展信息系统建设及成果的推广应用,为学校的管理、教学科研和校园生活等提供更加便捷的现代化手段支持;上海远程教育集团开展上海终身教育学分银行网站建设,构建用户信息库、用户学习成果库、学分认证记录库,支持学习者在学历教育、文化休闲教育及职业培训等终身学习过程中的学习成果记录累计及学分转换。

在文化领域,上海图书馆积极推进中心图书馆“一城一网一卡一系统”服务平台建设,启动中心图书馆“少儿一卡通”服务,初步实现全市图书馆的“少儿一卡通”的办证和图书通借通还服务;上海市文化信息资源共享工程和上海中心图书馆建设以及中心图书馆主题馆建设相结合,通过互联网实施有效链接,开通了网上联合知识导航站等网上服务和数据库查询服务;东方社区信息苑研发公共电子阅览室专网平台,共享全国文化信息资源共享工程的海量内容和“上海数字文化”的资源库群,并借助上海市中心图书馆已集成的大型全文数据库和教学软件,进行整合和推送,丰富了平台内容;上海广播电视台、东方传媒集团(SMG)与联想集团合作,在移动互联视频服务领域通过发挥各自在终端产品、云计算、内容资源、市场运营等方面的优势,联手开拓中国移动互联与数字家庭市场。

在医疗卫生领域,市民电子健康档案卫生信息化工程启动,该项目建设覆盖全市各级各类公立医疗卫生机构的健康信息网络,连通医疗服务与公共卫生服务的相关信息系统,按照卫生部健康档案基本架构和数据标准,通过市、区两级数据共享和交换平台,遵循“自动建档、自动更新”原则,为每位市民建立涵盖个人基本信息和主要卫生服务记录的电子健康档案;辅助决策和协同医疗服务系统的应用,减少重复用药和检验检查,支撑用药智能提醒,开展影像会诊、远程医疗咨询等医疗服务;市民健康服务门户网站及时发布与市民相关的卫生医疗信息,为市民提供在线健康咨询、健康知识宣教、个人健康档案和检验检查报告网上查询、医疗服务资源网上查询和预约的一站式服务。在瑞金、市六和岳阳 3 家医院开展整合移动应用、临床路径和质量监管的新一代智能电子病历系统试点;在市一、市十、肺科等 12 家医院开展基于电子病历的医院信息整合平台试点。医联工程已联网 34 家市级医院。基于医联平台的“统一医疗预约服务系统”开通运行,市民可通过网络、电话等多种方式进行预约。22 家市级医院开通了“一站式付费”服务。

(陈可乐)

## 一、教育领域信息化

### 复旦大学

**【概况】** 2011 年,复旦大学(以下简称“复旦”)深入贯彻落实科学发展观,继续解放思想,推动科学发展。在正确的理论指导下,学校的信息化校园建设工作继续注重基础建设、应用系统建设及成果的推广与应用,并通过管理的规范、服务水平的提高,使师生更认可信息化校园建设的实施,为学校的管理、教科研和校园生活等提供更加便捷的现代化手段支持。

**【制定校园信息化规划】** 2011 年是“十二五”的开局之年,复旦信息化发展规划的出发点为:以“用户服务”为重点、以“师生需求”为导向、以“内涵建设”为核心。其总体战略目标是:为更好地服务于全体师生的教学、科研、相关业务及生活,建立一个全面、稳定、高效、安全的校园信息化服务体系。复旦校园信息化规划从 IT 基础服务、师生个人数据服务中心、教学科研资源的共享利用及服务、跨部门业务流程优化与服务、平台式服务、移动服务与智慧校园、数据分析服务、校园信息化服务管理、信息安全应急服务等方面进行了整体规划，指导学校校园信息化建设的未来发展。

**【升级扩容校园主干网络】** 2011年，复旦升级了各校区的网络核心设备。将邯郸校区网络结构改造为核心—汇聚—接入三层结构，链路带宽升级到10 G；枫林校区利用新建立的东西两区96芯主干光缆结合新升级核心设备建成了扁平化的万兆主干网；在贯通枫林校区与邯郸校区2条备份光缆线路之后，复旦校园主干网在邯郸—枫林—张江—江湾校区之间组成了环型城域网，相互之间链路带宽升级到10 G以太网。

**【IPv4实地址的申请和建设】** 2011年，复旦向亚太互联网络信息中心申请了2个B类IPv4实地址，用于校园网络地址资源改造。根据计划，2011年首先在校园无线网、复旦大学张江校区计算机学院及软件学院做试点，今后逐步开放全校师生上网IPv4实地址使用。

**【深入无线校园网建设】** 2011年，复旦基于集中式WLAN体系结构，不断设计、架构和优化网络系统，分别在多校区展开覆盖工作，新布AP点位300个。在张江校区新增覆盖计算机楼、微电子楼、微分析楼和二期药学院等楼群，在邯郸校区新增覆盖子彬院、叶耀珍楼、计算中心、档案馆、保卫处、留办和文博系，并对光华楼的西辅楼教学区域和主楼、东辅楼的会议区域作增强型扩容改造。同时增加邯郸校区的AC（交流电Alternating Current，简称AC）控制器，由原来的8台扩展到了14台，提高了无线网络核心层的负载容量。至此，已对邯郸、江湾校区的大部分教学科研办公区域完成了百兆级别的无线接入覆盖，对枫林、张江校区则基本完成公共教学和科研区域全覆盖。与此同时，还开展用户需求调研工作，在系统的一些具体节点作优化，进一步完善相关功能，在有限的资源条件下提高网络稳定性和用户的QoS。

**【继续CNGI-CERNET2驻地网建设与IPv6应用推广】** 2011年，复旦继续开展IPv6驻地网建设，为周边上海市属各高校提供CNGI-CERNET2（中国下一代教育网China's Next Generation Internet for China Education and Research Net，简称CNGI-CERNET2）和N-Shernet（新一代上海教育和科研计算机网络Next Generation Shanghai Education and Research Net，简称N-Shernet）接入和管理服务，通过完善运维队伍、开发网络管理工具、研究实用型应用的方式，在各接入驻地网中积极扩展和推广IPv6（第六版互联网协议Internet Protocol Version 6，简称IPv6）；并着重建设和推广IPv6和DVTS（数字视频传输系统Digital Video Transport System，简称DVTS）高清视频会议系统，为国际视频课程提供高速的IPv6网络连接和高清晰度的视频效果，有效提高视频会议服务质量。

**【继续深入基础设施建设】** 2011年，复旦深入优化信息化校园应用与服务的基础运行环境，对达到使用寿命的设备更新换代，提升基础设施运行的稳定性和可靠性；完成集中分层存储的招标、采购和部署工作，制定Oracle、DB2等核心数据库可用的部署方案，于2011年7月完成核心数据库迁移工作；扩容虚拟服务器集群的硬件设备，整体迁移到信息办光华楼大机房，并升级为光纤直连存储模式；提升虚拟机运行的稳定性，增强集群的可扩展能力。

**【继续完善基础平台建设】** 完善现有基础平台功能：统一身份认证更新FudanCA（复旦大学认证中心Fudan Certificate Authority，简称FudanCA）证书；收费服务管理平台增加票据打印功能；完善短信平台与应用系统的标准接口，实现应用系统直接发送短信；继续加强基础平台建设：建设通用化、可配置的校园生活服务平台。

**【深化信息门户与移动门户建设】** 2011年，复旦完成校园信息门户的整体升级，更加注重信息聚合、应用集成和服务集中；初步尝试以综合服务的模式推荐重点应用与服务；通过站内好友、日程安排等功能加强协调交互。在个人数据中心中完善教职工体检信息查询；移动校园门户（i复旦）正式上线运行，集成统一身份认证以及复旦新闻网、迎新服务、校园一卡通、移动图书馆等多个应用系统，涵盖校园新闻、校园日历、校车、校园地图、校园常用路线、消息中心、会务管理、电话黄页等多个功能，是学校师生随时随地了解校园动态及个人资讯的信息化窗口。

**【继续完善基础服务】** 2011年，复旦校园地图系统试运行。目前电子地图上标注六百余个建筑物、地标和单位，各个校区主要建筑均配有照片，部分建筑提供简要说明。该系统还提供空闲教室查询和教室排课信息查询服务。经过身份认证的用户可看到光纤信息图层以及校区的楼宇机房等信息；进一步完善基于WordPress的新版个人主页，并面向全校师生用户提供服务；引入通用调查问卷系统，为大类招生新生调查、本科学生评教指标及优秀教学等问卷调研提供支持；通过统一身份认证第三方接入服务，为学校师生提供东方航空公司折扣机票认证服务。

**【继续深化各项应用系统建设】** 2011年，复旦建设并完善了大型仪器共享平台，对院系、实验室的设备管理人员进行培训，共有200多台贵重精密仪器设备正式对外开放共享服务；开发外事管理/出国出境综合服务系统，实现本科生校际交流选拔申请和管理功能，并实现覆盖全校师生的出国出境申报服务功能；开发新版研究生招生管理/报考服务系统，完成2011年复旦大学考点硕士研究生报名的网上确认工作；建设校友信息管理系统，实现共享数据库系统与校友系统的数据同步；在信息公开网基础上继续建设党务公开网，并结合实际工作需要，实现各类用户的访问控制；继续在网站群平台上开发机关部处、院系、研究中心、实验室、课题组的二级网站。

**【升级完善已有的各类信息化应用系统】** 2011年，复旦自主开发的eLearning系统（网络教学平台）正式面向全校提供服务，2011年共开设超过1 000门课程。系统核心程序顺利升级到Sakai 2.8；进一步完善OA系统（校园电子公务系统），实现对Word新文档格式的兼容；重新部署OA邮件服务器，并扩容用户邮箱；教务系统教材预订服务管理功能运行，并增加教学服务申请及管理、研究生校外考试报名功能，顺利升级转专业、二专二学位管理等功能；人事系统博士后管理子系统历史数据导入，博士后基本信息维护、出站管理等功能正式运行。

**【继续完善一卡通系统建设】** 2011年10月底复旦实施一卡通系统整体升级，从数据库、服务器架构、安全方案、新业务处理模式、多类型卡片支持等诸多方面进行了升级，提升系统整体运行效果。2011年进行门禁、资料室管理、会议签到等业务在院系部门的推广应用，并配合学校班车、体育场馆管理变化进行相应功能的开发实施。2011年系统小版本功能升级25次，被动报修5次；系统硬件主动维修212次，被动报修80次，合计292次。平均每月30次。

**【提供更多用户服务，改善用户体验】** 2011年7月，复旦信息办建立以技术骨干为主要成员的应急响应小组，形成了“服务台—应急小组—各中心”三级服务体系，提高了突发事件的应急处理能力；配合应用系统推广培训，坚持每学期举办一次IT应用普及培训；完善用户服务的统计分析工作，形成长期翔实的值班记录，2011全年共受理各类业务总计37 668次，其中电话咨询15 195，用户接待13 159，邮件咨询8 634，外出服务680次。

**【继续增强交流，扩大影响】** 2011年，复旦继续担任中国高等教育学会教育信息化分会副理事长单位及上海市高等教育学会信息管理专业委员会理事长单位，加入上海市高等教育学会校园网络专业委员会并担任副理事长单位；2011年，信息办共接待教育部领导以及国内近50所高校的来访考察。在11月主办的“面向服务、融合创新”高校信息化发展战略高端论坛中，共有107所学校242位嘉宾代表参加大会，共同探讨高校信息化的可持续发展，并与同行专家一起分享复旦大学信息化的建设经验。

**【申请和参加科研工作】** 2011年，复旦信息办承担教育部重大研究项目“教育服务与监管体系信息化建设”项目“信息标准与技术规范”子项目课题《教育管理信息（系列）标准》的研制工作，项目的主要任务是研制《教育管理信息（系列）标准》，以及相应的接口、工具和应用示范。作为该项目副组长单位，信息办参与了系列标准整体规划、标准项目技术规范的制定，并作为主要完成单位之一参与了《教育管理基础信息》、《教育管理基础代码》、《高等学校管理信息》标准的研制工作，同时参与审查其他系列标准；2011年教育部办公厅成立了《教育信息化十年发展规划（2011—2020年）》编制专家组，负责规划编制工作，信息办主任宓詠受邀作为规划编制专家组管理信息化专题组专家，负责规划编制组织、总体思路、规划总体框架及规划编制统稿等工作，为教育信息化十年发展规划的编制做出了突出贡献。2011年10月《教育信息化十年发展规划（2011—2020年）（征求意见稿）第三版》已发布。

**【获得表彰与奖励】** 2011年，复旦信息化办公室在“2011高等教育信息化先进评比”中获“高等教育信息化先进单位”称号，同时数字校园项目获“高等教育信息化应用创新奖”，宓詠获“高等教育信息化先进个人”称号。

（复 旦）

## 上海交通大学

【概况】 2011年，上海交通大学(以下简称“交大”)结合贯彻《2010—2020年数字大学建设中长期发展暨“十二五”规划》，坚持服务创新，深化内涵建设。通过实施211/985三期建设，从提升质量、彰显特色着手，进一步完善了校园网和信息基础设施和服务，为学校各项工作的开展提供了持续、可靠的信息服务。在由教育部科技发展中心和《中国教育网络》进行的“2011教育信息化先进单位”评选中，交大被评为教育信息化先进单位。

【校园网与地区网建设】 实现全校范围内普遍IPv6接入。结合CNGI校园网升级项目，对校园网内绝大部分三层设备进行升级，以支持IPv6等新协议。多处节点升级成万兆IPv6设备，全网内部署MPLS。目前校内共有万兆线路30条。

校园网更显高效、经济、灵活的特色，一个结构合理、性能优良、安全可靠的下一代多业务承载校园网络已经建成。其中，三层MPLS网络2个，包括一卡通和智能电表专网，二层VPLS网络14个，包括校医院财务报销专网、图书馆专网、保卫处视频监控、信息发布平台、财务处专网、智能电表专网、WIMAX(全球微波互联接入Worldwide Interoperability for Microwave Access，简称WIMAX)专网等，充分满足了科研和管理工作的需要。

针对校园网出口带宽资源进行优化配置，部署了万兆流控设备，从而使带宽流量得到有效控制，有效遏制P2P、迅雷、电驴等协议，优先保障师生教学和科研的使用，并为有特殊需求的视频会议、远程教学提供带宽优化和保障，差异化服务实施效果显著。

无线网络建设方面，10月份完成4台万兆控制器和1 220颗室内/外AP的选购；通过和上海移动合作，共同建立校园无线网络，完成了学生宿舍2 400多颗AP的无线网络建设。通过资源互换，获得上海移动免费提供的一条622M专线资源，为进一步改善校园网用户的网络体验奠定了良好的基础。

为地区网的稳定运行提供了持续保障。完成SHERNET主干10台NE40E万兆设备版本升级，全面支持IPv6协议；CERNET主干网上海互联节点增加万兆流控设备3台。CERNET运行工作取得佳绩，华东南上海主节点获得2011年度CERNET NOC(网络运行中心Network Operation Center，简称NOC)优秀奖。

【信息服务建设】 完成985三期高清视频会议系统的建设，共计10个会场的改造建设工程。完成了1台MCU(单片微型计算机Single Chip Microcomputer，简称MCU)、1台录播服务器、8台会场用高清终端、2台台式高清终端，4台标清终端的安装部署、调试验收。系统可支持20点高清视频会议，实现了高清视频会议的录制和转播。全年共为校部机关和各院系提供了35场次国际、国内视频会议、网络面试、会议直播服务。

数据中心新增了16台高性能服务器，已服务于OA系统、网站群系统、邮件系统、虚拟主机服务等各类应用，显著提高了应用处理能力。通过虚拟化技术的应用，极大提高了服务器资源的利用效率，更好地支持了应用灾备的实现。目前，数据中心运行的虚拟主机数量达到了168个，其中2011年新增虚拟主机48个。

新邮件系统完成建设，投入使用。新系统采用了VMware公司的Zimbra系统，教师和学生邮箱容量分别扩充至2 G和500 M。整个系统采用分布式架构，具有较好的可靠性和很强的扩展能力；Webmail(网络邮局)支持单点登录，支持AJAX(异步Java和可扩展标记语言Asynchronous JavaScript and Extensible Markup Language，简称AJAX)，用户操作界面有了极大改善。通过Postfix-Policyd有效减少了垃圾邮件投递，通过Fail2ban防范暴力破解口令，进一步提高了邮件系统运行的稳定性；邮件系统具有开放的接口，为将来与其他校园网应用进行整合提供了条件，它具备的备份归档功能，将确保邮件数据的安全。

继续推广网站群系统，为院系、部处主页提供了一个统一建设、集中管理、使用方便的平台。2011年新增的网站24个，上线网站共计29个，包括交大中英文主页、新闻网、党务政务公开网等。

信息发布平台的信息发布点数量总共达到33个(其中，2011年新增11个)，遍布徐汇、闵行校区主要路口和公共场所。

个人云存储服务系统的建设基本完成，准备2012年上线运行。

【网络安全管理】 建成校园网出口高性能实时流量分析平台，自主设计构建了具有双向10 G网络流量实时采集分析处理能力的高性能引擎，开发分布式网络监控管理软件，用于监测僵尸网络和木马、网站后门、网页挂马等恶意网络访问行为，及时发现针对校园网用户和应用信息系统服务器的安全威胁，并完成面向用户的安全告警。系统建成以来，不仅明显降低了校内僵尸木马主机的数量，而且能够及时发现校外黑客对学校服务器、网站的攻击行为，提高了校内应用系统的安全性。该系统也在上海教育科研网(SHERNET)、中国教育科研网(CERNET)和其他运营商网络中推广使用,效果良好。

校园网安全管理进一步加强,开展了对jAccount(上海交通大学网络账户)弱口令和已挂马或存在后门等问题网站的漏洞清理工作:共计清理3 000多个弱口令账号和30多个问题网站,包括通知和指导用户修改密码或清理网站;第二批23个问题网站的清理工作正在进行;对校外域名使用校内地址的网站,在内容上进行清理,对不符合教育网规定按要求进行了整改。

全面加强了对校内Web服务器安全防护,校园网出口处新部署了千兆能力的Web应用防火墙,在数据中心和托管机房新购置了千兆防火墙,并使用了商业Web安全扫描软件,加强对应用系统的安全主动监测,提高了日常防护能力。该系统自部署以来有效抵挡超过1 000万次攻击,其中高危攻击4 700多次。对校内网站的安全防护起到了非常重要的作用。

初步完成网络信息安全保障体系建设,包括:网络安全审计平台、恶意代码/行为实时监测与服务平台、Web安全综合防御平台。在上海7所高校及教委信息中心部署了上海交大自主开发的僵尸网络和肉鸡网站检测平台,受到一致好评。

**【管理信息化建设】** 数据交换平台完成了大量新的数据交换流程,进一步推进了各系统平台间的数据整合,已经非常成熟可靠地应用于校园信息化的各个环节。2011年新增数据流程35项,涉及财务、科研、统一授权、校友、新门户、教务、房产、校医院、安泰管院等诸多系统,正在运行的流程共计271项。

统一身份认证实现了重要升级。jAccount统一身份认证体系实现了基于国际标准oAuth协议的重要升级,未来将作为校园开放平台的重要基础,提供各种应用的认证、授权接入,并提升安全性。

科研项目管理流程与财务预决算流程成功整合。实现了职能部门数据与财务数据的一体化,解决了困扰数十年的管理问题,有效提升了科研管理和财务管理的效率。目前经过一体化流程进行经费管理的科研项目共计302项,涉及经费7 687.7万元,有效降低了相关的管理工作量。科研系统整体运行情况良好,并不断改进,系统管理项目21 646项(其中理科20 471项,文科1 175项),成果2 238项。

校级统计分析与决策支持平台二期建设完成。在一期建设的财务驾驶舱系统开发成功的基础上,形成了多维数据仓库、统一报表平台、多维数据分析与多级发布、标准化的数据采集流程等几大主要模块。该平台完成了15张高基报表、24张教学数据报表、200余张财务分析报表的自动生成,实现了7个类型的教学数据的人工填报审核流程。其中财务分析报表中的大部分可以由财务处人员自主定义和发布。

协同办公平台二期及新的数字交大门户建设完成。将单一的综合办公系统(OA)全面提升为面向全校实现信息业务流程整合的协同办公基础平台,实现了从以公文处理为核心的办公系统向信息业务流程整合的协同办公基础平台的升级。该平台以SaaS(软件即服务Software-as-a-Service,简称SaaS)架构为基础,满足多级、协同、应用可扩展以及办公服务平台化的要求。新一代协同办公云服务平台获得"2011年高等教育信息化创新奖"。

全新的开放式统一数字交大门户建设完成。整合了包括知识库、讨论组、群组、日志、公告等各类基础的办公服务;通过引入工作区概念,实现了门户系统与应用系统的深度整合,可以通过一个平台为不同的部门提供服务;新门户具备企业社交能力,将协同功能融入各应用系统之中,将进一步推进应用和流程的整合,提高办公效率。

此外,人力资源管理系统新建及改进了大量管理功能并实现全校范围的上线应用;资产系统局部改进并深化应用,2011年的资产/财务对账正确率比往年大幅提高;教务管理系统根据教务管理的发展不断深化系统改进服务;统一支付平台深化应用,实现了多个业务系统收费功能的接入。

全面完成上海交通大学和宁夏大学对口支援项目——宁夏大学OA系统建设,该系统9月初开通投入使用。目前使用情况良好,成为宁夏大学日常办公的重要信息支撑。

**【"2011年高校信息化实践者精英论坛"成功召开】** 2011年3月17日,"2011年高校信息化实践者精英论坛"在交大闵行校区图书信息楼8楼隆重举行。本次论坛由中国高等教育学会教育信息化分会指导,上海交通大学网络信息中心主办,来自全国和香港的60余所高校160多位同仁参加了会议。常务副校长林忠钦教授出席并向来宾致辞,上海市教委信息中心和中国高教学会教育信息化分会的领导也出席了论坛。本届论坛是继2009年后学校成功举办的第二届高校信息化论坛,主题是"云·端·未来"。会议深入探讨了包括:高校协同办公云服务的最新实践;基于多维数据仓库技术实施完整的统计分析解决方案;平板电脑及移动终端在移动办公移动学习中的应用;如何通过整合架构解决数十年资产清查的痼疾；香港中文大学大型ERP实施经验以及其他相关应用系统的建设经验交流等。此外，论坛还邀请了全球云技术和终端技术领域的一流供应商，结合他们在国内的最新实践共同探讨流程整合、办公效率、用户体验等信息化建设的前沿问题。

（杨宝军）

## 华东师范大学

**【概况】** 2011年，华东师范大学（以下简称“华师大”）以深化应用、加强服务为工作主线，继续完善网络基础设施，加强应用系统建设，数字化校园建设取得了新进展。

**【进一步加强智慧校园基础设施建设】**

增加教科网、上海城域网、中国移动等网络出口的带宽，使校园网总出口带宽达到了940M；协调对两校区学生宿舍进行了光网升级改造，学生宿舍园区上网条件明显改善。

在闵行行政楼403会议室和中山北路办公楼2楼小礼堂安装部署了教育部高清视频会议系统，并提供多次教育部视频会议和大型活动视频直播的技术支持。在物理楼3楼部署了远程教室及视频会议系统，为各院系与国外院校和研究机构进行前沿的学术研讨、技术交流和高层峰会提供了平台和保障。

对两校区中心机房、各汇聚机房和楼宇弱电间进行了安全隐患大排查和整改工作，对机房环境进行了整理，更新或新配备了消防器材；对两校区中心机房的气体消防系统进行了检测，精密空调系统安装了不锈钢防护罩；将校园网建设初期的网络设备进行了统一报废，更换了闵行校区中心机房的UPS（不间断电源Uninterruptible Power System，简称UPS）电池，更换了部分汇聚机房的空调，消除了网络运行中的安全隐患，改善了机房的运行环境条件；将原化学楼2楼钢构机房整理迁移至一楼，解决了由于钢构机房漏水带来的安全隐患；在两校区中心机房和办公室区域安装了门禁消防系统，实现了在消防报警发生的情况下，门禁系统自动切断电源，以提供消防通道，消除了门禁系统带来的消防安全隐患，增加了出入机房的便利性。

配合保卫处和老干部办公室进行了弱电间的迁移和改造；配合出版社对其无线网络进行了改造和升级；配合校医院更换设备和线路调整，解决了由于设备较老带来的网络问题，方便对其网络进行管理和维护，改善了弱电间的环境。

完成了闵行资环群楼、传播艺术楼群的有线网络和无线网络部署，保证了相关院系搬迁新校区前的网络开通；启动了中山北路理科大楼、田家炳楼、闵行校区物理楼、法商楼、实验楼等楼宇的无线网络和理科大楼有线设备扩充的规划和采购工作。

对两校区无线网络进行了扩容和升级，改善了日益增长的无线网络需求带来的地址分配紧张问题，而且可以快速接入IPv6网络，访问IPv6资源。

配合上海公安局文保分局整理相应的网络安全管理制度和相关资料，对于公共上网区域进行了统计，并根据文保分局检查情况进行了整改。

完成虚拟服务器系统的部署，并向各部门推广应用，已累计提供101台虚拟服务器，减轻了对物理服务器的需求压力。

完成闵行校区14栋楼2 546路，中北校区3栋楼310路的老电控改造，并投入使用；完成中北校区宿舍及同普路宿舍共2 311个房间2 078路的新电控安装；完成中北校区水控和电控的联网模式改进。

对网络认证系统、VPN接入系统等与LDAP（轻量目录访问协议Lightweight Directory Access Protocol，简称LDAP）服务器互联的系统进行了重新部署，使得用户认证更加安全、快速。

启动了抗DdOS设备的测试工作，对校园网的上下行流量进行监测，对网络中存在的DdOS等网络攻击和校园网中的“肉机”等进行报警、控制，从而节省校园网络的出口带宽，保护校园网络和主机的安全。

对院系托管服务器上的网站、研究生服务器、研究生院论坛、博士生报名系统进行了整体迁移，为研究生院部署了防篡改系统，对现有托管服务器地管理制度和模式进行了重新规划，改善了原院系服务器等的网站挂马问题，增强了其网站安全性。

**【应用系统建设】**

进一步优化公共数据库平台性能和功能：结合F5、Weblogic、Oracle的管理功能，对公共数据库平台的日常运行状态实施监控，保障公共数据库平台的高效性、稳定性及可用性；按照用户角色调整其可见栏目及频道，公共数据库基于角色提供个性化信息服务；将身份证号作为UID添加到“科研、财务、导师遴选”系统涉及个人业务的业务表中，为解决多个工号问题做好了技术准备；撤销办公自动化下日程管理，并将其数据归并进公共数据库平台上的日程管理模块；向校内教职工提供发文、签报提醒，提醒方式包括短信提醒、邮件提醒与平台提醒；向公共数据库用户提供手机获取重置密码的功能，减少用户由于遗失密码引起的时间及精力方面的开销；增加个人修改密码及管理员恢复密码的操作日志。

2011年7月，校园卡系统开始进行整体升级工作，完成了POS机、校车车载、考勤、刷卡报到机、校医院接口、教职工补助、自助服务平台等的升级工作。在校园卡系统中改进了消费卡的管理费收费模式。

继续推动研究生系统三期的建设，实现按角色提供服务、招生、助研津贴等功能模块上线；实现研究生系统与学位系统学术型研究生基本信息、成绩等信息的对接；实现研究生科研论文著作登记模块新增和修改；实施研究生系统二期中期考核、打印成绩单等模块的修改维护；实施留学生离校手续流程修改；实施导师遴选模块修改。

继续推动新版人事系统建设，进校、离校、合同管理、年度考核等模块基本完成开发。继续推动新版教务系统建设，协助教务处开展新版教务系统的需求调研，新教务系统的基础环境及已完成开发的部分已部署在虚拟机上，即将开展测试。继续做好BlackBoard教学平台及卓越课程中心的试用技术保障，为一线教师的教学提供便利。

建设校内统一收费平台，已有国际会议报名费、网络学院学费、四六级考试报名费等项目通过支付平台收费，为付费用户和收费部门提供了便利，加强了学校财务监管。继续完善生活服务栏目，推动住宿管理系统中退宿、退款流程的优化，实现住宿费退款由财务处打款至学生工行账户，极大程度上方便了学生。

配合后勤管理处部署新校区供水管理远程监测系统，提供网络配合和技术支持，实现新校区供水系统的统一远程监测与信息化管理。

升级备份软件，实现信息办管辖范畴内重要文件的定期备份，切实有力保障数据安全。

完成合同管理系统的采购及部署工作，并在信息办内部推广应用。当前已梳理录入2003—2011年共计299个合同，极大程度提高了信息办的合同管理水平。

**【学校网站建设】** 部署网站群，制定网站群推广方案，并设计制作院系英文网站模板，以提高二级网站的信息安全水平，为院系英文网站建设提供便捷技术平台。继续做好校园网主页(中英文)建设和维护工作；做好英文网站内容更新；对教师个人主页运行进行日常维护管理工作。设计制作完成基建处网站、工会网站、本科生国际交流网站、研究生国际交流网站等站点。完成学校党务公开网站的调研、设计与开发工作，2011年12月中旬上线运行。

**【60周年校庆技术保障工作】** 2011年，华师大喜迎60周年校庆。学校信息办配合做好60周年校庆的相关技术保障工作，建设60周年校庆网站；建设校庆捐赠平台；开发学校标识系统的投票系统；根据学校新标识系统推出校庆版校园网主页；制作校庆倒计时动画；设计发行校庆纪念版校园卡；完成校庆庆典的视频网络全球高清直播；制作了学校标识网站。

**【“智慧校园”学生社团成立】** 2011年10月，成立“智慧校园”学生社团，吸纳100余名学生会员，开展了讲座、参观、实践等活动，吸引学生参与学校信息化建设。

**【信息化工作获得多项奖励】** 2011年，华师大被教育部科技发展中心评为“高等教育信息化先进单位”，信息化办公室主任沈富可获得“高等教育信息化先进个人”称号。华师大中英文门户网站在由教育部思政司主办的第四届全国高校百佳网站评选获得“全国高校百佳网站”，信息化办公室张瑾获得优秀网络编辑奖。

（任福芳）

## 上海大学

**【概况】** 教育信息化是实现教育现代化的重要手段，也是教育现代化的重要标志。近几年来，上海大学信息化建设根据学校发展的要求，通过提高学校信息化技术的应用能力和水平，主动适应信息化社会发展趋势，以教育信息化促进教育现代化和教育管理现代化，最终实现上海大学教育过程的全面信息化。上海大学的信息化建设的发展基于解决以下三个战略性问题：第一是“信息传递”战略。要让上海大学的信息资源在信息化平台上双向地、高速地、顺畅地流动，让全校师生获得一个高效率的信息传播与获取的新渠道，解决信息沟通、思想交流问题；第二是“业务支撑”战略。即信息化平台的建设要支撑起上海大学师生员工的需求与应用，支撑起教师的教学与科研工作，支撑起学生的学习与生活环境，从而促进教学与科研良好发展；第三是“教改推动”战略。通过校园信息化建设，通过信息流、工作流的影响和业务流程序的改进，推动学校相关部门改革和创新。

**【校园网建设】** 校园网作为学校信息化建设的基础，上海大学校园网络连接宝山、嘉定和延长三个校区。校园网光缆近100公里，网络全校所有建筑物，校园网不仅仅是校内师生上网的信息通道，还成为校内各类信息数据传输的渠道，为实现上海大学的信息化管理打下了牢靠的基础。截至2011年，全校形成了延长、嘉定、宝山、宝山学生公寓、宝山南区、宝山东区、新世纪学生公寓等七个校区级网络核心，共部署了9台 Alcatel-Lucent OmniSwitch 9700/9800 交换设备，网络核心之间实现万兆互联，校内各建筑物实现千兆上联。所有楼宇都实现了交换机端口满配，全校共有网络交换机4 000余台，入网计算机台数约40 000台，此外还包含各类信息管理终端，如视频监控、门禁管理、消费终端、自助服务终端等。校园网出口带宽扩容为3.22 Gb，拥有中国教科网、中国电信，中国移动、中国联通等多家运营商带宽，正式IP地址77 520个，保证了在校师生校内外交流的方便快捷。与网络相关的信息系统也在这几年发生了巨大的变化，上海大学实现了全网IP地址通过DHCP(动态主机设置协议 Dynamic Host Configuration Protocol，简称DHCP)下发的管理模式，简化了校园网的接入方式，实现了上网用户集中管理。学校Email系统也进行了升级，可以为每一位师生配置一个上海大学Email邮箱，当前Email系统有用户近10万人，每位用户邮箱大小达到1 G。

**【校园无线网络建设】** 为了满足校内师生在任何地点、任何时间都能接入校园网络，从事学习、科研和管理，实现上海大学无线网络覆盖，学校在2011年对全校无线网络进行重新规划和建设，校园无线网络采用Aruba公司的无线网络解决方案，可以实现单个无线AP上多SSID(服务集标识 Service Set Identifier)共享，无线AP统一管理。截至2011年11月30日，全校共部署无线AP信息点1 269个，其中宝山校区(包括新世纪、南区)1 065个，延长校区154个，嘉定校区50个。实现了无线网络的统一管理，无缝漫游，保障在校师生有着良好的无线网络体验，为学习和工作带来方便。

**【教育部科技司CNGI项目建设】** 上海大学是教育部批准的CNGI(中国下一代互联网)驻地网100所高校之一，目前以纯IPv6方式接入中国教科网IPv6试验网，带宽1 000 M。分配的地址段为2001：da8：8006：：/48，全校所有网络节点均已经开通IPv6的使用，上海大学是国内做到全网(包括无线网)全部支持iPv6的少有的几所高校之一。当前学校已经建立www.shu6.edu.cn的测试站点，并将逐步开通更多的iPv6的实验站点。上海大学的IPv6的试验网也将更加完善。继学校完成中国下一代互联网(简称CNGI)示范网络的驻地网建设项目后，再次入选"教育科研基础设施IPv6技术升级和应用示范"项目。此项目是CNGI专项中最大的一项，是下一代互联网业务试商用及设备产业化专门项目，由发改委批准，教育部主管。建设主要内容包括：校园网IPv6技术升级、IPv6网络支撑技术试商用、IPv6重大应用示范及CNGI国际/国内互联和高速网络服务。通过本项目建设，不仅有利于学校信息化建设的发展，也有利于学校对下一代互联网技术人才的培养，增强高校的学术科研竞争力。

**【信息系统安全】** 按照市教委要求，2011年正值建党90周年，各高校必须严格保证各自的信息系统安全。学校对现有的信息系统安全性做了多次检查，采用多项信息安全技术对信息系统进行检测，对于可能发生的问题和隐患及时修正，保证了信息系统安全、可靠地运行。并根据国家信息与网络安全要求完成了本校信息安全等级保护工作。保证信息系统安全是一项长期的任务，为此，学校专门安排了2名同志参加了公安部开展的信息安全师的培训，以保证今后在信息化建设中加强对于网络、操作系统、数据库维护、计算机病毒防治等工作。

**【数据中心建设】** 在2011年，上海大学对宝山校区原网络中心机房进行改造，首先扩大了中心机房的面积，使得宝山校区机房面积从原来的150平方米扩大到234平方米。其次，对数据中心机房的电路进行了改造，实现了双路供电自动切换，购置了一台120KVA的UPS及电池，保证了数据中心机房电力供应可以满足学校当前信息化建设的需要。同时，还添加了大功率空调和新风空调，满足服务器对温湿控制的要求。另外，数据中心机房增装了新风系统，利用冬季低于10摄氏度的室外空气，经过过滤，进行机房降温，节省了能源消耗。数据机房现有服务器机柜48台，刀片服务器100片，高性能的机架式服务器90余台，网络存储近200 TB，每个机柜都进行了规范化管理，独立装有一台交换机，每台计算机都接有KVM终端设备，管理员可在控制台进行操作。从2011年开始，数据中心开始面向国内外先进的管理技术，采用云管理的模式，优先支持虚拟化技术、云管理、云存储、云中间件以及云安全等云计算关键技术，实现计算和存储资源的统一管理，为全校提供统一的基础设施服务IaaS(基础设施即服务 Infrastructure as a Service，简称IaaS)，按需分配，降低信息化建设和维护成本，建设节能、环保、低碳的新型数据中心，为学校各类信息系统提供统一的云计算平台，推动学校信息化发展。在软件建设方面：实现了上海大学服务器虚拟化，已部署完300个虚拟化桌面。目前，虚拟化服务器已达200多台；完成Novell目录服务的升级，并实现其负载化功能；完成DNS服务器软件的升级，用三台虚拟化服务器实现了域名的负载均衡以及多链路负载均衡，并开发响应程序实现对域名的后台维护。现在，学校各类应用系统都已经放置在数据中心，数据中心还建立了中央数据交换平台，实现了各应用系统之间的数据共享和数据交换，各业务系统只需要考虑和数据交换平台的数据接口，不需要考虑与其他横向业务系统之间的关系，部门之间的数据交换则通过统一数据交换平台进行交换。为各业务系统之间提供一个统一的数据交换通道，使数据交换更加准确、便捷、高效、通畅。同时，中央数据交换平台简化了业务系统的数据访问授权，各业务系统只要对统一数据交换平台开放数据访问授权许可，不再需要分别对不同的业务系统开放数据访问授权，从而提高了上海大学IT整体结构的合理性和扩展性。数据中心还通过加强应用服务器数据备份，保证校内业务系统数据的安全性，通过在应用服务器上安装备份软件，定时将服务器上数据备份到网络存储空间中，可以有效地防止服务器数据的丢失，提高了数据的可靠性和安全性。在业务系统安全运行方面，数据中心配置了负载均衡和网络防火墙等设备，确保业务系统正常运行。

**【校园一卡通建设】** 学校在2006年信息化建设规划中，提出完善原有校园一卡通的建设，推广校园一卡通的应用领域和范围，用一张智能IC校园通卡(即学生证/工作证)逐步代替以前的各种证件和票据，构建统一的应用平台，实现各个系统之间的数据共享和信息联动。以校园一卡通为信息载体和线索，通过学校校园网，对学生学籍、学校教务、图书馆、实验室、考勤、出入和消费等等进行统一管理，实现“一卡在手，走遍校园”的目标。校园一卡通消费系统是其中最重要的组成部分，校园内的各个食堂、教育超市、浴室、体育场所、图书馆等处都可以采用校园卡进行支付，至2011年11月20日，总计发卡18万张，2011年校园卡消费金额共计700余万元。门禁管理系统对于学校各种需要控制的场所的管理带来了极大的便利，不仅控制了非法人员的侵入，也对合法人员的行为时间进行了记录，提高了安全管理的层次，全校学生宿舍、部分行政单位和实验室都采用了门禁管理系统。此外，校园卡还用在体锻管理、会议签到、体育场馆使用等各个方面，校园卡在学校发挥了越来越大的功能。

**【网站管理系统建设加强】** 当前，校内其他部门和学院已经采用内容管理系统，简称CMS，作为主页发布系统，采用CMS系统建站的网站已近200个，实现了学校门户网站的统一建设和管理，增强了学校信息发布的安全性，大大降低了学院、部门网上信息发布难度。在上海市第四届优秀网站评选活动中，上海大学门户网站获得了优秀教育类网站称号。同时，根据实际情况，不断拓展CMS的功能，在2011年初，利用CMS(内容管理系统Content Management System，简称CMS)完成了学校“信息公开”网站，实现了网站聚合的功能，动态抽取各子站新闻内容集中到“信息公开”网站，并在CMS中增加了国际会议注册管理这一新的功能模块。

**【人事信息管理系统】** 人事管理系统已经完成了招聘、报到模块的开发工作，包括招聘网站的建设、部门招聘管理模块建设、新教师自助报到等模块功能；还完成了上海大学人事信息化管理门户网站的开发、测试和上线；提供部门用户和教师自助查询、维护人事信息及科研等信息的功能。

**【上海大学科研信息综合服务平台】** 按照学校发展需要，完成了上海大学科研信息综合服务平台建设，给教师们开展学科交叉研究，寻找合作伙伴提供了一个方便的信息平台。这个平台提供了上海大学各学科介绍及各学科中的教师队伍现状，点击教师名可查询教师个人的介绍及科研项目、论文、专利等科研成果。为了方便检索，系统还提供了姓名、学科、科研领域及项目的检索功能。输入关键词，就可以找到校内正在从事该方面研究的教师的情况。

**【上海大学迎新、离校系统完善】** 对原有的迎新、离校系统进行了完善，系统数据的取得不再使用人工导入方式，而是与各应用系统数据联动。迎新系统增加了学生宿舍住宿查询，困难学生登记，学生助学贷款，教材科相关事项告知，学生心理测试调查等模块；离校系统调整了原来学生离校流程的顺序，使其更加合理，还增加了部处查看学生离校所有手续办理情况，学生离校办理结束数据自主导出模块。

**【上海大学网上民主测评系统】** 按照学校要求，干部管理、选拔、任用和考评等各项工作必须进一步扩大民主和增强透明度。为提高学校干部考核的科学性、民主性和实用性，联系学校现行干部考核的实际情况，在完善现有方法的同时，重点以信息化技术为支撑，细化干部考核指标，扩大民主测评范围，强化测评结果统计分析，使考核工作做到科学、规范，从而提高干部考核工作的效率和水平。为此，将开发一套干部工作网络测评系统，供将来使用。2011年，学校面临着大规模的干部改选，网上民主测评系统有效地提高了民主评测的广泛性和公平性。

**【上海大学党务公开网】** 为深入贯彻落实中央及上海市关于党的基层组织实行党务公开的有关精神，进一步增强基层党组织工作的透明度，尊重党员主体地位，保障党员民主权利，营造党内民主氛围，努力实现党务公开工作的科学化、制度化和规范化。根据市教卫党委《关于全面推进市教卫党委系统基层党组织党务公开工作的意见》的通知精神，学校成立了上海大学党务公开工作领导机构，部署了学校党务公开工作实施的指导思想、基本原则、主要内容、程序时限、监督保障以及实施步骤。学校党务公开工作以网络形式为主展开，学校已在2011年11月14日完成了学校党务公开网站和二级党组织党务公开网站架构的建设工作，党务公开网站包含了学校党务公开网站、二级党组织党务公开网站、支部党务公开网站，共计约100个站点，为上海大学党务公开工作提供了保障。

**【上海大学财务自助服务网络平台】** 财务系统是高校内较早实现信息化的部门之一，SAP财务模块的实施提升了上海大学财务管理以及整个校园资源管理信息化的水平，但是财务管理的日常业务仍然存在大量繁杂的业务，大量工作还在手工进行。上海大学财务自助服务网络平台使得大多数日常经费管理都可以在网上进行，个人报销直接进入银行卡，取消了现金流，提高了财务工作的管理水平和效率。

**【计算机辅助审计管理应用平台】** 上海大学计算机辅助审计管理应用平台的建设，致力于有效缓解审计人员少、任务重的局面，提高工作效能；借助计算机的逻辑运算能力，实现全面审计和持续审计，构建过程审计新模式；在审计过程中，将审计方法和经验借助平台的自助功能实现过程化总结、共享；探索在计算机辅助审计等工具的支持下，审计理念、审计方法的全面提升；逐步完善建立上海大学在公共财政要求下的经济管理预警机制，长效防范机制，构建上海大学经营管理的“免疫系统”。

**【公共卫生系统】** 公共卫生管理系统是每个高校对其在校学生及教工的身体健康状况进行监督和管理，以及对学校的环境卫生情况进行管理的系统。公共卫生管理系统除了对学校卫生状况进行监督与管理外，也是对建设健康卫生校园起到一定的帮助，能通过信息化的管理，做出一定的有效的应对措施。

**【招生与就业综合管理平台】** 建设招生与就业综合管理平台，实现学校招生数据与各省市和上海市的招生系统无缝连接，对于上海大学的特殊招生(三校生、插班生、特招生、专升本、直升)考务系统应该能够提供考生进行网上报名，而考务系统还能够根据报名和缴费的考生信息进行考场，座位的安排，并能够进行网上发布。最后能够打印成绩单，并网上发布成绩。毕业生管理平台实现网上自助办理离校手续；用人单位和学生实现网上对接；学生信息和用人单位信息共享。

**【教材管理信息系统】** 完成教材管理信息系统，提高学生领退教材的效率，减少多余的等待时间；提高学校教师教材征订审核的效率；为学生提供旧书寄卖的交易和管理平台；提高与学校内其他信息系统间的接口效率，实现信息中心数据共享。

**【技防安全管理系统】** 完成上海大学技防安全管理协同平台，在上海大学三个校区建立一套多功能、高效率、集成化的实时监控系统，门禁系统和红外入侵检测系统的综合技防平台，是非常必要和有效的。它提高了保卫处值班人员的工作效率，加强了对校区内的管理手段，充分采用信息化的手段，为及时发现、阻止和处理校区内可能出现的突发事件，尤其是恶性事件的发生，起到积极的辅助作用。

**【体育场馆管理系统】** 完成了上海大学体育场馆管理中游泳馆这一部分功能模块的建设，实现了在游泳场馆采用校园一卡通扣费的模式，避免了原来直接收受现金的方式，有利于学校的财务监管，同时也加强了游泳馆的使用管理。

**【乐乎社区系统完善】** 依托于网上乐乎社区，乐乎工具箱整合了校内师生最常用、最实用的各种功能，目前包括Google mini搜索、选课助手、校园卡、火车票等16项，功能仍在不断添加中。工具箱还具有推荐新上线项目和预告即将上线项目的功能。乐乎工具箱为师生查找、使用、共享乐乎社区资源提供了方便。

**【校内资源共享】** 学校建立了校园 FTP（文件传输协议 File Transfer Protocol，简称 FTP）站点和乐乎 BT（文件分发协议 Bit Torrent，简称 BT）站，实现了校内资源的共享和交换，满足了师生日益增长的文化需求，丰富了师生的课外生活。

**【获得国家级奖项和重要市级奖项】** 2011 年 6 月，在上海市第五届优秀网站评选活动中，上海市精神文明建设委员会授予上海大学乐乎社区网获“优秀网站”称号，上海大学网获“提名网站”称号。

（周春琦）

## 上海师范大学

**【概况】** 2011 年，上海师范大学重点围绕信息化基础建设、信息化应用管理、信息技术推广与拓展交流合作等方面开展了一系列工作，进一步推进学校“大信息”共享环境的建设和学校信息化的发展。学校继续积极稳妥地做好学校校园网络保障、校园卡应用服务、CMS 网站建设与管理、网络信息员管理等各项常规性工作，为学校教学、科研、管理提供更加安全、优质的信息化技术支持与服务。

**【信息化基础建设】** 从夯实数据平台软硬件设施，确保网络关键应用安全等方面入手，创建良好的学校信息化发展基础环境。2011 年构建新的软硬件平台，移植现有的数据中心及校园网门户系统，同时增加两校区之间的数据备份服务，为学校“大信息”环境建设提供了可靠的软硬件基础设施；实施并完成奉贤校区核心机房的改造工作，保障核心网络设备及服务器的物理环境安全；完成学生寝室和部分楼宇节点的网络设备升级，逐步在办公网中启用下一代互联网 IPv6 地址，网络接入能力和服务质量稳步提高；继续扩展无线网络覆盖面，并对图书馆等重要公共场所无线设备进行升级，无线网接入能力和质量得到提升。

**【信息化应用与管理】** 学校以信息化项目建设为抓手，进一步拓展在公共数据平台下的应用建设，并加强应用系统的管理、做好学校信息化保障。严格执行《上海师范大学信息化建设项目管理办法》，继续加强信息化项目建设过程的管理，确保学校多个信息化项目顺利实施。以科研、人事管理系统为抓手，依据学校数字化校园建设统一的数据标准，通过数据实时交换等技术手段，将科研、人事等信息纳入公共数据平台的数据大仓库，实现人事系统与教学、科研等其他相关管理及业务系统的信息共享，为校 2012 年度实施教育部发布的高等学校教育管理信息标准奠定基础。加强学校网站内容管理（CMS）系统的管理，在 72 个原有网站基础上，新增 19 个网站，全面改版 5 个网站。开拓思路，运用信息化手段用于保障新生报到、新生信息采集、学校第六次党代会签到和各类网上知识竞赛等工作并提升效能。

**【信息交流与合作】** 学校加强信息技术推广，拓展与国内外高校信息化工作的交流与合作，培养一支高素质信息化人才队伍。开展网络信息员技术培训、信息技术创新夏令营、面向上海市各区县教育局信息中心的技术培训、西藏日喀则地区教育信息化培训等工作。选派信息化管理骨干人员赴国内外高校学习交流，促进信息工作不断向高端发展。美国加州大学北岭分校来校访问交流，双方签署信息技术人员交流协议，为培养具有国际化视野的信息技术人才搭建平台。

（宋莉莉　顾益民）

**【学校开展网络信息员培训　树立大信息理念　共享信息化成果】** 1 月 7 日，学校召开网络信息员培训会议。校信息管理委员会副主任、副校长陆建非出席并讲话。全校 53 名网络信息员参加培训。陆建非指出，要以“营造‘大信息’共享环境，建成智慧型校园”为主要目标，建立高效信息化体系，他强调，网络信息员要提升信息化理念、提高信息化素养、推进信息化进程，为学校信息化发展作出贡献。培训的主要内容包括学校网站建设情况通告、关于接入用户梳理工作的说明、2011 年办公 IP 统计整理工作布置及新增应用服务介绍等。

**【学校世博信息安全工作受市教委表彰】** 1 月 12 日，在上海市教育信息化工作会议上，学校信息化办公室高伟勋、葛嘉敏荣获“2010 年上海世博会教育系统网络信息安全保障工作先进个人”表彰。世博期间，学校严格落实网络信息安全工作的要求，实行日夜轮值制度，加强网络及信息系统运行监控，安排专人就 WEB 安全、系统安全等薄弱环节开展专项检查和整治，网络信息安全保障卓有成效。高伟勋参加上海市教育系统世博安全工作小组，专职对口教委直属单位的网络信息安全开展监控工作有效。

**【无线网络覆盖及网络设备升级换代工程】** 2月下旬至4月下旬，学校完成两校区一批教学楼的无线网络覆盖及网络设备升级换代工程。此次工程在徐汇校区新增东部礼堂、第六教学楼南侧、东二宿舍南侧、西部校门、球类馆西侧、西部操场、东部文科大楼南侧等七个无线网络覆盖区域；并对徐汇校区西部图书馆、音乐学院，电教中心、第一教学楼、留学生活动中心、高教研究所、第二办公楼、香樟苑以及奉贤校区图文大楼图书馆、体育馆、人文与传播学院、信息与机电工程学院、建筑工程学院、数理学院、生命与环境科学学院、迎宾楼等楼进行无线网络设备升级换代，在用户密集接入区域升级为802.1n，同时无线AP进入集中管理阶段，无线网络的稳定性和传输速度提高，无线网络管理能力进一步提升。

**【学校举行网络与信息安全工作会议】** 7月1日，学校举行网络与信息安全工作会议。副校长高建华，市公安局文保分局副局长郑宇，市教委信息中心副主任王明政等出席会议并讲话。高建华指出，全校要树立信息安全的防范意识，完善信息安全保障体制，创造安全、健康的校园网络环境，全面提高信息安全防护能力，为学校的教学、科研等工作提供有力保障。学校网络与信息安全工作领导小组成员及各学院行政副院长参加会议。

**【上海市各区县教育信息化高级研讨班举行】** 10月20日，由市教委信息中心、上海教科网IPv6实验室培训中心和上海师范大学举办的各区县教育信息中心管理人员的高级研讨班在上海师范大学会议中心举行。研讨班的主要内容为如何推进上海教育跨校协作和共享在基础教育中的应用，介绍上海教育跨校认证协作平台和高校无线通应用的情况。20日下午，各区县教育信息中心技术人员参加技术培训。培训内容包括分享上海教科网IPv6实验室在测评认证方面的成果，讨论近阶段信息化建设与管理中出现的重点、难点问题。培训旨在提高各区县教育局信息中心管理人员的技术水平，增进各区县教育信息中心的交流，加快上海教育信息化的发展水平。

**【2011年网络信息员工作会议交流工作】** 11月4日，为进一步提高网络信息员信息技术应用及管理水平，交流工作经验，深入推进学校信息化建设和应用工作，上海师范大学举行网络信息员工作会议。副校长高建华出席会议并讲话。高建华强调，要充分认识网络信息的重要性和网络信息工作的普遍性，提出学校信息化发展水平是要实现三个改变：改变教师“教”的方式、改变学生“学”的方式和改变学校“管”的方式。他在学校信息统筹规划、资源共享、管理队伍和运行服务机制、管理意识与理念等方面提出新的要求。会议邀请上海交通大学网络中心的谢锐老师作题为《IPv6校园网升级与应用》的讲座。

**【美国加州北岭分校来校交流信息化工作并签署交流协议】** 11月14日，美国加州州立大学北岭分校分管信息技术的副校长Hilary J. Baker一行3人来上海师范大学进行为期一周的访问。双方交流两校信息技术服务与管理工作，并在两校信息技术科研合作和交流方面达成相关协议。11月18日，上海师范大学副校长高建华与Hilary J. Baker正式签署上海师范大学信息化办公室与加州州立大学北岭分校IT部门信息技术人员交流协议。协议的签署为促进学校信息化工作在国际化层面的交流搭建了良好的平台。

**【自行开发设计电子会议签到系统服务党代会】** 12月9—11日，学校自行开发设计的电子会议签到系统运用于中国共产党上海师范大学第六次代表大会的签到工作中，成为会务保障工作的一大亮点。该系统采用RFID物联网新技术设计开发，实时反馈与会代表的实到人数及迟到、缺席人员名单，使会议的管理更加科学、及时、准确。通过放置在会场出入口的签到装置感应植入在代表证上的电子芯片，签到电子屏即时显示代表照片、姓名、所在团组、签到时间等信息，自动完成代表的签到工作。

（宋莉莉）

## 上海体育学院

**【概况】** 2011年，上海体育学院在做好校园网日常管理和维护工作，确保校园网络安全、稳定、通畅的同时，整合内外资源，积极开展信息化建设工作，努力提高信息化应用的水平。在这一年中，完成了校园网络的改造，体科网——体育科技成果转化综合服务平台建成上线，启动了新一轮的管理信息化建设，加强了网络安全管理措施，信息服务建设取得了新成效。

**【办公区网络改造完成】** 2011年4月22—24日，在大量前期准备工作的基础上，对机房进行了集中施工，完成了机房改造和网络切换，完成了办公区的网络改造。此次办公区的网络改造，将二层网络结构改为了三层结构，核心交换机实现了双机热备，调整、优化了网络管理策略，提高了校园网的安全性和稳定性；部署了流控设备，优化了流控策略；在服务器区前部署了防火墙和Web应用防火墙，提高了服务器和数据的安全性；并完成了IT运维管理系统的升级，加强了对网络的监控能力。同时，对机房也进行了改造，理顺了网络走线，加强了机房的用电安全。

**【学生宿舍区网络改造完成】** 2011年9月1日，学生宿舍区新建网络开通。此次学生宿舍区的网络改造是与运营商合作进行的，新建网络采用FTTH方式将光纤布放至所有的学生宿舍，大大改善了学生的上网效果。为了同时兼顾新生和老生的上网服务，新旧网络之间没有采用切换的方法，而是双网并行了一段时间，使新生报到后就可以使用新建网络，老生返校后仍可按原有习惯上网，然后自愿地迁移到新建网络上，实现了平稳过渡。

**【体科网正式上线】** 2011年12月5日上午，“国家体育总局科技成果转化综合服务平台——体科网”在上海体育学院科技园正式上线。该平台作为体育科技成果供需之间的桥梁，以体育领域内的企业、科研机构、科技中介、体育组织、行业专家为主要服务对象，紧扣受众需求，重点推出科技成果推介展示、科研与应用对接、科技成果转化奖励等多项服务。该平台于2011年第四季度开始试运行，至平台正式上线，已吸引了数百家企业、科研机构入驻，汇集了千余项体育科技成果在线展示。

**【启动新一轮管理信息化建设】** 2011年3月信息化二期工程正式启动，开始了新一轮管理信息化建设。二期工程的软件项目包括：OA综合办公系统、研究生教学教务管理系统、研究生招生管理系统、研究生迎新系统、档案管理系统、场馆管理系统、目标管理考核系统等。至年底，研究生迎新系统、档案管理系统已经投入实际使用；OA综合办公系统、目标管理考核系统、场馆管理系统开发已基本完成，正在进行上线准备工作。二期工程新建的业务应用系统，加上之前已经在使用的十多个业务应用系统和公共数据平台、统一身份认证平台、信息门户平台，使上海体育学院管理信息化初具规模。

**【党务公开网启用】** 2011年11月18日，上海体育学院党务公开网正式启用。党务公开网的建设，是依靠学校自身力量，本着“节俭、实用、规范、特色”的原则进行的。因为党务公开的信息来源和信息维护涉及各个部门，所以采用了分散发布、集中呈现的方式，学校各个部门的网站都添加了“党务公开”版块，各部门的党务公开内容发布在本部门网站中，又同时在学校的“党务公开网”中集中呈现，从而消除了重复劳动，有效减轻了党务公开网的维护工作量。除了党务公开网，2011年还结合学校的重点工作建设了“建党90周年(创先争优)专题网站”、“廉政文化教育网”、“60周年校庆网”、“中国乒乓球学院”等网站，在教育、宣传方面起到了较好的作用。

**【存储扩容】** 2011年4月30日对存储系统进行切换，并进行了数据迁移。为了这次存储扩容，新添置了华为S5600和华为S2600各一台，在存储扩容的同时，实现了数据的异地容灾备份(因上海体育学院只有一个校区，所以是“异楼”备份)，增强了数据的安全性。

**【邮件服务系统第二次升级】** 2011年5月16日完成了邮件服务系统的第二次升级。升级后，部门和教职工的邮箱空间扩充至1 G，并提供500 M的网络存储；学生邮箱空间扩充至500 M，提供200 M网络存储。同时，根据教职工的呼声，为教职工开通了邮箱别名服务，教职工可以自己给邮箱账号起一个别名，邮箱账号和邮箱别名账号密码相同，指向同一邮箱，方便了教职工对外联系。

（刘　炜）

## 上海应用技术学院

**【概况】** 上海应用技术学院基本完成为期三年的“数字化校园辅助系统(15项)”建设任务。其中，档案管理系统、外事管理系统、学工管理系统、人事管理系统、校友管理系统、办公自动化(OA)系统、信息门户系统、资产管理系统、政务信息公开网、科研管理系统等已正式验收结题；公共数据库平台、网络视频会议系统进入试运行阶段；后勤管理系统、党务信息公开网进入后期调试阶段。

在学校部分学院和部门由漕宝路校区搬往奉贤校区期间，完成了网络迁移；对漕宝路校区的网络重新进行了调整；建成了漕宝路校区的灾备机房；完成了漕宝路北校区信息化设备的二次搬迁工作。

完成了奉贤校区B区电子公告及查询系统建设，建成LED全彩大屏1套、LED双基色大屏3套，在9栋楼内各安装一套52寸液晶电视。一套信息集中播放控制系统于4月完成项目验收。“工会楼多功能厅会议系统”4月份通过验收，该系统分为点歌娱乐系统、舞台与舞池灯光系统、会议和演出音响系统、投影系统组成。电子机房工程于1月通过竣工验收，中心机房按照国标B类机房建设标准设计和实施，机房面积400平方米，设备供电双路160 KW，动力供电144 KW。建设了机房精密空调系统、不间断电源系统、新风系统、机房弱电系统（含机房环境集中监控系统、综合布线系统、KVM管理系统、门禁系统）、机房供配电系统、气体消防系统等子系统。行政楼、图文楼、学生活动中心的18个大、小会议厅（室）建设了包含视频系统、扩声系统、舞台机械系统、舞台灯光系统在内的多媒体会议系统，7月完成项目验收。

学校校园网络采用2台神州数码9 816万兆核心交换机作为核心。出口分别接入教科网、电信、联通运营商，采用链路负载均衡设备提供多路径智能路由。全校采用上网实名认证系统，并在校园网总出口及服务器群交换机前部署多层防火墙，同时部署入侵检测设备和流量带宽控制设备。奉贤校区与漕宝路校区租用联通4芯裸光缆，通过波分复用设备互联互通。整网部署各类网络设备400余台。7月完成项目验收。漕宝路校区图书馆楼内建设数据备份机房，机房面积48平方米，用于存放校级灾备存储设备和校区网络汇聚。完成对漕宝路南校区光纤进行扩展改造，网络割接和设备部署。实现网络出口链路负载均衡双机冗余，提高网络出口的可靠性和稳定性。部署安装图书馆电子资源外网访问服务器。使用该代理服务器，用户在校外通过身份认证就能访问内部电子资源，免除了VPN二次登录的繁琐步骤，为广大师生提供了快速便捷的访问通道。

（程秀岐　周　桓）

## 上海杉达学院

**【概况】**　上海杉达学院荣获市人民政府授予的“2009—2010年度上海市文明单位”称号，荣获市教育委员会颁发的“2006—2010年上海市教育系统法制宣传教育先进集体”称号。完成公共计算机房等项目建设。年内，应印度塔塔咨询服务公司邀请，作为与塔塔信息技术（中国）公司合作院校之一组团赴印度考察。学生在各类比赛中获得佳绩。参加第三届上海市大学生计算机应用能力大赛，获二等奖；学生参加“2011两岸校际国际贸易模拟展览”竞赛，获网页设计第二名、计划书第三名，并获奖金7 000新台币；参加第五届“用友杯”全国大学生会计信息化技能大赛全国总决赛获团体“优秀奖”、上海赛区团体“三等奖”；学生参加2011年“国信蓝点杯”全国软件专业人才设计与开发大赛，分获全国总决赛C语言程序设计本科组三等奖、上海赛区C语言程序设计本科组一、二、三等奖。

## 上海远程教育集团

**【概况】**　2011年，上海远程教育集团（以下简称“集团”）以重大项目为抓手，整合内外资源，努力提升信息化应用水平、管理水平和保障水平，扎实推进信息化工作，为集团和政府部门提供优质服务，努力打造终身教育公共服务品牌。

以上海终身学习网百万市民学习资源系统为基础，在技术平台保障、资源技术整合、支持服务以及研究规划等方面深入开展，建设上海开放大学（以下简称“上海开大”）信息化平台；建设上海终身教育学分银行网站，构建用户信息库、用户学习成果库、学分认证记录库等技术功能，支持学习者在学历教育、文化休闲教育及职业培训等终身学习过程中的学习成果记录累计及学分转换；获得上海市教育“十二五”规划的重要项目申学网项目；上海终身学习云服务公共服务平台项目已纳入上海市高新技术产业化重点项目计划；首次承接教育部重大资源建设项目教育部农远工程初中自主学习系统项目；上海终身学习网项目构建了基于Web2.0的百万资源平台，提供360度全方位学习支持，营造“活动—学习圈—讲座”立体化的学习互动，建立“积分—证书—头衔”一体化的学习激励，2011年平台注册人数超过116万人，总点击超过6 000万；深入推进上海市400所农村信息化实验校项目，开展基线调研、过程性跟踪、教学教研指导、培训、大型活动、资源服务、技术支持等一系列信息化活动；运营维护上海教育资源库，加强资源管理、软硬件维护和宣传推广；上海特殊教育资源库项目建设完成特殊教育资源中心网站，建成特殊教育信息通报系统，建成资源包括政策与文献资源616条、诊断与评估资源35条、课程与教学资源394条、康复与干预资源42条、支持与服务资源25条；上海党员干部远程教育平台上传资源2 319条，时长1 395.2小时，容量1.35 T，2011年开通“党旗风采专题页面”、“庆祝中国共产党成立90周年”、“向李林森学习做优秀组工干部”等重要活动专栏；市经济信息化委产业发展项目“基于国产基础软件的教学资源平台一体化解决方案”顺利通过上海市软件评测中心第三方的测试认可，获得上海市高新技术成果转化认定，已推广至浦东新区和杨浦区的50所学校进行示范应用；上海市教师教育技术培训项目完成8.1万余名中小学教师的培训工作；上海电视大学（以下简称“上海电大”）网上教学平台支持服务能力稳步提升，进行了开放课程及残疾人学习支持功能扩展、分校版网上课堂功能升级与扩展、决策分析系统建设、教学互动功能拓展等项目；校园一卡通项目实现门禁管理、取电考勤管理、宿舍水控电控、校门车辆管理、校园“一卡通”设备监控、会议签到管理、图书馆自助复印等多项功能；OA综合办公系统建设全面开展；产学研工作有效开展，首次获得全国教育科学规划项目教育部重点课题“数字教育资源生态化建设和共享模式研究”，成功申报中央电化教育馆全国教育技术研究规划重大课题“数字化教与学的环境建设与应用研究”，完成上海市教委、市科委、市经济信息化委等有关课题。

（王月艳）

**【上海终身学习网新版本正式运行并完成平稳过渡】** 由上海市教委主管、集团承建的上海终身学习网经过近两年的运行，已为广大市民营造了一个良好的网络学习环境，初步满足各类人群的学习需求。为了进一步提升平台的服务质量和服务效率，项目组开展了平台的拓展建设及其支持服务，构建了基于Web2.0的上海终身学习网百万资源平台，新版上海终身学习网于3月14日正式上线运行。功能支持方面，通过学习目标导向、学习过程引导、学习全局管理、学习活动参与以及学习成果激励等多个环节，为学习者提供体系化学习支持服务；通过“活动—学习圈—讲座”立体化的学习互动体系，以主题学习为引导，凝聚市民的学习热情；通过“积分—证书—头衔”一体化的学习激励体系，为学习者学习成果评定提供支持，并展示其学习成果。资源建设方面，平台资源整合新增加1 000门，总量近3 000门，同时提供移动资源、主题资源等微型学习资源为非正式学习需求提供支持。应用推广方面，以主题活动为抓手、常规激励为基础，在提升注册人数、点击量的同时，打造品牌效应，形成规模化应用。基于市民需求、社会热点开展了“精彩世博欢乐行”摄影展活动、2011“市民健康道”活动、“喜迎建党90周年摄影大赛”、“‘阅读红色经典，激扬爱国情怀’读书活动”、“迎世博环保测试”等活动。截至年底，上海终身网的注册人数已超过119万人，总点击数超过6 500万人次，得到了市民的广泛认可。

（肖 君 朱晓晓）

**【建设完成上海电大远程教学平台课程开放及残疾人学习支持功能扩展项目】** 随着远程教育事业的发展，尤其是上海开大的成立，亟待建设面向包括学历教育与非学历教育在内的各类社会学习者的新型网上学习支持服务平台。上海电大远程教学平台课程开放功能建设的目标是基于上海电大网上教学平台，进行系统改造和功能扩展，探索构建开放大学的学习平台框架，在支持原有学历教育功能的基础上，为社会学习者提供学习支持服务。项目自6月启动，9月完成主体的开发工作并进入系统测试阶段，10月平台正式上线运行，12月1日通过专家组验收。项目实现了将上海电大丰富的网上资源向非学历生以及其他社会学习者的开放目标。系统充分考虑了社会化环境中学习者的用户身份，采取用户分级的组织形式，对不同级别的用户提供了个性化的教学支持服务，特别为残疾人提供了特殊的学习支持功能。系统提供了各类搜索、信息订阅、课程评价等服务，增加了互动机制，为上海电大的业务发展提供了良好支撑，为上海开放大学开展新型网络教学提供了基础。系统自上线以来，已经导入了上海电大所有网上课程，同时实现了与上海电大教学平台、上海市电视中等专业学校教学平台、上海电大综合办公系统、上海电大网上教学平台分校版的系统整合，并支持上海开大残疾人教育学院、上海市电视中等专业学校“电中—电大”接轨试点项目、上海电大新疆班等学生的在线学习。

**【建设完成上海电大分校版网上课堂功能升级与扩展项目】** 上海电大分校版网上课堂功能升级与扩展项目是在原分校版网上课堂的基础上进行系统升级与功能扩展，提升用户体验和系统功能，使其不仅能更好地支持原有的学历教育，更可以为社会各类学习者提供学习支持服务，实现上海开大二级教学平台框架的建设。项目拓展了小组学习、教师团队、课程评价、教师博客等服务功能，增加了互动机制，为业务发展提供了良好的支撑。项目自6月启动，11月完成开发工作进入系统测试阶段，计划于2012年2月在上海电大分校试运行。在项目的实施过程中，为了充分发挥分校信息部门的作用，学校组建了由分校IT管理人员代表组成的项目团队，增进联系、加强沟通，将学生、教师、分校领导对信息化平台的意见和建议进行收集，对项目的建设发挥了积极作用。系统已在上海电大开放教育学院进行试点课程试用，在浦东新区分校进行学习小组和教师博客等功能的试用，取得了良好效果。

（申志冰）

**【建设完成上海电大远程教学平台功能完善项目】** 远程教育事业的发展尤其是上海开大的成立，对上海电大远程教学平台在部分功能实现与业务支持方面提出了更多的要求。为此，6月，上海电大远程教学平台功能完善项目开始启动，10月开始试运行，年底通过项目验收。该项目对现有应用在功能、业务流程上根据实际需求的变化进行完善，主要建设内容包括：对上海电大教学平台进行功能完善，对报表中心按业务要求进行调整，增加图形化展示功能；增强BBS论坛的功能建设，提供独立板块的开设功能，支持学生以班级、学习小组等组织形式开展的网上交互活动；增加课程RSS订阅功能和课程推荐功能，为教师和学生提供基于Web2.0的多元化信息获取渠道；增加课程评价功能，为网上教学质量的评估提供更多手段；教学团队功能建设，实现上海电大各个教学团队在网上的组建、活动开展、活动展示和活动统计，从而通过信息化手段开展教学团队活动。

**【建设完成上海电大远程教学平台决策分析系统项目】** 为了对现有的学生教学数据进行数据清洗与整理，建立数据仓库，并对数据进行相应的OLAP分析，为学校的决策提供支持，使得历史数据得到充分的利用，6月上海电大启动远程教学平台决策分析系统项目，9月完成主体开发工作进入系统测试阶段，10月正式上线运行，12月1日通过专家组验收。系统创建了上海电大学习信息多维数据集，并从多个维度对数据进行统计汇总。从时间维度系统可对教学平台的各类学习数据进行年统计、月统计、周统计及日统计，系统也可对教师本人，教师所在系部，学生本人，学生所在分校、专业、年级等方面进行统计，系统也支持对课程、开设系部等方面进行数据统计。系统也已经导入了教学平台48万学生信息、2 400余门课程信息及所有学生的学习信息，并在教学平台数据仓库中建立了24个维度及15个度量值。所有统计数据将根据教学平台变化不断更新。

（臧 宏）

**【基于国产基础软件的教学资源平台一体化解决方案项目完成验收】** 12月22日，集团承担的2009年度上海市软件和集成电路产业发展专项资金支持项目"基于国产基础软件的教学资源平台一体化解决方案"经过两年多的研究与应用推广实施，圆满完成专家验收。项目在需求调研的基础上，对关键技术进行攻关，整个系统提供了丰富的应用软件、配套资源和教育应用模式案例，形成了一个完整的国产软件教育信息化解决方案。

技术平台方面，项目遵循国家教学资源建设技术标准，通过多系统耦合平台实现各平台之间的互联互通，将教育软件包及相关资源整合形成教育资源定制桌面系统，形成一套采用简洁人机交互界面的定制化应用环境，为学校教学使用提供了一个基于国产系统的全新教学多媒体互动体验环境。同时，项目顺利通过上海市软件评测中心第三方的测试认可，取得2项软件著作权，获得高新技术成果转化认定。资源制作方面，整合建设一批符合国内教学实际需要，特别是国内中小学需要的体系化优秀教学资源包，针对各学科、各年级，配套相关的教学设计、教学素材等，格式多样，内容广泛。除学科资源外，还涉及大量拓展性教育、德育教育、研究型教育资源。所有学习资源能通过本项目平台软件在各类不同的国产终端上流畅播放，资源包容量达到200 G。教师普遍反映资源为教师备课提供了较好的素材。推广应用方面，项目已推广至浦东新区、杨浦区的50所中、小学学校。在推广过程中，课题项目组深入两区开展培训及应用推进工作，把培训送到学校，培训工作得到了两区信息中心的支持，近100名教师参加了培训。各个学校开展基于国产Linux的资源平台系统在教学活动中的全方位应用，产生各类课堂和课后教学应用成果，为推进国产教育软件应用工作提供了典型示范。

（肖 君 王腊梅）

**【建设上海开放大学信息化平台】** 为了更好地服务于上海开大建设，集团以上海终身学习网百万市民学习资源系统为基础，在技术平台保障、资源技术整合、支持服务以及研究规划等方面开展工作，通过与开大各相关部门的沟通调研，挖掘业务需求，进行开大门户网站、开放学习资源平台、终身教育学分银行等系统的设计、开发和部署，并经多次研讨完成了上海开大信息化平台建设规划。至2011年年底，各子系统的主体开发基本完成，其中作为开放大学开放学习资源重要展示平台的开放学习资源平台于3月14日正式上线运行，平台提供1 500门课程，包括开放专题1 110门，开放课程390门，并通过课件学习、在线交流、在线测试等提供网上教学支持，满足学习者文字阅读、视频浏览、音频听讲、三分屏课件、微型学习等多样学习模式的学习需求；终身教育学分银行已构建形成用户信息库、用户学习成果库、学分认证记录库等技术功能，支持学习者在学历教育、文化休闲教育和职业培训等终身学习过程中的学习成果记录累计及学分转换，同时完成6所试点普通高校及其继续教育学院、电大和自考等学习者数据采集，为"以学分银行为桥梁实现各级各类教育纵向衔接"的目标打下技术基础；开大门户已完成主体框架设计，并将推出3D版本的全新门户。在支持服务方面，以专业化的服务团队、高效的服务响应、优化的服务流程、人性化的服务理念，保障开大支持服务工作的顺利开展。

（肖 君 朱晓晓）

**【上海党员干部现代远程教育网络体系建设项目投资效益明显】** 2011 年，上海党员干部现代远程教育网络体系建设项目经过四年多时间的建设，建成了技术网络平台、教学资源体系及支持服务队伍，项目达到预定目标，效益明显，得到了学员和社会的较高评价。项目采用“三网合一”的模式，整合了上海东方有线公司的数字电视平台、上海电信公司的 IPTV 平台及集团开发的互联网平台，实现“一套节目、三网播出”，技术上先进适用，为上海三网融合试验区进行了探索。在教育资源上，实现了一库多平台分发，资源存量达到 30 042 小时，形成共建共用模式，投资效益明显。项目已建成各类远教终端站点 19 086 个，基本实现了对街镇村居的全覆盖和机关等总支以上单位的广覆盖。2011 年，市委组织部利用“直播课堂”系统直播了 12 次党史教育系列讲座以及庆祝中国共产党成立 90 周年会议，观看人次达 100 万。

（肖 君 刘海燕）

**【全面开展集团 OA 综合办公系统建设】** 2011 年，集团 OA 综合办公系统建设全面开展，项目以为集团全体员工提供快捷的办公自动化系统，实现无纸化办公、移动办公，实现与网上教学平台、移动校园、网上图书馆、学校档案管理系统对接，提高工作质量与效率为目标，并为集团领导提供准确、高效的数据信息作为决策参考，从而增加集团的核心竞争力。项目已完成集团综合办公系统的整体框架与核心应用，现有新闻、公告、通讯录、会议安排、日程安排、公文系统、任务中心、消息中心、文档中心和管理中心等功能。项目带动形成了一支信息化管理队伍，全面梳理了集团内教职员工的网上账号、邮件账号等信息，第一次建立了配套的信息系统使用管理办法，为集团信息化建设打下坚实的基础。

（洪建峰）

# 二、文化领域信息化

**【概况】** 2011 年，是“十二五”规划的开局之年，宣传系统信息化工作按照市委提出的“创新驱动、转型发展”的要求，以科学发展观为指导，以贯彻落实上海市文化发展“十二五”规划和宣传系统信息化发展“十二五”规划为抓手，利用信息技术，充分发挥信息化在新媒体发展和信息资源开发利用等方面的作用，各项工作取得积极成效。

一、落实规划，积极推进信息化发展。2011 年宣传系统各单位高度重视“十二五”规划推进工作，采取各项措施，及时启动“十二五”规划各重点项目。市委宣传部和市文广局主要负责的上海社区文化活动中心中央信息管理系统建设正式启动，完成了社区文化活动中心管理信息系统与数据支持及综合分析系统和活动中心日常业务管理与统计功能的研发以及 50 家文化活动中心的日常业务管理系统上线工作；市委宣传部还积极推进宣传系统信息资源共享和交换平台建设，2011 年该项目已通过项目立项，2012 年将进入实施建设阶段；市网宣办积极推动上海互联网内容监管及网络文化建设管理共享平台项目建设，该平台项目建议书于 2011 年 3 月 18 日获市发改委批准，目前项目建设方案正在有条不紊的制定推进中；上海图书馆积极推进中心图书馆“一城一网一卡一系统”服务平台建设，启动中心图书馆“少儿一卡通”服务，初步实现全市图书馆的“少儿一卡通”的办证和图书通借通还服务，支持少儿学籍卡（社保卡）办证，全年已开通“少儿一卡通”市、区县分馆和服务点 68 家，发放少儿新证 3 万张；市文明办积极推进上海志愿服务项目发布管理平台建设，完成了上海志愿服务项目电子地图建设，有效提高了查找志愿服务项目的便捷性，方便了志愿者就近就便参与志愿服务；市文广局、文广集团、解放报业集团根据本单位面临办公地点搬迁的实际，本着节约能源、立足未来、面向发展的原则做好新办公地点的信息化规划和布局，顺利完成了新大楼弱电工程的建设，包括结构化综合布线系统、网络中心机房工程、多媒体会议系统、综合安全防范系统等子系统的建设，通过智能化系统对楼宇运行进行现代化管理，为工作人员提供了良好的信息化基础设施服务；市委宣传部根据宣传系统信息化发展“十二五”规划中有关加强制度建设的要求，制定下发《上海宣传系统网站管理规范》，从基本要求、主要职责、网站建设、网站运维、监督管理等方面规范网站建设和管理，确保宣传系统内各单位运营网站的安全。

二、驱动创新，着重研究开发新媒体建设。2011 年信息技术的飞速发展，对传统阅读模式产生了巨大的影响，各种新的媒体形式迭现。宣传系统各单位全力以赴，充分运用信息技术，做好新媒体的研究、扶持、开发工作，宣传系统信息技术创新能力得到进一步增强。2011 年 12 月，市委宣传部批准在上海文化专项资金中划拨 1 000

万元专项资金用以扶持网络视听产业发展，这是中国首个网络视听产业专项资金；上海广播电视台、东方传媒集团(SMG)与联想集团合作，在移动互联视频服务领域通过发挥各自在终端产品、云计算、内容资源、市场运营等方面的优势，联手开拓中国移动互联与数字家庭市场；解放日报报业集团旗下上海解放新兴传媒有限公司致力于无线互联网时代下、基于新兴载体的媒体项目投资和开发，2012 年 1 月获得了上海市信息服务行业协会颁发的“天翼 3G 最佳应用奖”；文新报业集团通过开发“世博全媒体新闻采集与跨媒体协同报道”项目以及“平面媒体远程传版防篡改系统”项目，既满足了智能手机、平板电脑等移动终端新闻资源的高效发布，又实现了集团内部的信息共享，分别荣获了第五届“王选新闻科学技术奖”一等奖及二等奖；上海图书馆在全国率先推出专为智能手机定制的“上图手机移动客户端”，是国内最早能同时提供基于短信、手机网站、手机电子书、手机客户端等全方位移动服务的图书馆；手机图书馆服务平台获得 2011 年市文广局科技进步一等奖，与上海市群艺馆合作的《城市公共文化移动服务集成平台建设与研究》获得文化部科技提升计划资助；市网宣办《网络舆情系统的信源可信度评测方法的思考》探索了从时间、空间和事件的角度如何有效抓取互联网信息，从而大大增加舆情系统获取信息的价值性和可信度，荣获“中国新技联优秀论文”一等奖。

三、整合资源，加强推进跨平台信息共享。2011 年根据市委“创新驱动、转型发展”的要求，宣传系统各单位整合资源，突出重点，加快推进信息资源开发和共享。上海市文化共享工程和上海中心图书馆建设以及中心图书馆主题馆建设相结合，通过互联网实施有效链接，与市、区、街道乡镇公共图书馆以及已经建成的中心图书馆主题馆开通了网上联合知识导航站等网上服务和数据库查询服务，实现传统与创新并存的文化信息共享服务；东方社区信息苑研发公共电子阅览室专网平台，共享全国文化信息资源共享工程的海量内容和“上海数字文化”的资源库群，并借助上海市中心图书馆已集成的大型全文数据库和教学软件，进行整合和推送，不仅避免了重复建设，还丰富了平台内容；2011 年 5 月正式完成的上海市非物质文化遗产信息管理系统二期工程建设，整合了上海市非物质文化遗产保护中心、各区县分中心以及市属项目保护单位的数据库，实现了从单机数据库向网络数据库、单一数据存储向综合管理平台的升级，通过网络将全市各区县和保护单位数据库进行链接，可以方便地对非遗资料进行统一管理、规范存档和资料共享，目前，该数据总库已录入各类数据 14 559 条，数据总量超过 150 G；上海市文化市场行政执法指挥监管系统二期工程，通过实现与区县文化执法大队的集中式链接，实现了全市案件网上受理、审批网上进行、签名网上操作和文书网上流转，真正统一了办案流程，规范了执法程序，提升了办案效率，同时也为阳光办案提供了技术支撑；文艺出版集团《上海壹周》传媒公司通过技术开发的基于 APP STORE 的应用，通过网站开拓视频信息，延伸平面媒体的功能，实现传统报业的多媒体、全媒体的发展；世纪出版集团通过运用信息技术，开发《理财周刊》iPad 版、Android 版和手机报版，探索对传统媒介全方位，多平台出版，取得良好的效果。

（钱江燕）

**【积极构建数字化惠民文化服务体系】** “十一五”期间，文化部会同财政部等部委组织实施了全国文化信息资源共享工程、国家数字图书馆建设工程、县级数字图书馆推广计划，上海市结合上述三大文化惠民项目，以“全国文化信息资源共享工程”(以下简称“文化共享工程”)为抓手，积极建设数字化惠民文化服务体系。文化共享工程是构建中国公共文化服务体系的基础工程，是改善和扩大城乡基层群众文化服务的创新工程，也是用社会主义先进文化占领新媒体阵地的重要举措。上海在推进此项工程建设时，按照市委提出的建设社会主义现代化国际大都市的目标，结合上海大都市公共文化服务体系建设的特点，确定了继续结合城市信息化建设、搭载在东方社区信息苑已建成的互联网文化信息服务网络上同步推进的工作思路与方法，有力地推动了在东方社区信息苑互联网服务平台支持下的文化共享工程基层服务点的建设。至 2011 年底，本市已建各级中心和服务点 2 411 个。其中包括市级分中心 1 个，区县支中心 18 个，街道(乡镇)图书馆的基层服务点 212 个，行政村和居委基层服务点 1 895 个，社区信息苑 204 个，其他类型基层服务点 81 个，初步实现了全市共享工程区(县)支中心、街道(乡镇)、村级基层服务点建设的全覆盖。上海市文化共享工程还和上海中心图书馆建设以及中心图书馆主题馆建设相结合。上海中心图书馆建设是一项依托网络信息技术，旨在提升全市图情服务质量和水平，并体现资源共享、结构创新的开拓性工作。上海图书馆自 2000 年 11 月正式启动以“一卡通”服务体系为重要内容的中心图书馆项目建设，迄今中心图书馆分馆数量已达 262 个，遍及各区县公共图书馆、街道乡镇社区文化活动中心。目前文化共享工程已与中心图书馆建设通过互联网实施有效链接，与市、区、街道乡镇公共图书馆以及已经建成的中心图书馆主题馆开通了网上联合知识导航站等网上服务和数据库查询服务，如影视文献主题图书馆、生命科学主题图书馆、视觉艺术主题图书馆、儒家经典展示主题图书馆、虹桥国际主题图书馆、上海近代文献主题图书馆、陆家嘴金融主题图书馆，在建的有松江地方文献主题图书馆、春申文化主题图书馆、徐汇历史风貌主题图书馆、时尚产业主题图书馆、非物质文化遗产主题图书馆等，还将文献信息、数字资源、视频点播、展览讲座、网络服务等各种读者服务方式融为一体，并逐步建立形成各具特色主题资源库群，实现传统与创新并存的文化信息共享服务。

**【上海非物质文化遗产网和信息管理系统二期建设基本完成】** 上海非物质文化遗产网与“上海市非物质文化遗产信息管理系统”是本市非遗保护信息化工作的两大抓手。上海非物质文化遗产网自2010年6月正式开通以来，网站内容建设不断更新，访问量逐步提升，数据累计新增数据量近2 GB，收录了本市前两批128项市级名录项目、传承人、重要活动等大量图文信息，发布非物质文化遗产信息近800篇，累计访问量115 250次。“上海市非物质文化遗产信息管理系统”以非物质文化遗产资源数据库为基础，于2011年5月正式完成二期建设，实现了从单机数据库向网络数据库、单一数据存储向综合管理平台的升级，通过网络将全市各区县和保护单位数据库进行链接，可以方便地对非遗资料进行统一管理和规范存档，对工作部署进行快捷发布和灵活操作。通过这两项工程建设，上海市非物质文化遗产保护信息化水平继续在全国保持领先水平。

**【首批国家级项目代表性传承人数字化采录工作】** 在2010年完成109出传统表演艺术经典剧目和折子戏作品的音配像抢救工程，认定市级和国家级非物质文化遗产项目代表性传承人分别为341名和61名的基础上，2011年9月起，采用录音、录像等数字化手段，以完整性、客观性、真实性为原则，对本市国家级传承人掌握的非物质文化遗产表现形式、表演艺术、工艺技艺、口述历史和经验知识等进行采集和录制工作，建立传承人专项数字化档案。根据传承人高龄顺序和项目濒危情况确定了试点采录对象，并在2011年完成5名国家级传承人的数字化采录工作。

（马丹华）

**【上海市文化市场行政执法指挥监管系统】** 2011年，“上海市文化市场行政执法指挥监管系统”二期项目建设全面完成，实现了与区县文化执法大队的集中式链接，并在个别区县文化执法大队尝试了分布式链接工作。系统的举报管理、检查日志、案件审批、仓库管理、统计分析、信息交流等功能充分实现了案件网上受理、审批网上进行、签名网上操作和文书网上流转，真正统一了办案流程，规范了执法程序，提升了办案效率，同时也为阳光办案提供了技术支撑。目前，指挥监管系统已成为一线执法人员办案过程中不可或缺的工作平台。2011年，系统二期项目获得上海市科技进步二等奖，系统应用在推进“制度加科技”防范机制建设方面的作用，被《中国纪检监察报》和《上海支部生活》专题报道，并被监察部网站和市政府“中国上海”门户网站全文转发。

（市文化执法总队）

## 东方信息苑建设

**【概况】** 东方社区信息苑由上海市委宣传部、市文明办、市经信委、市文广局等单位于2003年10月联合推出。截至2011年底，上海市共建设东方社区信息苑379家、东方农村信息苑1 669家。2011年度，东方社区信息苑配合市文广局承担了文化部惠民实事工程之社区公共电子阅览室及农民工公共电子阅览室的试点工作，成为以未成年人、老年人和农民工等弱势群体为重点服务对象、保障人民群众基本的网络文化需求的重要服务阵地，年举办各类公益活动22 734场，服务受众达744 549人次；举办各类公益培训及讲座16 190场，服务受众达228 316人次。年度服务总人次达14 822 086人次。

**【建设农民工社区公共电子阅览室】** 农民工公共电子阅览室是上海公共电子阅览室建设的重要延伸，也是本市推进公共电子阅览室试点工作的亮点。东方社区信息苑配合市文广局，承担了选址、设计、进场施工等大量协调工作，确保顺利完成闵行、浦东、嘉定、松江及崇明5个区(县)共8家农民工公共电子阅览室建设工作。目前，嘉定区江桥镇太平村、闵行区莘庄工业园区农民工公共电子阅览室已正式揭牌运营。根据市文广局的要求，本市农民工公共电子阅览室由东方社区信息苑进行直营连锁管理。

**【研发公共电子阅览室专网平台】** 充分利用全国文化信息资源共享工程的海量内容和“上海数字文化”的资源库群，东方社区信息苑研发了公共电子阅览室专网平台，拥有正版电子图书10万册、百科视频讲座5 000部、电影电视10 000部、电子报刊500份、数万册少儿电子读物和500多个FLASH益智小游戏等，并借助上海市中心图书馆已集成的，包括万方、同方、维普、龙源期刊、方正电子图书等大型全文数据库和教学软件，由社区公共电子阅览室中央管理平台进行整合和推送。

**【研发社区数字家园网站】** 东方社区信息苑以50万实名会员为雄厚基础，研发搭建起中国首家专为社区居民服务的新型实名制本地化社交平台——社区数字家园。平台板块包括邻里(neighborhood)、圈组(group)、真人图书馆、热推(hotpush)、照片(photo)、日志(notes)、个人首页、机构(organization)、收藏(bookmark)等内容。其中，真人图书馆主要通过储备各式各样会走动的真人供"借阅"，通过线上邀请学者、企业家、法官、教师、社区服务者等各行各业优秀人士、劳动模范到东方社区信息苑参与各类线下健康公益活动，将成为东方社区信息苑基于社区的社交人文活动的积极探索，达到彼此了解、分享人生经验的目的。特别是对青少年的未来发展起到精神引领和人生导航作用，成为"青少年校外第二数字课堂"。

**【线上线下联动开展文化信息化活动】** 2011年，配合建党九十周年等重要工作，东方社区信息苑继续以信息苑为依托，立足社区，服务基层，传播先进主流文化，保障百姓享有公共文化权利。2011年共举办了包括第二届"万名农民工绿色网上行"、农民工网络购票服务、第五届"快乐天空"青少年系列公益活动、第五届社区公益美容大赛、"我这五年"网络征文大赛、"党旗飘飘90载·心语心愿"网络图文征集活动等，所有活动采用线上线下联动开展，取得了良好的社会效应。

（阮慧平）

## 数字新媒体发展

**【2011年视听新媒体产业发展规模】** 2011年，上海市视听新媒体产业发展取得了丰硕成果，产业规模达到30亿，同比增长100%以上。上海现有31家单位持有《信息网络传播视听节目许可证》。上海各视听新媒体代表企业纷纷加快上市步伐。2011年8月，土豆网率先成功登陆纳斯达克交易所；2011年12月，上海广播电视台新媒体板块百视通借壳广电信息正式登陆A股市场。

**【广电总局与上海市市政府签署网络视听产业合作协议】** 2011年12月1日，国家广播电影电视总局与上海市人民政府签署部市合作协议，这是中国首个网络视听产业部市合作协议，协议就推进中国(上海)网络视听产业基地建设、打造网络视听国际交流沟通平台、构建视听内容公共服务平台、培养网络视听产业人才、建设标准化体系等问题提出合作纲要。同日，中国(上海)网络视听产业基地正式开工建设。

**【上海视听新媒体行业协会成立】** 随着上海视听新媒体行业的不断壮大，建立行业组织、加强行业自律的呼声日益强烈。2010年末，在上海市文化广播影视管理局的指导下，由上海百视通电视传媒有限公司、土豆网、PPS、PPTV、激动网、分众传媒等十家机构作为发起单位，共同成立了上海市视听新媒体行业协会筹备组。经过多方面努力，2011年12月8日，全国首家省级视听新媒体行业协会即上海市视听新媒体行业协会正式成立。上海市视听新媒体行业协会的成立，标志着上海市视听新媒体行业的发展步入新阶段。协会共有创始会员单位62家，百视通等23家机构当选为协会第一届理事会理事单位，其中土豆网、东方财富网、PPTV、PPS、分众传媒、新文化传媒、紫竹高新技术产业开发区等11家机构当选为常务理事单位。协会设立了网络视听、产业发展、公共视频、内容制作等专业委员会，包括来自广播电视播出机构、网络视听节目服务持证机构、节目内容制作机构、技术设备研发机构、科研和教育机构等与视听新媒体产业链相关机构和组织。

**【中国网络视听产业论坛召开】** 为落实部市合作协议打造网络视听国际交流沟通平台的要求，2011年12月15日，由国家广播电影电视总局指导，上海文化广播影视管理局主办，中国(上海)网络视听产业基地承办的首个国家级网络视听产业论坛——中国网络视听产业论坛在上海圆满召开。参与论坛的各方嘉宾与领导围绕"格局·发展·融合"这一主题，就三网融合试点一年中，中国网络视听战略新格局、网络视听产业发展特色与典型、网络视听与三网融合的核心产业、网络电视、IPTV等网络视听新媒体业务模式、政策走向、发展机遇、未来挑战等话题进行深入探讨。论坛发布了"2011中国网络视听产业报告"，数据显示2011年中国在线视频用户量将达3.94亿人，预计2012年将达到4.45亿人，而美国2011年在线视频用户量将达1.58亿人，研究表明中国已远远超过美国，成为最大的单一国家视频用户群体。

**【网络视听产业专项资金建立】** 为进一步落实部市合作协议内容，12月，市委宣传部批准在上海文化专项资金中划拨1 000万元专项资金用以扶持网络视听产业发展，这是中国首个网络视听产业专项资金。上海市文化广播影视管理局出台《上海市网络视听产业专项资金管理办法》、《2011上海市网络视听产业专项资金申报指南》和《2011上海市网络视听产业专项资金评审标准实施细则》，共设立原创网络剧、原创网络短片、原创视听栏目、视听节目制作、创新项目、重点视听企业、网络视听专项服务和网络视听公共服务平台等八个类别，对12家企业的22个项目予以资助。

（冯　婷）

**【推动全民数字阅读】**　2011年，上海市新闻出版局推动中文在线书香上海阅读平台进入全市400余所学校，让经典图书、优秀图书伴随学生成长；推动开展红色主题阅读活动，要求相关阅读网站在显著位置建立精品专栏；并对外来人员、学生和农村读者，有针对性地提供优秀数字读物；努力推动健康向上的精品网络原创作品创作。

**【淘米网《摩尔庄园》获第二届中国出版政府奖】**　中国出版政府奖是中国出版界的最高奖，每三年评选一次，旨在表彰和奖励优秀出版物、出版单位和个人，规模盛大，阵容整齐，是对全国出版成果的权威展示。作为中国出版政府奖最引人注目的重要子项之一，中国出版政府奖网络出版物奖是具有最高荣誉的网络出版物大奖，也是中国唯一的国家级政府网络出版物大奖。淘米网的获奖是中国出版政府奖设立以来，儿童网络虚拟社区产品首次获此殊荣。

《摩尔庄园》是由上海淘米网络科技有限公司自主研发运营上线的一款儿童虚拟社区产品，是中国首个以6～14岁儿童为目标用户的网络产品。《摩尔庄园》被形象地称为“可以玩的动画片”，首次尝试将儿童卡通与新媒体相结合，一改传统被动的儿童娱乐状态，借助互联网的高度互动性，积极发挥儿童的想象力和参与能力，作为国内首个专门面向儿童的互联网产品，《摩尔庄园》在儿童用网方面的保护也走在行业前列。

**【网络游戏选题审核】**　近几年，本市网络游戏出版申报数量激增。2011年上海市新闻出版局共收到各游戏出版单位报送的网络游戏190多款，其中网页游戏占66％，有客户端的网络游戏占32％，手机游戏占2％。为了切实净化网络环境，保护未成年人身心健康，提倡符合青少年需求的健康积极的绿色网络游戏，在审核过程中对内容严格把关：聘请专家对网络游戏文字脚本进行审读，对游戏内容是否健康向上，进行严格把关；聘请人员对网络游戏进行在线测试，要求每款游戏都要设置健康游戏忠告、实名制注册系统、有效的防沉迷系统以及屏蔽词库；严格审核游戏运营单位的资质和游戏本身的著作权资质等。由于坚持从严从紧审核网络游戏的出版，上海的网络游戏出版审核虽然数量多，占全国比重大，但其内容质量仍然得到保证，社会各界对网络游戏内容的负面评价也逐年减少。

**【互联网出版企业资质审核】**　2011年经总署审批同意设立的上海互联网出版机构有22家，目前全市已获资质的互联网出版单位共有48家。2011年开展了上海互联网出版机构年度核验工作，基本摸清了本市互联网出版单位的基本情况和变化状况，完善了互联网出版机构的信息数据，并为部分互联网出版机构换发了新版互联网出版许可证。

（范张文）

## 数字出版

**【《上海市数字出版“十二五”规划》编制完成】**　上海市新闻出版业首个市级专项重点规划——《上海数字出版“十二五”规划》通过专家评审，提交市政府。规划提出了“引领数字出版产业发展，打造数字出版产业高地”的发展目标，明确“十二五”期间上海数字出版产业发展的七项主要任务和八个重点领域，推动数字出版产业、传播、人才、集聚和公共服务五大体系建设。

**【2011年市科委、市经济信息化委数字出版产业资金项目申报、评审】**　发布《上海数字出版发展引导目录(2011版)》，提出政府在数字出版领域重点鼓励和支持发展的四大方面16个领域。2011年共征集到数字出版项目50项，其中申报科技攻关项目(市科委)30项、高新技术产业化项目(市经济信息化委)20项。经过专家评审，共有20个项目获得资助。

**【“沪版图书内容数字化”项目一期建设完成，启动项目二期建设】**　2011年，“沪版图书内容数字化”项目一期建设完成，制作完成2003—2010年期间沪新版有保存或再开发价值的数字图书3.5万本。基本实现两大建设目标：以数字化形式为出版单位保存内容资源，并为进一步商业利用打下基础。项目全面推进了上海出版单位数字化转型工作。目前，项目二期建设已经启动。二期目标制作1996—2002年期间沪新版有保存或再开发价值的数字图书。

**【上海电子书产业发展领导小组第一次工作会议召开】** 2011年2月，上海电子书产业发展领导小组召开第一次工作会议。市委常委、宣传部长、领导小组组长杨振武，副市长、领导小组副组长艾宝俊出席会议并讲话。市委宣传部、市新闻出版局、市经济信息化委、市科委、市发改委、市教委等成员单位领导参加会议。会议研究分析了当前电子书产业的发展形势，对下一步工作作了部署。会议要求，要进一步加强产业跟踪分析，及时准确把握产业发展趋势；要加大政策保障力度，进一步优化产业环境，聚焦龙头企业引进、扶持本土品牌企业壮大、推进重大项目建设、依托企业发展产业；要抓住产业发展关键环节，支持电子书、电子教育相关标准研究，研究推动电子书内容投送交易平台建设；进一步支持传统出版数字化转化，丰富电子书内容产品；进一步培育数字阅读消费市场，同时加大人才培养力度，为产业发展提供支撑。

**【国家数字出版基地建设】** 在部市合作机制下，建立了司、局、区联动的推动国家数字出版基地建设机制，对国家基地建设管理进行了进一步探索。浦东新区、虹口区根据国家基地发展要求，与市行业行政主管部门配合，结合各自特点，整合资源、创造环境、培育主体，聚焦重点项目和优势领域。张江国家数字出版基地入驻企业已达300余家。上海方正数字出版技术有限公司承担了国家复合出版四个核心基础性课题的研发工作。盛大彩虹城项目定位于互联网行业最大的云计算数据中心和专业用户服务基地。虹口园区"电子书包"试点项目得到推进，共有18所学校开展了电子书包的试点教学。中国出版集团下属的四家出版机构：荣宝斋、人民音乐出版社（上海）有限公司、生活·读书·新知三联书店（上海）有限公司和商务印书馆（上海）有限公司已入驻虹口园区。

**【上海书展数字馆】** 2011上海书展数字出版馆面积570平方米，吸引了20余家数字出版品牌企业和国家数字出版基地参展，综合反映了上海数字出版产业总体面貌，集中、完整、系统地展示上海在数字出版领域的新产品、新技术和新成就，覆盖了内容、平台和终端等产业链各环节，包含了电子书、在线教育、网络期刊等数字出版多个领域。本届书展数字出版馆不仅人气旺盛，数字互动体验区的触摸屏前一直人头攒动，销售额也创下历史新高，各展商电纸书总销售额达到60万元，其中，阅读器占最大份额，为50万元，在线内容服务、在线教育方面也有所突破，实现了10万元的销售收入。

**【上海数字出版企业参展第七届文博会】** 第七届深圳文博会，上海张江国家数字出版基地携基地内16家代表性数字出版企业共同参展，以"数字出版·引领潮流生活"为主题，通过产品展示、屏幕演示和互动体验等多种方式，全面展示上海数字出版的最新技术、产品等成果，推介基地成立以来数字出版、低碳印刷、版权交易等内容，反映上海数字出版产业的最新发展状况。此次上海数字出版展区逾600平方米，参展面积、参展企业数以及参展形式之丰富均为历届之最，由此还获得新闻出版总署颁发的优秀展示展区荣誉。

（范张文）

**【文字作品互联网传播监测与版权保护关键技术】** 2011年8月12日，由文汇新民联合报业集团、上海交通大学和公安部第三研究所共同承担的"文字作品互联网传播监测与版权保护关键技术"项目通过专家验收。该项目开发了文字作品互联网传播监测与版权保护服务系统。该系统对新闻单位的新闻作品进行量化的传播分析，并提供数字版权侵权监控及保全鉴定功能，为著作权利人提供维权渠道和服务，对于打击互联网侵权行为提供了依据。该项目成果已在解放日报报业集团和东方早报社得到应用。

（倪竹青）

**【汉字字库规范化制作与评测软件系统】** 2011年8月5日，由上海印刷技术研究所承担的"汉字字库规范化制作与评测软件系统"项目通过了上海市科委组织的专家验收。项目经过2年的攻关，取得了一系列成果：将汉字超大字符集属性数据库提供的汉字构件信息，与规范化的构件字形库的创建、扩展、管理和引导汉字拼合等功能有效地结合在一起，提供了一种更加规范、合理和有效率的汉字字库建设方法；其中高精度的曲线汉字笔形库建设，具有实用性，更具有示范性，在国内汉字字库建设中独树一帜；软件对汉字字形阅读舒适性的评测到目前为止国内还没有见到相关的软件与评测，因此极具创新性，也得到了与会专家的一致认可，本课题的研究成果与《国家"十二五"时期文化发展规划纲要》中的"中华字库"工程密切相关，因此本项目的成功研制为中华民族文字的持续发展，为提升汉字的使用品质，为汉字字库在数字出版中的应用做出了实用性研究和技术探索。

**【基于内容对象的协同编纂与动态发布系统】** 2011年10月27日，由上海世纪出版股份有限公司承担的“基于内容对象的协同编纂与动态发布系统”项目通过了上海市科委组织的专家验收。该项目由上海世纪出版股份有限公司负责实施，并由其下属单位上海教育出版社承担具体的研发工作。通过2年多时间的攻关，该项目建立了以XML(可扩展标记语言Extensible Markup Language，简称XML)技术为基础的内容对象管理体系，形成了元数据管理规范，制作了内容标引的体系范例，开发了一个集数字出版生产、管理与发布功能为一体的平台系统，实现了出版社业务流程的数字化。系统在上海教育出版社进行实验性部署。专家验收会上，与会专家对该项目取得的成果给予高度评价，认为这样一套面向内容对象的、具有相当强的通用性的协同编纂与动态发布系统，对中国出版业创新现有业务模式，提高核心竞争力，完成数字化改造，具有重大意义。项目实施过程中，共申请发明专利1项，获得软件著作权1项，登记企业标准3项，发表论文2篇，出版科技专著1本。

**【第五届(2011)上海国际数字媒体技术与产业发展论坛】** 2011年11月9日，由上海市科委主办的“第五届(2011)上海国际数字媒体技术与产业发展论坛”在沪召开。上海市科委副主任陈鸣波出席论坛并致辞。来自国内的数字媒体行业专家以及匈牙利、加拿大、新加坡等国家和地区的业内人士约500人参加会议。论坛以“数字媒体，智慧无线”为主题，重点关注数字媒体技术与无线技术的融合与创新。此外，论坛还设有三个分论坛，分别侧重移动游戏、投资营销、电影特技制作三个领域，共同探讨数字媒体产业在“智慧城市”建设中的发展前景。自2007年起，上海国际数字媒体技术与产业发展论坛每年举行，2011年已是第五届，产业效应及国内外影响逐年上升。经过多年的打磨，论坛已经成为数字媒体领域新技术、新产品和产业最新信息交流的专业平台。2010年全球数字媒体产业产值约为4万亿美元，中国数字媒体产值也达到了3 000亿元左右，年复合增长率超过50%。2005年上海被科技部批准组建“国家数字媒体技术产业化基地”，此后张江、长宁等6个区被授牌称为国家数字媒体技术产业化基地的园区。从2008年开始上海的基地园区发展迅速，产值规模迅速扩大。到2010年年底，上海六个基地园区的生产总值已经达到240亿元。园区内企业结构不断调整，高新技术企业所占比重越来越大，现代服务业属性越来越明显，对产业的推动能力越来越高。

**【高真实度实时光照系统关键技术研究】** 2011年10月11日，由上海信息化服务热线有限公司承担的“高真实度实时光照系统关键技术研究”项目通过科委组织的专家验收。项目研究了3D渲染引擎和实时光照渲染技术，完成了高真实度实时光照系统引擎的研发，实现了实时渲染中的自适应视觉设备的光照技术、体积光渲染技术、并行实时全局光照技术和实时光线跟踪技术。项目完成的具有自主知识产权的软件已经投入试用，在电子游戏制作、展览展示、舞台设计等应用中具有使用价值。

**【汉语语词性工具书通用数字编纂平台】** 2011年12月22日由上海理工大学承担的数字出版项目“汉语语词性工具书通用数字编纂平台”通过了专家验收。该项目研究了网络环境下的工具书数字化编纂方法，设计了支持工具书编纂的工作流程，构建了辅助信息数据库，研制了汉语语词性工具书通用数字编纂平台，在工具书编纂领域具有一定的技术创新性。所构建的“辅助信息数据库”有助于减轻传统工具书编纂的工作强度，缩短工具书编纂周期，保证编纂工具书的质量，在平台上实现了编辑加工“三审制”，符合传统编辑加工工作的习惯，保证了编辑加工责任的划分与工具书的质量。该项目成果为复杂的汉语部首、字形、音读等基本信息提供了规范的处理工具。

（沈蕴婕）

## 解放日报报业集团

**【概况】** 解放日报报业集团(以下简称“集团”)2011年的信息化工作的核心任务是支持确保集团的整体顺利搬迁，服务好传统出报业务和新媒体的发展。作为集团主报的《解放日报》是上海市委机关报，集团还拥有《新闻晨报》、《新闻晚报》和《申江服务导报》等都市类报刊和网站、新媒体等业务，集团非常重视信息化安全保障工作，信息技术中心是集团信息化系统的重点保障部门。2011年是集团的搬迁年，集团于9月份整体搬迁至闵行区莘庄南广场新的解放大厦，信息技术中心在保证集团内部信息网络系统安全运营的同时，还设计、安装和调试了新大楼信息化系统，并对信息化设备的搬迁制定了规划和实施了有步骤的搬迁。2011年集团“牛网”网站进一步加强了与用户的互动，推出包括《牛油日报》、《牛油财经》、《牛油申江》等产品的“牛油”邮件报，解放报业iPad客户端也不断升级，让读者享受到随时随地阅读的便利。新媒体部紧跟信息发展技术，研发了一款基于iPad平台上的新闻阅读产品“新闻魔方”。i-news 上海手机报品牌影响力逐步扩大，组建了以手机报为核心产品和业务的新媒体项目运营公司。新媒体部还致力于打造融合、高效的多媒体内容研发团队，为多媒体内容团队的起步发展打下扎实的基础。

**【集团新大楼信息化系统建设】** 集团在闵行莘庄南广场新建有 3 幢大楼，其中 2 幢集团自用，1 幢用于对外出租，在 1 号楼的 6 层新建集团的计算机通讯机房。信息技术中心根据计算机发展的最新技术，结合报社采编工作的特点，详细制定了综合布线和计算机通讯机房的用户需求书，并在设计和施工阶段全程跟踪，2011 年 2 月机房建设完工。新大楼计算机通讯主机房 100 平方米，机房内放置了 600×1 100 42U 的工业服务器机架 26 只，其中 2 只用于电源分配柜，4 只用于总配线区，其余 20 只机架用于放置各类服务器和存贮设备。26 只机架分二排面对面布局，两端设玻璃门，上方设玻璃屋顶，形成中间“冷端”岛与外部“热端”区的气流通道。机房内装备了三台美国菲尼克斯公司出品的 DA35 精密空调机组，为主机房长期提供恒温恒湿的机房环境，送风方式为下送风和上回风方式。主机房还设有机房专用电源间，装备了两台 Galaxy UPS 机组和三只电源分配柜。主机房边还建有机房内服务器终端集中操作控制室。

新大楼局域网络采用万兆光纤传输等级，布线所用传输介质楼层水平面为 6 类双绞铜缆线，垂直干线为万兆光纤。计算机通讯机房部署了 2 台 H3C 7506 核心路由交换机构成双机在线互备系统，各楼层部署了 2 至 3 台 H3C 3600 楼层交换机，每楼层有 2 根光纤通过计算机通讯机房配线区的配线架分别连接到 2 台核心交换机上，网段按楼层划分。计算机通讯机房内的服务器通过各机柜的配线架经 H3C 7503 服务器汇聚交换机连接到核心交换机，网段按服务器应用划分。企业级的网络设备确保了集团新大楼局域网络的性能和可靠性。

新大楼无线网络是局域网的扩展，主要是为集团内部人员用笔记本电脑和手机等手持移动设备移动办公而建立，每个楼层按方位布置了 4 个无线热点，用户通过无线热点登录后，具有和内部局域网用户相同的权限。新大楼无线控制器采用的是 H3C WX5004 设备，基于 IEEE（美国电气和电子工程师协会 Institute of Electrical and Electronics Engineers，简称 IEEE）802.11/b/g/n 传输标准，可同时管理 128 个无线热点，最高传输速率 300 M。用户网络连接验证通过 MAC 地址绑定，提高了新大楼无线网络的安全性。

在国际互联网连接通道，集团分别向电信和联通租用了 2 条各 50 M 带宽的互联网接入线路，2 条线路即可互为备份，又起到负载均衡的作用，功能通过 Array APV3520C 设备实现，该设备另一个作用是用于转换内网与外网的地址。上网通路上还分别部署了企业级防火墙，MCAFEE、Fortigate 的安全防御产品和深信服的上网行为管理设备等产品，有效阻隔和拦截了各类内外部网络攻击行为，规范了内部客户端用户的上网行为，并实现对各类用户不同需求的分类管理。

**【集团信息化系统搬迁】** 在新大楼计算机通讯机房施工期间，信息技术中心已着手准备集团信息化设备搬迁事宜，各单位各部门上门进行搬迁调研工作，协调和解释信息化设备的一些搬迁要点。集团确定搬迁日期后，信息技术中心根据报社办公特点和电脑搬迁数量研究了搬迁顺序，确定了具体搬迁数量，画制了新大楼员工座位图，制定了信息化设备搬迁手册，草拟有关注意事项，规范设备使用方案，为后续的搬迁做好准备。

为实现整个局域网平稳有序的迁移，信息技术中心分别向电信和联通申请两根老大楼和新大楼之间的临时光纤链路通道，用于搬迁期间新老大楼间的数据交换。老大楼的两台 H3C 7506 核心交换机中的一台先搬到新大楼机房作为主核心交换机，通过双链路通道与老大楼的另一台 H3C 7506 连接，两条链路作绑定并且保证通信正常。同时购买两台档次稍低的 H3C 7503 交换机分别作为两边核心交换机的热备。所有核心交换机上都预先设置好新大楼的每个新网段，配置完成每个楼层的楼层交换机，搬迁时计算机终端只需更改为新大楼的 IP 地址即可投入使用。搬迁工作完成后，两台 H3C 7503 另作他用，一台作为 DMZ（隔离区 demilitarized zone，简称 DMZ）区的核心交换机，一台作为主机房服务器汇聚交换机。

服务器的搬迁数量有一百多台，根据各子报子刊和不同部门对应应用的搬迁顺序，按各个应用负责人制定的计划来实施搬迁，服务器的网段不变，不需要重新配置，搬迁至新大楼计算机机房后即可联入网络。以域控服务器搬迁为例，中心工程师在新老大楼间的双链路通道开通后，先在新大楼新建了一台域控服务器，用作新大楼新安装电脑的域控制和内部解析，并实时和老大楼域控服务器保持同步。集团各单位搬迁完成后，即搬迁老大楼的域控制器至新大楼完成域控系统的迁移。

印前的拼版、打样和传版系统也是信息化设备搬迁的重点。信息技术中心预先在新大楼新安装 24 套拼版设备、5套打样设备、1套扫描设备、1套拼版文件服务器和方正畅流系统的备用服务器，使出报流程能在新大楼正常的运行，确保各报社搬迁前的出报演练。畅流系统在老大楼的主服务器承担未搬迁报社的拼版流程，待业务全部转移完毕后迁移到新大楼，切换主备角色。卫星传版系统用于向各地印点传输每天的版面，搬迁后由模拟升级为数字传版。新建的数字卫星传版系统负责新大楼与集团印厂的版面传输，在搬迁期间模拟卫星传版系统继续在老大楼正常运行，两套卫星传版在搬迁期间同时发送版面文件，配合各外地印点进行逐个的切换。搬迁完成后，关闭老大楼模拟卫星传版系统。与此同时在新大楼新增一套基于互联网的文件传输服务器作为应急预案同时运行。

集团2011年采购了八百多台新电脑，主要用于《解放日报》和《新闻晨报》、《新闻晚报》在新大楼的采编和拼版岗位。信息技术中心花费近2个月完成新电脑的选型、商务谈判和安装调试工作，确保了《解放日报》和《新闻晨报》、《新闻晚报》搬迁前的出报演练。集团机关等其余单位所用约六百台旧电脑全部搬迁，信息技术中心负责电脑的数据备份、清洁打包和在新大楼的安装调试，搬迁工作井然有序，无一台电脑遗漏和损坏。

搬迁中，信息技术中心做到“三不”，即两处值班不断人、交替过程不断网、正常出报不影响，保证了搬迁工作的有序进行。

**【传统出报业务网络安全保障】** 采编和图片系统是集团内重点保障的信息网络应用系统，采编和图片服务器是否能顺利搬迁将直接影响到每日的报纸出版，信息技术中心为此制定了详细的搬迁方案。先在新大楼机房新安装一台采编服务器，通过双链路通道同步老大楼采编服务器的数据库后，应用于新大楼新桌面电脑的采编流程。搬迁时，在报社完成老大楼的最后一个版面后，即关闭服务器立即搬迁至新大楼后开机，经过调试第二天就投入新大楼的报社采编流程。该方案确保了在搬迁期间新老大楼两边可同时开展采编业务，保证了搬迁时的顺利过渡。

采编部门更新的电脑使用的Windows 7.0操作系统，是第一次在集团采编岗位得到全面使用，IE也同时升级到了8.0或9.0版本。原采编系统和最新的IE存在兼容问题，信息技术中心为此开发了新的采编控件，对采编、图片系统服务端进行了升级。为确保在搬迁期间新老采编平稳顺利地切换，信息技术中心之前做了多次演练。

**【解放拼车项目】** 集团闵行新大楼拥有免费停车位六百多个，很多拥有私家车的员工以小车作为上下班代步工具。闵行离市中心较远，其他的员工一般乘地铁上下班，花费时间较原来都有所增加。集团领导提倡开车的员工能发扬互助精神，通过拼车解决一部分员工的上下班交通问题。拼车，也称“合乘”，是一种社会新兴的文明现象，上下班路线接近的乘客一起合乘同一辆车子，车费由乘客平均分摊。拼车对环境、交通和乘客自身都有好处，有利于环保、节能，缓解城市交通压力，有利于车主降低乘车费用，乘客提高乘车舒适度。信息技术中心响应号召，及时开发了集团内部拼车网，通过网站实现拼车信息的发布，即“我要发车”和“我要拼车”。车主采用文字描述的方式描述起点和终点，选择途径主要商圈确定行车路线，系统支持输入或点击相关线路关键词进行搜索，乘客通过拼车信息列表选择需要的拼车信息与车主完成撮合。系统核心模块采用Ucenter（用户中心）实现，可以方便地添加其他模块，实现用户信息的统一管理和各系统的同步登录，方便用户查看和管理相关信息。

**【“牛油”邮件报推广扩容广受白领欢迎】** 2011年，“牛油”邮件报通过借助行为数据统计功能，进一步加强了与用户的互动。使用户不仅每日按时能享受到强势媒体精华内容，更能进一步参与到“牛油”邮件报的互动活动中来。在邮件中连续推出解放报业文化讲坛免费抢票、电影季每日抽奖送票、微博传情送礼等线上互动活动，订阅拥护已近百万。解放报业“牛油”邮件报包括《牛油日报》、《牛油财经》、《牛油申江》三份产品，每个工作日向白领提供时事新闻资讯。其中《牛油日报》整合当日综合性新闻资讯，每日提供地产、旅游、健康、汽车、职场等时尚商务生活信息；《牛油财经》每日分析评说证券市场走势，把握金融脉动，提供理财攻略；《牛油申江》每周斟选当期最in的都市男女时尚生活指南和白领职场故事。邮件报由解放牛网将《解放日报》、《新闻晨报》、《申江服务导报》等报刊的精华资讯进行重组分类，读者可针对感兴趣的内容进行选择性订阅。

**【解放报业iPad客户端升级推有奖活动】** 解放报业iPad客户端不断升级，可提供《解放日报》、《新闻晨报》、《新闻晚报》、《申江服务导报》四份报纸的免费下载阅读，使iPad用户既能体验阅读实物报纸的真实感，又能享受到随时随地阅读的便利。用户还可以点击阅读解放牛网精华内容、记者即时播报和“新新闻”即时报道。改用双线网络下载，电子报下载阅读速度大幅度提升，并优化用户体验。此外，"新新闻"即时报道日均条数也在原有基础上增加了一半，每逢整点推出，界面更加友好。2011年末，解放报业iPad客户端开展有奖推广活动，通过报纸、网络、微博等手段，提升知名度，扩张用户覆盖，取得了良好效果。

**【i-news上海手机报】** 2011年，集团新媒体部内容团队经过3年的实战和多角度培训，编辑业务水平进一步提升，移动载体内容的制作和研发水平迈上一个新台阶。i-news上海手机报品牌渐入人心，影响力逐步扩大。内容方面，互动栏目增加"知道分子抢答"、"民生调查"、"大家来填空"等样式；与市环保局合作刊登"空气质量预报"栏目；开设"不只是笑话"栏目每天早晚间版不间断推出；i-吃、i-游副刊全新亮相，10个副刊悉数到位品类齐全。2011年初春节策划《疯狂的兔子》、国庆策划《你HOLD住了没》、2012年元旦策划《解字2011》、春节策划《千禧龙，我们一起走过》，亦庄亦谐、角度犀利，都给读者留下了深刻的印象。i-news上海手机报2011年推出了官方微博，每日发送20条以上精编内容，推广了品牌，增加了用户粘性，并以此为基点发起读者活动，了解用户需求。i-news开展广告运营实现后向收费的手机报，其广告业务全年翻番。除了悉心包装副刊广告外，还重磅推出G食客与集珍斋的直购活动，内容编辑与广告部通力合作，策划了整个活动的文案、流程、互动收集、客服等工作，取得了较好的效果。2011年还举行了i-news东方绿舟大型读者活动，编读线下往来，分享新媒体阅读体验。

**【新媒体项目运营公司持续突破发展】** 以彩信手机报为核心产品和业务，上海解放新兴传媒有限公司作为解放集团全资组建新媒体项目运营公司，自成立以来，连续两年实现收入两位数的高增长；除了手机报资费收入的稳定增长，还突破了运营商的限制，开拓了手机报的广告经营，2011年广告收入已经占到公司总营收的30%，积累了太平洋百货、永乐家电、中原地产等一系列品牌广告客户；公司还开创了第三方信息服务，以短信和彩信为发布载体，为政府和企事业单位提供一整套客户管理、商业推广的解决方案，服务的客户包括团市委、上海书城等。公司还致力于无线互联网时代下、基于新兴载体的媒体项目投资和开发，2012年1月获得了上海市信息服务行业协会颁发的"天翼3G最佳应用奖"。

**【新闻魔方】** 新闻魔方项目是新媒体部在2011年研发的一款基于iPad平台上的新闻阅读应用客户端软件。该项目由新媒体部成员先期进行了大量的讨论和需求分析，在确定先期开发需求后与"阿耳法信息技术有限公司"和"网达信息技术有限公司"展开合作开发。在开发的同时，部门编辑同时针对产品的内容展开了多次讨论，并对内容的生产和发布等一系列流程制定了详细的规划，并形成了60余个新闻专题，完整的对项目编辑平台部分进行了实际测试。项目在研发中期向市科委申请了项目基金，经过评判组对项目的审核和答辩，该项目顺利获得了200万元人民币的项目基金支持，为本项目功能的进一步深化和做大提供了经济基础。目前本项目应用已经通过了苹果App Store（苹果官方应用程序商店）的审核。

**【多媒体内容团队进一步整合发展】** 集团一直致力于打造融合、高效的多媒体内容研发团队。对于根植于具有浓厚传统报业氛围的集团之中，多媒体内容团队的成长与发展充满优势与挑战。2011年，集团发挥多年在传统平面媒体的采编优势，进一步整合这方面力量，为多媒体内容团队的起步发展打下扎实的基础。同时，面对跨越平面媒体的挑战，集团通过对现有采编资源的挖掘，探索通过建立新闻魔方、新新闻视频访谈节目等项目的设立和推进，加强多媒体内容团队与集团现有采编资源的互联互通，推动集团现有内容资源的共享和多元呈现，在实践中不断提升团队的图片、视频等多媒体内容的策划和制作能力，促进了在新媒体领域内容与技术的进一步融合，为报业集团在未来多媒体领域的发展，构建了一支初具形态的多媒体内容团队。

（沈峥嵘）

## 文汇新民联合报业集团

**【概况】** 2011年是文汇新民联合报业集团（以下简称"文新集团"）转型发展新五年的开局之年。随着新媒体的迅速崛起，集团加快传统报业集团向现代报业集团结构转变的探索，不断推进建立服务于集团各媒体的信息化服务技术平台。2011年，文新集团世博全媒体新闻采集与跨媒体协同报道项目获第五届"王选新闻科学技术奖"一等奖，平面媒体远程传版防篡改系统获第五届"王选新闻科学技术奖"三等奖。集团搭建了集文字、音频、视频展示于一体，统一整合各类信息、全方位展示集团形象且能提供集团日常各种会议的全媒体数字中心。以文新集团作为主课题单位申请的平面媒体出版灾难快速恢复技术项目获得上海市经济与信息化委员会安全类攻关项目立项。集团根据所属各媒体的需求，建设了统一的电子商务平台，减少各家媒体的资金重复投入，并降低了各家网站的运行风险。集团精心筹备，积极参与纪念建党 90 周年党报党刊事业发展成就展，获优秀组织奖。集团 OA 公文管理系统不仅改变了集团内部的办公方式，提高办公效率，而且还获得报业同行的普遍好评，合作单位达到四家，成功实现对外营销。由集团承担的文字作品互联网传播监测与版权保护关键技术研究项目顺利通过上海市科学技术委员会的课题验收，并得到验收专家的一致好评。上海日报利用 IT 技术提升内部管理的同时，进一步探索新媒体产品盈利模式，多渠道增加新媒体产品收益。新民网加强信息化管理，不断完善各频道功能开发。东方早报 Android、iPad 和 iPhone 客户端陆续上线，基本完成在移动互联网平台上内容发布的全覆盖。

**【文新集团世博项目获中国传媒科技界最高奖项】** 2011 年，文新集团“世博全媒体新闻采集与跨媒体协同报道”项目暨“文新联合行动平台”获第五届“王选新闻科学技术奖”一等奖，集团“平面媒体远程传版防篡改系统”获第五届“王选新闻科学技术奖”三等奖。“世博全媒体新闻采集与跨媒体协同报道”项目暨“文新联合行动平台”有两个亮点，一是移动全媒体新闻采集及发布系统，记者可在新闻现场进行包括文字、图片、音视频等新闻信息的采集，可在第一时间通过 3G 手机和笔记本电脑等方式远传稿件、图片和音视频，可实现对智能手机、平板电脑等移动终端的新闻资源动态高效发布。二是新闻信息的统一存储及共享，不仅实现了集团内部各子报、子媒体对世博新闻的信息共享，而且满足了集团以外的“联合行动”合作伙伴对世博会新闻信息的共享要求。上海世博会期间，文新集团 200 多名以全媒体记者为核心的一线记者使用该平台，集团内部下载使用 4.1 万余篇稿件，通过“跨域联播”合作伙伴下载使用达 5.8 万余次，尝试了信息资源的一次采集多次利用的流程模式，在报业具有领先示范作用，也是集团向现代媒体转型过程中的一次尝试。此外，该平台还在华商传媒集团、辽沈晚报社、人民网、中央人民广播电台、新华社两会、京华时报社、潇湘晨报社等媒体单位得到广泛应用，提升了集团在全国新闻行业的核心竞争力。“平面媒体远程传版防篡改系统”同时获得“王选新闻科学技术奖”三等奖。这是该项目继 2008 年获得上海市科委科技攻关立项，并得到 120 万元研发经费资助后得到的又一个荣誉。

**【文新集团搭建全媒体数字中心】** 2011 年，文新集团采用高科技的数码产品、集团奥运和世博联合行动平台的数码设备，利用创新的技术手段，搭建了集文字、音频、视频展示于一体的全媒体数字中心。该中心于 9 月 1 日正式启用。全媒体数字中心位于文新大厦 9 楼。中心的数码设备包含两个既能三屏独立显示，又能三屏合成显示的大屏幕活动展示墙，中心的每个座位都能清晰地看清大屏展示的内容；四个互动电子屏集中展示集团新媒体群，拓展现代数字化媒体展现形式；三台大屏电视 24 小时直播国内外新闻频道的电视节目，国内外电视资讯尽收眼底；42 台电脑供与会人员培训、上网使用，让用户亲身体验。全媒体数字中心为集团的采编人员提供了信息墙和编前会系统。集团信息墙将各类最新信息深度挖掘、高度汇总，使采编人员时刻掌握最新信息；编前会系统与集团目前使用的采编系统无缝衔接，实现发稿单电子化，让报社总编和各采编部门主任在召开编前会时就可对稿件直接进行讨论和操作，大大提升了出报效率，集团也是全国第一家实现发稿单无纸化的报业集团。全媒体数字中心还包含了培训交流、多媒体实践等功能应用。启用至今，集团各部门已在全媒体数字中心召开了编前会、新闻业务探讨会、业务培训、职工沙龙、部门例会、党课等各类会议。

**【文新集团研发项目获市经济信息化委立项资助】** 2011 年，以文新集团作为主课题单位申请的项目——“平面媒体出版灾难快速恢复技术”获得上海市经济与信息化委员会安全类攻关项目立项。本项目比以往企业数据备份技术和系统建设有极大的改进，根据平面媒体行业特征，构建平面媒体生产过程中任意节点恢复和准实时复制，实现系统的冗余和数据快速恢复，从而保障平面媒体出版平台的持续运行。系统将多台业务服务器的海量数据备份到远程异地的备份设备中，秒级别的备份周期对数据的保护程度远远高于传统备份系统。系统采用准实时增量复制技术，将源系统的海量数据复制到异地目标系统，使源和目标及时保持同步，使容灾系统对主业务系统的压力影响减小到最低。系统通过在应用系统层捕获变化，进行数据备份的方式，可实现主备系统在不同硬件设备之间、在不同操作系统之间、在同一应用系统不同版本之间的数据复制，极大地降低了系统的投入成本。

系统可提供持续的、备用端可直接启用的容灾方案，比传统备份解决方案更高级别、更灵活、应用更广泛、实用性更强。系统将主服务器的数据准实时复制至备用服务器，建立主系统的可用副本，实现业务系统的冗余。一旦主服务器停止服务，可立即启用备用服务器上的业务系统并使之投入运行，从而保障业务系统持续运行。

系统采用并行传输控制系统，将传输数据分片后在多种数据连接上传输数据。使用多个并行的TCP流与使用单一的TCP流相比更能有效地提高数据传输的总带宽。采用并行传输，当TCP流达到7～8条时，其速率与串行传输比较而言可提高4～5倍，其传输时间也可缩减到1/5。将多台业务服务器的海量数据备份到异地备份设备，备份周期可达秒级别，备份窗口趋于零，对数据的保护程度远远高于传统备份系统。

本项目将针对平面媒体行业的制作流程的每一个环节，研究平面媒体灾难备份和快速恢复，因此，在全国平面媒体将有广泛的推广和使用价值。

**【文新集团建设B2C电子商务门户】** 2011年，文新集团根据所属各媒体的需求，建设集团统一的电子商务平台。为集团所属各媒体提供了统一的基础平台、统一的后台管理、规范的接口技术。各媒体在建设各自的电子商务网站时，只需进行个性化的二次开发，大大降低了各家媒体的资金投入和网站运行风险。集团电子商务平台具有流行B2C网站的所有功能，其中基础平台包括商品管理、促销管理、会员管理、公告管理、订单管理、邮件模块、支付方式、配送方式等功能；后台管理包括角色管理、用户管理、模块管理、日志管理、权限管理等功能；接口管理包括商品接口、公告接口、会员中心（购物车、会员信息、我的订单等）等功能。集团电子商务平台采用Link链路＋Web接入＋App应用＋DB数据库＋Storage存储的界业主流方式。链路层接入中国电信和网通线路互为冗余和负载均衡；Web接入、App应用和DB数据库均采用服务器集群方式，为未来无缝扩充提供方便；数据库通过读写分离的方式提高服务性能。此外，平台还采用了Scale－out（向外扩展）的架构模式，通过横向添加大量中低端服务器来分担系统负载，这也是现有谷歌和雅虎等大集群服务商采用的系统架构。同时，为提高用户访问速度，整个平台对IMG图片部分采用了CDN技术，从全国各地最靠近用户的节点快速响应用户请求。电子商务平台建成后，不仅可以完成集团对外的电子商务，还可集成集团内部诸如文新家园上的团购、秒杀、竞拍等功能，同时还可利用平台的预约采购等功能实现员工使用IC卡的网上消费，大大方便员工的内部采购。

**【文新集团积极参与建党九十周年党报党刊成就展】** 2011年6月，文新集团精心筹备，积极参加在北京举行的纪念建党90周年党报党刊事业发展成就展。4月，在上海市报协的统一领导下，文新集团负责上海展区的布展工作。上海展区充分运用中共一大会址、石库门老房子、新上海建筑元素和老报纸复制件、珍贵历史照片和经典报纸版面陈列，并在现场开展视频和新媒体演示互动体验。文新集团不仅展出所属各报刊发展的历史和现状，还利用先进的IT设备展示集团的新媒体群。文新集团党委高度重视，组织多位曾经参加过北京奥运会、上海世博会和其他大型活动筹备和运转的业务骨干全程参与了上海展区的信息化网络建设。文新团队不仅克服重重困难将IT设备运送到北京现场，而且当现场布展发生网络技术难题时，也是经验丰富的集团技术团队专项攻关，解决了网络瓶颈，使上海展区内的20台视频显示设备和IT设备在展览期间正常运行。最终，上海展区获“纪念建党90周年党报党刊事业发展成就展”最佳创意奖，文新集团获优秀组织奖。

**【文新集团推广营销公文管理系统】** 2007年，文新集团技术中心自主研发的集团OA公文管理系统在集团内部全面使用。系统已平稳运行四年，不仅改变了集团的办公方式，提高办公效率，而且还获得全国报业同行、上海市宣传系统各单位用户的普遍好评。继2010年，宁波日报报业集团和上海文化执法总队采购集团OA公文管理系统并成功实施后，2011年，上海市文化广播影视监测中心和青年报也与集团达成合作意向，采购OA公文管理系统。集团技术开发团队经过与合作单位充分沟通、深入调研，为两家单位进行了个性化的二次开发，满足了用户所有的应用需求。通过OA公文管理系统，文新集团成功地走出了推广自主研发系统的第一步。下一步，集团将在技术服务营销上作进一步的尝试与探索。

**【文新集团采编客户端成功升级】** 2007年，文新集团完成新闻采编业务系统的升级改造，当时系统客户端均在Windows XP、IE6和IE7的环境下开发。近年来由于微软公司的主流操作系统平台、浏览器平台不断升级，并明确表示不再对Windows XP操作系统和浏览器IE7以下版本提供技术支持。因此，2011年，文新集团对目前使用的采编系统客户端进行同步升级，客户端移植到Windows7（IE8）平台上，以保证采编系统的顺利运行。目前文新集团采编客户端有900多个，主要分布在《新民晚报》、《文汇报》、《东方早报》和各系列报。集团技术团队根据各媒体出报流程的特点，制定详尽细致的实施计划，组织精兵强将组成技术保障团队，分步推进、错时部署，做到既顺利实施系统升级，又保证各媒体的出报安全。经过近3个多月的努力，采编客户端全部完成升级工作。

**【文新集团承担市科委资助项目顺利验收】** 2011年，由文新集团新闻信息中心承担的"文字作品互联网传播监测与版权保护关键技术研究"项目，在上海市科学技术委员会主持召开的课题验收会上，得到验收专家的一致好评，并顺利通过验收。该项目开发了文字作品互联网传播监测与版权保护服务系统，对新闻单位的新闻作品进行量化的传播分析，并提供数字版权侵权监控及保全鉴定功能，为著作权利人提供维权渠道和服务，对打击互联网侵权行为提供了依据，为数字出版产业健康和持续的发展保驾护航，将有力促进数字出版产业的发展。

**【文新集团新闻信息服务网改版扩容】** 2011年，文新集团新闻信息服务网完成改版扩容，正式开通。集团新闻信息服务网收录了包括文新集团旗下全部报刊以及国内200多家纸质媒体的电子数据，提供国内主要新闻门户网站的实时分类新闻速览，包括要闻、上海、长三角、国内、国际、财经、证券、房产、汽车、体育、娱乐、科技、健康、教育、社会、评论共16个频道。新闻信息服务网还提供报纸数据库检索、数字报纸浏览、滚动新闻、历年报刊检索、工具书查询、新闻作品传播监测等信息服务，并初步建成广告信息数据库。

**【《上海日报》多渠道增加新媒体产品收益】** 2011年，《上海日报》网站开通了更多的收费渠道和方式，不仅接受PayPal(贝宝)和通过环讯网上支付平台接受国内外信用卡支付，还开通了支付宝付费渠道。同时，网站在分析了后台数据后，于2011年3月推出支付0.99美元购买单页PDF的服务，以增加网站的电子订阅收入。在移动平台上，《上海日报》于2010年上线了iPhone客户端，iPad客户端和黑莓手机客户端。2011年自主研发了面向黑莓平板电脑PlayBook的上海日报客户端，成为中国内地少数几家提交面向PlayBook平台的开发商。同时，借助与加拿大移动开发商PolarMobile现有的合作关系，利用他们的平台生成了《上海日报》的插件，登上了英特尔和诺基亚支持的MeeGo操作系统平台。为了开发移动插件的盈利性，《上海日报》分别为iPhone和iPad的上海日报客户端加入了广告模块，使得通过广告获取收入成为可能。面向海外的数据库销售是上海日报新媒体收入的重要部分。2011年《上海日报》与更多的英语报刊数据库合作。从10月1日起，《上海日报》正式进入总部位于美国佛罗里达州的面向大学和图书馆的NewsBank公司的数据库。该系统的用户可以看到《上海日报》每天更新的新闻内容。另外总部位于英国剑桥市的新闻数据库ProQuest也正在与《上海日报》接洽，进展顺利。2011年9月，《上海日报》开始与车载移动新媒体平台厂商接洽，探索是否有可能将《上海日报》内容投入到某高端品牌的最新车型上。该项目虽然不一定会带来直接的经济收入，但是可能将成为上海日报在高端车载移动信息平台上的突破，让《上海日报》品牌在高端受众人群中进一步加深品牌印象。

**【《上海日报》利用IT技术提升内部管理】** 2011年，《上海日报》建设了新媒体项目管理系统和新闻采访管理系统，并相继投入使用。新媒体项目管理系统(www.projects.shanghaidaily.com)于2011年4月正式上线。该系统能更好地分析新媒体各项目所消耗的人力资源，更精确地获得各个新媒体项目的成本情况，更好地辅助作出经营决策。目前，上海日报新媒体中心的所有员工每天必须根据实际工作情况记录自己的工作时间分配。系统经过近九个月的运行和改进，中心所有员工的工作情况都已经纳入这一系统统计。报社可以方便地获取所有新媒体业务消耗的人力成本，为报社科学地分析各项新媒体业务的盈利情况打下了基础。新闻采访管理系统(www.reporter.shanghaidaily.com)可以提高上海日报稿件的整体质量，共享新闻线索信息，保障信息安全。系统使记者编辑可以在一个安全的，仅面向《上海日报》内部员工的互联网平台上交流新闻线索、提交新闻稿件和照片。该系统还支持将手机短信自动转化为网页可复制的文本，使得记者可以将第一时间快讯发到编辑部，供新媒体平台发稿。新闻采访管理系统极大地推动了跨部门之间的沟通，夜班编辑可以将外国专家修改后的版本给记者过目核对，夜班编辑也可以对当天夜间稿件修改后的总体意见通过这个平台分享给白班编辑，文字记者也可以将即将出席的可能有摄影机会的线索分享给摄影记者。上海日报社还将记者在这一平台上的表现纳入每月考核指标体系，从制度上保障了该系统的推广和应用。

**【新民网加强信息化管理不断完善各频道功能开发】** 2011年，新民网加强信息化管理，根据工作性质进行管理分工明细化。信息化研发组主要负责新民网应用平台的技术研究和开发，运维组主要负责网站的运行维护、网络保障、桌面支持等相关工作。自从设立两个小组以来，工作效率有明显提高。研发组实行岗定责、开发流程化等先进的管理模式，每个项目根据不同的规模程度，分别安排专人负责前端、后端、构架、监督等职能，从而做到责任到人、工作到位，自实施此工作体系以来不管是专题制作、应用开发，还是数据迁移、合作支持均能保质保量地按时完成工作。运维组从世博初始实行7×24小时运维制度，自实施以来新民网的可用性得到了显著的提高，尤其夜间问题能够第一时间快速处理，充分体现了7×24运维的重要性，提升了新民网的整体形象。同时运维组还在逐步测试备机先行的策略，待新民网的域搭建好后，可以实现PC出现问题直接更换主机无需等待，员工可以直接继续工作，提高了工作的连续性，减少等待时间带来的效率下降。

信息化管理的加强，促进了工作效率的提升，新民网在2011年根据需求不断完善上海滩微博、进行上海滩微博平台改版、与珍爱网合作数据对接、上海滩政务平台、上海滩微圈平台、上海滩微圈二期、上海滩微访谈、社区自治及爆料平台、上海滩华政校友录、高中考相关、实时路况天气微博、社区自治等需求的研发工作，开发工作均做到保质保量按时完成，其中搭建的四大平台更是受到集团及各级领导的一致好评。

继2009年、2010年顺利完成高考、中考查分工作，并得到上海教育考试院的认可后，2011年6、7月，新民网继续承担此项工作，并在技术上进一步完善优化，实现了仅用三台服务器就承受住了高考、中考查分的高并发数据查询工作。

**【《东方早报》移动互联网平台全面建成】** 2011年3月，《东方早报》Android客户端正式上线。加上此前上线的《东方早报》iPad和iPhone客户端，《东方早报》基本完成了在移动互联网平台上内容发布的全覆盖。目前《东方早报》iPad用户数量已经达到了15万，iPhone客户端的用户数量为7万，Android客户端的用户数量更是后来居上达到了10万。用户在安卓电子市场里，搜索《东方早报》客户端并下载后，就能迅速体验。《东方早报》Android采用"轻客户端，云计算"模式，整个客户端下载仅192 KB，下载省钱省时间。

（倪竹清）

**【"新闻网站专题页面富媒体信息搜编技术研究及其系统实现"课题】** 2011年5月，上海文汇新民联合报业集团承担的"新闻网站专题页面富媒体信息搜编技术研究及其系统实现"课题通过市科委验收。课题形成了一套基于语义分析及命名实体技术的"新民热点网络信息搜集分类系统"。该系统主要用于监控网络热点事件，辅助互联网新闻工作人员进行专题资讯整合编辑以及快速创建，为新闻工作人员分析新闻事件、编辑策划新闻专题提供了有力的技术支持，提高了新闻编辑的工作效率和实时性。系统实现了对网络新闻信息的整合搜集功能，采集信息源列表数位2 000个，平均采集周期为669秒。实现了命名实体和事件主题的识别功能，处理速度达到每小时处理内容36万篇/小时，系统推荐的专题内容相关准确性达到80%以上。课题的成果能提供更为及时、准确的新闻信息分析，对于实时性要求很高的新闻专题系统来说，这是模式的创新与提升。

（沈蕴婕）

## 上海文广新闻传媒集团

**【上海成为全球IPTV用户规模最大城市】** 在国家广电总局领导的直接关心推动下，中宣部组织《人民日报》、新华社、中央电视台、中央人民广播电台、《光明日报》等多家中央及全国性媒体集中报道了上海广播电视台发展IPTV在用户规模、技术创新等方面形成突破，对上海成为全球单个城市IPTV用户规模最大城市、务实推动中国三网融合进行了重点关注。

《人民日报》1月6日在报道中指出，"上海广播电视台在全国广电行业中最早开始IPTV运营试点，目前已经形成了'广电主导、分工负责、优势互补'的集成播控模式，是值得推广的数字电视'上海模式'。"新华社1月6日的报道强调了IPTV与数字电视的错位竞争、良性互动的局面："几年来，IPTV的发展促进了中国数字电视整体转换过程和NGB建设。目前上海地区拥有超过130万IPTV用户，从单个城市的用户规模看，上海的IPTV用户规模目前居全球第一。"中央电视台《新闻联播》1月6日报道了"上海成为全球单个城市IPTV用户规模最大城市。上海广播电视台建设IPTV集成播控平台，构建了'全程全网、统一管理、统一运营、统一服务'的IPTV运营服务体系，推进了有线电视网、电信网以及计算机互联网三网融合的步伐。"中央人民广播电台《中国之声》栏目1月7日广播报道了"上海IPTV用户突破130万，成为全国IPTV第一城"，报道引用百视通公司负责人对"一云多屏"战略的解读，并录音报道IPTV用户良好的收视体现。中央媒体集中报道IPTV发展引起了社会舆论的普遍关注，搜狐、新浪、网易、腾讯等网络门户当天予以转载，超过50家行业媒体网站、地方门户网站直接转载中央媒体全文，取得了良好的社会反响。

**【新媒体业务借壳上市百视通注入广电信息】** 停牌逾四个月的广电信息于2011年1月11日公布重大资产重组预案，证实东方传媒通过借壳登陆资本市场、百视通注入广电信息的预期。据披露，本次重组交易主要由股份转让、资产出售、现金及发行股份购买资产三项交易组成。东方传媒集团以7.67元/股的价格收购广电信息36.6%股份，总交易价格合计19.9亿元。广电信息则以现金12.23亿元及向东方传媒非公开发行股份，购买东方传媒持有的百视通公司51.78%股权、文广科技100%股权、广电制作100%股权、信投股份21.33%股权。同时，还将向除东方传媒外的同方股份、恒盛嘉业等九家百视通其他股东非公开发行股份，购买其持有的百视通合计48.22%的股权。收购完成后，百视通、文广科技、广电制作将成为广电信息的全资子公司。东方传媒通过本次收购，在直接持有并运营上市公司广电信息的基础上，实施新媒体业务上市。

**【SMG与联想集团谱写新媒体移动互联领域新蓝图】** 2011年3月17日，上海广播电视台、东方传媒集团(SMG)与联想集团移动互联视频服务合资签约仪式在上海举行。双方共同宣布在移动互联视频服务领域达成战略合作，将通过发挥各自在终端产品、云计算、内容资源、市场运营等方面的优势，联手开拓中国移动互联与数字家庭市场。联想(北京)公司与SMG旗下百视通新媒体公司合资成立“上海视云网络科技有限公司”，共同谱写新媒体移动互联领域的全新蓝图，为广大用户提供高互动、高应用的创新体验。此次SMG与联想集团达成的战略合作，将成为中国广电和IT行业合作中的具有里程碑意义的事件。随着中国“三网融合”进程的加快，电视终端呈现出智能化的发展趋势，SMG与联想集团率先在全国合作探索这一具有更大市场空间、富有经济价值的智能媒体形态，体现了双方提升广大人民群众文化生活质量的责任感与使命感，也顺应了党中央关于推进文化产业跨所有制、跨行业发展的战略性要求，对“三网融合”战略的实践起到了重要推动作用。双方将充分发挥各自在内容生产、技术研发、设备生产等方面的综合优势，带动产业链的互补整合，进一步推动内容创新，推进新媒体与智能终端业务创新，为上海产业结构升级和中国广电产业大发展、大繁荣作出更大的贡献。据悉，此次联想集团与SMG旗下百视通新媒体公司成立合资企业，SMG将在视听内容、播控及运营方面为联想集团的终端产品提供强大支撑；而联想集团也将在个人电脑、手机、平板电脑和互联网电视等全方位的终端产品上，展现SMG各项视频服务内容。双方还将在新媒体传播和产品推广方面利用各自的渠道优势，为最终用户打造完整的视听产业链和完美的多屏互动视听体验。

(佟 方)

**【3D版动画大片《大闹天宫》有新创意】** 2011年6月12日，由上海电影集团、上海美术电影制片厂出品的3D版动画片《大闹天宫》在上海举行首次新闻发布会。发布会上，片方率先揭晓了首款由全球最大的影视技术公司特艺集团担纲制作的3D片花和3D海报。诞生于1961—1964年间的原版《大闹天宫》堪称中国动画中的“国宝”，享誉全球。发布会上，首款3D版片花和3D海报揭晓。为了延续影片原汁原味的中国动画风格，3D版还请来了年近古稀、曾担任原版《大闹天宫》原画设计的严定宪和曾参与原版动画创作的林文肖、常光希担任艺术顾问，为孙悟空的“3D行”保驾护航。全新3D版《大闹天宫》保留了中国传统的艺术风格，呈现在观众面前的是一个有“现代中国风”魅力的动画影片。

除了美轮美奂的画面之外，由邱岳峰、毕克、尚华、富润生等上译厂配音表演艺术家组成的配音阵容，也是原版《大闹天宫》一直为人津津乐道的原因之一。而3D版《大闹天宫》的配音阵容同样超豪华，力邀人气与配音实力兼备的明星李扬、周立波等加盟。

(大 路)

**【上影建造沪上首个数字4D影厅 观众踊跃】** 8月中旬，由上海电影集团建造的沪上首个数字4D影厅在上海永华电影城揭幕，正式投入运营。该影厅也是目前上海唯一一个供商业用途的数字4D影厅。开业首周末三天上座率达到95%。首批转制成4D效果的《哈利·波特7(下)》、《蓝精灵》、《变形金刚3》等影片的票房成绩火爆，平均每天上座率达80%。4D电影是在3D电影的基础上增加环境特效、模拟仿真而组成的新型电影产品，它会根据剧情同步设置坐椅转动、刮风、下雨、电闪雷鸣、喷水等动感、味感、肢感20多种颇具实感的特殊效果，带给观众视觉、听觉、触觉、嗅觉等全方位体验。上海永华电影城在影厅里安装了飓风机、喷雾口和频闪灯等设备，用于模拟强风、雨水以及爆炸强光等特效。4D特制坐椅边上还配备有喷气口，可根据场景变化喷出不同气味，一根尼龙材质的小鞭子则能模拟小动物爬行在观众脚踝上的效果。技术部专业人员通过控制软件负责操控专门设计的计算机控制系统，和放映人员密切配合，根据影片的内容，在准确的时间点设定命令，用以控制放映系统、特效坐椅、特效设备、音响系统等的开关，将整个4D影院系统构成一个有机的整体，使不同的影片为观众提供不同的全方位感官体验。所有的设计最后都将由营销部把关，从观众的角度考虑此前的设定是否能和影片融合，用效果促进身临其境。上影正在计划在旗下其他5家永华连锁影院全面推出4D影厅，使观众能有更多机会随时随地观影。

**【电影技术厂积极拓展新业务】**　随着数字电影的高速发展，数字影院也变得越来越普及，其中多厅数字影院占了很大的比例。针对市场需求，上海电影技术厂数字电影服务部在为影院安装和维修数字放映机的工作基础上，研发了“数字电影影院管理系统”。通过大量的实践数据表明，该系统具有高效性，可提高影院的自动化程度，并帮助影院减少人力成本。目前，电影技术厂该项目已在烟台和苏州两家影院完成安装。该项目将在电影技术厂的转型发展过程中发挥重要作用，并成为新的盈利增长点。

（尚　怡）

**【东方明珠数字电视公司打造全国首家中小学未成年人电视网络平台】**　东方明珠数字电视公司业务进一步扩大，成功实施新业务市场的构建，已着手打造全国第一家中小学未成年人电视网络平台。这标志着数字电视的运营将以传统单一化的产品销售，向积极配合政府的社会公益性宣传与业务市场化之经营理念转变，开创后世博时代新媒体运营与发展的崭新模式。如何充分利用新媒体的优势，扩大传播力量，建立适合的媒体业务运营方式，是数字电视公司长期关注与探索的方面。经过积极努力，数字电视公司运用新媒体在未成年人群的传播接受度，成功构建全市1 600个中小学64 000个终端的中小学教育网。

该项目由市精神文明办公室、市教育委员会、市科学委员会、中共上海市科教党委、共青团上海市委共同推进，为进一步贯彻落实上海市中小学生开展思想道德素质和科学人文素质而建设。中小学教育网的成功实施意味着数字电视业务的发展不仅得到市政府众多部门的支持，且标志着数字电视业务取得实质性的突破。项目充分利用和整合新媒体资源，特别是利用数字电视网络等新技术，为上海全市200多万青少年构建了一个绿色健康德育的电视平台。该项目的成功实施，得到市领导的肯定，并指出：要进一步推进该项目，并努力增强实效，力争打造成“未成年人”教育工作中的一个可持续发展的品牌项目。借此中小学教育网的成功构建，不仅开创了数字电视运营发展的新模式，为数字电视乃至新媒体事业的拓展走出一条新的发展道路，也为东方明珠集团新媒体业务的进一步壮大，提供了一个共同探索成长的新契机。此外，数字电视公司在产品技术水平上取得了相应的突破。重新完善了电视棒软件的解决方案，有效地解决了普通用户安装、操作等不便。下一步将锁定学生宿舍及商务办公楼宇等为目标用户，开展系列营销推广活动，并计划开始新一轮尝试性的经营转变，以期获得更大的突破性发展。

**【东方明珠移动电视荣获关爱儿童健康社会公益奖】**
2011年8月，上海东方明珠移动电视获得由上海市儿童健康基金会所颁发的2011年度“关爱儿童健康社会公益奖”。上海市儿童健康基金会对东方明珠移动电视积极履行社会责任、为儿童健康公益慈善事业所作出的突出贡献表示衷心的感谢。为充分发挥政府媒体平台职责，宣传推广儿童健康基金会始终致力于推动全社会关心和支持儿童健康事业发展的宗旨，自2008年6月以来，上海市儿童健康基金会与东方明珠移动电视联合推出的电视专题节目《为了孩子》，在移动电视公交车平台以及东方公众楼宇电视上不间断播出。儿童健康基金会名誉理事长谢丽娟曾多次表示，《为了孩子》栏目的设办和播出，对儿童健康事业乃至儿童慈善事业的发展都有着积极的推动作用。

（方　明）

**【全国首家广电新媒体上市】**　2011年12月29日上午9时30分，上海市委常委、宣传部部长杨振武在上海证券交易所鸣锣开市，原广电信息（600637）名称变更为“百视通”。12月30日，百视通新媒体股份有限公司揭牌仪式在浦东香格里拉酒店隆重举行。杨振武为百视通新媒体股份有限公司揭牌并致辞。百视通上市是上海市宣传系统深入贯彻落实科学发展观，深化文化体制改革的重要成果之一，也是落实国家“三网融合”战略的典型实践，对上海市文化国资经营具有重大意义。希望百视通能以挂牌上市为契机，充分把握国家深化文化体制改革推动社会主义文化大发展大繁荣的历史机遇，进一步推动体制、机制创新和产业发展，壮大产业规模，提高市场竞争力。百视通隶属上海广播电视台、东方传媒集团（SMG）旗下，百视通上市是在国家推进三网融合政策和“十二五”规划中文化产业大发展、大繁荣的背景下完成的国有资产重组的成功案例，其大股东东方传媒集团推动旗下新媒体可经营性资产，即百视通技术100%股权、文广科技100%股权、广电制作100%股权和信投股份21.33%股份，通过资产重组与置换方式借壳上市。整个借壳上市过程从2010年9月开始启动，12月29日正式挂牌上市，前后仅用了一年多的时间。百视通是国内广电最早专业从事IPTV、互联网电视、手机电视、网络视频、移动互联网视频服务等新媒体全业务运营的公司，拥有世界领先的交互电视服务系统集成技术，是目前国内收入与盈利规模最大的广电新媒体企业。其中，IPTV业务发展全球领先，用户规模达1 000万，全球第一，实践性推动中国三网融合进程。百视通上市标志着中国广电新媒体企业牵头整合三网融合产业链，开创了主流广电系统新媒体企业上市先河，被誉为“广电新媒体第一股”，是中国新媒体行业发展史上的里程碑事件，也是中国文化体制改革和三网融合模式探索之路上的成功实践。

（大　路）

## 上海图书馆上海科学技术情报研究所

**【概况】**　2011年是“十二五”的开局之年，上海图书馆上海科技情报研究所（以下简称“馆所”）紧紧围绕“抓创新、强队伍、促转型”的工作主线，探索业务和技术发展模式转型，优化调整信息基础架构；着力打造“上海图书馆移动服务平台”；着力深化“我的图书馆”服务平台和以“上海年华”为特色的数字图书馆建设；积极推进上海公共图情服务体系建设，着力提升中心图书馆“一卡通”服务体系的内涵和质量；着力推进情报知识库建设；继续加固系统网络和安全体系，坚持通过技术创新，引领推动业务发展和流程再造，继续实现新馆开馆以来连续十五年无重大故障的运行纪录，为上海的文化大发展大繁荣和国际文化大都市建设、为上海创建智慧城市做出了应有的贡献。

**【上海图书馆移动服务平台】**　自从2005年推出短信服务，2009年推出手机图书馆网站伊始，馆所即全力拓展“手机图书馆”和移动互联网建设，2011年推出了“我的图书馆”手机订阅服务，继2010年推出基于苹果iOS平台和Android平台的Apps移动客户端之后，继续丰富改进移动客户端的服务内容，深化手机“一卡通”图书馆地图。上海图书馆移动服务平台的各项服务从推出时间、技术含量等方面已居国内前列，为手机用户定制的手机ipac书目检索服务开国内公共图书馆先河，也是国内第一家推出手机电子书服务的图书馆，在全国率先推出专为智能手机定制的“上图手机移动客户端”，是国内最早能同时提供基于短信、手机网站、手机电子书、手机和平板电脑移动客户端等全方位移动服务的图书馆，该平台月均短信量超过6万条，移动客户端下载量突破1万人次，手机图书馆访问量月均突破5万人次，已基本形成较为完善的图书馆移动互联网服务。《城市公共文化移动服务集成平台建设与研究》获得了文化部科技提升计划资助。手机图书馆服务平台也获得了2011年市文广局科技进步一等奖。

**【启动中心图书馆“少儿一卡通”服务】**　作为中心图书馆“一城一网一卡通”的延伸和深化，馆所与上海市少年儿童图书馆合作，融合“多卡多系统”，初步实现全市图书馆的“少儿一卡通”的办证和图书通借通还服务，支持少儿学籍卡（社保卡）办证，全年已开通“少儿一卡通”市、区县分馆和服务点68家，发放少儿新证3万张，新推出“少儿一卡通”图书借阅排行榜。继2010年中心图书馆“一卡通”实现全市街镇图书馆全覆盖之后，2011年继续新增“一卡通”基层服务点12家，新开通现场办证86家，在全市272个“一卡通”分馆服务点中已有198个开通现场办证服务，随办随取，全年新办证量超过12万张（不含上图总馆）。目前全市“一卡通”流通馆藏量超过850万册，全年异地通借通还流通总量超过2 800万册次，同比增长23%，在国内继续保持领先，并已成为全球图书借阅流通量最大的城市图书馆联合体之一。为保持全市272家分馆服务点“一卡通”服务的规范运转，成功推出了中心图书馆知识管理与服务系统，在系统规划、网络设计、方案实施、运行管理、安全监管等方面均实现了可持续运营的目标。同时，馆所也积极推进RFID智能自助图书馆在中心图书馆“一卡通”的应用，市少儿馆、普陀、浦东、陆家嘴、长宁等分馆实现自助外借系统的上线运行和24小时自助图书馆的更新工作，实现RFID系统的互联互通。

**【“我的图书馆”服务平台建设】**　通过构建读者统一认证平台建设推进“我的图书馆”服务平台的资源整合与服务整合，完成网络服务向数字化一站式服务升级转型，新增外借历史记录功能，“我的电子书”继续增加正版数字阅读服务，与豆瓣网开展书目检索、书评、封面、全市一卡通馆藏借阅导引等合作，系统便捷高效，服务平台已覆盖馆所和中心图书馆“一卡通”主要读者群，全年登录“我的图书馆”读者超过78万人次，各类服务短信发送月均超过6万，E-mail月均发送12万封。通过读者统一认证、上网行为管理和安全监管系统等的综合运用，积极开放馆域无线网的免费上网服务，覆盖馆所主要读者阅览、外借、目录大厅、咖啡休闲区、会议展览区域，使阅览区利用率大幅度提高，全年为3万多人次读者提供了无线上网服务，受到读者普遍欢迎。

**【"全国文化信息资源共享工程"建设】** 根据年度计划对全市的文化共享工程基层点提供技术支持和保障工作，对107家共享工程基层点进行了307次数据更新和维护，对所有的基层点进行了新版本的安装和配置，安装和维护数据量达到3.2 TB。先后对全市18个区县支中心开展了县级数字图书馆业务培训和业务技术培训，共计120人次，制作培训教材4套。年内共享工程上海分中心主站"上海数字文化网"在全市街道、乡镇基层点开展全面部署工作，数字文化网免费视频资源总量达到5 503部(集)，607 GB，联合共享工程各区县支中心和基层点组织了视听展播、农民工专题资源并举行了"文化年货带回家"活动。2011年上海数字文化网访问量逾138万人次，同比增长8%。通过市电子政务外网从国家中心下载视频资源500 GB，接收DVD光盘211张，为海军上海基地提供40 GB的视频资源，共享工程各类数字资源总量超过15 TB。上缴国家中心2011年讲座视频资源49个，3 453分钟。全年新增"上图讲座"视频77个，网上讲座总量扩大为705个，超过1 115小时。

**【基本建成文献提供服务系统】** 与上海市促进中小企业发展协调办公室合作成功推出"创之源"中小企业服务网新版，完成"创之源"信息推送及科技动态信息栏目建设，积极开展"嵌入式"互动服务和原文传递服务。成功推出2011竞争情报上海论坛会议网站和"上图杯"搜索大赛网站并在行业内推广共享，取得较好的行业反响。进一步加强情报服务平台的互动性和安全性，为人大、政协"两会"提供信息服务和技术支持，两会现场信息服务系统、交互式大屏系统开通，网络在线服务和现场办证服务顺畅运行。面向企事业单位和研究机构服务的文献提供服务系统和馆际互借系统基本建成，通过文献资源请求、一站式搜索、原文传递、馆际互借、用户管理和电子结算实现文献提供和馆际互借服务的全程数字化管理。通过与高校图书馆联盟合作，外文文献馆际互借量大幅度提升，全年馆际互借量达到4 965篇/册，年文献提供和馆际互借服务量同比增长15%和50%。

**【启动数字资源长期保存工作】** 大力推进"一键通"电子资源跨库检索平台建设，历史文献数字资源统一检索平台已拥有元数据279万条，7个全文影像数据库，全文近4 000万页，全年全文浏览量253万页，打印4 490册，自建资源的数字化服务已渐趋成熟。持续推进"上海年华"数字资源品牌建设，推出"辛亥革命在上海"多媒体网站，受到社会关注。继续扩展自建数字资源的规模，全年新增民国图书全文202万页、家谱全文90万页、抄本30万页，民国期刊全文780万篇，历史文献数字图书馆新增全文入库量同比增长150%，自建数字资源总量超过90 TB。全年外购电子资源的更新量逾5.6 TB，新增电子期刊和学位论文760余万篇、电子图书近10万册，电子资源总量达到30 TB。年内完成了数字资源长期保存系统建设并启动运行，数字资源长期保存工作纳入制度化、规范化的轨道，各类自建数字资源保存量达130 TB。

**【全国首家无障碍数字图书馆启动运行】** 馆所联合上海市残疾人联合会在市经济和信息化委员会的支持下，共同推出了全国首家无障碍数字图书馆(http://dlpwd.library.sh.cn)，主要面向视障人士中的全盲人士、低视力、色盲、色弱和光泽性过敏人士、聋哑人群、行动障碍人群和老年人提供无障碍网站、有声电子书和数字化讲座服务，从而消除残障人士和老年人获取信息的障碍。试运行期间已向全市所有注册读者和2 000多名残障人士免费提供300种无障碍电子书、620部无障碍数字化讲座和无障碍网站等服务，电子书的查询、预览、语音导航、内容跟随朗读实现全程无障碍阅读，同时上海图书馆主门户网站也实施了无障碍改造，提供有声网页播放和无障碍浏览辅助工具，残障人士和老年人可以足不出户"借"上海图书馆的书，视力不好可以在线"听"上海图书馆的书。

**【"三免服务"和外借提速】** 为响应文化部、财政部《关于推进全国美术馆公共图书馆文化馆(站)免费开放工作的意见》的要求，馆所在普通外借和"一卡通"全免费的基础上，对参考外借、参考阅览功能免除年度注册费，实行所有办证借阅的"三免"服务，将参考阅览、普通阅览和临时阅览"三证合一"实行统一的阅览证，将普通外借最大外借册数提至6册，获得社会好评和同行的关注。为此，信息系统进行了大规模调整和更新，为所有注册读者提供到馆和网上的最新服务。

**【RFID智能图书馆系统顺畅运行】** 随着RFID电子

标签和物联网技术的深入运用，馆所开架外借区域已经全面应用RFID电子标签进行图书定位、自助借还、馆藏追踪和管理等无人值守的全程“自助化”服务，RFID智能图书馆系统运行已日趋成熟稳定，全年读者自助借还流通量达到331万册次，平均9 000册次/天，已在全国图书馆界居于领先地位，在市民读者和全国图书馆界产生了较大的影响力。同时该系统采用兼容ISO国际标准和文化部RFID射频识别数据模型标准，软件提供SIP2标准接口，实现RFID应用的标准化、开放性和跨平台应用，能够兼容不同厂商的RFID软硬件设备和电子标签，并实现RFID标签和条码双重识别兼容模式，既有利于读者自助借还和馆藏管理，同时也有利于中心图书馆“一卡通”各分馆服务点由条码向RFID升级换代的平滑过渡。

**【主门户网站完成升级改造】** 年内新增主门户网站俄文版，成为国内首家同时拥有中、英、日、俄四个语种和简、繁体同步更新的多元化国际化的图书馆网站，全年网站群访问量超过4 600万人次，网站荣获上海市第五届优秀网站“提名网站”，并且获得视听许可证。馆所多媒体导读系统更新推出英文、日文版导读触控大屏版，形成多语种的图书馆导读服务。

**【顺利完成新技术体验中心改造】** 年内顺利完成新技术体验中心的改造，空间布局和读者体验大幅度提高，提供电子书、台式电脑、平板电脑、手机等多终端的数字阅读和WiFi上网环境，可供外借的电子书终端有6种型号共300台。同时提供面向大众的中文电子书20万种，电子期刊8 000种，电子报纸300种的数字阅读服务，受到读者普遍欢迎，初步形成电子书产业、信息技术（数字资源版权管理）与读者互动的数字阅读新技术展示基地，努力为公众提供更现代化的阅读环境，数字阅读基地建设初见成效。

**【引入云计算理念和虚拟化技术，巩固信息网络安全体系】** 全面引入云计算数据中心管理模式，形成26台宿主服务器、60台虚拟机组成的虚拟机机群和云存储支撑平台，大幅度提高信息系统快速部署、迁移、响应、系统集群和双机热备的效率和灵活性。信息基础设施和网络安全体系平稳有序运行，完成各类网络增能改造。配合有关部门进行网站域名实名制清查和登记，完成电子邮件系统调整和安全加固工作，完善WebMail移动电子邮件系统。充分利用馆所高效的安全管理工作网络，协调进行了计算机信息系统保密专项抽查，组织馆所保密技术防范专项培训。按照安全测评规范进行系统整改，加强集中备份系统和近线、离线存储系统的数据安全管理工作，增强系统可靠性和抗风险能力。围绕建党九十周年，完成了馆所党建网、党务公开网的建设。积极跟踪研究国内外数字图书馆和信息技术相关标准规范，如RFID数据模型、RDA（远程数据访问Remote Data Access，简称RDA）、Linked Data（关联数据）、移动互联网标准规范HTML5和CSS3（层叠样式表Cascading Style Sheet，简称CSS）、电子书标准EPUB3和OPDS（开放式出版发布系统Open Publication Distribution System，简称OPDS）等，探索图书馆2.0理念和技术的应用。认真做好馆所“十二五”信息化发展规划和实施计划的制订工作，继续保持新馆开馆以来连续15年无重大故障的运行纪录。

**【完成办公自动化系统的升级改造，提高科学管理水平】** 年内对OA办公自动化系统进行了升级改造，新增招投标管理、国资管理、合同管理模块，使管理工作更加透明、科学、规范、有序。系统提供短信和电子邮件提醒功能，业务统计模块增加了“我的图书馆”、“数字资源”、“移动服务”、“分馆服务点办证流通”等业务统计报表。向国家版权局申请了“图睿预算资金监管系统软件”的软件著作权并在工商总局注册了“图睿”商标，积极将管理信息化推向深入。

（徐　强）

## 上海博物馆

**【概况】** 2011年是上海博物馆（以下简称“上博”）信息化工作平稳发展的一年。在馆领导的高度重视和有力领导下，信息中心根据年初制订的工作目标，以应用建设为核心，推进各项工作稳步发展，保证博物馆的信息化整体水平在原有基础上有一定的提高。在2011年，上博信息化所做的主要工作有：完成藏品数据库的升级改造工程，强化了上博信息化核心资源的性能，同时扩大藏品数据库外延，开始建设古籍数据库；上博网站再次改版，再辟博物馆网上服务新天地。

**【完成藏品数据库升级改造工程】** 上博藏品数据库是上博信息化资源的核心。本次升级改建将原来使用的老旧的Infomix数据库准确、完整地移植到新的Oracle数据库平台上上，在此基础上，根据目前的业务要求在数据录入、检索、统计和导出等方面新增了一系列模块应用功能，有效提高了应用性能；升级改造后的藏品系统支持多种类型的图片格式，设计图片对比和文物比对功能，使得数据展示效果更加鲜明，以便提高系统可用性和易用性。目前整个升级改建工程的都已完成，新的数据库上线安全运行，受到各相关业务部门一致认可。2011年度上博藏品信息管理系统还新增了6 139件/套藏品的数据。

**【上博网站再次改版】** 上博网站自开办以来已经走过近10个年头，根据上博信息化的要求和社会对上博网站的情况反馈，有必要对上博网站进行一次升级改建。因此信息中心2011年开始了新一轮的网站改版工作。此次升级改建主要通过整合现有网站栏目，分类合并，做到栏目设置层次清晰、合理，提高访问者的操作便捷度。同时，拓展服务功能，新增网上展览、学术园地等栏目，提高网站的交互性，还在英文版中增加了文博快讯、资源下载等栏目，由此完善对外传播、展示等功能。为保证网站效率得到改善，此次改建还在管理上做了改进：在后台数据库方面进行了重新设计，增加了网站维护的易用性；同时还在管理人员的职责分工方面做了进一步的明确，以便于在网站内容维护方面有更好的表现。目前新版已经完成并投入运营，受到了广大网友的欢迎。

**【信息安全促网络畅通】** 在配合宣传部对网络安全进行测试评估的基础上，2011年信息中心加强了博物馆的信息安全测评管理工作：一方面落实了信息安全等级保护制度，并将测评工作纳入博物馆信息化项目建设和管理的重要环节。同时为保证网路顺畅，信息中心还进行外网交换机设备整体升级工作。上博外网系统主要负责提供上博对外Web发布服务和向博物馆内部各部门科室提供Internet信息浏览交互服务。为使上博外网系统在技术上继续保持着领先与先进性，为信息化系统的更进一步推广和扩展打下坚实的基础。2011年信息中心开始进行外网交换机的更新，配合上网行为管理软件的应用，解决外网浏览速度慢、IP地址冲突等影响外网应用发挥作用的现象，目前该项工作已经完成，取得了良好的效果。

**【建设党务公开数据库】** 为进一步推动上博的党务公开工作，信息中心2011年下半年联手上博党委办公室开始进行上博党务公开管理信息系统建设的建设工作。上博党务公开管理信息系统的建设以进一步规范上博党务公开信息管理，提高工作效率为原则，以“方便、快捷、透明”为服务宗旨，实现党务信息公开、共享的工作机制。根据建设方案，建成后的系统将以先进成熟的数字化技术为主要手段，使之成为又一个覆盖博物馆各主要部门的数据信息网络。此系统的建成，将实现党务公开工作的网络化、数字化和智能化，进一步提高党务公开工作中数据处理的准确性、及时性，全面提高工作效率。该项工程在2012年5月前已完成。

**【推进古籍数字化工程】** 上博现有古籍文献三万余册(件)，其中善本古籍文献近两千种一万余册(件)，在国内学术界深具影响。为了落实国家关于进一步加强古籍保护和利用工作的要求，改善典藏环境，避免纸本图籍因经常性的使用而损毁。信息中心和图书资料室从2011年开始着手进行上博古籍数字化工程的筹备工作。该项工程也被列入馆“十二五”规划的重点项目之中。该项工程已完成了需求的调研，形成了完整的方案，并以相关的规定完成了招投标的程序，确定了合作的厂商。

**【配合陈列，加强多媒体展示效果】** 目前，上博的各个陈列室改建正在有计划地逐步推进。在这一过程中，有一个显著的亮点就是展示中多媒体的运用。2011年这一工作主要在玉器馆和少数民族工艺馆中展开，信息中心与专业部门密切配合，制作了多个与陈列相关的多媒体节目并进行了相应的展示布置，开馆后效果良好，受到了观众的欢迎。

（刘　健）

## 上海科技馆

**【统一信息平台项目】** 统一信息平台是上海科技馆的重大信息化项目，项目始于2010年，其功能包括办公系统和业务系统两部分。办公系统包括邮件信箱、信息发布、公文管理、会议管理、请假管理、共享日历、文档中心、短信中心等；业务系统包括预算管理、合同管理、库存管理和项目管理。此外，系统还提供了外部系统接口标准，目前集成了考勤查询、数字期刊图书、多媒体库等系统。该平台各模块于2011年陆续投入应用，目前运行正常。统一信息平台的推广使用极大提高了上海科技馆办公和业务效率，提升了信息化水平。

（顾秋凡）

**【网络升级改造】** 上海科技馆网络系统建成于2000年，原系统核心交换机为单核心，存在单点故障的隐患。楼层交换机也已使用超过十年，存在故障率升高等问题。为了满足日益增长的网络需求，提高核心设备的安全等级，科技馆于2011年实施了网络系统升级改造项目，本年度完成了1台路由器、2台核心交换机、20台24口交换机、8台48口交换机、1台网络入侵检测和1台网络防火墙的更新改造，实现了网络冗余，提高了网络运行的可靠性。

**【数字期刊图书项目】** 为配合馆创建学习型组织、积极营造浓厚的学习氛围，在完成对数字期刊图书市场的调研工作后，2011年上海科技馆引进了超星数字图书馆与读秀中文检索平台，并将其集成到了馆统一信息平台。目前平台可查阅中文图书22个大类，包含经典理论、社会科学、天文地理科学、工业技术等130万册图书，年更新量达10万种，最新的期刊学术论文资料等也可在读秀平台中获取，极大地方便了员工浏览学习和资料查阅。

**【实现科技馆公共区域无线网络全覆盖】** 2010年上海科技馆搭建了无线网络，开通了游客服务中心的免费无线上网功能。无线网络的开通，不仅为游客提供了上网便利，也推动了网上办公和各项业务开展，提高了工作效率。2011年上海科技馆对无线网络做了进一步完善和扩展，解决了无线网络参数不稳定等问题，实现了科技馆公共区域无线网络的全覆盖和WiFi免费上网。

（曹　敏）

# 三、医疗卫生领域信息化建设

**【概况】** 2011年是上海卫生信息化发展的重要一年。作为上海医改的五大重点工作之一，上海正在建设基于居民电子健康档案的卫生信息化项目，即健康信息网。其总体目标是：以市民健康管理为核心，实现人人享有电子健康档案，使市民、家庭医生、社区卫生服务中心、医院和公共卫生机构有效共享利用健康信息，为市民开展自我健康管理，享有方便、高效、优质的医疗卫生服务提供信息支撑。同时，在医院信息化方面，工作遵循"电子病历功能规范—电子病历实施细则—电子病历分级与评估"这一条管理主线，标准先行、强化实施，与监督考核相结合，从而对本市电子病历试点工作有显著的指导意义。

**【市区两级数据共享和交换平台】** 整合现有卫生系统内的各种信息平台，构建市区两级数据共享交换平台。平台架构为1＋19，即市级平台、医联平台和18个区县平台。其中，市级平台为全市范围跨区县、跨医疗卫生机构的健康信息共享协同提供交换服务和支撑服务，区县平台为区县内部以及与本区县以外的机构之间的数据共享交换提供支撑服务。即任何一位在市内联网医疗机构就诊过的患者的医疗信息（如电子病历、化验、影像数据等）可以被任何一家联网医院的医务人员在业务规范制约下进行调阅，通过掌握既往病史，既提高了诊治水平，减少医疗差错，又避免不必要的重复检查，实实在在地减少了医疗费用。

**【建设统一标准的市民电子健康档案】** 按照卫生部健康档案基本架构与数据标准。结合上海实际情况，确定的健康档案信息内容包括个人基本信息、健康摘要、疾病目录和主要卫生服务记录，是从居民个人一生中所发生的重要卫生事件的详细记录中动态抽取的重要信息，如儿童保健、妇女保健、疾病预防、疾病管理和医疗服务信息等。电子健康档案覆盖的人群为上海常住居民，同时为到上海就诊的外地患者建立电子医疗服务记录。实现电子健康档案"记录一生、管理一生、服务一生"的目标。

**【健康信息网】** 以政务外网为依托，建立覆盖全市各级各类公立医疗卫生机构的健康信息网。该网连通的信息系统包括医疗服务相关的HIS（医院信息系统Hospital Information System，简称HIS）、CIS（临床信息系统Clinical Information System，简称CIS）和LIS（实验室信息管理系统Laboratory Information Management System，简称LIS）以及公共卫生服务相关的传染病报告、肿瘤报告、儿保、妇保、计划免疫、慢性病管理系统等。网络总体存储架构采用分布与集中相结合的方式，市级数据中心和各分中心之间按统一的规范进行实时或定时的数据交换，保证数据的一致性。

**【实现六大类业务应用功能】**

（1）为市民提供网上健康档案、检验检查报告查询、网上预约、健康管理咨询等服务。值得一提的是网上预约已在全市医疗机构全面推开，市级医疗机构已经全部启动了网上预约挂号，受到了广大病人的好评。

（2）实现医疗机构之间的健康信息交换共享。各医疗机构之间信息交换包括同级医疗机构横向之间的信息交换共享与不同级别医疗机构纵向信息交换共享。医务人员在业务规范制约下通过医生工作站进行调阅，掌握既往病史，提高诊治水平，减少医疗差错。

（3）实现慢性病患者的全程管理。

（4）建设一批重大的医疗相关的医疗信息化知识库，实现重复检验检查和用药智能提醒等功能，为提高医疗服务质量打下了扎实的一步。

（5）积极发展远程医疗，实现医疗机构之间的院际协同医疗，实现三级医院对郊区和社区医疗机构的远程医疗咨询服务，并且为医疗支边支疆做出适合上海地位的积极贡献。

（6）支撑医疗改革。为区域医疗联合体和家庭医生制度的运作以及基本用药的使用分析和监管提供平台支撑和信息服务。

**【完善各项电子病历试点工作】** 2011年，电子病历工作遵循"电子病历功能规范—电子病历实施细则—电子病历分级与评估"这一条管理主线，标准先行、强化实施，与监督考核相结合，主要完成了以下几项工作：

（1）按照《电子病历基本规范（试行）》（卫医政发〔2010〕24号）、《电子病历基本架构与数据标准（试行）》（卫办发〔2009〕130号）、《电子病历系统功能规范（试行）》和《卫生系统电子认证服务规范（试行）》等文件要求，布置相关试点工作。

（2）印发《上海市电子病历试点工作方案》。

（3）调研本市电子病历应用现状，形成《上海市电子病历应用技术功能规范》(2011版)。

（4）根据卫生部《电子病历系统功能规范（试行）》，组织制定了《上海市电子病历应用功能规范实施细则（试行）》和《上海市医院信息系统电子认证技术应用功能规范（试行）》。

（5）在卫生部《电子病历系统功能应用水平分级评价方法及标准》的基础上，制定《上海市电子病历应用水平分级评价方法及标准》，既与卫生部分级标准兼容，又能体现上海电子病历应用的实际情况，起到监督和评估的作用。

（卫生局）

**【网络互联互通】** 11家扩建市级医院已接入市健康网网络平台，实现34家三级医院网络端与市级平台的互联互通，目前网络系统处于平稳运行中。

**信息共享** （1）实施自费患者医联卡就医制度：统一34家三级医院的自费卡编码，统一加挂医联标志，统一联网注册，实现一家医院办卡，联网医院通用。2011年6月该卡已在34家医院通行使用，从而方便了患者就医，提高了医院服务效率，减轻了患者费用负担，促进了患者诊疗信息共享。截至2011年8月底，11家扩建医院发放医联卡53万余张，目前34家医院累计发放医联卡777万余张，跨院使用量为5万余次。

（2）跨院诊疗信息共享调阅：临床信息跨医院实时共享，医生掌握患者信息更加方便及时，有利于快速准确诊断，减少医疗差错。11家扩建三级医院按照医联系统调阅接口规范，改造相关医院门诊及住院医生工作站，实现对就诊患者的跨院诊疗信息，包括患者基本信息、处方、检验检查报告、影像、病案首页、出院小结的共享调阅，在医生工作站实现的实时调阅，调阅速度在5秒以内。截至2011年8月底，实现了跨34家医院的2 768多万人的个人诊疗档案库、就诊记录达1.15亿余条、处方数达5.5亿余条、检验检查报告达4 570万余条、影像资料1.7亿幅，建立了国内最大的患者电子诊疗档案数据库。目前每月平均跨院诊疗信息调阅查询次数为2.5万余次。

（3）网上查询化验报告：为切实减少老百姓为取检验报告往返奔波之苦，方便老百姓看病就医，医联网为广大患者提供了网上查询检查报告和诊疗信息的服务。患者在34家市级医院所做血糖、血脂、肝肾功能等600余项检验项目，均可以通过登录医联网直接查询。同时，本市患者还可通过市民信箱的订制服务，获得医联网主动推送检验报告的服务。每月通过医联外网查询检验报告有约5 500人次，其中有近四成的查询者是外地患者；本市患者通过市民信箱推送获悉的检验报告每月约5 400份。

**智能提示** 跨院近期同类诊疗信息智能提醒，规范检验检查和药品代码，改造有关医院门诊与住院医生工作站，实现跨院近期用药、检验、检查等信息提醒。2011年6月在34家三级医院全面开展了基于个人诊疗档案的近期同类诊疗信息提醒系统，截至2011年8月底，对约20万就诊人群提示了重复警示信息，警示条目约58万条，重复用药警示率达到51%，重复检验警示率达到75%，重复检查的警示率达到38%；医生遵从率为21%，共计节约了药物及检验检查费用约580万元。

**统计分析** 2011年9月初，市级平台将整合34家三级医院的上传数据纳入到现有统计分析平台中，对所有上传医疗机构的医疗资源配置和业务运行进行实时分析，供卫生主管部门及有关医院管理决策。目前医联系统中业务统计分析系统的使用总次数为 1.3 万余次。

**【便民服务】** (1) 统一预约诊疗服务：集约化的统一预约诊疗服务是根据医改要求，面向全国患者、覆盖上海所有医疗机构的公益、免费预约挂号服务。建设从单纯预约挂号到向患者提供全过程诊疗服务过渡，避免单家医院低效率以及重复投资建设。现已依托医联网站、95169 电话服务平台逐步推出全市统一的三级医院预约服务，在推行过程中不断完善和推进预约服务。目前 22 家市级医院已上线运行了医联预约系统，2011 年 9 月底即将全面覆盖 34 家市级医院。医联网提供 22 家市级医院所有专家的 50％号源，专家人数达到 3 325 人，已预约排班量达到 10 万余次，在医联网上已实现预约量为 1.5 万人次。

(2) 门诊一站式付费服务：在市级医院推行门诊一站式付费服务，以优化就医流程和创新信息化技术为抓手，提升医院管理水平，减少患者排队次数，减少等候时间，改善患者就医感受。于 6 月份召开预约诊疗和门诊一站式付费现场交流会，分享试点医院的成果和经验。截至 2011 年 8 月底，在瑞金和中医的试点实施基础上，已实现了市一、新华等 14 家医院"门诊一站式付费"服务的实施运行。据统计，门诊一站式付费的日最高使用率为 33.5％左右。目前在推动市级医院与银联合作，探索全市市级医院门诊一站式付费一卡通，实现跨院结算，简化就诊流程，方便患者。

(沈蕴婕)

# 第三章 社区信息化

## 概 述

2011年，社区信息化建设充分发挥信息化在社区"三个中心"建设中的支撑作用，全市社区信息化应用不断深化，对社区服务与管理的促进作用日渐明显。社区文化活动中心中央信息管理系统建设正式启动。上海社区热线962200全年接听市民来电40多万个，在新浪网开通了"962200上海社区热线"微博，设立"962200热线小管家"、"962200志愿集结号"、"962200公益引擎"、"962200社区传真机"四大板块；上海社区服务网更新公共服务设施信息9 000余条、居委会概况信息2 900多条、"一门式"服务指南1.5万条，发布动态信息7.1万条。浦东新区在金桥镇、潍坊街道等5个区域开展智慧社区首批试点，在金桥碧云国际社区以安防监控和家庭智能医疗服务为突破口，着力优化社区管理和公共服务。长宁区通过在社区事务受理服务中心整合各业务条线专网，安装统一办事软件，支撑社区事务一口受理，沉淀各类办事数据，开展社区应用；通过构建与市里对接的区实有人口数据库，支撑信息采集，实现"两个实有"全覆盖和人口专业信息按权限共享；通过开发办公平台社区版，实现区、街、居三级统一平台。虹口区依托区门户网站、区行政事务受理中心、社区事务受理服务中心、呼叫中心等渠道，完善区行政事务综合管理平台，推进全区行政事务"一口受理"。

（陈可乐）

## 一、社区管理信息化

**【社区文化活动中心中央信息管理系统建设正式启动】** 社区文化活动中心中央信息管理系统的建设旨在实现对公共文化设施管理方式上的突破，是从传统管理方式向数字化、信息化管理的一种探索和跨越。该系统是上海市社区文化活动中心连锁管理的中央信息平台，既是一套适用于加强中心内部管理以及分析中心使用、服务情况的网络管理系统，又是一个集数据采集、汇总、分析功能于一体的数据集成平台。2011年，该系统通过政府公开招标已确定了项目供应商，并完成了社区文化活动中心管理信息系统与数据支持及综合分析系统的研发，还实现了活动中心日常业务管理与统计功能，最终已完成了50家文化活动中心的日常业务管理系统上线工作。整体项目建成后，社区文化活动中心中央信息管理系统可支撑200家以上基层公共文化服务设施日常业务的信息化管理；网络化数据汇总机制可实现数据实时汇总，生成各类综合报表，并通过权限管理体系对各级管理人员实现灵活授权，提供决策支持；实名制会员管理系统可满足会员用户的信息管理需要，并提供用户卡管理、积分管理、用户行为管理以及活动人群特征分析功能；互联网服务平台以集中式的门户网站形式，支持个性化展示、信息发布及在线交流的需求。

**【上海市社区文化指导员实现数字化派送】** 上海东方社区文化艺术指导中心建立了上海市社区文化指导员数字化派送系统，通过指导员派送分级化管理、用户管理、开发建立网上预约短信平台，已建成网络数字平台交互对接与文化艺术指导员实体派送的叠加式服务系统。派送系统已经配备了线下专兼职社区文化艺术指导员2 390名，覆盖了上海市17个区县已建成的近200家社区文化中心，近四年来，通过市、区两级配送，全市社区基层接受实体派送辅导人次近155万。2011年全年，网站访问综合浏览量281 388人次，共处理社区文化活动中心指导员预约单622个，大大提高了工作效率，并荣获了上海市文广影视局的科技进步一等奖。

（孙晨晔）

# 二、社区公共服务信息化

## 社区信息服务系统建设

根据社区服务网的要求及“962200直通车”的需要，继续对上海社区服务网（www.88547.com）的信息内容进行调整充实，改进服务分类和数据库结构，对采集的各类信息进行深度加工，针对居民的需求特点科学归类，进一步满足居民对社区服务信息的查询需要。同时还配合热线“空中一门式”的开通，完善了后台知识库，连通了“一门式”信息系统，可以面向市民、社区居村委会和热线工作人员提供丰富的社区公共服务设施、“一门式”政务服务和生活服务等信息。目前社区服务网络平台已形成社区志愿服务网、社区公益招投标网与社区服务主网站信息共享、互为补充、各有侧重的架构。在社区服务网中，将社区公共服务和生活服务信息以电子地图的形式直观呈现，体现出多图层组合、多类别查询、地理半径限定的便捷特点，方便居民快速查找。上海社区服务网现有社区地图、社区新闻、社区文摘、服务单位、居委之窗、安康通、生活百事、区县通道等板块。上海公益招投网现开设招投指南、公告、项目、信息、组织、智库及管理等栏目；上海社区志愿服务网整合了社区志愿者注册、项目发布、招募、评估等功能，为社区志愿服务和活动提供了枢纽平台。

## 社区服务平台建设

为确保34类公共服务设施及其项目信息的准确和完整，组织了各区县对公共服务设施信息进行了大范围更新，目前公共服务设施信息已更新9 000余条，居委会概况已更新2 900多个，“一门式”服务指南更新15 000多条，动态信息发布71 000多条。

（方廉忞）

# 第六编

# 信息安全

# 综 述

按照上海市委、市政府的有关工作部署，在各级领导的关心支持和有关单位的努力下，2011 年信息安全工作以建党九十周年和第 14 届国际泳联世界锦标赛信息安全保障工作为重点，落实了“十二五”规划编制、重要信息系统安全监管、重要基础设施建设、网络信任体系完善等一系列工作，并积极配合做好智慧城市建设等重点工作。全年本市信息安全态势平稳可控，未发生一起重大信息安全事故。

随着智慧城市建设的不断推进，信息安全保障工作已与城市正常运转密不可分，成为保障经济又好又快发展、服务产业结构调整升级的重要方面。2011 年，《上海市信息安全保障“十二五”规划》制订工作顺利开展，进一步强调了信息安全要与信息化同步规划、同步建设、同步落实，化解信息化推进过程中的“双刃剑”效应。在智慧城市建设进程中，提出要始终加强信息安全基础性工作推进，着重加强信息安全基础建设、监管服务和产业支撑，努力实现信息安全工作的总体可控。

信息安全协调管理机制不断完善，上海市网络与信息安全协调小组办公室（以下简称“市网安办”）协调公安、保密、密码、信息化等主管部门，在各行业主管部门的配合下，有效开展了等级保护、应急演练、保密和密码管理等具体工作。（1）信息系统信息安全等级保护工作不断深化，完成了本市重要信息系统的定级备案和调整工作，落实三级和三级以上重要信息系统安全测评及整改；（2）政府信息系统安全检查工作有序推进，成为制度化、常态化的一项工作；（3）信息安全监测预警和应急处置工作深化落实，积极推进相关基础设施的建设和协调；（4）密码管理、信息安全保密工作也得到了进一步落实，全市未发生重大失泄密事件，长三角地区证书互联互通工作也得到进一步发展。

协调做好建党九十周年信息安全保障工作，向全市信息安全重点单位发布通知，落实安全保障责任，开展信息安全自查；协调公安、保密等相关职能部门以及行业主管部门，对 5 家单位开展了督促检查，对 10 家网站进行了远程检测。积极参与国际泳联世界锦标赛信息安全保障工作，要求世游会组委会落实信息安全保障措施，并对官方网站、票务网等 4 个相关在线系统开展远程检测并督促整改。

本市信息安全产业呈现出良性发展格局，并为全市信息安全保障工作发挥了重要作用。国家信息安全成果产业化（东部）基地入驻的企事业单位规模、能力得到进一步提高，产业带动集聚和区域辐射效应进一步加大。同时，本市成功举办第一届信息安全活动周，市民信息安全意识得到进一步提高。

（吴 昊）

# 第一章 信息安全管理

## 概 述

按照国家对信息安全保障工作的总体部署，在市委、市政府的领导下，市网安办组织协调本市公安、保密、密码、信息化、通信管理等部门密切协同、有效配合，推动了本市信息安全保障体系的建设，强化了对世博会信息安全保障工作的针对性部署和落实。按照副市长艾宝俊在2011年全市信息安全保障工作会议上的讲话精神，全市信息安全工作者全力以赴，为“十二五”开好局、起好步，抓好“十二五”信息安全规划、智慧城市信息安全保障等重点工作落实，在确保世博会信息安全的同时，完成了既定工作目标，保持了本市基础网络和重要信息系统的安全稳定运行，确保本市全年未发生重大信息安全事故。

（吴 昊）

## 一、组织建设

### 体制机制建设

上海市网络与信息安全协调小组(以下简称“市网安小组”)作为全市信息安全保障工作的决策协调机构，在上海市国民经济和社会信息化领导小组的统一部署和领导下，对全市信息安全相关机构的设置、安全管理制度的建立、跨部门专项任务的部署以及信息安全重大项目的投资等方面发挥了领导决策作用，综合协调本市信息安全保障工作。市网安小组下设办公室，作为市网安小组的常设办事机构，设在市经济信息化委，具体承担全市信息安全的组织协调和管理工作，以及市网安小组交办的各项任务。

2011年，市委、市政府按照国家关于互联网信息内容管理工作的部署，调整成立了市互联网信息工作领导小组及其办公室，负责互联网信息内容的安全工作。各信息安全相关部门在网安、网宣两个平台协同管理的基础上密切协作，落实信息安全责任制，完善日常信息安全监管工作，有效实施本市信息安全各项工作。

### 功能性机构建设

**【上海市电子商务密钥管理中心】** 隶属于上海市国家密码管理委员会办公室，其主要职责是配合上海市数字证书认证中心有限公司工作，在政务外网、电子商务等网络服务中为用户提供密钥和加密技术，保证重要信息的安全。

**【上海市数字证书认证中心有限公司】** 按照政府指导、市场化运作的方式成立的第三方电子认证服务机构，主要负责构建全市性的数字证书认证服务平台，向政府、企事业单位和市民提供数字证书认证服务，推广数字证书应用，为构建统一的网络信任体系发挥基础性作用。

**【上海市信息安全测评认证中心】** 隶属于市经济信息化委，主要业务包括信息安全产品测评、信息系统(网络)测评、计算机信息系统集成企业资质(三、四级)认证、信息系统安全方案评审和提供相关技术支持、咨询服务、技术开发和测试实验环境等。

**【上海市网络与信息安全应急管理事务中心】** 由原上海市计算机病毒防范服务中心调整成立，隶属于市经济信息化委，2011年正式获市编办批复成立。主要职责包括组织开展信息安全和计算机病毒防范服务工作、信息安全和计算机病毒防范技术的研发工作、信息安全知识的宣传培训工作、协同建立信息安全防范体系工作、开展城域网信息安全监测预警和应急处置工作、协调管理9682000信息化服务热线的运作等。9682000信息化服务热线前身是上海市信息化办公室直属机构及2001年度上海市政府实事工程项目之一的“82000信息化服务热线”。作为信息化技术、信息增值服务的提供商，9682000面向全市提供信息化基础保障服务，为政府机关、企事业单位及家庭个人，提供全方位多层次的信息化建设、使用和应用的增值服务。

**【上海市信息安全行业协会】** 由上海地区从事信息安全产品研发、制造、经营和服务的企业和其他相关企事业单位按自愿、平等的原则组成，提供咨询和中介服务，组织调研、交流、合作、培训，开展会展、编辑出版以及政府委托的其他工作。

**【上信计算机司法鉴定所】** 由市经济信息化委直属机构上海市计算机病毒防范服务中心创办，经上海市司法局批准，于2005年6月16日正式成立，是面向社会提供权威、公正的电子证据服务的第三方计算机司法鉴定组织。

（吴 昊）

# 二、制度建设和职能监管

## 完成“十二五”规划起草编制

按照“十二五”信息化总体规划和“智慧城市”建设目标，市网安办组织力量编制了“十二五”规划，于2011年3月征求了相关职能部门意见，10月完成专家评审，并向全市相关单位发布。“十二五”规划着眼于提升基础设施和安全防护能力、对突发事件的监测和应急处置能力、信息网络空间综合治理能力以及信息安全技术、产业和服务的基础支撑能力，从而全面深化信息安全保障体系。同时，起草完成了“十一五”信息安全总结评估报告。

## 重要信息系统信息安全监管

为确保全市重要信息系统安全，市网安办积极组织力量开展安全监管工作，提升信息系统整体防护能力。一是根据年度测评计划，完成36家单位所属的50个重要信息系统的信息安全测评工作，并督促其开展安全整改。二是协调推动本年度信息安全等级保护工作，与上海市信息安全等级保护协调办公室（以下简称“市等保办”）协同召开“上海市2010年等级保护工作总结表彰暨2011年工作部署大会”，对2011年信息安全等级保护工作尤其是三级以上信息系统等级测评工作做了部署，推动相关重要信息系统开展安全测评。三是完成年度政府信息系统信息安全检查工作，根据《关于开展2011年度政府信息系统安全检查工作的通知》要求，开发“政府信息系统安全检查综合管理软件”推动检查工作落到实处，并及时将检查结果进行了汇总。

## 推进网络信任体系建设

在基本实现全市统一的网络信任体系建设的基础上，进一步推广数字证书的社会化应用和区域合作。一是推动完善电子政务电子认证基础设施建设，建成本市电子政务外网电子认证系统并投入使用。二是开展电子认证区域合作，成立长三角电子认证服务联盟，并完成江、浙、沪、皖四地电子认证互通的技术准备。三是做好“上海市法人网上身份统一认证”项目的调研和落实工作，深化数字证书应用。四是开展沪台电子认证服务合作，由上海CA作为本市实施主体，做好两地经济开放发展的基础支撑环境工作。

（吴 昊）

# 第二章　信息安全服务

## 概　述

2011年，为更好地服务于智慧城市建设和信息化发展，满足上海特大型城市的信息安全保障需求，本市相关主管部门、企事业单位共同努力，进一步完善了城域网网络和信息安全监测预警服务功能。整合各方预警资源，提升预警处置能力；加强了计算机病毒预报及处置、电子证据鉴定等有关工作，全年为市民提供社会化的信息安全服务；推动本市已进行等级保护备案的信息系统加强系统安全测评及风险评估；进一步夯实了全市统一的网络信任体系建设，形成了涵盖全市电子政务、电子商务的电子认证体系；推进市政府法人网上身份统一认证项目建设。在保障本市信息安全、提供社会化的信息安全服务方面发挥了重要作用。同时，相关机构单位加强自身系统性建设，依靠完善城市信息安全基础设施，不断提高信息安全服务能力。

（吴　昊）

## 一、计算机病毒防范

### 全市城域网骨干网安全运行状况

2011年上海市计算机病毒防范中心（以下简称"中心"）继续对全市城域骨干网安全运行状况进行7×24的网络与信息安全事件监测。

2011年全年整体网络与信息安全态势良好（数据见表6-1），全市198个重点网站以及涉及国计民生的银行、证券、民航、电力、医保、电子政务等158个重点单位的网络系统整体运行情况良好，未发生较大网络与信息安全事件。发现并处置各类网络与信息安全突发事件2起，相关单位及时修复了有关系统的问题，未造成不良后果。全年共发布了365期上海市网络与信息安全监测日报，51期上海市城域网信息安全态势分析周报，50期宝山区政务外网网络与信息安全监测周报，43期崇明县政务外网网络与信息安全监测周报，50期奉贤区政务外网网络与信息安全监测周报，50期虹口区政务外网网络与信息安全监测周报，41期黄浦区政务外网网络与信息安全监测周报，50期静安区政务外网网络与信息安全监测周报，50期闵行区政务外网网络与信息安全监测周报，50期普陀区政务外网网络与信息安全监测周报，31期青浦区政务外网网络与信息安全监测周报，50期松江区政务外网网络与信息安全监测周报，50期徐汇区政务外网网络与信息安全监测周报，49期杨浦区政务外网网络与信息安全监测周报，50期闸北区政务外网网络与信息安全监测周报，50期长宁区政务外网网络与信息安全监测周报。

表6-1　2011年全市城域骨干网安全运行状况监测数据表

| | 蠕虫 | 拒绝服务 | 漏洞攻击 | 网络扫描 | 后门 | 木马 | 每月总计 |
|---|---|---|---|---|---|---|---|
| 1月 | 2 595 229 | 361 790 | 79 433 346 | 1 342 570 330 | 12 | 0 | 1 424 960 707 |
| 2月 | 614 831 | 196 206 | 131 844 722 | 1 432 149 248 | 49 | 0 | 1 564 805 056 |
| 3月 | 614 948 | 558 664 | 179 690 398 | 1 757 827 022 | 47 | 0 | 1 938 691 079 |
| 4月 | 621 942 | 234 403 | 80 234 723 | 1 317 098 707 | 90 | 0 | 1 398 189 865 |
| 5月 | 1 437 740 | 306 961 | 75 062 185 | 1 138 669 495 | 89 | 0 | 1 215 476 470 |

续　表

| | 蠕虫 | 拒绝服务 | 漏洞攻击 | 网络扫描 | 后门 | 木马 | 每月总计 |
|---|---|---|---|---|---|---|---|
| 6月 | 620 374 | 432 659 | 48 828 356 | 971 276 355 | 22 | 0 | 1 021 157 766 |
| 7月 | 1 104 730 | 554 548 | 36 070 214 | 1 238 339 228 | 284 | 0 | 1 276 069 004 |
| 8月 | 418 574 | 639 577 | 75 519 071 | 1 433 773 418 | 92 | 0 | 1 510 350 732 |
| 9月 | 1 070 265 | 854 009 | 38 235 165 | 1 529 215 254 | 70 | 0 | 1 569 374 763 |
| 10月 | 852 845 | 1 210 926 | 25 634 874 | 2 194 483 790 | 190 | 0 | 2 222 182 625 |
| 11月 | 302 694 | 1 671 915 | 34 448 858 | 3 108 759 748 | 132 | 1 | 3 145 183 348 |
| 12月 | 29 258 | 1 783 307 | 51 480 905 | 3 638 697 706 | 123 | 0 | 3 691 991 299 |
| 全年 | 10 283 430 | 8 804 965 | 856 482 817 | 21 102 860 301 | 1 200 | 1 | 21 978 432 714 |

## 重点单位信息安全防范

**【信息安全事件月平均发生率】**　本年度信息安全事件月平均发生率为17.95%，与上年度的月平均发生率26.16%相比有较明显的下降。从表6－2和图6－1中可以看到，全年月发生率基本上在17.95%左右，最高值出现在2月份的23.81%，最低为6月份的13.61%，总体变化不大。说明随着本市有关单位对信息安全问题越来越重视，各项安全措施得到不断落实和完善，特别是市计算机病毒防范服务中心每星期一次的“本周计算机病毒预告”的发布，规范了人们的信息化工作的操作和管理行为，使得全市的信息安全态势进入一个相对平稳期。

表6－2　2011年信息安全事件单位发生率表

| 月份 | 1月 | 2月 | 3月 | 4月 | 5月 | 6月 | 7月 | 8月 | 9月 | 10月 | 11月 | 12月 |
|---|---|---|---|---|---|---|---|---|---|---|---|---|
| % | 16.78 | 23.81 | 21.09 | 16.33 | 19.05 | 13.61 | 19.05 | 17.69 | 17.69 | 14.97 | 17.69 | 17.69 |

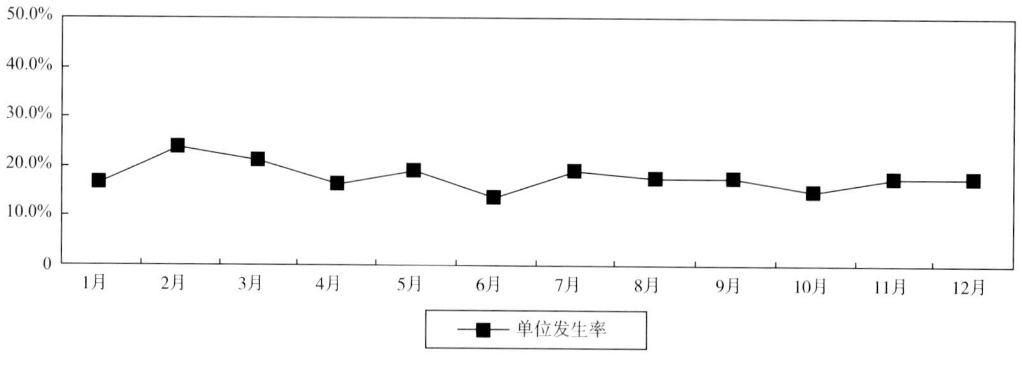


图6－1　2011年信息安全事件单位发生率走势图

**【“黑客攻击”事件】**　与2010年相比，“黑客攻击”事件数量明显减少，为453 307例(按攻击源IP统计)，基本上是端口扫描、尝试性远程登入以及通过SNMP(简单网络管理协议Simple Network Management Protocol，简称SNMP)窃取设备配置信息等试探性动作。由于有关单位采取多种技术和管理方面的安全措施，使得攻击得逞的仅有2例：上海华谊(集团)公司1例、上海交通大学1例。

**【“计算机病毒”事件】**　相较2010年，2011年情况有所好转。全年有16.82%的单位受到不同程度的病毒感染，比上一年度的19.93%有所下降。有18.37%的单位遭受过三次以上的反复感染，也比2010年的23.53%有所下降。本市每月入侵计算机的病毒种类不完全相同，全年肆虐的计算机病毒有Worm蠕虫病毒、ARP病毒、MSN病毒以及各种Trojan木马病毒及其变种。病毒的发展趋势由破坏性向窃取用户信息变化。

**【信息系统瘫痪事件】** 由于自身原因造成的信息系统瘫痪的次数比上一年度增加 68.18%。就单位而言，这类信息安全事件发生的概率最小，全年度只有 0.74%的单位发生过这类事件，但是它对社会和经济生产活动的影响却不容低估，有的甚至引起了全社会的关注。

**【各类信息安全问题】** 本市发生各类信息安全问题比较多、频度比较高的单位依次是政府机关、工业企业、金融行业、高校、新闻媒体、通信网络等单位。详见表 6－3 至表 6－9，图 6－1 至图 6－6。

**表 6－3 2011 年信息安全事件发生情况一览表**

| 月份＼信息安全事件（发生数量／发生单位数（家）） | 黑客攻击(次) | 计算机病毒(台次) | 由于自身原因造成的信息系统瘫痪(次) | 收到反动及黄色内容邮件(封) |
|---|---|---|---|---|
| 1月 | 188 761 / 4 | 1 261 / 21 | 0 / 0 | 485 / 4 |
| 2月 | 157 174 / 6 | 1 345 / 32 | 1 / 1 | 516 / 3 |
| 3月 | 20 930 / 4 | 1 996 / 28 | 4 / 2 | 498 / 4 |
| 4月 | 13 950 / 3 | 1 880 / 22 | 4 / 2 | 634 / 3 |
| 5月 | 4 174 / 4 | 1 426 / 26 | 1 / 1 | 474 / 2 |
| 6月 | 12 706 / 4 | 1 238 / 19 | 1 / 1 | 366 / 1 |
| 7月 | 5 325 / 3 | 1 892 / 26 | 2 / 1 | 411 / 3 |
| 8月 | 5 967 / 5 | 1 156 / 23 | 3 / 1 | 717 / 3 |
| 9月 | 4 480 / 4 | 1 194 / 25 | 2 / 1 | 799 / 3 |
| 10月 | 12 125 / 4 | 1 098 / 20 | 1 / 1 | 189 / 3 |
| 11月 | 9 270 / 4 | 1 007 / 24 | 3 / 1 | 468 / 2 |
| 12月 | 18 445 / 4 | 742 / 24 | 2 / 1 | 252 / 2 |

**表 6－4 2011 年“黑客攻击”发生数量各月分布情况表**

| 1月 | 2月 | 3月 | 4月 | 5月 | 6月 | 7月 | 8月 | 9月 | 10月 | 11月 | 12月 | 共计 |
|---|---|---|---|---|---|---|---|---|---|---|---|---|
| 41.64% | 34.67% | 4.62% | 3.08% | 0.92% | 2.8% | 1.17% | 1.32% | 0.99% | 2.67% | 2.04% | 4.07% | 100% |

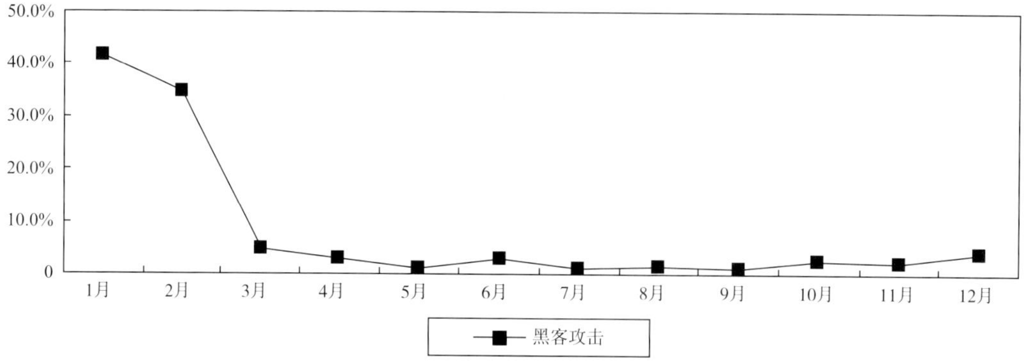


图 6-2 2011 年“黑客攻击”发生数量各月分布情况图

表 6-5 2011 年“计算机病毒”发生数量各月分布情况表

| 1 月 | 2 月 | 3 月 | 4 月 | 5 月 | 6 月 | 7 月 | 8 月 | 9 月 | 10 月 | 11 月 | 12 月 | 共计 |
|---|---|---|---|---|---|---|---|---|---|---|---|---|
| 7.77% | 8.28% | 12.29% | 11.58% | 8.78% | 7.63% | 11.65% | 7.12% | 7.35% | 6.76% | 6.2% | 4.57% | 100% |

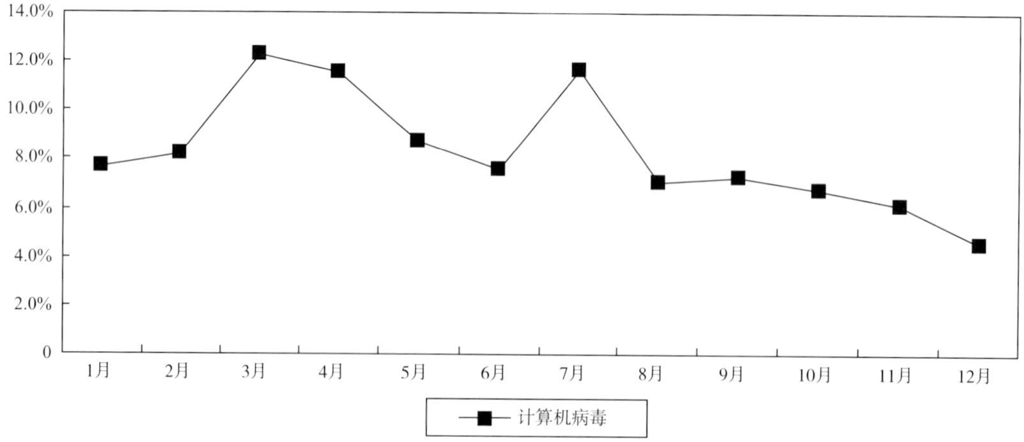


图 6-3 2011 年“计算机病毒”发生数量各月分布情况图

表 6-6 2011 年“收到反动及黄色邮件”发生数量各月分布情况表

| 1 月 | 2 月 | 3 月 | 4 月 | 5 月 | 6 月 | 7 月 | 8 月 | 9 月 | 10 月 | 11 月 | 12 月 | 共计 |
|---|---|---|---|---|---|---|---|---|---|---|---|---|
| 8.35% | 8.88% | 8.57% | 10.91% | 8.16% | 6.3% | 7.08% | 12.34% | 13.75% | 3.25% | 8.06% | 4.34% | 100% |

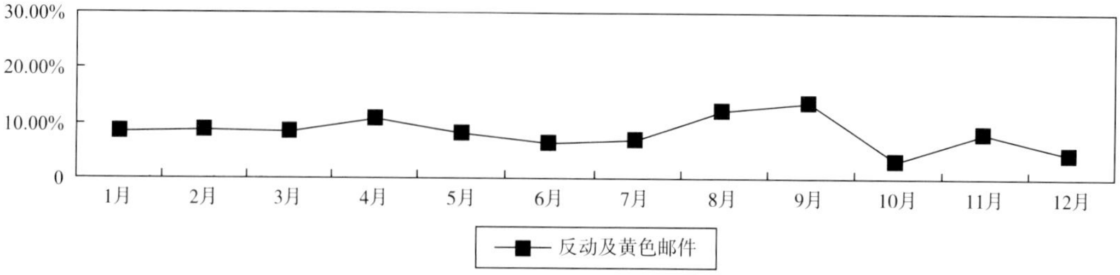


图 6-4 2011 年“收到反动及黄色邮件”发生数量各月分布情况图

表 6－7 2011 年各类信息安全事件单位发生率表

| 信息安全事件 | 黑客攻击 | 计算机病毒 | 由于自身原因造成的信息系统瘫痪 | 收到反动及黄色内容邮件 |
|---|---|---|---|---|
| 发生单位数所占总单位数比例 | 2.78% | 16.82% | 0.74% | 1.88% |

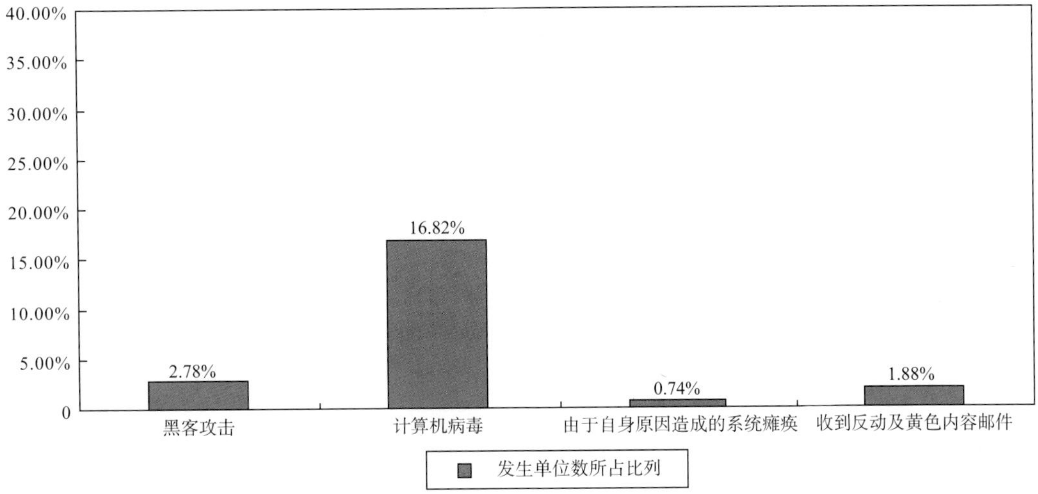


图 6－5 2011 年各类信息安全事件单位发生率图

表 6－8 2011 年信息安全事件重复发生分布表

| 发生次数(次) / 事件类型 | 0 | 1 | 2 | 3 |
|---|---|---|---|---|
| 黑客攻击 | 95.24% | 1.36% | 0.68% | 2.72% |
| 计算机病毒 | 77.55% | 2.72% | 1.36% | 18.37% |
| 由于自身原因造成的系统瘫痪 | 97.96% | 0 | 0 | 2.04% |
| 收到反动及黄色内容邮件 | 96.6% | 0 | 0 | 3.4% |

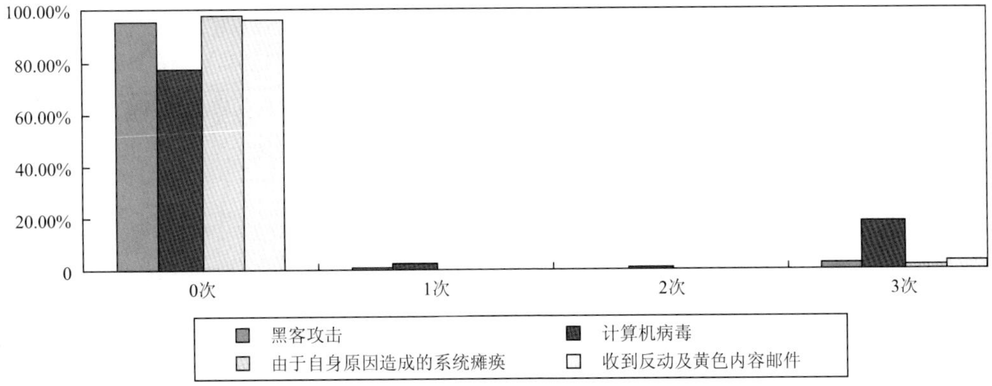


图 6－6 2011 年信息安全事件重复发生分布图

表 6-9　2011 年全年易发信息安全事件的单位分类表

| 事件种类 | 易发单位 |
|---|---|
| 黑客攻击 | 金融类、通信网络类、政府机关、工业企业类、高校 |
| 计算机病毒 | 工业企业类、高校、政府机关、新闻媒体、金融类 |
| 由于自身原因造成的系统瘫痪 | 政府机关、工业企业类 |
| 收到反动及黄色内容邮件 | 新闻媒体、政府机关、金融类 |

## 重要计算机病毒防范

2011 年，密码泄露事件成为网民关注的焦点问题。业内专家表示，2011 年互联网安全形势十分严峻，每一次中国互联网安全事件的爆发都与用户的财产和隐私相关。许多严重的病毒主要利用移动存储设备、漏洞、弱密码以及网络共享进行传播。只要有任何一种传播途径没有进行良好的管理及控制就会被病毒利用，从而导致病毒大肆传播。

2011 年中国感染病毒最多的地区为北京、上海和广东。这些地区大都是城市密集的经济发达地区，电子化程度较高，且智能设备普及率及使用率皆较高，为病毒传播创造了温床。此外，新版的 Windows 操作系统并没有能够成功阻止病毒的传播。2010 年年底上市的 Windows7 虽然采用了多种新技术来加强系统的安全性及可靠性，但也需要安装最新的安全补丁、相关防病毒软件，才能够保证安全使用。

## 十大计算机病毒排名

**【鬼影病毒】** 鬼影是 2010 年出现的可以感染硬盘主引导记录的病毒，该病毒因能直接在 Windows 下改写硬盘分区表而闻名。2011 年鬼影病毒升级了数个版本，其特点基本为改写硬盘主引导记录（MBR）释放驱动程序替换系统文件、干扰或阻止杀毒软件运行、恶意修改主页、下载多种盗号木马等。在最新出现的版本中，还会释放自己的驱动程序与杀毒软件对抗，阻止杀毒软件修复被改写的硬盘主引导记录。2011 年 9 月，鬼影 4 代病毒（其他杀毒厂商称为 BMW 病毒）除了上述特征外，还可感染电脑特定型号的主板 BIOS（基本输入输出系统 Basic Input Output System，简称 BIOS）芯片，使病毒的清除更加困难。

**【QQ 群蠕虫病毒】** QQ 群蠕虫病毒是 2011 年突然爆发的一种传播性很强的病毒，中毒电脑的 QQ 会自动转发群消息。它是第一个利用 QQ 群共享来传播的蠕虫病毒。该病毒主要伪装成电视棒破解程序欺骗网民下载，盗取魔兽、邮箱及社交网络账号。

**【变形金刚盗号木马】** 变形金刚类病毒最初在一个伪装外挂的网站上被发现，病毒利用暴风影音加载 DLL（动态链接库 Dynamic Link Library，简称 DLL）文件时不进行校验的漏洞使病毒文件得到运行机会。变形金刚病毒开创了利用正常软件间接加载病毒的先河。此后，这种手法被大量病毒制作者复制。中毒电脑会随机不定时弹出网页广告。变形金刚病毒感染了超过 16 万台电脑。

**【输入法盗号木马】** 2011 年输入法盗号木马病毒释放的 mgtxxx.ocx 文件拦截量曾经居高不下，病毒还推广较多的互联网软件赚取推广费。病毒的主要目的是盗取游戏账号。该病毒最大的特点是进行 Ctrl＋Shift 切换输入法时激活病毒程序。

**【QQ 假面病毒】** 这类病毒利用“我的自拍”、“美女图片”等做诱饵盗取 QQ 账号。该病毒制造了一个透明的按钮贴在 QQ 登录按钮上。强制中毒电脑 QQ 下线，逼迫用户手动输入 QQ 密码后点击登录。该病毒强大的迷惑性感染了数十万台电脑。

**【空格幽灵病毒】** 该病毒是一个仿图片形式的病毒，实质是一个远程控制程序。用户一旦打开查看此“图片”，远控程序就会在计算机后台悄然运行，为黑客打开便利之门。黑客可以像控制自己电脑一样控制中毒电脑，这可能会导致用户隐私信息泄漏和虚拟财产被盗，甚至黑客可以利用其组建僵尸网络，对目标计算机进行攻击。这个病毒的特点是使用空格键转为启动快捷键，每按一次空格，就激活病毒程序运行，空格幽灵由此得名。

**【DNF 假面病毒】** DNF（地下城与勇士 Dungeon Fighter Online，简称 DNF）假面类病毒是通过伪游戏外挂网站传播，其最主要目的是盗取网络游戏 DNF 账号。病毒巧妙地修改了网络相关的系统组件，当用户开机拨号联网或运行任何有访问网络行为的程序如访问网络邻居时，病毒就被触发。

【淘宝客劫持木马】 淘宝客劫持木马是指劫持浏览器访问淘宝网、淘宝商城到淘宝客页面的一类木马病毒。这类病毒是通过推广淘宝客吸走商家佣金。淘宝客病毒在2011年爆发，对淘宝的正常经营构成较严重影响，许多店主不得已只能放弃淘宝客这种推广方式。

【新型QQ大盗】 这类病毒通过成人网站的专用播放器传播，感染后会在后台下载更多木马和流氓软件，窃取用户信息。该病毒窃取QQ号的方法比较独特，病毒的主要目标是Q币余额不为0的账号。

【网购木马】 网购木马在2011年全年都很活跃，版本一直在更新，手法一直在变换。有多个网购木马成功突破安全软件的防御，甚至有网购木马还会直接推荐安装某安全浏览器，因为只有在使用这种浏览器购物时，病毒才能偷窃成功。网购木马随2010年网购爆发而激增。2011年前两个月，平均每月增加新变种近3 000个。

恶意木马、病毒大多以盗取个人信息、财产为主要目的，网民大多没有相关的防范经验，更依赖于杀毒软件厂商提供的杀毒产品。但鉴于杀毒软件的查杀在时间上稍落后于病毒及木马的发布，因此除了不断给计算机更新最新的安全补丁、安装最新病毒库的杀毒软件外，网民还得有自我保护意识，不要轻易点击未知的程序和打开一些不明来源的网站。

### 计算机司法鉴定服务

2011年上海上信计算机司法鉴定所在上海市计算机病毒防范服务中心的领导下，鉴定工作开展顺利。作为上海市司法鉴定协会的理事单位，始终把维稳责任和社会效益放在首要位置，努力做好每个案件的咨询、受理、取证和鉴定等工作，得到了委托人和司法鉴定管理机构的高度认可。2011年受理案件的复杂度和综合性有了大幅度的提高，在鉴定人员和技术支持工程师的通力合作下，圆满地完成了所有案件的鉴定任务。全年共接受咨询60余次，完成鉴定报告33件，没有发生任何投诉情况。此外，还参加了上海市司法局组织的司法鉴定质量检查活动，对本所的规章制度、鉴定流程、质量监控、档案管理等工作做了一次全面的梳理，取得了较好的效果。

（吴恩平）

## 二、信息安全测评

### 概况

2011年，上海市信息安全测评认证中心（以下简称“测评中心”）作为本市重要的信息安全基础保障单位，按照本市统一的信息安全测评战略布局，围绕产品测评、系统测评、评估服务、体系咨询等四大块核心服务能力，不断提升测评水平，打造测评战略高地，挖掘用户需求，努力开拓市场，特别是在第三方支付系统测评等方面取得明显突破。截至2011年12月，全年累计完成各类测评服务项目逾500个。

2011年，上海测评中心的检测资质又获新授权，依据中国人民银行发布的《非金融机构支付服务管理办法》（中国人民银行令〔2010〕第2号）、《非金融机构支付服务管理办法实施细则》（中国人民银行公告〔2010〕第17号）和《非金融机构支付服务业务系统检测认证管理规定》（中国人民银行公告〔2011〕第14号），成为本市唯一一家（也是唯一的非在京检测机构）有资格从事非金融机构支付服务系统检测的机构，检测类型覆盖支付系统的全部范围（网络支付、预付卡、银行卡收单）。至此，上海测评中心已获得了国内、本市已知的所有安全测评业务授权，也是全国唯一一家集所有安全测评资质和业务授权于一体的检测机构，“服务本市、影响华东、辐射全国”的安全测评工作态势进一步加强。

### 基础网络和重要信息系统安全测评

2011年，测评中心继续深入贯彻国家信息安全等级保护基础制度和《上海市公共信息系统安全测评管理办法》（上海市人民政府58号令），稳步推进本市重要公共信息系统的安全测评工作。2011年1月至12月，根据市网安办、市等保办的统一部署，测评中心圆满完成了对本市207个重要信息系统的安全测评工作，其中84个属于公共管理信息系统，123个属于公共服务信息系统。从系统的具体类型分布来看，金融服务类系统98个，占47.3%（如中国银联股份有限公司信息系统、上海浦东发展银行总行核心业务系统、上海银行网上银行、上海证券交易所核心业务系统、国泰君安证券集中交易系统、中国太平洋保险集团股份有限公司集团财务系统等）；电子政务类系统79个，占38.2%（如上海市工商行政管理局计算机信息系统、上海市科委分布式网站业务服务系统、上海公安TETRA（陆上集群无线电Terrestrial Trunked Radio，简称TETRA）数字集群系统、上海市交通综合信息平台系统、上海市各区县电子政务办公平台和网站等）；基础网络、公共事业、社会保障、医疗卫生类系统18个，占8.7%（如中国移动支撑网上海市业务运营支撑系统、上海市电力公司信息通信中心营销系统、上海电力股份有限公司吴泾热电厂DCS（分布式控制系统Distributed Control System，简称DCS）系统、上海市劳动保障管理信息系统、上海市120调度指挥系统）。企业类系统12个，占5.8%（如上海烟草集团公司行业卷烟生产经营决策管理系统、上海东方传媒集团有限公司电视新闻共享系统、上海钢市电子商务有限公司钢市360现货在线交易融资平台系统）。截至2011年年底，测评中心共计完成本市800余次公共信息系统的安全测评，测评范围涉及电子政务、社会保障、银行、证券、保险、电力、燃气、供水、轨道交通、医疗卫生等关系国计民生的主要信息系统应用领域，为上海市各类重要信息系统的安全稳定运行提供了重要保障，保证了上海市信息化的持续、稳定和健康发展。

（徐 玲）

### 信息安全产品认证测评和检测平台建设

测评中心作为国家认监委全国首批指定的七家信息安全产品3C强制认证检测实验室之一，2011年共受理完成了14件产品的认证测评业务，检测产品覆盖了防火墙、安全审计产品、数据备份与恢复产品、网站恢复产品、智能卡芯片、安全网关、网上交易SSL安全代理系统等类别。

作为专业性很强的第三方检测机构，测评中心高度重视科技软实力建设，在智能卡（IC）芯片检测技术上取得了重要突破，建设完成了本地唯一的全面覆盖基础功能测试、非侵入式攻击测试、半侵入式攻击测试的智能卡芯片检测平台，深入研究了《国际智能卡芯片攻击检测规范》（CCDB-2009-03-001），对其概述的18类攻击检测实现方式、防御措施、工具与技能等方面进行了研究。特别对其中的SPA/DPA（简单功耗分析Simple Power Analysis/差分功耗分析Differential Power Analysis，简称SPA/DPA）、高阶DPA等主流攻击方法进行了可行性分析，并通过引进的检测工具Riscure SCA（旁路攻击分析测试工具Riscure Inspector Side Channel，简称Riscure SCA），搭建检测环境、设计检测案例，对部分厂商样卡进行了攻击实现，成功获得其加密密钥。

作为央行指定的第三方支付系统检测机构之一，测评中心受央行委托，牵头起草了有关移动电话支付（近场支付和远程支付）方式的检测规范，并协助央行科技部门编制了有关NFC手机移动支付产业发展报告，供主管部门制定相关产业发展政策参考。

随着新类型的信息安全产品不断涌现，2008年国家发布的信息安全产品强制认证目录已难以涵盖所有产品，针对目录以外产品的认证需要重新制定相关认证实施规则和检测技术规范。2011年，测评中心组织起草了有关抗拒绝服务攻击产品、上网行为管理产品、统一威胁管理产品、WEB应用防火墙产品的认证技术规范，并通过了中国信息安全认证中心组织的专家评议，作为同类产品认证检测的技术依据。此外，中心受工信部委托研发的《政府信息系统安全检查软件》在国务院部委和直属部门，本市近100家市、区两级政府部门中获得成功应用，得到用户的一致好评。

（陈颖杰）

## 三、数字证书应用推广

### 概况

2011年是“十二五”规划的开局之年，也是上海市电子认证服务三年发展行动计划的起步之年。上海市电子认证服务平台进一步完善，数字证书应用不断深化。全年共发放各类数字证书50余万张，截至2011年12月累计发放证书近270万张，在全国各省市中居于领先地位。经过多年发展，形成了以上海为主体、长三角为重点、依靠合作伙伴辐射全国的服务体系，证书应用涉及政府办公、政府采购、招投标、电子报税、工商、社保、质监、卫生、房地、建筑、银行、证券、期货、保险、钢铁、在线交易、网络支付、企事业单位信息化等电子政务、电子商务领域。

（王云美）

### 基础平台建设

**【完成国产新算法电子认证系统开发】** 为保证电子认证服务的可靠性，根据国家密码管理局关于算法升级的通知，上海CA中心作为全市电子认证服务平台的运营机构，逐步研发完成了SM2（基于椭圆曲线公钥密码算法Senior Middle 2，简称SM2）的电子认证系统，解决了算法兼容、硬件兼容、接口兼容和智能密码钥匙调试等一系列技术难点。公司已经对证书认证系统进行了签发系统升级，使其能支持SM2签名算法，支持SM2证书格式，获取SM2加密密钥对，并对RA进行了相应改动及各模块集成调试，并在下半年基本完成了算法升级的研发工作。

**【开创移动电子认证模式】** 3G网络的快速发展开创了一个全新的移动互联网时代，为了满足新网络环境下对电子认证服务的需求，上海CA中心根据对技术发展和用户需求的全面分析和评估，明确了手机SIM卡认证、短信加密传输、移动PKI（公钥基础设施Public Key Infrastructure，简称PKI）服务网关等三个技术方向，通过技术攻关，已经能够实现在Android、iOS等主流智能手机平台实现安全身份认证、系统登录、数字签名等功能，可以满足移动用户电子认证服务的需求。

**【成立市电子认证工程技术研究中心】** 上海CA中心在市科委和静安区科委的支持下，获得了"上海市工程技术研究中心课题"资助，开始建设上海电子认证工程技术研究中心。上海CA中心将利用工程技术研究中心这一平台，对电子认证基础技术、应用技术、服务模式和相关产品进行研究，以尽快实现新技术条件下网络信任综合服务的创新转型发展。

## 电子政务领域的应用

**【推动法人网上统一身份认证工作】** 上海市法人网上身份统一认证（以下简称"法人一证通"）项目是市政府、市经济信息化委重点推进的信息化项目之一，依托法人信息共享与应用系统建设成果，以整合服务渠道、规范收费机制、加快应用拓展为重点，在两年内初步完成建设法人网上身份统一认证系统，整合法人证书服务渠道，统一证书收费模式，实现各委办局网上办事"一证通用"，为各类法人在不同政府部门、不同业务系统在线办理各类事项提供统一的数字证书服务。"法人一证通"以整合渠道、统一管理、规范收费、拓展应用为重点，充分利用法人库基础信息发放标准统一的法人数字证书，建设法人网上身份统一认证系统，全面实现法人数字证书在税务、工商、质监、人保、公积金等领域"一证通用"，是推进电子认证服务，加强法人网上办事身份可信管理的重要举措。

**【推进事业单位网上应用开展】** 在市经济信息化委、上海市机构编制委员会办公室的支持下，上海CA中心向全市事业单位发放数字证书，为事业单位年检、申报等事宜提供身份认证、电子签名等安全保障手段，对推动事业单位网上办事发挥了重要推动作用。

**【为网上亮照提供安全保障】** 在市工商局大力支持下，上海CA中心与市工商局信息中心合作，进一步完善了数字证书和工商营业执照电子副本应用的发放流程和应用方式，对现有数字证书发放系统进行了调整升级，有效支撑了全市企业营业执照电子副本发放、无纸化年检、网上亮照等新应用的开展。

**【参与政府网站实名试点】** 工业与信息化部在上海开展政府网站安全管理试点工作，上海CA中心作为全市唯一的数字证书服务机构参与了该试点项目，为政府网站进行数字证书认证服务，现已为全市59家政府网站发放了证书。通过政府网站数字证书实名认证工作，在保证政府网站上传输信息安全的同时，还向广大用户提供了网站身份真实性证明，在保证网民利益的同时，促进了电子政务和社会公共服务活动的开展和深化，进一步推动了网络诚信体系的建设。

## 电子商务领域的应用

**【拓展数字证书在卫生领域的应用】** 上海CA中心获得卫生部卫生系统电子认证服务准入资格后，积极推进卫生领域的证书应用工作，先后与中山医院、长宁卫生局、闵行卫生局等进行了合作，并为黑龙江省绥化人民医院、广西壮族自治区南溪山医院等提供了证书服务。

**【召开沪台数字证书合作交流会议】** 在两岸经济合作进一步扩大的背景下，为了推动探索电子认证服务两岸合作，上海CA中心在工信部、市经济信息化委的支持下与台湾网路认证股份有限公司合作举办了金融领域两岸证书合作论坛，工信部、市经济信息化委、市台办、市金融办、市密码管理局及多家金融机构参加了此次论坛。

**【推广万维信证书服务】** 万维信可信证书服务是上海CA中心推出的网站和代码真实性验证服务。万维信可信网站证书是为用户提供验证Web站点身份的手段，它包含详细的身份验证信息，如站点内容附属的组织、颁发证书的组织以及称为公开密钥的唯一身份验证文件。这意味着数字证书确保用户关于Web站点内容的验证，同时意味着建立起了安全的 http 连接。万维信可信网站证书是能实现 SSL(安全套接层 Secure Sockets Layer，简称 SSL)加密通道，保证用户和网站信息传输的安全、防抵赖的数据签名。同时以权威第三方标识网站身份，确保用户访问的是正确、真实的 Web 站点。即万维信可信网站数字证书利用鉴证与技术双重手段，一方面将网站所有者和网站一一对应，并用简单直观的方式让用户在页面上就可以查看相关信息；另一方面对用户和网站之间的信息传输实施加密，确保这些信息的安全。万维信可信网站服务自推出以来，为国企、外企、政府机关、金融机构、学校单位近两百家网站提供了服务。

（崔久强）

# 第三章　信息安全技术研发及产业化

## 概　述

2011年，自主信息安全技术研发及产业发展取得了显著成效。信息安全行业在市场需求和技术进步的双向引导下稳步发展。近几年，随着电子政务、电子商务的广泛应用和网络游戏产业的发展，上海本地安全产业取得了长足的进步，向全国市场迅猛发展，取得了令人自豪的成绩。如上海三零卫士信息安全有限公司已经接替原母公司的全国业务和管理，上海华虹集成电路有限责任公司等单位年经营收入超过1亿元。除了传统的网络安全产品如防病毒软件、防火墙、入侵检测和安全审计产品继续得到发展壮大外，新的安全应用软件，如上海颐东网络信息有限公司的英赛虎电子文档安全管理系统、上海络安信息技术有限公司的Webcare警戒365安全预警服务平台系统、上海格尔签名验证系统等都在国内处于领先水平。

国家信息安全成果产业化(东部)基地成立10年来，不断推进国家信息安全产业技术、人才、重大项目集聚，加强先进信息安全技术成果的产业化，形成了国内较为成熟的信息安全产业园区，并作为主要承担单位承办了全国首届信息安全活动周。在近几年的产业发展过程中，各信息安全企事业单位通过能力创新实践，提高了上海市信息安全技术创新能力，突破了一批关键技术，培育了一批信息安全技术人才。从创新性、市场前瞻性和市场适应性角度出发，企业通过加强产品研发工作，提高技术创新能力，推出科技含量高、附加值高、适应性强的新产品以不断完善和充实产品体系，提升产品整体竞争力。根据对上海信息安全企业自主研发情况的调查，本市信息安全企业在技术创新上的投入每年都稳步快速增长，79%的企业配备了自主研发力量。因此，信息安全软件产业是一个以技术型为主的企业群体，绝大多数企业的技术来源于自主开发，少部分企业的技术来自于模仿、兼并收购和购买。本市信息安全企业在技术创新上，有着比其他行业更高的积极性，这与其处在高科技领域有密切关系。通过在研发上的大力投入，为企业承担国家科技攻关、"863"计划和市科委科技攻关科研项目打下了坚实的基础。但同时，信息安全企业普遍规模小，市场拓展能力弱，抗风险能力差。

2011年，上海市信息安全产业继续保持稳步健康发展。信息安全产业年经营收入39.89亿元(表6-10)，比上一年度增长3.8%。2009—2010年世博会的筹备和召开在很大程度上拉动了本市信息安全企业的经营收入。进入2011年，与之前两年形成的高速增长势头相比，企业经营增长趋势放缓，增长速度有所下降，但总体上还是保持稳中有增；随着"智慧城市"建设的持续推进，信息安全产业也将实现更大更稳固的发展。

**表6-10　上海信息安全产业近三年经营收入情况表(单位：亿元)**

| | 2009年 | 2010年 | 2011年 |
|---|---|---|---|
| 信息安全产业年经营收入 | 33.98 | 38.43 | 39.89 |

(吴　昊)

## 一、国家信息安全产业化(东部)基地

**【概况】** 国家信息安全成果产业化(东部)基地(以下简称"国信安基地")创立于2001年5月，是由科技部立项的国家"863"计划重点项目。基地坐落于上海张江高科技园区内，占地28公顷，是国家级专业产业园和国家级高新技术创业服务中心。国信安基地作为我国三大国家级信息安全成果产业化基地之一，承担着国家信息

安全产业技术、人才、重大项目集聚以及成果产业化。国信安基地在发展道路上不断探索，已经初步形成了以信息安全为核心、以通信业、信息技术与因特网、多媒体和移动商务、娱乐和电子商务、安全与监管产业链为纽带的ICT（信息通信技术 Information Communication Technology，简称ICT）特色产业园区。

【夯实ICT大产业发展基础】 2011年国信安基地继续坚持以信息安全为主导产业，注重战略招商，集聚平台、人才、联盟等产业资源，为ICT联动发展提供更加可靠的保障，努力打造信息安全服务功能中心。2011年7月，国信安基地与上海市信息安全保障重要职能单位——上海市网络与信息安全应急管理事务中心达成协议，该中心正式入驻国信安基地。上海市网络与信息安全应急管理事务中心作为上海市网络与信息安全协调小组办公室的重要职能部门之一，其拟运营的"上海市网络与信息安全应急基础平台"是国家特大型城市网络与信息安全应急管理在上海先行先试的主要内容，是上海市落实信息安全管控保障的重要抓手。该中心的成功引进，使上海市信息安全技术、人才、企业和资本等产业资源在国信安基地得到进一步汇聚，有助于以信息安全促进ICT大产业发展。2011年9月，上海市隆重举行了推进智慧城市建设动员大会，并在会上正式发布了《上海市推进智慧城市建设2011—2013年行动计划》，国信安基地承建了该计划中的重点项目。行动计划明确提出"依托国家信息安全成果产业化（东部）基地，以建设国家级信息安全综合服务平台为抓手，深入推进信息安全基础研究、科技攻关和高新技术产业化，加快形成社会化的信息安全综合服务体系"。10月，国信安基地承办了全国首个以"信息安全保障智慧城市"为主题，由工信部信息安全协调司指导、上海市网络与信息安全协调小组办公室主办的"上海市第一届信息安全活动周"，并获得成功。上海市副市长艾宝俊出席了信息安全活动周开幕仪式并讲话。信息安全活动周期间，信息安全产品技术展、信息安全论坛、信息安全技能竞赛等各种活动在上海全市范围内举行。通过系列活动，上海市信息安全技术、产品、人才得到了进一步集聚发展，为上海市智慧城市建设提供了坚实的保障。

【入驻园区企业发展迅速】 2011年，上海信息安全工程技术研究中心在由经济参考报社、中国新华新闻电视网、新华每日电讯报社、参考消息报社、新华网、瞭望周刊社、半月谈杂志社、中国证券报、上海证券报等媒体联合中国城市发展研究会共同主办的"转型·2010中国经济十大领军企业"评选活动中，获得"转型·2010中国经济十大领军企业"荣誉称号；上海春宇供应链管理有限公司以三年年均增长率178%的优异业绩入选2011第七届"德勤高科技、高成长中国50强"；上海浪新微电子有限公司董事长兼总裁刘箭入选上海市首批"千人计划"。同时，上海安达通信息安全技术股份有限公司、上海山丽网络安全有限公司等多家园区入驻企业均积极参与了上海市第一届"信息安全活动周"活动，企业产品和技术得到了高度赞誉。

【继续提升企业服务能级】 2011年，国信安基地继续加大对企业的扶持、服务力度，积极整合政府、社会各方面资源为企业发展保驾护航。2011年，在上海市科委组织的"上海市科技企业孵化器考核"中，国信安基地孵化器蝉联"优秀"称号。此外，国信安基地科技创业苗圃正式纳入上海市科技创业中心科技创业苗圃备案。10月，国信安基地还被正式授牌成为上海市服务外包专业园区，被认定为"上海市张江信息技术服务外包园区"。基地这些荣誉和资质的获得将帮助入驻园区企业得到更好的扶持、服务，迅速健康发展。国信安基地持续提升和完善园区商务配套环境，新入驻的唐府茶餐厅等各个层次的配套商业与信安左城酒店等原有设施一起为入驻企业提供了更加便捷、全面的会务、住宿、餐饮、休闲等服务。

（杨　芳）

# 二、重点信息安全企事业单位

## 上海信息安全工程技术研究中心

上海信息安全工程技术研究中心（以下简称"工程中心"）成立于2001年10月，是受国家科技部领导，由国家密码管理局、国家保密局、公安部、安全部、工信部、上海市科委共同指导的专事信息安全工程技术研究与系统集成的研究机构。工程中心成立以来，先后取得了国家密码管理局批准的商用密码产品生产定点单位和销售许可单位资质；国家保密局批准的涉及国家秘密的计算机信息系统集成单位和工程建设监理单位资质；同时，是国家信息安全标准化技术委员会的副主任委员单位及下属的WG3、WG4、WG7工作组的副组长单位。国家信息安全工程技术研究中心以国家信息安全为己任，以密码技术研究为核心，以密码技术应用为主线，以关键密码设备研发为重点，开展信息安全技术工程化研究工作。中心依托江南计算技术研究所，自成立以来共承担国家科技攻关项目5项，国家“863”计划项目4项，上海市科技发展基金项目4项，国家级大中型信息系统信息安全规划设计、工程建设项目15项；承担信息安全国家标准6项，行业标准3项，地方标准1项；承担涉及国家秘密的信息系统工程监理项目106项。

## 上海市数字证书认证中心有限公司

上海市数字证书认证中心有限公司（以下简称“上海CA”）由上海市政府按照“政府支持、市场运作”模式于1998年创立，是中国最早成立的专业第三方电子认证服务机构。作为上海地区唯一从事数字证书认证服务和管理的第三方权威机构，上海CA与上海KM（知识管理Knowledge Management，简称KM）中心共同承担建设和运营全市网络信任体系的职责，为电子政务、电子商务和公众信息化活动提供电子认证服务，向政府机构、企事业单位和市民发放和管理数字证书，是上海市信息化发展不可或缺的基础保障单位。截至2011年年底，上海CA累计证书发放量为270万张，广泛应用于电子商务、电子政务和社会信息化应用等多个领域，是中国运营经验最为丰富、证书发放数量最多、证书应用最为广泛的合法电子认证服务机构之一。经过多年发展，形成了以上海为主体、以长三角为重点、依靠合作伙伴辐射全国的服务体系，证书应用涉及政府办公、政府采购、招投标、电子报税、工商、社保、质监、卫生、房地、建筑、银行、证券、期货、保险、钢铁、在线交易、网络支付、企事业单位信息化等电子政务、电子商务领域。上海CA一直坚持自主技术路线，申请技术发明专利5项，取得授权专利1项，获得软件著作权登记14项，拥有2项高新技术成果转换、2项科学技术成果，获得2项市科技进步奖；技术团队曾先后承担和参与了科技部S219工程信息安全专题、国家桥CA示范工程、科技部创新基金项目、长三角CA互联互通项目、国家CA规划课题研究、国家发改委国家信息化试点项目、上海市火炬计划项目、上海市科研计划项目、上海市服务业发展引导资金项目、上海市信息化专项资金项目、上海市信息化发展专项资金项目等多项国家级和市级证书应用示范项目和产业发展基金项目研发。2008年6月，通过国际WebTrust认证，2008年12月，实现认证书内置于微软操作系统，是全国第一家实现全球化电子认证服务的机构，也是全国唯一一家可以签发国际信任的服务器证书的CA机构。

（朱方园）

## 上海颐东网络信息有限公司

**【概况】** 上海颐东网络信息有限公司（以下简称“颐东公司”）经多年打造，已成为一家以特色信息安全为主营业务之一的高新技术企业和软件企业。公司在信息安全技术的研究、开发，信息安全产品的设计、生产，信息安全系统的建设、集成，信息安全项目的实施、服务，云计算安全体系的预研、实践，虚拟物联网安全的规划、实现等各方面积累了丰富的经验和骄人的成绩。在党政军系统和金融、企业等客户中具有较大的影响力。2011年，颐东公司在广州、北京建立分公司以后，业务迅速得到扩展，初步迈出了上海市场，走向全国市场。一个以4006-962666为热线覆盖党政军系统、金融、企事业单位涉密计算机信息系统的维护、咨询、保障网络正在全国逐渐建立起来。

**【英赛虎涉密电子信息集中管控系统】** 英赛虎涉密电子信息集中管控系统是一套紧密结合党政军、金融和企业对电子文档安全保护、提供对电子文档实时动态加解密，终端操作全过程保护和操作行为统一审计等功能的软件，是实现以安全电子标签为手段、以集中存储管理为目标的电子文档全生命周期安全管理的应用软件。本产品在管理策略层、操作系统层和编辑器层做了多重操作保护，使得用户在使用文档时，无法使用另存、复制、粘贴、发送、截屏、录屏、取词和远程监控等手段将内存中正常显示的文档泄露出去，防止人为通过电子邮件、移动硬盘、U盘、软盘等途径取用重要数据文档，有效阻止黑客、木马和间谍软件的非法操作，用技术手段固化保密要求，保证了文档安全。

**【英赛虎网络安全刻录机】** 英赛虎网络安全刻录机是颐东公司自主研发的软硬件安全设备，具备为客户提供身份认证、文件上传、病毒查杀、光盘刻录、日志审计、存档备案、报表统计等一体化功能。本产品解决了内网的统一文件出入口，实现文件刻录审计和文件杀毒；对于操作员的行为进行审计和管理，具有绑定U盘的身份认证功能；当接入并用于实现刻录操作时能远程提交刻录信息，并且实现多张连续刻录和记录访问者的MAC地址、身份信息和操作信息。本产品作为一台安全硬件屏障，可以在拷入光盘信息和远程访问时进行审计与杀毒。

**【4006－962666服务热线】** 上海颐东网络信息有限公司以4006－962666为服务热线，向党政机关计算机信息系统客户提供最佳运营管理、维护维修和安全咨询等IT外包服务，公司的维护业务技术团队中许多人拥有CISA（国际信息系统审计师 Certified Information Systems Auditor，简称CISA）、ISO17799、ITIL（信息技术基础架构库 Information Technology Infrastructure Library，简称ITIL）、CISSP（国际注册信息系统安全专家 Certified Information System Security Professional，简称CISSP）、CISP（注册信息安全专业人员 Certified Information Security Professional，简称CISP）、计算机信息系统集成项目经理等认证资质。颐东公司从2003年起涉足IT服务外包领域，组建了客户服务中心，创建了"962666"服务热线，建立了以IT服务标准体系ITIL为基础的一整套规范和流程。近十年来，公司的IT服务始终坚持以客户为中心、技术为后盾、管理为保障的科学化管理体系，向客户提供规范化、专业化、多元化、符合国际IT管理规范的服务。从2011年起，962666扩容为4006－962666；以此为热线的涉密计算机系统维护、咨询、保障服务越发扩大其影响，深得客户好评。

（孔繁坚）

## 上海众人网络安全技术有限公司

上海众人网络安全技术有限公司（以下简称"众人科技"）于2007年9月注册成立于上海浦东新区张江高科技园区国家信息安全基地，注册资金6 000万元，主要从事拥有完全自主知识产权的iKEY身份认证系统及系列产品的研发、生产和销售，并已通过ISO9001质量管理体系和ISO27001信息安全管理体系认证。众人科技是中国领先的专业身份认证安全技术服务商，所开发的iKEY身份认证系统分别获得由国家密码管理局颁发的国内首张动态口令产品及挑战应答产品型号证书，拥有从密码专用芯片、终端产品到后台系统的全产业链自主知识产权，并是国内参与国家相关政府部门身份认证技术标准制定的厂商。众人科技的金融服务身份认证方案、电信系统安全方案、云安全综合方案等，在相关行业领域均有广泛应用，拥有丰富的身份认证技术安全服务经验和优良的服务业绩。

众人科技于2011年被工信部从百家企业中遴选为首批11家基于安全可控软硬件产品云计算解决方案供应商之一。与上海市信息安全行业协会共同建立和运营"众安认证服务平台"，并参与国家"863"基地的"信息安全产品测试平台项目"的建设。众人科技是国家密码管理局"动态口令认证系统规范课题组"组长单位，同时参与制定银联身份认证技术标准、制定工信部动态口令产品行业标准、参与制定央行身份认证技术标准。是国内唯一具备从动态密码产品芯片研发能力、全自化生产线、终端产品到后台系统的全产业链企业。已申报国家发明专利20多项，其中1项发明专利、2项实用新型专利、5项外观设计专利、2项商标专利已获国家授权，所有产品拥有完全自主知识产权和相关专利。产品系列齐全，不同产品满足不同层次、不同需求的客户。

## 上海格尔软件股份有限公司

上海格尔软件股份有限公司（以下简称"格尔软件"）专业从事信息安全核心技术和产品研发，是国内身份管理领域的领先企业，现有员工310人。格尔软件是国内早期研制PKI平台的厂商，是国内首批商用密码产品定点生产与销售单位，国家保密局批准认定的"涉及国家秘密的计算机信息集成甲级资质单位"，国家信息化工作领导小组计算机网络与信息安全管理工作办公室认定的14家计算机网络安全服务试点单位之一，国家"863"计划信息安全示范工程金融子项目的总服务商及"863"课题承担单位，科技部"十一五"重点科技支撑计划《商用密码基础设施》课题牵头单位。作为国内身份认证领域的龙头企业，格尔软件承担了国家多项标准规范的制订工作。作为全国信息安全标准化技术委员会的主要成员之一，制订国家商用密码技术及产品规范10余项，国家信息安全标准3项。至2011年年底，格尔软件取得科技成果达60余项，国家发明专利申请35项，获得授权专利10项。承担国家级信息安全工程30余项，2010年基于公共密钥技术的Ⅰ系列产品应用项目获国家发改委示范工程称号。主持制订工信部信息安全标准委员会标准3项，国家密码局商用密码基础设施及相关产品的标准12项，参与制订标准16项。

## 启明星辰信息技术有限公司

启明星辰信息技术有限公司（以下简称"启明星辰公司"）成立于1996年，由留美博士严望佳女士创建，是国内拥有完全自主知识产权的网络安全产品、可信安全管理平台、安全服务与解决方案的综合提供商。多年来，启明星辰公司始终坚持技术创新，确保技术水平与国际同步，先后承担了国家"863"项目、国家发改委产业化示范工程等国家级、省部级重点信息安全科研项目50多项，在国内网络安全领域承担多项国家级重点项目。启明星辰公司拥有包括积极防御实验室、北京研发中心、上海研发中心、国内首家网络安全博士后工作站、CERT(计算机安全应急响应组 Computer Emergency Response Team，简称CERT)小组在内的200余人的技术力量。启明星辰公司已连续9年实现了平均业绩超过80%的增长，其主力产品天阗入侵检测与管理系统以绝对的优势，占据中国IDS(入侵检测系统 Intrusion Detection System，简称IDS)市场第一的位置。自2005年起，启明星辰公司逐步推出了天清汉马防火墙、天清入侵防御系统、天镜脆弱性扫描与管理系统系列产品、天玥网络安全审计系统、天珣内网管理系统等系列产品，使公司能进一步满足广大用户更广泛、深入、综合的信息安全需求。同时，随着网络安全服务在政府、金融、电信等许多领域得到越来越广泛的重视，启明星辰公司所提供的风险评估、应急响应、安全培训等网络安全服务项目已经成为公司业务新的增长点，并且在这个新兴的市场上占据着领先的地位。2010年6月23日，启明星辰在深交所中小板正式挂牌上市，成为国内唯一一家登陆资本市场的专业信息安全企业。

## 上海冰峰网络技术有限公司

上海冰峰网络技术有限公司(以下简称"冰峰网络")是国内专业VPN市场的开创者，是国内领先的VPN设备、上网行为管理设备和流量管理设备供应商和IT价值解决方案提供商。冰峰网络自成立以来，致力于不断创新、提供高性能的产品，用专业化的技术手段帮助客户改善IT架构、降低运营成本、提高运转效率、保障政令通畅，使客户的IT投资发挥最大价值，以客户的成功作为唯一使命。冰峰网络的产品大量应用于公安、银行、证券、电力、教育等对安全性和可靠性要求严苛的行业以及全球500强、国内50强等大型企业。公司销售和服务体系遍及中国31个省市和自治区，在国内13个主要城市建立了办事处和分公司。公司旗下的iceflow和网极星两大品牌，VPN、上网行为管理、流量管理产品三条产品线，得到权威机构的高度评价。凭借创新的产品理念和雄厚的技术实力，冰峰的产品得到国家官方的多家权威机构的安全认证，获得中国国家密码管理局的"商用密码产品生产定点单位"、"商用密码产品型号证书"、"商用密码产品销售许可证"等认证和中国公安部的"信息安全产品销售许可证"、"互联网公共上网服务场所信息安全管理系统"等认证。

## 上海新网程信息技术有限公司

上海新网程信息技术有限公司(以下简称"新网程")成立于1998年8月，由清华学子和资深互联网及网络安全技术专家创立，是一家专门从事互联网应用及网络信息安全产品研发的高新技术企业。新网程是上海市首批获得"软件企业认定证书"的企业，也是国内首家从事上网行为管理研究，并将研究成果转化为生产力的创新型企业，在国内早期从事基于Linux内核及基础研究，并将其在应用中推广持续十年之久。公司拥有多项自主知识产权技术和产品，得到了政府有关部门的大力支持。公司利用自身强大的技术实力积极配合各级政府及公安部门参与了国家有关行业标准的制定与多项保障互联网安全、净化互联网环境的工作，在业界享有很高的声誉。作为国家重点支持项目，新网程自主研发的PAS(个人无线接入系统 Personal Access System，简称PAS)网络应用开发平台获得了上海市种子基金资助，网络督察上网行为管理系统先后获得了国家科技部创新基金、上海市创新基金和上海市信息产业化基金等鼎力支持。新网程公司的网络督察产品在非经营性场所及联网单位中已经得到了相当广泛的应用，产品使用用户包括政府机关、酒店宾馆、教育科研、能源交通、金融电信、经贸制造等，已经覆盖了几乎所有的行业领域，用户数量也超过16 000家，其中仅世界500强企业中有200余家在全面或局部使用着网络督察的产品，管理用户端数已经达到千万级别，在中国香港、台湾地区和新加坡等地也拥有大量客户。

## 上海天融信网络安全技术有限公司

上海天融信网络安全技术有限公司是天融信(集团)公司设在上海的全资子公司。成立于2000年，是上海较早的专业网络安全公司之一，产品线包含了防火墙、VPN、IDS、过滤网关、安全审计、安全管理平台等。依托天融信(集团)公司强大的技术和工程实力，公司成立以来先后参与了上海S219、公务网等重大网络安全工程建设并作出突出贡献，为上海的政府、电信、金融、企业等行业的千余家用户提供了优质的安全产品和专业的安全服务。近几年来在上海市政府各主管部门和各行业客户的关注与支持下，公司不断开拓创新，销售额以每年100%的比例高速增长，已成为上海地区专业网络安全企业中的佼佼者。

## 上海银晨智能识别科技有限公司

上海银晨智能识别科技有限公司(以下简称“银晨科技”)是专业从事人体生物特征识别核心技术研究、应用产品开发及市场推广的高新技术企业。作为科技部认定的生物特征识别领域唯一的国家“863”成果产业化基地，银晨科技一直致力于人脸识别技术的推广应用。在国家部委、上海市各级管理部门的大力支持下，银晨科技已在自主技术创新、产品研发方面取得了突破性进展。银晨科技一直坚持自主创新，将技术看做是企业生命力的源泉。2000 年 4 月，银晨科技与中国科学院计算技术研究所签署战略合作协议，共同组建了中科院计算所——银晨科技面像识别联合实验室，共同对人脸识别核心技术展开深入研究。该实验室已成为具有国际影响力的著名研究机构。自主知识产权的人脸识别核心技术已通过了由中国科学院组织的国家级鉴定，研究成果整体处于国内领先水平、国际先进水平。基于自主知识产权的人脸识别核心技术，银晨科技研发的系列产品已广泛应用于金融、公共安全、国家安全、政府机关、海关等领域，获得了用户的一致好评。

## 万达信息股份有限公司

万达信息股份有限公司(以下简称“万达信息”)是以公共事务为核心的城市信息化领域的软件和服务提供商，成立于 1995 年 12 月，是国内早期专业从事城市信息化领域服务的企业之一。万达信息在城市信息化实践中确立了行业应用软件、专业 IT 服务和软硬件系统集成三大主营业务。在社会保障、卫生服务、民航交通、工商管理、电子政务等领域具有突出的竞争优势，同时形成了物流管理、科技教育、环境保护、国土资源四个重点拓展领域。作为国内城市信息化领域的领先企业，万达信息拥有国内软件行业体现综合实力和竞争能力的两项高等级资质认证：国家计算机信息系统集成一级资质和 CMMI 5级认证。同时，公司是国家规划布局内重点软件企业；拥有国家发改委颁发的“国家高新技术产业化示范工程”资质证书；是科技部“十五”国家“863”计划成果产业化基地和国家信息产业科技创新集体。此外，万达信息是上海市首家通过 ISO9001：2000 质量管理体系认证的软件企业；拥有国家建设部颁发的“建筑智能化系统集成(其中消防子系统除外)专项工程设计甲级资质”等软件行业内多项重要资质。凭借在丰富行业实践中形成的自主创新核心技术，万达信息已拥有 70 余项拥有自主知识产权的软件产品和软件著作权、多项国内外专利技术；承担着 10 多项国家各类标准及指南、近 10 项上海市及其他地方各类标准的制定工作；并先后获得 4 项上海市科技进步一等奖，为整个企业的可持续创新能力提供了坚强动力。万达信息总部和开发基地设在上海，在北京、成都、青岛、南京、扬州、深圳、宁波、杭州、美国等地设立了分支机构。现有员工近 1 100 人。

(朱方园)

## 上海万达信息系统有限公司

2011 年 10 月 25 日，上海万达信息系统有限公司承建的互联网违规外联的监管和应急处理关键技术攻关和应用课题通过了市科委专家验收。课题完成了企业互联网计算机违规外联监管平台应用系统研发，初步建成了覆盖全市的企业互联网计算机违规外联监管平台，全面覆盖本市相关企业单位，实现计算机违规外联“横向到边、纵向到底”的有效监管。同时平台为将来扩展其他安全管理技术手段预留了接口。该平台的建成将大大提升企业安全管理技术支撑能力，产生良好的社会效益。上海市企业互联网计算机违规外联监管平台是按照国家最新技术标准，全国各省市范围中首个建成的省级企业计算机违规连接互联网集中监控平台，具有很好的推广价值和市场前景。

(沈蕴婕)

# 第七编

# 信息化环境

# 综 述

2011年,上海信息化政策法规进一步完善,人才工作有效推进,宣传工作取得明显成效,各行业社团深入发展,信息化总体发展环境不断得到优化和提升。

为了进一步加强本市经济和信息化领域依法行政工作,2011年完成《上海市产业和信息化法治建设"十二五"规划》编制工作、《关于加快本市信息化与工业化融合的意见》政策调研、《上海市电子商务服务创新园区管理办法》立法调研、《电子商务平台企业管理办法》立法调研;根据全市规范性文件清理结果,完成了一件市政府办公厅规范性文件的修订工作;严格规范性文件制定流程,共完成三件市经济信息化委规范性文件的审查发布程序;加强法律审查,会审了四件报请市政府发布或者市经济信息化委牵头发布的政策性文件,并开展了行政执法培训、法制宣传教育等一系列活动。

信息化人才工作成果显著。市经济信息化委制订了《上海市工业和信息化人才继续教育行动纲要(2011—2013年)》、《上海市工业和信息化人才继续教育行动计划(2011—2013年)》;圆满完成市信息专业技术人才知识更新工程,开展工业和信息化人才继续教育、"两化融合"人才培训;开展信息安全技能竞赛、第二届国产基础软件应用技能竞赛;并举行了"上海IT青年十大新锐"、经济和信息化领域上海领军人才推荐选拔、上海青年高端创意人才促进计划、上海市优秀女设计师评选等多项活动,均获得了良好的社会反响,为上海产业发展和信息化建设提供了有力的人才保障。

信息化研究与咨询活动深入开展。上海市信息化专家委员会按照市委、市政府提出"十二五"期间大力实施信息化领先发展和带动战略,积极开展多种形式的研究和咨询活动,提供决策咨询服务,为上海"创新驱动、转型发展"作出应有的贡献。上海市互联网经济咨询中心立足国内市场,研究国际先进的信息化管理理念和方法,为政府和企业客户提供信息化决策支持服务、信息化项目咨询服务以及信息化技术和项目的合作与交流,2011年底中心正式挂牌"上海市智慧城市建设促进中心"。

信息化宣传工作卓有成效。市经济信息化委信息化宣传工作坚持以正面导向为前提,以关注战略性新兴产业和高新技术产业化为重点,全年共组织40多场新闻采访活动,新华社上海分社、人民日报上海分社、中央电视台、经济日报、中央人民广播电台等中央媒体和SMG电视新闻中心、SMG广播新闻中心、解放日报、文汇报、新民晚报等本市主流媒体宣传报道400多篇报道。

信息化社团积极推进行业发展。各行业协会积极承担行业课题研究,指导企业做好各类申报服务工作,组织开展各种专业培训活动,主办、协办、承办各种大型会议和活动,积极发挥协会桥梁作用,为行业的健康有序发展贡献力量。

# 第一章　信息化政策法规

## 概　述

2011年，为了进一步加强本市经济和信息化领域依法行政工作，围绕产业发展和信息化推进中的工作重点，关注中小企业法制建设，确保本市第一部中小企业地方性法规的顺利出台。

## 一、政策法规制定

**【立法工作】** 聚焦重点，做好地方性法规起草和规范性文件制定工作。2011年4月12日，市人大常委会第二十六次会议表决通过《上海市促进中小企业发展条例》，顺利完成了中小企业地方性立法工作，为本市促进中小企业发展提供了有力的立法保障。

根据全市规范性文件清理结果，完成了1件市政府办公厅规范性文件的修订工作。市经济信息化委会同市烟草专卖局等十一个部门启动并完成了对沪府办发〔2000〕7号文的修订工作，《市政府办公厅转发市经济信息化委等十二部门关于进一步加强本市涉烟非法经营行为综合治理实施意见的通知》（沪府办发〔2011〕42号）已于2011年8月4日发布。

严格规范性文件制定流程，2011年共完成三份市经济信息化委规范性文件的审查发布程序。一是《上海市重要电力用户供用电安全管理办法》已经过市经济信息化委主任办公会议审议通过，在会同华东电监局修改完善后，完成会签和发布工作；二是会同市国资委、市财政局、市工商局、市知识产权局、市版权局等部门发布了《上海市知识产权优势企业认定办法》（沪经信法〔2011〕846号）已于2011年12月13日发布；三是完成了对《上海市知识产权优势企业资金管理办法》的法律审查流程，报请委主任办公会议审查。此外，《上海市争创国家新型工业化产业示范基地管理办法》等已经启动了立法工作，形成了初步草案并进入规范性文件制定程序。

加强法律审查，会审了4份报请市政府发布或者市经济信息化委牵头发布的政策性文件。包括：《上海市人民政府办公厅关于本市“十二五”期间加快推进光纤到户建设的意见》（沪府办发〔2011〕20号）已于2011年5月19日发布；《上海市经济信息化委等12部门关于促进本市创意设计业发展的若干意见》（沪经信都〔2011〕282号）已于2011年5月27日发布；《上海市人民政府贯彻〈国务院关于促进企业兼并重组的意见〉的实施意见》（沪府发〔2011〕55号）已于2011年9月10日发布；《上海市政府办公厅转发市经济信息化委等四部门制订的〈关于推进上海规划产业区块外产业结构调整转型的指导意见〉》（沪府办发〔2011〕51号）已于2011年10月18日发布。

**【《上海市促进中小企业发展条例》】** 2011年4月12日，市人大常委会第二十六次会议表决通过《上海市促进中小企业发展条例》。

该条例规定了创业扶持政策，为了体现市政府关于“更加关注科技型、创新型、成长型中小企业的培育，更加关注初创企业的生存”的要求，规定了为创业人员提供创业辅导和服务；并针对中小企业创业过程中遇到的经营场地、开业资金和用工等问题，规定了创业场地保障等措施，以降低中小企业的创业成本。

该条例设定了专项资金支持的内容，明确市财政预算安排中小企业发展专项资金，并逐步加大资金投入力度，用于支持本市中小企业发展、改善中小企业发展环境。特别规定了关于专项资金两个“三分之一”的内容纳入地方立法：市中小企业发展专项资金中用于小企业的资金比例应当不低于三分之一；本市支持企业发展的其他相关专项资金应当适当向中小企业倾斜，用于中小企业的资金比例原则上不低于三分之一。

该条例明确了融资支持的措施，为了改善中小企业融资环境，拓宽中小企业融资渠道，主要明确了四方面措施：鼓励和支持中小企业拓宽融资渠道；鼓励金融机构向中小企业发放贷款；发展各类融资担保；推动中小企业诚信建设。

该条例重点支持中小企业进行技术研发和创新，提高中小企业的核心竞争力；对符合条件的中小企业技术创新活动给予资金支持；经认定的中小企业工程技术研究中心、企业技术中心、企业设计中心享受国家和本市的扶持政策；对中小企业产学研交流合作、创新项目推广、知识产权研发和保护等内容作了规定。在中小企业市场开拓方面，进一步细化了政府采购中小企业产品和服务的具体措施，作了两方面规定：规定预算金额内的政府采购项目，中小企业能够提供并符合采购要求的，采购人应当从中小企业采购；超出规定预算金额的政府采购项目，在同等条件下，采购人应当优先从中小企业采购。

**【《上海市人民政府办公厅关于本市“十二五”期间加快推进光纤到户建设的意见》】** 市政府办公厅于2011年5月19日发布了《上海市人民政府办公厅关于本市“十二五”期间加快推进光纤到户建设的意见》。该意见提出了本市推进光纤到户建设的总体目标和基本原则，对市政府各个部门和相关单位提出了推进光纤到户建设的主要任务和分工，明确了推进光纤到户建设的主要措施。

# 二、政策法律基础调研

**【《上海市产业和信息化法治建设“十二五”规划》编制工作】** 根据国家和本市相关规划要求，市经济信息化委政策法规处牵头并组织人员参与了编制工作，听取了相关单位、行业协会及企业的意见，依托上海市企业法律顾问协会和上海市信息法律协会组织编制，经过前期调研、组织起草、衔接论证以及委领导审查等程序，已形成《上海市产业和信息化法治建设“十二五”规划》草案，并于2011年11月9日通过了专家论证。该规划草案提出了“十二五”上海产业和信息化法治建设的基本原则、目标、主要任务及保障措施。

**【《关于加快本市信息化与工业化融合的意见》政策调研】** 该调研报告对中国各级政府出台的信息化与工业化融合相关政策进行全面梳理，选择信息化与工业化融合重点推进城市、区县和园区进行深入的比较分析，挖掘上海市目前仍为空白或亟需突破的政策领域，针对性地借鉴其他地区已有的政策举措，有重点地为上海市加快信息化与工业化融合提供政策建议。该调研报告采用分类评估与比较分析相结合的研究方法，从政策领域的实施内容、政策执行的区域范围、政策应用的目标行业等三个维度，对中国信息化与工业化融合的相关政策进行全面梳理和分析比较，提出了对上海信息化与工业化融合相关政策制定的有效建议。

**【《上海市电子商务服务创新园区管理办法》立法调研】** 该调研报告在对本市三个以电子商务为主导产业的园区进行了较为细致的调查研究的基础上，客观分析了目前存在的问题，阐述了功能区发展电子商务产业和建设电子商务服务创新园指导意见的立法必要性与可行性。该调研报告按照本市关于推进本市生产性服务业功能区电子商务发展的要求，提出了上海进一步规范和推进生产性服务业功能区电子商务发展的立法建议，草拟了课题调研报告、《上海生产性服务业功能区大力发展电子商务指导意见》、《上海市电子商务服务创新园管理办法》和《上海市电子商务服务创新园建设指南》等三个文件草案，为引导各生产性服务业功能区更好地提供电子商务服务方面开展了有益探索。

**【《电子商务平台企业管理办法》立法调研】** 该调研报告以全面协调可持续发展的科学发展观为指导思想，以推动上海经济转型为目的，大力促进电子商务这种新型的经济方式的健康发展。该课题研究的基本思路清晰，阐述全面，在了解国际电子商务最新发展动态的基础上，密切结合上海实际，明确电子商务平台的内涵与外延。分析了电子商务平台与产业集聚的关系、电子商务平台中的法律关系，提出电子商务平台企业促进与管理的基本原则与建议。该调研报告在分析有关城市相关政策的基础上，提出从专项资金、企业认定、税收征收、电子商务配送物流、平台使用费用、平台企业场地使用、平台人力资源、融资等关于促进电子商务平台企业发展的建议。注重推动平台集成功能的实现，多渠道市场主体的培养以及充分发挥行业自律作用形成市场约束机制。该调研报告运用比较分析、实证分析和理论联系实际的研究方法，具体分析了美国、日本、韩国和中国相关管理政策，预测了国外电子商务平台企业管理发展趋势，在把握电子商务平台管理的难点与要点的基础上，提出电子商务平台企业管理措施建议，包括调整现行法规，注重调整平台企业与站内经营者法律关系的调整，明确平台企业的经营义务与规范等内容。

# 三、执法监督与行政执法

【行政执法培训】 市经济信息化委政策法规处开展了年度执法人员培训，组织了系统单位行政执法证的考试工作。组织开展了对委业务处室、区县经(商)委和相关单位执法人员的执法业务培训，通过专家讲课、执法人员上岗考试等方式，重点在规范执法程序、建设高效的执法队伍方面加强组织建设，共有52人通过笔试取得了上海市行政执法证。

【行政执法指导】 进一步加强对电力等领域的行政执法工作的指导和监督。通过行政执法案件的审查制度、委相关业务处室提前介入等方式加强了对市电力执法办行政执法案件的法律审查力度，严格行政执法流程，重点加强了对电力执法案件中法律文书的审查。全年已受理行政处罚案件24件，其中，以市经济信息化委的名义做出行政处罚决定21件。

【执法监督】 加强对重点地方性法规贯彻实施情况的评估检查。分层次、多领域开展了《上海市促进中小企业发展条例》的宣传贯彻工作，组织开展了该法规释义的编写工作；配合市人大相关委员会，组织制定了检查方案，依法开展了对《上海市保护电力设施和维护用电秩序规定》执行情况的评估。

# 四、法制宣传教育

【法制宣传教育日常工作】 认真做好市经济和信息化系统法宣办公室的日常工作。召开了系统法制宣传教育年度工作会议，总结了“五五”普法工作，汇总了系统相关单位2010年法治宣传教育工作总结；召开了“六五”普法工作启动会，组织下发了国家、本市以及本系统“六五”普法规划以及2011年系统法制宣传教育工作要点。

【系统法制宣传教育工作获奖情况】 组织市经济和信息化系统有关单位开展“五五”法宣评选先进工作。系统法宣办主任陈潜同志获国家“五五”普法先进个人表彰，系统法宣办获本市“五五”普法先进集体表彰，上海电信获国家“五五”普法先进单位表彰；系统11家单位和23名个人分获本市“五五”普法先进集体和先进个人表彰。

【年度法制宣传教育专项工作】 启动了对市经济和信息化系统法宣领导小组成员的人员调整，组织了系统先进单位和先进个人的颁奖及交流工作会议；组织了获得国家及本市“五五”普法表彰的集体及个人的奖牌发放及“六五”普法启动工作座谈会；开展了“宪法宣传周”系列法制宣传教育活动；组织系统21家重点单位召开了企业合同审核制度的设计和实践交流会。

# 五、依法行政工作

【行政审批改革工作】 根据全市统一部署，组织对委电力、节能、成品油管理、软件等九个领域的行政审批事项开展行政审批业务手册和办事指南的编写工作；对国务院征求有关行政审批项目取消或调整建议以及本市建设工程竣工验收并联服务操作规程、网上行政审批管理办法、行政审批信息资源共享目录等涉及行政审批改革内容的相关文件草案和征求意见稿提出了修改意见；对经济和信息化领域区县行政审批清理情况进行了两次确认，经核对最终对目录中保留的六项行政审批予以确认。

【地方性法规、规章和规范性文件专项清理】 积极做好对所涉及的市政府及办公厅规范性文件的清理确认工作；以通告形式向社会公布了规范性文件清理结果，包括继续有效的文件目录46件、决定废止的文件目录4件、宣布失效的文件目录8件；继续做好由市经济信息化委参与发文的市政府相关委办局规范性文件清理意见的审查和答复工作；根据工业和信息化部的要求，会同相关部门积极开展了对阻碍企业兼并重组相关文件的清理工作；根据市人大和市政府法制办要求，对市经济信息化委所涉地方性法规、市政府规章、市政府规范性文件和市经济信息化委规范性文件开展行政强制规定专项清理工作。

**【行政复议和行政应诉】** 加强市经济信息化机关以及区县相关部门的行政复议和行政应诉工作。处理了涉及相关区县和业务处室的行政诉讼案件两起，一审、二审共计出庭四次；此外，为了进一步加强行政复议和行政诉讼工作，向各区县经委、商委和信息化委下发了《上海市经济信息化委关于进一步加强经济和信息化领域依法行政工作的通知》(沪经信法〔2011〕280号)，对区县有关部门提出了加强依法行政工作的相关要求。

**【日常法律事务工作】** 贯彻全市推进依法治市工作会议精神，进一步加强市经济信息化委依法行政工作。有序开展了征求意见答复、合同审核等其他法律事务处理工作，2011年共完成、答复或者研提了各种立法、政策征求意见50余件，合同审核45件，完成了领导交办以及其他各类法律事务工作60多件。此外，指导市企业法律顾问协会开展了企业法律顾问注册等相关工作，指导市信息法律协会开展了换届工作。

(刘新宇)

# 第二章 信息化人才工作

## 概 述

2011年，根据上海加快发展先进制造业和现代服务业、加快信息化与工业化融合对人才队伍建设的要求，上海市经济和信息化委员会调动各方面积极因素，充分发挥行业协会、教育培训机构等社会团体的作用，积极开展信息化人才教育培训。

在市人力资源社会保障局等有关单位的支持下，市经济信息化委制订了《上海市工业和信息化人才继续教育行动纲要(2011—2013年)》、《上海市工业和信息化人才继续教育行动计划(2011—2013年)》;圆满完成市信息专业技术人才知识更新工程，开展工业和信息化人才继续教育、“两化融合”人才培训;开展信息安全技能竞赛、第二届国产基础软件应用技能竞赛;并举行了“上海IT青年十大新锐”、经济和信息化领域上海领军人才推荐选拔、上海青年高端创意人才促进计划、上海市优秀女设计师评选等多项活动，均获得了良好的社会反响，为上海产业发展和信息化建设提供了有力的人才保障。

## 一、信息化人才教育培训

### 工业和信息化人才继续教育

为加大上海市工业和信息化人才继续教育力度，全面提升工业和信息化人才的专业能力和综合素质，为上海产业发展和信息化建设提供有力的人才保障和智力支持，在市人力资源社会保障局等有关单位的大力支持下，市经济信息化委于2011年3月制订《上海市工业和信息化人才继续教育行动纲要(2011—2013年)》(沪经信人〔2011〕102号)，并由市经济信息化委与市人力资源社会保障局联合印发。市经济信息化委同时印发《上海市工业和信息化人才继续教育行动计划(2011—2013年)》(沪经信人〔2011〕123号)。2011年至2013年上海市工业和信息化人才继续教育，以能力建设为核心，以急需紧缺专门人才继续教育和专业知识更新为重点，力争完成专业培训15万人次，普及教育5万人次。根据《国家中长期教育改革和发展规划纲要(2010—2020年)》、《上海市中长期教育改革和发展规划纲要(2010—2020年)》和《上海市工业和信息化人才继续教育行动纲要(2011—2013年)》，在领导的关心下，充分发挥市经济信息化委机关处室、事业单位等的积极作用，调动各方面积极性，推进继续教育工作持续深入开展，并取得一定成效。2011年，市经济信息化委机关处室、直属事业单位、相关教育培训机构围绕“创新驱动、转型发展”的主线，贴近产业和信息化发展需求，积极组织开展各类培训，提升了市经济信息化领域企业经营管理人才、专业技术人才、高技能人才及广大职工的专业素质和综合能力，为培育发展战略性新兴产业、推进高新技术产业化提供了人力资源支撑。2011年委机关业务处室、直属事业单位、相关教育培训机构等组织开展培训总人数达13.5万人次(包括专业培训和普及教育)，培训内容达267项。

(杨沛江)

### “两化融合”人才培训

**【概况】** 上海作为国家级“两化融合”的试验区和国家“两化融合”人才培训基地，“两化融合”已融入上海经济社会发展全局。信息化与战略性新兴产业发展、高新技术产业化、传统产业改造提升、企业技术改造、中小企业发展等重点工作实现有效对接，信息化促进产业结构升级和经济转型发展的作用显著增强。在此背景下，2011年，“两化融合”人才培训工作取得了新进展。为加强宣传贯彻，上海市经济党校、上海亚太培训中心和上海市信息化培训协会三家培训机构联合上海临港经济发展(集团)有限公司、上海汽车工业(集团)总公司、上海电气(集团)股份有限公司、上海华谊(集团)公司和上海宝信软件股份有限公司五家人才培训实训点，以培训带动人才培养，以人才培养带动技术创新，以技术创新促进“两化融合”。2011年由市经济党校牵头，以“重点围绕改造提升传统产业，着力推动制造业信息技术的集成应用，用信息技术促进生产性服务业发展，提高信息产业支撑融合发展的能力，加快走新型工业化道路步伐，促进工业结构整体优化升级”为主要任务，进一步加快落实国家“两化融合”人才培训建设工作计划，完善市“两化融合”人才培训工作机制，优化“两化融合”人才培训良好环境，扎实推进“两化融合”人才培训各项基础工作。

**【建立完善“两化融合”师资队伍建设和培训课程开发】** 为做好“两化融合”培训工作，各培训机构、实训点在市经济信息化委信息化推进处领导下，聘请了工信部专家委员会、市经济信息化委员会、复旦、交大、同济、市小企业（生产力促进）服务中心、上海电信培训中心、IBM公司、宝信软件公司、信息安全行业协会、软件测评中心等多家单位的资深专家作为开展“两化融合”的讲授教师，组成了一批深受欢迎的师资队伍。根据企业对“两化融合”培训的实际需求，推出了“面向节能减排的企业能源模型与能效评估”、“业务流程管理与应用案例”、“现代产品设计方法”、“未来通信技术与物联网”、“物联网基本内涵及产业发展趋势”、“智慧的云计算”、“打造数字化制造企业，实现工业化与信息化的完美融合”、“冶金自动化三电控制技术”、“工业软件测试”、“安全生产信息系统架构”、“安全生产信息系统的实施要求与案例”、“用信息化提升安全生产监管的思路”、“工业企业信息化管理之道”、“上海中小企业信息化应用案例”、“中小企业信息安全”、“中小企业扶植政策解读”等一批实用性很强的培训课程。

**【积极开展“两化融合”教材的开发编撰和课件制作】** 为使参加“两化融合”培训的学员能够深入地了解“两化融合”，各培训机构组织专家组成培训课程开发团队，编撰并印刷了“两化融合”系列教材《信息化和工业化融合（理论、方法和技术）》和《信息化和工业化融合（案例集）》、辅助讲义《创建中国特色的工业化之路——信息化与工业化融合》和“两化融合”培训宣传片《创建中国特色的工业化之路》等。同时充分利用网络的培训优势，制作了“物联网”、“云计算”、“节能减排”、“业务流程管理”、“政府企业扶植政策解读”、“制造装备业两化融合”、“汽车制造业两化融合”、“钢铁制造业两化融合”、“石化行业两化融合”和“物流行业两化融合”等专题培训课件。各实训点围绕各自实训教学内容和教学模式，设计开发了实践教学的配套讲义，让学员能更生动直观地理解“两化融合”。各类教材和讲义在分级分类培训中实施，并根据“两化融合”的推进进度，及时更新培训课程内容，完善多媒体课件，更好地服务于“两化融合”培训。

**【加强交流与合作，助力“两化融合”培训工作推进】** 各培训机构积极拓展培训范围，先后与市国资委等单位主动对接，以“国有企业信息化管理与应用高级培训班”为示范，通过培养复合型的“两化融合”人才，加大“两化融合”的宣传力度，提升社会各界对“两化融合”的理解和认知度，影响辐射至各区县乃至全国，从而助力“两化融合”的整体推进。为深入开展“两化融合”培训，培训机构采取“三联合”（联合区县、联合园区、联合机构）的工作方式，先后走访了浦东、松江和宝山区等区县的“两化融合”培训主管部门、浦东科技园区、市工业经济联合会、市现代服务业联合会、国资委宣传教育培训中心、信息安全行业协会等机构，共同研讨推进本地区的“两化融合”培训，联合推进区域性企业、园区企业和行业的“两化融合”培训，加强培训的针对性和有效性，提高培训的质量和水平。同时，还充分发挥有能力的相关单位积极参与“两化融合”的培训，由点及面，扩大“两化融合”培训的整体效果。

**【“两化融合”联合培训机构和实训点情况】** 按照分层分类实施两化融合专业人才的要求，全市三个联合培训机构和五个实训点累计培训409期，培训13 868人次。

（1）市经济党校作为“两化融合”培训的牵头单位，主要完成：①协调、组织力量，编写并印刷完成“两化融合”人才培训教材，建立“两化融合”人才培训师资体系建设和课程开发，开展“两化融合”人才培训实训点建设；②发挥人才培训联合机构作用，联合举办“国有企业信息化管理与应用高级培训班”和“全国两化融合深度行（上海站）暨高级培训班”；③在各级各类培训班次中，按照学员特点和行业分类，安排“两化融合”相关课程和实训点观摩课程，本年度共培训6期448人次。

（2）上海亚太培训中心积极开展“两化融合”评估培训工作，举办了“评估规范”高级培训班，来自全国各地工业和信息化主管部门领导50多人参加培训。培训除专题讲解外，还邀请中国钢铁工业协会、北京数码大方科技公司等地方行业、企业就实施开展评估规范工作的经验作了交流。为进一步推广和实施“评估规范”，统一和提高各地工业和信息化主管部门对“评估规范”的认识发挥了积极作用。

（3）市信息化培训协会针对本市企业管理人员和专

业技术人员实际情况，与有关区县的经信委、科委合作，在科技园区、重点行业开展了“两化融合”培训。协会成立了项目小组，聘请了教师编写了讲义和课件、拍摄了电视宣传片，截至2011年年底，共开设“两化融合”培训11期，培训企业管理人员和专业技术人员共2 413人。

（4）上海临港经济发展（集团）有限公司就“临港数字园区信息化建设与管理标准”的内容对产业区规划和建设单位的相关人员开展集中培训、研讨，通过培训，交流产业区内的各种信息化基础设施和应用系统的操作、使用，大大提升高产业区内信息化基础设施和应用系统的工作效率，使产业区的大量信息化体现出更大的价值。截至2011年年底临港产业区共组织培训12期，培训人数超过600人次。

（5）上海汽车工业（集团）总公司2011年“两化融合”培训180期，培训人数5 449人次。①分级分类策划实施专题培训工作。公司培训中心先后在高级经营管理人员、专业技术（管理）人员、技能人员等不同层面开展“两化融合”专题培训；②加强培训能力建设，进一步提升培训核心能力。在上汽员工职业发展培训体系及课程体系加入“两化融合”专题内容，并在相关课程及教材开发工作有实现发展和提升。同时完善培训信息管理平台建设。完成了上海汽车工程师培养在线平台2期功能开发，实现了培训课程预约、学分认定导入、课程资料下载、学校考勤注册、统计报表等功能。

（6）上海电气（集团）股份有限公司着力实施“两化融合”人才实训点建设：①组织开展数字化设计技术相关比赛、培训及推广工作，提升集团整体数字化设计能力；②积极推广ERP技术、通过有效应用提高集团经营管控能力；③搭建数字化教学平台，实施有效培训，推进数字化工厂建设。通过项目的实施、培训和后续持续的优化和推进，为集团及工厂都培养了一批既懂业务，又懂信息化管理的“两化融合”人才，这些人才分布在各个业务部门，正在成为提高本部门及工厂管理水平的中坚力量。截至2011年年底集团“两化融合”培训共25期，合计1 170人次。

（7）上海华谊（集团）公司以信息化促进转型升级成效显著，被中国石油和化学工业联合会授予全国石油和化工行业两化融合“融合创新奖”，是获此奖的全国八家企业之一。在市经济信息化委的大力支持下，在“两化融合”人才实训点基础环境建设方面，建设节能减排信息化系统多媒体演示中心通过运用多媒体的应用技术，制作了建设节能减排信息化系统演示的相关教程和建设化工企业生产过程仿真系统宣传片等。华谊集团自被授予“两化融合人才实训点”以来，加大信息化建设力度，2011年共开展信息化人才培训848人次。

（8）上海宝信软件股份有限公司在服务宝钢信息化建设的基础上自主研发了集团管控经营管理系统、钢铁执行制造系统、能源管理系统、智能交通等一系列工业软件。项目已完成了中心建设包含宝钢信息化建设展区、触控观摩区、大屏展示区、总经理驾驶舱以及企业展示区等组成。截至2011年年底，该项目已累计接待1 800多人，效果良好。

（艾　璘）

## 二、信息化人才技能竞赛活动

**【信息安全技能竞赛】** 随着上海“智慧城市”建设的实施，三网融合、两化融合的深入推进，物联网、云计算等高新技术的应用与发展，上海所面临的信息安全风险将更加复杂。为适应上海城市运行安全和“智慧城市”建设对信息安全专业技术人才的新要求，积极引导公众认识信息安全岗位设置和人才培养的重要性，发现、选拔和储备亟需的信息安全专业人才，“2011信息安全技能竞赛”于2011年6月启动。在工信部信息安全协调司的指导下，本次竞赛活动由市网安办主办，由上海市信息安全行业协会和上海市信息化青年人才协会承办，公安部第三研究所和国家信息技术安全研究中心给予了大力支持。2009年和2010年信息安全技能竞赛的顺利开展，让行业内越来越多的信息安全从业人员及有志于从事信息安全保障的行业爱好者格外关注2011年的竞赛活动，共有来自信息安全企业、上海市重点单位、政府机关、高校等百余家单位共四百余人报名参赛，较往年出现井喷式增长，竞赛还吸引了来自北京、南京、武汉等地区的信息安全爱好人士参与。竞赛组委会为此次报名参赛的选手安排了六场赛前讲座和两场赛前短训，主要就2009年及2010年信息安全竞赛的试题进行讲解，并就2011年信息安全技能竞赛命题方向进行介绍。本次竞赛围绕“隐私保护、无线和手机安全、金融安全”等热点问题展开。竞赛前两轮主要考查在不同计算机环境下参赛人员对病毒和漏洞的基本场景、复杂场景的问题处理能力和参赛人员使用常用扫描和渗透攻击工具的能力。竞赛决赛考核采用选手夺旗的方式进行。经过层层角逐，产生大赛一等奖一名、二等奖二名、三等奖三名、优胜奖四名。一等奖获得者被授予“网络安全守护者”盾牌。

（吴 昊 杨沛江 朱方园）

**【第二届国产基础软件应用技能竞赛】** 第二届国产基础软件应用技能竞赛于2011年5—11月顺利举行。本次竞赛活动是“2011上海市职业技能竞赛活动”的组成部分，参赛人员主要是高校学生、企业在职人员，竞赛岗位是计算机网络管理员、数据库管理员和计算机程序设计员。本次活动自5月份开始筹办，在上海市经济和信息化委员会人事教育处、软件和信息服务业处和上海市人力资源和社会保障局局职业技能建设处的大力支持下，国产基础软件企业派出了一线骨干技术人员精心准备培训课程，上海大学、东华大学、上海第二工业大学、行健学院、华东师范大学、托普学院、上海工商外国语学院等高校的学生和企业人员共计约300人参加了3个职业培训。本次竞赛共有270人报名培训，实际参加竞赛人数为103人，最终合格人数为52人，其中一等奖2名、二等奖6名、三等奖15名。优秀组织奖2名，分别是上海第二工业大学和华东师范大学。

（杨沛江）

# 三、信息化优秀人才评选

**【优秀CIO的评选工作】** 以信息化推动工业化是中国的一项基本国策。计算机的应用越深入，计算机在国民经济中的作用就越显著。因此，企事业单位的CIO（信息主管Chief Information Officer，简称CIO）在计算机应用中起着至关重要的作用。为了发挥榜样的作用，上海市计算机用户协会自2004年起连续八年，配合市科委、市经委和国资委等，组织评选了上海市优秀CIO。通过单位推荐、专家评审、网上公示、领导小组审定，八年共评选出112名优秀CIO。事实证明，评选优秀CIO的活动，对于推动上海地区的信息化建设，科教兴市，具有重要的促进作用。

2011年评选出的10位上海市优秀CIO，他们分别是：

| | | |
|---|---|---|
| 秦德霖 | 上海市医疗保险信息中心 | 总工程师/副主任 |
| 郑冬标 | 江南造船（集团）有限责任公司 | 副总工程师/信息技术部部长 |
| 耿向东 | 中国联合网络通信有限公司上海市分公司 | 信息化部总经理 |
| 刘　雷 | 上海生物信息技术研究中心 | 副主任/博士 |
| 陈丽娟 | 上海市教委教研室 | 信息技术教研员（主管） |
| 吴立峰 | 上海篱笆信息科技有限公司 | 技术副总裁 |
| 俞剑鸣 | 上海第一食品连锁发展有限公司 | 副总经理 |
| 周　强 | 上海中医药大学 | 信息化办公室主任 |
| 熊友生 | 第455医院 | 信息科主任 |
| 蒋若宁 | 双钱集团股份有限公司 | 信息中心主任 |

（王寿根）

**【“上海IT青年十大新锐”】** 伴随上海信息化的飞跃，诞生于2002年的“上海IT青年十大新锐”评选活动也走过了十年历程。2011年11月27日，经评委会无记名投票，并结合社会公众手机短信投票，广受社会各界关注的“中国移动全球通”第十届“上海IT青年十大新锐”评选结果于评选会上现场揭晓，维鹏信息技术（上海）有限公司（维络城）董事长兼CEO（首席执行官Chief Executive Officer，简称CEO）张毅斌等10人当选为第十届“上海IT青年十大新锐”，上海艾为电子技术有限公司总经理孙洪军等10人荣获提名奖。共青团上海市委书记潘敏、上海市经济和信息化委员会副主任刘健等出席评选会，并为提名奖获得者授奖。本次评选活动是在团市委、市经济信息化工作党委、市经济信息化委、市青联的指导下，由市信息化青年人才协会、中国移动上海公司等单位共同主办。本届获奖者大多聚焦在电子信息产品制造业、软件和信息服务业等高新技术产业化重点领域，符合上海产业发展方向。特别在《上海市推进智慧城市建设2011—2013年行动计划》所列的云计算、物联网、集成电路、三网融合、信息服务等重点专项方面，新锐们着眼未来、创新开拓，取得较为突出的业绩，为城市发展植入了智慧基因。

“中国移动全球通”第十届“上海IT青年十大新锐”名单（按姓氏笔画为序）：

| | | |
|---|---|---|
| 王建硕 | 上海客齐集信息技术有限公司（百姓网） | CEO |
| 伏彩瑞 | 上海互加文化传播有限公司（沪江网） | CEO |
| 许星（女） | 上海延华智能科技（集团）股份有限公司 | 常务副总经理、董事会秘书 |

吴　辉　上海航天局第805研究所运载火箭总装及数字化　副主任设计师
张毅斌　维鹏信息技术(上海)有限公司(维络城)　董事长兼CEO
陈思劼　上海看看牛视网络传播有限公司总经理、上海广播电视台电视新闻中心　副主任
周清会　上海曼恒数字技术有限公司　CEO
姚　猛　快钱支付清算信息有限公司助理总裁
康　剑　中国电信视讯运营中心常务副主任、党支部书记,天翼视讯传媒有限公司总经理
韩　猛　上海瑞创网络科技股份有限公司　董事长兼总裁

"中国移动全球通"第十届"上海IT青年十大新锐"提名奖获得者名单(按姓氏笔画为序):

王　峰　盛大游戏有限公司　副总裁、技术中心总监
王　新　复旦大学计算机学院　教授、博导,媒体计算研究所副所长
乔月猛　上海艾睦网城网络科技有限公司(imo互联网办公室)　CEO
刘　泉　中国移动通信集团上海有限公司嘉定分公司总经理
孙洪军　上海艾为电子技术有限公司　总经理
李代山　上海悠哉国际旅行社有限公司(悠哉旅游网)　CEO
沈红斌　上海交通大学电子信息与电气工程学院　研究员、博士生导师
胡卫新　新蛋信息技术(中国)有限公司　总经理
黄　震　上海壹杰信息技术有限公司　董事长兼总经理
梁伟平　瑞庭网络技术(上海)有限公司(安居客集团)　董事长兼　CEO

(杨沛江　王　晶)

**【经济和信息化领域上海领军人才推荐选拔】**　结合高新技术产业化领域的特点,市经济信息化委进一步推进以创新创业型领军人才为主体的领军人才队伍建设。根据市委组织部、市人力资源社会保障局《关于开展2011年上海领军人才选拔工作的通知》(沪人社专〔2011〕334号)要求,在本市经济和信息化领域内组织开展了2011年上海领军人才的推荐选拔工作。在100余名申报者中,经过推荐、专家评审,选拔推荐了24名领军人才候选人,最终10人入选2011年上海领军人才地方队培养计划,对战略性新兴产业、高新技术产业发展起到引领作用。

**【上海青年高端创意人才促进计划】**　为进一步推进上海"设计之都"建设,促进本市文化创意产业发展,创新本市青年创意人才的培育机制,共青团上海市委、中共上海市经济和信息化工作委员会、上海市经济和信息化委员会于2011年7月起联合实施"2011年度上海青年高端创意人才促进计划",旨在工业设计、时尚设计、建筑与城市设计、室内装饰设计、平面设计、多媒体艺术设计、创意管理等相关领域选拔和培育一批青年高端创意人才。

自"创意人才计划"启动以来,得到了社会各界的广泛关注和广大青年创意人才的积极响应,在社会上引起了较大反响,本市区、县、高校、市属单位团组织和青联组织、创意园区、部分优秀青年等积极递交申报材料。在79名申报者中,经专委会委员初审,并征求相关党组织及单位意见后,产生了20名正式候选人;经媒体公示、网络投票和终审答辩,评选结果于10月23日终审答辩会上现场揭晓。张沙娃等10人荣获"2011年度上海青年高端创意人才",侯小强等10人荣获"2011年度上海青年高端创意人才入围奖"。颁奖典礼于10月26日在"2011上海国际创意产业活动周"开幕式上隆重举行。

**【上海市优秀女设计师评选】**　为提升女性创新创意能力,进一步激励更多的上海女性参与上海创意城市建设,营造良好的上海创意城市建设的氛围,上海市妇女联合会、中共上海市经济和信息化工作委员会、上海市经济和信息化委员会联合在工业设计、时尚设计、建筑与城市设计、室内装饰设计、多媒体艺术设计等五大创意设计领域中开展了上海市三八红旗手暨优秀女设计师评选活动。评选活动自2011年7月25日正式启动以来,得到了社会各界的广泛关注和广大女性设计人才的积极响应。在78名申报者中,评选工作领导小组办公室根据专家评审团第一轮投票情况,产生了30名候选人名单。10月21日,评选活动主办方召开上海市优秀女设计师评委会,市妇联主席张丽丽、副主席赵英,市经济信息化工作党委副书记张金康,市文化创意产业推进领导小组办公室副主任贺寿昌等27位评委出席会议。评选结果现场揭晓,刘力丹等10人荣获上海市优秀女设计师称号,并被命名为上海市三八红旗手;方旦等20人荣获上海市优秀女设计师入围奖,并被命名为上海市巾帼建功先进个人。10月26日晚,10位上海市优秀女设计师及20位入围奖获得者在"2011年上海国际创意产业活动周"开幕式上受到表彰。

(杨沛江)

# 第三章　信息化研究与咨询

## 概　述

2011 年，上海市信息化专家委员会按照市委、市政府提出“十二五”期间大力实施信息化领先发展和带动战略，积极开展多种形式的研究和咨询活动，提供决策咨询服务，为上海“创新驱动、转型发展”作出应有贡献。

上海市互联网经济咨询中心立足国内市场，研究国际先进的信息化管理理念和方法，为政府和企业客户，提供信息化决策支持服务、信息化项目咨询服务，以及信息化技术和项目的合作与交流，2011 年年底中心正式挂牌“上海市智慧城市建设促进中心”。

## 一、信息化专家委员会

2011 年，上海市信息化专家委员会(以下简称“专家委员会”)按照市委、市政府提出“十二五”期间大力实施信息化领先发展和带动战略，建设以数字化、网络化、智能化为主要特征的智慧城市的要求，围绕信息基础设施建设、城市智能化管理、提升产业信息化、优化信息化发展环境和智慧城市推进机制等五个方面，积极开展多种形式的研究和咨询活动，提供决策咨询服务，为上海“创新驱动、转型发展”作出应有贡献。

**【举办市信息化“十二五”规划专家论证会】** 2011 年 3 月 21 日，对市国民经济和社会“十二五”信息化规划进行专家论证，专家们认为规划具有前瞻性，切合实际，具有可操作性，并提出加强信息技术应用、加快新一代信息技术发展，消除“数字鸿沟”等建设性的意见和建议，为市信息化“十二五”建设明确方向。

**【举办智慧城市三年行动计划专家论证会】** 2011 年 6 月 29 日，组织专家对智慧城市三年行动计划进行专家论证，专家们认为行动计划体现了项目化、具体化、工程化，具有创新性，并希望在具体推进过程中要体现上海特色，同时加强保障体系建设。

**【开展组别活动】** 网络通讯组和应用组两组专家开展联合组别活动，加强了交流与合作；围绕“云计算”这一主题，2011 年 10 月 27 日产业组及其他组专家共十多人在上海贝尔开展组别活动，加强了交流与合作。

**【举办“上图信息化知识讲座”】** 2011 年 5 月 21 日，举办第三期“上图信息化知识讲座”，邀请华东师范大学计算机应用研究所所长顾君忠主讲“建设智慧城市、让生活更美好”。此次讲座也是全国科技活动周暨上海科技节的活动内容之一。7 月 23 日，邀请国家信息化专家咨询委员会委员高新民主讲《“两化融合”是促进我国工业由大变强的战略举措》。

**【编发《信息化视点》】** 完善《信息化视点》征稿制度，建立主题征稿、定向征稿、主动供稿三种征稿制度，增强《信息化视点》的时效性和针对性。共编发智慧城市、世界移动通讯大会、下一代互联网核心技术 IPv6、美国无线网络计划、第三方支付牌照发放和电子支付将放量增长、轻型无线基站对产业发展、LBS(基于位置的服务 Location Based Service，简称 LBS)技术及产业化应用等七期《信息化视点》。

**【进行专题调研和各类课题研究】** 发挥专家委员会宏观性、前瞻性、综合性、协同性优势，推荐二十多人次相关专业方向、具有一定经验的专家参加市委办公厅、市委宣传部、市政府法制办及相关业务处室等开展的专题调研和各类课题研究。政策法规组专家承担了《上海诚信体系建设研究》、《上海促进电子商务发展规定修改前期研究》等课题；信息安全组专家参加了上海信息安全“十二五”规划研究起草工作。

**【梳理区县智慧城市建设情况】** 为全面了解、掌握各区县推进智慧城市工作的最新进展情况，对各区县智慧城市建设的整体推进情况、具体做法、问题和困难、工作建议等情况进行了汇总和梳理，形成了专门的报告。

**【建立互动交流平台】** 围绕信息化发展中出现的热点问题，确定相应的主题，请专家以电子邮件和短信等形式发表各自的观点、意见和建议，再将这些观点、意见和建议进行整理后上报。互动交流平台的第一期主题为“智慧城市建设”，专家们提出了许多建议，并纳入智慧城市建设三年行动计划。

**【搭建合作交流平台】** 一是加强与国家信息化专家委的联系，了解国家信息化专家委工作动态和关心的热点问题；二是加强与兄弟省市和各区县信息化专家委的联系，梳理兄弟省市和各区县信息化专家委的情况。

**【进一步加强服务协调工作】** 一是为全体专家订阅2011年《上海信息化》杂志，使各位专家了解上海信息化发展的动态。二是畅通专家委与市决策部门的信息传递渠道，增强沟通交流的频度、广度和深度，建立市信息化专家委互动交流平台。三是优化专家结构，根据信息技术、产业和社会发展的新特点、新情况和新趋势，逐步建立市信息化专家委专家后备库，为专家委2013年换届提前做好准备。四是加强日常服务，端午、中秋和国庆等国家法定节假日，以短信形式向所有专家发送节日慰问；春节等重大节日上门拜访老专家；秘书处已成为专家之间、专家与委内处室之间的联系通道。

（潘君才）

# 二、互联网经济咨询中心

## 概况

上海市互联网经济咨询中心（以下简称“中心”）是信息化研究、专业咨询、合作交流机构。中心立足于国内市场，研究国际先进的信息化管理理念和方法，为政府和企业客户，提供信息化决策支持服务、信息化项目咨询服务，以及信息化技术和项目的合作与交流，2011年底中心正式挂牌“上海市智慧城市建设促进中心”。

（曹惠芳）

## 研究咨询

**【概况】** 2011年，中心积极开展智慧城市、两化融合、政务信息资源开发利用等信息化研究、咨询工作，完成了上海市区县电子政务发展评估报告等。

**【智慧城市研究】** 中心积极参与上海市智慧城市建设相关事项。“上海市智慧城市建设促进中心”正式对外挂牌；研究制定智慧城市统计评估体系，主要包括发展水平评估、执行情况评估和统计制度建立等三方面工作；拟搭建互联网运行质量监测公共服务平台。中心正在探索建立本市通信质量、网络速度和服务的第三方监测和信息发布机制，筹建互联网运行质量监测公共服务平台，拟定期监测并发布互联网运行质量分析报告。

（王颖东　曹惠芳）

**【政务信息资源开发利用】** 2011年，市委市政府将推进政府信息资源向社会开放作为市委重大专题调研之一，中心在市经济信息化委领导下积极参与相关事项。承担并基本完成市委研究室《上海开局三年推进产业结构调整和转型措施研究（信息资源、信息服务）——政务信息资源开发利用》课题研究工作；配合市经济信息化委按照“建立面向政府间信息资源共享和面向社会开放的服务平台和服务机制”的任务分工，形成了工作推进思路并在市政府常务会议上进行了专题汇报；拟在原市政务信息资源目录服务平台原型的基础上，升级改造成上海市信息资源服务平台，实现对政府信息资源部门间共享和对外服务的统一管理。

（朱　京　曹惠芳）

**【软件和信息服务业研究】** 2011年，中心重点开展了高新技术产业研究，内容涉及产业规划、人才战略、区域竞争力分析等，通过分析背景、环境、发展现状和特点，总结发展趋势，提出发展对策与建议。进行信息服务业区域发展比较研究；完善高新技术产业化统计体系研究；开展战略性新兴产业发展研究；静安区信息服务业发展对比分析和策略研究；根据上海“十二五”软件和信息服务业发展目标，制定上海软件和信息服务业领域人才发展规划（2011—2015）；制定上海工业设计和时尚设计领域人才开发目录，开展创业产业研究。

【咨询服务】 2011年继续组织好市信息化项目评估咨询服务工作。组织完成市建设财力投资信息化项目评估10个、市本级预算单位信息化项目评估1 466个、市本级预算单位追加预算和待分配项目评审7个、2个国家专项资金及三个市专项资金的项目管理、项目验收工作，实地走访检查177家项目单位，完成验收项目122个；做好区县信息化项目评估咨询服务，完成静安区、闵行区信息化项目评估、预算审核、项目验收咨询服务项目计657个、浦东新区技术改造项目评估100个和松江区工业投资项目评估9个；参与市经济信息化委创意产业相关业务，融入市创意产业的推进工作；完成6期《信息化视点》内刊的编辑工作、12篇《经济和信息化研究领导专报》编制工作。

（吴剑栋　曹惠芳）

## 合作交流

【举办了2011全球CEO论坛】 2011年中心与“第一财经”共同主办2011信息化时代企业发展论坛，以研究和探讨信息化时代企业发展变革问题、解读热点政策、促进企业间合作与交流为主旨，引导企业顺应变革，做好转型升级。

【举办了2011新兴产业合作与发展推进会】 为加快上海推进新兴产业“创新驱动、转型发展”，促进新兴产业发展与合作，中心组织召开了“联合国工业发展组织新兴产业合作与发展推进会”，有来自20多个国家的200多人参加了会议。

【举办了2011全球CEO高层会议】 为了推进战略性新兴产业发展、推动经济进入新一轮繁荣，以“战略性新兴产业合作与发展”为主题，举行2011全球CEO高层会议。来自全球知名企业CEO、商界领袖、专家学者与媒体代表等500多名嘉宾出席会议。

【“金砖五国”经济合作研讨会】 举办两期由巴西、印度、俄罗斯、中国、南非组成的“金砖五国”经济合作研讨会。

（吴玉刚　曹惠芳）

## 人才培训

上海亚太地区经济和信息化人才培训中心（以下简称“CIFAL中心”）于2010年被授牌为“上海市推进信息化与工业化融合培训基地”。CIFAL中心在2010年增设云南省区域中心、吉林省区域中心等培训机构的基础上，在2011年更注重加强与国内培训机构的合作，新增设了重庆市区域中心、北京商业智能软件培训基地、深圳中非合作培训基地，与上海市经济党校正式签署“关于合作开展高层次培训项目框架协议书”。现已成功举办全国两化融合培训班；继续合作举办两期系统集成项目经理培训班，共有近100名来自浙江企业的项目经理参加了培训；联合举办了第二届国际软件测试高峰会议等。

CIFAL中心召开了第二届全国培训合作网络年会，拓展的培训项目有：全球专业人才认证中心项目（GPST）、公司治理培训项目、信用管理培训项目、创意人才培训国际证书项目、中非合作考察交流项目。深化的培训项目有：共举办了四期商务部援外培训项目、协调举办了上海市创意人才政府官员培训班和园区管理者培训班、联合举办了两期联合国训练研究所高级信息安全专家培训班、举办了中非合作新能源专题研讨会、举办了GPST专业人才研讨会等。

（吴玉刚　曹惠芳）

## 软件评测

中心下属上海市软件评测中心有限公司2011年围绕主线发展业务。中心围绕公共测试服务、信息化测试服务、工业软件测试服务、第三方质量保障服务四条主线，完成软件产品登记测试1 700个；软件著作权登记872件；软件成果鉴定136件；服务软件企业800多家；围绕产业化专项资金、创新基金、高新技术成果转化等政府项目，共完成170余项专项资金验收；完成新申报集成四级资质评审23家；集成三、四级资质企业换证评审21家、（高级）项目经理审核425人、延续换证（高级）项目经理审核199人、完成企业年度监督检查工作192家；承担了上海市政府采购信息管理系统、上海市保障性住房申请家庭摇号排序专用软件等系统的测试工作。系统测试工作覆盖了电子政务领域、教育领域、金融领域、电子商务领域和社会信息化领域。

（孟　艳　曹惠芳）

## 企业服务

2011年中心积极参与本市中小企业服务体系建设，打造中小企业管理咨询和服务平台，聚焦经济和信息化发展重点，为33家中小企业提供产业规划咨询、信息化测评、企业信息化咨询和项目管理等专业服务，为企业投资发展决策提供全方位智力支持。

（赵　彤　曹惠芳）

# 第四章 信息化宣传

## 概 述

2011年是"十二五"开局之年，市经济信息化委信息化宣传工作坚持以正面导向为前提，以关注战略性新兴产业和高新技术产业化为重点，以着力宣传各类重要会议、重大活动为抓手，努力提高舆论引导能力，营造大力推进"创新驱动、转型发展"战略的外部舆论氛围，为开展产业和信息化工作创造了良好的环境。全年共组织40多场新闻采访活动，新华社上海分社、人民日报上海分社、中央电视台、经济日报、中央人民广播电台等中央媒体和SMG电视新闻中心、SMG广播新闻中心、解放日报、文汇报、新民晚报等本市主流媒体宣传报道400多篇报道。

## 一、综合性工作宣传

**【开展网宣工作】** 在市经济信息化委门户网站上专门设立新闻发布窗口，并通过新民网、人民网、东方网等及时对外发布"物联网产业发展(上海)论坛"、全国首个"信息安全活动周"等产业发展和信息化建设有关情况。围绕重要时间节点，筹划对外宣传报道，方便境内外媒体及时获取最新信息。

**【加大各视听及平面媒体宣传力度】** 加强与各主要报刊媒体加强协调沟通，通过《经济日报》、《解放日报》、《文汇报》等媒体对2011年物联网产业发展(上海)论坛、2011上海国际信息化博览会等重要活动进行宣传，扩大了活动的影响力、知名度和覆盖面。

**【公开出版物开展宣传】** 发布相关产业和信息化规划文本。其中，《上海市推进智慧城市建设2011—2013年行动计划》译成英文版，扩大了工作的知晓率。出版工业和信息化专门书籍，如《上海产业和信息化发展报告》丛书等重要书籍，对本市工业和信息化主要行业、重点领域、重点企业、推进措施及产业布局等进行宣传，重点介绍推进本市高新技术产业化的积极进展和重要举措。

## 二、重点工作宣传

**【2011上海国际信息化博览会】** 国内最大的IT专业展览会"2011上海国际信息化博览会"于3月15日在上海新国际博览中心举行。本届信博会由6个专业展和21个论坛及研讨会组成，10个展馆总面积达11万平方米，覆盖了当今世界几乎所有电子信息产业的最新技术和发展方向。本届信博会由6个展会联袂打造，包括业界著名的"国际半导体设备与材料展暨研讨会"、"中国国际平板显示器件、设备材料及配套件展"、"中国国际太阳能技术展"、"慕尼黑上海电子展"、"慕尼黑激光、光电展"以及"中国国际电子电路展"，进一步增强了信博会的整体规模效应。市经济信息化委组织国内外等多家新闻媒体进行了会前会后深度采访与报道，进一步扩大宣传范围，加强宣传力度。

**【全国"两化"融合深度行(上海站)活动】** 工信部、科技部、财政部、商务部、国资委等部门于2011年4月联合印发了《关于加快推进信息化与工业化深度融合的若干意见》，明确了"重点围绕改造提升传统产业，着力推动制造业信息技术的集成应用，用信息技术促进生产性服务业发展，提高信息产业支撑融合发展的能力，加快走新型工业化道路步伐，促进工业结构整体优化升级"的主要任务。为加强宣传贯彻，工信部自2011年9月—2012

年2月，围绕“转方式，调结构，实现两化深度融合良好开局”主题，分别在贵阳、重庆、厦门、上海等城市开展“两化”融合深度行系列活动。自2008年上海被授予首批国家级推进信息化工业化融合试验区以来，按照市委、市政府的总体部署，上海基本建立了以企业信息化建设为核心，传统产业改造提升和战略性新兴产业发展为主线，政府政策推动和专项支持为引导，高校、科研机构等社会各方积极参与的“两化融合”推进格局。累计支持了200多个企业信息化重大项目建设，支持资金近5亿元，带动企业投资超过120亿元。新华社（上海分社）、人民日报（上海分社）、解放日报、文汇报、SMG电视新闻中心、SMG广播新闻中心等多家新闻媒体进行了深度采访与报道。

**【信息安全活动周】** 10月13日为期一周的首届信息安全活动周拉开帷幕，本次活动周通过技术产品展示、技能竞赛、专家访谈、公益广告等多种形式，利用电视、网络、平面媒体等多种媒介，全方位宣传智慧城市建设中信息安全保障的重要性与实际应用的必要性。本届活动周旨在从技术发展、政策实践、系统防范、产业推动、人才集聚、意识培养和全民动员等多个信息安全相关领域，推动信息安全技术产业发展，推进政府信息安全工作深化，推动全民信息安全防范意识和知识的提高和普及，以适应上海城市运行安全和“智慧城市”建设的新要求。新华社（上海分社）、人民日报（上海分社）、解放日报、文汇报、SMG电视新闻中心、SMG广播新闻中心等多家新闻媒体进行了深入报道，报道文章约30篇。

**【诚信体系建设系列宣传】** 2011年是“十二五”开局之年，上海社会诚信体系建设围绕市委、市政府关于社会诚信体系建设取得新突破和“创新驱动、转型发展”的总体要求，以营造“守信受益、失信惩戒”的社会经济环境为目标，以信用信息公开、共享、利用为主线，着眼顶层制度建设、诚信基础建设、诚信管理机制完善、信用服务行业发展、诚信环境营造，协调推动全市社会诚信体系建设工作稳步发展。

**2011年上海社会诚信体系建设会议** 5月4日，市政府召开上海2011年全市社会诚信体系建设工作推进会议。艾宝俊副市长在会上指出，加快“四个中心”建设、发展服务经济需要信用环境的有力支撑，调整优化产业结构、推进高新技术产业化需要不断创新信用工具，政府职能转变、社会管理优化、市场秩序规范需要强化全社会诚信制度建设。会议肯定了近年来本市社会诚信体系建设所取得的成绩，并围绕优化要素市场资源配置、提高信用信息资源开发利用水平、推进信用服务产业提升发展、推动中小企业信用体系建设、加强信用分类监管、营造社会诚信环境等方面，对上海社会诚信体系建设新一轮发展提出了明确要求。SMG广播新闻中心、解放日报、文汇报、新民晚报等20余家媒体对会议进行了报道。

**上海“诚信活动月”宣传活动** 2011年9月是上海“诚信活动月”，全国的诚信兴商宣传月、质量月、征信知识宣传月活动也同时在沪进行。为了增强全社会的诚信意识，普及信用知识和信用产品，营造“守信受益、失信惩戒”的社会环境，本市相关政府部门、相关行业结合本系统、本区域、本行业特点，聚焦经济、社会重要领域以及与民生密切相关的领域，组织开展了形式多样的诚信宣传、诚信承诺、诚信创建、信用知识普及、信用产品推广、诚信交流研讨等活动。

**【“智慧城市”系列宣传】**

**上海市人民政府与中国移动通信集团公司在沪签署《共建智慧城市合作框架协议》** 中国移动上海公司作为上海智慧城市建设的重要战略合作伙伴和“无线城市”建设的主力军，三年内将投入超过130亿元，以建设精品无线城市来助力上海智慧城市建设，推进上海的深度城市化、国际化、智能化；同时，也要打造一个广大市民和各行各业“用得上、用得好、用得起”的无线城市。新华社（上海分社）、人民日报（上海分社）、解放日报、文汇报、SMG电视新闻中心、SMG广播新闻中心等多家新闻媒体进行了深入报道，报道文章约30篇。

**配合全市宣传工作，协助市领导进一步介绍“智慧城市”** 9月11日，艾宝俊副市长作客新闻坊《我与市长面对面》节目，围绕日前公布的上海推进“智慧城市”建设三年行动计划，为普通市民代表答疑解惑，并描绘了“智慧城市”的美好蓝图，为广大市民进一步形象地了解“智慧城市”起到了宣传推动作用。11月23日艾宝俊副市长出席本市新闻通气会，通报上海产业转型发展、推进高新技术产业化、积极培育战略性新兴产业、推进智慧城市建设有关情况。新华社（上海分社）、人民日报（上海分社）、解放日报、文汇报、SMG电视新闻中心、SMG广播新闻中心等本市和多家中央媒体进行了深入报道。

**物联网助力智慧城市建设——2011年物联网产业发展（上海）论坛** 11月2日，2011年物联网产业发展（上海）论坛召开，本次论坛是目前国内最专业和国际化的物联网产业盛会之一，以“物联网助力智慧城市建设”为主题，总结上海物联网发展成果，对接智慧城市建设需求，探索物联网技术和模式创新的路径和方法。论坛分为一个主论坛和智慧城市、应用创新、车联网、技术四个分论坛。邀请工信部和上海市智慧城市建设相关政府部门负责人、物联网行业权威专家和精英,汇聚国内领军企业及相关行业组织,介绍国家和上海物联网产业发展情况和产业政策,探讨物联网在智慧城市建设各行业中的应用,分享物联网在百姓日常生活中的创新应用,分析物联网产业技术、应用的发展现状及趋势,共同探讨上海物联网产业未来发展之路。上海电视台、上海电台、解放日报、文汇报等多家主流新闻媒体对此进行了深入报道。

**上海智慧城市公共服务领域首个项目——全国首家电子账单公共服务平台试运行** 11 月 23 日,全国首家电子账单公共服务平台试开通,作为《上海市推进智慧城市建设 2011—2013 年行动计划》第一个完成建设并投入试运行的项目,上海市电子账单公共服务平台有利于提高市民对智慧城市建设的参与度和感受度。目前,已有上海电力、上海电信、上海联通、市北自来水、市南自来水、浦东威立雅自来水、浦东新区自来水、南汇自来水、闵行自来水、奉贤自来水、市北燃气、大众燃气和浦东燃气等 13 家公用事业单位接入平台,基本覆盖了上海地区主要的水、电、燃气和通信行业单位。上海市电子账单公共服务平台为市民提供电子账单的申请、推送、查询、支付和管理的"一站式"服务,实现账单"查得到"、"付得掉"、"理得清"的便捷功能。为进一步推广平台在人民群众中的知晓度,市经济信息化委组织新华社(上海分社)、人民日报(上海分社)、解放日报、文汇报、SMG 电视新闻中心、SMG 广播新闻中心等多家新闻媒体对此进行了深度采访与报道。

**光纤到户建设工作加快体制机制创新,国内首家通讯配套设施第三方专业维护公司成立** 城市光纤宽带网,是上海建设智慧城市的关键,是上海加快建设"四个中心"、加快提升国际竞争力的重要基础设施。预计到 2012 年底,全市将累计完成光纤到户改造覆盖 550 万户,到"十二五"期末,本市将基本完成光纤到户建设,成为国内通信质量、带宽和服务最具竞争力的地区之一。同时,本市加快相应体制机制创新,发布并实施《住宅建筑通信配套工程技术规范》,9 月 7 日率先成立国内首家通讯配套设施第三方专业维护公司,确保为各电信企业提供公平、优质的维护服务,保障用户的自主选择权。SMG 电视新闻中心、SMG 广播新闻中心、解放日报、文汇报、新民晚报等 30 余家媒体对此进行了报道。

(承巍巍)

# 第五章　信息化社团

## 概　述

2011年上海信息化系统协会、民办非企业单位等，围绕全市信息化重点项目开展工作。跟踪行业动态，承接重要课题，加强前瞻研究；搭建交流平台，推进政策落实；开展标准建设，促进产业发展；加强行业自律，加大服务企业力度；开展信息化宣传工作，充分发挥了政府、企业和市民间的桥梁纽带作用，各项工作取得新的进展。

## 一、行业(专业)协会发展

### 上海市计算机用户协会

**【概述】** 上海市计算机用户协会(以下简称"计算机用户协会")成立于1981年3月，原是中国计算机用户协会的一个地方分会，1991年由市民政局批准成为上海市的社团法人。计算机用户协会是以用户为主体的中国计算机使用、研发、生产、技术服务等部门联合协作的组织，它是由上海地区各企业用户、政府机关、邮电通讯、教育、医药卫生等用户组成，协会下属14个专业委员会，其中包括：IBM、惠普、英特尔、数据库、微机网络、INTERNET2、教育培训、ERP、LINUX、工业自动化等专业用户。它集中了上海地区计算机界著名专家、学者和高级管理人员，拥有雄厚的技术优势和人才优势。30年来上海市计算机用户协会遵循有关法律法规，积极有序地开展协会工作，成为上海地区颇具影响力的社团组织。协会多次被中国计算机用户协会评为先进集体，并被誉为"计算机用户之家"。

**【优秀应用成果评选工作】** 计算机用户协会的主要工作是总结和推广计算机应用成果，以应用促发展。在计算机发展的每一阶段，计算机用户协会都举办各种类型的新技术、新产品交流会、研讨会，以推进计算机应用。2011年自5月起开展了上海市2011年度优秀应用成果的评选工作，经过近5个月的成果申报，专家评审，网上公示，用户专访，最后评选出10项优秀应用成果。他们分别是：

上海联通云计算云终端试点工程　中国联合网络通信有限公司上海市分公司

海鼎现代连锁商业企业协同管理服务平台　上海海鼎信息工程股份有限公司

银联数据信用卡发卡系统　银联数据服务有限公司

大宗商品现货电子交易平台易贸网　上海东虹桥电子商务有限公司

上海市工业能效监控平台　上海市节能监察中心

驴妈妈一码通电子门票系统　上海景域文化传播有限公司

上海学前教育网园园通管理平台　上海市教育委员会信息中心学前教育信息部

瑞金医院卢湾分院医疗便民服务系统与应用　上海交通大学医学院附属瑞金医院卢湾分院

科技企业统计与服务通道　上海科申信息技术有限公司

远洲集团信息管理平台　远洲集团股份有限公司

**【协会成立30周年纪念活动】** 在"十二五"规划开局之际，2011年3月14日计算机用户协会迎来了协会成立30周年。在庆典之际，除了总结经验外，主要是着眼现在和将来，当前信息技术的应用已发展到更深的层面，举办主题为"加强信息技术应用　建设智慧城市"的论坛，市经济信息化委副主任邵志清做"加强信息技术应用、建设智慧城市"的报告，IBM中国区工商企业部战略与市场部经理杨梅蕾做"Smart CIO助力智慧城市建设"的报告，市交巡警总队技术处处长姚良群做"建设智能化的交通调度系统"的应用介绍。

**【发挥专委作用，开展交流活动】** 2011年数据库专业委员会的工作主要是协助复旦大学于10月21—23日承办中国计算机学会第二十八届中国数据库学术会议。会议聚集了海内外数据库界的专家和学者200多人，乐嘉锦副理事长作为组委会的成员参加会议。会议期间就数据库和相关技术的最新发展进行了广泛交流，会议取得了圆满的成功。经过速录专委会的努力推介，“速录师”终于纳入了由上海市教育委员会和上海市劳动和社会保障局共同举办的本市中等职业学校中实施的“星光计划”项目。从2004年起，“星光计划”每两年举办一次。2011年有四所中职校的学生参加了“速录师”项目的比赛，在力源培训中心老师的培训和指导下，董恒普职业技术学校和上海商贸旅游学校的学生获得了第一名的好成绩。医疗卫生专委也在8月份开展存储备份研讨会，华山医院、瑞金医院、长海医院和东方肝胆医院的20多名信息主管参加了会议。

（王寿根）

## 上海市信息化青年人才协会

**【概况】** 为更好地贯彻落实科学发展观，服务上海信息化建设，在团市委和原市信息委的共同指导下，上海市信息化青年人才协会（以下简称“信息化青年人才协会”）于2004年正式成立。历经五年发展，经协会二届八次理事会审议通过的会员已有304人。信息化青年人才协会会员以“上海IT青年十大新锐”为骨干，主体由十年来评选出的一百多位引领上海信息产业发展潮流的精英人士组成，还包括通过评选活动的动员渠道凝聚的大量相关领域优秀人才，他们中既有国有企业青年骨干，又有大量的民营科技企业创始人、海外归国创业专业人士和大型外企的中国负责人，还有一批知名专家学者。他们在协会的平台中相互结缘、共谋事业，积极为城市信息化建设贡献力量，开创城市信息化建设新天地。

**【上海IT青年创新创业行动暨“型动创造未来”中国移动MM百万青年创业大赛】** 上海IT青年创新创业行动自2006年起已经成功举办了三届，活动旨在进一步搭建IT青年创业者与创业服务平台、政府部门、投资机构以及创业成功人士之间的沟通平台，积极鼓励、扶持本市信息化领域广大青年勇于创新、敢于创业，充分发挥青年在推进上海信息化建设中的作用。2011上海IT青年创新创业行动与中国移动MM百万青年创业计划深度合作，紧紧围绕服务青年创新创业需求，通过软件普及课程、软件开发指导、手机应用软件设计开发比赛等丰富多样的形式为青年人搭建门槛低、针对性强、资源聚合度高的创业平台，积极引导和推动青年学生投身移动互联网领域，掀起创业热潮。活动启动仪式于10月14日在上海大学举行，团市委副书记徐未晚、中国移动上海公司党委书记郦荣、上海大学副校长鲁雄刚等领导以及来自上海大学、同济大学等高校的近400名软件开发爱好者出席。

**【上海IT青年创新峰会】** “上海IT青年十大新锐”评选自2002年以来，持续聚焦英才云集、创新奔涌的信息化领域，发掘和表彰了一大批青年精英。2011年恰逢活动十周年之际，由协会主办的“创新驱动、智慧前行”——2011“中国移动全球通”上海IT青年创新峰会于2011年12月15日下午在上海国际会议中心隆重举行。本次活动以新锐评选活动十周年为背景，以“创新驱动、智慧前行”为主题，邀请易观国际董事长兼首席执行官于扬、上海聚力传媒（PPTV网络电视）总裁姚欣等国内知名IT界人士与历届新锐进行思想碰撞，为智慧城市建设献策。IT领域企业家和专家近400人、新闻媒体近50家出席。历届IT新锐与IT业界知名人士汇聚浦江之畔，回顾十年IT业发展的辉煌，探讨创新对于行业发展、青年成才的重要价值。

**【“智慧城市”系列研讨会】** 2011年3、4月间分别在青浦和闵行举办“智慧城市”主题论坛和研讨会，市经信委副主任刘健、青浦区副区长李跃旗、闵行区副区长程向民以及团市委副书记徐未晚出席相关活动并致辞或讲话，与会嘉宾分别就相关问题进行了充分讨论和交流，为共同推动上海“智慧城市”建设献计献策。

**【“云计算”产业发展研讨会】** 2011年4月15日，信息化青年人才协会“云计算”小组首次产业发展研讨会在中国电信上海信息园区圆满召开。协会共有16位会员参加了此次活动，并与上海电信公司各相关处室负责人就“云计算”产业发展话题进行了面对面的交流与研讨。会上，中国电信上海公司总师室副总工程师张雨等嘉宾就上海电信的云计算发展目标和规划做了阐述和探讨。协会会员们也在研讨会上畅所欲言，就各自领域的云计算相关业务进行了分享。

**【新加坡与上海信息及数字媒体企业合作沙龙酒会】** 为推动新加坡和上海两地信息产业及数字媒体行业的企业交流合作，促进政府间沟通，由新加坡资讯通信发展中心与信息化青年人才协会联合主办的新加坡与上海信息及数字媒体企业合作沙龙酒会在7月28日圆满举办。

来自新加坡、上海及长三角地区的80余位游戏、软件、互联网、创意设计企业的企业家和高管热情参与了本次交流活动。通过这次合作酒会,促进了两地更深一层的了解,为带动两地相关产业的发展提供了契机。

**【"云计算在电子政务中的应用"主题研讨会】** 8月25日,信息化青年人才协会联合云海联盟、上海市计算机学会信息安全专委会举办的"云计算在电子政务中的应用"主题研讨会吸引了近50名会员及嘉宾集聚一堂,共同探讨"政务云"未来的发展前景及现在所碰到的瓶颈。嘉宾们就"云计算安全"、"电子政务云框架研究"和"电子政务的需求和云产品方案"等话题与大家进行了充分交流和分享,得到了与会者们的广泛共鸣和积极反响。

**【"汇聚财税稽查知识 助力会员单位健康成长"培训会】** 为更好地为广大企业会员提供深入而细致的全方位服务,信息化青年人才协会在10月举办了一场专业的税务稽查专题免费培训讲座。25名来自协会会员单位的财务人员与其他各行业嘉宾共同参与了此次培训。此次培训重点就企业存在的税务风险及其产生原因和规避方法、税务检查时的危机控制等四个方面作了专题讲座,得到了与会人员的高度评价。

**【参与相关行业协会、社会团体等机构举办的社会活动】** 与上海市网络文化协会联合承办了第五届"上海市优秀网站评选",积极参与组织会员单位报名参评,组织网民巡访团成员,并最终在众多网站中脱颖而出,信息化青年人才协会和多家企业荣获了"最佳网站"、"优秀网站"称号、"最具潜力奖"称号;为更好地完成"提升信息服务业能级,助推'智慧城市'建设"的政协课题,课题组成员赴快钱及浦东软件园进行了专题调研,就上海信息服务业目前发展的现状以及面临的问题展开了深入交流;6月参与了由闸北区科技技术委员会主办的"2011上海市金融信息服务行业企业家高峰论坛",围绕"上海市金融信息服务行业生存环境及'十二五'期间产业政策和配套环境的建议"展开了充分讨论;7月受协会成员企业东软集团的邀请,共同分享了东软作为中国软件企业二十年创业、创新与发展的心路历程和成长足迹;11月参加了由上海国际商会主办的中小企业金融服务论坛;同时协会还参加了由上海现代服务业联合会举办的多场专题讲座等,这些活动都得到了协会会员的积极反响。

**【加强协会建设】** 根据信息化青年人才协会章程要求和工作需要,通过会长会议制度、理事会议制度、简报制度等,规范各项工作流程。协会通过会长办公会和理事会,商讨协会年度发展大计,审议新会员资格、会费收缴等各项事宜;结合"两新组织"团建工作,在22家会员单位和协会建立了基层共青团组织;通过定期更新协会网站、简报、微博,为会员提供更好的服务信息和活动内容;组织MSN群组,为方便日常工作联络提供便捷。

**【加大社会宣传力度】** 上海信息化、青年报、IT时报、计算机世界、上海商报、上海科技报等相关媒体对信息化青年人才协会活动多次进行报道,并对协会知名企业家进行了专访。在协会各项重点活动期间,分众楼宇视频、高越地铁传媒以及各类户外媒体和电视台等媒体,分别进行了不同程度的宣传和报道,使协会的社会影响力逐步增强。

**【开展健康闲暇活动】** 为倡导健康生活方式,在信息化青年人才协会会长、理事和会员的支持下,协会组织会员开展了各类休闲活动,包括元宵交谊舞会、田园烧烤聚会活动、"回归自然,拍出精彩——做一次身心灵的完美SPA"摄影采风活动、第四届欢乐家庭日活动等,使企业家在周末抛开工作,尽情享受同孩子和家人在一起的时光。

(王 晶)

## 上海市集成电路行业协会

**【概况】** 上海市集成电路行业协会(以下简称"集成电路协会")是2001年4月19日成立的,目前有会员企业456家,会员单位覆盖集成电路设计、制造、封装、测试、设备、材料等各环节的整个产业链。上海集成电路产业在经过2010年快速发展之后,2011年又继续保持稳定增长。据协会对180家集成电路主要企业的统计,2011年实现销售收入630亿元,与2010年相比,同比增长17.2%。其中设计业销售收入150亿元,同比增长31.9%。芯片制造业的销售收入127亿元,同比减少4.2%。封装测试业销售收入287亿元,同比增长14.8%。设备材料业实现销售收入66亿元,同比增长60.6%。2011年全年已实现预期目标。

**【举办协会十周年庆典】** 4月19日上午,集成电路协会成功举办"2011上海市集成电路行业协会成立十周年庆典暨三届三次会员大会"。市人大常委副主任杨定华、工信部电子信息司巡视员王勃华、市经信委副主任邵志清，市民政局、中半协、市工经联、市科委、浦东海关的领导出席大会并作讲话。市有关部门、各兄弟协会、浦东新区、张江管委会等各方面的领导、会员企业代表近500人出席大会。前全国政协副主席胡启立发来贺信，中国半导体行业协会领导致贺词，江苏省苏州市等兄弟协会也发来了贺信、贺词。协会会长傅文彪作行业协会十周年工作报告。大会还评出"2001—2010上海集成电路行业杰出贡献荣誉奖、杰出贡献奖、科技创新奖"，并为35位获奖人员进行颁奖。十周年活动在50家会员企业的资助和支持下，编辑出版了《协会十周年纪念册》，设计发行了"十周年庆纪念邮票"，举办了50多家企业参展的"十年成就展览"。

**【积极贯彻宣传国发〔2011〕4号文】** 《国务院关于印发进一步鼓励软件产业和集成电路产业发展若干政策的通知》(国发〔2011〕4号)文件下达后，集成电路协会积极配合市发改委、市经济信息化委于2011年2月11日、28日和3月10日，召开三次会议，行业内近60家企业代表参加。会后，协会根据座谈会意见整理上报"关于国发4号文实施细则和配套措施的建议汇总"，并附上展讯等17家企业的材料，反映上海集成电路行业的建议和诉求。5月、9月协会又对市发改委三次下发的《关于本市进一步鼓励软件产业和集成电路产业发展若干政策》(征求意见稿)进行学习讨论，听取产业链上有代表性企业的建设性意见，汇总后再次反馈市发改委。协会先后两次在常务副市长杨雄召集的有市财政、税务、海关、经济信息化委等政府部门出席的协调会和131次市府常务会议上反映行业企业的诉求和建议。还专题呈报了《关于请求切实解决集成电路行业技术人员享受自主知识产权奖金个调税优惠政策的报告》、《关于鼓励集成电路设计企业在国内代工下单的支持政策》、《上海市集成电路产业发展中企业存在的困难问题及对政策的需求和建议》的报告，配合政府部门制定实施细则提供及时有效的参考和建议。

**【开展2011年集成电路设计企业认定和年审工作】** 为使集成电路设计企业享受到国发〔2011〕4号文件有关优惠政策，2011年集成电路协会通过调研和评审，上报新认定集成电路设计企业共20家(其中上海企业13家)；2011年年审企业共116家(其中上海企业85家)，都已通过工信部审核批准。

**【开展2010年度具有自主知识产权的集成电路设计人员奖金免征个调税申报工作】** 做好2010年度具有自主知识产权的集成电路设计人员免征奖金税组织申报工作，已有35家企业、215个产品、1 314位设计人员符合条件，经市经济信息化委和市财政局批准。

**【做好海关、税务服务、沟通协调，帮助企业解决燃眉之急】** 应上海海关价格信息处要求，集成电路协会于2011年9月22日为上海关区各口岸30多位现场审价官员进行"上海关区进口集成电路审价培训"，协会副秘书长王龙兴做"集成电路的价值及价格相关信息"的讲座，培训人员参观了上海集成电路科技馆，培训活动得到学员们的高度评价。

协会帮助海关对"多元件集成电路"的定义、内容及增加此类产品对国家关税和产业发展影响进行研究。世界海关组织正研究在HS2017目录集成电路条款下增加MCO(宇宙公益组织 Metagalaxy Commonweal Organisation，简称MCO)一类产品，上海海关归类分中心是代表中华人民共和国海关总署参加世界海关组织有关MCO会议成员单位，希望协会从产业和技术层面给以支持。协会第一时间主动上门沟通，直接与海关归类中心专家、领导一起进行研究讨论。又与中半协MCO课题组同海关总署和上海海关归类分中心的专题研讨，使海关归类中心对MCO的定义、内容，及增加此类产品对国家关税和产业发展的影响有了更多的了解，可以比较有底气地代表中国海关在世界海关组织会议上表态。

对具有一定代表性的制造企业、封装测试企业、设计企业、智能卡企业和设备材料企业进行"集成电路产业政策的问卷调研"，并帮助海关安排到中芯国际现场调研。20多家会员企业写出较为翔实的情况反映，为海关制定更有针对性地支持集成电路产业发展的政策提供切实可靠的依据。

协助市财政局税政处和海关关税处，开展2012年集成电路关税和税目调整提出建议。组织行业内主要的集成电路芯片制造、封装测试和配套企业进行调研，并进行整理汇总上报市财政局税政处和海关关税处，供政府调整和增减集成电路产业关税决策提供依据和诉求。

集成电路协会与海关沟通，帮助芯片制造企业解决生产过程中残次品免税处置问题。针对集成电路生产企业在进出口物品海关监管中遇到的问题，协会积极帮助沟通。浦东海关关长马衔、副关长张翼携浦东海关有关处室领导，专程到中芯国际进行了交流和研讨，在征得海关总署同意后，对于集成电路芯片制造企业免税进口的硅片等原材料，在生产过程中产生的残次废品，获批准后可不予补税，由企业自行处置，减轻企业的资金压力，支持集成电路制造产业发展。

及时与海关、税务部门沟通协调，帮助企业解决通关、税务遇到的特殊困难。为德州仪器半导体技术（上海）公司的七种产品进行集成电路性质认定，帮助企业解决国内不同地区海关编码的统一问题；帮助博通集成电路（上海）公司同浦东国际机场海关沟通，解决芯片被国外退货后的及时进口；帮助依然半导体测试联系浦东海关申请进口设备免税；为天水华天科技向上海海关归类分中心反映目前集成电路测试编带机的归类导致企业增加关税负担问题；为盈方微电子进出口模式问题，向外管局、商务委进行咨询；帮助芯原与海关进行沟通协调，解决海关保证金问题；与上海海关归类分中心的沟通与解释，帮助无锡红光微电子公司减少征收进口设备关税40余万元；帮助联芯科技就进口芯片价格问题与上海海关价格信息处沟通，使海关对联芯公司进口芯品的定价处理时更符合实际情况；帮助盛美公司解决02专项进口免税物品，从原申请进口周期约需1个月，到每个处1～2天加急处理；帮助展讯、中芯国际、博通、宇芯、凹凸科技、灿瑞星科金朋、优特、安靠等会员企业到所在税务机关进行沟通协调解，较好地解决落实税收优惠政策的问题。

**【参与国家科技重大02专项的组织实施工作】** 集成电路协会现有三位正副秘书长参与国家02专项2008—2011年项目的评审、检查、咨询工作，并对上海企业承担的22个专项完成进度、编写书面材料有困难企业进行具体帮助。2010—2011年上海集成电路企业共申请到国家02专项22项，项目总经费95.8亿元。

**【协助政府有关部门极协调和推进本土设计企业做大做强的政策研究】** 根据市领导的批示，为加快上海集成电路设计企业产品出口退税，解决集成电路设计企业把利润中心设在国内引起的增值税资金大量积压问题，协会多次参与市发改委、海关、税务、商务委、外汇管理局、市经济信息化委和张江管委会等政府部门的协调会，并积极协助上海海关和张江园区进行集成电路设计企业与产业链下游企业合作模式研究。专题商量研究对上海重点设计企业开展加工贸易的政策突破和具体操作方案，包括设计企业全程保税对出口退税积压资金进行贴息等问题，协会专门呈报了《上海市集成电路产业发展中企业存在的困难问题及对政策的需求》、《关于鼓励集成电路设计企业在国内代工下单的支持政策》。在海关总署的支持下，以设计企业为龙头的全程保税监管模式已在张江展讯通信公司试行。

**【协助张江园区管委会组织海关、税务、发改委等领导人员赴台考察】** 为学习台湾地区集成电路产业链保税模式的政策和先进经验，实现张江集成电路产业政策瓶颈突破。协会协助张江园区管委会邀请海关、税务、发改委等部门领导，赴台湾地区进行了学习考察。考察团先后走访内湖科学园区、新竹科学园区、出口加工区，参观考察了和硕联合科技、威盛电子、立锜科技和日月光半导体等几家台湾地区具有代表性的半导体企业，并与当地海关、税务部门的负责人进行了面对面的学习和交流，为张江在推进集成电路产业保税模式试点提供借鉴。

**【完成多项课题研究和孵化基地推荐】** 《2011年上海集成电路产业发展研究报告》向各级主管部门和会员单位发放1 000多本。该报告不仅汇集了当年全球、全国和上海地区集成电路产业的主要数据，而且对影响上海集成电路产业发展的市场、政策和产业环境等进行分析研究，成为业内了解上海产业情况、查阅相关数据的必备资料。

完成《集成电路各国（或地区）产业政策比较分析及研究》课题。课题大量收集中国大陆、中国台湾地区、美国、日本、欧盟地区、韩国、新加坡和印度等国家及地区的产业政策相关资料，并进行学习和整理。结合中国实情，分析、比较、研究各国或地区的产业政策，提出具有建设性和可操作性的意见和建议。

完成《张江战略性新兴产业（集成电路）重点发展领域研究》课题；完成《优化张江集成电路设计业发展环境，创新集成电路产业链保税监管模式》专题调研；与拓墣产业研究所合作，完成《浦东新区新一代信息技术产业发展的重点领域和政策研究》课题；完成市经济信息化委"十二五"上海高新技术产业化电子信息制造业人才规划课题；协助张江高科技园区招商引资，全年向张江孵化器管理中心和移动互联网孵化基地，推荐落户企业四家。

**【开展各类合作交流和参展活动】** 协助中国半导体行业协会在上海世博展览馆成功举办2011中国国际半导体博览会暨高峰论坛。在积极做好本次论坛落户上海的组织协调、资金落实和招展招会工作的基础上，又协助中半承办为期三天的第九届中国国际半导体博览会暨高峰论坛。本届展会的参展企业共220家，展览面积近12 000平方米，覆盖了半导体产业上下游的各个环节。其中上海参展企业80家，参展净面积1 760平方米，初步形成有一定规模、影响、产业链齐全、技术性强的专业展览会。

成功组团参展“SEMICON China 2011”。“SEMICON China 2011”于3月15—17日在上海新国际博览中心举办，协会继续与SEMI合作推出IC设计服务专区，得到中芯国际、华虹NEC、宏力半导体等相关厂家的大力支持。作为新春后业内的第一个全产业链展会，起到了产业风向标的作用，参展商、参观人数均达历史最高水平。

成功组团参展国际集成电路研讨暨展览会。2月24—26日，2011国际集成电路研讨暨展览会春季展亮相深圳。集成电路协会组织多家IC设计公司参展，充分展示了上海地区设计企业丰富多彩的创新产品和系统应用方案。

与深圳半导体协会合作举办“第二届深圳集成电路创新应用展”，组织锐迪科、芯原微电子等近20家上海企业赴深圳参加“第二届深圳集成电路创新应用展”，为企业开拓南方市场创造新的舞台。

与华美半导体协会共同举办“中国半导体产业和技术论坛”。3月16日协会与张江孵化器管理中心、华美半导体协会共同举办的“中国半导体产业和技术论坛”，来自硅谷的业界精英、国内半导体业的中外投资家以及具有前瞻性眼光的技术专家等10余位嘉宾做精彩报告，为会员提供了一个近距离接触国际先进技术和投资理念的机会。

会同张江集电公司联合举办四场“集成电路企业领导沙龙”。3月23日举办的第六期“集成电路设计企业领导沙龙”活动，主题为“落实国发4号文件精神，推动封测与设计企业联动发展”，来自集成电路设计企业、封测、晶圆代工企业的代表、投资公司的高管以及媒体杂志、研究机构相关人员等共70余人参会，建立互动交流平台，共谋企业发展合作。

积极参与合作交流活动。派员参加“SEMICON WEST”并走访硅谷，在硅谷参加由SEMI(国际半导体设备与材料产业 Semiconductor Equipment and Materials International，简称SEMI)、CASPA、SICA(东南大学学生国际交流协会 Students' International Communication Association，简称 SICA)、CAISS(华美信息储存会 Chinese America Information Storage Society，简称 CAISS)、NACSA(北美中国半导体协会 North America Chinese Clean－tech & Semiconductor Association，简称 NACSA)共同举办的研讨会，学习和了解他们的创新成果和发展动向，同时也带去国内IC发展的最新信息。10月9日协会组团一行10人赴台湾地区参观台北国际电子展，并拜访相关园区及企业。

举办各类沙龙活动。7月8日举办的第七期“人力资源管理探讨沙龙活动”。邀请中国股权激励第一人、中国期权网CEO、创始人薛中行博士以及集成电路专业论坛“老杳吧”创始人、贝尔公司人力资源总监、KT人才有限公司总经理向70多位企业领导就人力资源管理和股权激励进行演讲和共同探讨。9月28日举办第八期“新集成电路代工工艺介绍专场沙龙”，加深设计企业与代工企业间的双方需求和了解，推进本土化的产业链合作与建设，特邀请了5家代工企业及1家EDA(电子设计自动化 Electronic Design Automation，简称EDA)工具企业代表，向80余位业界人士介绍近年来各自形成的特色工艺、代工服务体系、下半年的产能状况等。12月21日举行的第九期“回顾、展望终端电子产品市场预测2012年产业发展趋势”沙龙活动，主题是回顾终端电子产品市场，集成电路产业发展状况，预测、展望2012产业发展趋势。来自设计企业、代工企业、封测企业、设备材料企业等产业链各个环节的市场、技术高管及部分市场、技术人员约80人出席活动，活动邀请5位资深专家做了十分精彩的演讲。

**【开展行业环保、节能减排和质量工作】** 走访市电力公司，召开“迎峰度夏节能减排工作座谈会”。集成电路协会及时向市经济信息化委电力处提交《关于请求对本市集成电路重点生产企业用电继续实行特殊照顾的报告》，近20家企业的50多位代表出席会议。市经济信息化委电力处和市电力公司领导与企业直接对话沟通，解决用电困难，交流沟通节能降耗的宝贵经验，争取到了高峰用电对IC产业的特殊照顾。

协助政府开展电能质量调研。为了更好地解决集成电路行业的电能质量及由此带来的经济损失问题，协会配合发改委等有关部门开展电能质量经济性调查分析。通过对集成电路行业典型样本的基础数据收集，并结合统计分析的方法，深入了解电能质量对行业的影响，为供电、用电和设备制造三方，解决集成电路生产企业用电质量不稳定，提供解决办法和措施的基础数据。

集成电路协会组织起草的“DB31/506—2010集成电路晶圆制造能源消耗限额标准”(以下简称“标准”)从2011年2月11日开始实施。由上海市发展和改革委员会、上海市经济和信息化委员会、上海市质量技术监督局、上海市节能监察中心共同提出。上海市能源标准化技术委员会归口，协会组织起草的“DB31/506—2010集成电路晶圆制造能源消耗限额标准”于2010年11月26日发布。该标准是中国在集成电路晶圆制造领域能源消耗限额方面的第一个标准，首创节能工作的质量衡量的尺度，目前各单位正按该项标准进行检查考核。

组织企业参加市经济信息化委、市节能监察中心组织产品能耗限额贯标培训活动。与集成电路晶圆制造能耗限额标准有关的七家晶圆制造会员企业代表参加了贯标培训活动。

配合国家发改委、市经济信息化委进行温室气体排放调研。由国家发改委批准，市经济信息化委发文的“半导体制造氢氟烃、全氟化碳和六氟化硫排放调查”课题组，需协会进行集成电路生产企业因引起温室效应的部分原材料使用量统计，协会及时组织主要集成电路生产企业，提供了对产业耗用的原材料会引起二氧化碳数量测算的基础数据。

参加上海市质量技术监督局和市工经联共同组建的“上海市行业质量工作促进会”。为加强政府部门和行业协会的联系，建立全面覆盖、分工明晰、运行有效的质量工作网络，提升上海整体质量水平，促进经济结构调整和升级。集成电路协会作为19家发起单位，成立“上海市行业质量工作促进会”并开始在协会开展质量现状调研，建立质量网。

**【开展人力资源、推进人才培训建设和知识产权保工作】** 4月12日协会与中智公司共同发起召开“2011年长三角集成电路产业薪酬趋势研讨会暨长三角各城市IC行业薪酬调研启动活动”，上海华虹NEC电子有限公司等50多家企业高层领导、人力资源部经理和主管参加。11月18日又合作举办“2011年第八届上海集成电路行业薪酬调研成果发布会”，业内60多位知名企业的HR领导参会。

为了推进产业和企业的人力资源工作，6月3日协会召开部分人力资源负责人工作座谈会，就企业经营、人才、薪酬、福利、培训等作了很好的交流，并对人力资源工作中的难点和热点作了探讨。华虹集团、中芯国际、华虹NEC、展讯等30多位负责人力资源工作的领导出席会议。

为了做好行业内广大科技人员职称评审服务工作，协会通过及时通知各会员单位并在网站上具体通报等方法，在一定程度上解决业内专业技术人员无处申报职称评审的烦恼。2010年已有7位同志获得高级工程师职称，20位获得中级工程师职称。

为提高专业工程技术人员技术水平和业务能力，协会与复芯微电子、张江创新学院共同举办“Floor Plan And System Layout Design”(平面布局与系统设计)专题培训班，邀请台湾地区有丰富培训工作经验专业讲师授课，为24家企业，54位从事集成电路版图设计、电路设计、产品开发、项目管理的工程师，进行12小时培训。

由于社会保险政策的重大调整引起企业了的极大关注，为了解决会员单位实际困难，7月29日协会联合市电子元器件行业协会、市电子商会举办了“典型劳资纠纷案例分析及上海市社会保险政策的重大调整”的专题讲座。29家单位的46位同志参会。

6月24日，集成电路协会和上海山田律师事务所、上海电子元器件行业协会共同举办“签订、履行合同常见问题”法律专题讲座，十多家企业的20多人参加。

**【举办“企业涉外知识产权侵权防御及新科技技术的管理与自由运作”讲座】** 为了使会员企业更好地了解涉外知识产权纠纷中保护自身利益，建立相关防御措施，协会于11月10日特邀请美国欧夏梁律师事务所高级合伙人梁律师为相关企业进行题为“企业涉外知识产权侵权防御及新科技技术的管理与自由运作”的演讲，业内的法务总监、专利主管等20余人参加交流。

**【协助政府有关部门选拔推荐行业优秀人才】** 2011年先后向各级政府部门和有关组织推荐“市经济和信息化领域2011年上海领军人才”2名，“上海市科技精英”1名，“第十届上海IT青年十大新锐”2名，“2011年度白玉兰奖候选人”1名，“第二届上海市工商业界领军人物”1名，“2011年上海中小企业名牌产品”5项，推荐申报2011年浦东新区和工信部科技进步奖6项。获批2010年浦东科技进步一等奖3项，二等奖2项。成功推荐晶盟硅材料等7家企业为2011年度诚信创建企业。

**【帮助企业申请到市场推广资助资金】** 在集成电路协会的积极推动和争取之下，由协会组团向张江高科技园区申请对参加2010年三个指定展会企业，申请到市场推广资助经费149万元，资助款已全额发放到35家参展企业。

**【行业统计、网站、信息平台建设和新会员发展】** 2011年7月8日，集成电路协会正式收到上海市统计局授权，开展每月一次重点企业经营情况统计和行业季度统计分析工作。12月8日召开行业统计工作会议，对20位行业统计先进个人和积极分子进行表彰奖励。2011年发展新会员38家，会员总数达456家。会费收缴率90%以上，达108.4万元。编辑出版协会简报12期，期刊6期。进行了协会数据库平台二期升级。在市商务委、市科委和浦东经信委的支持下，建立了“上海集成电路产业统计分析及损害预警服务平台”和“上海公共研发服务平台——集成电路行业协会工作站”。协会网站等转发与政府相关的发文、文书、通知53个，发布各类会议通知、培训通知及各兄弟协会的重要活动通知等59个。

（孙美玉）

## 上海市信息服务业行业协会

**【概况】** 2011年是“十二五”的开局之年，面对风云变幻的国际形势，上海信息服务业全行业在上海市委、市政府的坚强领导下，借助国家4号文等产业扶持政策出台、国家培育和发展战略型新兴产业以及上海市“智慧城市”建设的重大机遇，加速发展，总体运行保持稳步上升。2011年上海市信息服务业行业协会（以下简称“信息服务业协会”）不满足于跨越式发展的成果，积极响应政府发展战略性新兴产业、加速经济转型的思路，本着“服务企业、规范行业、发展产业”的宗旨，在工作上呈现出“五大创新”的亮点，即服务创新、活动创新、研究创新、管理创新、党建创新。

**【全方位服务会员】** 会员是信息服务业协会的基础，服务是行业协会最基本的职能之一，“服务企业”一直是协会的宗旨之一。2011年，协会一如既往地把做好“服务”工作作为全年的工作重心，脚踏实地，在这一领域做出明显的成绩。2011年，协会开展各类论坛、沙龙、讲座等活动30余场。与往年沙龙活动不同的是，2011年协会推出了两个主题系列沙龙，一个是上海市电子书产业沙龙，一个是《社会保险法》解读会，得到了广大会员单位的积极参加与普遍认可。在2011年广受社会各界关注的第十届“上海IT青年十大新锐”评选活动上，由协会推荐的会员单位维鹏信息技术（上海）有限公司（维络城）董事长兼CEO张毅斌以第一名的成绩获得“上海IT青年十大新锐”称号，另外在本次评选的十位获奖人中共有7位获奖者为本协会会员单位的青年企业家。在上海市中小企业办举办的2011年上海中小企业“品牌产品/服务”推荐活动上，协会也收获丰厚，共推选了20家会员单位参与评选，最终有17家企业获奖。2011年协会与《生活周刊》共同策划，推出了“云时代的数字领袖——创新型城市中的新业态领军人物”系列报道。协会联手《生活周刊》举办此项活动旨在在行业内选择对社会有突出贡献的企业家、本行业的领军者、发展潜力巨大的新兴企业家以及对中国经济发展产生深远影响的社会名流进行宣传报道，借此提升行业形象。截至2011年年底，协会共计推荐了东软集团副总裁刑波、快钱CEO关国光、携程副总汤澜、金蝶软件（中国）副总裁章勇等24位行业领袖接受采访并相继刊登。

**【举办专业活动】** 信息服务业协会每年会举办各类活动专业来推动产业发展、搭建交流平台、增强与会员的互动。2011年，协会按照年初所定下的目标，对所举办的各类活动进行内容创新、形式创新、方式创新。

继协会成功承办了2009年、2010年两届“上海推进高新技术产业化软件和信息服务业活动周”之后，得到了市经济信息化委等相关委办局的一致认可。2011年，经市经济信息化委及相关各方反复协商，决定将活动周更名为“2011信息服务业（上海）论坛”，且交由协会主办。

本次论坛在2011年10月26日—11月22日举办，由开幕式、展览展示和系列论坛三个板块组成，共有9个专业论坛和展览会，内容涉及软件和信息服务业各个领域，主要包括数码互动娱乐、软件、移动互联网、数字出版、三网融合、云计算等。活动期间参与人员总数达2.6万人次，通过电视、报刊、杂志、网络等关注人数超过100万人。

“2011信息服务业（上海）论坛”与以往两年相比内容更专业，各个系列论坛都被有关部门领导和出席的来宾称赞“领导重视、内容丰富、形式活泼、人员爆满”。尤其是上海市经济信息化委的领导格外重视，主任和三位副主任同时参加了开幕式。曾任上海市副市长、市人大副主任，现任上海现代服务业联合会会长周禹鹏在出席了开幕式后，发出“气势恢宏”的赞叹。工信部电信研究院的副总工程师陈金桥在参加了第三届移动互联网高峰论坛后说，每年参加全国各种关于移动互联网的论坛，都没有这个论坛那么专业。中国电子信息产业发展研究院院长罗文在参加了2011信息服务业（上海）论坛开幕式演讲后表示，2012年要和上海市信息服务业行业协会共同举办信息服务业论坛。

2011年7月29日，在2011中国手机定制合作论坛上，上海市经济和信息化委员会副主任邵志清和上海市通信管理局巡视员李振坤共同为“IS风云会”揭牌。“IS风云会”是2011年协会对于会员沙龙活动的一大创新和改革，协会希望以IS风云会为纽带，上海信息服务业各企业间的凝聚力可以得到有效提升，并带动相关产业的发展。截至2011年年底，协会共举办了四期IS风云会，每一期都是高朋满座，吸引了很多年轻的IT从业人员，他们纷纷表示“现在上海也有中关村的味道了”。

“大学生数字创意创业大赛”是信息服务业协会的品牌活动之一，2011 年 5 月“第二届大学生数字创意创业大赛”在虹口区大柏树 930 创意产业园落下帷幕。为更好地宣传大赛，活动组委会特别制作了大赛主题曲《激情与自我》，朗朗上口的旋律起到了理想的宣传效果。大赛共吸引了 16 441 名创业者报名参赛，收到有效创业方案 167 份，大赛官网浏览量 45 万人次。参赛选手们带来了五花八门的创意，创业项目丰富多彩，范围涵盖动漫、平面设计、网络、科技创新、视频、游戏、音乐等诸多领域。参赛的众多创业团队经过层层选拔评比，最终产生了 10 个优秀创业项目。这些获奖选手不仅获得了 5 万—10 万元奖金，还享受免费入驻国家数字出版基地(虹口园区)大学生创业苗圃一年的优惠扶持待遇。

根据市经济和信息化委关于电子书联盟“要多开交流会、对接会”的指导意见，2011 年，上海市信息服务业行业协会联手上海市电子书产业发展联盟举办了五场电子书产业沙龙活动，出了 11 份电子书产业动态，及时为电子书产业企业提供行业信息，反映联盟工作动向。协会和联盟还积极参与承担全国性标准制定工作。工信部信标委对上海市下达了制定“电子书服务平台”和“电子课本和电子书包”标准的工作要求，并随即组织了由“盛大文学”主导的“电子书服务平台”标准工作组和由华东师大主导的“电子课本和电子书包”标准工作组。标准制定工作得到了市经济信息化委和工信部信标委的肯定，要共同努力将“电子书服务平台”标准立为国标委项目，上升为国家标准。

**【开展行业研究】** 2011 年，信息服务业协会切实贯彻落实市经济信息化委深入了解行业的精神和要求，开展了多种形式的行业研究，针对信息服务业的多个领域进行了调研。

2011 年伊始，协会组织了艾瑞咨询、上海电信等相关业内专家与企业家，开展上海信息服务业新业态、新模式的研究。经过多次会议的讨论与研究，协会初步形成了《上海信息服务业新业态、新模式发展报告》初稿以及分报告《关于网络团购情况调研及其对策建议》和《软件和信息服务业助力打造“智慧城市”》。

为积极响应上海市委、市政府提出的“创新驱动、转型发展”号召，加快发展战略性新兴产业，率先转变经济增长方式，协会从 2011 年 7 月开始，在全社会开展软件和信息服务业“新业态、新模式、新应用金点子”征集活动。活动期间，收到从企业、院校踊跃投来的大量方案，协会组织了来自政府、协会、高校、企业的 10 位业内专家对方案进行了认真的评审。经过汇总、初审、专家复审之后，最终评选出艾瑞咨询集团杨伟庆的《洞察用户数字行为，助力智慧城市运营》、盛大文学的《云中书城》、快钱关国光的《深化现代电子支付应用，助力电子商业发展》等 20 个获奖作品。

针对日益火爆的网络团购以及不断出现的投诉问题，信息服务业协会上半年进行了一次团购调研，并形成了一份报告。同时，在上海市经济和信息化委员会、上海市工商管理局的共同支持下，举办了“2011 网络团购产业发展研讨会”，就如何看待铺天盖地的线下广告投放、如何创建“中国特色”网络团购产业、如何定位团购网站战略和发展思路、规范行业行为等焦点问题开展了激烈讨论。

**【加强管理力度】** 做好管理工作，是保障信息服务业协会日常运作、稳定业务拓展的根基。2011 年，协会在管理上也进行了创新，无论是对行业监管、会员管理，还是对协会的内部管理，都做了大量工作。

为积极贯彻市经济工作会议关于“围绕创新驱动、转型发展，抓改革、促开放、稳增长、保民生，促进经济平稳较快发展”的精神，促进城市服务体系的责任建设和服务机构的质量提高，进一步改善上海的生活环境、商务环境和市容市貌，在上海市国有资产监督管理委员会、上海市农业委员会、上海市科学技术委员会、上海市文化广播影视管理局等有关政府机构指导支持下，在“迎世博 上海城市公众满意度调查活动”的基础上，上海市信息服务业行业协会牵头主办了“上海城市公众满意度调查活动”。作为一项公益性的活动，此次调查活动旨在通过定期的调查和发布，在上海的企业中增强公众满意度意识，有效提高服务水平。

由上海市文化广播影视管理局、上海市经济和信息化委员会指导，上海市信息服务业行业协会组织起草的《网络游戏行业服务规范》于 2011 年 8 月正式定稿，并通过上海市质量技术监督局提请验收，该服务规范填补了国内网络游戏行业服务相关规范的空白。

信息服务业协会非常重视会员单位的企业文化建设。2011 年协会秘书处协会全体工作人员参观考察了 5173 网站基地，体会企业文化的魅力和作用。面对瞬息万变的市场环境，5173 一如既往地秉持“以用户为中心”的人本经营理念，从每一个细节入手，通过精确管理、个性化服务和持续变革，不断为用户创造新的价值。通过此行，协会看到了 5173 的企业文化魅力，辅助协会重新审视文化产业对经济社会发展的重大意义。同时这也为协会更好地服务会员单位，帮助会员单位建设企业文化提供了宝贵的经验。

**【获得集体个人获荣誉】** 2011年，信息服务业协会各项工作都取得了一定的成效和突破，赢得多个集体和个人荣誉。在上海工业和经济联合会举办的庆祝建党九十周年表彰大会上，协会党委在全市一百多家行业协会中脱颖而出，荣获“先进党组织”称号，协会秘书长马海湧荣获“优秀党员”称号；协会数码互动娱乐专委会第三年蝉联“全国优秀动漫游戏协会”称号；协会秘书长马海湧光荣当选为杨浦区第十三届政协委员；协会秘书长助理钱建英光荣当选为闸北区第九次党代会代表。

（秦文沁）

## 上海软件行业协会

**【概况】** 上海市软件行业协会（以下简称“软件协会”）成立于1986年6月，是国内最早成立的软件行业协会之一。协会是由在本市从事软件业的软件企业、软件机构及相关单位自愿组成的跨部门、跨所有制的非营利的行业性社团法人。协会下设软件质量管理与过程改进、软件服务、软件知识产权、嵌入式系统与软件、开源软件和教育软件6个专业委员会，会员单位超过1 200家，体现了协会广泛的代表性和行业的专业性。协会遵循“行业代表、行业服务、行业自律、行业协调”的工作宗旨，积极开展“服务企业、发展产业、规范行业”的各项活动，根据政府主管部门的授权或委托，按照公开、公平、公正的原则承担行业管理与服务职能，连续七年被中国软件行业协会评为“先进行业协会”。

**【行业标准制定】** 根据工信部2010年下达的电子行业标准制修订计划（2010—3212T—SJ），由软件协会、上海计算机软件技术开发中心/上海市计算机软件评测重点实验室、上海市软件评测中心、中国电子技术标准化研究所、上海万隆信息技术咨询有限公司、中国移动（深圳）有限公司、万达信息股份有限公司等单位组成的标准编制组等单位制定的电子行业标准《软件工程　软件功能规模测量方法——功能点计数》于12月4日通过评审。该标准通过对功能规模计数给出规则、规程和提示，来帮助软件功能规模测量的开展，对软件企业、应用机构、服务机构和研究单位进行软件规模估算、软件成本预算、工作量评估有积极的借鉴意义。该标准的制订，填补了中国在软件规模测量方法标准的空白。

**【发挥政府和企业间的桥梁作用】** 参与国家相关部委产业政策研讨，积极建言献策。2011年，协会多次派人分赴北京、杭州、广州等地积极参与工信部、中国软件行业协会等组织的调研及4号文部分实施细则的研讨会，努力表达上海软件企业对相关实施细则的具体要求，并多次协助市经济信息化委共同起草多项书面政策建议呈送相关部委，为上海积极争取有利于产业发展的政策环境。

广泛参与上海4号文配套软件产业政策制定工作，积极反映行业诉求。协会按照市经济信息化委、发改委等要求，一方面深入软件企业实地调研，一方面分赴北京、深圳等软件产业发达省市进行政策研究，为政府制定上海软件产业政策建言献策；协会还积极开展软件企业增值税退税情况和利税情况等调查研究，为政府相关决策提供依据；协会还多次出席市政府软件产业政策专题会和协调会，努力表达行业诉求，履行行业代表使命。

积极走访企业做好调研，帮助企业解决发展难题。2011年以来，协会延续以往走访企业的传统，走访了中国银联、胜科金仕达、中船七零八所、麦杰科技、快钱、华兴数字、上海仪电、金蝶、飞为、蓝鸟等多家具有行业代表性的软件企业。在2011年的企业走访工作中，突出了三个重点：一是积极了解企业的实际困难，上门服务，努力帮助企业落实国家和上海支持软件产业发展的各项优惠政策，如帮助益邦公司落实人才引进，帮助奥迪坚和一成公司解决增值税退税困难；二是重点关注软件产业新业态，协会既走访了快钱、高伟达、胜科金仕达等金融信息技术服务软件企业，也走访了华兴数字、仪电、麦杰等工业软件企业，积极帮助这些新业态软件企业了解和落实相关产业政策；三是提升服务层级，努力帮助企业开拓市场。协会积极参加瑞创网络、百胜软件、博朗软件等企业的市场推广活动，发挥自身优势，积极帮助企业打造品牌优势，拓展市场空间。

**【拓展金融服务】** 软件协会与上海农商银行达成协议，由上海农商银行给予上海市软件行业协会30亿元的授信，用于支持上海软件企业和软件相关服务机构的融资发展。2011年4月以来协会与农商行科融中心积极合作，通过多种方式推进授信服务工作，获得了一百多家软件企业积极响应。2011年共有展唐、翰纬、飞为、软中、蓝鸟、蜘蛛网等20多家企业拿到了贷款。

**【创办《上海软件产业与工程》】** 由软件协会编发，面向全国软件产业的《软件产业与工程》杂志，是国内软件协会系统第一本专业期刊，拥有国内统一刊号 CN31－2042/TN。2011 年《软件产业与工程》共发行 6 期，分别以“软件创新”、“国发〔2011〕4 号文/工业软件”、“智慧城市”、“软件服务”、“云计算应用”和“软件质量”为主题对 2011 年上海乃至全国软件产业的发展进行报道和记录，传播了行业知识。《软件产业与工程》知名度不断提高，在继 2010 年成为《万方数据——数字化期刊群》全文入网期刊、《中国核心期刊(遴选)数据库》收录期刊、《维普资讯网》、《中文科技期刊数据库》收录期刊之后，2011 年又被《中国学术期刊网络出版总库》及中国知网系列数据库收录。

**【培训活动】** 培训一直是软件协会的特色服务。2011 年度，协会克服了下半年原培训主管离职的困难，组织培训 17 次，培训规模达 533 人次，惠及企业 253 家次。2011 年度的课程，依然保持“高质量、低价位”的特点，所有培训均免费或为限制报名人数控制课程质量而收取少量费用(仅相当于市场同类课程价格的 30%～50%)，并且，除认证培训外，所有收费培训都可以使用协会 2011 年度培训抵用券。2011 年，协会回收培训券价值 4 万多元，结合协会提供课程的市场参考价格，据此估算，为会员单位节省最少 8 万元的培训经费。

**【开展行业自律活动】** 2011 年，软件协会承担了上海市社会诚信体系建设专项资金项目(第三批试点)——《探索提升企业信用等级的内部管理方法》项目，并在上海圣桥信息科技有限公司、上海英孚思为信息科技有限公司、上海益盟软件技术有限公司、上海浦东软件平台有限公司和上海软中信息技术有限公司五家软件企业进行试点。经过半年的试运行，五家试点企业的社会诚信体系实施报告反映，《探索提升企业信用等级的内部管理方法》强化了企业内部管理的手段，提高经营效率，完善财务结构，提升企业信用状况，进一步拓展融资渠道，提高融资能力。

**【开展对外交流合作】** 成功举办首次来华的第五届世界软件质量大会。世界软件质量大会是目前国际上最高层次的软件质量专业性会议之一，由 ASQ(美国质量学会 American Society for Quality，简称 ASQ)、EOQ(欧洲质量协会 The European Organization for Quality)和 JUSE(日本科技联盟)三大著名质量组织联合发起。2011 年 10 月 31 日—11 月 4 日，由上海市软件行业协会作为第一承办单位的第五届世界软件质量大会在中国上海成功举行，获得了各方赞誉。在第五届世界软件质量大会“齐心协力，追求卓越”的大会理念号召下，来自世界各地软件企业、国际软件组织、高校等超过 400 位代表汇聚一堂，有来自 15 个国家的 68 位海外专家参加了本次会议。本届大会主席由上海市经济和信息化委员会副主任邵志清担任。

组团参加第十五届中国国际软博会。2011 年 5 月 12—14 日，上海市软件行业协会组织 19 家软件企业和机构集体亮相第十五届中国国际软件博览会。上海展团以上海市市花——白玉兰的形象为创意源泉，集中生动地展示了上海软件产业的“黄金十年、做大做强、基础软件、工业软件、智慧城市、云海计划”六大主题，凸显了“对接国家战略、促进创新转型；支撑智慧城市、发展高端软件”的产业发展思路。5 月 12 日开幕式结束后，工信部部长苗圩在软件司司长陈伟等领导的陪同下亲临上海展区，称赞：“上海软件产业发展得很好，你们俞书记很重视！”工信部副部长杨学山也来到上海展区，重点听取了普华基础软件关于国产汽车电子解决方案的介绍。上海展区不仅嘉宾云集，而且还吸引了广大媒体的注意。CCTV－2、中国软件网等著名媒体也对上海展区进行了重点报道，并采访了有关企业。

2011 上海国际软博会隆重举行。由上海市经济和信息化委员会、上海市文广影视局、上海市新闻出版局等共同主办，上海市软件行业协会和上海市信息服务业行业协会承办的 2011 上海国际软件和数字内容博览会于 2011 年 10 月 26—28 日在上海世博展览馆隆重举行。协会根据市经济信息化委的统一要求和部署，组织了上海软件专区参展工作。中国银联、万达、海隆、新致、金桥信息、新华控制等重点软件企业，普华基础、中标、金仓、达梦等国产基础软件领军企业，万得、金仕达卫宁、杉德金卡、中信信息、华东凯亚、景格、华东汽车、楚星、众源网络等行业领先企业及鹊鸣湖上鼎软件园共 20 多家软件企业和机构积极参展，确保了展览的成功举行。展会开幕式后，上海市经济和信息化委员会主任王坚、副主任邵志清在上海市软件行业协会副会长兼秘书长杨根兴的陪同下，视察上海软件展区，听取参展企业的汇报。本届展会全面展示了上海软件产业发展的成就和上海软件企业发展的特点与实力，展现了上海软件产业与企业的良好形象，受到了政府和社会各界的关注与肯定。

(姚宝敬)

## 上海市信息家电行业协会

**【“新型显示终端产业发展研究”课题项目验收通过】** 经过厦华电子、三鑫科技、上海联想、edo 科技、上海全景、天柏宽网、敏达科技、索广电子、力保科技、新汇光盘、网庭科技等多家相关企业几个月的联合调研，在积累不少第一手素材的基础上，上海市信息家电行业协会（以下简称“信息家电协会”）承担的“新型显示终端产业发展研究”课题的调研报告初稿于2011年4月完成。2011年4月8日，由市经济信息化委主持召开的中期专家评审会在协会会议室召开，上海广电光显技术有限公司总经理白益洪、上海杰华科技发展有限公司总经理吴建毅、上海宏曲电子科技有限公司总经理曹伟龙、上海广电信息股份有限公司副总经理于东和美国国家半导体有限公司上海代表处高级工程师胡觉新出席了评审会，在专家认真讨论之后，初稿获得通过。随后，调研报告根据专家提出的意见和建议作了进一步的修改。2011年10月24日，市经济信息化委在市府大厦主持召开了“新型显示终端产业发展研究”结题验收评审会，上海索广映像有限公司副总经理/教授级高工张一钧、上海数字电视国家工程研究中心副总经理王尧、上海广电电子科技有限公司总经理屠一新、上海天智电业发展有限公司总经理陈泽滔、上海国茂数字技术有限公司副总经理仲登祥参加了评审会。在详细听取课题组项目综合情况汇报后，评审专家从多侧面对调研报告进行了深入研讨与评审，做出了“该项目对政府有关部门制定显示产业的长期发展规划及指导相关产业链与企业具体实施起到一定的指南作用；将对显示产业各子产业链上中下游企业的协调发展，制定更详细的实施步骤；有利于周边产业的同步发展及兄弟省市的配套企业与上海更好地合作提供参考”的结论，并一致认为，该项目已完成计划任务书规定的研究内容和目标，同意通过验收。

**【提供行业最新动态】** 2011年，信息家电协会一如既往关注、跟踪、收集国内外信息家电行业发展动态信息，在经过分析与听取业内专家的意见和建议的情况下，根据行业发展动态和趋势，编写了一份能反映信息家电行业实时状况的报告。2011年四个季度，共提供31条“信息家电行业动态”，还提供《上海信息家电行业发展报告》蓝皮书，就2010年上海信息家电行业下辖电视机、摄像机、机顶盒、影碟机、电子书等各子产业的产业现状、发展趋势、发展思路、发展布局等方面进行了全面论述与分析。2011年，配合上海电子学会“电子行业产业发展”调研，提供“上海信息家电产业发展的对策与措施”与“上海信息家电产业发展现状与前景展望”详细资料各一份；在“信息家电行业‘十二五’发展规划建议”基础上，着眼于信息家电产业的转型发展，撰写了《上海发展新光源电视的建议》、《基于三网融合的家庭网关发展趋势研究》等调研报告；针对上海近两年大规模进行有线数字电视整转中出现的一些问题，经过调研，向有关部门报送了《上海有线电视整转中有关技术性问题的调研报告》；完成上海市经济信息化委员会下达的《2011年上海信息化年鉴》“数字音视频部分”编写任务。

**【促进产业与市场良性联动发展】** 为使彩电产业与市场紧跟消费潮流取得更好发展，信息家电协会在第十五届上海彩电节期间举办了“电视电脑化 智能无穷大——展‘智能电视’风貌”活动，旨在借上海彩电节平台，将世界前沿技术中的智能电视热向消费者辐射，通过智能电视知识与技术的普及宣传介绍，吸引消费者关注智能电视、喜欢智能电视，进而早日享受智能电视带来的无穷乐趣，最终将彩电产业在新一轮发展中带入又一个繁荣辉煌时期。活动受到彩电厂商的高度重视和大力支持，共收到海信、海尔、康佳、长虹、TCL、创维、松下、夏普、东芝、飞利浦、三星等11个中外品牌18台智能电视机参加活动，其中11台在上海商务中心家电城专门开辟的“智能电视”展示厅展出；6个双休日共安排了11位业内专家在现场为消费者进行宣传介绍，剖析各家“智能电视”的特色；与此同时，18台智能电视机的产品照与简介连续一个月在本协会网站、上海商务中心家电城网站和现代服务业联合会网站上进行宣传。

**【多次召开彩电企业会议】** 彩电产业是信息家电产业的重要组成部分，在会员企业中，彩电企业也是协会一支重要的生力军。为了服务好企业，进一步推进彩电产业发展，信息家电协会始终保持与彩电企业的密切沟通，经常召开专题会议，向企业汇报行业动态、产业发展趋势，并与大家共同展望发展前景，研讨发展途径。除2011年初的中外彩电企业迎春联谊会和年中的彩电企业共商行业前景会议外，年末的“迎接3D高潮 共谋彩电产业新一轮发展”工作会议更是受到彩电企业领导的高度重视，海信、海尔、康佳、长虹、TCL、创维、松下、索尼、东芝、三星等10家中外彩电企业的领导参加了会议，会议在奥林匹克俱乐部举行。会上，协会副秘书长黄寿忠通报了央视3D频道即将试播的消息，并就如何携手彩电企业共同推动3D产业与市场发展向与会领导作了近期工作设想的汇报。特邀代表上海文广新闻传媒集团（SMG）吴南山在会上就央视3D频道开播的“技术、时段、节目、规模”等有关事项以及上视的3D频道开播打算向大家作了介绍。与会领导一致表示将同心协力，推动3D向着健康的发展轨道前进。

【组建产业联盟,狠抓标准制订】　为更好地推进数字家庭产业发展,信息家电协会积极组织智能家居有关企业组建了居住区信息系统网络互联技术产业联盟,并针对现今居住区安全信息系统技术标准不统一,系统无法互联互通、效率低、成本高、维修难等问题,组织联盟企业有关专家共同编制了《居住区信息系统网络互联技术规程》。在这一标准的编制过程中,克服了商业化结合难、相关企业信息不对称等多个难题,并通过调研及与相关企业进行多次沟通,缩小了相关企业在标准条款上的认识差距,终于在2011年圆满完成了《居住区信息系统网络互联技术规程》的编制任务,且顺利通过市建交委、市科委主持召开的规程送审稿技术审查。专家评审意见认为:"该规程填补了上海居住区在信息通信协议标准方面的空白,为实现居住区智能化系统的信息资源共享、联动控制、集成管理提供了技术基础,对提高居住区智能化系统的质量,提高居住区综合管理能力、突发事件应急处理能力具有重要意义。"该标准的制订不仅使从事居住区智能化设备研发的相关企业具有统一协议、统一网络的通用互动平台,且其实施也必将为推进"十二五"规划重要目标之一的智慧城市建设,缩短建设进程,使信息化应用和服务更好地惠及市民发挥应有的作用。该标准已被批准为上海市地方标准。

【探讨"新一代显示技术及应用"】　根据国家信息产业发展战略和上海市新型显示产业发展要求,结合上海信息家电行业实际,依托第七届张江科技文化节平台,于2011年7月7日假座浦东龙东商务酒店多功能厅举办了以"新一代显示技术及应用"为主题的第四届上海数字电视发展论坛,论坛对以激光为代表的新一代显示技术和终端应用的理论和实践展开了深入研讨和交流。本次论坛由上海市经济和信息化委员会指导,上海张江高科技园区管委会、张江集团和上海市信息家电行业协会联合主办。本次论坛特邀中国工程院院士、著名光电子专家庄松龄先生作主题报告;我国科技人才千人引进计划引进专家、复旦大学教授徐敏先生到会作了"超高清成像技术"专题报告;协会在论坛上就推进上海新一代显示产业发展提出了具体的可操作性建议;广电光显、三鑫科技、力保科技、超精密公司等单位的专家结合产品开发实践,就新一代显示技术及其应用进行了深入的交流和探讨。

【服务政府,服务企业】　针对前阶段社会上出现不少"电视棒"等具有网络接收功能的非法卫星接收产品,信息家电协会在有关生产企业中开展了严禁具有网络接收功能的卫星广播地面接收设施"生产经营"的专项整顿工作,组织技术人员编写了如何识别非法卫星接收设备的专门培训教材,邀请专家对全市各区县市场整顿专业人员进行现场培训,受到市有关部门的好评。作为上海研发平台行业协会服务站首批成员,协会与上海市研发公共服务平台建立了良好的合作关系,共同通过广泛宣传,将政府的各项创新资源与服务推送到企业,加强联络沟通,推广"科技114工程"。2011年,协会继续立足服务会员单位,集聚科技资源、传递服务信息,加强交流合作,努力营造良好的科技创新环境。通过为企业提供贴心服务,支持和帮助企业开发新技术、新产品,帮助企业了解国内外技术产业发展动向,利用协会的专家资源,为企业解决技术难题,为企业联系上下游合作伙伴,为企业的转型发展,提供独特的帮助。在协会的导引与直接的相助下,有的企业在国内率先研发成功了大屏幕激光背投彩电;有的企业率先开发出激光和LED混合光源的投影电视墙;有的开发了激光超短焦投影仪;有的开发成功激光投影机引擎,生产出了激光手机投影机。

【组织技术、业务培训】　信息家电协会一向重视企业间的交流合作,通过行业峰会、上海数字电视发展论坛等交流平台,向会员企业通报国内外音视频产业的发展动态与趋势,并就技术发展趋势和产业发展导向,组织企业与有关专家、政府机构进行多层面、多角度、多形式的交流对话,促进新技术推广和产业化进程。通过参与、协办"2011香港电子展"、"2011中国上海国际'三网融合'技术与应用展览会"、"2011FOBTV全球广播通信大会"、"第十七届上海电视节白玉兰论坛——'寻找地面数字电视运营整体解决方案'专业技术交流会"等重要展会、论坛活动,拓展会员单位的信息视野和交流合作的深度和广度。与此同时,协会还十分重视对下属会员企业的技术与业务培训。2011年,为积极落实国家"653"工程,协会组织专家编写了《数字电视显示与增强技术》和《信息家电网络控制技术》两门课程的教材和课件,并已上报列入市工业和信息化人才继续教育办公室公布的专业课程。

（解　放）

## 上海市电子商务行业协会

【概况】　上海市电子商务行业协会(以下简称"电子商务协会")成立于2002年4月13日,是由从事电子商务的企事业单位按照自愿平等原则组成的，经上海市社团管理局注册登记、并具有独立法人资格的非营利性行业组织。英文全称 Shanghai Electronic Commerce Association，缩写为SECA。协会的业务主管部门为上海市经济和信息化委员会，同时接受上海市社团管理局的指导和监督。

电子商务协会会员250家，涵盖上海电子商务的知名企业及国内和国际的电子商务公司如号百公司、银联商务、上海电气、平安养老保险、东方钢铁、爱姆意、阿里巴巴和eBay等，会长单位是号百信息服务有限公司。会员单位涉及与电子商务相关的细分行业达20多个，如：金融保险、电子支付、商贸流通、物流配套、交易服务、安全认证、消费资讯、教育培训、技术支持等多个领域。

2011年是实施"十二五"规划的开局之年，也是上海创建国家电子商务示范城市，加速推进电子商务产业转型升级发展的关键一年。上海市电子商务行业协会围绕"创新驱动，转型发展"的发展战略，在理事会领导下，在各会员单位大力支持下，贯彻落实国家和上海市政府有关电子商务的方针政策，坚持"服务企业、规范行业、发展产业"宗旨，在加快产业发展、提升会员服务、深化产业研究等方面发挥了积极作用。

**【落实"双推"工程】** 为配合落实市政府倡导的"推动电子商务企业创新发展、推动中小企业应用电子商务"的"双推"工程，受市经济信息化委委托，电子商务协会作为第三方机构，主要承担"双推"工程的全程跟踪、组织第三方监测评估和宣传推广等服务工作。2011年继续协助有关部门深入推广"双推"工程，取得了一系列成果。

落实"双推"平台企业的申报、遴选与有关方面合作，组织了72家在业界享有相当知名度的第三方电子商务平台企业参与申报，并组织了有关专家对候选企业进行评审。通过市经济信息化委专项资金申报网、专家评审和网上公示，最终遴选出上海电气、火速、快钱等10家企业作为2011年"双推"工程的认定平台企业。行业类别涉及综合服务、电子支付、建材家居、节能照明、设备采购等专业领域的电子商务应用。

**协助对"双推"认定平台企业的资料收集和报送** 由电子商务协会牵头，定期组织收集、汇总各平台企业的有关统计数据、证据等材料，动态跟踪认定的十家第三方电子商务平台企业新增企业用户情况，并及时将相关资料转发专业机构，供其进行监测，为落实政府对中小企业电子商务应用资助补贴提供依据。截至9月底，今年已确认并得到政府专项补贴的新增中小企业近4 000家，"双推"工程在去年基础上再上新台阶。

**组织"双推"工程宣传服务** 定期向认定平台企业征集"双推"进度工作小结，配合市经信委生产性服务业处汇编刊发了五期《电子商务"双推"工作动态》，及时反映平台企业推动电子商务创新应用的成果和落实"双推"工作的进展。联系《IT时报》等公共媒体，对2011"双推"启动大会及相关活动进行专版报道，扩大宣传影响，并在协会网站、期刊等安排重点宣传。组织平台企业和代表性中小企业，对"双推"工程实施效果进行总结，协助市经济信息化委汇编出版《上海"双推工程"掠影》。

**【推进专委会工作机制建设】** 为促进相关领域电子商务应用，规范市场经济秩序，在市经济信息化委有关领导支持下，电子商务协会通过在行业领域或垂直型企业中组建专业委员会，引领专业细分领域电子商务的健康发展。2011年，协会不仅成立了制造业专业委员会，为上海制造业领域的电子商务做大做强创造了新模式，同时，协会电子支付专委会工作也为推动上海电子支付产业发展发挥了积极作用。

**组建制造业领域电子商务专委会** 上海制造业领域的电子商务应用始终走在全国前列，为确保这一优势，并继续在全国起到示范带头作用，在市经济信息化委有关部门倡导和支持下，通过市民政局批准，协会成立了上海市电子商务行业协会制造业专委会。专委会的重点工作是引导传统制造业企业开展电子商务活动，促进制造业自动化和信息化新技术的推广应用；开展电子商务制造专业领域的政策宣传、调查研究、统计分析、信息服务、合作交流；致力于为相关企业提供专业交流平台，协助政府制定产业政策、法规、标准和贯彻落实。

已确认为制造业专委会成员的43家单位涉及通用设备制造业、黑色金属冶炼和压延加工、交通运输设备制造、电气机械及器材制造、食品制造、医药制造、纺织业和制造业信息服务业等15个类别。确定爱姆意机电公司为制造业专委会主任委员单位。

**电子支付专委会工作引领产业发展** 在中国人民银行公布的支付业务许可证两批共40家企业名单中，上海地区占14家，银联商务、通联支付、快钱、迅付、汇付、东方电子支付、杉德、付费通、上海银联等电子支付专委会成员均榜上有名。支付牌照颁发表明电子支付行业已进入国家监管下的有序竞争时期，电子支付未来市场环境更加健康，第三方支付的业务定位也更加清晰。为配合市经济信息化委统计工作，电子支付专委会主任单位协调各委员单位，完成了电子支付行业2011年第一、第二季度行业数据统计工作，为电子支付专业委员会完善相关制度安排，加强对上海电子支付行业指导和管理，提供了数据依据。

**【开展行业统计工作】** 贯彻市统计局、市经济信息化委关于电子商务行业统计工作要求，每年组织开展两次行业统计，通过对相关行业领域重点电子商务企业经营状况专项调查，获得有价值的行业统计数据。相关数据用于年度市长快报和市政府对外发布的统计公报数据。2011年，协会在扩大统计样本量、完善统计分析方法、加强统计服务质量等方面取得了新的成绩。

**扩大统计样本量** 2011年上半年，电子商务协会在继续完善统计分析数据库，优化分析方法，提升行业分析能力和数据质量基础上，努力挖掘统计样本新增长点，通过吸收新会员、建立联系会员制度，新增统计样本量比去年同期增加12%，实际完成了对230家行业代表性电子商务企业的统计数据上报。目前，已着手组织全年统计申报准备工作，预计统计样本量有望超过250个。

**开展统计分析，编制统计分析报告** 组织有关机构，对采集到的电子商务统计数据进行核实、比对，并按行业进行分类汇总和研究。定期将相关材料整理汇编，撰写年度上海市电子商务企业统计分析报告，报送市经信委。经核准后，再将分类分析数据返回给市统计局、各相关委办局。

**组织业务培训** 配合市经济信息化委等部门，于7月在泰州组织了对70多家电商企业和会员单位的统计专职人员进行集中培训，邀请生产性服务业处相关领导解读统计相关政策、统计指标内容和统计基本方法等，回答了统计过程中的常见问题，发放了培训教材，对于规范统计填报的操作流程和提高统计数据准确性起到了积极的促进作用。

**提出统计工作改进意见** 为更准确地把握电子商务行业特点，提高统计针对性，经协会和有关单位多次反映，市统计局等相关部门已着手研究对统计指标体系的改进工作。协会专门组织了电子支付企业座谈会，约请汇付天下、迅付、快钱等知名企业，搜集对统计指标项目的修改意见，结合近年来统计工作掌握的情况，向经济信息化委有关部门提交了对在用电子商务经营统计报表的修改建议材料。

**【开展诚信环境营造和推动诚信体系建设实践探索】** 为贯彻落实国家和上海市政府有关加强电子商务市场监管，建立健全电子商务诚信发展环境的要求，电子商务协会作为第三方行业组织，开展电子商务诚信体系研究与实践探索活动，协助政府营造有利于电子商务健康发展的诚信环境。2011年，协会在电子商务信用评价体系研究成果基础上，继续组织和开展了一系列诚信体系建设的实践探索活动。

**继续推广诚信承诺登记制度** 连续多年在电子商务园区开展企业诚信承诺登记。根据虹口北外滩开业园区要求，自2008年起，为入驻园区的网上卖家办理诚信承诺登记手续，登记造册并颁发诚信承诺登记证书，每年还进行有效性和复合型年审。仅2011年，就为虹口园区22家企业办理了注册登记或年审换证手续。此外，协会还为宝山智力产业园区的24家诚信联盟企业办理了电子商务诚信承诺登记。

**配合政府诚信创建活动** 针对商务部等九部门“关于网络购物领域打击侵犯知识产权和制售假冒伪劣商品”行动，在协会网站、期刊发布相关信息，组织企业座谈，开展走访调研，帮助受到点名的会员企业积极落实整改和上报相关证明材料。

协会还主动联系市政府相关部门，汇报开展“双打”宣传等行业自律工作，征求指导意见；接受《IT时报》等媒体采访，从行业监管、企业自律和技术角度提出建议看法，表明协会支持政策规定和自觉履行行业自律义务的态度。

**探索长三角、珠三角诚信合作机制** 与浙江、江苏等省10家电子商务协会共同签署电子商务长三角诚信倡议，探索在长三角及更广泛地区间建立电子商务信用信息互联、互通、互认的合作机制。

协会还与广东省南方电子商务创新服务中心交流了推动电子商务诚信建设经验，并专程前往广州，考察在建的广东省国际电子商务信用服务平台，双方达成了以区域电子商务诚信环境建设为目标的战略合作协议。

**推进诚信环境建设** 协会按照市经济信息化委有关领导的指示，组织相关单位，在前期理论研究、实地调查和试点实践的基础上，重点对近40个具有行业代表性的电子商务企业进行走访、座谈调研；召开由知名电商企业家和著名高校学者参加的专家讨论会，对上海电子商务诚信环境建设方案进行可行性论证，提出了“三个步骤”的实施构想和建议，供政府部门决策。

**【深化园区服务，推动产业集聚和服务辐射】** 为充分发挥电子商务园区产业集聚效应和服务辐射功能，推动上海电子商务示范基地建设，电子商务协会继续巩固与虹口北外滩开业园区共建合作和配套服务，落实与宝山庙行智力产业园区的深度服务。2011 年主要抓了以下工作：

**完善协会驻园区办事机构职能** 协会参照在虹口园区的工作方式，在智力园区也设置了管理办公室，安排专职人员常驻园区，配合园区管理机构，开展诚信建设、人才服务、政策咨询、项目申报、品牌创建、信息交流等多种服务支撑工作。

**落实对园区综合配套服务** 通过组织企业座谈会、上门走访、问卷调查等形式，重点开展对园区入驻企业经营状况和服务需求调研；举办“消费者心理分析”等专题讲座和“创业接力沙龙”，促进园区企业学习交流；组织企业参加网货交易会，帮助园区企业拓展商机；组织企业参加品牌创建、政府项目申报，帮助园区企业提升行业影响力；利用协会宣传工具，重点报道园区企业的特色亮点。

采纳园区管理单位意见，在虹口园区建立在线沟通机制，利用 QQ、MSN 等即时通讯工具，向园区企业发布行业资讯、专家服务预约、活动通知等服务信息 50 多次，显著提高了对企业的服务效率，受到园区管理单位和企业欢迎。

**落实对园区人才建设服务** 应企业发展需要，协助智力园区组织大型人才招聘会，联系东华大学、上海商学院等十多所院校和培训中心推荐了 350 多名学生参加双向选择，部分毕业生获得了企业录用；11 月 12 日，再次配合园区组织相关企业参加“2011 年宝山区电子商务与动漫人才招聘会”，联系了多所高校，组织大学生前往应聘。

将具有专业资质的上海市电子商务培训中心等培训机构推荐给智力园区，为园区企业提升从业人员素质提供培训支持；组织“电子支付行业发展现状与趋势”等讲座，为园区中小企业提供专业知识学习分享机会。

**落实对园区诚信环境建设服务** 为虹口、智力园区近 50 家企业办理了诚信承诺登记或换证手续；配合园区管理机构受理对园区企业的投诉服务；配合园区管理机构围绕“第三方诚信维权”开展对园区企业仓库检查的见证监督等专项服务；举办“聚焦电商发展、打造诚信品牌”法律专题座谈，聘请知名律师为企业提供法律援助。

根据智力园区的服务需求，组织专家研究并提出园区诚信建设中期规划；设计和编制企业信用评分标准、诚信评分表及说明、诚信评价实施工作流程、供企业信用评估使用的企业信息采集表等一系列配套文件，帮助园区建立起适用的诚信评价体系和管理机制。

**【开展行业调研，为政府和企业搭建沟通平台】** 电子商务协会坚持把开展调研活动作为掌握行业动态、把握产业政策、反映企业意见的重要抓手。针对行业发展热点、难点，通过走访企业、召开座谈会、组织问卷调研、接待政府调研等不同形式的调查研究，为政府决策做好参谋，为解决企业实际问题奔走呼吁。一年来，协会秘书处组织了各类座谈会及走访企业活动数十次，调研覆盖所有会员单位；接待了市委研究室、市经济信息化委、社团局等政府部门调研活动，参加了多次由各级政府部门组织的专题会议，提交了行业调研报告或汇报材料。

**配合政府相关部门调研活动** 接待市委政策研究室调研，重点反映上海电子商务民营企业发展现状，汇报了企业在政策扶持、资金支持、人才配套、环境支撑等方面的主要困难，提出解决措施或建议；参加市发改委组织的服务业行业协会形势分析座谈会，汇报本行业发展状况和特点，反映在诚信建设、物流规范和扶持政策等方面存在的问题和应对措施；接待浦东新区经信委调研，为推动“智慧浦东”建设和创建国家电子商务创新实践区，完善浦东电子商务综合发展规划提供方案建议；配合市经济信息化委情况摸底，组织了对 150 多家企业开展增值税扩围调查。

**组织企业调研** 组织号百、爱姆意、火速、迅付、融道网等 15 家知名电子商务企业，参加“电子商务信用服务平台”专题座谈会，研讨构建上海电子商务第三方信用功能性平台可行性方案；秘书处还组织相关单位重点走访了东方钢铁、号百商旅、平安保险、市民信箱、付费通、快线等企业，就联合共建电子商务第三方信用平台征求意见，形成企业调研材料上报市经济信息化委相关处室。

先后多次走访爱姆意等十多家制造业相关企业，讨论成立制造业专委会的筹建事宜，听取各方意见；召开制造业专委会成立准备会，与主任和副主任企业代表见面，交换了专委会成立及今后主要工作开展等情况。

**【组织电子商务竞赛活动】** 电子商务协会通过与相关高校、企业开展合作，举办或组织各类电子商务竞赛活动，引导电子商务专业大学生提升实践能力，促进在职人员或自谋职业者，提高电子商务劳动技能和专业素质，培养适应电子商务产业发展需要的各类专业人才，满足企业对人才的需求，促进劳动就业。

**举办大学生电子商务三创赛** 与上海市高校电子商务协作组联合主办 2011 年“金算盘杯”第三届全国大学生电子商务三创赛上海赛区的比赛。围绕“创新、创意及创业”主题，采用网站建设和营销策划结合，提交创新、创意或创业计划书和答辩形式，为大学生提供一个模拟实战、锻炼提升的平台。

**协助职业技能竞赛活动** 配合虹口区人力资源和社会保障局，组织明凯照明、瀚明信息、上海热线等企业员工报名参加“2011上海市职业技能竞赛活动”，以促进中小、小微电子商务企业员工提高劳动技能。成绩合格者将获得相应的职业资格等级证书，并可申报更高等级职业资格鉴定。

**【组织行业论坛和专题会议】** 举办具有区域影响力的电子商务产业发展论坛，通过搭建对话平台，集聚各方新思路、新举措，共同探讨电子商务发展战略，寻求合作机遇，有利于促进上海电子商务创新发展，也是行业协会扩大知名度，打造行业品牌，增加行业话语权的重要手段。

**举办发展趋势国际研讨会** 协会于7月28日在上海大厦举办了“聚焦电子商务发展，打造国际电商交流平台”为主题的“2011上海电子商务发展趋势国际研讨会”，重点围绕电子商务的物流、支付、供应链等支撑环节进行交流研讨，探索电子商务发展的新模式、新趋势。

研讨会邀请到美国DOBA公司、易观国际和上海交大的电子商务专家、知名学者，分别作了主题演讲，并与到会企业代表进行互动交流。美国领事馆商务处代表和市经济信息化委生产性服务业处领导到会致辞。协会会员单位及部分特邀电子商务企业代表180多人参加了研讨会，来自长三角地区的部分电子商务协会也应邀出席本次活动。

**举办长三角电子商务协会秘书长联席会议** 为促进以上海为中心，辐射长三角的区域内电子商务合作，6月中旬，由上海市电子商务行业协会组织发起和主办的首届“长三角区域电子商务协会秘书长交流会”在崇明岛召开。来自上海、浙江、江苏三地的十家电子商务协会秘书长，共谋长三角区域电商产业发展合作机制。

会议取得了一系列成果：达成了三地电子商务协会合作交流框架协议；签署了长三角电子商务协会诚信倡议书；明确了秘书长联席会议作为长效机制统筹安排；探讨了信用、支付、物流、安全等支撑体系的合作方式；初步研究了促进三地电商人才资源交流的合作机制等。

**【开展行业交流与合作】** 为更好地搭建跨区域、跨行业领域的交流平台，不断拓宽服务会员的信息渠道，提高上海电子商务在全国电子商务的影响力和示范带动作用，协会把与政府相关部门和兄弟省市电子商务协会建立紧密合作关系作为行业交流的重点工作内容。

**造访商务部** 6月份，电子商务协会秘书处访问了商务部信息化司。向商务部有关领导介绍了协会贯彻商务部等九部委“双打”行动的工作情况，就共同推进电子商务产业规范发展和电子商务诚信体系建设进行了重点交流。

商务部领导对上海电子商务行业协会为促进上海电子商务产业发展所做的各项工作给予充分肯定，介绍了国家有关部委大力营造电子商务诚信环境，推进产业规范发展的政策和思路。表示愿意进一步加强与上海市电子商务行业协会等各地区行业组织的合作，通过制度性安排和专项工作计划，更好地发挥协会在标准研究、统计口径规范化等相关领域的作用。

**与各省市电商协会频繁互动** 继2010年两次造访浙江省电子商务协会，协办在杭州举行的电子商务创新发展大会后，2011年6月，协会专门邀请浙江、江苏等地的9家电子商务协会，聚首浦江，明确长三角地区电子商务协会的战略合作机制，签署合作协议，有力推动了长三角电子商务区域联动。

2011年春夏之交，协会先后接待了浙江嘉兴、嘉善电子商务协会来访，交流了各自在服务会员、服务社会、协会建设的成功经验，就合作发展达成共识。为此，协会组织会员企业参加了在嘉兴举办的网货交易会，嘉兴电子商务协会也组织了本地区企业参加上海协会组织的电子商务发展趋势国际研讨会。

此外，还相继走访了中国电子商务协会、北京市电子商务协会，接待了中国国际电子商务促进中心、武汉、南京、苏州、成都、黑龙江等电商协会的来访，建立了以电商协会为纽带的，覆盖长三角、珠三角、京津地区、华中地区和西南地区等近20个电子商务协会的联络沟通机制。

**重点开展与广东省南方电子商务创新服务中心战略合作** 2011年5月，协会接待了广东省南方电子商务创新服务中心的调研，着重就双方关心的电子商务信用公共服务平台建设等交换了意见和看法，探讨了开展跨区域诚信合作的可行性方案，双方达成了长期战略合作协议。

9月初，协会有关人员又南下广州，考察广东省国际电子商务信用服务平台建设情况。掌握了广东省快速推进电子商务信用公共平台建设的重要信息，并据此向市经济信息化委领导提交了关于在上海构建电子商务第三方信用平台的考察报告。

**【协会会员队伍持续发展壮大】** 电子商务协会始终

把发展壮大会员队伍作为一项重点任务。在维护和深化老会员关系的基础上,积极开展吸收新会员的工作。通过举办活动、组织交流、宣传推广、走访调研等多种服务措施,吸引各行业领域从事电子商务企事业单位、机构加入协会,提升协会凝聚力和影响力,促进协会与会员单位共同发展。

截至2011年10月底,协会现有会员已发展到近250家,注册会员150家。新加入协会的知名企业包括号百商旅、上海大宗农产品、方正国际软件、平安养老保险、慧聪网、溯天珠宝、化工宝等。

**【组织编撰2010—2011上海市电子商务发展报告】** 由电子商务协会组织的电子商务报告是研究分析电子商务行业的晴雨表、风向标,主要服务于电子商务行业的管理部门、企事业单位、院校和研究机构,以及社会层面的电子商务使用者。在出版发行《2009年上海市电子商务报告》基础上,协会正组织开展编撰《2010—2011上海市电子商务发展报告》的各项工作。

**召开专家会议,把脉发展趋势** 组织电子商务专家座谈会,约请了来自复旦大学、上海交大、上海理工、上海大学等知名高校的学者,研讨"十二五"时期上海电子商务的发展方向,以及新形势下的电子商务理论和实践创新面临的重大机遇和挑战等战略问题。这些研讨活动为编撰行业研究报告提供了理论依据。

**开展企业调研,组织案例征集** 为充分反映上海电子商务行业的实际情况,精心挑选具有行业代表性的电子商务企业作为案例征集对象,涉及制造业、商贸业、都市产业、信息产业、文化创意产业、金融服务业等相关领域。通过上门走访、邮件通信、组织座谈等各种方式,开展对企业应用电子商务发展成果的调研,编制企业案例征稿通知和案例编写要求,发送到案例征集企业,以获得最有价值的第一手材料。发送案例征集通知超过100份。

**组织编写团队,编撰发展报告** 组织了包括资深电子商务专家、企业家、学者参与的研究团队,成立编写组、统稿组、专家组,分工合作,落实编撰各项工作。参与编撰工作的包括复旦大学、上海交大、上海大学等相关高校以及协会的会员单位。

报告将通过典型案例分析,从产业、行业、企业等不同维度,分析上海电子商务产业发展特点、行业重点布局和企业应用成果,总结近两年上海电子商务环境建设和创新发展经验,分析问题,提出措施和建议。

**【组织电子商务第三方信用功能性平台建设可行性研究】** 为响应市委市政府关于诚信建设的重要指示,加快上海电子商务信用体系建设,营造安全诚信的电子商务发展环境,促进上海创建"智慧城市"和国家级电子商务示范城市。协会在2010年完成《上海市电子商务信用评价体系研究》课题,提出体系建设方案和分步实施路线图的基础上,2011年又联合知名电子商务企业,进一步探索构建电子商务信用公共平台的创新试点。

走访调研了东方钢铁、号百商旅、快钱、市民信息、火速、平安保险等近40家知名企业,听取企业意见;收集汇总北京、浙江、江苏、广东、福建等兄弟省市在电子商务诚信平台建设方面的信息资料,进行了分析比较;实地考察了广东省国际电子商务信用服务平台的建设情况;组织电子商务诚信方面的资深专家,会诊建设上海电子商务信用第三方功能性平台的可行性方案;协调有关电子商务企业,开展诚信平台项目试点。

经过大量研究、准备,结合当前实际情况,提出了进一步推进上海电子商务诚信环境建设的三个步骤实施设想:一是参与国家标准制定,协助政府部门落实《上海市促进电子商务发展规定》相关条例;二是遵照国家有关电子商务企业标准,启动对全市中小企业评估评测工作;三是建设电子商务第三方诚信服务平台,切实为企业尤其是中小企业提供信用相关服务。有关调研材料和实施设想建议已上报市政府相关部门研究决策。

**【组织平台企业立法调研】** 为配合政府部门加强对电子商务平台企业的规范管理,加大对优秀平台企业扶持力度,完善《上海市促进电子商务发展规定》等法律法规的实施细则,协会接受市经信委委托,开展了"电子商务平台企业管理办法立法调研"课题的研究。

组织上海商学院等研究机构,对涉及电子商务平台企业运营、使用、监管等各有关方面进行了调查研究,参考了大量文献资料,对国内外主要地区电子商务交易监管机制和法律法规进行了比较和分析,结合上海电子商务"十二五"发展规划,提出制定上海电子商务平台企业管理办法的立法建议和草案。课题研究工作于2011年年底完成。

**【组织会员交流活动】** 电子商务协会通过协调各方资源,组织各类活动,促进会员单位交流与合作,是满足会员单位信息沟通需求,协助会员单位拓展业务、创造商机的重点服务内容。一年来,协会举办了会员大会、各种专业论坛,组织外出考察、经验交流和商务撮合等活动,拓宽会员单位的交流渠道。

**组织会员参加嘉兴网货交易会** 9月下旬，作为协办单位，电子商务协会组织虹口北外滩开业园区的天卷、宋合、陶木、博亦、固圆康、嘉怡堂等六家电子商务企业参加在浙江省嘉兴市举办的首届网货交易会。帮助参展企业在展会现场进行商品展示、宣传，使所带展销商品销售一空。宋合、陶木等企业表示参加网货交易会了解了市场，扩大了企业影响，开阔了眼界，拓展了商机，确实物有所值。

**撮合会员企业跨区域商务合作** 应第一钢市有关领导要求，电子商务协会通过浙江省电子商务协会，联系到浙江钢铁网，帮助两家钢铁电子商务的骨干企业建立了联系渠道，为实现跨区域的强强联合，扩大市场营销渠道，创造了条件。介绍武汉市电子商务协会参观考察智力园区，宣传庙行电子商务服务有限公司在园区管理方面的经验，促进两地企业交流合作。

**组织电子支付相关专题交流活动** 举办了"电子支付行业发展现状与趋势"专题讲座，邀请中国银联领导和易观国际的资深专家，发表权威观点，与智力园区孵化器中心、合驿、安畅、纽莱福等企业进行了互动交流。

组织电子支付产业发展规划座谈会，邀请快钱、汇付天下、涵银、环迅、付费通等相关企业，座谈机遇和挑战，从政府、行业、企业不同层面提出对产业发展的希望或建议，通过协会汇总整理后上报政府相关部门参考。

**利用会员大会举办联谊活动** 电子商务协会每年定期举办全体会员大会，总结一年来工作任务完成情况，提出下一年度主要工作计划，对协会重大变更或重大决策进行审议和表决。同时，会员活动也是会员单位互相沟通、增进友谊的最佳平台。在今年初召开的会员大会上，协会特意安排了迎春联谊活动。许多会员单位精心准备文艺表演，歌唱、民乐合奏、舞蹈、诗朗诵、小品等节目精彩纷呈，参会的各单位代表在喜庆和轻松氛围中与新老朋友欢聚一堂，一些会员单位由此逐步成为互惠互利的合作伙伴。

**组织会员参加"红色之旅"活动** 为纪念建党90周年，推动红色旅游，协会配合号百商旅公司，组织了16家会员单位参加"穿越90载，重游红色之路"的红色之旅启动仪式，感知峥嵘岁月激情，获得精神升华。参加活动的代表们聆听了新四军老战士的革命史，接受了红色教育，也增进了会员间的沟通了解。

**【组织会员参加品牌创建活动】** 为促进电子商务协会会员企业通过实施品牌战略，提升企业核心竞争力，巩固和发展上海电子商务在国际国内市场的竞争优势，协会一直坚持组织会员单位参加各类品牌创建活动，积极培育上海电子商务打造知名品牌。

**组织会员单位参加中小企业品牌评选** 自2008年起，协会每年组织和推荐会员单位参加上海市中小企业"品牌企业"、"品牌服务"评选活动，召开评选工作解读会，为企业提供申报信息和推荐意见。在2010年10家会员企业荣获中小企业品牌基础上，2011年又组织了38家会员单位参加2011年评选活动。通过企业申报、区县各级委办和行业协会推荐、专家和政府有关部门层层评审、社会公示，上海大宗农产品、虹迪物流、环迅、宝尊电商、百胜、商派等14家协会成员单位入围2011年度上海市中小企业"品牌产品(服务)"名单。

**推荐会员精英参选"上海IT青年十大新锐"和"上海领军人物"** 连续多年推荐和组织会员中的青年才俊参加"上海IT青年十大新锐"评选。通过动员和推选，2011年又有十多位会员单位的精英代表进入候选大名单。百姓网CEO王建硕、新蛋信息技术总经理胡卫新、瑞庭董事长梁伟平和快钱总裁助理姚猛等四人成功入围第十届"上海IT青年十大新锐"20强名单。

组织"2011上海领军人物"选拔工作座谈会，邀请携程、爱姆意、东方钢铁等十多家会员单位，解读评选政策，为申报单位提供推荐意见。

**会员单位获得商务部示范企业称号** 部分会员单位还积极参加商务部等有关部委组织的电子商务示范企业申报和评选工作，致力于打造全国电子商务的优秀品牌。在商务部近期公布的全国87家电子商务示范企业中，有10家来自上海，而其中又有8家为协会会员单位，包括：上海钢联、东方钢铁、新蛋、携程、东方希杰、亿贝、百联、家帝豪等。

**【组织会员参加政府项目申报】**

**提供项目申报信息和开展推荐咨询服务** 组织会员单位参加政府专项资金项目申报，帮助会员单位获得政府政策扶持和资金资助，是协会服务会员，配合政府落实产业创新试点工作的具体行动。协会通过跟踪政府部门相关网站和联系对口人员，及时掌握专项资金项目信息，利用协会网站发布，或通过电子邮件、传真、电话等手段，告知到相关单位。每年申报信息发送有百余次。

协会还安排专人，一对一咨询或组织专题解读会等形式，为企业解答项目申报相关要求和注意事项；对具备条件和有申报意愿的会员单位给予申报推荐或申报辅导支持。2011年推荐会员企业参加市经济信息化委信息化发展专项资金项目、市中小企业发展专项资金项目、上海市加快自主品牌建设专项等。

**一批会员单位成功获得政府项目支持** 东方电子支付、付费通、上海数字认证中心、市民信箱、互联网中心、蚁族、慧聪、明凯照明等15家会员单位获得2011年度上海市信息化发展专项资金支持；上海钢联电子商务股份有限公司获得2011年上海市中小企业发展专项资金项目支持；斯迪尔的“钢铁交易综合管理服务平台”、新跃物流的“物流汇中小型陆运物流企业服务平台”、上海钢联的“我的钢铁”网络综合信息服务平台被认定为2011年度“上海市中小企业公共服务示范平台”。

**【开展企业培训服务】** 电子商务协会根据对会员服务的调研回馈情况，安排了电子商务交易模式、支付与安全、网络营销、电子商务法律等数十次规模不等的专题讲座或沙龙，培训覆盖面主要涉及会员单位中的中小型电子商务企业，且全部实行免费培训。

**举办“消费者心理分析”讲座** 邀请国家级心理咨询师为30多家电商企业做主题演讲，从消费者动机、消费者知觉和消费者态度三个维度，对消费行为进行了深度剖析，其目的是帮助企业掌握消费者心理和需求，从而找到企业在差异化市场环境中的生存发展途径。讲座得到多数参会企业的肯定，并被认为具有一定的实际应用价值。

**组织“创业接力”沙龙** 电子商务协会专家与来自易迅网、光速创投、创业接力担保的嘉宾分别做了精彩演讲，专家们还针对创业型企业普遍关心的电商产业发展趋势、创业投资和资本运作、后团购时代的电商格局等热点问题，与到会企业听众进行了探讨和互动。虹口园区的部分企业应邀参加了沙龙活动。

**举办电子商务诚信法律专题讲座** 邀请长期从事电子商务法律研究的知名律师，围绕电子商务领域的诚信服务、网络环境下知识产权保护、融资及资本运作等主题，通过重点案例分析，阐述电商企业只有建立诚信服务意识才能永续经营的价值理念。易迅、悦为、安畅等十多家企业代表聆听了演讲，并与嘉宾进行了互动交流。

**园区开展“网上创业竞赛”活动** 为了提高园区企业网上创业知识，实践创业带动就业的宗旨。2011年12月2日下午2点由上海市电子商务行业协会虹口工作站和上海鑫晔管理公司共同组织了“网上创业竞赛”活动。此次活动主要通过协会虹口工作站QQ群这个平台进行的，共计35家企业参加了这次活动。主要目的是让园区企业更便捷和及时了解国家和地方的新政策、学习到实用的创业技能和创业中碰到的实际问题。

**【组织实施电子商务宣传】**

**做好协会网站和宣传刊物** 电子商务协会通过专有网站的“公共栏”、“重要信息”、“行业动态”、“政策指南”、“企业文化交流”等栏目，为会员单位提供政策信息、行业动态、项目申报服务信息和企业交流平台。会员单位免费使用协会网站发布消息和获取各种资讯。

定期汇编《电子商务资讯》月刊，发表对会员企业的宣传报道和专门采访近60篇。期刊寄送范围覆盖全部会员单位和政府相关部门，并作为交流材料寄送长三角地区电子商务协会。

**公共媒体上的宣传** 与《IT时报》合作，开设电子商务专版，宣传报道上海电子商务行业发展动态。继2010年刊发“电子支付专版”、“世博会专版”，2011年又刊发了“双推工程专版”、“制造业电子商务专版”等，在社会上产生较大影响。

协会还定期邀请和组织上海电视台、《解放日报》、《文汇报》、新浪网、搜狐网等主流媒体，参加协会举办的电子商务推广活动宣传报道，充分利用公共媒体专业性强、权威度高、受众面广的特点，扩大会员企业的社会影响力。

**政府相关部门内刊上的宣传** 电子商务协会秘书处设置了信息联络员，参加市经济信息化委、市社团局组织的信息联络员培训，配合市经济信息化委建立行业系统内的通讯员联络机制，定期组织宣传稿件。

向工信部主办的《国家电子商务工作简报》寄送反映上海电子商务行业发展和协会工作的宣传材料，如2011年7月《简报》刊登了“2011长三角区域电子商务交流会召开”的新闻材料，详细报道了大会盛况。

向市社团局不定期投递宣传稿件，通过《行业协会动态》专刊反映上海电子商务行业发展和协会工作开展的有关情况，发表有关长三角电商交流大会、上海电子商务趋势国际研讨会、行业协会推进上海电子商务诚信体系建设等专栏文章。每年还定期向市发改委、市经济信息化委、市工业经济联合会等管理机构发送年度电子商务行业发展状况总结材料，在相关年鉴发布。

（黄洁生）

## 上海市信息化培训协会

**【概况】** 上海市信息化培训协会（以下简称“培训协会”）成立于2003年2月，成立至今，在开展基础调研、承接课题、编制岗位目录等基础工作的同时，先后承担了政府委托的多个大型培训项目。从2003—2005年的市府实事项目"百万家庭网上行"、市委组织部、市人事局和市信息委开展的本市干部电子政务培训考核以及上海市信息技术管理职业资格认证,到2008—2010年的市府实事项目"千村万户"农村信息化培训普及工程、上海干部在线学习城课程开发和审核等。除了开发培训课程,设计培训运作模式以外,协会还为项目提供具体的服务,负责培训质量的监督管理,取得了良好的社会效益和经济效益。此外,协会还作为上海市职业能力考试院信息人才认证中心,承担了全国计算机技术与软件专业技术资格(水平)考试报名辅导和上海市信息技术管理人员职业资格认证的开发工作。

**【召开换届会员大会】** 2011年3月28日下午,培训协会在银河宾馆召开了上海市信息化培训协会第三届会员大会。52名会员单位代表参加了会议。会议首先听取并通过了理事长所作的第二届理事会工作报告和秘书长所作的第二届理事会财务审计报告;随后听取并通过了第二届理事会副理事长所作的第三届理事会候选名单、选举办法和监票人名单,以不计名方式选举产生了上海市信息化培训协会第三届理事会24名理事。会中,新当选的理事会举行了第一次会议,选举产生了上海市信息化培训协会第三届理事会理事长、副理事长和秘书长。

**【大学生移动终端软件设计大奖赛】** 为推动提升大学生移动终端应用软件的自主开发能力,帮助大学生了解规范掌握移动终端软件的开发流程,激励大学生学习成才,开拓创新,自主创业;同时,建立校企联动平台,号召鼓励企业积极参与,探索并初步形成校企联动的良好机制,从而培育提高本市移动终端开发人员的队伍水平,推动本市移动互联网产业的迅速发展,在市经济信息化委、团市委和市大学生科技创业基金会的支持和指导下,由协会主办、中国电信上海公司全程天翼品牌支持的"上海电信灵机'翼'动杯2011上海大学生移动终端软件设计大奖赛"于2011年11月18日启动。为配合大赛的开展,协会在本市的复旦、交大、同济、华师大、华理工、东华、华政、电力、上大、上师大和二工大组织了11场主题演讲,请业内知名企业高管走进校园,为广大莘莘学子分析移动互联网产业的现状,介绍企业对人才的需求状况,讲解移动终端应用软件的开发特点,预测移动互联网的未来发展。截至2011年12月31日,共有复旦、交大、四川、东南等20所高校的171个团队报名参加本次大赛,其中18所高校的94个团队提交了"初赛作品说明书"。2012年1月4日,大赛评委会对94个"初赛作品说明书"进行了评审,20个作品进入本次大赛的复赛。

**【西部地区干部培训】** 根据中央人才工作协调小组关于东部地区支持西部地区信息化与信息产业人才开展培训工作的指示精神,由上海市对外合作交流办和上海市经济信息化委主办、上海市信息化培训协会承办的2011年高新技术产业化发展培训班于2009年5月17—30日在上海电信培训中心举行。培训班共48名学员,分别来自新疆(喀什)、西藏(日喀则)、云南(迪庆、红河、文山和普洱)、重庆、陕西和湖北(宜昌)。培训形式包括培训、参观和分组讨论。培训内容包括上海经济和信息化"十二五"发展概况、上海高新技术产业发展、上海节能与综合利用现状、上海智慧城市与信息基础设施建设、上海信息化应用推进情况、上海世博会信息化建设应用和网络的应用和未来发展等;参观地点包括上海宝钢、上海高新技术产业化展、上海科学节能展示馆、上海移动信息化体验馆、上海电信信息生活体验馆、嘉定工业区、上海大众汽车厂生产流水线、上海超级计算中心、浦东软件园、IBM中国创新中心、上海外高桥第三发电厂和浦东金桥出口加工区等;此外,还安排学员游览了外滩、东方明珠、新天地和长江隧桥等。

**【"物联网"、"云计算"和"智慧城市"培训教材编写】** 为配合本市信息化推进,培训协会针对不同人群,组织专家围绕"物联网"、"云计算"和"智慧城市"这三个主题,针对大学生、在职技术人员等不同的读者对象撰写了多种版本的培训教材,将于2012年起开展培训。

**【党建工作】** 为鼓励党员积极参加创先争优活动,培训协会支部要求全体党员签约责任书,并请全体党员和群众在年底进行自查和监督。同时,积极推动岗位建功立业活动和志愿者服务活动,以党员的模范行动带动和影响周围群众。同时,为迎接建党90周年,协会支部组织了一系列的纪念建党90周年的活动,包括"寻找党的足迹","我最感动的瞬间",参观瞻仰"一大"会址、高桥烈士陵园等革命遗址,组织纪念建党90周年摄影展,表扬先进党员等。此外,协会支部认真做好建党积极分子发展工作。在上级党委的支持下,对积极分子加强跟踪管理、加强个别谈心、加强实践锻炼,于上半年发展了4名党员,转正了1名预备党员。支部的党务干事被市委组织部和市社会工作党委评为2011年度上海两新组织优秀党务工作者。协会支部还认真开展党务公开工作,编写党务公开目录、建立党务公开档案、向全体党员和积极分子公开有关事宜。上述工作得到了大家的认可。

（童陵枫）

## 上海市信息安全行业协会

**【概况】** 上海市信息安全行业协会（以下简称“信息安全协会”）成立于2003年3月，是由上海地区从事信息安全产品开发、制造、经营和服务的企业和其他相关企事业单位按自愿、平等原则组成的非营利性、行业性社会团体法人。协会下设商用密码专业委员会。协会宗旨：贯彻执行国家和上海市关于信息安全产业发展的方针、政策，维护会员的合法权益，提高会员技术业务和经营管理水平，增强行业的整体素质，推进上海信息安全产业的快速健康发展。业务范围：咨询和中介服务，组织调研、交流、合作、培训，举办会展、论坛和编辑出版等，以及承担政府委托的事项。协会拥有内部期刊《行业动态选编》。

**【服务会员单位】** 归纳整理国家为推动企业发展出台的一系列扶持产业政策，及时与会员单位相关联系人沟通，让会员单位能够及时了解国家相关政策。推荐协会会员单位“上海市数字证书认证中心有限公司”进行上海市名牌产品企业申报工作。成功推荐上海格尔软件股份有限公司、上海辰锐信息科技公司、上海络安信息技术有限公司开展2011年上海中小企业“品牌产品/服务”申报工作。

**【开展行业调研，组建服务平台】** 在调研的基础上形成“上海市中小企业信息化发展调研报告”、“上海市中小企业信息化公共服务需求调研报告”，上报政府有关部门。

2011年，信息安全协会依托协会常务副会长单位——上海信息化服务热线有限公司的上海市政府实事工程“9682000信息化服务热线”平台，联合会长单位上海颐东网络有限公司、副会长单位上海安达通信息安全技术有限公司等单位着力建设9682000中小企业信息安全服务平台，共建共营。该平台根据国家和地方有关政策，依据互联网下新型服务业态高速发展，改变传统的信息安全服务模式，打造面向中小企业互联网安全服务，逐步改变小企业的信息化建设模式，提高小企业的数据安全及工作效率，同时聚集行业优势资源、支持技术创新、服务产业，加速推进安全行业的服务创新和新技术产业化。协会正在联合相关企业和部门，结合平台技术创新服务的代表性、技术创新的方向性探索和自身能力状况，制订平台的下一步发展规划。

**【举办专业展会】** 与园区企业上海八六三信息安全产业基地有限公司联合举办“2011年信息安全技术产品展”。展会从2011年10月12—14日，共有24家信息安全产业单位参加了本次展览。24家单位中既有国家信息安全成果产业化（东部）基地、公安部第三研究所、国家信息技术安全研究中心这样的国家级单位，又有启明星辰、卫士通这样的民营信息安全技术企业。展览展示了电子政务安全、虚拟专用网、公共密钥基础设施、无线安全、网络安全与管理、计算机安全、证书中心、计算机取证、通讯安全、数据储存/备份、防火墙/计算机病毒防护、灾维恢复、安全审核等各项信息安全产品和技术。

**【加强业内交流，推进对外合作】** 2011年3月，接待了加拿大驻中国大使馆政治处一行三人到访协会，并陪同走访了部分上海市信息安全企业，就目前上海市信息安全市场及企业情况进行了友好会谈。2011年9—10月，多次组织启明星辰、三零卫士、东软集团、天融信、公安部三所等会员单位的有关专家就信息安全技能竞赛和人才输送等方面的问题进行交流和沟通。2011年10月，为加强市民的个人隐私保护意识、实现隐私信息的安全保障，协会联合东方网在首届上海市信息安全活动周期间开展“信息安全”系列访谈节目，邀请上海知名信息安全企业和法律界人士，就百姓身边的信息安全防护进行深入的交流与探讨。

（朱方园）

## 上海信息化发展研究协会

**【协会换届】** 上海信息化发展研究协会（以下简称“发展研究协会”）成立于2004年年底，经过六年多的发展于2011年成功换届。秘书处为换届工作进行了充分的准备。一方面，总结第一届理事会的工作和成果，系统梳理过去六年时间协会所主导、参与的近50个研究课题和项目，探究得失、形成经验；另一方面积极筹划新一届理事会的召开，吸纳了大批IT企业成为协会理事，为协会发展注入新的活力。换届大会的召开得到相关主管部门的高度重视，市人大副主任郑惠强、市经济信息化委、市社会团体管理局相关领导到会并讲话，对协会第一届理事会的工作给予高度肯定，并对第二届理事会提出殷切希望和要求。通过此次换届，协会会员也得到了更新和扩充，尤其大量IT企业的加入，增强了协会市场化活力，更便于协会秘书处团结会员，共同为上海信息化发展贡献力量。

【增强上海信息化对外辐射能力】 2011年,发展研究协会继续拓展中西部、尤其是鄂尔多斯信息化服务市场,将上海信息化成功的经验向外输出。2011年,由协会承担规划咨询的“鄂尔多斯煤炭局信息系统”建设项目,获得内蒙古自治区信息化工作系统的高度重视,并作为“两化融合”的典范在全国进行推广。继2010年帮助鄂尔多斯完成“数字鄂尔多斯”总体规划之后,2011年协会又帮助其完成全市三大基础库(人口、法人、空间地理)数据标准规范编制;协会还将服务范围进一步向鄂尔多斯基层拓展,2011年是康巴什新区信息化建设的启动之年,协会作为康巴什新区信息化建设顾问帮助其进行项目规划、辅助开展项目招投标,使其全年顺利实施了三个重大项目,并帮助其建立了良好的信息化建设项目管理机制;协会还依康巴什新区的邀请,帮助其编制“康巴什新区科技和信息化‘十二五’发展规划”,以期借鉴上海发展经验对其后续五年的工作进行指引。

【完成《2011上海信息化发展报告》】 2010年是上海信息化“十一五”建设收官之年。为全面总结年度信息化建设的成果,反映“十一五”末期信息化建设的现状和水平,为“十二五”信息化发展总结经验教训,发展研究协会受上海市经济信息化委员会综合规划处的委托,组织编制并公开出版《2011上海信息化发展报告》。报告采集了来自全市主要委办、区县的信息化报告80多篇,以图片、表格等平实易懂的方式展示2010年上海社会经济各领域信息化建设的成果,反映“十一五”末期全市信息化应用的全貌,为政府部门编制“十二五”发展规划提供决策支撑。

【协会活动】 2011年中期换届后,为团结协会会员、形成新的凝聚力,秘书处先后组织两次活动,增进会员之间的了解和合作。活动中,会员一方面相互介绍自己公司的业务、市场,探讨合作共赢的可能性;另一方面,通过文娱活动,增进相互之间的信任。同时,协会秘书处还结合自身的业务,与会员探讨“秘书处—会员”业务互动模式,希望形成团队作战模式,共同服务上海及中西部城市信息化建设。

(朱慧丽)

## 上海市信息学会

【概况】 上海市信息学会是由上海地区从事信息学研究以及相关方面的专家学者发起,经过上海市社会科学界联合会沪社联〔2003〕0122号文件和上海市民政局沪民社团〔2003〕512号文件的批准,挂靠上海社科院的社会团体。成立于2004年10月。其宗旨是大力促进信息学研究的繁荣,加强信息技术的研制和社会推广,推动上海信息化的发展。

上海市信息学会由上海地区105名信息学方面的专家、学者和行业工作者联合发起。2011年,协会单位会员60个,个人会员275名。主要来自高校、科研机构和企业,其中包括上海交大、复旦大学、同济大学、东华大学、上海社科院、上海计算机研究所、英特尔、微软等等。上海信息学会的成立有利于整合各方面的力量,促进信息学的发展、壮大,并与其他相关研究领域相互补充、相互促进。在市社联每年组织的“学会学术活动月”中均荣获组织奖,并连续三年成为“达标学会”。

【信息化主题论坛】 上海市信息学会坚持每年举办三场主题论坛,主要围绕社会的热点问题开展内容精彩的学术论坛,受到与会者的一致好评。2009年“量子信息与健康”上海论坛,中国国际工业博览会第四届健康与信息高峰论坛;2010年“走向智能网络:2010物联网论坛”、“信息与健康高峰论坛”、“城市信息化发展战略与评估高峰论坛”。

2011年4月,信息学会与世界总裁协会共同举办了以“创新、转型、服务”为主题的高峰论坛,10月30日,在上海交大医学院举办“信息、环境与健康”论坛,11月26日在上海市社会科学院举办“信息与城市运行安全”高峰论坛。

论坛分别邀请了有关专家、教授作主题报告,内容结合当前社会的热点问题并结合实际。受到了全市有关企业、高校的广泛关注,论坛为与会者扩大了思路,引发了深层次思考,反响很好。

【参与社会活动】 作为上海市优秀网站评选活动的承办单位之一,上海市信息学会积极参加了“优秀网站”的有关评选工作,为上海市的网站建设作出了一定的贡献。

【发挥信息处理委员会作用】 2010年上海市信息学会成立了信息处理委员会,主要负责计算机速记比赛及培训工作。(1)成立了计算机中文速记大赛办公室,在人力资源和社会保障部职业技能鉴定中心、国家职业技能鉴定计算机专家委员会、全国计算机信息高新技术考试办公室的业务指导下，开展计算机中文速记的大赛。(2) 成立了速录师竞赛办公室，在上海市职业技能竞赛组织委员会办公室的业务指导下开展速录师的竞赛规工作。(3) 完成了教育部高等学校高职高专速录师资培训、教育部全国重点建设职教师资速录培训和手写速记师资的专业培训教材和人力资源和社会保障部国家职业技能鉴定计算机中文速记考评员培训的教材编写《计算机中文速记技术教程》，得到了相关单位的好评，填补了国家职业教育速录速记师资和考评员培训教材的空白。

（刘 菁）

# 二、民办非企业单位发展

## 上海市信息服务外包发展中心

**【概况】** 上海市信息服务外包发展中心（以下简称"外包发展中心"）成立于2006年7月，是上海市信息服务外包领域的专业服务机构，外包发展中心立足信息服务外包行业研究，为政府与企业提供产业咨询，把握信息服务外包产业发展的实际需求，以人才服务和市场拓展为抓手，整合产业资源，营造良好环境，着力推动本市服务外包的发展。

**【全面开展人才服务工作】** 与海外专业人才服务机构合作，面向企业与高校开展服务外包专业人才培训，外包发展中心连同海外专业机构先后走访了华东理工大学、东华大学、上海第二工业大学、上海理工大学、江南大学、重庆交通大学等十多所大学，并分别签订合作意向协议，目前在上海已开班两期，重庆开班一期，毕业学生均实现100%就业，就业单位包括印孚瑟斯、Tata、汇丰银行等国际跨国企业及微创、新致等知名软件外包企业。此外，中心为本市知名服务外包企业提供人才服务，针对企业个性化的需求，与海外专业机构联合开展了针对性的企业内部职工技能提升培训工作，目前已完成两家公司内训，人数近200人。

**【开展职业技能普遍式教育】** 根据市人保局的要求，外包发展中心与相关资质的国内人才服务机构共同开展校企合作信息服务业领域高技能人才的培养工作，目前已经完成软件测试人员培训两个班，并协助举办了徐汇区软件测试人员技能竞赛活动，参加人数近200人。中心同时积极拓展与其他专业培训机构的合作，普遍提升从业人员素质。

**【大力推进教材编制及题库更新】** 根据市人保局的要求，外包发展中心在去年开发相关服务外包方向职业技能培养规范的基础上积极组织相关专家队伍进行教材开发，目前已经完成《软件测试人员 Net》、《软件测试人员 Java》、《数据库管理人员 SQL Server》、《软件外包服务技术（对日）》、《软件外包服务技术（对欧美）》等教材开发，所开发的教材均通过中国劳动社会保障出版社出版。同时完成数据库管理人员 SQL Server（四、三级）、数据库管理人员 Oracle（四、三级）、网络课件设计人员（四、三级）等职业技能考试题库的更新工作。

**【开展海外高层次人才招聘活动】** 在市经济信息化工作党委干部处及市经济信息化委软件和信息服务业处的支持下，组织盛大、海隆等本市相关企业赴美开展产业推介及高层次人才招聘活动，并分别在硅谷、匹兹堡召开两场专题招聘会，并与相关IT企业、大学进行了业务洽谈及人才培养，积极探索本市软件和信息服务业领域海外高端人才引进模式。

**【深入开展上海—欧美业务对接平台建设】** 继续深化与欧美发包方的业务对接活动，一方面进一步挖掘发包企业项目信息，另一方面扩大对接包企业相关信息的收集整理，尽量提高接发包双方的匹配程度。2011年又拓展了对普林斯顿医疗联盟的业务合作和对接关系，成功实现新款软件与普林斯顿医疗联盟企业的业务合作。

**【协助重庆渝中区举办第二届信息服务外包交易会】** 2011年8月29日，外包发展中心协助重庆渝中区信息服务外包发展中心举办第二届重庆信息服务外包交易会，会上发包企业发布了数据中心、呼叫中心、财务服务、基础设施管理以及移动应用开发的项目，三家接包企业与发包方对接，并进一步洽谈。同时，在重庆成立了服务外包联盟，通过优势互补，资源共享，实现欧美—上海—重庆三者之间的合作。

**【切实做好产业推进工作】** 2011年4月，外包发展中心与上海中星集团签订租赁合约，将位于杨浦区翔殷路256号的中星大楼打造成以服务外包企业为主，信息服务业为辅的产业聚集楼宇。目前正式入驻企业6家，办公面积超过 5 000 平方米，成功引进了香港华石设计有限公司、美国佳绩公司、美国新世基公司等。

（朱慧丽）

## 上海市企业信息化促进中心

**【概况】** 2011 年，上海市企业信息化促进中心（以下简称“促进中心”）在上海市经济和信息化委员会领导下，以服务企业信息化为主要目标，在企业信息化研究、咨询、培训和评价等相关领域，推进国家信息技术服务标准验证与应用试点，在营造公共服务环境过程中建立企业信息化推进长效机制。

**【组织实施国家信息技术服务标准验证与应用试点】** 为规范和引导中国信息技术服务产业发展的需要，工信部软件服务业司自 2009 年 4 月以来，组织开展制定信息技术服务标准（ITSS），陆续形成了基础标准、运行维护标准等征求意见稿。上海市作为推进本项工作的重点省市，自 2010 年 10 月起，组织开展标准验证与应用试点工作。上海市企业信息化促进中心承担了全市范围的信息技术服务标准验证与应用试点组织工作，促进中心根据《上海市经济和信息化委员会关于开展国家“信息技术服务标准（ITSS）”应用试点的通知》（沪经信软〔2011〕712 号）的精神，在明确目标、充分调研的基础上，积极贯彻分步实施、突出重点指示精神，从本市信息服务产业发展的实际出发，以金融、航运、贸易信息服务领域为重点，组织制订了《信息技术服务标准验证与应用试点（上海市）实施方案》。依托相关参与企业的资源，完成了信息服务业质量评价平台的总体设计和主体框架开发，形成了一批信息系统运维交付目录和设计框架。编制了《信息技术服务标准（ITSS）应用指引》（第一版）。完成了第一批 11 个单位标准验证工作总结。目前正在推进 100 多个单位的标准试点工作。通过应用流程指导、应用实践介绍等形式，向更大范围的应用单位普及标准体系基础知识，积极促进中国信息技术服务业持续、快速、健康发展。有效推动了上海的信息技术服务产业标准化工作机制和管理模式、培养标准化人才体系、培育新业态新模式，为规范服务市场、提高服务质量、加强市场监管提供科学依据，为下一步开展该领域的国际标准化工作打下基础。

**【深入开展企业信息化相关领域的研讨、培训和决策咨询】** 促进中心作为专注于企业信息化推进的功能性公益服务机构，积极汇聚社会资源、激发企业应用需求，从培训体验、咨询评价和宣传推广着手，通过企业调研、专题研讨，宣传培训的形式，有针对性地开展与企业信息化相关的各项活动。

以贯彻“上海市振兴工业软件专项行动方案（2010—2012 年）”为指导，积极进行上海信息服务业产业基地和园区的发展情况调查，重点研究了全市软件和信息服务业的产业布局，在上海商报的《数字商情》专版上宣传了优秀企业单位的经验和成果，编制完成了《软件和信息服务业投资服务指南》，为这一领域的发展起了推进作用，为进一步规划和发展提供了决策依据。

配合经市经济信息化委，组织业内专家完成首批市级信息服务业基地复审工作。配合上级部门组织编制的《上海智慧东滩数据产业园建设规划》，得到了市领导的重视与批准。目前，上海智慧东滩数据产业园建设已经列入本市 2012 年信息服务产业基地建设重点项目。

组织了全市范围内的国家信息技术服务标准多次培训，形成了一支国家标准的培训师资队伍，培训了 100 多个重点信息化服务企业的上百名技术骨干。以《信息技术应用系列培训教材》的内容为基础，结合市信息化培训协会的两化融合培训内容，组织企业专业技术人员进行“两化融合”的专题培训，为信息技术改造提升传统产业服务。

**【积极组织企业信息化领域的国内外合作交流】** 促进中心在传统企业与 IT 企业之间，积极发挥“纽带”作用，营造企业信息化的社会环境，从而促进企业信息化水平的整体提高。

中心密切关注行业特点，了解区域特性，分析整理企业的共性需求，为 IT 市场培育和客户定位提供参考；通过研讨、交流等多种方式，分别举办了以“计算机集成资质调整”和“商务协同”为主题的企业老总沙龙活动。

促进中心积极开展国际合作交流。组织、协调和邀请日本著名教授野中郁次郎来沪作关于“知识创新”的管理学演讲。通过研讨、交流等多种方式，把握优秀解决方案，推荐行业成功案例，增进供需沟通提升。

制作了《上海市软件和信息服务业巡礼》专题片，积极利用会议会谈的机遇，向国内外积极介绍上海的发展成果。

（陆金山）

# 第六章 信息化合作交流及重要会展

## 概 述

2011年,上海信息化合作交流继续围绕全市信息化工作重点展开。国内外合作有序推进,借助各种交流渠道,推介本市信息化发展。上海信博会、上海软件外包国际峰会等信息化专业会展的成功召开,进一步推动了上海与国内外机构和企业在信息化领域的合作。

## 一、国内外合作交流

### 国内合作交流

**【长三角区域信息化合作】** 作为2011年长三角信息化合作的轮值方,由安徽省经济和信息化委牵头,与江苏和浙江有关部门紧密配合,就区域信息化应用、电子口岸的资源共享与业务协同、四地数据互备、高速公路收费系统和交通信息联网建设、长三角医疗和社保信息一体化等工作进行了推动。由上海市经济和信息化委牵头,对三省一市共同编制的《长三角区域信息化"十二五"合作规划(2011—2015)》进行了最后的修改完善。

**【长三角区域合作信息组工作座谈会】** 长三角区域合作信息组工作座谈会于2011年11月在安徽省黄山市召开。沪苏浙皖三省一市经济信息化委领导和相关处室人员参加了会议。会议总结了2011年长三角信息化合作情况并提出了2012年的合作计划,四方将在信息化规划政策、区域信息化应用、信息化合作机制等领域加强合作交流。

**【高新技术产业化发展培训班】** 由上海市合作交流办和市经济信息化委主办、市信息化培训协会承办的"2011高新技术产业化发展培训班"于2011年5月在上海举办,来自新疆、西藏、云南、重庆、陕西和湖北六省市相关部门的48名学员参加了此次培训。通过形式多样的授课和参观,学员们深入了解了上海经济和信息化发展、信息化应用推进、智慧城市建设等情况。

**【双语办公软件应用培训班】** 为推进少数民族地区信息化进程、实现双语文字信息化处理现代化,在市经济信息化委的支持下,中标软件有限公司派遣专家分别于2011年6月赴新疆喀什、8月赴西藏日喀则、11月赴青海果洛为当地干部进行了中标普华维哈柯文办公软件和中标普华藏文办公软件的应用培训,培训总人数达到110名。

### 国际合作交流

**【对外表彰】** 2011年上海市白玉兰纪念奖颁奖仪式于2011年9月9日在西郊宾馆会议中心举行。经市经济信息化委推荐,印孚瑟斯技术中国公司副总裁郎格(印度籍)和约旦安曼商会主席瑞阿德·塞非(约旦籍)荣获2011年度上海白玉兰纪念奖。

**【海外交流】** 为进一步推动上海在信息化领域与国际接轨,学习国外的先进技术和经验,市经济信息化委组织相关部门人员赴海外招商引资、洽谈重要合作项目、参加大型国际展会,了解国外信息化领域最新动态。2011年9月,市经济信息化委组团赴印度和新加坡围绕智慧城市建设主题进行考察,拜访了两国相关部门、IT企业和公共机构,对两国信息通信及产业发展、智慧应用的创新与推广以及相关机制建设进行了考察。9月,市经济信息化委派员参加了韩国首尔市第十一届外国城市政府官员培训研讨会,与来自全球其他14个城市的代表分享了各自在城市管理信息化应用方面的工作经验。10月,市经济信息化委组团赴英国和德国考察两国在云计算和信息服务业方面的发展情况,参加在英国伦敦举办的"2011电子商务博览会"。12月底,市经济信息化委联合相关部门赴美国开展了软件和信息服务业高层次人才招聘活动，面向海外人才开展了上海软件和信息服务业宣讲和针对性招聘活动，吸引海外高端人才来沪就业和创业，并组织上海企业与美国企业进行了业务对接活动，取得了良好效果。

# 二、信息化会展活动

**【2011上海国际信息化博览会】** 由市经济信息化委和浦东新区政府共同主办，国际半导体设备与材料协会、慕尼黑国际博览集团和中国印制电路行业协会联合承办的"2011上海国际信息化博览会"于3月15—17日在上海新国际博览中心成功举行。本届信博会包括6个专业展会和21个论坛及研讨会。展览面积为11万平方米，参展商达到2 170家，参观的专业观众超过11万人。

**【2011年海峡两岸(上海)集成电路产业合作发展论坛】** 在国台办、市台办与市经济信息化委的支持下，由上海市集成电路行业协会、台湾电机电子工业同业公会和台湾半导体产业协会联合举办的"2011年海峡两岸(上海)集成电路产业合作发展论坛"于4月19和20日在上海国际会议中心成功举办，来自两岸芯片制造、封测、设计等领域的350多名企业家和专家参加了此次论坛，有力推动了海峡两岸集成电路产业的合作交流和共同发展。

**【2011上海软件外包国际峰会】** 由上海市政府主办，商务部支持，市商务委、市经济信息化委和浦东新区政府共同承办的"2011上海软件外包国际峰会"于10月20日、21日在上海卓美亚喜玛拉雅酒店和上海浦东软件园两地成功举办。国内外发包企业、软件开发设计企业、政府相关部门和协会等500余人参加了此次峰会，就软件外包如何推动智慧城市建设、中国软件外包的前景等议题进行了深入探讨。本届峰会除主论坛外，还举办了"中日软件合作专场"、"沪嘉两地软件外包合作交流会"、"浦东新区服务外包专场论坛"、"信息技术点亮城市智慧"等专题论坛，进一步推动了国内外发包和接包企业间的对接交流和项目合作。

**【第九届中国国际半导体博览会暨高峰论坛】** 由中国半导体行业协会、中国贸促会电子信息行业分会和上海市经济和信息化委员会共同主办，浦东新区人民政府、张江园区管委会、上海张江(集团)有限公司、上海市集成电路行业协会等共同承办的"第九届中国国际半导体博览会暨高峰论坛(IC China 2011)"于10月26—28日在上海世博展览馆成功举办。本届博览会面积达到12 000平方米，参展商达到220家，并同期举办了1场高峰论坛和9场专题研讨会，为企业搭建了一个技术展示、业内沟通、上下游互动的良好平台。

(万劼敏)

# 第八编

# 区县信息化

# 综 述

2011年，按照上海市信息化发展战略要求和总体部署，在各区县政府的重视和支持下，信息化工作得到进一步加强。各区县完善信息化基础设施建设，推进各社会领域信息化发展，建立健全长效工作机制，落实信息化环境建设，加大社会诚信体系建设力度。信息化服务区县经济和社会发展的成效得到了充分体现，有效助力本市区县社会、经济、产业发展。

加快推进基础设施建设，推动城市光网、3G网络、TD-LTE试验网络等基础设施建设进程，推动商业区WiFi全覆盖。浦东新区基本建成覆盖全区的3G网络，推进TD-LTE(准4G)试验网络建设并顺利通过国家测试；卢湾区超额完成“城市光网”有效覆盖年度任务；杨浦区推进政务外网万兆网络建设，优化卫生系统光缆专网。

进一步推进智慧社区、智慧园区建设。浦东新区召开“智慧园区”、“智慧社区”建设推进会议，首批试点单位紧紧围绕“智慧养老”、“智慧医疗”、“智慧商圈”等主题，正式拉开智慧浦东建设的帷幕；闸北区科信委结合园区的具体建设情况，积极探索研究“智慧园区”标准化规范，并在部分园区着手试点推进工作。

促进信息产业发展。各区县着力推进信息产业发展，宝山区电子信息制造业已涉及太阳能硅片、光纤、光缆等领域；全国首家物联网中心——上海物联网中心在嘉定区正式启用。

深化社会各领域信息化服务。各区县广泛推进各领域的信息化建设，松江区完成市经济信息化委关于《推动区域内中小企业信息化建设与应用的创新性机制和模式研究》的课题工作；普陀区新长征大厦智能停车系统开通使用，有效缓解普陀区中环商圈的停车难问题。

推进信息化环境建设。浦东新区发布《智慧浦东建设纲要(iPudong 2015)——浦东新区国民经济和社会信息化“十二五”规划》；闸北区完成了《“智慧闸北”建设十二五规划》、《闸北区智慧城市建设三年行动计划(2011—2013)》及《闸北区智慧城市建设政府投资信息化项目管理办法》的制定工作；杨浦区完成《杨浦区推进“智慧城市”建设三年(2011—2013)行动计划》编制工作；黄浦区政府与中国电信上海公司共同签署《“十二五”期间智慧城区建设战略合作协议》。

软件和信息服务业能级不断提升，电子信息制造业向高端转型，物联网、云计算、电子商务等新兴领域正逐步成为智慧化应用体系建设的重要支撑。各区县启动一批改善民生的重点项目，聚焦教育、文化、卫生、就业、三农等领域信息化建设。

# 第一章　浦东新区信息化建设

## 概　述

2011年是"十二五"开局之年，也是实施"十二五"规划承上启下的重要一年。浦东新区区委、区政府将建设"智慧浦东"列入新区发展的主要战略之一，以建设上海"四个中心"核心功能区的目标为引领，根据上海市、新区国民经济和社会发展年度工作的总体部署以及新区综合配套改革试点工作目标，围绕《智慧浦东建设纲要(iPudong 2015)——浦东新区国民经济和社会信息化"十二五"规划》、《浦东新区社会诚信体系发展"十二五"规划》等纲领性文件的要求，在信息产业领域、信息化应用领域和社会诚信工作领域扎实推进，浦东新区"智慧浦东"建设进程正式踏上了"快车道"。

一是加快推进基础设施建设，推动城市光网、3G网络、TD-LTE试验网络等基础设施建设进程，推动商业区WiFi全覆盖。二是推动智慧产业加快发展。软件和信息服务业能级不断提升，电子信息制造业向高端转型，物联网、云计算、电子商务等新兴领域正逐步成为智慧化应用体系建设的重要支撑。上海市重点项目上海云海数据中心正式启动建设。三是推进政府服务、城市管理智慧化。基本建成公共数据中心、实有人口信息数据库、市场主体资源整合与应用平台，"智慧浦东便民服务一点通"上线，"智慧公交"在584路等三条公交线路率先试点应用。四是启动一批改善民生的重点项目。推进智慧社区、智慧园区建设。关注民生，聚焦教育、文化、卫生、就业、三农等领域信息化建设。五是完善社会诚信体系建设长效工作机制。完善浦东新区社会诚信体系建设联席会议制度。完成文明城区创评社会诚信体系工作，为新区成功创评全国文明城区做出了积极努力。

2011年，浦东新区连续第二年获得中国城市信息化最高奖——"中国城市信息化卓越成就奖"，并获得国内最具影响力的城市管理非政府奖项：由国际城市论坛颁发的"中国城市管理进步奖"。

（韩筱韵）

## 一、政务领域信息化

**【电子政府三年行动计划支撑智慧政府建设】** 2011年年初，浦东新区电子政务管理中心在区委办公室的直接领导、支持下，组织中心核心骨干力量，通过专家咨询、专业部门听取意见，编制了"支撑智慧政府建设的电子政府三年行动计划"及重点项目建议，提出"围绕1个目标、完善3个体系、构建7项应用、强化4个支撑"的电子政府建设三年行动计划，初步确立了"智慧服务、智慧管理、智慧办公"三大体系，为新区智慧政府的发展方向明确了目标，并成为建设"智慧浦东"的重要组成部分。

**【公务人员协同工作平台深化推广】** 2011年，浦东新区公务人员协同工作平台在稳中有升的总体运转格局下，完成短信平台的升级改造、CA电子证书的试点推广，电子文件交换平台的月均文件交换量增加近一倍；通用办公平台通过功能标准化优化，又完成13家区级部门的推广，实际使用部门达33家；同时完成了大团镇通用办公平台的部署使用，为在街镇层面推广使用开了头。同时，按照国家信访系统和上海市公务员管理系统推广应用要求，在6月前完成了公务网全区直属机关和涉密网络街镇全覆盖工作。

（史　锋）

**【企业准入审批应用系统实现联动审批】** 2011年，浦东新区企业准入审批应用系统项目通过验收并投入运行。项目打造"前台一口受理、中台集中交换、后台协同办理、多种渠道反馈、全程透明可控"的项目审批和信息发布联动系统，是企业管理与服务系统的功能延伸。系统初步形成新区行政审批平台企业准入主题应用框架，对传统企业设立审批模式有较大改变，对内极大提升了相关部门审批效率，降低了审批成本。对外减少了企业设立成本以及与审批部门的沟通成本，为新区创造了良好的亲商环境。本项目获"2011 年中国城市信息化成果应用奖"。

**【市场主体信息资源整合与服务平台通过验收】** 2011 年，浦东新区市场主体信息资源整合与服务平台项目通过验收。本项目基于浦东新区市场主体基础信息库开发，市场主体基础信息库涵盖了工商浦东分局及市局登记的企业及个体工商户，分为市场主体登记数据库、市场主体监管数据库、市场主体信誉数据库、无照经营数据库。主要为领导决策、市场主体信息利用部门、平台管理部门三类人群提供数据服务。系统已与"浦东企业信用信息服务系统"(浦东诚信库)建立了数据接口，通过接口可以调用该系统的地图信息，实现了企业及个体工商户的地图定位功能。

(郭俊文)

**【浦东新区电子政府数字认证系统及应用项目(二期)通过验收】** 2011 年 10 月 20 日，浦东新区电子政府数字认证系统及应用项目(二期)通过验收。项目在一期初步构建的浦东新区电子政府网络信任体系基础上，完成了四个应用：公文交换电子签章；VPN 网关应用；电子邮件安全加固；发放 1 535 个 USBKEY(USB 接口安全密钥)，涉及 12 个委办局。数字认证二期项目应用推广将覆盖更多的应用系统和公务人员，进一步完善管理和保障机制，消除用户的后顾之忧。并拓展系统功能，深化应用开发，宣传数字认证、电子签章等信息安全技术在电子政务工作中的重要性和必要性。

**【浦东新区信息安全监控平台(二期)通过验收】** 2011 年 10 月 20 日，浦东新区信息安全监控平台(二期)项目通过验收。项目在一期覆盖浦东新区政府行政办公中心的信息安全监控体系的基础上，对其关键支撑系统进一步进行开发，提升接入被管理终端的容量，提高服务质量，扩展应用规模，增强浦东新区政府信息化的安全性。项目二期实现了对浦东新区区域内的政府与大型企事业单位客户统一的信息安全监管服务，提高了整个区域信息系统的安全防护能力和安全管理水平。

**【全面推广统计信息网上直报】** 2011 年，浦东新区发改委统计业务统一管理平台通过验收并正式上线运行。服务业、房地产、工业、能源、投资、商业、建筑业等近万家统计单位已实现了网上直报，建立了完整的企业名录库，实现了网上直报的短信预报及电话催报，实现了与市局网上直报系统、名录库、数据处理系统的数据交换，使网上直报的数据留存在浦东本地，同时将数据处理汇总后上报市局。平台提高了统计信息报送工作效率，扩大了统计样本数量，同时减轻相关企业的负担，提高了统计效率，降低了统计成本，最终为领导提供科学决策支持。

**【上海浦东门户网站运行中心成立】** 2011 年 6 月 29 日，浦东新区机构编制委员会批复同意上海浦东门户网站运行中心成立，由上海市浦东新区电子政务管理中心增挂上海市浦东新区门户网站运行中心的牌子。上海浦东门户网站运行中心负责全区网站群的整体规划、审批、监督和管理职能，以及制订浦东新区政府网站技术标准和规范，负责"上海浦东"门户网站日常运维管理、子网站安全管理等工作。

(吴全松)

**【区质监局电子政务平台(二期)项目通过验收】** 2011 年 6 月，浦东新区质量技术监督局电子政务平台(二期)项目通过验收。项目在一期的基础上，拓展业务监管系统范围，为业务处理提供信息化支持，为浦东供博食品生产企业提供原辅料和成品控制管理系统，为张江标准化示范区提供外网展示平台，为浦东质量标准计量学会提供外网服务平台，并建设了企业质量诚信系统。

(周　斌)

**【上海浦东门户网站全面改版，获国家、市多项奖项】** 上海浦东门户网站于 2011 年 4 月 18 日实行全面改版，形成新闻、政务、投资、生活四大版块的全新构架，其中政务频道着重对政务公开信息的分类重构，更注重从用户角度出发，突出民生保障、财政审计公开、应急管理等信息的及时性和便捷性；投资频道通过投资案例、任务专访等栏目，更侧重投资环境和政策的解读。针对门户网站政务信息机器人智能检索项目技术含量高、信息梳理归类工作量大等特点，为确保项目实现预期目标，从科学、严谨的角度出发，按照六个节点进度进行逐层推进，目前已完成关键词制订、近三万条各类数据的入库归类和智能应答方式的明确。在 2011 年举行的全国性政府网站测评活动中，门户网站相继荣获优秀外文版奖、精品栏目奖和服务创新奖，并在上海市第五届优秀政府网站评选工作中，取得政务类网站第二名的好成绩。

(史　锋)

【《浦东新区门户网站群管理办法》出台】 2011年11月29日，区委办、区府办联合印发《浦东新区门户网站群管理办法》通知。办法首先明确了浦东新区门户网站群的定位和性质，即浦东新区党政机关在互联网上统一建立的网站群，是展示浦东开发开放形象、公开党政事务的重要窗口，是推进新区电子政务发展和"智慧浦东"建设的开放平台。在此前提下，办法对浦东新区门户网站群的构成、责任的主体、网站的建设、管理及资金保障、安全和监督考评等一系列相关问题做出了明确规范，特别是对网站内容建设提出了制度性规范，要求各单位根据国家和上海市以及新区有关政府网站建设的规定，按照"谁采集、谁录入、谁发布、谁负责"的原则，积极做好政府信息公开、网上办事、政民互动、便民服务和政策法规等相关工作，确保信息更新及时、准确，有效拓展网上服务的特色和手段。

（吴金松）

【价格业务信息系统一期项目通过验收】 2011年年底前，浦东新区价格业务信息系统（一期）项目通过验收并投入运行。项目立足于物价部门的实际需求，涵盖了价格监测业务的各种需求，其核心功能符合业务要求，具有功能丰富、界面友好、操作灵活、安全可靠等特点。系统建成后，采集的价格监测数据经汇总整理，成为监测商品在某时点或某时段市场价格状况的客观反映，可为有效稳定物价总水平提供决策依据。

（乔　睿）

【固定资产投资项目管理平台上线运行】 2011年，浦东新区固定资产投资项目管理平台通过验收。该平台功能涵盖了固定资产投资项目管理的各个环节，包括计划管理、审批管理（核准、备案）、执行管理和业务监管。平台在新区层面构建了涵盖新区、各相关委办局、各园区和各街镇的固定资产投资项目的信息化管理体系，规范了项目计划、审批和执行的一体化管理，规避了项目的体外运行，实现了权力公开、透明运行，为浦东新区固定资产投资项目管理保驾护航。

【国资监管信息平台二期建设启动】 2011年，浦东新区国资委开始浦东新区国有资产管理信息系统二期项目建设，对财务风险进行预警监督。信息平台在原有基础上进行二期项目的开发建设，主要围绕财务风险预警、财务报表、预算报告、季度运行分析、数据分析功能进行研发。

（宋竹晶）

【区检察院刑事视听证据审查室投入使用】 2011年4月，浦东新区人民检察院刑事视听证据审查室建设完成并投入使用，成为上海市基层检察院内第一个专业的视听证据审查室。整个刑事视听证据审查室分为编辑室和审查室两部分，编辑室内主要包括一套视频后期编辑系统，满足视听证据的取证和编辑需要；多媒体资料数据库借助信息化手段统一管理图片和音视频素材，并将其与检察业务网连接，使每个干警都能在个人电脑上方便查阅和调用视听证据材料。刑事视听证据审查室的建设，是基层检察院探索司法鉴定实验室的有益尝试，能够加大司法鉴定工作力度，增强发展动力，提高检察机关司法鉴定的整体实力，为履行法律监督职能发挥作用。

【区检察院分级保护方案通过市保密局专家评审】 2011年10月27日，浦东新区人民检察院通过了上海市保密局和上海市人民检察院组织的分级保护实施方案专家评审。方案的通过，为下一步依照分级保护要求对涉密检察业务网络开展系统建设改造打下坚实的基础。本项目通过分级保护改造，确保浦东新区检察院涉密检察业务网在传输、存贮和操作等各个环节的安全性和保密性，满足国家涉密信息系统关于安全、保密的标准，达到防护等级的要求。在利用原有系统资源的前提下，为浦东新区检察院领导和干警提供了先进的技术手段，使检察业务网络成为业务办公和办案的有效、可靠工具，从而提高了网上办公、办案的效率。

（施　涛）

【区档案局局内业务管理系统通过验收】 2011年1月27日，"浦东新区档案局局内业务管理系统及电子签章应用"项目通过验收并投入运行。本项目遵循《浦东新区档案局档案信息化建设框架总体规划》的要求，是新区档案局完善档案业务协同保障类应用，搭建档案信息化基础业务框架的重要一步。项目投入运行后，不但实现了新区档案局局内主要流程性业务从手工操作到自动化流转的转变，并以此为基础，进一步规范了原有各项审批业务，还通过系统把原来分散受理的业务进行了逻辑集中，降低了相应成本，从而达到提高工作效率、政务公开透明度以及公众满意度的效果。

【知识产权小额资助项目网上审核系统上线运行】 浦东新区科委根据科技发展基金一网式受理项目建设内容，建立了知识产权小额资助网上审核（审批）系统。系统依托浦东科委政务办公系统工作平台，衔接科技发展基金一网式受理项目建设内容，满足在线“数据采集、受理生单、项目审核”等系统审核功能，确保了从出具受理单至拨款两周办结的系统要求，得到相关申报企业的好评。

（张 艳）

**【浦东新区党建资源信息共享平台正式运行】** 2011年5月30日，浦东新区党建资源信息共享平台通过验收，并作为浦东党建网的重要内容之一投入正式运行。本平台是面向浦东各级基层党组织和广大党员的党建资源共享网站，为各级党组织和广大党员提供党建资源检索、利用、党员俱乐部、组织活动等服务功能，网站为基层党组织和广大党员间组织活动的开展和横向交流提供了新途径。

（陈 峰 王 荟）

**【区审计局部署审计会商系统】** 浦东新区审计局于2011年完成了局会商系统的建设。本系统是一套以信息化网络技术为基础，连接、协同各个会场视频设备的会议系统，是国家“金审工程”的重要建设项目之一，建立起区县机关与市级机关、审计署的信息化沟通桥梁。实际运用显示，系统推进了重要信息的实时传播，提升了业务工作的层次，并将在审计项目协同、审计业务培训、廉政教育和素质教育等方面发挥更多作用。

（徐 欢）

**【浦东新区土地资产交易流程化管理和信息共享系统通过验收】** 2011年11月3日，“浦东新区土地资产交易流程化管理和信息共享系统”通过验收。项目围绕区建交委“五位一体”的建交委业务平台总体框架，实现土地资产交易网络化、流程化的规划目标。项目的应用，梳理了土地交易中心的历史档案资料，实现了通过信息化手段支持日常管理和业务工作，促进了土地交易中心的工作效率和业务协同。同时，在土地交易中心建立了统一的数据标准体系，有利于打造统一、规范的政府形象。

**【张江创业综合服务系统实现张江园区孵化体系信息化全覆盖】** “张江创业综合服务系统”（fh.zhangjiang.net）由孵化业务、投融资业务、专项资金、企业数据库统计分析四大版块组成，是为了更好地服务张江高科技园区创业企业发展而设立的平台，涵盖了园区孵化服务的多项重要内容。2011年，共有1 539家园区企业、624家孵化企业、20家园区孵化器、469项创新专项资金申报信息入库，实现了园区孵化体系的信息化全覆盖。

（雷亚洲）

**【上海综合保税区门户网站开通】** 2011年，为了适应形势发展，提升综合保税区的对外宣传和影响力，上海综合保税区启动了原洋山保税港区和外高桥门户网站版面升级和功能完善工作，经整合形成了上海综合保税区门户网站并新增了上海综合保税区门户网站英文版。系统着重加强了信息公开、网上办事、网上咨询、网上互动等功能。同时，根据三个保税区的实际需求，分别建立了以招商推介为主题的区域性招商平台。门户网站开通以来，据网上调查显示，好评率达到了97.3%，点击率达100万次。

**【金桥开发区着力打造碧云国际“智慧型社区”】** 自2010年开始，浦东新区金桥开发区集社会智力和资源共同建设碧云智慧社区。2011年建设完成了碧云大管家、金桥碧云炫卡、社区信息门户网站、云计算中心四大基础建设。其中，碧云大管家（智能家庭信息终端）是项目基石，其初期功能包括公共服务信息查询、优惠信息显示、服务预订等。2011年除完成以上基础项目外，还完成了首期应用的子项目：智能交通（一期）红绿灯违章率监控管理系统、智能环保（一期）垃圾桶的改造项目和智能停车场（完成试点工作）建设项目。

（刘 淼）

**【南码头路街道“三个实有”综合信息平台进入动态维护阶段】** 浦东新区南码头路街道“三个实有”（实有人口、实有房屋、实有单位）综合信息平台于2009年3月启动开发，历经两次大规模数据采集、两次大规模系统调整，在2011年进入动态维护阶段。街道建立了“三个实有”综合信息平台领导小组，建立“三级联动”动态维护模式，实现实有信息与业务信息的关联。平台集信息发现、采集、输入、维护、应用于一体，是街道辖区内实有人口、实有单位、实有房屋信息以及业务信息的数据库和关联网。

（李 昂）

**【周家渡社区（街道）综合信息管理处置平台投入使用】** 2011年，周家渡社区（街道）“社区综合信息管理处置平台”正式投入使用，以处置社区事务联动中心为平台，开展集市政管理、治安维稳、帮困救助等于一体的社区网格化管理“大联动”工作。社会综合管理平台与组团式服务工作相配合，已完成33个居民区的网格化划分，并将其划分为若干小网格。同时通过整合6支队伍，以“4＋2”模式开展巡管和信息上报工作。

（张 兵）

## 二、社会领域信息化

**【“智慧浦东便民服务一点通”开通上线】** 2011年8月1日，浦东新区举行“智慧浦东便民服务一点通”（www.iPudong.org.cn）开通试运行仪式，标志着智慧浦东为民服务实施工程进入新的建设阶段。“智慧浦东便民服务一点通”是浦东新区按照智慧浦东规划布局，全力打造的便民服务平台，以手机和电脑为媒介，通过整合政府服务、空间地理、商业服务、配套设施等信息资源，为民众提供便捷快速的优质信息服务。

**【浦东新区医疗卫生信息共享联动工程（一期）通过验收】** 2011年11月1日，“浦东新区医疗卫生信息共享联动工程（一期）”项目通过验收。项目建设主体为浦东新区卫生信息中心，参与机构包括浦东新区北片社区卫生服务中心和二、三级医院。项目的建成，实现了浦东新区北片28个社区卫生服务中心信息系统的标准化配置，构建了以全科医生工作站为核心的社区卫生信息化新模式；居民电子健康档案信息的自动采集、集成与自助查询；医疗机构双向转诊、治疗安全警示、重复检验检查提示、重复用药提示、紧急状态下的患者身份查询等多项医疗业务协同；医疗卫生机构间（包括与市级以及其他区县医疗卫生机构）数据交换与共享；疾病预防控制中心高血压、心脑血管疾病、结核病、传染病、预防接种、伤害、肿瘤、生命统计、症状监测等9个公共卫生条线的信息化管理以及与医疗机构诊疗业务的联动，进一步提高了全区医疗卫生服务效率，为深化医疗卫生体制改革，提升居民健康水平打下了良好基础。

（王晓丽）

**【区档案馆启动民生档案利用服务进社区工作】** 2011年12月13号，浦东新区档案馆在川沙新镇举行了浦东新区民生档案利用服务进社区暨婚姻档案委托查阅受理签约仪式，启动了浦东新区民生档案利用服务进社区工作，通过“村居委预约、社区受理出证”的服务利用模式，让社区居民在离家最近的地方，在最短的时间内查到所需要的档案材料。

**【浦东教育门户网站分专栏信息公开成效明显】** 为更好地实现公众关心的教师招聘、招生考试、名师名校等信息的公开，2011年，浦东教育门户网站开发了“公办学校教师招聘专栏”，全年共发布招聘信息739条，栏目访问量高达189万次；开发了“招生考试信息公开专栏”，全年共发布招生考试、学籍管理等信息55条；开发了“浦东新区名师名校专栏”，全年共展示浦东新区的市区示范性高中、市示范性幼儿园等名校24所，展示特级校长和特级教师等名师23人。

**【学校端教师网络研修与教学应用一体化平台全区推广】** 2011年，浦东新区43所学校推广了学校端教师网络研修与教学应用一体化平台（以下简称“一体化平台”）。一体化平台由浦东新区教育信息中心和金英小学联合开发，并在金英小学开展了为期多年的试点应用，旨在帮助教师建立网上工作室，实现教师作为教学者、学习者、研究者、管理者、指导者多角色教学管理。一体化平台使教师在开展日常教研、课例研究、校本培训等工作过程中，自动形成专业发展的电子档案袋，并通过推送机制，形成具有校本特色的资源库。一体化平台在金英小学、工商附小等学校举行研讨活动9次，浦东新区南北片近50所应用学校参加了研讨。同时还探索了平台应用推广的工作机制，提出了管理层建制度、中间层重培训、教师层抓应用的推广机制。

**【上网行为审计系统提高教师上网效率】** 为了提高校园网的利用率，提高教师上网效率，构建绿色、高效、安全、和谐的校园网络环境，浦东教育信息中心2011年使用了上网行为审计系统。系统设备采用旁路镜像方式，部署在张江机房，实时审计教师上网行为数据。通过实施该项目，实时与非实时地审计教师网络信息行为，并在此基础上对教师网络信息行为数据进行科学有效的分析与研究，为学校的网络管理提供新的思考视角。

**【农村中小学教育信息化“领衔＋参与”组团发展】** 浦东新区农村中小学教育信息化应用推进项目推出“领

街+参与"结对模式的总体策略，组团发展，区域推进农村学校教育信息化的均衡，整体模式与实践经验得到市专家与领导的高度肯定。

**【信息技术在农村建档工作中加大试点应用】** 2011年以来，浦东新区档案局以"分级管理系统"的实施为抓手，全面加大了信息技术在农村建档工作中的试点应用。截至2011年10月，共为685家单位开通系统账户，其中145家单位已开始使用信息系统进行档案管理，完成文书、会计等6大类共计91 970个条目档案数据的录入工作，农村建档工作实现了从零星分散到规范有序的转变，为下一步区域范围农村建档工作的整体推进打下了良好基础。

**【陆家嘴街道就业服务系统建成】** 2010年8月，陆家嘴街道就业服务系统建成。系统主要包括以下功能：从多方面获取的人员信息中筛选出需要街道帮助的市民，通过自动发送短信告知该市民至社区事务服务中心办理相关事宜，方便市民办事；及时发布各类岗位信息，根据市民的自身条件和择业意向进行检索并推荐最适合的工作，提高就业成功率；保留每次就业推荐记录，汇总统计每个时段内就业推荐人次、就业推荐成功率、岗位发布数量等，为就业促进工作的决策分析提供数据信息。

（王子云）

**【东方医院创建三级甲等医院信息化改造项目通过验收】** 2011年12月16日，东方医院承担建设的"东方医院创建三级甲等医院信息化改造"项目通过验收。项目的建设实现了符合三级甲等医院信息化要求的目标，提升了医院信息化整体水平，优化了就诊流程，在提高医疗质量的同时，降低了医疗事故和医疗风险的发生，改善了医患关系。也为今后的区域医疗信息共享、社区双向转诊等社会资源提供了强有力的支持。

**【"浦软汇智IT服务云"上线】** 2011年6月28日，上海浦东软件园"浦软汇智IT服务云"正式上线，为中小型IT企业提供基础云、业务支撑云和应用云服务，提供新型产业服务，降低企业IT投资、运维成本。"浦软汇智IT服务云"的正式上线，标志着上海及浦东新区云计算发展进入了应用示范的新阶段，将推动园区服务模式创新，打造商业化应用平台，惠及一批成长中的中小企业，推动信息服务业的进一步集聚。

（韩筱韵）

# 三、经济领域信息化

**【浦东农产品网：永不落幕的农博会】** "南汇水蜜桃网"于2011年升级改版为"浦东农产品网"（www.pdncp.com），网站从原来单一的水蜜桃推介，发展为涵盖瓜果、特色果蔬、畜禽蛋、水海产、综合加工和其他特色产品等6大类，具体汇集了浦东新区29类特色农产品，集中展示了84家知名农业品牌企业。深受市民喜爱的南汇水蜜桃、8424西瓜、浦东三黄鸡、三林崩瓜等农产品及其销售合作社、企业的信息，在网站中均可获悉。"浦东农产品网"的建立，体现了"永不落幕的网上农博会"精神，展示了浦东现代农业信息化建设成果。

（王 韧）

**【网上投洽会"上海浦东新区馆暨CEPA示范城市分馆"建成】** 为响应中央政府关于贯彻和落实CEPA（内地与香港/澳门"关于建立更紧密经贸关系的安排"Closer Economic Partnership Arrangement，简称CEPA）工作，更好地服务"一国两制"的国家战略，在商务部统筹下以网上投洽会为平台，建设完成"上海浦东新区馆暨CEPA示范城市分馆"。CEPA示范城市馆由全国13个示范城市的网上3D虚拟展馆组成，以先进的展示技术和表现形式，集中推介全国13个示范城市的投资环境和贸易机会，充分利用CEPA政策，加强与港澳地区的合作。浦东新区馆以投资促进为落脚点，以CEPA港澳合作为突破点，宣传浦东城市形象，推介重点区域、重点项目。展馆配备产业链招商模块，结合产业发展状况，展示各个区域及各产业中的企业、招商项目、招商园区等信息。展馆同时配备商贸平台，展示浦东新区的优质企业，帮助企业通过浦东新区立体形象进行推广宣传。

（李碧云）

**【张江海关事务服务中心建成】** 2011年，为促进张江高科技园区信息产业发展，张江与浦东海关共同建设了张江海关事务服务中心。中心开通了视频系统和海关查验功能，为园区企业的空运货物提供查验服务。运行以来，中心共为园区企业查验货物249票（287张报关单），总货值646万美元，总重量81吨。此外，园区正在进一步加快金融、物流、医疗、住宿、餐饮等服务行业的发展，通过完善园区的社会服务功能，为园区企业提供一个良好的创新创业环境。

（王海燕）

**【浦东新区中小企业信息服务平台助推中小企业发展】** 浦东新区中小企业推进服务中心积极推进浦东新区中小企业信息服务平台建设，成为浦东中小企业发展的助推器。平台已基本形成了中小企业发展基金管理网上申报管理，累计服务1万多家次的新区中小企业；建立了数万家中小企业基础数据库，汇总分析新区中小企业、民营经济情况；提供了政务服务平台、公共服务平台、信息服务平台等各类平台服务，全方位覆盖新区中小企业。2011年，中心发挥平台作用，会同各类金融机构、中介服务机构为中小企业提供配套的融资服务。2011年6月1日，新建开通网上咨询和热线电话，协调解决20多家企业诉求，维护了中小企业的合法权益。

**【金桥开发区启动“智慧金桥”园区服务平台项目】** 自2011年第二季度开始，金桥开发区依托园区移动互联网平台启动以“智慧金桥”为蓝图的园区服务平台项目，项目已进入搭建实验平台阶段。“智慧金桥”项目利用多种移动互联网技术和物联网技术，建设与政府工作、企业运行、群众生活密切相关和内容丰富的区域性智慧信息服务平台，为开发区管理机构、进区企业、碧云居民、访客提供安全、便捷、高效的以无线应用和视频服务为特色的区域性多媒体网络信息服务。

（刘　森）

**【陆家嘴无线金融城应用平台正式上线运行】** 2011年12月23日，陆家嘴金融贸易区管委会建设的“陆家嘴无线金融城应用平台”正式上线运行。平台集金融咨询发布、企业信息查询、企业移动门户、餐厅信息查询订位、停车信息查询订位、地图及行车路线规划六大功能于一体，为用户提供基于位置的信息查询、资讯发布和商业服务，打造全方位的现代化智慧金融城，加速推进金融中心建设。

（韩筱韵）

# 四、城市建设管理领域信息化

**【浦东公安分局图像监控应用初显成效】** 经过2010年上海世博会前后大规模图像监控建设，浦东公安分局建有各类图像监控17 000多个，覆盖全区各主要道路、区域。2011年以来，浦东公安分局大力推进图像监控应用，提升图像监控系统应用实战效能：一是重大案件的侦破工作。随着监控点在浦东新区覆盖率的提高，图像监控已经成为打击、侦破各类刑事案件和交通逃逸事故的重要手段，图像监控在各类案件侦查工作中的参与率大幅提升，并已通过图像监控系统，直接破获了多起社会影响大的案件。二是高清视频监控卡口系统应用。立足高起点，实现日均识别车牌记录300多万条，日均拍摄照片1 000余万张，存储照片近7亿张，年内协助分局侦破各类刑事案件600多起，真正实现科技强警，极大提升了新区道路管控和治安防控能力。三是派出所图像监控室建设及运行。浦东分局65家派出所建立图像监控室，并形成了“空中巡逻”、“循线追踪”、“重点关注”等工作机制，有效掌控派出所辖区治安状态，强化街面治安打防。2011年，共抓获各类街面现行违法犯罪嫌疑人1 000多人次。

**【新建土地信息系统正式运行】** 2011年，浦东新区规土局先后建成了“浦东新区新增建设用地计划管理系统”、“浦东新区土地业务文档一体化系统”和“浦东新区土地储备管理系统”，并进入正式运行阶段。这些系统的建设，改变了业务部门的工作方式，提高了工作效率，使信息化建设真正服务于业务管理。（1）浦东新区新增建设用地计划管理系统。系统通过信息化手段，及时掌握各委办局申请和批准的新增建设用地计划指标情况，通过按比例和设置一定的阈值来达到科学调控的目标，强化了新区建设用地指标使用的科学化。（2）浦东新区土地业务文档一体化系统。通过有效组织，将来自不同系统的纷繁复杂的各类土地文档和政策法规进行集中展现、查询，实现了土地文档的一体化管理，有效提高了文档管理和使用效率。2011年，累计完成1 368件文档的建库任务。（3）浦东新区土地储备管理系统。系统以土地储备信息为核心，包括土地储备计划的编制和执行、储备项目管理、动拆迁房源管理、征地管理和土地整理复垦管理等，并引入GIS技术，实现土地储备管理的落地化。已累计实现约500个储备项目的梳理建库。

【沪东街道深化监控覆盖】 2011年，沪东街道以推进社区视频监控三年行动计划为重点，完成了伟锦等4个居民区视频监控一期试点，新增142个监控探头，启动开展了北小区、朱家门等12个居民区二期视频监控推进工作。社区监控中心道路、居民区各类探头总数已达386个，全年完成视频案卷处置8 090件，实现了社区视频监控网络由道路向居民区的延伸拓展。创评期间，巡访处置各类问题2 806条，为创建文明社区、平安沪东发挥了重要作用。

（韩筱韵）

# 五、信息产业发展

【浦东新区高新技术产业稳步增长】 2011年，浦东新区高新技术产业化九大领域规模达到2 450.75亿元，现价增长9.7%，占全市比重33.5%，其中电子信息制造业领域占全市比重46.1%，软件和信息服务业占全市比重45.5%。

【"十二五"商贸业及高新技术产业化财政扶持办法发布】 浦东新区发布《浦东新区促进高新技术产业化财政扶持办法》和《浦东新区促进商贸业发展财政扶持办法》。两个《办法》对软件服务外包、网络文化、电子商务等产业领域予以政策扶持。

【上海云海数据中心正式揭牌成立】 2011年11月22日，上海云海数据中心在洋山保税港区正式揭牌成立。中心的成立是上海提升信息产业综合竞争力，促进产业结构调整，建设"智慧城市"，率先实现经济发展方式转变的重要举措。一期规划面积320亩，由"数据中心产业区"、"商务运营区"和"扩展区"组成，重点集聚云计算基础设施和相关配套增值服务产业，预计于2020年建成面向亚太的国际数据产业的枢纽港。已有中国电信、中国联通、网通宽带、世纪互联、万国数据等十多家企业与上海综合保税区联合发展有限公司正式签署了投资协议，标志着洋山离岸数据产业集聚区初具形态。

【金桥网络文化产业基地初具规模】 截至2011年，金桥网络文化产业基地已累计引进24家企业和机构，包括产业链上下游内容提供商、技术服务商等配套企业。经过近三年的培育，金桥网络视频产业的基础已初具规模，同时与其关联性较强或同样基于新一代信息通信技术的周边产业，如创意产业、数字内容产业、互联网数据中心、电子商务、物联网产业、第三方支付等也已开始在金桥萌芽和聚集。金桥既有的ICT制造业和新兴的网络文化业形成一个完善的战略性新兴产业格局，为金桥开发区"十二五"新一轮发展提供了源泉。

（刘　森）

【唐镇电子商务港集聚效应明显】 唐镇电子商务港一期于2010年7月投入使用，至2011年年底，入驻及注册企业100多家，包括快钱、1号店、新蛋、火速、东方网、招商银行电子商务、海航电子商务、大新华物联网、宅急便B2C(商家对顾客Business-to-Customer，简称B2C)物流等电子商务知名企业，并与东盟自贸区商务门户网站战略合作，推动上海和云南东西联动，集聚效应日益明显。2011前三季度实现电子商务交易额17.3亿元，销售收入10.7亿元，并获批上海市生产性服务业功能区，规划土地面积约860亩。

【上海高清核心芯片研发与产业化获得重大进展】 2011年，上海高清数字科技产业有限公司(简称"上海高清")承担多项国家级集成电路产业重点研发和应用工程，硕果累出。首先，地面国标新一代双模接收解调芯片HD2311前后端研发设计全面完成，进入流片阶段。其次，上海高清直播卫星ABS解调芯片中标国家广电总局村村通系统，完成了"地面＋卫星＋GPRS"直播卫星综合接收终端的方案开发、全系列接收终端的开发导入以及直播卫星安全产品入网认证。最后，成功承担了《工业与信息化部"核高基"高端芯片SoC专项》的重点研发任务，首款基本型的数字电视多标准、多格式、高清晰度SoC芯片将实现样片流片。

（刘　勇）

【数字电视产业基地正式动工】 2011年11月17日，数字电视产业基地举行奠基仪式，正式开工建设。作为浦东新区"创新驱动、转型发展"战略型新型产业重点项目，基地由上海数字产业(集团)有限公司与上海高清数字科技产业有限公司共同开发建设，旨在以"智慧园区”为指引，努力形成数字电视产业链高端要素集聚，实现浦东在智慧型产业——数字电视领域的高端集聚，成为智慧浦东建设的重要载体。

（许德荣）

# 六、信息基础设施建设

**【浦东新区信息化基础设施建设速度超预期】** 截至2011年9月，浦东新区光缆总长达55 924.7皮长公里，城市光网建设完成年度建设任务的118%，已覆盖106万户、覆盖率70%，基本建成覆盖全区的3G网络，推进TD-LTE(准4G)试验网络建设并顺利通过国家测试。

**【浦东新区人民政府数据中心通过验收】** 2011年12月31日，浦东新区人民政府数据中心网络与硬件优化项目顺利验收。项目使得新区政务外网三大机房形成统一有机的整体，有效提高政务网络性能和服务质量，在减少、节约政府信息化投资成本的同时，为新区各委办局信息化项目支撑提供有力的基础设施、人员、技术保障。实现浦东公共数据中心及原南汇电子政务中心的资源优化。项目的成功实施，将大大降低政务外网的运维成本，整体提升新区电子政府的工作效率。

**【“惠农通”拓展手机网站】** 2009年“浦东新区为农综合科技信息服务短信平台”（又名“惠农通”）建成并投入使用，主动将农业信息发送到农户手机上。2011年，“惠农通”拓展手机版网站，并在此基础上扩展一个以万维网、手机网络为通信基础的具有浦东特色的涉农补贴查询平台，使得浦东农户可以随时随地多渠道查询涉农信息及涉农补贴资金。

（王　韧）

**【浦东新区农业中心机房建设完成】** 2011年，区农委完成浦东新区农业中心机房建设。中心机房是新区农业技术机构各项业务数据处理中心，承担着大量的实时数据处理和庞大的数据库管理任务。现运行系统为浦东农网、浦东动物疫控网、浦东新区农业生产政策物化补贴管理服务系统、浦东新区地产农产品规模化生产信息服务系统等。2012年浦东新区动物疫病预防和控制信息管理系统及现代农业展示平台也将入驻中心机房，届时中央机房将运行新区80%的农业信息化系统，由农发中心专业人员集中管理，确保各农业信息系统安全运行。

（王　笑）

**【张江与中国移动浦东公司签订合作框架协议】** 2011年7月28日，张江高科技园区与中国移动浦东分公司签订了《关于共同推进张江高科技园区“TD-LTE四网协同无线园区”建设合作框架协议（2011年—2013年）》，计划通过三年努力，把张江园区打造成为国内首个以TD-LTE为引领，2G、3G、WLAN四网协同的无线高科技园区。

（蒋普云）

**【《人民日报》电子阅报栏初步建成】** 上海数字产业（集团）有限公司建设的《人民日报》电子阅报栏启动运营，初步形成集信息处理、音视频输出、触摸互动等功能为一体的交互式多媒体终端网络。《人民日报》电子阅报栏是集团落实智慧浦东“十二五”规划的重点项目，旨在打造智慧城市公共信息平台，创新智能户外数字标牌，成为浦东智慧城市管理和生活服务的重要平台。《人民日报》电子阅报栏集成播控平台成功上线，成为集内容编辑、传输、显示为一体的数字传播系统，已经具备报刊数字分发展示、应急和公益信息发布、户外“党务公开”发布等功能；《人民日报》电子阅报栏户外智能终端已研发制造成功并批量生产，成功入驻本市党政系统、文教系统、社区系统。

（李戎隽）

# 七、信息化环境建设

**【智慧浦东“十二五”规划正式发布】** 2011年，浦东新区发布《智慧浦东建设纲要（iPudong 2015）——浦东新区国民经济和社会信息化“十二五”规划》，将提升民众幸福感和城市运行效率，定为浦东向“智慧”发展的目标。

规划以“智慧引领模式变革”为主线，以基础设施、应用体系、产业发展、环境保障为智慧浦东重点领域，通过实施“3935战役”，争取到“十二五”期末或更长的时间基本建成智慧浦东框架体系，达到“基础设施高度覆盖、产业发展高度生态、应用体系高度发达、民众生活高度和谐”的智慧城市发展新阶段，为新区全面建设“科学发展先行区、‘四个中心’核心区、综合改革试验区和开放和谐的生态区”提供强劲动力。《推进智慧浦东建设2011—2013年行动计划》同期发布，主要包括32项重点任务、118个具体事项。

**【浦东新区发布“智慧城市指标体系1.0”】** 2011年7月1日，上海浦东智慧城市发展研究院(筹)正式对外发布“智慧城市指标体系1.0”，这是国内首个公开发布的中国版的智慧城市指标体系。“智慧城市指标体系1.0”包括智慧城市基础设施、智慧城市公共管理和服务、智慧城市信息服务经济发展、智慧城市人文科学素养、智慧城市市民主观感知等5个维度，包括由19个二级指标和64个三级指标构成的指标体系。

**【浦东新区开展智慧园区、智慧社区试点工作】** 2011年12月15日，浦东新区召开“智慧园区”、“智慧社区”建设推进会议，潍坊街道、塘桥街道、南码头路街道、金桥镇、周浦镇、陆家嘴金融城和浦东软件园七家单位首批入选并正式开展试点。首批试点单位以关注民生和公众感知为目标，紧紧围绕“智慧养老”、“智慧医疗”、“智慧商圈”等方面，正式拉开智慧浦东建设的帷幕。

**【2011年度浦东新区网站工作会议召开】** 2011年12月23日，2011年度浦东新区网站工作会议在浦东新区党校召开。会议积极贯彻《国务院办公厅关于进一步加强政府网站管理工作的通知》、《上海市人民政府办公厅关于进一步加强政府网站安全管理工作的意见》，全面解读区委、区政府印发的《浦东新区门户网站群管理办法》精神，明确提出今后一个时期新区政府网站工作的方向和任务，即规范、有序地推进政府网站集约化建设和栏目精品化管理，着力强化门户网站的一站式服务功能、提升新区门户网站群的一体化运行水平，努力让政府对企业和市民的服务更智慧、更贴心。会议在对2011年网站工作情况总结的基础上，提出了2012年新区网站工作的思路和重点。新区各委、办、局，街镇、各开发区和人民团体近90家单位的部门网站工作分管领导和网管人员参加了会议。

(吴金松)

**【张江高科技园区积极扶持重点项目建设】** 2011年，张江通过落实政策、强化服务全面推进重点项目建设。一是积极配合市发改委做好项目的申报组织和转报工作，园区企业积极申报中央投资技改专项、国家信息安全专项、国家中小企业特色产业专项、上海市服务业引导资金150余项；二是落实重点项目匹配政策。对宝信软件、博达数据等公司获得的国家重大科技专项给予项目匹配支持，促进项目产业化提速。

(王海燕)

**【陆家嘴智慧社区建设模型(2011)设计完成】** 陆家嘴街道以浦东新区建设智慧城区为契机，按集约高效的原则，整合信息资源，设计了陆家嘴智慧社区建设模型(2011)。其具体分为三个维度(智慧度、感知度、参与度)与四个内涵，该模型主要通过统筹社区综合管理能力(网格化管理、智能化应用和网络化治理)，内容涉及电子政务、市容环境管理、区域综合管理等，社区公共服务提供的生活质量水平、智能化经济和商业活力、社区内个体发展水平等方面的因素综合而成。体现了社区管理运作过程中的自我判断智慧度、市民生活中的感知度，并帮助市民更积极、主动地参与社会活动。

(王子云)

**【浦东新区电子商务协会成立】** 2011年1月23日，浦东新区电子商务协会成立。协会是电子商务上下游产业链企业交流和共享商机的平台，是一个开放的真正倡导全民电子商务的咨询服务平台，是商业信息化、经济全球一体化进程中交流、应用、服务的共享平台，主张“资讯聚合、资源重组、战略重构、创新观念、创造价值、强强联手、合作共赢”的理念。截至2011年12月初，会员数已达到47家。

**【全国电子商务和物流信息化干部培训班在浦东举办】** 2011年11月21日至25日，全国电子商务和物流信息化干部培训班在浦东新区举办。在结业典礼上，工信部信息化推进司司长徐愈、副司长董宝青向学员颁发结业证书。本次干部培训班围绕“电子商务应用”、“电子商务服务”、“电子商务制度环境”、“物流信息化”等专题，对全国各地分管电子商务和物流信息化的干部进行培训，同时学员们还实地考察了唐镇电子商务创新试点镇和1号店等浦东电子商务企业的发展情况。

**【区经信委主办2011中国(上海)制造业信息化论坛】** 2011年6月24日,2011中国(上海)制造业信息化论坛在浦东新区举行。本次论坛是在上海市经济和信息化委员会、浦东新区人民政府的指导下,由浦东新区经济和信息化委员会主办。论坛主要围绕"信息化与工业化融合促进制造业转型"这一主题,在更高层面、更大范围内为政府、企业以及解决方案提供商搭建沟通平台,推动制造业以"两化融合"为突破口率先实现转型发展,更好地发挥上海作为"国家级两化融合试点市"在全国的示范和引领作用。同时,受上海市经济信息化委委托,上海市互联网经济咨询中心发布了上海市"两化融合"发展水平指数。

(韩筱韵)

# 八、社会诚信体系建设

**【《浦东新区社会诚信体系发展"十二五"规划》及三年行动计划发布】** 浦东新区经信委编制并发布《浦东新区社会诚信体系发展"十二五"规划》,制定了《浦东新区文明城区社会诚信建设三年行动计划》,提出"十二五"期间要以社会成员信用信息的记录、整合和应用为重点,建立健全覆盖全社会的征信系统,全面推进社会信用体系建设目标,为浦东社会诚信体系建设指明方向和提供保障。

**【浦东新区圆满完成创评全国文明城区相关任务】** 浦东新区经信委认真落实区委、区政府提出的创评思路和要求,按照全国文明城区社会诚信体系测评指标,结合浦东实际情况,成立工作小组,制订实施方案,对接测评指标,细化测评内容,开展培训宣传,构建创评平台,注重统筹结合,做到规定动作做到位、自选动作有创新、推进工作有力度,突出重点,集中攻坚,拾遗补缺,实现把特色、亮点做优,把薄弱点做强,把空白点做实,顺利通过了国家检查团评估验收。

**【浦东社会诚信体系建设联席会议制度建立】** 2011年,浦东社会诚信体系建设联席会议制度正式建立,同时召开联席会议第一次会议,部署了浦东社会诚信体系建设工作,审议通过了规划计划、工作制度等相关文件,为构建浦东信用制度、信用服务体系、信用监管体系和社会主体信用实践的总体框架,更有力推进浦东社会诚信体系建设提供了组织和制度保障。各职能部门也按照各自职责,建立了相应推进机构和机制,形成各方协同互动的局面。

**【浦东新区加强诚信体系建设制度性安排】** 浦东社会诚信体系建设联席会议办公室制定了《联席会议制度》、《联席会议成员单位职责》。联席会议各成员单位结合自身职能和工作实际,不断完善相关制度和联动机制等安排,如建交委针对建筑市场的建设和管理,制定了《浦东新区工程招投标信用标设置方案》,拟制了《浦东新区建筑市场不良行为记录诚信信息发布管理暂行办法》、《信用评价标准》;针对市政基础设施的建设和管理,制定了《浦东新区重大市政基础设施工程总承包企业信用档案工作试行办法》等规制。规土局探索完成了《城乡规划与土地管理诚信体系》的课题研究。

**【浦东新区试点开展工程招投标信用标评标】** 2011年,浦东新区在实施监理、施工公开招标的建设工程项目中,试点开展工程招投标信用标评标。明确设置信用标,增加投标人要提供两年内企业总体业绩、市场和现场信用良好行为资料,通过市级平台检索投标人的信用不良行为及记录,形成信用标综合分析评估。

**【浦东新区大力深化行业信用分类监管】** 一是聚焦食品药品监管领域信用建设,检查各类餐饮服务单位约4.9万户次(覆盖率98.81%),对近5 700家餐饮单位推行监管信息公示制;二是加强对经营者的分类监管、分层执法,重点监管311个测评点,推进近10万家企业的年检方式方法改革,首次接受553件外国企业常驻代表机构年审材料;三是健全企业质量信用分级分类管理制度,对127家企业上市、申报驰名、著名商标等进行质量技术监督评价,对参评企业履行社会责任4批71家企业诚信记录评价;四是加强纳税信用等级管理,对9万户正常经营企业纳税人进行年度纳税信用评定,实施纳税信用等级分类管理,对315户A类纳税人,实行两年内"绿色通道",加强对2 752户"非正常户"管理及公告;五是完善海关分类通关改革,开展年度A、AA类企业分类年审工作,对56家AA类企业、248家A类企业,按照类别享受相应的简化通关待遇;六是细化检验检疫企业信用等级,在原有A、B、C、D四个信用等级的基础上，增设AA级信用等级，对获得首批2家AA级企业，给予绿色通道、直通放行等通关便利。

【浦东新区实现农业生产政策物化补贴管理信息化】浦东新区农业生产政策物化补贴服务系统建设已基本完成上线，实现浦东新区农业生产政策物化补贴的发放、结算、监督、跟踪及信息统计，将政府对农户（农企）的补贴进行细化落实到卡、对补贴物品进行批号跟踪、管理和结算统计分析，从而通过原始数据的积累为管理层提供决策信息。同时实现了政府补贴资金到户、优良农资商品推广到户的要求，显著提高了政府采购农资发放到户的工作效率，也为市民提供安全可靠的地产食用农产品、进一步提高新区地产农产品的质量和市场竞争力提供有效保证。系统已全面覆盖到农业生产区域的38家政府采购农资供应的超市，实现了利用信息系统对所有农资超市、所有符合补贴政策的农户进行补贴农药的购销管理。

（王　笑）

# 第二章 徐汇区信息化建设

## 概 述

2011年是"十二五"规划的开局之年，是徐汇区推进信息化工作承上启下的重要一年。徐汇区信息化工作在市经济信息化委的坚强领导下，在区委、区政府的具体指导下，坚持以科学发展观为统领，认真贯彻落实市经济信息化委、区委、区政府关于信息化工作的精神，继续加强区域信息化领域各方面的建设，使信息化在促进区域经济发展和社会和谐方面的积极作用得到了充分发挥。

（区科委）

## 一、政务领域信息化

**【建设党委门户网站，创新党务公开载体】** 2011年6月26日，区委党建网在庆祝建党90周年大会上正式开通。开通以来，区委党建网顺利通过了实战检验，在营造建党90周年热烈氛围，推动党务公开工作全面铺开，保障换届工作有序推进等重点工作中发挥了积极作用。特别是区九次党代会期间，通过区委党建网平台，第一时间上传党代会报告、代表发言、传达提纲，使党建网真正成为宣传报道的重要阵地、反映建议的有效渠道和学习交流的共享园地，为党代表切实履职和建言献策，为党员群众及时了解会议动态和学习贯彻落实会议精神搭建了平台，创造了条件，提供了便利。

**【徐汇区国资系统通过网络深入推进党务公开工作】** 区国资系统抓住阵地建设，充分利用徐汇党建网和徐汇国资网两个网络阵地，及时公开党务工作情况，方便党员群众知情参与。抓住健全制度，结合工作实际，分别建立党务公开的例行公开制度、申请公开制度、监督检查制度、考核评价制度、责任追究制度、意见和建议收集反馈制度等六项工作保障制度，构建党务公开规范运行机制。

**【凌云社区用虚拟网络搭起党建家园】** 近年来，凌云社区综合党委从"两新"党员的特点出发，运用互联网搭建凌云"两新"党建网站，使党的组织、思想、作风、制度建设等各项工作，通过科学化的方法在"两新"党员中贯彻落实。网络党建顺应了信息时代的沟通模式，不占用上班时间、灵活组织活动、民主公开，有效激发了党员的主体意识和参与热情，深受"两新"党员的喜爱和赞许，被称为"时空和地域割不开的学习平台"、"虚拟网络中充实的精神家园"。凌云"两新"党建在上海市基层党建网站第一届评比中获三等奖，第二届评比中获一等奖和最具活力奖。

**【"上海徐汇"打造门户网站多语种统一平台】** 2011年，"上海徐汇"政府门户网多语种统一平台建成并投入试运行，实现多部门、多人次的账户开设和角色管理，应用分布式维护方案，建立信息上传、翻译、校对发布的三项工作流程。新开通法文版和日文版网站。整合网站服务资源，新增网站服务频道。加强区域对外的商务、投资、教育、旅游、外事、生活等方面的公众服务功能，拓展对外经济、文化交流发展"窗口"，为外籍人士、外国机构提供工作、居住等实用信息和服务。

**【开发试运行政府门户网站智能服务平台】** "上海徐汇"人工智能服务平台是一个尝试运用中文自然语言分析技术，模拟成具有简单对话能力的人工智能机器人，再结合计算机信息技术，对上海徐汇政府门户网站上各类政府信息和服务项目进行重新解构分析、精心组织，加工成"政民互动、网上办事和政府信息"三大知识库，作为人工智能机器人服务用户的知识源。市民可以输入中文自然语言文字和智能机器人进行问答互动，由机器人分析市民的需求，搜寻答案并在网页上显示。

**【网上行政审批平台上线试运行】** 区审改办、区监察局、区工商分局、区府办联手推进区网上行政审批平台

(一期)与企业设立并联审批系统建设，对涉及的14个职能部门、25个并联审批事项进行梳理、整合，制定了企业设立并联审批各项配套制度和工作流程，并于2011年12月14日系统上线试运行，初步实现了工商、质监、税务后置并联审批三联动，促进了数据交换和信息共享，为推动跨部门协同审批、优化审批流程、提高行政效能提供了技术支撑。截至年底，平台共受理事务26件，办结22件，平均办结时间为5.83天，效率较之前提升41.7%。

**【徐汇区卫生局推进医药卫生信息化工作】** 2011年2月，徐汇区召开医药卫生信息化工作调研推进会。会议就徐汇区医药卫生信息化工程推进的基础和前景开展了交流和讨论。医药卫生信息化工程是市政府实事工程和上海市医改的重点，徐汇区已具备全面推进这一工程的硬件基础，医疗卫生专网基本建成、基础业务信息系统普及应用，特别是2010年全面推进"全程诊疗一次收费"门诊就医模式，以信息技术为支撑，改善病人就医体验，为病人提供了优质、便捷的基本医疗服务。2011年的信息化建设主要围绕"一个基点、一个重点、一个亮点"展开，完善社区门诊电子病史打印系统，完成市民电子健康档案的卫生信息化工程，推进基于电子病历的数字化医院建设。

**【徐汇法院率先尝试执行事务上网】** 2011年10月20日，"徐汇法院网上执行事务中心"正式开通。3月，徐汇法院率先成立了"执行事务服务中心"，本次开通的执行工作网站则是"执行事务服务中心"的配套举措。网站采用高科技的电脑三维建模技术，构建了立体、生动、直观的虚拟网上执行大厅和导航员。访问者可以在网络导航员的指引下分别进入电子公告、社会公众服务、当事人服务、新闻发布、执行工作和联动执行等六个平台。轻松获得自己需要的各项服务。徐汇法院把目前利用率最高、覆盖面最广的新兴媒介与执行工作结合起来，构建起法院与当事人信息交流的双向通道，切实保障人民群众对执行工作的知情权、参与权、表达权和监督权，使执行工作具备"能感受的高效"和"被认可的权威"，真正满足人民群众对执行工作公开、透明、便捷、亲民的需求和期待，是一个有推广价值的尝试。

**【区经济适用住房摇号排序网络直播顺利完成】** 2011年8月17日，经徐汇区住房保障机构审核通过的1 325户申请家庭，参加了徐汇区2011年第一批经济适用住房摇号排序。其中，信息中心技术创新等好的工作方法促进了工作效率提高，成为第一批经济适用住房供应工作的亮点。区房地局自行研发建立的经适房预案管理信息系统，通过计算机网页版、电话版和手机版三个系统，使居民可以多途径查询并获取选房相关信息，方便申请人准备选房预案，提前做好选房"功课"。同时，在选房现场，工作人员及时将每一场次的已选房源信息通过网络、房源墙、纸张打印等方式实时公布。申请家庭在家中或在现场都能方便获得最新的房源情况。区房地局还开通了实时网络直播系统，将选房大会中的公告、叫号信息和实时选房等信息，通过文字直播的形式在公开网站上进行实时更新发布，一方面方便申请家庭及时了解选房现场的信息，同时也通过信息化手段强化外部监察，更好地体现了区房地局在经适房工作中公正、公开、透明、高效的工作作风。

**【区财政局运用信息系统建立健全行政事业单位国有资产数据库】** 2011年9月，区财政局建立健全行政事业单位国有资产数据库，主要工作内容为：分批组织全区行政事业单位开展资产管理信息系统操作培训，并以此为契机运用信息化手段完善本单位资产管理基础；安排技术人员深入各单位指导数据录入和审核，及时解决技术问题；组织技术力量利用系统功能开展指标审核，确保数据真实性和完整性。通过该系统，区财政局将资产管理与预算管理有机结合，提前一个月完成全区337家行政事业单位国有资产信息汇总审核和上报工作。

（区府办）

# 二、社会领域信息化

**【市社区数字化学习与社区教育信息化实验项目中期推进会】** 上海市"社区数字化学习与社区教育信息化实验项目中期推进会"在漕河泾街道办事处举行，漕河泾社区学校、杨浦社区学院、闵行颛桥社区学校、上海行健职业学校等单位就各自实验项目的进展情况向领导和专家做了汇报。漕河泾社区开展的《数字化学习支持服务社区教育信息平台建设的实验》市级实验项目得到了专家的认同和肯定。作为社区教育信息化的发源地，漕河泾街道的课题具有时代性，通过网上“大家”系列活动这一抓手，逐步形成面、圈、链、点的交互格局，而其所形成的经验，更具有推广价值。

**【徐汇区教育信息化工作受教育部肯定】** 2011年3月，教育部科技司副司长陈盈晖、教育部科技司计划处处长张拥军一行，先后来到徐汇区教师进修学院、高安路第一小学和中国中学，对徐汇教育信息化建设工作进行调研考察。陈盈晖指出，徐汇区在教育信息化工作的推进中，领导重视，理念先行，示范引领，全面推开，教育信息化促进了教育均衡化，带动了教育国际化，逐步走向教育现代化，效果和好处“看得见，摸得着”，令人欣喜，经验值得借鉴和推广。徐汇教育信息化工作起步于2002年，经过近十年积极探索和不懈努力，全面完成“校校通”工程等信息化建设工作，国务院和上海市领导在有关批示中都对其成果和经验予以肯定。

**【基于健康档案的卫生信息化工程初显成效】** 根据上海市实施基于市民电子健康档案的卫生信息化工程的工作要求，徐汇区基于健康档案的卫生信息化工程顺利推进，2011年实现“诊疗信息统一上传”、“共享信息统一调阅”、“自费就诊卡统一推行”三大核心功能，实现区属16家医疗机构的居民诊疗信息和上海市34家三级医院的诊疗信息交互共享，辅助医生准确诊断，方便居民在全市各级医院就医，同时为自费病人办理可在全市通用的自费就诊卡。截至2011年底，徐汇区共上传诊疗数据112 778 693条，发放自费就诊卡108 047张，使用市、区两级共享调阅19 728次。

**【区教育局以建设智慧校园为目标，推进教育信息化工程】** 一是运用现代信息技术改革教育教学内容和方法，建立在线课堂，推动课程教学与信息资源有机整合，形成开放、互动、共享的教育模式，满足学生自主学习和个性化学习的需求。二是探索使用电子书包，推动学生运用信息技术丰富课外学习和研究，提升学生信息的运用能力和创新能力。完善数字化研修平台建设，引导教师运用信息技术创新教学方式，提高教师应用信息技术的能力。三是依托信息通信基础设施和网络，建设与城区信息化发展相同步、与区教育信息网相衔接、与教师和学生成长规律相适应、与“智慧校园”多样化教育需求相匹配的教育信息化公共服务体系，丰富社区教育课程内容。四是加强信息技术伦理和道德教育，加强对学生开展网络道德和行为规范教育，增强学生正确理解、合理运用网络等大众传播媒体的能力，营造健康的网上学习环境。

**【徐汇区“2010年全国社区教育重点立项课题”开题】** 2011年1月3日，徐汇区“2010年全国社区教育重点立项课题”开题会暨徐汇终身学习信息化建设发展研讨会在区社区学院召开。市教委终身教育处副处长庄俭、市学习型社会建设服务指导中心办公室主任杨平、区教育局副局长沈韬等出席会议。2010年5月，徐汇区社区学院、各街道积极参与中国成教协会的实验项目申报。经专家评审，报教育部职成教司审核，“网上‘静态学习圈’和‘动态学习圈’互动融合的实验”成功立项，该项目由区社区学院、漕河泾街道、长桥街道三家单位共同合作完成。在区域范围内由学院和街道共同承担全国成教协会的实验项目，目前尚属首次。项目组成员单位就项目立项背景、实验基础、步骤、方法、目标等作了介绍。

**【完善信息化工作全力构筑流动人口服务平台】** 2011年3月，区人口计生委主任阎宗桂等一行人到康健、田林、凌云、长桥街道，调研《居委流动人口计划生育工作电子台账》运行情况。调研实地察看了“电子台账”操作流程，听取意见，对社区外来人口服务管理工作给予充分肯定，并提出要进一步完善“电子台账”系统模块，使操作更便捷。

**【漕河泾街道通过信息化平台“一对一”为独居老人服务】** 漕河泾街道通过整合社区资源，以信息化平台、专业团队和助老志愿者三重力量构筑起一张“独居老人关爱网”，让独居老人晚年生活安逸祥和。为做好社区为老服务工作，2011年2月，漕河泾街道启动独居老人关爱网建设。作为关爱网的基础性支撑，“老年人口调查管理系统”正在完善中，可实现老年人口数据的汇总、分类、综合使用和动态管理。在此基础上，街道形成了关爱网综合社区生活服务中心、卫生中心、阳光心理咨询室、街道综治中心、街道志愿者服务中心等机构和服务团队，为独居老人提供全方位、立体化的服务。

**【徐汇区图书馆虚拟专用网络(VPN)远程访问开通】** 自2011年5月14日起，徐汇区图书馆的读者如需查询该馆馆藏数字资源，无需亲自前往，该馆开通的虚拟专用网络(VPN)，让读者尽享足不出户远程访问服务。徐汇区图书馆重视各类信息资源数字化的开发与利用，近年来在政府财政支持下，依托网络技术建设数字图书馆，不仅购置了大量现成数字资源（如上业视频、点点书库等）供读者使用，还着眼于扩大数字资源访问面。为方便读者，除了馆内电子阅览室提供读者访问馆藏数字资源外，更是开通了VPN虚拟专用网络，向广大读者提供远程访问服务功能，使读者足不出户就能通过互联网查询访问并利用馆藏数字资源。未来，徐汇区图书馆将通过定期或不定期的读者问卷调查及意见反馈与建议征询，积极拓展馆藏数字信息资源采集范围及数字图书馆建设，为读者提供更为便捷的远程访问服务。

**【完善消费维权网络，保障群众合法权益】** 工商徐汇分局依托"联建"广覆盖，维权网络遍布全区。该局通过社区共建平台，推动消费维权联络点在全区各社区居委会布点扎根，实现消费维权联络点在社区居委全覆盖。依托"联网"妥善处理，快速化解消费纠纷。湖南天平工商所在广元路农贸市场推行点对点的远程网络化监管，通过与标准化菜场食品安全信息查询系统联网，实现信息化条件下的食品安全溯源化管理，保障食品消费安全。

**【天平社区（街道）借力加快居民区信息化建设】** 为改变居委区最多两台电脑，而且配置落后，电脑经常"脑梗"，致使居民区信息不畅的现状，加快推进居民区信息化建设，天平社区（街道）党工委、办事处多方借力，四处"化缘"——"把共建单位置换下来的二手电脑要来，先解决'量'的问题。"共建单位纷纷伸出援手：2011年9月13日，区体育局领导亲自将六台电脑送到天平社区广元、安亭、宛平、建新、嘉善、桃源村居委；市委办公厅和区教育局、区国资咨询公司等单位也纷纷将置换下来的次新电脑赠与社区。借力、助力推进信息化建设，共拓"荒漠"变"绿洲"，天平社区实现了区域资源整合"1＋1＞2"的可喜局面。

## 三、经济领域信息化

**【结合区域建设，落实区域"智慧城市"建设方案】** 2011年，徐汇区落实《区智慧城市三年发展计划》，按计划要求完成区域信息基础设施建设，并启动一批应用类项目建设。以"智慧徐汇，精彩生活"为追求，打造具有世界影响的精彩生活城区。以一体化运营服务平台为核心的"1＋2＋N模式"是徐汇区智慧城市信息化建设的基本框架，"1＋2＋N"模式即1套智慧城市产业支撑体系，两大新型信息基础设施，N个特色化的智慧城市应用。按照应用区域，体现综合感受，未来三年徐汇区"智慧城市"建设的五个重点应用项目包括智慧徐家汇、智慧南站、智慧"天平"/"湖南"、智慧漕河泾和智慧滨江。

## 四、城市建设管理领域信息化

**【区建设工地管理系统建成投用】** 2011年，为了对区域范围内的各类工地进行及时、常态化管理，区建交委推进建设工地管理平台建设与应用。初步建成建设工地现场检查处理、系统自动评分的诚信管理体系，实现了对区域内各工地所包含的各个项目以及相应的建设主体（建设单位、施工单位、监理单位以及渣土单位）诚信度的量化管理。同时，以平台为纽带，实现各相关部门之间的情况通报、联合执法等协同工作，进一步促进建设工地管理工作的纵横结合，加快了各部门响应速度，提升了建设工地管理工作的整体效率与效果。

**【土发公司构建ERP信息平台】** 2011年7月，徐汇区土发公司召开"ERP信息平台实施动员会"，正式启动企业ERP信息平台建设工作。ERP系统是一个整合企业多种资源协同运作，为企业提供决策、计划、控制和经营业绩评估全方位的综合管理信息平台。区土发公司ERP信息平台的建设立足企业发展和业务推进的需要，围绕龙华地区综合改造、徐汇滨江二期、民航四大中心等工程建设项目，以项目管理为主要内容，构建系统框架，应用功能模块，辅助实现"三控、两管、一协调"的管理目标。

# 五、信息产业发展

**【通过实施高新技术产业化项目带动信息产业发展】** 一是服务国家级重点项目的落地和实施，其中国家科技重大专项3个，国家首个"物联网"专项3个，首个国家云计算专项1个，获得国家《非金融机构支付业务许可证》企业4家，国家"两化融合重点实验室"1个；二是落实一批市高新技术产业化重点项目并实施区级配套，共有8个项目列入2011年度上海市高新技术产业化重点项目；三是精心遴选区高新技术产业化重点项目，2011年内共受理61个符合申报条件的项目申请，经专家评审确立了33个区产业化重点项目，项目实现产值30余亿元。

**【抢占科技发展的制高点，大力培育战略性新兴产业】** 在认真分析徐汇区战略新兴产业发展现状和潜在优势特点，做好战略新兴产业发展重点企业的排摸梳理工作的基础上，充实细化徐汇高新技术产业化发展规划，加大对战略新兴产业的培育扶持力度。出台了《2011年度徐汇区战略性新兴产业培育项目指南》，设立物联网、云计算、节能环保三个专项，重点培育和扶持技术研发类、应用示范类及产业化项目。重点聚焦高端软件、云计算、物联网、汽车电子、核心芯片、无线移动宽带设备制造等新兴产业领域。2011年上海市共有八个项目列为国家物联网专项计划，其中徐汇区有三个项目成功入选。

**【软件和信息服务业继续保持平稳较快增长】** 2011年徐汇区软件和信息服务业营业收入为205.73亿元，同比增长14.48%。徐汇区软件和信息服务业中的大型企业数量不断增加，营业收入超亿元的企业从2006年的15家增长到2011年的38家。营业收入超亿元的企业营业收入合计从2006年的32.1亿元增长到2011年的147.39亿元，2011年营业收入超亿元的企业营业收入合计占整个产业总量的71.64%。

**【开展软件和信息服务业数据统计工作】** 徐汇区科委与区统计局、区商务委共同拟定了本区高新技术产业化重点领域统计的实施办法，确定了统计的口径和范围。汇总数据包含两部分，一是区统计局相关行业的样本统计数，二是除统计局行业统计样本之外的部分企业统计数。报告期为一个季度。同时，继续做好上海市软件和信息服务业企业季度统计工作和重点企业的月报工作，使统计样本稳定在200家以上，为产业发展以及政策实施提供了必要支持。

# 六、信息基础设施建设

**【"城市光网"建设取得显著成效】** 2011年，中国电信完成了徐汇区130幢商务楼宇的光纤覆盖，大约占商务楼宇总数的68.7%；为280 000户居民提供光纤到户能力，约占总户数的92.4%。

**【中国电信上海公司南区电信局加快区域信息化建设，助力徐汇"十二五"】** 中国电信上海公司南区电信局积极把握上海"十二五"发展和建设契机，集中上海电信的服务品牌、网络资源和综合信息服务优势，聚焦徐汇区"十二五"、"建设现代化国际大都市一流中心城区"的目标，积极推进徐汇区城市光网和无线二期的全覆盖工程。与枫林社区卫生中心合作开展的信息化应用试点，也在两个层面取得了初步成果。此外，还完成了徐汇区从13个卫生服务中心到71个卫生站点的光纤链路建设。

# 七、信息化环境建设

**【徐汇区委党校加强硬件建设】** 中共徐汇区委党校、徐汇区行政学院的改扩建工程于2010年年底完工。教学大楼实现了数字化、网络化、智能化，与市委党校实现了远程网络教学。设施一流的报告厅和会议室，具备良好的教学、科研、生活服务设施以及丰富多样的多媒体教学设施，为学员提供了安宁、便利、现代化的学习环境。另外，在信息化建设方面加大投入，着力开展政务网、公务网、校园网三网建设，凸显党校办学的数字化、网络化和智能化特色，提升党校现代化办学水平。制定《区委党校2011—2015年信息化发展规划》，进一步完善信息化工作机制。在市委党校的大力支持下，逐步实现校园内数字系统的共享和网上传递，开通和运用远程网络党校。

**【徐汇区成立网络信息工作志愿者队伍】** 为更好地掌握和运用网络（微博）传播平台，区委宣传部、区新闻办组织的网络信息工作志愿者队伍于2011年6月成立，60名网络信息志愿者在区委党校参加了培训。市网宣办、区公安分局、区国家安全局分别做了《互联网与政府工作》、《网络语言的使用与技巧》等专题辅导讲座。培训期间，全体学员还结合专家讲座辅导，围绕“突发事件的网络信息传播处理”案例和“政务微博的趋势与实务操作”主题进行了讨论、交流。徐汇区网络信息工作志愿者队伍的成员全部由区域内的社区工作者、居委干部、教师、公务员等人员组成。通过培训、实战演练，提高对网宣工作的认识，学会运用互联网进行宣传和引导舆论导向，参与互联网传播管理，配合政府部门科学处置互联网上负面热点事件，使互联网成为密切党和人民群众联系的纽带和桥梁。

（区科委）

# 八、诚信体系建设

**【区政府部门带头使用信用报告】** 采取公开招标方式，确定资信评估机构为区行政职能部门提供业务所需的企业信用产品，并给予一定比例的费用补贴。2011年，徐汇区商务委、科委、财政局、国资委、工商分局、机管局等6个部门，结合各自履职行为，在区产业发展专项资金、小企业贷款信用评估、财务会计信用等级评定等7个项目中，带头使用信用产品，全年区政府补贴的信用报告总数达367份。

**【设立企业信用管理制度建设专项扶持资金】** 区科委设立企业信用管理制度建设专项扶持资金，引导高新技术企业建立信用管理制度，提高核心竞争力。结合企业自身经营活动，以客户管理、供应商管理、人员管理、合同管理、风险管理、档案管理等方面的信用管理制度为重点，区政府根据企业投入情况与信用绩效予以一定奖励。建立专家评审、部门联审、出具信用报告等信用评价体系，2011年共受理13个申报项目，对迅付信息科技有限公司的迅付信用卡风险控制反欺诈系统管理建设等8个项目，分别给予6万～10万专项资金支持。

**【积极助推信用消费市场发展】** 徐汇区商务委在产业发展资金扶持项目申报企业中，利用第三方信用中介的力量，对企业合作伙伴进行信用评估，推广信用产品（企业信用评估报告）的使用，既降低了企业使用信用产品的成本，又促进了区域信用中介服务业的发展，实现了“政府搭桥、供需对接、合作双赢”。2011年，通过招标先后与上海正名公司和上海欣熙尔公司签订合作协议，委托其对徐汇区产业发展资金扶持项目的申报企业进行信用等级评估，全年共立项评估83个项目，并对每份报告给予1 500元的扶持，受到企业欢迎。

（区府办）

# 第三章 长宁区信息化建设

## 概 述

2011年是实施“十二五”规划的开局之年，是长宁区科学发展迈出坚实步伐的一年。长宁区坚持把“数字长宁”作为推动区域经济社会发展的战略举措，基本实现了信息化基础设施领先、信息服务业集聚发展领先和信息技术应用领先的目标。“数字长宁”战略使长宁区通信基础设施建设一直处于较好的发展态势，并在“十二五”之初率先与三大运营商签订战略协议，加快信息化基础设施建设布局。对全区40多家智慧相关科技企业及龙头企业进行问卷调研和专访调研，赴北京到IBM、微软总部进行智慧城市专题考察，通过IBM、万达专业公司进行专项咨询，邀请市发改委、经济信息化委及科研机构专家学者进行项目对接，以期摸清智慧高地建设基础与现状，把握“智慧城市”发展潮流与方向，找准智慧高地建设瓶颈与障碍，明确智慧高地建设总体思路与目标，提出重点领域布局思路、实施项目及保障措施，为智慧高地建设提供有效支撑。

同时落实长宁区委、区政府“智慧高地”战略部署，实施“智慧高地”建设三年行动计划，立足高端、引领发展，以先进信息技术推动智慧产业转型发展、提升政府管理、深化数字惠民，力争用三年时间全面实现“智慧高地”建设的总体目标，将长宁区建设成为城市生活便捷、社会管理睿智、大众生活智能、环境优美和谐、国际化程度较高的智慧城区，并通过建设智慧技术创新实践区、高端服务业集聚区、大虹桥重要功能承载区，构建上海“智慧城市”建设的先行区和示范区。

## 一、政务领域信息化

**【完成移动办公】** 长宁区移动办公项目一期于2010年底完成项目建设，二期推广项目于2011年1月完成对28名局级干部的相关培训工作，内容主要包括：局级领导待批件签批、待阅件审阅、手机电子签名、电子简报阅批、已办公文查询、日程安排查询、邮件收发等。

二期项目在一期基础上增加了六部分内容：增加了部门领导签批功能；增加了四办主任审核(四套班子发文)、四办领导批示(收文)等功能；增加了四办主任查看文件当前流转至哪个环节的查询功能；增加了本部门历史文件查询功能；增加了使用情况统计功能；添置了确保手机访问区政务网通讯加密的安全接入设备。2011年9月底前已完成所有软件功能开发和安全设备购买调试，并由两办主任先行试用。2011年10月25日，所有移动办公终端采购到位。

**【与区人口办共同完成区实有人口信息系统建设】** 2011年，按照社会管理创新试点工作要求，与人口办共同建设长宁区实有人口信息系统，围绕实有人口信息采集、数据完善和应用推广，完成了以下九方面工作：确定了系统整体功能框架，包括市区人口库互通、委办专业数据导入、内外部联动数据采集、综合协管员手持终端采集、综合查询、统计分析、公安应用和社区应用等八方面内容，并向副区长周正进行了专题汇报；完成了市区人口库对接工作，已实现人口基本信息从市人口库向区人口库的每日更新；完成了13个部门21类共130项专业数据的共享和导入工作；10个条线联动部门和公安分局联动窗口上报功能已建设完成，各内外部联动部门可通过系统及时发现新增的和地址变更的来沪人员并通过系统上报；基本完成综合查询和统计分析等功能的开发；开发了权限管理系统，并对所有信息的使用进行了日志记录，为部分街道、镇和部分委、办、局开通了使用权限；围绕协管员PDA(掌上电脑Personal Digital Assistant，简称PDA)信息采集，对接市人口办和市社保卡中心，已形成集成第二代身份证读卡器和居住证读卡器的方案，并详细设计了采集流程，协管员可通过刷卡当场完成续签和地址变更等操作，来沪人员也免去了到网点办理手续的辛苦；到华阳街道和周桥街道专题调研了电子日志和88 590等应用，向全区有关部门和街镇调研人口数据掌握情况和需求情况，组织各街道专门推介了华阳街道电子日志的内容和经验；走访综治、信访、人社等部门了解人口需求。已全面完成系统功能建设，并为相关委、办、局和各街道、镇开设了使用账号，开展了系统操作培训。

**【完成办公平台社区版的开发、试点和推广】** 长宁区各街道、镇现有办公平台是2003—2004年期间，在原市信息委的推广指导下建成的，2007年长宁区统一建设了区公务员办公平台。本次“长宁区办公平台社区版”是在现有全区办公平台的基础上，结合各街道、镇现有办公平台的使用习惯和特色内容建设的。主要包括四方面内容：整合接入了现有区门户的所有功能模块，可按权限个性配置，实现区、街、居三级统一平台、信息共享、互联互通；增加了街镇使用较好的值班安排、街镇通讯录、街镇会议管理、街镇内部公告、报批、请假等管理模块；为街镇自行建设的特殊应用(如社区为老服务、社区网格化管理等)提供了接入规范；增加了二级权限管理，各街镇系统管理员可自行维护本街镇人员信息和操作权限。2012年1月5日，由区科委牵头对各街道、镇举行“长宁区办公平台社区版”专题培训会，对系统功能开展培训并听取各街道镇意见，正式启用系统。

**【信息化项目全过程管理】** 对组织部、民防办、商务委、财政局等部门关于信息化项目经费追加、调整的请示进行办理。筛选了2011年全区重点信息化项目，并完成上半年项目建设情况跟踪。出席了市经济信息化委信息化推进处召开的区县信息化项目管理工作研讨会，对信息化项目管理系统进行优化完善。

**【电子政务考核工作】** 分别向人保局与社工办提供了《2011年度部门电子政务应用考核预排表》与《2011年度街镇电子政务应用考核预排表》，确定了考核的内容、分值、标准。根据考核办法，集中采集了各部门电子政务系统应用流转数据。

## 二、社会领域信息化

**【长宁被授予市“物联网创新与应用示范基地”】** 2011年11月2日，“物联网助力智慧城市建设——2011年物联网产业发展(上海)论坛”在长宁召开。“十二五”期间长宁区将加快突破关键核心技术，面向重点领域开展重大技术攻关和应用集成创新，形成原创的具有自主知识产权的产品。同时积极推进物联网创新与应用示范工程，立足区内实际情况，充分利用区内资源和优势，将重点推进智慧贸易、智慧物流、智慧医疗、智慧社区、智慧楼宇等领域的创新应用示范工程。

**【参与长宁区“一网覆盖”综合党建平台项目建设】** 根据“一网覆盖”的区域党建信息化的要求，由长宁区委组织部牵头，科委、社工委参与，建立党建信息化工作小组。完成“一网覆盖”综合党建平台建设方案制订，主要建设“一库一网两平台”，为区域化大党建提供信息化支撑。平台选定开发公司后，2011年4月进入软件设计开发阶段。完成平台相关硬件设备并安装到位，“一网”——凝聚网基本开发完成，6月3日投入试运行。“一库一平台”完成部分功能开发，6月10日进入内部测试。并召开两次区“一网覆盖”党建信息化建设协调小组会议。

**【推动社区事务受理服务中心“五网合一”整合共享工程】** 通过在社区事务受理服务中心整合各类条线专网，安装统一办事软件，支持一口受理，沉淀各类办事数据，开展社区应用，主要包括四方面建设内容：向区委、区政府领导进行了专题汇报；与市民政负责推进“五网合一”工作的对口处室和研发五公司积极协调，将社区事务受理服务中心日常办事对象信息和办事信息，导入区实有人口库并向社区共享；调研了全区各街镇社区事务受理服务中心的专网情况；积极协调区民政局和社建办推进该项目。

**【推进政府信息公开工作】** 继续配合区府办做好政府信息公开统计和管理系统的完善。配合区府办做好信息公开相关数据核对工作。截至2011年8月底，各部门在网上共发布公开信息2 168条，依申请公开目录244条。

**【做好社保卡、居住证申领办证服务工作】** 2011年1—9月底完成社保卡申领7 023张，补卡5 216张，换卡9 616张。完成0—6岁儿童卡申领295张，学籍卡2 066张，敬老专用卡3 477张。临时居住证申领40 043张，补重办(续签)71 674 张,居住证 1 041 张。完成本区全年制证计划的编制,完成开设区临时居住证押金专用账户。完成全区 2008 年 1 月 1 日—2010 年 12 月 31 日临证制证成本和临证押金与财政的结算核对。做好工本费差额退付业务和有效期满的社会保障卡补换卡事项及相关宣传告知工作。开展对小学毕业班学生(2011 届)进行照片信息预采集,完成信息采集 3 056 人。完成全区受理网点社保卡(居住证)专用设备的统一维护工作。做好区县二级平台业务需求调研和梳理。组织参与社保卡补换卡业务培训,并同步组织对区内社保卡补换卡受理网点工作人员进行二级业务操作培训。自 5 月起开展“网点设备质量服务月专项活动”,对网点专用制卡设备常见故障梳理反馈,做好全区网点各类设备的巡检保修工作。对未制证人员信息需转临时居住证的,与区人口办协商制定内部工作流转单,各街道受理网点配合做好制证工作。

# 三、经济领域信息化

**【长宁区政府服务企业信息化平台建设】** 2011 年第一季度召开了政府服务企业平台应用工作会议,对八个委办局在平台的应用方面进行沟通,明确分工。对委办局平台操作人员和科委各科室进行专题培训。与区工商局建立工商数据共享与交换机制。3 月底召开长宁区政府服务企业信息化平台推进暨培训大会,向企业推广平台应用,进行实务操作培训,平台正式投入运行。下发了《长宁区政府服务企业信息化平台管理办法(试行)》。配合企业服务部做好运行后的平台技术支撑。

**【长宁区多家科技企业荣获“世博科技先进集体”荣誉称号】** 为了总结和表彰世博科技的成果和经验,大力弘扬上海世博会精神,中华人民共和国科学技术部等部门联合对参与世博科技行动,突破了关键核心技术,取得创新成果的先进集体和先进个人进行表彰。

长宁区“荧光聚合物传感技术痕量炸药探测仪工程化关键技术研究”课题组(中国科学院上海微系统与信息技术研究所)、“用于世博园区防入侵的传感器网络关键技术研究及应用示范”课题组(中国科学院上海微系统与信息技术研究所)、“基于射频识别(简称 RFID)技术的票务系统”课题组(上海华虹集团有限公司)、“2010 年上海世博会中国国家馆动态清明上河图”课题组(上海水晶石信息技术有限公司)获得世博科技先进集体称号。中国科学院上海微系统与信息技术研究所程建功、上海华虹集团有限公司陈剑波获得“世博科技先进个人”荣誉称号。

**【召开信息化项目预算申报培训会】** 区科委(信息委)面向全区 88 个部门与街镇(包括二级部门)共计 104 名信息管理员与财务人员,召开了 2012 年长宁区信息化项目预算申报培训会。会上解读了《关于 2012 年长宁区财政性资金信息化项目预算申报的意见》,重点通报了包括“有利于数据集约共享利用项目、涉及区重点工作的跨部门协同项目、国家级市级应用课题与试点项目、依托前沿技术开发的创新试点应用项目、纳入 4+2 电子政务平台范围项目、广纳社会资金参与建设的项目、提升信息安全保障能级的项目”七项重点支持范围,针对“区信息化项目管理系统”操作开展了案例式培训。

**【产业基地成为发展软件和信息服务业的主力军】** 2009 年 10 月经上海市推进高新技术产业化工作小组办公室认定,在长宁区设立“上海市高新技术产业化(软件和信息服务业)产业基地”(以下简称“产业基地”)。产业基地涵盖了长宁区软件和信息服务业集聚的虹桥临空经济园区和上海多媒体产业园,2010 年产业基地内总营业收入 326.9 亿元,成为长宁区发展软件和信息服务业的主力军。根据上海市经济和信息化委员会“上海市经济信息化委关于进一步规范上海市信息服务产业基地管理工作的通知”的要求,对产业基地进行复审工作。

# 四、城市建设管理领域信息化

**【完善信息安全保障体系】** 根据市等级保护办公室要求,针对上海市信息安全测评中心等保 3 级专项测评中存在的问题,进行有条件的整改,提高长宁区政务网络的安全性。根据公安部互联网接入规范,调研实施区机关互联网接入安全措施，加强机关外网统一出口安全技术防范和管理。维护机关电子政务网络安全运维，无重大安全事件；维护机关电子政务 OA 平台，无发生重大故障；维护机关大厦部门计算机，保障支撑了电子政务开展；配合支撑相关应用系统建设（党建网、审计局、财政局、档案局、门户网站）。根据上海市使用正版软件工作会议精神和市府办公厅《上海市人民政府办公厅关于本市贯彻国务院办公厅文件加强政府机关使用正版软件工作的通知》（沪府办〔2011〕9 号）文件要求，开展相关工作；保障支撑"长宁区党的建设工作会议、长宁区社会管理创新综合试点工作部署推进暨政法工作会议、长宁区精神文明建设大会暨创建全国文明城区动员大会"视频会议。积极配合区信访办"长宁区信访涉密网络"项目建设。完成相关部门区政务网络连接（人社局、规划局、政法委、新长宁、工商局、工商联）。完成市委巡视组办公场地网络建设；实施完善机关视频会议系统建设项目。保障市公务网视频会议正常进行。

**【完善长宁区城区建设与管理平台建设】** 继续对 GIS 平台基础数据进行维护更新，完成 2010 版数字遥感地图更新。完成泵闸站远程自动监控系统接入 GIS 平台建设，实现 GIS 基础地图与河道泵闸管理系统互联互通。与区公安分局、组织部等部门进行地图有关数据共享，扩大地理信息系统在公共服务领域的应用。完成长宁区城区建设与管理平台建设验收，开发公司提交相关文档及软件源代码。截至 2011 年 6 月底，并联审批系统共计录入 24 个项目、445 条信息。

**【开通长宁区政府服务企业信息化平台】** 2011 年长宁区政府服务企业信息化平台开通。平台具备信息发布、公共交流、人才服务、企业信息管理、楼宇园区招商、项目申报等功能。平台的建成进一步提高了服务企业的质量和水平，优化了政府服务机制，创新了企业服务载体，拓展了企业服务形式。

企业只要登录"上海长宁"门户网站（www.changning.sh.cn），就能找到区政府服务企业信息化平台的入口。企业能及时了解政府相关扶持政策。企业从平台上了解人才服务信息，根据企业对人才的需求，政府帮助企业进行人才培训，提高人才素质，更好地为企业服务；企业在公共交流平台发布管理、技术、创新等理念，加深政府与企业、企业与企业之间的相互沟通；项目申报功能，对于政府通过专项资金支持的项目，企业可进行在线申报，政府进行审核；楼宇园区招商功能，帮助企业寻找合适的经营场地，帮助园区楼宇招商。

# 五、信息产业发展

**【推动"数字社区"建设】** 与东方有线、康麦司信息技术（上海）有限公司共同建设长宁区社区信息服务基础平台，包括视频文字新闻、便民信息、科普宣传等便民服务，信息公开等电子政务服务，以及 E 卫生、E 教育、电子商务服务等互动应用服务，将分期完成建设。平台通过为社区居民提供基于有线电视网络的信息化服务，创新服务和盈利模式，全面提高社区信息化综合服务能力。

**【中芬信息通信技术战略联盟正式启动】** 长宁区全力推进新一代无线通信技术研发及应用，支持上海无线通信研究中心承接国家"863"重大专项，启动中芬信息通信技术联盟"无线接入"项目。科技部副部长张来武和芬兰劳动与经济部副部长见证了两国 ICT 战略联盟合作备忘录的签字仪式，上海无线通信研究中心常务副理事长和芬兰首席技术官分别代表中芬双方签署了备忘录，签字仪式圆满成功宣告中芬 ICT 战略联盟启动，标志着中芬两国政府间科技合作创新模式的正式确立。

**【开启 2011"时尚之阅"蜘蛛网数字报刊上线】** 2011 年 1 月 12 日，可全程在线订阅 2 000 余种报纸和 8 000 余种杂志的蜘蛛网数字报刊正式上线。"数字化、智能化"数字技术移动阅读是蜘蛛网数字报刊上线给百姓的惊喜体验，也是长宁区推进"智慧高地"建设，加快数字文化产业发展，推动传统报刊在数字时代实现产业转型和升级的又一力举。

面向移动终端和互联网的数字报刊应用取名为"蜘蛛网书报亭"，该平台将进一步推动传统报刊的"数字革命"。传统的纸质报纸杂志可以通过蜘蛛网的这一平台来编辑、审核和推送数字报刊。而读者则可以通过手机、电子书、ipad、电脑等各类移动终端上网，进入蜘蛛书报亭，自由选择和阅读数字报刊，甚至可以定制专属于自己的个性化报纸刊物。该平台将提供"全品种、全内容、全方位、全覆盖"的服务，内容囊括国内主流报刊，正在加载的超过 100 家，已经达成意向的达 500 家，内容将和纸质版同步并保持全内容阅读。通过和三大电信运营商和设备厂商合作,进入各大主流渠道,覆盖手机、平板电脑互联网等主要终端,实现移动终端全覆盖。

**【长宁区两个项目获国家工信部物联网专项资助】** 工业和信息化部关于2011年物联网发展专项资金项目支持名单公布,上海市共有8个项目获得支持,其中长宁区推荐申报的上海农业信息有限公司的“上海智慧农业示范项目建设”、上海无线通信研究中心的“物联网技术测试公共服务平台建设——暨面向智能交通管理测试服务的解决方案”两个项目,获得工信部各100万元的专项资金支持(其他获得支持项目的是徐汇2个,浦东、青浦、杨浦、静安各1个)。此次项目申报要求高,竞争激烈(根据规定,上海市推荐的项目不超过15个),区科信委通过项目挖掘,与相关企业密切配合并通过与市经济信息化委沟通,推荐的3个项目顺利通过2个,为推进长宁区“智慧高地”建设、申报物联网应用示范基地等工作提供了项目支持。

**【上海长宁高新技术产业基地正式成立】** 2011年,上海市政府同意创建上海长宁高新技术产业基地作为市级高新技术产业园区,纳入上海张江高新技术产业开发区管理范围,简称为“张江高新区长宁园”(以下简称“长宁园”),享受张江高新区专项发展资金支持政策。张江高新区长宁园总面积约1 020公顷,其核心区总占地面积为377公顷,覆盖了长宁区东部中山公园地区、中部虹桥地区和西部临空地区三大经济组团。长宁园的成立,将对长宁区高新技术产业的新一轮发展起到重要的推动与促进作用;有利于高新技术产业集聚,提升产业能级;有利于创新集群的发展,增强自主创新实力,从而带动区域创新驱动、转型发展进程。下一步,长宁园将围绕“精品虹桥、国际商都、智慧高地、活力城区”的发展方针,大力发展高新技术产业,加快园区创新创业要素集聚和产业结构调整升级,加强创新创业环境优化,不断完善园区管理和服务,重点发展生产性服务业、软件和信息服务业,把园区建设成为上海生产性服务基地、软件和信息服务业基地之一。

# 六、信息基础设施建设

**【推进基于云计算的公共服务数据处理平台建设】** 牵头“基于云计算的公共服务数据处理平台”建设,进一步明确总体建设框架、建设进度计划,最终形成项目建设方案,积极推进云计算工作。

**【实施“数字惠民”,推进信息化基础设施建设】** 全面推进2011年区政府重点任务“数字惠民——长宁城市光网进社区”实事项目工作,将光网进社区实事项目列入以“科技创造美好生活 光网助力智慧高地”为主题的2011年科技活动周长宁区活动的重点目标予以宣传、诠释。截至2011年10月15日,全区422个推进小区总数中,总覆盖用户数142 313户。其中,谈判覆盖用户数10 065户,勘查覆盖用户数7 137户,施工覆盖用户数17 695户,已完工覆盖用户数107 416户。9月,提前实现区政府2011年重点工作:“数字惠民——长宁城市光网社区建设,新增覆盖10万户光纤进社区”目标。同时,依据与三大运营商签订的战略合作协议,重点推进2G、3G、WiFi在临空、虹桥、中山公园三大组团区域的无线网络建设。

# 七、信息化环境建设

**【优化产业环境,推进功能性公共平台建设】** 推进电视平台建设。基于NGB的电视商城东方有线电视商城;推进基于有线电视的社区服务应用建设,将拓展基于“三网融合”的电视平台建设。推进数字贸易与现代物流工程中心平台建设。美华公司入驻工程技术大学建设上海数字贸易与现代物流工程中心,金蚂蚁贸易便利化公共服务平台正式上线。推进长宁区政府服务企业信息化平台建设。完成长宁区政府服务企业信息化平台建设,推进与工商、税务等部门建立数据共享与交换机制;推进中小企业服务模块开发;推进经济运行分析模块开发。

# 八、社会诚信体系建设

**【推进社会诚信体系建设】** 制定2011年诚信工作计划。组织长宁区"2010年上海市社会诚信体系建设优秀成果"评选申报工作，七家单位七个项目参与评选，最终长宁区工商局的项目获得市优秀成果奖。2011年诚信建设纳入全国文明城区创建指标，长宁区科信委按照要求提出具体工作推进举措。按要求完成2009、2010年度推进长宁区社会诚信体系建设工作文档的收集、整理，建立了相应目录，并按时上报区创建办。向诚信联席会议主要成员单位下发通知，将创建指标分解到部门，并建立定期信息报送制度。继续完善政府服务企业平台企业诚信信息管理功能，相关数据由工商、税务等部门导入，实现多重查询。

**【区工商分局喜获"2010年度上海市社会诚信体系建设优秀成果奖"】** 由区科信委推荐申报的区工商分局"长宁区市场主体经营行为协同监管系统"项目，喜获"2010年度上海市社会诚信体系建设优秀成果奖"。为营造守信受益、失信惩戒的社会环境，推进诚信在社会经济各领域的创新实践和突出应用，并及时总结经验，加大推动工作力度，2011年初市社会诚信体系建设联席会议办公室开展了"2010年度上海市社会诚信体系建设优秀成果奖"推荐申报活动。区科信委积极组织并推荐了工商分局等七家单位的七个项目参与申报，体现了区域各单位在信用信息平台建设、企业诚信管理、诚信创建活动等领域的突出成果。经过层层评选，区工商分局的"长宁区市场主体经营行为协同监管系统"项目作为信用信息平台或系统建设类项目获得表彰，成为区县六个获奖项目之一。

（杨　砚）

# 第四章　普陀区信息化建设

## 概　述

2011年，普陀区信息化工作在市经济信息化委的悉心指导下，在区委区政府的正确领导下，全面落实科学发展观，贯彻"科教兴区"主战略，以信息产业发展、信息系统建设和应用、信息化环境营造为工作主线，切实服务普陀经济社会发展，促进信息产业对区域经济社会发展的贡献度，全面推进普陀区信息化建设，优化信息化发展环境。

## 一、政务领域信息化

**【电子政务平台应用提升机关行政效能】** 截至2011年年底，平台注册用户5 352个，推进无纸化办公和网上办事效能显现。全年共安排日程15 236次，观看视频1 778次，发布简报1 169期、公告297条、全区资料178份，单位资料734份，预定会议室3 671次，发送会议通知2 413份，短信发送超19万条。

**【加强网络运行维护】** 加强电子政务平台网络日常巡检和维护，实施网络流量监控、网络出入口入侵攻击和病毒防御监控等工作，完成2011年度信息系统安全等级保护自查报告。完成《上海市党委系统信息化基本情况调查表》及信息化规划、基础设施建设、业务应用开展、信息资源共享、保障措施、存在的问题等材料的编写工作，完成"上海市各区县政府电子政务情况调查"。为各部门重大活动提供技术支持，完成区经济适用住房管理信息系统及现场摇号排序电视转播网络技术保障工作，完成区人大换届选举政务外网网络技术保障工作。

**【保障"上海普陀"门户网站安全运行】** 2011年门户网站及了网站群系统运行稳定，未发生重大安全事件，共处理门户网站各类故障11次、子网站群故障173次。截至11月底，发布各类新闻报道2 641篇、公告245篇、政府信息1 738条。接收并及时处理各类网上来信2 753封。主动公开信息数847条，公文类信息数667条。

**【推进软件正版化工作】** 对全区各政府机关使用正版软件的情况进行全面自查，并将自查与实地抽查相结合，实施整改方案。集中采购1 000套Office、100套Windows7和金山WPS区域使用权，对机关单位使用非正版软件的计算机统一配置正版操作系统、办公软件及杀毒软件。加强电脑采购管理，对新采购的电脑编制电脑台账并报区信息化主管部门备案。组织软件正版化工作推进小组，完善管理制度，定期对各部门正版软件及IT资产使用情况进行抽查。区政府带头推广使用国产软件，扶持民族产品。

**【召开2011年系统管理员和网站编辑培训工作会议】** 2011年12月1日，组织召开2011年普陀区系统管理员和网站编辑培训工作会议，全区各单位系统管理员和网站编辑约70人参加培训。会议介绍了普陀区2012年信息化重点工作安排，对普陀区软件正版化操作规程及日常管理规范、电子政务平台系统架构2.0及虚拟化和数据中心建设、"上海普陀"门户网站测评指标体系进行培训。

## 二、社会领域信息化

**【做好社保卡网点服务工作】** 积极开展"创先争优"活动，以"亮身份、践承诺"活动为载体，以"提高服务质量、方便人民群众”为目标，深化岗位行动，树立窗口形象，有效推动队伍建设和窗口建设。2011 年共新办社保卡、学籍卡、儿童卡、敬老卡 32 124 张，敬老卡续期43 599张，学籍卡信息预采集 4 117 人，补换社保卡、学籍卡、儿童卡、敬老卡 31 365 张。新办一年期居住证3 093张，补办 321 张；新办临时居住证 74 869 张，到期续签 153 430张，遗失补证 5 339 张，离沪退证 5 597 张。办理市民信箱实名登记 12 525 个。

**【普陀教育手机报开通使用】**　为深入推进普陀区教育信息化工作，区教育局、科委、上海移动联合开展普陀教育手机报项目，并于 2011 年 9 月 30 日正式开通使用。普陀教育手机报主要依托手机彩信平台，采集上海教育新闻网、普陀教育网和普陀教育报等各类教育教研网刊相关内容，通过移动 3G 网络免费为各基层学校师生代表发送反映全区教育新闻热点、教育信息咨询、学校动态、家庭教育等内容。每两周发布一期，每期发送 5 000 人，构建家校互动新桥梁，为学校和家长提供全面便捷的服务。

**【普陀区正式启动老年人“平安出行”服务】**　2011年，普陀区正式启动“平安出行”服务，满足老年人的移动通讯、随时定位以及遇危、遇困时紧急求助等基本需求，老人及其家庭的整体生活质量和幸福指数得到有效提高。该项目通过为老人提供易携带、简便、易学易用的通讯终端，既解决了老人和家人之间互相传达亲情的难题，让关爱沟通方便通畅，又能通过定位终端为老人提供更为简捷的求助方式，可一键呼叫指定号码，也可使用 SOS报警键直接呼叫预设好的紧急救助电话，使求助更及时、更方便。在求助的同时，定位终端迅速自动发送老人的求助位置，使施救更迅速、更有效。

# 三、经济领域信息化

**【基本完成 TD 网络建设与应用试点示范区项目】**普陀试点示范区建设项目于 2011 年底基本建设完成。完成交通路况查询系统的开发和 26 路视频的上传查询。确定上海第一酒市手机虚拟商城建设实施方案，新长征集团物联网智能停车管理系统建设建成试运行。教育拇指报正式开通运行，面向两万多家长发送信息。平安出行已在两个街道开展试运行。完成工商、税务、企业服务中心、房产交易中心等热点 WLAN 覆盖，完成区移动办公系统建设并试运行。

# 四、城市建设管理领域信息化

**【推进“智慧城市”建设】**　制定“普陀区推进智慧城市建设 2011—2013 年实施方案”，重点围绕信息基础设施建设、信息智能应用、支持信息产业发展、构建信息安全保障体系 4 大类 17 个专项落实 55 个建设项目。成立区“智慧城市”建设领导小组，召开全区智慧城市建设动员大会，全面部署动员智慧城市建设工作。

**【新长征大厦智能停车系统开通使用】**　联合上海移动开展新长征大厦智能停车系统建设并于 2011 年年底开通运行，有效缓解普陀区中环商圈的停车难问题。该项目是上海首个基于 TD-SCDMA(3G)网络的商用智能停车项目，填补了基于物联网技术的智能化停车场空白领域，并将从新长征大厦逐步推广到全区。经测算，根据“智能停车”指引，驾驶员寻找车位的平均时间从 12 分钟降低到 2 分钟，不用再在停车场里“兜来转去”，大大提高了整个停车场的运行效率。除此以外，移动智能停车项目还能为用户提供车位信息查询、预订、车费支付等多种相关增值业务，使日常停车更加“智慧”，为市民出行提供更多方便。

# 五、信息产业发展

**【信息产业发展态势良好】**　2011 年，软件和信息服务业产值达到 63.5 亿元，同比增长 19.4%，其中软件收入达到26.5亿元，同比增长18.2%。继续做好软件和相关企业政策培育指导工作，帮助完成54家双软企业年审，新增软件认定企业9家、计算机信息系统集成三级资质企业1家。组织、辅导相关企业申报上海市“现代服务业市区联动”专项，磐石等3家企业获得立项支持；推荐相关企业申报上海市“软件和集成电路”专项，维鹏等3家企业获得立项支持；组织3家企业申报市经济信息化委电子商务“双推”项目，组织天地软件园等园区申报市信息服务产业基地。积极推进《普陀区信息产业扶持政策》深化及落实，修订相关实施细则并做好企业、项目排摸。

**【真如镇铁三角园区正式揭牌】** 2011年4月6日，真如镇铁三角园区举行揭牌仪式。普陀区委常委、副区长裴崎，真如镇党委书记刘古亮为园区揭牌，标志着真如镇铁三角园区正式纳入普陀区八大园区之列。

**【LED示范基地建设及测试检验公共服务平台项目通过验收】** 2011年7月8日，上海LED半导体照明技术应用示范试验基地及测试检验公共服务平台项目验收会召开，市经济信息化委相关领导、市互联网信息咨询中心以及来自上海市集成电路行业协会、复旦大学、同济大学的多位专家参加评审。专家根据项目计划任务书的考核指标和要求，详细核对验收材料，经过多轮质疑和答辩，最终确定该项目将极大推动LED的推广应用和产品质量提升，完成预期目标和建设要求，同意项目验收通过。项目实施4年来，以200万项目资金带动社会资金5 418.34万元参与示范基地和检测平台建设，完成5个LED示范工程和LED检验检测公共服务平台搭建，苏州河沿岸景观亮化应用项目被评为上海市十佳灯光夜景，LED检验检测公共服务平台初步形成LED芯片、材料、产品应用各环节的检测测试，通过平台先后凝聚20余家LED企业落户普陀，直接参与世博工程逾6项，涉及工程金额约7 800万元。

**【推进“两化融合”工作】** 根据国家、上海市关于“两化融合”工作的要求，制定区“两化融合”的实施意见和实施细则，围绕区域重点企业、重点行业，以促进企业生产管理全流程的信息化管理，公共服务平台建设以及示范企业、试点园区建设等为重点，推进企业的信息化进程。

# 六、信息基础设施建设

**【全面启动“城市光网”建设工作】** 制定并下发《普陀区“城市光网”建设工作方案》，成立普陀区推进“城市光网”建设领导小组，召开普陀区“城市光网”建设推进大会，按照集约建设，共建共享、公平规范、市场选择的原则，全面启动区光纤入户建设工作。2011年7月6日召开第一次工作会议，明确全覆盖的工作要求，提出周报制等工作方式，要求每周五汇总报告一周推进情况。8月4日召开第二次工作例会，再一次提出共建共享和全覆盖的要求，同时明确下一步将探索开展共建共享工作。全年完成373个小区光纤入户覆盖建设，建成率达75%。

# 七、信息化环境建设

**【召开2011年信息化分管领导工作会议】** 2011年3月30日，普陀区召开2011年信息化分管领导工作会议，各部门信息化分管领导70余人参加会议。区委常委、副区长裴崎出席会议，并对工作做出重要指示，要求提高认识，充分发挥电子政务在“智慧城市”建设中的重要作用，抓住机遇，加快推进普陀区电子政务建设和应用的进程，健全机制，加大电子政务的推进力度。

**【开展信息化宣传月系列活动】** 2011年5月下旬，启动信息化宣传月活动，分别开展“数字惠民”进社区和信息化应用培训活动，营造参与信息化、学习信息化、体验信息化、运用信息化的良好氛围。组织上海移动、上海联通、上海电信三家运营商，在9个街、镇社区现场设摊，加强信息技术、产品及服务在社区公共服务领域和社区管理事务中的应用和推广。邀请不同领域的信息化专家讲师，在区政府内组织安排7场培训讲座，对办公软件、照片处理、智能终端、网络应用等进行专题培训，共有400余人次参加培训，提高了机关干部的信息化操作技能。

**【8家企业获市明星软件企业称号】** 2011年11月3日，在第三届上海软件创新论坛暨软件质量管理与过程改进年会上，普陀区内上海电科智能系统股份有限公司等8家企业获上海明星软件企业称号，上海林果实业有限公司的动态令牌身份认证软件等6家企业的8项软件产品均被评为优秀软件产品，上海电科智能系统股份有限公司总经理陈红洁、上海延华智能科技（集团）股份有限公司总经理顾燕芳2人获优秀软件企业家称号。普陀区此次获奖的企业数及软件产品数均超往年，优秀软件企业家的获评则实现了零的突破。

**【2名优秀企业家获评第十届上海IT青年十大新锐】** 普陀区维鹏信息技术（上海）有限公司（维络城）董事长兼CEO张毅斌、上海延华智能科技（集团）股份有限公司常务副总经理、董事会秘书许星当选第十届上海IT青年十大新锐。

**【新天龙网络科技有限公司优秀人才获奖】** 上海新天龙网络科技有限公司打造7D网设计师品牌服饰集成网络电子商务平台，为服装定制提供电子商务应用、信息服务，获得市科委信息技术处和区科委现代服务业专项支持。该公司设计师江英当选2011年度"上海市三八红旗手"、"上海市优秀女设计师"，易辉荣获"2011年度上海青年高端创意人才"称号。

（顾呈健）

# 第五章 闸北区信息化建设

## 概 述

2011年，根据上海市的统一要求和部署，闸北区紧紧围绕以智慧城市建设为目标，结合本区域内信息化发展现状，积极推进“智慧闸北”信息化建设。在信息化基础设施建设、信息安全保障、电子政务建设、信息化项目管理、教育领域信息化建设的创新和卫生信息化、智慧商圈、智慧社区、智慧园区、信息产业发展、信息化环境建设等方面取得了较好的成绩。围绕“智慧工程”建设，构建便捷高效的信息感知和智能应用体系，全面提升闸北区经济发展水平、公共服务水平和居民生活水平。

## 一、政务领域信息化

**【推进电子政务网络建设工作】** 2011年，按闸北区委、区政府要求，结合新一轮党务公开的开展，政务内网平台再次升级改版。本次改版新增九方面内容：报刊摘编、媒体点播、国内外最新时事、闸北动态、党务公开、各部门职能、重要资料、区委信息、网上办公。2011年，配合区保密办完成“涉密设备的户籍化管理”和“保密技术的防护专用系统”设备，对各部门自报的730台涉密计算机进行全面梳理，并按保密要求安装“涉密设备的户籍化管理”和“保密技术的防护专用系统”。2011年，完成民政街道经济适用房服务器采购调试安装工作；完成《上海市建筑市场综合信息集成平台》的政务网络建设；完成区绿化市容局下属16个市容所、作业单位政务建设；完成审计会商系统网络建设；完成财政局行政事业单位联网，配合机管局做好机关消费、考勤、门禁信息系统的网络升级改造工作；做好专网的建设，为市委工作组进驻闸北开展工作，建立专用的网络通道；做好来沪人员网络保障工作，为使各街道采集信息及时输入信息中心数据库，中心做好网络保障工作；推进电子政务应用，全区电子政务管理培训，做好区重大活动的网络保障工作，完成网络正常运行的保障工作。2011年，完成了闸北区市民实事项目，实现了全区八街一镇社区事务受理中心和区政府办事大厅的无线接入覆盖。

**【推进软件正版化工作】** 2011年，根据《上海市人民政府办公厅关于本市贯彻国务院办公厅文件加强政府机关使用正版软件工作的通知》(沪府办〔2011〕9号)要求，对全区政府机关部门、街道(镇)进行了正版软件专项检查工作，完成了对本区软件正版化使用情况清查、核对工作。在此基础上，草拟了《闸北区政府机关使用正版软件管理办法》，部署了闸北区正版软件使用推进工作。集中采购了操作系统和办公软件等一批正版软件，并组织正版软件操作培训，同时，开展了正版操作系统上门安装工作。后续将推进正版软件资产调拨、定期检查等相关工作，形成正版软件可持续的管理模式。有关正版软件推进的做法受到上海市推进软件正版化工作领导小组的肯定。

**【加大信息公开力度，建设高效透明诚信政府】** 2011年，制定下发了《2011年上海市闸北区政府信息公开工作要点》，根据公众关注热点提出了20项工作任务，逐一明确责任部门和工作要求。全区现有政府信息公开责任单位46个，政府信息公开工作人员89名，其中全职人员2名，兼职人员87名。继续落实深化相关工作制度，保障信息公开工作有序推进。完善政府信息公开咨询、受理、答复“一口受理”制度，提高信息公开服务的便民性。强化年度考核制度，明确29项考核指标，将40个政府信息公开责任部门列入全区机关目标管理考核，针对发现的问题，分析查找原因，及时召开相关部门座谈会，提出改进建议。截至2011年年底，本区累计主动公开政府信息8 396条。2011年新增的主动公开政府信息1 784条，全文电子化率达100%。其中，机构设置类信息共156条，占总数的8.7%；政策法规类信息共45条，占总数的 2.5%；规划计划类信息共 57 条，占总数的 3.2%；业务类信息 1 364 条，占总数的 76.5%；其他类信息 162 条，占总数的 9.1%。2011 年度共受理信息公开申请 665 件，其中当面申请 520 件，网上申请 70 件，信函申请 74 件，其他形式申请 1 件。在 2011 年收到的 665 件政府信息公开申请中，已经答复的为 644 件，其余申请按照《条例》和《规定》顺延到下年度答复。闸北区 2011 年度共接受市民咨询 2 564 人次，其中咨询电话接听 699 人次，当面咨询接待 1 865 人次，政府信息公开专栏访问量为 1 851 446 人次。

**【政府信息公开专项领域工作推进情况】** 为贯彻中共中央办公厅、国务院办公厅《关于开展工程建设领域突出问题专项治理工作的意见》（中办发〔2009〕27 号）文件精神，落实中央纪委、中央治理工程建设领域突出问题工作小组转发的《工程建设领域项目信息公开和诚信体系建设工作实施意见》（中纪发〔2011〕16 号）和上海市纪委、上海市治理工程建设领域突出问题工作领导小组转发的《2011 年上海市工程建设领域项目信息公开和诚信体系建设工作实施计划》（沪纪〔2011〕96 号），闸北区 2011 年工程建设领域项目信息公开和诚信体系建设工作稳步推进，成立了闸北区工程建设领域项目信息公开和诚信体系建设工作协调小组，有效推进工作的开展；召开了全区工程建设领域项目信息公开和诚信体系建设推进大会，明确各相关部门职责；建立了闸北区的工程建设领域项目信息目录和信用信息目录，为建立专栏提供依据；建设了闸北区工程建设领域项目公开专栏，并于 2011 年 12 月 22 日成功上线。组织专栏操作培训，加强各相关部门自行维护专栏的能力。各相关部门已结合本部门业务范围陆续公开相关信息。

**【纪委舆情系统】** 2011 年，区纪委根据市纪委要求，依托区纪委信息管理控制中心基础设备先进、信息管理集约的功能优势，拟建设一套集收集、查询、监测预警、研判为一体的反腐倡廉勤政廉政网络舆情研判系统。该系统由舆情研判系统和信息安全系统两部分组成。通过对舆情研判系统的运用，开拓电子化舆情工作的新渠道，确保反腐倡廉、经济社会发展、民生保障等相关舆情信息能够及时、准确获取，充分发挥网络舆情监控的作用，为领导决策提供信息服务和应对保障。该项目已建设完成并试运行中。

## 二、社会领域信息化

**【开展社保卡、居住证申领工作】** 2011 年全年，全区共发放社保卡 22 551 张，其中学籍卡 11 342 张。发放敬老卡 4 635 张。全区受理补换卡业务总数 23 825 张，其中补卡 13 916 张，换卡 9 909 张。办理临时居住证 48 452 张，居住证续签 72 615，退签 12 722 张，办理投亲类从业类居住证 2 017 张。

**【加强教育领域信息化建设创新】** 闸北区教育信息化工作继续围绕"一切为了应用"的核心思想，坚持"统筹规划，整合资源，加强服务，提升效益"的原则，着重在三个方面开展工作：一是加快教育信息化基础设施的建设，二是提升教育信息化管理水平，三是推进教育教学改革的创新。2011 年，开展了对区域中心和汇聚点的网络管理，着重对教师上网行为进行有效审计和管理，最大限度保障了有限带宽资源为教育教学服务。对区内 16 所民办教育单位实现了网络接入，并对 9 所学校进行了提升网络质量的改造工作。启动了新一轮闸北教育网的改版工作，同时建设的还有网上教研平台和教师教育网"十二五"改版工作。2011 年 8 月，在上海市教委开展的中小学校信息公开和网站建设暨全国中小学校优秀网站评选活动中，闸北区荣获的全国奖项占上海市的五分之一，包括新中高级中学获"全国中小学百佳校园网站"等。2011 年，开发建设了"闸北区民办学校报名系统"、"闸北区小学网上报名系统"、"闸北区幼儿园网上报名系统"，并按时投入应用。同时，按照教育部工作要求，闸北区开展了高考巡考指挥系统建设工作，对区考试中心和 6 所学校 182 个教室接入视频监视探头。2011 年，6 所学校筹划开展学生创新能力实验室建设的探究研究。在闸北区学校组队参加的第十二届全国中小学电脑作品制作活动竞赛项目——上海市机器人竞赛中，田家炳中学获得了第一名并代表上海参加全国竞赛决赛。3 月，区组织学校参加中央电教馆举办的第四届全国中小学基于交互技术的教学观摩活动教学课例评比活动，获得 3 个一等奖。6 月，区组织中小学校参加上海市电教馆组织的上海市第十二届机器人大赛，获得 2 个一等奖，大宁国际小学和田家炳中学代表上海小学和中学参加了全国角逐。

**【全面提高区域卫生信息化建设水平】** 闸北区承担了卫生部"3521"和电子病历工程，上海市"健康信息网"工程三大项目的试点工作。区卫生局遵循"统筹规划、资源共享、实用高效、安全可靠"的原则，依托三大项目，以全面提高区域卫生信息化水平为目标，积极探索，并取得初步成效。2011年，基于统一的平台数据标准，整合现有区域医疗信息，依托区域内居民个人健康档案，完善区域数据共享交换平台，为区内、外机构之间的数据共享交换提供支撑服务。以区域医疗卫生共享信息为基础，利用决策辅助支持系统，进一步深化数据的挖掘利用，满足卫生综合管理的需求。完善平台的安全体系建设，形成统一的权限管理、资源管理，保障信息安全。以各方需求为导向，以支撑医疗服务、公共卫生和卫生综合管理为基础，以降低居民就医负担、优化就医流程，提高健康水平为目标，充分调研论证，完善信息系统建设。在医疗服务方面，加强基层医疗机构电子病历及相关系统应用建设；在公共卫生方面，探索二、三级医院诊疗与社区慢性病防治相结合的新模式；在卫生综合管理方面，以提高效率，支撑应用为目标，完善领导决策辅助支持系统建设。同时，完善门户网站建设。以健康档案资源库数据为依托，综合各种信息资源，建立符合国家标准的、以区域共享电子健康档案为基础的门户网站，在保障居民账户与档案隐私安全的前提下，实现居民个人健康档案信息浏览查询及居民自我健康状况自助评估两大功能，为辖区居民提供健康教育、医疗资源查询、药品信息查询、预约就医等数字化健康服务。

**【"智慧社区"建设】** 闸北区"智慧社区"建设主要是以一个智慧社区公共服务平台加八个试点应用为整体推进方案，分别在大宁和彭浦新村两个社区开展了"智能家居生活"和"助老养老"的试点应用。彭浦新村街道智慧社区建设结合社区居民的实际特点，以助老服务、健康服务为重点，积极推进智慧社区建设。2011年完成该项目方案的编制，系统采用基于封闭式的无线网络作为基础网络架构平台，搭建开放式平台应用系统，通过多方合作共同完成。同时，该平台作为上海市科普能力建设的示范项目，将推动社区的科普能力建设进一步完善。大宁街道智慧社区建设结合社区居民现代化、年轻化、时尚化的特点，以"智能家居"为主题，以慧芝湖小区作为试点积极开展应用推进工作。2011年完成该项目的规划和实施的前期准备，通过小区智能电网的改造，结合"互视通"平台的应用，为社区居民构建一个智能家居生活的综合性平台，将大大提升社区居民的生活品质。

# 三、经济领域信息化

**【建立信息化建设企业名录】** 依据《关于统筹信息化项目管理和信息基础设施建设的指导意见》(闸府办发〔2010〕10号)和《闸北区智慧城市建设政府投资信息化项目管理办法》，为做好区信息化项目规范管理以及支持软件和信息服务业企业更好发展，从信息化基础设施建设、项目咨询、硬件和软件四大板块，对闸北区软件和信息服务业企业进行分类并编录了《闸北区信息化建设企业名录》，以企业自述的形式展示企业的相关产品及信息，力求做到内容丰富、信息量大、描述准确。名录共收集了100家企业，其中2011年新增40家。

**【"智慧商圈"建设】** 闸北区"智慧商圈"建设主要以苏河湾地区信息化建设为核心，围绕"无线高地"、"极速光网"、"全能应用"等信息化高端目标，集中在地区通信网建设方面，以高水平的信息基础设施体现地区功能品质的高端高档，通过智慧政务、智慧生态、智慧社会服务、智慧商贸、智慧人文、智慧安居等的建设，形成信息技术高度集成、信息资源全面融合、信息感知敏捷互动、信息服务深度拓展的，服务经济、惠及民生的数字化、网络化、智能化的智慧化城市综合体。

2011年，闸北区科信委和上海电信、上海移动、上海联通签订2011年信息化建设合作协议，全面推进苏河湾地区以及闸北区的通信基础设施的建设；闸北区科信委先后调研了上海移动、上海电信、上海联通、东方有线四家运营商，并与四家运营商就如何推进下一步工作进行深入沟通，根据四家运营商提供的相关规划材料，结合闸北区具体情况，完成了《闸北区信息化基础设施调研报告》；苏河湾相关无线覆盖站点建设正在进行，已陆续开通部分站点，闸北区科信委将依托四大运营商进一步做好其他站点规划；闸北区科信委与苏河湾推进办公室、区发改委、区规土局进行了详细访谈，根据苏河湾区域现状分析和信息化现状及需求分析，并结合闸北区智慧城市建设要求，制定了《智慧苏河湾信息化建设规划方案(2011—2015)》，推动闸北区苏河湾区域信息化建设、助力打造智慧苏河湾"城市综合体"。

**【"智慧园区"建设】** 闸北区科信委结合园区的具体建设情况，积极探索研究"智慧园区"标准化规范，并在部分园区着手试点推进工作。龙软信息服务外包园区以提升园区商务办公品质为目标，推动产业园区全面提升信息化管理和服务水平，为入园企业提供示范和服务。2011年已完成智能控制和绿色楼宇的建设；远程监控及IT服务，智慧教室系统建设以及智慧园区建设和管理等已取得了显著成效。市北高新园区作为产业集聚、转型发展的主要平台和"两化融合"的主要载体，依托云计算产业基地，打造以数字化、网络化、智能化为主要特征的智慧园区。2011年完成智能化综合指挥管理监控处置系统的建设，通过"一张网络"、"一个平台"、"多个应用"、"多层次管理"实现了整个园区的智能化综合管理。

**【两化融合】** 2011年，闸北区紧紧围绕上海市推动"两化融合"的发展目标，根据区域特点和区域优势，制定了《闸北区推进"两化融合"实践区行动方案》，积极推动具有闸北特色的"两化融合"发展。在信息化发展专项资金的"两化融合"领域，共申请9个应用项目，获批1个；在上海市"两化融合"示范项目上，闸北区申报了3个项目，包括人才网的全国人力资源服务标准化呼叫中心信息平台、龙创自控的基于分布式网络的公共能源监测服务平台和市北的智能园区综合信息管理平台，其中，龙创自控的基于分布式网络的公共能源监测服务平台已获批。11月，完成了市经济信息化委组织的"两化融合"展中闸北区板块的设计工作。

## 四、城市建设管理领域信息化

**【市容信息化建设】** 闸北区市容联席会议工作平台是一个安全可靠的跨部门信息共享、交换和服务平台，提供工作流驱动的管理环境，充分集成和整合各方面资源，实现绿化市容局和其他部委之间的协同办公机制，优化和辅助区联席会议制度，并成为闸北绿化市容局对外交换信息的主通道。本项目实现后，可以根据联席会议制定的流程，将其在平台上固化为工作流。联席会议涉及的单位都可以在平台上按照各自工作职责，履行市容管理中的发现、报告、审核、处理、监督、评估等工作，并做到各部门职责分明、流程明确、处理及时。

**【环保领域信息化建设】** 闸北区PDA信息支撑系统的建设，是为外场工作的环境监察人员、环境监测人员建设一套能够在外部工作现场通过手持PDA设备，远程实时访问闸北环保局的污染源综合管理系统。在工作现场可以通过无线通讯提交监察单、监测单，可以查询企业信息、污染源排污的相关历史记录以及法律法规和环境标准信息。项目还将实现对此系统可靠运行的维护和管理。2011年已完成方案设计、安装、验收及试运行工作。

**【建设安全风险监控与管理信息系统】** 根据闸北区建管署要求，需快速部署一套成熟、稳定的安全管理信息系统，并充分满足区内项目同步开工并高负荷运转、稳定运行的需求。安全风险监控与管理信息系统以大量的科学研究为基础，内置各种预警预测模型和专业分析方法等新技术。由于技术体系能发挥作用是需要管理体系来保障的，而管理体系也能为技术体系提供有效依据，因此本信息系统融入了完善的安全管理体系，使信息系统与管理体系有机结合，确保管理体系有效执行，将无形的安全管理有形化。随着安全风险管理系统的广泛部署，可以让安全工作融入所有参建人员日常工作之中，使管理体系得到真正落实。

## 五、信息产业发展

**【推进软件和信息服务业发展】** 2011年，按照市经济信息化委的统一部署，结合闸北的实际情况，市区联动，创新突破，在全区软件与信息服务业发展方面取得了较好成效，实现软件和信息服务业主营收入220.73亿元，同比增长41.97%。闸北区通过聚焦能够提升企业自身创新能力的高新技术产业化重点项目，引导企业走自主创新之路。卡斯柯信号有限公司是一家主要从事轨道交通信号系统研发设计的软件企业，公司自主研发的

"ICC100车载ATC系统首台套上线试验"项目和"ITC智能自动列车监控系统"等项目,已连续两年获得上海市高新技术产业化资金的资助。公司拥有专利达160项,通过了上海市高新技术企业认定,并被评为上海市专利试点企业。其中"ITS型智能自动列车监控系统"项目获得2011年上海市科技进步一等奖、上海市发明创造专利一等奖。

**【推动中小企业云建设】** 2011年,鼎捷软件抓住上海首个云计算产业化基地建设的契机,发挥鼎捷的既有优势,在中小企业软件服务领域开拓全新商业模式,全面提升客户竞争力,创造新的企业战略增长点,进行了云基础平台、服务管理平台及云门户网站建设,推出以"管理精进云"为核心的应用服务。系统已上线试运营。

**【推动国产基础软件应用】** 积极推进在市容、环保、民政、体育等领域采用全国产基础软件体系架构进行项目建设,形成国产基础软件应用示范,推动国产基础软件发展,并鼓励在其他领域项目中采用自主知识产权的基础软件。2011年,在软件正版化推进工作中,集中采购了中标操作系统、达梦数据库和东方通的中间件以及金山、中标办公软件等一批正版软件。

# 六、信息基础设施建设

**【信息化基础设施建设】** 与中国电信、中国移动、中国联通签订了2011年合作协议,通过基础网络提升和功能平台打造,着力推进"智慧闸北"信息化基础设施建设。2011年,新增宏基站30余个,累计完成宏基站290个,新增WLAN热点覆盖100处,累计完成700处,覆盖闸北区域内重点商区、医院、宾馆及星级酒店、党政军机关、移动自由营业厅等重要区域和场所。完成各类光纤接入点700余个,商务楼宇光纤接入100余栋,居民小区光纤接入50余个。NGB网络改造工程新增10万户,NGB网络覆盖率达64%。

# 七、信息化环境建设

**【智慧城市建设规划编制工作】** 2011年,完成了《"智慧闸北"建设十二五规划》和《闸北区智慧城市建设三年行动计划(2011—2013)》及《闸北区智慧城市建设政府投资信息化项目管理办法》的制订工作,对接上海智慧城市建设,积极推动闸北区智慧城市建设。完成了闸北区信息化基础设施调研报告,梳理了全区WLAN热点场所近300个,制订了下一步无线城市建设推进规划。提出苏河湾地区信息基础设施建设规划,完成了《智慧苏河湾信息化建设规划》编制工作。

**【进一步规范区域信息化项目建设工作】** 2011年,为有效推进闸北区智慧城市建设进程,加强政府投资信息化项目的管理,促进信息建设带动产业发展,提高全区信息化建设水平,依据《关于统筹信息化项目管理和信息基础设施建设的指导意见》(闸府办发〔2010〕10号)和区领导对做好统筹管理政府投资信息化项目的指示精神,结合闸北区实际情况,完成制订了《闸北区智慧城市建设政府投资信息化项目管理办法》。

# 八、社会诚信体系建设

**【进一步提高社会诚信体系建设水平】** 闸北区社会诚信体系建设紧紧围绕建设"诚信闸北"的总体目标,以政府诚信和诚信宣传为抓手,切实做好诚信体系建设工作,努力提高社会诚信体系建设水平。2011年,完善了社会诚信体系组织机制的建设,提高政府诚信服务能力;加大信息公开力度,建设高效透明诚信政府。健全政府采购制度、做好会计管理监督、大力推进企业信用体系建设。推动企业诚信自律,建立企业质量档案。区质监局探索制定了《2011年闸北区质量技术监督局生产企业建档方案》。2011年8月,提前完成了上海市质监局下达的年底前100%完成实地型生产企业质量建档任务。闸北区注册在本区的所有生产企业数为443家,实地型生产企业数为395家，其中实地型工业产品生产许可证企业数为166家，实地型3C认证产品企业数为18家，其他生产企业数为211家。加强诚信宣传教育工作，树立诚信意识，营造诚信氛围。区民政局通过举办“闸北民政论坛”，邀请社会工作领域的专家、学者、局分管领导对全区民政干部进行专题培训，全面提升民政干部队伍素质。9月，区税务分局结合日常宣传工作和2011年税法宣传月“税收·发展·民生”的主题，以纳税人履行纳税义务过程中的税收政策解读为重点，加强与公民生活密切相关的税收收入、税收政策、税收管理和纳税服务等有关内容的宣传，开展了2011年“诚信兴商宣传月”活动。规土局举办了两次业务培训班，针对建设工程行政审批管理程序改革方案、“一书两证”网上申报、推行告知承诺、建筑面积计算规划管理暂行规定、规划土地综合验收等新政策，开展了专题讲座和现场交流辅导，深受广大建设单位的欢迎，营造了一个互信互助的诚信互动氛围。

（谢幽探）

# 第六章　虹口区信息化建设

## 概　述

2011年是“十二五”规划的开局之年，虹口区信息化工作在区委、区政府的高度重视和大力推进下，在市经济信息化委的指导与支持下，紧紧围绕全区中心工作，全面贯彻科学发展观，通过建立健全管理制度规范、加强信息化项目管理、推进信息化建设与应用、深化完善应用管理机制、优化信息基础设施环境、拓展面向公众的服务渠道，进一步提升了信息化在电子政务、公共服务、社会领域、产业发展等方面的支撑和渗透效应，取得了良好成效。

## 一、政务领域信息化

**【市经济和信息化委员会领导到虹口区调研】** 2011年3月9日，市经济和信息化委员会主任王坚、副主任刘健率相关处室负责人到虹口区开展调研。区长吴清、副区长华东平及区有关部门负责同志陪同调研。市经济信息化委领导首先到凉城社区服务中心实地调研了虹口区社区行政事务综合服务“一口受理、协同处理”工作平台，然后在区科委（信息委）现场观看了由虹口区组织研发的“上海市数字电视公共服务平台”功能演示。座谈会上，区科委（信息委）就虹口区信息化、电子书包产业、数字电视公共服务平台等工作情况进行了汇报。王坚主任在听取汇报后，对虹口区基于整体架构的电子政务建设工作予以充分肯定，对通过产业营造带动企业、集聚企业共同发展的模式表示赞赏。同时他希望：虹口在消除政务信息孤岛、促进资源共享方面的一些经验做法进行总结推广；就如何利用政府信息为信息服务业的发展服务进行思考。吴清同志对市经济信息化委长期以来对本区工作的支持表示感谢，并希望能在电子政务建设、信息服务、低碳经济、节能环保等产业发展方面进一步得到政策资金支持。

**【统筹规划，建立健全政府投资信息化项目管理制度规范】** 为进一步规范虹口区政府投资信息化项目的建设与管理，提高投资效益，推动应用系统的互联互通、资源共享和业务协同，2011年4月8日，区发改委、区财政局与区科信委联合下发《关于虹口区政府投资信息化项目建设管理的实施意见》，进一步强化部门信息化项目评审组织管理，编写组织评审的规范化流程，基本形成科学规范的组织评审体系。

**【召开“虹口区信息化项目管理研讨会暨2012年政府投资信息化项目评审会”】** 2011年9月22—23日，区科信委组织召开“虹口区信息化项目管理研讨会暨2012年政府投资信息化项目评审会”。在项目管理研讨会上，区科信委介绍了虹口区电子政务建设整体框架及应用成果，与会人员就信息化项目建设管理进行了广泛讨论。在项目评审会上，专家评审小组对虹口区17个部门申报的22项2012年政府投资信息化项目进行了会审，重点对项目依据、必要性、目标和内容、初步建设方案、组织管理与进度安排、经费估算及社会与经济效益等七大方面进行综合评议，为后续合理安排2012年政府投资信息化项目预算资金提供参考依据。

**【虹口区政府网站一体化平台正式上线】** 在经过性能、源代码、疲劳与渗透性及安全扫描测试后，虹口区政府网站一体化平台于2011年11月9日顺利通过验收并正式上线应用。年内完成10家部门子网站的新建和迁移，稳步推进部门网站逐步纳入一体化平台。

**【关注网络舆情，做好抓取分析工作】** 网上舆情监控由原来的一事一报调整为虹口区网络舆情专报和虹口区网络舆情日报制度，更加关注社情民意和社会评论，为区领导提供有效的决策参考。

**【虹口区电子政务应用支撑平台(一期)项目举行中期评审会】** 2011年9月27日,区科信委组织召开虹口区电子政务应用支撑平台(一期)项目中期评审会。评审小组认为应用支撑平台(一期)基于虹口区电子政务"六横三纵"的总体框架,完成了监管中心的行政监管与绩效考核中心、数据字典、表单管理中心、流程管理中心、报表管理中心以及内门户总体框架的建设内容,为后续完善区电子政务的开发应用提供了技术支撑。

**【上海虹口党建网上线运行】** 2011年12月12日,上海虹口党建网上线运行,并和虹口纪检网、虹口组织网、虹口宣传网、虹口统战网和虹口党史网形成上下联动、相辅相成的虹口党群系统网站群。网站采用"网站一体化支撑平台"站群模式,实现了集群建设区党建门户、党群部门等网站,信息多门户发布、多门户受理的功能,着力凸显党建工作的重要性、实效性,使上海虹口党建网成为宣传虹口党建工作的窗口、听取社情民意的渠道、普及党史知识的平台、党务公开的捷径。

**【基本完成区内资企业注册审批系统建设】** 深入调研,梳理规范行政审批事项,基本完成虹口区企业注册审批管理系统的基础功能开发。同时,加大系统整合交互,组织开展培训,推进项目应用,确保应用成效。首批涉及审批部门8家,审批事项13项。

# 二、社会领域信息化

**【深入贯彻"制度加科技",大力推进动拆迁监管工作】** 2011年,区纪委、区监察局围绕虹口区惩治和预防腐败体系建设,在动拆迁监管工作中深入贯彻"制度加科技",不断提高动拆迁监管的科学化水平。把制约权力作为推进"制度加科技"的着眼点,增加权力行使的透明度,在权限设置时,注重内容公开,在权力运作时,注重流程公开,大力推进网上信息公开,规范权力运作的程序化,把各种制度固化在信息系统内部,最大限度减少人为因素干扰,维护制度的严肃性和公正性。进一步增强监管功能,更全面地体现虹口区动拆迁电子监察"全覆盖、全流程、全上网、全透明"的特征。

**【启动建设虹口区社区生活服务平台】** 2011年8月,由区民政局牵头,区地区办和区科信委共同参与开发建设的虹口区社区生活服务平台启动建设。平台以1+8+232+N的政务服务架构进行设计,将8个街道(社区)、232个居委会、多个社会组织、社会志愿者等统一纳入平台进行规划设计,提供多方互动的服务平台,同时还与市社区生活服务平台进行互动。平台建成后拟在区社区生活服务中心的组织下,逐步推进应用、推进宣传、推进普及等工作。

**【顺利开展社会保障卡工作】** 2011年,区社保卡服务中心继续坚持"权为民所用、情为民所系、利为民所谋"的理念,以不断提高工作效能、解决市民实际困难为宗旨,各项业务取得良好成效。年内累计受理补换卡业务35 705人次,社保卡申领13 529张,发放社保卡、学籍卡12 009张,婴幼儿卡191张,敬老卡5 210张,敬老卡续卡39 997张,社保卡信息更正453张。完成临时居住证和长期居住证的办理发放工作,共计发放居住证2 427张,临时居住证56 621张。根据市有关建设服务型政府的要求,区社保卡服务中心积极筹划,增设8个街道事务受理中心补换卡网点,已于2011年12月正式对外开放。

# 三、经济领域信息化

**【四川北路商业街搭建电子商务平台】** 为突破虹口区四川北路商业街现有发展模式,在虹口区"大市场、大商贸、大流通"的战略目标指导下,将"云计算"与传统商业模式相结合,搭建四川北路电子商务平台,将一个个独立的商家整合成一个四川北路大社区,通过政府与商家联动、商务与商业联动、线上与线下联动,建立更加科学、有效的电子商务运营机制。2011年4月1日,四川北路综开办组织召开了"四川北路电子商务平台方案论证会",市电子商务行业协会领导、专家、区有关部门及四川北路沿线重点商家代表出席会议,与会人员就方案的可操作性、商家间的联动方式和平台公信力、整合技术等方面进行了充分论证。

# 四、城市建设管理领域信息化

**【积极推进工程建设领域项目信息公开和诚信体系建设】** 成立区工程建设领域项目信息公开和诚信体系建设工作协调小组，负责统筹协调、组织推进虹口区工程建设领域项目信息公开和诚信体系建设工作。通过落实长效管理机制、建立协调小组工作例会制度，确保发布内容的权威性和准确性。虹口区工程建设领域项目信息公开专栏于2011年12月12日上线启用。项目信息公开专栏包括4个大类、28个栏目，信用信息公开包括6个大类、15个栏目。

# 五、信息产业发展

**【电子书包企业联盟成立大会暨2011年电子书包产业论坛隆重举行】** 2011年11月8日，“电子书包企业联盟成立大会暨2011年电子书包产业论坛”在市教委、市新闻出版局、虹口区人民政府等部门的指导与支持下，在上海外滩茂悦大酒店隆重举行。本次活动由上海市张江高新技术产业开发管委会、国家数字出版基地虹口园区联合主办。第一届电子书包企业联盟理事会由10家会员单位组成，经推选由上海外语教育出版社作为理事长单位。联盟理事会将认真贯彻联盟宗旨与章程，稳步有序开展工作，促进会员企业的合作、交流与发展，积极推动电子书包产业发展。在随后举行的“2011年电子书包产业论坛”上，演讲嘉宾分别围绕电子书包项目资源架构需求、电子书包给课堂带来了什么、电子课本标准研究、电子书包之于教育出版数字化新方向等方面展开了讨论与探索。与会企业代表、教师代表与演讲嘉宾进行了非常热烈的互动交流。

**【完善“上海市数字电视公共服务平台”功能应用】** 2011年，虹口区科信委通过组织“上海市数字电视公共服务平台”项目协调工作会议、搭建“数字电视公共服务平台”综合应用模拟环境等多种形式，进一步完善平台综合应用功能。9月，搭建近60平方米的数字电视公共服务平台体验中心，充分展示了平台项目成果，并结合物联网方面的应用，让用户体验了数字电视在智能家居控制、远程医疗等方面的增值服务。2011年11—12月，区科信委对6个子项目分别组织专家评审，完成相关项目验收工作。

# 六、信息基础设施建设

**【建立联席会议制度，提供组织保障】** 2011年8月23日，建立虹口区推进智能建筑建设工作联席会议制度，对通信环境优化管理工作提供组织保障。区分管领导为召集人，区科委（信息委）、区商务委、区建交委、公安分局、区财政局、区规土局、区旅游局、区投资促进办、区质监局、区公安消防支队等为成员单位；联席会议办公室设在区科委（信息委）。

**【设立专项经费，推动通信环境优化建设】** 为进一步推进虹口区智能建筑建设，优化通信环境，在完善管理体系的基础上，加大资金投入，设立本区通信环境优化专项资金，制定《虹口区通信环境优化专项经费使用管理办法》，引导无线宽带网络在公共区域的覆盖和商务楼宇通信环境的优化改善，逐步形成本区重点区域、重点商务楼宇品牌，提升推动区域经济社会发展的软实力。通过项目支持的方式，从“宽带网络建设”、“手机信号室内覆盖分布系统建设”、“宏基站建设”、“无线局域网（WLAN）建设”、“通信基础设施共建共享”和“区域信息服务应用”等六个方面，对积极参与本区通信环境优化的单位进行补贴或奖励。

**【参与土地招拍挂，规范通信配套设施建设】** 在土地招拍挂的核准和备案制度中，明确在政府投资项目的初步设计审批阶段，将通信环境建设纳入扩初要求，由区科信委对出让土地的通信环境建设规划进行审核，对建筑的通信配套设施建设提出规范性要求，从新建建筑的通信配套设施建设规划层面着手，全面规范通信配套设施建设，加强信息基础设施建设。

# 七、信息化环境建设

**【召开虹口区信息化专题工作会议】** 2011年4月12日，区信息委组织召开虹口区信息化工作专题会议，副区长华东平出席，区各部门(单位)、街道信息化工作分管领导和具体责任人参加会议。会上，对2010年的信息化工作进行了总结，并对2011年的信息化工作进行相关部署。对区委办、检察院、教育局、公安分局、税务分局和江湾镇街道等六家2010年"迎世博"信息安全保障工作先进单位进行了表彰。

**【落实"迎接建党90周年信息安全保障工作"】** 为贯彻落实上海市网络与信息安全协调小组办公室"关于做好迎接建党90周年信息安全保障工作"的通知精神，区网安办组织区各部门(单位)、各街道积极开展安全自查、应急演练，加强重点保障时段安全防护，做好信息安全保障工作，迎接建党九十周年。

**【组织开展"解读智慧城市建设，掌握智能办公技能"专题知识培训】** 2011年11月11日—2012年2月2日，区科信委组织开展了主题为"解读智慧城市建设，掌握智能办公技能"的信息化专题培训。本次培训分为"智慧城市建设研修班"和"数字图像制作和演示研修班"两门课程，总计16个学时，结合区电子政务总体建设情况，为参训人员详细解读智慧城市建设中的各种新概念、新技术、新应用，全区20个部门共33名人员参加了培训。

# 八、社会诚信体系建设

**【关注民生热点，加大政府信息主动公开力度】** 2011年，围绕提高政府资金公开透明度、加大政府投资项目及计划规划公开力度、加大政策公开和政策解读力度、完善政府信息公开目录、加大公共服务类信息公开力度等五个方面，主动公开本区年度国民经济和社会发展计划报告、中长期教育改革和发展规划纲要等社会关注度高的计划实施情况，及时公开财政资金和审计结果，重点公开本区27个行政机关的预算收支和财政拨款支出情况，及时发布"三公"经费的预算统计情况。同时，对既有政府信息公开目录进行调整、细化、扩建，将政府信息公开目录由原先的9大类17项扩充为20大类297项，扩建后的目录着重对政府资金和社会公共资金、审计工作、国资监管、社会民生、城区规划和土地管理、城区建设和管理、社会监管、经济管理、政策发布和政策解读等方面政府信息的格式内容、文件属性和更新周期，提出了更高、更细、更明确的要求。

**【全面推进落实民生计量诚信工程】** 2011年10月，虹口区提前完成市政府计量便民实事项目——在全区20家标准化菜市场配置立臂式自助公平秤，有效维护了消费者合法权益，有力确保了标准化菜市场诚信计量建设。同时，加强区政府实事项目——标准化菜市场计量器具长效监管机制的日常运作和监管。按照"集中配置、统一管理、中介参与、有偿使用、定期检定、定人维保、到期更新"的方式，政府以一次性投入，形成标准化菜市场计量器具定期更新，实施可持续的长效监管。

**【大力推进区域诚信节能减排工作】** 2011年，虹口区质监局联手虹口区发改委对辖区内35家单位开展"虹口区重点用能单位能源计量培训"，全面落实节能仪器仪表检定工作，并对7家单位的7台锅炉开展锅炉节能诊断，在集中进行能源计量标准和法律法规宣贯的基础上，鼓励重点耗能企业加强能源计量诚信管理，指导相关单位制定节能方案、落实减排措施，有效推动区域节能减排工作顺利开展。

**【加大宣传力度，弘扬诚信精神】** 充分运用电视、广播、报刊、网络等媒体平台，大力开展经常性诚信宣传教育，加大舆论宣传和社会监督的力度，努力营造良好的社会诚信氛围。组织开展2011年上海"诚信活动月"活动，紧紧围绕"责任、规范、创优"，将质量技监进学校、进社区、进企业活动与构造诚信社区、诚信企业相结合，先后开展节能减排、计量放心、名牌战略、食品安全和质量咨询等宣传服务活动。通过加大劳动保障监察力度，规范区内企业用工行为，指导企业合法用工，诚信经营。在和谐劳动关系示范企业评选、“法律六进”、大学生就业服务月等活动中穿插诚信宣传，取得了良好的社会效益。

（冯珺珺）

# 第七章　杨浦区信息化建设

## 概　述

2011年，杨浦区信息化工作紧紧围绕建设国家创新型试点城区的战略目标，以智慧城市建设为主线，着力构建网络宽带化、应用智能化、产业集群化的区域信息化发展体系，较好地完成了2011年各项工作任务。

2011年，杨浦区信息化建设的主要工作包括：(1)稳步推进信息化建设与规划。推进政务外网万兆网络建设，优化卫生系统光缆专网，完成江浦路、宁国路等政府部门办公大楼改造工程；修改完善《上海市杨浦区信息化建设和管理"十二五"规划》和《上海市杨浦区电子信息产业"十二五"发展规划》，做好规划的定稿报送和发布工作。(2)加强信息安全保障。在全区推行计算机终端安全网络管理系统，继续推进重要信息系统安全等级保护工作，根据政府机关使用正版化软件的清查结果，安排224万元采购金额完成软件正版化整改工作。(3)信息化应用推广。加强城区管理信息化，完成"杨浦区城区综合管理大联动信息平台"的咨询方案；深化电子政务应用，完成区门户网站改版及包括12个街道(镇)、8个委办局的网站集群开发；推进区级行政审批平台建设，实现区内资企业设立并联审批和建设工程并联审批的网上办理；继续开展"区长在线"、"书记信箱"等互动性信息化应用；组织开展财政预算信息化项目的协同理财；做好社保卡、居住证日常管理、市民信箱等工作。(4)推进智慧城市建设。形成《杨浦区推进智慧城市建设三年行动计划》及《杨浦区推进智慧城市建设三年行动计划重点项目一览表》；加强与通信运营商合作，加快城市光纤宽带网建设，推进重点场所的公众无线局域网(WLAN)建设；以新江湾城为重点推进功能区信息化规划与示范性项目建设。(5)社会诚信体系建设。继续落实政府采购供应商信用评估报告工作，在公务员的考核和招聘过程中推广信用评估；推进杨浦区科技园区诚信体系建设；落实杨浦区工程建设领域项目信息公开和诚信体系建设工作。(6)产业发展和园区建设。协调推进复旦软件园工程建设；推进创智天地"上海市高新技术产业化基地"、杨浦科技创业中心数字化园区建设；深化杨浦区"两化融合"实践区创建；开展软件企业季度统计、年检初审工作；组织市高新技术产业化等项目申报工作。

2011年，杨浦区科信委获得2011年度上海市软件和信息服务业运行监测工作先进集体称号。

## 一、政务领域信息化

**【政务外网主干链路提升】** 2011年4月，启动杨浦区政务外网万兆网络改造工程，逐步优化政务外网主干链路带宽，在全区9个中心节点机房更新8台汇聚层万兆交换机，主干链路带宽由原先千兆提升至万兆，由单链路改为双链路，并实现政务外网出口负载均衡，为后续将要开展试点的政务云桌面、云终端等高带宽的网络应用奠定基础。同时，杨浦区大力扩展政务外网的覆盖范围，将全区12个社区卫生服务中心和55个卫生服务站点以点对点光纤纳入政务外网，实现区内社区卫生服务中心下属卫生服务点千兆全光纤接入，为实现医疗信息远程交互、杨浦区医疗卫生健康档案系统建设提供高速传输通道。

**【区政务网服务器存储虚拟化试点】** 2011年11月，实施杨浦区政务外网服务器存储虚拟化工程，作为云存储在电子政务的试点应用。完成虚拟化的网络搭建，主要包括15台服务器、150T的存储、万兆交换机2台、千兆交换机3台。每台服务器均配置3块千兆网卡、2块万兆网卡。服务器的心跳采用2块千兆网卡，每块网卡均与不同的千兆交换机连接，从而实现高可用性；服务器与存储之间采用万兆交换机连接，2台万兆交换机之间做心跳连接，从而建立可靠的数据交换网络；服务器与政务外网连接采用千兆网卡连接，建立工作网络；逐步使电子政务的后端存储形成虚拟化为主的存储网络。同时，部署了2套虚拟化软件(VMware、普华软件)。普华软件(国产软件)使用4台物理服务器虚拟20台服务器,每台虚拟服务器基本配置为4 G内存、2个CPU、500 G存储空间、2块网卡,主要运行杨浦区门户网站群、杨浦产业发展专项资金申报和管理平台,并联审批系统正在迁移中。VMware软件使用5台服务器,2T的存储空间。

**【区政府门户网站改版】** 2011年12月,完成区政府门户网站改版。在系统架构层面,采用了云服务平台;在应用层面,采用了网站群管理平台。以"统一资源,统一平台,统一出口"为标准,基于网站群管理平台完成区门户网站、部门与街道镇子网站等20余家网站建设,实现政府资源的有效整合,改善了数据的交互环境。推进各类应用事项上网和网上协同办事,新增了以办事为主的6个情景导航功能模块,整合与市民密切相关的医保、社保、民政综合等内容,方便市民查询。门户网站改版后,将政府信息公开受理工作平台平移至区政务外网,区政府各委、办、局和街道、镇主动公开政府信息发布、依申请公开政府信息受理、公文类政府信息目录备案等工作,都能通过网络进行计算机处理,提高了政府信息公开工作效率。规范政府信息公开目录体系和政府信息公开依申请处理流程,将政府信息发布、公文目录备案、政府信息依申请公开处理和政府信息公开统计分析纳入区政府门户网站管理系统,并按市工作要求,实现与市政府有关部门信息互联互通。

**【网上行政审批平台建设】** 推进区内资企业设立并联审批和建设工程并联审批的网上办理。根据市审改办确定的企业设立并联审批网上操作规程,按照"提前服务、综合协调、一口收件、抄告相关、并联审批、限时办结"的基本原则,由牵头部门统一接收材料后,分别转送涉及的并联审批部门,各并联审批部门同步进行审批,限时办结。企业投资项目建设工程行政审批管理程序包括土地使用权取得、设计方案审批、设计文件审查、竣工验收等四个并联审批平台建设,从现行的9道主要程序、35个审批环节简化为4道主要程序、2～8个审批环节,大大压缩了审批时限,同时通过管理部门的协作和信息平台的运用,可以大幅减少建设单位所重复提供的材料。

# 二、社会领域信息化

**【社保卡、居住证工作扎实推进】** 2011年,区社会保障卡服务中心利用有效工作手段拓展沟通渠道,加强与各级部门双向沟通联系力度和良性互动,扎实推进社保卡、居住证网点各项工作,推动网点服务能级的提高。一是配合各街道镇做好一口式受理工作,推进社区事务受理中心规范化建设。二是与区财政局共同拟稿制定《上海市杨浦区临时居住证押金管理办法》,规范临时居住证押金的日常管理和监督工作;同时结合杨浦实际,制定《杨浦区临时居住证押金管理细则》,进一步规范网点临时居住证押金的日常管理和卡基的成本核算。与市、区财政、市信息服务中心联系,落实2008—2011年临时居住证押金清退相关工作,及时与市信息服务中心结算2008—2011年临时居住证的制证成本。三是充分发挥街道镇网点优势,与街道、居委会、教育局相关科室沟通协调,确保敬老服务卡续期工作、学籍卡阶段性工作有序开展。年初对街道镇居住证网点临时居住证、卡及押金进行全面核查。年中对全区所有街道镇受理网点各类设备进行全面检查和梳理,为制定网点设备运维、更新及落实2012年度经费预算提供参考依据,进一步完善网点设备管理机制,继续配合市社保卡中心做好居住证系统升级改造、培训工作。同时做好社保卡、一年居住证费用调整、差额退付等工作。截至12月31日,各街道镇网点全年申领社保卡(包括学籍卡、敬老卡)33 938张、敬老卡续期49 551张,社保卡补换卡34 138张,累计203 168张。新办理临时居住证58 730张、续签152 478张、遗失补办5 006张、退证26 962张,申领一年居住证从业类1 650张、投靠类2 973张。

**【推进区卫生系统信息化建设】** 按照"上海市关于启动建设基于健康档案和电子病历的卫生信息化工程"的有关要求和时间节点,结合杨浦区卫生信息化建设的发展规划及区卫生医改工作实施的有关计划,推进区卫生系统信息化建设。整合区域医疗卫生资源,完成杨浦区"十二五"卫生信息化的"1365"工程规划,包括一个区域"卫生云"平台;二级医疗机构信息系统、社区卫生服务中心信息系统、区域医疗卫生业务应用系统、健康管理及服务系统、基本药物管理系统、卫生综合管理系统六大应用系统;面向医疗机构、卫生行政管理部门、公卫机构、居民、公众的五大应用门户。成立杨浦区卫生信息系统建设领导小组和项目工作小组,全面负责整个项目的实施和推进。完成区域卫生信息化项目需求调研，对杨浦区医疗卫生所有单位进行了两个多月的调研，编制调研记录单40余份、近10万字的需求说明书，为具体实施项目打下扎实基础，并完成区域卫生信息化项目可行性研究报告。

# 三、经济领域信息化

**【数字化园区建设】** 2011年，杨浦区科技创业中心按照“创建一个服务平台、探索云服务模式、培育一批数字化产业”的总体目标推进数字化园区项目建设，完成大部分硬件实施工程和软件系统，如园区的通信机房、园区的数据机房、园区的安防控制机房、楼宇自控系统、园区信息发布系统、园区会议系统、背景音乐及紧急广播系统等。2月，上海有孚筹备建设的上海市北区最大最全面的新一代云计算IDC数据中心平台，在杨浦区国定路机房顺利建成并投入运营。3月，该数据中心获得上海市云计算创新基地云数据中心的授牌。园区致力推动信息化公共服务平台建设：包括“阳光云”平台，基于WEB服务，整合计算、存储与网络资源的弹性云技术IaaS平台；“云视通”平台，企业可利用平台实现远程教育、远程会议、远程培训、远程面试、远程销售和远程接待；“极云中国”平台，借助云计算理论与技术开发的“云计算CRM公共服务平台”，为广大应用软件商提供了“快速、高质、标准”的SaaS应用软件开发环境，减少了软件企业的开发时间、降低了开发费用、提升了软件质量。

# 四、城市建设管理领域信息化

**【城区综合管理信息系统建设规划】** 开展杨浦区城区综合管理信息系统建设规划，通过学习闵行区、嘉定区“大联动”信息化系统建设经验，调研五角场派出所、控江派出所、区网格办等“大联动”相关职能部门，根据杨浦区现有网格化管理系统、城管信息系统、公安接处警系统运行成熟稳定的特点，提出“大联动”信息系统整体运行架构机制和系统建设总体思路。确定“区综合管理委员会指挥中心——街镇综合管理指挥中心”两级组织的信息系统基础架构，网格化管理平台、110接报警系统和城管、工商分局、食药监局、安监局、绿化局、规土局、文化局等专业职能部门配置接口，整合接入“大联动”两级组织架构，形成以信息互通、资源共享、统一协调、联动处置为主要内容的信息平台。搭建“大联动”手持式无线巡防系统，为“大联动”条线综合巡查队、社区工作站配备手持式对讲终端，辅助城区综合管理；开发无线巡防系统，手持式无线巡防终端可将数据直接传输至部署在政务外网上的专用服务器，加快数据传输的实时性。形成区、街镇两级门户平台的“大联动”信息系统建设方案，内容包含统一门户平台、综合数据库、城市日常管理子系统、城市应急管理子平台、统计分析与研判子平台、系统集成接口、服务器、备份系统、备份服务器及磁盘、无线巡防子系统、GIS地理信息子系统等11个子系统。

**【城市网格化管理平台拓展功能】** 以迎、办世博中形成的机制和好的做法为基础，结合杨浦区城市管理的实际，杨浦区城市网格化管理平台在原有平台功能上拓展了城市管理绿色通道和街道(镇)数据同步、门责信息、问题预警、顽症监测功能，更好地发挥管理平台在城市数字化管理的作用。城市管理绿色通道和数据同步功能，建立了重点区域、重要道路的快速处置的派遣流程和处置标准，实现了差别化管理，区平台与街道(镇)分中心平台实现互相查阅和调用信息数据；城市管理问题预警功能，对平台数据进行梳理、归类，根据管理的不同阶段、不同要求，实现数据分析、预警，对相关城市管理部门做出提示；城市管理门责信息功能，将门责信息和城市管理案件相关联，加强对沿街商铺、单位的管理；城市管理顽症监测功能，对顽症进行归类，从不同角度展开多种分析，为领导决策和有关部门制定整治方案提供信息技术的辅助支撑。

# 五、信息产业发展

**【软件和信息服务业发展】** 2011年，杨浦区软件和信息服务业产值约84亿元，其中认定软件企业经营收入约33亿元，市经济信息化委认定的软件企业136家。重点企业的主导业务广泛覆盖了网络游戏、电子商务、服务外包、电信运营、信息服务、管理咨询、云计算、物联网等多个领域，具有较强的市场竞争力。以"基金＋基地"模式建设云计算创新基地，在基金筹建方面，成立云海基金投资管理公司，基本完成基金募集；在基地推进方面，成立云计算创新基地发展有限公司，顺利推进政策落实、招商引资、企业服务等工作。启动云海创业大厦建设，汇集了大量云计算创业企业，相关企业云计算应用服务也已经覆盖医疗云、教育云、中小企业服务云、云呼叫、云认证、云保险、云安全、云信息服务等众多领域。通过推进"上海物联网产业应用示范基地"、"上海物联网科技园"建设、依托杨浦科技创业中心物联网孵化器打造物联网服务平台、有效运作物联网创新战略联盟等工作推动物联网产业发展。

**【获得市专项资金扶持】** 2011年，杨浦区有8家企业获得市专项资金扶持，分别是：上海杨浦科技创新(集团)有限公司(上海市云计算创新展示中心，资助金额200万元)、上海源天软件有限公司(资信评级业务软件系统，总投资2 130万元，资助金额100万元)、上海完美时空软件有限公司(完美时空神鬼世界网络游戏软件V2.01，总投资700万元，资助金额70万元)、复旦大学出版社有限公司(手机视频开发与出版，总投资300万元，资助金额100万元)、上海中和软件有限公司(数字化医学影像综合处理系统平台，总投资600万元，资助金额120万元)、上海华平信息技术股份有限公司(AVCON视频综合监控指挥平台，总投资800万元，资助金额200万元)、上海扬讯计算机科技有限责任公司(基于3G的手机和PC端互通的软件引擎，总投资700万元，资助金额140万元)、上海视加信息科技有限公司(基于云计算的Vxplo新媒体视频智能交互控制系统，总投资510万元，资助金额100万元)。

**【杨浦区软件和信息服务业专题调研报告】** 完成《杨浦区软件和信息服务业专题调研报告(2012—2016年)》编制工作。报告梳理了杨浦区软件和信息服务业的产业规模和质量、重点企业发展情况、园区布局、产业发展特点和瓶颈等方面，制定产业发展目标和发展思路，明确产业发展的主要任务，即聚焦亮点行业形成区域特色产业链，以特色园区建设为依托优化产业布局，并从优化产业扶持政策、建立公共技术服务平台完善各类配套服务体系、完善科技中介服务体系鼓励成立产业联盟、加强国际交流与合作提升区域产业能级与知名度等方面制定保障措施。报告还明确了2012年的工作重点是推进云基地建设，推进复旦软件园的建设，推进云计算技术示范应用，优化产业政策，清晰产业布局和加强产业联盟促进产学研合作。

**【建设"两化融合"实践区】** 2011年，杨浦区积极对接市级产业示范工程和项目，完善区域创新服务体系，充分发挥区域科教资源集聚优势，推进"两化融合"实践区建设。加快环同济设计产业基地、科技创业中心等科技园区信息化建设，在推动网络基础设施升级改造的同时深化信息技术应用，探索物联网、云计算等新兴信息技术在产业园区管理服务中的应用。推动创新平台建设，创建上海市数控机床优化技术专业技术服务平台、上海市集成电路失效分析专业技术服务平台等九个上海市专业技术服务平台。围绕国家创新型试点城区建设，着力创新体制机制，重点突破制约产、学、研等各类创新要素充分融合与互动的瓶颈。对高校、科研院所、企业和创新人才进行科技创新资源摸底调研，结合杨浦区实际开展"创新区域产学研体系建设、知识输出及企业应用的研究"的软课题；依托上海电缆研究所等国家技术转移示范机构、上海钢铁现代服务产业技术创新战略联盟等开展产业对接交流活动，举办创新资源与金融资本项目对接会，高校团队与企业就物联网技术在智能交通、工程机械、嵌入式系统与服务等方面的应用进行互动交流。

# 六、信息基础设施建设

**【区政府与中国电信上海公司签署合作框架协议】** 2011年4月28日，杨浦区与中国电信上海公司签署"十二五”期间战略合作框架协议。中国电信上海公司总经理张维华、副总经理吴冬立，区领导陈寅、金兴明、唐海东出席签约仪式。金兴明、张维华代表双方签署战略合作框架协议。陈寅、张维华分别致辞。陈寅表示，杨浦区“十二五”规划明确，将建设国际化、信息化、低碳化城区，希望以框架协议签署为契机，区企双方开展全方位、全覆盖合作，优化城区信息化建设规划，共同推进电信相关项目建设，进一步强化政府管理创新和城区管理方面的信息化技术支撑，推动城区信息化水平再上新台阶。张维华表示，上海电信将以城市光网、无线城市建设为重点，围绕杨浦云计算创新基地建设，积极开展区企合作，支持城区信息化建设发展。

# 七、信息化环境建设

**【杨浦区推进“智慧城市”建设三年(2011—2013)行动计划】** 根据《上海市杨浦区信息化建设和管理“十二五”规划》发展框架，结合杨浦区国家创新型试点城区建设实际，通过开展相关调研与项目征集等形式，广泛听取各方意见，完成《杨浦区推进“智慧城市”建设三年(2011—2013)行动计划》编制工作。明确“智慧城市”建设工作的指导思想、发展目标和发展原则，将以信息基础资源集约化建设为重点，将构建“智慧基础”、大力推进智慧应用示范工程、大力扶持和发展新一代信息技术产业等列为“智慧城市”建设的主要任务，梳理形成一批重点信息化项目，并通过完善组织体系、规范项目建设管理流程、健全管理机制、规范资金管理、人才队伍建设等保障措施推进杨浦“智慧城市”建设。

**【杨浦区科技(信息化、园区)工作会议召开】** 2011年3月10日，在上海纺织科学研究院召开2011年杨浦区科技(信息化、园区)工作会议，副区长唐海东出席。区域内各高校、重点科研院所、区相关委办局、各街道(镇)、区属重点企业、科技园区等相关单位负责人参加会议。会上，区科委(协)、区科信委、区科技园区办分别通报了2010年工作总结及2011年工作要点，五角场高新技术产业园、上海纺织科学研究院、中国移动上海公司北区分公司分别代表科技园区、科研院所和企业作交流发言。唐海东表示，做好科技(信息化、园区)工作要坚持机制创新，深化“三区联动”，落实区校合作，强化高层定期工作洽谈机制、项目对接机制、专家咨询机制和人才流动机制，拓展与科研院所合作空间。

**【开展正版软件采购实施】** 2011年3月30日，区科信委代表杨浦区政府与微软中国签订了关于共同推进杨浦区信息化建设的备忘录。通过与微软(中国)有限公司、微软代理商进行多次谈判，在224万元正版化软件专项经费额度内购买了操作系统软件(Windows7)100套，办公套件(Office2010)800套，数据库软件SQL Server 2008 R2中文企业版2套。区府办和区科信委针对前期政府机关使用正版软件的调查现状，制定了以整改升级为重点的正版软件实施方案。面对政务内网、外网的应用需求，专门部署两台服务器用于政务内网、政务外网终端定期认证；对使用非正版软件的机关工作人员，责令其卸载软件，并为其提供正版软件；明确要求各单位购置、更换计算机必须同时安排必要的软件购置资金，并预装操作系统；加强软件日常管理，将软件作为资产纳入部门资产管理体系。在国家版权局和市版权局联合检查后，按照整改意见，区府办、区科信委联合针对各委办局、街道(镇)的网络管理员开展了两次正版软件培训，下发正版操作系统软件和办公套件并指导安装，政府机关使用正版软件工作基本完成。

# 八、社会诚信体系建设

**【科技园区诚信达标建设】** 2011年5月，在杨浦区13家科技园区开展诚信达标工作，会同第三方资信专业机构，结合科技园区行业特色，制定杨浦区科技园区诚信建设标准。依托科技园区诚信建设培训，开展科技园区诚信达标申报工作，组织第三方资信专业机构等专家通过访谈等形式对园区诚信达标情况进行评审，形成2011年杨浦区科技园区诚信建设评价报告。推进杨浦科技系统内的诚信体系建设，有助于提高本区科技园区的诚信意识，规范科技园区内部信用管理、完善企业信用管理制度，强化科技园区信息管理建设、服务体系建设、品牌形象建设，优化区域招商环境。

**【工程建设领域项目信息公开和诚信体系建设】** 2011 年 8 月，杨浦区政府成立杨浦区工程建设领域项目信息公开和诚信体系建设工作协调小组及办公室，制定《杨浦区工程建设领域项目信息公开和诚信体系建设工作实施计划》。根据《上海市工程建设领域项目信息公开目录(试行)》、《上海市工程建设领域信用信息目录(试行)》，区发改委、区建交委、区环保局、区规土局、区市政水务署、区绿化市容局、区房管局、区安监局、区民防办、区消防支队等相关部门，对部门审批、管理领域的项目信息和信用信息进行全面梳理，区政府门户网站设立“上海市杨浦区工程建设领域项目信息公开专栏”，对投诉渠道、各部门的项目和信用信息等进行集中公开，面向社会提供杨浦区工程建设领域项目信息和信用信息综合检索服务。

(陆军霞)

# 第八章　黄浦区信息化建设

## 概　述

2011年，黄浦区信息化工作以科学发展观为统领，整合利用各类信息资源，着力提升区域信息基础设施能级，积极实施两区电子政务平台整合对接，加快推进以“智慧外滩”为重点的智慧城区建设，大力发展以移动互联产业为主的信息服务业，切实发挥信息化在区经济和社会发展中的支撑作用。

推进信息基础设施集约化建设，联合通信运营商采用“1＋3”的建设模式，在外滩滨水区开展无线宽带网络（WLAN）建设，完成相关设备安装及网络测试，实现通信设施的共建共享；继续完善楼宇信息基础设施，完成北京东路280—290号盐业大厦通信机房建设、区机关大楼移动4G信号改造、区体育馆等46个点位信息管线沟通，其中接入楼宇32栋。

实施电子政务平台整合对接，完成原黄浦区、卢湾区办公业务网连通，建成电子政务综合应用平台（双轨版），实现两区电子政务平台统一入口、平台互访、邮件互通等功能；整合原“上海黄浦”、“上海卢湾”门户网站，建成新的“上海黄浦”门户网站，并于10月8日上线运行；结合部门整合及办公场地搬迁，加强电子政务服务保障，完成网络延伸、设备增加、信息点调整、日常报修等工作。

加快推进智慧城区建设，积极实施《上海市推进智慧城市建设2011—2013年行动计划》，建立智慧城区建设机制，重点实施“智慧外滩”一期建设项目，完成外滩通信基础设施建设专项规划的制订，启动小区智能化系统建设试点，建成外滩移动导游手机网站，开通部分商铺手机支付业务，开展面向中小型金融机构的服务器托管、系统维护等服务，完成外滩滨水区信息亭的布放。

着力发展移动互联产业，加快建设工业和信息化部电信研究院华东分院，打造国家级手机研发测试平台，为产业发展提供功能性服务；大力开展科技招商工作，重点引进手机研发、芯片设计、内容提供、下一代移动通信技术运用等行业龙头企业和创新型企业，全年引进企业40家，注册资金6 133万人民币、5 041万美元、8 000万日元；开展信息服务业分析调研，建成区信息服务业信息管理分析系统，实现对产业龙头企业和科技园区企业的重点跟踪和辅助管理。

加强社会诚信体系建设，进一步强化政府信息公开力度，区2010年决算（草案）报告、2011年度预算执行和其他财政收支情况审计工作报告等主动向社会公开，区工程建设领域项目信息公开和信用信息公开共享专栏正式发布，公开项目信息55条、信用信息5条。为加强企业诚信建设，新世界股份有限公司开展“推行卓越绩效模式，完善信用防范机制”课题研究，82家商业企业成为“销售真牌真品，保护知识产权”承诺单位。

（张鹏生）

## 一、政务领域信息化

**【新版“上海黄浦”政府网站上线】** 2011年10月8日，新版“上海黄浦”政府网站上线运行。该网站是按照市委、市政府撤销黄浦区、卢湾区，建立新的黄浦区的工作要求，对原“上海黄浦”、“上海卢湾”政府网站基本构架和栏目内容中的新闻、区情概况、网上信访、政府信息公开、网上办事、公共服务及部门网站等8个大类进行逐一对照、梳理，由区电子政务办、科信委提出建设方案并组织架构开发。新版“上海黄浦”政府网站由黄浦概览、新闻中心、信息公开、政务大厅、政民互动、生活服务等板块组成，成为新的黄浦区政府发布政务信息、提供办事服务、进行交流互动的综合性网络服务平台，支撑服务政府、透明政府、法治政府建设。

（张鹏生）

**【“上海黄浦”政府网站荣获“世博贡献奖”】** 2011年3月，经市有关部门评定，“上海黄浦”政府网站荣获

“世博贡献奖”。作为2010年中国上海世博会场馆所在区之一，黄浦区在“上海黄浦”政府网站开设“世博在黄浦”专题网站，并以专题网站为统一平台，为“看世博、聚精彩、促发展”市民宣讲大赛、“我的世博我的家园”征文等活动提供平台和各类技术支持；推出“奉献世博风采录”专栏；开设“世博运行保障”专栏，发布世博会运行保障信息；开通黄浦志愿者中心网站，共享世博精彩点滴；推出“上海黄浦”政府网站英文版和日文版，为各职能部门世博宣传提供网络平台，充分展示了在184天的会展期间，整个黄浦区上下动员、与世博会同频共振的精神状态和良好形象。

（桑惠康）

## 二、社会领域信息化

**【黄浦区“零距离服务”信息管理系统试运行】** 2011年5月，黄浦区“零距离服务”信息管理系统在半淞园路街道、南京东路街道试运行。该系统由区委组织部牵头，区纪委、科信委、地区办等部门共同开发，系统包括诉求受理、诉求处理、诉求查询、统计分析、图形分析等模块，具有民意快速传递、业务协同办理、处理全程记录、效能动态监控等功能。该系统建设旨在贯彻区委党员干部“零距离”服务群众的工作部署，努力建立民意传导、整改落实、绩效评议、责任追究的工作机制，促进机关工作重心下移、领导干部深入基层、党员干部服务群众，有效解决群众“急难愁盼”问题，进一步保持党与群众的血肉联系。为做好该系统应用推广工作，6月上旬区委组织部、区科信委对全区70多个部门、单位的相关人员进行操作培训。

（傅　纲）

**【黄浦区招生工作联络系统通过验收】** 2011年4月7日，黄浦区招生工作联络系统通过专家验收。系统由区招生办牵头，区科信委支持开发，具备电子邮箱、短信互动交流、发送传真等功能，同时采用先进的安全保密手段，确保邮件、传真的安全性和保密性。招生工作联络系统的应用，实现了招生办与学校之间的互动交流，为考生及其家长提供了及时的信息服务。

（宋歆晖）

**【建设社会保障卡与居住证耗材管理系统】** 2011年4月，黄浦区建成社会保障卡与居住证耗材管理系统。系统由区科信委、人口办组织开发部署，具有工作台账、核销记录、耗材管理、固定资产管理等功能，在全区各街道推广使用后，取得比较好的效果：一是账目更加清晰。耗材系统中工作台账，记录市区核销、发放以及居住证受理网点日常申领、发放、报废处理的数据，弥补区核销账目和日常申领记录的空白，并为区人口办来沪人员的管理打下基础。二是管理更加规范。对全区居住证窗口的卡基、居住证登记表、清洁带等耗材的申请、审核、发放进行全程监控，确保对各街道耗材使用情况的掌控度。三是资源调配更加合理。对居住证窗口的电脑、打印机、制卡机、读卡机等固定资产信息实行登记，有效掌握设备报废时间，为统筹设备升级、合理调配资源提供依据。

（傅　纲）

## 三、经济领域信息化

**【外滩移动导游手机网站通过验收】** 2011年9月30日，外滩移动导游手机网站通过专家验收。该网站由区商务委牵头，区科信委、旅游局、外滩投资集团、商业联合会、新世界信息产业有限公司等单位共同合作建设，是“智慧外滩”一期11个建设项目之一。网站分为旅游、商业、文化、服务四大方面。其中，旅游方面，包括万国建筑群等外滩景点及周边住宿的介绍；商业方面，以推送外滩及周边地区的商业，尤其是购物及餐饮信息为主；文化方面，除了结合万国建筑群介绍外滩历史外，还介绍如今外滩特别的海派文化；服务方面，重点为游客提供所需的便民信息及体现外滩金融聚集带的金融服务信息。网站上线运行有效提升了外滩金融集聚带建设的配套软环境。

（周康平）

# 四、城市建设管理领域信息化

**【黄浦区动迁安置房源信息系统投入运行】** 2011年3月，黄浦区动迁安置房源信息系统率先在董家渡13B、15B地块动迁房源管理工作中投入运行。系统由区建设交通委牵头，区监察局、科信委等部门共同研发，包括房源的登记、调配、使用、回收、查询、统计、资金、用户管理和数据备份等功能，可即时提供动迁安置房源情况、动态资金支付及流转情况，既便于房源决策管理部门及时掌握房源动态信息，做好房源供求分析研判，又可通过管理用户授权，使监管部门能够对房源管理的全过程实施动态监督，促进动迁工作公开、公平、公正的进行，提高动迁安置工作效率。

（张鹏生）

# 五、信息产业发展

**【工业和信息化部电信研究院华东分院揭牌】** 2011年9月7日，工业和信息化部电信研究院华东分院（上海华东电信研究院）揭牌仪式在科技京城举行，工业和信息化部副部长杨学山、上海市副市长艾宝俊共同为华东分院揭牌。华东分院由工业和信息化部电信研究院、上海市经济和信息化委员会、黄浦区人民政府合作建设，系信息通信技术研究及产品检测认证的国家级权威机构，同时被列为上海通信技术中小企业公共服务平台。该院近期目标为建成一个信息通信产品检测实验室和信息通信技术的研究机构，具备3G制式终端产品的全型号检测认证能力，提供国内、国际测试认证服务，具备移动互联网、移动信息通信技术的研究能力和研发支撑能力。远期目标为抓住信息通信产业发展的重大机遇，在下一代移动通信、移动互联网、物联网、云计算、智能终端等领域建设研究支撑平台、检测认证平台、开放实验室、模拟试验环境，综合提高区域产业创新能力和产品的国际竞争能力，支持上海成为中国信息通信产业的核心城市。

**【上海市通信制造业行业协会移动信息终端专委会成立】** 2011年1月13日，上海市通信制造业行业协会移动信息终端专委会举行揭牌仪式，黄浦区副区长吴成、工信部电信研究院副总工程师王南及上海市社会团体管理局、经济和信息化委员会、通信制造业行业协会有关负责人出席。该专委会是在市经济和信息化委员会、市通信制造业行业协会的大力支持下，由科技京城集成电路孵化基地发起成立，目的是以专委会组织形式，加强上海市移动信息终端的研发、应用和推广，使各企业之间优势互补，提高竞争力，扩大市场占有率，构建产业链，引领移动信息终端产业朝着规范的业务标准、开放的移动终端平台、统一外设、高容量电源、多模终端的方向发展。闻泰电子、德晨电子、多普达等50多家知名移动信息终端企业成为首批会员单位。

（张鹏生）

**【开发黄浦区信息服务业信息管理分析系统】** 2011年9月，黄浦区信息服务业信息管理分析系统（试用版）完成项目开发和系统部署。系统以区统计局、工商分局、税务分局提供的企业数据为基础，充分利用市区现有信息化系统资源，对现有工作模式进行信息化流程再造。包括数据维护、业务管理、报表管理、企业查询等功能模块，涵盖432家企业信息，多主题、多维度、多形式地对企业的经营状况、行业内的龙头企业发展情况、行业的整体水平、产业的发展趋势及园区（楼宇）内企业的集聚度等情况进行描述和分析，对产业龙头企业与科技园区企业进行重点跟踪和辅助管理，为制定产业政策提供决策依据。

（宋歆晖）

# 六、信息基础设施建设

**【编制《外滩金融集聚带通信基础设施建设专项规划》】** 2011年12月，黄浦区完成《外滩金融集聚带通信基础设施建设专项规划》的编制。该规划是黄浦区“智慧外滩”一期11个项目之一，由区科信委、规划土地局、建设交通委等部门联合外滩投资集团、电信、移动、联通、东方有线、市管线公司及规划承担单位营邑公司共同编制。规划围绕将外滩金融集聚带建成新理念、新技术、新产品的集中展示区和数字金融、数字商贸、数字生活的最佳体验区的总体目标，结合重点区域、重点地块功能定位，对2011—2020年信息管线、机房、基站等通信基础设施以及无线宽带网（WLAN）进行布局优化和落地，重点满足金融集聚带的布局要求和公共热点地区的通信服务需要，推动通信基础设施集约化建设，为金融集聚带发展提供强有力的支撑服务。

（周康平）

# 七、信息化环境建设

**【区政府与上海电信签订“十二五”期间智慧城区建设战略合作协议】** 2011年12月26日，黄浦区政府与中国电信上海公司共同签署《“十二五”期间智慧城区建设战略合作协议》，黄浦区区长周伟、副区长吴成，中国电信上海公司总经理张维华出席签约仪式。该协议是新的黄浦区签订的首个战略合作协议，也是上海电信与各区县政府签订的首个“十二五”期间战略合作协议。协议围绕黄浦区“智慧城市”建设战略目标，确定具体项目58个，着力提升城区网络宽带化和应用智能化水平，加强信息基础设施建设，加快实现区域内无线宽带网络普遍覆盖，打造“智慧外滩”品牌，创建政府购买公共服务模式，力争到“十二五”期末，把黄浦区建成“城市光网”建设示范区、“智慧城市”应用实践基地、移动互联产业基地。

（张鹏生）

# 八、社会诚信体系建设

**【开展政府部门软件正版化工作】** 2011年2月28日，区科信委向区机关各部门、各街道发出《关于开展使用正版软件情况检查的通知》，要求各单位对操作系统、办公套件、防病毒软件等进行自查，并填写《黄浦区使用正版软件自查整改工作统计表》。区科信委对重点部门的软件正版化情况进行抽查，统计汇总全区使用正版软件情况，并及时进行整改，通过政府采购了376套Windows 7专业版操作系统和378套Office 2010办公套件。本次政府部门软件正版化工作，旨在贯彻落实《上海市人民政府办公厅关于本市贯彻国务院办公厅文件加强政府机关使用正版软件工作的通知》精神，配合打击侵犯知识产权和制售假冒伪劣商品专项行动，进一步营造良好的知识产权保护氛围。

**【开展打击侵犯知识产权和制售假冒伪劣商品专项行动】** 2011年2月16日，根据国务院、市政府的统一部署，黄浦区成立打击侵犯知识产权和制售假冒伪劣商品专项行动领导小组，制定《黄浦区打击侵犯知识产权和制售假冒伪劣商品专项行动实施方案》，明确以保护商标权、著作权及专利权为重点内容，以新闻出版、文化娱乐、高新技术产业为重点整治领域，以图书、音像、软件、药品、服装、箱包为重点查处产品，以南京路商圈、豫园商圈以及各类市场、大卖场为重点执法区域，采取部门联动、深入排摸、突击检查、控制源头、司法介入、舆论配合等措施，累计举行联合执法8次，捣毁制假售假窝点107个，收缴各类假冒伪劣产品41 650件，立案查处8起，编辑工作简报21期。专项行动持续时间为半年，有力打击了侵犯知识产权和制售假冒伪劣商品行为，增强了企业和公众知识产权保护意识，进一步优化了区域创新环境、经营环境和投资环境。

**【“推行卓越绩效模式，完善信用防范机制”课题调研】** 2011年，新世界股份有限公司开展“推行卓越绩效模式，完善信用防范机制”课题调研，从四个方面加强企业信用管理。一是要求供应商出具信用报告，从而提高供货质量，优化采购管理。二是进一步修订和完善相关制度，开展诚信消费经营的满意度测评。三是加强员工的诚信教育，提高诚信服务意识。四是优化销售信用机制平台。通过开展课题调研，推出信用管理措施，打造诚实守信、公平竞争、相互协作的市场经营环境。

（张鹏生）

# 第九章 卢湾区信息化建设

## 概 述

2011年，卢湾区信息化工作在区委、区政府的正确领导下，在上级主管部门的指导下，积极推进信息基础设施建设、电子政务建设、社会诚信体系建设，深入开展两化融合工作，为推动卢湾区实现新发展打下基础。

2011年，卢湾区超额完成"城市光网"有效覆盖年度任务，加强了信息安全制度建设，深化工程建设领域项目信息公开。智慧城区建设有序开展，部署《推进智慧城区建设三年行动计划》编制工作。区科委大力推进"无线城市"建设，不断完善"上海卢湾"门户网站，深化"四位一体"行政审批服务平台建设，完成电子政务服务器虚拟化（一期）、"网上淮海路电子商务平台"建设任务项目，推进基于市民电子健康档案的卫生信息化工程、"社区服务平台系统提升"、地理信息资源共享、区人口信息共享系统（一期）等系统建设。做好区内软件企业的季度统计工作和15家软件企业年审工作。信息化在促进卢湾区经济发展和社会和谐方面，得到了充分的发挥。

## 一、政务领域信息化

**【智慧城区建设有序开展】** 加强工作领导，各成员单位建立了"主要领导亲自抓，分管领导具体抓"的工作机制，指定了分管领导和具体工作人员，有效保证了工作推进；建立健全工作制度，制订《卢湾区推进智慧城区建设联席会议工作制度》，明确联席会议的主要职责，要求联席会议办公室做好组织协调沟通和技术支撑工作，定期汇报工作推进情况；分别成立项目推进工作小组，由项目建设单位指定部门负责人和具体联络员，明确责任，做好组织部署、任务分解、措施落实等具体工作，保证各个项目的推进实施。

**【部署《推进智慧城区建设三年行动计划》编制工作】** 2011年2月22日，卢湾区推进智慧城区建设联席会议成员单位联络员会议召开，部署《推进智慧城区建设三年行动计划》编制工作。会议介绍了卢湾区智慧城区建设设想；解读了卢湾区推进智慧城区建设联席会议工作制度、卢湾区智慧城区建设项目管理暂行办法、立项审核材料准备要素、卢湾区智慧城区建设重点项目表、重点项目审核流程等相关工作制度；部署了《卢湾区推进智慧城区建设三年行动计划》编制工作，明确了《三年行动计划》编制工作的指导思想、编制要求、实施步骤和组织领导。会议指出，为加强计划编制工作的组织保障，由区推进智慧城区建设联席会议负责三年行动计划编制的组织领导工作，研究解决重大问题。联席会议办公室负责日常组织协调及编制工作。联席会议各成员单位要落实科室和工作人员，做好本单位重点项目的编制工作，成员单位的联络员要做好联系和协调，按时间节点要求及时上报本单位确定的重点任务。

区推进智慧城区建设联席会议办公室主任袁伟东传达了区委专题会议、区政府第181次常务会议关于推进智慧城区建设工作的精神和领导讲话，简要回顾了近期智慧城区建设工作的推进情况。他强调：各成员单位一定要注意把握"四个很重要"。一是材料很重要。成员单位要高度重视会议下发的各项材料，逐字逐句进行领会，切实把握好各项要求。二是沟通很重要。成员单位要加强与联席会议办公室的沟通，确保在项目建设和推进过程中，始终保持各方认识和操作的高度统一。三是流程很重要。要把握好项目审核流程中的10个节点、8个要素，确保《三年行动计划编制》工作落到实处。四是定位很重要。要积极争取国家级、市级试点，切实做到上下对接，明确项目惠及对象和受众，清晰定位项目完成后的主要成果。

**【卢湾区荣获"2010年中国城市信息化成果应用奖"称号】** 为了更进一步贯彻落实各项信息化法规和城市发展策略，普及信息化知识，宣传城市信息化先进经验和推动信息技术应用，2011 年 9 月 28 日，由中国信息协会主办的“2010 中国城市信息化发展论坛暨成果评选”在苏州召开。会上，对全国 655 个城市在成果应用、管理创新等方面做出卓越贡献的单位和企业进行表彰，区科委的“卢湾区电子政务核心平台 3.0 系统”荣获“2010 年中国城市信息化成果应用奖”荣誉称号。该结果是由来自全国约 200 个大中城市的政府官员、专家学者、企业领袖以及知名媒体共同评选产生的。

**【卢湾区荣获 2010 年度“中国政府网站领先奖”和“设计创新型政府网站”称号】** 在 2010 年度中国信息化研究与促进网、联合工业和信息化部电子科技情报研究所信息化研究与促进中心举办的“中国优秀政府网站推荐及综合影响力评估”活动中，“上海卢湾”门户网站在全国近五万家政府网站和政务服务型网站中脱颖而出，获得 2010 年度“中国政府网站领先奖”和“设计创新型政府网站”称号。评选活动肯定卢湾区网站为：“勇敢尝试，大胆创新，在简捷、为民、便民、实用、美观等方面堪称典型”。此次获奖是网站继 2009 年以来，连续两年在工信部中国优秀政府网站推荐及综合影响力评估活动中取得优异成绩。

**【“上海卢湾”门户网站荣获上海市政府网站世博贡献奖和优秀案例奖】** 在 2010 年 11 月市政府办公厅举办的上海市政府网站测评和优秀案例、“世博贡献奖”推选工作中，“上海卢湾”门户网站分别荣获了世博贡献奖和优秀案例奖，成为同时获得两个奖项的区县之一。

**【中共卢湾区委门户网站开通运行】** 在区委主要领导的直接关心和各部门的通力合作下，中共卢湾区委门户网站于 2010 年 7 月 1 日建成开通，成为推进党务公开、联系服务党员群众、加强舆论引导的重要载体。区委网站群采用“1＋10”网站框架，由门户网站和区纪委、组织部、宣传部、统战部、政法委、老干部局、机关党工委、社会党工委、党校、党史研究室等 10 个党委部门子网站组成。门户网站共有 9 个主栏目，26 个子栏目，包括部门子网站在内共有一级栏目 120 项，二级栏目 132 项，累计发布各类信息 14 159 条，网站浏览量达 94 万余次。

**【“上海卢湾”门户网站建设不断完善】** 上海卢湾区政府门户网站从 1997 年开始建设，在历届区政府领导的直接关心和各部门的通力合作下，经历了 7 次改版，已成为推进政府信息公开、促进政府部门网上办事、联系和服务群众的重要载体。区政府网站群采用“1＋56”网站框架，由门户网站和区发改委、区建委、区商务委等 56 个部门和街道子网站组成，实现全覆盖。6 个工作平台，即网上办事平台（四位一体企业设立变更服务平台）、政府信息公开平台、社区服务平台、政民互动平台、新闻发布平台、区域形象展示平台。包括 9 个主栏目，53 个子栏目。制定了内容涵盖网站建设、信息公开、内容保障、技术运维、评议考核、网站安全、值班应急等各方面的工作管理制度 20 余项。

**【卢湾区获上海市等保工作先进单位】** 为落实信息安全等级保护要求，卢湾区的电子政务网络平台、政府门户网站顺利通过相关部门等级保护现场测评。卢湾区获上海市等保工作先进单位。通过等级保护的开展，信息安全制度进一步健全落实，信息安全设备优化升级，信息安全监督和防御能力得到提高，重要信息系统数据备份、网络边界安全、病毒防御、安全审计、数字证书等保障工作进一步加强，网络故障预警机制进一步完善，各部门的网络信息安全管理和安全检查得到落实。

**【完成电子政务核心平台 4.0 的研发工作】** 电子政务核心平台 4.0 投入试运行。与 3.0 相比，4.0 平台具有以下优点：内容更为丰富，为庞大的信息资源提供更便捷的共享平台；包容性更强，为大规模跨部门协同办公、社区工作平台提供了更好的技术支持；布局更为合理，为用户提供了个性化的信息应用服务，进一步提升了平台的人机交互方便程度与友好程度；增加八大功能，满足了更多用户的应用和性能需求。核心平台的建成，将为卢湾区智慧电子政务应用发展提供有力的技术平台支持。

**【深化“四位一体”行政审批服务平台建设】** 切实做好卢湾区“四位一体”行政审批服务平台（二期）内、外网升级技术支持和保障工作。主要措施：(1) 实现与“上海卢湾”门户网站实现资源整合，在门户网站以企业设立、更新、经营三个阶段为划分，建立内外资企业设立的前、后置一口收件业务模式。内资企业由工商分局进行一口收件，外资企业遵循市改革要求由商务委和工商分局分别进行第一和第二阶段的一口收件，极大地方便了企业的证件和执照办理。同时，还新增企业后续经营服务和网上申报预审功能。网上审批部门达到 14 个，审批事项达到 56 项。(2) 完成二期平台全真演练技术支撑。2011 年 12 月 24 日上午 10 点，由卢湾区副区长赵祝平亲自主持召开平台二期全真演练，区发改委、区监察局、区信息委等 14 个相关部门共同参与，演练历时半小时圆满结束。赵祝平副区长对平台二期建设给予了充分肯定，并指出：整个服务平台的改进、完善、提高只有起点，没有终点。市领导把此项工作列为创新管理的一项重要内容。卢湾区明年还有许多重点工作需要突破，全区上下要凝心聚力，继续打拼，确保相关工作目标的全面完成。(3) 继续做好卢湾区“四位一体”行政审批服务平台日常运维保障工作。全年巡检行政审批部门终端 12 次，终端维修、维护 185 次。完成“四位一体”行政审批信息系统内、外网日常数据导换操作 440 次。全年通过平台办理各类企业设立(变更)业务 2 210 项，咨询答复 72 项。

**【完成电子政务服务器虚拟化(一期)项目】** 探索建设区级平台的虚拟化服务体系。通过高性能软硬件设备的支撑，实现对服务器的虚拟化应用，为“区电子政务综合应用平台”等应用提供高效、安全、稳定、可交付式的服务器平台，为今后区级数据中心的建设奠定基础。

**【认真总结重要会议保障及信息化对接工作】** 2011 年 12 月 16 日，召开重要会议保障及信息化工作对接小结会。会上，相关工作负责人对 2011 年全区重要会议的保障工作及信息化工作的对接进行了总结。区委领导在听取汇报后，提出了 2012 年信息化工作计划。一是做好电子政务基础性工作，深化政府网站建设工作，稳步实现应用平台整合，扎实推进地理信息共享平台整合。二是做好项目管理的规范性工作，加强项目立项预审和价格评估，加强项目实施过程的监理和监管，加强项目实施后的绩效评估。三是做好信息化的支撑工作，支持党建信息化，协助区委办做好区党建网建设；支持人大书面意见办理系统和政协提案办理系统建设；支持“四位一体”行政审批系统建设；支持诚信体系工作；支持工程建设领域信息公开工作；支持相关部门大型跨部门协同办公系统的整合。四是做好全区重要会议的保障工作，强化服务意识、大局意识，增强工作责任感，提高办事效率。

## 二、社会领域信息化

**【完成社区信息化综合试点区级验收工作】** 社区信息化综合试点是卢湾区在 2002 年第一轮试点基础上的新一轮试点。2011 年 1 月 20 日，组织召开了市级试点项目——上海市社区信息化综合试点项目的区级验收会。会议成立了由同济大学、上海理工大学、市信息中心相关专家组成的专家组，听取了区科委所做的项目总体情况介绍和监理单位所做的监理报告，相关开发公司也分别介绍了开发内容及完成情况。专家组一致认为，项目建设符合计划任务，软硬件开发满足社区信息化需求，社区信息化综合试点项目通过验收。该项目的建设完成，标志着卢湾区社区信息化工作又迈上了一个新台阶，将促进社区管理和服务水平进一步提高。

**【完成上海市社区信息化综合试点项目验收工作】** 2011 年 7 月 22 日，上海市经济和信息化委员会在卢湾区科委召开上海市社区信息化综合试点项目验收会。卢湾区按照市社区信息化综合试点的要求，通过了试点工作的验收。通过试点项目的实施，建立了以综合数据库为支撑、覆盖社区各类业务、渠道界面统一的社区信息平台，形成了集中式管理、分布式维护的社区服务网站管理模式，通过界面、用户、邮件等基础功能的整合和内容整合，实现了区信息系统资源向街道、居委延伸，方便了社会公众对社区服务资源的利用。

**【完成了“社区服务平台系统提升”等项目建设】** 继续深化社区服务平台功能，在社区信息化综合试点的基础上完成了“社区服务平台系统提升”及“卢湾电子社区地图服务系统”项目建设。两个项目建设内容主要包括地图开发及调整、三维地图数据维护服务、社区服务平台功能提升、图文智通、地图新闻频道等。通过对卢湾区新增、调整范围的地图开发建设及后续地图数据的维护管理，进一步完善社区地图应用，另外从页面、功能、访问安全等不同方面对社区服务平台进行不断优化，提升社区服务能力和水平。

**【完成区人口信息共享系统(一期)等系统建设】** 以市人口办“两个实有”数据在区层面的落地、交换共享试点工作为契机，推进人口信息资源的交换共享，完成区人口信息共享系统(一期)、区实有人口计生信息和行政事务办理管理系统(二期)等项目建设，并通过验收。整合数字认证系统、人口信息共享系统、区 3.0 系统的应用，实现人口信息数字密钥、密码双重认证，鼓励各部门设立人口信息员，推广数字身份认证应用，提高信息安全保障水平。

**【积极推进地理信息资源的共享】** 在对地理信息系统功能优化的基础上，卢湾区扩展了区域城市光网、无线网络覆盖、企业分布、街道特殊人群等信息在地理信息系统的应用，推进了实有人口、法人信息等政务信息资源的集约采集、充分共享和有序开发。

**【有序开展社保卡、居住证协调管理工作】** 开展区社保卡、学籍卡、敬老卡、儿童卡、市民信箱、居住证、临时居住证协调管理工作。共申领社保卡 3 900 张、学籍卡 2 364张、敬老卡 1 888 张、儿童卡 18 张。社保卡遗失补卡 3 028 张，质量问题换卡 11 289 张。敬老卡遗失补卡 772 张，质量问题换卡 360 张。学籍卡遗失补卡 263 张，质量问题换卡 24 张。儿童卡补(换)27 张。办理居住证 384 人、临时居住证 27 818 人，临时居住证满六个月续签 68 658人次，离沪退卡 5 938 张。

**【瑞金医院卢湾分院数字化医院智慧医疗系统一期项目建设有序推进】** 项目于 2011 年 2 月通过审核，现有八个子项目按期开展。其中，“数据统一平台搭建工作”、“新机房搬迁工作”和“无线医护 PDA 系统”三个子项目已完成；“结构化电子病历”、“门诊一次性付费流程”、“区域医疗信息共享”、“心电管理信息系统”和“决策辅助系统”五个子项目正在开发中。

**【推进基于市民电子健康档案的卫生信息化工程】** 建设覆盖公立医疗卫生机构健康信息网络，建立了涵盖个人信息和主要服务记录的健康档案。

**【推进“数字化校园”和“校校通无线校园网”建设】** 推进数字化校园和教育系统信息平台建设，开展基于网络平台的教育教学活动，学校教育质量、教育行政管理及社会服务工作的水平得到提高。卢湾区第一中心小学的数字化校园项目“云课堂”教学系统，经政府采购中心重新招标，确定了中标单位，系统正在开发建设之中。区内三所试点学校(一中心小学、卢湾中学、卢湾高中)的“区校校通无线校园网络项目(一期)”建设已基本完成并开始系统试运行。完成了“教育系统信息平台”项目“公共卫生网络系统”部分建设，项目已进入试运行。

## 三、经济领域信息化

**【做好区内软件企业的季度统计工作和 15 家软件企业年审工作】** 完成了 2011 年三季度软件业调查报送工作。据 2011 年三季度季报统计，网上上报企业 23 个，营业收入 11.98 亿元，同比增长 263%。完成 2010 年软件企业年审工作，共有 15 家公司参加年审，经审核有 13 家企业通过认定。

**【完成“区经贸系统网站接入平台”恢复重建工作】** 完成“区经贸系统网站接入平台”恢复重建工作，为企业电子商务孵化打下基础。通过统一租赁机柜并配置硬件设备和相关软件，为卢湾区经贸条口重要企业的网站提供服务器空间、Internet 入网通道以及有关安全服务。已有两家企业通过平台接入，其余相关企业将在现行合同到期后接入此平台。

**【完成“网上淮海路电子商务平台”建设任务】** 贯彻市“双推”工作会议精神，拟将“网上淮海路电子商务平台”、“玫瑰婚典网上交易平台”项目列入智慧城区三年行动计划，其中，“网上淮海路电子商务平台”由益民商业股份有限公司、淮海商业集团共同斥资成立，负责相应的开发及运作。完成了网站平台的建设任务，包括功能性平面网站的制作、后台管理系统的开发、虚拟三维模型与平面网站的内嵌、第三方支付系统的接入等工作，并进行测试和招商。这标志着卢湾区企业电子商务平台建设进入了一个新阶段。

## 四、城市建设管理领域信息化

**【推进高效协同的城市运行监测预警平台建设】** 运用各类先进的信息技术，加强城市环境监测，完成了“卢湾区智能交通系统规划”项目方案编制；“卢湾区智能停车信息服务系统”项目进入具体开发阶段。完成了包括“一门式受理及应急指挥系统”、“垃圾收费和门责管理系统”、“环卫作业考核系统”的“绿化市容智能化综合管理系统二期”项目的政府采购，进入项目开发阶段。

# 五、信息基础设施建设

**【卢湾区超额完成“城市光网”有效覆盖年度任务】** 2011年3月10日，卢湾区人民政府与中国电信上海公司签订了2011—2015年战略合作协议，双方就“十二五”期间智慧城区建设达成了广泛共识。中国电信上海公司承诺在2011年构建“百兆进户、千兆进楼、T级出口”的网络能力，提前实现卢湾区城市光网全覆盖，实现对商务楼宇光纤到办公室（FTTO）覆盖，住宅小区光纤到户（FTTH）覆盖。计划到2011年年底，实现“城市光网”有效覆盖98 333户（有效覆盖是指实现城市光网全覆盖的网格内可见的电信用户数）。截至11月25日，累计覆盖用户数134 267户，年内新增用户90 521户。完成年度计划的134%以上。区域百兆接入带宽的覆盖能力进一步提高。

**【继续推进“无线城市”建设】** 2011年，进一步推动移动、电信、联通加强无线基站和室内外WiFi热点建设。截至11月25日，实现3G覆盖270个，其中，室内209个，室外61个。实现WiFi热点覆盖339个，其中，室内247，室外92个。扩大了无线热点的覆盖范围，提升了无线传输的能级。

**【加强管理机关信息网络建设】** 进一步落实涉密信息系统分级保护和重要信息系统等级保护的要求，对电子政务网络平台进行整改加固。加强了网络、机房等机关信息基础设施的运行管理、性能优化工作，有效保障了区公务网（党委网）、办公业务网、政务外网和行政事业专网的正常运行。实施了行政事业专网扩容升级，为公务卡、国库统一支付等新应用做好网络准备。探索建设了区级平台虚拟化服务体系，实现对服务器的虚拟化应用。

**【完善电子政务网络基础设施建设】** 2011年，为配合“撤二建一”工作的开展，进行了办公业务网与政务外网的分离改造和扩容，新增政务外网核心交换机1台、接入交换机30台，扩大了政务外网的接入和覆盖能力，保持市、区两级政务外网应用的通畅。通过租用裸光纤的形式，于10月26日完成了办公业务网核心设备的对接，实现业务平台和内部电子邮件的互通，为下一步各类应用的整合提供了基础网络环境。继续协助财政局开展行政事业专网的升级扩容改造项目，采用光纤接入取代原有的铜缆接入，有效提高了行政事业专网的接入速度和稳定性，降低故障发生率70%。

**【各类电子政务终端数2 500余个】** 2011年，卢湾区全年新增公务网接入点数2个，接入单位35个，涉密域接入终端数44个，非密域接入终端数33个。新增办公业务网接入点数120余个，接入单位60个，接入终端数2 200余个。新增政务外网接入点数35个，接入单位21个，接入终端数179个。新增行政事业专网接入点数18个，接入单位83个，接入终端数173个。

# 六、信息化环境建设

**【加强了信息安全制度建设】** 2011年5月，为加强对各部门网络信息安全管理，修订和下发了《区办公业务网管理规范》和《区政务外网管理规范》。以《区网络与信息安全事件应急预案》为基础，优化应急预案设计，规范网络突发安全事件处置流程，充实网络应急备品备件库，为建立统一的备件管理平台和网络故障预警机制创造条件。

**【安全巡检工作】** 2011年，卢湾区科信委共开展电子政务机房安全巡检4次，对中心机房、托管机房、备份机房和各楼层接入机房进行全面的安全检查，主要针对机房环境温湿度、空调系统、供电系统、应急照明系统和消防报警系统，保持各套系统的运行稳定，保障机房安全；加强对各类电子政务网络的安全巡检和漏洞扫描，做好终端维护工作，2011年进行网络安全扫描5次，服务器安全加固 23 台/次，网络故障排查 425 次，网络及安全设备巡检 12 次，终端故障排除修复 834 次，电话咨询指导 1 255 次。形成《电子政务网络安全工作月报》12 份，年报 1 份。

**【加强对信息化项目资金的预算审核】** 完成 2011 年部门信息化专项的列项审核，全年申报部门共计 11 个，审报项目 16 个，共计经费 1 668 万元。其中，获财政审批项目（含部分智慧城区建设项目）8 个，共计经费1 448 万元。已完成 1 个项目，其余项目正在开发中。

# 七、社会诚信体系建设

**【淮海中路诚信示范街被评为 2011 年度上海市社会诚信体系建设创建类活动优秀成果奖】** 推进真牌真品创建活动，加强行业自律。依托淮海中路商业街结构调整形成的良好硬件环境，进一步推进淮海中路软件建设，在提升淮海中路商业街商户的信用水平上，开创了符合不同行业需求特点，具有不同行业特色的诚信文化。共有淮海路沿线 32 家企业被命名为“真牌真品企业”，并由此辐射到这些企业在上海的 1 721 个门店。

**【搭建淮海路诚信网信息平台】** 通过搭建“诚信动态”、“政府服务”、“诚信警示”、“诚信标准”、“诚信档案”、“诚信故事”、“诚信记录”等栏目，宣传淮海中路商业街诚信建设，帮助消费者提高防范和维权意识。

**【重点企业的信用管理示范取得成效】** 新世界股份有限公司开展了“推行卓越绩效模式，完善信用防范机制”课题研究，从四个方面入手加强企业的信用管理。一是要求供应商出具信用报告，从而提高供货质量，优化采购管理。二是进一步修订和完善相关制度，开展了诚信消费经营的满意度测评。三是加强员工的诚信教育，提高诚信服务意识。四是优化销售信用机制平台。

**【深化工程建设领域项目信息公开】** 按要求启动工程建设领域项目信息公开工作，发布了区工程建设领域项目信息公开和信用信息公开共享专栏，公开项目信息 55 条、信用信息 5 条。对各部门的网站专栏设计提出具体要求，确保信息公开工作的一致性。

（区科委）

# 第十章 静安区信息化建设

## 概 述

2011年是"十二五"规划的开局之年，静安区信息化工作以智慧城区建设为主线，围绕《2011年静安区智慧城区建设工作计划》，一手抓顶层设计和机制建设，一手抓信息基础设施建设和重点示范应用。完成了《静安区国民经济和社会信息化"十二五"规划》和《静安区智慧城区建设规划(2011—2015)》编制工作。立足顶层设计，提出了智慧静安的架构和"四横两纵"的总体框架，围绕"智慧商务"、"智慧政务"、"智慧社务"三个领域，强调要以基础设施建设带动示范应用推进，以建设管理联动服务社会经济发展。召开了智慧城区建设工作领导小组(扩大)会议，40位领导小组成员单位的主要领导、区属集团公司的领导，四大网络运营商的负责人出席了会议，并对静安智慧城区建设的阶段性工作表示肯定，同时强调要加强培训宣传，提高全体机关干部和社会各界对"智慧城市"的共识和数字应用能力。

一年来，以信息基础设施先行为目标，加快"城市光网"、"无线城市"等信息基础设施建设，累计完成了52幢商业商务楼宇的光纤进楼宇工作，160余个居民小区的光纤网络覆盖，在主要公共服务场所和公共商务场所新建了111个无线宽带网络(WLAN)场点，普遍提升区域信息应用的服务能力。在信息化项目方面，编制完成《上海市静安区政府财力建设信息化项目实施细则》，规范信息化项目的管理流程。积极推进信息化项目建设和应用，尤其是智慧应用的重点示范项目。启动了"社会管理综合治理信息化平台"和"区市政市容监控管理平台"建设，旨在通过此类应用示范项目的实施为开局，以点带面进一步推动跨部门、跨系统间的信息共享和业务协同。此外，信息化服务民生的成效也越发显著。卫生领域信息化建设的进一步推进，基本实现了区域内卫生信息资源共享和综合利用；社会化居家养老管理服务平台(二期)建设，提高了社会化居家养老服务的效能；妇科筛查管理信息系统的运行，不仅提高了日常工作管理水平，同时也提升了服务监督的能级，已完成全区上千名妇女的受理登记工作。"上海静安"门户网站荣获了"中国政府网站优秀奖"、"第五届中国政府网站国际化程度测评"领先奖、上海市文明办优秀网站"提名网站"等多项荣誉。网站的"网上办事服务平台"也荣获了上海市政府网站优秀案例奖，其中"信息公开"栏目被《电子政务》杂志社评为精品栏目。同时，信息安全保障和监测预警能力稳步提升，应急演练、安全宣传等工作持续推进。

## 一、政务领域信息化

**【静安区智慧城区建设规划(2011—2015年)编制完成】** 智慧城市是城市信息化在当前的一个完整的、理想的、具有突破性的应用方案。静安区智慧城区建设规划(2011—2015年)是依据《上海市国民经济和社会发展第十二个五年规划纲要(2011—2015年)》、《上海市国民经济和社会信息化发展十二五规划》、《上海市推进"智慧城市"建设三年行动计划》(讨论稿)、《静安区国民经济和社会发展第十二个五年规划纲要》、《静安区国民经济和社会信息化十二五规划》等相关要求编制而成，并与区相关部门的"十二五"专项规划做了衔接。根据《上海市推进"智慧城市"建设三年行动计划》(讨论稿)提出的四个体系和三个阶段，规划重点在本区的信息基础设施建设和智慧应用两大方面。考虑到市、区两级政府工作定位的不同，其中，信息基础设施建设中包含了信息安全的相关内容，智慧应用包括智慧商务、智慧政务和智慧社务，涵盖了新一代信息技术产业发展的内容。同时，结合对静安区"十一五"期间信息化工作的总结和存在的问题，打破信息孤岛、实现资源共享是当前建设"智慧城市"系统工程中最基础、最重要的环节，也是静安区在"十二五"经济与社会信息化发展中必须突破的瓶颈，规划为此从顶层设计的角度提出了一些对策和措施。

【召开静安区智慧城区建设工作领导小组(扩大)会】 2011年9月15日,静安区召开智慧城区建设工作领导小组(扩大)会,会议由区智慧城区建设工作领导小组常务副组长、副区长朱成钢主持,副区长方世忠作了重要讲话。近40个领导小组成员单位的主要领导、区属集团公司的领导、四大网络运营商的负责人出席了会议。会上,区智慧城区建设工作领导小组办公室主任、区科委(信息委)主任严俊瑛介绍了《静安区智慧城区建设规划(2011—2015)》的整体框架、主要目标和重点任务,汇报了静安区信息基础设施建设的进展情况。区综治办、区卫生局、区九百集团、中国电信上海西区局作了交流发言。区智慧城区建设工作领导小组组长、副区长方世忠充分肯定了近阶段智慧城区建设方面取得的进展,指出智慧城区必须以集约建设、资源共享、多方参与为前提,避免新的"信息孤岛"和重复建设,同时强调要加强培训宣传,提高全体机关干部和社会各界对"智慧城市"的共识和数字应用能力。希望各职能部门和社会各界积极参与到静安智慧城区建设中来,以"智慧商务港"建设助推静安经济的进一步发展,以"智慧社务"建设来提升和谐静安的品质,以"智慧政务"建设促进行政效能的提高,从而实现"一港四区"的发展目标。

【"上海静安"门户网站应用显实效】 2011年"上海静安"门户网站首页日均访问量为4 334人次,同比增长36%,页面日均访问量为113 907人次,同比增长33%。全年发布经济、文化和服务等信息24 899条,同比增长14%;行政审批事项网上实现比例由原先的80.3%上升至91%,其他办事事项网上实现比例由原先的54%上升至65%。网站获得了"2011年全国区县政府网站绩效评估上海第1位(全国第7位)"、"中国政府网站优秀奖"、"第五届中国政府网站国际化程度测评领先奖"等多项荣誉。"信息公开"栏目被评为2011年政府网站信息公开类精品栏目,"网上办事服务平台"荣获上海市政府网站优秀案例奖。

【完成"上海静安"门户网站后台管理平台整体升级】 针对"上海静安"门户网站后台管理平台存在的不足,进行了功能和性能的整体升级。新增了网站应用管理平台,重建了网上办事子系统和信访咨询子系统,升级了信息管理发布子系统,并对各子系统进行独立部署,实现应用和数据上的相对独立,妥善解决原系统响应速度慢、数据交互不稳等遗留问题。网站后台整体功能得到拓展、性能显著提升,为今后网站前台功能的不断提升,提供了扩展空间和技术准备。

【实施"上海静安"门户网站全网信息无障碍改造】 "上海静安"门户网站进行了全站各版本的信息无障碍改造,实现了全站的无障碍浏览,确保视障人士浏览网站的可用性和便捷性;设置了良好的无障碍导航机制,采用网站地图、导航键、全文检索等流行的检索定位功能,使用户能够快速获取所需要的服务;制定了静安区政府网站无障碍标准,作为日后静安区网站群建设及维护的依据。通过信息无障碍改造,"上海静安"门户网站满足了色盲、弱视、盲人和老年人等人群对网站访问的特殊性要求,做到网站所有内容可访问并且方便访问,提高了网站的可用性,有效拓展了网站的用户群。

【建设"上海静安"门户网站外文版管理系统】 为规范"上海静安"门户网站外文版内容管理、拓展内容渠道,静安区建设了外文版管理系统,从维护、翻译、审核到发布等各个环节对网站英、日、法等多语种外文版内容实行信息化管理,同时实现了与网站信息发布系统的交互关联,有效提高了外文版管理工作的质量和效率,为外籍人士提供更好更多的服务。

【提升"上海静安"门户网站安全保障能力】 依托HA(双机集群系统High Available,简称HA)、磁盘阵列等信息技术,在保持网站原有"冗余备份"理念(即相关服务器数据同步,不同服务器数据互备)的基础上,加强了网站"增量备份"的能力和对备份时间节点的控制,优化了网站数据备份机制,提高了备份数据恢复速度。另外,通过增设本地集中和异地备份服务器,实现了对静安门户网站所有服务器数据和系统的本地和异地备份,提升网站容灾恢复能力,实现了门户网站系统的高可用性,最终达到网站7×24小时业务不中断。

【组建"上海静安"门户网站"啄木鸟"队伍】 为推动"上海静安"门户网站的建设和发展,及时发现人民群众所反映的最突出、最强烈的问题和日常关注的热点信息,努力提高为民服务水平,经区门户网站工作联席会议审议通过,建立了"上海静安"门户网站社会监督员队伍,对区门户网站(中文版、外文版及手机版)和部门子网站的信息时效性、内容准确性、服务可用性、链接有效性等方面进行监督检查。同时,制定了《"上海静安"门户网站社会监督员管理办法》,形成了《"上海静安"门户网站社会监督员网站监督意见单》和《"上海静安"门户网站社会监督员监督意见处理单》,有效规范了监督意见处理流程。

【建立“聚焦静安十二五”专栏】 2011年是“十二五”规划开局年，“上海静安”门户网站以文字、图片和视频等多种形式，全面回顾静安“十一五”成果，展现并深度解读静安“十二五”规划。通过“五年回眸，成绩斐然”，介绍了静安在“十一五”期间，民生、经济以及城市建设和管理等方面取得的成绩；通过静安南京路福布斯论坛、“十二五”规划研讨、国资国企改革发展研讨等专场研讨视频，展现了静安全区各部门“群策群力，共谋发展”的巨大决心；以“段落式”方式对静安“十二五”规划全文通篇展现，并结合区委对“十二五”规划的建议和各部门一把手对规划的说明，进一步深度介绍和解读了规划的重要内涵。

【建立“纪念建党九十周年”专栏】 结合静安区建党90周年相关活动、静安区红色文化和历史遗迹，以及各类党的历史知识，“上海静安”门户网站开设了“纪念建党九十周年”专栏，并成为静安区建党90周年工作的网上宣传互动平台。专栏在内容设计上，层次清晰、重点突出，包括活动快报、中共二大会址、历史遗迹虚拟游和纪念建党90周年电子杂志等十个栏目，内容丰富；在形式设计上，形式多样、丰富生动，专栏采用文字、图片、视频、红色景点虚拟游、电子杂志和竞赛答题等各类形式，有效吸引用户积极参与；在页面设计上，注重突出党建特色，兼顾静安历史文化，并充分考虑用户的使用性，区块清晰、导航明了，便于用户访问。

# 二、社会领域信息化

【继续推进社会保障卡各项工作】 按照市社保中心要求，组织开展了2011届小学毕业班学生学籍卡照片预采集工作及2011年学籍卡申领工作。继续做好5个街道社保卡申领、补换和发放工作，全区5个街道共完成社保卡申领9 141份，补换卡网点完成社保卡补、换卡19 147份。

【社会化居家养老管理服务平台(二期)建成并运行】 社会化居家养老管理服务平台(二期)整合各方资源，构建“保基本，全覆盖”的社会化居家养老服务体系，实现养老服务全过程的信息化管理，形成覆盖全区的社会化养老服务信息管理网络，实现“科技，让居家养老更便捷”，以提高社会化居家养老服务的效能为目标，在一期两个街道试点的基础上进行深化扩展，形成以“乐龄卡”为服务手段，内容涵盖“十助服务”，服务范围扩大到全区5个街道49个服务机构的信息化居家养老服务网络。完成了系统软件开发，包括乐龄一卡通子系统、业务综合处理子系统、综合统计分析子系统、社会化居家养老门户系统，整合了居家养老相关业务资源。平台已对参与居家养老9 590人、享受政府补贴1 890人的信息进行管理。对49个服务机构的1 400多名服务人员进行信息管理和日常工作安排，发放乐龄卡6 700多张。

【区妇科筛查管理信息系统通过验收并投入运行】 为促进妇科筛查工作的规范化、常态化，区妇联建设完成了妇科筛查管理信息系统，实现了申请、审核、预约、筛查、回复和查询的全过程信息化管理。通过妇科筛查管理信息系统的建设和应用，可以简化妇科筛查流程，实现对妇科筛查各类信息的管理和监控，不仅提高了日常工作的管理水平，而且也提升了服务监督的能级。妇科筛查管理信息系统运行稳定，维护历史数据15 000余条，为全区6 000余名妇女办理了受理登记，其中4 000余名妇女已参加了妇科筛查。

【积极推进卫生领域信息化建设】 按照统一规范标准的信息化建设要求，静安区属医疗卫生单位的光纤网络铺设基本完成，区属医疗机构内部信息系统基本建成，包括自助挂号、诊疗、检查检验、影像系统、公共卫生等，进一步提高了医疗机构的运行效率。基本实现区域内卫生信息资源共享与综合利用，医生可在就诊时调阅病人在静安其他区属医疗机构和申康所辖三级医院的就诊记录，打破了公共卫生和诊疗活动各自为政的局面，使得卫生信息的采集和利用更加有效率。此外，“医学影像信息系统”已经在五家社区卫生服务中心和华山分院之间开展运用，在静安区五家社区卫生服务中心所拍的片子100%可以及时得到区中心医院华山分院专家的复核，大大提高了诊断质量。同时，经初步诊断，如病人的病情需要进一步检查时，社区医生可通过这一系统当场为病人预约中心医院计算机断层扫描或磁共振等进一步的检查，确定就诊时间可精确到1小时之内，大大缩短了病人的等候时间。

# 三、经济领域信息化

**【完成内资企业网上并联审批系统建设】** 网上并联审批工作依据上海市行政审批制度改革的目标和步骤，以促进跨部门的行政审批业务协同为重点，依托全市电子政务建设资源，逐步实现全市行政审批事项的网上管理和服务。静安区由区审改办牵头，区工商局、区商务委、区建交委、区规土局等负责相关领域的项目，区科信委负责技术支撑，全面开展了此项工作，并于2011年完成内资企业网上并联审批系统的建设和试用。

# 四、城市建设管理领域信息化

**【社会管理综合治理信息化系统建设全面开展】** 社会管理综合治理信息化是静安区"智慧城区"建设的重要组成部分，是静安区"智慧城区"中"智慧政务"的主要分系统，是推进社会管理创新的关键环节，是解决现有瓶颈问题的重要抓手，也是提升静安综治成效的有效载体。系统围绕如何对社会管理基层基础信息，实现"跨行整合、全面覆盖、动态掌控、数据共享、自主服务"；如何对区综治成员单位日常落实综治工作情况，实现"动态监测、实时督导、科学考评"；如何对"跨界"事件（问题），实现"综合协调、联勤联动、末端跟踪"；如何对社会治安形势、信访维稳形势、网络舆情等社情民意，实现"定期分析研判、提供预警信息、辅助科学决策"；如何应对突发公共事件，实现"应急指挥、综合调度、有效处置"等5个综合治理工作长远发展的瓶颈问题展开。2011年，该系统建设已完成立项和招标工作。

**【启动市容管理指挥中心系统建设】** 城区环境管理是智慧公共服务社会管理中的组成内容之一。为改变现有的城区管理模式中的诸如城市管理体制不合理、信息传递不及时、管理法规不够健全、管理缺乏权威、受人为因素影响大等弊端，静安区启动市容管理指挥中心系统建设，旨在依托现有的13个职能部门、5个街道办事处业务职责界定和联席会议统调的运行机制，以"大平台、大屏幕、大范围、大提高"的思路，整合城市应急联动系统、城市网格化管理系统和12319热线等市政管理资源，构建一个面向全区的市政市容管理指挥平台，达到"全区覆盖、指挥便捷、处置快速、效率优先"的效果。主要建设内容包括市政市容监管信息系统应用软件开发信息系统硬件设备购置、信息系统集成、指挥中心场地装修及配套设备购置等。

# 五、信息产业发展

**【全面做好软件认定企业年审工作】** 全面掌握静安区认定软件企业和软件认定企业产品情况，有38家软件认定企业初审合格，软件认定产品114个，与2010年相比，新增8家软件认定企业，新增13个软件认定产品。

# 六、信息基础设施建设

**【加强与运营商合作】** 分别与上海电信、上海移动、上海联通等各大电信运营商签订战略合作框架协议，明确信息基础设施建设目标和建设任务，促进其资源向静安区倾斜。

**【制定建设方案】** 制订《信息化基础设施建设2011年工作方案》，确定光网进商务楼、光网进居民区和WLAN热点建设的具体目标。

**【梳理基础设施建设现状】** 梳理区内商务楼宇和居民小区的数量及光网建设情况。根据市经济信息化委的要求，梳理区内无线局域网（WLAN）建设情况，形成区内8大类25个小类共239个公共服务场所的无线局域网（WLAN）建设情况表。

**【推进协调工作】** 在静安区智慧城市建设工作领导小组的统一领导下，成立信息基础设施建设工作小组，就推进中遇到的问题，召开社区和居委会工作协调会，与房管局、规土局等部门沟通，并多次到商务楼调研，共同推进城市光网进居民区和商务楼宇光纤到楼层工作。

**【建设情况】** 2011年完成了52幢商业商务楼宇的光纤进楼宇工作，完成了160余个居民小区的光纤网络覆盖，在主要公共服务场所和公共商务场所新建了111个无线宽带网络（WLAN）场点，完成静安区有线电视数字化整体转换用户8.5万户，转换工作基本完成。实现全区商业商务楼宇光纤网络覆盖98%，居民小区光纤网络覆盖76%，无线热点500余个。

**【静安区中心机房建设前期工作】** 完成中心机房建设项目科研报告暨项目书的编制，并报发改委审核立项。完成中心机房建设项目——光缆铺设工程的招投标，制定光缆铺设方案。完成机房装修工程设计方案，装修工程完成招标。

# 七、信息化环境建设

**【持续开展全区信息化项目的指导管理和服务工作】** 积极探索信息化项目管理的新机制、新方法。依据《静安区政府财力建设项目管理暂行办法》（区府发2011[19]号），积极探索信息化项目管理的新机制、新方法，进一步梳理信息化项目管理流程，结合科创项目管理办法，完善信息化项目管理细则，编制完成《上海市静安区政府财力建设信息化项目实施细则》（静信息委2011[4]号）；做好重点领域信息化项目建设的跟踪服务工作，深入推进区域卫生管理、居家养老、社会管理三大重点领域的信息化建设，协调解决建设过程中的技术问题，有效推进项目建设，区居家养老社会化居家养老管理服务平台（二期）已经建成并运行，区社会管理综合治理信息化系统进入了全面实施建设阶段；积极探索信息化项目管理的新方法，组织“静安区信息化项目管理系统”的试用工作，有计划地录入历年信息化项目相关信息。

**【积极落实推进使用正版软件工作】** 根据《上海市人民政府办公厅关于本市贯彻国务院办公厅文件加强政府机关使用正版软件工作的通知》（沪府办〔2011〕9号文）的要求，静安区积极推进政府机关带头使用正版软件，明确了推进该项工作的组织机制；调查排摸了静安区行政机关正版软件使用基本情况，对区政府各委、办、局和街道办事处开展正版软件自查工作；按照自查结果，落实完成正版软件的政府采购工作，建立健全正版软件采购和资产管理制度，全面推进全区各部门使用正版软件工作。

**【完成公务网分级保护方案的制订和专家评审工作】** 因新建区中心机房公务网网络结构发生变化，在与保密局、机要局等部门进行多次讨论的基础上，重新制订并申报了区公务网分级保护方案，并于2011年7月通过市保密局专家的评审。

**【信息安全保障和监测预警能力稳步提升】** 下发《关于做好迎接建党九十周年信息安全保障工作的通知》，确保“七一”建党节期间区内重要网络和系统的信息安全。针对常德路370号机房的安全问题，制定《过渡期间常德路机房安全运行监控方案》，加强监控频率。

**【完善应急预案，开展应急演练】** 制订机房应急演练初步设想和机房消防应急演练方案，讨论完善武宁路机房消防应急演练方案，于2011年10月28日在区建交委组织下完成了多个部门参加的消防模拟应急演练。

**【开展信息安全宣传】** 2011年10月14日，与石门二路街道共同举办了“信息安全保障智慧城市——信息安全进您家”社区宣传活动，通过三场信息安全讲座和现场咨询等形式，向社区居民宣传和普及各种信息安全知识，提高安全意识。

**【加强区内信息技术安全监管工作】** 分两次部署诺顿新版杀毒软件（服务端、客户端），安排部署新版网络诺顿软件。启用应用监控软件，实现对区内重要应用系统的实时监控。部署政府信息系统安全检查综合管理软件。

【做好信息化管理员队伍建设工作】 先后召开两次全区信息化管理员会议，主要内容包括：部署和总结全年信息化工作，通报全区信息化安全情况；组织门户网站、信息安全等方面的相关培训。

【完成《静安区居民信息化指标调查报告》】 为准确反映和全面了解静安区居民信息化发展情况，为区域信息化发展提供决策支持，制定了《静安区居民信息化指标调查实施方案》，包括项目背景及研究目的、研究思路与研究内容、研究方法、入户访问形式和质量控制细则等方面。设计问卷调查，包括背景、信息化产品拥有及使用状况、信息消费支出等方面，并对静安区801户居民开展了入户调查工作，最终形成《静安区居民信息化指标调查报告》。2010年全区约88.3%的家庭拥有计算机，互联网用户普及率达到81.5%，固话拥有量保持稳定，手机拥有量稳步提高，IPTV、数字电视用户数翻倍增长，家庭娱乐设备拥有量较高，家庭信息消费支出增长明显。

【完成信息化培训计划】 继续与区老年基金会联合开展"乐龄五彩星期四——上网冲浪"培训活动。培训内容紧贴迎世博宣传，以丰富静安区老年人精神文化生活、让更多的老年人掌握电脑和网络知识为目的。专门设计了培训方案，明确了培训课程、培训场地和师资等，同时结合最新技术，开展互联网应用和数码技术的推广活动。春季班和秋季班共培训全区老人2 000余人次。

## 八、社会诚信体系建设

【推进诚信建设】 积极开展社会诚信创建活动，开展诚信建设的日常性宣传、集中性宣传和主题宣传，努力发挥社会诚信创建活动对社会诚信体系建设深入发展的引导和促进作用。以不断扩大诚信档案覆盖率为重点，提高静安区南京路商业企业诚信档案覆盖率，深化在经济、社会管理等环节的信用制度建设，推进信用信息依法主动公开。深化政府信息公开工作，拓展信息公开的深度和广度，进一步规范政府信息公开行为，提高行政透明度。

（吴舒亮）

# 第十一章 宝山区信息化建设

## 概 述

2011年，宝山区信息化工作围绕“十二五”规划落地和描绘“智慧宝山”蓝图，着力推进信息化建设和应用、信息化与工业化“两化融合”发展、信息安全保障等重点工作，基本形成了“智慧宝山”总体框架，通信网络综合承载能力继续提升，重点项目建设和应用顺利推进，“两化融合”实践区建设有序开展，信息安全保障体系不断完善，社会诚信体系建设重点突出，年度各项任务圆满完成。

2011年，宝山区荣获“2011中国城市信息化管理创新奖”。宝山区经信委被《上海信息化》杂志社及《上海信息化年鉴》编辑部评为2011年度上海信息化年鉴出版工作先进集体，被上海市无线电管理局评为2011年度区县无线电管理试点工作先进单位。

## 一、政务领域信息化

**【宝山区财政局数据存储系统通过验收】** 2011年4月8日，由宝山区经信委主持的宝山区财政局数据存储系统通过专家验收。本次项目完成了对宝山区财政局国库集中收付系统的硬件升级以及系统和数据的迁移。作为宝山区金财工程的重要信息系统，宝山区财政国库集中收付系统覆盖全区200多个区一级和二级财政预算单位，实现了各单位的“零余额”账户管理和“收支两条线”管理。在改造前，系统已经在宝山区上线运行了近六年时间，面临硬件老化、数据安全隐患等问题。本次硬件改造采用两台IBM小型机和磁盘阵列，实现数据存储和服务器双机热备，较好地保障了系统稳定运行和数据安全。

**【宝山区“十一五”信息化发展成果汇编完成】** 2011年4月25日，宝山区经信委启动“十一五”信息化发展成果汇编工作，汇编内容主要涉及2006年以来宝山区信息化在政务管理、城市管理、社会服务、经济发展、信息基础设施、信息安全保障、企业信息化等方面的建设和应用成果，总结、挖掘和提炼信息化“融合、整合和提升”的工作方法和经验。2011年年底完成了编辑，参与汇编的政府机关、企事业单位共27家，收集了42篇文献。

**【宝山区档案局多媒体档案管理系统通过专家验收】** 2011年8月9日，宝山区经信委组织专家通过了对宝山区档案局多媒体档案管理系统的验收。本项目是继宝山区档案目录中心系统和宝山区电子文件归档及管理系统之后，宝山区档案工作上又一个信息化应用系统。该项目根据宝山区多媒体档案的实际应用情况，完成了馆藏多媒体档案管理及室藏多媒体档案管理两个系统的建设，实现了用信息化手段和方法，提高多媒体档案管理和利用水平，以档案信息化，带动档案工作的标准化，为宝山区社会和经济的发展提供更高效、优质服务的目标。

**【宝山区蕰藻浜航道视频监控管理系统顺利通过验收】** 2011年9月15日，宝山区召开了由宝山区建交委暨宝山区航务管理所组织的蕰藻浜航道视频监控管理系统项目建设专家验收会。与会专家组和应邀列席代表首先听取了项目建设竣工报告、系统测试报告、系统试运行(用户)报告以及项目监理意见，随后实地察看了监控中心及工作人员对系统的现场操作，审查了有关竣工文件资料并进行质询，专家组一致同意该项目通过验收。该项目完成了外场16.3公里航道20个监控摄像机、立杆以及无线传输设备的安装、吴淞站大屏显示系统的安装以及三个监控机房的建设工作，传输实现了有线和无线相结合，建成的系统图像清晰、传输流畅，满足了海事航道安全监管的需求，提高了管理效率，为本市内河水上搜救建设打下基础，具有一定的工程示范意义。

**【“宝山区支持产业发展专项资金网上申报平台”正式开通】** 2011年9月29日，“宝山区支持产业发展专项资金申报网上平台”正式上线运行，有效提高宝山区支持产业发展专项资金政策执行效率，加快形成宝山区特色产业的集聚和战略性新兴产业的培育，营造良好的产业经济发展环境。此项目是宝山区加强"调结构、转方式"支持产业发展专项资金管理的一项重要内容。通过信息系统的建设和应用，全区专项资金的执行将采取"一个平台申报、分头受理评审、联席会议会审、报区政府审批、过程网上流转"的模式，对专项资金实行全过程监督管理。系统对外服务于企业，将实现所有专项资金的网上集中申报、申报材料网上预审，减少申报企业"多头跑、多次跑"，对内服务于联席会议成员单位，记录所有项目的申报、审批经过和结果，所有的环节公开透明，实现全过程监管，杜绝同一个企业在不同的委办局重复申请资金的现象，使评审过程更加"阳光"。该项目由区发改委牵头建设。

**【宝山区政务视频会议系统建成】** 宝山区政府视频会议系统于2011年8月建成，在区级机关大楼设置主会场1个，在各街镇园区设置分会场14个。为应对视频会议突发情况，同时建成了网络视频直播系统，即使不在会议现场也可通过办公业务网实时收看会议。据统计，宝山区区级机关大楼和区委党校两个会议中心，每年召开各类会议近3 000场次。充分应用视频会议，不仅能大大降低会议成本、节约赴会时间、提高会议效率，还可扩大会议参加范围，在第一时间将上级精神传达到最基层，避免二次传达。2011年11月8日，市政府召开《上海市安全生产条例》宣传贯彻电视电话会，宝山区通过视频会议系统实现了市、区和街镇园区的同步收看。

**【宝山区积极推进党政机关软件正版化】** 2011年9月，在基本实现全区党政机关软件正版化的基础上，依照"谁主管、谁负责"、"谁使用、谁负责"的原则，全面开展本区政府机关使用的软件模查、整改和采购等各项工作。一是2006年宝山区基本实现了本区Office2003办公软件、Windows XP和防病毒软件正版化。区政府采购中心在采购计算机等相关产品时均要求预装正版操作系统。二是全面完成2011年度政府机关正版软件使用情况的摸查。根据市版权局的要求，宝山区由区经信委牵头，认真开展本区政府机关使用正版软件专项检查工作，下发了《关于开展使用正版软件专项检查的通知》，采取自查和抽查相结合的方式，对全区政府部门使用的计算机完成了正版软件使用情况的检查。三是完成了2011年度新一轮正版软件采购工作。宝山区根据检查情况，确定了采购方案，并通过政府采购方式，完成了Office2010办公软件、Windows7操作系统等正版软件的采购。

**【扎实推进网上行政审批平台建设】** 区级网上行政审批平台建设是2011年区信息化重点工作之一。区经信委会同区审改办、区企业服务中心就启动开发有关事项进行了沟通，明确了项目开发过程中各部门的工作职责和具体任务。项目对照全市统一的规范标准，确保市、区两级平台通过政务外网无缝衔接，实现了与市网上行政审批平台、市工商分局审批系统、市组织机构代码审批系统、市税务审批系统的对接及数据交换共享。实现了与区统一的身份认证、消息服务、电子签章等基础支撑平台的整合，避免了多头重复建设，体现了集约化建设的效益。同时，建立了统一的接入技术标准，规范了接入方式和数据交换接口，兼容了多种办事模式，增强了政府各部门之间业务处理和对外服务的高度协同，实现了审批事项动态的统一实时监管。12月中旬，区经信委组织了市审改办、市公众网管理中心等相关部门领导和专家以及本区相关部门，对区网上行政审批平台进行了初步验收。

**【宝山区三举措加快2011年信息化项目建设】** 截至2011年年底，宝山区19个新建信息化项目全部启动建设，视频会议系统、药品在线监控系统、社区管理信息系统等10多个信息化项目相继建成应用，在提高行政效率、降低行政成本、改善社会管理和公共服务等方面发挥重要作用。为加快信息化项目建设进度，推进全区信息化项目管理向规范化、标准化迈进，区经信委着重抓好三项举措。一是健全项目管理制度。继续完善信息化项目管理办法，优化管理流程，简化办理程序，确保信息化项目顺利、有序推进。二是加快项目建设进度。通过严格审核，限时办结，提高服务效能，缩短信息化项目建设周期，切实抓好项目建设的落实工作。三是狠抓信息化项目应用成效。通过重大项目监理和后评估机制，对项目实行跟踪服务，切实发挥信息化在城市管理、社会服务等各领域的推动作用，并不断形成信息化的规模效应、辐射效应、协同效应、倍增效应和带动效应。

# 二、社会领域信息化

**【宝山区全面建设“市民健康档案卫生信息化工程”】** 2010年上海市卫生局启动“基于市民电子健康档案的卫生信息化工程”，并选择6个区开展试点，宝山区为第一批试点区之一。该项工程以市民健康管理为核心，通过建设上海健康信息网，实现人人享有电子健康档案，使公共卫生机构、医院、社区卫生服务中心、家庭医生和居民能有效共享、利用健康信息，为市民开展自我健康管理，享有方便、高效、优质的医疗卫生服务提供信息支撑。2011年，宝山区以健康档案为主线，建立以电子病历为重点的医院管理、临床诊疗和健康档案信息一体化的管理系统，建立覆盖全区所有医疗机构的医生工作站和健康体检机构，门诊、住院、药品管理和医院检查、检验、诊疗都将实现数字化、流程化，通过区级和市级卫生信息平台，实现全市各级医疗机构之间的检验、影像和健康档案共享，完成网上转诊、转检、会诊等，使医疗卫生服务进入现代化发展阶段。

**【宝山区图书馆“借还通”系统通过专家验收】** 作为宝山区文化信息资源共享工程的重要组成部分，宝山区图书馆信息化项目“借还通”系统通过专家验收。该项目实现了宝山区图书馆、12个街镇图书馆以及下属社区分馆、新农村文化服务中心之间图书的通借通还，将图书馆延伸至读者身边，使读者能够就近借还图书，把书送到老百姓的家门口。宝山区图书馆依托信息化支撑，统一平台，规范管理，打破了各图书馆之间的物理阻隔，实现各街镇图书馆及社区图书室、农家书屋等书刊借阅场所的互联互通。此外，该项目还实现了读者在区图书馆网站的一站式登录，即可访问宝山区图书馆购买的20多个专题数据库资源以及读者空间的所有服务。通过信息化应用，进一步促进了区域内图书资源的共建共享，使广大读者充分共享全区公共图书馆80余万册藏书和近40TB数字资源。

**【宝山区征地养老工作实现信息化管理】** 2011年1月，宝山区征地养老管理信息系统经过近半年运行后，通过区经信委组织的专家验收。这标志着宝山区以信息化手段推进征地养老管理网络化、规范化、流程化取得阶段成果，切实提高了征地养老管理的水平和效率，实现了对区级集中管理的征地养老人员的信息管理以及征地养老资金的跟踪统计和分析。一是实现征地养老人员管理信息化，建立宝山区近8 000名征地养老人员数据库，实现养老人员数据统一管理；二是实现养老金管理信息化，针对养老金收入和支出情况，实现各项数据统计分析功能，自动监督反映资金发放情况；三是实现生活费、补助费发放管理信息化，实现年度、月度发放情况的自动生成、查询、统计；四是实现医疗报销管理信息化。针对日常医疗费报销需求，提供医疗费、医疗减负费等费用输入、计算、初核、复核、统计和汇总等功能。该系统自2010年7月起，在区征地养老事务管理所及各街镇征地养老经办机构使用，截至12月底，通过系统完成生活费发放46 799人次，发放各类生活费、医疗补助费、节日补助费3845.2万元，完成医疗报销操作12 501人次，发放医疗报销费用1 114.7万元。

**【“东方数字健康社区”活动在宝山区启动】** 2011年3月31日，“东方数字健康社区@上海宝山启动仪式”在宝山区罗店镇东方社区信息苑成功举办，标志着上海市首家东方数字健康社区正式启动。由东方网、宝山区卫生局、罗店镇政府、上海宝山政府门户网站、上海市社区文化信息化综合服务工程联席会议办公室等单位联合举办，由英特尔、方正科技、爱康网协助的“东方数字健康社区@上海宝山”是结合360°健康管理服务模式，通过网络信息技术，为社区居民提供全方位的个性化健康管理服务进行的有益探索，居民可以通过信息苑的电脑系统方便地进行自我健康管理，包括建立电子健康档案、实施健康与疾病评估，帮助社区居民摆脱亚健康、预防慢性病，解决就医难。另外，居民只要坐在电脑屏幕前，利用摄像头网络互动优势，就可以和知名医院的专家医生进行面对面的健康咨询，随时跟踪自己的健康状况。在启动仪式上，主办方向罗店镇困难家庭及居民捐赠了东方数字健康社区组合“就医卡＋公益卡”，开通了东方信息苑城局域网服务平台上的“东方数字健康社区”频道。

**【各路专家为社区信息化建设建言献策】** 2011年5月13日，市经济信息化委、市民政局、上海大学和华东师范大学等各领域的信息化专家集聚在一起，共同为“宝山区社区综合信息管理系统”项目建设出谋划策、建言献策。“宝山区社区综合信息管理系统”是2011年区政府实事项目之一。该系统是社区电子台账系统的深化和拓展，充分利用数据库的关联技术，实现了各类台账、报表的数据共享，从而达到提高工作效率、促进居民区工作规范化和标准化的目的。系统所实现的居委会、街镇、区政府三级管理，有利于政府各部门及时了解社区工作并加强指导，有效达到居民区“减负增效”的目标。

**【宝山区全力推进家庭医生责任制和卫生信息化工程】** 2011年5月27日，宝山区家庭医生责任制和卫生信息化工程推进会召开。市卫生局副巡视员王磐石，区政府副区长李原，区卫生局党政领导班子，区发改委、区经委、区建交委、区科委、区人口计生委、区教育局等单位分管领导，宝山区各镇、街道、城市工业园区分管领导以及区医疗卫生单位党政领导等出席会议。会议由区政府办公室副主任张丽英主持。宝山区成立了以副区长李原为组长的宝山区家庭医生责任制服务试点工作领导小组，并在各社区卫生服务中心开展家庭医生责任制试点的基础上，选择了吴淞、高镜、杨行三个社区的三个家庭医生工作室作为示范点建设。全区已初步完成医疗单位临床信息系统的建设、居民标准化电子健康档案的建设以及临床信息与健康档案的共享交互，达到市级平台对试点区要求的先期建设目标。

**【宝山区开展2011年“信息化宣传周”活动】** 2011年6月10日，宝山区信息化宣传周活动在区文化馆开幕，副区长朱永泉、市经济信息化委副巡视员施兴德为活动开幕式剪彩，区经信委主任浦志良主持活动开幕式。朱永泉在致辞中说，要按照市委、市政府要求，以构建“智慧城市”为标准，全力打造“智慧宝山”，让越来越多的市民享受到信息化带来的便捷和高效。举办这次宣传周活动，旨在推动信息化在经济社会发展各领域的广泛应用，进一步提升本区信息化的管理和应用水平。希望政府各部门、区内企业和社会各界再接再厉、乘势而上，共同开创宝山信息化工作的新局面，推动宝山城市发展上新台阶。本次宣传周活动以“智慧城市、智慧宝山，服务发展、惠及民生”为主题，主要安排了信息化应用展示、广场咨询服务、“城市光网”社区服务展、社区信息化知识讲座、百名党员参观未来信息生活体验馆、企业信息化发展论坛、信息化题材电影放映等内容。作为本次宣传周活动的重头戏，位于区文化馆二楼的“信息化应用展示”免费向市民开放。在这里，市民可通过视频和展板等形式，近距离了解“智慧城市”与“智慧宝山”、信息化与工业化融合发展成果以及“三网融合”的应用；借助参展单位提供的先进设备，还可现场体验未来信息生活的精彩。活动周共吸引了近5 000人次市民前来参观。

**【宝山区淞南镇启动安全生产短信平台】** 2011年10月22日，淞南镇安全生产短信平台正式启动。淞南镇安全管理事务所在镇分管领导的直接关心下，进行了大胆尝试，建立了淞南镇安全信息平台。该信息平台将淞南地区各企事业单位、学校、居委、物业公司等单位的主要领导、安全负责人乃至一线作业工人的手机都统一纳入信息平台。通过信息平台，利用短信群发功能，镇安全管理事务所及时将相关安全生产、消防安全方面的信息和工作要求，发送到各单位责任人，落实安全工作。不定期地将相关具有行业特点、影响较大的事故案例发送给相关负责人，强化企业安全意识。在节庆假日、防台防汛、高温雨雪等特殊时段，发送节日安全提示和慰问短信，给企业安全提示。同时，通过这个信息平台，个人或单位可以及时将发现的各类安全、消防隐患上报镇安全管理事务所，防患于未然。

**【宝山区发挥网格平台优势，有效提升城市环境面貌】** 2011年，宝山区网格化管理中心积极探索深化完善网格化管理机制，不断强化问题发现手段，提高案件处置率，及时、有效解决市容环境难题顽症，进一步提升了区域市容环境面貌。加强联动对接，有效化解居民诉求和突发事件。加强与市级平台联动，梳理市属与区属行业的管理界限，减少扯皮，填补管理盲点，实现区域内管理的全覆盖。同时，加强与区市容、城管、绿化、水务、市政、公路、房地、公安和街镇的职能单位联动，发挥各自优势，加大对道路的巡查发现力度，切实解决老百姓关注的问题。明确管理责任，确保网格案件处置质量。根据夏令时节的特点，网格中心加强与绿化市容和城管等单位互动，对夏令瓜果经营临时设置点、早晚时段点心摊和小商品经营疏导点等进一步明确管理责任，落实处置责任，加快处置速度，提升处置实效。同时，中心坚持“专人受理、专线派遣、专口反馈”负责制，做到投诉“件件有落实，事事有回复”，确保了案件处置质量。城管网格联手，有效提升城市环境面貌。网格中心与城管大队联手，对全区325条道路中涉及网格化管理的24条示范创建道路、48条一类道路、171条二类道路实行差别化管理，制定整治方案和措施，从源头上控制，主动把问题解决在老百姓开口和媒体曝光之前，防止问题反复。全年结案率达到99.8%。

**【宝山区辐射安全管控、预警及应急系统正式启动】** 2011年10月正式启动宝山区辐射安全管控、预警及应急系统开发。该系统作为2011年上海市新兴信息技术创新应用试点示范项目，获得上海市信息化发展专项资金的资助。宝山区辐射安全管控、预警及应急系统依托已建成的宝山环保局信息化平台，运用物联网三层架构，采用RFID自动识别技术、射线强度在线监测技术、GPS全球定位等先进技术，使用无线网络获取区内放射性危险源的相关信息，使辐射监控人员可以及时掌握区域内放射性危险源情况，达到辐射安全监管监控目的。该系统拟进行辐射安全监管工作全业务覆盖，对宝山区内放射性危险源进行全程跟踪、实时管控，实现放射性危险源全生命周期的管理，保障放射性危险源的安全性，促进辐射监管工作科学化、规范化和标准化。同时，宝山区辐射安全管控、预警及应急系统作为物联网在环保行业的一个应用实例，不仅对环境保护领域的技术水平、管理手段提升有推动作用，而且对信息化工作的推进也具有重大意义。

**【宝山区新农合实时结算系统惠及广大农民】** 2011年11月，宝山区新农合实时结算系统全面建成应用，解决了农民以前看病需全额垫支医药费用的难题。农民就医通过新农合实时结算实报实销。本区所有村卫生室接入区卫生专网，建立了全区统一的新农合医疗信息系统和区新农合实时结算平台，实现区内10个社区卫生服务中心、89所村卫生室诊疗收费系统与新农合信息系统的网上实时结算。据统计，宝山区参加合作医疗的农民，在社区卫生服务中心、村卫生室门诊病人就诊人次占总门诊人次70%以上。截至2011年11月底，农民享受社区卫生服务中心实时结算96 456人次、享受村卫生室实时结算251 412人次。实时结算极大方便了参合农民的就医。利用网络的互联互通和信息共享，实现了传统合作医疗结算模式的改革。参合农民在区内定点医疗机构就医时，能即时享受到宝山区新农合政策的便捷性，切实减轻了病人全额垫支大额医药费用的负担，使政府实时结算的惠民利民措施深入人心。同时，通过实时结算系统的应用，减轻了新农合经办机构人员工作压力，工作效率大大提高，进一步改进了各镇经办机构人工录入发票审核结算数据滞后性的问题，缩短了区级新农合中心信息处理的时间差，及时动态地反映了基金的运作情况和参合人员的基金使用率，为领导的决策和合理科学估算基金筹资、盈亏预测打下了基础。

**【宝山区来沪人员就业管理信息系统通过验收】** 2011年12月，区人保局和区经信委共同召开了“宝山区来沪人员就业管理信息系统”项目验收会。相关专家、监理、项目建设、区经信委等单位的项目负责人和区人保局有关负责同志出席会议。宝山区来沪人员就业管理信息系统在宝山区来沪人员就业服务工作方面，发挥了极为重要的作用，实现了信息共享和数据抽取转换等功能，其基础性的信息数据工程具有可实施性强、可协调性强的特点，解决了实际业务中经办流程不统一、业务交叉所产生的矛盾。其中，短信服务平台、就业跟踪服务、岗位自动匹配等功能获得了来沪人员的青睐。下一步，区人保局将根据各位专家评审的建议，针对系统的可操作性和服务功能，加强调研，分析可行性，逐步完善系统，力争在系统应用方面取得新突破，为来沪人员提供更多的求职渠道和就业机会。

**【上海市老年基金会宝山区分会将开展“圆梦心桥——用手指与世界交流”援助项目】** 2011年12月16日，上海市老年基金会宝山区分会召开专题会议，研究启动“圆梦心桥——用手指与世界交流”援助项目。区分会会长张培正，区民政局副局长、区分会副会长李瑞发等领导出席会议。由于盲人无法用眼睛看世界、用眼睛学习知识，也使他们无法同普通人一样进行电脑操作和上网冲浪，因此，自2007年起，区残联根据视障残疾人的要求，陆续开设了三期计算机操作盲用级培训班，教会盲人通过使用专业的盲用软件，学会电脑操作。但由于大部分盲人是低保、低收入群体，一般家中很少有电脑，因此为了让参加培训后的盲人能够真正通过电脑、利用互联网等现代化信息技术与外界进行沟通，为他们提供一个无障碍沟通交流的社会环境，提升他们的生活质量，经区分会与区残联、区慈善基金会协商研究后，决定从2012年开始，向参加并完成宝山区计算机操作盲用级培训班学习的老年学员免费赠送一台电脑，并配备必要的小音箱和耳机，由区残联提供相应的盲用软件。该项目已列入区分会2012年度工作计划，并作为重点创新项目长期实施。

**【拓展网站功能，提升网站运行水平】** 宝山区政府门户网站通过建设电子政务应用系统和信息技术的应用，加快政府门户网站发展，提升网站运行工作水平。建成信息采编发布系统，政务信息实时更新；建成政务信息报送及交流管理平台，是政府各部门、街道、镇向政府门户网站提供外宣信息的交互管理平台，有效整合政府各部门信息，丰富网站信息，降低了政府各部门对外公开政务信息的成本；建成网站全文检索系统，方便公众、企业在宝山政府门户网站上查询信息资料；建成监督评议系统，让公众参与网上民意调查、行风评议；建成网上信访办理系统，实现网上信访从递交、受理、办理到反馈"一网式"服务；建成网上办事系统，对企业、市民分类办事，实现办事指南、网上申报、表格下载、办事状态查询，办事结果反馈"一站式"办事流程；建成信息安全系统，对边界安全、入侵监测、网站保护、防病毒、系统备份与恢复等进行安全保护，确保了政府门户网站的信息安全和各系统正常运行，成为上海市首批通过A级信息安全认证的政府网站；开通手机信息平台，定期发布手机报，使网上的信息与手机用户互动，提升网站信息应用价值。

**【药品在线实时监控系统成为市民用药安全的"网络卫士"】** 宝山区药品在线实时监控系统集药械查询系统、假劣药械信息自动识别报警系统、处方药指纹认证销售系统、药师在岗情况监管系统、药店温湿度环境监测系统于一体，使市民和政府监管部门能够实时、动态地掌握辖区内药品和医疗器械的分布情况、保存条件、规范销售情况、药学服务情况等信息，并承担及时应对和处理药品、医疗器械突发事件平台的功能，以便进一步提高政府监管部门的工作效率，更好地为市民提供安全、有效的药品和医疗器械服务，确保市民用药用械质量安全和身体健康。截至2011年年底，通过系统可查询全区近250家药店、药品批发企业的药品经营管理情况。药品在线实时监控系统被列为2011年度区政府实事项目。

# 三、经济领域信息化

**【市经济信息化委调研宝山区"两化融合"工作】** 2011年4月15日，市经济信息化委信息化推进处处长周正曙、副处长石伯明一行四人来宝山区调研信息化与工业化融合工作。区经委党委书记、信息委主任浦志良介绍了宝山区推进"两化融合"实践区已取得的成效和2011年推进"两化融合"六项重点工作。市经济信息化委信息化推进处处长周正曙表示，宝山区推进"两化融合"实践区在开局之年立足基础、着眼长远，做了大量卓有成效的工作，取得明显成效。下一步，希望市、区联合，共同推进信息化与工业化深度融合，聚焦信息化促进区域工业节能、培育信息化典型示范企业、加强对企业信息化的宣传引导等重点工作，形成推进"两化融合"的良好氛围。

**【"两化融合"实践区建设有序开展】** 宝山区积极探索符合区域实际的"两化融合"发展路径，助推产业转型升级，做法和成效得到市经济信息化委的充分肯定。一是与交大、同济等高校合作，积极开展"政府、企业、社会利用信息技术促进节能减排的具体实施路径和方法"课题研究。承办了上海市"两化融合"促进节能减排高级研讨会。二是与市互联网经济咨询中心等单位合作，完成本区200家企业信息化调研，形成2010年区域"两化融合"发展水平评估报告。三是大力推进企业信息化，积极培育信息化典型示范企业。分批完成300名企业信息化人才培训，并挖掘形成了30个"两化融合"项目构成的储备库。信息化在促进企业技术创新、管理创新和转型发展等方面的效益逐步显现，华润雪花啤酒能源计量信息管理等4个项目获得市"两化融合"专项资金支持，东方泵业集团、中冶赛迪工程技术公司被评为上海市中小企业信息化应用示范企业。四是完成中小企业公共信息服务平台课题研究。着眼未来发展和企业需求，推动"一个政府、多个部门"的管理模式向以信息化为支撑的"多个部门、一个政府"的服务模式转变，提出了服务中小企业全生命周期的平台建设思路。

**【宝山区经信委调研企业应用信息技术促进节能减排工作】** 2011年3月21日，区经信委会同同济大学CIMS（计算机集成制造系统 Computer Integrated Manufacturing System，简称CIMS）研究中心到华润雪花啤酒（上海）有限公司、上海景峰制药有限公司进行调研。在参观完企业的生产车间后，企业相关负责人介绍了企业的生产过程、使用的主要能源、能源消耗状况和现阶段节能管理等情况。同济大学专家结合节能减排成功案例，对利用信息化实现能耗监控、能效评估、节能潜力分析、能源综合优化等内容做了详细介绍。两家企业对利用信息技术促进企业节能减排表示出了很大兴趣。结合企业的实际能源消耗和管理需求，与企业共同探讨利用信息技术促进节能减排的途径，提出针对性建议。

**【宝山启动信息化促进区域节能减排研究】** 作为上海市信息化与工业化融合实践区建设的一项重要内容，宝山区信息化促进区域节能减排课题研究于2011年2

月17日启动。合作单位同济大学"两化融合"CIMS研究中心专家介绍了信息化促进节能减排理论研究的前沿成果，并结合本市企业信息化促进节能减排的成功案例，对利用信息化促进能耗监控、能效评估、节能潜力分析、能源综合优化等关键技术做了介绍。信息化促进节能减排具有良好的发展前景和实际需求，希望通过政府和高校的共同努力，形成政府、企业、社会利用信息技术促进节能减排的具体实施路径和方法，并提出切实可行的对策和建议，为引导和帮助行业、企业节能减排开辟新途径。

**【宝山区信息化促进节能减排课题研究取得阶段成果】** 2011年8月19日，宝山区经信委召开《信息技术促进区域性节能减排实施路径、机制与方法研究》课题阶段成果咨询会，听取市经济信息化委、上海交通大学、同济大学、区发展改革委、区环保局等单位的意见，广纳良策、集思广益，以便进一步完善课题研究成果。节能减排是本区"十二五"期间的一项重要任务，信息化是促进节能减排的重要举措和有效途径。该课题从宝山区工业发展与节能减排要求、信息技术与节能减排关联性分析、信息技术促进区域节能减排的总体实施路径、配套政策体系、关键阶段与标志性指标等六个方面进行了研究。与会专家和领导对课题研究阶段成果给予了肯定，并提出了很多好建议。区经信委立足本区实际，进一步加强调研、梳理需求，突出重点、深入研究，使课题研究成果更具有针对性和可操作性。

**【上海市"两化融合"促进节能减排高级研讨会在宝山区举行】** 为落实国家信息化与工业化深度融合战略，加快推进"两化融合"在促进节能减排中的应用，广泛交流先进经验、搭建合作平台，上海市"两化融合"促进节能减排高级研讨会于2011年9月9日在宝山举行。本次研讨会由市经济信息化委、宝山区政府联合主办，市"两化融合"研究中心(同济大学)、宝山区经信委承办。市、区政府相关部门、本市推进"两化融合"实践区以及高校研究机构、重点企业代表80多人参加了会议。宝山区副区长朱永泉表示，宝山区作为全市首批试点的"两化融合"实践区，已经并正在充分利用信息化手段提升节能减排技术水平。下阶段，将以信息化为支撑，不断优化重点行业和企业的运转流程，创新政府部门管理模式，积极探索"两化融合"促进节能减排的有效途径，努力增强区域可持续发展能力。

研讨会上，市经济信息化委节能与综合利用处处长原清海介绍了《上海市节能减排的形势与任务》，区经信委主任浦志良在研讨会上做了《"两化融合"促进区域节能减排实施路径》的主题发言，同济大学"两化融合"研究中心主任王坚做了《两化融合——生产制造过程节能减排助推器》的主题发言。随后，来自中国商飞发展、宝信软件、上海电气重工集团的领导就"两化融合"助推民用飞机生产制造环节节能减排、从传统制造走向能源约束型制造、能源密集型制造企业节能减排等话题做了交流发言。通过研讨会，与会人员对当前"两化融合"促进节能减排工作的形势任务、工作要点和难点以及实施中的关键技术进行了深入研讨，形成了广泛共识。

**【宝山区推进中小企业公共平台建设】** 2011年6月14日，宝山区举办了"推进中小企业公共平台建设、促进中小企业发展专题培训会"。上海市促进中小企业发展协调办公室负责人宗媛就公共服务平台的概念、分类、建设的原则和目标进行了介绍，并对中小企业公共服务平台应具备功能、建设要求、国家和上海市政府对公共服务平台建设的政策扶持政策进行了解读，对申报中小企业公共服务示范平台认定的要求和程序进行了辅导。推进宝山区中小企业公共平台建设已列入宝山区2011年中小企业服务的重点工作，以解决宝山区中小企业共性需求为平台建设的重点。平台的建设目标为：计划用2～3年时间，建立、培育、完善20余家宝山区中小企业公共服务平台；重点建设5～10家运作规范、支撑力强、服务面广、业绩突出、信誉良好、公信度高的宝山区中小企业公共服务示范平台，形成信息畅通、功能完善、供需对接便捷的公共服务平台网络，为宝山区中小企业提供找得着、用得起、有保证的服务。全区40多家企业、街镇(园区)代表参加了本次培训。培训取得了良好反响，对推动宝山区社会化公共服务平台建设、加快宝山区结构调整工作起到了积极作用。

**【宝山区举办信息化与企业发展论坛】** 2011年6月16日，宝山区举办"信息化与企业发展"论坛，共同探讨企业信息化发展好的做法、经验和模式，为推进信息化与工业化深度融合提供科学理论和现实依据。市经济信息化委、市网络化制造与企业信息化重点实验室、区经信委和多个信息技术企业的专家汇聚一起，集思广益、共商发展。论坛上，上海中国弹簧制造、华润雪花啤酒、杰盛无线通讯、上海国冶工程技术等企业现身说法，结合企业自身发展，畅谈信息化建设和应用的效果、感受和做法。用一个个生动的实例，证明了信息化在降低企业成本、增强市场运营能力、简化销售环节、强化企业内部管理等各方面不可替代的作用。各位信息化专家从不同角度，为企业信息化发展建言献策，提出了五个“关注”：要关注企业信息化发展总体规划，从“就绪度、成熟度、贡献度”来评估定位企业信息化的发展阶段，顶层设计、有序推进；企业信息化工作者要关注业务、熟悉业务，突破固有的计算机思维，站在企业的高度，谋划企业信息化发展战略；要关注、寻找国内外同行业、同类型的坐标企业，建立参照模型，少走弯路；要关注系统的集成共享，打破不同业务系统的壁垒，实现信息共享；信息化要关注重点、关注瓶颈、突破瓶颈，以解决企业发展的关键问题为契机，触发企业的信息化活力。论坛上，市经济信息化委还介绍了上海市信息化与工业化融合的发展思路。2011年，宝山区突出重点、聚焦信息化促进节能减排，集中突破、建立10家有影响、有效益、有效果的信息化示范企业，深入推进上海市“两化融合”实践区建设。

**【宝山区企业信息服务公共平台课题研究通过专家评审】** 2011年8月17日，“宝山区企业信息服务公共平台建设研究报告”通过上海市经济信息化委中小企业办、市信息中心等各路专家评审。课题重点围绕信息化条件下政府为企业服务的新理念、新途径和新方式展开探讨。研究课题认为：信息化具有超越时间限制、超越空间限制、超越部门分隔限制的特点。在信息化条件下，由政府主导，建立基于互联网的公共平台，为企业提供“一站式”信息服务和个性化委托事项延伸服务，具有重要的现实意义。基于部门协作和制度保障，依托信息技术，可以逐步为企业打造“一站式”的政策解读平台、创业辅导服务平台、金融融资服务平台、产供销对接服务平台、企业信息化服务平台、信用服务平台、咨询服务平台和人才服务平台等。专家表示，该研究报告根据市、区信息化“十二五”发展规划要求，立足宝山实际，对平台的功能定位、建设内容、运行管理机制等进行了全面分析，具有一定的创新性，符合实际需求，达到了研究目的。同时建议，进一步加强对区内企业需求的调研分析，增强平台的操作性、实用性和可持续发展能力研究，为今后实践提供切实的科学依据。

**【宝山区举办现代服务业集群的创新与发展论坛】** 2011年12月1日，由九三学社上海大学委员会及宝山区委员会、宝山区科委、淞南镇人民政府主办，上海智力产业园、复旦软件园、上海大学全球创新与中国创业研究中心、上海开一建筑设计有限公司协办的“宝山现代服务业集群的创新与发展论坛”在上海大学隆重召开。整个论坛围绕“文化创意产业的集聚与创新、信息服务业与传统制造业的融合与改造、宝山区邮轮游艇游船服务业的集聚与发展、宝山钢铁现代服务业的集聚与发展”等四个主要议题展开。论坛的宗旨是为了让社会各界了解宝山区转型发展，形成服务业集聚的成功经验与案例，也让宝山区现代服务业集聚区和企业了解国内外现代服务业集群发展的动态和经验，研究和分析产学研互动交流机制，促进宝山区现代服务业与先进制造业的融合与改造。

# 四、城市建设管理领域信息化

**【图像监控系统助力宝山区“平安城市”建设】** 2011年10月10日，公安局宝山分局图像监控系统——高清卡口一期项目通过专家验收。该工程建设涉及辖区内14个派出所、28个重要路口的214个车道。通过对路口过往车辆和行人的抓拍，上传存储有效数据2.9亿条。电子警察设备平均上传数据量82万条/天，高清卡口设备平均上传数据124万条/天。据不完全统计，公安局宝山分局依托该系统查询破案数据200多次，外区公安分局调阅破案数据80多次，利用高清数据，还破获了宝山境内的团伙系列偷油大案等一系列重大案件。公安局宝山分局高清卡口一期项目的建设应用，为打击街面犯罪、侦破案件提供了更加有力的证据，必将进一步推动和加快宝山区“平安城市”建设的步伐。

**【宝山区水闸自动监控向智能化迈进】** 2011年，宝山区充分利用计算机网络技术、通讯技术和自动控制技术等，完成了水闸自动监控系统的改造（包括荻泾河、杨盛河两个闸站和区海塘所监控管理中心），通过水位闸位自动监测和视频监控，区监控中心可随时观察水闸的关键部位是否正常运行；水位异常、设备故障，系统都会自动报警；利用激光对射原理，获泾水闸外闸首船只超高可及时报警……更方便的是，系统利用标准化数据库结构，实现了高度自动化的管理；在区监控中心，就能对闸门启闭、通航灯开关等进行“遥控”操作。在监控中心后台，系统实时采集的水位、流量、设备电源以及供配电状态、闸站收费数据等信息汇聚到一起，可进行一些自动化的模拟计算，为及时合理的调度提供决策参考。近年来，宝山区水务管理、防汛抗台、水环境治理等信息化建设逐步整合，一个“信息化治水”的大平台正在不断形成和完善。通过持续推进水务信息化建设，宝山区的水务管理朝着智能化方向大步迈进。

**【宝山道路交通信息采集取得显著成效】** 2011年，宝山区积极推进道路交通信息采集系统建设，交通信息采集点达到123处，路口覆盖率实现17%，基本涵盖宝山区各重要路口。宝山区道路交通信息采集系统是掌握区域道路交通流量情况、服务道路交通建设和管理的信息化系统，是上海市中心城区地面道路交叉口信息采集系统的组成部分。通过在地面道路埋设线圈，利用电磁感应的原理，该系统可统计道路路口各车道的交通参数，包括每车道进出的车辆数和车辆种类，每车道在规定时间内的平均速度与车道的运行使用效率等数据，实时掌握道路基础设施运行效率等情况。五年来，通过对系统采集的数据开展分析工作，定期生成宝山区重要路口道路交通状况分析报告，广泛应用于区道路交通科学管理、优化路网资源、推进城市诱导等领域，为领导决策道路建设和管理工作提供了有力数据支撑和科学依据。道路交通信息的采集和分析，有效提高了宝山区对道路交通状况进行科学评价和分析的能力，也为宝山区总体发展规划及市政基础设施中长期规划提供了很好的依据。

**【借力科技创新　助推转型发展——上海市首个内河水上搜救中心成立】** 2011年3月18日，集日常监管、救助指挥、资源调度、防污染等功能于一体的上海市首个内河水上搜救中心——上海市内河水上搜救中心宝山分中心正式揭牌运行，标志着上海市地方海事系统应急处置能力将得到新的提升，在突破传统管理模式方面取得长足进展。上海市内河水上搜救中心宝山分中心运用“上海市水上交通和应急处置系统”平台，通过建立覆盖蕰藻浜16.3公里水域的视频监控系统、船舶自动识别系统(AIS)、GIS系统、GPS系统等科技手段，实现对辖区重点水域、重点船舶、重点码头的有效监控；通过多系统船岸联动，实现船舶助航预警信息服务、进出港调度；通过实时预报水上航行环境和险情，实现对事故、事件或险情的“早发现、早报告、早控制”，有力地提高了预防预控能力，从而在宝山水域形成全方位覆盖、全天候运行、快速反应的水上安全管理机制，适应未来海事管理信息化和监管手段科学化的需要。

# 五、信息产业发展

**【电子信息制造业】** 宝山区电子信息制造业主要涉及太阳能硅片、光纤、光缆等领域，2011年实现销售总产值41.51亿元，同比增长16.1%。销售总产值排名前5位的企业为：上海申和热磁电子有限公司、上海屹丰汽车模具制造有限公司、耐克森凯讯(上海)电缆有限公司、上海天通磁业有限公司、上海科明传输技术有限公司。

**【软件及相关服务业】** 宝山区软件及相关服务业2011年实现经营收入47.33亿元，同比增长5%。经营收入排名前5位的企业为：上海宝康电子控制工程有限公司、上海华宇电子工程有限公司、上海宝景信息技术发展有限公司、上海杰盛无线通讯设备有限公司、上海亨钧科技有限公司。

**【上海动漫衍生产业园】** 上海动漫衍生产业园是国内首家专业的动漫衍生产业园区，致力于打造动漫衍生产品的产业集群。2011年，园区实现销售总额近15亿元，税收总额突破1亿元。园区已出租面积达5万平方米，在建面积16.9万平方米(其中国际研发总部基地7.9万平方米、真大园9万平方米)，落户动漫及相关科技文化企业达282家。2011年上半年，园区举办了2011中国动漫衍生产业高峰论坛。园区正积极创建国家级动漫衍生产业园区。

**【复旦软件园高新技术产业基地】** 复旦软件园是国家重点发展的国家级火炬计划软件产业基地之一，也是上海软件园的重要组成部分。2010年3月，在宝山区人民政府和上海复旦复华科技股份有限公司的大力支持下，组建了以上海复宝科技发展有限公司为运营平台的复旦软件园高新技术产业基地。园区将成为一个集计算机软硬件研发、成果孵化、产业化、风险投资、软件人才培训和学术交流于一体的高科技产业园区，是宝山区现代服务业发展的又一个亮点。园区旨在营造良好的创新创业氛围，培养适应新经济发展要求的复合型人才，培育国内外瞩目的高新科技企业。目前，园区已有上海威博软件有限公司、为为网、上海恒伟电子科技有限公司等100

多家企业入驻。2011年，园区营业收入超过2亿元。11月，复旦软件园高新技术产业基地二期工程举行奠基典礼。

**【上海宝景信息技术发展有限公司】** 2011年，上海宝景信息技术发展有限公司获得建筑企业建筑智能化工程专业承包三级、上海市设备维修安装市场安全生产合格证，《宝景项目管理信息软件》、《宝景办公自动化软件》、《宝景常化机组统货出厂打包软件》获得软件著作权证书。

**【物流汇宝山运营中心揭牌成立】** 2011年2月28日，物流汇宝山运营中心在上海智力产业园揭牌成立。区委常委、副区长夏雨出席揭牌仪式。由上海新跃物流企业管理有限公司建设、运营和管理的物流汇品牌，是物流行业内著名的服务品牌。主要为物流企业提供管理软件、物流企业电调系统、呼叫中心服务、车辆全球定位服务、货物即时保险服务、银企互联以及其他咨询服务。并利用先进理念、高新技术和现代化手段提升物流传统服务业的能级。

**【宝信软件获评2010年电子信息产业领军企业】** 2011年3月，工信部授予宝信软件2010年电子信息产业领军企业称号。同时，宝信软件还成为中国电子工业标准化技术协会企业信息化标准工作委员会主任单位，宝信软件副总经理丛力群被聘为委员会主任。由工信部组织的2010年电子信息产业领军企业评选十分严格，不仅要求企业在行业内具有一定的影响力，而且要求企业在系统解决方案和服务产品、技术集成、创新能力、科研等方面排在行业前列。此次，同宝信软件一起入选的企业共有10家，包括方正、海尔、浪潮等业内知名企业。此外，作为中电标协企业信息化标准工作委员会主任单位，宝信软件将负责组织开展企业信息化标准的制订和修订等工作。

**【北上海创意港(北外环信息产业园)启动】** 2011年6月8日，北上海创意港(北外环信息产业园)正式启动，宝山区区委常委、副区长夏雨到场祝贺并讲话。来自电子商务、工业设计、文化会展领域的多家行业内重量级企业在起航仪式上纷纷签约入驻。上海北外环信息产业园，是宝山区区委、区政府重点扶持的产业园区。北上海创意港定位于科技产业与文化创意时尚产业，前者以信息产业为主打，将主要引进电子商务、呼叫产业中心、信息服务外包产业等，因此北上海创意港又名北外环信息产业园；后者将引进文化培训机构、建筑设计、工业设计、时尚设计、会展机构、蜡艺馆等。在北上海创意港一期开园后，二期项目也提上了议事日程，新的意向合作方是另一家央企中纺集团，二期与一期接轨，预期将在三年内建成招商，国开投贸易中心也或将入驻二期。整个项目旨在构筑北上海科技与时尚、传统与现代的文化创意大平台，北外环信息产业与现代服务业交相辉映的新地标。

**【宝山区3家单位获市信息化发展专项资金支持】** 根据《上海市信息化发展专项资金管理办法》(沪财教〔2008〕54号)以及《上海市经济信息化委关于开展2011年度上海市信息化发展专项资金项目申报工作的通知》(沪经信推〔2010〕522号)的精神，市经济信息化委、市财政局联合开展了2011年第一批上海市信息化发展专项资金项目的申报和评审工作。宝山区积极组织发动相关单位申报市信息化发展专项资金项目，宝山区上海施耐德日盛机械(集团)有限公司、上海宝钢设备检修有限公司、上海市宝山区环境保护局获本市2011年第一批信息化发展专项资金支持。

**【宝山区召开“云计算在电子政务中的应用”研讨会】** 2011年12月16日，宝山区召开“云计算在电子政务中的应用”专题研讨会。上海软件产业促进中心，上海大学计算机工程与科学学院、通信与信息工程学院，相关企业等单位的有关专家和领导参加了研讨。会上，区经信委介绍了“云计算在电子政务中应用的调研报告”。与会专家围绕调研报告，就如何做好云计算技术与电子政务应用的结合、云计算在电子政务建设中的潜在价值、云计算在电子政务中可能存在的问题以及建议等进行了深入探讨，提出了很多好的思路。同时，与会专家还就“云计算电脑”服务本地农民、来沪人员等方面进行了深入沟通。云计算是以虚拟化技术为基础、以按需付费为商业模式，具备弹性扩展、动态分配和资源共享等特点的新型网络化计算模式。

**【宝山区3家企业信息化项目被评为上海市推进信息化与工业化融合示范项目】** 2011年12月19日，上海市推进信息化与工业化深度融合工作会议在上海科学会堂隆重举行。国家工业和信息化部副部长杨学山、上海市副市长艾宝俊出席会议。为全面总结2009年以来本市推进信息化与工业化融合工作取得的成绩，大会表彰了30个本市推进信息化与工业化融合示范项目。本区上海中国弹簧制造有限公司"运营管理和控制信息平台"、上海标五高强度紧固件有限公司"上海紧固件供应链服务平台"、华润雪花啤酒(上海)有限公司"能源计量管理信息系统"被评为上海市推进信息化与工业化融合示范项目。

# 六、信息基础设施建设

**【宝山区召开推进"三网融合"工作座谈会】** 为加快推进电信网、广播电视网和互联网"三网融合",搭建互动平台、形成推进共识,2011年3月9日,区经信委召开推进"三网融合"工作座谈会。电信、移动、联通、有线电视中心等通信运营商和"三网融合"相关企业参加了座谈。区经信委主任浦志良、副调研员訾红旗等领导参加了会议。按照宝山区副区长朱永泉指示,会议传达了上海市副市长艾宝俊关于"三网融合"的讲话精神。浦志良介绍了"三网融合"的发展情况,各企业纷纷结合自身发展,畅所欲言、建言献策。宝山电信局以"创新应用,融合未来"为主题,详细介绍了"三网融合"的典型应用项目IPTV和城市光纤网推进计划。移动、联通、有线电视中心也分别介绍了公司在网络覆盖、"三网融合"运营增值服务及衍生品等方面的情况。兆民云计算希望政府继续搭建平台,使企业及时了解"三网融合"相关政策,迪果信息科技希望政府为新兴产业发展创造更好的环境,渡悠信息技术希望与各企业加强"三网融合"增值服务的合作等。通过座谈,进一步了解了本区"三网融合"相关企业的发展现状、问题和需求,有利于宝山区制定推进"三网融合"的有关制度,为企业提供更好的服务。对居民而言,"三网融合"的推进将不断丰富家庭信息生活,提高生活品质和质量。

**【区经信委与宝山电信签订2011年合作协议】** 2011年4月14日,宝山区经信委与宝山电信签订2011年信息化合作协议,约定围绕"智慧宝山"建设,进一步深化互动合作。区经信委主任浦志良、中国电信上海公司宝山局局长周燕苹代表双方签约。会上,双方互通了推进"智慧城市"建设、"三网融合"的思路和举措,并着重就"十二五"及今年的合作项目作了探讨。双方约定,围绕建设"智慧宝山"的总目标,首先在光纤入户、政务信息数据中心建设、"桌面云"应用、城市管理应急大联动信息系统建设、信息化与工业化融合、农村信息基础设施集约化建设等方面开展项目合作。区经信委表示,双方合作内容丰富、涉及面广,认真梳理合作项目,细化形成操作性方案,加大信息化宣传力度,共同为"十二五"期间推进"智慧宝山"建设开好局。宝山电信表示,将站到"智慧宝山"的高度,在信息化基础设施建设等方面全方位助力滨江新区建设,为造福宝山百姓尽最大努力。2011年宝山电信的基础设施投入达到1.2亿元,"城市光网"覆盖26万户。

**【区经信委围绕"智慧宝山"开展集中调研】** 2011年4月,区经信委在提出"智慧宝山"框架的基础上,以城市管理、社区管理和民生需求为重点,在通信运营企业及水务、公安、建设交通、卫生、教育等部门进行广泛调研,了解掌握信息化在这些领域的建设和应用情况,征集、策划跨领域的重点项目,酝酿"智慧宝山"建设三年行动计划(2011—2013),同时为2012年信息化重点项目做好准备,力争集中资金、重点突破,尽快形成"智慧宝山"建设的先期效益,确保"十二五"规划有效落实。

**【"无线城市"助力"智慧宝山"建设】** 2011年8月18日,区经信委与宝山电信局签订了《"智慧宝山无线城市"建设合作框架协议》。根据协议,双方将重点推进党政机关、吴淞国际邮轮港、罗泾散货港、市民活动中心等重要城市公共区域和文化设施区域的无线覆盖,力争新建300个WiFi热点,同时启动牡丹江路商圈及公共文化活动中心无线宽带应用和无线监管试点。2012—2013年,继续在重要商务楼宇、产业园区、宾馆、餐厅、学校、医院等区域推广,基本实现重点区域的无线宽带全覆盖,并积极开发公共信息服务。打造"无线城市",是"智慧宝山"建设的一项基础工程。根据区信息化"十二五"发展规划,五年内要实现滨江发展带等城市中心区、主要商业区和主干道路3M以上无线宽带网络全覆盖,全区1M以上无线宽带接入覆盖率达到90%。区经信委主任浦志良、宝山电信局局长周燕苹在签约仪式上表示,要在基础建设、项目策划、应用推进、安全保障、社会宣传等方面开展全方位合作,合力推进"智慧宝山"建设,不断提升政府的综合管理服务能力和宝山市民的生活品质。签约仪式上,区经信委副主任龚东耀介绍了推进"智慧宝山"建设计划,宝山电信局副局长张琤介绍了"无线城市"有关合作内容。到2013年,在宝山党政机关、重要商业商务区和公共活动场所等重点区域，无线宽带网络将基本实现全覆盖。届时，宝山市民通过手机、电脑等智能终端，将可随处享受高速无线上网带来的便捷。

**【光纤入居委，提速20倍】** 2011年8月18日，区地区办、区经信委、宝山电信局三方签订了居委会光纤提速协议。根据协议，签约三方将共同推进宝山区办公业务网的光网升级工程。在2011年底之前，对全区具备条件的居委会(及部分村委会)实施光网改造升级工程，即由原来的ADSL接入方式改为光纤接入方式。到2013年底，全区范围内90%以上的居委会完成10 M光纤改造和接入，为“十二五”期间拓展应用铺设“高速公路”。两三年内，宝山90%以上的居委会将告别平均512 K的ADSL“宽带”，在10 M光纤上快速高效地处理社区事务。签约仪式上，区地区办主任潘卫国介绍了宝山区社区建设“十二五”规划及2011年重点工作，宝山电信局副局长张诤介绍了居委会光纤建设情况。

**【宝山区召开贯彻市政府光纤到户建设工作座谈会】** 2011年9月28日，为了更好地贯彻市政府光纤到户建设工作推进会议精神，谋划宝山区光纤到户建设工作推进措施，区经信委召集上海市建筑通信网络有限公司、上海市管线有限公司、宝山电信局、移动宝山分公司、联通宝山分公司、宝山区有线电视中心等各大通信运营企业，召开了专题座谈会。会上，传达了艾宝俊副市长讲话精神，本市光纤到户推进工作背景、光纤到户推进工作进展情况及下一步工作要求。各通信运营企业就如何推进宝山区光纤到户建设工作提出了进一步完善机制，加强政企合作，制定推进计划等建议。下一步本区将制定《关于宝山区加快推进光纤到户建设工作实施方案》。建立宝山区光纤到户建设工作推进联席会议，明确成员单位的工作职责，加强各部门之间的合作。编制本区光纤到户建设计划，加强与通信运营商沟通和协调，从管理和服务着手，加强对区域内光纤到户建设规划、年度计划及计划执行情况的管理。加强部门协调，及时解决存在的问题，为光纤到户建设创造良好的环境。同时，筹备召开宝山区光纤到户建设工作推进会。统一思想、提高认识，明确任务、达成共识，形成合力，共同推进本区光纤到户建设工作，全面完成本区光纤到户建设工作任务。本区共完成185个小区，超年度计划的85%。完成26万户光纤建设和改造，超年度计划的30%。

**【区村级公共服务中心信息基础设施建设】** 根据区新农办村级公共服务中心推进计划，区经信委牵头，相关镇配合，全区2011年完成10个村级公共服务中心信息基础设施建设，其中罗店镇3个村(四方村、光明村和十年村)，罗泾镇2个村(新苗村、解放村)，顾村镇5个村(陈家行村、白杨村、盛宅村、胡庄村、朱家弄村)，争取财政补贴达21.975万元。

## 七、信息化环境建设

**【朱永泉副区长调研信息化工作】** 2011年2月17日，宝山区副区长朱永泉在区政府第四会议室调研信息化工作。在听取区经信委工作汇报后，认为2010年区经信委在推进政务信息化、经济社会信息化等方面做了大量卓有成效的工作，取得了良好效果，走在区县前列。2011年要在此基础上，集中精力、集中财力、集中优势办大事，在服务民生等方面更好地发挥信息化的作用。一是信息化要在便捷群众办事、方便群众生活上下工夫。加强转变观念，区域信息化建设要紧紧围绕服务百姓，要为百姓生活得到实惠、为百姓生活提供便捷为重点，2011年要积极推进市民健康档案卫生信息化工程，支持农民就诊网上实时报销、方便来沪人员就业等民生项目；加强统筹协调，引导通信运营企业以“三网融合”为契机，实现三网互联互通、资源共享，满足群众日益多样的生活服务需求。二是信息化要让企业在发展过程中得益上下工夫。发挥典型企业和典型项目的示范引领作用，加速推进信息化与工业化融合，转变企业传统思路，使企业在信息化建设和应用中提高市场竞争力；有序推进网上行政审批平台等服务企业的公共平台建设，提高政府的服务水平。三是要在推进信息化应用上下工夫。要加强学习和借鉴，创造更多现代信息技术学习的契机，开拓各级干部的视野，2011年要完成全区统一的视频会议系统建设，利用信息化提高办事效率；开展既生动活泼、通俗易懂，又适合各个群体需求的信息化活动，以评比促应用，形成政府和社会信息化建设和应用的良好氛围。

**【宝山区电子政务平台通过等级保护测评工作】** 宝山区经信委根据《关于组织开展2011年度本市重要信息

系统安全等级保护工作的通知》，开展重要信息系统安全等级保护测评工作。2011 年 5 月 23—27 日，上海市信息安全测评认证中心按照等级保护三级的标准，对宝山区电子政务平台（区政务外网）进行了为期一周的等级保护测评工作，测评内容主要有政务外网的物理安全、网络安全、主机安全、数据安全、安全管理机构、安全管理制度、人员安全管理、系统建设管理及系统运维管理。经确认，宝山区电子政务平台（区政务外网）已基本通过了 2011 年的等级保护的测评。

**【宝山区举办 2011 年度信息安全管理培训班】** 2011 年 10 月 13—14 日，宝山区经信委在宝山区委党校组织了 2011 年度的信息安全管理培训班，区内 50 多家委、办、局、镇、街道、园区等相关部门安排人员参加了本次培训。培训班上通报了宝山区 2011 年前三个季度的信息安全情况；部署了 2011 年度政府信息系统安全检查工作。邀请了国家公安三所反计算机入侵和防病毒研究中心的专家针对病毒防范和黑客入侵进行案例分析；针对各单位本地局域网日常管理、维护知识和操作流程进行了培训；学习期间还组织学员参观第三届上海国际减灾与安全博览会、2011 年信息安全技术产品展。本次培训为进一步加宝山区信息系统的安全稳定和保障各部门安全保密工作打下坚实基础。

**【区经信委开展区电子政务网络应急演练】** 为配合宝山区信息化安全宣传周活动，进一步提升应对网络与信息安全突发事件的实战能力，区经信委于 2011 年 10 月 15 日开展了区电子政务网络应急演练。此次应急演练主要对电子政务网络中心机房及远程机房的物理环境、网络平台以及电子政务重要应用系统等方面进行了检验。演练内容涉及机房消防系统、机房监控系统、机房供电系统、区电子政务网络系统、区公务员门户、区协同办公系统、区人口综合管理信息系统、区地理信息综合平台、区存储备份系统等 9 个重要系统。通过本次演练，不但验证了应急预案的可操作性，而且也提高了操作人员的应急操作能力。区经信委将不断更新完善应急预案，进一步提高应急响应能力，保障区电子政务网络的安全稳定运行。

**【宝山区举办市民信息安全宣传活动】** 根据上海市网络与信息安全协调小组办公室《关于举办第一届上海市信息安全活动周的通知》的相关要求，2011 年 10 月 16 日，宝山区举行了市民信息安全广场宣传活动。区经信委、区公安局、区金融联合会等 20 多家单位参与了广场宣传活动。各参与单位通过向市民发放《市民信息安全手册》和《网上银行安全指导》等信息安全防范资料、以展板形式普及《网络诈骗防范知识》、接受市民信用卡安全防范咨询等多种渠道，向市民进行宣传普及，旨在普及网络与信息安全知识，加强市民信息安全防范意识。

**【开展 2011 年度政府信息系统安全检查工作】** 在区委、区政府的高度重视和各单位的共同配合下，按照市经济和信息化委员会下发的《关于开展 2011 年度政府信息系统安全检查工作的通知》（沪经信安〔2011〕308 号）文件要求，参照《2011 年度政府信息系统安全检查情况报告表》，对全区政府部门的信息系统、PC 机开展了信息系统安全检查。从检查结果来看，本区信息安全工作在信息安全长效管理、信息安全应急管理等方面取得一定成效，总体状况良好，本年度没有发生因信息安全事件、设备设施故障等事件导致业务中断、网络瘫痪等重大信息安全事故。

# 八、社会诚信体系建设

**【区物价局召开物价政策提醒告诫会】** 2011 年 1 月 30 日，区物价局召集区内 21 家超市、百货负责人召开了物价政策提醒告诫会。会上通报了国家发改委关于“家乐福等超市涉嫌价格欺诈、各地价格主管部门将予以严厉处罚”的通知和上海市物价检查所处罚决定；要求各单位全面开展自查自纠，对自查中存在的问题应立即纠正，多收价款予以全额退款；开展价格政策的培训，提高价格管理能力，防范价格违法行为的发生。会议学习了《禁止价格欺诈行为的规定》，要求各单位杜绝虚构原价、低价标示高价结算、不履行价格承诺、误导性价格标示等价格欺诈行为的发生；进一步强化内部管理，严查疏漏。今后如被查实价格欺诈行为的，将依法从严处理，同时向与会单位签收“价格监督检查提醒告诫书”。

**【宝山试点“第三方诚信维权”】** 2011 年 3 月 15 日，上海智力产业园推出由政府、行业组织、产业园区和消费者联合参与的“第三方诚信维权体系”，将通过设立赔付基金、抽检物流仓库、专员调解纠纷等形式来确保网购人群的权益。园区内易讯网、柠檬绿茶等沪上一批电商领军企业已加入诚信联盟。第三方诚信维权体系还包括已建成的“消费者权益保护联络点”，由专职工作人员负责调解处理网购相关的消费纠纷。同时，政府和诚信联盟企业还将共同注资成立由第三方监管的消费者维权基金，用于相关赔付。

**【宝山区交运系统诚信和信息化建设取得成效】** 2011年4月2日，上海市运管处组织召开运管系统第一季度信息化和诚信建设工作会议，宝山区交运署分别荣获“2010年度运管机构诚信建设‘五好’单位”和“2010年度运管机构信息化建设先进集体”荣誉称号，四名同志分获“2010年度运管机构诚信建设‘四好’个人”和“2010年度运管机构信息化建设先进个人”称号。

**【宝山开展“税收宣传月”活动 增强全社会诚信纳税意识】** 2011年4月21日，宝山区税务分局与区委宣传部联合，在牡丹江路市民广场，开展以文艺表演为中心，集展板宣传、政策咨询、诚信纳税现场签名活动为一体的集中税收宣传活动。邀请民间画家、书法家及局内有美术设计、文艺特长的同志，组织开展税收文艺作品创作活动，展示宝山税务特色文化及精神风貌。组织文艺宣传骨干编排节目，深入社区，以通俗易懂的方式大力宣传房产税、个人所得税等涉及民生的税收政策。主动走访部分下放或委托区县征管的市属大企业，了解发展历程、经营状况等，开展政策调研，促进转型发展。以民主评议基层站所为契机，积极邀请部分民主评议代表到基层税务所、办税服务大厅参观、座谈；主动通报改进纳税服务、强化反腐倡廉等方面的成效，认真接受监督。举办税收论坛，在公开媒体刊登税收宣传专版并编印《2010年度区纳税百强排行榜》、《区享受税收优惠企业名录》，通过多渠道特色宣传，增强全社会诚信纳税意识。

**【宝山推进无证无照经营综合整治工作】** 2011年4月27日，宝山区工商分局召开无证无照经营综合整治工作推进会。区委副书记陆学明、副区长朱永泉参加会议。区委常委、区公安分局局长杨杰主持会议。会上，区委副书记陆学明就全面推进宝山无证无照经营整治工作提出三点要求：（1）要继续加大工作力度，确保无证无照经营整治工作扎实推进。2011年无证无照经营整治是宝山开展综合整治工作的重点，有关执法工作人员要以良好的精神状态、认真严谨的工作作风，维护社会秩序，严守食品安全防线。（2）要形成合力，保障无证无照经营综合整治有序开展。各街镇、园区要主动跨前一步，各部门要加强协调沟通，不得有推诿扯皮等现象。在思想上要高度重视，增强主动意识，明确分工职责，落实专人负责。（3）要研究和探索措施办法，规范和引导无证无照经营整治管理。各职能部门要进一步健全和完善长效管理机制，因地制宜、集思广益，创新管理手段，对部分经营场所产权存在问题、环评不达标的企业实行“备案登记制”。各职能部门要主动推进业态调整，坚决取缔小作坊、地下加工窝点等违法加工场所，加强房屋租赁管理和排查力度。进一步发动群众监督的作用，健全举报制度，加大宣传力度，防止回潮现象发生。

**【宝山区召开专题会议倡导餐饮服务单位诚信自律经营】** 2011年5月4日，宝山区组织区内500家餐饮服务单位召开食品安全工作会议，通报近期食品安全事件，进一步强调企业守法经营、诚信自律的重要性。会议指出，这些食品安全事件性质恶劣，情节严重，涉案企业无视社会责任，严重损害了人民群众的身体健康，造成了非常广泛的负面影响。会议要求，各餐饮单位充分认清目前食品安全面临的严峻形势，深刻反省自身经营行为中存在的问题，扎扎实实地规范经营行为，不断提升食品安全自我管理水平；要对照国务院关于打击违法添加非食用物质和滥用食品添加剂专项整治要求，认真开展自查自纠工作，主动查找本单位在食品安全方面可能存在的问题隐患和薄弱环节。会议通报了前一阶段餐饮服务食品安全监管情况，分析了存在的问题，部署了食品添加剂及地沟油专项整治、“五一”期间及夏季食品安全监管工作。会议要求：认清形势，提高认识，切实树立责任主体意识；突出重点，从严查处，确保专项整治取得显著成效；规范经营，诚信自律，切实落实食品安全各项要求。区内大中型餐饮单位、集体用餐配送单位、餐饮半成品配送单位、学校食堂、建筑工地和企事业单位食堂负责人共500余人参加会议。部分企业代表在会上做了交流发言。

**【宝山区集体用餐配送企业联合签署食品安全诚信自律宣言】** 2011年5月10日，宝山区食品药品监督所召开集体用餐配送行业规范化企业创建动员会议，区内15家集体用餐配送企业联合签署食品安全诚信自律宣言，承诺落实食品质量安全主体责任、保障食品安全。宣言由宝钢发展有限公司餐饮管理分公司、索迪斯（上海）管理服务有限公司五钢分店联合发起。宣言呼吁宝山区集体用餐配送企业“立志言为本，修身行乃先。怀抱一颗敬畏之心，秉承食品从业者的人性、道德和良知，自觉遵循法度，彰显职业光辉；肩挑责任意识，加强自我管理；铭记荣辱义利，维护民众福祉；坚持诚信经营，接受社会监督；视质量为生命，以诚信为根本，承担起《食品安全法》赋予每个人的使命和责任，在各个环节防范食品安全风险，消除事故隐患，塑造良好的集体用餐配送企业食品安全保障体系，切实保障消费者利益和生命安全，保证食品安全”。同时承诺，集体配餐企业在膳食加工经营过程中，将依法做到以诚信为本、以信用为纲、以自律为尊，认真贯彻实施《食品安全法》及其各项规范化操作要求，抵御各种可能影响食品安全的利益诱惑，忠实实践诺言，积极参加餐饮服务食品安全百千万示范工程建设活动，塑造良好的餐饮服务食品安全保障体系，切实保障消费者的利益和生命安全。

**【宝山区政府常务会议研究社会诚信体系建设工作】** 2011年5月31日，宝山区区委副书记、区长斯福民主持召开区政府常务会议，研讨宝山区社会诚信体系建设工作。会上，区长斯福民对宝山区近年来的社会诚信体系建设成效给予充分肯定，并就下阶段工作提出了要求。下一步，要着力加大社会诚信体系建设的宣传教育力度，营造浓厚的社会诚信氛围；着力加强社会诚信体制机制建设，充分发挥宝山区社会诚信体系建设联席会议作用，在探索企业诚信档案数据库应用和深入推进政府信息公开、政风行风建设、公务员道德教育等方面多下工夫；着力完善守信失信的奖惩制度，在资金扶持等方面加大对失信行为的制裁惩罚力度。斯福民强调，区经信委及相关部门要结合自身职能，大力推进食品等重点行业、重点领域的诚信体系建设。副区长朱永泉说，要统筹兼顾政府、企业和社会，不断强化宣传教育，形成政府诚信服务、企业诚信守诺、全社会共讲诚信的氛围，积极培育讲诚信、守信用的单位，并严厉打击不诚信行为。

**【宝山区成立专项整治行动领导小组开展打击食品非法添加和滥用添加剂专项整治行动】** 2011年5月，宝山区成立专项整治行动领导小组，制定《专项整治行动方案》，明确整治具体要求、目标和任务。紧密结合辖区实际，采取错时监管、飞行检查、交叉执法等形式，突出重点产品、重点单位和重点区域，采取集中整治方式，严厉打击非法添加和滥用食品添加剂违法犯罪行为，保护群众身体健康和生命安全。由区食品药品监管分局牵头组织区内餐饮服务单位负责人、从业人员及市民等，开展食品添加剂等相关知识培训，提高食品安全知识知晓率。全面实行告知承诺，及时将食品添加剂相关宣传资料发放到所有餐饮服务单位，并在各单位承诺基础上，开展检查指导，督促存在自制火锅底料、饮料和调味料行为的餐饮服务单位，在店堂醒目位置公布使用食品添加剂的名称、数量，提高透明度。

**【宝山开展停车行业质量信誉考核工作】** 宝山区交运署面对行业管理中的新情况、新特点、新问题，始终将加快行业质量信誉体系建设作为加强行业管理的重要抓手，并按照“工作规范要落实、综合分析要突破、管理思路要创新”的要求，有力有序地推进行业质量信誉体系建设，成效明显。截至2011年6月底，完成24户公共停车场(库)企业的质量信誉考核信息采集、录入工作。主要做法：一是成立质量信誉体系建设领导小组，按要求设置系统专管员及操作员，明确岗位职责，健全工作机制，做到组织制度有保障。二是结合本年度辖区行业管理工作要点，制定2011年度公共停车行业质量信誉考核工作计划，确定各项工作的时间节点与责任人，明确年度质量信誉考核总体工作思路。同时，根据质量信誉考核工作开展情况，每月底对考核结果进行汇总分析，及时掌握企业内部管理中存在的普遍问题和重点问题。三是针对人手少、任务重的实际情况，将质量信誉考核与日常监管工作相结合、与创建规范服务达标工作相结合，突出服务与沟通，注重宣传与引导，按照年初制定的工作计划开展。

**【宝山区质量技监局召开食品生产企业诚信建设会议】** 2011年6月，为切实推进食品生产企业诚信建设，保障区域食品安全，宝山区质量技监局召开食品生产企业诚信建设推进会议，全区食品生产企业、食品相关产品(包材、化妆品)企业法人共217人参加会议。会议要求食品企业诚实守信，严格落实企业主体责任，建立自我约束机制，严把“两头”，即进货查验关和出厂检验关，“管好中间”，即产品过程控制。企业必须充分认识到当前食品安全形势的严峻性，增强做好食品安全工作的责任感和紧迫感，以对人民群众高度负责的精神，切实做好食品安全工作，努力将宝山打造成上海食品安全最放心区域之一。会议举行了食品生产企业社会监督员的聘任仪式。受聘的监督员将同时对区食品生产监管工作开展监督。区质监局专门邀请区人大代表、政协委员、政风行风监督员和群众代表共10名同志作为监督员。会上，区食品生产监督所通报了两个月来“打违除患”工作的进展情况，宣布了受到严厉处罚的违法食品生产企业名单。会上还举行了食品生产企业“诚信生产、保障安全”承诺书的签署仪式。

**【宝山区首笔科技小巨人信用贷款成功发放】** 2011年8月，在区科委与浦发银行宝山支行的共同推动下，宝山区上海浪潮机器有限公司成功获得浦发银行500万元信用贷款支持。2010年上海浪潮机器有限公司被认定为市科技小巨人培育企业，主要生产单螺杆空气压缩机和冷冻式干燥机系列产品以及相关配件，多项技术指标已超过国外同类产品。为支持中小科技企业发展，除浪潮公司外，宝山区一大批极具市场竞争力的科技小巨人工程企业也纷纷进入浦发银行授信流程，即将获得全方位的金融服务和上市金融支持。宝山区科委将继续与浦发银行宝山支行协作，创新中小企业授信模式，支持区内发展潜力大、科技含量高的优质科技企业，不断优化企业融资环境，推动区域经济发展。

**【宝山区组织开展社会诚信体系建设广场宣传活动】** 2011年9月25日，为进一步加强宝山区诚信体系建设，营造全社会诚实守信氛围，区社会诚信体系建设联席会议办公室组织区工商局、区质量技术监督局、区食药监局、区卫生局、区物价局、区民政局等10家成员单位，在宝山区文化馆广场组织开展区社会诚信体系建设广场宣传活动。活动内容主要包括：诚信宣传、消费维权咨询、物价咨询、劳动保障咨询、食品药品安全宣传等，累计发放各类宣传资料600余份。通过开展宣传活动，进一步普及信用和相关知识，扩大信用宣传范围，提高社会诚信意识。

**【市旅游行风满意度测评区旅游企业名列前茅】** 为推动上海市旅游行业行风建设与整体服务质量全面提升，上海市旅游局委托第三方调查机构——上海市质协用户评价中心开展全市旅游行业行风满意度测评，根据测评结果形成《2011年上海市旅游行业行风满意度测评报告》(区县分报告)。报告数据显示，宝山区宾馆、景点及旅行社都取得了较好成绩。在接受测评的全市31家3A级景区中，东方假日田园以90.84分位列第三；在接受测评的全市39家三星级饭店中，宝隆金富门酒店以93.95分位列第四；一般旅行社以86.33分的成绩在8个郊区县一般旅行社行风测评中获第二名。从具体评价指标的得分情况看，宝山区在“规范经营”、“明码标价”、“服务质量”等方面取得了较高分数，但在“改进比较”(整体服务水平和去年的比较)方面还需要企业在今后的工作中注意加强提升。

**【宝山完成机动车维修行业质量信誉考核自查认定工作】** 宝山顺利完成2011年度机动车维修行业质量信誉考核自查认定工作。纳入辖区2011年度质量信誉考核的一、二类维修的企业，按要求提交质量信誉档案材料，并申报诚信等级。区交运署在企业自查认定申报的基础上，根据企业自查认定及日常监管情况，组织开展企业诚信信息采集工作。12月，区交运署按要求及时将企业质量信誉考核信息输入“上海城市交通行业诚信体系信息系统”，完成汽修行业诚信等级的排名。

(张婷婷)

# 第十二章 闵行区信息化建设

## 概 述

2011年，在闵行区委、区政府的领导下，在市经济信息化委的指导下，闵行区科委围绕"全面调结构，深度城市化"发展目标，以"智慧闵行"建设为重点，不断加强信息基础设施建设，推动信息化在城市管理和民生领域的深度应用，在"信息技术服务百姓"的能力水平上取得新突破。

## 一、政务领域信息化

**【深入推进集约化、一体化的电子政务建设】** 完成了新老政务平台的切换及内外网电子邮箱的整合工作。在区府办的牵头下，政务办公平台公文流转应用得到进一步推进。

**【推进区内软件正版化工作】** 完成对全区各机关单位的软件正版化情况的摸底调查，与财政局联合制订并印发《关于落实闵行区政府机关使用正版软件工作的实施办法》，与相关公司签订软件正版化合作协议，解决了闵行区政府机关的软件正版化问题。

**【实施完成机房安全改造】** 增加门禁及监控报警系统，对机房线路进行清理，加强了对机房的管理。扩容升级了机房不间断电源，提高了机房的应急续航能力，避免了因供电不足造成系统硬件掉电引起数据丢失，为各应用系统的数据安全提供了更多保障。

**【推进闵行区网上行政审批平台】** 闵行区网上行政审批平台包括协同审批业务系统（主要包括企业设立并联审批和建设工程并联审批两大应用）、网上公共服务系统、行政审批电子监察系统、审批信息管理系统、审批资源管理与分析系统、证照大厅服务系统、办事大厅业务系统。主要用户包含行政审批工作的业务人员、行政审批工作的监管人员及社会公众等。该平台于2011年6月正式通过验收。区平台上线后，内资企业设立的平均审批时间由6.6个工作日缩短为5.3个工作日。

## 二、社会领域信息化

**【推进全国教育电子政务试点区工作】** 作为教育部"教育电子政务试点工程"试点区，已基本建成以政务内网(OA)、政务外网（政务信息公开网站）和教育信息门户网站构成的"两网一站"体系，初步达到了"建设覆盖全区的教育电子政务网络体系，开发运行相应的信息管理系统，将电子政务与教育管理进行有机结合"的试点目标。2011年4月完成了全区127家教育单位的"全国教育电子文件与信息交换系统"的安装及培训。通过关键管理业务信息化的推进，已初步形成了较全面的学生数据、教师数据和机构数据。组织实施了试点工程的验收申报工作，并顺利通过了教育部教育管理中心的试点工程的达标验收。12月，被正式批准为"全国教育电子政务试点工程单位"。

**【积极开展电子书包试验项目】** 2011年年初，区教育局启动"基于数字化环境的学习方式变革试验"项目，首批试验学校为七宝中学、闵行中学、闵行二中和蔷薇小学。7月，通过上半年"数字化学习方式变革实验"项目的阶段性总结，对四所全面试验学校的实验方案和上半年的实验工作进行了阶段专家评估和阶段研讨。

**【完善电子健康档案功能】** 完善已建立的居民个人

电子健康档案综合管理系统和数据交换平台，利用数据交换平台实现了全区健康卡的发放及在全区各医疗机构的应用、全区诊疗一卡通及签约居民借助互联网查询个人相关健康信息和与社区医生的网上互动等功能，部分实现了居民电子健康记录和电子病历的双重功能，使之成为记录居民从出生到死亡的生命指标、疾病史、免疫接种史、体检情况、保健管理信息的集合。

**【开展电子病历试点工作】** 按照上海市卫生局《关于开展上海市电子病历试点工作的通知》（沪卫医政〔2011〕17号）等文件精神，区卫生局成立上海市闵行区电子病历应用试点工作领导小组和专家工作组，建立适合本区实情的电子病历应用系统。率先在吴泾医院开展以电子病历为标准的数字化建设。探索建立了《上海市闵行区电子病历数据信息共享平台技术规范》，建立区域电子病历数据中心，以实现区域内所有单位电子病历信息安全共享。

**【建立"全科医生家庭健康服务责任制"】** 实施以全科医生为责任主体、社区卫生服务中心为依托、社区居民及其家庭的健康服务及管理为工作内容，建立契约关系为服务形式的新型医疗保健服务模式。研发了闵行区家庭医生责任制服务信息管理系统，建设GP（地理处理过程Geo Processing，简称GP）信息化操作平台。实现"家庭责任医生"对管辖家庭的良好互动服务，包括诊疗、随访、健康教育、健康咨询等。成立六个支持中心：护理中心、医疗支持中心、社区公共卫生服务中心、社区康复中心、妇幼保健中心、后勤保障中心。

**【建设闵行区食品安全联动监管信息系统（一期）】** 启动闵行区食品安全联动监管信息系统（一期）建设。该系统将整合全区层面的食品安全监管信息，建立食品安全联动机制与风险预警、评估机制，实现食品安全"从田头到餐桌"各个环节的全程监管。项目自2011年上半年开始进行调研、立项，经过5个月的工作，于9月初完成专家论证、立项，开始实施项目。

**【完成社保卡、居住证工作】** 2011年闵行区共办理0—6岁儿童卡、学籍卡19 534张，发放社保卡46 575张、敬老服务专用卡8 500张，发放临时居住证155 669张、正式居住证61 111张。

## 三、城市建设管理领域信息化

**【完成"智慧闵行"基本框架设计】** 借鉴国内外发展的先进理念，贯彻落实上海市有关"智慧城市"的精神，坚持需求导向、问题导向，通过广泛而扎实地走访、调研，深入分析闵行区发展现状，完成议题研究报告，形成了作为2011年区委常委会重要议题和区政府重点工作的"智慧闵行"基本框架顶层设计。"智慧闵行"的发展愿景为：感知民生、互联信息、智能管理、共享共用。总体蓝图是基于N+1云体系实现一个中心、两大公共库、三个面向、四大支柱。总体功能框架落实为6大领域、37个功能模块和11项重点创新设计。

**【建设TD网络建设与应用试点示范区】** 全面推进TD网络建设及应用试点工作，TD网络覆盖率达到84%，在医疗服务、教育服务、社区服务、城市管理四个领域积极开展TD业务应用，移动体检、移动办公、医讯通、宝宝在线、校园WAP门户网站、宜居通、城管通等项目试用情况良好。2011年9月，顺利通过了市经济信息化委信息基础设施管理处领导组织的专项检查。

**【继续推进"无线城市"建设】** 加速推进新一轮"无线城市"建设，继续完善区域内的3G+WiFi覆盖和应用，深化在政府公共办公和服务区域、重点商圈的热点覆盖，制定了在区政府公共服务窗口区域、公共文化体育场所、公共休闲区域等三十余个场所为广大群众提供免费无线上网业务的推进工作目标，截至2011年年底已开通24处，较好地发挥了"无线城市"的效益与作用。

**【建设闵行区道路交通信息化工程（一期）】** 建设了99个路口控制机的安装及联网调试，其中80%的路口已形成绿波带；完成了外场5个路口的情报板的安装调试；内场部分已完成机房设备安装工作，交通信息管理中心已完成人员岗前培训，正式进驻中心开始试运营。光缆部分、主体工程部分分别在2011年8月、10月通过预验收，光缆部分于11月通过验收。

## 四、信息基础设施建设

**【推进城市光网建设】** 完成30.5万户城市光网改造工作，完成率102%。全区已累计完成42.5万户的改造，城市光网用户达8万户，光网接入家庭最低带宽10Mbps，宽带接入水平得到大幅提高。

**【信息基础设施建设规范化集约化】** 根据各通信运营单位业务需求，协调了区内135条道路的信息管线集约化建设，信息管线建设约166沟公里，1 055孔公里。积极配合市政道路改造工程和大型保障房社区建设，协助做好华漕国际医学中心、吴泾中航商用飞机发动机研发中心、浦江拓展基地、鲁汇保障房基地等园区的道路配套设施工程中涉及通信管线建设及架空线入地工程前期准备工作。做好信息窨井盖被盗补盖工作，2011年共处理了1 979起信息交接箱破损、架空线坠落等案件，完成率100%。

## 五、信息化环境建设

**【不断规范和优化信息化项目管理】** 进一步规范管理政府投资的信息化项目，与区财政局联合制订并印发了《闵行区信息化建设项目管理办法》（以下简称《办法》），制订了《闵行区政府投资信息化项目监理管理暂行办法》。依照《办法》认真执行信息化项目管理，基本实现了从预算申报、立项审核、项目监理到验收评估的全过程管理。完成了年度信息化专项预算编制工作，从源头上加强对各单位信息化项目的管理；借助外力，通过公开招标确定了2家监理公司，对13个全区区级财政投资建设金额超过30万元的重大项目进行了全过程监理；完善绩效评估机制，在前期调研的基础上选取了7个信息化系统开展绩效评估工作，实现信息化项目全过程管理。

**【加强网络与信息安全防范工作】** 认真组织开展信息安全活动周活动。组织全区各相关单位参加以"信息安全保障智慧城市"为主题的第一届上海市信息安全活动周活动，组织区教育局、卫生局、公安分局、各通信运营单位、区信息协会等部门分管领导及信息化管理员、保密员参观"2011年信息安全技术产品展"；开展信息安全检查，组织信息安全保障工作的自查与抽查，对全区9镇、3街道及区委办、区府办、区政法委等8家重点单位进行了信息安全保密检查及政府信息系统安全抽查；开展信息系统等级保护工作，组织区电子政务平台、政府网站等重要信息系统的等级保护（三级）测评。

## 六、社会诚信体系建设

**【继续推进闵行区企业信用信息共享平台】** 召开闵行区社会诚信体系建设工作例会，印发《闵行区企业信用信息共享平台管理办法》（试行）。

**【积极开展诚信知识宣传活动】** 通过"3·15"、"诚信活动周"、"质量月"活动，组织开展诚信宣传活动，接受市民咨询百余人次，发放诚信宣传资料8 000余份。通过多种宣传平台和形式，大力倡导全社会诚信、守信观念，努力营造良好的社会诚信氛围。

**【开展工程建设领域项目信息公开和诚信体系建设】** 成立闵行区工程建设领域项目信息公开和诚信体系工作协调小组，形成《2011年闵行区工程建设领域项目信息公开和诚信体系建设工作实施计划》。

（金淑蓉）

# 第十三章　嘉定区信息化建设

## 概　述

2011年，嘉定区信息化工作在区委、区政府的领导下，深入贯彻科学发展观，牢牢把握信息化发展新机遇，加快信息化基础设施集约化建设步伐，推进电子政务优化升级，促进重点领域信息化发展。利用嘉定信息化领先优势，加快“智慧城市”示范应用建设。创新管理和服务模式，扎实推进电子政务建设，促进信息技术向城市管理和服务领域渗透。建立信息安保专项小组，完善信息安保应急预案，组织有关系统的应急演练，确保信息安全无事故。优化大联勤信息化平台，保障社会综合管理联勤工作。

## 一、政务领域信息化

**【电子政务公共服务体系】** 区城市综合管理联勤工作信息平台正式上线运行。2011年，区信息中心共受理政务网相关业务970件，涉及新接入政务网2 215件，新接入互联网925件，新接入市电子政务外网190件，新建政务网账号646个，新申请CA证书57件，涉及账户变更及网络调整67件，涉及光纤接入59件，政务网用户达到7 000人。实施区电子政务平台三期建设工作，引入云计算、移动互联网等先进理念及应用模式，在嘉定区315+X体系框架的基础上，从延伸应用环境、强化业务支撑能力、丰富应用功能、优化用户体验等方面着手，优化升级电子政务体系框架。同时，与区纪委积极合作，共建共推区网络监察系统。

**【“上海嘉定”政府门户网站建设】** “上海嘉定”门户网站成功改版，5大频道、5大版本全新上线。2011年开展各类民意征集活动12次，网站政务频道政府信息公开专栏共发布各类政府公文2 269条，同比增长15%。网站新闻频道共发布各类党政动态信息2 189条。保持市门户网站信息录用总分、上报量和录用量位居全市各区县第一。年内政府信息主动公开条目1 460条。在第六届中国特色政府网站评选中被中国社会科学院信息化研究中心评为“用户体验优秀奖”。在上海市第六届优秀网站评选中，被中共上海市委宣传部评为“全市百家优秀网站”，网站英文版还被评为“全国优秀英文网站”。

## 二、社会领域信息化

**【推进社会信息化服务工作】** 2011年，嘉定区社保卡服务中心获市先进集体称号，社保卡补换窗口获市先进受理网点称号。2011年全年嘉定区社保卡服务中心共完成社保卡申领50 178张，其中完成儿童卡申领253张、学籍卡申领15 050张、蓝卡申领29 547张、红卡申领5 328张、敬老卡申领8 873张；临时居住证新办275 979人次，遗失补办15 819人次，到期重办65 0372人次，退证63 371人次；正式居住证申领1 611张，发证1 573人次。

## 三、城市建设管理领域信息化

**【社会综合管理联勤工作信息化】** 建立了全面覆盖、动态跟踪、联同共享、功能齐全的城市管理综合信息支撑平台，支撑12个街镇19个指挥中心的城市综合管理，助力"嘉定区城市综合管理联勤工作"这一创新城市综合管理模式的推广和实践。

**【开启"智慧城市"建设工作】** 建立了嘉定新城"智慧城市"项目推进工作小组及其工作机制，开展嘉定新城"智慧城市"规划咨询，形成嘉定新城"智慧城市"规划蓝图(第一版)；启动嘉定新城"智慧城市"详细规划的征集工作，面向全球广泛征集"智慧城市"规划。一个运营中心，两个支撑网络，多种实效应用相结合的"1＋2＋N"的"智慧城市"建设格局基本形成。

**【推进"智慧城市"示范性应用】** 依托无线城市网络，利用物联网技术，实施首批应用示范工程建设。围绕嘉定新城"生态宜居"特点，探索环境监测系统，对嘉定新城中心区内绿竹池、远香湖、石冈门塘等景区进行环境监测，对温度、湿度、二氧化碳浓度、水质和噪声等环境指标进行实时地检测，为政府决策和市民日常生活提供参考和依据；依托上海市科委智慧社区试点项目的创新、整合优势，启动智慧社区试点项目建设，开展智能安防、远程抄表、节能环保、公共设备远程监测等升级、改造、优化工作，探索智能家居、老人与儿童健康监测等试点建设，为居民提供更加安全、更加便捷的日常生活。启动智能交通(信息灯"绿波"、交通信息诱导、公共停车位诱导、公共车辆管理、交通自助服务终端、公共自行车出租服务等)、智慧医疗、智能园区等试点项目的软课题工作。

# 四、信息产业发展

**【全国首家物联网中心成立】** 2011年9月26日，全国首家物联网中心——上海物联网中心在嘉定正式启用，上海物联网产业园区揭幕。中心集物联网方面的研发力量、研究成果和人才于一体，吸引高端物联网技术研发平台和企业集聚，打造国内具有竞争力并具国际影响力的物联网产业创新基地，成为国内物联网的关键技术研发基地、公共研发平台、应用示范基地和高端人才、产业的集聚基地，推动物联网战略性新兴产业发展。

**【推进物联网科技企业集聚发展】** 建立上海市物联网中心产业园(上海市嘉定区物联网科技企业孵化器)，引导孵化基地积极做好企业发展的相关配套服务工作，为企业进一步发展提供优越的政策和优质的环境。通过"走出去"和"请进来"等方式，持续推动物联网相关企业向上海物联网中心和嘉定区物联网科技企业产业基地集聚，形成规模效应。

**【推动车联网与车载信息服务产业发展】** 上海车联网与车载信息服务产业联盟和产业基地落户嘉定。以"合作、共赢、创新、发展"为宗旨，建设车联网与车载信息服务产业创新公共平台，以行业共性与关键技术为重点，构建以市场为导向，产、学、研、用、资相结合的技术创新体系，推动产业联盟形成国内外交流合作、示范应用、宣传推广的平台，积极推动车联网与车载信息服务产业健康持续发展。

# 五、信息基础设施建设

**【信息基础设施建设】** 新建信息管线534孔公里，完成13个二级节点的大对数光纤铺设、12个街镇的二级电子政务机房改造，9个街镇完成了下属村、居委、镇管企业305个三级单位的光纤接入，全区形成了1个中心、1个备份中心、15个二级节点、400个三级节点的网络格局。

**【推进"无线城市"深度覆盖】** 围绕建设宽带化、泛在化、集约化的高水平信息基础设施目标，依托基本建成的"嘉定·无线城市"优越的无线宽带网络，持续推进"嘉定·无线城市"的深度覆盖，为"智慧城市"建设提供更加稳定、快速、方便、安全的无线网络支撑；2011年共新建信息管线约534.1孔公里，其中共建约118.2孔公里；加快推进区域"光纤到户"建设，全年完成"光纤到户"改造5万多户，完成率近25%。

# 六、信息化环境建设

**【中英物联网合作洽谈会】** 发挥上海物联网中心和物联网科技企业孵化器的影响力，结合物联网企业在技术研发、成果转化、市场拓展等方面的需求，联合上海市技术交易所共同开展"2011年中英物联网技术研讨及项目洽谈会"，搭建企业与研究机构相互交流合作的平台，推动技术交流与合作，为企业发展提供良好的环境和氛围。

**【中国汽车电子产业发展论坛】** 联合上海市交通电子行业协会，共同举办2011中国汽车电子产业发展论坛，论坛聚焦汽车电子高新技术产业化，通过对产业政策解读、汽车市场展望、自主创新突破、产业结构调整和全面提升国际竞争力等行业关注的重大课题，助力我国汽车产业由制造大国向自主创新强国迈进，实现汽车电子产业自主创新高速发展跃上新高度，为中国汽车产业新一轮发展搭建行业交流合作服务平台。

（陈　潇）

# 第十四章 松江区信息化建设

## 概 述

信息安全保障工作始终是网络管理中心的重点工作之一，面对电子政务日益复杂的信息安全问题，区科信委领导非常重视，要求切实做好信息安全保障，中心为此开展了相关工作。2011年4月，完成了市经济信息化委布置的区重要应用系统的等级保护测评工作，测评结果在全市区县中属中上水平。7月完成了政务网络核心设备采购及更新部署工作，政务网络的正常运行得到了有效保障。8月完成了电子签章系统更换工作，将原先存在安全隐患的签章系统进行替换，重新制作了电子图章780个，下发USB密钥310枚，培训了61家用户单位。11月对政务外网的接入用户开始进行域控部署，年底完成办公中心29个单位近800个用户的部署任务，二中心用户将在2012年进行部署。11月完成了二中心机房电力改造工作，确保机房的电力供电保障。另外，认真做好了"五一"、国庆等重大节日的信息安全保障工作。

日常运维服务是网络管理中心的另一项重点工作。除了日常技术性问题交流之外，经常组织各类新型科技知识的学习和培训，灌输如何做好优质服务的理念。截至年底，中心共受理托管网站97个，服务器124台，对这些网站和服务器提供了365天每天24小时实时监控服务，并制定了细致的应急预案，一旦发现问题立刻解决。全年未发生一起重大事故。共处理日常维护及政务平台问题1 022起，为有关委办局开通政务外网8条，多次保障了电视电话会议的顺利召开以及年初的"两会"电子签到系统。

## 一、政务领域信息化

**【稳步推进"两化融合"实践活动】** 积极完成松江区"两化融合"水平评估。共收到有效问卷157家，其中大型企业34家，中小企业123家，主要分布于装备、信息等产业领域。在充分征求各相关单位意见的基础上，制定了《松江区信息化和工业化融合专项资金管理暂行办法》，区政府142次常务会议讨论通过。

**【推进"智慧城市"建设】** 为贯彻落实市委、市政府推进"智慧城市"建设的有关要求，牵头编写了《松江区推进"智慧城市"建设三年行动计划》，"十二五"期间重点在六个方面、23个重点领域上加快松江区"智慧松江"建设。

**【持续规范窗口服务质量】** 作为市政府实事工程，高效、快捷、优质地服务办事群众，是窗口工作人员的主要职责和必然要求，为了更好地服务于民，定期召开小组讨论会，对工作中出现的问题和不足进行改进和完善，细化工作任务，梳理工作情况，主动查找存在的问题和不足，对现有的服务质量提出改进对策和工作建议。另外，定期采用调查表形式对现有的服务内容及服务态度进行民意调查，将表格放在窗口让办证市民填写，从中了解市民的想法，在点滴实践中让服务更完善。

**【办公门户开发有序推进】** 2011年，办公门户建设延续了一期项目的各项进程，完善了一期项目中各应用模块的功能，协调厂商做好应用系统整合工作，6月中旬完成一期项目的验收，并组织了部分试用单位进行培训。二期建设开始前，中心与相关业务单位及科室进行多次交流，对后续建设内容进行了商讨，明确了二期建设的最终整体方案，于9月底签订了建设合同。二期项目把重点放在与即时通信软件(OCS)的整合和定制开发上。通过OCS系统，提升了平台的整体沟通协作能力，使用户得到更好的操作体验。此外，对原有邮件系统进行了升级，使其与办公门户及OCS之间结合更加紧密。会务管理、IT服务管理等业务系统子模块也将陆续推出，届时，平台的整体服务能力及运维管理能力将会有一个较大提升。

# 二、社会领域信息化

**【提升社保卡发放、申领水平】** 按照“贴近市民、服务发展”的原则，以“市民满意”为标准，统筹规划，有序推进，截至2011年12月底，全区办理各类社保卡、学籍卡、敬老卡、婴幼儿卡30 559张。居住证申领4 205张，临时居住证申领347 773张，新证续签752 949张。2011年全年共补换社保卡15 840张，其中补卡5 880张，换卡9 960张。

**【顺利完成课题预订目标】** 顺利完成市经济信息化委关于《推动区域内中小企业信息化建设与应用的创新性机制和模式研究》的课题工作。2011年2月，由市工业自动化研究所、上海陆达有限公司及区科信委有关人员组成课题小组。经过前期对有关企业、部门等的调研，了解全区及本市工业经济和信息化的现状，多次召开有关企业专业人员座谈会，完成课题预订目标。

**【社区和城镇信息化】** 为总结各街道、镇、园区信息化工作经验，交流信息化推进工作的心得体会，同时为了创造性开展工作、凝聚信息主管队伍，使信息化的应用推进在基层有抓手，2011年每两个月便会组织各镇、街道的信息主管召开社区和城镇信息化工作例会，为信息主管搭建工作交流平台，通过各种参观和交流学习，较好地推进了基层信息化工作。

# 三、信息产业发展

**【积极落实软件和信息服务业统计工作】** 根据市经济信息化委软件和信息服务业统计工作的要求，积极落实松江区软件和信息服务业统计工作。截至2011年第三季度，松江区软件和信息服务业全区实现固定资产23.23亿元，同比增长11.47%。营业总收入14.18亿元，其中主营业收入14.17亿元，同比分别增长1.72%、2.98%(其中软件收入7.4亿元，同比增长1.37%)。实现利润总额0.96亿元，营业利润0.90亿元，同比分别减少21.95%、21.73%。

# 四、信息基础设施建设

**【信息基础设施建设管理】** 将编制完成的《松江区主要区域信息基础设施总体规划》与《松江新城总体规划修改(2010—2020)》的要求进行了对接，编写了《关于加强信息基础设施规划建设管理的实施意见》，2012年1月提交区政府常务会议讨论通过后，将纳入松江区总体规划，与松江的城市发展同步规划、同步建设，以规范管理松江区信息基础设施建设。建设完成了松江区信息基础设施管理平台，协调共享基站7座、新建2座、搬迁1座，解决了部分区域信号覆盖薄弱问题。

**【参与区内重大信息化项目建设】** 参与建设了“城市综合管理信息平台”和“视频图像监控系统”，成立了工作小组，规范项目的开发建设，多次与试点单位和用户沟通，与开发公司研究完成了方案和建设合作协议，2011年11月1日，大联动试点系统在九亭正式上线试运行，视频监控系统九亭试点建设已进入公开招标流程，卡口识别系统建设也即将进入招标流程。

**【开展无线电管理区县试点工作】** 组织开展无线电管理区县试点工作，做好户外宣传、平面媒体和网络宣传，通过科普前沿阵地——科技馆、科普讲座等多渠道、多层面开展无线电科普宣传，组织22名应急通信机动分队成员赴市无线电管理局培训中心进行业务培训，成立了全市第一家签约挂牌的区级无线电管理办公室。

# 五、信息化环境建设

**【进一步加强网络及信息安全保障力度】** 围绕2011年完成的域控管理平台，继续完善安全保护、认证、审计、网络安全，切实增强政府信息系统防病毒、防攻击、防泄密和反窃密能力。理顺管理关系，分清管理职责，建立健全区电子政务管理的管理规范和制度。加强电子政务队伍建设，结合域控管理和运维管理平台，建立定期培训机制，以便各信息主管熟悉电子政务的运维管理流程，提高电子政务网络及应用的运维管理水平。

**【推进"城市光网"建设】** 2011年初与电信多次讨论，确定全年完成约20万户覆盖能力、8万户实际接入的建设目标。在信息主管例会上将建设任务细分到每个街镇，覆盖小区324个，覆盖用户26万多户，完成计划数的130%；入户数9万多户，完成计划数的114%。

**【无线城市建设】** 2011年9月，根据市经济信息化委和区府办要求，围绕《上海市推进智慧城市建设2011—2013年行动计划》，摸清了松江区无线局域网(WLAN)建设的现状及2011—2013年计划覆盖的区域，在已建1 062个场点的基础上，到2013年年底将新建609个场点。

(刘苏宁)

# 第十五章　金山区信息化建设

## 概　述

金山区信息化建设在区委、区政府的正确领导下、按照全市的统一部署，紧紧围绕本区“创业金山、宜居金山、和谐金山”的具体要求，大力推进信息化基础设施建设、信息资源的开发与应用、信息产业发展、信息安全以及信息化环境营造等工作，取得了新的进步，也为信息技术在各领域中的广泛应用和深度融合奠定了扎实基础。

## 一、政务领域信息化

**【区政务信息平台改版工作】** 金山区政务信息平台是面向全区公务员及工作人员日常办公、获取信息、事务处理的综合性工作服务门户，提供了全面强大的门户统一表现和应用导航服务、个性化服务、应用资源整合服务等门户功能。根据实际应用需求，在2011年对原金山区内网门户调整首页整体布局，优化栏目展现方式，突出重点内容，提供人性化的便捷操作。包括对平台页面重新进行风格设计和导航设计，增加“金山报电子版”、“舆情信息”、“信息化应用系统”等栏目，新平台在2011年12月29日正式运行。

**【区虚拟化平台建设】** 搭建虚拟化应用平台并对部分应用系统进行迁移，建立虚拟化应用平台技术标准、操作规则，并逐步进行推广和应用。虚拟化平台建设借助先进且成熟的服务器虚拟化技术，构建高连续性、灵活敏捷的信息中心基础架构，实现对业务需求的快速和有效响应。现阶段采用6台戴尔高性能刀片式服务器、1套华赛高性能存储作为虚拟基础架构的支撑平台，实现了服务器虚拟化能力。

**【区水务(海洋)局网站改版升级】** 为进一步强化政务公开、公共服务、公众参与三大功能，加强与群众间的沟通和协调，体现“服务型网站”的整体形象，区水务(海洋)局网站在2011年全新改版升级。新版网站增加了机构职能、精神文明、科技之窗、水文化、水务风采、便民问答、便民服务、业务专栏八个一级栏目，二级栏目也有相应的变化和调整。此外，对网站主框架和色调进行了重新调整，对原有的部分模块如水务热线、水务要闻、网上办事等栏目进行了优化。突出了以人为本，加强了服务和互动功能；加强了“便民服务”、“便民问答”、“水务热线”、“网上调查”等服务性和互动性栏目；公布了联系电话和办事程序，方便了群众与区水务(海洋)局的联系。改版后网站内容更齐全，所开设的网站栏目涵盖了区水务(海洋)局所有科室及基层单位的工作内容，实现了水务工作的全覆盖。网站已投入使用，后期将继续完善充实各项板块和内容。

**【市检察院执法(工作)档案软件】** 上海检察人员执法(工作)档案软件自2010年9月运行以来，区院不断规范软件的管理和运行，取得了初步成效：统一了认识，促进了检察队伍建设发展；丰富了内容，集中录入和更新了大量信息。共录入418篇工作自述、400篇日常工作记录、118篇调研文章、31篇情况信息、30份资格证书、47项个人自填奖励等。执法(工作)档案软件为检验区院检察工作成果提供了充足的信息数据，优化了管理。为选拔任用干部提供了便捷、清晰、透明、精确的统计、比较和参考。

**【区检察院自主管理平台】** 金山区院执法档案自主管理系统体现出以下几个特点：一是信息发布量大。干警参与交流互动的积极性普遍比较高，全院干警已发表各类经验体会150余篇，信息反馈留言20余条，总点击数2 000多次。二是内容丰富，形式活跃。不仅有办案体会的总结和办案难点的分析、对司法解释的理解，还有个人小结、思想交流、工作创新等。三是发布主体趋于年轻化。在发布信息数量前10名中有9名来自公诉，另一名来自研究室，均为 35 岁以下青年干警。

**【区检察院协助河北省邯郸市院完成了绩效管理系统的一期开发】** 应河北省邯郸市检察院的邀请，金山检察院给邯郸市院的党组成员和中层干部做了一次题为《运用信息化手段实现队伍管理》的讲座，并协助邯郸市院政治部完成绩效管理软件的一期研发，收到了良好效果。上海市检察院把一些成熟的技术和做法推广到其他兄弟院，有利于提高上海院信息化建设的影响力，有利于提高上海市检察院信息技术人才库成员的技术能力、沟通能力和学习能力。

# 二、社会领域信息化

**【区委党校信息管理系统建设项目】** 金山党校从实际出发，有针对性地设计了党校信息管理系统建设方案。系统涵盖了系统维护、教师管理、教室管理、班级管理、公告管理、课程管理、请假管理、结业管理。系统支持学员工作管理部门和全校学员通过网络发送和接受相关信息，开展在线的业务处理，支持按权限管理的各种申请、查询和统计报表的输出打印等功能。在学生管理模块中，为每一位学员设计的实时签到功能是本系统的一大亮点。同时，学员可以利用触摸屏查询到关于课程安排、教师简介以及党校介绍等信息。这样不仅提高了办事效率，而且增强了金山党校信息化建设质量及教学管理水平。

**【金山区 12358 价格举报管理信息系统】** 2011 年 11 月，上海市“12358”价格举报中心金山区节点建设完成。通过金山区节点建设，基本完成与市举报中心的业务连接。金山区 12358 价格举报管理信息系统由价格检查系统、行政办公系统、举报中心坐席、信息安全等系统构成，形成了较为完善的业务系统，引入电子政务标准化规范，实现价格检查部门与纵向、横向部分相关部门之间的信息采集、报送、传递、交换和共享，进一步提升业务管理信息化和科学决策水平，并预留接口，通过全国统一的数据采集中心实现国家、市、区(县)三级信息资源的共享，强化为社会公众服务的功能。

**【区教育局顺利通过“上海市 400 所农村中小学教育信息化应用推进项目”工作验收评估】** 2011 年 10 月 19—20 日，上海市 400 所农村中小学教育信息化应用推进项目办公室组织专家对金山区推进项目工作进行了验收评估。专家们先后前往亭林小学、松隐中学、干巷学校进行了现场验收评估，一致认为金山区区域教育信息化环境构架到位；信息技术给广大教师带来了专业发展的空间；基于课堂教学的发展变化，逐步提升了学生的综合素养；合理规划了整个区域的信息化环境，并突出核心领域的应用；对教育教学服务支持到位；管理机制科学，为金山教育的创新和可持续发展构筑了良好的信息化生态环境。

**【推进《金山报》全媒体资源共享库的建设】** 为提高记者采访效率，方便资料的再利用，加强报社管理，《金山报》启用全媒体资源库。整个编辑系统包括采访单、新闻素材、历史素材、高级检索、采访单检索等功能，所有采访、稿件、图片一目了然。整个资源库从前期调研、可行性分析到与方正公司的多次洽谈协商及施工、修改，历经三个多月，于 2011 年 10 月 18 日正式完工，并对全体员工进行了使用培训。详细说明了采访单的每一项内容的填写、递交、查看领导审批结果。介绍了稿件入库、采编选用及检索等流程，并下发了《全媒体资源库操作细则》。通过近一个月的运行，基本实现了报社领导对每一项采访的了解并提出指导性意见，记者稿件的入库率极高，编辑在稿库里选用合适的稿件。达到了报社有序管理的目的，并为日后资料的再利用奠定了扎实基础。

**【区电信局实施推广无线数字医疗“金山模式”】** 2011 年，金山电信局进一步对医疗行业信息化应用进行了拓展，结合无线数字医疗在金山区九家社区卫生服务中心全覆盖的成功经验，以“无线数字医疗＋翼机通”组合的方式，形成了便于实施推广的无线数字医疗“金山模式”。同时以“十二五”规划中卫生部要求医疗改革需加强信息化建设为契机，在金山区两家三级甲等医院(复旦大学附属金山医院、上海市公共卫生临床中心)成功推广无线数字医疗。在项目推进过程中，将金山医院的搬迁有机结合起来，满足了客户需求。在公共卫生中心项目拓展过程中，解决了医院跨区两个门诊部、住院部异区联网的瓶颈问题。截至 2011 年年底，累计发展“无线数字医疗”3 252 线，有效提高了医院与病患之间的沟通交流力度和覆盖面，提升了医疗机构的管理能力和效率。

**【金山移动增加《金山手机报》"投递"】** 自2011年3月2日起，金山移动向全区公职人员发布的《金山手机报》由3条/天增加到7条/天，并在版面原有基础上新增了"要闻短播"和"街道信息"两大板块，涵盖了区时政要闻、招商引资情况、重点项目进展、各委办局信息等内容，贴近金山实际需求，协助推进"无线城市"建设。

**【金山区文物地理信息系统】** 在全面完成全国第三次文物普查的基础上，实现对本区文物历史及物质方面的文献资料统一归档、分类建库、适时更新和可视化；建立起文物保护数据共享机制，为文物保护部门内部以及其他相关部门提供文物保护信息数据，金山区文物地理信息系统软件开发包括文物数据库系统、运行支撑平台、地图数据发布和展示开发，为文物普查的数据录入、整理、查询、统计提供一个基础工具，同时为本地文物数据的长期维护、补充、管理提供一个数据管理平台。金山区文物地理信息系统于2011年12月份在区政府信息平台上正式上线。

**【区社保卡中心组织和指导各项业务工作开展】** 启动2011年度中小学毕业班学籍卡采集和申领工作。根据市人口办和市教委统一部署，协调区教育部门和各受理网点分阶段对毕业班学生信息进行采集。2011年1月20日—2月28日完成对区内约3 000名2011届小学毕业班学生学籍卡信息的采集工作。10—12月完成对区内小学一年级和高一年级新生学籍卡信息进行采集。全年新申领学籍卡11 000余张。做好敬老服务卡申领和续签工作。组织各网点做好年满70周岁的老年人敬老服务卡的申领工作，对已满两年的敬老服务卡做好续签工作。全年共新申领敬老服务卡4 700张，续签15 300张。抓好居住受理工作。配合区人口办做好外来人员信息录入、制卡工作。全年新办理居住证约130 000张，续签约280 000张，退证34 000张。

## 三、经济领域信息化

**【区科委引导和推动电子商务快速发展】** 区科委加强对电子商务企业的培育，通过协调其他部门，共同参与建立电子商务创业园区，对入园电子商务企业软、硬件的支持，从环境、业务、融资、人才等方面为其量身定做一套完善的服务体系。借力"上海移动"、"阿里巴巴"等企业在电子商务领域的技术优势，2011年，区科委在朱泾镇、亭林镇、吕巷镇、张堰镇、廊下镇等工业区组织开展"两化融合"系列活动，推动各工业区传统企业的信息技术应用，特别是电子商务与传统行业营销管理的渗透融合，全区共有200多家企业参加了该系列活动。

**【区安监局建立执法信息系统】** 金山区安全生产执法信息系统于2011年3月开始建设，于2011年10月试运行。该系统基于企业安全生产基本情况采集、安全生产统计与调度、重大危险源动态监管、安全生产监督管理、安全生产检查记录、安全事故情况统计、安全培训计划和监督八大部分，构建安全、统一的安全生产监管信息数据库，使日常监管工作系统化、信息化，提高安全生产管理水平、工作效率和工作质量。

**【区电信局进一步寻求物流行业信息化应用突破】** 金山电信局在近两年物流行业应用取得成功的基础上，结合实现智能物流、绿色物流、大物流的目标，与上海海缘自动化科技公司进行深度合作，于2011年1月与隶属于该公司的上海菱硕信息技术有限公司签订了共同建设物流行业信息化的合作协议。以中国电信为物流货运行业量身打造的专享服务"车管家"作为主要解决手段，并根据该公司信息化现状和需求，对其网络进行全面整合，为其提供集语音、数据、图像为一体的整体实施方案，实现对车辆实时调派、定位、跟踪和人员实时任务调派和监督等应用功能。截至2011年年底，上海菱硕信息技术有限公司使用电信天翼"车管家"业务已达1 000线，PTT（一键通 Push to Talk，简称 PTT）对讲＋定位业务32线。

**【金山移动与中国石化上海石化中心组签订战略合作框架协议】** 2011年10月28日，金山移动与中国石化上海石化中心组签订战略合作框架协议，双方将本着"优势互补、和谐共赢、共同发展"的原则，建立长期战略合作关系，并充分发挥双方在基础资源、业务运营、优质服务等各方面的优势，重点开发无线视频监控、定位与管理系统、M2M应用等行业应用类业务，推动双方的共同发展，助力重点行业领域的信息化建设，达到提高运营管理效率、降低企业运营成本的目标。

**【金山移动向廊下镇山塘村捐赠并推广农村信息化】** 2011年4月15日，金山移动向廊下镇山塘村捐赠3万元、价值逾千元的图书及家庭手机50部，推进农村信息化进程，将农村市场信息、培训技术信息、生产生活等信息有效地传递到农民生活中，切实给农村生活带来变化，助力金山区新农村建设工作。

**【区质监局实施企业质量档案建设】** 为适应质量监督管理的需求，逐步摸清金山区所有生产企业状况，全面建立企业质量档案，区质监局从各镇、街道、工业区、统计局采集数据。期间企业档案信息库系统不断完善，功能不断扩展，不仅基本收录了金山区所有生产企业，还开发了监督抽查后处理、工业产品许可证监管模块及办公内网，将办公、业务与企业档案数据库相连接，以更大发挥其作为基础数据库的作用。系统收录金山区生产企业4 486家，其中实体型企业4 406家，注册型企业80家。这些数据基本涵盖了金山区所有实地型生产企业，也包括在工业产品生产许可证监管、监督抽查后处理等业务中涉及的少部分注册型企业。借助此系统的数据基础及数据采集功能，进一步加强了对企业的监督、管理和服务。金山区质量技监局也在上海市局系统2010年部署的企业质量档案工作中名列前茅。

**【深化为农综合信息服务平台建设】** 为了巩固、提高为农综合信息服务平台建设，进一步规范为农综合信息服务平台的管理，提高信息服务质量，确保平台能够持续稳定运转并发挥应有的作用，根据沪农委《上海市为农综合信息服务平台管理办法》的文件精神，制定了金山区为农综合信息服务平台考核评分标准。2011年，农民一点通点击数33万次，农科热线总点击数5 068次，本村信息维护数量14 864条，热点信息维护17 853条。为农综合信息服务区级平台共录入1 438篇信息。为了加强"农民一点通"管理，对全区9个镇和金山工业区共100个点"农民一点通"运行情况进行检查排摸。主要检查视频电话拨打是否正常，本村信息和农民补贴信息维护和显示是否正常，网络连接是否正常，机器是否能正常开机等项目，还开展了深入细致的问卷调查、访谈调查。通过调查，不仅加强了区、镇、村三级信息网络的沟通，而且对"农民一点通"的稳定运行起到推动作用。

**【农业科技信息服务】** 上海三农服务热线金山分中心在原有金山农科热线57965282的基础上，因市级三农热线12316扩容而相应升级，以此契机更新硬件设备，使用新开发系统，健全专家队伍。实现与市级农业专家的互联互通，共享市级资源，利用市级农业专家知识库，从以农业生产技术咨询服务为主扩大到农业政策、农产品质量安全、农村集体"三资"、农民社会保障政策等方面，每月从金山本地拨打12316服务热线150次以上。

**【涉农补贴资金监管平台】** 为贯彻落实市纪委、市监察委、市农委、市财政局《关于推进涉农补贴资金监管平台建设工作的意见》的有关精神，全面推进为农综合信息服务千村通工程建设，确保各项强农惠农政策的落实，提高涉农补贴的透明度，金山区在124个行政村实现为农综合信息服务千村通工程全覆盖，推广"农民一点通"。通过对2011年建设的25村进行摸底调查，做好"六个落实"，即落实并上报建设村名单，落实硬件设备建设的配套资金，落实一名村信息员，落实"农民一点通"放置的位置，落实宽带网络，落实本村信息的收集。对新建设的25个村的信息员进行培训。及时做好金山区惠农政策和相关数据的录入工作以及设备的维护等。2011年6月底，全部机器已送到位，并完成注册，2011年10月18日，《涉农补贴资金监管平台建设项目》通过专家验收。为进一步提高农民的知晓率，帮助农民掌握使用方法，在朱泾镇、金山卫镇等多个村开展对村民的宣传培训，取得良好效果。

**【金山区农业数据中心建设】** 自2011年上半年正式启动以来，金山区农业数据中心经过了申报立项、项目招投标、需求调研、系统设计开发、试运行、中期评审、系统整改、推广应用等阶段。开发了蔬菜管理信息系统、水产管理信息系统、畜禽管理信息系统三个子系统。建立了数据收集采编平台，存储以及管理数据，并基于这些数据进行统计分析；实现与上海市农业综合数据库的数据无缝对接，以及相关系统接口的开发；实现与市级各涉农信息平台的对接和相容；初步建立数据分享与挖掘的数据模式；为后期完善工作预留系统接口。

# 四、城市建设管理领域信息化

**【推进直管公房信息系统建设】** 为了提升金山区直管公房管理水平，实现区住房保障房屋管理局、各基层住房所、物业企业之间的直管公房数据信息能够共享、及时更新，金山区推进直管公房信息系统建设。系统主要涉及九个物业企业，从2011年5月开始建设，先后完成了直管公房数据的采集和更新以及相关操作人员的培训，于2011年8月1日正式应用。

**【启动金山区物业管理信息系统项目】** 2011年7月25日，金山区正式启动物业管理信息系统项目，该系统旨在统一全区物业行业管理规范，加强对物业企业的监管力度，探索建立动态诚信评价体系，完善区房屋应急维修网络，建立统一协调处置灾害性天气、防汛防台等突发事件的应急指挥平台。年内已完成协同办公、物业管理基础数据中心、工作任务落实、物业事务管理、物业维修管理、防汛防台管理、重大突发事件管理、应急材料仓库管理、信访管理、决策分析等主要功能模块的研发。2012年2月底前进行功能微调，进入培训试运行阶段，预计整个项目将在2012年6月底实现典型用户的初步应用。

**【金山公安分局开展"世游赛"配套项目建设】** 根据第14届国际泳联世界锦标赛安全保卫工作任务公开海域安保工作要求，金山公安分局自2011年4月下旬起，全力开展世游赛配套图像监控建设，于5月底前完成了25个监控点位的新建和128个点位的联网工作，并于7月初完成了金山城市沙滩、皇家金煦酒店的监控建设、复接和有无线通信、网络覆盖工作，有效保障了第14届国际泳联世界锦标赛金山赛区公开海域比赛。

**【金山公安分局智能卡口(车牌识别)系统建设】** 近年来，随着上海经济的快速发展，机动车保有量的迅速增加，各类案件与车辆的关联越来越密切。根据2009年上海市公安局召开的长宁现场会精神和要求，金山公安分局着手开展基于车牌识别技术的治安卡口信息采集、应用系统(以下简称"卡口系统")建设。根据市局《上海市公安局卡口信息识别系统建设规范》，金山公安分局于2011年2月制定了《金山分局智能卡口(车牌识别)系统建设技术方案》，并于3月24日启动选点工作，计划将已经建设的170余套"电子警察"设备中具有卡口功能的"电子警察"作为治安卡口信息采集前端，接入金山公安分局卡口系统。该项目已于2011年9月中旬启动招投标程序，同时开工建设，将于2012年一季度竣工。

**【环境自动监测系统扩建】** 2011年3月，环保局环境自动监测系统增加了二工区两个特征因子及常规因子自动站数据联网。实现了二工区边界空气质量实时监控和预警监测，加强了对二工区污染企业的监管能力。2011年5月，环境自动监控系统增加了新城区空气自动站数据联网。区域空气环境监测点位得到优化和补充，使发布的区域环境空气质量更具有代表性。2011年，环境自动监测系统对二工区内16家企业废水在线监测装置联网，实现了上述企业废水排放的实时监控，加强了对二工区污染企业的监管能力。

**【建设金山区环境综合管理信息平台】** 金山区环境综合管理信息平台是通过集成、整合的理念，将项目审批、监督管理、移动执法、环境信访、行政处罚、权力阳光运行、内部监督控制于一体的完整的环境信息化系统，通过加强日常行政工作和对污染源的全生命周期管理，实现业务管理的一体化，污染源管理与环境质量管理一体化，GIS系统与业务系统的一体化，业务处理与内控平台的一体化，真正做到通过科技手段的管理提升和改善环境质量，为建设"创业金山、和谐金山、宜居金山"提供环境保障。

**【金山区市政设施信息化管理系统建设有序推进】** 2011年，金山区市政设施信息化管理系统初具规模，在2010年已建立的金山区市政设施数据汇总管理、数据查询分析、数据总库和数据共享交换基础架构的信息化管理模型基础上，补充完善城市排水管道数据库、建立市政设施动态管理数据模式，建立一个集基础数据、养护管理、行业管理为一体的金山区市政设施信息化管理系统。管理人员从金山区市政设施数据分析工作需要，对不同来源市政设施基础数据进行统一、集中管理，通过对区市政设施数据进行多类别、多角度的专业化分析，可准确掌握市政设施属性、动态运营状况，为市政管理提供直观、有效的手段。

**【内河海事安全监控系统凸显成效】** 2011年，海事部门在金山区张泾河重点水域、重点航段、事故多发地段以及各化学危险品码头，已基本实现信息化视频监控系统全覆盖。确保占全市60%以上的化学危险品水上运输安全通行。进一步强化了海事部门对辖区水域及船舶的动态监管，为依法打击水上危险品运输违规违法行为，完善危险品运输安全监管长效机制，为有效防止重、特大事故的发生提供坚实保障。实现了事故现场与搜救指挥中心的信息共享，为海事部门建设平安航道、保护水环境提供了科学保障。

**【构建社区居民与居委会联系的桥梁——山阳社区联居通平台】** 为山阳镇社区建立社区联居通短信平台，采取分级管理控制的方法，社区管委会为下属的11个居委会分配各自的账号，通过电脑登陆平台，即可将各类信息通过短信方式发送到社区住户的手机上，社区管委会可对居委会的工作情况进行统计检查。联居通平台不仅提高了工作效率，还加强了社区沟通，截至2011年年底，通过平台已发送短信25万条，4.1万社区居民收到了短信。

**【区旅游局启动旅游资源管理平台建设】** 为更好地推进智慧旅游建设，2011年区旅游局启动建设金山旅游资源管理平台项目，对金山旅游产品进行信息化展示、营销，搭建金山旅游与游客间的"网络"桥梁，同时加强旅游资源的整合与管理，不断提升金山旅游的服务品质。金山旅游资源管理平台包括金山旅游政务信息系统、金山旅游资讯信息系统和金山旅游资源管理系统。

**【旅游政务微博展金山旅游形象】** 2011年，金山旅游官方微博正式开通，通过实时发布全区各旅游景点、旅行社、旅游饭店的最新服务信息，直播金山旅游节庆活动等赢得网友的关注和"粉丝"的积极互动，曾入选"最具影响力上海政务微博十强"。金山旅游微博已发布微博2 000余条，共吸引近50 000名粉丝关注，宣传效果显著。

**【启动数字化城市管理信息系统】** 2011年8月1日，金山区绿化市容局数字化城市管理信息系统一期项目正式启动。该系统是金山区绿化市容局"十二五"信息化工作规划中的一个项目，旨在建立集园林绿化、市容环卫、城市管理、城市网格化管理等为一体的跨部门、跨业务和跨平台的信息交换与共享系统，以实现提高城市管理工作效率、提升工作质量、更好地服务民众的目标。项目一期工程，旨在完成一部分新功能的开发和部分现有系统的集成。系统建成后，可对现有的系统元素进行整理，加强与业务系统的数据交换和共享，增加整合应用，使信息共享系统成为连接各业务系统的统一入口和工作平台，各相关业务单位、业务科室也可通过系统，根据不同权限实现对系统内现有模块数据适时的观察、采集、控制、管理。

**【WaterPro在污水处理中的管理应用】** 为了进一步加强本公司污水处理厂中央控制和在线检测仪器的管理，提升生产运行和设备资产管理的信息化水平，上海金山枫泾水质净化有限公司正式启动了WaterPro(污水处理厂运行管理软件)运行和设备资产管理软件实施工作。七个标准模块包括：中控室远程监视，监测数据和运行报表，维修养护管理，仪器、设备档案管理，备品备件库存管理，化验室管理，系统配置管理。库存管理等大多数日常信息管理纳入该软件中，运行报表、设备档案、管理体系、设备维修、资产统计、库存管理等业务流程电子化也基本实现。该软件已经成为上海金山枫泾水质净化有限公司进行生产设备、库存管理等日常管理的主要信息平台。

**【张泾河收费系统升级改造】** 2011年11月，区水利管理所对原有已使用七年的船舶过闸费计算机收费系统进行了升级改造，改变了原有"船闸—中心"、"分中心—中心"的两级结构，转变为"船闸—分中心—中心"的三级结构，建立分中心数据库，调整开发平台及系统应用功能，加强了分中心与船闸之间的联系，完善了船舶信息卡内容。此次升级有效地规范了船舶过闸费收缴程序，加强了船舶过闸费征收管理，推进了水闸行业规范服务达标工作，为水闸收费窗口树立了良好的社会形象。

# 五、信息产业发展

**【强化服务职能，引导信息产业加快发展】** 通过对软件企业的季度报表统计，以运行数据为依据，分析区内软件行业发展趋势，运用各类信息产业项目申报平台，包括对软件企业在年审过程中的一系列流程的引导，加深对企业需求的认知，有针对性地为企业履行服务职能，共组织了15个项目申报市级专项资金，企业已获得市级专项资金支持260万元。协调区内相关单位，紧紧围绕本区重点产业和重点领域，抓住区域特点，深化对电子商务创业园企业的培育工作。协调成立了金山区电子商务网商联盟，充分调动区内资源（电信、移动、邮政速递、金石湾、银行等），协助电子商务企业降低运营成本，并根据电子商务产业的特点，推动区内电子商务企业和传统企业互相合作、互相融合。

**【加大融合力度，推进信息技术在重点领域的深入应用】** 着力支撑本区"458"产业发展战略，重点推进信息技术在重点产业领域的渗透。通过在朱泾镇、亭林镇、吕巷镇、张堰镇、廊下镇等工业区组织开展"两化融合"系列活动，推动各工业区传统企业的信息技术应用，特别是电子商务与传统行业营销管理的渗透融合，全区共有200多家企业参加了该系列活动。张堰镇的诠渡良品是一家从事网络销售自主品牌服装的企业，通过各类电子商务平台的推广，其2011年度的营业收入预计超过8 000万元，很多传统企业也拥有行业的自主品牌，"诠渡良品"模式值得推广。积极协调化工物联网产业发展，推动化工行业物联网产品研发及推广应用。通过电子商务"双推"活动支持和推广"物流汇"平台解决方案，推动信息技术与生产性服务业的融合发展。

**【互联网信息服务业快速发展】** 区科委整合全区电子商务企业资源，培育和引导具有自主品牌的电子商务企业进一步做大做强，推动金山区电子商务创业园的建设；并且关注生产性服务业和信息服务业融合中所衍生出的新业态，聚焦适合金山发展特点的信息服务业的发展。2011年，金山区互联网信息服务业主要以电子商务企业为主力，并呈现井喷式的发展。以第三方公共电子商务平台为基础的电子商务企业，经营收入超过1 000万元的有4家，如诠渡良品、妖精的国度等，发展势头迅猛。基于生产性服务业的互联网信息服务业新业态—物流汇平台实现经营收入4 000万元，2011年新增实地物流企业会员（注册于金山卫镇）760家，累计实地物流企业会员2 700家，共完成营业收入19.8亿元，贡献税收1.13亿元，2011年累计网络物流企业会员3 000家。

## 六、信息基础设施建设

**【金山电信全力推进城市光网建设】** 2011年，金山电信局根据区发改委和上海电信城市光网建设的总体要求，全力推进城市光网建设。截至2011年年底，城市光网FTTH覆盖已达97 788户，小区覆盖177个。在实现小区FTTH覆盖的同时，1 781户政企用户实现了FTTO覆盖，城镇地区的小区全覆盖已基本完成。

**【金山电信实施宽带大提速】** 为配合上海"智慧城市"建设，加速推进城市光网发展，中国电信上海公司于2011年1月启动实施"二免一赠一极速"计划。其中，"二免"即光纤到家、增速免费，公众热点、WiFi免费；"一赠"就是家庭存储、百G赠送；"一极速"就是要实现百兆到户、20兆起步。在首次提速的基础上，上海电信于2011年10月1日又全面启动了"光网家庭再提速、免费体验大签约、中小企业新回馈"智慧城市宽带再提速计划。为配合宽带升速，金山电信局对核心网进行了大容量扩容。在朱泾、卫三、张堰、亭林对原先的出口路由器进行升级改造，将A平面出口升至80 G，对业务出口路由器进行扩容。在张堰、亭林新增两台华为ME60X设备，调换朱泾、卫三设备，将业务（B平面）出口升至80 G，使出口带宽达到160 G。同时对金山电信局分布在各乡镇的汇聚机上联进行了扩容，由原先的每台上联4 G，扩容到每台上联10 G。

**【配合轨道交通22号线工程建设】** 为配合轨交22号线（铁路金山支线）改造建设，金山电信局在亭林、朱行、漕泾、山阳、石化等铁路沿线，实施架空线路入地搬迁施工，涉及通信光缆36条，通信电缆56条。至2011年年底，已全面完成铁路沿线的通信线路搬迁工作。此外，金山火车站综合交通枢纽相关新建市政道路配套通信排管，由金山电信局牵头，移动公司、联通公司、公安局、有线电视参建，对涉及道路（临桂路、卫阳路、同凯路、隆安东路）进行管道共建。至2011年年底，市政道路通信排管工程也已全面完成。

【金山联通实现宽带大提速】 2011年，金山联通为应对新的宽带竞争形式，根据市公司"宽带大提速"行动计划，对分公司所有存量接入大楼、接入小区实施网络升速改造工作，同时完成所有存量宽带用户的带宽提速工作。全年新建接入机房7个，新建8个点10台OLT(光线路终端Optical Line Terminal，简称OLT)设备合160个PON端口；投资2 514万元，新建管道114孔公里；新建光缆160皮长公里。完成金山豪庭等16个小区共1.5万用户的FTTH覆盖，为用户提供"百兆进户、千兆进楼"的网络能力。

【持续优化WCDMA网无线信号，3G用户实现大幅度增长】 2011年，金山联通新建并入网室外宏站31个，室内覆盖22个，大大提高了金山区域内的WCDMA网信号覆盖能力。经过定期路测，金山区范围内接收电平值较2010年已大幅度提高。同时3G用户实现大幅度增长，较2010年增长200%以上。

【金山移动圆满完成GSM无线网升级工程】 2011年12月13日，金山移动全面完成区域内全部GSM无线基站设备替换和优化调整工作。顺利升级392个基站，其中包括宏基站272个，室内覆盖120个。进一步优化了金山地区的2G网络，为金山的信息化建设做好了基建保障。

【金山移动局房开局】 上海移动传输网络骨干节点金山移动局房于2011年6月29日投入使用。包括局房土建、局房动力配套、传输配套、办公用房、生产用房、数据中心等单项工程均顺利通过验收，各项工程总计投入约7 000万元。金山局房是上海移动在金山区建设的首个局房，是区域光交网建设两个汇聚点之一，对金山城市光网的建设具有深远的影响，具有一定的社会效益和经济效益。

# 七、信息化环境建设

【区检察院参与重点课题调研】 金山区检察院参与了上海市院重点课题《网络犯罪相关问题研究》的调研，先后走访了公安局信息安全支队、各大网游公司安全技术部门，利用网络收集相关资料，完成课题组交办任务。收集网络术语，累计收集了311条专用术语；确认法律法规，共收集网络犯罪法规汇编13篇；撰写2篇典型网络犯罪案例分析；提供《非法侵入计算机信息系统罪的立法完善》等相关调研3篇。

【区检察院积极探索利用信息技术为诉讼档案归档结案工作服务】 金山区检察院结合在全市检察机关统一应用的办案管理软件，提出借助信息化手段建立诉讼案件归档结案定时提醒机制的运作设想。一是案卷归档时间的定时提醒。利用办案软件中录入的诉讼案件在受理、初查、侦查、批捕、公诉等诉讼环节的信息时间点，结合归档结案工作的具体要求，对于应归档的案件在相应的时间点进行归档提醒。二是电子文书归档的定时提醒。案件在受理、流转、办结等不同诉讼环节均在办案软件中挂接了各类文书的电子版，为了更好地发挥出其比纸质卷宗便于查阅、易于共享的优势，通过归档提醒与管理，逐步建立起电子文书归档机制。同时，利用案件管理系统做好各诉讼环节的监督与管理，为诉讼档案归档结案工作提供有效的信息支撑手段。

【政务网管理工作】 政务网总出口链路升级改造政务网外网总出口链路为电信100M光纤链路，平均负载达到90M，且出口单链路存在单点故障。2011年，配合金山区电信局，将政务网外网出口链路升级改造为400M，经过一年多运行，网络运行安全、稳定。政务网接入工作完成了朱泾镇、张堰镇、金山报等7家单位的政务网搬迁和接入工作；2011年5月，朱泾镇政府机房建设完成后作为朱泾镇中心汇聚机房，原朱泾分中心机房合并至朱泾镇政府新建中心机房中，完成机房整体搬迁以及朱泾地区委办局的网络切割工作。

【探索两级管理，开展区县无线电管理试点】 根据市无管局针对区县无线电管理工作的要求，推动本市无线电管理体制、机制的进一步完善，逐步形成市、区两级协同管理的模式，实现无线电属地化管理的长远目标，区科委积极争取区县无线电管理试点工作，2011年年初被列为全市五个开展无线电管理试点工作的区县之一，"金山区无线电管理办公室"也于9月正式揭牌。

# 八、社会诚信体系建设

**【深化政府管理，推动社会诚信体系建设】** 依托科技企业信用制度建设项目的具体落实，服务企业建立信用档案，完善企业信用制度建设体系，规避企业在经营活动中的风险，增强企业的品牌效应。2011年12月1日，科技企业信用制度建设项目顺利通过验收。积极开展“诚信月”活动，在区科委网站中建立“诚信月”活动版面，从诚信项目申报、知识问答、政策法规等角度，宣传诚信相关内容，并配合市征信办开展针对政府人员、企业职工、社区居民的诚信宣传漫画巡展。对企业所填报的诚信相关项目进行调研和储备，特别关注企业诚信建设中信息技术的应用。利用区诚信联席会议这个平台，完善政府诚信体系建设工作机制，掌握各条线和部门的诚信工作建设情况，结合市经济信息化委诚信体系项目建设推进工作，引导和帮助各领域的诚信体系建设有针对性地发展。挖掘优秀项目积极申报市级专项资金，指导政府诚信建设更好地服务于区域经济和社会的发展。

**【区教育局开展诚信教育活动】** 2011年3月，金山区松隐中学开展“人人知诚信，人人讲诚信”诚信教育月活动，利用班会、红领巾广播、黑板报、主题班会、诚信教育征文等形式，开展丰富多彩的诚信教育活动，使全体学生了解诚信的基本内容，懂得诚信是做人的基本准则，增强学生的诚信意识，号召全体学生做一个“守时、守信、有责任心”的学生。4月，海棠小学开展以“敬廉崇洁，诚信守法”为主题的教育活动，通过制作警句格言宣传牌、绘画漫画比赛、主题班会等形式，广泛开展诚信守法宣传教育活动。9月，张堰中学举行高一年级学生规范诚信签名活动，300多名高一新生在“养成教育启动仪式暨学德建设之‘四不’规范诚信签名活动”横幅上签下名字。

**【开展师德大讨论活动】** 2011年10—11月，金山区教育局组织开展“学习优秀教师弘扬伟大师魂”师德大讨论活动，金山教育系统各学校围绕师德讨论议题，组织教师开展大讨论，每一位教职员工均撰写一篇师德感悟；在金山教育网站开设“金山区师德大讨论”专题栏目，共发表10 000多条师生感言；在广泛征求意见的基础上，制定了《金山区教师职业道德规范》、《金山区教育系统师德建设“十不准”》。

**【区教育局与各学校签订规范收费诚信承诺书】** 2011年3月8日，在金山区教育局2011年度党风廉政建设暨政风行风建设大会上，金山区教育局局长与学校行政法人代表共同签订了《金山区教育局2011年规范收费诚信承诺书》。局长承诺：依法行政，依法治教；校长承诺：依法办校，规范收费。

**【拓展宣传方式，深化诚信体系项目建设】** 诚信联席会议成员单位通过向企业发放“上海信用服务指南”手册，进行企业征信相关知识的宣传。区科委网站增设了“诚信活动月”子网站，介绍诚信体系项目申报相关流程和诚信相关政策，并对企业征信活动中所遇到的一些常见问题作了解答。诚信宣传进入社区，区质监局与区出入境检验检疫局联合开展质量安全进社区活动。通过在石化街道柳城居委会活动中心向社区居民宣传食品质量知识、开展质量投诉及咨询、帮助居民免费维修血压计。

**【鼓励和引导金山区企业树立追求卓越的质量理念】** 区政府常务会议审议通过了《金山区区长质量奖管理办法》，并以区政府名义印发。“区长质量奖”是金山区人民政府设立的质量管理领域的最高荣誉，主要授予区内实施卓越质量管理经营模式、在行业内处于领先地位、取得显著经济效益或社会效益的组织和个人。

**【开展形式丰富的实地“看企业活动”】** 围绕“质量月”主题，组织开展“质检邀您看企业，食品安全大家行”活动。通过参观企业，对企业概况以及目前的生产经营状况、企业生产过程控制情况、食品安全风险防控等基本情况有了一定的认识。并深入企业现场，实地察看了企业生产加工过程，了解企业各项制度建设以及原材料采购、仓库管理、产品检验、食品添加剂管理等情况。通过开展看企业活动，让社会各界代表人士一起走进食品生产企业，深入企业实地了解食品安全状况，营造社会各界共同关心支持食品安全的良好氛围。

**【强化消费宣传教育，倡导理性消费】** 工商局金山分局从加强消费教育和引导入手，预防群体性消费欺诈、消费诱骗案件的发生，努力实现消费维权由事后调解处理为主向事前调控防范为主的转变。深入社区、村居委、超市大卖场开展现场咨询、知识讲座、座谈会、教育宣传等各类消保维权活动五十余次。

（陈天立）

# 第十六章　奉贤区信息化建设

## 概　述

2011年，奉贤区信息化工作紧紧围绕区里“三化两建设”的总体目标和思路，以“智慧城市建设”为契机，加强区域信息基础设施的建设和管理，推进重点信息化项目的建设，完善区电子政务平台，加快信息技术在各领域的应用。“上海奉贤”门户网站在2011年第六届中国特色政府网站评选活动中荣获“服务创新奖”。

## 一、政务领域信息化

**【加强“上海奉贤”门户网站的建设和管理】** 2011年，完成了门户网站改版，优化了网站功能，提高了用户体验度，围绕“网上办事”和“便民服务”两个栏目建设了上海奉贤便民智能服务平台，提供了智能快捷的便民查询通道，凭借这一平台，“上海奉贤”门户网站在2011年第六届中国特色政府网站评选活动中荣获“服务创新奖”。完成了区政府网站群（对外服务区）安全平台改建，确保网站安全运行。全年，门户网站共发布了6 200多条信息，收到来信2 920封，年内完成答复2 861封，收到网上办事申请30件，年内办结22件，收到信息公开网上申请38件，年内全部办结。积极做好向“中国上海”网站编辑部的信息报送工作，全年上报3 972条，被采用3 752条，采用率94%，总分排名在17个区县中名列第四。

**【开展区长网上办公活动】** 2011年，开展区长网上办公活动12次。区长、副区长围绕绿化市容环境、旅游事业发展、产业结构调整、重大工程建设、新农保试点工作、“十二五”规划、新农村建设等与人民群众生活密切相关的主题，与网民展开在线对话。全年“区长网上办公”专栏页面浏览量516 767次，现场参与活动网民2 325人次，提出问题644个，现场回答问题567个，其他与活动主题无关的问题在活动后通过信访等渠道予以答复。

**【推进区网上行政审批平台建设】** 2011年，完成区级审批平台和市级平台对接，实现区级审批平台和相关市级条线系统的业务数据交换，做到“一次录入”，优化行政审批流程，提高行政审批效率和行政透明度。完成内资企业注册并联审批、规划和设计文档并联审批等相关平台建设。奉贤区的网上行政审批平台以市级平台框架结构为参照，采用市级平台标准模块，构建区级审批平台基本框架。

**【推进区电子政务视频会议服务平台建设】** 区电子政务视频会议服务平台由三期工程组成：“一期搭基础、二期广联通、三期全覆盖”。2011年7月，完成区电子政务视频会议服务平台“一期工程”建设并通过验收。“一期工程”搭建了区电子政务视频会议服务平台，完成了主会场和各镇、开发区13个分会场的建设和接入。“二期工程”于年底完成建设，有20个委办局的分会场接入。

**【完成区电子政务云计算服务实验平台建设】** 2011年8月，完成区“电子政务云计算服务实验平台”建设并投入试运行，在该平台上成功移植和运行了“农委资金监管平台”、“并联审批平台”、“监察平台”、“两法平台”、“物价举报平台”等六个应用系统。该项目的实施为奉贤区下阶段的云计算服务中心建设奠定了良好的理论和实践基础。

## 二、社会领域信息化

**【完成奉贤区社区市民电子健康档案信息系统工程建设】** 2011年，完成了区级"社区市民电子健康档案信息平台"和21个社区卫生服务机构(26个点)、3家防治站所"社区市民电子健康档案信息系统"的建设。在此基础上，对系统的各项功能进行扩展，跟市各条线对接的同时，通过"影像、心电和诊疗"三中心建设，满足医院、医生、市民不断变化的要求。

**【推进村级集体经济民主监督信息系统建设】** 《上海市村级集体经济民主监管信息系统》是奉贤区今年申请市信息化发展专项资金项目，项目总投入资金240万元，其中市级资金80万元。项目已完成开发部署和验收工作，平台包括村级集体财务民主监管、村级集体土地承包民主监管、农民专业合作社监管三大子系统十三个功能模块。截至2011年年底，全区184个行政村全部实现网络化记账，各类财务数据由原来的每季上报变成实时传递、实时跟踪和监管；167家镇级集体经济组织资产、287家合作社纳入了平台，实现了网络化记账，帮助合作社建立健全内部财务管理制度，促进合作社财务管理规范化。

**【开展社保卡的申领及补(换)卡工作】** 2011年，配合区卫生局做好全区参加新型农村合作医疗保险人员的社会保障卡申领工作(申领11.34万张，制卡发放11.23万张)。完成社会保障卡申领23 142人(包括老人优惠服务卡9 942人)，发放社会保障卡32 675张；补(换)卡11 160张；完成14 118人次奉贤中小学校和本区户籍在外区县就读九年制义务阶段和高中阶段学生的学籍卡信息采集工作。

## 三、城市建设管理领域信息化

**【做好南桥新城"智慧城市"的规划编制】** 完成南桥新城"智慧城市"总体方案设计工作；完成南桥新城"智慧城市"重点建设项目的设计工作；以"同沟同塔同机构"为标准，推进新城区域信息基础设施的共建共享工作。

**【推进城市管理与应急大联动平台筹备建设】** 2011年，完成城市管理与应急大联动平台项目立项和招标流程。工程总投资约681万元，其中，工程建安费用256.5万元，信息系统及设备330万元。以南桥镇试点工程为基础，制定完善全区"大联动"建设方案，建设面向城市管理、治安稳定、应急处置及社会民生等领域，综合各个联动部门的信息资源，以综合利用和联系各类信息资源为核心，提供统一的联动管理、指挥、调度和辅助决策服务平台。

**【完成奉贤城管执法综合管理信息化平台建设】** 奉贤城管执法综合管理信息化平台(一期)于2011年6月建成并通过验收，该平台包括城管执法指挥调度系统、城管执法监督考核系统、3G无线视频监控的管理系统。一期实施范围只限于南桥中心城区。

## 四、信息产业发展

**【信息产业稳定发展】** 2011年，奉贤区信息产业稳定发展，规模以上工业中电子信息制造业完成产值246.97亿元，其中高新技术产业化中电子信息制造业规模以上企业12家，占全区规模企业数975家的1.2%，完成产值45.1亿元，产值占全区规模以上企业产值的3.1%。各软件和信息服务企业产生利润总额7 102万元，比上年增加3.1%，从业人员人数为1 988人，较上年略有增加，研究与发展经费支出4 426万元。2011年全区进入统计口径的软件和信息服务业企业38家，其中认定软件企业26家，营业收入合计61 796万元，比上年增加34%，软件收入合计47 965万元，比上年增加66%。

# 五、信息化环境建设

【举行新一代政府视频办公云建设研讨会】 2011年3月25日，新一代政府视频办公云建设研讨会暨奉贤区政府思科视频应用现场会在奉贤区举行。会议以1+N模式进行（即奉贤主会场、上海市委分会场、上海市府分会场、长宁分会场、奉贤区各镇开发区分会场3个）。会后与会领导和专家们观看了思科中国、中国软件公司为此次研讨会带来的精彩内容和视频应用的解决方案，并一同体验最新的视频云发展成果。

【信息化学会二次全体会员会议召开】 2011年11月18日，奉贤区信息化学会二次全体会员会议在区信息大楼召开。会上，学会一届理事长张正林以《面对新形势迎接新挑战　为智慧城市建设做出新贡献》为题，做了学会一届理事会工作报告。会议审议并表决通过了《学会一届理事会财务报告》和《关于学会章程修订的报告》，还听取并表决了《关于审议二届理事候选人名单的议案》，选举产生了孙连进等十一名学会第二届理事。会议随后召开了学会二届理事会第一次理事会议，选举出学会二届理事会领导机构。

【开展信息化应用培训活动】 根据区领导对建设区视频会议系统的重要指示，为今后各镇、开发区视频会议管理员能自主操作视频会议系统，保证每次视频会议顺利召开，区信息委于2011年3月4日组织举办了首批镇、开发区"区政府视频会议系统培训班"，各单位系统管理人员和系统保障人员近30人参加了培训；为提高各单位信息化负责人的业务水平、促进部门信息化建设、保障区政务网的信息安全，区信息委于11月18—19日举办了2011年奉贤区信息化培训工作会议，参加会议的包括各单位信息化负责人近70人。

# 六、社会诚信体系建设

【完善诚信信息和数据平台】 做好奉贤区诚信网的维护工作，及时摘录区内有关诚信建设的新闻、信息上传至奉贤诚信网；完成企业信用信息服务平台数据库与区法人库进行对接，调用法人数据库的企业法人信息数据，实现企业法人信息的完整性和一致性，2011年通过法人库导入数据112 036条。

【推动使用正版软件】 2011年，奉贤区再次安排专项资金200万元用于购置正版软件，并下发了《关于奉贤区政府机关做好使用正版软件工作的通知》。奉贤区各政府机关使用正版软件情况良好，基本做到自觉抵制使用非正版软件，形成了一定的长效管理机制。

（曹新国）

# 第十七章 青浦区信息化建设

## 概 述

2011年是"十二五"规划的开局之年。青浦区信息委在区委、区政府的领导下，在市经济信息化委的关心指导、各相关部门的大力支持下，按照《青浦区信息化工作"十二五"规划》所确定的工作目标，坚持贯彻落实科学发展观，积极推进信息产业发展，不断深化政府信息公开，有序推进政府信息化实事工程，优化信息化环境，用信息化手段为促进青浦经济社会全面协调发展提供了有力支撑。

"智慧青浦"建设项目获2011中国城市信息化服务创新奖。"上海青浦"政府网站"wap无线门户"被评为2011年中国政府网站信息公开精品栏目，"上海青浦"政府网站荣获2010年市政府网站优秀案例奖和上海市第五届优秀网站评选"提名网站"称号。青浦区科委获得上海市云计算应用示范项目(2011)和2011年度区县无线电管理试点工作先进单位。青浦区荣获上海市"千村万户"农村信息化培训普及工程先进区县称号。

## 一、政务领域信息化

**【政务公开】** 2011年，"上海青浦"政府网站(门户网站)访问总人次335万，总点击数7.8亿次。全区主动公开政府信息2 911条，依申请公开信息225条，提供服务类信息4 085条，现场接待5 164人次，电话咨询5 753人次，全文电子化达100%。围绕市民关心和关注的话题和社会热点，区政府网站运行中心举办了6期网上视频访谈和1期文字访谈，涉及核能、水务、抗生素等主题，进一步增进政府与公众的沟通交流。

**【财政信息公开】** 2011年，青浦区积极采取各项措施，加大财政信息公开力度，进一步提高预算的公开性和透明度，积极推进财政信息公开。为确保预算信息公开顺利进行，区财政局专门出台相关意见，明确规定各预算主管部门是本部门预算信息公开的主体，在上级部门公布2011年部门预算后两周内，对各自的部门预算进行公开。为切实发挥信息公开"第一平台"作用，积极推进部门预算网上公开，在2010年更新"财政预决算"、"审计公开"、"政策法规"等栏目的基础上，区政府网站运行中心在门户网站"信息公开"专栏增设"政府部门预算"，并落实专人进行信息发布，规范网上发布格式，及时将已公开的部门预算集中发布上网。除部分上级部门未公开以及个别涉密单位外，全区已有48家部门在政府网站上"晒"出了各自的"部门账本"。

**【电子政务】** 为贯彻落实市委常委、市纪委书记董君舒同志提出的本市下一阶段推进运用"制度加科技"防治腐败工作指示精神，以及青浦区推进"制度加科技"防治腐败工作实施方案关于推进网上审批及电子监察工作的要求，进一步提高行政审批效率和公共服务水平，强化行政监督，规范行政行为，营造一流的政务环境，促进全区经济社会又好又快发展，并结合本区行政审批及电子监察工作实际，开始建设基于云基础构架的网上审批及电子监察系统。项目涵盖了全区480项行政审批事项，已经于2011年12月中旬完成招标，计划2012年6月投入试运行，年底正式运行。系统建成后能够实现网上政务公开、网上申报和各部门网上协同审批，从而进一步规范各项审批程序、缩减报批时间、加强政务公开、提高工作效率、强化过程监管。

**【"上海青浦"政府网站服务功能】** "上海青浦"政府网站的"书记信箱"、"区长信箱"、"网上信访"、"网上投诉"等政民互动渠道持续畅通。据统计，2011年"上海青浦"政府网站书记、区长信箱收到来信476封，办结答复476封，办结答复率100%；委办局、街镇领导信箱收到来信1 043封，办结答复801封，办结答复率76.79%；网上信访类栏目收到电子来信1 476封，办结1 131封，办结率为76.62%；网上投诉类栏目收到电子来信19封，办结18封，办结率为94.73%。同时，进一步加大信件处理网上公开力度，及时选登部分来信，公开典型案（含处理结果）与领导信箱信件办理情况月度统计数据。在公示公告、民意征询方面，门户网站全年发布各类公示公告210项；对"青浦17号轨道交通站点名称征集"、"青浦大型社区地名征集"、"部分公交线路调整"等67项区内重要事项，进行了网上公开征集意见，有2 180人次参与，在体现政府工作公正、透明，切实加强和保障公民知情权和参政议政权利方面发挥积极作用。

**【网络舆情采集】** "上海青浦"政府网站不断完善网络舆情采集平台建设，设立网络舆情采集制度。通过采集平台主动、实时地监控、分析互联网上有影响力的新闻网站、论坛、博客等目标站点，第一时间收集、掌握网络舆情，为政府决策提供信息支持。2011年平台共采集各类信息1 160万条，其中涉青信息18 700余条，向宣传部提供网络舆情简报54期，为区党委和区政府科学决策、提高执政能力、推进社会舆情工作作出贡献。

## 二、社会领域信息化

**【社保卡工作】** 青浦区社保卡、居住证工作紧紧围绕"全面提高服务质量，改进工作作风，提升管理服务水平"的工作主线，有序开展社保卡、居住证工作。2011年完成"新农合"参保人员社保卡申领79 881人次，完成率近90%；制发各类社保卡29 406张，其中儿童卡15张，学籍卡16 117张，社保卡蓝卡8 857张、红卡150张，敬老卡7 443张；补（换）社保卡10 287张；制发居住证169 118张，其中正式居住证739张，临时居住证168 379张。

**【医卡通系统】** 在2010年推广项目已建成的应用系统基础上，2011年完成全区33个标准化村卫生室的推广实施工作。自2011年1月1日起，青浦区医卡通实时结算系统实现无盲点服务，包括所有公立医疗机构（5家二级医疗机构、20家社务卫生服务中心、233家标准化村卫生室）和4家准入民营医院。同时，开通了青浦全区"医卡通"新农合民政医疗救助"一站式"前置服务平台系统（实时结算部分），实现了"一卡通用、刷卡就医、实时补偿、全区保障"，并于2011年4月继续开通了新农合民政医疗救助"一站式"的窗口报销服务平台，覆盖11个街镇19个新农合报销服务网点，使青浦区参保农民救助对象开始享受信息化带来的好处。2011年，全区通过实时结算方便农民就医，门诊达275万人次、新农合实时补偿支付逾9 211.6万元，住院人次达1.35万、实时补偿支付近3 000万元。据不完全统计，全年在村卫生室就医人次达30万，大大方便了农民就近看病配药，也有效引导了"小病不出村"新医改政策的落实与实践。

## 三、经济领域信息化

**【"两化融合"】** 积极组织2011年"两化融合"专项资金项目的申报，共有25家企业在平台中作了预申报，实际申报项目数11家。经过真实性调研，确认了顺丰快递、益金行等9家企业符合项目申报要求并提交专家组评审，最终6家企业通过立项。组织申报上海市"两化融合"示范项目申报活动，推荐亚士漆、申通公司等企业优秀项目积极参评。积极组织信息化推进活动，开展"两化融合"宣传、指导等工作，加快"两化融合"的步伐。

**【电子商务】** 根据市经济信息化委《关于开展中小企业应用电子商务平台试点工作的通知》（沪经信生〔2010〕282号）的要求，2011年区科委在科技专项资金非常紧张的情况下，继续推进电子商务应用推广工作，有233家企业获得市经济信息化委总计67万余元的补贴。

## 四、城市建设管理领域信息化

**【网格化管理】** 2011年，青浦区城市网格化管理受理监督中心全年累计上报案件14 571件，案件上报数量与2010年同期相比有所下降。其中事件类案件13 364件、部件类案件1 207件。立案派遣11 976件，立案率100%；结案14 487件，结案率为99.8%。部件问题发生比较多的是各类井盖844件、废物箱（桶）86件、景观灯光设施24件，事件问题发生比较多的是机动车乱停放4 999件、"小三乱"3 237件、暴露垃圾2 935件。青浦区各相关部门在部件的管理维护和保养方面仍需加大力度，常态长效管理机制应进一步落实。

# 五、信息产业发展

**【软件和信息服务业】** 按照"集中集聚、做大做强、打造区域品牌"的原则，根据区域产业发展，确立了推进"上海淀山湖信息谷"建设产业基地为目标，紧紧围绕"一谷四基地"建设特色的信息服务产业园区，努力将青浦打造成上海市该产业重要的集聚地之一。2011年，全区2 472家软件和信息服务业企业完成销售103.69亿元，同比增长96.3%。

# 六、信息基础设施建设

**【建设"智慧城市"】** 加快光纤到户改造，推进"城市光网"建设，城市光网覆盖用户数达100 845户，超额完成10万户的任务。配合市政工程及各运营商建设计划，积极协调通信基础设施集约化共建，完成了区重大工程——城中南北路的架空线入地集约共建，以及组织启动了外青松公路（南段）改造搬迁通信基础设施的集约共建任务。根据"上海市公用移动通信基站布局规划"，积极协调运营商推进室外移动基站集约共建，严格按照规划布局加强对通信运营商开展集约共建通信基站管理。配合国家会展中心建设顺利开展，积极协调各通信运营商，完成了基础资料的摸底调查，配合完成了区域信息基础设施的规划编制。在市无管局的指导下，完成了区县无线电管理试点工作开展的签约仪式，成立了青浦区无线电管理办公室。编制《青浦区推进智慧城市建设2011—2013年行动计划》。签署《助力"智慧城市"、服务"一城两翼"信息化建设合作协议》。

# 七、信息化环境建设

**【"十二五"信息化规划】** 《青浦区国民经济与社会信息化"十二五"规划》是发改委指定编制的专项规划之一，从2010年3月开始编制准备，到2011年9月定稿报区政府。规划围绕"智能青浦"建设的总目标，从信息化与工业化融合、软件与信息服务业、信息基础设施、电子政务、社会信息化、信息安全和新技术等多个方面出发，通过信息共享、应用创新、产业集聚、人才培养，到2015年把青浦建设成为信息基础设施广泛覆盖、城市管理智能化水平显著提高、软件和信息服务业实现跨越发展、电子商务产业集聚、信息技术广泛应用、信息安全保障水平持续强化、高素质信息化人才集聚的现代化城区。

**【信息安全】** 完成所有政务外网内电脑终端的RTX（即时通信平台Real Time eXchange，简称RTX）系统客户端升级，RTX全面升级成功。积极优化全区办公自动化（OA）系统。2011年6月11日，成功组织实施了涉及全区范围的区政务外网和政府网站系统应急演练，提升实战应急处理能力，切实增强电子政务系统的安全性。10月中旬，组织举办以"信息安全保障智慧城市"为主题的2011年青浦区信息安全活动周，积极增强全民信息安全防范意识，提高全区信息安全技术水平，进一步适应"智慧城市"建设的新要求，促进和保障"智慧城市"建设。

**【"千村万户"培训】** 作为上海市政府实事项目，青浦区"千村万户"农村信息化培训普及工程自2008年实施以来，在区委、区政府领导的高度重视和关心下，在领导小组成员单位的具体组织实施下，取得了一定成效。2011年，农村信息化培训普及工作各项任务圆满完成，共完成培训1 342人，宣传20 000人，完成率分别为

118%和100%。培训对象从当地农民逐步扩展到外来务工、务农人员，在改善农村生活环境、带动农业经济发展、提升农民文化素质方面取得了显著成效，堪称一条开阔农民视野、提高农民科学文化素质的有效途径。

# 八、社会诚信体系建设

**【政府社会信用信息公开】** 以加强政府诚信建设为重点，以政府诚信带动社会诚信体系建设加速发展。加大政府把握社会信用信息的公开力度，2011年医疗卫生公开医证、医疗管理、疾病预防、卫生监督信息153条；工程投标、中标信息277条；环境保护公开青浦环保审批公告10期、排污收费公告11期、环保违法企业名单10批；各类企业招聘信息、职业培训信息69批；食品药品安全公开食品、药品、医疗器械检查信息和不合格企业名单24批。

**【中小企业诚信建设】** 完善中小企业信用评价体系和信息披露机制，培育中小企业信用意识。中小企业诚信库参与信用共建单位36家，已有企业基本信息78 627条，信用记录1 540条。

**【社会诚信氛围】** 2011年2月在全区范围内联合开展“诚信建设宣传月”活动，并与区委宣传部等部门联合开展“共建诚信青浦”有奖征文活动，收到征文58篇。

（金维雯）

# 第十八章　崇明县信息化建设

## 概　述

2011年，崇明县科委在县委、县政府的领导下，在市经济信息化委的指导下，紧紧围绕现代化生态岛建设这一主线，发挥了信息化在加快推进生态岛建设中的助力器作用。

## 一、政务领域信息化

**【成立“上海崇明”门户网站运行管理中心】** 2011年2月，崇明县政府召开政府专题会议，确定成立“上海崇明”门户网站运行管理中心，隶属于县府办。该中心具有对县政府门户网站运行和全权管理的职能，县门户网站中新闻部分由县新闻办负责把关，技术保障由县信息中心负责。县政府的这一举措标志着崇明县政府门户网站进入由县门户网站运行管理中心负责具体运作和管理、县新闻办和县信息中心进行配合推进的新阶段，为崇明县更好地搭建与公众互动交流的平台服务。

**【崇明县党的基层组织党务公开网正式开通】** 2011年7月1日，崇明县党的基层组织党务公开网正式开通，探索建立“公开情况—信息收集—意见反馈”的联动机制，认真收集广大党员群众的意见建议，及时做出回应、处理和反馈。党的基层组织党务公开网的开通运行，标志着崇明县党务公开工作翻开了网络化、信息化的新篇章，为新形势下推进崇明县党务工作提供了一个全新窗口，为外界了解崇明、扩大崇明知名度，搭建了又一个良好的平台。

**【加强政府网站考核】** 根据《崇明县乡镇、委局网站建设工作考核暂行办法》，2011年组织对18个乡镇网站建设工作进行考核，重点对政府网站的建设、运维和管理等三个方面进行考核。通过考核，有力地推进了政府网站规范化建设和管理，使政府网站服务功能显著提升。

**【崇明县电子政务协同办公平台顺利推进】** 根据“十二五”规划建设要求，确定了电子政务协同办公平台方案。选择了科委系统和几个委局、乡镇，开展电子政务协同办公平台应用业务试用和培训，在试行情况下不断进行系统优化。

**【认真组织实施崇明县电子政务情况调查】** 为落实全市电子政务工作会议精神，根据《关于组织区县政府电子政务情况调查的通知》的要求，对“十一五”期间崇明县电子政务经费投入和使用情况、政务网络建设及应用、本县信息库、门户网站等建设开展了全面调查工作，为下阶段崇明县信息化工作的推进和开展做好基础工作。

**【信息公开不断深化】** 2011年，“上海崇明”门户网站共发布崇明新闻1 242条，岛外媒体关注55条；网站英文版共发布信息173条；向“中国上海”门户网站报送各类政务信息1 799条，其中1 750条被采用，采用率97%；共制作“崇明两会”、“落实行动纲要，聚焦崇明发展”、“2011崇明党代会”等专题专栏，充分整合“报”、“台”资源，依托网站加大宣传的覆盖面。

**【崇明县政府门户网站迁移工作顺利完成】** 2011年，崇明县科委配合县政府办公室，完成了政府门户网站管理工作的移交，并协助做好了有关单位网站改版、乡镇网站群维护、技术支撑部门协调等后续相关工作。

**【全力投入迎接建党九十周年信息安全保障工作】** 根据市经济信息化委《关于开展2011年度政府信息系统安全检查工作的通知》的要求，通过统一配发的“政府信息系统安全检查综合管理软件”，开展崇明县信息系统安全检查工作，查找改正检查中发现的问题。2011年6月，组织开展了网络应急演练。通过分析演练情况，切实提高了应急处置能力。根据市统一安排，通过了由市信息安全测评认证中心对崇明县“政府门户网站”和“政务网系统”两个重要信息系统开展的等级保护安全测评验收。开展重点保障时段安全防护工作。根据市网安办总体部署，组织落实专人24小时值班和安全员在位制度，确保网络和信息系统的信息安全。

# 二、社会领域信息化

**【完成各类卡证的采集发放】** 2011年，全县19个社会保障卡(居住证)受理网点、1个社会保障卡补换受理网点共办理社保卡申领63 245张，其中蓝卡45 854张，红卡1 595张，敬老卡8 348张，儿童卡304张，学籍卡7 137张。共发放社保卡50 567张，其中蓝卡33 765张，红卡1 412张，敬老卡7 718张，儿童卡290张，学籍卡6 592张。办理居住证申领674张，发放726张。共补换社保卡7 199张，其中蓝卡4 281张，红卡1 378张，敬老卡890张，儿童卡86张，学籍卡563张。临时居住证申领(发放)68 936张，续签142 396张。

**【中国语言有声数据库建设上海崇明采录工作启动】** 2011年3月，崇明县作为中国语言资源有声数据库上海站12个调查点中的首家，征集到34名崇明方言发言人，经过遴选面试，有5位入选者录音，收集了大量珍贵的有声资料。为全面掌握语言国情，加快普通话推广和语言文字信息化工作，提供语言文化资源，国家语委于2008年10月启动中国语言资源有声数据库建设，通过现代信息技术手段把中国的语言实态有效地保存下来，上海是首批试点省市之一。中国语言资源有声数据库将全面科学地描写、展示中国少数民族语言和汉语方言的面貌，及时记录和保存语言、方言资料，保护民族语言文化遗产。

**【崇明志愿者家园网开通】** 2011年12月，崇明志愿者家园网开通。崇明志愿者家园网是由县文明办和县志愿者协会建设和管理的公益性网站，是交流和展示崇明志愿者工作的重要平台和窗口。网站已开设了“最新动态、服务中心、基地介绍、注册平台、志愿者风采”等栏目。全县志愿者注册总人数为8.7万，已建志愿者服务点(队)55个，乡镇志愿者协会3家。同时，为进一步探索本县志愿者工作的长效运行机制，又在首批7家志愿者服务基地的基础上，命名了50家志愿者服务基地。

# 三、经济领域信息化

**【“为农综合信息服务平台”应用推广工作会议召开】** 2011年3月，县农委组织召开“为农综合信息服务平台”应用推广工作会议。会议对本县2010年度为农综合信息服务平台应用推广工作进行总结，并部署2011年工作。2010年是崇明县为农综合信息服务平台(以下简称“农民一点通”)由项目建设期进入正常运行维护的第一年，在全县镇、村各级信息员的共同努力下，“农民一点通”的为农服务功能逐步被广大群众所知晓，在支农惠农政策的公示和农业生产技术服务等方面取得了较好成效。会议要求加大对农业信息化工作的重视力度；加大信息员队伍建设，提升队伍凝聚力和工作主动性；加强推广宣传工作，扩大信息平台在村民中的知晓率与使用率。

**【崇明县人民政府与中国电信上海公司签约】** 2011年4月6日，崇明县政府与中国电信上海公司就《助力生态岛建设，加快“智慧崇明”发展信息化合作》签约。崇明电信局作出承诺：“十二五”期间，大力推进“城市光网”建设，实现崇明县光网全覆盖，光纤到户率达到90%，每户应用带宽达到50兆。根据县政府与中国电信上海公司签约的合作内容，实现“智慧崇明”目标的“路线图”已经明晰——到2011年年底，实现全县城镇主要楼宇和小区的光纤覆盖；到2012年，实现城镇和村周围地区光纤100%覆盖；到2015年，实现全县光纤到户90%以上覆盖，普遍提供100兆接入，每户应用带宽达到50兆，这将比2010年全市宽带用户平均4兆的带宽整整提高12.5倍，每兆带宽的平均资费也将大幅降低。

“十二五”期间，中国电信上海公司将在崇明三岛大力推进“城市光网”与“无线城市”专项工程，努力通过“二免一赠一极速”智慧城市宽带大提速等多项行动计划，大力提升宽带接入能级，丰富高清IPTV、互动视频、家庭娱乐等多种应用。“二免一赠一极速”可概括为“光纤到家，增速免费；公共热点，WiFi(无线网络技术)免费；家庭存储，百G赠送；百兆到户，20兆起步”。无论是上海电信已有的宽带用户，还是新装用户，只要所在小区经过“城市光网”改造完成光纤覆盖，就可以实现光纤入户，并在现有带宽基础上免费实现宽带速率倍增。即使“宅”在家中，也可在“城市光网”中极速遨游。

根据协议，中国电信上海公司还将以建设“智慧崇明”为引领，积极推进崇明新城、陈家镇、长兴岛等重点开发区域的信息基础设施配套建设；并围绕现代化生态岛建设发展战略，推进崇明智能安全监控系统、智能环境监控系统、科技创新与教育服务平台、崇明优质品牌农产品产销管理平台建设，推进信息技术在政务、金融、旅游、农业、教育、医疗以及传统产业改造等社会各个领域的应用。

**【崇明信息产业经济运行情况管理】**　按照“十二五”信息化规划，切实推进“信息惠民、信息强政、信息助业”三大计划，崇明县科委2011年开始每季度对崇明信息产业经济运行情况进行分析，并对28家软件企业进行了统计管理。

**【开发完成“惠民资金监管平台”】**　为建立健全涉农惠农资金安全有效使用的长效机制，规范涉农惠农资金管理，根据2011年“运用制度加科技手段加强惠民资金监管”的调研课题，由县纪委牵头建设完成了惠民资金监管平台信息化建设的工作。依托县政务网在实现惠民资金部门监管的同时，在全县“农民一点通”上实时公布了惠民资金发放名单，通过实现资金动态监控、统计、预警等功能，建立了一个“可查、可监、可控、可纠”的惠民资金监管平台，进一步规范了涉农惠民资金的管理和使用。

# 四、城市建设管理领域信息化

**【城桥镇农村综合信息服务培训教室正式启用】**　2011年8月28日，由国家工信部赠送设备，县教育局、城桥镇人民政府投入专项资金建设的农村综合信息服务培训教室，在城桥镇社区活动中心内建设落成并投入使用。通过在农村建立信息化培训平台，推进农村的信息化建设，提高农业生产经营和农民生活的信息化利用水平，帮助农民有效掌握信息服务工具，并为农村提供更先进的教学培训手段。

**【构建以精细化、信息化、集约化为主体的城市管理模式】**　崇明县采取政、企联手的办法，建设数字化城管平台，通过电信3G网络将手持终端设备如数字对讲机、PDA和车载摄像头与执法指挥车及城管大队指挥中心高速互联，综合利用计算机、数据库、互联网、有线和无线通信、地理信息系统等现代信息技术，建立起完整、闭合的网格化城市管理系统。应用系统主要包括执法管理、工地管理、广告管理、责任岗管理、违法建筑监管、重点保障等多个项目。该系统融通了县、乡镇互联互动网络，使问题和事件能够及时发现、实时上报、准确定位、快速解决，提高了城市管理效率，改善了公共服务质量。同时，依托该平台使市民和企业反映诉求的渠道更加顺畅，调动了各方参与城市管理的积极性。

# 五、信息产业发展

**【软件和信息服务业发展良好】**　崇明县软件企业队伍不断扩大，企业实力稳步提升，全县软件和信息服务业各主要经济运行指标稳定增长，呈现较好的发展态势。2011年，软件产业实现营业收入98 183万元，同比增长18.32%，其中软件业务收入47 366万元，同比增长29.01%，利润总额10 090万元，同比增长30.40%，主营业务税金2 681万元，同比增长41.63%；软件收入47 366万元，同比增长29.01%，软件产品收入26 438万元，同比增长102.93%，系统集成和支持服务收入17 700万元，与上年持平。其中，软件产品收入的大幅增长，说明企业逐步转向于主导产品为主、其他营销为辅的发展格局；软件产业资产总计139 278万元，同比增长34.32%。其中：软件产品行业11家，总资产达74 072万元，占总额的54%。系统集成和支持服务行业总资产达19 783万元，占总额的14%。信息技术咨询和管理服务行业总资产达45 423万元，占总额的32%。资产总计超亿元的企业有3家，1 000万以上的企业有12家，500万以上的企业有14家；软件从业人员1 736人，同比增长24%。在软件从业人员构成中，软件研发人员占据了相当大的比重。软件从业人员在数量、构成等方面都有了较大进步，人才结构不断优化；软件企业研究与发展经费支出达 6 800 万元，同比增长 62%。软件企业不断加强自主研发投入的力度，把拥有核心自主知识产权作为自身生存、发展的生命线，技术原创投入增长明显，为软件产业的可持续发展打下坚实基础。

# 六、信息基础设施建设

**【崇明岛智能电网将实现全覆盖】** 2011 年 9 月，据崇明岛建设智能电网综合集成示范项目研讨会透露，预计到 2015 年，崇明岛的风能、太阳能、生物质能、地热能及潮汐能等 5 种类型的可再生能源发电总量，将达到社会综合能耗的 40%。届时，崇明岛将成为世界级的生态岛。按照项目规划，崇明岛将逐步实现智能电网的全网覆盖。到 2020 年，可再生能源装机总量可达 3 200 兆瓦到 4 200 兆瓦，全岛饱和负荷约 1 200 兆瓦到 1 500 兆瓦。崇明岛智能电网建设方案"零碳输入"的总目标，是以经济可持续和技术可复制为要求，以实现可再生能源分层消纳，建成智能电网综合示范应用体系。具体而言，可再生能源能平稳接入并 100%就地消纳；将建立电动汽车双向供能体系及公共服务平台；智能电网统一信息支撑平台将实现能量流与信息流的一体化控制。智能电网建成后，在紧急条件下，约 40%的可再生能源将保障电网孤岛安全运行。崇明岛智能电网的示范和推广，还将催生大量新技术、新设备、新材料、新方案，为上海乃至长三角地区的产业结构调整提供巨大的市场空间。

**【开展崇明县无线电管理试点工作】** 2011 年 11 月 21 日，市无线电管理局和崇明县无线电管理试点工作框架协议书签约暨"崇明县无线电管理办公室"揭牌仪式在县科委举行。崇明县无线电管理办公室的揭牌和区县无线电管理试点工作的开展，是为了更好地适应新形势下无线电管理工作的需要，推动上海市无线电管理体制的进一步完善，逐步形成市、县两级协同管理的模式，实现无线电属地化管理的长远目标。

**【崇明县信息基础设施集约化建设持续推进】** 2011 年，崇明县科委对全县 52 个信息化项目进行了预审，确定了上述信息化项目建设资金 2 700 万元，比原计划 5 915万元节省资金 3 200 万元。

**【基础设施建设持续推进】** 根据城乡规划优先、基础设施优先、社会事业优先、环境营造优先的原则，协助县规划、土地、建设等部门，在新一轮乡镇建设规划调整过程中，强化了信息基础设施的配套建设。同时，结合陈家镇建设的实际，指导和帮助陈家镇公司，编制完成了《陈家镇信息基础设施专业规划(2010—2020 年)》，规范陈家镇地区的移动基站、通信局房、信息管线等信息基础设施建设。此外，根据上海市政府批准的《上海市公用移动通信基站站址布局专项规划》，开展了对移动、联通、电信等单位申报的移动通信基站的站址审核工作，进一步推进了移动通信基站的集约化建设。还根据"统一规划、统一建设、统一管理"的原则，配合崇明新城、陈家镇、长兴工业园区的建设，完成相关道路信息管线集约化建设。

**【加快电信光网建设，打造"智慧"崇明】** 为加快崇明电信事业发展，2011 年，崇明电信部门克服大量宽带用户分散在农村，投资大、光网能力覆盖难等困难，投入专项资金，用于镇区光网能力建设，加快推进试点村光纤改造。全县覆盖小区宽带用户改造率达到 80%，接入转网率达到了较高标准。同时，积极创新方式，对陈家镇等相对偏远地区进行接入改造，经过一年时间的努力，崇明地区上网速度普遍达到 2 M，最高带宽达到 30 M。崇明电信局有关负责人表示，2012 年，崇明电信局按照县委县政府信息化规划的要求，继续推进信息化建设，着重点主要有三个：城市光网的持续推进、"无线城市"建设和移动互联网。通过继续加快光网建设，实现全岛宽带提速，全力打造"智慧"崇明。

# 七、信息化环境建设

**【崇明县重要信息系统等级保护工作稳步推进】** 2011 年 3 月，根据《信息安全等级保护管理办法》和《上海市重要信息系统等级保护实施细则(试行)》的要求，崇明县科委认真部署，稳步推进崇明县信息系统等级保护工作。制定了等级保护工作方案，修订和完善了崇明县网络与信息安全事件专项应急预案。2011 年 10 月，组织实施崇明县政府网站安全管理试点工作，先后开展了政府网站开办备案登记、安全评估、安全防护、应急演练等工作，有效保障了崇明县重要信息系统的安全平稳运行。

**【第二届“万名新生代农民工绿色网上行”公益培训活动启动】** 2011 年 6 月，第二届“万名新生代农民工绿色网上行”公益培训活动正式启动，来自全县不同行业的 60 多名外来务工人员，向分布在全县各地的 11 个信息苑报名参加计算机使用入门、互联网应用等 16 个课时的免费培训。为外来务工人员派送大礼的东方社区信息苑是一项政府实事工程的配套项目，该项目包括提供公益上网、举办电脑入门培训、数字影院放送等公共文化服务内容，被老百姓亲切地称为家门口的“文化超市”。此次活动旨在为本县的广大外来务工人员提升信息化技能、拓展就业机会、创造学习和交流的环境。

# 八、社会诚信体系建设

**【加强工程建设领域的项目信息公开和诚信体系建设】** 2011 年 8 月，崇明县监察局、县科委按照市纪委、市治理工程建设领域突出问题工作领导小组《2011 年上海市工程建设领域项目信息公开和诚信体系建设工作实施计划》要求，成立了崇明县工程建设领域项目信息公开和诚信体系建设工作小组，制订了“2011 年崇明县工程建设领域项目信息公开和诚信体系建设工作计划”，确定了工作目标、原则和任务，并在崇明县政府门户网站上，开设了“崇明县工程建设领域项目信息公开和诚信体系建设”专栏，加强了政府法规、项目招投标、企业信用等栏目建设。

（成帅玲）

# 第九编 社会诚信体系

# 综　述

2011年,上海市社会诚信体系建设继续稳步推进。以深入贯彻落实科学发展观,积极倡导“公正、包容、责任、诚信”的价值取向,营造守信激励、失信惩戒的社会经济环境为目标,信用制度建设在各部门、各行业、各领域进一步加强,信用信息记录、共享和利用进一步推进。信用服务行业快速发展,信用服务水平稳步提升。各项社会诚信创建活动广泛开展,营造了良好的社会信用环境。

# 第一章　社会信用制度建设

## 概　述

2011年，全市持续开展社会信用制度建设，工程建设、质量监管、规划国土、城市交通、住宅物业等方面涉及信用的体制机制得到进一步完善。完成多项课题调研报告，为各领域开展信用制度建设工作打下理论基础。

## 一、法规规章政策性文件建设

**【编制《上海市社会诚信体系建设发展"十二五"规划》】** 为贯彻落实中央、本市关于社会诚信体系建设的最新要求，统筹推进"十二五"期间全市社会诚信体系建设工作，市经济信息化委、市征信办在2011年继续研究编制了《上海市社会诚信体系建设发展"十二五"规划(征求意见稿)》，内容包括"十一五"发展回顾、"十二五"时期面临的形势和基本判断、指导思想和发展目标、主要任务、重点专项和保障措施，并集思广益，征求各方面意见反复修改完善。

**【配合完成国务院法制办《征信管理条例(征求意见稿)》上海调研工作】** 2011年3月，国务院法制办为修改完善《征信管理条例(征求意见稿)》，到上海进行调研，了解行业发展现状，征求社会有关方面意见。市征信办研提的意见获国务院法制办充分肯定。

**【《上海市促进中小企业发展条例》明确中小企业诚信建设内容】** 2011年4月颁布的《上海市促进中小企业发展条例》规定，市和区、县人民政府应当推动中小企业诚信建设，引导中小企业守法诚信经营、提升信用等级。有关行政管理部门以及司法机关、公用事业服务机构应当建立中小企业信用信息共享机制，依法提供相关信用信息查询服务。

**【《上海口岸服务条例》规定企业诚信信息共享和分类监管制度】** 2011年11月颁布的《上海口岸服务条例》中明确，市经济信息化、口岸服务、商务、工商、质量技术监督、税务等部门应当会同口岸查验机构、人民银行、外汇管理部门建立企业诚信信息共享机制，推动诚信标准互认，并协同实施以企业诚信度为基础的口岸通关分类监管制度。

**【《上海市建设工程监理管理办法》嵌入信用制度安排】** 2011年11月颁布的《上海市建设工程监理管理办法》中明确规定，建设行政管理部门和其他有关部门应当记载监理活动各参与单位和注册执业人员的信用信息，并按照规定向社会公开。市建设行政管理部门和其他有关部门应当按照诚信奖励和失信惩戒的原则实行分类管理，并在资质管理、招标投标、监理责任保险、表彰评优等方面对守信的监理活动各参与单位和注册执业人员给予激励，对失信的单位和人员给予惩处。

**【《上海市建设工程检测管理办法》中增加信用管理内容】** 2011年10月颁布的《上海市建设工程检测管理办法》中明确规定，建设行政管理部门和其他有关部门应当记载检测活动各参与单位和检测专业技术人员的信用信息，并按照规定向社会公开。市建设行政管理部门和其他有关部门应当按照诚信奖励和失信惩戒的原则实行分类管理。

# 二、信用制度安排

**【推动信用信息公开共享】** 市经济信息化委、市征信管理办公室对行政部门、司法部门所掌握的企业信用信息进行梳理，编制印发《上海市行政和司法部门企业信用信息公开目录(2011版)》，共涉及27个部门、700余条企业信用信息。市住房保障房屋管理局会同市经济信息化委、市征信管理办公室研究推进将保障性住房申请对象不良信用信息纳入征信系统。市建设交通委制定《上海市建设市场信用信息管理办法》、《上海市建设市场信用记录认定标准(试行)》，完善市场信用信息公开共享机制。有关部门积极推动央行征信系统向典当行业、小额贷款公司、融资性担保公司开放查询服务，推进完善机动车辆保险理赔信息服务系统、基金业诚信信息平台建设，加强食品药品、质量技监、中介服务等领域的信用信息公开共享工作。

**【强化信用分类监管，健全行业信用制度】** 市经济信息化委、市征信管理办公室推进工信部食品工业企业诚信体系建设试点，指导形成《上海乳品工业企业诚信评价准则》、《上海市乳品工业企业诚信管理体系(CMS)建立及实施要求》、《上海市食品工业企业诚信评价准则》、《上海市食品工业企业诚信管理体系(CMS)建立及实施要求》初稿。召开政府部门行业信用监管协调推动与经验交流会，推动行业信用分类监管。宝山庙行、浦东唐镇、金沙3131电子商务园区以及有色金属行业协会在市经济信息化委、市征信管理办公室指导下开展电子商务信用体系建设。2011年本市开展打击知识产权和制售假冒伪劣商品专项行动，大力推进知识产权领域诚信建设，市经济信息化委信用管理处被授予“上海市打击侵权假冒专项行动先进集体”称号。推动土地交易、产权交易、政府采购、医药购销等重点领域市场诚信体系建设。

**【继续推动工程建设领域信用信息公开和诚信体系建设】** 2011年，上海贯彻落实中纪委《工程建设领域项目信息公开和诚信体系建设工作实施意见》要求，牵头制定《2011年上海市工程建设领域项目信息公开和诚信体系建设工作实施计划》，组织召开全市工作部署会议，编制项目信息目录、信用信息目录、项目编码规范以及信息公开共享规范，推动工程建设领域重点政府部门和全市所有区县建立信息公开共享专栏。截至2011年年底，12个重点政府部门和17个区县全部建成信息公开共享专栏公开工程建设领域的项目信息和信用信息。

**【发挥专项资金引领作用，加强企业信用制度建设】** 2011年，市经济信息化委、市征信管理办公室组织完成了2011年度社会诚信体系建设专项资金项目申报评审工作，聚焦重点项目，推进交通港航行业、水路客运市场、慈善、电子产品再利用等领域诚信建设，指导海关运用信用产品强化信用分类监管，聚焦社会管理、高新技术产业化、中小企业、金融、航运、贸易等领域，加强有关领域企业信用制度建设。同时，制定《上海市社会诚信体系建设专项资金项目实施若干要求(试行)》，规范计划任务书填报、项目推进、检查验收等环节工作。按照市财政专项审计要求，对项目实施单位加强培训和监督。

# 三、相关课题研究

**【开展社会诚信体系建设地方性法规立法研究】** 根据“诚信体系建设取得新突破”的发展要求，市经济信息化委委托市立法研究所开展本市社会诚信体系建设立法调研，为有关地方性法规立法工作提供实践指导和理论支持。在调研成果的基础上，起草《关于进一步加强本市社会诚信体系建设的意见》。

**【开展《上海社会诚信体系建设》课题研究】** 为贯彻落实党的十七届六中全会、国务院部署制订社会信用体系建设规划常务会议、市委九届十六次全会精神，针对当前上海市社会诚信体系建设的若干瓶颈问题和解决措施，市委决策咨询委员会委托市社会科学界联合会、市经济信息化委开展上海社会诚信体系建设课题研究。研究内容由一个总报告《上海社会诚信体系新一轮发展总体框架及主要举措汇报》、两个分报告《上海政务诚信若干瓶颈问题和措施研究》和《上海商务诚信建设若干瓶颈问题与对策研究》组成。

**【开展《上海市政府信用信息公开实施细则》立法调研】** 为推动政府部门公开掌握的行政向对方信用信息，满足社会各界对信用信息的需求，夯实社会诚信体系建设基础，市经济信息化委委托复旦大学开展《上海市政府信用信息公开实施细则》立法调研，分析当前政府信用信息公开工作的现状，评价得失，发现问题，论证《上海市政府信用信息公开实施细则》制定的必要性和可行性，并提出立法文件草案。

# 第二章 信用服务行业发展与规范

## 概 述

2011年,上海信用服务行业继续保持较快发展势头。截至2011年年底,在上海市征信管理办公室备案的征信机构达到73家。根据2011年信用服务行业统计年报,全市参加统计的54家信用服务机构,资本总额约5.04亿元,相比2010年增长13%;从业人员总数达到2 034人,同比增加了8.94%;营业收入合计为7.28亿元,同比增长15.37%。信用服务行业整体较快发展,骨干企业在市场上的影响力继续逐步扩大,能够提供资信评级、商业征信、个人征信、信用管理等多种信用服务产品,纵向上涉及信用服务产业链的各个环节,横向上涵盖多个服务领域,形成较为完整的业态,继续在全社会防范信用风险、促进信用交易、保障经济又好又快发展等方面发挥重要作用。

## 一、信用服务行业

**【个人征信】** 2011年,由上海资信有限公司运营的上海市个人联合征信系统入库人数1 156万,较2010年的1 138万增长1.6%,全年提供个人信用报告151 312万份,系统建成以来累计提供个人信用报告总数943万份。

**【资信评级】** 根据2011年信用服务行业统计年报,2011年全行业资信评级业务总收入约为1.9亿元,占全行业总营业收入的26.14%,比2010年增长7.26%。参加统计的54家服务机构中,主营业务为资信评级的有12家。

**【商业征信】** 根据2011年信用服务行业统计年报,2011年全行业商业征信业务总收入约为1.8亿元,占全行业总营业收入的25.08%,比2010年减少13.14%。参加统计的54家信用服务机构中,主营业务为商业征信的有23家。

**【信用管理】** 根据2011年信用服务行业统计年报,2011年全行业信用管理业务总收入约为1.4亿元,占全行业总营业收入的19.82%,比2010年增长38.83%。参加统计的54家信用服务机构中,主营业务为信用管理的有13家。

## 二、行业规范与自律

2011年,市征信办继续开展信用服务机构备案工作,新核准两家备案信用服务机构的备案申请。截至2011年年底,在市征信管理办公室备案的信用服务机构达到72家。继续受理对备案信用服务机构的投诉,完善投诉受理工作流程,全年对十余起来电、来信、来访进行妥善接待和处理。修订《信用服务统计报表制度》,完成了信用服务行业年度统计,编撰《上海信用服务行业发展报告(2011)》并在上海诚信网上予以发布,编写《上海信用服务行业发展报告(2011)》。服务中小企业发展,指导推进本市中小企业信用服务平台建设,完善《上海市高新技术产业化重点领域企业名录》中信用服务行业部分,编制《上海市信用服务人才开发专项目录》。本市信用服务行业协会在市征信办指导下,制定了《上海市信用服务行业质量控制基本规范》、《上海市信用服务指南(2011版)》,编写了《信用管理概论》、《企业信用管理》等教材,持续开展行业人才素质登高计划。

# 第三章 社会诚信创建活动

## 概 述

2011 年，社会诚信创建活动继续蓬勃深入开展，开设信用管理培训，组织“诚信活动月”活动，不断营造更为良好的社会诚信环境，长三角区域信用合作进一步深化。

## 一、诚信创建活动

抓好典型示范，组织开展本市社会诚信体系建设优秀成果奖评选，编写出版优秀成果集。面向华谊、纺织、电气等大型国企中层管理人员共 920 人次开展信用管理培训，针对中小企业特别是高新技术企业管理人员逾 5 000 人次开展信用管理培训。组织“诚信活动月”活动，开展诚信宣传漫画巡展，联合开展征信知识宣传月、全国质量月等活动，各行业、各区域开展各类诚信主题活动逾百项。

## 二、长三角区域合作

2011 年长三角各省市依托“信用长三角”合作交流机制，继续开展信用服务机构备案互认和联合公示工作，联合召开长三角信用专题组第十三次、十四次例会，推动“信用长三角”网络共享平台建设，多方面加强合作，培育跨区域信用服务市场。

（刘 洋）

# 附　录

# 2011年上海信息化建设大事记

## 1月

1月7—8日，市经济信息化工作党委、市经济信息化委召开工作会议，传达、学习市经济工作会议和九届市委十四次全会精神，总结2010年产业和信息化发展工作，部署2011年工作任务和落实措施。副市长艾宝俊、市政府副秘书长肖贵玉出席会议，市经济信息化工作党委书记潘志纯出席会议并讲话，市经济信息化工作党委副书记、市经济信息化委主任王坚及市经济信息化工作党委副书记张金康分别作工作报告。工作会议还进行了分组讨论。市经济信息化"两委"领导班子成员、各处室和部分直属单位负责人参加会议。

1月10日，市委常委、常务副市长杨雄召开专题会议，研究本市法人信息共享与应用工作，市政府秘书长姜平出席会议，市政府办公厅、市发展改革委、市经济信息化委等23个部门的负责人参加会议。会上，市经济信息化委副主任刘健就法人信息共享与应用工作进展情况作了汇报。会议要求，法人信息系统要在(一期)建设和应用的基础上，加快推进法人信息共享与应用系统(二期)建设，并进一步深化基于法人信息的业务应用。

1月11日，信息化推进处召开信息化项目审核工作区县座谈会，浦东新区经济信息化委、各区县信息委的相关负责同志参加会议。会上，各区县交流了信息化项目审核工作中的做法，列举了存在的困难。此次会议，了解了各区县在信息化项目审核工作方面的现状及存在的问题，区县好的做法也得到了交流和推广，有利于推进市区两级信息化项目审核和管理工作。

1月12日，市农村信息化培训普及工程工作小组召开工作小组会议。市经济信息化委、市农委、市教委、市妇联、上海电信等单位相关部门负责人出席会议。会上，信息化推进处介绍了"千村万户"农村信息化培训普及工程三年总结工作的开展情况。市工作小组成员对工程2008—2010年度先进评选结果进行了讨论，并商讨了2011年农村信息化培训普及工作。

1月13日，市经济信息化委召开区县工业和信息化工作会议，贯彻落实全国工业和信息化工作会议和市经济工作会议精神，总结2010年、部署2011年产业发展和信息化建设相关任务。市经济信息化委主任王坚出席会议并讲话，市经济信息化委副主任陈跃华主持会议。会上，市经济信息化委副主任尚玉英传达了国务院副总理张德江、工信部部长苗圩等在全国工业和信息化工作会议上的讲话精神，浦东新区经济信息化委、闵行区经委、嘉定区经委、闸北区信息委、长宁区信息委负责人作了交流发言。市经济信息化委领导班子成员、各区县工业和信息化主管部门主要负责人和市经济信息化委各处室处长参加会议。

1月25日，市政府与华为技术公司签署云计算战略合作协议。市委副书记、市长韩正出席仪式，并与华为技术公司总裁任正非共同为"上海云计算应用示范中心"揭牌。副市长艾宝俊和华为技术公司企业业务总裁徐文伟代表合作双方签约。市政协副主席、浦东新区区长姜樑及市经济信息化委副主任邵志清等有关委办负责人出席签约仪式。仪式后，市领导在华为上海研究所察看了产品展示和云计算数据中心。

1月25日，上海推进"两化融合"研究中心和重点实验室第四次工作会议在同济大学逸夫楼召开。市经济信息化委副主任刘健出席会议并讲话，市经济信息化委副巡视员施兴德，同济大学、复旦大学、上海交大和互联网中心等四个"两化融合"研究中心，宝信软件、振华重工、上海电气、中国商飞、泛亚汽车、上海焦化、三菱电梯、电科所、超算中心和自仪院等十个"两化融合"重点实验室负责人出席会议。信息化推进处作了"2010年工作总结和2011年任务报告"，同济大学作了题为"'两化融合'促进企业节能减排"的报告，上海焦化、上海泛亚汽车和自仪院等三家重点实验室分别作了相应工作报告。会议还印发了《上海市推进信息化与工业化融合研究中心和重点实验室2011年工作指导计划》。

1月25日，市经济和信息化工作系统召开2011年党的工作会议。市委常委、常务副市长杨雄，副市长艾宝俊出席会议并讲话。市政府副秘书长肖贵玉出席会议。市经济信息化工作党委书记潘志纯作工作报告；市经济信息化工作党委副书记、市经济信息化委主任王坚主持会议，市经济信息化工作党委副书记张金康等出席会议。总部在沪央企、部分经济信息化行业协会和非公企业代表应邀出席会议。系统中央在沪单位和直属单位有关领导、区县经济和信息化委党政主要领导、市九次党代会代表、基层联系点党组织负责人及市经济和信息化委党政领导、机关处室负责人参加会议。

## 2月

2月15日，上海贝尔宣布与中国移动签署谅解备忘录（MOU），共同发展下一代无线接入网（RAN）。根据协议，上海贝尔与中国移动将联合启动技术和经济研究，还将对建立集成化、协作式的基于云计算的无线接入网（C—RAN）所必需的关键技术进行调研，以便确定成本效益、网络智能和节能（绿色）新标准。

2月18日，上海电子书产业发展领导小组召开工作会议，市委常委、宣传部长、领导小组组长杨振武，副市长、领导小组副组长艾宝俊出席会议并讲话。市经济信息化委副主任邵志清及市委宣传部、市科委、市发革委、市教委、市新闻出版局等成员单位领导参加会议。会议研究分析了当前电子书产业的发展形势，并对下一步工作作出部署。

2月24日，市经济信息化委召开全市中小企业改制培育工作会议。会议要求加大力度推动2011年本市中小企业改制培育和上市工作，以切实推动上海产业经济创新驱动、转型发展。市委常委、统战部长杨晓渡、副市长艾宝俊出席会议并讲话。会上，市经济信息化委、上海证监局介绍了全市中小企业改制培育工作情况，闵行、嘉定四家企业进行了交流发言。

## 3月

3月3—4日，市经济信息化委组织召开年度第一次区县信息化工作会议。市经济信息化委副主任刘健、副巡视员施兴德出席会议并讲话，各区县信息化主管部门领导和负责同志以及市卫生局、市经济信息化委相关处室负责人参加会议。会上，市卫生局介绍了居民电子健康档案的相关情况。各区县就2010信息化工作进展情况、2010年重点工作安排及推进智慧城市建设的工作构想进行了交流。

3月9日，市经济信息化委主任王坚、副主任刘健率委相关处室负责人赴虹口区调研。虹口区区长吴清、副区长华东平及区有关部门负责同志陪同调研。王坚一行实地调研虹口区社区行政事务综合服务“一口受理、协同处理”工作平台，现场观看由虹口区组织研发的“上海市数字电视公共服务平台”功能演示，并听取了区信息委有关情况的汇报。

3月11日，日本地震灾害导致部分日本至美国和中国电信途经日本的海底光缆先后发生中断。为确保各类国际业务的正常运行，中国电信上海公司立即启动临时应急预案，组织力量对受影响的业务展开昼夜不停紧急抢通。截至3月17日，共恢复8条10 G、3条2.5 G电路，2条622 M和8条155 M电路，80%的电路得到迅速恢复，通信基本保持畅通。

3月15—17日，为了做好市法人信息共享与应用系统（二期）的调研建设工作，信息化推进处按照安全生产与建筑市场整顿、经济运行、食品安全、其他重点单位4个领域，分别组织召开了4场调研座谈会，市安监局、市建交委、市食品药品监管局、市发改委等25个部门的业务责任处室和信息化部门负责人参加会议。

3月15日，由市经济信息化委、浦东新区人民政府共同主办，国际半导体设备与材料协会（SEMI）、慕尼黑国际博览集团（MMI）、中国印制电路行业协会（CPCA）联合承办的国内信息化领域最大的博览会——2011上海国际信息化博览会在上海新国际博览中心开幕。工信部副部长刘利华、上海市副市长艾宝俊出席开幕式。开幕式由市经济信息化委主任王坚主持。本次博览会由2 000余家参展商、6个专业展、21个论坛及研讨会组成，开辟十个展馆，总规模达到11万平方米。

3月16日，市经济信息化委召开2011年度积极培育战略性新兴产业，大力推进高新技术产业化工作会议。会议传达市推进高新技术产业化领导小组第一次工作会议精神，总结2010年高新技术产业化推进情况，部署2011年重点工作。市经济信息化委主任王坚出席会议并讲话，市经济信息化工作党委纪工委书记黄肇达、市经济信息化委副主任邵志清、总工程师马静出席会议。市经信委副主任刘健主持会议。

3月17日，市国资委和市经济信息化委联合召开市国资委系统企业信息化工作推进会。市国资委副主任胡宏伟、市经济信息化委副主任刘健出席会议并讲话，市国资委秘书长马咏华主持会议。市国资委系统各单位、区县国资委信息化工作分管领导和信息化管理工作负责人参加会议。会上举行了国有资产监管信息系统试运行开通仪式。电气（集团）、纺织（集团）、国际港务集团、城投公司、上汽股份交流了企业信息化工作的做法和经验。

3月17日，市经济信息化委主任王坚、副主任邵志清率委相关处室负责人就智慧城市建设赴闸北区进行实地调研。闸北区政府主要领导及区有关部门负责同志陪同调研。王坚一行先后考察卡斯柯公司的“两化融合”项目、闸北区卫生信息化建设以及龙软科技园区综合节能管理远程信息控制系统，并听取虹口区信息委的工作汇报，与虹口区领导就智慧闸北建设的相关内容进行深入交流。

3月21日，市经济信息化委主任王坚主持召开2011年第4次市经济信息化委主任办公会议，副主任刘健通报了参与配合市委开展的“加快政府部门公共信息资源向社会开放以促进信息服务业发展”课题调研情况。会议听取研究室关于《2011年第二季度工作要点》编制情况的汇报；听取信息基础设施管理处《关于加快推进本市光纤到户建设的若干意见》（送审稿）编制情况和其他处室的汇报。

3月24日，市经济信息化委副主任刘健率委相关处室负责同志前往上海市气象局调研智能气象工程建设，参观了上海市气象局预报和气象公共服务平台，并围绕上海智慧城市建设对上海市气象局业务骨干进行了培训和座谈。上海市气象局党组书记、局长汤绪参与接待和交流。

3月28日，上海市推进“两化融合”研讨会暨中国商飞数字化客户服务系统发布仪式在中国商飞客户服务中心召开。工信部信息化推进司副司长董宝青出席会议并讲话，市经济信息化委副主任刘健、副巡视员施兴德，“两化融合”研究中心、重点实验室、试验区的专家学者参加了本次研讨会。会议由施兴德主持。

3月31日，信息化推进处和节能与综合利用处在同济大学联合召开“两化融合”促进节能减排工作研讨会。与会的宝钢、上海石化、上汽集团、烟草等企业以及市能效中心分别围绕企业节能减排领域信息化情况进行了交流。节能和综合利用处处长原清海、信息化推进处周正曙处长分别介绍相关情况。会上，还启动了“‘两化融合’促进节能减排相关技术研究与推广”课题，并就下阶段搭建相关沟通交流平台机制进行了研讨。

## 4月

4月2日，市经济信息化委主任王坚主持召开2011年第5次市经济信息化委主任办公会议。会议听取综合规划处关于《上海市工业发展“十二五”规划》（送审稿）、《上海市国民经济和社会信息化“十二五”规划》（送审稿）编制情况的汇报；听取经济运行处关于当前产业经济运行和二季度经济形势分析的情况汇报；听取都市产业处关于2010年度创意产业集聚区年检和推进创意设计产业发展工作的情况汇报。

4月20日，市经济信息化委信息化推进处与中航商用飞机发动机有限公司相关负责人赴上海超级计算中心调研，并就中航商发与超算中心合作事宜进行了座谈。信息化推进处处长周正曙参加座谈并讲话。

4月21日，由科技部和意大利公共管理与创新部共建，作为中意两国政府间合作的国家级设计创新研发中心和服务平台——“中意设计创新中心”在同济大学揭牌成立。全国政协副主席、科技部部长万钢，意大利公共管理与创新部部长雷纳托·布鲁内塔等出席致辞，并共同为该中心揭牌。“中意设计创新中心”落户于同济大学四平路东校区，由同济大学与杨浦区共同策划建设。会上，科技部国际合作司、同济大学、湖南省工业设计协会，与意大利创新推广署、“意大利价值”基金会、意大利工业设计协会共同签署了《中意设计创新中心框架协议》。

## 5月

5月4日，市政府召开上海2011年全市社会诚信体系建设工作推进会议。副市长艾宝俊出席会议并讲话；市政府副秘书长肖贵玉主持会议并宣读“2010年度上海市社会诚信体系建设优秀成果奖”25家单位的29个获奖项目名单；市经济信息化委主任王坚在会上总结2010年本市社会诚信体系建设工作情况，部署2011年工作安排。市食品药品监管局、上海证监局、浦东生产力促进中心等单位作了交流发言。市经济信息化委副主任陈跃华及相关委办局、各区县政府、中央在沪单位的分管负责人出席会议。

5月5日，市经济信息化委召开《上海市工业和信息化人才继续教育行动纲要（2011—2013年）》和《上海市工业和信息化人才继续教育行动计划（2011—2013年）》，“继续教育行动纲要、行动计划（2011—2013年）”任务分解会。市经济信息化委相关业务处室、直属事业单位、行业协会及教培机构等有关工作负责同志参加了会议。会议由人事教育处处长高静华主持。

5月9日，上海松下等离子显示器有限公司SP3新型等离子显示屏项目奠基仪式在浦东新区金桥出口加工区南区隆重举行。市经济信息化委副主任邵志清，浦东新区副区长朱嘉骏，仪电控股集团董事长蒋耀、总裁王强、副总裁邵礼群及日本Panasonic株式会社专务、AVC上席副社长伊藤好生，日本松下等离子显示器株式会社社长、上海松下等离子显示器有限公司副董事长长野宽之等出席奠基仪式。

5月13日，市经济信息化委副主任刘健带队到万达信息股份有限公司调研“智慧城市”建设。万达公司董事长史一兵及相关部门负责人介绍了万达公司参与“智慧城市”建设的相关实践和考虑。刘健介绍了《上海市推进智慧城市建设2011—2013年行动计划》的有关情况，希望万达公司为上海“智慧城市”建设建言献策，积极参与上海“智慧城市”建设。

5月23日，2011年度上海市推动电子商务企业创新发展、推动中小企业应用电子商务工作（简称“双推”工作）启动会议在浦东新区举行。市经济信息化委副主任刘健、副巡视员施兴德出席会议并讲话。

5月30日，第十届“上海IT青年十大新锐”评选活动正式启动。

5月31日，市经济信息化委根据市委常委、常务副市长杨雄在市政府专题会议上的要求，召开了法人库联席会议第一次联络员会议，市发革委、市财政局、市税务局、市工商局、市质量技监局、市社团局、市编办、市监察局等联席会议成员单位的联络员出席了会议。会上，介绍了经过两轮调研，对全市42家委办局的行政审批事项和行政处罚事项进行梳理的结果，讨论了市法人信息共享应用系统（二期）建设范围和建设方案。会议明确了法人信息共享与应用系统二期的建设内容及相关工作情况，确定了下一步编制可行性研究报告及启动项目建设的工作计划。

## 6月

6月10日，宝山区信息化宣传周活动开幕，“宝山信息化应用展示”同时向市民开放。本次宣传周活动以“智慧城市、智慧宝山，服务发展、惠及民生”为主题，旨在全力打造“智慧宝山”，推动信息化在经济社会发展各领域的广泛应用，进一步提升全区信息化的管理和应用水平。宝山区副区长朱永泉、市经济信息化委副巡视员施兴德为活动开幕式剪彩，宝山区信息委主任浦志良主持活动开幕式。

6月13日、16日，市工信继续教育办公室分两次召开“本市工业和信息化人才继续教育师资队伍建设”座谈会。上海交通大学、华东师范大学、华东理工大学等知名高校的相关人员、部分高校继续教育学院的负责人及有关专家出席了会议。会议主题是深入贯彻《上海市工业和信息化人才继续教育行动纲要（2011—2013年）》和《上海市工业和信息化人才继续教育行动计划（2011—2013年）》，扎实推进本市工业和信息化人才继续教育工作。

6月16日，市经济信息化委主任王坚带队到古美社区卫生中心、区应急联动中心就闵行区信息化建设情况进行视察调研。王坚一行先后参观了古美社区卫生中心自助健康小屋、远程会诊中心、应急联动中心指挥大厅等，并听取了闵行区社区卫生信息化、应急联动信息化建设情况及闵行区“十二五”信息化规划的汇报。

6月17日，市经济和信息化工作党委书记潘志纯一行赴上海移动公司调研，实地考察了移动视频运营中心，并对该公司创先争优活动和无线城市建设等工作表示充分肯定。

6月24日，2011中国（上海）制造业信息化论坛在浦东新区举行。论坛在市经济信息化委、浦东新区政府的指导下，由浦东新区经济信息化委主办。工信部信息化推进司副司长董宝青、市经济信息化委副主任刘健、浦东新区政府领导出席论坛并讲话。论坛围绕“信息化与工业化融合促进制造业转型”这一主题展开。来自国家信息化专家咨询委员会、上海交大、宝钢集团、上海通用、IBM等国内外著名专家、学者、企业代表和业界精英发表主题演讲。

受市经济信息化委委托，上海市互联网经济咨询中心根据对全市1 216家企业抽样调查结果，并综合全市产业发展和信息化宏观数据，发布2010年上海市“两化融合”发展水平指数为72.3，比2009年提高了2.92。

6月26日，市经济和信息化工作系统召开庆祝建党90周年大会，对系统50个先进基层党组织、100名优秀共产党员和50名优秀党务工作者进行表彰。市委常委、常务副市长杨雄，党委书记潘志纯出席会议并讲话。党委副书记、市经济信息化委主任王坚主持会议；党委副书记张金康宣读“两优一先”表彰决定。委党政领导班子成员、系统中央在沪单位和直属单位有关领导、市第九次党代会代表、基层联系点党组织负责人、系统“两优一先”代表及机关处室代表等参加会议。

6月下旬到7月底，市经济信息化委以“推进信息化与工业化融合，促进产业智能高端发展”为主题，开展了一系列“两化融合”宣传培训活动，包括举办2011中国（上海）制造业信息化论坛、发布上海市“两化融合”发展水平指数、与市国资委联合举办“国有企业信息化管理与应用高级培训班”、与上海图书馆联合举办“两化融合”专题上图讲座、召开“十二五”“两化融合”规划研讨和新三年行动计划编制启动会等活动。

## 7月

7月1日，市经济和信息化机关党委召开“学习胡锦涛总书记‘七一’重要讲话暨庆祝中国共产党成立90周年座谈会”。党委书记潘志纯出席会议并讲话。机关党委书记黄肇达主持会议。会上，机关“两优一先”代表交流了学习胡锦涛总书记“七一”重要讲话的心得体会，共同探讨新形势下如何围绕中心开展支部工作，积极发挥党支部的战斗堡垒作用和党员的先锋模范作用。机关党委委员、机关各党支部书记、离退休党支部书记和机关党建信息员参加会议。

7月1日，市政府召开“2011年度上海市无线电管理委员会全体会议”。市政府副秘书长肖贵玉、市经济信息化委主任王坚出席会议并讲话。市经济信息化委副主任刘健主持会议。市无线电管理局局长周卫东作工作报告。会议总体要求，深化后世博无线电长效管理机制，贯彻落实市政府常务会议审议通过的“上海市公用移动通信基站站址布局专项规划”，维护城市运行管理中的无线电安全，确保做好即将在本市召开的世界游泳锦标赛的无线电保障工作。市发改委、市科委、市公安局等无线电管理委员会成员单位及上海警备区、海军上海保障基地、空军上海指挥所、武警上海市总队等有关负责人和联络员参加会议。

7月6日，由商务部主办、上海亚太地区经济和信息化人才培训中心承办的为期三周的2011年第二期援外培训班——《发展中国家信息化发展研修班》在上海举行开学典礼。市经济信息化委副主任陈跃华、市商务委对外经济合作处等有关领导出席了开学典礼并致辞。参加研修班的是来自亚洲、非洲、欧洲、拉丁美洲、加勒比海、南太平洋等地区的25个发展中国家和地区的39名学员。

7月18日，市经济信息化委根据智慧城市建设要求，近期先后完成上海市法人信息共享与应用系统（二期）建设方案和法人网上身份统一认证系统建设方案等事项，向市委常委、常务副市长杨雄进行了专题汇报。二期项目建设与法人主体相关的资质类信息涉及33个委办局，共495项，与法人主体相关的监管类信息涉及22个委办局，共686项。

7月19日，市建交委就《上海市推进智慧城市建设2011—2013年行动计划》来经济信息化委进行工作衔接。委信息化推进处、电子信息产业处、软件和信息服务业处一起参加了衔接工作。双方就《行动计划》涉及市建交委单独牵头的、与其他委办共同牵头的各项任务的工作内容、时间节点等进行了充分的沟通和交流，明确了近期工作安排和进度。

7月20日，工信部印发《首批国家级“两化融合”试验区总结工作评价报告（2009—2011）》，其中上海以综合得分90.81排名8个试验区首位，“两化融合”推进工作得到了工信部的肯定。

7月22日，信息化发展专项资金支持的由原卢湾区承担的上海市社区信息化综合试点项目完成，并通过了市经济信息化委组织的项目验收。该项目建立了以综合数据库为支撑、覆盖社区各类业务、渠道界面统一的社区工作信息系统，形成了集中式管理、分布式维护的社区服务网站模式，通过界面、用户、邮件等基础功能整合和内容整合，实现了区级信息系统数据资源向街道、居委延伸，为将来进一步整合各类社区服务信息资源打下基础。

7月21—22日，市国资委与市经济信息化委联合举办“国有企业信息化管理与应用高级培训班”。市经济信息化委副主任刘健、市国资委副主任胡宏伟出席并讲话。市国资委系统企业和区县国资委的信息化工作负责人参加培训。本次培训围绕“两化融合”、推进企业信息化的相关理念、政策、技能和企业实践经验等，邀请了相关研究机构、院校专家和著名企业负责人进行集中讲课。

7月25—26日，市经济信息化委在奉贤区召开本年度第二次区县信息化工作例会。会上，沟通“智慧城市”相关工作情况，交流2011年上半年信息化重点工作进展情况以及下半年工作计划。各区县信息化主管部门领导、委相关处室负责人参加会议。市经济信息化委副主任刘健、副巡视员施兴德出席会议并讲话。

7月26日，中共中央政治局委员、市委书记俞正声会见了美国惠普公司全球总裁兼首席执行官李艾科一行，对客人来沪访问表示欢迎。会见后，举行了上海市政府与惠普公司《战略合作备忘录》签约仪式，市长韩正和惠普公司全球总裁兼首席执行官李艾科共同出席。副市长艾宝俊，市政协副主席、浦东新区区长姜樑等出席签约仪式。惠普将整合现有在上海的数个办公地点为一个多功能惠普园区，在上海建立惠普信息产品集团中国地区总部，并与市政府在基础设施、能源和医疗领域进行广泛合作。

7月26日，国内最大的功能性薄膜产业基地二期项目与金山区签约并开工建设。该产业基地由凯鑫森（上海）功能性薄膜产业有限公司投资建设，一期6条TFTLCD光学膜生产线已建成投产，二期项目将再建19条TFT—LCD光学膜生产线，计划2012年6月完成。全部建成后，凯鑫森将成为全球第4家能够生产全系列4个光学膜的企业。副市长艾宝俊出席项目签约仪式。

## 8月

8月3日，在市里召开的上海市第五届优秀网站表彰会上，市经济和信息化工作党委党建网（www.shjxdw.cn）荣获“上海市第五届优秀网站称号”。

8月5日，市政府与中移动在沪签署共建智慧城市合作框架协议。签约仪式由市政府秘书长洪浩主持。市委副书记、市长韩正，中移动党组书记奚国华共同为“中国移动上海无线城市综合应用平台”揭牌。副市长艾宝俊与中国移动总裁李跃签署战略合作框架协议。市政府副秘书长肖贵玉、市经济信息化委主任王坚出席签约仪式。

8月19日，市委常委、常务副市长杨雄、副市长姜平主持召开专题会议，研究推进本市法人信息共享与应用系统二期建设工作。市政府秘书长洪浩、副秘书长王伟以及市发改委、市经济信息化委、市编办、市地税局、市工商局、市质监局、市监察局等22个部门的负责人参加会议。会议听取市经济信息化委关于本市法人信息共享与应用系统二期建设方案的汇报，市工商局、市建交委、市规土局、市文广局、市公安局等单位作了交流发言。

8月30—31日，工信部信息化推进司、安全生产司联合召开“‘两化融合’促进安全生产经验交流会”。工信部副部长杨学山、信息化推进司司长徐愈、安全生产司司长吴风来出席会议。在会上，杨学山作了题为《推动两化深度融合　提高工业企业本质安全水平》的讲话。

## 9月

9月7日，市委、市政府召开推进智慧城市建设动员大会。市委书记俞正声出席会议，市委副书记、市长韩正，工业和信息化部副部长杨学山出席会议并讲话，市委副书记殷一璀、市人大常委会副主任蔡达峰、市政协副主席王新奎等出席会议。市委常委、常务副市长杨雄主持会议并宣读了上海市智慧城市建设领导小组成员名单，副市长艾宝俊在会上作了关于本市推进智慧城市建设工作报告。市经济信息化委主任王坚和市建设交通委、闵行区及中国电信上海公司负责人在会上作了交流发言。会上，还发布了《上海市推进智慧城市建设2011—2013年行动计划》。市政府秘书长洪浩及市委、市政府有关副秘书长，市委、市政府有关部委办局主要负责人和职能部门负责人，各区县党委、政府主要负责人、分管负责人和区县信息化主管部门负责人，智慧城市建设专家委员会成员，相关企事业单位、其他有关单位主要负责人等参加会议。

9月7日，工业和信息化部电信研究院华东分院（上海华东电信研究院）在上海科技京城揭牌。工信部副部长杨学山、上海市副市长艾宝俊为工信部电信研究院华东分院揭牌。工信部电信研究院院长曹淑敏和上海市经济信息化委主任王坚为上海华东电信研究院揭牌。黄浦区区委书记徐逸波和上海市科委副主任陆晓春为上海市通信技术中小企业服务中心揭牌。黄浦区区长周伟、工信部科技司副司长李力、市经济信息化委副主任邵志清及本市有关部门和相关企业负责人参加仪式。

9月7日，工信部和上海市政府签署协同开展中国软件名城创建工作合作备忘录，上海成为首个部市共建中国软件名城的直辖市。工信部副部长杨学山、上海市副市长艾宝俊出席签约仪式并讲话。上海市经济信息化委主任王坚、副主任邵志清等出席签字仪式。

根据签署的协同开展中国软件名城创建工作合作备忘录，双方将在产业促进政策、园区基地建设、“两化融合”试点、产业化项目支持、标准体系建设等方面，就先行先试的对口试点、共建国家级国产软件应用示范区和体验中心、推动云计算服务创新发展试点示范、建设国家新型工业化示范基地和软件产业基地、建设上海智慧岛数据产业园、建设云海数据中心、联合支持重点项目等重点内容开展广泛的合作。

9月7日，市政府召开市光纤到户建设工作推进会议暨联席会议第一次会议。副市长艾宝俊出席会议并讲话，同时为国内首家新建住宅建筑通信配套设施第三方专业维护公司—上海市建筑通信网络有限公司成立揭牌。市经济信息化委主任王坚、副主任刘健等出席会议。市光纤到户工作推进联席会议成员单位负责人、各区县政府分管负责人以及相关企业负责人参加会议。

9月9日，市经济信息化委在宝山区主持召开“两化融合”促进节能减排高级研讨会。研讨会解析了当前国家和上海“两化融合”促进节能减排的工作形势，指引了工作思路。会上还发布了本市“‘两化融合’促进节能减排研究报告”。会上，市经济信息化委节能与综合利用处介绍了本市“十二五”期间节能减排规划目标及相关政策，宝山区交流了区域节能减排实施路径研究。同时，会议还邀请了中国商飞、上海电气、宝信软件等企业代表围绕“两化融合”促进节能减排进行了各有侧重的经验交流。

9月15日，市经济信息化委副主任刘健带队到付费通公司调研电子账单公共服务平台建设工作。付费通公司汇报了电子账单公共服务平台的建设情况。电子账单公共服务平台项目列入《上海市推进智慧城市建设2011—2013年行动计划》，平台目前已基本搭建完成，上海电力公司的电子账单已经上线试运行。计划于11月初召开电子账单公共服务平台新闻发布会。信息化推进处处长周正曙等陪同调研。

9月19—20日，市经济和信息化工作党委书记周国雄一行赴市电力公司和中国电信上海公司调研。在调研中，周国雄表示，市经济和信息化工作党委、市经济信息化委将一如既往地为中央在沪企业服务，做好跨行业、跨地区、跨部门的协调工作，全力支持央企在上海的发展。周国雄一行还参观了电力调度大厅、上海电力展示厅和上海电信信息生活体验馆。副书记张金康、秘书长陈更等陪同调研。

9月20日，市经济和信息化工作党委书记周国雄一行赴市互联网经济咨询中心等直属单位调研。周国雄在听取了工作汇报后，还鼓励中心全体员工要大胆地做、大胆地闯，为上海经济社会发展作出应有的贡献。周国雄一行还调研了《上海信息化》杂志社和计算机病毒防范中心。党委秘书长陈更、副秘书长信亚东陪同调研。

9月26日，市经济和信息化工作党委书记周国雄一行赴上海移动公司调研。周国雄听取了工作汇报后，希望上海移动公司以"创先争优"活动为契机，着力加强党的建设，维护党的形象和企业社会形象；以"智慧城市"建设为契机，着力打造"无线城市"，成为"智慧城市"建设的生力军、主力军和突击队；以"十二五"发展为契机，实现全面发展，做大、做强、做精，不断提升企业能级。副书记张金康、秘书长陈更陪同调研。

## 10月

10月10日，市政府在崇明举行上海智慧岛数据产业园揭牌仪式。副市长艾宝俊出席启动仪式并讲话，市经济信息化委主任王坚以及崇明县和市政府相关部门、企业、专家等出席启动仪式。

10月12日，市经济信息化委与中国电信上海公司联手举办"城市光网用户突破百万暨中小企业公共服务平台开通"仪式。副市长艾宝俊、市经济信息化委主任王坚等领导出席开通仪式并讲话。

10月17日，由工信部信息安全协调司指导，市网络与信息安全协调小组办公室主办的"2011信息安全技能大赛"决赛暨颁奖仪式在东方网演播厅举行。市经济信息化委副主任陈跃华、团市委副书记徐未晚等领导出席，为获奖选手颁奖并为大赛专家颁发聘书。大赛从9月14—24日进行了两轮16场比拼，10名选手跻身最后决赛。最后经过重重闯关，产生大赛一等奖一名、二等奖两名、三等奖三名、优胜奖四名。一等奖获得者，来自北京锐安科技有限公司的宋博文被授予"网络安全守护者"盾牌。

10月27日，市经济和信息化工作党委书记周国雄一行赴中国联通上海市分公司调研指导工作。周国雄充分肯定了该公司改革、发展和党建工作所取得的成绩，并对下一阶段工作提出要求。党委副书记张金康、秘书长陈更等陪同调研。

10月27日，市经济和信息化工作党委、市经济信息化委召开推进智慧城市建设动员大会。党委书记周国雄出席会议，并就进一步推进智慧城市建设提出具体要求。市经济信息化委主任王坚对前一阶段的智慧城市建设工作给予充分肯定，要求进一步增强自觉性、紧迫感和责任心，聚焦重点、形成合力、明确责任、创新机制，推进智慧城市建设取得新的进展。会议由副主任尚玉英主持。副主任刘健就推进智慧城市建设工作进行了具体部署。信息基础设施管理处、信息安全处、软件和信息服务业处、宣传处等处室进行交流发言。委党政领导班子成员、机关处室和部分直属单位负责人出席会议。

10月28日，由商务部主办，上海亚太地区经济和信息化人才培训中心承办的2011年第4期援外培训班——《发展中国家信息技术应用培训班》在上海顺利开学。市商务委副秘书长桑琦等领导出席了开学典礼并致辞。来自亚洲、非洲、欧洲、拉丁美洲等发展中国家和地区的25名学员参加培训班。尼泊尔全球银行公司信用控制经理苏兰达·拉吉·莱格米代表全体学员在开学典礼上发言。

## 11月

11月1日，2011中国国际工业博览会在上海新国际博览中心隆重开幕。工博会的主题是"创新转型与战略性新兴产业"。中共中央政治局委员、上海市委书记俞正声出席开幕式并宣布开幕。工信部部长苗圩，上海市委副书记、市长韩正，国家发改委副主任刘铁男，商务部国际贸易谈判副代表崇泉在开幕式上致辞。开幕式前，苗圩、韩正等领导在上海新国际博览中心察看了数控机床与金属加工展、信息与通信技术应用展、科技创新展、工业自动化展、新能源与电力电工展、环保技术与设备展、航空航天技术展等项目。开幕式由上海市委常委、常务副市长杨雄主持。工信部副部长苏波，教育部副部长杜占元，中科院秘书长邓麦村，中国贸促会副会长王锦珍，科技部高科技中心副主任袁建湘、中国工程院办公厅副主任易建、中国机械工业联合会副秘书长向辉等出席开幕式。上海市领导徐麟、艾宝俊、姜樑和安徽省副省长黄海嵩、河北省副省长张杰辉、河南省副省长陈雪枫、重庆市副市长童小平、四川省副省长刘捷、西藏自治区副主席董明俊、新疆维吾尔自治区政协副主席王永明、黑龙江省省长助理赵杰、辽宁省政协原副主席张成伦、中国商用飞机有限责任公司总经理金壮龙等部分兄弟省区市及央企领导出席开幕式。

2011中国工博会于11月1—5日举行，本届工博会以8个展区、13个展馆、15万平方米展示面积、6 222个参展展位再创历史新高，工博会同期将举办系列论坛60多场。参展企业1 869家，其中上海本地441家，外省市858家，境外企业570家。

11月2日，市政府举行"物联网助力智慧城市建设——2011年物联网产业发展(上海)论坛"。本次论坛以"物联网助力智慧城市建设"为主题，总结上海物联网发展成果，对接智慧城市建设需求，探索物联网技术和模式创新的路径和方法。本次论坛邀请国家物联网规划编制组成员、中国电子技术标准化研究所副总工程师卜凡金对国家物联网产业发展规划作了详细解读；市经济信息化委副主任邵志清介绍了本市智慧城市建设规划及物联网产业发展情况；长宁区副区长杲云就长宁区打造"智慧高地"作了主题演讲。同时，邵志清、杲云共同为长宁区"上海市物联网创新与应用示范基地"揭牌。

11月23日，由市经济信息化委牵头推进，各公用事业单位、付费通共同参与建设的上海电全国首家电子账单公共服务平台(www. ezhangdan. com)开通试运行。作为《上海市推进智慧城市建设2011—2013年行动计划》第一个完成建设并投入试运行的项目，上海市电子账单公共服务平台为市民提供公用事业电子账单的申请、推送、查询、支付和管理的"一站式"服务，实现账单"查得到"、"付得掉"、"理得清"的便捷功能。市经济信息化委副主任刘健出席开通仪式，并和市人大代表、市政协提案单位、相关公用事业单位代表共同开通平台。

## 12月

12月1日，中国下一代广播电视网(NGB)上海示范网100万户投入运营仪式在东方有线大厦隆重举行。2009年7月，科技部、广电总局、上海市签署NGB示范合作协议，在上海率先开展NGB示范网建设。"十二五"期间，东方有线公司将按照上海建设"智慧城市"的要求，计划利用3～5年时间，完成全市500多万有线电视用户的NGB改造，大幅提升网络承载能力，全面普及高清和百兆宽带入户，为市民创造更加美好的"智慧生活"。

12月13日，市经济和信息化工作党委书记周国雄一行赴上海贝岭股份有限公司调研指导工作。在听取工作汇报后，周国雄充分肯定上海贝岭为集成电路行业发展作出的贡献和党建工作取得的成绩。他希望上海贝岭继续坚持管理创新，抓好党员、干部和人才队伍建设，在市场竞争中发挥长期积累的技术和品牌优势，实现企业战略发展目标。周国雄一行还参观了贝岭爱国主义教育基地，纪工委书记黄肇达陪同调研。

12月19日，全国"两化融合"深度行(上海站)活动在上海拉开帷幕，上海市推进"两化"深度融合工作会议同时召开。工信部副部长杨学山、副市长艾宝俊出席大会并讲话，会议由市政府副秘书长肖贵玉主持。会上，还认定"大型客机供应商研制符合性管理"等30个项目为本市推进信息化与工业化融合示范项目，认定临港产业区、漕河泾新兴技术开发区、市北高新技术服务业园区、浦东软件园、杨浦科技创业中心等为本市首批"数字园区"。本市有关政府部门负责人，部分中央在沪企业代表、"两化融合"重点领域相关企业、开发区负责人以及本市"两化融合"研究中心、重点实验室、培训机构负责人参加会议。

12月29日，市经济和信息化工作党委、市经济信息化委召开领导班子务虚会。党委书记周国雄主持会议，委党政领导班子成员参加会议。会议传达学习中央经济工作会议、九届市委第十七次全会、全国工业和信息化工作会议精神，对照市委、市政府对产业发展和信息化建设的工作要求，总结回顾2011年工作，深入分析和研判2012年产业发展和信息化建设面临的新形势，认真谋划2012年工作思路。

(王耀鑫　刘　芸)

# 评优表彰

## 2011年度上海明星软件企业、优秀软件产品、优秀软件企业家及软件收入二十强企业

### 2011明星软件企业(成长型)获奖名单

| | | | |
|---|---|---|---|
| 1 | 上海大智慧股份有限公司 | 13 | 上海百事通信息技术有限公司 |
| 2 | 联芯科技有限公司 | 14 | 上海景格汽车科技有限公司 |
| 3 | 上海电科智能系统股份有限公司 | 15 | 上海集通数码科技有限责任公司 |
| 4 | 上海三旗通信科技股份有限公司 | 16 | 上海曼恒数字技术有限公司 |
| 5 | 上海科大智能科技股份有限公司 | 17 | 上海大智慧投资咨询有限公司 |
| 6 | 上海幻维数码创意科技有限公司 | 18 | 上海寰创通信科技有限公司 |
| 7 | 上海瑞创网络科技股份有限公司 | 19 | 上海爱数软件有限公司 |
| 8 | 上海泛微网络科技股份有限公司 | 20 | 上海天地软件园数码科技有限公司 |
| 9 | 上海百胜软件有限公司 | 21 | 上海北塔软件股份有限公司 |
| 10 | 上海时代光华教育发展有限公司 | 22 | 上海文华财经资讯有限公司 |
| 11 | 上海灵禅信息技术有限公司 | 23 | 上海维宏电子科技有限公司 |
| 12 | 上海辰锐信息科技公司 | | |

### 2011明星软件企业(出口型)获奖名单

| | | | |
|---|---|---|---|
| 1 | 花旗软件技术服务(上海)有限公司 | 11 | 龙旗科技(上海)有限公司 |
| 2 | 上海海隆软件股份有限公司 | 12 | 上海微创软件股份有限公司 |
| 3 | 花旗数据处理(上海)有限公司 | 13 | 博彦科技(上海)有限公司 |
| 4 | 易保网络技术(上海)有限公司 | 14 | PFU上海计算机有限公司 |
| 5 | 泰乐通讯技术(上海)有限公司 | 15 | 汇丰技术服务(中国)有限公司 |
| 6 | 上海中和软件有限公司 | 16 | 中讯申软计算机技术(上海)有限公司 |
| 7 | 博朗软件开发(上海)有限公司 | 17 | 上海冈三华大计算机系统有限公司 |
| 8 | 电装(上海)信息技术有限公司 | 18 | 日立华之樱信息系统(上海)有限公司 |
| 9 | 上海启明软件股份有限公司 | 19 | 上海畅星智能系统有限公司 |
| 10 | 上海新致软件有限公司 | | |

## 2011明星软件企业(创新型)获奖名单

| | | | |
|---|---|---|---|
| 1 | 联芯科技有限公司 | 34 | 上海众恒信息产业股份有限公司 |
| 2 | 上海宝信软件股份有限公司 | 35 | 上海格尔软件股份有限公司 |
| 3 | 上海理想信息产业(集团)有限公司 | 36 | 上海高达星软件系统有限公司 |
| 4 | 盛趣信息技术(上海)有限公司 | 37 | 上海天好电子商务有限公司 |
| 5 | 上海新致软件有限公司 | 38 | 上海步科自动化有限公司 |
| 6 | 上海安科瑞电气股份有限公司 | 39 | 上海金自天正信息技术有限公司 |
| 7 | 万达信息股份有限公司 | 40 | 乐线软件开发(上海)有限公司 |
| 8 | 上海可鲁系统软件有限公司 | 41 | 龙旗科技(上海)有限公司 |
| 9 | 上海大智慧股份有限公司 | 42 | 上海金桥信息股份有限公司 |
| 10 | 上海世范软件技术有限公司 | 43 | 上海长城电子信息网络有限公司 |
| 11 | 上海农业信息有限公司 | 44 | 鼎捷软件股份有限公司 |
| 12 | 上海复旦光华信息科技股份有限公司 | 45 | 上海百林通信网络科技有限公司 |
| 13 | 普华基础软件股份有限公司 | 46 | 上海互联网软件有限公司 |
| 14 | 上海华腾软件系统有限公司 | 47 | 花旗软件技术服务(上海)有限公司 |
| 15 | 上海科大智能科技股份有限公司 | 48 | 上海心仪电子科技有限公司 |
| 16 | 上海亚太计算机信息系统有限公司 | 49 | 上海金鑫计算机系统工程有限公司 |
| 17 | 上海埃帕信息科技有限公司 | 50 | 上海海隆软件股份有限公司 |
| 18 | 网宿科技股份有限公司 | 51 | 上海普元信息技术股份有限公司 |
| 19 | 上海微创软件股份有限公司 | 52 | 上海华虹计通智能系统股份有限公司 |
| 20 | 上海中信信息发展股份有限公司 | 53 | 上海征途信息技术有限公司 |
| 21 | 上海文广科技(集团)有限公司 | 54 | 丰海技术咨询服务(上海)有限公司 |
| 22 | 上海万得信息技术股份有限公司 | 55 | 上海辰锐信息科技公司 |
| 23 | 上海奈凯电子科技有限公司 | 56 | 上海农易数字工程技术有限公司 |
| 24 | 上海贝尔软件有限公司 | 57 | 上海神舟航天软件技术有限公司 |
| 25 | 上海金仕达多媒体有限公司 | 58 | 上海思伟软件有限公司 |
| 26 | 上海寰创通信科技有限公司 | 59 | 上海立派信息技术有限公司 |
| 27 | 上海久隆信息工程有限公司 | 60 | 上海东方明珠广播电视研究发展有限公司 |
| 28 | 上海秀派电子科技有限公司 | 61 | 上海美宁计算机软件有限公司 |
| 29 | 上海普华科技发展有限公司 | 62 | 上海软中信息技术有限公司 |
| 30 | 上海亨钧科技有限公司 | 63 | 上海期货信息技术有限公司 |
| 31 | 上海大智慧软件开发有限公司 | 64 | 上海美华系统有限公司 |
| 32 | 上海东欣软件工程有限公司 | 65 | 上海益盟软件技术有限公司 |
| 33 | 上海宇龙软件工程有限公司 | | |

## 2011明星软件企业(经营型)获奖名单

| | | | |
|---|---|---|---|
| 1 | 上海宝信软件股份有限公司 | 27 | 杉德银卡通信息服务有限公司 |
| 2 | 上海贝尔软件有限公司 | 28 | 上海众恒信息产业股份有限公司 |
| 3 | 盛趣信息技术(上海)有限公司 | 29 | 上海华虹计通智能系统股份有限公司 |
| 4 | 银联商务有限公司 | 30 | 乐线软件开发(上海)有限公司 |
| 5 | 上海征途信息技术有限公司 | 31 | 上海南天电脑系统有限公司 |
| 6 | 欧唯特信息系统(上海)有限公司 | 32 | 花旗数据处理(上海)有限公司 |
| 7 | 上海理想信息产业(集团)有限公司 | 33 | 上海英迈吉东影图像设备有限公司 |
| 8 | 上海三旗通信科技股份有限公司 | 34 | 上海中和软件有限公司 |
| 9 | 联芯科技有限公司 | 35 | 上海金自天正信息技术有限公司 |
| 10 | 上海完美世界网络技术有限公司 | 36 | 易保网络技术(上海)有限公司 |
| 11 | 上海电科智能系统股份有限公司 | 37 | 用友软件股份有限公司上海分公司 |
| 12 | 上海微创软件股份有限公司 | 38 | 鼎捷软件股份有限公司 |
| 13 | 万达信息股份有限公司 | 39 | 上海安科瑞电气股份有限公司 |
| 14 | 花旗软件技术服务(上海)有限公司 | 40 | 上海瑞创网络科技股份有限公司 |
| 15 | 中海网络科技股份有限公司 | 41 | 上海天游软件有限公司 |
| 16 | 上海金桥信息股份有限公司 | 42 | 上海亚太计算机信息系统有限公司 |
| 17 | 上海大智慧股份有限公司 | 43 | 上海维音信息技术股份有限公司 |
| 18 | 上海万得信息技术股份有限公司 | 44 | 博朗软件开发(上海)有限公司 |
| 19 | 上海华腾软件系统有限公司 | 45 | 上海启明软件股份有限公司 |
| 20 | 龙旗科技(上海)有限公司 | 46 | 上海科大智能科技股份有限公司 |
| 21 | 网宿科技股份有限公司 | 47 | 普华基础软件股份有限公司 |
| 22 | 上海淘米网络科技有限公司 | 48 | 汇丰技术服务(中国)有限公司 |
| 23 | 上海延华智能科技(集团)股份有限公司 | 49 | 上海新致软件有限公司 |
| 24 | 上海海隆软件股份有限公司 | 50 | 上海博科资讯股份有限公司 |
| 25 | 上海新华控制技术(集团)有限公司 | 51 | 上海中信信息发展股份有限公司 |
| 26 | 上海博达数据通信有限公司 | | |

## 2011明星软件企业(领先型)获奖名单

| | | | |
|---|---|---|---|
| 1 | 上海梁江通信系统股份有限公司 | 6 | 上海百事通信息技术有限公司 |
| 2 | 上海格尔软件股份有限公司 | 7 | 上海大智慧股份有限公司 |
| 3 | 上海市数字证书认证中心有限公司 | 8 | 易保网络技术(上海)有限公司 |
| 4 | 上海众恒信息产业股份有限公司 | 9 | 杉德银卡通信息服务有限公司 |
| 5 | 上海中信信息发展股份有限公司 | 10 | 用友软件股份有限公司上海分公司 |

## 2011 明星软件企业(新业态)获奖名单

| | | | |
|---|---|---|---|
| 1 | 网宿科技股份有限公司 | 4 | 上海吉联新软件股份有限公司 |
| 2 | 上海淘米网络科技有限公司 | 5 | 上海圣桥信息科技有限公司 |
| 3 | 上海百事通信息技术有限公司 | | |

## 2011 优秀软件产品获奖名单

| | | |
|---|---|---|
| 1 | 上海淘米网络科技有限公司 | 淘米儿童虚拟社区摩尔庄园软件 V1.0 |
| 2 | 上海征途信息技术有限公司 | 征途游戏软件 V2.0 |
| 3 | 上海万得信息技术股份有限公司 | Wind 资讯金融终端[简称：WFT]V2010 |
| 4 | 上海益同软件技术有限公司 | 益同主力版深度分析决策软件 |
| 5 | 上海英迈吉东影图像设备有限公司 | Eastimage一X 射线安全检查设备软件 V2.0 |
| 6 | 鼎捷软件股份有限公司 | 神州数码易拓管理软件 GP5 |
| 7 | 上海齐家网信息科技股份有限公司 | 齐家电子商务平台软件 V1.0 |
| 8 | 上海复旦光华信息科技股份有限公司 | 光华互联网侦控管理软件 V2.0 |
| 9 | 中海网络科技股份有限公司 | 高速公路监控通信系统<br>(交技 iScope 交通监控一体化平台软件 V2.0) |
| 10 | 上海万得信息技术股份有限公司 | Wind 资讯经济数据库终端软件[简称：WET]V2.0 |
| 11 | 上海瑞创网络科技股份有限公司 | 瑞创全国 CDN 网络发布软件 |
| 12 | 上海幻维数码创意科技有限公司 | 幻维 CAS 角色动画控制软件 V1.0 |
| 13 | 易保网络技术(上海)有限公司 | 易保寿险核心业务软件 |
| 14 | 上海中信信息发展股份有限公司 | 光典档案信息资源管理软件 |
| 15 | 上海特易信息科技有限公司 | 特易全球外贸资讯平台软件 V1.0 |
| 16 | 上海市数字证书认证中心有限公司 | UniTrust CA 中心软件 V3.0 |
| 17 | 上海普元信息技术股份有限公司 | 普元 EOS 软件 V6.3 |
| 18 | 中海网络科技股份有限公司 | 高速公路收费系统<br>(交技综合收费业务平台软件 ITSN V3.0) |
| 19 | 上海互联网软件有限公司 | 电子文档集约化管理与柔性化利用软件 V1.0 |
| 20 | 上海益同软件技术有限公司 | 益盟操盘手乾坤版智能投资策略软件 |
| 21 | 上海益盟软件技术有限公司 | 益盟操盘手证券投资决策软件 |
| 22 | 上海征途信息技术有限公司 | 巨人游戏软件 V1.0 |
| 23 | 上海互联网软件有限公司 | 飞越比特新一代社区服务管理平台软件 V1.0 |
| 24 | 上海金自天正信息技术有限公司 | Ari 能源管理软件[简称：AriEMS]V1.0 |
| 25 | 上海信颐信息技术有限公司 | 信颐多媒体联网信息发布软件 V1.0 |
| 26 | 上海众恒信息产业股份有限公司 | 众恒环境资源 GIS 共享平台软件 V1.0 司 |
| 27 | 上海时代光华教育发展有限公司 | 时代光华势能企业大学软件 V1.0 |
| 28 | 上海大智慧股份有限公司 | 大智慧金融投资家专业版软件<br>[简称：金融投资家专业版]V7.00 |
| 29 | 上海泛微网络科技股份有限公司 | 泛微协同商务软件 V6.0 |

续 表

| | | |
|---|---|---|
| 30 | 上海华腾软件系统有限公司 | TOP BMS 商业汇票管理平台软件 V1.0 |
| 31 | 万达信息股份有限公司 | 万达电子政务协同软件 V4.0 |
| 32 | 上海新网程信息技术有限公司 | 新网程网络督察网络行为管理软件 V7.5 |
| 33 | 上海林果实业有限公司 | 林果 LGET—1 动态令牌身份认证软件 V1.0［简称：LGET—1 动态令牌］ |
| 34 | 网宿科技股份有限公司 | 网宿 CDN 平台软件 V2.0 |
| 35 | 上海泛微网络科技股份有限公司 | 泛微协同管理配置平台软件 V4.0 |
| 36 | 上海理想信息产业(集团)有限公司 | 理想企业协同办公软件 V2.8 |
| 37 | 上海征途信息技术有限公司 | 绿色征途游戏软件 V1.0 |
| 38 | 上海普华科技发展有限公司 | 普华工程项目管理集成软件 PowerOn (V5.0、V4.0、V3.5) |
| 39 | 上海普元信息技术股份有限公司 | 普元 BPS 软件 V6.5 |
| 40 | 上海安科瑞电气股份有限公司 | 安科瑞 ACRxxxE 综合测控软件 V1.0 |
| 41 | 上海格尔软件股份有限公司 | 格尔 SSL 安全网关认证系统 V5.2 |
| 42 | 上海大智慧投资咨询有限公司 | 大智慧证券信息港(DOS)营业部版软件 V6.00 |
| 43 | 上海集通数码科技有限责任公司 | 集通字库软件 V3.2 |
| 44 | 上海百胜软件有限公司 | BSERP 百胜服装 ERP 软件 V3.1 |
| 45 | 上海吉联新软件股份有限公司 | 吉联新 Freight.Net 综合物流管理平台软件 V6.2 |
| 46 | 上海金档信息技术有限公司 | 金档光典综合档案管理软件 |
| 47 | 乐线软件开发(上海)有限公司 | 乐线数据集成分析软件 V2.0.0.0 |
| 48 | 乐线软件开发(上海)有限公司 | 乐线在线订单软件 V1.0.0.0 |
| 49 | 上海泛微网络科技股份有限公司 | 泛微协同办公标准版软件 V7.0 |
| 50 | 网宿科技股份有限公司 | 速通 VPN 企业互连平台系统 V1.0 |
| 51 | 上海普华科技发展有限公司 | 普华项目管理信息平台软件 PowerPiP (V4.1、V4.0、V3.5) |
| 52 | 上海海鼎信息工程股份有限公司 | 海鼎购物中心管理软件 HDMALL V2.5 |
| 53 | 上海中信信息发展股份有限公司 | 光典食品流通安全信息追溯档案管理软件 |
| 54 | 上海世范软件技术有限公司 | 世范新一代应用系统整合平台软件 V1.0 |
| 55 | 乐线软件开发(上海)有限公司 | 乐线门户广场软件 V1.0.1.3 |
| 56 | 联芯科技有限公司 | 联芯科技 TD—SCDMA 无线上网卡嵌入式软件［简称：PhyFA］V2.0 |
| 57 | 上海亦源智能科技有限公司 | 亦源停车场智能管理软件［简称：PMS］V4.0 |
| 58 | 上海卓繁信息技术有限公司 | 卓繁政府"一网式"行政审批软件 V7.0 |
| 59 | 上海思普信息技术有限公司 | 思普产品全生命周期管理软件 SIPM/PLM4.1 |
| 60 | 上海奈凯电子科技有限公司 | 奈凯数控软件 V9.0 |
| 61 | 上海锐道信息技术有限公司 | 锐道 DORADO 应用基础框架软件 V6.0 |
| 62 | 上海海鼎信息工程股份有限公司 | 海鼎仓库物流管理软件 HDWMS V2.5 |

续 表

| | | |
|---|---|---|
| 63 | 上海亨钧科技有限公司 | 亨钧全电子执行单元控制应用软件 V1.0 |
| 64 | 上海浪沙软件有限公司 | RUNSA 分销管理软件 V259.1 |
| 65 | 上海东兰信息技术有限公司 | LiveFlow V3.5 |
| 66 | 上海益盟软件技术有限公司 | 益盟操盘手手机证券交易软件 |
| 67 | 上海益盟软件技术有限公司 | 益盟操盘手手机版深度分析决策软件 |
| 68 | 上海文广科技(集团)有限公司 | 文广 HDM—505 数字电影 1.3K 放映播放器 V3.05 |
| 69 | 上海蓝鸟科技股份有限公司 | 蓝鸟锐泰生产管理软件 V1.0 |
| 70 | 上海佳克计算机软件有限公司 | 佳克固定资产条码管理软件 |
| 71 | 上海美华系统有限公司 | 美华口岸通软件 V1.0 |
| 72 | 上海宇龙软件工程有限公司 | 宇龙数控加工仿真软件 V4.0 |
| 73 | 上海风格软件有限公司 | 风格嵌入式数字电视码流实时监测及转发软件 V1.0 |
| 74 | 上海捷奥信息科技有限公司 | 捷奥银行集中影像业务监督软件 V1.0 |
| 75 | 上海大智慧股份有限公司 | 大智慧分析家软件[简称：分析家]V7.00 |
| 76 | 宝智坚思管理咨询(上海)有限公司 | 智达企业建设项目流程管理软件[简称：Greata]V2008 |
| 77 | 上海铭创软件技术有限公司 | 铭创衍生金融工具管理软件 V2.0 |
| 78 | 上海新华控制技术(集团)有限公司 | 新华实时数据库软件[简称：XH—fS]V1.0 |
| 79 | 上海复旦光华信息科技股份有限公司 | 光华报警处置软件 |
| 80 | 上海亚太计算机信息系统有限公司 | 亚太社会保障卡信息服务软件 V1.0 |
| 81 | 上海博科资讯股份有限公司 | 博科管理自主平台软件(forB/S)[简称：MAP]V1.0 |
| 82 | 上海梁江通信系统股份有限公司 | 梁江信令控制选通软件 V2.0 |
| 83 | 上海飞旗网络技术有限公司 | F7 Optimal QoS 资源优化软件 V3.0.11 |
| 84 | 上海维宏电子科技有限公司 | 维宏数控系统应用软件 V9.0 |
| 85 | 上海风格软件有限公司 | 风格嵌入式数字音频双工软件 V1.0 |
| 86 | 上海复旦光华信息科技股份有限公司 | 复旦光华专网战区安全防护中心软件 V1.0 |
| 87 | 上海亨钧科技有限公司 | 亨钧机车安全控制软件 V1.0 |
| 88 | 上海中商网络股份有限公司 | 中商产品流向综合管理软件 V1.0 |
| 89 | 上海环思信息技术有限公司 | 环思织染 ERP 管理软件 V2.1 |
| 90 | 上海铭创软件技术有限公司 | 铭创新一代金融资产管理软件 V6.0 |
| 91 | 上海大智慧软件开发有限公司 | 大智慧证券手机超赢专业版(JAVA/S60/WindowsMobile/iPhone/android/黑莓/MID)软件[简称：大智慧手机超赢专业版]V5.61 |
| 92 | 上海企望信息科技有限公司 | 企望制造企业资源管理软件 V6 |
| 93 | 泰亿格电子(上海)有限公司 | 启音博士言语矫治仪软件 V5.0 |
| 94 | 上海寰创通信科技有限公司 | 寰创 WLAN AP 软件 V1.0 |
| 95 | 上海联鼎软件技术有限公司 | 联鼎核心业务容灾管理软件 V1.0 LanderVault |
| 96 | 守内安信息科技(上海)有限公司 | 守内安 SPAM SQR 邮件垃圾过滤管理软件 V2.8 |

续 表

| | | |
|---|---|---|
| 97 | 上海华腾软件系统有限公司 | TOP CARD贷计卡软件V3.0 |
| 98 | 上海理想信息产业(集团)有限公司 | 理想掌上百事通应用软件V1.0 |
| 99 | 上海恒为信息科技有限公司 | 恒为HSMA高速字符串匹配加速卡驱动软件V1.0 |
| 100 | 维音数码(上海)有限公司 | 维音数码计算机电话集成软件<br>[简称:VisionCTI]V 3.0.0 |
| 101 | 上海征途信息技术有限公司 | 黄金国度游戏软件V1.0 |
| 102 | 万达信息股份有限公司 | 万达区域医疗信息整合共享与协同<br>服务平台软件V2.0 |
| 103 | 万达信息股份有限公司 | 万达土地交易系统应用软件V1.0 |
| 104 | 大道计算机技术(上海)有限公司 | 大道大屏幕指挥调度平台软件Xwall V4.0 |
| 105 | 上海软中信息技术有限公司 | 软中国有资产监管软件V1.0 |
| 106 | 上海中交海德交通科技股份有限公司 | 海德公路造价数据库动态管理软件HEAD—CDM V3.0 |
| 107 | 守内安信息科技(上海)有限公司 | 守内安Mail SQR Expert电子邮件保全专家软件V2.6 |
| 108 | 上海顶竹通讯技术有限公司 | DZC BRNC管理软件V1.0 |
| 109 | 上海心仪电子科技有限公司 | 心仪PsyTech心理实验软件V1.3 |
| 110 | 上海理想信息产业(集团)有限公司 | 理想号码百事通信息中心平台软件V1.0 |
| 111 | 上海天好电子商务有限公司 | 天好公共资源交易(招投标管理)平台软件V5.1 |
| 112 | 上海亚太计算机信息系统有限公司 | 亚太汽车生产质量跟踪追溯软件V1.0 |
| 113 | 上海联鼎软件技术有限公司 | 联鼎多节点集群软件V1.0 LanderCluster |
| 114 | 上海众恒信息产业股份有限公司 | 众恒社会化居家养老服务平台软件V1.0 |
| 115 | 盘石软件(上海)有限公司 | 盘石介质取证分析软件SafeAnalyzer V1.0 |
| 116 | 上海石川科技有限公司 | 石川无线餐饮管理软件V5.0 |
| 117 | 上海秀派电子科技有限公司 | 秀派电子锁标签嵌入式软件V1.0 |
| 118 | 泰亿格电子(上海)有限公司 | 启智博士早期语言评估与干预仪软件V3.0 |
| 119 | 上海农业信息有限公司 | 上农信饲料企业生产管理软件V1.0 |
| 120 | 上海新致软件有限公司 | 新致医院综合管理平台软件V1.0 |
| 121 | 上海棕榈电脑系统有限公司 | 金棕榈旅行社业务流程软件V7.01 |
| 122 | 上海农易数字工程技术有限公司 | 上农信蔬菜生产管理软件V1.0 |
| 123 | 上海期货信息技术有限公司 | Futures Ideal即时消息分发中心软件V1.0 |
| 124 | 上海世范软件技术有限公司 | 世范公司客户风险管理软件V1.0 |
| 125 | 上海电科智能系统股份有限公司 | 电科智能EXPRC匝道汇入智能控制器控制软件 |
| 126 | 上海新致软件有限公司 | 新致软件架构基础平台软件V4.0 |
| 127 | 泰亿格电子(上海)有限公司 | 启聪博士听觉康复训练仪软件V3.0 |
| 128 | 上海电科智能系统股份有限公司 | SEARI_ETC混合车道软件V2.0 |
| 129 | 上海理想信息产业(集团)有限公司 | 理想呼叫中心坐席软件V2.0 |
| 130 | 上海神舟航天软件技术有限公司 | 瀚海之星综合档案管理软件V3.0 |
| 131 | 上海农易数字工程技术有限公司 | 上农信食用农产品安全信息追溯平台软件V1.0 |

续 表

| | | |
|---|---|---|
| 132 | 上海农业信息有限公司 | 上农信水产管理软件 V1.0 |
| 133 | 上海软中信息技术有限公司 | 软中科技行政监察管理软件 V1.0 |
| 134 | 盘石软件(上海)有限公司 | 盘石计算机现场取证系统软件 SafeImager V2.0 |
| 135 | 上海吉贝克信息技术有限公司 | 吉贝克基金公司信息披露标准化报送软件 V1.0 |
| 136 | 上海百胜软件有限公司 | BS3000＋百胜服装 ERP 软件 V2.0 |
| 137 | 盘石软件(上海)有限公司 | 盘石手机取证分析软件 SafeMobile V1.0 |
| 138 | 上海圣桥信息科技有限公司 | 圣桥 Storix 嵌入式操作系统软件 V3.0 |
| 139 | 上海曼恒数字技术有限公司 | 曼恒 V－RAY 中文版渲染软件 V1.0 |
| 140 | 上海可鲁系统软件有限公司 | DAPcore 核心数据处理系统软件 V4.0 |
| 141 | 上海万得信息技术股份有限公司 | Wind 资讯投资终端软件[简称：WIT]V2010 |
| 142 | 上海文华财经资讯有限公司 | 文华多码通柜员管理软件 V2.0 |
| 143 | 阔利达软件(上海)有限公司 | 阔利达 Quality Operate Hawkeye 操作日志获取工具软件 V1.0 |

## 2011 年度优秀软件企业家获奖名单

| | | | |
|---|---|---|---|
| 1 | 盛趣信息技术(上海)有限公司 | 谭群钊 | 董事长兼 CEO |
| 2 | 上海三旗通信科技股份有限公司 | 杜军红 | 董事长 |
| 3 | 上海完美世界网络技术有限公司 | 李剑 | 总经理 |
| 4 | 上海电科智能系统股份有限公司 | 陈红洁 | 总经理 |
| 5 | 中海网络科技股份有限公司 | 周群 | 总经理 |
| 6 | 网宿科技股份有限公司 | 刘成彦 | 董事长 |
| 7 | 上海延华智能科技(集团)股份有限公司 | 顾燕芳 | 总经理 |
| 8 | 上海众恒信息产业股份有限公司 | 顾国强 | 总经理 |
| 9 | 上海普元信息技术股份有限公司 | 刘亚东 | 董事长 |
| 10 | 上海幻维数码创意科技有限公司 | 徐泽星 | 总经理 |

## 2011 年度软件收入二十强企业获奖名单

| | | | |
|---|---|---|---|
| 1 | 中国银联股份有限公司 | 11 | 上海微创软件股份有限公司 |
| 2 | 上海贝尔软件有限公司 | 12 | 印孚瑟斯技术(中国)有限公司 |
| 3 | 上海巨人网络科技有限公司 | 13 | 上海久游网络科技有限公司 |
| 4 | 盛趣信息技术(上海)有限公司 | 14 | 花旗软件技术服务(上海)有限公司 |
| 5 | 上海宝信软件股份有限公司 | 15 | 联芯科技有限公司 |
| 6 | 上海中兴软件有限责任公司 | 16 | 上海大智慧股份有限公司 |
| 7 | 百度(中国)有限公司 | 17 | 上海克而瑞信息技术有限公司 |
| 8 | 上海征途信息技术有限公司 | 18 | 上海理想信息产业(集团)有限公司 |
| 9 | 银联商务有限公司 | 19 | 龙旗科技(上海)有限公司 |
| 10 | 上海完美世界网络技术有限公司 | 20 | 上海汉得信息技术股份有限公司 |

# 统计报表

## 软件及相关服务业调查表

2011 年 1— 月

表　　号：RCD202 表
制表机关：上海市经济和信息化委员会
批准机关：上海市统计局
批准文号：沪统审字〔2011〕4 号
有效期至：2013 年 1 月

组织机构代码：□□□□□□□□-□　　　　行业代码：□□□□
填报单位名称(盖章)：____________

| 指标名称 | 代码 | 计量单位 | 本期实际 | 上年同期 |
|---|---|---|---|---|
| 单位个数 | 1000 | 个 | | |
| 资产总计 | 1001 | 万元 | | |
| 固定资产原价 | 1002 | 万元 | | |
| 本期固定资产折旧 | 1003 | 万元 | | |
| 营业收入合计 | 1004 | 万元 | | |
| 其中：主营业务收入合计 | 1010 | 万元 | | |
| 其中：软件收入合计 | 1011 | 万元 | | |
| 其中：软件产品收入 | 1012 | 万元 | | |
| 信息系统集成服务收入 | 1013 | 万元 | | |
| 信息技术咨询服务收入 | 1014 | 万元 | | |
| 数据处理和运营服务收入 | 1015 | 万元 | | |
| * 嵌入式系统软件收入 | 1016 | 万元 | | |
| IC 设计收入 | 1017 | 万元 | | |
| 其中：软件外包服务收入 | 1025 | 万元 | | |
| 其中：软件出口额 | 1030 | 万美元 | | |
| 其中：软件外包服务出口额 | 1031 | 万美元 | | |
| * 嵌入式系统软件出口额 | 1032 | 万美元 | | |
| 营业成本 | 1005 | 万元 | | |
| 营业税金及附加 | 1051 | 万元 | | |
| 费用合计 | 1006 | 万元 | | |
| 应交增值税 | 1052 | 万元 | | |
| 利润总额 | 1040 | 万元 | | |
| 营业利润 | 1041 | 万元 | | |

续 表

| 指标名称 | 代码 | 计量单位 | 本期实际 | 上年同期 |
|---|---|---|---|---|
| 从业人员劳动报酬 | 1060 | 万元 | | |
| 从业人员平均人数 | 1070 | 人 | | |
| 研究与发展(R&D)经费支出 | 1110 | 万元 | | |
| 订单同比增长 | 1111 | % | | —— |
| 软件著作权数 | 1211 | 件 | | |
| 附加指标1—5 | F1—F5 | | | |

单位负责人：__________填表人：__________联系电话：__________报出日期：________年________月________日

注：①价值量指标请保留一位小数；②"单位个数"由综合单位填报，企业不用填报；③1016、1032仅限工业企业填报。

审核要点：(1) 1004≥1010；(2) 1010≥1011；(3) 1011≥1025；

(4) 1011=1012+1013+1014+1015+1016+1017；(5)1030≥1031+1032；(6) 1011≥1030＊6.8(参考)；

(7) 1025≥1031＊6.8(参考)；(8) 1016≥1032＊6.8(参考)。

# 信用服务企业基本情况

20 年

统计登记号：□□□□□□□□

组织机构代码：□□□□□□□□—□

企业(单位)名称(盖章)：________________________

表 号：01表

制定机关：上海市经济和信息化委员会

批准机关：上海市统计局

文号：沪统审字(2011)10号

有效期至：2013年2月

| 指标名称 | 代码 | 计量单位 | 本年 |
|---|---|---|---|
| 甲 | 乙 | 丙 | 1 |
| 年末从业人员数 | 01 | 人 | |
| 按学历分：1. 研究生及以上学历 | 02 | 人 | |
| 2. 大学本科学历 | 03 | 人 | |
| 3. 大专学历 | 04 | 人 | |
| 4. 高中及以下学历 | 05 | 人 | |
| 按从业年限分：1. 五年及以上 | 06 | 人 | |
| 2. 三年及以上五年以下 | 07 | 人 | |
| 3. 一年及以上三年以下 | 08 | 人 | |
| 4. 一年以下 | 09 | 人 | |
| 按专业技术职称分，其中：高级技术职称 | 10 | 人 | |
| 中级技术职称 | 11 | 人 | |
| 初级及以下技术职称 | 12 | 人 | |

续 表

| 指标名称 | | 代码 | 计量单位 | 本年 |
|---|---|---|---|---|
| 按持有国内执业证书分，其中： | 注册会计师 | 13 | 人 | |
| | 注册资产评估师 | 14 | 人 | |
| | 注册土地估价师 | 15 | 人 | |
| | 具证券执业资格人员 | 16 | 人 | |
| | 具证券从业资格人员 | 17 | 人 | |
| | 律师 | 18 | 人 | |
| | 企业法律顾问 | 19 | 人 | |
| 按持有国外证书分，其中： | 特许金融分析师（CFA） | 20 | 人 | |
| | 英国特许公认会计师（ACCA） | 21 | 人 | |
| | 美国注册会计师（AICPA） | 22 | 人 | |
| | 北美精算师（FSA） | 23 | 人 | |
| | 国际注册信用分析师（CICA） | 24 | 人 | |
| | 国际注册信用师（ICCA） | 25 | 人 | |
| | 国际信用管理师（ICM） | 26 | 人 | |
| | 国际信用管理员（ICA） | 27 | 人 | |
| 按持有国内培训证书分，其中： | 信用管理师 | 28 | 人 | |
| | 获信用管理岗位证书人员 | 29 | 人 | |
| | 注册咨询师 | 30 | 人 | |
| | 信用分析师 | 31 | 人 | |
| | 信用评估师 | 32 | 人 | |
| | 信用调查师 | 33 | 人 | |
| | 商务调查师 | 34 | 人 | |
| | 商账管理师 | 35 | 人 | |

单位负责人： 填表人： 联系电话： 报出日期： 年 月 日

# 信用服务企业财务状况

20 年

统计登记号：□□□□□□□□ 

表 号：02 表
制定机关：上海市经济和信息化委员会

组织机构代码：□□□□□□□□—□

批准机关：上海市统计局

企业（单位）名称（盖章）：________________

文号：沪统审字（2011）10 号

企业（单位）地址：________________

有效期至：2013 年 2 月

| 指标名称 | 代码 | 计量单位 | 本年 |
|---|---|---|---|
| 甲 | 乙 | 丙 | 1 |
| 一、资产负债 | — | — | — |
| 固定资产原价（01≥02） | 01 | 千元 | |

续 表

| 指标名称 | 代码 | 计量单位 | 本年 |
|---|---|---|---|
| 本年折旧 | 02 | 千元 | |
| 资产总计 | 03 | 千元 | |
| 负债合计 | 04 | 千元 | |
| 实收资本 | 05 | 千元 | |
| 二、损益及分配 | — | — | — |
| 营业收入合计(06≥07) | 06 | 千元 | |
| 其中：主营业务收入 | 07 | 千元 | |
| 其中：资信评级业务 | 08 | 千元 | |
| 商业征信(或称企业征信)业务 | 09 | 千元 | |
| 个人征信业务 | 10 | 千元 | |
| 信用管理业务 | 11 | 千元 | |
| 其他业务 | 12 | 千元 | |
| 主营业务成本 | 13 | 千元 | |
| 税金 | 14 | 千元 | |
| 主营业务税金及附加 | 15 | 千元 | |
| 费用合计(营业费用、管理费用、财务费用) | 16 | 千元 | |
| 营业利润(17≥06-13-15-16) | 17 | 千元 | |
| 利润总额 | 18 | 千元 | |
| 三、从业人员劳动报酬 | 19 | 千元 | |
| 四、中高级技术职称人员人均年薪酬 | 20 | 千元 | |
| 五、劳动、失业、养老、医疗保险费 | 21 | 千元 | |
| 六、福利费 | 22 | 千元 | |
| 七、住房公积金和住房补贴 | 23 | 千元 | |
| 八、全部从业人员年平均人数 | 24 | 人 | |

以上财务数据________(已/未)经审计。

单位负责人：　　　　填表人：　　　　联系电话：　　　　报出日期：　年　月　日

# 信用服务企业业务情况

20　年

统计登记号：□□□□□□□□□

组织机构代码：□□□□□□□□—□

企业(单位)名称(盖章)：________________

企业(单位)地址：________________

表　号：02 表
制定机关：上海市经济和信息化委员会
批准机关：上海市统计局
文号：沪统审字(2011)10 号
有效期至：2013 年 2 月

| 业务类型 | 指标名称 | 代码 | 计量单位 | 本年 |
| --- | --- | --- | --- | --- |
| 甲 | 乙 | 丙 | 丁 | 1 |
| 资信评级业务 | 资信评级报告 | 01 | 份 | |
| | 债项评级 | 02 | 笔 | |
| | 债项评级发债金额 | 03 | 千元 | |
| | 主体评级 | 04 | 户 | |
| | 主体评级对象贷款余额 | 05 | 千元 | |
| 商业征信(或称企业征信)业务 | 商业征信(或称企业征信)报告 | 06 | 份 | |
| | 客户数量 | 07 | 户 | |
| | 客户类型：内资企业 | 08 | 户 | |
| | 港、澳、台商投资企业 | 09 | 户 | |
| | 外商投资企业 | 10 | 户 | |
| | 政府部门 | 11 | 个 | |
| | 其他 | 12 | 户 | |
| 个人征信业务 | 个人信用报告查询 | 13 | 份 | |
| | 个人信用报告提供 | 14 | 份 | |
| 信用管理业务 | 咨询案例 | 15 | 项 | |
| | 培训人次 | 16 | 人次 | |
| | 应收账款管理金额 | 17 | 千元 | |

补充资料：

1. 科研活动________项
2. 公开发表专著________项
3. 自主知识产权________项
4. 信用报告用途：

________________________________________

________________________________________

________________________________________

单位负责人：　　　　填表人：　　　　联系电话：　　　　报出日期：　　年　　月　　日

# 软件企业认定和产品登记名单

## 2011 年度上海市认定软件企业名单

| 序号 | 企业名称 | 序号 | 企业名称 |
| --- | --- | --- | --- |
| 1 | 上海诚丰财务服务有限公司 | 31 | 上海睿亚训软件技术服务有限公司 |
| 2 | 上海异得高新技术有限公司 | 32 | 上海宁盾信息科技有限公司 |
| 3 | 荷尼(上海)企业管理有限公司 | 33 | 上海格蒂电力科技股份有限公司 |
| 4 | 上海万欣计算机信息科技有限公司 | 34 | 上海飞为自动化系统有限公司 |
| 5 | 上海腾炅信息科技有限公司 | 35 | 上海瑞示电子科技有限公司 |
| 6 | 上海欧佳软件有限公司 | 36 | 上海时运信息技术有限公司 |
| 7 | 上海高洁信息科技有限公司 | 37 | 上海东篱信息科技有限公司 |
| 8 | 上海锐战网络科技有限公司 | 38 | 上海易教信息科技有限公司 |
| 9 | 上海今点软件有限公司 | 39 | 上海天下易生活网络有限公司 |
| 10 | 上海挑战软件技术有限公司 | 40 | 上海盖奇信息科技有限公司 |
| 11 | 嘉丰(上海)软件有限公司 | 41 | 上海派络软件科技有限公司 |
| 12 | 上海勇进软件有限公司 | 42 | 上海同道信息技术有限公司 |
| 13 | 上海合广电子科技发展有限公司 | 43 | 上海飞象信息技术有限公司 |
| 14 | 上海佳文比特信息科技有限公司 | 44 | 上海圣坤电子科技有限公司 |
| 15 | 上海时代亿信信息科技有限公司 | 45 | 上海智言软件科技有限公司 |
| 16 | 上海华上日正软件科技有限公司 | 46 | 上海涵迪电子科技有限公司 |
| 17 | 上海德米萨信息科技有限公司 | 47 | 上海福虎信息科技有限公司 |
| 18 | 上海久娱网络科技有限公司 | 48 | 上海众游信息技术有限公司 |
| 19 | 上海锐鸿通信技术有限公司 | 49 | 上海万臣信息科技有限公司 |
| 20 | 上海复全网络技术有限公司 | 50 | 上海诺构软件技术有限公司 |
| 21 | 上海汉升软件有限公司 | 51 | 上海托科软件有限公司 |
| 22 | 上海禹为通信技术有限公司 | 52 | 欧宝软件(上海)有限公司 |
| 23 | 上海晨炎信息技术有限公司 | 53 | 上海安托颖天软件技术有限公司 |
| 24 | 上海埃测软件有限公司 | 54 | 上海宏勤信息科技有限公司 |
| 25 | 上海实甲智能系统有限公司 | 55 | 上海创件信息科技有限公司 |
| 26 | 广拓软件(上海)有限公司 | 56 | 上海普瑞邦克软件技术有限公司 |
| 27 | 上海朗之德能源科技有限公司 | 57 | 上海邦星信息科技有限公司 |
| 28 | 上海美畅信息技术有限公司 | 58 | 上海释锐教育软件有限公司 |
| 29 | 励元信息系统(上海)有限公司 | 59 | 益玛信息技术(上海)有限公司 |
| 30 | 励元科技(上海)有限公司 | 60 | 上海经邦信息技术有限公司 |

续 表

| 序号 | 企业名称 | 序号 | 企业名称 |
|---|---|---|---|
| 61 | 上海东方金盾科技发展有限公司 | 96 | 上海国茂数字技术有限公司 |
| 62 | 悦得通信科技(上海)有限公司 | 97 | 上海汇亚信息科技有限公司 |
| 63 | 上海本略信息科技有限公司 | 98 | 上海优熠电子科技有限公司 |
| 64 | 上海克拉底网络科技有限公司 | 99 | 上海莫克电子技术有限公司 |
| 65 | 上海中船船舶设计技术国家工程研究中心有限公司 | 100 | 上海美开电子科技有限公司 |
| 66 | 上海秉坤数码科技有限公司 | 101 | 上海诺诺信息技术有限公司 |
| 67 | 上海赫思缔亚信息科技有限公司 | 102 | 上海思必诚信息科技发展有限公司 |
| 68 | 上海火速网络信息服务有限公司 | 103 | 网宿科技股份有限公司 |
| 69 | 上海拓锦信息技术有限公司 | 104 | 上海澳马信息技术服务有限公司 |
| 70 | 上海传知信息科技发展有限公司 | 105 | 上海驿烽信息科技有限公司 |
| 71 | 上海华腾智能系统有限公司 | 106 | 上海瑞持信息技术有限公司 |
| 72 | 上海百谷信息科技有限公司 | 107 | 上海管易软件科技有限公司 |
| 73 | 中新软件(上海)有限公司 | 108 | 上海艾币希网络信息技术有限公司 |
| 74 | 上海思致汽车工程技术有限公司 | 109 | 上海审易软件有限公司 |
| 75 | 上海优华系统集成技术有限公司 | 110 | 上海庆青网络科技有限公司 |
| 76 | 上海正裕色彩软件有限公司 | 111 | 上海尚恩华科网络科技股份有限公司 |
| 77 | 上海欧耶信息科技有限公司 | 112 | 上海汉晶信息科技有限公司 |
| 78 | 上海靖丽信息科技有限公司 | 113 | 上海剑阁信息技术有限公司 |
| 79 | 上海态格信息技术有限公司 | 114 | 上海智臻网络科技有限公司 |
| 80 | 上海科企软件有限公司 | 115 | 上海瀚讯无线技术有限公司 |
| 81 | 上海恒阳数据技术有限公司 | 116 | 上海铂蓝信息科技有限公司 |
| 82 | 上海讯铭软件有限公司 | 117 | 上海师联网络科技发展有限公司 |
| 83 | 上海浩云信息技术有限公司 | 118 | 上海哈德电力工程技术有限公司 |
| 84 | 上海锐迅信息技术有限公司 | 119 | 上海雅爱信息科技有限公司 |
| 85 | 上海驿创信息技术有限公司 | 120 | 上海锐合通信技术有限公司 |
| 86 | 上海拍拍通网络科技有限公司 | 121 | 上海信核数据科技有限公司 |
| 87 | 上海安酷信息科技有限公司 | 122 | 上海信易信息科技有限公司 |
| 88 | 上海山牡泽牡网络科技有限公司 | 123 | 上海创正信息技术有限公司 |
| 89 | 上海迈辰信息科技有限公司 | 124 | 上海硅嘉信息技术有限公司 |
| 90 | 上海数倍迪信息技术有限公司 | 125 | 上海安杰瑞电子科技发展有限公司 |
| 91 | 上海携恒物流技术有限公司 | 126 | 上海威客网络科技有限公司 |
| 92 | 上海翔天软件技术有限公司 | 127 | 上海麦杰环境科技有限公司 |
| 93 | 上海麦石信息技术有限公司 | 128 | 上海巍运信息科技有限公司 |
| 94 | 上海语天信息技术有限公司 | 129 | 上海晨鸟信息科技有限公司 |
| 95 | 上海古腾信息技术有限公司 | 130 | 舜易科技发展(上海)有限公司 |

续 表

| 序号 | 企业名称 | 序号 | 企业名称 |
|---|---|---|---|
| 131 | 上海珂澳软件有限公司 | 166 | 上海汉翔信息技术有限公司 |
| 132 | 上海金易信息技术有限公司 | 167 | 上海五福通信技术有限公司 |
| 133 | 上海锐豪物流信息咨询服务有限公司 | 168 | 上海德索信息技术有限公司 |
| 134 | 上海元动软件有限公司 | 169 | 上海迅帆数字网络科技有限公司 |
| 135 | 上海怡高科技服务有限公司 | 170 | 上海图龙信息科技有限公司 |
| 136 | 上海参泰软件科技有限公司 | 171 | 旭上电子(上海)有限公司 |
| 137 | 上海东旦软件开发有限公司 | 172 | 上海先之决信息科技发展有限公司 |
| 138 | 上海兆民云计算科技有限公司 | 173 | 上海光辰信息技术有限公司 |
| 139 | 上海卫盾信息科技有限公司 | 174 | 上海希奥信息科技有限公司 |
| 140 | 宇博信诚(上海)信息技术有限公司 | 175 | 上海网动信息技术有限公司 |
| 141 | 觅缘(上海)信息科技有限公司 | 176 | 上海华雷信息科技有限公司 |
| 142 | 上海百胜翼商网络科技有限公司 | 177 | 上海广电电子科技有限公司 |
| 143 | 上海晟东电力科技有限公司 | 178 | 上海蓝卓教育信息科技有限公司 |
| 144 | 上海隆电信息技术有限公司 | 179 | 上海长庚信息技术有限公司 |
| 145 | 上海驭策信息技术有限公司 | 180 | 上海圣熙信息技术有限公司 |
| 146 | 上海引成信息科技有限公司 | 181 | 上海合明软件科技有限公司 |
| 147 | 上海寰创通信设备有限公司 | 182 | 上海你我信息服务有限公司 |
| 148 | 铭农(上海)信息科技有限公司 | 183 | 上海火游网络科技有限公司 |
| 149 | 上海雅臣信息技术有限公司 | 184 | 上海光原谷信息技术有限公司 |
| 150 | 上海辉恒计算机科技有限公司 | 185 | 上海理泊软件科技有限公司 |
| 151 | 上海复石信息技术有限公司 | 186 | 上海群恒软件科技有限公司 |
| 152 | 上海臣和信息技术有限公司 | 187 | 君岳信息科技(上海)有限公司 |
| 153 | 上海游族信息技术有限公司 | 188 | 上海智图交通设备有限公司 |
| 154 | 上海淘金信息科技有限公司 | 189 | 上海晟昊信息科技有限公司 |
| 155 | 上海君睿信息技术有限公司 | 190 | 上海玖业信息技术有限公司 |
| 156 | 上海览逸信息科技有限公司 | 191 | 上海上东数码科技有限公司 |
| 157 | 上海乐知网络科技有限公司 | 192 | 上海子泉软件技术有限公司 |
| 158 | 上海讯望信息技术有限公司 | 193 | 上海弗英软件有限公司 |
| 159 | 上海伯之融数字技术有限公司 | 194 | 上海哈克信息科技有限公司 |
| 160 | 上海飞毯网络科技有限公司 | 195 | 上海锌盛计算机系统科技有限公司 |
| 161 | 华沃通讯(上海)有限公司 | 196 | 上海码聚信息技术有限公司 |
| 162 | 上海瑞颖信息科技有限公司 | 197 | 上海恒雁信息科技有限公司 |
| 163 | 上海康银电子有限公司 | 198 | 迅付信息科技有限公司 |
| 164 | 上海高晶金属探测设备有限公司 | 199 | 上海多造信息技术有限公司 |
| 165 | 库马电器(上海)有限公司 | 200 | 上海天牧信息科技有限公司 |

续 表

| 序号 | 企业名称 | 序号 | 企业名称 |
|---|---|---|---|
| 201 | 上海日出科技有限公司 | 236 | 上海尚仪信息科技有限公司 |
| 202 | 集思特思(上海)软件开发有限公司 | 237 | 上海千橡畅达互联网信息科技发展有限公司 |
| 203 | 上海蕴鹊网络科技有限公司 | 238 | 上海力信测量系统有限公司 |
| 204 | 上海百田信息技术有限公司 | 239 | 上海泽信软件有限公司 |
| 205 | 睿实信息系统(上海)有限公司 | 240 | 上海中臣烟草数控技术有限公司 |
| 206 | 上海飞雁信息技术有限公司 | 241 | 上海联和金融信息服务有限公司 |
| 207 | 上海众烁信息科技有限公司 | 242 | 上海波恩网络科技服务有限公司 |
| 208 | 上海天脉聚源文化传媒有限公司 | 243 | 上海飞趣多媒体科技有限公司 |
| 209 | 上海莫言信息科技有限公司 | 244 | 上海礁屹信息科技有限公司 |
| 210 | 上海晶中信息技术有限公司 | 245 | 上海巨火网络科技有限公司 |
| 211 | 上海享云信息系统有限公司 | 246 | 上海巨嘉网络科技有限公司 |
| 212 | 上海朔阳信息科技有限公司 | 247 | 上海巨贤网络科技有限公司 |
| 213 | 上海卡尼信息科技有限公司 | 248 | 上海征聚信息技术有限公司 |
| 214 | 上海帕特农信息技术有限公司 | 249 | 上海智龙企业管理有限公司 |
| 215 | 上海苏秦网络技术有限公司 | 250 | 上海中为智能机器人有限公司 |
| 216 | 上海灿迪软件有限公司 | 251 | 达宝软件(上海)有限公司 |
| 217 | 上海汇锦软件信息技术有限公司 | 252 | 上海鑫壹信息技术有限公司 |
| 218 | 上海建朗信息科技有限公司 | 253 | 中小融辅软件科技(上海)有限公司 |
| 219 | 上海铼钠克数控科技有限公司 | 254 | 上海上讯信息技术有限公司 |
| 220 | 上海骏梦网络科技有限公司 | 255 | 上海神箭机电工程有限责任公司 |
| 221 | 上海繁云信息科技有限公司 | 256 | 上海迪沃信生物工程有限公司 |
| 222 | 上海古朋答电子科技有限公司 | 257 | 上海复翔信息科技有限公司 |
| 223 | 上海锐翔信息技术有限公司 | 258 | 上海道臻信息技术有限公司 |
| 224 | 上海吉利思信息科技有限公司 | 259 | 上海启明谐鸿信息科技有限公司 |
| 225 | 上海旅业互动信息技术有限公司 | 260 | 上海仲博计算机软件有限公司 |
| 226 | 知得信息科技(上海)有限公司 | 261 | 上海红电自动化科技有限公司 |
| 227 | 上海火铃网络发展有限公司 | 262 | 上海敏维软件技术有限公司 |
| 228 | 上海影莅驰电子有限公司 | 263 | 上海博哥信息科技有限公司 |
| 229 | 上海书亚计算机科技有限公司 | 264 | 上海承大网络科技服务有限公司 |
| 230 | 上海智橙信息科技有限公司 | 265 | 天相软件(上海)有限公司 |
| 231 | 上海贤房信息技术有限公司 | 266 | 上海逐月网络科技有限公司 |
| 232 | 上海雄思信息技术有限公司 | 267 | 上海海莱威无线通信技术有限公司 |
| 233 | 上海金牌软件开发有限公司 | 268 | 上海亿动信息技术有限公司 |
| 234 | 上海益润信息技术咨询有限公司 | 269 | 上海斯微达软件系统有限公司 |
| 235 | 上海泛云信息科技有限公司 | 270 | 上海悦盈网络科技有限公司 |

续 表

| 序号 | 企业名称 | 序号 | 企业名称 |
|---|---|---|---|
| 271 | 上海云渊信息科技有限公司 | 306 | 上海悠技信息技术有限公司 |
| 272 | 上海翔联网络技术有限公司 | 307 | 上海杰轩电子科技有限公司 |
| 273 | 上海锐开信息科技有限公司 | 308 | 上海赛图计算机科技有限公司 |
| 274 | 上海少思网络科技有限公司 | 309 | 上海北信源信息技术有限公司 |
| 275 | 上海傲蓝信息科技有限公司 | 310 | 上海哥特网络技术有限公司 |
| 276 | 上海刑天软件有限公司 | 311 | 世问信息技术(上海)有限公司 |
| 277 | 上海兴畅网络技术有限公司 | 312 | 上海中兴派能能源科技有限公司 |
| 278 | 上海达梦数据库有限公司 | 313 | 上海天用唯勤软件技术有限公司 |
| 279 | 上海棠棣信息科技有限公司 | 314 | 上海开仪电子技术有限公司 |
| 280 | 上海群天健康信息咨询有限公司 | 315 | 上海掌讯信息技术有限公司 |
| 281 | 上海库源电气科技有限公司 | 316 | 上海摩凡网络科技有限公司 |
| 282 | 上海多为电子科技有限公司 | 317 | 上海创意城市科技发展有限公司 |
| 283 | 上海君熠堂软件技术有限公司 | 318 | 上海织泰信息科技有限公司 |
| 284 | 上海华邦科创信息科技有限公司 | 319 | 上海百蝶计算机信息有限公司 |
| 285 | 上海千波信息科技有限公司 | 320 | 上海易炬信息科技有限公司 |
| 286 | 上海解元信息科技有限公司 | 321 | 上海同慧软件技术有限公司 |
| 287 | 上海开翔信息技术有限公司 | 322 | 上海物创信息科技有限公司 |
| 288 | 上海锋范软件有限公司 | 323 | 上海欧俊信息技术有限公司 |
| 289 | 上海极标信息科技有限公司 | 324 | 上海布迩网络科技有限公司 |
| 290 | 上海诺姆人才服务有限公司 | 325 | 上海汉顺信息科技有限公司 |
| 291 | 上海南图信息科技有限公司 | 326 | 上海茂源软件科技有限公司 |
| 292 | 上海易工工程技术服务有限公司 | 327 | 上海华创自动化工程有限公司 |
| 293 | 上海祥居信息技术发展有限公司 | 328 | 上海汇付数据服务有限公司 |
| 294 | 上海熠傲信息科技有限公司 | 329 | 上海锐视清信息技术有限公司 |
| 295 | 上海天昊电脑信息服务有限公司 | 330 | 上海美迪索科电子科技有限公司 |
| 296 | 艺夺创意软件开发(上海)有限公司 | 331 | 上海昊泰网络科技有限公司 |
| 297 | 派程(上海)软件科技有限公司 | 332 | 上海正尔智能科技有限公司 |
| 298 | 上海东方申信科技发展有限公司 | 333 | 新日铁软件(上海)有限公司 |
| 299 | 上海索谷软件技术有限公司 | 334 | 聚领信息技术(上海)有限公司 |
| 300 | 上海融亿信息技术有限公司 | 335 | 上海双宇软件有限公司 |
| 301 | 上海摩臣信息技术有限公司 | 336 | 上海茶马古道电子商务有限公司 |
| 302 | 上海咔咻智能科技有限公司 | 337 | 上海睿狐计算机科技有限公司 |
| 303 | 延科信息科技(上海)有限公司 | 338 | 上海艾融信息科技有限公司 |
| 304 | 上海思弘瑞电力控制技术有限公司 | 339 | 上海谷马信息技术有限公司 |
| 305 | 上海八方视界网络科技有限公司 | 340 | 上海蓝盟网络技术有限公司 |

续 表

| 序号 | 企业名称 | 序号 | 企业名称 |
|---|---|---|---|
| 341 | 上海物联软件有限公司 | 364 | 上海质迈测绘服务有限公司 |
| 342 | 上海携宁信息技术有限公司 | 365 | 上海品酷网络科技有限公司 |
| 343 | 上海智凯信息科技有限公司 | 366 | 上海文沥信息技术有限公司 |
| 344 | 上海恒信计算机科技有限公司 | 367 | 上海正品贵德软件有限公司 |
| 345 | 上海艾维新信息科技有限公司 | 368 | 上海家茂电子商务有限公司 |
| 346 | 上海展为软件技术有限公司 | 369 | 上海轻叶工程科技有限公司 |
| 347 | 上海益民科技有限公司 | 370 | 上海航天能源股份有限公司 |
| 348 | 上海易福淞信息科技有限公司 | 371 | 上海锦商网络科技有限公司 |
| 349 | 上海达希能源科技有限公司 | 372 | 上海申扬计算机科技有限公司 |
| 350 | 上海神洲数港科技有限公司 | 373 | 上海传漾网络科技有限公司 |
| 351 | 上海美格泰智能技术有限公司 | 374 | 上海瀚和微信息技术有限公司 |
| 352 | 上海微知软件科技有限公司 | 375 | 上海顺博软件有限公司 |
| 353 | 上海龙软数码科技发展有限公司 | 376 | 上海易饰嘉软件科技有限公司 |
| 354 | 上海网元电子商务有限公司 | 377 | 上海尚菲软件技术有限公司 |
| 355 | 上海申银万国证券研究所有限公司 | 378 | 上海高迪亚电子系统有限公司 |
| 356 | 上海斐盛信息科技有限公司 | 379 | 希达软件(上海)有限公司 |
| 357 | 上海云杉信息科技有限公司 | 380 | 上海申博信息系统工程有限公司 |
| 358 | 捷开通讯科技(上海)有限公司 | 381 | 上海毕嘉计算机信息科技有限公司 |
| 359 | 上海海量电子有限公司 | 382 | 上海博协软件有限公司 |
| 360 | 上海九洲信息技术有限公司 | 383 | 上海智翔信息科技股份有限公司 |
| 361 | 上海倍塔软件科技有限公司 | 384 | 波克城市网络科技(上海)有限公司 |
| 362 | 上海燧石软件信息科技有限公司 | 385 | 上海杰图天下网络科技有限公司 |
| 363 | 上海虎瑟数码科技有限公司 | 386 | 上海捷睿软件有限公司 |

# 2011年上海市登记软件产品名单

| 序号 | 企业名称 | 软件产品名称 |
|---|---|---|
| 1 | 上海中仿计算机科技有限公司 | 杰斯特迪岩土工程软件 V2007 |
| 2 | 上海火花拓网络科技有限公司 | 火花拓柠檬绿茶 ERP 软件 V2.6 |
| 3 | 阔利达软件(上海)有限公司 | 阔利达鹰眼监控软件 V1.5 |
| 4 | 上海罗盘信息科技有限公司 | 罗盘数据仓库监控平台软件 V1.0 |
| 5 | 上海亿动信息技术有限公司 | 亿动电信运营商手机广告管理平台软件 V1.0 |
| 6 | 上海瑞东自动化技术有限公司 | 瑞东 RD2000 监控管理软件 V2.0 |
| 7 | 上海锐鸿通信技术有限公司 | 锐鸿手机光电鼠标嵌入式应用软件 V1.0 |
| 8 | 上海鑫东信息科技有限公司 | 新东风价值投资平台软件 V2.0 |
| 9 | 恩梯梯数据英特玛软件系统(上海)有限公司 | iSmart 瞬时通通信软件 V7 |
| 10 | 上海闻通信息科技有限公司 | 闻通强噪声语音识别软件 V1.1 |
| 11 | 上海金蝶中间件软件系统有限公司 | 金蝶 Apusic 门户平台软件 V7.5 |
| 12 | 上海金蝶中间件软件系统有限公司 | 金蝶 AOM 应用开发套件软件 V7.5 |
| 13 | 上海金蝶中间件软件系统有限公司 | 金蝶 Apusic 数据交换与集成平台软件 V7.5 |
| 14 | 上海金蝶中间件软件系统有限公司 | 金蝶 Apusic 应用服务器软件 V7.5 |
| 15 | 上海金蝶中间件软件系统有限公司 | 金蝶 Apusic 企业服务总线软件 V7.5 |
| 16 | 上海金蝶中间件软件系统有限公司 | 金蝶 Apusic 业务流程管理软件 V7.5 |
| 17 | 上海金蝶中间件软件系统有限公司 | 金蝶 Apusic 消息中间件软件 V7.5 |
| 18 | 上海罗盘信息科技有限公司 | 罗盘质监软件 V1.0 |
| 19 | 上海罗盘信息科技有限公司 | 罗盘排班软件 V1.0 |
| 20 | 上海罗盘信息科技有限公司 | 罗盘培训考试软件 V1.0 |
| 21 | 盘石软件(上海)有限公司 | 盘石苹果计算机现场取证系统软件[简称：SafeImager Mac]V1.0 |
| 22 | 盘石软件(上海)有限公司 | 盘石手机取证分析系统软件[简称：SafeMobile]V2.0 |
| 23 | 上海复全网络技术有限公司 | 复全网络富媒体资源运营管理软件 V1.0 |
| 24 | 上海泗博自动化技术有限公司 | SiboTech ENE 嵌入式驱动软件 V2.1 |
| 25 | 上海铧盛计算机系统科技有限公司 | VOSUNG EXD 协通执行平台软件[简称：EXD]V1.0.0.5 |
| 26 | 上海九洲信息技术有限公司 | 九洲三维仿真培训软件 V1.0 |
| 27 | 上海九洲信息技术有限公司 | 九洲变电站仿真软件 V1.0 |
| 28 | 上海九洲信息技术有限公司 | 九洲联合反事故演习平台软件 V1.0 |
| 29 | 上海新网程信息技术有限公司 | 新网程基于七层应用的流量控制软件 V1.0 |
| 30 | 上海期货信息技术有限公司 | Futures Ideal 上期所网络备份软件 V1.0 |

续 表

| 序号 | 企业名称 | 软件产品名称 |
|---|---|---|
| 31 | 上海期货信息技术有限公司 | Futures Ideal 上期所张江数据中心灾备实施软件 V1.0 |
| 32 | 上海网达软件有限公司 | 网达中间件平台软件 V1.0 |
| 33 | 上海光华冠群软件有限公司 | 光华冠群 BIMS 网络计费及业务管理软件 V6.0 |
| 34 | 上海共久电气有限公司 | 共久 QY2TP 并联控制软件 V3.00 |
| 35 | 才望子信息技术(上海)有限公司 | 才望子 Garoon 办公软件 V3.0 |
| 36 | 上海蓝灯软件科技有限公司 | 蓝灯人力资源软件 V8.0 |
| 37 | 上海锐战网络科技有限公司 | 锐战诸神之战游戏软件 V2.0.0.1 |
| 38 | 上海合广电子科技发展有限公司 | 合广智能操控装置软件 V1.0 |
| 39 | 上海佳文比特信息科技有限公司 | 佳文比特水库综合调度管理信息应用软件[简称：水库综合调度系统]V1.0 |
| 40 | 上海德米萨信息科技有限公司 | 德米萨综合智能办公平台软件[简称：德米萨 D8 软件]V2.0 |
| 41 | 上海华上日正软件科技有限公司 | 华上日正产品数据管理软件[简称：Sunrise PDM]V5.0 |
| 42 | 上海颐坤自动化控制设备有限公司 | 颐坤 PIR-2000 电力测控软件 V1.1 |
| 43 | 上海宇坤机械电子有限公司 | 宇坤 PIR-2002 电力测控软件 V1.1 |
| 44 | 上海双微导航技术有限公司 | 双微 GNSS RTK 软件 V1.0 |
| 45 | 上海金陵智能电表有限公司 | 金陵智能电表单相电子式多费率分时电能表测试软件 V1.0 |
| 46 | 上海金陵智能电表有限公司 | 金陵智能电表单相复费率多功能电能表嵌入式软件 V1.0 |
| 47 | 上海双微导航技术有限公司 | 双微 GPS 监测滑坡数据管理分析软件 V1.0 |
| 48 | 上海勇进软件有限公司 | 勇进界面开发工具软件[简称：DirectUI]V2.0 |
| 49 | 荷尼(上海)企业管理有限公司 | 荷尼快消品终端管理软件 V1.0 |
| 50 | 上海源致信息技术有限公司 | 源致智能电源人机界面操作软件 V1.0 |
| 51 | 上海源致信息技术有限公司 | 源致智能电源配套管理软件 V1.0 |
| 52 | 上海渐石网络科技有限公司 | 渐石网络拼板软件 V1.0 |
| 53 | 上海南天电脑系统有限公司 | 南天支付结算平台软件 V1.0 |
| 54 | 上海南天电脑系统有限公司 | 南天 SAGACITY(睿智)J2EE 统一开发框架平台软件 V1.0 |
| 55 | 上海特金信息科技有限公司 | 特金无线电监测数据分析软件 V2.0 |
| 56 | 上海携宁计算机科技有限公司 | 携宁"客户关系管理(CRM)系统应用"软件 V1.0 |
| 57 | 上海百胜软件有限公司 | 百胜 BS3000＋ERP 管理软件 V2.0 |
| 58 | 上海佳依佳信息科技有限公司 | 佳依佳基于 RFID 的物流运输安全服务平台软件 V1.0 |
| 59 | 上海屹通信息科技发展有限公司 | 屹通 eMobile Banking 移动银行平台软件 V1.0 |
| 60 | 上海高洁信息科技有限公司 | 高洁 Vstrom 会员制营销综合业务平台软件 V1.0 |
| 61 | 上海德晨电子科技有限公司 | 德晨语音朗读功能软件 V1.0 |
| 62 | 上海德晨电子科技有限公司 | 德晨 Flash 选屏工具软件 V1.0 |

续 表

| 序号 | 企业名称 | 软件产品名称 |
|---|---|---|
| 63 | 上海德晨电子科技有限公司 | 德晨基于 MTK 平台的来电智能控制软件 V1.0 |
| 64 | 上海德晨电子科技有限公司 | 德晨下载程序选择功能软件 V1.0 |
| 65 | 上海德晨电子科技有限公司 | 德晨短信大师软件 V1.0 |
| 66 | 上海德晨电子科技有限公司 | 德晨待机界面双时钟显示软件 V1.0 |
| 67 | 上海德晨电子科技有限公司 | 德晨音乐播放器软件 V1.0 |
| 68 | 上海德晨电子科技有限公司 | 德晨手机拨号联想软件 V1.0 |
| 69 | 上海德晨电子科技有限公司 | 德晨语音命令控制软件 V1.0 |
| 70 | 上海迈博电脑软件有限公司 | 迈博商务软件(企业版)V9.0 |
| 71 | 上海迈博电脑软件有限公司 | 迈博商务软件(专业版)V10.0 |
| 72 | 上海联艺信息技术有限公司 | 西部高科资源服务软件 V3.3 |
| 73 | 上海网众信息技术有限公司 | 网众 NxD 虚拟硬盘软件 V5.5 |
| 74 | 上海华钟计算机软件开发有限公司 | 华钟售后服务管理软件 V1.0 |
| 75 | 上海弗英软件有限公司 | 弗英 RFID 标签初始化管理软件 V1.0 |
| 76 | 上海全成通信技术有限公司 | 全成手机电视业务运营分析平台软件 V3.0 |
| 77 | 上海腾灵信息科技有限公司 | 腾灵进程间通信中间件软件 V1.0 |
| 78 | 上海直真视通科技有限公司 | 直真地铁运营应急管理平台软件 V1.0 |
| 79 | 上海拍拍通网络科技有限公司 | 易话通可视聊天语音电话软件 V1.0 |
| 80 | 上海师联网络科技发展有限公司 | 师联企业信息应用管理软件[简称：企业信息港]V3.0 |
| 81 | 泓远软件(上海)有限公司 | 泓远亿销铺软件 V1.0 |
| 82 | 上海宝创网络科技有限公司 | 宝创 MSA 网络管理软件[简称：宝创 MSA]V1.2 |
| 83 | 上海乾隆网络科技有限公司 | 钱龙席位密码标准版证券分析软件 V5.80 |
| 84 | 上海东软时代数码技术有限公司 | 东软债券代理交易平台软件 V1.0 |
| 85 | 上海东软时代数码技术有限公司 | 东软 iPad 新闻展示软件 V1.0 |
| 86 | 上海美畅信息技术有限公司 | 美畅制造执行软件 V1.0 |
| 87 | 上海东旦软件开发有限公司 | 东旦医院绩效考核与营运管理软件[简称：医院绩效管理软件]V2.0 |
| 88 | 上海东旦软件开发有限公司 | 东旦领导班子及领导干部考核管理软件[简称：党政机关绩效管理软件]V2.0 |
| 89 | 上海东旦软件开发有限公司 | 东旦法院绩效考核与综合管理软件[简称：法院绩效管理软件]V2.0 |
| 90 | 上海光电医用电子仪器有限公司 | 光电 cardioNet 心电信息管理软件[简称：cardioNet]V01-01 |
| 91 | 上海雅臣信息技术有限公司 | 雅臣业务运营支撑软件[简称：运营支撑]V1.0 |
| 92 | 上海品杰防伪技术有限公司 | 品杰防伪数码制作与查询服务应用软件[简称：PJFWSRV]V1.0 |
| 93 | 上海追索信息科技有限公司 | 追索蔬菜流通安全信息追溯软件[简称：蔬菜追溯系统]V1.0 |

续 表

| 序号 | 企业名称 | 软件产品名称 |
| --- | --- | --- |
| 94 | 上海晨炎信息技术有限公司 | 晨炎 Dino Cap 手机游戏软件[简称：Dino Cap]V1.0 |
| 95 | 上海晨炎信息技术有限公司 | 晨炎 Jailbreaker 手机游戏软件[简称：Jailbreaker]V1.0 |
| 96 | 上海晨炎信息技术有限公司 | 晨炎 Chicks 手机游戏软件[简称：Chicks]V1.0 |
| 97 | 德科仕通信(上海)有限公司 | EyeNet 视频分析仪软件[简称：EVA]V1.0 |
| 98 | 上海企顺信息系统有限公司 | 企顺网上信息共享平台软件[简称：BizShare]V2.0 |
| 99 | 上海信易信息科技有限公司 | 快期期货交易终端软件[简称：Q7]V2.46 |
| 100 | 上海澎博网络数据信息咨询有限公司 | 澎博财讯股指期货信息平台软件[简称：pobo]V2.0 |
| 101 | 发茵特科技(上海)有限公司 | FastMES 钢材切割生产优化与企业内控管理系统软件[简称：FastMES]V3.0 |
| 102 | 发思特软件(上海)有限公司 | FastPIPE 管子相贯线数控切割软件[简称：FastPIPE]V3.1 |
| 103 | 发思特软件(上海)有限公司 | FastFRAME 空间管架数控切割软件[简称：FastFRAME]V3.1 |
| 104 | 上海盈方微电子有限公司 | 盈方微多媒体终端桌面 UI 软件[简称：盈方微 UI 软件]V1.0 |
| 105 | 上海宝信软件股份有限公司 | 宝信统一信息系统平台富客户端框架软件[简称：iPlat-RIA]V1.0 |
| 106 | 上海宝信软件股份有限公司 | 宝信信息系统平台 Java 服务基础框架软件[简称：iPlat-Server4J]V1.0 |
| 107 | 上海宝信软件股份有限公司 | 宝信统一身份认证与授权管理企业版软件[简称：ePass2ee]V5.0 |
| 108 | 上海点击书实业有限公司 | 点点秀数字书库展示软件[简称：点点秀]V1.0 |
| 109 | 翔傲信息科技(上海)有限公司 | 翔傲软建堂服务平台软件[简称：软建堂]V1.8 |
| 110 | 上海酷宇通讯技术有限公司 | 酷宇艺术字体软件[简称：艺术字体]V4.0.9 |
| 111 | 上海景瑞信息技术有限公司 | 景瑞视频综合管理平台软件[简称：Genedu MediaBase]V1.0 |
| 112 | 博朗软件开发(上海)有限公司 | 博朗访客管理软件[简称：Bleum Visitor System]V2.0 |
| 113 | 上海齐汇通讯技术有限公司 | 齐汇通讯 AT7050 WIFI 全键盘 rmvb 视频手机软件[简称：AT7050]V1.0 |
| 114 | 上海通立信息科技有限公司 | 通立 3G 车载硬盘录像机软件[简称：MDVR]V1.0 |
| 115 | 尚瑞薪才信息技术(上海)有限公司 | 尚瑞薪才数据自动化交互软件[简称：ADE]V1.0 |
| 116 | 尚瑞薪才信息技术(上海)有限公司 | 尚瑞薪才标准报表软件[简称：Standard Report]V18.13 |
| 117 | 尚瑞薪才信息技术(上海)有限公司 | 尚瑞薪才调研数据知识库软件[简称：Data Repository]V1.0 |
| 118 | 尚瑞薪才信息技术(上海)有限公司 | 尚瑞薪才在线自我评估软件[简称：Performance Self-Test]V1.0 |
| 119 | 尚瑞薪才信息技术(上海)有限公司 | 尚瑞薪才在线计算成为百万富翁软件[简称：Millionaire Maker]V1.0 |
| 120 | 尚瑞薪才信息技术(上海)有限公司 | 尚瑞薪才第三方调研数据分析软件[简称：SVP]V1.0 |
| 121 | 尚瑞薪才信息技术(上海)有限公司 | 尚瑞薪才薪资调整建模软件[简称：Merit Modeling]V1.0 |

续 表

| 序号 | 企业名称 | 软件产品名称 |
|---|---|---|
| 122 | 上海盛蒂斯自动化设备有限公司 | SDS 电梯控制软件 V5.0 |
| 123 | 上海九段精密机电科技有限公司 | 九段全自动装配线控制监测软件 V3.0 |
| 124 | 上海九段精密机电科技有限公司 | 九段生产线检测设备数控软件 V2.2 |
| 125 | 新蛋信息技术(中国)有限公司 | 新蛋电子商务平台软件 V1.0 |
| 126 | 新蛋信息技术(中国)有限公司 | 新蛋仓储管理软件 V1.0 |
| 127 | 上海欧计斯软件有限公司 | SOT 办公宅飞便软件 V1.0 |
| 128 | 中联通信设备有限公司 | 中联 OLIMS 融合通讯软件 V1.0 |
| 129 | 中标软件有限公司 | 中标麒麟桌面操作系统软件 V5.0 |
| 130 | 上海罗盘科技信息有限公司 | 罗盘数据仓库调度软件 V1.0 |
| 131 | 上海普瑞邦克软件技术有限公司 | 普瑞邦克绩效考核管理软件 V1.0 |
| 132 | 上海东方通泰软件科技有限公司 | 东方通应用集成中间件软件 V3.7 |
| 133 | 上海智言软件科技有限公司 | 智言英语口语训练软件 V1.0 |
| 134 | 上海泽信软件有限公司 | 泽信医院感染监测管理应用软件 V1.0 |
| 135 | 上海圣坤电子科技有限公司 | 悍视达高清晰监控视频网络存储系统应用软件 V1.2 |
| 136 | 上海复园电子科技有限公司 | EastFax 智能传真服务器软件 V8.0 |
| 137 | 上海华腾软件系统有限公司 | TOP RIA 基于 GWT 构建的富客户端应用软件 V1.0 |
| 138 | 上海骏梦网络科技有限公司 | 小小忍者海外版网页游戏软件[简称：小小忍者海外版]V2.0 |
| 139 | 上海百胜翼商网络科技有限公司 | 百胜 Heroshop 电子商务管理软件 V1.0 |
| 140 | 上海立派信息技术有限公司 | 立派专用设备申报管理平台软件 V1.0 |
| 141 | 上海立派信息技术有限公司 | 立派专用设备填报软件 V1.0 |
| 142 | 上海海高通信发展有限公司 | 海高联机计费采集软件 V3.0 |
| 143 | 上海福虎信息科技有限公司 | 福虎 Trunkey 创旗企业备案管理系统应用软件 V1.2 |
| 144 | 上海创旗天下科技有限公司 | 创旗云虚拟主机管理软件 V2.0 |
| 145 | 上海安科瑞电气股份有限公司 | 安科瑞 AGF-M16 智能光伏汇流采集装置测控软件[简称：安科瑞 AGF-M16 光伏汇流软件]V1.0 |
| 146 | 上海云蟾网络科技有限公司 | 云蟾醉逍遥网络游戏软件 V1.0 |
| 147 | 上海复米信息科技有限公司 | 复米 Fonesoft 融合通讯软件 V1.0 |
| 148 | 上海创件信息科技有限公司 | 创件基于位置感知的协作软件 V1.0 |
| 149 | 上海创件信息科技有限公司 | 创件 RFID 智能签封防伪软件 V1.0 |
| 150 | 欧宝软件(上海)有限公司 | 欧宝门店管理软件 V3.1.1 |
| 151 | 上海熠虎数码科技有限公司 | 熠虎电子商城订单管理软件 V1.0 |
| 152 | 上海熠虎数码科技有限公司 | 熠虎电子商城会员管理软件 V1.0 |
| 153 | 上海熠虎数码科技有限公司 | 熠虎电子商城软件 V1.0 |
| 154 | 上海达华测绘有限公司 | 达华测绘成果质检分析软件 V1.0 |

续 表

| 序号 | 企业名称 | 软件产品名称 |
|---|---|---|
| 155 | 上海汇尼信息科技有限公司 | 汇尼调度监控管理软件 V2.0 |
| 156 | 上海汇尼信息科技有限公司 | 汇尼天然气营销管理软件 V2.0 |
| 157 | 上海汇尼信息科技有限公司 | 汇尼供热营业收费管理软件 V6.0 |
| 158 | 上海汇尼信息科技有限公司 | 汇尼表务管理软件 V5.0 |
| 159 | 上海汇尼信息科技有限公司 | 汇尼业务报装管理软件 V6.0 |
| 160 | 上海经邦信息技术有限公司 | 经邦智能财务决策支持软件 V1.0 |
| 161 | 上海同道信息技术有限公司 | 灵麒律所办公管理软件 V1.0 |
| 162 | 上海涵迪电子科技有限公司 | 涵迪 TDMS 测试管理软件 V1.0 |
| 163 | 上海派芬自动控制技术有限公司 | 派芬 400t 水平定向钻控制软件 V1.0 |
| 164 | 上海哈诚电子科技有限公司 | 哈诚红外通信软件 V1.0 |
| 165 | 上海紫光机械有限公司 | 紫光嵌入式 ZXJD450/22 平装胶订自动线软件 V1.0 |
| 166 | 上海银欣高新技术发展股份有限公司 | 银欣能源管理监测软件 V1.0 |
| 167 | 艾伏新能源科技(上海)股份有限公司 | Afore 逆变器控制软件 V1.0 |
| 168 | 上海贝尔软件有限公司 | 贝尔 CDMA 9916 中国基站软件 V1.0 |
| 169 | 万达信息股份有限公司 | 万达交通物流公共信息应用中心系统应用软件 V2.0 |
| 170 | 万达信息股份有限公司 | 万达交通物流公共信息数据交换系统应用软件 V2.0 |
| 171 | 万达信息股份有限公司 | 万达工商统计报表管理软件 V1.0 |
| 172 | 万达信息股份有限公司 | 万达外商投资合伙企业登记软件 V1.0 |
| 173 | 万达信息股份有限公司 | 万达社会保障行政审批软件 V1.0 |
| 174 | 万达信息股份有限公司 | 万达社会保障社区服务平台软件 V1.0 |
| 175 | 万达信息股份有限公司 | 万达社会保障社会保险软件 V1.0 |
| 176 | 万达信息股份有限公司 | 万达社会保障门户网站软件 V1.0 |
| 177 | 万达信息股份有限公司 | 万达社会保障劳动就业软件 V1.0 |
| 178 | 万达信息股份有限公司 | 万达区域医疗信息整合共享与协同服务平台软件 V2.0 |
| 179 | 万达信息股份有限公司 | 万达应急指挥平台软件 V3.0 |
| 180 | 上海中为智能机器人有限公司 | 中为视频融合软件 V1.0 |
| 181 | 上海中为智能机器人有限公司 | 中为数字影像智能制作软件 V1.0 |
| 182 | 上海中为智能机器人有限公司 | 中为智能感应互动软件 V1.0 |
| 183 | 上海中为智能机器人有限公司 | 中为智能灯光控制软件 V1.0 |
| 184 | 上海中为智能机器人有限公司 | 中为下水管道机器人检测软件 V1.0 |
| 185 | 上海力信测量系统有限公司 | 力信 RMS-D 自动导向软件[简称：RMS-D]V5.0 |
| 186 | 上海思畦信息技术有限公司 | 思畦 UPASS 机场旅客服务软件 V1.0 |
| 187 | 上海长润信息技术有限公司 | 长润中小企业管理平台软件 V1.0.0 |
| 188 | 上海中和软件有限公司 | 中和医学影像业务核心处理平台软件 V1.0 |

续 表

| 序号 | 企业名称 | 软件产品名称 |
|---|---|---|
| 189 | 上海中和软件有限公司 | 中和医学图像自动拼接平台软件 V1.0 |
| 190 | 上海格蒂电力科技股份有限公司 | 格蒂管理信息框架服务软件 1.0 |
| 191 | 上海格蒂电力科技股份有限公司 | 格蒂建筑消防设施检测管理软件 V1.0 |
| 192 | 上海格蒂电力科技股份有限公司 | 格蒂项目管理应用软件 V3.0 |
| 193 | 上海格蒂电力科技股份有限公司 | 格蒂业务应用测试软件 V2.2 |
| 194 | 上海格蒂电力科技股份有限公司 | 格蒂远程协作软件 V1.0 |
| 195 | 上海科霖智能电子设备有限公司 | 科霖视频监视系统应用软件 V1.0 |
| 196 | 上海科霖智能电子设备有限公司 | 科霖图像监视系统应用软件 V1.0 |
| 197 | 上海傲途伟信自动化科技有限公司 | 傲途 AMS 报警过滤软件 V1.0 |
| 198 | 上海超捷系统集成有限公司 | 超捷移动办公软件[简称：移动办公]V1.0 |
| 199 | 上海亿贝网络信息服务有限公司 | 亿贝外贸门户软件 V4.0 |
| 200 | 上海易教信息科技有限公司 | 易教 HappyClass 智慧校园软件[简称：HappyClass]V2.0 |
| 201 | 耐博检测技术(上海)有限公司 | 耐博 Image-3000 图像测量软件 V1.0 |
| 202 | 上海璟华信息科技有限公司 | 璟华 ZipBPP 业务流程管理平台软件[简称：璟华 ZipBPP]V2009 |
| 203 | 乐线软件开发(上海)有限公司 | 乐线疯狂松鼠游戏软件 V1.0.0.0 |
| 204 | 上海贤房信息技术有限公司 | 贤房 Patt 群发管理软件 V1.0 |
| 205 | 上海睿志软件有限公司 | 睿志医疗资产物理管理软件[简称：MALMS]V1.5 |
| 206 | 上海融尚信息科技有限公司 | 融尚 WinShield 内网管理软件 V3.0 |
| 207 | 上海融尚信息科技有限公司 | 融尚 PrintShield 打印监控软件 V5.0 |
| 208 | 普化基础软件股份有限公司 | 普华 i-VirtualCloud 云计算系统应用软件[简称：普华 i-VirtualCloud]V2.0 |
| 209 | 普化基础软件股份有限公司 | 普华 i-VirtualApp 交付系统应用软件[简称：普华 i-VirtualApp]V2.0 |
| 210 | 上海同程信息技术有限公司 | 同程零售预算管理软件[简称：预算管理]V1.0 |
| 211 | 上海同程信息技术有限公司 | 同程叫修管理软件[简称：叫修管理]V1.0 |
| 212 | 上海汇锦软件信息技术有限公司 | 汇锦国际酒店管理软件[简称：汇锦酒店软件]V7 |
| 213 | 上海珂澳软件有限公司 | 珂澳 P18 车载控制模块嵌入式软件[简称：P18 嵌入式软件]V1.0 |
| 214 | 上海宝康电子控制工程有限公司 | 宝康高清晰嵌入式 DSP 软件 V1.0 |
| 215 | 上海宝康电子控制工程有限公司 | 宝康高清晰人像记录管理软件 V1.0 |
| 216 | 上海美开电子科技有限公司 | Maykey 电梯多媒体播放器管理软件[简称：电梯多媒体信息发布系统]V1.0 |
| 217 | 上海美开电子科技有限公司 | Maykey 电梯多媒体播放软件 V1.0 |
| 218 | 上海惠生通讯技术有限公司 | 惠生移动视频搜索软件[简称：WTT-MVSS]V1.0 |
| 219 | 上海恒博自动化设备有限公司 | 恒博 HBMWY 型微波烟支异物及密度控制软件 V6.1 |

续 表

| 序号 | 企业名称 | 软件产品名称 |
|---|---|---|
| 220 | 悦得通信科技(上海)有限公司 | 悦得通信客户及渠道电子运营管理服务软件[简称:CCEFS]V1.001 |
| 221 | 上海科泰世纪科技有限公司 | 科泰世纪 UNI-CAR 中间件 for Android 软件[简称:UNI-CAR for Android]V1.0 |
| 222 | 上海科泰世纪科技有限公司 | 科泰世纪 UNI-CAR 集成开发环境软件[简称:UNI-CAR 集成开发环境]V1.0 |
| 223 | 上海科泰世纪科技有限公司 | 科泰世纪 UNI-CAR 中间件 for Windows Mobile 软件[简称:UNI-CAR for Windows Mobile]V1.0 |
| 224 | 上海浦东软件园互连商务系统有限公司 | 互连在线培训考试软件 V1.0 |
| 225 | 上海百林通信网络科技有限公司 | 百林 N-SAT GSM 网络结构评估与分析软件[简称:N-SAT GSM]V2.0 |
| 226 | 上海维安格德信息技术有限公司 | VANGRID 人力资源外包服务平台软件[简称:VANGRID HR]V1.0 |
| 227 | 上海悦点信息科技有限公司 | 悦点电子书包软件[简称:悦点电子书包]V1.0 |
| 228 | 上海普华诚信信息技术有限公司 | 普华诚信门户软件 V1.0 |
| 229 | 异联信息技术(上海)有限公司 | 异联包裹投递软件 V1.0 |
| 230 | 京瓷信息系统(上海)有限公司 | 京瓷库存与销售管理软件[简称 :GUNZE BMS]V1.0 |
| 231 | 理想能源设备(上海)有限公司 | 理想等离子增强型化学气相沉积设备控制软件[简称:IE PECVD 控制软件]V1.0 |
| 232 | 上海壹站起飞信息科技有限公司 | 1Station 企业综合管理软件[简称:1Station Server]V2.0 |
| 233 | 上海睿亚训软件技术服务有限公司 | 睿亚训实践能力提升平台软件[简称:PCIP]V1.0 |
| 234 | 上海睿锦信息科技有限公司 | 睿锦人流量综合统计分析软件 V1.0 |
| 235 | 上海未来软件有限公司 | 未来订餐管理软件 V1.0 |
| 236 | 上海未来软件有限公司 | 未来移动侦测软件 V1.0 |
| 237 | 上海云蟾网络科技有限公司 | 云蟾侠客无双网络游戏软件 V1.0 |
| 238 | 中标软件有限公司 | 中标普华病历通软件 V3.0 |
| 239 | 上海朔阳信息科技有限公司 | 朔阳智能餐饮管理软件 V1.0 |
| 240 | 上海冈三华大计算机系统有限公司 | 冈三华大智能物流业务基础平台软件 V1.0 |
| 241 | 上海强控设备工程有限公司 | 强控矿山企业车辆油料监控软件 V1.0 |
| 242 | 上海银杰软件有限公司 | 银杰指纹算法嵌入式软件 V1.0 |
| 243 | 上海远景数字信息技术有限公司 | 远景 IEC61850 通讯网关软件 V1.0 |
| 244 | 上海万臣信息科技发展有限公司 | 天财藏金掌股专家证券分析软件 V1.0 |
| 245 | 上海万臣信息科技发展有限公司 | 天财藏金证券分析软件 V1.0 |
| 246 | 上海万臣信息科技发展有限公司 | 天财藏金英雄榜证券分析软件 V1.0 |
| 247 | 上海万臣信息科技发展有限公司 | 天财藏金股市先机证券分析软件 V1.0 |
| 248 | 上海智言软件科技有限公司 | 智言英语听说入门软件 V1.0 |
| 249 | 上海卓精电子科技有限公司 | 卓精人体秤嵌入式软件 V1.0 |
| 250 | 上海博科资讯股份有限公司 | 博科管理自主平台软件(for B/S)[简称:MAP]V1.0 |

续　表

| 序号 | 企业名称 | 软件产品名称 |
|---|---|---|
| 251 | 艾维通信股份有限公司 | 艾维人员定位动态分析软件 V1.0 |
| 252 | 艾维通信股份有限公司 | 艾维电力监控软件 V1.0 |
| 253 | 上海天律信息技术有限公司 | 马克威统计分析和数据挖掘网络应用软件 V3.0 |
| 254 | 上海泰松信息技术有限公司 | 泰松基于 RFID 和 GPRS 的交通稽查管理软件 V1.0 |
| 255 | 上海驿创信息技术有限公司 | 羿创 FullType 字库及引擎软件 V1.0 |
| 256 | 上海普晓信息科技有限公司 | 普晓 Trust ID 强身份认证平台软件 V2.0 |
| 257 | 上海恒阳数据技术有限公司 | 恒阳工业优化系统数据挖掘软件 V1.0 |
| 258 | 上海群恒软件科技有限公司 | 群恒精益供应链管理平台软件 V1.0 |
| 259 | 上海宽泰信息科技有限公司 | 宽泰互联网接入及防护网关软件 V2.1 |
| 260 | 上海紫越网络科技有限公司 | 紫越 ERP 软件 V1.0 |
| 261 | 上海紫越网络科技有限公司 | 紫越教育资源库软件 V1.0 |
| 262 | 鼎捷软件有限公司 | 神州数码易助管理软件 V6.0 |
| 263 | 鼎捷软件有限公司 | 神州数码易兴商贸管理软件 V6.0 |
| 264 | 上海思致汽车工程技术有限公司 | 思致汽车 CAE 仿真软件 V1.0 |
| 265 | 上海享云信息系统有限公司 | 享云电视机票系统应用软件 V1.0 |
| 266 | 上海享云信息系统有限公司 | 享云酒店一体机系统应用软件 V1.0 |
| 267 | 中标软件有限公司 | 中标麒麟高级服务器操作系统软件 V5.0 |
| 268 | 中标软件有限公司 | 中标麒麟通用服务器操作系统软件 V5.0 |
| 269 | 中标软件有限公司 | 中标麒麟高可用集群软件 V5.0 |
| 270 | 中标软件有限公司 | 中标凌巧移动终端操作系统软件 V5.0 |
| 271 | 中标软件有限公司 | 中标麒麟安全云操作系统软件 V5.0 |
| 272 | 上海友模软件科技有限公司 | 友模冲模设计软件 V1.0 |
| 273 | 上海德药信息科技有限公司 | 德药处方点评系统应用软件 V1.0 |
| 274 | 上海龙的信息系统有限公司 | 龙的车载全景监视软件 V1.0 |
| 275 | 上海银硕软件技术有限公司 | 银硕 CMS 银行授信审批管理软件 V1.0 |
| 276 | 上海元动软件有限公司 | 元动 S4 汽车服务行业管理软件 V10.2 |
| 277 | 上海迪维欧电子设备有限公司 | 迪维欧网络视频监控管理软件 V1.62 |
| 278 | 上海智问软件技术有限公司 | 优问自动客服软件 V2.0 |
| 279 | 上海柯内卢软件有限公司 | 柯内卢出口质量管理平台软件[简称：PQMS]V1.0 |
| 280 | 上海靖丽信息科技有限公司 | 靖丽全过程软件质量管理软件 V1.0 |
| 281 | 上海欧耶信息科技有限公司 | 欧耶 IPTV 推箱子游戏软件 V1.0 |
| 282 | 佳报(上海)信息技术有限公司 | 佳报报表软件 V2.0 |
| 283 | 上海智皓电子科技有限公司 | GREEHALL 综合管理软件 V1.0 |
| 284 | 万达信息股份有限公司 | 万达应用开发环境软件 V3.0 |

续 表

| 序号 | 企业名称 | 软件产品名称 |
| --- | --- | --- |
| 285 | 上海奕悦计算机科技有限公司 | 奕悦公司信息服务平台管理软件[简称：ERP2007]V1.0 |
| 286 | 上海迈辰信息科技有限公司 | 迈辰 SMCC IT 运维综合管理平台软件[简称：SMCC]V1.0 |
| 287 | 上海梦地仪器制造有限公司 | 梦地燃气用具检测设备通用测试与分析软件[简称：MD-BTES]V1.0 |
| 288 | 上海梦地仪器制造有限公司 | 梦地燃气用具检测设备通用测试编辑软件[简称：MD-PHES]V1.0 |
| 289 | 中新软件(上海)有限公司 | 中新 Neuxa 电梯设计软件[简称：Neuxa EDS]V3.1 |
| 290 | 中新软件(上海)有限公司 | 中新 Neuxa 电梯装潢软件[简称：Neuxa ECD]V9.0 |
| 291 | 中新软件(上海)有限公司 | 中新 Neuxa 电梯布置图软件[简称：Neuxa LDS]V4.0 |
| 292 | 上海泓鎏智能科技有限公司 | 泓鎏基于人工智能神经网络的(号牌、车标、车身颜色)视觉识别软件[简称：泓鎏视觉(HongView)]V1.0 |
| 293 | 上海泓鎏智能科技有限公司 | 泓鎏高清摄像(卡口、电子警察)控制及管理软件[简称：SuperManager]V1.0 |
| 294 | 上海智联腾华软件技术有限公司 | 智联腾华财务内控管理软件 V2.0 |
| 295 | 易保网络技术(上海)有限公司 | 易保产险理赔业务软件 V3.5 |
| 296 | 上海海天信息系统工程有限公司 | 海天预算管理与会计核算一体化管理软件 V1.0 |
| 297 | 上海苏秦网络技术有限公司 | 苏秦 SQ 汽车远程诊断软件 V1.0 |
| 298 | 中国商用飞机有限责任公司 | 商用飞机适航法规结构化管理软件 V1.0 |
| 299 | 中国商用飞机有限责任公司 | 商用飞机合格审定 MOC 表管理软件 V1.0 |
| 300 | 中国商用飞机有限责任公司 | 商用飞机适航审定计划管理软件 V1.0 |
| 301 | 上海百谷信息科技有限公司 | 百谷青少年事务社会工作信息管理平台软件 V1.0 |
| 302 | 上海百谷信息科技有限公司 | 百谷农务通手机软件 V1.0 |
| 303 | 上海盛亚信息技术有限公司 | 盛亚实有人口信息管理软件[简称：PIMIS]V1.0 |
| 304 | 聚领信息技术(上海)有限公司 | POLYLINK CMS 五类软交换软件 V1.5 |
| 305 | 上海赫思缔亚信息科技有限公司 | 赫思缔亚连锁管理顾问软件 V3.0 |
| 306 | 上海战诚信息技术有限公司 | 战诚 ZC-FPD003 平板电视操作软件 V1.0 |
| 307 | 驰众信息技术(上海)有限公司 | 驰众信息银幕矩阵广告发布软件 V1.0 |
| 308 | 上海华东汽车信息技术有限公司 | 上汽华东 VENES 汽车总线 CAN 标定软件 V1.0 |
| 309 | 上海华东汽车信息技术有限公司 | 上汽华东 VENES 汽车总线诊断配置工具软件 V1.0 |
| 310 | 上海华东汽车信息技术有限公司 | 上汽华东 VENES 汽车总线配置生成工具软件 V1.0 |
| 311 | 上海华东汽车信息技术有限公司 | 上汽华东 VENES 汽车总线 LIN13 软件 V1.0 |
| 312 | 上海梁江通信技术有限公司 | 梁江号码携带数据接口软件 V1.0 |
| 313 | 上海梁江通信技术有限公司 | 梁江接口处理软件 V1.0 |
| 314 | 上海梁江通信系统股份有限公司 | 梁江网络设备告警处理软件 V1.0 |
| 315 | 上海梁江通信系统股份有限公司 | 梁江 CRM 接口处理软件 V1.0 |

续 表

| 序号 | 企业名称 | 软件产品名称 |
|---|---|---|
| 316 | 上海梁江通信系统股份有限公司 | 梁江 BOSS 接口处理软件 V1.0 |
| 317 | 上海厚德信息技术中心 | 厚德数字地理信息应用平台软件 V1.0 |
| 318 | 上海浩云信息技术有限公司 | 浩云 U－Links 商品追踪平台软件 V1.0 |
| 319 | 智标仪器(上海)有限公司 | 智标 iVision－HV 显微/维氏硬度自动测量软件 V1.0.0 |
| 320 | 上海交海信息科技有限公司 | 交海柜保 PC 端操作软件 V1.0 |
| 321 | 上海德索信息技术有限公司 | 德索期货公司综合管理平台软件 V1.0 |
| 322 | 上海迈拓电子科技有限公司 | 迈拓视频通平台软件 V1.0 |
| 323 | 上海百胜软件有限公司 | 百胜 eFAST 电子商务管理软件 V1.0 |
| 324 | 万达信息股份有限公司 | 万达信息资源集成平台软件 V4.2 |
| 325 | 上海中规钢材电子交易市场经营管理有限公司 | 中规现货电子交易管理软件 V1.2 |
| 326 | 沪东重机有限公司 | HHM 船用柴油机产品质量报告管理软件 V2.0 |
| 327 | 沪东重机有限公司 | HHM 船用柴油机产品设计变更信息管理软件 V2.0 |
| 328 | 沪东重机有限公司 | HHM 人力资源管理软件 V2.0 |
| 329 | 沪东重机有限公司 | HHM 船用柴油机合同管理软件 V2.0 |
| 330 | 沪东重机有限公司 | HHM 船用柴油机返修项目管理软件 V2.0 |
| 331 | 上海华凯信息技术有限公司 | 华凯产品价格管理软件 V1.0 |
| 332 | 上海山牡泽牡网络科技有限公司 | 山牡泽牡大溪水 P4P 运营支撑系统平台软件 V3.2.1 |
| 333 | 上海统御信息科技有限公司 | 统御医药供应链协同服务软件 V1.0 |
| 334 | 上海泓鎏智能科技有限公司 | 泓鎏高清摄像 DSP 控制软件 V1.0 |
| 335 | 上海交大慧谷信息产业股份有限公司 | 交大慧谷 Pro－viewer 图形图像处理软件 V1.0 |
| 336 | 上海交大慧谷信息产业股份有限公司 | 交大慧谷 E－controlling 图形图像处理软件 V1.0 |
| 337 | 上海哈克信息科技有限公司 | 哈克 Billing 软件 V1.0 |
| 338 | 上海数倍迪信息技术有限公司 | 数倍迪医学影像终端软件 V1.1 |
| 339 | 喜科(上海)软件系统有限公司 | 喜科 Proxima 在线资产管理软件[简称：Proxima]V1.0 |
| 340 | 上海辉恒计算机科技有限公司 | 辉恒 E－vhr 人力资源管理软件[简称：E-vhr 人力资源管理软件]V8.0 |
| 341 | 上海陆达信息发展有限公司 | 陆达网上协同审批软件 V1.0 |
| 342 | 上海信陆计算机技术有限公司 | 信陆基于车联网全方位跟踪驾驶培训软件 V1.0 |
| 343 | 上海加力气体有限公司 | 加力制氮机精馏系统监控软件[简称：制氮机精馏系统]V1.0 |
| 344 | 上海加力气体有限公司 | 加力制氮机膨胀系统监控软件[简称：制氮机膨胀系统]V1.0 |
| 345 | 上海骏聿数码科技有限公司 | 骏聿科技人脸识别软件[简称：人脸识别软件]V3.0.0 |
| 346 | 上海君阳信息科技有限公司 | 君阳基于可视化配置的产品开发软件[简称：kingsun 自定义平台]V1.0 |
| 347 | 上海君阳信息科技有限公司 | 君阳人力资源管理软件[简称：Kingsun eHR]V1.0 |

续 表

| 序号 | 企业名称 | 软件产品名称 |
|---|---|---|
| 348 | 上海成生科技有限公司 | 成生青草沙水库水质监测、预报、应急系统管理软件V1.0 |
| 349 | 上海虹天网络科技有限公司 | 悠嘻猴传说 Online 游戏软件[简称：悠嘻猴传说Online]V1.0 |
| 350 | 上海麦石信息技术有限公司 | 《大世界 online》网络游戏软件[简称：大世界]V1.0 |
| 351 | 上海数讯信息技术有限公司 | 数讯客户接待资源调配软件[简称：SDS Asset]V1.0 |
| 352 | 上海财汇信息技术有限公司 | 财汇金融分析平台软件[简称：FC station]V3.0 |
| 353 | 银联商务有限公司 | 银联商务新一代专业化服务软件[简称：新一代专业化服务系统]V1.50 |
| 354 | 银联商务有限公司 | 银联商务商户风险监控管理软件[简称：商户风险监控管理系统]V2.1 |
| 355 | 银联商务有限公司 | 银联商务资金管理软件[简称：YSMS]V2.0 |
| 356 | 银联商务有限公司 | 银联商务业务管理支持软件[简称：业务管理支持平台]V1.20 |
| 357 | 银联商务有限公司 | 银联商务综合业务管理软件[简称：BMS]V2.40 |
| 358 | 银联商务有限公司 | 银联商务客服报表管理软件[简称：CC-2]V2.0 |
| 359 | 上海聚星仪器有限公司 | 聚星仪器信号宝典软件[简称：VISN-RadioBank]V1.0 |
| 360 | 上海圣诺软件技术有限公司 | 圣诺 3G 手机数据无线备份软件 V2.0 |
| 361 | 上海锦商网络科技有限公司 | 锦商 BaoSaaS 平台-钢材仓储管理软件[简称：BaoSaaS-WMS]V1.0 |
| 362 | 上海锦商网络科技有限公司 | 锦商 BaoSaaS 平台-运输管理软件[简称：BaoSaaS-TMS]V1.0 |
| 363 | 上海锦商网络科技有限公司 | 锦商 BaoSaaS 平台-钢材贸易管理软件[简称：BaoSaaS-STS]V1.0 |
| 364 | 上海锦商网络科技有限公司 | 锦商 BaoSaaS 平台-移动仓储管理软件[简称：移动仓储管理软件]V1.0 |
| 365 | 上海瀚儒通信技术有限公司 | 瀚儒 GSM Repeater 数字中频模块软件[简称：GRRU数字中频模块]V1.0 |
| 366 | 上海普元信息技术股份有限公司 | 普元 BPS 软件[简称：Primeton BPS]V6.5 |
| 367 | 上海微库网络科技有限公司 | 微库在线协同办公软件 V1.0 |
| 368 | 中小融辅软件科技(上海)有限公司 | 中小融辅微小企业贷款软件[简称：微贷软件]V3.0 |
| 369 | 澳博德科(上海)信息技术有限公司 | 澳博德科爱士多(iStore)便利店管理软件[简称：iStore]V1.0 |
| 370 | 上海兴畅网络技术有限公司 | 兴畅下一代互联网智能流量控制软件[简称：兴畅流控软件]V3.1.11 |
| 371 | 上海克拉电子有限公司 | 克拉汽车空调扁平电阻测试软件 V2.0 |
| 372 | 上海白虹软件科技有限公司 | 白虹 BH-A005 远程信息获取软件 V1.0 |
| 373 | 上海白虹软件科技有限公司 | 白虹 BH-E501S 现场取证软件 V1.0 |
| 374 | 上海白虹软件科技有限公司 | 白虹 BH-D401 互联网信息获取软件 V1.0 |
| 375 | 上海白虹软件科技有限公司 | 白虹 BH-C302 邮件下载分析软件 V1.0 |

续 表

| 序号 | 企业名称 | 软件产品名称 |
|---|---|---|
| 376 | 上海白虹软件科技有限公司 | 白虹 BH－B222A 重点区域监控软件 V1.0 |
| 377 | 上海白虹软件科技有限公司 | 白虹 BH－B211S 快速植入设备软件 V1.0 |
| 378 | 上海白虹软件科技有限公司 | 白虹 BH－A009 远程信息获取软件 V1.0 |
| 379 | 上海矩子智能科技有限公司 | 矩子 Power SPC 数据分析软件 V2.0 |
| 380 | 上海通微分析技术有限公司 | 通微色谱仪控制软件 V2.0 |
| 381 | 上海强生科技有限公司 | 强生手持式车辆管理 POS 机软件 V1.0 |
| 382 | 上海强生科技有限公司 | 强生公共交通卡实时充移资软件 V1.0 |
| 383 | 上海态格信息技术有限公司 | 态格帕拉斯舆情监测行政版分析软件 V3.3 |
| 384 | 上海功源电子科技有限公司 | 功源 GETM 系统控制软件 V1.0 |
| 385 | 上海功源电子科技有限公司 | 功源 GETP 系统控制软件 V1.0 |
| 386 | 上海泰林才通信息科技有限公司 | 泰林才通求职跟踪软件 V1.0 |
| 387 | 析数软件(上海)有限公司 | 析数数据挖掘软件 V14.1 |
| 388 | 析数软件(上海)有限公司 | 析数统计分析软件 V19.0 |
| 389 | 上海坤帝科软件科技有限公司 | Quintiq 高级计划排产软件 V4.4 |
| 390 | 上海银联商务有限公司 | 银联商务银行卡交易数据对账软件[简称：银行卡对账软件]V1.0 |
| 391 | 上海神舟航天软件技术有限公司 | 瀚海之星综合档案管理软件 V3.5 |
| 392 | 上海立派信息技术有限公司 | 立派能源管理平台软件 V1.0 |
| 393 | 上海安科瑞电气股份有限公司 | 安科瑞 ACM3 配电线路过负荷监控装置主体软件[简称：安科瑞 ACM3 主体软件]V1.0 |
| 394 | 上海安科瑞电气股份有限公司 | 安科瑞 ACM3－90L 显示单元软件[简称：安科瑞 ACM3－90L 软件]V1.0 |
| 395 | 上海威乾视频技术有限公司 | 威乾 VS100 网络视频监控软件 V1.0 |
| 396 | 上海威乾视频技术有限公司 | 威乾 VS2000 视频监控管理软件 V2.0 |
| 397 | 上海威乾视频技术有限公司 | 威乾 VS300 客户端视频监控软件 V1.0 |
| 398 | 上海艾币希网络信息技术有限公司 | 艾币希经济开发区信息管理平台软件 V2.0 |
| 399 | 上海硅步科学仪器有限公司 | 硅步-中国力学虚拟人骨肌系统仿真分析软件 V1.0 |
| 400 | 上海汇亚信息科技有限公司 | 汇亚出版管理软件 V1.0 |
| 401 | 上海汇亚信息科技有限公司 | 汇亚商务通软件 V1.0 |
| 402 | 上海昕月信息技术有限公司 | 昕月 MOONCRM 在线客户关系管理软件 V2.2 |
| 403 | 上海双微导航技术有限公司 | 双微 GPS 监测尾矿库在线管理分析软件 V1.0 |
| 404 | 上海双微导航技术有限公司 | 双微 GPS RTK 软件 V2.0 |
| 405 | 智标仪器(上海)有限公司 | 智标 iVision－HB 布氏硬度自动测量软件 V1.0.0 |
| 406 | 上海泽众软件科技有限公司 | 泽众 Code Analyzer 代码审查软件 V1.0 |
| 407 | 上海约顿机房设备有限公司 | 约顿机房专用空调控制器嵌入式软件 V2.3 |
| 408 | 上海交大高新股份有限公司 | 舒达系统特征软件 V1.0 |

续 表

| 序号 | 企业名称 | 软件产品名称 |
|---|---|---|
| 409 | 上海交大高新股份有限公司 | 舒达系统特征软件 V1.0 |
| 410 | 上海金自天正信息技术有限公司 | Ari 能源管理软件[简称：AriEMS]V1.0 |
| 411 | 上海贝肯软件有限公司 | 贝肯石材业务管理软件 V6.0 |
| 412 | 捷开通讯科技(上海)有限公司 | 捷开科技智能手机软件 V1.0 |
| 413 | 捷开通讯科技(上海)有限公司 | 捷开科技功能手机软件 V1.0 |
| 414 | 上海博超科技有限公司 | 博超基于 3G 公共安全智能视频指挥决策软件 V1.0 |
| 415 | 上海泰威技术发展有限公司 | 泰威喷绘机伺服卡通信转接软件[简称：伺服卡通信转接软件]V1.3 |
| 416 | 上海泰威技术发展有限公司 | 泰威 TeckPrint 数码喷绘软件[简称：TKPrint]V5.56 |
| 417 | 上海泰威技术发展有限公司 | 泰威 TeckVersa 瓷砖数码喷绘软件[简称：TKVersa]V1.2 |
| 418 | 上海硕蕊电子科技有限公司 | 硕蕊 T&T 医院管理软件 V7.0 |
| 419 | 上海视畅信息科技有限公司 | 视畅 V-Media 网络信息发布软件 V1.0 |
| 420 | 上海瑞泽文化发展有限公司 | 瑞泽配框管理软件 V1.0 |
| 421 | 上海先之决信息科技发展有限公司 | 先之决用水能耗管理平台软件 V1.0 |
| 422 | 上海网达软件有限公司 | 网达图文信息机软件 V1.1 |
| 423 | 上海航隆电子科技有限公司 | 航隆航空 429 总线通信测试软件 V1.0 |
| 424 | 上海美开电子科技有限公司 | 美开电梯液晶显示器软件 V1.0 |
| 425 | 上海华腾软件系统有限公司 | TOP BPM 智能流程管理软件 V2.0 |
| 426 | 上海力元软件工程有限责任公司 | 力元医院管理信息软件 V2.0 |
| 427 | 科乐美软件(上海)有限公司 | 科乐美鼎盛三国-蜀国争霸游戏软件 V1.0 |
| 428 | 上海呈驰网络科技有限公司 | 呈驰魔法宠物手机娱乐软件 V1.0 |
| 429 | 上海和国信息科技有限公司 | 和国工业生产实验室样品全流程实时管理软件 V1.0 |
| 430 | 敏创软件(上海)有限公司 | 敏创远程文件协同管理软件 V2.0 |
| 431 | 敏创软件(上海)有限公司 | 敏创多账户企业邮件管理软件 V2.0 |
| 432 | 上海河络数码科技有限公司 | 河络网上招聘软件 V1.0 |
| 433 | 上海奕奕数字技术有限公司 | 奕奕 11 对战平台游戏软件 V1.0 |
| 434 | 上海湾流仪器技术有限公司 | 湾流 LTE 网络协议分析软件 V1.0 |
| 435 | 上海聚微计算机技术有限公司 | 聚微训练及排班管理软件 V1.0 |
| 436 | 上海贝曼元脉信息技术有限公司 | 贝曼元脉 IPTV 机顶盒管理软件[简称：IPTV 机顶盒管理系统]V1.0 |
| 437 | 上海泛微网络科技有限公司 | 泛微协同办公标准版软件 V7.0 |
| 438 | 上海泛微网络科技有限公司 | 泛微协同商务软件 V6.0 |
| 439 | 上海泛微网络科技有限公司 | 泛微协同管理商业数据分析软件 V3.0 |
| 440 | 上海泛微网络科技有限公司 | 泛微协同管理配置平台软件 V4.0 |
| 441 | 上海汉晶信息科技有限公司 | 汉晶时间资源管理软件 V4.0 |

续 表

| 序号 | 企业名称 | 软件产品名称 |
| --- | --- | --- |
| 442 | 上海汉晶信息科技有限公司 | 汉晶企业资产管理软件 V1.0 |
| 443 | 上海尚恩华科网络科技股份有限公司 | 尚恩华科嵌入式终端流媒体处理引擎软件 V1.0 |
| 444 | 上海成大慧谷自动化科技有限公司 | 慧谷工业控制软件 V1.0 |
| 445 | 上海芝柯打印技术有限公司 | 芝柯 XT4131 便携式打印机软件 V1.0 |
| 446 | 上海掌颐网络科技有限公司 | 掌颐 Flashlight 手机开发平台软件 V1.0 |
| 447 | 上海一卓电子科技有限公司 | 一卓数据分析及决策辅助软件 V2.0 |
| 448 | 上海摩比源软件技术有限公司 | 摩比源泰力游戏软件 V1.0 |
| 449 | 上海安畅网络科技有限公司 | 安畅 ICP/IP 备案管理软件 V1.0 |
| 450 | 上海艾克斯网络传播有限公司 | 艾克斯网店运营专才在线学习软件[简称：ECPOTS]V1.0 |
| 451 | 上海诺诺信息技术有限公司 | 诺诺基于资金脱媒的 P2P 金融信息服务平台软件[简称：诺诺镑客]V1.0 |
| 452 | 上海傲途伟信自动化科技有限公司 | 傲途过程控制软件[简称：AutoPCS 软件]V2.0 |
| 453 | 上海审易软件有限公司 | 审易 K6 招商退税软件 V1.0 |
| 454 | 上海航天能源股份有限公司 | 航天能源大用户流量分析管理软件[简称：LUGMS]V1.0 |
| 455 | 上海航天能源股份有限公司 | 航天能源燃气生产应用报表管理软件[简称：SAEReport]V1.0 |
| 456 | 上海航天能源股份有限公司 | 航天能源通讯管理软件[简称：AeroServer]V1.0 |
| 457 | 上海钦禾自动化科技有限公司 | 钦禾科技 QH1000 控制软件 V1.0 |
| 458 | 上海晨鸟信息科技有限公司 | 晨鸟论文智能剽窃检查软件 V2.5 |
| 459 | 上海晨鸟信息科技有限公司 | 晨鸟论文格式智能检查修正软件 V2.5 |
| 460 | 上海莫言信息科技有限公司 | 莫言快件出入境智能申报与审核软件 V1.0 |
| 461 | 上海与德通讯技术有限公司 | 与德短信收件箱软件 V1.0 |
| 462 | 上海与德通讯技术有限公司 | 与德 Android 联系人 Widget 软件 V1.0 |
| 463 | 上海益同软件技术有限公司 | 益盟操盘手 L2 盯盘先锋软件[简称：L2 盯盘先锋]V1.0 |
| 464 | 泰亿格电子(上海)有限公司 | 启聪博士听觉评估仪软件[简称：听觉评估仪软件]V5.0 |
| 465 | 泰亿格电子(上海)有限公司 | 启聪博士视听统合训练仪软件[简称：视听统合训练仪软件]V5.0 |
| 466 | 泰亿格电子(上海)有限公司 | 启聪博士听处理障碍评估与干预仪软件[简称：听处理障碍评估与干预仪软件]V5.0 |
| 467 | 泰亿格电子(上海)有限公司 | 启聪博士听觉康复训练仪软件[简称：听觉康复训练仪软件]V5.0 |
| 468 | 泰亿格电子(上海)有限公司 | 启音博士言语重读干预仪软件[简称：言语重读干预仪软件]V5.0 |
| 469 | 泰亿格电子(上海)有限公司 | 启音博士语音障碍康复训练仪软件[简称：语音障碍康复训练仪软件]V5.0 |
| 470 | 泰亿格电子(上海)有限公司 | 启音博士构音障碍康复训练仪软件[简称：构音障碍康复训练仪软件]V5.0 |

续 表

| 序号 | 企业名称 | 软件产品名称 |
|---|---|---|
| 471 | 泰亿格电子(上海)有限公司 | 启音博士构音障碍测量仪软件[简称：构音障碍测量仪软件]V5.0 |
| 472 | 泰亿格电子(上海)有限公司 | 启音博士言语障碍矫治仪软件[简称：言语障碍矫治仪软件]V5.0 |
| 473 | 泰亿格电子(上海)有限公司 | 启音博士言语障碍测量仪软件[简称：言语障碍测量仪软件]V5.0 |
| 474 | 泰亿格电子(上海)有限公司 | 启音博士语音障碍测量仪软件[简称：语音障碍测量仪软件]V5.0 |
| 475 | 上海卓繁信息技术有限公司 | 卓繁电子纪检监察综合服务平台软件 V1.0 |
| 476 | 上海卓繁信息技术有限公司 | 卓繁政府"一网式"行政审批软件 V7.0 |
| 477 | 上海幻影显示技术有限公司 | 幻影液晶屏网络图像处理及控制软件 V3.2 |
| 478 | PFU 上海计算机有限公司 | PSH CardMinder Web Viewer 名片共享管理软件 V1.0 |
| 479 | PFU 上海计算机有限公司 | PSH Rack2 - Filer Network 文档管理软件 V1.0 |
| 480 | 上海华雷信息科技有限公司 | 华雷数据大集中报表平台软件 V1.0 |
| 481 | 上海三森软件有限公司 | 三森表务管理系统应用软件 V1.0 |
| 482 | 上海三森软件有限公司 | 三森电话查询水费系统应用软件 V1.0 |
| 483 | 上海三森软件有限公司 | 三森自来水立户系统应用软件 V1.0 |
| 484 | 上海三森软件有限公司 | 三森触摸屏系统应用软件 V1.0 |
| 485 | 上海三森软件有限公司 | 三森数据自动备份系统应用软件 V1.0 |
| 486 | 上海三森软件有限公司 | 三森自来水客户服务系统应用软件 V1.0 |
| 487 | 上海三森软件有限公司 | 三森银行代收自来水费监控应用软件 V1.0 |
| 488 | 上海大通医药信息技术有限公司 | 大通临床药物咨询软件[简称：临床药物咨询系统]V7.0 |
| 489 | 上海大通医药信息技术有限公司 | 大通药物咨询及用药安全监测软件[简称：药物咨询及用药安全监测系统]V4.0 |
| 490 | 上海晨鸟信息科技有限公司 | 晨鸟电子商务体验式实践软件 V2.5 |
| 491 | 上海凯创建筑科技有限公司 | 凯创地表水水源热泵系统优化设计分析软件 V1.0 |
| 492 | 上海杰图软件技术有限公司 | 杰图虚拟漫游展示制作软件[简称：漫游大师]V4.00 |
| 493 | 上海智臻网络科技有限公司 | 智臻智能客服软件 V4.0 |
| 494 | 依瓦塔(上海)精密光电有限公司 | UVATA 大功率紫外 LED 光源控制通用软件 V1.0 |
| 495 | 上海鹏开移动通讯科技有限公司 | 鹏开 GPS 定位导航手机方案软件 V1.0 |
| 496 | 上海途客信息技术有限公司 | 途客手机出行服务软件[简称：途客]V1.0 |
| 497 | 上海金蝶软件科技有限公司 | 金蝶 EAS Webshop 管理软件[简称：EAS Webshop]V1.0 |
| 498 | 上海英明科技发展有限公司 | 英明科技 AD - Smart 网络环境监控软件[简称：AD - Smart]V1.0 |
| 499 | 上海和鹰软件科技有限公司 | 和鹰读皮机软件 V1.0 |
| 500 | 上海和鹰软件科技有限公司 | 和鹰裁剪优化软件 V1.0 |
| 501 | 上海和鹰软件科技有限公司 | 和鹰纸样排料软件 V1.0 |

续 表

| 序号 | 企业名称 | 软件产品名称 |
|---|---|---|
| 502 | 上海和鹰软件科技有限公司 | 和鹰纸样数码成像软件 V1.0 |
| 503 | 联芯科技有限公司 | 联芯科技 TD－SCDMA 特种通信终端软件[简称：MESI]V1.0 |
| 504 | 联芯科技有限公司 | 联芯科技 TD－SCDMA 特种通信终端软件[简称：MESI]V2.0 |
| 505 | 上海银晨智能识别科技有限公司 | 银晨人体生物信息一体化采集比对软件[简称：一体化采集比对软件]V1.0 |
| 506 | 上海玉帛软件有限公司 | 玉帛进出口物流协同管理软件[简称：IELS]V1.0 |
| 507 | 上海火速网络科技有限公司 | 火速一比多一站式网络营销平台软件[简称：EBDoor]V3.0 |
| 508 | 上海慧龙计算机系统有限公司 | 慧龙基于云计算的实时规模互动及海量分发平台软件 V1.0 |
| 509 | 中晟易键通(上海)科技发展有限公司 | 中晟易键通标准版软件[简称：易键通标准版]V6.1 |
| 510 | 上海成生科技有限公司 | 成生气象监测管理软件 V1.0 |
| 511 | 随身科技(上海)有限公司 | 随身贷款通软件[简称：ZeroWire MLS]V3.0 |
| 512 | 随身科技(上海)有限公司 | 随身无线评分软件[简称：ZeroWire MGS]V1.8 |
| 513 | 随身科技(上海)有限公司 | 随身协同办公软件[简称：ZeroWireMOC]V1.0 |
| 514 | 上海国臣信息技术有限公司 | 国臣医疗行业协同人力资源管理软件 V2.0 |
| 515 | 上海国臣信息技术有限公司 | 国臣健康服务责任制管理平台软件 V2.0 |
| 516 | 上海国臣信息技术有限公司 | 国臣医疗行业协同办公管理软件 V2.0 |
| 517 | 上海天存信息技术有限公司 | 天存 iAudit Web 应用入侵审计软件 V1.0 |
| 518 | 博朗软件开发(上海)有限公司 | 博朗哈族部软件[简称：Shanghai Guide]V2.2 |
| 519 | 博朗软件开发(上海)有限公司 | 博朗员工技能库软件[简称：Skill Database software]V1.2 |
| 520 | 博朗软件开发(上海)有限公司 | 博朗 IT 支持软件[简称：Bleum IT Support]V1.0 |
| 521 | 上海引跑信息科技有限公司 | INTPLE BizDesign 协同设计平台软件[简称：协同设计平台]V3.0 |
| 522 | 上海引跑信息科技有限公司 | INTPLE AppOne 云计算应用平台软件[简称：云计算应用平台]V3.0 |
| 523 | 上海引跑信息科技有限公司 | INTPLE BizLite 企业信息平台软件[简称：企业信息平台]V3.0 |
| 524 | 上海引跑信息科技有限公司 | INTPLE BizNews 舆情监测云平台软件[简称：舆情监测云平台]V3.0 |
| 525 | 上海中交海德交通科技股份有限公司 | 海德公路造价数据库动态管理软件[简称：HEAD－CDM]V3.0 |
| 526 | 上海工仿软件有限公司 | 工仿有限元可视化软件[简称：工仿有限元可视化]V1.0 |
| 527 | 上海纪元微科电子有限公司 | MMS ESD 保护电路测试软件[简称：ESD 保护电路]V1.0 |
| 528 | 上海纪元微科电子有限公司 | MMS 转换器电路测试软件[简称：转换器电路]V1.0 |
| 529 | 上海华岭集成电路技术股份有限公司 | 华岭高速模数转换芯片测试软件 V1.0 |

续 表

| 序号 | 企业名称 | 软件产品名称 |
| --- | --- | --- |
| 530 | 上海华岭集成电路技术股份有限公司 | 华岭蓝牙2.0芯片测试软件V1.0 |
| 531 | 上海阿尔卡特网络支援系统有限公司 | SANSS Octopus C网设备综合监控平台软件[简称：C网设备综合监控平台软件]V1.0 |
| 532 | 上海安浦鸣志自动化设备有限公司 | 安浦鸣志ST Configurator配置软件V2.0 |
| 533 | 上海安浦鸣志自动化设备有限公司 | 安浦鸣志Q Programmer编程软件V1.4 |
| 534 | 上海安浦鸣志自动化设备有限公司 | 安浦鸣志STM集成式电机嵌入式软件V1.0 |
| 535 | 上海安浦鸣志自动化设备有限公司 | 安浦鸣志SSM Quick Tuner上位机软件V2.0 |
| 536 | 上海西派埃自动化技术工程有限公司 | 西派埃风量智能控制软件V1.0 |
| 537 | 上海工业自动化仪表研究院 | SIPAI泵组智能优化控制软件V1.0 |
| 538 | 上海康银电子有限公司 | 康盈排队管理系统应用软件V2.6 |
| 539 | 上海康银电子有限公司 | 康盈回单管理系统应用软件V7.6 |
| 540 | 中国船舶重工集团公司第七一一研究所 | SMDERI RCT型可调桨遥控系统控制软件V1.0 |
| 541 | 飞亿克自动化设备(上海)有限公司 | 飞亿克大型轴承演示软件V1.0 |
| 542 | 迅付信息科技有限公司 | 迅付外币卡网络支付平台软件V1.0 |
| 543 | 上海完美时空软件有限公司 | 完美时空神鬼世界网络游戏软件V2.15 |
| 544 | 上海驭策信息技术有限公司 | 驭策企业需求管理软件V2.0 |
| 545 | 上海点逸网络科技有限公司 | 点逸移动应用支撑软件[简称：M-Server]V1.0 |
| 546 | 上海隆电信息技术有限公司 | LOND输配电网地理信息软件V2.0 |
| 547 | 上海锐豪物流信息咨询服务有限公司 | 锐豪重型车金融综合服务平台软件V1.0 |
| 548 | 上海维响信息科技有限公司 | visTeam企业物料BOM信息协同管理软件V1.0 |
| 549 | 上海软件产业促进中心 | SHSPC统计分析软件V1.0 |
| 550 | 上海华腾软件系统有限公司 | TOP GMTS通用手机票券服务平台软件V1.0 |
| 551 | 上海先驱电脑系统有限公司 | 先驱职工培训管理信息软件V2.0 |
| 552 | 上海纵联共盈信息技术有限公司 | 纵联共盈易租共享租赁信息管理软件V1.0 |
| 553 | 鼎捷软件有限公司 | E@syBridge企业级电子商务应用软件V5.0 |
| 554 | 鼎捷软件有限公司 | TOPGP管理软件V5.2 |
| 555 | 上海曦智信息科技有限公司 | 曦智物流码头管理平台软件V1.0 |
| 556 | 上海霆峰计算机机房工程有限公司 | Tfurse机房动力环境集中监控软件V6.0 |
| 557 | 上海圣兆信息技术有限公司 | 圣兆低压集抄设备换装管理软件V1.0 |
| 558 | 上海圣兆信息技术有限公司 | 圣兆智能设备管理软件V1.0 |
| 559 | 上海尹哲网络科技有限公司 | 尹哲智能排队叫号管理软件V6.0 |
| 560 | 上海复华保护神信息技术有限公司 | 复华车辆监控调度系统通信服务软件V1.0 |
| 561 | 上海海鼎信息工程股份有限公司 | 海鼎财务管理软件[简称：HDFIN]V1.0 |
| 562 | 上海海鼎信息工程股份有限公司 | 海鼎CRM营销与服务平台软件V1.0 |
| 563 | 上海衡晶软件有限公司 | 衡晶软件大屏幕显示器嵌入式软件V1.0 |

续 表

| 序号 | 企业名称 | 软件产品名称 |
|---|---|---|
| 564 | 上海衡晶软件有限公司 | 衡晶软件厨房秤嵌入式软件 V1.0 |
| 565 | 上海衡晶软件有限公司 | 衡晶软件直视吊秤嵌入式软件 |
| 566 | 上海卓精电子科技有限公司 | 卓精简易天平嵌入式软件 V1.0 |
| 567 | 网宿科技股份有限公司 | 网宿 CDN 平台软件 V2.0 |
| 568 | 上海天正明日电力自动化有限公司 | STG331 轴系扭振保护装置后台监控软件 V1.00 |
| 569 | 恩梯梯数据英特玛软件系统(上海)有限公司 | 英特玛考勤管理软件 V7 |
| 570 | 上海智言软件科技有限公司 | 智言英语妙趣横生背美文软件 V1.0 |
| 571 | 上海智言软件科技有限公司 | 智言考研英语词汇训练软件 V1.0 |
| 572 | 上海智言软件科技有限公司 | 智言少儿英语单词快乐学软件 V1.0 |
| 573 | 上海智言软件科技有限公司 | 智言 TOEFL 考试词汇训练软件 V1.0 |
| 574 | 上海智言软件科技有限公司 | 智言 IELTS 考试词汇训练软件 V1.0 |
| 575 | 上海慧东电气设备有限公司 | 慧东高压电缆在线监测软件 V1.0 |
| 576 | 上海金易信息技术有限公司 | 金易经济园区管理软件[简称：园区 OA 系统]V2010 |
| 577 | 上海威客网络科技有限公司 | 威客基于许可证的数字产品版权保护中间件软件 V3.1 |
| 578 | 上海埃获思信息技术有限公司 | 埃获思在线信息服务管理软件 V1.0 |
| 579 | 上海银联电子支付服务有限公司 | ChinaPay 教育考试行业统一支付平台软件 V1.8 |
| 580 | 上海银联电子支付服务有限公司 | ChinaPay 商旅票务平台软件 V2.0 |
| 581 | 觅缘(上海)信息科技有限公司 | 觅缘信息交友活动软件 V1.0 |
| 582 | 觅缘(上海)信息科技有限公司 | 觅缘信息任务管理软件 V1.0 |
| 583 | 觅缘(上海)信息科技有限公司 | 觅缘信息消息软件 V1.0 |
| 584 | 上海井星信息科技有限公司 | 井星 DMCC 录音软件 V1.0 |
| 585 | 上海期货信息技术有限公司 | Futures Ideal 综合交易平台软件 V5.0 |
| 586 | 舜易科技发展(上海)有限公司 | AdPlanner 广告策划管理软件 V1.0 |
| 587 | 上海柯斯软件有限公司 | 柯斯 2.4G 优惠券平台软件 V1.0 |
| 588 | 上海汉得信息技术股份有限公司 | 汉得供应商门户软件 V2.0 |
| 589 | 上海富友金融网络技术有限公司 | 富友手机移动支付软件 V1.0 |
| 590 | 上海农业信息有限公司 | 上农信农产品批发市场综合管理软件 V1.0 |
| 591 | 上海农业信息有限公司 | 上农信农产品批发市场结算管理软件 V1.0 |
| 592 | 上海企全信息技术有限公司 | 企全客户关系管理软件 V5.0 |
| 593 | 上海智橙信息科技有限公司 | 智橙荷塘烟雨手机界面人机互动软件 V1.0 |
| 594 | 铭农(上海)信息科技有限公司 | 铭农畜牧检疫管理软件 V2.0 |
| 595 | 铭农(上海)信息科技有限公司 | 铭农畜产品质量安全监管软件 V1.0 |
| 596 | 上海日正企业管理咨询有限公司 | 日正汽配管理软件 V1.0 |
| 597 | 上海亿狮摩信息技术有限公司 | ITSMORE® 项目信息平台软件 V4.0 |

续 表

| 序号 | 企业名称 | 软件产品名称 |
|---|---|---|
| 598 | 上海恩祥医院投资管理有限公司 | 恩祥临床路径管理软件 V1.0 |
| 599 | 上海怡高科技服务有限公司 | 怡高计算机部件检测服务管理软件 V1.0 |
| 600 | 上海莫言信息科技有限公司 | 莫言面向服务旅游集散中心网-旅游联盟车辆票务调度软件 V1.0 |
| 601 | 上海莫言信息科技有限公司 | 莫言面向服务旅游集散中心网-全过程服务组合与交易软件 V1.0 |
| 602 | 上海成方信息科技有限公司 | 成方网络舆情监测软件 V1.0 |
| 603 | 诺优信息技术(上海)有限公司 | 诺优 OP Mbox-CQT 无线网络自动定点测试软件[简称：Mbox-CQT Firmware]V2.5 |
| 604 | 诺优信息技术(上海)有限公司 | 诺优 OP Engineer 掌上监督员无线网络测试软件[简称：E2]V2.1 |
| 605 | 诺优信息技术(上海)有限公司 | 诺优 OP Analyzer 无线网络优化分析软件[简称：A2]V2.1 |
| 606 | 诺优信息技术(上海)有限公司 | 诺优 OP Terminator 无线网络优化测试软件[简称：T2]V2.1 |
| 607 | 诺优信息技术(上海)有限公司 | 诺优 OP Mbox-DT 无线网络自动路测软件[简称：Mbox-DT Firmware]V2.5 |
| 608 | 诺优信息技术(上海)有限公司 | 诺优 OP Probe 掌上监督员无线网络监测软件[简称：P2]V2.1 |
| 609 | 诺优信息技术(上海)有限公司 | 诺优 OP Sphere 综合无线网络优化管理软件[简称：S2]V2.5 |
| 610 | 上海寰创通信设备有限公司 | 寰创无线终端设备 HT2000 软件 V1.6.1 |
| 611 | 上海亿云信息技术有限公司 | 亿云 PowerBackup 备份软件 V3.5 |
| 612 | 上海视彼此电子科技有限公司 | 视彼此 WebACEA 网页防篡改软件 V1.0 |
| 613 | 上海云途信息技术有限公司 | 云途移动信息智能发布软件 V1.0 |
| 614 | 上海百胜星联科技有限公司 | 百胜移动商店管理软件 V1.0 |
| 615 | 上海百胜星联科技有限公司 | 百胜仓库盘点管理软件 V1.0 |
| 616 | 上海营康计算机科技有限公司 | 金钥匙营养专家软件 V2.0 |
| 617 | 上海古朋答电子科技有限公司 | 古朋答终端信息管理软件[简称：终端信息软件]V1.0 |
| 618 | 上海天创信息科技有限公司 | 天创中学生远程互动教学平台软件 V1.0 |
| 619 | 上海复石信息技术有限公司 | 复石协同工作平台软件 V1.0 |
| 620 | 上海城市地理信息系统发展有限公司 | 城地工程管理软件 V1.0 |
| 621 | 上海城市地理信息系统发展有限公司 | 城地燃气巡检监护软件 V1.0 |
| 622 | 上海乐知堂网络科技有限公司 | 乐知堂虚拟网络课程软件[简称：乐知堂]V2.6.0.13 |
| 623 | 上海大通医药信息技术有限公司 | 大通抗菌药品使用分析及控制软件 V1.5 |
| 624 | 上海思普信息技术有限公司 | 思普项目管理软件[简称：SIPM/PROJECT]V3.0 |
| 625 | 上海铁欣紧固件科技有限公司 | 铁欣面向紧固件行业产业链仓库管理及销售平台软件 V2.0 |
| 626 | 上海鑫磊信息技术有限公司 | 鑫磊电子采购软件 V1.0 |
| 627 | 上海高诚智能科技有限公司 | 高诚堤防设施安全运行管理软件 V1.0 |

续 表

| 序号 | 企业名称 | 软件产品名称 |
| --- | --- | --- |
| 628 | 上海华盖软件发展有限公司 | 华盖智能呼叫中心软件[简称：智能呼叫中心]V1.0 |
| 629 | 百资信息科技(上海)有限公司 | 百资完整版作业软件[简称：Linpus OS Full Functional]V2.0 |
| 630 | 百资信息科技(上海)有限公司 | 百资简易版作业软件(Moblin 版)[简称：Linpus Lite OS (Moblin)]V1.0 |
| 631 | 上海飞趣多媒体科技有限公司 | 飞趣多点轮廓捕获发送软件 V1.0 |
| 632 | 上海游族信息技术有限公司 | 游族三十六计网页游戏软件 V1.0 |
| 633 | 上海恒为信息科技有限公司 | 恒为 Excare-G 面向 GPRS 网络协议分析软件 V1.0 |
| 634 | 上海恒为信息科技有限公司 | 恒为 ExTAP-G 网络流量分路软件 V1.0 |
| 635 | 上海集灵信息技术有限公司 | 集灵煤矿地测软件 V1.0 |
| 636 | 上海网波软件有限公司 | 网波水利地理信息管理软件 V1.0 |
| 637 | 上海络安信息技术有限公司 | WebCare 互联网舆情分析软件[简称：WebCare 舆情软件]V1.0 |
| 638 | 上海理滋芯片设计有限公司 | 理滋喜智屋智能家居软件(网络版)V1.0.0 |
| 639 | 上海复旦数字医疗科技有限公司 | 复旦数字医疗“手术导航系统 excelim-04”软件[简称：手术导航系统]V1.1 |
| 640 | 上海大唐移动通信设备有限公司 | 大唐移动 EXPT MMR 分析软件[简称：EXPT MMR]V1.0 |
| 641 | 驰众信息技术(上海)有限公司 | 驰众信息广告机循环字幕软件 V1.0 |
| 642 | 驰众信息技术(上海)有限公司 | 驰众信息楼宇广告发布软件 V1.0 |
| 643 | 上海美勋智信息技术有限公司 | 美勋智 ICP-IP 网站管理监控软件[简称：MMS]V4.0 |
| 644 | 上海奕通信息科技有限公司 | 奕通 RFID 仓储管理软件[简称：EWMS]V1.0 |
| 645 | 上海金蛋网络有限公司 | 金蛋智能选股软件[简称：金蛋智能选股系统]V1.0 |
| 646 | 上海易磐信息科技有限公司 | 易磐 EP 全面预算管理软件 V6.0 |
| 647 | 上海索微科技有限公司 | 索微 DHL_ICProcess 国家间财务结算处理软件 V1.0 |
| 648 | 上海金牌软件开发有限公司 | 金牌高新技术信息化管理软件[简称：金牌信息化管理软件]V5.78 |
| 649 | 上海伯俊软件科技有限公司 | 伯俊网店管理软件 V1.0 |
| 650 | 医软信息科技(上海)有限公司 | IQQA® 胸片解读分析系统软件 V2.0 |
| 651 | 上海近海数据服务有限公司 | EAP 企业管理软件平台软件[简称：EAP 平台]V2.2.0.5001 |
| 652 | 上海亿舸科贸有限公司 | 亿舸仓储管理软件 V1.0 |
| 653 | 上海弘视通信技术有限公司 | 弘视智能视频分析 DSP 软件 V3.0 |
| 654 | 上海天牧信息科技有限公司 | 天牧 BI 数据挖掘软件 V1.0 |
| 655 | 上海棠棣信息科技有限公司 | 棠棣中间业务平台软件[简称：TDS]V1.0 |
| 656 | 上海杏翔计算机科技有限公司 | 杏翔放射医师影像系统应用软件[简称：杏翔放射系统]V6.0 |
| 657 | 上海搜林信息技术有限公司 | 搜林 ETC 系统交易数据分析软件[简称：ETC 交易分析]V1.1 |

续 表

| 序号 | 企业名称 | 软件产品名称 |
|---|---|---|
| 658 | 上海声通信息科技有限公司 | 声通 Amany 呼叫中心软件[简称：Amany]V2.0 |
| 659 | 杰脉通信技术(上海)有限公司 | 杰脉 TD-SCDMA iWAP 生产测试软件[简称：iWAP_FT]V2.0 |
| 660 | 上海宝信软件股份有限公司 | 宝信基于 RFID 的嵌入式钢板管理软件[简称：宝信钢板管理系统]V1.0 |
| 661 | 上海互联网软件有限公司 | 必优必达街道实事项目监管软件[简称：实事监管软件]V1.0 |
| 662 | 上海大汉三通网络通信有限公司 | 大汉三通基于中间件技术的移动办公平台软件 V1.0 |
| 663 | 上海大汉三通网络通信有限公司 | 大汉三通广电行业基于三网合一的移动服务平台软件 V1.0 |
| 664 | 上海派拉软件有限公司 | 派拉安全堡垒主机软件[简称：OSC]V2.0 |
| 665 | 上海宝信软件股份有限公司 | 宝信基础能源管理软件[简称：宝信基础能源管理系统]V2.0 |
| 666 | 上海宝信软件股份有限公司 | 宝信运行监控管理平台软件[简称：eSure]V3.0 |
| 667 | 上海互联网软件有限公司 | 必优必达人大会务管理软件[简称：会务管理软件]V1.0 |
| 668 | 上海宝信软件股份有限公司 | 宝信基于 RFID 的行车定位软件[简称：宝信行车定位系统]V1.0 |
| 669 | 聚胜万合信息技术(上海)有限公司 | 聚胜万合互联网广告受众研究软件[简称：UserscopeVista]V1.0 |
| 670 | 丰海技术咨询服务(上海)有限公司 | 丰海 DT-10 高桩三维刚性墩台计算软件[简称：DT 计算软件]V1.0 |
| 671 | 丰海技术咨询服务(上海)有限公司 | 丰海 GDL-10 宽支座轨道梁计算软件[简称：GDL 计算软件]V1.0 |
| 672 | 丰海技术咨询服务(上海)有限公司 | 丰海 MB 码头面板计算软件[简称：MB 计算软件]V1.0 |
| 673 | 丰海技术咨询服务(上海)有限公司 | 丰海港口工程高桩梁板式码头 CAD 绘图软件[简称：高桩 CAD]V1.0 |
| 674 | 上海圣桥信息科技有限公司 | 圣桥 Storbridge M1000 统一存储管理软件 V2.0 |
| 675 | 上海圣桥信息科技有限公司 | 圣桥 Storbridge F6000 统一存储管理软件 V2.0 |
| 676 | 上海中商网络股份有限公司 | 中商服装行业渠道综合管理软件 V1.0 |
| 677 | 上海宝信软件股份有限公司 | 宝信信息系统平台 Html 界面基础框架软件[简称：iPlat-UI4Html]V1.0 |
| 678 | 上海同耀通信技术有限公司 | TDSCDMA OTA 自动测试系统控制软件[简称：TDSCDMA OTA 自动测试软件]V1.0 |
| 679 | 华沃通讯(上海)有限公司 | 华沃 3G 可视物联网监控终端软件[简称：3G 监控软件]V1.0 |
| 680 | 上海中兴派能能源科技有限公司 | Pylon Technologies 智能电池管理软件[简称：Smart Battery]V1.00 |
| 681 | 上海上讯信息技术有限公司 | 上讯应用托管中心软件 V1.0 |
| 682 | 上海上讯信息技术有限公司 | 上讯运维管理审计软件 V1.0 |
| 683 | 上海上讯信息技术有限公司 | 上讯短信认证网关软件 V1.0 |
| 684 | 上海上讯信息技术有限公司 | 上讯网络流量分析控制及审计软件 V1.0 |

续 表

| 序号 | 企业名称 | 软件产品名称 |
|---|---|---|
| 685 | 上海数讯信息技术有限公司 | 数讯智能邮件分类告警软件[简称：ETS]V1.0 |
| 686 | 上海银晨智能识别科技有限公司 | 银晨 ATM 机智能识别报警软件[简称：ATM 机报警系统]V1.0 |
| 687 | 上海艾帕电力电子有限公司 | IPER 光伏并网逆变器 DSP 控制软件[简称：PVI_DSPSuite]V1.0 |
| 688 | 上海火速网络信息服务有限公司 | 火速前三甲广告服务管理软件[简称：前三甲] |
| 689 | 上海阿尔卡特网络支援系统有限公司 | SANSS 综合激活系统预处理接口平台软件 V1.0 |
| 690 | 上海阿尔卡特网络支援系统有限公司 | SANSS PON 综合测试软件 V2.0 |
| 691 | 上海创视通多媒体技术有限公司 | 创视通电视墙服务器软件[简称：VIDEOCONTVW]V1.1 |
| 692 | 上海力申科学仪器有限公司 | Heal Force EST-1 电动手术台嵌入式软件 V1.00 |
| 693 | 上海彩码信息科技有限公司 | 彩码管理系统应用软件[简称：彩码软件]V1.0 |
| 694 | 佛朗克电子(上海)有限公司 | 佛朗克无刷电机驱动器软件 V4.1 |
| 695 | 上海金磐电子有限公司 | 金磐双光束激光对射脉冲控制软件 V1.0 |
| 696 | 上海龙金能源科技有限公司 | 龙金飞驱系统应用软件 V1.0 |
| 697 | 上海宏桐实业有限公司 | 宏桐多道电生理系统应用软件 V2.0 |
| 698 | 上海高晶金属探测设备有限公司 | 高晶 X 光散装食品异物探测机软件 V3.0 |
| 699 | 上海高晶金属探测设备有限公司 | 高晶 X 光食品异物探测软件 V3.0 |
| 700 | 上海高晶金属探测设备有限公司 | 高晶七型金属探测仪软件 V1.0 |
| 701 | 上海高晶金属探测设备有限公司 | 高晶八型金属探测仪软件 V1.0 |
| 702 | 上海高晶金属探测设备有限公司 | 高晶三型金属探测仪软件 V1.0 |
| 703 | 库马电器(上海)有限公司 | Qma Q9000 型大功率变频器软件 V3.0 |
| 704 | 库马电器(上海)有限公司 | Qma Q7000EC 型扶梯变频器软件 V2.3 |
| 705 | 库马电器(上海)有限公司 | Qma Q7000EL/IP 型电梯变频器软件 V2.1 |
| 706 | 库马电器(上海)有限公司 | Qma Q9000 型中小功率变频器软件 V2.0 |
| 707 | 上海邦购信息科技有限公司 | 邦购信息化门店销售与分销管理系统应用软件 V2.0 |
| 708 | 上海邦购信息科技有限公司 | 邦购无线非接触式自动识别配货管理系统应用软件 V2.0 |
| 709 | 上海邦购信息科技有限公司 | 邦购多用户实时动态产品信息发布与电子订货管理系统应用软件 V2.0 |
| 710 | 上海华邦科创信息科技有限公司 | 华邦店铺资源管理系统应用管理软件 V1.0 |
| 711 | 上海邦购信息科技有限公司 | 邦购加盟商 B2B 电子商务平台应用管理软件 V1.0 |
| 712 | 上海邦购信息科技有限公司 | 邦购供应商 B2B 电子商务管理系统应用软件 V1.0 |
| 713 | 上海邦购信息科技有限公司 | 邦购时尚购物平台管理系统应用软件 V1.0 |
| 714 | 上海华邦科创信息科技有限公司 | 华邦市场咨询管理系统应用软件 V1.0 |
| 715 | 上海华邦科创信息科技有限公司 | 华邦统一配货平台管理系统应用软件 V1.0 |
| 716 | 上海邦购信息科技有限公司 | 邦购 B2C 物流管理系统应用软件 V1.0 |
| 717 | 上海华邦科创信息科技有限公司 | 华邦 ETL 数据抽取控制技术管理系统应用软件 V1.0 |

续 表

| 序号 | 企业名称 | 软件产品名称 |
|---|---|---|
| 718 | 上海华创自动化工程有限公司 | POCS 先进过程控制软件 V1.0 |
| 719 | 上海华创自动化工程有限公司 | PEAMS 能源优化管理软件 V1.0 |
| 720 | 上海恒雁信息科技有限公司 | 恒雁 Xplus 航空数据管理软件 V1.0 |
| 721 | 上海明运信息科技有限公司 | 明运统计报表软件 V1.0 |
| 722 | 上海泓申科技发展有限公司 | Honics 人数计数追踪服务软件 V1.0 |
| 723 | 上海泓申科技发展有限公司 | Honics 虚拟视频矩阵软件 V1.0 |
| 724 | 上海泓申科技发展有限公司 | Honics 智能哨兵网络视频监控软件 V1.0 |
| 725 | 上海泓申科技发展有限公司 | Honics 智能哨兵数据维护平台软件 V1.0 |
| 726 | 上海泓申科技发展有限公司 | Honics 智能哨兵值班监控平台软件 V1.0 |
| 727 | 上海泓申科技发展有限公司 | Honics 中心录像服务器软件 V1.0 |
| 728 | 上海九洲信息技术有限公司 | 九洲保信子站自动测试软件 V1.0 |
| 729 | 上海浦马机电工程技术有限公司 | 浦马渣处理倾翻装置控制软件 V1.0 |
| 730 | 上海浦马机电工程技术有限公司 | 浦马麦芽生产控制软件 V1.0 |
| 731 | 上海浦马机电工程技术有限公司 | 浦马炼钢挡渣棒投放装置控制软件 V1.0 |
| 732 | 上海浦马电气自动化有限公司 | 浦马二氧化碳冷量回收控制软件 V1.0 |
| 733 | 上海楚星软件技术服务有限公司 | 楚星 ChuCluster 高性能计算管理软件 V1.0 |
| 734 | 上海英迪信息技术有限公司 | 英迪空运舱单申报软件 V1.0 |
| 735 | 上海证券通投资资讯科技有限公司 | 证券通基金账本软件 V1.0 |
| 736 | 上海中臣烟草数控技术有限公司 | SHZC 2010 数据采集监控软件 V1.0 |
| 737 | 上海光辰信息技术有限公司 | 光辰 OSEAS 认证管理软件 V3.01 |
| 738 | 绎展软件(上海)有限公司 | 绎展音乐切割器软件 V1.0 |
| 739 | 国讯新创软件技术有限公司 | 国讯新创综合资源管理软件 V2.0 |
| 740 | 国讯新创软件技术有限公司 | 国讯新创宽带网络评估分析平台软件 V1.0 |
| 741 | 上海天臣计算机软件有限公司 | 天臣财务风险预警软件 V1.0 |
| 742 | 上海商派网络科技有限公司 | 商派 ECStore 网上商店系统管理软件[简称：ECStore] V1.0 |
| 743 | 上海多为电子科技有限公司 | 多为起重机吊装高性能控制软件 V3.1 |
| 744 | 上海汇纳网络信息科技有限公司 | 汇纳远程视频巡店管理软件 V1.0 |
| 745 | 上海汇纳智能控制科技有限公司 | 汇纳 TC1100 温控器软件 V1.0 |
| 746 | 上海先乔信息技术有限公司 | 先乔火电、核电联合辅助设计软件 V3.0 |
| 747 | 上海先乔信息技术有限公司 | 先乔自控辅助设计软件 V2.0 |
| 748 | 上海赛图计算机科技有限公司 | Sitemap 通用地理信息系统平台软件 V1.0 |
| 749 | 上海汉纳软件有限公司 | 汉纳 AutoCAD 批量打印软件[简称：汉纳批量打印]V2.0 |
| 750 | 万达信息股份有限公司 | 万达应急管理系统应用软件 V4.0 |
| 751 | 上海瑞翊信息科技有限公司 | 瑞翊 100 kW 风机监控软件 V1.0 |

续 表

| 序号 | 企业名称 | 软件产品名称 |
|---|---|---|
| 752 | 上海瑞翊信息科技有限公司 | 瑞翊风机远程监控软件 V1.0 |
| 753 | 上海数字位图信息科技有限公司 | 数字位图 sales routing tool 软件 V3.0 |
| 754 | 上海半坡网络技术有限公司 | 半坡 Internet 上网智能监控软件[简称：半坡 Internet 诚信上网]V3.0 |
| 755 | 上海捷贝网络科技有限公司 | 捷贝捷易通虚拟充值软件[简称：捷易通]V1.0 |
| 756 | 上海鼎松信息技术有限公司 | 鼎松防窃电电子锁电子钥匙信息管理软件 V1.0 |
| 757 | 上海晟昊信息科技有限公司 | 晟昊 3D 虚拟仿真交互展示软件 V1.0.1 |
| 758 | 上海南天电脑系统有限公司 | 南天金融设备监控平台软件 V1.0 |
| 759 | 上海南天电脑系统有限公司 | 南天基于高级协议的通讯交换平台软件 V1.0 |
| 760 | 上海云渊信息科技有限公司 | 云渊统一云恢复软件 V1.0 |
| 761 | 上海理泊软件科技有限公司 | 理泊 EDP 贸易管理软件 V8.0 |
| 762 | 上海上东数码科技有限公司 | 上东考试管理软件 V1.0 |
| 763 | 上海子泉软件技术有限公司 | 子泉智能环卫管理软件 V2.2 |
| 764 | 上海沃克软件有限公司 | 沃克测试管理软件[简称：Librastar]V1.0 |
| 765 | 上海斐盛信息科技有限公司 | 斐盛 B2B 分销平台软件 V1.0 |
| 766 | 上海广电电子科技有限公司 | 广电电子科技智能数字电视终端应用平台软件 V1.0 |
| 767 | 银联数据服务有限公司 | 银联数据金融 IC 卡小额支付软件 V1.0 |
| 768 | 上海微创软件股份有限公司 | 微创政府招拍挂软件 V1.0 |
| 769 | 上海微创软件股份有限公司 | 微创园园通管理平台软件 V1.0 |
| 770 | 上海微创软件股份有限公司 | 微创网络车辆拍卖软件 V1.0 |
| 771 | 上海尧辰网络科技有限公司 | 尧辰经营分析软件 V1.0 |
| 772 | 上海功源电子科技有限公司 | 功源 GETA 系统控制软件 V1.0 |
| 773 | 上海功源电子科技有限公司 | 功源 GETG 系统控制软件 V1.0 |
| 774 | 上海金铖科技发展有限公司 | 金铖协同办案综合管理软件 V5.0 |
| 775 | 捷开通讯科技(上海)有限公司 | 捷开科技 MTK6235 平台手机软件 V1.0 |
| 776 | 捷开通讯科技(上海)有限公司 | 捷开科技 MTK6268 平台手机软件 V1.0 |
| 777 | 捷开通讯科技(上海)有限公司 | 捷开科技 MTK6516 平台手机软件 V1.0 |
| 778 | 上海证券通投资资讯科技有限公司 | 证券通超赢密码软件 V1.0 |
| 779 | 上海证券通投资资讯科技有限公司 | 证券通研报平台软件 V1.0 |
| 780 | 上海熙讯电子科技有限公司 | 熙讯 LedEditor 软件 V9.0 |
| 781 | 上海熙讯电子科技有限公司 | 熙讯 LedSign 软件 V1.0 |
| 782 | 上海火游网络科技有限公司 | 火油网风云传奇网络休闲游戏软件 V1.0 |
| 783 | 上海科箭软件科技有限公司 | 科箭 Visual 条码交易软件 V1.0 |
| 784 | 上海华腾软件系统有限公司 | TOP ETS 票务信息系统团队票销售软件 V1.0 |
| 785 | 上海华腾软件系统有限公司 | TOP CAS 商业银行卡应用软件 V1.0 |

续 表

| 序号 | 企业名称 | 软件产品名称 |
|---|---|---|
| 786 | 上海国响信息技术有限公司 | 国响 EOC 网管软件 V1.0 |
| 787 | 普华基础软件股份有限公司 | 普华 UDS 诊断服务栈软件 V1.0 |
| 788 | 普华基础软件股份有限公司 | 普华汽车电子需求跟踪工具软件[简称：普华汽车电子需求跟踪工具]V1.0 |
| 789 | 普华基础软件股份有限公司 | 普华 i-VirtualDesktop 桌面交付系统应用软件[简称：普华 i-VirtualDesktop]V2.0 |
| 790 | 普华基础软件股份有限公司 | 普华 AutoCFG 汽车电子开发工具软件[简称：AutoCFG]V1.0 |
| 791 | 上海安科瑞电气股份有限公司 | 安科瑞 PZ 综合装置校表软件 V1.0 |
| 792 | 上海安科瑞电气股份有限公司 | 安科瑞 WHD 智能温湿度控制器测控软件[简称：安科瑞 WHD 测控软件]V1.0 |
| 793 | 上海安科瑞电气股份有限公司 | 安科瑞 1/4 抽屉柜智能马达管理单元配置软件[简称：安科瑞 1/4 柜马达配置软件]V1.0 |
| 794 | 上海安科瑞电气股份有限公司 | 安科瑞 1/4 抽屉柜智能马达管理单元软件[简称：安科瑞 1/4 柜马达软件]V1.0 |
| 795 | 上海锐道信息技术有限公司 | 锐道 DORADO 展现中间件软件[简称：DORADO]V7.0 |
| 796 | 盛绩信息技术(上海)有限公司 | 盛绩《传世群英传》网络游戏软件[简称：传世群英传]V1.0 |
| 797 | 盛绩信息技术(上海)有限公司 | 盛趣《梦幻国度》网络游戏软件[简称：梦幻国度]V1.8.6.2 |
| 798 | 盛绩信息技术(上海)有限公司 | 盛趣《龙神传说》网络游戏软件[简称：龙神传说]V0.0.0.32 |
| 799 | 上海振华重工(集团)股份有限公司 | ZPMC 起重机监控系统集成开发环境(Visual CMS)软件[简称：Visual CMS2]V2.0 |
| 800 | 上海固泰科技有限公司 | 固泰 CAN 总线开发环境软件[简称：AutoCAN]V1.3 |
| 801 | 上海五福通信技术有限公司 | 五福外呼营销管理软件 V1.0 |
| 802 | 上海懋图信息科技有限公司 | 懋图基础空间数据监理软件 V1.0 |
| 803 | 上海懋图信息科技有限公司 | 懋图控详辅助设计与查错入库软件 V1.0 |
| 804 | 上海懋图信息科技有限公司 | 懋图管线监理软件 V1.0 |
| 805 | 上海纪领网络科技发展有限公司 | 纪领集团行政管理软件 V1.0 |
| 806 | 上海迅帆数字网络科技有限公司 | 迅帆政务快车网站群内容管理软件 V1.0 |
| 807 | 上海民航华东通信网络发展有限公司 | 华东民航京沪航线运行态势分析系统应用软件 V1.0 |
| 808 | 上海中兆信息技术有限公司 | 中兆社会事业信息采集和汇总分析软件 V1.0 |
| 809 | 高律科(上海)信息系统有限公司 | 高律科 JSCAST 铸造软件[简称：JSCAST 铸造软件]V10.0 |
| 810 | 上海东方申信科技发展有限公司 | 申信远程医疗管理软件[简称：远程医疗管理系统]V1.0 |
| 811 | 上海东方申信科技发展有限公司 | 申信 InService BOM 重构器软件[简称：SBOM 重构器]V1.0 |
| 812 | 上海你我信息服务有限公司 | 五分钟小小海盗社交游戏软件 V1.0 |

续 表

| 序号 | 企业名称 | 软件产品名称 |
|---|---|---|
| 813 | 上海名图信息技术有限公司 | 名图 CubicManagement 智能交通管理平台软件[简称：CubicManagement]V1.0 |
| 814 | 约夏信息科技(上海)有限公司 | 约夏贸易方软件 V1.0 |
| 815 | 上海麦允信息科技有限公司 | 麦允量子 QCRM 客户管理软件[简称：QCRM]V8.0 |
| 816 | 上海软富信息技术有限公司 | 软富手持设备管理软件 V1.0 |
| 817 | 鹰拓电子(上海)有限公司 | 鹰拓 H988 无线视频监控软件 V1.0 |
| 818 | 上海美格泰智能技术有限公司 | 美格泰网上充交易终端软件[简称：网上充终端软件]V1.0 |
| 819 | 上海雄思信息技术有限公司 | Xiphias 企业管理软件 V1.0 |
| 820 | 上海盛翔信息科技有限公司 | 盛翔舞蝶飞数码影像管理和创意制作软件 V1.0 |
| 821 | 联技信息科技(上海)有限公司 | 联技汽车保险管理软件 V1.0 |
| 822 | 上海网动信息技术有限公司 | 网动政务通统一通信平台软件 V1.0 |
| 823 | 上海希奥信息科技有限公司 | 希奥短信及时通软件 V2.0 |
| 824 | 上海恩翔智能科技有限公司 | 恩翔在途物资监管软件 V1.0 |
| 825 | 上海爱信诺航芯电子科技有限公司 | 爱信诺航芯基于 AC4 芯片的加密软件 V1.0 |
| 826 | 光硕光电科技(上海)有限公司 | LT320 LED 分光分色测试软件 V1.0 |
| 827 | 上海海争电子科技有限公司 | 海争智能水质分析仪软件 V1.0 |
| 828 | 上海海争电子科技有限公司 | 海争智能浊度仪嵌入式软件 V1.0 |
| 829 | 上海海争电子科技有限公司 | 海争智能色度仪嵌入式软件 V1.0 |
| 830 | 上海海争电子科技有限公司 | 海争智能余氯仪嵌入式软件 V1.0 |
| 831 | 上海精佑通信科技有限公司 | 精佑手机 VIP 特权模式功能软件 V1.0 |
| 832 | 上海精佑通信科技有限公司 | 精佑 CDMA 手机功能软件 V1.0 |
| 833 | 上海优思通信科技有限公司 | 优思手机短信搜索软件 V1.0 |
| 834 | 龙旗科技(上海)有限公司 | 龙旗科技 E828A 手机软件 V1.0 |
| 835 | 龙旗科技(上海)有限公司 | 龙旗科技 E950E 手机软件 V1.0 |
| 836 | 龙旗科技(上海)有限公司 | 龙旗科技 L690B 手机软件 V1.0 |
| 837 | 龙旗科技(上海)有限公司 | 龙旗科技 LB_Portal 导航软件 V1.0 |
| 838 | 龙旗科技(上海)有限公司 | 龙旗科技 M699A 手机软件 V1.0 |
| 839 | 龙旗科技(上海)有限公司 | 龙旗科技 N660B 手机软件 V1.0 |
| 840 | 龙旗科技(上海)有限公司 | 龙旗科技 R630B 手机软件 V1.0 |
| 841 | 龙旗科技(上海)有限公司 | 龙旗科技 S500B 手机软件 V1.0 |
| 842 | 龙旗科技(上海)有限公司 | 龙旗科技 X299A 手机软件 V1.0 |
| 843 | 龙旗科技(上海)有限公司 | 龙旗科技 Z120B 手机软件 V1.0 |
| 844 | 龙旗科技(上海)有限公司 | 龙旗科技手机优优酷炫粒子菜单功能软件 V1.0 |
| 845 | 龙旗科技(上海)有限公司 | 龙旗科技手机优优智能功能软件 V1.0 |
| 846 | 龙旗科技(上海)有限公司 | 龙旗科技智能手机待机界面功能软件 V1.0 |

续 表

| 序号 | 企业名称 | 软件产品名称 |
|---|---|---|
| 847 | 龙旗科技(上海)有限公司 | 龙旗智能手机平台之模拟电视播放软件 V1.0 |
| 848 | 龙尚科技(上海)有限公司 | 龙尚科技 U5200 商话软件 V1.0 |
| 849 | 龙尚科技(上海)有限公司 | 龙尚科技 TD 模块 CRM 软件 V1.0 |
| 850 | 上海三旗通信科技股份有限公司 | 三旗通信 BREW 平台 UU 音乐播放器软件 V1.0 |
| 851 | 上海三旗通信科技股份有限公司 | 三旗通信 CM65 EVDO 数据卡软件 V1.0 |
| 852 | 上海三旗通信科技股份有限公司 | 三旗通信 LCT_W120J_A81 手机软件 V1.0 |
| 853 | 上海三旗通信科技股份有限公司 | 三旗通信 W100F 手机软件 V1.0 |
| 854 | 上海三旗通信科技股份有限公司 | 三旗通信 W110F 手机软件 V1.0 |
| 855 | 上海三旗通信科技股份有限公司 | 三旗通信 WG71J 手机软件 V1.0 |
| 856 | 上海三旗通信科技股份有限公司 | 三旗通信 WM5521 数据卡软件 V1.0 |
| 857 | 上海大指头网络技术有限公司 | 大指头日志管理软件 V1.0 |
| 858 | 上海长庚信息技术有限公司 | 长庚燃机电厂厂级性能计算和分析功能软件 V1.0 |
| 859 | 上海长庚信息技术有限公司 | 长庚设备故障诊断软件 V1.0 |
| 860 | 上海中矿电气科技有限公司 | 中矿电气联网型非接触式感应卡门禁含键盘输入软件 V1.0 |
| 861 | 希亚思(上海)信息技术有限公司 | 希亚思社内管理软件 V1.0 |
| 862 | 上海盈方微电子有限公司 | 盈方微基于 IMAPX2 系列的嵌入式软件[简称：IMAPX2 中间件]V2.1 |
| 863 | 上海文盛虎信息科技有限公司 | 文盛虎赋码控制软件 V2.0 |
| 864 | 上海百田信息技术有限公司 | 百田数据可视化管理平台软件[简称：百田数据可视化平台]V1.0 |
| 865 | 睿实信息系统(上海)有限公司 | 睿实网络存储系统 RASOS 软件[简称：RASOS]V2.8 |
| 866 | 睿实信息系统(上海)有限公司 | 睿实虚拟化储存平台 RASOS-V 软件[简称：RASOS-V]V3.7 |
| 867 | 上海飞雁信息技术有限公司 | 飞雁移动通讯业务管理软件 V1.0 |
| 868 | 上海白虹软件科技有限公司 | 白虹 BH-C301 邮件远程管理软件 V1.0 |
| 869 | 上海阿尔卡特网络支援系统有限公司 | SANSS IPTV 公众党建 EPG 软件[简称：IPTV 党建]V1.0 |
| 870 | 上海市机电设计研究院有限公司 | SIMEE 涂装过程控制软件 V1.0 |
| 871 | 上海麦石信息技术有限公司 | 《龙门飞甲》网络游戏软件[简称:《龙门飞甲》]V1.0 |
| 872 | 上海数讯信息技术有限公司 | 数讯安全密钥管理软件[简称：SDS Security Key Manager]V1.0 |
| 873 | 上海数讯信息技术有限公司 | 数讯自动化设备备份软件[简称：ABS]V1.0 |
| 874 | 赛捷软件(上海)有限公司 | 赛捷 Accpac 企业管理软件[简称：Sage Accpac ERP]V6 |
| 875 | 上海百田信息技术有限公司 | 百田危化品运输管理(BTTMS)平台软件[简称：百田运输管理平台]V1.0 |
| 876 | 上海富远软件技术有限公司 | 富远金融综合结算软件[简称：金融结算软件]V2.0 |

续 表

| 序号 | 企业名称 | 软件产品名称 |
| --- | --- | --- |
| 877 | 上海捷奥信息科技有限公司 | 捷奥银行实时风险预警软件[简称：捷奥实时风险预警软件]V1.0 |
| 878 | 上海捷奥信息科技有限公司 | 捷奥银行对账风险控制软件[简称：捷奥对账风控软件]V1.0 |
| 879 | 上海捷奥信息科技有限公司 | 捷奥银行业务风险控制软件[简称：捷奥银行业务风控软件]V1.0 |
| 880 | 上海捷奥信息科技有限公司 | 捷奥银行阳光信贷标准化软件[简称：捷奥阳光信贷软件]V1.0 |
| 881 | 上海捷奥信息科技有限公司 | 捷奥银行风险预警软件[简称：捷奥风险预警软件]V2.0 |
| 882 | 上海捷奥信息科技有限公司 | 捷奥银行远程集中授权软件[简称：捷奥远程授权软件]V1.0 |
| 883 | 上海爱可生信息技术有限公司 | 爱可生分布式数据库智能管理平台软件 V2.0 |
| 884 | 上海仙豆网络信息科技有限责任公司 | 仙豆穿越国度游戏软件[简称：穿越国度]V1.0 |
| 885 | 上海易友网络科技有限公司 | 易友公安系统信息管理软件 V1.0 |
| 886 | 上海汉胜通讯科技有限公司 | 汉明无线接入控制软件[简称：汉明软 AC]V1.0.0 |
| 887 | 上海斯图曼通信技术有限公司 | 斯图曼 ISM 频段通信终端驱动软件[简称：斯图曼 ISM 通信驱动]V1.102 |
| 888 | 上海引跑信息科技有限公司 | INTPLE MasterOne OSS 云计算管理平台运营支撑软件[简称：云计算运营支撑系统]V2.0 |
| 889 | 上海引跑信息科技有限公司 | INTPLE MasterOne BSS 云计算管理平台业务支撑软件[简称：云计算业务支撑系统]V2.0 |
| 890 | 上海雷澳电子科技有限公司 | 雷澳贴片器件外观缺陷机器视觉自动检测软件 V1.0 |
| 891 | 上海银杉信息技术有限公司 | 银杉照明行业跨公司管理软件 V1.0 |
| 892 | 上海南天电脑系统有限公司 | 南天 jPre 综合前置软件 V2.0 |
| 893 | 上海群科系统工程有限公司 | 群科移动数据终端无线文件传输软件[简称：GWHCS]V1.0 |
| 894 | 上海益润信息技术咨询有限公司 | 益润有色行业套期保值结算风险管理软件 V1.0 |
| 895 | 上海君熠堂软件技术有限公司 | 君熠堂企业信息化综合管理软件 V1.0 |
| 896 | 上海广野软件有限公司 | 广野环保数据中心软件 V1.0 |
| 897 | 上海广野软件有限公司 | 广野政府投资建设工程项目数据库信息软件 V1.0 |
| 898 | 上海广野软件有限公司 | 广野市容环卫作业管理软件 V1.0 |
| 899 | 上海驷惠软件科技开发有限公司 | 驷惠汽车行业 G1 软件 V1.0 |
| 900 | 上海古鳌电子科技股份有限公司 | 古鳌提款箱软件 V1.0 |
| 901 | 上海古鳌电子科技股份有限公司 | 古鳌自助回单柜软件 V1.0 |
| 902 | 上海联和金融信息服务有限公司 | 联和金融文本数据挖掘办公自动化软件 V2.0 |
| 903 | 上海财大软件股份有限公司 | 财大 i 会计手机财务软件 V1.0 |
| 904 | 上海新致软件有限公司 | 新致 IMS－MN 监控软件 V1.0 |
| 905 | 上海阳关网络信息技术有限公司 | 阳关合同生命周期管理软件 V2.0 |

续 表

| 序号 | 企业名称 | 软件产品名称 |
|---|---|---|
| 906 | 上海阳关网络信息技术有限公司 | 阳关竞价采购管理软件 V2.0 |
| 907 | 上海农业信息有限公司 | 上农信农产品产销管理软件 V1.0 |
| 908 | 上海农易数字工程技术有限公司 | 农易蔬菜生产安全监控平台软件 V1.0 |
| 909 | 上海安防电子有限公司 | HUNDA 大型视频矩阵 MX3000 软件 V1.0 |
| 910 | 上海市东方海事工程技术有限公司 | 东方海事皮带称重式给煤机控制软件 V1.0 |
| 911 | 上海乾隆高科技有限公司 | 钱龙网上交易软件 V6.2 |
| 912 | 上海玖道信息科技有限公司 | 玖道设备故障分析软件 V1.0 |
| 913 | 上海爱信诺航天信息有限公司 | 爱信诺发票数据管理高级版软件 V1.0 |
| 914 | 上海爱信诺航天信息有限公司 | 爱信诺发票数据管理基础版软件 V1.0 |
| 915 | 上海实时数据软件有限公司 | 上实 RP3－电力企业经营预算综合分析软件[简称：RP3－004]V1.0 |
| 916 | 上海实时数据软件有限公司 | 上实 RP3－电力企业经营分析软件(电厂版)[简称：RP3－JYII(电厂版)]V1.0 |
| 917 | 上海征聚信息技术有限公司 | 巨人网络征途 2 游戏软件 V2.0 |
| 918 | 上海巨嘉网络科技有限公司 | 征途 2 用户服务支持平台软件 V1.0 |
| 919 | 上海巨火网络科技有限公司 | 巨人游戏用户服务支持平台软件 V1.0 |
| 920 | 上海金桥信息股份有限公司 | 金桥无纸化触控多媒体会议平台软件 V1.0 |
| 921 | 上海晶中信息技术有限公司 | 晶中短期意外险无线实时承保软件 V1.0 |
| 922 | 上海众恒信息产业股份有限公司 | 众恒志愿者信息管理软件 V1.0 |
| 923 | 上海众恒信息产业股份有限公司 | 众恒警用地理信息(GIS)基础应用平台软件 V1.0 |
| 924 | 上海无戒空间信息技术有限公司 | 无戒 exaNote 平板电脑软件 V2.3 |
| 925 | 上海承大网络科技服务有限公司 | 承大传信宝彩信编审软件 V1.0 |
| 926 | 上海长三角科技发展有限公司 | 长三角航运企业综合管理软件 V1.0.0 |
| 927 | 上海久新电子科技有限公司 | 久新大型客车润滑油打油控制软件 V1.0 |
| 928 | 上海智龙企业管理有限公司 | 智龙连锁行业商业智能软件 V1.0 |
| 929 | 上海百昌信息技术有限公司 | 百昌百万财富证券投资决策分析系统专业版软件 V2.0 |
| 930 | 上海百昌信息技术有限公司 | 百昌百万财富证券投资决策分析系统机构版软件 V2.0 |
| 931 | 上海帕特农信息技术有限公司 | 帕特农基于 RFID 和 BDS 的汽车零部件追踪软件 V1.0 |
| 932 | 上海码聚信息技术有限公司 | 码聚天翼 WIFI 时长卡软件 V1.0 |
| 933 | 上海千橡畅达互联网信息科技发展有限公司 | 千橡畅达《盗墓笔记》网络游戏软件 V1.0 |
| 934 | 上海网达软件有限公司 | 网达客户端 License 软件 V1.0 |
| 935 | 上海卡尼信息科技有限公司 | 卡尼 D－PBP 智能数字出版商务平台软件 V1.0 |
| 936 | 上海桑果信息技术有限公司 | 桑果电子商务软件 V1.0 |
| 937 | 上海华邦科创信息科技有限公司 | 华邦管理者平台应用软件 V1.0 |
| 938 | 雅善贸易(上海)有限公司 | 雅善 Maxgauge 数据库管理软件 V3 |

续 表

| 序号 | 企业名称 | 软件产品名称 |
|---|---|---|
| 939 | 笑门信息科技(上海)有限公司 | 笑门游戏运营统一管理工具软件 V1.0 |
| 940 | 上海亿云信息技术有限公司 | Ebackup.cn 在线备份软件[简称：Ebackup.cn 在线备份]V1.0 |
| 941 | 上海开仪电子技术有限公司 | 开仪多参数通用型流量信号处理器软件(一般介质用)V1.0 |
| 942 | 上海开仪电子技术有限公司 | 开仪多参数通用型流量信号处理器软件(气体介质专用)V1.0 |
| 943 | 上海开仪电子技术有限公司 | 开仪多参数通用型流量信号处理器软件(油品介质专用)V1.0 |
| 944 | 上海复禾信息技术有限公司 | 复禾智能企业云招聘应用平台软件[简称：企业招聘软件]V1.0 |
| 945 | 上海浩慧软件技术有限公司 | 浩慧通用网络设备监控软件 V1.0 |
| 946 | 上海鸿软信息科技有限公司 | 鸿软中文内容发布软件 V1.0 |
| 947 | 上海鸿软信息科技有限公司 | 鸿软 SAAS 管理软件 V1.0 |
| 948 | 上海锐道信息技术有限公司 | 锐道 DORADO 集成开发平台软件[简称：DORADO IDE]V7.0 |
| 949 | 上海瑞创网络科技股份有限公司 | 瑞创 Coral 浏览器软件[简称：Coral 浏览器软件]V1.0 |
| 950 | 上海瑞创网络科技股份有限公司 | 瑞创多特软件发布平台软件[简称：瑞创软件发布平台软件]V3.0 |
| 951 | 上海瑞创网络科技股份有限公司 | 瑞创服务器群组性能监测平台软件[简称：瑞创服务器组监测平台软件]V3.0 |
| 952 | 上海瑞创网络科技股份有限公司 | 瑞创互联网数据分析软件[简称：瑞创数据分析软件]V2.0 |
| 953 | 上海瑞创网络科技股份有限公司 | 瑞创客户及广告流程管理平台软件[简称：瑞创客户及广告流程平台软件]V2.0 |
| 954 | 上海瑞创网络科技股份有限公司 | 瑞创智能推广联盟软件[简称：瑞创推广联盟软件]V3.0 |
| 955 | 上海瑞创网络科技股份有限公司 | 瑞创全国 CDN 网络发布软件[简称：瑞创 CDN 发布软件]V1.0 |
| 956 | 上海古鳌电子科技股份有限公司 | 古鳌 GA-5000 型纸币清分机软件 V1.0 |
| 957 | 上海古鳌电子科技股份有限公司 | 古鳌 GA-3000 型纸币清分机软件 V1.0 |
| 958 | 上海尚仪信息科技有限公司 | 尚仪呼叫中心坐席端应用软件 V1.0 |
| 959 | 上海尚仪信息科技有限公司 | 尚仪软电话应用软件 V1.0 |
| 960 | 上海梓丞信息科技发展有限公司 | 梓丞建筑环境群控管理软件 V1.0 |
| 961 | 上海灵信信息科技有限公司 | 灵信 LED 显示屏全彩多媒体播放器软件 V1.0 |
| 962 | 上海灵信信息科技有限公司 | 灵信 LED 显示屏图文控制软件 V1.0 |
| 963 | 上海铼钠克数控科技有限公司 | 铼钠克车床铣床数控软件 V2.0 |
| 964 | 上海威润信息科技有限公司 | 威润 TC-C-2.0 广播电视功率和杂散测试软件[简称：TC-C-2.0]V2.0 |
| 965 | 上海派菲克信息技术有限公司 | 派菲克 Peris 便携式无线网络优化软件[简称：Peris Analyst]V2.0 |

续 表

| 序号 | 企业名称 | 软件产品名称 |
| --- | --- | --- |
| 966 | 上海锦迪软件开发有限公司 | 锦迪采集质量控制软件[简称：采集质量控制系统]V1.0 |
| 967 | 上海阿中软件有限公司 | 阿中烘焙连锁管理软件[简称：阿中软件]V1.0 |
| 968 | 上海司马信息技术有限公司 | 司马知识库管理软件[简称：SmartKMS]V1.0 |
| 969 | 上海竹棵交通智能科技有限公司 | 竹棵"三联王"驾驶模拟器软件[简称：竹棵"三联王"]V5.0 |
| 970 | 上海数聚信息技术有限公司 | 数聚互联网舆情监控分析软件[简称：舆情监控软件]V2.0 |
| 971 | 上海新成信息集成系统有限公司 | 新晨贵金属交易管理软件 V1.0 |
| 972 | 上海新成信息集成系统有限公司 | 新晨贵金属交易同业代理软件 V1.0 |
| 973 | 上海积致电子科技有限公司 | 积致平缝机缝纫伺服控制软件 V1.17A |
| 974 | 欧宝软件(上海)有限公司 | 欧宝商务智能分析软件 V3.0 |
| 975 | 欧宝软件(上海)有限公司 | 欧宝分销管理软件 V3.1.22 |
| 976 | 欧宝软件(上海)有限公司 | 欧宝购物中心管理软件 V3.0 |
| 977 | 上海孚聪信息科技有限公司 | 孚聪建设工程工地务工人员管理软件 V1.0 |
| 978 | 上海吉利思信息科技有限公司 | 吉利思毒理软件 V1.0 |
| 979 | 上海吉利思信息科技有限公司 | 吉利思 GLP 安全监测信息平台软件 V1.0 |
| 980 | 上海吉利思信息科技有限公司 | 吉利思临床信息平台软件 V1.0 |
| 981 | 上海证券通投资资讯科技有限公司 | 证券通超赢先锋软件 V1.0 |
| 982 | 上海证券通投资资讯科技有限公司 | 证券通超赢密码二软件 V1.0 |
| 983 | 上海证券通投资资讯科技有限公司 | 证券通投资情报平台软件 V1.0 |
| 984 | 上海天律信息技术有限公司 | 马克威人口分析预测软件 V1.0 |
| 985 | 上海易工工程技术服务有限公司 | 易工水运工程结构 CAD 集成软件 V2.0 |
| 986 | 上海火铃网络发展有限公司 | 火铃天地墨传软件[简称：天地墨传]V1.0 |
| 987 | 上海火铃网络发展有限公司 | 火铃黑暗勇士-恶魔之灾软件[简称：黑暗勇士]V1.0 |
| 988 | 上海天昊电脑信息服务有限公司 | 天昊多通道视频边缘融合软件 V1.0 |
| 989 | 上海天昊电脑信息服务有限公司 | 天昊 3D 一体化机房监控软件 V1.0 |
| 990 | 上海旅业互动信息技术有限公司 | 旅业互动旅游企业管理软件 V1.0 |
| 991 | 上海先决商贸有限公司 | 先决连锁企业管理软件 V3.0 |
| 992 | 上海河络数码科技有限公司 | 河络文化艺术档案信息管理软件 V2.0 |
| 993 | 上海歌威信息科技有限公司 | 歌威 EX PCTRAN 软件 V1.0 |
| 994 | 上海开先软件有限公司 | Eastpay Online 通用支付平台软件 V1.0 |
| 995 | 上海雅海网络科技有限公司 | 雅海 IT 资源安全监测管理软件 V1.0 |
| 996 | 上海东方通泰软件科技有限公司 | 东方通应用集成中间件软件[简称：TongIntegrator]V4.0.1 |
| 997 | 上海东方通泰软件科技有限公司 | 东方通消息中间件软件[简称：TongLINK/Q]V7.2.1 |

续 表

| 序号 | 企业名称 | 软件产品名称 |
|---|---|---|
| 998 | 上海东方通泰软件科技有限公司 | 东方通应用集成中间件适配器软件[简称：TongIntegrator Adapter]V4.0.1 |
| 999 | 上海东方通泰软件科技有限公司 | 东方通应用服务器软件[简称：TongWeb]V5.0.1 |
| 1000 | 上海东方通泰软件科技有限公司 | 东方通云应用服务器软件[简称：TongApplaud AppServer]V1.0 |
| 1001 | 上海现代商友软件有限公司 | 现代商友 MBP 广域流通仓库管理软件 V1.0 |
| 1002 | 上海现代商友软件有限公司 | 商友 Entry Solution 软件 V1.0 |
| 1003 | 上海道臻信息技术有限公司 | 道臻可视化 CFC 管理工具软件 V1.0 |
| 1004 | 上海蓝盟网络技术有限公司 | 蓝盟制造业信息全流程改进分析软件 V1.0 |
| 1005 | 上海哥瑞利软件有限公司 | 哥瑞利 MESwell 生产制造执行软件 V2.0 |
| 1006 | 华夏媒体信息技术(上海)有限公司 | 华夏 iSCM - TMS 运输管理软件[简称：TMS]V3.0 |
| 1007 | 上海泽晟环境技术有限公司 | 泽晟合规评价专家分析软件 V1.0 |
| 1008 | 上海慧伦电气有限公司 | 慧伦智能综合能源管理控制软件 V2.0.1 |
| 1009 | 普华基础软件股份有限公司 | 普华 i - VirtualCloud 云计算系统应用软件[简称：普华 i - VirtualCloud]V3.0 |
| 1010 | 上海灿迪软件有限公司 | 灿迪 Unisys 数据采集与控制平台软件 V1.0 |
| 1011 | 上海科捷信息技术有限公司 | 科捷 DataMaster 网站数据分析软件 V8.0 |
| 1012 | 上海卓精电子科技有限公司 | 卓精 BSM 系列天平上位机软件 V1.0 |
| 1013 | 上海卓精电子科技有限公司 | 卓精计数中天平嵌入式软件 V1.0 |
| 1014 | 上海卓精电子科技有限公司 | 卓精 B2 仪表嵌入式软件 V1.0 |
| 1015 | 上海衡晶软件有限公司 | 衡晶溯源型价格标签秤嵌入式软件 V1.0 |
| 1016 | 上海衡晶软件有限公司 | 衡晶称重显示器(模拟)嵌入式软件 V1.0 |
| 1017 | 上海衡晶软件有限公司 | 衡晶软件无线吊秤嵌入式软件 V1.0 |
| 1018 | 上海高衡电子有限公司 | 高衡计价秤(LCD 型)嵌入式软件 V1.0 |
| 1019 | 上海胜易能源科技有限公司 | 胜易 EIS 能效管理信息软件 V1.0 |
| 1020 | 上海建朗信息科技有限公司 | 建朗信息管理平台软件 V1.0 |
| 1021 | 上海翰明计算机科技有限公司 | 翰明回单自助服务软件 V1.0 |
| 1022 | 上海威士顿信息技术有限公司 | 威士顿 MES 基础应用软件 V1.0 |
| 1023 | 上海威士顿信息技术有限公司 | 威士顿数字图书管理软件 V1.0 |
| 1024 | 上海威士顿信息技术有限公司 | 威士顿数字图书网站平台软件 V1.0 |
| 1025 | 趋势科技(中国)有限公司 | 趋势科技 PC - cillin 云安全软件(2011 防病毒版)V3.0 |
| 1026 | 趋势科技(中国)有限公司 | 趋势科技 PC - cillin 云安全软件(2011 全功能版)V3.0 |

续 表

| 序号 | 企业名称 | 软件产品名称 |
|---|---|---|
| 1027 | 趋势科技(中国)有限公司 | 趋势科技 PC－cillin 云安全软件(2011 全功能增强版)V3.0 |
| 1028 | 上海巨贤网络科技有限公司 | 兵王游戏软件 V1.0 |
| 1029 | 上海鑫东信息科技有限公司 | 新东风手机版软件 V2.0 |
| 1030 | 上海瀚讯无线技术有限公司 | 瀚讯高速移动基站调度及数据转发软件 V1.0 |
| 1031 | 上海百胜软件有限公司 | 百胜 BSERP2 服装 ERP 管理软件 V3.2 |
| 1032 | 支付宝(中国)信息技术有限公司 | 支付宝机票采购比价软件 V1.0 |
| 1033 | 支付宝(中国)信息技术有限公司 | 支付宝差旅管理软件 V1.0 |
| 1034 | 支付宝(中国)信息技术有限公司 | 支付宝机票采购软件[简称：aliDZ 本票通]V1.0 |
| 1035 | 支付宝(中国)信息技术有限公司 | 支付宝机票直销软件 V1.0 |
| 1036 | 支付宝(中国)信息技术有限公司 | 支付宝机票分销软件 V1.0 |
| 1037 | 上海美华系统有限公司 | 美华移动终端口岸灵通软件 V1.0 |
| 1038 | 上海维豪信息安全技术有限公司 | 维豪授权管理软件 V1.5 |
| 1039 | 上海维豪信息安全技术有限公司 | 维豪权限管理软件 V1.5 |
| 1040 | 上海维豪信息安全技术有限公司 | 维豪身份认证服务软件 V2.0 |
| 1041 | 上海维豪信息安全技术有限公司 | 维豪 TDS 可信目录服务软件 V2.0 |
| 1042 | 上海维豪信息安全技术有限公司 | 维豪资源注册发布管理软件 V1.5 |
| 1043 | 上海维豪信息安全技术有限公司 | 维豪资源监管软件 V1.2 |
| 1044 | 上海交海信息科技有限公司 | 交海集装箱电子封条实时监控平台软件 V1.0 |
| 1045 | 上海美嘉林软件科技有限公司 | 美嘉林学习管理软件[简称：MEGA－LMS]V1.0 |
| 1046 | 上海伯俊软件科技有限公司 | 伯俊 BOS 管理软件 V3.0 |
| 1047 | 上海融达信息科技有限公司 | 融达公共卫生服务信息管理软件 V1.0 |
| 1048 | 上海文广科技(集团)有限公司 | 文广 ADV Maker 数字电影广告制作软件[简称：文广 ADV Maker]V1.01 |
| 1049 | 上海旋风软件开发有限公司 | 旋风商务软件 V1.0 |
| 1050 | 上海义乐信息科技有限公司 | 义乐冰火国度网页游戏软件 V1.0 |
| 1051 | 上海梁江通信系统股份有限公司 | 梁江用户业务鉴权软件[简称：NPSS]V3.0 |
| 1052 | 上海梁江通信系统股份有限公司 | 梁江集中设备监测管理软件[简称：NMS]V2.0 |
| 1053 | 上海益同软件技术有限公司 | 益盟操盘手稳赢量化配置策略软件[简称：益盟稳赢 1 号]V1.0 |
| 1054 | 上海上程科技发展公司 | 上程商业综合管理软件 V1.0 |
| 1055 | 泰亿格电子(上海)有限公司 | 泰亿格综合康复支持软件 V1.0 |
| 1056 | 上海网众信息技术有限公司 | 网众 NxD 虚拟硬盘软件[简称：网众 NxD]V7.0 |
| 1057 | 上海美迪索科电子科技有限公司 | 美迪索科基于以太网的测试框架软件 V1.0 |
| 1058 | 上海美迪索科电子科技有限公司 | 美迪索科高清视频多标准解码加速器软件 V1.0 |
| 1059 | 上海精和管理软件有限公司 | 精和企业管理软件 V5.0 |

续　表

| 序号 | 企业名称 | 软件产品名称 |
|---|---|---|
| 1060 | 上海大通医药信息技术有限公司 | 大通抗菌药品使用分析及控制软件[简称：抗菌药品使用分析及控制系统]V2.0 |
| 1061 | 上海颐创医药科技有限公司 | 颐创血液标本核对软件 V1.0 |
| 1062 | 上海颐创医药科技有限公司 | 颐创智能血液温度芯片软件 V1.0 |
| 1063 | 上海先德医疗设备有限公司 | 先德电子血压信息化网络工作站软件[简称：血压网络工作站]V3.0 |
| 1064 | 上海先德医疗设备有限公司 | 先德骨密度信息化网络工作站软件[简称：骨密度网络工作站]V3.0 |
| 1065 | 上海先德医疗设备有限公司 | 先德心血管功能诊断信息化网络工作站软件[简称：心血管工作站]V3.0 |
| 1066 | 上海先德医疗设备有限公司 | 先德医学影像数字化网络工作站软件[简称：影像数字化网络工作站]V3.0 |
| 1067 | 上海先德医疗设备有限公司 | 先德人体成分信息化网络工作站软件[简称：人体成分网络工作站]V3.0 |
| 1068 | 上海先德医疗设备有限公司 | 先德身高体重测量信息化网络工作站软件[简称：身高体重网络工作站]V3.0 |
| 1069 | 麦达维斯信息技术(上海)有限公司 | 麦达维斯医学影像存档和传输软件 V4.8 |
| 1070 | 上海瀚讯无线技术有限公司 | 瀚讯高速无线通信路测监控软件 V1.0 |
| 1071 | 上海瀚讯无线技术有限公司 | 瀚讯高速无线通信基站切换控制软件 V1.0 |
| 1072 | 上海瀚讯无线技术有限公司 | 瀚讯高速无线通信基站路由控制软件 V1.0 |
| 1073 | 上海瀚讯无线技术有限公司 | 瀚讯高速无线通信基站接入控制软件 V1.0 |
| 1074 | 上海瀚讯无线技术有限公司 | 瀚讯高速无线通信基站配置管理软件 V1.0 |
| 1075 | 上海瀚讯无线技术有限公司 | 瀚讯高速无线通信基站业务流控制软件 V1.0 |
| 1076 | 上海瀚讯无线技术有限公司 | 瀚讯高速无线通信移动台业务流控制软件 V1.0 |
| 1077 | 上海瀚讯无线技术有限公司 | 瀚讯高速无线通信移动台配置管理软件 V1.0 |
| 1078 | 上海瀚讯无线技术有限公司 | 瀚讯高速无线通信移动台接入控制软件 V1.0 |
| 1079 | 上海瀚讯无线技术有限公司 | 瀚讯高速无线通信移动台切换控制软件 V1.0 |
| 1080 | 上海瀚讯无线技术有限公司 | 瀚讯高速无线通信移动台路由控制软件 V1.0 |
| 1081 | 上海礁屹信息科技有限公司 | 礁屹学习加油站角色扮演软件[简称：角色扮演软件]V1.0 |
| 1082 | 上海礁屹信息科技有限公司 | 礁屹学习加油站垃圾分类软件[简称：垃圾分类软件]V1.0 |
| 1083 | 上海书亚计算机科技有限公司 | 书亚档案条形码综合管理软件 V2.0 |
| 1084 | 赛瓦软件(上海)有限公司 | TWaver Java 图形界面组件软件 V3.7 |
| 1085 | 金仓数据库(上海)有限公司 | 金仓小金灵嵌入式移动数据库软件 V1.0 |
| 1086 | 上海奥锐纳计算机科技有限公司 | 奥锐纳 Arbor 流量分析和过滤软件 V1.0 |
| 1087 | 汇付天下有限公司 | 汇付天下网上理财软件 V2.0 |
| 1088 | 上海汇付数据服务有限公司 | 汇付数据 PNR 钱管家软件[简称：PNR 钱管家]V2.0 |
| 1089 | 上海万申信息产业股份有限公司 | 万申证券行业客户关系管理软件 V1.0 |

续 表

| 序号 | 企业名称 | 软件产品名称 |
|---|---|---|
| 1090 | 上海万申信息产业股份有限公司 | 万申证券行业积分服务软件 V1.0 |
| 1091 | 上海盛浪信息咨询有限公司 | 盛浪篮球高手游戏软件 V1.0 |
| 1092 | 上海龙窟信息科技有限公司 | 龙窟时空传奇大型多人在线网络游戏软件[简称：时空传奇]V1.0 |
| 1093 | 上海埃帕信息科技有限公司 | 埃帕 Egg 非结构化数据库软件 V1.1 |
| 1094 | 上海埃帕信息科技有限公司 | 埃帕 Data Tracking 网络数据分析软件 V1.0.0.0 |
| 1095 | 上海埃帕信息科技有限公司 | 埃帕 EasyBMS 全媒体统一业务平台综合业务管理软件 V1.0 |
| 1096 | 上海鑫壹信息技术有限公司 | 鑫壹 3G 手机端对端复合式加密支付软件 V1.0 |
| 1097 | 上海世范软件技术有限公司 | 世范导游网上考试软件 V1.0 |
| 1098 | 上海普元信息技术股份有限公司 | 普元 BTP 软件[简称：Primeton BTP]V6.1 |
| 1099 | 上海宝信软件股份有限公司 | 宝信企业标准成本管理软件[简称：标准成本管理]V1.0 |
| 1100 | 上海宝信软件股份有限公司 | 宝信钢铁行业明细产品成本计算软件[简称：CSA]V1.0 |
| 1101 | 上海宝信软件股份有限公司 | 宝信 BM2 有色金属发货管理软件 V1.0 |
| 1102 | 上海宝信软件股份有限公司 | 宝信 BM2 有色金属发货管理软件 V1.0 |
| 1103 | 上海宝信软件股份有限公司 | 宝信发动机实时监控终端软件[简称：eTermWare]V1.0 |
| 1104 | 上海宝信软件股份有限公司 | 宝信大型活动交通信息管理系统平台软件[简称：BSTIMS]V1.0 |
| 1105 | 上海宝信软件股份有限公司 | 宝信涡流通道板卡控制软件[简称：ECctrl]V1.0 |
| 1106 | 上海宝信软件股份有限公司 | 宝信信息系统平台软件[简称：iPlatPro]V1.0 |
| 1107 | 上海大汉三通网络通信有限公司 | 大汉三通全网 SP 短信平台软件[简称：CTC-SMS]V5.0 |
| 1108 | 上海大汉三通网络通信有限公司 | 大汉三通 3G 商务短信服务器软件 1.2 |
| 1109 | 上海大汉三通网络通信有限公司 | 大汉三通全网 SP WAP 平台软件[简称：CTC-WAP]V5.0 |
| 1110 | 上海大汉三通网络通信有限公司 | 大汉三通全网 SP 彩信平台软件[简称：CTC-MMS]V5.0 |
| 1111 | 徕卡测量系统(上海)有限公司 | 徕卡车行记录仪检定软件 V1.0 |
| 1112 | 徕卡测量系统(上海)有限公司 | 徕卡超站仪目标跟踪测量软件 V1.0 |
| 1113 | 徕卡测量系统(上海)有限公司 | 徕卡精密三角高程测量软件 V1.0 |
| 1114 | 徕卡测量系统(上海)有限公司 | 徕卡移动式监测软件[简称：移动式监测软件]V1.0 |
| 1115 | 徕卡测量系统(上海)有限公司 | 徕卡地铁隧道断面监测软件 V1.0 |
| 1116 | 徕卡测量系统(上海)有限公司 | 徕卡台站网测量参数保密软件[简称：台站网参数保密软件]V1.0 |
| 1117 | 明思(上海)软件技术有限公司 | 明思 BizEMS 智邮软件[简称：BizEMS]V1.0 |
| 1118 | 中晟易键通(上海)科技发展有限公司 | 中晟数据资产管理档案室软件[简称：中晟数据档案室软件]V2.2 |

续 表

| 序号 | 企业名称 | 软件产品名称 |
|---|---|---|
| 1119 | 中晟易键通(上海)科技发展有限公司 | 中晟易键通信息系统运维保障服务器版软件[简称：易键通服务器版]V5.7 |
| 1120 | 中晟易键通(上海)科技发展有限公司 | 中晟数据资产备份数据版软件[简称：中晟数据版软件]V4.0.95 |
| 1121 | 中晟易键通(上海)科技发展有限公司 | 中晟数据资产保密金库软件[简称：中晟保密金库软件]V1.1 |
| 1122 | 中晟易键通(上海)科技发展有限公司 | 中晟易键通信息系统运维保障网络版软件[简称：易键通网络版]V3.1 |
| 1123 | 上海爱可生信息技术有限公司 | 爱可生超市管理软件[简称：超市管理系统]V1.0 |
| 1124 | 上海爱可生信息技术有限公司 | 爱可生库存管理软件[简称：库存管理系统]V1.0 |
| 1125 | 上海百林通信网络科技有限公司 | 百林 NeST TD-LTE 网络规划工具软件[简称：NeST TD-LTE]V2.0 |
| 1126 | 上海百林通信网络科技有限公司 | 百林 NeST LTE-TDD_FDD 共网规划工具软件[简称：NeST LTE-TDD_FDD]V2.0 |
| 1127 | 上海百林通信网络科技有限公司 | 百林 ACP TD-LTE 网络自动扇区优化工具软件[简称：ACP TD-LTE]V2.0 |
| 1128 | 上海百林通信网络科技有限公司 | 百林 NeST TD-LTE_TD-SCDMA 共网规划工具软件[简称：NeST TD-LTE_TD-SCDMA] |
| 1129 | 上海百林通信网络科技有限公司 | 百林 NeST LTE-FDD 网络规划工具软件[简称：NeST LTE-FDD]V2.0 |
| 1130 | 上海百林通信网络科技有限公司 | 百林 ACP GSM 网络自动扇区优化工具软件[简称：ACP GSM] |
| 1131 | 霍尼韦尔综合科技(中国)有限公司 | 霍尼韦尔 EasyConfig Xenon 1900/1902 手持式条码扫描仪软件 V2.36 |
| 1132 | 霍尼韦尔综合科技(中国)有限公司 | 霍尼韦尔 HUS-D4 四通道编码器软件 V1.0 |
| 1133 | 霍尼韦尔综合科技(中国)有限公司 | 霍尼韦尔 NetAXS123 门禁控制器软件 V3.3.6 |
| 1134 | 霍尼韦尔综合科技(中国)有限公司 | 霍尼韦尔 HVR-9000 高清网络视频服务器软件 V2.0 |
| 1135 | 霍尼韦尔综合科技(中国)有限公司 | 霍尼韦尔 ISS-SC-0300 数字对讲系统服务器软件 V1.01 |
| 1136 | 霍尼韦尔综合科技(中国)有限公司 | 霍尼韦尔视频矩阵 HVBNET16TO 字符输出模块软件 V5.1 |
| 1137 | 霍尼韦尔综合科技(中国)有限公司 | 霍尼韦尔视频矩阵 HVBNET16CPU 中央控制器软件 V5.1 |
| 1138 | 霍尼韦尔综合科技(中国)有限公司 | 霍尼韦尔 HD-16DVR-D 数字硬盘录像机软件 V2.0 |
| 1139 | 霍尼韦尔综合科技(中国)有限公司 | 霍尼韦尔 IP-AK2 门禁控制器软件 V1.03 |
| 1140 | 霍尼韦尔综合科技(中国)有限公司 | 霍尼韦尔 ISS-AMS 数字对讲系统管理软件 V1.0 |
| 1141 | 霍尼韦尔综合科技(中国)有限公司 | 霍尼韦尔 HUS-XPRO 集成管理平台软件 V4.0 |
| 1142 | 霍尼韦尔综合科技(中国)有限公司 | 霍尼韦尔网络接警机 IP-Receiver 软件 V1.3 |
| 1143 | 霍尼韦尔综合科技(中国)有限公司 | 霍尼韦尔 HRMS-2009 无线转发器软件 V1.0 |
| 1144 | 上海阿尔卡特网络支援系统有限公司 | SANSS 随行会议通平台软件[简称：随行通]V1.0 |
| 1145 | 上海阿尔卡特网络支援系统有限公司 | SANSS 信令监测平台软件 V3.0 |

续 表

| 序号 | 企业名称 | 软件产品名称 |
|---|---|---|
| 1146 | 上海阿尔卡特网络支援系统有限公司 | SANSS 网优数据管理分析平台软件 V1.0 |
| 1147 | 上海阿尔卡特网络支援系统有限公司 | SANSS 家庭网关版本管理平台软件[简称：网关版本管理平台软件]V1.0 |
| 1148 | 上海华丹信息技术有限公司 | 华丹 CHARISMA 智能 WEB 平台软件[简称：CHARISMA 平台]V2.58 |
| 1149 | 上海科泰电源股份有限公司 | 科泰 8808 柴油发电机组智能并机监控软件 V6.0 |
| 1150 | 上海创洁科技有限公司 | TRIED 工艺用水管道输送系统控制软件 V1.0 |
| 1151 | 上海蓝科钢结构技术开发有限责任公司 | MTSTOOL 钢结构设计工具箱软件[简称：MTSTOOL 工具箱]V3.0 |
| 1152 | 沪东中华造船(集团)有限公司 | 沪东中华船型数据库管理软件 V1.0 |
| 1153 | 沪东中华造船(集团)有限公司 | 沪东中华船舶管系制造跟踪管理软件 V1.0 |
| 1154 | 沪东中华造船(集团)有限公司 | 沪东中华船舶物料采购质量管理软件 V1.0 |
| 1155 | 沪东中华造船(集团)有限公司 | 沪东中华船舶物资采购需求管理软件 V1.0 |
| 1156 | 沪东中华造船(集团)有限公司 | 沪东中华舰船建造质量体系评价管理软件 V1.0 |
| 1157 | 沪东中华造船(集团)有限公司 | 沪东中华造船日程计划管理软件 V1.0 |
| 1158 | 沪东中华造船(集团)有限公司 | 沪东中华造船实动工时采集软件 V1.0 |
| 1159 | 沪东中华造船(集团)有限公司 | 沪东中华造船物资计划管理软件 V1.0 |
| 1160 | 沪东中华造船(集团)有限公司 | 沪东中华船舶设计质量成本管理软件 V1.0 |
| 1161 | 沪东中华造船(集团)有限公司 | 沪东中华车辆运输管理软件 V1.0 |
| 1162 | 沪东中华造船(集团)有限公司 | 沪东中华船舶涂装作业管理软件 V1.0 |
| 1163 | 沪东中华造船(集团)有限公司 | 沪东中华船体结构软件 V1.0 |
| 1164 | 沪东中华造船(集团)有限公司 | 沪东中华船体外板软件 V1.0 |
| 1165 | 沪东中华造船(集团)有限公司 | 沪东中华船体线型软件 V1.0 |
| 1166 | 沪东中华造船(集团)有限公司 | 沪东中华船用钢板条码管理软件 V1.0 |
| 1167 | 沪东中华造船(集团)有限公司 | 沪东中华企划产值产量报表统计管理软件 V1.0 |
| 1168 | 沪东中华造船(集团)有限公司 | 沪东中华造船工程编号管理软件 V1.0 |
| 1169 | 沪东中华造船(集团)有限公司 | 沪东中华造船劳动力资源管理软件 V1.0 |
| 1170 | 上海奥特博格汽车工程有限公司 | 奥特博格 FMP 机器人控制系统应用软件 V1.0 |
| 1171 | 中船勘察设计研究院有限公司 | 中船勘院 ISO 质量管理体系运行控制系统应用软件 V1.0 |
| 1172 | 上海中颐电气科技有限公司 | 中颐变频器控制软件 V2.0 |
| 1173 | 上海申华专用汽车有限公司 | 申华车载微电脑控制软件 V2.0 |
| 1174 | 上海晟胜信息科技有限公司 | 晟胜料位计管理系统应用软件 V2.0 |
| 1175 | 上海兰星电气有限公司 | 兰星微机监控软件 V2.0 |
| 1176 | 上海神箭机电工程有限责任公司 | SJJD 控制系统管理软件 V1.0 |
| 1177 | 上海神箭机电工程有限责任公司 | SJJD 仿真系统应用软件 V1.0 |

续 表

| 序号 | 企业名称 | 软件产品名称 |
|---|---|---|
| 1178 | 上海神箭机电工程有限责任公司 | SJJD中央控制软件 V1.0 |
| 1179 | 上海神箭机电工程有限责任公司 | SJJD机电设备仿真软件 V1.0 |
| 1180 | 上海神箭机电工程有限责任公司 | SJJD辅助通讯软件 V1.0 |
| 1181 | 上海神箭机电工程有限责任公司 | SJJD仿真主控软件 V1.0 |
| 1182 | 中国船舶重工集团公司第七一一研究所 | SMDERI脉冲柴油发电机组方案设计软件 V1.0 |
| 1183 | 上海复翔信息科技有限公司 | 复翔3D虚拟现实互动地理信息查询软件[简称：互动地理信息查询系统]V1.0 |
| 1184 | 普华基础软件股份有限公司 | 普华i-VirtualApp交付系统应用软件[简称：普华i-VirtualApp]V3.0 |
| 1185 | 上海爱宜赛思软件有限公司 | 爱宜赛思物业管理软件 V1.0 |
| 1186 | 上海山牡泽牡网络科技有限公司 | 山牡泽牡P4P分布式缓存管理软件 V1.0 |
| 1187 | 上海益鸿华信息技术有限公司 | 益鸿华汇富企业工作平台软件 V1.0 |
| 1188 | 上海安科瑞电气股份有限公司 | 安科瑞ACR电力质量分析仪校表软件 V1.0 |
| 1189 | 鼎捷软件股份有限公司 | 易飞管理软件 V9.0 |
| 1190 | 上海同颐自控科技有限公司 | 同颐主档映射软件[简称：BIMS]V1.0 |
| 1191 | 上海南天电脑系统有限公司 | 南天ATM前置软件[简称：ATMP]V1.0 |
| 1192 | 上海南天电脑系统有限公司 | 南天BST前置软件[简称：BSTP]V1.0 |
| 1193 | 上海南天电脑系统有限公司 | 南天网银跨行清算软件 V1.0 |
| 1194 | 上海腾程医学科技信息有限公司 | 腾程实验室专业样本管理软件 V2.0 |
| 1195 | 上海腾程医学科技信息有限公司 | 腾程医学检验科信息管理软件 V3.0 |
| 1196 | 上海博哥信息科技有限公司 | 博哥人鱼小镇游戏软件 V1.0 |
| 1197 | 上海易持自动系统有限公司 | 易持集装器跟踪系统应用软件 V1.0 |
| 1198 | 上海悦盈网络科技有限公司 | 悦盈数字校园平台软件 V1.0 |
| 1199 | 上海极标信息科技有限公司 | 极标基于黑莓手机的摩摩天气应用软件[简称：摩摩天气]V2.1.0 |
| 1200 | 上海伽兹信息科技有限公司 | 伽兹企业海关信息管理软件 V1.0 |
| 1201 | 上海申博信息系统工程有限公司 | 申博造船PDM系统开发平台软件[简称：申博造船PDM软件]V1.0 |
| 1202 | 上海古鳌电子科技股份有限公司 | 古鳌GA-2100型纸币清分机软件 V1.0 |
| 1203 | 上海古鳌电子科技股份有限公司 | 古鳌GA-6440型纸币清分机软件 V1.0 |
| 1204 | 上海古鳌电子科技股份有限公司 | 古鳌GA-4500型纸币清分机软件 V1.0 |
| 1205 | 上海古鳌电子科技股份有限公司 | 古鳌GA-6400型纸币清分机软件 V1.0 |
| 1206 | 上海东方通泰软件科技有限公司 | 东方通通用文件传输平台软件[简称：TongGTP]V5.2.1 |
| 1207 | 芯讯通无线科技(上海)有限公司 | 芯讯通3G模块Email软件 V1.0 |
| 1208 | 芯讯通无线科技(上海)有限公司 | 芯讯通信息机MAP1000软件 V1.0 |
| 1209 | 欧唯特信息系统(上海)有限公司 | 欧唯特开放式数据中心管理平台软件[简称：数据中心管理平台]V1.0 |

续 表

| 序号 | 企业名称 | 软件产品名称 |
|---|---|---|
| 1210 | 上海航天技术研究院 | 八院供应商管理软件 V1.0 |
| 1211 | 上海航天技术研究院 | 八院综合管理软件 V1.0 |
| 1212 | 上海瑞生电梯控制技术有限公司 | 瑞生一体化电梯驱动控制器控制软件[简称：电梯控制软件]V1.0 |
| 1213 | 东方中安信息技术有限公司 | 东方中安特定目标网络行为审计软件 V1.0 |
| 1214 | 展讯通信(上海)有限公司 | 展讯 TD-SCDMA 手机嵌入式平台物理层控制软件 V1.0.5 |
| 1215 | 上海华存数据信息技术有限公司 | 华存 ICCS-S 云安全管理软件 V1.0 |
| 1216 | 上海华存数据信息技术有限公司 | 华存 ICCS-W 云服务门户软件 V1.0 |
| 1217 | 上海华存数据信息技术有限公司 | 华存数据 ICCS-F 分布式文件软件 V1.0 |
| 1218 | 上海华存数据信息技术有限公司 | 华存 ICCS-DW 云数据挖掘软件 V1.0 |
| 1219 | 上海华存数据信息技术有限公司 | 华存 ICCS-T 移动云终端软件 V1.0 |
| 1220 | 上海沃克软件有限公司 | 沃克投产版本交付管理软件[简称：Sagis]V1.0 |
| 1221 | 上海沃克软件有限公司 | 沃克自动化测试软件[简称：Virgos]V1.0 |
| 1222 | 上海沃克软件有限公司 | 沃克银行 IT 应用系统监控软件[简称：Patroler]V1.0 |
| 1223 | 柏视数码科技(上海)有限公司 | 天柏低频 EOC 方案网络软件 V3.0.1127 |
| 1224 | 上海索乐软件有限公司 | 索乐 3D 钻石数独游戏软件 V1.0 |
| 1225 | 上海索乐软件有限公司 | 索乐钻石天堂游戏软件 V1.0 |
| 1226 | 上海索乐软件有限公司 | 索乐大鱼吃小鱼游戏软件 V1.0 |
| 1227 | 上海索乐软件有限公司 | 索乐石破添金游戏软件 V1.0 |
| 1228 | 上海索乐软件有限公司 | 索乐连连看游戏软件 V1.0 |
| 1229 | 上海索乐软件有限公司 | 索乐翻砖块游戏软件 V1.0 |
| 1230 | 上海索乐软件有限公司 | 索乐数字泡泡游戏软件 V1.0 |
| 1231 | 上海德望信息科技有限公司 | 德望东方信息管理软件 V1.0 |
| 1232 | 上海天循软件科技有限公司 | 天循傲世蜀山游戏软件 V1.0 |
| 1233 | 上海卓越睿新数码科技有限公司 | G2School 网络教学平台软件 V3.0 |
| 1234 | 上海卓越睿新数码科技有限公司 | G2School 外语教学中心软件[简称：G2School 外语教学中心]V3.0 |
| 1235 | 上海上业信息科技有限公司 | 上业特色资源建库发布软件 V2.0 |
| 1236 | 上海上业信息科技有限公司 | 上业门户网站群软件 V2.0 |
| 1237 | 上海克而瑞信息技术有限公司 | CRIC 客源通信息管理软件 V1.0 |
| 1238 | 上海约顿机房设备有限公司 | 约顿机房专用空调智能控制器软件 V1.0 |
| 1239 | 上海期货信息技术有限公司 | Futures Ideal 内存数据库软件 V2.0 |
| 1240 | 上海期货信息技术有限公司 | Futures Ideal 期货交易所交易委托运行监控软件 V2.0 |
| 1241 | 上海济强电子科技有限公司 | 济强 ULT 系列便携式打印机软件 V1.0 |
| 1242 | 上海沪友科技发展有限公司 | 沪友增值税专用发票抵扣联信息企业采集方式软件 V2.0 |

续 表

| 序号 | 企业名称 | 软件产品名称 |
|---|---|---|
| 1243 | 上海沪友科技发展有限公司 | 沪友车辆购置税电子档案采集软件 V1.2 |
| 1244 | 上海宝景信息技术发展有限公司 | 宝景远程监控软件 V1.0 |
| 1245 | 捷开通讯科技(上海)有限公司 | 捷开科技 MTK6223 平台手机软件 V1.0 |
| 1246 | 上海市东方海事工程技术有限公司 | 东方海事磨煤机润滑站控制软件 V1.0 |
| 1247 | 上海市东方海事工程技术有限公司 | 东方海事小型多功能分层流水池密度分层控制软件 V1.0 |
| 1248 | 上海俊泽软件有限公司 | 俊泽视频综合业务管理平台软件 V1.0 |
| 1249 | 上海翰明计算机科技有限公司 | 翰明公积金基数调整软件 V1.0 |
| 1250 | 上海翰明计算机科技有限公司 | 翰明银联卡消费软件 V1.0 |
| 1251 | 上海翰明计算机科技有限公司 | 翰明电子对账软件 V1.0 |
| 1252 | 上海日出科技有限公司 | 日出报表管理 iReport 软件 V3.7.4 |
| 1253 | 上海日出科技有限公司 | 日出业务支撑网运营管理门户软件 V1.0.0 |
| 1254 | 守内安信息科技(上海)有限公司 | 守内安 Mail Archiving Expert 邮件归档专家软件[简称：Mail Archiving Expert]V1.5 |
| 1255 | 上海井星信息科技有限公司 | 井星 Wilcom 报表分析软件 V2.0 |
| 1256 | 上海井星信息科技有限公司 | 井星 Wilcom 录音软件 V2.0 |
| 1257 | 上海井星信息科技有限公司 | 井星 Wilcom 交互式语音应答软件 V2.0 |
| 1258 | 上海井星信息科技有限公司 | 井星 Wilcom 短信平台软件 V2.0 |
| 1259 | 上海牙木通讯技术有限公司 | 牙木智能解析模块软件[简称：SmartECHO]V3.0 |
| 1260 | 上海牙木通讯技术有限公司 | 牙木安全防护模块软件[简称：SecurePLUS]V3.0 |
| 1261 | 上海子泉软件技术有限公司 | 子泉电子商务软件 V1.0 |
| 1262 | 上海爱信诺航天信息有限公司 | 爱信诺 G1 财税管理软件[简称：G1 财税管理软件]V1.0 |
| 1263 | 上海南图信息科技有限公司 | 南图 CAE 云分析平台软件 V1.0 |
| 1264 | 上海锐战网络科技有限公司 | 傲视天地网页游戏软件 V0.8.1.6 |
| 1265 | 上海斯微达软件系统有限公司 | 斯微达 HRPLAND 人力资源管理软件[简称：HRPLAND]V7.0.1 |
| 1266 | 上海易跃移动信息技术有限公司 | 易跃 114/壹壹肆/one one four 软件[简称：114]V1.0 |
| 1267 | 上海易跃移动信息技术有限公司 | 易跃号码百事通软件[简称：号码百事通]V1.0 |
| 1268 | 瑞庭网络技术(上海)有限公司 | 瑞庭在线营销 & 数据分析软件[简称：房易通]V1.0 |
| 1269 | 新浪(上海)企业管理有限公司 | 新浪智能推荐平台软件[简称：新浪智能推荐系统]V1.0 |
| 1270 | 新浪(上海)企业管理有限公司 | 新浪广域网加速软件 V1.0 |
| 1271 | 新浪(上海)企业管理有限公司 | 新浪视频 CDN 转码分发调度软件[简称：视频 CDN 系统]V1.0 |
| 1272 | 新浪(上海)企业管理有限公司 | 新浪地理信息平台软件[简称：地理信息平台]V1.0 |
| 1273 | 新浪(上海)企业管理有限公司 | 新浪在线互动电视平台软件 V1.0 |
| 1274 | 新浪(上海)企业管理有限公司 | 新浪中小企业广告投放引擎平台软件 V1.0 |

续 表

| 序号 | 企业名称 | 软件产品名称 |
|---|---|---|
| 1275 | 新浪(上海)企业管理有限公司 | 新浪信息垂直搜索平台软件 V1.0 |
| 1276 | 新浪(上海)企业管理有限公司 | 新浪基础服务保障平台软件 V1.0 |
| 1277 | 新浪(上海)企业管理有限公司 | 新浪视频共享发布平台软件 V1.0 |
| 1278 | 上海少思网络科技有限公司 | 电驴基于云存储技术影视剧娱乐信息平台软件 V1.0 |
| 1279 | 上海新致软件有限公司 | 新致供应链金融应收账款池管理平台软件 V1.0 |
| 1280 | 上海新致软件有限公司 | 新致补助金申请管理软件 V1.0 |
| 1281 | 上海新致软件有限公司 | 新致医院病员关系管理软件 V1.0 |
| 1282 | 上海新致软件有限公司 | 新致医院物流管理平台软件 V1.0 |
| 1283 | 上海东方有线网络技术服务有限公司 | 东方数字家庭网络平台软件 V1.0 |
| 1284 | 上海长信科技发展有限公司 | 长信基于数字家庭的无线智能灯光控制系统应用软件[简称：长信智能灯光控制应用软件]V1.0 |
| 1285 | 天相软件(上海)有限公司 | 天相 LumiRead 电子书软件 V1.0 |
| 1286 | 上海经意软件工程有限公司 | 经意经济小区信息管理软件[简称：EPMS]V1.0 |
| 1287 | 上海和鹰机电科技股份有限公司 | 和鹰衬衫快速成衣应用软件 V1.0 |
| 1288 | 上海零境网络科技有限公司 | 零境《灵域》网络互动软件[简称：《灵域》]V1.0 |
| 1289 | 上海锐道信息技术有限公司 | 锐道开发框架软件[简称：BDF]V1.0 |
| 1290 | 上海豪宙网络通讯设备有限公司 | 豪宙基于数字家庭的无线远程监控多画面软件 V1.0 |
| 1291 | 上海沙迪克软件有限公司 | 沙迪克 EzCAM-3D 软件 V1.18 |
| 1292 | 上海沙迪克软件有限公司 | 沙迪克 LYNUC 数控软件 V1.7 |
| 1293 | 上海沙迪克软件有限公司 | 沙迪克 SodickEx 机床监控软件 V5.4 |
| 1294 | 上海帕科软件科技有限公司 | 帕科融合 CMS 平台软件 V1.0 |
| 1295 | 上海帕科网络科技有限公司 | 帕科网络内容分发平台软件 V1.0 |
| 1296 | 上海帕科软件科技有限公司 | 帕科企业 IPTV 信息化平台软件 V1.0 |
| 1297 | 上海迈智信息技术有限公司 | 迈智移动 ELine 业务分析软件 V1.0 |
| 1298 | 上海迈智信息技术有限公司 | 迈智移动 MAS 增值业务中间件软件 V1.0 |
| 1299 | 上海网穗数码科技有限公司 | 网穗增值税发票信息采集软件 V2.0 |
| 1300 | 上海百蝶计算机信息有限公司 | 百蝶三维互动体验式培训平台软件 V1.1 |
| 1301 | 上海久隆电力科技有限公司 | 久隆路灯运维管理软件 V1.0 |
| 1302 | 上海久隆电力科技有限公司 | 久隆电动汽车充电监测软件 V1.0 |
| 1303 | 上海逐月网络科技有限公司 | 逐月物流管理系统套装软件 V3.0 |
| 1304 | 上海电信恒联网络有限公司 | 电信恒联客户管理软件 V2.1.2 |
| 1305 | 上海格银信息技术有限公司 | 格银 ePS 易配适药品直销软件 V1.0 |
| 1306 | 上海格银信息技术有限公司 | 格银 ePS 易配适供应链管理软件 V1.0 |
| 1307 | 上海格银信息技术有限公司 | 格银医药公司 ePS 易配适供应链管理软件 V1.0 |
| 1308 | 上海格银信息技术有限公司 | 格银医院 ePS 易配适移动药房管理软件 V1.0 |

续 表

| 序号 | 企业名称 | 软件产品名称 |
| --- | --- | --- |
| 1309 | 上海思巴得信息科技有限公司 | 思巴得 i-Service 通信信息一体化服务平台软件 V1.0 |
| 1310 | 上海熙菱信息技术有限公司 | 熙菱垂直检索引擎软件 V1.0 |
| 1311 | 上海熙菱信息技术有限公司 | 熙菱桌面安全管理软件 V3.8 |
| 1312 | 上海熙菱信息技术有限公司 | 熙菱上网行为管理软件 V3.1 |
| 1313 | 上海熙菱信息技术有限公司 | 熙菱运维审计管理软件 V3.5 |
| 1314 | 延科信息科技(上海)有限公司 | 延科 Sconit 供应链管理软件[简称：Sconit]V3.0 |
| 1315 | 上海梁江通信系统股份有限公司 | 梁江 IP 短信防火墙软件 V1.0 |
| 1316 | 上海梁江通信系统股份有限公司 | 梁江 IP 数据流控制选通软件 V1.0 |
| 1317 | 上海梁江通信系统股份有限公司 | 梁江 IP 信令数据处理软件 V1.0 |
| 1318 | 上海梁江通信系统股份有限公司 | 梁江 IP 信令消息采集软件 V1.0 |
| 1319 | 上海梁江通信系统股份有限公司 | 梁江信令协议分析应用软件 V1.0 |
| 1320 | 上海梁江通信技术有限公司 | 梁江数据采集预处理软件 V1.0 |
| 1321 | 上海梁江通信技术有限公司 | 梁江数据存储处理软件 V1.0 |
| 1322 | 上海梁江通信技术有限公司 | 梁江数据转发处理软件 V1.0 |
| 1323 | 上海御能动力科技有限公司 | 御能 SV-DB100 系列伺服驱动器软件 V1.12 |
| 1324 | 盘石软件(上海)有限公司 | 盘石介质取证分析软件[简称：SafeAnalyzer]V2.0 |
| 1325 | 盘石软件(上海)有限公司 | 盘石电子鉴定实验室管理软件[简称：LIMS]V1.0 |
| 1326 | 盘石软件(上海)有限公司 | 盘石可视化数据分析平台软件[简称：IDVP]V1.1 |
| 1327 | 盘石软件(上海)有限公司 | 盘石手机信息采集网络化管理软件[简称：SafeMobile Web]V1.5 |
| 1328 | 上海银联商务有限公司 | 银联商务业务管理之新装机软件[简称：新装机业务软件]V1.0 |
| 1329 | 上海银联商务有限公司 | 银联商务 ATM 银行卡交易数据统计软件[简称：ATM 银行卡交易数据统计软件]V1.0 |
| 1330 | 上海银联商务有限公司 | 银联商务银行卡交易数据转换软件[简称：银行卡交易数据转换软件]V1.0 |
| 1331 | 上海银联商务有限公司 | 银联商务 POS 报文监控软件[简称：POS 报文监控软件]V1.0 |
| 1332 | 上海索乐软件有限公司 | 索乐火车指挥员 2 游戏软件 V1.0 |
| 1333 | 上海索乐软件有限公司 | 索乐动感手机屏幕保护应用游戏软件 V1.0 |
| 1334 | 上海索乐软件有限公司 | 索乐动感世博保龄球游戏软件 V1.0 |
| 1335 | 上海索乐软件有限公司 | 索乐动感手机健身游戏软件 V1.0 |
| 1336 | 上海索乐软件有限公司 | 索乐动感保龄球游戏软件 V1.0 |
| 1337 | 上海索乐软件有限公司 | 索乐游击队员鲍勃游戏软件 V1.0 |
| 1338 | 上海久隆电力科技有限公司 | 久隆智能终端设置软件 V1.0 |
| 1339 | 上海久隆电力科技有限公司 | 久隆电网电缆实时监测软件 V1.0 |
| 1340 | 汇付天下有限公司 | 汇付天下信用支付软件 V2.0 |

续 表

| 序号 | 企业名称 | 软件产品名称 |
|---|---|---|
| 1341 | 汇付天下有限公司 | 汇付天下 PNR 支付窗软件 V2.0 |
| 1342 | 汇付天下有限公司 | 汇付天下电话支付软件 V2.0 |
| 1343 | 上海汇付数据服务有限公司 | 汇付数据天天盈软件[简称：天天盈]V1.0 |
| 1344 | 上海汇付数据服务有限公司 | 汇付数据快速消费品软件 V1.0 |
| 1345 | 上海汇付数据服务有限公司 | 汇付数据零售行业支付软件 V1.0 |
| 1346 | 上海汇付数据服务有限公司 | 汇付数据批发卖场行业支付软件 V1.0 |
| 1347 | 泰思通软件(上海)有限公司 | 泰思通综合网络与业务管理软件[简称：TS-INSMS]V2.0 |
| 1348 | 上海益盟软件技术有限公司 | 益盟操盘手证券诊断软件[简称：证券诊断]V1.0 |
| 1349 | 上海金壬信息技术有限公司 | 金壬企业管理系统接口软件[简称：金税接口软件]V2010 |
| 1350 | 上海互普信息技术有限公司 | 互普威盾内网安全管理软件[简称：互普威盾 ViaControl]V3.2 |
| 1351 | 上海锐开信息科技有限公司 | 锐开专线运输物流管理软件 V1.1 |
| 1352 | 上海锐开信息科技有限公司 | 锐开空陆联运物流管理软件 V1.1 |
| 1353 | 上海群天健康信息咨询有限公司 | 群天中医治未病适宜技术系统之体质辨识软件 V1.0 |
| 1354 | 上海索格电子有限公司 | 索格电子生产现场数据采集软件 V1.0 |
| 1355 | 上海索格电子有限公司 | 索格电子仓库条码管理软件 V1.0 |
| 1356 | 上海格令汽车电子有限公司 | 格令发动机标定软件[简称：GreenView]V1.0 |
| 1357 | 上海格令汽车电子有限公司 | 格令发动机电控开发平台 Autobase 控制软件[简称：GLAE-A]V1.0 |
| 1358 | 上海寰创通信设备有限公司 | 寰创无线 MESH 路由器 HB2000 软件 V1.8.6 |
| 1359 | 上海杰华科技发展有限公司 | 杰华交互式终端远程管理平台软件[简称：iCAT 终端管理平台]V2.0 |
| 1360 | 上海颐创医药科技有限公司 | 颐创 YC-SM 标本管理软件 V1.0 |
| 1361 | 上海协赢软件有限公司 | 协赢会计数据管理平台软件 V1.0 |
| 1362 | 上海协赢软件有限公司 | 协赢社区教育教务管理平台软件 V1.0 |
| 1363 | 上海协赢软件有限公司 | 协赢学生满意度平台软件 V1.0 |
| 1364 | 上海协赢软件有限公司 | 协赢校本知识管理平台软件 V1.0 |
| 1365 | 上海协赢软件有限公司 | 协赢学校场地开放平台软件 V1.0 |
| 1366 | 上海泽信软件有限公司 | 泽信医院信息系统应用软件[简称：医院信息系统]V1.0 |
| 1367 | 上海纽维信息科技有限公司 | 武林至尊游戏软件 V1.0 |
| 1368 | 上海创远仪器技术股份有限公司 | 创远射频全双端口矢量网络分析软件 V1.5 |
| 1369 | 上海创远仪器技术股份有限公司 | 创远 Eagle 无线环境评估分析系统应用软件[简称：Eagle]V3.1 |
| 1370 | 上海创远仪器技术股份有限公司 | 创远 Eagle TD-SCDMA 扫频仪测试软件 V4.2.1 |
| 1371 | 上海美沃精密仪器有限公司 | 美沃数据库导入软件 V1.0 |

续 表

| 序号 | 企业名称 | 软件产品名称 |
|---|---|---|
| 1372 | 上海利思电气有限公司 | 利思电力系统谐波治理监测软件 V1.0 |
| 1373 | 上海中信信息发展股份有限公司 | 中信网页全文签批软件 V1.0 |
| 1374 | 上海首智信息科技有限公司 | 首智多媒体教学软件[简称：Infinity]V3.0 |
| 1375 | 上海翔联网络技术有限公司 | 翔联进销存管理软件 V1.0 |
| 1376 | 上海高智软件系统有限公司 | 高智 HFS 一键切换软件 V1.0 |
| 1377 | 上海中磐信息技术有限公司 | 中磐自动交易追踪软件 V1.0 |
| 1378 | 上海中磐信息技术有限公司 | 中磐反外挂软件 V1.0 |
| 1379 | 上海中磐信息技术有限公司 | 中磐 PASSSPOD 动态口令身份认证软件 V3.3 |
| 1380 | 润百计算机(上海)有限公司 | 润百餐饮管理软件 V2.0 |
| 1381 | 上海埃帕信息科技有限公司 | 埃帕 EasyOBMS 海外业务管理软件 V1.0 |
| 1382 | 上海刑天软件有限公司 | 刑天多元输入法软件 V1.1 |
| 1383 | 上海中商网络股份有限公司 | 中商服装行业品牌公司 OEM 工厂生产进度监控管理软件 V1.0.0.0 |
| 1384 | 上海飞旗网络技术有限公司 | F7 网络审计与优化软件[简称：审计与优化软件]V3.6.09 |
| 1385 | 上海兴畅网络技术有限公司 | 兴畅网络应用加速软件[简称：网络加速软件]V3.2.0 |
| 1386 | 上海可鲁系统软件有限公司 | IIS SVG 引擎软件 V1.0 |
| 1387 | 上海可鲁系统软件有限公司 | IIS 虚拟通道管理业务视图软件 V1.0 |
| 1388 | 上海可鲁系统软件有限公司 | IIS 趋势分析业务视图软件 V1.0 |
| 1389 | 上海可鲁系统软件有限公司 | IIS 安全审计业务视图软件 V1.0 |
| 1390 | 理想能源设备(上海)有限公司 | 理想等离子增强型化学气相沉积设备模拟器软件[简称：Audi Simulator]V1.0 |
| 1391 | 上海风格软件有限公司 | 风格数字电视码流实时监测(网络版)软件[简称：风格码流实时监测软件]V3.0 |
| 1392 | 上海申石软件有限公司 | 申石统一分级授权软件[简称：Sense UAM]V1.0 |
| 1393 | 上海华勤通讯技术有限公司 | 华勤 L75MMI 手机软件 V1.0.2 |
| 1394 | 上海华勤通讯技术有限公司 | 华勤 M800MMI 手机软件 V1.0.6 |
| 1395 | 上海华勤通讯技术有限公司 | 华勤 M553MMI 手机软件 V1.0.3 |
| 1396 | 上海华勤通讯技术有限公司 | 华勤 S660MMI 手机软件 V1.0.1 |
| 1397 | 上海华勤通讯技术有限公司 | 华勤 V660MMI 手机软件 V8.0 |
| 1398 | 上海华勤通讯技术有限公司 | 华勤 L190MMI 手机软件 V1.0 |
| 1399 | 上海帅江信息工程有限公司 | 帅江发票数字化信息管理平台软件[简称：帅江发票管理平台]V4.0 |
| 1400 | 胜科金仕达数据系统(中国)有限公司 | 金仕达银行债券自营交易结算系统管理软件[简称：银行债券自营系统]V 1.0 |
| 1401 | 上海大汉三通网络通信有限公司 | 大汉三通省网 SP 短信平台软件[简称：CTC-S-SMS]V4.0 |

续 表

| 序号 | 企业名称 | 软件产品名称 |
|---|---|---|
| 1402 | 上海大汉三通网络通信有限公司 | 大汉三通省网SP彩信平台软件[简称：CTC-S-MMS]V4.0 |
| 1403 | 上海大汉三通网络通信有限公司 | 大汉三通省网SP WAP平台软件[简称：CTC-S-WAP]V4.0 |
| 1404 | 上海华电源信息技术有限公司 | HDY制冷系统设计与仿真分析软件[简称：HDY-SIMAC]V2.0 |
| 1405 | 上海铭创软件技术有限公司 | 铭创风险监控管理软件V6.0 |
| 1406 | 上海铭创软件技术有限公司 | 铭创实时备份软件[简称：实时备份]V2.5 |
| 1407 | 上海铭创软件技术有限公司 | 铭创证券融资融券业务管理与风险监控软件[简称：融资管理软件]V3.0 |
| 1408 | 上海铭创软件技术有限公司 | 铭创资产核算管理软件V6.0 |
| 1409 | 上海铭创软件技术有限公司 | 铭创企业投资及资产管理软件[简称：投资管理软件]V6.0 |
| 1410 | 上海铭创软件技术有限公司 | 铭创金融衍生品投资管理软件V6.0 |
| 1411 | 上海铭创软件技术有限公司 | 铭创固定收益投资管理软件V6.0 |
| 1412 | 上海铭创软件技术有限公司 | 铭创ETF业务管理软件V6.0 |
| 1413 | 上海瀚儒通信技术有限公司 | 瀚儒CPRI数字微波拉远软件[简称：CPRI数字微波拉远软件]V1.0 |
| 1414 | 上海方舟信息技术有限公司 | 方舟肾透析专科疾病医生工作站管理软件[简称：肾脏病专科工作站]V1.0 |
| 1415 | 上海仁维软件有限公司 | 仁维敏捷保险业务规则管理软件[简称：AIS]V1.0 |
| 1416 | 艾宾信息技术开发(上海)有限公司 | 艾宾Web-based Excel-Like Toolkit软件[简称：Scotttable]V1.1 |
| 1417 | 艾宾信息技术开发(上海)有限公司 | 艾宾GDC Project Management Studio软件[简称：GDC Project Management Studio]V1.0 |
| 1418 | 艾宾信息技术开发(上海)有限公司 | 艾宾资源预定软件[简称：Abeam Consulting]V1.0 |
| 1419 | 中晟易键通(上海)科技发展有限公司 | 中晟数据资产云存储共享交换管理平台软件[简称：中晟数据共享交换管理平台软件]V2.2 |
| 1420 | 上海欧佳软件有限公司 | 欧佳WITPOS Mini会员管理软件[简称：WITPOS Mini]V1.0 |
| 1421 | 上海欧佳软件有限公司 | 欧佳WITPOS店务通二代专柜管理软件[简称：WITPOS2店务通]V2.0 |
| 1422 | 上海旭千信息系统有限公司 | 旭千贸E宝电子商务软件[简称：贸E宝]V1.0.0 |
| 1423 | 上海银晨智能识别科技有限公司 | 银晨嵌入式智能分析软件[简称：嵌入式智能分析软件]V1.0 |
| 1424 | 上海银晨智能识别科技有限公司 | 银晨智能采集认证终端软件[简称：手持终端]V2.3.3 |
| 1425 | 上海银晨智能识别科技有限公司 | 银晨人像比对软件[简称：人像比对系统]V8.0 |
| 1426 | 上海凌极软件有限公司 | 凌极多室合一教学软件[简称：ANGEL]V3.0 |
| 1427 | 上海凌极软件有限公司 | 凌极数字语言实验室软件[简称：VIVO Communicator]V3.0 |
| 1428 | 上海舒博拉尼制药设备有限公司 | SuperstarV2型冻干系统控制软件V2.0 |

续 表

| 序号 | 企业名称 | 软件产品名称 |
|---|---|---|
| 1429 | 上海舒博拉尼制药设备有限公司 | SuperstarV1 型冻干系统控制软件 V1.0 |
| 1430 | 上海舒博拉尼制药设备有限公司 | SuperstarV3 型冻干系统控制软件 V3.0 |
| 1431 | 上海洋格生物工程设备有限公司 | 洋格生物发酵系统控制软件 V3.0 |
| 1432 | 上海昊泰网络科技有限公司 | ES+模块化软件 V1.0 |
| 1433 | 上海英领机电科技有限公司 | 英领自动调平控制软件 V2.0 |
| 1434 | 霍尼韦尔综合科技(中国)有限公司 | 霍尼韦尔涡轮增压器测控软件 V1.0 |
| 1435 | 霍尼韦尔综合科技(中国)有限公司 | 霍尼韦尔 CPO Builder 冷机站先控系统配置软件 V1.0 |
| 1436 | 霍尼韦尔综合科技(中国)有限公司 | 霍尼韦尔 HSE 培训跟踪管理软件 V1.0 |
| 1437 | 霍尼韦尔综合科技(中国)有限公司 | 霍尼韦尔 HTT 智能在线文档管理软件 V1.0 |
| 1438 | 霍尼韦尔综合科技(中国)有限公司 | 霍尼韦尔 iAsset 固定资产管理软件 V1.0 |
| 1439 | 霍尼韦尔综合科技(中国)有限公司 | 霍尼韦尔 ScoreCard 用户体验问题统计分析软件 V1.0 |
| 1440 | 霍尼韦尔综合科技(中国)有限公司 | 霍尼韦尔 VMS 热力系统图形化建模软件 V2.0 |
| 1441 | 联创汽车电子有限公司 | 联创汽车胎压监控接收显示器控制单元软件 V1.0 |
| 1442 | 联创汽车电子有限公司 | 联创汽车胎压监控传感器控制单元软件 V1.0 |
| 1443 | 沪东中华造船(集团)有限公司 | 沪东中华船舶产品检验项目管理软件 V1.0 |
| 1444 | 沪东中华造船(集团)有限公司 | 沪东中华船舶产品售后服务管理软件 V1.0 |
| 1445 | 沪东中华造船(集团)有限公司 | 沪东中华精度造船系统接口软件 V1.0 |
| 1446 | 沪东中华造船(集团)有限公司 | 沪东中华造船工时定额查定管理软件 V1.0 |
| 1447 | 沪东中华造船(集团)有限公司 | 沪东中华造船精度数据平台软件 V1.0 |
| 1448 | 沪东中华造船(集团)有限公司 | 沪东中华造船设计管理信息软件 V1.0 |
| 1449 | 上海蓝光科技有限公司 | 蓝光在线管理软件[简称：ZX DBMS]V1.0 |
| 1450 | 上海蓝光科技有限公司 | 蓝光仓库管理软件[简称：CK DBMS]V1.0 |
| 1451 | 联合汽车电子有限公司 | UAES 32 位集中式 BCM 控制软件 V2.0 |
| 1452 | 联合汽车电子有限公司 | UAES 32 位电子节气门发动机控制软件 V 1.0 |
| 1453 | 联合汽车电子有限公司 | UAES 单逆变器直流变换器控制软件 V1.0 |
| 1454 | 联合汽车电子有限公司 | UAES 发动机 K 线防盗器控制软件 V2.0 |
| 1455 | 联合汽车电子有限公司 | UAES 32 位双离合器控制软件 V1.0 |
| 1456 | 上海国茂数字技术有限公司 | GMT AVS 编码软件 V1.0 |
| 1457 | 上海国茂数字技术有限公司 | GMT DTV 应用软件 V1.0 |
| 1458 | 上海克拉电子有限公司 | 克拉电阻生产过程控制软件 V1.0 |
| 1459 | 上海澎博网络数据信息咨询有限公司 | 澎博财讯股指期货信息平台软件[简称：Pobo]V3.0 |
| 1460 | 上海船舶研究设计院 | SDARI 船舶运动响应计算软件 V1.0 |
| 1461 | 上海船舶研究设计院 | SDARI Aveva Marine 船体辅助设计软件 V1.0 |
| 1462 | 上海船舶研究设计院 | SDARI 船用梯及栏杆参数化生成软件 V1.0 |

续 表

| 序号 | 企业名称 | 软件产品名称 |
|---|---|---|
| 1463 | 上海船舶研究设计院 | SDARI 船舶总体详细设计软件[简称：CMDD]V1.0 |
| 1464 | 上海船舶研究设计院 | SDARI NAPASTEEL 三维结构设计软件[简称：CMSD]V1.0 |
| 1465 | 上海船舶研究设计院 | SDARI 轮机系统原理图自动赋值及统计软件 V1.0 |
| 1466 | 上海外高桥造船有限公司 | CSSC－SWS 型材后处理软件 V1.0 |
| 1467 | 上海外高桥造船有限公司 | CSSC－SWS 风管支架自动建模与出图软件 V1.0 |
| 1468 | 上海外高桥造船有限公司 | CSSC－SWS 切割指令管理软件 V1.0 |
| 1469 | 上海外高桥造船有限公司 | CSSC－SWS 设计工时管理软件 V1.0 |
| 1470 | 上海外高桥造船有限公司 | CSSC－SWS 造船班组工时管理软件 V1.0 |
| 1471 | 上海外高桥造船有限公司 | CSSC－SWS 造船余料管理软件 V1.0 |
| 1472 | 上海外高桥造船有限公司 | CSSC－SWS 安环事故管理软件 V1.0 |
| 1473 | 上海外高桥造船有限公司 | CSSC－SWS 职业健康档案管理软件 V1.0 |
| 1474 | 上海外高桥造船海洋工程有限公司 | CSSC－SLO 造船型钢管理软件 V1.0 |
| 1475 | 上海江南长兴造船有限责任公司 | CSSC－SCS 造船安全、5S 巡检管理软件 V1.0 |
| 1476 | 上海江南长兴造船有限责任公司 | CSSC－SCS 造船合同电子审批管理软件 V1.0 |
| 1477 | 上海江南长兴造船有限责任公司 | CSSC－SCS 造船增补工时管理软件 V1.0 |
| 1478 | 上海江南长兴造船有限责任公司 | CSSC－SCS 造船电子海关管理软件 V1.0 |
| 1479 | 上海江南长兴造船有限责任公司 | CSSC－SCS 造船劳务结算管理软件 V1.0 |
| 1480 | 上海外高桥造船海洋工程设计有限公司 | CSSC－SWMOD 散货船总体性能计算软件 |
| 1481 | 爱德威软件开发(上海)有限公司 | 爱德威决策通客户关系管理软件[简称：决策通 CRM]V1.0 |
| 1482 | 上海优异科技有限公司 | 优异数字化教育学平台软件 V2.0 |
| 1483 | 银联商务有限公司 | 银联商务商户结算资金处理软件[简称：结算系统]V1.0 |
| 1484 | 银联商务有限公司 | 银联商务网上服务软件[简称：网上服务系统]V2.5 |
| 1485 | 银联商务有限公司 | 银联商务游戏点卡销售软件[简称：游戏点卡销售]V1.5 |
| 1486 | 银联商务有限公司 | 银联商务电子账单支付服务软件[简称：电子账单支付服务系统]V1.5 |
| 1487 | 银联商务有限公司 | 银联商务游戏直冲服务软件[简称：游戏直冲服务系统]V1.5 |
| 1488 | 银联商务有限公司 | 银联商务商库通软件[简称：E 销存]V1.0 |
| 1489 | 银联商务有限公司 | 银联商务账单支付和管理软件[简称：EBPP]V1.0 |
| 1490 | 银联商务有限公司 | 银联商务终端远程管理软件[简称：终端远程管理系统]V1.0 |
| 1491 | 上海百胜软件有限公司 | 百胜 MV－DI 数据接口中间件软件 V1.0 |
| 1492 | 上海东方明珠广播电视研究发展有限公司 | 东方明珠广播电视覆盖网远程监控软件 V2.0 |
| 1493 | 上海东方明珠广播电视研究发展有限公司 | 东方明珠数字高程地图格式转化软件 V1.0 |

续 表

| 序号 | 企业名称 | 软件产品名称 |
|---|---|---|
| 1494 | 上海开翔信息技术有限公司 | 开翔客户关系管理软件 V1.0 |
| 1495 | 华夏通信有限公司 | 华夏 IDC 流量计费软件 V1.0 |
| 1496 | 上海爱数软件有限公司 | 爱数 AnyShare 文档共享管理软件 V3.0 |
| 1497 | 上海柯斯软件有限公司 | 柯斯基于 2.45G RFID－SIM 的移动电子钱包项目软件 V1.0 |
| 1498 | 上海柯斯软件有限公司 | 柯斯 TSAM 卡操作软件 V1.0 |
| 1499 | 上海柯斯软件有限公司 | 柯斯短信协议数据转换操作软件 V1.0 |
| 1500 | 上海柯斯软件有限公司 | 柯斯智能密码钥匙操作软件 V1.0 |
| 1501 | 上海柯斯软件有限公司 | 柯斯远程支付智能卡操作软件 V1.0 |
| 1502 | 上海载德信息科技有限公司 | 载德热点信息采集(RDCJ)前端软件[简称：RDCJ 前端软件]V1.0 |
| 1503 | 上海载德信息科技有限公司 | 载德热点信息采集(RDCJ)后台管理软件[简称：RDCJ 后台软件]V1.0 |
| 1504 | 上海联盛汽车电子有限公司 | 联盛电动转向控制模块诊断软件 V1.0 |
| 1505 | 上海三吉电子工程有限公司 | 三吉可视化指挥应用软件 V1.0 |
| 1506 | 上海三吉电子工程有限公司 | 三吉视频集成应用平台软件 V1.0 |
| 1507 | 上海三吉电子工程有限公司 | 三吉实时客流管理软件 V1.0 |
| 1508 | 上海景格信息科技有限公司 | 景格工程机械仿真教学软件 V1.0 |
| 1509 | 上海众达信息产业有限公司 | 众达视频预警软件 V1.0 |
| 1510 | 上海众达信息产业有限公司 | 众达生产监控软件 V2.0 |
| 1511 | 上海众达信息产业有限公司 | 众达水费账务管理软件 V2.0 |
| 1512 | 上海众达信息产业有限公司 | 众达 IC 卡提货管理软件 V1.0 |
| 1513 | 上海水务建设工程有限公司 | “水务建设”物资管理信息软件 V1.0 |
| 1514 | 上海拜特信息技术有限公司 | 拜特 Z6 智慧型园区信息化管理平台软件 V1.0 |
| 1515 | 中交第三航务工程勘察设计院有限公司 | 三航院高桩墩台设计软件[简称：Theidi－DT]V1.0 |
| 1516 | 中交第三航务工程勘察设计院有限公司 | 三航院边坡与地基稳定设计软件[简称：Theidi－DJ]V1.0 |
| 1517 | 中交第三航务工程勘察设计院有限公司 | 三航院板桩码头设计软件[简称：Theidi－BZ]V1.0 |
| 1518 | 中交第三航务工程勘察设计院有限公司 | 三航院白图替代蓝图信息管理软件 V1.0 |
| 1519 | 上海飞奥燃气设备有限公司 | 飞奥办公管理软件 V1.0 |
| 1520 | 上海飞奥燃气设备有限公司 | 飞奥仓库管理软件 V1.0 |
| 1521 | 上海方久轧制油净化技术有限公司 | 方久油雾回收装置控制软件 V1.0 |
| 1522 | 上海主健生物工程有限公司 | 主健基因健康体检终端软件 V1.0 |
| 1523 | 上海衡晶软件有限公司 | 衡晶软件手掌秤嵌入式软件 V1.0 |
| 1524 | 上海衡晶软件有限公司 | 衡晶软件 OSC－F 系列电子吊秤嵌入式软件 V1.0 |
| 1525 | 上海卓精电子科技有限公司 | 卓精 BS 型高精度电子天平嵌入式软件 V1.0 |
| 1526 | 上海普江自动化科技有限公司 | 普江 SC 伺源组态软件 V1.0 |

续 表

| 序号 | 企业名称 | 软件产品名称 |
|---|---|---|
| 1527 | 上海解元信息科技有限公司 | 解元 ShareProject 项目管理软件 V1.0 |
| 1528 | 上海游虎网络科技有限公司 | 游虎网络终极火力在线射击游戏软件 V1.0 |
| 1529 | 上海乾隆高科技有限公司 | 钱龙多维资讯软件 V3.0 |
| 1530 | 上海乾隆高科技有限公司 | 钱龙证券投资分析软件(LINUX 版)V3.2 |
| 1531 | 上海鼎正科技发展有限公司 | 鼎正公路智能监控软件 V1.0 |
| 1532 | 上海绿建信息科技有限公司 | 绿建图纸保护和水印加密软件 V2009 |
| 1533 | 上海金桥信息股份有限公司 | 金桥远程视频监控平台软件 V1.0 |
| 1534 | 上海天域时捷软件工程有限公司 | 天域智能固定资产管理软件 V1.0 |
| 1535 | 上海吉贝克信息技术有限公司 | 吉贝克 XBRL 在线取词工具软件 V1.0 |
| 1536 | 上海吉贝克信息技术有限公司 | 吉贝克 XBRL 分类标准验证器软件 V1.0 |
| 1537 | 上海吉贝克信息技术有限公司 | 吉贝克 XBRL 实例文档校验器软件 V1.0 |
| 1538 | 上海吉贝克信息技术有限公司 | 吉贝克 XBRL 实例文档引擎软件 V1.0 |
| 1539 | 上海吉贝克信息技术有限公司 | 吉贝克 XBRL 分类标准解析扩展引擎软件 V1.0 |
| 1540 | 上海诺姆人才服务有限公司 | 诺姆 BMF 测评软件[简称：BMF]V3.0 |
| 1541 | 上海威士顿信息技术有限公司 | 威士顿高架设备管理软件 V1.0 |
| 1542 | 上海威士顿信息技术有限公司 | 威士顿订单成本分析软件 V1.0 |
| 1543 | 上海威士顿信息技术有限公司 | 威士顿办公用品管理软件 V1.0 |
| 1544 | 汇丰技术服务(中国)有限公司 | 汇丰服务器监控管理软件 V2.2 |
| 1545 | 上海恺域信息科技有限公司 | 恺域固定收益分析平台软件 V1.0 |
| 1546 | 上海锐道信息技术有限公司 | 锐道企业服务总线软件[简称：BSTEK ESB]V1.0 |
| 1547 | 上海锐道信息技术有限公司 | 锐道数据控制台软件[简称：DB CONSOLE]V1.0 |
| 1548 | 上海锐道信息技术有限公司 | 锐道流程中间件软件[简称：BSTEK BPM]V7.0 |
| 1549 | 上海谦恩物流科技有限公司 | 谦恩物流自动化仓库信息管理软件[简称：谦恩物流 WMS]V1.0 |
| 1550 | 上海证券通信有限责任公司 | 证通业务分发平台软件[简称：业务分发平台]V1.5 |
| 1551 | 腾讯科技(上海)有限公司 | QQ 群仙降魔录游戏软件[简称：QQQXXML]V1.0 |
| 1552 | 上海钢之家信息科技有限公司 | 钢之家进销存系统管理软件[简称：钢之家进销存系统]V1.0 |
| 1553 | 上海高清数字科技产业有限公司 | 高清多媒体信息互动展示软件[简称：多媒体展示软件]V1.0 |
| 1554 | 上海祥殷信息技术有限公司 | 祥殷电子仓库安全管理软件 V2.0 |
| 1555 | 上海恒生聚源数据服务有限公司 | 聚源投资研究管理平台软件 V1.0 |
| 1556 | 杰脉通信技术(上海)有限公司 | 杰脉 TD-SCDMA 家庭基站 iWAP 软件[简称：iWAP]V1.0 |
| 1557 | 上海光原谷信息技术有限公司 | 光原谷易得薪软件[简称：易得薪]V2.0 |
| 1558 | 上海光原谷信息技术有限公司 | 光原谷 HRO 核心业务管理软件[简称：HRO]V2.0 |

续 表

| 序号 | 企业名称 | 软件产品名称 |
|---|---|---|
| 1559 | 上海光原谷信息技术有限公司 | 光原谷核心业务管理系统客户端软件[简称：客户端]V2.0 |
| 1560 | 上海拓东软件有限公司 | 拓东公路工程试验辅助管理软件[简称：TAM]V2.00 |
| 1561 | 上海奇微通讯技术有限公司 | 奇微 PTPMonitor 软件[简称：PTPMonitor]V1.0 |
| 1562 | 上海海润教育科技发展有限公司 | 海润消防 3D 互动情景实训软件 V1.0 |
| 1563 | 上海德欧物流科技有限公司 | 德欧管理服务平台软件[简称：德欧管理服务平台]V1.0 |
| 1564 | 上海德欧物流科技有限公司 | 德欧信息中心管理软件[简称：德欧信息中心软件]V1.0 |
| 1565 | 上海德欧物流科技有限公司 | 德欧客户关系管理软件[简称：德欧客户关系软件]V1.0 |
| 1566 | 聘舞信息科技(上海)有限公司 | 聘舞智能招聘平台软件 V1.1 |
| 1567 | 上海双宇软件有限公司 | 双宇智能生产管理软件 V7.0 |
| 1568 | 上海航天汽车机电股份有限公司 | 航天机电车身控制软件 V1.0 |
| 1569 | 上海航天汽车机电股份有限公司 | 航天机电电动助力转向系统电机控制嵌入式软件 V1.0 |
| 1570 | 上海航天汽车机电股份有限公司 | 航天机电小功率电动助力转向系统嵌入式软件 V1.0 |
| 1571 | 上海航天汽车机电股份有限公司 | 航天机电 TC0301 纯电动车热管理控制器软件 V1.0 |
| 1572 | 上海航天汽车机电股份有限公司 | 航天机电 TC03 智能空调控制器软件 V1.0 |
| 1573 | 上海长庚信息技术有限公司 | EPI 设备故障预警软件 V1.0 |
| 1574 | 上海瀚马软件科技有限公司 | 瀚马狙击手选股机构版软件 V8.0 |
| 1575 | 上海宇龙软件工程有限公司 | 宇龙数控机床维修仿真软件 V1.0 |
| 1576 | 上海冈三华大计算机系统有限公司 | 冈三华大酒店管理软件 V1.0 |
| 1577 | 上海凯创建筑科技有限公司 | 凯创建筑节能负荷计算分析软件 V1.0 |
| 1578 | 上海南广电子技术有限公司 | 南广空管值班管理软件 V1.0 |
| 1579 | 上海库源电气科技有限公司 | 库源 EDA 软件 V16.5 |
| 1580 | 上海卓文信息技术有限公司 | 卓文电子商务 ERP 管理软件 V1.0 |
| 1581 | 上海长江新成计算机系统集成有限公司 | 长江新成财务报销管理软件 V1.0 |
| 1582 | 上海农业信息有限公司 | 上农信农产品批发市场零售管理软件 V1.0 |
| 1583 | 上海美开电子科技有限公司 | 美开电梯运行控制软件 V1.0 |
| 1584 | 上海灵禅信息技术有限公司 | 灵禅 Soul 3D 虚拟现实引擎软件 V1.0 |
| 1585 | 上海正尔智能科技有限公司 | 正尔电力仪表测控软件 V1.0 |
| 1586 | 上海溢辉软件技术有限公司 | 溢辉 OPTEC 编辑播放软件 V1.0 |
| 1587 | 上海溢辉软件技术有限公司 | 溢辉智能排队管理软件 V1.0 |
| 1588 | 上海溢辉软件技术有限公司 | 溢辉证券行情揭示板控制软件 V1.0 |
| 1589 | 上海起凡数字技术有限公司 | 起凡游戏客户服务软件 V1.0 |
| 1590 | 起于凡信息技术(上海)有限公司 | 起凡夺塔奇兵游戏软件 V1.0 |

续 表

| 序号 | 企业名称 | 软件产品名称 |
|---|---|---|
| 1591 | 起于凡信息技术(上海)有限公司 | 起凡真三国乱舞游戏软件 V1.0 |
| 1592 | 上海贝尔软件有限公司 | 贝尔信息监控平台软件[简称：ISCP]V5.0 |
| 1593 | 上海贝尔软件有限公司 | 贝尔 LTE 移动通信无线网络 ruanjian[简称：LTE ENB SW]V4.0 |
| 1594 | 上海新致软件有限公司 | 新致票据业务电子化交易与管理平台软件 V2.0 |
| 1595 | 上海新致软件有限公司 | 新致医院信息平台软件 V1.0 |
| 1596 | 上海新致软件有限公司 | 新致贵金属综合业务交易平台软件 V1.0 |
| 1597 | 上海无戒空间信息技术有限公司 | 无戒 exaMedia 平板电脑软件 V2.3 |
| 1598 | 上海无戒空间信息技术有限公司 | 无戒 exaBook 平板电脑软件 V2.3 |
| 1599 | 东软集团(上海)有限公司 | 东软走跑族软件 V1.2 |
| 1600 | 东软集团(上海)有限公司 | 东软健康信息展示软件 V1.0 |
| 1601 | 上海泛宇信息技术有限公司 | 泛宇网站发布审核软件 V1.0 |
| 1602 | 上海千波信息科技有限公司 | 千波知识管理平台软件 V1.0 |
| 1603 | 上海易工工程技术服务有限公司 | 易工水运工程地基 CAD 软件[简称：YG - DJ]V1.0 |
| 1604 | 上海易工工程技术服务有限公司 | 易工板桩码头 CAD 软件[简称：YG - BZ]V2.0 |
| 1605 | 上海蓝翊信息科技有限公司 | 蓝翊服饰通软件 V8.0 |
| 1606 | 上海溢辉软件技术有限公司 | 溢辉可变情报板控制软件 V1.0 |
| 1607 | 上海哥特网络技术有限公司 | 哥特科室网站自建软件 V1.0 |
| 1608 | 上海哥特网络技术有限公司 | 哥特类风湿关节炎管理软件 V1.0 |
| 1609 | 上海乾隆网络科技有限公司 | 钱龙港股通机构版证券分析软件 V5.80 |
| 1610 | 上海合合信息科技发展有限公司 | 合合名片全能王 ios 版日文名片识别软件 V2.6.0.4 |
| 1611 | 上海合合信息科技发展有限公司 | 合合文本全能王 Android 版文本识别软件 V1.1.42 |
| 1612 | 上海合合信息科技发展有限公司 | 合合名片全能王 Android 版西欧名片识别软件 V2.6.3 |
| 1613 | 上海合合信息科技发展有限公司 | 合合名片全能王 Android 版东亚名片识别软件 V2.6.3 |
| 1614 | 上海合合信息科技发展有限公司 | 合合证照全能王 Android 版证件识别软件 V2.0 |
| 1615 | 上海合合信息科技发展有限公司 | 合合拍译全能王 Android 版字典翻译软件 V1.31 |
| 1616 | 上海合合信息科技发展有限公司 | 合合证照全能王 wm 版证件识别软件 V2.6.4 |
| 1617 | 上海合合信息科技发展有限公司 | 合合扫描全能王 ios 版(免费)文档扫描软件 V1.3.0.0 |
| 1618 | 上海合合信息科技发展有限公司 | 合合名片全能王 wp 版名片识别软件 V1.5.1 |
| 1619 | 上海合合信息科技发展有限公司 | 合合 CamX 数据备份软件 V1.2 |
| 1620 | 上海合合信息科技发展有限公司 | 合合名片全能王黑莓版名片识别软件 V1.5.778 |
| 1621 | 上海合合信息科技发展有限公司 | 合合名片全能王 ios 版韩文名片识别软件 V2.6.0.4 |
| 1622 | 上海合合信息科技发展有限公司 | 合合扫描全能王 Android 版文档扫描软件 V1.2.2 |
| 1623 | 上海合合信息科技发展有限公司 | 合合名片全能王 ios 版西欧名片识别软件 V2.6.0.4 |
| 1624 | 上海合合信息科技发展有限公司 | 合合扫描全能王 ios 版文档扫描软件 V1.2.0.1 |

续 表

| 序号 | 企业名称 | 软件产品名称 |
|---|---|---|
| 1625 | 上海合合信息科技发展有限公司 | 合合拍译全能王 ios 版字典翻译软件 V2.0.0 |
| 1626 | 上海合合信息科技发展有限公司 | 合合名片全能王 ios 版中文名片识别软件 V2.6.0.4 |
| 1627 | 上海合合信息科技发展有限公司 | 合合手写 Android 版输入法软件 V1.0 |
| 1628 | 上海光华冠群软件有限公司 | 光华冠群网维通 Easyview 数据中心综合运营管理软件 V6.2 |
| 1629 | 上海锋范软件有限公司 | 锋范管理易管理信息化平台软件 V5.0 |
| 1630 | 上海锋范软件有限公司 | 锋范跨越者协同办公平台软件 V6.0 |
| 1631 | 上海高阳蓝帆信息科技有限公司 | 高阳蓝帆网站信息内容管理软件 V3.0 |
| 1632 | 富士胶片(中国)投资有限公司 | 富士放射信息管理软件 V2.0 |
| 1633 | 上海中智计算机技术服务有限公司 | 中智全科团队工作平台软件 V1.0 |
| 1634 | 上海腾程医学科技信息有限公司 | 腾程孕期胎儿唐氏综合症筛查软件[简称：唐氏筛查软件]V1.01 |
| 1635 | 上海长江新成计算机系统集成有限公司 | 新成建筑智能化信息管理软件[简称：Sentry BMS]V2.0 |
| 1636 | 上海长江新成计算机系统集成有限公司 | 长江新成多媒体公告软件[简称：MAS]V1.0 |
| 1637 | 上海祥居信息技术发展有限公司 | 祥居房友在线二手房信息管理软件 V1.0 |
| 1638 | 上海长城电子信息网络有限公司 | 长城 ideal 信息化项目评估审核软件 V1.0 |
| 1639 | 上海长城电子信息网络有限公司 | 长城 ideal 政务协同办公管理软件 V1.0 |
| 1640 | 上海长城电子信息网络有限公司 | 长城 ideal 保税区综合办公软件 V1.0 |
| 1641 | 上海长城电子信息网络有限公司 | 长城 ideal 联合年检管理软件 V1.0 |
| 1642 | 上海亿索机电设备有限公司 | 亿索轧机传动控制软件 V1.0 |
| 1643 | 上海亿索机电设备有限公司 | 亿索轧机 AGC 控制软件 V1.0 |
| 1644 | 上海仪电科学仪器股份有限公司 | 雷磁在线精密控制软件 V1.0 |
| 1645 | 上海仪电科学仪器股份有限公司 | 雷磁在线自动控制软件 V1.0 |
| 1646 | 上海仪电科学仪器股份有限公司 | 雷磁仪器分析软件 V1.0 |
| 1647 | 上海仪电科学仪器股份有限公司 | 雷磁在线通用控制软件 V1.0 |
| 1648 | 上海仪电科学仪器股份有限公司 | 雷磁仪器管理软件 V1.0 |
| 1649 | 上海仪电科学仪器股份有限公司 | 雷磁仪器数据采集软件 V1.0 |
| 1650 | 上海仪电科学仪器股份有限公司 | 雷磁仪器通用控制软件 V1.0 |
| 1651 | 上海仪电科学仪器股份有限公司 | 雷磁自动滴定控制软件 V1.0 |
| 1652 | 上海东禾信息科技有限公司 | 东禾手机多语言浏览器软件 V1.0 |
| 1653 | 上海光盛高科技有限公司 | 光盛多费率单相电卡表软件 V3.0 |
| 1654 | 上海通导科技发展有限公司 | TDKJ-GPS 智能监控调度软件 V3.0 |
| 1655 | 上海梁江通信系统股份有限公司 | 梁江特服号码管理操作软件 V2.0 |
| 1656 | 上海梁江通信系统股份有限公司 | 梁江短信数据分析软件 V2.0 |
| 1657 | 上海梁江通信系统股份有限公司 | 梁江短信业务管理软件 V2.0 |

续 表

| 序号 | 企业名称 | 软件产品名称 |
| --- | --- | --- |
| 1658 | 上海梁江通信系统股份有限公司 | 梁江双机冗余控制软件 V2.0 |
| 1659 | 上海梁江通信系统股份有限公司 | 梁江特服号码处理软件 V2.0 |
| 1660 | 上海梁江通信系统股份有限公司 | 梁江短信防火墙软件 V2.0 |
| 1661 | 上海金菊信息科技有限公司 | 金菊网络电视智能管理软件 V6.0 |
| 1662 | 上海环思信息技术有限公司 | 环思印染生产管理 ERP 软件 V5.1 |
| 1663 | 上海环思信息技术有限公司 | 环思纺织生产管理 ERP 软件 V5.1 |
| 1664 | 上海环思信息技术有限公司 | 环思毛纺生产管理 ERP 软件 V5.1 |
| 1665 | 上海鑫剑信息技术有限公司 | 鑫剑数字化(OA)办公智能管理软件 V6.0 |
| 1666 | 上海鑫剑信息技术有限公司 | 鑫剑财务资料智能管理软件 V6.0 |
| 1667 | 上海鑫剑信息技术有限公司 | 鑫剑校友录智能管理软件 V6.0 |
| 1668 | 上海鑫剑信息技术有限公司 | 鑫剑多媒体网络教室软件 V6.0 |
| 1669 | 上海鑫剑信息技术有限公司 | 鑫剑排课智能管理软件 V6.0 |
| 1670 | 上海鑫剑信息技术有限公司 | 鑫剑教育现代化数字校园软件 V6.0 |
| 1671 | 上海鑫剑信息技术有限公司 | 鑫剑在线备课智能建库软件 V6.0 |
| 1672 | 上海鑫剑信息技术有限公司 | 鑫剑教师档案智能管理软件 V6.0 |
| 1673 | 上海鑫剑信息技术有限公司 | 鑫剑在线学习智能管理软件 V6.0 |
| 1674 | 上海鑫剑信息技术有限公司 | 鑫剑班班通互动教学管理软件 V6.0 |
| 1675 | 上海东欣软件工程有限公司 | 东欣修船结算管理软件 V1.0 |
| 1676 | 上海东欣软件工程有限公司 | 东欣修船物流管理软件 V1.0 |
| 1677 | 上海朝阳永续信息技术有限公司 | 朝阳永续中证数据分析软件 V1.0 |
| 1678 | 上海朝阳永续信息技术有限公司 | 朝阳永续私募数据分析软件 V1.0 |
| 1679 | 上海摩臣信息技术有限公司 | 摩臣移动 RFID 管理软件 V1.0 |
| 1680 | 上海恺擎软件开发有限公司 | 恺擎中学地理信息教学软件 V1.0 |
| 1681 | 君岳信息科技(上海)有限公司 | 君岳视频业务运营管理软件 V1.0 |
| 1682 | 上海北信源信息技术有限公司 | 北信源内网安全及补丁分发软件 V6.6 |
| 1683 | 上海汉翔信息技术有限公司 | TouchPal 输入法软件[简称：TouchPal Input Solution] V5.0 |
| 1684 | 上海网动信息技术有限公司 | 网动 IPTV 视频点播软件 V1.1 |
| 1685 | 上海凡诚软件有限公司 | 凡诚无线打印管家软件[简称：无线打印管家]V1.0 |
| 1686 | 上海三淼软件有限公司 | 三淼基础资料录入系统应用软件 V1.0 |
| 1687 | 上海三淼软件有限公司 | 三淼抄表机抄表系统应用软件 V1.0 |
| 1688 | 上海三淼软件有限公司 | 三淼大厅收费服务器端应用软件 V1.0 |
| 1689 | 上海三淼软件有限公司 | 三淼自来水销户系统应用软件 V1.0 |
| 1690 | 上海三淼软件有限公司 | 三淼大厅收费客户端应用软件 V1.0 |
| 1691 | 上海三淼软件有限公司 | 三淼短信催缴水费系统应用软件 V1.0 |

续 表

| 序号 | 企业名称 | 软件产品名称 |
|---|---|---|
| 1692 | 上海三淼软件有限公司 | 三淼网站查询水费接口应用软件 V1.0 |
| 1693 | 上海三淼软件有限公司 | 三淼自来水过户系统应用软件 V1.0 |
| 1694 | 上海富勒信息科技有限公司 | 富勒 FLUX TMS 运输管理软件 V1.0 |
| 1695 | 上海索谷软件技术有限公司 | 索谷制造执行管理软件 V1.0 |
| 1696 | 上海熙菱信息技术有限公司 | 熙菱数据质量检查平台软件 V1.0 |
| 1697 | 上海熙菱信息技术有限公司 | 熙菱数据比对平台软件 V1.0 |
| 1698 | 上海熙菱信息技术有限公司 | 熙菱数据报送平台软件 V1.0 |
| 1699 | 上海熙菱信息技术有限公司 | 熙菱资源采集平台软件 V1.0 |
| 1700 | 上海熙菱信息技术有限公司 | 熙菱指标分析平台软件 V1.0 |
| 1701 | 上海熙菱信息技术有限公司 | 熙菱多维查询平台软件 V1.0 |
| 1702 | 上海文广科技(集团)有限公司 | 文广电视节目内容编目支撑服务软件 V1.0 |
| 1703 | 上海文广科技(集团)有限公司 | 文广视频播出服务器软件 V1.0 |
| 1704 | 上海文广科技(集团)有限公司 | 文广播出控制软件 V1.0 |
| 1705 | 上海文广科技(集团)有限公司 | 文广编单管理软件 V1.0 |
| 1706 | 上海八方视界网络科技有限公司 | 唯智学园游戏软件[简称：唯智学园]V1.0 |
| 1707 | 上海美勋智软件科技有限公司 | 美勋智安全信息网关 SMG 软件[简称：SMG]V6.5 |
| 1708 | 上海金证高科技有限公司 | 金证股权登记托管软件 V3.0 |
| 1709 | 上海橡果好记星软件技术发展有限公司 | 橡果供应链信息管理软件 V1.0 |
| 1710 | 上海旭游网络技术有限公司 | 旭游兄弟篮球网页游戏软件 V1.0 |
| 1711 | 上海得鸿机电设备有限公司 | 得鸿精控焊接软件 V9.82 |
| 1712 | 上海高智软件系统有限公司 | 高智深度检查工具软件 V1.0 |
| 1713 | 上海方库信息科技有限公司 | 方库网优模型协同开发环境软件[简称：CDE]V1.0 |
| 1714 | 上海益盟软件技术有限公司 | 益盟操盘手专业版软件[简称：专业版]V1.0 |
| 1715 | 上海创盈先科信息技术有限公司 | 益盟操盘手掘金版软件[简称：掘金版]V1.0 |
| 1716 | 上海农业信息有限公司 | 上农信蔬菜加工配送与物流管理软件 V1.0 |
| 1717 | 派程(上海)软件科技有限公司 | Asprova 高级生产排程软件 V8.0 |
| 1718 | 上海熠傲信息科技有限公司 | 熠傲电子商务平台软件 V1.0 |
| 1719 | 上海高阳蓝帆信息科技有限公司 | 高阳蓝帆舆情监测软件 V1.0 |
| 1720 | 上海德禧信息科技有限公司 | 德禧 DMES 制造执行软件 V2.0 |
| 1721 | 上海许继电气有限公司 | 许继保信子站自动测试软件 V1.0 |
| 1722 | 上海许继电气有限公司 | 许继故障录波联网管理软件 V1.0 |
| 1723 | 上海同慧软件技术有限公司 | 同慧 AMES 统一设计过程管理平台软件 V1.0 |
| 1724 | 载信软件(上海)有限公司 | 载信 SF1R-搜索引擎软件 V2.0 |
| 1725 | 上海缔合信息科技有限公司 | 缔合班班通软件 V1.0 |

续 表

| 序号 | 企业名称 | 软件产品名称 |
|---|---|---|
| 1726 | 上海华兴数字科技有限公司 | 华兴工程机械控制软件 V2.00 |
| 1727 | 我查查信息技术(上海)有限公司 | 我查查 android 手机条码比价软件[简称：条码比价软件]V1.0 |
| 1728 | 上海飞旗网络技术有限公司 | F7 Optimal AoS 应用优化软件[简称：Optimal AoS]V3.6.10 |
| 1729 | 上海飞旗网络技术有限公司 | F7 Optimal QoS 资源优化软件[简称：Optimal QoS]V3.6.10 |
| 1730 | 上海候鸟科技有限公司 | 候鸟中小企业综合安全软件[简称：候鸟综合安全软件]V2.120 |
| 1731 | 世问信息技术(上海)有限公司 | 世问企业资源管理软件[简称：世问 ERP]V1.0 |
| 1732 | 上海企望信息科技有限公司 | 企望电子商务平台软件[简称：企望电子商务平台]V2.0 |
| 1733 | 理想能源设备(上海)有限公司 | 理想金属有机化合物化学气相沉积设备控制软件[简称：IE MOCVD 控制软件]V1.0 |
| 1734 | 上海和为科技有限公司 | 和为档案信息网格平台软件[简称：档案网格]V1.0 |
| 1735 | 上海宝信软件股份有限公司 | 宝信企业服务总线软件[简称：iXBus]V1.0 |
| 1736 | 上海宝信软件股份有限公司 | 宝信冶金行业 MES 业务建模软件[简称：BPM－M]V2.0 |
| 1737 | 上海宝信软件股份有限公司 | 宝信大型活动交通诱导疏散与人流均衡联动平台软件[简称：TLPLA]V1.0 |
| 1738 | 上海宝信软件股份有限公司 | 宝信钢铁企业电力负荷预测平台软件[简称：宝信 PowerFC]V1.0 |
| 1739 | 上海宝信软件股份有限公司 | 宝信政务信息资源管理及开发利用软件[简称：eGRMS]V2.0 |
| 1740 | 上海宝信软件股份有限公司 | 宝信技术创新平台管理软件[简称：IM Software]V2.0 |
| 1741 | 上海飞田通信技术有限公司 | 飞田 MCU 多协议车辆监控通信网关软件 V1.0 V1.0 |
| 1742 | 上海大智慧股份有限公司 | 大智慧金融工程实验室数据软件[简称：金融工程实验室]V7.02 |
| 1743 | 上海德仁橡塑机械有限公司 | 德仁精密预成型机自动控制软件[简称：Sh－Deren PPAS]V1.0 |
| 1744 | 上海宝信软件股份有限公司 | 宝信信息系统平台软件[简称：iplatpro]V1.0 |
| 1745 | 东方钢铁电子商务有限公司 | 东方钢铁企业办公文具采购平台软件[简称：BSTEEL－E－OSP]V1.0 |
| 1746 | 东方钢铁电子商务有限公司 | 东方钢铁供应链融资服务平台软件[简称：BSTEEL－SCF]V1.0 |
| 1747 | 东方钢铁电子商务有限公司 | 东方钢铁差旅服务管理平台软件[简称：BSTEEL－E－CL]V1.0 |
| 1748 | 上海吉联新软件股份有限公司 | 吉联新船舶代理管理软件[简称：G_MAS]V1.0 |
| 1749 | 上海吉联新软件股份有限公司 | 吉联新集装箱班轮运输综合业务管理平台软件[简称：SITC_MIS]V1.0 |
| 1750 | 上海天用唯勤软件技术有限公司 | 天用唯勤公积金管理软件 V1.0 |
| 1751 | 上海金禹罗博电子科技有限公司 | 金禹罗博医院门诊采血智能管理软件[简称：BCMS]V1.0 |

续 表

| 序号 | 企业名称 | 软件产品名称 |
|---|---|---|
| 1752 | 百度(中国)有限公司 | 百度网络动态搜索排名软件[简称：sf-web]V11.0 |
| 1753 | 百度(中国)有限公司 | 百度网络推广应用管理软件[简称：ALB ]V5.4 |
| 1754 | 百度(中国)有限公司 | 百度火爆地带客户管理软件[简称：FS]V3.8 |
| 1755 | 上海傲威通信科技有限公司 | 傲威 IPPBX 调度台软件[简称：IPPBX 调度台]V1.0 |
| 1756 | 上海傲威通信科技有限公司 | 傲威办公协同软件[简称：Communication Spirit]V1.0 |
| 1757 | 上海傲威通信科技有限公司 | 傲威数字程控交换机软件[简称：AVX]V1.0 |
| 1758 | 上海科大智能科技股份有限公司 | CSG-KDGIS 电力地理信息软件[简称：CSG-KDGIS]V3.0 |
| 1759 | 上海科大智能科技股份有限公司 | CSG-RMS 用电服务及报修管理软件[简称：CSG-RMS]V2.0 |
| 1760 | 上海科大智能科技股份有限公司 | CSG-Net Man 配电通信网管软件[简称：CSG-Net Man]V1.0 |
| 1761 | 上海科大智能科技股份有限公司 | CSG-PMMIS100 电力市场管理信息软件[简称：CSG-PMMIS100]V2.0 |
| 1762 | 上海科大智能科技股份有限公司 | CSG-PWIS100 电网作业信息管理软件[简称：CSG-PWIS100]V2.0 |
| 1763 | 上海科大智能科技股份有限公司 | CSG-AMR2100 用电信息采集软件[简称：CSG-AMR2100]V2.0 |
| 1764 | 霍尼韦尔综合科技(中国)有限公司 | 霍尼韦尔 DL Automation 自动化工具软件 V2.0 |
| 1765 | 霍尼韦尔综合科技(中国)有限公司 | 霍尼韦尔 Dimensions Automation 软件 V1.0 |
| 1766 | 霍尼韦尔综合科技(中国)有限公司 | 霍尼韦尔便携式 MiniTiger 分析仪软件 V2.0 |
| 1767 | 霍尼韦尔综合科技(中国)有限公司 | 霍尼韦尔 Sentinel 嵌入式航空导航软件 V1.06 |
| 1768 | 霍尼韦尔综合科技(中国)有限公司 | 霍尼韦尔驾驶舱 CMS 系统仿真软件 V2.0 |
| 1769 | 上海柯华软件有限公司 | 柯华金点子创意信息收集软件[简称：金点子]V1.0 |
| 1770 | 上海柯华软件有限公司 | 柯华文档自动生成 PDF 工具软件[简称：PDF 生成工具软件]V1.0 |
| 1771 | 上海伟凡数据系统有限公司 | 伟凡 i-Marketingone 邮件数据库营销软件 V2.0 |
| 1772 | 上海伟凡数据系统有限公司 | 伟凡 eweibo 微博营销分析软件 V1.0 |
| 1773 | 上海容恒信息科技有限公司 | iPensee[随想]餐饮管理软件 V1.0 |
| 1774 | 上海阿尔卡特网络支援系统有限公司 | SANSS IT 数据比对平台软件[简称：IT 数据比对平台]V1.0 |
| 1775 | 上海我要网络发展有限公司 | 51 网络社区内容审核软件 V1.0 |
| 1776 | 升东网络科技发展(上海)有限公司 | 升东新炫舞游戏运营系统管理软件 V1.0 |
| 1777 | 上海鸣志自动控制设备有限公司 | “小神探”在线数据采集管理软件 V1.0 |
| 1778 | 上海全景数字技术有限公司 | 全景 IPC-5501 高清智能网络摄像机软件 V0.3.5 |
| 1779 | 上海全景数字技术有限公司 | 全景 DVT-5506B 标清基本型机顶盒软件 V1.0 |
| 1780 | 上海全景数字技术有限公司 | 全景 NVR-7016 网络视频录制服务器软件 V0.3.3 |
| 1781 | 上海全景数字技术有限公司 | 全景互动高清节目导视后台管理软件 V1.0 |

续 表

| 序号 | 企业名称 | 软件产品名称 |
| --- | --- | --- |
| 1782 | 上海全景数字技术有限公司 | 全景互动点播—数字媒体内容发布管理软件 V1.0 |
| 1783 | 上海全景数字技术有限公司 | 全景机顶盒下载软件应用仓库软件 V1.0 |
| 1784 | 上海全景数字技术有限公司 | 全景互动点播—媒资管理软件 V3.0 |
| 1785 | 上海全景数字技术有限公司 | 全景 OCN 综合业务运营支撑软件 V1.0 |
| 1786 | 京瓷信息系统(上海)有限公司 | 京瓷 LCD 部材管理软件[简称：PPM]V1.0 |
| 1787 | 上海烛龙信息科技有限公司 | 烛龙古剑奇谭换装风采游戏软件 V2.0 |
| 1788 | 上海工业自动化仪表研究院 | SIPAI 工业企业运营协同管理软件 V1.0 |
| 1789 | 上海仪盟电子科技有限公司 | 仪盟色谱系统应用软件[简称：Echrom Chemlab]V1.0 |
| 1790 | 上海纳宇电气有限公司 | 纳宇 800 仪表软件 V1.0 |
| 1791 | 上海纳宇电气有限公司 | 纳宇 810 仪表软件 V1.0 |
| 1792 | 上海微波设备研究所 | SRIME 接收机控制软件 V1.0 |
| 1793 | 上海微波设备研究所 | SRIME 接收设备自动测试软件 V1.0 |
| 1794 | 上海微波设备研究所 | SRIME 信号处理分机控制测试软件 V1.0 |
| 1795 | 上海微波设备研究所 | SRIME 辐射源接收模拟器软件 V1.0 |
| 1796 | 上海微波设备研究所 | SRIME 接口芯片驱动软件 V1.0 |
| 1797 | 上海大峡谷光电科技有限公司 | 大峡谷 LED 照明系统控制软件 V2.0 |
| 1798 | 中国船舶重工集团公司第七一一研究所 | SMDERI 推进系统回旋振动计算软件 V1.0 |
| 1799 | 上海高晶金属探测设备有限公司 | 高晶激光裁剪控制软件 V1.0 |
| 1800 | 上海高晶金属探测设备有限公司 | 高晶色选机软件 V1.0 |
| 1801 | 上海高晶金属探测设备有限公司 | 高晶鞋类 X 射线异物探测软件 V1.0 |
| 1802 | 上海高晶影像科技有限公司 | 高晶罐头食品 X 射线异物探测软件 V1.0 |
| 1803 | 上海高晶影像科技有限公司 | 高晶 X 光安检设备控制软件 V1.0 |
| 1804 | 上海盖世网络技术有限公司 | 盖世在线广告推广平台软件 V1.0 |
| 1805 | 上海合协软件有限公司 | 合协人力资源管理软件 V12 |
| 1806 | 锐码软件科技(上海)有限公司 | 锐码科技-零售管理软件 V2.0 |
| 1807 | 上海公共交通卡股份有限公司 | 上海公共交通卡地铁实时充资代理前置软件 V1.0 |
| 1808 | 上海公共交通卡股份有限公司 | 上海公共交通卡公交采集软件 V1.0 |
| 1809 | 上海公共交通卡股份有限公司 | 上海公共交通卡公交结算中心应用软件 V1.0 |
| 1810 | 上海商安科技发展股份有限公司 | 商安项目管理系统应用软件 V1.0 |
| 1811 | 上海笑游信息科技有限公司 | 笑游《悟空传》游戏软件 V1.0 |
| 1812 | 上海华腾数据信息科技有限公司 | 华腾数据一体化收单平台软件 V1.0 |
| 1813 | 上海闻通信息科技有限公司 | 闻通语音定位与智能避障识别软件 V1.0 |
| 1814 | 上海圣兆信息技术有限公司 | 圣兆智能设备管理软件 V1.0 |
| 1815 | 上海圣兆信息技术有限公司 | 圣兆低压集抄设备换装管理软件 V1.0 |

续 表

| 序号 | 企业名称 | 软件产品名称 |
|---|---|---|
| 1816 | 上海海高通信发展有限公司 | 海高联机计费采集云计算平台软件 V1.0 |
| 1817 | 上海克拉底网络科技有限公司 | 克拉底医药流向管理软件 V1.0 |
| 1818 | 上海克拉底网络科技有限公司 | 克拉底费用管理软件 V1.0 |
| 1819 | 上海易炬信息科技有限公司 | 易炬 EasyDial 智能手机拨号盘软件 V1.0 |
| 1820 | 上海申银万国证券研究所有限公司 | 申银万国晨会纪要管理软件 V1.0 |
| 1821 | 上海申银万国证券研究所有限公司 | 申银万国关键假设表管理软件 V1.0 |
| 1822 | 上海申银万国证券研究所有限公司 | 申银万国可转债券分析软件 V1.0 |
| 1823 | 上海申银万国证券研究所有限公司 | 申银万国外部网站数据抓取软件 V1.0 |
| 1824 | 上海申银万国证券研究所有限公司 | 申银万国权证分析软件 V1.0 |
| 1825 | 上海申银万国证券研究所有限公司 | 申万云搜索平台软件 V1.0 |
| 1826 | 上海申银万国证券研究所有限公司 | 申银万国海外估值模型软件 V1.0 |
| 1827 | 上海申银万国证券研究所有限公司 | 申银万国仓位估算模型软件 V1.0 |
| 1828 | 上海申银万国证券研究所有限公司 | 申银万国 Wiki 平台软件 V1.0 |
| 1829 | 上海申银万国证券研究所有限公司 | 申银万国数据发布平台软件 V2.0 |
| 1830 | 上海申银万国证券研究所有限公司 | 申银万国数据展现工具软件 V1.0 |
| 1831 | 上海申银万国证券研究所有限公司 | 申银万国指数实时计算软件 V2.0 |
| 1832 | 上海起陆信息技术有限公司 | 起陆修罗 OL 网络游戏软件 V1.0 |
| 1833 | 上海真灼电子技术有限公司 | 真灼 RFID 藏品管理软件 V1.0 |
| 1834 | 上海创意城市科技发展有限公司 | 创意城市 iPad 多媒体展示软件 V1.0 |
| 1835 | 上海摩凡网络科技有限公司 | 摩凡飞火网络游戏软件 V1.0 |
| 1836 | 上海织泰信息科技有限公司 | 织泰条码管理软件 V2.0 |
| 1837 | 上海金桥信息股份有限公司 | 金桥远程管家软件 V1.0 |
| 1838 | 上海企源科技有限公司 | AMT 会计师事务所协同项目管理解决方案软件 V1.0 |
| 1839 | 上海企源科技有限公司 | AMT 通信与信息技术行业调研解决方案软件 V1.0 |
| 1840 | 上海企源科技有限公司 | AMT 大型企业集团流程管理平台软件 V1.0 |
| 1841 | 上海企源科技有限公司 | AMT 移动外勤管理云平台软件 V1.0 |
| 1842 | 上海闻泰电子科技有限公司 | WINGTECH0215 手机软件 V1.0 |
| 1843 | 上海闻泰电子科技有限公司 | WINGTECH8722 手机软件 V1.0 |
| 1844 | 上海闻泰电子科技有限公司 | WINGTECH8122 手机软件 V1.0 |
| 1845 | 上海闻泰电子科技有限公司 | WINGTECH5509 手机软件 V1.0 |
| 1846 | 上海闻泰电子科技有限公司 | WINGTECH5828 手机软件 V1.0 |
| 1847 | 上海闻泰电子科技有限公司 | WINGTECH0326 手机软件 V1.0 |
| 1848 | 上海闻泰电子科技有限公司 | WINGTECH0325 手机软件 V1.0 |
| 1849 | 上海闻泰电子科技有限公司 | WINGTECH0315 手机软件 V1.0 |

续 表

| 序号 | 企业名称 | 软件产品名称 |
|---|---|---|
| 1850 | 上海闻泰电子科技有限公司 | WINGTECH0312 手机软件 V1.0 |
| 1851 | 上海闻泰电子科技有限公司 | WINGTECH0310 手机软件 V1.0 |
| 1852 | 上海闻泰电子科技有限公司 | WINGTECH8752 手机软件 V1.0 |
| 1853 | 上海闻泰电子科技有限公司 | WINGTECH8161 手机软件 V1.0 |
| 1854 | 上海闻泰电子科技有限公司 | WINGTECH8120 手机软件 V1.0 |
| 1855 | 上海闻泰电子科技有限公司 | WINGTECH8175 手机软件 V1.0 |
| 1856 | 上海闻泰电子科技有限公司 | WINGTECH9880 手机软件 V1.0 |
| 1857 | 上海闻泰电子科技有限公司 | WINGTECH8320 手机跑马灯软件 V1.0 |
| 1858 | 上海闻泰电子科技有限公司 | WINGTECH8750 手机软件 V1.0 |
| 1859 | 上海闻泰电子科技有限公司 | WINGTECH8533 手机软件 V1.0 |
| 1860 | 上海闻泰电子科技有限公司 | WINGTECH8025 手机软件 V1.0 |
| 1861 | 上海闻泰电子科技有限公司 | WINGTECH0608 手机软件 V1.0 |
| 1862 | 上海闻泰电子科技有限公司 | WINGTECH8721 手机软件 V1.0 |
| 1863 | 上海闻泰电子科技有限公司 | WINGTECH8636 手机软件 V1.0 |
| 1864 | 上海闻泰电子科技有限公司 | WINGTECH8226 手机软件 V1.0 |
| 1865 | 上海闻泰电子科技有限公司 | WINGTECH8221 手机软件 V1.0 |
| 1866 | 上海酷吧信息技术有限公司 | 酷吧手机 WAP 网游客户端软件 V1.0 |
| 1867 | 上海酷吧信息技术有限公司 | 酷吧手机视频聊天软件 V1.0 |
| 1868 | 上海酷吧信息技术有限公司 | 酷吧手机原罪天使软件 V1.0 |
| 1869 | 上海酷吧信息技术有限公司 | 酷吧手机战争机器软件 V1.0 |
| 1870 | 上海酷吧信息技术有限公司 | 酷吧手机闪邮软件 V1.0 |
| 1871 | 上海酷族信息技术有限公司 | 酷族手机众神之战软件 V1.0 |
| 1872 | 上海酷族信息技术有限公司 | 酷族手机气象台软件 V1.0 |
| 1873 | 上海酷族信息技术有限公司 | 酷族手机免费乐园软件 V1.0 |
| 1874 | 上海酷族信息技术有限公司 | 酷族手机皇牌空战软件 V1.0 |
| 1875 | 上海酷族信息技术有限公司 | 酷族手机孤岛软件 V1.0 |
| 1876 | 上海梦地仪器制造有限公司 | 梦地多通道三组份全自动远程配气软件[简称：三组份比例阀配气系统]V1.0 |
| 1877 | 上海梦地仪器制造有限公司 | 梦地燃气热水器通用检测软件[简称：燃气热水器检测平台]V1.0 |
| 1878 | 上海梦地仪器制造有限公司 | 梦地 KLJ－D 型微泄漏检测软件[简称：KLJ－D 型微泄漏检测]V1.0 |
| 1879 | 上海众毅工业控制技术有限公司 | 众毅 LED 屏控制软件 V1.0 |
| 1880 | 上海实时数据软件有限公司 | 上实 RBI－特征数据梳理与属性定义软件[简称：RBI－TZDATA]V1.0 |
| 1881 | 上海合胜计算机科技有限公司 | 合胜销售预测管理软件 V1.0 |

续 表

| 序号 | 企业名称 | 软件产品名称 |
|---|---|---|
| 1882 | 上海合胜计算机科技有限公司 | 合胜容量管理软件 V1.0 |
| 1883 | 上海合胜计算机科技有限公司 | 合胜新能源行业综合监控软件 V1.0 |
| 1884 | 上海合胜计算机科技有限公司 | 合胜文档安全管理软件 V1.0 |
| 1885 | 上海合胜计算机科技有限公司 | 合胜集中监控平台软件 V1.0 |
| 1886 | 上海神计信息系统工程有限公司 | 腾翌 TeamEngine IM 座席服务器软件 V1.0 |
| 1887 | 中标软件有限公司 | 中标普华 office 办公软件 V6.0 |
| 1888 | 上海贝尔软件有限公司 | 贝尔 WCDMA 移动通信无线网络软件[简称：WCDMA UTRAN SW]V3.0 |
| 1889 | 上海贝肯软件有限公司 | 贝肯小企业财务管理软件 V2.0 |
| 1890 | 上海思传智能技术有限公司 | 思传福利院人员定位及智能管理软件 V1.0 |
| 1891 | 上海尧辰网络科技有限公司 | 尧辰直播点播流媒体软件 V1.0 |
| 1892 | 上海昊威信息技术有限公司 | 昊威 BussinessBuilding 商业连锁管理综合信息软件 V2.0 |
| 1893 | 上海柏科实业有限公司 | 柏科 IS-BCM 容灾管理软件 V3.0 |
| 1894 | 上海光极源网络科技有限公司 | 光极源战国春秋游戏软件[简称：战国春秋]V1.0 |
| 1895 | 上海营康计算机科技有限公司 | 金钥匙医院移动营养点餐软件 V1.0 |
| 1896 | 上海营康计算机科技有限公司 | 金钥匙营养专家软件 V3.0 |
| 1897 | 上海实地信息技术有限公司 | 实地知识库管理平台软件 V1.0 |
| 1898 | 上海兴安得力软件有限公司 | 兴安得力建设之星项目管理软件 V1.0 |
| 1899 | 上海兴安得力软件有限公司 | 兴安得力 08 清单计价向导软件 V1.7 |
| 1900 | 上海信译软件技术开发有限公司 | 信译 iTravChina 列车时刻表软件 V1.0 |
| 1901 | 上海睿柯科技发展有限公司 | 睿柯服装裁剪分床与施料最优方案智能化软件 V1.0 |
| 1902 | 杰同信息技术(上海)有限公司 | 杰同企业信息内容管理平台软件 V1.0 |
| 1903 | 上海锐赢教育信息咨询有限公司 | 纽迈思国际数学教育软件[简称：纽迈思软件]V1.0 |
| 1904 | 上海景域文化传播有限公司 | 驴妈妈电子传真软件 V1.0 |
| 1905 | 上海景域文化传播有限公司 | 驴妈妈电子货架软件 V1.0 |
| 1906 | 上海景域文化传播有限公司 | 驴妈妈订单支撑软件 V1.0 |
| 1907 | 上海景域文化传播有限公司 | 驴妈妈 E 景通软件 V2.0 |
| 1908 | 上海景域文化传播有限公司 | 驴妈妈电子票务销售软件 V1.0 |
| 1909 | 上海景域文化传播有限公司 | 驴妈妈电子订购软件 V1.0 |
| 1910 | 上海景域文化传播有限公司 | 驴妈妈服务站销售软件 V1.0 |
| 1911 | 上海景域文化传播有限公司 | 驴妈妈旅游目的地营销软件 V1.0 |
| 1912 | 上海景域文化传播有限公司 | 驴妈妈酒店预订软件 V1.0 |
| 1913 | 上海景域文化传播有限公司 | 驴妈妈 iPhone 客户端软件 V1.0 |
| 1914 | 上海景格汽车科技有限公司 | 景格汽车教学资源平台软件 V1.0 |

续 表

| 序号 | 企业名称 | 软件产品名称 |
|---|---|---|
| 1915 | 上海谷马信息技术有限公司 | 谷马酷贸网电子商务俱乐部平台软件[简称：酷贸网]V1.0 |
| 1916 | 上海欧俊信息技术有限公司 | 欧俊基于Windchill产品全生命周期解决方案软件V1.0 |
| 1917 | 上海杰图软件技术有限公司 | 杰图三维物体展示制作软件[简称：造型师]V3.00 |
| 1918 | 上海物创信息科技有限公司 | 物创物流与供应链信息管理平台软件V5.0 |
| 1919 | 上海新浪乐居信息科技有限公司 | 乐居用户系统管理软件[简称：UMS]V2.0 |
| 1920 | 上海博通安全设备有限公司 | 博通IP PBX装置管理系统平台软件V1.0 |
| 1921 | 上海博通安全设备有限公司 | 博通BBS用户管理系统平台软件V1.0 |
| 1922 | 上海房信信息技术有限公司 | 房信内容管理软件[简称：CMS]V1.0 |
| 1923 | 上海新浪乐居信息科技有限公司 | 乐居房产电子商务操作平台软件[简称：房产电商]V1.0 |
| 1924 | 上海新浪乐居信息科技有限公司 | 乐居房产电子商务管理平台软件V1.0 |
| 1925 | 上海北塔软件股份有限公司 | 北塔IT运维集中管理软件V1.0 |
| 1926 | 上海三高计算机中心股份有限公司 | 三高自来水营业收费软件[简称：自来水营收软件]V7.0 |
| 1927 | 上海启明谐鸿信息科技有限公司 | 启明谐鸿手机增值服务内容发布管理软件V1.5 |
| 1928 | 上海古鳌电子科技股份有限公司 | 古鳌GA-10800型纸币清分机软件V1.0 |
| 1929 | 上海古鳌电子科技股份有限公司 | 古鳌GA-3210型纸币清分机软件V1.0 |
| 1930 | 上海亿通国际股份有限公司 | 亿通国际特殊限定条件下多样化物流作业调度软件[简称：亿通物流调度软件]V1.0 |
| 1931 | 上海亿通国际股份有限公司 | 亿通国际商业供应链协同管理软件V1.0 |
| 1932 | 杰脉通信技术(上海)有限公司 | 杰脉TD-SCDMA专用基站操作维护软件[简称：D200A_OAM]V1.0 |
| 1933 | 上海路歌信息技术有限公司 | 路歌超市顾客服务终端软件V1.0 |
| 1934 | 上海路歌信息技术有限公司 | 路歌超市顾客服务器软件V1.0 |
| 1935 | 上海城市地理信息系统发展有限公司 | 城地产业区综合信息管理软件V1.0 |
| 1936 | 上海城市地理信息系统发展有限公司 | 城地地理信息共享交换软件V1.0 |
| 1937 | 上海尔凌软件科技有限公司 | 20-20家具企业管理软件V5 |
| 1938 | 上海海尔集成电路有限公司 | “上海海尔集成”C语言编译软件V1.0 |
| 1939 | 上海东欣软件工程有限公司 | 东欣造船劳动力资源管理软件V3.0 |
| 1940 | 上海东欣软件工程有限公司 | 东欣造船质量管理软件V3.0 |
| 1941 | 上海亚太计算机信息系统有限公司 | 亚太充值卡管理软件V1.0 |
| 1942 | 上海亚太计算机信息系统有限公司 | 亚太加油卡客户管理软件V1.0 |
| 1943 | 上海莱乾信息科技有限公司 | 莱乾新世界教育集团财务审批软件V2.0 |
| 1944 | 上海莱乾信息科技有限公司 | 莱乾新世界教育集团爱马德管理信息软件V1.0 |
| 1945 | 上海诺诚电气有限公司 | NCC NCERP系列脑电图与诱发电位仪软件V1.0 |

续 表

| 序号 | 企业名称 | 软件产品名称 |
|---|---|---|
| 1946 | 上海诺诚电气有限公司 | NCC MyoMove 系列表面肌电图仪软件 V1.0 |
| 1947 | 上海诺诚电气有限公司 | NCC MyoNet 系列肌电生物反馈仪软件 V1.0 |
| 1948 | 上海诺诚电气有限公司 | NCC MyoVoice 系列肌电声音反馈仪软件 V1.0 |
| 1949 | 上海欧虎网络科技有限公司 | 欧虎会计专家资料库软件 V2011 |
| 1950 | 上海欧虎网络科技有限公司 | 欧虎连锁酒店管理软件 V2011 |
| 1951 | 上海欧虎网络科技有限公司 | 欧虎人力资源管理软件 V2011 |
| 1952 | 上海合康软件有限公司 | 合康开放式基金代销软件 V2.0 |
| 1953 | 上海中船船舶设计技术国家工程研究中心有限公司 | 中船起重船配载软件 V1.0 |
| 1954 | 上海中船船舶设计技术国家工程研究中心有限公司 | 中船船舶模拟信号及综合通讯软件 V1.0 |
| 1955 | 上海中船船舶设计技术国家工程研究中心有限公司 | 中船船舶后勤管理统一平台软件 V1.0 |
| 1956 | 上海克而瑞信息技术有限公司 | CRIC 预算管理软件 V1.0 |
| 1957 | 上海隆腾信息技术有限公司 | 隆腾速飞条形码管理软件 V7.0 |
| 1958 | 上海智凯信息科技有限公司 | 智凯盘古引擎软件 V1.0 |
| 1959 | 上海铁大电信设备有限公司 | 铁大 TJWX－2010－td 信号集中监测软件 V1.0 |
| 1960 | 上海华虹计通智能系统股份有限公司 | HHJT 轮渡站售检票应用软件 V1.0 |
| 1961 | 上海华虹计通智能系统股份有限公司 | HHJT RFID 设备管理信息系统应用软件 V1.0 |
| 1962 | 上海华虹计通智能系统股份有限公司 | HHJT RFID 自动检票机软件 V1.0 |
| 1963 | 上海华虹计通智能系统股份有限公司 | HHJT 展博会读写器嵌入式软件 V1.0 |
| 1964 | 上海华虹计通智能系统股份有限公司 | HHJT 展博会挂壁式检票机嵌入式软件 V1.0 |
| 1965 | 上海华虹计通智能系统股份有限公司 | HHJT 免票及优惠管理系统应用软件 V1.0 |
| 1966 | 上海乾隆高科技有限公司 | 钱龙证券投资分析软件(网络版)V4.75 |
| 1967 | 上海乾隆高科技有限公司 | 钱龙移动证券平板电脑软件 V3.0 |
| 1968 | 上海乾隆高科技有限公司 | 钱龙移动证券手机软件 V3.0 |
| 1969 | 上海乾隆高科技有限公司 | 钱龙高频数据中心软件 V3.0 |
| 1970 | 上海科湃腾信息科技有限公司 | 科湃腾全混合日粮管理软件 V1.0 |
| 1971 | 上海跃翊信息科技有限公司 | 跃翊医院预约信息管理软件[简称：RIMS]V1.0 |
| 1972 | 上海跃翊信息科技有限公司 | 跃翊远程专家会诊软件[简称：DECS]V1.0 |
| 1973 | 上海南康科技有限公司 | 南康测绘成果管理软件 V1.0 |
| 1974 | 上海南康科技有限公司 | 南康访谈专家软件 V2.0 |
| 1975 | 上海南康科技有限公司 | 南康房屋属性分类管理软件 V1.0 |
| 1976 | 上海安硕信息技术股份有限公司 | 安硕财务分析软件 V1.0 |

续 表

| 序号 | 企业名称 | 软件产品名称 |
|---|---|---|
| 1977 | 上海安硕信息技术股份有限公司 | 安硕规则引擎软件 V1.0 |
| 1978 | 上海安硕信息技术股份有限公司 | 安硕个人征信上报软件 V3.1 |
| 1979 | 上海安硕信息技术股份有限公司 | 安硕企业征信上报软件 V3.6 |
| 1980 | 上海安硕信息技术股份有限公司 | 安硕信贷管理软件 V6.6 |
| 1981 | 上海大智慧投资咨询有限公司 | 大智慧局域网服务器版软件[简称：局域网服务器版] V4.1 |
| 1982 | 上海大智慧投资咨询有限公司 | 大智慧百分百一号投资顾问软件[简称：百分百一号投资顾问]V1.0 |
| 1983 | 上海海争电子科技有限公司 | 海争在线物联网软件 V1.0 |
| 1984 | 巨联信息科技(上海)有限公司 | 巨联 DL－HD3602 数字电视接收机软件[简称：DL－HD3602]V1.0 |
| 1985 | 上海华腾软件系统有限公司 | TOP SRA 基于路网化运营的多方收益清分比例生成软件 V1.0 |
| 1986 | 上海华腾软件系统有限公司 | TOP RULES 智能规则引擎管理软件 V2.0 |
| 1987 | 上海华腾软件系统有限公司 | TOP MPAY 基于手机现场支付的业务软件 V1.0 |
| 1988 | 上海华腾软件系统有限公司 | TOP CAMS 信用卡申请征审软件 V1.0 |
| 1989 | 波克城市网络科技(上海)有限公司 | 波克城市捕鱼达人 web 版软件 V1.0 |
| 1990 | 波克城市网络科技(上海)有限公司 | 波克城市休闲网络棋牌游戏软件 V1.0 |
| 1991 | 上海汉顺信息科技有限公司 | 汉顺制造执行系统服务器端软件 V1.1 |
| 1992 | 上海宇龙软件工程有限公司 | 宇龙数控加工仿真软件 V4.8 |
| 1993 | 上海宇龙软件工程有限公司 | 宇龙数控机床结构原理仿真软件 V1.0 |
| 1994 | 上海掌讯信息技术有限公司 | 掌讯动画书软件 V1.0 |
| 1995 | 上海新致软件有限公司 | 新致数字化加工管理软件 V1.0 |
| 1996 | 上海新致软件有限公司 | 新致 NewtouchOne Archetypes 开发框架平台软件 V1.0 |
| 1997 | 上海新致软件有限公司 | 新致软件外包技术及管理平台软件 V1.0 |
| 1998 | 上海皓维电子有限公司 | 皓维高清数字视频监控客户端软件 V1.0 |
| 1999 | 上海皓维电子有限公司 | 皓维高清数字摄像机 1080P 软件 V1.0 |
| 2000 | 上海皓维电子有限公司 | 皓维网络视频存储服务软件 V1.0 |
| 2001 | 环众软件(上海)有限公司 | 环众物流单证比赛软件 V2.0 |
| 2002 | 环众软件(上海)有限公司 | 环众物流理论测评软件 V2.0 |
| 2003 | 上海通慧软件有限公司 | 通慧进销存网络版软件 V3.1 |
| 2004 | 上海宝景信息技术发展有限公司 | 宝景项目管理信息软件 V1.0 |
| 2005 | 上海光华冠群软件有限公司 | 光华冠群 EasySP 互联网增值服务管理软件 V3.0 |
| 2006 | 上海延华多媒体有限公司 | 延华《眼疾手快》自动控制应用软件 V1.0 |
| 2007 | 上海延华多媒体有限公司 | 延华《桩上飞步》自动控制应用软件 V1.0 |
| 2008 | 万达信息股份有限公司 | 万达 XML 交易 & 消息中间件软件 V3.0 |

续 表

| 序号 | 企业名称 | 软件产品名称 |
|---|---|---|
| 2009 | 得理电子(上海)有限公司 | 得理钢琴助手软件 V1.0 |
| 2010 | 民理达软件(上海)有限公司 | 民理达键盘助手软件 V1.0 |
| 2011 | 上海复全网络技术有限公司 | 复全互联网应用智能巡检机器人软件 V1.0 |
| 2012 | 上海海鼎信息工程股份有限公司 | 海鼎电子商务软件[简称：HDEC]V3.0 |
| 2013 | 上海英立视数字科技有限公司 | EVM 综合信息内容管理软件 V1.0 |
| 2014 | 上海英立视数字科技有限公司 | EVM 超级信息打包器播出软件 V1.0 |
| 2015 | 上海英立视数字科技有限公司 | EVM 移动电视综合播出软件 V1.0 |
| 2016 | 上海英立视数字科技有限公司 | EVM 数字电视综合广告软件 V1.0 |
| 2017 | 上海英立视数字科技有限公司 | EVM EPG 电子节目指南软件 V1.0 |
| 2018 | 上海英立视数字科技有限公司 | EVM 嵌入式 Flash 软件 V1.0 |
| 2019 | 上海英立视数字科技有限公司 | EVM 全媒体嵌入式中间件软件 V1.0 |
| 2020 | 上海英立视数字科技有限公司 | EVM 时移电视软件 V1.0 |
| 2021 | 上海英立视数字科技有限公司 | EVM 交互电视增强型业务软件 V1.0 |
| 2022 | 上海英立视数字科技有限公司 | EVM 全媒体 CDN 软件 V1.0 |
| 2023 | 上海英立视数字科技有限公司 | EVM 全媒体嵌入式浏览器-中间件软件 V1.0 |
| 2024 | 上海英立视数字科技有限公司 | EVM 全媒体互动电视软件 V1.0 |
| 2025 | 上海英立视数字科技有限公司 | EVM Push VOD 软件 V1.0 |
| 2026 | 上海英立视数字科技有限公司 | EVM 增强型电视股票软件 V1.0 |
| 2027 | 上海英立视数字科技有限公司 | EVM 网管软件 V1.0 |
| 2028 | 上海英立视数字科技有限公司 | EVM 全媒体互动电视门户软件 V1.0 |
| 2029 | 上海英立视数字科技有限公司 | EVM 全媒体互动电视运营支撑平台软件 V1.0 |
| 2030 | 上海英立视数字科技有限公司 | EVM 网络电视娱乐搜索软件 V1.0 |
| 2031 | 上海英立视数字科技有限公司 | EVM 全媒体电视搜索引擎软件 V1.0 |
| 2032 | 上海英立视数字科技有限公司 | EVM 嵌入式 JDSK 虚拟机软件 V1.0 |
| 2033 | 上海英立视数字科技有限公司 | EVM 全媒体数字存储播出软件 V1.0 |
| 2034 | 上海英立视数字科技有限公司 | EVM 网络电视台多屏门户播出软件 V1.0 |
| 2035 | 上海英立视数字科技有限公司 | EVM 全媒体推流服务器软件 V1.0 |
| 2036 | 上海视涛电子科技有限公司 | 视涛音视频编解码应用软件 V1.0 |
| 2037 | 上海幻维数码创意科技有限公司 | 幻维动画渲染文件自动拆分软件 V1.0 |
| 2038 | 上海幻维数码创意科技有限公司 | 幻维动画流程管理软件 V2.0 |
| 2039 | 上海澳润信息技术有限公司 | 澳润星多业务光电一体化网元管理软件[简称：OTEC NMS]V3.1 |
| 2040 | 上海澳润通信技术有限公司 | 澳润 CATV 网络管理软件 V1.1 |
| 2041 | 上海高迪亚电子系统有限公司 | 高迪亚热泵螺杆控制软件 V1.0 |
| 2042 | 上海昊沧系统控制技术有限责任公司 | 昊沧 DataEasy 中央调度系统平台软件 V3.0 |

续 表

| 序号 | 企业名称 | 软件产品名称 |
|---|---|---|
| 2043 | 上海高创电脑技术工程有限公司 | UPDLMS 分布式灌装监控软件 V1.0 |
| 2044 | 上海荣锟自动化控制技术有限公司 | 荣锟桩工设备监控软件 V2.6 |
| 2045 | 上海梅花信息有限公司 | 梅花 DocShare 文档速享软件 V1.0 |
| 2046 | 上海交鸿数控科技有限公司 | 交鸿相贯线控制软件[简称：PCS]V1.0 |
| 2047 | 上海微知软件科技有限公司 | 微知 HROS 人力资源外包管理软件 V1.0 |
| 2048 | 上海水晶石信息技术有限公司 | 水晶石基于图像特征分析的增强现实软件 V2.0 |
| 2049 | 上海文广科技(集团)有限公司 | 文广视频监控软件 V1.0 |
| 2050 | 上海澳马信息技术服务有限公司 | 澳马巴士公交保险数据库软件 V1.0 |
| 2051 | 上海澳马信息技术服务有限公司 | 澳马纯电动车数据采集分析软件 V1.0 |
| 2052 | 远翔信息技术(上海)有限公司 | 远翔土地开发信息管理软件 V1.0 |
| 2053 | 上海鑫剑信息技术有限公司 | 鑫剑基于智能适应流传输技术的视频点播直播软件 V6.0 |
| 2054 | 世存信息技术(上海)有限公司 | 世存海度 for Windows 数据连携及传输中间件软件 V1.0.0 |
| 2055 | 世存信息技术(上海)有限公司 | 世存海度 Manager 数据连携及传输中间件软件 V1.0.0 |
| 2056 | 世存信息技术(上海)有限公司 | 世存海度 for Linux 数据连携及传输中间件软件 V1.0.0 |
| 2057 | 上海星果网络科技有限公司 | 库库马力游戏软件[简称：库库马力]V1.0 |
| 2058 | 上海孚盟软件有限公司 | 孚盟邮件及客户关系管理软件 V6.5 |
| 2059 | 上海孚盟软件有限公司 | 孚盟移动报价管理软件 V2.0 |
| 2060 | 上海孚盟软件有限公司 | 孚盟外贸客户关系管理软件 V6.5 |
| 2061 | 上海孚盟软件有限公司 | 孚盟电子商务平台软件 V2.0 |
| 2062 | 联芯科技有限公司 | 联芯科技 TD-LTE/TD-SCDMA 终端基带芯片嵌入式软件 V1.0 |
| 2063 | 联芯科技有限公司 | 联芯科技 TD-SCDMA 测试终端协议分析软件[简称：PTAS]V5.0 |
| 2064 | 联芯科技有限公司 | 联芯科技 TD-SCDMA 专业测试模块嵌入式软件[简称：PTMS]V1.1 |
| 2065 | 联芯科技有限公司 | 联芯科技 LARENA 平台流媒体嵌入式软件[简称：PPplayer]V2.0 |
| 2066 | 联芯科技有限公司 | 联芯科技 TD-SCDMA 测试终端工具软件[简称：LTT]V2.0 |
| 2067 | 联芯科技有限公司 | 联芯科技 TD-SCDMA 商用终端测试工具软件[简称：miniTT]V5.0 |
| 2068 | 联芯科技有限公司 | 联芯科技 TD-SCDMA 终端播放器嵌入式软件[简称：LARENA Player]V2.1 |
| 2069 | 联芯科技有限公司 | 联芯科技 TD-SCDMA 无线上网卡嵌入式软件[简称：PhyFA]V2.3 |
| 2070 | 联芯科技有限公司 | 联芯科技 TD-SCDMA 终端基带芯片嵌入式软件 V2.3 |
| 2071 | 联芯科技有限公司 | 联芯科技自动化测试套件软件[简称：ATS]V3.0 |

续 表

| 序号 | 企业名称 | 软件产品名称 |
|---|---|---|
| 2072 | 上海亿阳信通实业有限公司 | 亿阳集团客户业务保障软件[简称：集团客户业务保障系统]V1.0 |
| 2073 | 上海亿阳信通实业有限公司 | 亿阳网络市场支撑软件[简称：网络市场支撑系统]V1.0 |
| 2074 | 国海富兰克林基金管理有限公司上海分公司 | 国海富兰克林基金企业信息门户软件[简称：企业信息门户]V1.0 |
| 2075 | 上海司马信息技术有限公司 | 司马文件管理软件[简称：SmartDC]V1.0 |
| 2076 | 上海商银资讯有限公司 | 商银资讯磁条商务卡软件[简称：磁条商务卡软件]V1.0 |
| 2077 | 上海商银资讯有限公司 | 商银资讯转接平台软件[简称：转接平台软件]V1.0 |
| 2078 | 上海证券通信有限责任公司 | 证券通信服务管理软件 V2.5 |
| 2079 | 上海振华重工(集团)股份有限公司 | ZPMC 数据采集服务器软件[简称：ZPMC OPC Server]V1.0 |
| 2080 | 上海同程信息技术有限公司 | 同程休闲食品管理软件[简称：休闲食品]V1.0 |
| 2081 | 上海同程信息技术有限公司 | 同程餐饮管理软件[简称：餐饮管理]V1.0 |
| 2082 | 上海金蝶软件科技有限公司 | 金蝶 K3 Webshop 管理软件[简称：K3 Webshop]V1.0 |
| 2083 | 达宝软件(上海)有限公司 | 万达宝 J3T－HCM 人才资本管理软件 V3.0 |
| 2084 | 上海埃帕信息科技有限公司 | 埃帕 EasyBMS 全媒体统一业务平台综合客服管理软件 V1.0 |
| 2085 | 上海埃帕信息科技有限公司 | 埃帕 Easy Ordering 网上订餐软件 V1.0.0.0 |
| 2086 | 上海埃帕信息科技有限公司 | 埃帕 Cooling 互联网舆情分析软件 V1.0 |
| 2087 | 上海埃帕信息科技有限公司 | 埃帕 Cooling 输入法软件 V2.2 |
| 2088 | 励元科技(上海)有限公司 | 励元供应链管理软件 V3.0 |
| 2089 | 上海超算并行软件有限责任公司 | 超算基于遗传算法的物流决策支持管理软件[简称：SuperDSS]V2.0 |
| 2090 | 上海金蝶软件有限公司 | 金蝶 KIS 行政事业版软件[简称：金蝶 KIS 行政事业版]V9.0 |
| 2091 | 上海金蝶软件有限公司 | 金蝶 KIS 专业版软件 V12.0 |
| 2092 | 上海金蝶软件有限公司 | 金蝶 KIS 财税王基础版软件[简称：金蝶 KIS 财税王基础版]V8.6 |
| 2093 | 捷玛计算机信息技术(上海)有限公司 | 捷玛物联网平台软件 V1.0 |
| 2094 | 捷玛计算机信息技术(上海)有限公司 | 捷玛高尔夫球场管理软件 V1.0 |
| 2095 | 捷玛计算机信息技术(上海)有限公司 | 捷玛连锁餐饮管理软件 V1.0 |
| 2096 | 捷玛计算机信息技术(上海)有限公司 | 捷玛运输管理软件 V1.0 |
| 2097 | 科加诺智能系统(上海)有限公司 | 科加诺 QV 商业分析平台软件[简称：科加诺 QV 平台软件]V1.0 |
| 2098 | 京瓷信息系统(上海)有限公司 | 京瓷电子资产信息管理软件[简称：AIC]V1.0 |
| 2099 | 京瓷信息系统(上海)有限公司 | 京瓷电子实绩信息管理软件[简称：AIMS]V1.0 |
| 2100 | 京瓷信息系统(上海)有限公司 | 京瓷人事信息管理软件[简称：KHRM]V1.0 |

续 表

| 序号 | 企业名称 | 软件产品名称 |
|---|---|---|
| 2101 | 京瓷信息系统(上海)有限公司 | 京瓷薪金管理软件[简称：KSM]V1.0 |
| 2102 | 上海云高软件科技有限公司 | 云高存储通用文件备份软件[简称：AutoFiler]V 1.0 |
| 2103 | 上海金蝶软件有限公司 | 金蝶 KIS 店铺版软件[简称：金蝶 KIS 店铺版]V2.0 |
| 2104 | 上海金蝶软件有限公司 | 金蝶 KIS 标准版软件[简称：金蝶 KIS 标准版]V9.0 |
| 2105 | 上海金蝶软件有限公司 | 金蝶 KIS 迷你版软件[简称：金蝶 KIS 迷你版]V9.0 |
| 2106 | 霍尼韦尔综合科技(中国)有限公司 | 霍尼韦尔 FMS - ESTIMATION 数据管理集成软件 V1.0 |
| 2107 | 霍尼韦尔综合科技(中国)有限公司 | 霍尼韦尔先进油库管理系统 ATMS 软件 V1.0 |
| 2108 | 霍尼韦尔综合科技(中国)有限公司 | 霍尼韦尔 Localization Tool 软件 V3.1 |
| 2109 | 霍尼韦尔综合科技(中国)有限公司 | 霍尼韦尔安全产品培训管理软件 V1.0 |
| 2110 | 霍尼韦尔综合科技(中国)有限公司 | 霍尼韦尔安全产品文档管理软件 V1.0 |
| 2111 | 中国银联股份有限公司 | 中国银联商户服务平台软件 V1.0 |
| 2112 | 中国银联股份有限公司 | 中国银联远程数据同步软件 V1.0 |
| 2113 | 中国银联股份有限公司 | 中国银联代授权软件 V1.0 |
| 2114 | 中国银联股份有限公司 | 中国银联移动支付全业务自动化测试引擎软件 V1.0 |
| 2115 | 中国银联股份有限公司 | 中国银联综合办公管理软件 V1.0 |
| 2116 | 中国银联股份有限公司 | 中国银联电话支付平台软件 V1.0 |
| 2117 | 中国银联股份有限公司 | 中国银联统一数据转移软件 V1.0 |
| 2118 | 中国银联股份有限公司 | 中国银联数据服务平台软件 V1.0 |
| 2119 | 中国银联股份有限公司 | 中国银联商户管理平台软件 V1.0 |
| 2120 | 中国银联股份有限公司 | 中国银联批处理任务动态调度工具软件 V1.0 |
| 2121 | 中国银联股份有限公司 | 中国银联数据服务大厅软件 V1.0 |
| 2122 | 中国银联股份有限公司 | 中国银联财务报销系统平台软件 V1.0 |
| 2123 | 中国银联股份有限公司 | 中国银联绩效考核软件 V1.0 |
| 2124 | 中国银联股份有限公司 | 中国银联知识库管理软件 V1.0 |
| 2125 | 中国银联股份有限公司 | 中国银联公务卡集中支持软件 V1.0 |
| 2126 | 中国银联股份有限公司 | 中国银联统一运营服务平台生产力管理软件 V1.0 |
| 2127 | 中国银联股份有限公司 | 中国银联统一运营服务平台事件管理软件 V1.0 |
| 2128 | 中国银联股份有限公司 | 中国银联交易监控系统 TMS 软件 V1.0 |
| 2129 | 中国银联股份有限公司 | 中国银联统一运营服务平台资产管理软件 V1.0 |
| 2130 | 中国银联股份有限公司 | 中国银联服务台和电话会议系统集成软件 V1.0 |
| 2131 | 中国银联股份有限公司 | 中国银联金融 IC 卡多用途互联网终端软件 V1.0 |
| 2132 | 中国银联股份有限公司 | 中国银联财税库银前置软件 V1.0 |
| 2133 | 中国银联股份有限公司 | 中国银联互联网手机支付安全插件软件 V1.0 |
| 2134 | 中国银联股份有限公司 | 中国银联智能电视支付平台软件 V1.0 |

续 表

| 序号 | 企业名称 | 软件产品名称 |
|---|---|---|
| 2135 | 中国银联股份有限公司 | 中国银联 IVR 语音支付平台软件 V1.0 |
| 2136 | 鼎亿数码科技(上海)有限公司 | FlingPC 网球达人软件 V1.0 |
| 2137 | 鼎亿数码科技(上海)有限公司 | FlingPC 小猪快跑软件 V1.0 |
| 2138 | 鼎亿数码科技(上海)有限公司 | FlingPC 智勇冲冲冲软件 V1.0 |
| 2139 | 鼎亿数码科技(上海)有限公司 | FlingPC 碰碰车软件 V1.0 |
| 2140 | 鼎亿数码科技(上海)有限公司 | FlingPC 疯狂农场软件 V1.0 |
| 2141 | 东亚银行(中国)有限公司 | 东亚银行企业网银软件 V4.3.7 |
| 2142 | 东亚银行(中国)有限公司 | 东亚银行行长专页平台软件 V1.0 |
| 2143 | 东亚银行(中国)有限公司 | 东亚银行个人网银软件 V2.5 |
| 2144 | 东亚银行(中国)有限公司 | 东亚银行综合报表平台软件 V2.0 |
| 2145 | 东亚银行(中国)有限公司 | 东亚银行绩效考核分析软件 V2.0 |
| 2146 | 上海康雷分析仪器有限公司 | Heal Force Smart - P 超纯水系统嵌入式软件 V1.1 |
| 2147 | 上海康雷分析仪器有限公司 | Heal Force smart - N 超纯水系统嵌入式软件 V1.1 |
| 2148 | 上海康雷分析仪器有限公司 | Heal Force Super PW 超纯水系统嵌入式软件 V1.1 |
| 2149 | 上海康雷分析仪器有限公司 | Heal Force Pureforce RO 纯水系统嵌入式软件 V1.1 |
| 2150 | 上海康雷分析仪器有限公司 | Heal Force Pureforce ROE 高纯水系统嵌入式软件 V1.1 |
| 2151 | 上海康雷分析仪器有限公司 | Heal Force Super ROP 高纯水系统嵌入式软件 V1.1 |
| 2152 | 上海康雷分析仪器有限公司 | Heal Force Super NW 超纯水系统嵌入式软件 V1.1 |
| 2153 | 上海康雷分析仪器有限公司 | Heal Force Super EASY 超纯水系统嵌入式软件 V1.1 |
| 2154 | 上海齐典网络科技有限公司 | 齐典-财会实训教学软件[简称：财会实训教学软件] V2.0 |
| 2155 | 上海全景数字技术有限公司 | ODSP PLUS 中间件软件 V3.1 |
| 2156 | 上海全景数字技术有限公司 | 全景酒店管理平台 SIG 头端软件[简称：SIG]V2.0 |
| 2157 | 上海全景数字技术有限公司 | ODSP 中间件软件 V3.1 |
| 2158 | 上海合康科技发展实业有限公司 | 合康自动化换版软件 V1.0 |
| 2159 | 上海合康科技发展实业有限公司 | 合康自动化测试软件 V1.0 |
| 2160 | 上海合康科技发展实业有限公司 | 合康开发管理软件 V1.0 |
| 2161 | 上海合康科技发展实业有限公司 | 合康多媒体自助服务软件[简称：ASM]V2.0 |
| 2162 | 上海合康科技发展实业有限公司 | 合康综合前置软件[简称：综合前置]V2.0 |
| 2163 | 上海合康科技发展实业有限公司 | 合康客户经理管理软件 V1.0 |
| 2164 | 上海合康软件有限公司 | 合康综合监控软件 V1.0 |
| 2165 | 上海开闻信息科技有限公司 | 开闻 KW - C718 TD - LTE 测试终端软件[简称：TD - LTE 测试终端]V1.2 |
| 2166 | 上海开闻信息科技有限公司 | 开闻 KW - F518 TD - SCDMA 测试终端软件[简称：TD - SCDMA 测试终端]V1.2 |
| 2167 | 上海星湖佰璐信息技术有限公司 | buloo GPS 导航软件 V6.0 |

续 表

| 序号 | 企业名称 | 软件产品名称 |
| --- | --- | --- |
| 2168 | 上海华钦软件技术有限公司 | 华钦工作任务管理平台软件[简称：Assignment And Task Management System]V1.0 |
| 2169 | 上海诚明融鑫科技有限公司 | 融鑫刑事物证鉴定管理软件[简称：物证鉴定]V1.0 |
| 2170 | 上海诚明融鑫科技有限公司 | 融鑫刑事案件物证综合应用管理软件[简称：物证管理]V1.0 |
| 2171 | 上海敢创水业科技有限公司 | 敢创数字水务平台软件[简称：DigitalWRS platfrom software]V1.0 |
| 2172 | 上海圣桥信息科技有限公司 | 圣桥 StorSpare 设备高可用管理软件[简称：StorSpare]V1.0 |
| 2173 | 上海圣桥信息科技有限公司 | 圣桥 StorHA 负载均衡管理软件[简称：StorHA]V1.0 |
| 2174 | 上海浦东软件平台有限公司 | 浦软平台软件产业技术增值服务平台软件[简称：软件产业技术增值服务平台]V1.0 |
| 2175 | 上海浦东软件平台有限公司 | 浦软平台基于 SaaS 的软件测试公共服务平台软件[简称：SaaS 软件测试公共服务平台]V1.0 |
| 2176 | 上海浦东软件平台有限公司 | 浦软平台基于 CAN/LIN 总线的汽车空调控制器软件[简称：汽车空调控制软件]V1.0 |
| 2177 | 上海桑锐电子科技有限公司 | 桑锐无线路由自组物联网软件[简称：桑锐自组物联网]V1.0 |
| 2178 | 上海天缘迪柯信息技术有限公司 | 天缘迪柯卡口车驾查控系统应用软件[简称：天缘迪柯卡口车驾查控系统]V1.0 |
| 2179 | 上海聚星仪器有限公司 | 聚星射频识别测试软件[简称：VISN－RFID]V2.0 |
| 2180 | 绿驰通讯科技(上海)有限公司 | 绿驰 Intouch 连接管理软件[简称：ICM]V1.0 |
| 2181 | 华院分析技术(上海)有限公司 | 华院人寿商务智能软件[简称：人寿商务智能软件]V1.0 |
| 2182 | 华院分析技术(上海)有限公司 | 华院呼叫服务中心主题分析软件[简称：呼服分析系统]V1.0 |
| 2183 | 上海艾动信息科技有限公司 | imgenius 企业移动现场作业管理软件[简称：imgenius]V1.7 |
| 2184 | 上海艾动信息科技有限公司 | im 移动工作站软件[简称：imWorkstation]V1.7 |
| 2185 | 上海望友信息科技有限公司 | VayoPro－Document Expert 软件[简称：Document 软件]V3.0 |
| 2186 | 中国船舶重工集团公司第七一一研究所 | SMDERI RCF 型定距桨遥控系统控制软件 V1.0 |
| 2187 | 中国船舶重工集团公司第七一一研究所 | SMDERI 船舶机舱报警系统生成管理软件 V1.0 |
| 2188 | 中国船舶重工集团公司第七一一研究所 | SMDERI 船舶机舱串口网关软件 V1.0 |
| 2189 | 中国船舶重工集团公司第七一一研究所 | SMDERI 电子海图显示软件 V1.0 |
| 2190 | 中国船舶重工集团公司第七一一研究所 | SMDERI 轮机模拟操控软件 V1.0 |
| 2191 | 上海辰锐信息科技公司 | 辰锐安管平台接入交换适配器软件 V1.0 |
| 2192 | 上海辰锐信息科技公司 | 辰锐公安数字证书在线管理软件 V1.3 |
| 2193 | 上海辰锐信息科技公司 | 辰锐通用网络安全隔离与交换软件 V1.0 |
| 2194 | 上海辰锐信息科技公司 | 辰锐移动 VPN 安全接入网关软件 V1.0 |
| 2195 | 上海辰锐信息科技公司 | 辰锐移动应用管理与代理软件 V1.0 |

续 表

| 序号 | 企业名称 | 软件产品名称 |
|---|---|---|
| 2196 | 上海辰锐信息科技公司 | 辰锐综合信息安全管理平台软件 V1.0 |
| 2197 | 上海华通自动化设备有限公司 | 华通无线负荷监测装置通用控制软件 V2.0 |
| 2198 | 上海追日电气有限公司 | 追日智能充放电机控制软件 V3.11 |
| 2199 | 上海协同科技股份有限公司 | 协同集中采集管理软件 V1.0 |
| 2200 | 上海协同科技股份有限公司 | 协同无线采集器测试工装软件 V1.0 |
| 2201 | 上海协同科技股份有限公司 | 协同无线高速电台测试软件 V1.0 |
| 2202 | 上海协同科技股份有限公司 | 协同无线高速组网基站软件 V1.0 |
| 2203 | 上海协同科技股份有限公司 | 协同有序用电管理软件 V1.0 |
| 2204 | 上海航天有线电厂 | SACP K 口传真控制与管理软件 V2.0 |
| 2205 | 上海航天有线电厂 | SACP 测试电源 FPGA 控制模块软件 V2.0 |
| 2206 | 上海航天有线电厂 | SACP 测试电源主控软件 V2.0 |
| 2207 | 上海航天有线电厂 | SACP 电话网传真控制与管理软件 V2.0 |
| 2208 | 上海航天有线电厂 | SACP 短波传真控制与管理软件 V2.0 |
| 2209 | 上海航天有线电厂 | SACP 逆变器控制软件 V1.0 |
| 2210 | 上海航天有线电厂 | SACP 网络传真控制与管理软件 V2.0 |
| 2211 | 上海航天有线电厂 | SACP 无刷直流变频驱动器软件 V1.0 |
| 2212 | 上海辰竹仪表有限公司 | 辰竹隔离器控制软件 V1.0 |
| 2213 | 上海辰竹仪表有限公司 | 辰竹隔离式安全栅控制软件 V1.0 |
| 2214 | 上海广电光显技术有限公司 | SVA 固态光源的投影显示控制软件 V1.0 |
| 2215 | 上海贝塔星自动化有限公司 | 贝塔星应急广播系统调度软件 V1.0 |
| 2216 | 上海山源电子电气科技发展有限公司 | 山源 UPS 在线监控软件 V1.0 |
| 2217 | 上海山源电子电气科技发展有限公司 | 山源矿用扩播分站控制软件 V1.0 |
| 2218 | 上海复控华龙微系统技术有限公司 | 复控华龙网络摄像机软件[简称：Ipcam Software] V1.0 |
| 2219 | 上海软中信息技术有限公司 | 软中科技领域三重一大监察软件 V1.0 |
| 2220 | 上海软中信息技术有限公司 | 软中集团招商销售信息管理软件 V1.0 |
| 2221 | 上海千镭星电子科技有限公司 | 千镭星中小企业信息化管理软件 V1.0 |
| 2222 | 上海邮政科学研究院 | 邮科院邮件中文地址识别软件 V1.0 |
| 2223 | 上海邮政科学研究院 | 邮科院 RFID 数据处理软件 V9.1 |
| 2224 | 上海邮政科学研究院 | 邮科院扁平件系统控制软件 V1.0 |
| 2225 | 上海邮政科学研究院 | 邮科院明信片门票管理软件 V1.0 |
| 2226 | 上海邮政科学研究院 | 邮科院明信片门票检票软件 V1.0 |
| 2227 | 上海久其软件有限公司 | 久其综合信息管理软件 V1.0 |
| 2228 | 上海亚太神通计算机有限公司 | 亚太神通实训基地信息管理软件 V1.0 |
| 2229 | 上海亚太计算机信息系统有限公司 | 亚太市民健康档案管理软件 V1.0 |

续 表

| 序号 | 企业名称 | 软件产品名称 |
| --- | --- | --- |
| 2230 | 上海博为峰软件技术有限公司 | 博为峰集成测试平台软件[简称：ITP]V3.0 |
| 2231 | 上海柏科实业有限公司 | 柏科容灾软件 V1.0 |
| 2232 | 上海英迪信息技术有限公司 | 英迪海关进口快件监管仓库管理软件 V1.0 |
| 2233 | 上海嘉扬信息系统有限公司 | 嘉扬人力资源管理软件 V8.0 |
| 2234 | 上海农业信息有限公司 | 上农信兽药生产管理软件 V1.0 |
| 2235 | 上海农业信息有限公司 | 上农信兽药饲料安全监管平台软件 V1.0 |
| 2236 | 上海艾特维通信科技有限公司 | 艾特维 TD 上网驱动安装软件 V1.0 |
| 2237 | 上海艾特维通信科技有限公司 | 艾特维 136A 无线商话软件 V1.0 |
| 2238 | 上海艾特维通信科技有限公司 | 艾特维 137 模块软件 V1.0 |
| 2239 | 上海艾特维通信科技有限公司 | 艾特维 188A TD 商话软件 V1.0 |
| 2240 | 上海艾特维通信科技有限公司 | 艾特维 188MA 模块软件 V1.0 |
| 2241 | 上海闻泰电子科技有限公司 | WINGTECH5822A 手机软件 V1.0 |
| 2242 | 上海汉塔网络科技有限公司 | 汉塔上网行为管理软件 V1.0 |
| 2243 | 上海银硕软件技术有限公司 | 银硕绩效考核管理软件[简称：银硕 PM]V1.0 |
| 2244 | 上海迪爱斯通信设备有限公司 | DS 消防指挥调度技能考核软件 V1.0 |
| 2245 | 上海迪爱斯通信设备有限公司 | DS 接处警回访系统应用软件 V1.0 |
| 2246 | 上海金曲信息技术有限公司 | 金曲设计管理软件 V7.0 |
| 2247 | 上海斯年信息技术有限公司 | 斯年语音管理平台软件 V2.1.2 |
| 2248 | 上海复深蓝信息技术有限公司 | 复深蓝"网络爬虫"信息抓取软件 V1.0 |
| 2249 | 上海伍德新建信息科技有限公司 | 伍德执行器红外调试软件 V1.0 |
| 2250 | 新日铁软件(上海)有限公司 | 新日铁人际关系图软件 V1.0 |
| 2251 | 上海天地软件创业园有限公司 | 天地手机动漫游戏平台计费管理软件 V1.0 |
| 2252 | 上海通用汽车有限公司 | SGM 通用汽车经销商运作规范平台软件 V1.0 |
| 2253 | 上海通用汽车有限公司 | SGM 通用汽车精益物料管理软件 V3.0 |
| 2254 | 上海汽车集团股份有限公司 | 上汽汽车制造执行软件 V2.0 |
| 2255 | 上海汽车集团股份有限公司 | 上汽产品数据发布过程管理软件 V1.1 |
| 2256 | 上海铭源数码股份有限公司 | 铭源智能转发器软件 V1.0 |
| 2257 | 上海铭源数码股份有限公司 | 铭源基站式阅读器软件 V1.0 |
| 2258 | 上海铭源数码股份有限公司 | 铭源手持业务终端软件 V1.0 |
| 2259 | 上海布迩网络科技有限公司 | 布迩药品现场电子监管平台软件 V3.0 |
| 2260 | 上海光华印刷机械有限公司 | 光华嵌入式 ST440 整机控制软件 V1.0 |
| 2261 | 上海光华印刷机械有限公司 | 光华嵌入式 PZ740 整机控制软件 V1.0 |
| 2262 | 上海神火铝箔有限公司 | 神火箔材分卷装置控制软件[简称：FS control software]V1.0 |
| 2263 | 上海泰捷通信技术有限公司 | 泰捷自动发送 AT 指令软件[简称：AT Kit Win]V1.0 |

续　表

| 序号 | 企业名称 | 软件产品名称 |
| --- | --- | --- |
| 2264 | 上海大唐移动通信设备有限公司 | 大唐移动 SPAN 路测软件[简称：SPAN Outum]V7.0 |
| 2265 | 上海大唐移动通信设备有限公司 | 大唐移动 SPAN 后台分析软件[简称：SPAN Analysis]V7.0 |
| 2266 | 上海大唐移动通信设备有限公司 | 大唐移动 iNOMS EXPT 分析软件[简称：iNOMS EXPT]V2.0 |
| 2267 | 上海大唐移动通信设备有限公司 | 大唐移动自动路测监控软件[简称：AutoSPAN ADC]V1.1 |
| 2268 | 上海大唐移动通信设备有限公司 | 大唐移动 EXPT CDD 分析软件[简称：EXPT CDD]V2.0 |
| 2269 | 上海大唐移动通信设备有限公司 | 大唐移动 EXPT STA 分析软件[简称：EXPT STA]V2.0 |
| 2270 | 上海大唐移动通信设备有限公司 | 大唐移动自动路测前台测试软件[简称：AutoSPAN TE]V1.1 |
| 2271 | 上海颐东网络信息有限公司 | 英赛虎设备管理系统应用软件[简称：设备管理系统]V1.0 |
| 2272 | 上海颐东网络信息有限公司 | 英赛虎智能 DNS 软件[简称：英赛虎智能 DNS]V1.0 |
| 2273 | 起于凡信息技术(上海)有限公司 | 起凡游戏平台软件 V3.0 |
| 2274 | 上海卓飞电子科技有限公司 | 卓飞拼接墙控制软件 V1.0 |
| 2275 | 上海惠为信息技术有限公司 | 惠为航空公司机组排班软件[简称：HWCSA]V3.0 |
| 2276 | 上海埃蒙特自动化系统有限公司 | 埃蒙特堆垛机视觉检测软件 V1.0 |
| 2277 | 上海易福淞信息科技有限公司 | 易福淞 EFSOA 办公管理软件 V1.0 |
| 2278 | 万达信息股份有限公司 | 万达基于健康档案的区域卫生信息平台应用软件 V1.0 |
| 2279 | 上海艾维新信息科技有限公司 | 艾维资金使用在线监控软件 V1.0 |
| 2280 | 上海美华系统有限公司 | 美华协同办公系统应用软件 V3.5 |
| 2281 | 上海美华系统有限公司 | 美华资信派企业竞争力分析软件 V1.0 |
| 2282 | 上海万得信息技术股份有限公司 | Wind 资讯投资终端软件[简称：WIT]V2011 |
| 2283 | 上海万得信息技术股份有限公司 | Wind 资讯金融终端软件[简称：WFT]V2011 |
| 2284 | 上海彦霖信息科技有限公司 | 彦霖旅馆业上网行为管理软件 V1.0 |
| 2285 | 上海惠生通讯技术有限公司 | 惠生通讯业务支撑系统数据稽核软件[简称：业务稽核系统]V1.0 |
| 2286 | 上海克而瑞信息技术有限公司 | CRIC 房地产市场顾问软件 V1.0 |
| 2287 | 上海南广电子技术有限公司 | 南洋广告远程下单管理软件 V1.0 |
| 2288 | 上海北塔软件股份有限公司 | BTIM 北塔 IT 综合管理软件 V3.0 |
| 2289 | 上海达希能源科技有限公司 | 达希建筑能源管理云服务平台软件[简称：能源云平台]V1.0 |
| 2290 | 上海威士顿信息技术有限公司 | 威士顿烟草行业 IT 运维管理软件 V2.0 |
| 2291 | 上海毕埃信息科技有限公司 | 毕埃 TAOSQ 淘商情分析软件 V1.0 |
| 2292 | 上海新域信息系统有限公司 | 新域中餐外卖配送供应软件 V1.0 |
| 2293 | 易保网络技术(上海)有限公司 | 易保产险核心业务软件 V3.4 |

续 表

| 序号 | 企业名称 | 软件产品名称 |
|---|---|---|
| 2294 | 易保网络技术(上海)有限公司 | 易保产险销售平台软件 V3.4 |
| 2295 | 易保网络技术(上海)有限公司 | 易保寿险销售平台软件 V3.4 |
| 2296 | 易保网络技术(上海)有限公司 | 易保寿险核心业务软件 V3.4 |
| 2297 | 上海网测通信技术有限公司 | 网测电信固网运维支撑平台自动受理软件[简称:自动受理系统]V1.0 |
| 2298 | 上海网测通信技术有限公司 | 网测电信固网运维支撑平台人工受理软件[简称:人工受理系统]V1.0 |
| 2299 | 上海网测通信技术有限公司 | 网测电信固网运维支撑平台派单软件[简称:派单系统] |
| 2300 | 上海网测通信技术有限公司 | 网测 WT-SIAT-01 通信线路检测设备软件[简称:WT-SIAT-01 检测系统]V4.0 |
| 2301 | 上海拓森信息科技有限公司 | 拓森 TS6000 继电保护故障信息子站软件 V1.0 |
| 2302 | 上海海基业高科技有限公司 | 海基业基于 SD-Key 的电子银行支付认证软件 V8.5.3 |
| 2303 | 上海新致软件有限公司 | 新致档案数字化处理系统在线录入平台软件 V1.0 |
| 2304 | 上海农业信息有限公司 | 上农信世博蔬菜质量安全管理追溯平台软件 V1.0 |
| 2305 | 上海农业信息有限公司 | 上农信世博蔬菜质量安全管理软件 V1.0 |
| 2306 | 上海云和信息系统有限公司 | 云和酒店云客房软件 V1.0 |
| 2307 | 上海海天信息系统工程有限公司 | 海天薪资发放及薪资计税管理平台软件[简称:海天薪资平台软件]V1.0 |
| 2308 | 龙旗科技(上海)有限公司 | 龙旗科技 X190B 手机软件 V1.0 |
| 2309 | 龙旗科技(上海)有限公司 | 龙旗科技 P800B 手机软件 V1.0 |
| 2310 | 龙旗科技(上海)有限公司 | 龙旗科技 M599A 手机软件 V1.0 |
| 2311 | 龙旗科技(上海)有限公司 | 龙旗科技 S600B 手机软件 V1.0 |
| 2312 | 龙旗科技(上海)有限公司 | 龙旗科技 X890B 手机软件 V1.0 |
| 2313 | 龙旗科技(上海)有限公司 | 龙旗科技 Z880A 手机软件 V1.0 |
| 2314 | 龙旗科技(上海)有限公司 | 龙旗科技手机射频测试软件 V1.0 |
| 2315 | 龙旗科技(上海)有限公司 | 龙旗科技 IMM 即时通讯软件 V1.0 |
| 2316 | 龙旗科技(上海)有限公司 | 龙旗科技 N895E 手机软件 V1.0 |
| 2317 | 龙旗科技(上海)有限公司 | 龙旗科技 N980E 手机软件 V1.0 |
| 2318 | 龙旗科技(上海)有限公司 | 龙旗智能手机平台电话软件 V1.0 |
| 2319 | 龙旗科技(上海)有限公司 | 龙旗智能手机平台通话记录软件 V1.0 |
| 2320 | 龙旗科技(上海)有限公司 | 龙旗智能手机平台信息软件 V1.0 |
| 2321 | 龙旗科技(上海)有限公司 | 龙旗科技 Android 智能手机联系人软件 V1.0 |
| 2322 | 龙旗科技(上海)有限公司 | 龙旗科技手机主板自动功能测试参数配置软件 V1.0 |
| 2323 | 龙旗科技(上海)有限公司 | 龙旗科技 pushmail 软件 V1.0 |
| 2324 | 龙旗科技(上海)有限公司 | 龙旗科技 LB 浏览器软件 V1.0 |

续 表

| 序号 | 企业名称 | 软件产品名称 |
| --- | --- | --- |
| 2325 | 龙旗科技(上海)有限公司 | 龙旗科技优乐园应用商店平台软件 V1.0 |
| 2326 | 上海三旗通信科技股份有限公司 | 三旗通信 CPK 统计工具软件 V1.0 |
| 2327 | 上海三旗通信科技股份有限公司 | 三旗通信 AND72J 手机软件 V1.0 |
| 2328 | 龙尚科技(上海)有限公司 | 龙尚科技 TD 模块 PSTN 软件 V1.0 |
| 2329 | 龙尚科技(上海)有限公司 | 龙尚科技带 POS 功能 TD 商话软件 V1.0 |
| 2330 | 龙尚科技(上海)有限公司 | 龙尚科技语音报号功能商话软件 V1.0 |
| 2331 | 龙尚科技(上海)有限公司 | 龙尚科技 TD 商话配置软件 V1.0 |
| 2332 | 上海税友软件有限公司 | 税友便携式网上报税平台软件 V1.0 |
| 2333 | 上海瑞星软件有限公司 | 瑞星便利总部管理软件 V8.11 |
| 2334 | 上海瑞星软件有限公司 | 瑞星便利配送管理软件 V8.11 |
| 2335 | 上海瑞星软件有限公司 | 瑞星便利门店管理软件 V8.11 |
| 2336 | 上海古鳌电子科技股份有限公司 | 古鳌点钞机 GA－ZBJ188 电子软件 V1.0 |
| 2337 | 上海古鳌电子科技股份有限公司 | 古鳌清分机图像处理软件 V1.0 |
| 2338 | 医讯通信息科技有限公司 | 医讯通 HIAS 医院管理信息辅助软件 V1.0 |
| 2339 | 万达信息股份有限公司 | 万达村卫生室信息管理应用软件 V1.0 |
| 2340 | 万达信息股份有限公司 | 万达区域教育行政管理软件 1.0 |
| 2341 | 上海展为软件技术有限公司 | 展为电梯安装维修仿真软件 V1.0 |
| 2342 | 上海大智慧投资咨询有限公司 | 大智慧 DDE 决策系统(营业部现场版十档行情)软件[简称：营业部现场版十档]V7.11 |
| 2343 | 上海大智慧投资咨询有限公司 | 大智慧 DDE 决策系统(营业部现场版五档行情)软件[简称：营业部现场版五档]V7.11 |
| 2344 | 上海览逸信息科技有限公司 | 览逸金牛多账户交易软件 V1.0 |
| 2345 | 上海老友计网络科技有限公司 | 老友计猪仙 Pigod 游戏软件 V1.0 |
| 2346 | 上海华虹集成电路有限责任公司 | 华虹电子护照 COS 软件 V2.0 |
| 2347 | 上海华虹集成电路有限责任公司 | 华虹 104K 低端 SIM 卡 COS 软件 V1.0 |
| 2348 | 上海雷澳电子科技有限公司 | 雷澳汽车玻璃机器视觉在线检测软件 V1.0 |
| 2349 | 上海美宁计算机软件有限公司 | 证券之星股灵通(专业版)软件 V1.0 |
| 2350 | 上海美宁计算机软件有限公司 | 证券之星时尚 android 版软件 V1.0 |
| 2351 | 上海嵌润信息科技有限公司 | 嵌润基于 WG5021·AVT 视频跟踪软件[简称：视频跟踪器 AVT19]V1.0 |
| 2352 | 上海嵌润信息科技有限公司 | 嵌润观瞄具图像处理软件[简称：图像板]V1.0 |
| 2353 | 上海佳依佳信息科技有限公司 | 佳依佳班轮营运模拟软件[简称：SOIS]V1.0 |
| 2354 | 上海卓旭电子科技有限公司 | 卓旭电子综合信息记录设备平台软件 V1.0 |
| 2355 | 上海卓旭电子科技有限公司 | 卓旭电子机车综合无线通信设备卫星定位设备软件 V1.0 |
| 2356 | 上海夏尔软件有限公司 | 夏尔屏幕追溯软件 V1.0 |
| 2357 | 上海夏尔软件有限公司 | 夏尔信息资产管理及防扩散软件 V2.0 |

续 表

| 序号 | 企业名称 | 软件产品名称 |
|---|---|---|
| 2358 | 上海五分钟网络科技有限公司 | 五分钟航海船队游戏软件 V1.0 |
| 2359 | 上海朝为电子科技有限公司 | 朝为防拆卸读写器嵌入式程序软件 V1.0 |
| 2360 | 上海文思信息技术有限公司 | 文思销售管理软件 V1.0 |
| 2361 | 上海文思信息技术有限公司 | 文思零售综合管理软件 V1.0 |
| 2362 | 上海文思信息技术有限公司 | 文思会员忠诚度管理软件 V1.0 |
| 2363 | 上海文思信息技术有限公司 | 文思电子书籍制作软件 V1.0 |
| 2364 | 上海文思信息技术有限公司 | 文思生产管理软件 V1.0 |
| 2365 | 上海数腾软件科技有限公司 | 数腾(CDAP)持续数据应用保障软件 V3.0 |
| 2366 | 展唐通讯科技(上海)有限公司 | 展唐手机 widget 动态桌面软件 V1.0 |
| 2367 | 展唐通讯科技(上海)有限公司 | 展唐手机 WiFi Soft AP 无线热点软件 V1.0 |
| 2368 | 绚视软件科技(上海)有限公司 | 绚视高清蓝光播放器软件 V1.0 |
| 2369 | 上海卡迪数据处理有限公司 | 卡迪影像工作流征信流程控制软件 V1.0 |
| 2370 | 上海科越信息技术有限公司 | 科越空运监管仓库管理软件 V1.0 |
| 2371 | 上海科越信息技术有限公司 | 科越出口报关管理软件 V3.0 |
| 2372 | 上海迪爱斯通信设备有限公司 | DS 可视化指挥调度系统应用软件 V3.0 |
| 2373 | 上海迪爱斯通信设备有限公司 | DS300K 交换控制平台软件 V1.0 |
| 2374 | 上海迪爱斯通信设备有限公司 | DS J2EE 通用开发框架平台软件 V1.0 |
| 2375 | 上海迪爱斯通信设备有限公司 | DS 应急管理系统应用软件 V1.0 |
| 2376 | 上海普华科技发展有限公司 | 普华项目管理信息平台软件[简称：PowerPIP]V4.2 |
| 2377 | 上海普华科技发展有限公司 | 普华工程项目管理集成软件[简称：PowerOn]V5.1 |
| 2378 | 上海普华科技发展有限公司 | 普华企业多项目管理基础业务平台软件[简称：PBP]V3.0.5 |
| 2379 | 上海普华科技发展有限公司 | 普华企业多项目管理信息门户软件[简称：PEP]V3.1 |
| 2380 | 上海普华科技发展有限公司 | 普华工程项目管理集成软件手机版软件[简称：PowerOn Mobile]V1.1 |
| 2381 | 上海普华科技发展有限公司 | 普华施工项目综合管理平台软件[简称：PowerStart]V1.1 |
| 2382 | 艾伏新能源科技(上海)股份有限公司 | 艾伏逆变器双支路 PV 输入控制软件 V1.0 |
| 2383 | 上海峻捷信息科技有限公司 | 峻捷综合业务管理软件 V1.0 |
| 2384 | 上海通创信息技术有限公司 | 通创企业创新奖评审软件 V1.0 |
| 2385 | 上海通创信息技术有限公司 | 通创企业 IT 服务支持管理平台软件 V1.0 |
| 2386 | 上海通创信息技术有限公司 | 通创企业项目孵化评估软件 V1.0 |
| 2387 | 上海大梵数码科技有限公司 | 大梵融资租赁管理软件 V1.0 |
| 2388 | 上海宏测半导体科技有限公司 | 宏测 737 数模集成电路测试软件 V1.0 |
| 2389 | 上海颐东网络信息有限公司 | 英赛虎信息发布系统应用软件[简称：信息发布系统]V1.0 |
| 2390 | 上海仰邦软件科技有限公司 | 仰邦 BX-5U LED 控制软件[简称：BX-5U]V1.0 |

续 表

| 序号 | 企业名称 | 软件产品名称 |
| --- | --- | --- |
| 2391 | 上海仰邦软件科技有限公司 | 仰邦 BX-5M LED 控制软件[简称：BX-5M]V1.0 |
| 2392 | 上海仰邦软件科技有限公司 | 仰邦 BX-5E LED 控制软件[简称：BX-5E]V1.0 |
| 2393 | 上海仰邦软件科技有限公司 | 仰邦 BX-5A LED 控制软件[简称：BX-5A]V1.0 |
| 2394 | 上海功达文化发展有限公司 | 功达头脑体操软件[简称：头脑体操]V1.0 |
| 2395 | 易准科技发展(上海)有限公司 | 易准广告管理软件[简称：DAS]V2.0 |
| 2396 | 易准科技发展(上海)有限公司 | 易准网站广告管理软件[简称：AFP]V2.0 |
| 2397 | 上海森松制药设备工程有限公司 | 森松三合一控制处理软件[简称：三合一控制处理软件]V1.0 |
| 2398 | 上海宏测半导体科技有限公司 | 宏测通用总线集成电路测试软件 V1.0 |
| 2399 | 上海八彦图信息科技有限公司 | 八彦图智能会议软件 V1.0 |
| 2400 | 上海维塔士电脑软件有限公司 | 维塔士跨平台代码编译辅助软件 V1.0 |
| 2401 | 上海维塔士电脑软件有限公司 | 维塔士在线赛车游戏引擎软件 V1.0 |
| 2402 | 上海维塔士电脑软件有限公司 | 维塔士 3DS 平台动作游戏引擎软件 V1.0 |
| 2403 | 上海维塔士电脑软件有限公司 | 维塔士次时代跨平台动作游戏引擎软件 V1.0 |
| 2404 | 万达信息股份有限公司 | 万达区域社区卫生服务管理应用软件 V1.0 |
| 2405 | 上海铁龙应用软件开发有限公司 | 铁龙家庭健康终端管理软件 V1.0 |
| 2406 | 上海易维视科技有限公司 | 易维视三维软件 V1.0 |
| 2407 | 上海紫光机械有限公司 | 紫光嵌入式 NOVA10 骑马装订联动机软件 V1.0 |
| 2408 | 上海紫光机械有限公司 | 紫光嵌入式 YR560WZ 卷筒纸柔版印刷机软件 V1.0 |
| 2409 | 科亿尔数码科技(上海)有限公司 | Corel WinDVD 2011 软件 V11.0 |
| 2410 | 上海摩诃网络科技有限公司 | 摩诃设备跟踪无线射频管理软件 V3.0 |
| 2411 | 上海美格泰智能技术有限公司 | 美格泰自助服务平台软件 V1.0 |
| 2412 | 上海微图网络科技有限公司 | 微图图片交易平台软件 V1.0 |
| 2413 | 沪东重机有限公司 | HHM 电子报关管理软件 V2.0 |
| 2414 | 沪东重机有限公司 | HHM 大型龙门铣床加工仿真软件 V2.0 |
| 2415 | 沪东重机有限公司 | HHM 客户关系管理软件 V1.0 |
| 2416 | 沪东重机有限公司 | HHM 科技项目管理软件 V1.0 |
| 2417 | 沪东重机有限公司 | HHM 船用柴油机设计信息软件 V3.0 |
| 2418 | 沪东重机有限公司 | HHM 船用柴油机产品档案资料管理软件 V2.0 |
| 2419 | 聚智海事信息技术(上海)有限公司 | 聚智 UGN 供应链管理软件 V3.0 |
| 2420 | 上海海勃物流软件有限公司 | 海勃 MILE 集装箱场站实时管理软件 V1.0 |
| 2421 | 上海朗虹信息科技有限公司 | 朗虹 3G 车载物联网综合信息平台软件 V1.0 |
| 2422 | 中海网络科技股份有限公司 | 中海高速公路自助刷发卡软件 V1.0 |
| 2423 | 中海网络科技股份有限公司 | 交技资产管理软件 V1.0 |
| 2424 | 中海网络科技股份有限公司 | 中海在线学习培训软件 V1.0 |

续 表

| 序号 | 企业名称 | 软件产品名称 |
|---|---|---|
| 2425 | 嗨乐(上海)数字技术有限公司 | 嗨乐个人健康信息管理软件 V1.0 |
| 2426 | 上海华东电脑股份有限公司 | 华东电脑食品安全溯源软件 V1.0 |
| 2427 | 上海华东电脑股份有限公司 | 华东电脑质保信息平台软件 V1.0 |
| 2428 | 上海华东电脑股份有限公司 | 华东电脑保健品化妆品真伪现场鉴别监管软件 V1.0 |
| 2429 | 上海华东电脑股份有限公司 | 华东电脑网络设备拓扑监控系统应用软件 V1.0 |
| 2430 | 上海绎捷自动化科技有限公司 | 绎捷无纸记录仪使用软件 V1.0 |
| 2431 | 上海市软件评测中心有限公司 | 爱测 iTesting 嵌入式软件测试预算软件 V2.0 |
| 2432 | 上海市软件评测中心有限公司 | 爱测 iTesting 软件和信息服务业统计软件 V1.1 |
| 2433 | 上海市软件评测中心有限公司 | 爱测 iTesting 电子商务信息统计软件 V1.1 |
| 2434 | 上海市软件评测中心有限公司 | ITesting 日程安排管理软件 V2.0 |
| 2435 | 艾伏新能源科技(上海)股份有限公司 | 艾伏 HMI-801 数据采集中继控制软件 V1.0 |
| 2436 | 上海轻叶工程科技有限公司 | 轻叶硫磺燃烧与回收管理软件 V1.0 |
| 2437 | 上海轻叶工程科技有限公司 | 轻叶罐区自动化控制与管理操作软件 V2.1 |
| 2438 | 上海轻叶工程科技有限公司 | 轻叶定量装(卸)车管理软件 V3.0 |
| 2439 | 上海雅朴网络科技有限公司 | 雅朴 Faundre F3-RFID 洗衣管理软件 V2.0 |
| 2440 | 上海付费通信息服务有限公司 | 付费通支付网关软件[简称：支付网关]V1.0 |
| 2441 | 上海付费通信息服务有限公司 | 付费通居民电子账单服务平台软件[简称：电子账单]V1.0 |
| 2442 | 上海君阳信息科技有限公司 | 君阳任务管理软件[简称：君阳 TMS ]V1.0 |
| 2443 | 上海三盾信息技术有限公司 | 三盾监狱指挥中心信息集成实战平台软件 V2.0 |
| 2444 | 上海三盾信息技术有限公司 | 三盾特种押运中心安防集成应用软件 V2.0 |
| 2445 | 上海威润信息科技有限公司 | 威润 WATS EMI Scanner 电磁环境数据采集软件[简称：WATS EMI Scanner ]V1.1 |
| 2446 | 上海龙软信息技术有限公司 | 龙软 DragonFirst 多进程外包项目管理平台软件[简称：DragonFirst ]V2.0 |
| 2447 | 上海众森计算机科技有限公司 | 众森汽车导购软件[简称：Buyer's Guide ]V1.0 |
| 2448 | 上海快视信息技术有限公司 | 快视刑侦视频分析管理软件 V1.0 |
| 2449 | 上海中恺合信息科技有限公司 | 中恺合 CACH 移动搜索软件 V1.0 |
| 2450 | 上海传漾网络科技有限公司 | 传漾 Eagle 网络广告监测协作软件 V2.0 |
| 2451 | 上海传漾网络科技有限公司 | 传漾 Dolphin 网络广告发布管理软件 V3.0 |
| 2452 | 普华基础软件股份有限公司 | 普华过滤分流器软件[简称：普华 i2pc]V1.0 |
| 2453 | 上海骏聿科技有限公司 | 骏聿人脸姿态检测及识别软件 V1.0.0.1 |
| 2454 | 易人信息科技(上海)有限公司 | 易人科技人力资源管理软件 V1.0 |
| 2455 | 上海科联信息系统有限公司 | 科联 NMS 网络管理软件 V1.0 |
| 2456 | 上海优达软件技术有限公司 | 优达 JTY-GD-3002B 型点型光电感烟火灾探测器软件 V1.0 |
| 2457 | 上海优达软件技术有限公司 | 优达 HJ1825 型输入输出模块软件 V1.0 |

续 表

| 序号 | 企业名称 | 软件产品名称 |
| --- | --- | --- |
| 2458 | 上海佺达软件技术有限公司 | 佺达 JTW－BCD－3005A 型点型感温火灾探测器软件 V1.0 |
| 2459 | 上海佺达软件技术有限公司 | 佺达 JB3208 控制器编程软件 V1.0 |
| 2460 | 上海佺达软件技术有限公司 | 佺达回路控制软件 V1.0 |
| 2461 | 上海佺达软件技术有限公司 | 佺达 JB－YX－252 型火灾显示盘产品软件 V2.01 |
| 2462 | 上海佺达软件技术有限公司 | 佺达 HJ－1910 型消防控制室图形显示装置软件 V1.0 |
| 2463 | 上海富世文化传播有限公司 | 富世联网信息内容管理播发软件 V1.0 |
| 2464 | 富士胶片(中国)投资有限公司 | 富士信息交互和集成软件 V2.0 |
| 2465 | 富士胶片(中国)投资有限公司 | 富士远程会诊信息管理软件 V1.0 |
| 2466 | 上海北辰软件有限公司 | 北辰房树人测验软件 V2.0 |
| 2467 | 上海载物信息科技有限公司 | 载物注意过程评价及训练平台软件 V2.0 |
| 2468 | 上海旺田信息技术有限公司 | 旺田建筑设计类行业应用软件 V1.0 |
| 2469 | 上海联阳信息科技有限公司 | 联阳海洋灾害监测预警平台软件 V1.0 |
| 2470 | 上海纺织(集团)有限公司 | 纺织集团网站群软件 V1.0 |
| 2471 | 上海纺织(集团)有限公司 | 纺织集团网站群在线调查分析软件 V1.0 |
| 2472 | 上海纺织(集团)有限公司 | 纺织集团网站群会员管理软件 V1.0 |
| 2473 | 上海捷睿软件有限公司 | 捷睿乡镇财政性资金管理平台软件 V2.0 |
| 2474 | 上海网元电子商务有限公司 | 网元 AMI 电子商务 ERP 管理软件 V1.0 |
| 2475 | 上海柏楚电子科技有限公司 | 柏楚 CutMax 激光切割软件 V1.0 |
| 2476 | 上海恒为信息科技有限公司 | 恒为 ExFlow 流量监控与分析软件 V1.0 |
| 2477 | 上海恒为信息科技有限公司 | 恒为 ExCare－T 面向 GPRS 网络协议分析软件 V1.0 |
| 2478 | 上海兴候信息科技有限公司 | 兴候输煤系统控制软件 V1.0 |
| 2479 | 上海艾融信息科技有限公司 | 艾融 i2 网上商城软件 V2.0 |
| 2480 | 上海景格汽车科技有限公司 | 景格职业教育数字化教学(学习)平台软件 V2.0 |
| 2481 | 上海艾飞能源科技有限公司 | 艾飞输变电设备运行状态诊断软件[简称：EF－PTT－OSD]V1.0 |
| 2482 | 上海艾飞能源科技有限公司 | 艾飞变电设备状态监测及评价软件[简称：EF－PTT－OMS]V2.0 |
| 2483 | 上海勋睿电力科技有限公司 | 勋睿输电线路状态监测及动态增容软件[简称：XR－CMS]V2.0 |
| 2484 | 上海睿狐计算机科技有限公司 | 睿狐呼叫中心控制及自动语音应答软件[简称：Fox CTI－IVR]V1.0 |
| 2485 | 上海茶马古道电子商务有限公司 | 茶马古道淘宝分单软件[简称：淘分单]V1.0 |
| 2486 | 上海巨耕电气有限公司 | 巨耕 GS－P2000 电能管理软件 V1.0 |
| 2487 | 上海吉电电源技术有限公司 | 吉电通用电池管理软件[简称：电池管理软件]V1.0 |
| 2488 | 上海易立移动广告传媒有限公司 | 易立微闻软件[简称：微闻]V1.0 |
| 2489 | 上海顶竹通讯技术有限公司 | DZC 宽带无线网络接入终端软件 V1.0 |

续 表

| 序号 | 企业名称 | 软件产品名称 |
|---|---|---|
| 2490 | 上海顶竹通讯技术有限公司 | DZC 异构网无缝切换用户行为分析软件[简称：无缝切换用户行为分析系统]V1.0 |
| 2491 | 上海顶竹通讯技术有限公司 | DZC 异构网无缝切换终端软件 V1.0 |
| 2492 | 触动多媒体技术(上海)有限公司 | 触动传媒 ClubZone RSS 软件 V1.0 |
| 2493 | 触动多媒体技术(上海)有限公司 | 触动传媒 Q 屏管理和监控软件 V1.0 |
| 2494 | 触动多媒体技术(上海)有限公司 | 触动传媒 Q 屏发布广告平台软件 V1.0 |
| 2495 | 触动多媒体技术(上海)有限公司 | 触动传媒 Q 屏乘客行为记录软件 V1.0 |
| 2496 | 上海华师京城高新技术开发有限公司 | 华师京城数学实验平台软件 V3.5 |
| 2497 | 上海华师京城高新技术开发有限公司 | 华师京城生物虚拟实验室软件 V3.0 |
| 2498 | 上海华师京城高新技术开发有限公司 | 华师京城化学仿真实验平台软件 V3.5 |
| 2499 | 上海华师京城高新技术开发有限公司 | 华师京城化学虚拟实验室软件 V3.0 |
| 2500 | 上海华师京城高新技术开发有限公司 | 华师京城物理仿真实验平台软件 V5.5 |
| 2501 | 上海源天软件有限公司 | AMT 预算控制与费用报销软件 V2.0 |
| 2502 | 上海源天软件有限公司 | AMT 营销费用管理软件 V2.0 |
| 2503 | 上海源天软件有限公司 | 源天协同办公管理软件 V6.6 |
| 2504 | 上海源天软件有限公司 | 源天协同知识管理软件 V6.6 |
| 2505 | 上海精视信息技术有限责任公司 | 精视 NMS 软件 V1.0 |
| 2506 | 上海精视信息技术有限责任公司 | 精视 CMU 软件 V1.0 |
| 2507 | 上海中标凌巧软件科技有限公司 | 中标麒麟优盘操作系统软件 V5.0 |
| 2508 | 上海文广互动电视有限公司 | SiTV 用户行为分析软件 V1.0 |
| 2509 | 上海文广互动电视有限公司 | SiTV 音视频转码软件 V1.0 |
| 2510 | 上海文广互动电视有限公司 | SiTV 互动电视驻地内容管理软件 V1.0 |
| 2511 | 上海文广互动电视有限公司 | SiTV 磁带机管理软件 V1.0 |
| 2512 | 上海天地软件园数码科技有限公司 | 天地基于移动互联网的多语言信息集成客户端软件(android)V1.0 |
| 2513 | 上海汉风信息科技有限公司 | 汉风超大字符集文字支持平台软件[简称：汉风文字支持平台软件]V1.60 |
| 2514 | 安付宝商务有限公司 | 安付宝智能卡 POS 终端软件[简称：智能卡系统软件]V1.0 |
| 2515 | 上海国响信息技术有限公司 | 国响智能运营软件 V1.0 |
| 2516 | 上海欧虎网络科技有限公司 | 欧虎网络智能应用开发软件 V2011 |
| 2517 | 上海携宁信息技术有限公司 | 携宁基金研究分析系统应用软件 V1.0 |
| 2518 | 上海携宁计算机软件有限公司 | 携宁反洗钱系统应用软件 V1.0 |
| 2519 | 上海携宁计算机科技有限公司 | 携宁机构业务客户报告自动化系统应用软件 V1.0 |
| 2520 | 上海携宁计算机科技有限公司 | 携宁金融行业数据库系统应用软件 V1.0 |
| 2521 | 上海少思网络科技有限公司 | 少思云计算平台监控软件 V1.0 |

续 表

| 序号 | 企业名称 | 软件产品名称 |
|---|---|---|
| 2522 | 上海少思网络科技有限公司 | 少思云计算系统管理平台软件 V1.0 |
| 2523 | 上海少思网络科技有限公司 | 少思电驴大全 iOS 客户端软件 V1.0 |
| 2524 | 上海杰凌信息技术有限公司 | 杰凌资产管理软件 V5.0 |
| 2525 | 上海市计算技术研究所 | SICT 舰船航行性能数值仿真智能化前处理软件 V1.0 |
| 2526 | 上海农易数字工程技术有限公司 | 上农信批发市场交易信息管理软件 V1.0 |
| 2527 | 正泰电气股份有限公司 | 正泰电气 NRS7 电力设备监控软件[简称：NRS7 电力设备监控软件]V1.0 |
| 2528 | 上海贝瑞电子科技有限公司 | 贝瑞血氧饱和度检测仪软件 V1.0 |
| 2529 | 上海贝瑞电子科技有限公司 | 贝瑞多参数监护模块软件 V1.0 |
| 2530 | 上海贝瑞电子科技有限公司 | 贝瑞血氧饱和度传感器软件 V1.0 |
| 2531 | 上海百弘计算机软件有限公司 | 百弘仓储管理软件 V1.0 |
| 2532 | 上海百弘计算机软件有限公司 | 百弘运输管理软件 V1.0 |
| 2533 | 上海益民科技有限公司 | 益民《奶业之星》牧场管控软件 V1.0 |
| 2534 | 上海龙田数码科技有限公司 | 龙田代理渠道管理软件 V1.0 |
| 2535 | 上海龙田数码科技有限公司 | 龙田域名纠错与智能广告推送软件 V1.0 |
| 2536 | 上海邮政科学研究院 | 邮科院混合型分拣机主控软件 V1.0 |
| 2537 | 上海邮政科学研究院 | 邮科院分拣系统与邮政综合网数据互通接口软件 V1.0 |
| 2538 | 上海邮政科学研究院 | 邮科院高速通道嵌入式控制软件 V2.0 |
| 2539 | 上海邮政科学研究院 | 邮科院信盒输送系统监控软件 V1.0 |
| 2540 | 上海邮政科学研究院 | 邮科院国内平常函件全程时限监控系统控制软件 V1.0 |
| 2541 | 上海科源电子科技有限公司 | 科源 CCS 点焊机集中控制软件 V10.1 |
| 2542 | 鼎捷软件股份有限公司 | 易成管理软件 V8.0 |
| 2543 | 上海安科瑞电气股份有限公司 | 安科瑞 Acrel-6000 电气火灾监控软件[简称：安科瑞 Acrel-6000 监控软件]V1.0 |
| 2544 | 上海万得信息技术股份有限公司 | Wind 资讯经济数据终端软件[简称：WET]V3.0 |
| 2545 | 慧国(上海)软件科技有限公司 | 慧国图形芯片帧缓冲驱动软件 V1.0 |
| 2546 | 慧国(上海)软件科技有限公司 | 慧国控制面板软件 V1.0 |
| 2547 | 上海奥盛软件科技有限公司 | 仙界幻世录游戏软件 V1.0 |
| 2548 | 上海强生智能导航技术有限公司 | 强生道路车速实时监测软件 V1.0 |
| 2549 | 上海益创信息科技有限公司 | 益创智能感知城管软件 V1.0 |
| 2550 | 上海敏研机电科技有限公司 | 敏研故障诊断软件 V1.0 |
| 2551 | 上海心仪电子科技有限公司 | 心仪比内智力测验软件 V1.0 |
| 2552 | 上海心仪电子科技有限公司 | 心仪民用航空飞行员选拔心理测试软件 V1.0 |
| 2553 | 上海心仪电子科技有限公司 | 心仪韦氏幼儿智力测验软件 V1.0 |
| 2554 | 上海心仪电子科技有限公司 | 心仪韦氏幼儿儿童智力测验软件 V1.0 |

续 表

| 序号 | 企业名称 | 软件产品名称 |
|---|---|---|
| 2555 | 上海心仪电子科技有限公司 | 心仪心理测评软件 V1.0 |
| 2556 | 上海英立视数字科技有限公司 | EVM 酒店高清数字电视综合服务软件 V1.0 |
| 2557 | 上海英立视数字科技有限公司 | EVM nPVR 网络个人录像软件 V1.0 |
| 2558 | 上海英立视数字科技有限公司 | EVM 计费软件 V1.0 |
| 2559 | 上海英立视数字科技有限公司 | EVM 智能小区宽带电视和监控软件 V1.0 |
| 2560 | 上海英立视数字科技有限公司 | EVM IPTV-宽带电视综合点播软件 V1.0 |
| 2561 | 上海柏飞电子科技有限公司 | 柏飞安全计算机控制软件 V1.0 |
| 2562 | 上海中信信息发展股份有限公司 | 光典电子阅览室管理软件 V1.0 |
| 2563 | 上海中信信息发展股份有限公司 | 光典档案馆巡检修复信息软件 V1.0 |
| 2564 | 上海中信信息发展股份有限公司 | 光典虚拟档案室管理软件 V1.0 |
| 2565 | 上海锦游网络技术有限公司 | 锦游新闻策划管理软件 V1.0 |
| 2566 | 上海天游软件有限公司 | 天游 3G 移动网络旅游信息分享平台软件 V1.0 |
| 2567 | 上海天游软件有限公司 | 天游游戏娱乐平台软件 V1.0 |
| 2568 | 上海文华财经资讯有限公司 | 文华 Smart 一键通下单软件 V7.0 |
| 2569 | 上海文华财经资讯有限公司 | 文华文文通即时通讯软件 V2.3 |
| 2570 | 上海文华财经资讯有限公司 | 文华 Mytrader 行情分析软件 V6.5 |
| 2571 | 上海文华财经资讯有限公司 | 文华赢智程序化交易软件 V8.0 |
| 2572 | 上海浪沙软件有限公司 | RUNSA HR 管理软件 V1.0 |
| 2573 | 上海浪沙商业软件有限公司 | RUNSA 订货管理软件 V2.0 |
| 2574 | 上海浪沙商业软件有限公司 | RUNSA 门户软件 V1.0 |
| 2575 | 上海浪沙商业软件有限公司 | RUNSA 商业分析软件 V1.0 |
| 2576 | 上海浪沙商业软件有限公司 | RUNSA 移动 POS 软件 V1.0 |
| 2577 | 上海硕天电子信息有限公司 | 硕天连锁总部信息管理软件 V8.0 |
| 2578 | 上海硕天电子信息有限公司 | 硕天商场信息管理软件 V8.0 |
| 2579 | 上海硕天电子信息有限公司 | 硕天连锁配送信息管理软件 V8.0 |
| 2580 | 上海硕天电子信息有限公司 | 硕天连锁分店信息管理软件 V8.0 |
| 2581 | 上海益盟软件技术有限公司 | 益盟操盘手深度分析决策软件(pad 版)[简称：益盟操盘手 pad 版]V2.0 |
| 2582 | 上海益盟软件技术有限公司 | 益盟操盘手证券投资决策软件[简称：决策版]V6.0 |
| 2583 | 上海益盟软件技术有限公司 | 益盟操盘手乾坤版投资策略软件[简称：乾坤版]V1.0 |
| 2584 | 上海汉翔信息技术有限公司 | 触宝拨号软件 V3.3 |
| 2585 | 上海华彩科技有限公司 | 华彩智能读写软件[简称：SRW]V1.0 |
| 2586 | 上海华魏光纤传感技术有限公司 | 华魏防区型全光纤周界安防监控软件 V1.0 |
| 2587 | 运软网络科技(上海)有限公司 | 运软移动虚拟化软件 V1.0 |
| 2588 | 上海同阔网络科技有限公司 | 同阔论文检查软件 V1.0 |

续 表

| 序号 | 企业名称 | 软件产品名称 |
|---|---|---|
| 2589 | 电信科学技术第一研究所 | FRITT IP 媒体服务器软件 V1.0 |
| 2590 | 电信科学技术第一研究所 | FRITT TFTX 网站访问速度测试软件 V1.0 |
| 2591 | 电信科学技术第一研究所 | FRITT 单兵系统视频管理软件 V1.0 |
| 2592 | 电信科学技术第一研究所 | FRITT 便携卫星通信终端监控软件 V1.0 |
| 2593 | 电信科学技术第一研究所 | FRITT 40W Ku 频段发射机监控软件 V1.0 |
| 2594 | 电信科学技术第一研究所 | FRITT 微型卫星通信终端测试软件 V1.0 |
| 2595 | 上海迟汛电子科技有限公司 | 迟汛临床路径质量控制软件 V1.0 |
| 2596 | 上海欣能信息科技发展有限公司 | 欣能基于城市规划数据的电网区域规划软件 V1.0 |
| 2597 | 上海欣能信息科技发展有限公司 | 欣能基于 GIS 的短路容量管理软件[简称：短路容量管理]V1.0 |
| 2598 | 上海欣能信息科技发展有限公司 | 欣能基于 GIS 的电容电流管理软件[简称：电容电流管理] |
| 2599 | 上海欣能信息科技发展有限公司 | 欣能基于 GIS 的操作票图形开票管理软件[简称：操作票图形开票]V1.0 |
| 2600 | 上海艾麒信息科技有限公司 | 艾玛视频聊天软件 V1.0 |
| 2601 | 上海艾麒信息科技有限公司 | 艾玛影视播放软件 V1.0 |
| 2602 | 上海生物数据有限公司 | 生物数据娱乐场所考勤管理软件 V1.0 |
| 2603 | 上海原动力通信科技有限公司 | 原动力生产执行软件[简称：MES]V1.0.0 |
| 2604 | 上海炫伍数字科技有限公司 | 炫伍汽车辅助销售软件 V1.0 |
| 2605 | 上海源一软件有限公司 | 源一智能变电站设备管理软件[简称：设备管理软件]V1.0 |
| 2606 | 上海源一软件有限公司 | 源一 GX－II 配电网故障定位软件[简称：故障定位软件]V1.0 |
| 2607 | 上海富勒信息科技有限公司 | 富勒 FLUX WMS 仓储管理软件 V3.7 |
| 2608 | 上海新赛达信息技术有限公司 | 新赛达铁路检测主机远程维护软件 V1.01 |
| 2609 | 上海超捷系统集成有限公司 | 超捷网信软件 V1.0 |
| 2610 | 上海超捷系统集成有限公司 | 超捷 WAP GW 软件 V2.0 |
| 2611 | 上海超捷系统集成有限公司 | 超捷 Q－Chat 软件 V2.0 |
| 2612 | 上海超捷系统集成有限公司 | 超捷 MDD 软件 V1.0 |
| 2613 | 上海复旦网络信息工程有限公司 | 复旦网络城市消防远程监控信息服务平台软件 V1.0 |
| 2614 | 上海复旦网络信息工程有限公司 | 复旦网络消防本地监控软件 V1.0 |
| 2615 | 泰为信息科技(上海)有限公司 | 泰为天天行导航软件(本地版)V1.5 |
| 2616 | 泰为信息科技(上海)有限公司 | 泰为车载导航软件 V1.0 |
| 2617 | 上海吉图软件开发有限公司 | 吉图天天行导航软件 V1.0 |
| 2618 | 上海达龙信息科技有限公司 | 达龙网络行为审计软件 V1.0 |
| 2619 | 上海达龙信息科技有限公司 | 达龙数据防泄露软件 V1.0 |
| 2620 | 上海欣能信息科技发展有限公司 | 欣能电网 GIS 空间信息服务平台软件[简称：电网 GIS 平台]V1.0 |

续 表

| 序号 | 企业名称 | 软件产品名称 |
|---|---|---|
| 2621 | 上海欣能信息科技发展有限公司 | 欣能电力固定资产投资统计软件 V1.0 |
| 2622 | 汉军智能系统(上海)有限公司 | 汉军消费管理软件 V3.5 |
| 2623 | 汉军智能系统(上海)有限公司 | 汉军考勤管理软件 V3.5 |
| 2624 | 汉军智能系统(上海)有限公司 | 汉军车载 POS 管理软件 V3.5 |
| 2625 | 汉军智能系统(上海)有限公司 | 汉军访客管理软件 V3.5 |
| 2626 | 汉军智能系统(上海)有限公司 | 汉军 WEB 管理软件 V3.5 |
| 2627 | 汉军智能系统(上海)有限公司 | 汉军图控报警管理软件 V3.5 |
| 2628 | 上海过河兵电子商务有限公司 | Elite 电话营销软件 V7.0 |
| 2629 | 上海过河兵软件科技有限公司 | Elite 录音软件 V3.0 |
| 2630 | 上海望特能源科技有限公司 | 望特 660MW 超超临界锅炉壁温在线监测软件 V1.0 |
| 2631 | 上海曼恒数字技术有限公司 | 曼恒 GCAVE 多通道显示软件[简称：GCAVE]V1.0 |
| 2632 | 上海曼恒数字技术有限公司 | 曼恒虚拟设计仿真软件[简称：DVS3D]V1.0.0 |
| 2633 | 上海融达信息科技有限公司 | 融达医院信息管理软件 V2.0 |
| 2634 | 上海融达信息科技有限公司 | 融达村卫生室信息管理软件 V1.0 |
| 2635 | 上海融达信息科技有限公司 | 融达新型农村合作医疗信息管理软件 V3.0 |
| 2636 | 上海融达信息科技有限公司 | 融达药店管理软件 V1.0 |
| 2637 | 上海融达信息科技有限公司 | 融达药品电子监管软件 V1.0 |
| 2638 | 上海融达信息科技有限公司 | 融达养老院信息管理软件 V2.0 |
| 2639 | 上海金仕达多媒体有限公司 | 金仕达高校质量管理平台软件 V[简称：高校质量管理平台软件]V1.0 |
| 2640 | 上海金仕达多媒体有限公司 | 金仕达学生工作综合管理软件[简称：学工综合管理软件]V1.0 |
| 2641 | 上海金仕达多媒体有限公司 | 金仕达网站群管理软件[简称：网站群管理软件]V1.0 |
| 2642 | 上海金仕达多媒体有限公司 | 金仕达党群管理软件[简称：党群管理软件]V1.0 |
| 2643 | 上海金仕达多媒体有限公司 | 金仕达大型仪器共享平台软件[简称：仪器共享平台软件]V1.0 |
| 2644 | 上海金仕达多媒体有限公司 | 金仕达后勤综合服务管理软件[简称：后勤综合服务管理软件]V1.0 |
| 2645 | 上海金仕达多媒体有限公司 | 金仕达语文五年级第一学期多媒体学习软件[简称：多媒体学习软件]V1.0 |
| 2646 | 上海金仕达多媒体有限公司 | 金仕达语文四年级第一学期多媒体教学课件软件[简称：多媒体教学课件]V1.0 |
| 2647 | 上海兰台信息技术有限公司 | 兰台综合档案管理软件[简称：Filesoft_IAMS]V5.0 |
| 2648 | 上海互联网软件有限公司 | 必优必达软件产品生产线软件[简称：软件产品生产线]V1.0 |
| 2649 | 上海互联网软件有限公司 | 必优必达 Smart Box 软件[简称：Smart Box]V1.0 |
| 2650 | 上海那里信息科技有限公司 | 那里网社区软件[简称：那里网]V1.0 |
| 2651 | 上海那里信息科技有限公司 | 那里吧软件[简称：那里吧]V1.0 |

续 表

| 序号 | 企业名称 | 软件产品名称 |
|---|---|---|
| 2652 | 上海摩软通讯技术有限公司 | 摩软 L208MMI 手机软件 V1.0.2 |
| 2653 | 上海摩软通讯技术有限公司 | 摩软 W200MMI 手机软件 V1.0.4 |
| 2654 | 上海摩软通讯技术有限公司 | 摩软 L518MMI 手机软件 V1.0.3 |
| 2655 | 上海摩软通讯技术有限公司 | 摩软 L65MMI 手机软件 V1.0.3 |
| 2656 | 上海摩软通讯技术有限公司 | 摩软 L60MMI 手机软件 V1.0.1 |
| 2657 | 上海摩软通讯技术有限公司 | 摩软 L651MMI 手机软件 V1.0.5 |
| 2658 | 上海华勤通讯技术有限公司 | 华勤 L20MMI 手机软件 V1.0.6 |
| 2659 | 上海华勤通讯技术有限公司 | 华勤 M8MMI 手机软件 V1.0.5 |
| 2660 | 上海华勤通讯技术有限公司 | 华勤 L350MMI 手机软件 V1.0.3 |
| 2661 | 上海华勤通讯技术有限公司 | 华勤 L28MMI 手机软件 V0.1.7 |
| 2662 | 上海申石软件有限公司 | 申石 Web 流程可视化软件[简称：Sense WF]V1.0 |
| 2663 | 上海申石软件有限公司 | 申石互联网数据中心管理软件[简称：Sense IDC]V1.0 |
| 2664 | 上海申石软件有限公司 | 申石登录认证管理软件[简称：Sense LAM]V1.0 |
| 2665 | 上海申石软件有限公司 | 申石身份管理软件[简称：Sense IM]V1.0 |
| 2666 | 上海申石软件有限公司 | 申石金融租赁软件[简称：Sense FL]V1.0 |
| 2667 | 上海金蝶软件有限公司 | 金蝶 KIS 商贸高级版业务包软件 V4.0 |
| 2668 | 上海金蝶软件有限公司 | 金蝶 KIS 商贸高级版软件 V4.0 |
| 2669 | 上海金蝶软件有限公司 | 金蝶 KIS 商贸标准版业务包软件 V4.0 |
| 2670 | 上海金蝶软件有限公司 | 金蝶 KIS 商贸标准版软件 V4.0 |
| 2671 | 上海金蝶软件有限公司 | 金蝶 KIS 商贸基础版软件 V4.0 |
| 2672 | 上海浦东软件园信息技术股份有限公司 | 浦软翔鹰企业级安全服务软件[简称：PRXY SSP]V1.0 |
| 2673 | 上海企望信息科技有限公司 | 企望条码采集器接口软件[简称：条码采购器接口]V1.0 |
| 2674 | 上海企望信息科技有限公司 | 企望制造生产管理接口软件[简称：企望生管接口]V2.2 |
| 2675 | 上海企望信息科技有限公司 | 企望制造财务接口软件[简称：财务接口]V1.0 |
| 2676 | 上海企望信息科技有限公司 | 企望制造企业资源管理软件[简称：企望制造]V11 |
| 2677 | 上海达梦数据库有限公司 | 达梦数据库系统管理软件[简称：DM]V7.1 |
| 2678 | 上海中交海德交通科技股份有限公司 | 海德工程建设项目管理信息化软件[简称：HEAD-PMS]V7.0 |
| 2679 | 上海金蝶软件有限公司 | 金蝶 KIS 零售版软件[简称：金蝶 KIS 零售版]V4.1 |
| 2680 | 胜科金仕达数据系统(中国)有限公司 | 金仕达期货门户网关软件[简称：门户网关]V1.0 |
| 2681 | 胜科金仕达数据系统(中国)有限公司 | 金仕达期货点金手软件[简称：点金手]V8.0 |
| 2682 | 胜科金仕达数据系统(中国)有限公司 | 金仕达期货银期平台软件[简称：银期平台]V1.0 |
| 2683 | 胜科金仕达数据系统(中国)有限公司 | 金仕达股指期货风险管理软件[简称：SifSight]V1.0 |

续 表

| 序号 | 企业名称 | 软件产品名称 |
| --- | --- | --- |
| 2684 | 胜科金仕达数据系统(中国)有限公司 | 金仕达证券经纪业务订单软件[简称：证券订单软件] V1.0 |
| 2685 | 胜科金仕达数据系统(中国)有限公司 | 金仕达证券压力测试软件[简称：压力测试系统] V4.3.7 |
| 2686 | 胜科金仕达数据系统(中国)有限公司 | 金仕达期货合规风险监控软件[简称：期货合规风控] V1.0 |
| 2687 | 巴克莱信息技术(上海)有限公司 | 巴克莱假期管理软件 V2.0 |
| 2688 | 上海中兴软件有限责任公司 | 中兴光接入局端主控软件 V1.0 |
| 2689 | 上海中兴软件有限责任公司 | 中兴多业务接入设备软件 V1.0 |
| 2690 | 上海中兴软件有限责任公司 | 中兴综合接入媒体网关软件 V1.0 |
| 2691 | 上海中兴软件有限责任公司 | 中兴宽带综合接入设备软件 V1.0 |
| 2692 | 上海中兴软件有限责任公司 | 中兴楼宇综合接入设备软件 V1.0 |
| 2693 | 上海中兴软件有限责任公司 | 中兴 DSL 用户端设备主控软件 V1.0 |
| 2694 | 上海中兴软件有限责任公司 | 中兴同轴宽带接入设备软件 V1.0 |
| 2695 | 上海中兴软件有限责任公司 | 中兴宽带服务支持软件 V1.0 |
| 2696 | 上海中兴软件有限责任公司 | 中兴 TD-LTE 增强型基站软件[简称：eNodeB]V1.0 |
| 2697 | 上海中兴软件有限责任公司 | 中兴 TD-LTE 操作维护中心软件 V1.0 |
| 2698 | 上海中兴软件有限责任公司 | 中兴 UMTS 控制器 ZXWR RNC 软件 V1.0 |
| 2699 | 上海中兴软件有限责任公司 | 中兴 UMTS 控制器 ZXUR 9000 软件 V1.0 |
| 2700 | 上海中兴软件有限责任公司 | 中兴 GSM 控制器 ZXG10 iBSC 软件 V1.0 |
| 2701 | 上海中兴软件有限责任公司 | 中兴 GSM 控制器 ZXUR 9000 软件 V1.0 |
| 2702 | 上海中兴软件有限责任公司 | 中兴 GU 网管软件 V1.0 |
| 2703 | 上海中兴软件有限责任公司 | 中兴 GU 网优软件 V1.0 |
| 2704 | 上海中兴软件有限责任公司 | 中兴 WCDMA 数据卡 MF112 软件 V1.0 |
| 2705 | 上海中兴软件有限责任公司 | 中兴 WCDMA 数据卡 MF656 软件 V1.0 |
| 2706 | 上海中兴软件有限责任公司 | 中兴 WCDMA 数据卡 MF668 软件 V1.0 |
| 2707 | 上海中兴软件有限责任公司 | 中兴 WCDMA 数据卡 MF668A 软件 V1.0 |
| 2708 | 上海中兴软件有限责任公司 | 中兴 WCDMA 数据卡 MF680 软件 V1.0 |
| 2709 | 上海中兴软件有限责任公司 | 中兴 WCDMA 数据卡 MF100 软件 V1.0 |
| 2710 | 上海中兴软件有限责任公司 | 中兴 V9 移动通信软件 V1.0 |
| 2711 | 上海中兴软件有限责任公司 | 中兴 WF633GSM 无线通信软件 V1.0 |
| 2712 | 上海中兴软件有限责任公司 | 中兴 U115TD 移动通信软件 V1.0 |
| 2713 | 上海中兴软件有限责任公司 | 中兴 U200+TD 移动通信软件 V1.0 |
| 2714 | 上海中兴软件有限责任公司 | 中兴 U208TD 移动通信软件 V1.0 |
| 2715 | 上海中兴软件有限责任公司 | 中兴 U232TD 移动通信软件 V1.0 |
| 2716 | 上海中兴软件有限责任公司 | 中兴 U722TD 移动通信软件 V1.0 |

续 表

| 序号 | 企业名称 | 软件产品名称 |
|---|---|---|
| 2717 | 上海中兴软件有限责任公司 | 中兴 C70CDMA 移动通信软件 V1.0 |
| 2718 | 上海中兴软件有限责任公司 | 中兴 C76CDMA 移动通信软件 V1.0 |
| 2719 | 上海中兴软件有限责任公司 | 中兴 N600CDMA 移动通信软件 V1.0 |
| 2720 | 上海中兴软件有限责任公司 | 中兴 R750CDMA 移动通信软件 V1.0 |
| 2721 | 上海中兴软件有限责任公司 | 中兴 S510GSM 移动通信软件 V1.0 |
| 2722 | 上海中兴软件有限责任公司 | 中兴 S500GSM 移动通信软件 V1.0 |
| 2723 | 上海中兴软件有限责任公司 | 中兴 V546GSM 移动通信软件 V1.0 |
| 2724 | 上海中兴软件有限责任公司 | 中兴 F103UMTS 移动通信软件 V1.0 |
| 2725 | 上海中兴软件有限责任公司 | 中兴 F952UMTS 移动通信软件 V1.0 |
| 2726 | 上海中兴软件有限责任公司 | 中兴 R235GSM 移动通信软件 V1.0 |
| 2727 | 上海中兴软件有限责任公司 | 中兴 R225GSM 移动通信软件 V1.0 |
| 2728 | 上海中兴软件有限责任公司 | 中兴 M731GSM 移动通信软件 V1.0 |
| 2729 | 上海中兴软件有限责任公司 | 中兴 S215GSM 移动通信软件 V1.0 |
| 2730 | 上海中兴软件有限责任公司 | 中兴 R221GSM 移动通信软件 V1.0 |
| 2731 | 上海中兴软件有限责任公司 | 中兴 VF351GSM 移动通信软件 V1.0 |
| 2732 | 上海中兴软件有限责任公司 | 中兴 E880GSM 移动通信软件 V1.0 |
| 2733 | 上海中兴软件有限责任公司 | 中兴 P722GUMTS 移动通信软件 V1.0 |
| 2734 | 上海中兴软件有限责任公司 | 中兴 P727UMTS 移动通信软件 V1.0 |
| 2735 | 上海中兴软件有限责任公司 | 中兴 P729UMTS 移动通信软件 V1.0 |
| 2736 | 上海中兴软件有限责任公司 | 中兴 P733UMTS 移动通信软件 V1.0 |
| 2737 | 上海中兴软件有限责任公司 | 中兴 R710CDMA 移动通信软件 V1.0 |
| 2738 | 上海同行企业信息科技有限公司 | 同行制造业先进计划/决策软件[简称：BSMP]V2.0 |
| 2739 | 上海宝立自动化工程有限公司 | 宝立冷轧入口开卷自动控制软件[简称：冷轧开卷自动控制软件]V1.0 |
| 2740 | 上海宝立自动化工程有限公司 | 宝立冷轧入口区域钢卷跟踪软件[简称：入口区域钢卷跟踪软件]V1.0 |
| 2741 | 上海上讯信息技术有限公司 | 上讯信息文档管理软件 V2.0 |
| 2742 | 上海凌极软件有限公司 | 凌极同声传译实验室软件[简称：VIVO Interpreter]V3.0 |
| 2743 | 上海捷艾特信息技术有限公司 | 捷艾特进出口数据分析软件[简称：进出口数据分析系统]V1.0 |
| 2744 | 上海捷艾特信息技术有限公司 | 捷艾特进出口电子制单软件[简称：进出口电子制单系统]V1.0 |
| 2745 | 上海捷艾特信息技术有限公司 | 捷艾特进出口报关电子委托软件[简称：报关电子委托系统]V1.0 |
| 2746 | 上海捷艾特信息技术有限公司 | 捷艾特进出口产品资料库管理软件[简称：进出口资料库管理系统]V1.0 |
| 2747 | 上海山丽信息安全有限公司 | 山丽防水墙数据防泄漏软件[简称：山丽防水墙]V5.0 |

续 表

| 序号 | 企业名称 | 软件产品名称 |
| --- | --- | --- |
| 2748 | 上海帆讯信息技术有限公司 | 帆讯 e 信互动信息服务平台软件[简称：e 信平台]V1.0 |
| 2749 | 上海帆讯信息技术有限公司 | 帆讯易派企业短信服务平台软件[简称：易派短信平台]V1.0 |
| 2750 | 上海科泰世纪科技有限公司 | 科泰世纪乐媒客户端软件[简称：KTVissage]V1.0 |
| 2751 | 上海国恩商务软件有限公司 | 国恩集装箱堆场暨场站管理软件[简称：CFS]V6.01 |
| 2752 | 上海博瑞吉信息科技有限公司 | 博瑞吉信息匹配与关联度计算软件[简称：信息匹配与关联度计算软件]V1.0 |
| 2753 | 上海博瑞吉信息科技有限公司 | 博瑞吉基于 WEB GIS 的信息展现与交互软件[简称：基于 WEB GIS 的信息展现与交互软件]V1.0 |
| 2754 | 上海汇通电子商务有限公司 | 汇通网站多站点管理软件[简称：网站多站点管理软件]V1.0 |
| 2755 | 上海汇通电子商务有限公司 | 汇通网站信息建模、发布与管理软件[简称：网站信息建模、发布与管理软件]V1.0 |
| 2756 | 上海寰博数码科技有限公司 | 寰博"桥网"现代服务业综合服务平台软件[简称：桥网]V1.0 |
| 2757 | 上海商格信息科技有限公司 | 商格物流配送中心信息管理软件[简称：商格物流信息系统软件]V2.0 |
| 2758 | 上海亿通国际股份有限公司 | 亿通国际箱管软件[简称：EIR]V1.0.0 |
| 2759 | 上海亿通国际股份有限公司 | 亿通国际船舶动态客户端软件[简称：船代客户端]V1.0.0 |
| 2760 | 上海亿通国际股份有限公司 | 亿通国际预配舱单箱信息录入软件[简称：MFTCS]V1.0.0 |
| 2761 | 上海亿通国际股份有限公司 | 亿通国际区外保税物流监管软件[简称：亿通 VMI]V1.0 |
| 2762 | 霍尼韦尔综合科技(中国)有限公司 | 霍尼韦尔 HPSIM 热泵机组仿真软件[简称：HPSIM]V1.0 |
| 2763 | 霍尼韦尔综合科技(中国)有限公司 | 霍尼韦尔增压器叶轮强度自动校核软件 V1.0 |
| 2764 | 霍尼韦尔综合科技(中国)有限公司 | 霍尼韦尔 HSG 项目授权审批软件 V1.0 |
| 2765 | 上海开闻信息科技有限公司 | 开闻 Skyware TD-LTE 路测软件[简称：TD-LTE 路测软件]V3.0 |
| 2766 | 上海开闻信息科技有限公司 | 开闻 U-Touch S50 便携式无线网络测试软件 V2.0 |
| 2767 | 上海同畅信息技术有限公司 | 同畅 K7 餐饮预订信息发布软件 V1.0 |
| 2768 | 上海霍莱沃电子系统技术有限公司 | Hollywell 平台布局设计仿真软件 V1.0 |
| 2769 | 上海禾心网络科技有限公司 | 禾心能耗系统远程监测节能管理软件 V1.0 |
| 2770 | 上海知铭信息科技有限公司 | 知铭帮快餐饮管理软件 V1.0 |
| 2771 | 上海约翰芬雷自动化系统有限公司 | JOHNFINLAY 选煤厂信息管理软件 V6.0 |
| 2772 | 上海蓝科钢结构技术开发有限责任公司 | 蓝科结构设计软件 V1.0 |
| 2773 | 上海民航华东凯亚系统集成有限公司 | 华东凯亚 ECFARE 运价管理软件 V1.0 |
| 2774 | 上海民航华东凯亚系统集成有限公司 | 华东凯亚集中配载信息采集软件 V1.0 |
| 2775 | 上海民航华东凯亚系统集成有限公司 | 华东凯亚乘务员自动排班管理软件 V1.0 |

续 表

| 序号 | 企业名称 | 软件产品名称 |
| --- | --- | --- |
| 2776 | 上海民航华东凯亚系统集成有限公司 | 华东凯亚机务工程技术管理软件 V1.0 |
| 2777 | 上海民航华东凯亚系统集成有限公司 | 华东凯亚座控支持软件 V1.0 |
| 2778 | 前锦网络信息技术(上海)有限公司 | 前锦预算 FNReoprt 报表软件[简称：FNReoprt]V1.0 |
| 2779 | 前锦网络信息技术(上海)有限公司 | 前锦简历系统订阅软件 V1.0 |
| 2780 | 前锦网络信息技术(上海)有限公司 | 前锦短信中心软件 V2.0 |
| 2781 | 上海海能信息科技有限公司 | 海能变压器节能增容系统控制软件 V1.0 |
| 2782 | 上海阿尔卡特网络支援系统有限公司 | SANSS 112 大面积申告预警软件 V1.0 |
| 2783 | 上海阿尔卡特网络支援系统有限公司 | SANSS 支持 IMS 的 SIP 终端软件 V1.0 |
| 2784 | 上海阿尔卡特网络支援系统有限公司 | SANSS 信息汇聚平台软件 V1.0 |
| 2785 | 上海阿尔卡特网络支援系统有限公司 | SANSS IPTV 标准化业务管理软件[简称：IPTV 业务管理软件]V2.5 |
| 2786 | 上海阿尔卡特网络支援系统有限公司 | SANSS IPTV 拨测终端软件 V1.0 |
| 2787 | 上海阿尔卡特网络支援系统有限公司 | SANSS IPTV 播测平台管理软件 V1.0 |
| 2788 | 上海桑锐电子科技有限公司 | 桑锐电力信息化管理软件 V2.0 |
| 2789 | 上海创视通多媒体技术有限公司 | 创视通 MRS 录播服务器软件 V1.0 |
| 2790 | 上海创视通多媒体技术有限公司 | 创视通 VMT 会议管理平台软件 V1.0 |
| 2791 | 上海巴士拓华科技发展有限公司 | 巴士拓华档案区域协同分级管理系统在线培训软件 V1.0 |
| 2792 | 上海电气集团股份有限公司中央研究院 | SECCA 永磁同步电机无位置控制软件 V1.0 |
| 2793 | 上海电气集团股份有限公司中央研究院 | SECCA 数控凸轮轴磨床辅助编程软件 V1.0 |
| 2794 | 麦网信息技术(上海)有限公司 | 麦考林供应商产品信息平台软件 V1.0 |
| 2795 | 上海兆民云计算科技有限公司 | 兆民教育云信息化服务平台软件 V1.0 |
| 2796 | 上海兆民云计算科技有限公司 | 兆民 Web 云桌面软件 V1.0 |
| 2797 | 上海新干通通信设备有限公司 | 新干通 Tetra 无线通信综合网管软件 V1.0 |
| 2798 | 上海邮电设计咨询研究院有限公司 | SPTDI 室内覆盖 CAD 图纸工程量统计软件 V2.1 |
| 2799 | 乾康(上海)信息技术有限公司 | 乾康银行自助设备管理平台软件 V1.0 |
| 2800 | 上海未来宽带技术及应用工程研究中心有限公司 | B-STAR 面向智能手机的视频直播服务器软件 V1.0 |
| 2801 | 上海未来宽带技术及应用工程研究中心有限公司 | B-STAR EOC 故障监测软件 V1.0 |
| 2802 | 上海未来宽带技术及应用工程研究中心有限公司 | B-STAR EOC 性能检测软件 V1.0 |
| 2803 | 上海未来宽带技术及应用工程研究中心有限公司 | B-STAR 面向互动电视的新闻家园业务软件 V1.0 |
| 2804 | 上海未来宽带技术及应用工程研究中心有限公司 | B-STAR 业务统计管理软件 V1.0 |
| 2805 | 上海未来宽带技术及应用工程研究中心有限公司 | B-STAR 塞班智能手机视频直播终端软件 V1.0 |

续 表

| 序号 | 企业名称 | 软件产品名称 |
|---|---|---|
| 2806 | 上海未来宽带技术及应用工程研究中心有限公司 | B-STAR EOC 头端产测软件 V1.1 |
| 2807 | 上海未来宽带技术及应用工程研究中心有限公司 | B-STAR EOC 头端老化监测软件 V1.1 |
| 2808 | 上海电信通信设备有限公司 | STCE 智能后备电源控制软件 V1.0 |
| 2809 | 上海电信通信设备有限公司 | STCE ADSL 自动测试系统管理软件 V1.0 |
| 2810 | 上海以山电子科技有限公司 | 以山柔性烟支输出系统控制软件 V1.0 |
| 2811 | 上海瑞竞信息科技公司 | 瑞竞-医院门急诊一站式付费软件 V2.0 |
| 2812 | 上海高威科电气技术有限公司 | 高威科烫金机软件 V2.0 |
| 2813 | 上海飞机制造有限公司 | SAMC 供应商 FRR 管理软件 V1.0 |
| 2814 | 上海飞机制造有限公司 | SAMC 装配大纲生产现场管理软件 V2.0 |
| 2815 | 上海飞机制造有限公司 | SAMC 工具管理系统应用软件 V1.0 |
| 2816 | 上海飞机制造有限公司 | SAMC 基于 MBD 的装配执行软件 V1.0 |
| 2817 | 上海飞机制造有限公司 | SAMC 快速 EO 管理软件 V1.0 |
| 2818 | 上海飞机制造有限公司 | SAMC 零件状态管理软件 V2.0 |
| 2819 | 上海飞机制造有限公司 | SAMC 制造大纲生产现场管理软件 V2.0 |
| 2820 | 上海飞机制造有限公司 | SAMC 工程更改建议管理软件 V1.0 |
| 2821 | 上海飞机制造有限公司 | SAMC 首件检验管理软件 V1.0 |
| 2822 | 上海飞机制造有限公司 | SAMC 基于 MBD 的制造执行软件 V1.0 |
| 2823 | 上海飞机制造有限公司 | SAMC 部门管理平台软件 V1.0 |
| 2824 | 上海飞机制造有限公司 | SAMC 材料需求管理软件 V1.0 |
| 2825 | 上海飞机制造有限公司 | SAMC 飞机装配工装 CAD 软件 V2.0 |
| 2826 | 上海飞机制造有限公司 | SAMC 档案数据管理软件 V2.0 |
| 2827 | 上海飞机制造有限公司 | SAMC 办公自动化系统管理软件 V1.0 |
| 2828 | 上海飞机制造有限公司 | SAMC SBOM 物料清册管理软件 V1.0 |
| 2829 | 上海飞机制造有限公司 | SAMC FO 母本管理软件 V2.0 |
| 2830 | 上海飞机制造有限公司 | SAMC ZPS 工艺文档管理软件 V1.0 |
| 2831 | 上海飞机制造有限公司 | SAMC AO 母本管理软件 V2.0 |
| 2832 | 上海飞机制造有限公司 | SAMC EOTS 系统管理软件 V1.0 |
| 2833 | 上海发电设备成套设计研究院 | SPERI T 型管件有限元前处理软件 V1.0 |
| 2834 | 上海发电设备成套设计研究院 | SPERI 高温材料监控软件 V3.0 |
| 2835 | 上海发电设备成套设计研究院 | SPERI 水泥窑炉尾高温风机变频器控制软件 V1.0 |
| 2836 | 上海发电设备成套设计研究院 | SPERI 给煤控制软件 V2.0 |
| 2837 | 上海发电设备成套设计研究院 | SPERI 电厂化学水处理软件 V3.0 |
| 2838 | 上海发电设备成套设计研究院 | SPERI 电站高温高压管道结构强度实时计算软件 V1.0 |

续 表

| 序号 | 企业名称 | 软件产品名称 |
|---|---|---|
| 2839 | 上海发电设备成套设计研究院 | SPERI 汽轮机高压阀壳热应力与寿命监控软件 V3.0 |
| 2840 | 上海发电设备成套设计研究院 | SPERI 火力发电厂大气污染物排放计算软件 V1.0 |
| 2841 | 上海发电设备成套设计研究院 | SPERI 汽机锅炉协调控制系统应用软件 V2.0 |
| 2842 | 上海发电设备成套设计研究院 | SPERI 煤化工系统及工艺软件 V3.0 |
| 2843 | 上海发电设备成套设计研究院 | SPERI 电站机组储水量计算及趋势图生成软件 V2.0 |
| 2844 | 上海发电设备成套设计研究院 | SPERI 汽水管道保温计算软件 V1.0 |
| 2845 | 上海发电设备成套设计研究院 | SPERI 混凝土梁挠度计算软件 V1.0 |
| 2846 | 上海发电设备成套设计研究院 | SPERI 600MW 锅炉过热器和再热器氧化皮在线监测评估软件 V1.0 |
| 2847 | 上海发电设备成套设计研究院 | SPERI 发电机组易损件寿命管理软件 V3.0 |
| 2848 | 上海发电设备成套设计研究院 | SPERI 锅炉进风与排烟温度优化软件 V1.0 |
| 2849 | 上海发电设备成套设计研究院 | SPERI 控制棒驱动机构电源系统控制软件 V1.0 |
| 2850 | 上海航天设备制造总厂 | SAEM 企业管理信息平台软件 V4.0 |
| 2851 | 上海航天设备制造总厂 | SAEM 驱动电机信号控制软件 V2.0 |
| 2852 | 上海航天设备制造总厂 | SAEM 组合夹具元件管理软件 V1.0 |
| 2853 | 上海航天设备制造总厂 | SAEM 工装管理软件 V2.0 |
| 2854 | 上海航天设备制造总厂 | SAEM 岗位设置管理软件 V1.0 |
| 2855 | 上海航天设备制造总厂 | SAEM 计划与台账管理软件 V1.0 |
| 2856 | 上海航天设备制造总厂 | SAEM 人事部门管理助手软件 V1.0 |
| 2857 | 上海航天设备制造总厂 | SAEM 生产系统管理软件 V1.0 |
| 2858 | 上海航天设备制造总厂 | SAEM 焊接平台管理软件 V1.0 |
| 2859 | 上海航天设备制造总厂 | SAEM 红外光电液位传感器测试软件 V1.0 |
| 2860 | 上海航天设备制造总厂 | SAEM 人事档案目录管理软件 V1.0 |
| 2861 | 上海航天设备制造总厂 | SAEM 电机运行控制软件 V1.0 |
| 2862 | 上海航天设备制造总厂 | SAEM 对接机构单机组件控制软件 V1.0 |
| 2863 | 上海航天设备制造总厂 | SAEM 发控系统调试软件 V1.0 |
| 2864 | 上海航天设备制造总厂 | SAEM 工艺管理软件 V1.0 |
| 2865 | 上海航天设备制造总厂 | SAEM 单机关键特性分析软件 V1.0 |
| 2866 | 上海航天设备制造总厂 | SAEM 丝杠安装座性能测试软件 V1.0 |
| 2867 | 上海强生科技有限公司 | 强生出租汽车税控计价器控制软件 V1.0 |
| 2868 | 上海强生科技有限公司 | 强生车载无线智能终端控制软件 V1.0 |
| 2869 | 上海强生科技有限公司 | 强生出租车调度显示控制软件 V1.0 |
| 2870 | 中国船舶重工集团公司第七一一研究所 | SMDERI 发动机控制系统调试平台软件 V1.0 |
| 2871 | 中国船舶重工集团公司第七一一研究所 | SMDERI 高弹性联轴器隔声减振性能分析软件 V1.0 |
| 2872 | 中国船舶重工集团公司第七一一研究所 | SMDERI 船用柴油机调速控制软件 V1.0 |

续 表

| 序号 | 企业名称 | 软件产品名称 |
| --- | --- | --- |
| 2873 | 中国船舶重工集团公司第七一一研究所 | SMDERI热气机运行状态监控与数据记录管理软件V2.0 |
| 2874 | 中国船舶重工集团公司第七一一研究所 | SMDERI三联供系统监控软件V1.0 |
| 2875 | 上海齐耀动力技术有限公司 | 齐耀智能流量调节软件V1.0 |
| 2876 | 上海齐耀动力技术有限公司 | 齐耀热气机数据采集与控制软件V1.0 |
| 2877 | 上海齐耀动力技术有限公司 | 齐耀辅机系统监控软件V1.0 |
| 2878 | 上海齐耀动力技术有限公司 | 齐耀精密线性执行机构驱动软件V1.0 |
| 2879 | 上海埃威航空电子有限公司 | 埃威UAT数据链机载端通信管理软件V1.0 |
| 2880 | 上海埃威航空电子有限公司 | 埃威AIS搜救应答器软件V1.0 |
| 2881 | 上海埃威航空电子有限公司 | 埃威北斗地空监视系统飞行监控软件V1.0 |
| 2882 | 上海埃德电子股份有限公司 | 埃德AD-CDP-HR电容式触控显示面板控制软件V1.0 |
| 2883 | 上海埃德电子股份有限公司 | 埃德EL0802M工业以太网交换机管理软件V1.2 |
| 2884 | 上海埃德电子股份有限公司 | 埃德P-2M-L数字复用接口设备控制软件V1.0 |
| 2885 | 上海工业自动化仪表研究院 | SIPAI焊接制造业协同管理软件V1.0 |
| 2886 | 上海工业自动化仪表研究院 | SIPAI制动性能测试仪软件V1.0 |
| 2887 | 上海西派埃仪表成套有限公司 | 西派埃水流量标准装置管理控制软件V1.0 |
| 2888 | 上海光谱仪器有限公司 | 光谱紫外可见分光光度计控制和分析软件V1.0 |
| 2889 | 上海东富龙信息技术有限公司 | 东富龙旋转式移动载料小车装置控制软件V1.0 |
| 2890 | 上海东富龙信息技术有限公司 | 东富龙自动进出料集成装置控制软件V1.0 |
| 2891 | 上海飞机客户服务有限公司 | SACS CIS门户系统平台软件V1.0 |
| 2892 | 上海飞机客户服务有限公司 | SACS报修管理软件V1.0 |
| 2893 | 上海飞机客户服务有限公司 | SACS备件管理信息系统应用软件V1.0 |
| 2894 | 上海飞机客户服务有限公司 | SACS大客产品数据管理/协同平台软件V1.0 |
| 2895 | 上海飞机客户服务有限公司 | SACS合同管理软件V1.0 |
| 2896 | 上海飞机客户服务有限公司 | SACS民机信息交互与客户关系管理软件V1.0 |
| 2897 | 上海飞机客户服务有限公司 | SACS内容管理平台软件V1.0 |
| 2898 | 上海飞机客户服务有限公司 | SACS运营监控系统管理软件V1.0 |
| 2899 | 上海智城分析仪器制造有限公司 | 智城ZW恒温培养振荡器控制软件[简称：智城振荡器控制软件]V2.0 |
| 2900 | 上海智城分析仪器制造有限公司 | 智城ZX可编程温度箱控制软件[简称：智城温度箱控制软件]V1.0 |
| 2901 | 上海智城分析仪器制造有限公司 | 智城ZH智能安全型超净工作台控制软件[简称：智城超净工作台控制软件]V2.0 |
| 2902 | 上海竞天科技股份有限公司 | 竞天机房环境监控软件[简称：CREMS]V1.0 |
| 2903 | 上海外高桥英得网络信息有限公司 | 英得警企屋软件[简称：警企屋软件]V1.0 |
| 2904 | 上海外高桥英得网络信息有限公司 | 英得外高桥保税区海关监管平台-保税延展仓储软件[简称：外高桥保税区海关监管平台]V1.0 |

续 表

| 序号 | 企业名称 | 软件产品名称 |
|---|---|---|
| 2905 | 上海信耀电子有限公司 | 信耀 HID 镇流器 D3 控制软件 V1.0 |
| 2906 | 上海德科电子仪表有限公司 | 德科 Jetta-fl3 汽车电子组合仪表软件 V1.0 |
| 2907 | 上海汽车变速器有限公司 | SAGW 双离合自动变速器汽车电子控制单元软件 V1.0 |
| 2908 | 上海实业交通电器有限公司 | 上实交通 ZP11 车身控制软件 V1.50 |
| 2909 | 上海实业交通电器有限公司 | 上实交通 N300 汽车仪表总成软件 V1.0 |
| 2910 | 科博达技术有限公司 | keboda 空调鼓风机电子风扇 PWM 控制器软件 V1.0 |
| 2911 | 上海航盛实业有限公司 | 航盛车载终端 Boot_load 软件 V1.0 |
| 2912 | 上海航盛实业有限公司 | 航盛胎压监测软件 V1.0 |
| 2913 | 上海航盛实业有限公司 | 航盛胎压控制器软件 V1.0 |
| 2914 | 延锋伟世通汽车电子有限公司 | 延锋伟世通多功能显示器控制软件 V1.0 |
| 2915 | 延锋伟世通汽车电子有限公司 | 延锋伟世通多功能组合仪表控制软件 V1.0 |
| 2916 | 延锋伟世通汽车电子有限公司 | 延锋伟世通 RBC 2DIN 收音机控制软件 V1.6.0 |
| 2917 | 上海农业信息化工程技术研究中心 | 上农信蔬菜生产管理软件 V2.0 |
| 2918 | 上海京颐信息科技有限公司 | 京颐移动临床信息管理软件[简称：移动临床]V2.0 |
| 2919 | 泰为信息科技(上海)有限公司 | 泰为手机导航网络版软件 V5.4 |
| 2920 | 上海开通数控有限公司 | 开通全数字袜机专用交流伺服驱动软件 V1.0 |
| 2921 | 上海开通数控有限公司 | 开通数控软件 V2.0 |
| 2922 | 上海泛云信息科技有限公司 | 泛云 MediaCloud 媒体云计算平台管理软件 V1.0 |
| 2923 | 上海睿友软件科技有限公司 | 睿友健康通应用平台软件[简称：睿友健康通]V1.0 |
| 2924 | 上海复深蓝信息技术有限公司 | 复深蓝 WiseScan OCR 软件 V1.0 |
| 2925 | 上海复深蓝信息技术有限公司 | 复深蓝 CoreITIL IT 运维管理软件 V1.0 |
| 2926 | 上海锐意恒达信息科技有限公司 | 锐意恒达一体化呼叫中心管理软件 V1.0 |
| 2927 | 上海蓝白商务服务有限公司 | 蓝白印石打印管理软件 V1.0 |
| 2928 | 上海锐意恒达信息科技有限公司 | 锐意恒达保险电销管理软件 V1.0 |
| 2929 | 上海汽车集团股份有限公司 | 上汽燃料电池控制器软件 Ver365 |
| 2930 | 赛瓦软件(上海)有限公司 | 2BizBox 医疗后勤管理软件 V1.0 |
| 2931 | 赛瓦软件(上海)有限公司 | TWaver Map 地理信息应用组件软件 V1.0 |
| 2932 | 上海东源计算机自动化工程有限公司 | 东源电量监测及数据分析软件 V1.0 |
| 2933 | 上海东源计算机自动化工程有限公司 | 东源化工品码头管理软件 V1.0 |
| 2934 | 上海东源计算机自动化工程有限公司 | 东源化工品码头消防管理软件 V1.0 |
| 2935 | 上海古鳌电子科技股份有限公司 | 古鳌电子款箱交接软件 V1.0 |
| 2936 | 上海古鳌电子科技股份有限公司 | 古鳌数据采集盒 GA-SCH188 电子软件 V1.0 |
| 2937 | 上海古鳌电子科技股份有限公司 | 古鳌 JBYD-GA02F-B 点钞机主控鉴伪软件 V2.0 |
| 2938 | 上海古鳌电子科技股份有限公司 | 古鳌全自动 KCJ-300 捆钞机软件 V4.6 |

续 表

| 序号 | 企业名称 | 软件产品名称 |
|---|---|---|
| 2939 | 上海国响信息技术有限公司 | 国响 NGB 网管 WEB 智能分析软件 V1.0 |
| 2940 | 上海瑞路道路工程技术有限公司 | 瑞路沥青混合料动态质量监控软件 V1.0 |
| 2941 | 上海腾程医学科技信息有限公司 | 腾程孕中期母血清学产前筛查分析软件[简称：腾程产前筛查分析软件]V1.0 |
| 2942 | 上海古鳌电子科技股份有限公司 | 古鳌排队机管理软件 V1.0 |
| 2943 | 上海古鳌电子科技股份有限公司 | 古鳌 JBYJ-GA-668B 多国货币鉴别仪主控鉴伪软件 V3.0 |
| 2944 | 上海古鳌电子科技股份有限公司 | 古鳌纸币采集软件 V1.0 |
| 2945 | 上海无线电设备研究所 | SRERI 无线电设备考勤管理软件 V1.0 |
| 2946 | 上海无线电设备研究所 | SRERI 无线电设备生产调度管理软件 V1.0 |
| 2947 | 上海无线电设备研究所 | SRERI 无线电设备资产管理软件 V1.0 |
| 2948 | 上海长智系统集成有限公司 | 长智安全卫士平台软件 V1.0 |
| 2949 | 上海美华系统有限公司 | 美华物流协同平台软件 V1.4 |
| 2950 | 上海启明谐鸿信息科技有限公司 | 启明谐鸿手机增值服务内容发布管理软件 V1.5 |
| 2951 | 上海新华控制技术(集团)有限公司 | 新华过程数据库管理软件[简称：XSRMS]V1.0 |
| 2952 | 上海新华控制技术(集团)有限公司 | 新华三重冗余核电安全控制系统 T3000 应用软件[简称：OnTDC]V1.0 |
| 2953 | 上海埃蒙特自动化系统有限公司 | 埃蒙特机器人工作组任务统筹分配软件 V2.0 |
| 2954 | 上海互普信息技术有限公司 | 互普威盾上网行为管理软件[简称：互普威盾 ViaNetrules]V6.0 |
| 2955 | 上海互普信息技术有限公司 | 互普威盾终端准入管理软件[简称：互普威盾 ViaAccess]V3.5 |
| 2956 | 上海钦禾节能科技有限公司 | 钦禾能源管理软件 V1.0 |
| 2957 | 上海三运电机控制技术有限公司 | 三运无刷电机驱动控制软件 V1.0 |
| 2958 | 上海智觉光电科技有限公司 | 智觉模具监视软件 V1.0 |
| 2959 | 上海点明信息技术有限公司 | 点明湘钢 MES 软件 V1.0 |
| 2960 | 上海数据港投资有限公司 | 上海数据港机房进出数据采集软件 V1.0 |
| 2961 | 上海尚菲软件技术有限公司 | 尚菲交火电子数据交换软件 V2.0 |
| 2962 | 上海硅知识产权交易中心有限公司 | SSIPEX 企业知识产权管理软件 V1.0 |
| 2963 | 上海力宇软件科技有限公司 | 力宇通用信息管理平台软件 V1.0 |
| 2964 | 上海华测创时测控科技有限公司 | 华测创时网络版在线监测软件 V1.0 |
| 2965 | 安悦先锋汽车信息技术有限公司 | 安悦先锋车载影音导航软件 V1.00 |
| 2966 | 上海索辰信息科技有限公司 | 索辰快速多概念设计软件 V1.0 |
| 2967 | 上海索辰信息科技有限公司 | 索辰气爆分析软件 V9.1 |
| 2968 | 上海索辰信息科技有限公司 | 索辰电磁模拟软件 V14.0 |
| 2969 | 上海诺尚信息技术有限公司 | 诺尚激光测绘软件 V1.0 |
| 2970 | 上海自动化仪表股份有限公司 | 上自仪 BWQ 系列温度变送器仪表卡软件 V1.0 |

续 表

| 序号 | 企业名称 | 软件产品名称 |
|---|---|---|
| 2971 | 上海数卫电子有限公司 | 数卫无线智能巡察管理软件 V2.0 |
| 2972 | 上海新殿光电子科技有限公司 | 新殿光人工电话交换软件 V7.0.0 |
| 2973 | 上海三明泰格信息技术有限公司 | 三明泰格销售速报管理软件 V1.0 |
| 2974 | 上海理想信息产业(集团)有限公司 | 理想应用监控管理软件 V1.0 |
| 2975 | 上海理想信息产业(集团)有限公司 | 理想云计算资源计费软件 V1.0 |
| 2976 | 上海理想信息产业(集团)有限公司 | 理想智慧医院移动医生办公助手软件 V1.0 |
| 2977 | 上海理想信息产业(集团)有限公司 | 理想统一短信平台软件 V1.0 |
| 2978 | 上海理想信息产业(集团)有限公司 | 理想绩效考核软件 V2.0 |
| 2979 | 上海理想信息产业(集团)有限公司 | 理想手机定位业务监控软件 V1.0 |
| 2980 | 上海理想信息产业(集团)有限公司 | 理想掌上经营分析软件 V1.0 |
| 2981 | 上海理想信息产业(集团)有限公司 | 理想 Blazer 业务快速开发软件 V3.0 |
| 2982 | 上海理想信息产业(集团)有限公司 | 理想社区关爱服务软件 V1.0 |
| 2983 | 上海理想信息产业(集团)有限公司 | 理想医疗卫生行业预约应用软件 V1.0 |
| 2984 | 上海理想信息产业(集团)有限公司 | 理想随行通智慧商圈应用软件 V1.0 |
| 2985 | 上海理想信息产业(集团)有限公司 | 理想融合支付软件 V1.0 |
| 2986 | 上海理想信息产业(集团)有限公司 | 理想"商务领航"商务短信通软件 V2.0 |
| 2987 | 上海捷鑫网络科技有限公司 | 捷鑫储值卡账务软件 V1.0 |
| 2988 | 上海航天电源技术有限责任公司 | SAPT 检测模块自动标定软件 V1.0 |
| 2989 | 上海航天电源技术有限责任公司 | SAPT 手持式电池故障诊断软件 V1.0 |
| 2990 | 上海空间推进研究所 | "空间推进所"新高空台测控软件 V1.0 |
| 2991 | 上海空间推进研究所 | "空间推进所"1553B 总线分析一软件 V1.0 |
| 2992 | 上海空间推进研究所 | "空间推进所"1553B 总线分析二软件 V1.0 |
| 2993 | 上海空间推进研究所 | "空间推进所"控制驱动器一软件 V1.0 |
| 2994 | 上海空间推进研究所 | "空间推进所"综合电器盒 S2 软件 V1.0 |
| 2995 | 上海空间推进研究所 | "空间推进所"XX-3 遥控指令软件 V1.0 |
| 2996 | 上海空间推进研究所 | "空间推进所"传感器校准软件 V1.0 |
| 2997 | 上海空间推进研究所 | "空间推进所"XX-3 遥测软件 V1.0 |
| 2998 | 上海空间推进研究所 | "空间推进所"全系统控制软件 V1.0 |
| 2999 | 上海空间推进研究所 | "空间推进所"通用数据处理软件 V1.0 |
| 3000 | 上海空间推进研究所 | "空间推进所"推进管理器一软件 V1.0 |
| 3001 | 上海空间推进研究所 | "空间推进所"电火花能量和效率软件 V1.0 |
| 3002 | 上海空间推进研究所 | "空间推进所"火箭发动机性能化学平衡分析软件 V1.0 |
| 3003 | 上海空间推进研究所 | "空间推进所"XX-3 信号源软件 V1.0 |
| 3004 | 上海空间推进研究所 | "空间推进所"减压阀测试软件 V1.0 |

续 表

| 序号 | 企业名称 | 软件产品名称 |
| --- | --- | --- |
| 3005 | 上海空间推进研究所 | “空间推进所”试车发控软件 V1.0 |
| 3006 | 上海空间推进研究所 | “空间推进所”全系统振动数据采集分析软件 V1.0 |
| 3007 | 上海空间推进研究所 | “空间推进所”注入指令解算校验软件 V1.0 |
| 3008 | 上海空间推进研究所 | “空间推进所”XX-3 曲线采集软件 V1.0 |
| 3009 | 上海空间推进研究所 | “空间推进所”综合电器盒 S1 软件 V1.0 |
| 3010 | 上海空间推进研究所 | “空间推进所”控制驱动器二软件 V1.0 |
| 3011 | 上海空间推进研究所 | “空间推进所”推进管理器二软件 V1.0 |
| 3012 | 上海空间推进研究所 | “空间推进所”地面台测控软件 V1.0 |
| 3013 | 上海空间推进研究所 | “空间推进所”冲击响应谱分析软件 V1.0 |
| 3014 | 上海空间推进研究所 | “空间推进所”长城低真空台测控软件 V1.0 |
| 3015 | 上海空间推进研究所 | “空间推进所”综合测试设备软件 V1.0 |
| 3016 | 上海期货信息技术有限公司 | Futures Ideal 期货交易所信息总线软件 V2.0 |
| 3017 | 上海期货信息技术有限公司 | Futures Ideal 会员信息总线软件 V2.0 |
| 3018 | 上海电力建设启动调整试验所 | 上电调试所电路自动切换保护软件 V1.0 |
| 3019 | 甲壳虫(上海)网络科技有限公司 | 甲壳虫漫 D 客在线个性化定制软件 V1.0 |
| 3020 | 甲壳虫(上海)网络科技有限公司 | 甲壳虫漫 D 客个性化定制软件 V1.0 |
| 3021 | 银联数据服务有限公司 | 银联数据 8583 交易自动化发送工具软件 V2.0 |
| 3022 | 上海拿诺信息技术有限公司 | 拿诺云景操作系统平台软件 V1.0 |
| 3023 | 上海市闸北区信息化服务中心 | 政务云服务信息管理平台软件 V1.0 |
| 3024 | 亚克喜思软件(上海)有限公司 | 亚克喜思企业人事管理软件 V1.0 |
| 3025 | 上海申扬计算机科技有限公司 | 申扬饰通装饰 ERP 管理软件 V3.2 |
| 3026 | 上海理滋芯片设计有限公司 | 理滋喜智屋智能家居软件(MID 版)V1.0 |
| 3027 | 上海船舶工艺研究所 | STRI 造船精度管理软件 V1.5.0.0 |
| 3028 | 上海船舶工艺研究所 | STRI 船舶自动装配软件 V1.0 |
| 3029 | 上海船舶工艺研究所 | STRI 自顶向下船体设计软件 V1.0 |
| 3030 | 上海船舶工艺研究所 | 船艺 CATIA 虚拟仿真数据转换软件 V1.0 |
| 3031 | 上海晓宝增强塑料有限公司 | 晓宝超细光缆加强芯放线软件 V1.0 |
| 3032 | 上海炫踪网络信息科技有限公司 | 炫踪微城市建设游戏软件 V1.0 |
| 3033 | 上海天正智能数据服务有限公司 | 天正 1104 监管会报送软件 V1.0 |
| 3034 | 上海天正信息科技有限公司 | 天正综合报表软件 V1.0 |
| 3035 | 上海罗盘信息科技有限公司 | 罗盘数据仓库监控平台软件 V2.0 |
| 3036 | 上海罗盘信息科技有限公司 | 罗盘呼叫中心软件 V1.0 |
| 3037 | 上海金蝶软件有限公司 | 金蝶 ebay 业务支持平台软件[简称：kd ebay 助手]V1.0 |
| 3038 | 上海泰传信息科技有限公司 | 泰传工业智能无线传感控制软件 V1.0 |

续 表

| 序号 | 企业名称 | 软件产品名称 |
| --- | --- | --- |
| 3039 | 上海财安金融服务有限公司 | 财安催收管理软件 V1.0 |
| 3040 | 上海财安金融服务有限公司 | 财安银行电核管理软件 V1.0 |
| 3041 | 上海科联信息系统有限公司 | 科联 IP 电话增值应用软件 V1.0 |
| 3042 | 上海延华智能科技(集团)股份有限公司 | 延华医疗集成平台软件 V1.0 |
| 3043 | 上海冰峰计算机网络技术有限公司 | 冰峰 SSL VPN 安全网关管理平台软件[简称：冰峰 SSL VPN]V1.0 |
| 3044 | 东方财富信息股份有限公司 | 东方财富证券信息地雷资讯软件 V1.0 |
| 3045 | 东方财富信息股份有限公司 | 东方财富股票竞猜软件 V1.0 |
| 3046 | 东方财富信息股份有限公司 | 东方财富云删除内容管理软件 V1.0 |
| 3047 | 东方财富信息股份有限公司 | 东方财富证券 F9 深度挖掘软件 V1.0 |
| 3048 | 东方财富信息股份有限公司 | 东方财富证券 F10 资讯生成软件 V1.0 |
| 3049 | 东方财富信息股份有限公司 | 东方财富数据库同步软件 V1.0 |
| 3050 | 东方财富信息股份有限公司 | 东方财富数据录入软件 V1.0 |
| 3051 | 东方财富信息股份有限公司 | 东方财富选股器软件 V1.0 |
| 3052 | 东方财富信息股份有限公司 | 东方财富通行证软件 V1.0 |
| 3053 | 东方财富信息股份有限公司 | 东方财富微博软件 V1.0 |
| 3054 | 东方财富信息股份有限公司 | 东方财富手机金融终端 iPhone 版软件 V1.0 |
| 3055 | 东方财富信息股份有限公司 | 东方财富财富通 Android 版软件 V1.0 |
| 3056 | 上海申达自动防范系统工程有限公司 | 申达纺纱机自停控制器软件 V1.0 |
| 3057 | 上海艾泰科技有限公司 | 艾泰 HiPER ReOS 接入及内网管理软件 V3.0 |
| 3058 | 上海集通数码科技有限责任公司 | 集通音频终端文字显示软件 V2.0 |
| 3059 | 宇音科技(上海)有限公司 | 宇音移动多媒体记录软件[简称：VCLogMe]V2.0 |
| 3060 | 上海英杰特信息技术有限公司 | 英杰特公共定位应用系统及服务平台软件 V4.0 |
| 3061 | 上海万得信息技术股份有限公司 | Wind 资讯股票专家(手机)软件[简称：Wind 股票专家(手机)]V1.3 |
| 3062 | 上海万得信息技术股份有限公司 | Wind 资讯股票专家 HD 软件[简称：Wind 股票专家 HD]V1.2 |
| 3063 | 上海品酷网络科技有限公司 | 品酷嵌入式动态加载 GUI 软件 V1.0 |
| 3064 | 上海克而瑞信息技术有限公司 | CRIC 产品库软件 V1.0 |
| 3065 | 华普信息技术有限公司 | 华普信息联络中心监测报警系统管理软件 V1.0 |
| 3066 | 上海五项管理企业管理有限公司 | 五项管理效率测试系统应用软件 V1.0 |
| 3067 | 上海五项管理企业管理有限公司 | 五项管理企业日经营系统应用软件 V1.0 |
| 3068 | 上海大承网络技术有限公司 | 大承龙游戏软件 V1.0 |
| 3069 | 上海力融信息技术有限公司 | 力融临床路径软件[简称：力融临床路径]V1.0 |
| 3070 | 上海锐英软件技术有限公司 | 锐英互联网舆情监控软件 V3.0 |
| 3071 | 上海锐英软件技术有限公司 | 锐英 ATT-008 网络窥视软件 V2.0 |

续 表

| 序号 | 企业名称 | 软件产品名称 |
|---|---|---|
| 3072 | 上海锐英软件技术有限公司 | 锐英互联网节点监控软件 V3.0 |
| 3073 | 上海亿马物流系统有限公司 | 亿马海铁联运集装装箱场站软件[简称：TRANS－eTERM]V1.0 |
| 3074 | 上海卓越睿新数码科技有限公司 | 卓越自动编辑策略软件 V1.0 |
| 3075 | 上海庚商网络信息技术有限公司 | 庚商信息安全实验室互动教学平台软件 V1.0 |
| 3076 | 上海迅羽化工工程高技术中心 | 迅羽石油和化工设备工程图软件[简称：PVDraft]V1.0 |
| 3077 | 上海律信信息科技有限公司 | 律信 E-solution 综合办公软件 V5.0 |
| 3078 | 百联电子商务有限公司 | 百联手机认证软件[简称：手机认证软件]V1.0 |
| 3079 | 上海万得信息技术股份有限公司 | Wind 资讯股票专家 PRO 软件[简称：Wind 股票专家 PRO]V1.2 |
| 3080 | 上海万得信息技术股份有限公司 | Wind 资讯股票专家(题材)软件[简称：Wind 股票专家(题材)]V1.3 |
| 3081 | 上海亚太计算机信息系统有限公司 | 亚太 ETC 车载单元发行管理软件 V2.0 |
| 3082 | 上海亚太计算机信息系统有限公司 | 亚太疗养院综合信息管理软件 V1.0 |
| 3083 | 上海嘉值信息科技有限公司 | 嘉值基于并行计算的方盒滤波软件 V1.0 |
| 3084 | 上海方立数码科技有限公司 | 方立柜面三合一读写器嵌入式软件 V1.0 |
| 3085 | 上海方立数码科技有限公司 | 方立柜面全功能读写器嵌入式软件 V1.0 |
| 3086 | 上海石井畜牧设备有限公司 | 石井畜牧集中管理系统应用软件 V1.0 |
| 3087 | 上海广平印刷设备有限公司 | 广平商用撕页机控制软件 V2.0 |
| 3088 | 上海广平印刷设备有限公司 | 广平双层对标单层分切复卷机控制软件[简称：双层对标单层分切复卷机控制软件]V1.0 |
| 3089 | 上海多为电子科技有限公司 | 多为轮胎吊自动纠偏软件 V1.0 |
| 3090 | 上海万方数据有限公司 | 万方视频数据库服务软件 V2.0 |
| 3091 | 上海寰雷信息技术有限公司 | 寰雷 DNS 海量数据支撑软件 V1.0 |
| 3092 | 鼎捷软件股份有限公司 | 易慧商业智能管理软件 V5.2 |
| 3093 | 上海神开石油化工装备股份有限公司 | 神开-综合录井系统 CMS 软件[简称：CMS]V3.0 |
| 3094 | 上海神开石油化工装备股份有限公司 | 神开- 2Z16 钻井参数仪软件[简称：2Z16]V4.0 |
| 3095 | 上海航天电子有限公司 | 航天电子项目管理平台软件 V1.0 |
| 3096 | 上海澳杰软件科技有限公司 | 澳杰卧罐容积标定软件 V2.0 |
| 3097 | 上海金鑫计算机系统工程有限公司 | 长江金鑫文化市场行政执法信息监管软件 V2.0 |
| 3098 | 上海航天精密机械研究所 | 航精密所督办事项管理软件 V1.0 |
| 3099 | 上海航天精密机械研究所 | 航精密所供应商管理软件 V1.0 |
| 3100 | 上海航天精密机械研究所 | 航精密所部门考核管理软件 V1.0 |
| 3101 | 上海小幺车灯有限公司 | SK 灯具辅助设计软件 V1.0 |
| 3102 | 仟游软件科技(上海)有限公司 | 仟游 Sid Meier's Pirates! 游戏软件 V1.0.0 |
| 3103 | 仟游软件科技(上海)有限公司 | 仟游 MLB 2K11 PSP 游戏软件 V1.0.0 |

续 表

| 序号 | 企业名称 | 软件产品名称 |
|---|---|---|
| 3104 | 仟游软件科技(上海)有限公司 | 仟游 Bioshock 2 游戏软件 V1.0.0 |
| 3105 | 上海寰雷信息技术有限公司 | 寰雷 DNS 前置缓存软件 V1.4 |
| 3106 | 上海索亿信息技术有限公司 | 索亿矿用智能通讯系统控制中心基站软件 V1.0 |
| 3107 | 上海索亿信息技术有限公司 | 索亿矿用智能通讯系统基站软件 V1.0 |
| 3108 | 上海索亿信息技术有限公司 | 索亿矿用智能通讯系统射频手机终端软件 V1.0 |
| 3109 | 上海索亿信息技术有限公司 | 索亿矿用智能通讯系统监控中心软件 V1.0 |
| 3110 | 上海久隆信息工程有限公司 | 久隆信息网上大学软件 V3.4 |
| 3111 | 上海久隆信息工程有限公司 | 久隆信息 UCM 企业内容管理软件 V1.0 |
| 3112 | 上海久隆信息工程有限公司 | 久隆信息安全监督管理平台软件 V5.0 |
| 3113 | 上海久隆信息工程有限公司 | 久隆信息电力企业集成总线软件 V5.0 |
| 3114 | 上海久隆信息工程有限公司 | 久隆信息电力自助服务终端软件 V1.0 |
| 3115 | 上海久隆信息工程有限公司 | 久隆信息通用应用平台软件 V1.0 |
| 3116 | 上海奥盛软件科技有限公司 | 笑狂沙大型多人在线网络游戏软件 V1.0 |
| 3117 | 上海易跃移动信息技术有限公司 | 易跃火车票订购软件[简称：火车票预订]V1.6.06 |
| 3118 | 上海无线电设备研究所 | SRERI 无线电设备奖酬金管理软件 V1.0 |
| 3119 | 上海无线电设备研究所 | SRERI 无线电设备人事管理软件 V1.0 |
| 3120 | 上海无线电设备研究所 | SRERI 无线电设备研究所库房管理软件 V1.0 |
| 3121 | 上海无线电设备研究所 | SRERI 无线电设备网上报销管理软件 V1.0 |
| 3122 | 上海无线电设备研究所 | SRERI 无线电设备项目工资管理软件 V1.0 |
| 3123 | 上海无线电设备研究所 | SRERI 无线电设备刀量具管理软件 V1.0 |
| 3124 | 上海无线电设备研究所 | SRERI 无线电设备医疗管理软件 V1.0 |
| 3125 | 上海无线电设备研究所 | SRERI 无线电设备收款合同管理软件 V1.0 |
| 3126 | 上海无线电设备研究所 | SRERI 无线电设备日报管理软件 V1.0 |
| 3127 | 上海无线电设备研究所 | SRERI 无线电设备工作令管理软件 V1.0 |
| 3128 | 上海无线电设备研究所 | SRERI 无线电设备车贴管理软件 V1.0 |
| 3129 | 上海无线电设备研究所 | SRERI 无线电设备研究所批产物资采购管理软件 V1.0 |
| 3130 | 上海无线电设备研究所 | SRERI 无线电设备质量管理软件 V1.0 |
| 3131 | 上海科华实验系统有限公司 | 科华电解质分析仪软件 V2.0.29T |
| 3132 | 上海暴雨信息科技有限公司 | 暴雨月光宝盒网络游戏软件 V1.0 |
| 3133 | 上海暴雨信息科技有限公司 | 暴雨预言 2 Online 网络游戏软件 V1.0 |
| 3134 | 中国船舶工业集团公司第七〇八研究所 | 中船 708 所合同管理软件 V1.0 |
| 3135 | 中国船舶工业集团公司第七〇八研究所 | 中船 708 所预算管理软件 V1.0 |
| 3136 | 上海优盟信息技术有限公司 | 优盟课程体验软件 V1.0 |
| 3137 | 上海沃迪自动化装备股份有限公司 | 沃迪无菌大袋灌装机控制软件 V1.0 |

续 表

| 序号 | 企业名称 | 软件产品名称 |
|---|---|---|
| 3138 | 上海海墅机电科技有限公司 | 海墅 IP 监控主控软件 V1.0 |
| 3139 | 上海久隆信息工程有限公司 | 久隆信息 ITSM 及 ISO20000 实施包软件 V2.0 |
| 3140 | 上海商派网络科技有限公司 | ShopEx 外销宝外贸网店软件[简称：外销宝 ShopExport]V1.1 |
| 3141 | 上海商派网络科技有限公司 | 商派订单管理引擎软件[简称：OME]V1.0 |
| 3142 | 中标软件有限公司 | 中标普华 WebOffice 办公软件[简称：中标普华 Weboffice]V3.0 |
| 3143 | 中标软件有限公司 | 中标普华病历通软件 V4.0 |
| 3144 | 上海毕嘉计算机信息科技有限公司 | 毕嘉基于无线传感器的远程智能环境监测软件 V1.0 |
| 3145 | 上海义馨控制设备有限公司 | 义馨 iFound 点胶灌胶控制软件 V1.0 |
| 3146 | 上海金桥信息股份有限公司 | 金桥智能会议预约发布软件 V1.0 |
| 3147 | 上海金桥信息股份有限公司 | 金桥庭审控制软件 V1.0 |
| 3148 | 埃迪倍思软件技术(上海)有限公司 | 埃迪倍思分类工作室软件 V1.0 |
| 3149 | 上海融达信息科技有限公司 | 融达基于健康档案的区域卫生信息平台软件 V1.0 |
| 3150 | 上海蓝湾信息技术有限公司 | 蓝湾移动直放站网管中心软件 V1.0 |
| 3151 | 上海复旦网络信息工程有限公司 | 复旦网络基坑安全监测软件 V1.0 |
| 3152 | 上海石竹科技咨询有限公司 | 石竹 MSTR 报表工具软件 V1.0 |
| 3153 | 上海石竹科技咨询有限公司 | 石竹 SmartView 智能图表软件 V1.0 |
| 3154 | 上海艺为网络科技有限公司 | 艺为就爱游戏网道具中心软件 V1.0 |
| 3155 | 上海新浩艺软件有限公司 | 新浩艺点卡中心软件 V1.0 |
| 3156 | 上海派博软件有限公司 | 派博网上团购软件 V1.0 |
| 3157 | 上海天玑科技股份有限公司 | 天玑地铁自动售检票软件 V2.0 |
| 3158 | 上海天玑科技股份有限公司 | 天玑业务管理 ERP+CRM 软件 V2.0 |
| 3159 | 上海天玑科技股份有限公司 | 天玑报价软件 V2.0 |
| 3160 | 上海思源光电有限公司 | 思源 TROM－600 变压器油色谱在线监测软件 V2.0 |
| 3161 | 上海思源光电有限公司 | 思源 TROM－600GPRS 远程维护软件 V1.0 |
| 3162 | 上海思源光电有限公司 | 思源油色谱在线监测综合平台软件 V2.0 |
| 3163 | 上海为卓信息科技有限公司 | 为卓通用移动电子地图应用软件[简称：SiteMap－MSP]V1.0 |
| 3164 | 上海岱嘉医学信息系统有限公司 | 岱嘉影像网络会诊应用软件[简称：岱嘉影像网络会诊软件]V1.0 |
| 3165 | 上海岱嘉医学信息系统有限公司 | 岱嘉影像即时通讯应用软件[简称：岱嘉影像即时通]V1.0 |
| 3166 | 上海锐帆信息科技有限公司 | 锐帆可视化区域定位软件[简称：V－APS]V1.0 |
| 3167 | 腾龙电子技术(上海)有限公司 | 腾龙三网融合-家庭电视、移动和网络终端互动软件 V1.0 |
| 3168 | 上海预言软件有限公司 | 预言游戏大场景集成处理软件 V1.0 |
| 3169 | 上海预言软件有限公司 | 预言多人同时登录下服务器优化软件 V1.0 |

续 表

| 序号 | 企业名称 | 软件产品名称 |
|---|---|---|
| 3170 | 上海预言软件有限公司 | 预言汽车动力学模拟软件 V1.0 |
| 3171 | 上海预言软件有限公司 | 预言武生界音乐类游戏软件 V1.0 |
| 3172 | 上海名图软件有限公司 | 名图 CubicPlate 车牌识别软件[简称：CubicPlate]V1.3 |
| 3173 | 上海鑫福安实业有限公司 | 鑫福安零压降数字光电信号发送软件 V1.0 |
| 3174 | 上海游族信息技术有限公司 | 游族十年一剑网页游戏软件 V1.0 |
| 3175 | 上海天玑科技股份有限公司 | 天玑公安数据抽取监控软件 V1.0 |
| 3176 | 上海天玑科技股份有限公司 | 天玑系统与网络监控软件 V3.2 |
| 3177 | 上海天玑科技股份有限公司 | 天玑 IT 服务管理移动应用软件 V1.0 |
| 3178 | 上海华腾智能系统有限公司 | 华腾智能自动售票机软件 V1.0 |
| 3179 | 上海软杰智能设备有限公司 | 软杰手持停车收费管理软件 V1.0 |
| 3180 | 上海杰亦特信息科技有限公司 | 杰亦特移动市场调研数据采集和分析软件(Android 版本)V1.0 |
| 3181 | 上海坤朋软件技术有限公司 | 坤朋统一内容管理平台软件 V1.0 |
| 3182 | 上海中信信息发展股份有限公司 | 光典数字化加工软件 V1.6 |
| 3183 | 上海中信信息发展股份有限公司 | 光典档案信息资源管理软件 V4.1 |
| 3184 | 上海策马信息技术有限公司 | 策马企业敏捷业务平台软件 V2.0 |
| 3185 | 上海西霭梯信息技术开发有限公司 | 西霭梯健康管理软件 V1.0 |
| 3186 | 上海大通医药信息技术有限公司 | 大通区域性药品安全预警及用药风险监控软件[简称：区域性药品安全预警及用药风险监控系统]V1.0 |
| 3187 | 上海衡怡智能科技有限公司 | 衡怡智慧个人理财服务平台软件[简称：Invesmentor]V1.4.5 |
| 3188 | 上海申脉信息技术有限公司 | 申脉 IW8 制造管理软件 V3.10 |
| 3189 | 上海全成通信技术有限公司 | 全成 WAP 网站内容管理平台软件 V1.0 |
| 3190 | 上海腾炅信息科技有限公司 | 腾炅智能机房动力环境监控软件[简称：机房监控系统]V1.0 |
| 3191 | 上海腾炅信息科技有限公司 | 腾炅智能视频通讯管理软件[简称：视频管理系统]V1.0 |
| 3192 | 上海腾炅信息科技有限公司 | 腾炅进程间通信中间件软件 V3.0 |
| 3193 | 上海腾炅信息科技有限公司 | 腾炅短信平台管理软件[简称：短信平台]V1.0 |
| 3194 | 腾龙电子技术(上海)有限公司 | 腾龙面向 ISDB 的数字电视整体解决方案软件 V1.0 |
| 3195 | 上海中信信息发展股份有限公司 | 中信组件库软件 V3.0 |
| 3196 | 上海派博软件有限公司 | 派博知识信息共享平台软件 V1.0 |
| 3197 | 上海华虹计通智能系统股份有限公司 | 华虹计通城市轨道交通换乘票务清分软件 V2.0 |
| 3198 | 上海博康智能信息技术有限公司 | 博康智能视频检测识别软件 V4.0 |
| 3199 | 上海博康智能网络科技有限公司 | 博康 VIS 操作台软件 V5.0 |
| 3200 | 上海博康智能网络科技有限公司 | 博康 VIS 服务器软件 V5.0 |
| 3201 | 上海博康智能网络科技有限公司 | 博康智能视频分析平台软件 V1.0 |

续 表

| 序号 | 企业名称 | 软件产品名称 |
| --- | --- | --- |
| 3202 | 上海博康智能网络科技有限公司 | 博康高性能存储软件 V3.0 |
| 3203 | 上海博康智能网络科技有限公司 | 博康公交智能调度软件 V3.5 |
| 3204 | 上海博康智能网络科技有限公司 | 博康 VIS 配置管理软件 V5.0 |
| 3205 | 上海千镭星电子科技有限公司 | 千镭星服装行业进销管理软件 V1.0 |
| 3206 | 上海千镭星电子科技有限公司 | 千镭星电气行业项目管理软件 V1.0 |
| 3207 | 上海同磊土木工程技术有限公司 | 同磊冷弯薄壁型钢结构住宅设计软件 V1.0 |
| 3208 | 上海同磊土木工程技术有限公司 | 同磊生土结构住宅设计 CAD 软件 V1.0 |
| 3209 | 上海凡默谷信息技术有限公司 | 凡默谷泛易博生物医药电子记录及管理软件 V1.0 |
| 3210 | 上海恒星电脑有限公司 | 恒星 SavorPOS 餐饮管理软件 V1.0 |
| 3211 | 上海市互联网经济咨询中心 | SIECC 知识管理平台软件 V1.0 |
| 3212 | 上海市互联网经济咨询中心 | SIECC“两化融合”发展水平调查平台软件 V1.0 |
| 3213 | 上海过河兵电子商务有限公司 | EliteCATI 电话调查软件 V3.0 |
| 3214 | 上海过河兵电子商务有限公司 | Elite 寿险电话营销软件 V3.0 |
| 3215 | 上海依软数字医疗科技有限公司 | 依软医学影像采集压缩传输软件 V1.0 |
| 3216 | 上海创臻实业有限公司 | AOLSEE(傲视)网络多媒体信息发布软件 V7.0 |
| 3217 | 上海翱鸿电子技术有限公司 | 创鸿在线人力资源管理软件 V1.0 |
| 3218 | 上海瀚和微信息技术有限公司 | 瀚和微 NodeCAM 数控编程软件 V1.0 |
| 3219 | 天欧汽车工程软件(上海)有限公司 | 天欧 MADYMO 动力学仿真工具软件 V7.4 |
| 3220 | 上海威尔泰软件有限公司 | Welltech 压力计软件 V2.0 |
| 3221 | 上海威尔泰软件有限公司 | Welltech 流量计软件 V3.9 |
| 3222 | 上海泓申科技发展有限公司 | Honics 智能哨兵运维平台软件 V1.0 |
| 3223 | 上海泓申科技发展有限公司 | Honics 智能哨兵报警终端软件 V1.0 |
| 3224 | 上海泓申科技发展有限公司 | Honics 智能哨兵设备端平台软件 V1.0 |
| 3225 | 上海顺博软件有限公司 | 顺博供应链实战模拟软件 V5.0 |
| 3226 | 上海海鼎信息工程股份有限公司 | 海鼎流通领域冷链物流全程质量监控软件[简称：海鼎冷链物流软件]V1.0 |
| 3227 | 上海奥蓝托软件技术有限公司 | 奥蓝托定制基础平台软件的 Tribon 接口软件 V1.0 |
| 3228 | 上海奥蓝托软件技术有限公司 | 奥蓝托定制基础平台软件的 BDF 接口软件 V1.0 |
| 3229 | 上海奥蓝托软件技术有限公司 | 奥蓝托定制基础平台软件 V1.0 |
| 3230 | 上海奥蓝托软件技术有限公司 | 奥蓝托知识工程管理软件 V1.0 |
| 3231 | 上海东方通泰软件科技有限公司 | 东方通消息中间件软件[简称：TongLINK/Q]V8.0.1 |
| 3232 | 上海清鹤数码科技有限公司 | 清鹤安全型数字互动电视服务器软件 V1.0 |
| 3233 | 上海东方通泰软件科技有限公司 | 东方通通用文件传输平台软件[简称：TongGTP]V6.0.1 |
| 3234 | 上海圣然信息科技有限公司 | 圣然摩尔庄园国际版游戏软件 V1.0 |
| 3235 | 上海圣然信息科技有限公司 | 圣然赛尔号基地小屋软件 V1.0 |

续 表

| 序号 | 企业名称 | 软件产品名称 |
|---|---|---|
| 3236 | 上海淘米网络科技有限公司 | 淘米赛尔号Ⅱ基础游戏软件 V1.0 |
| 3237 | 上海有孚计算机网络有限公司 | 有孚小额贷款管理平台软件 V1.0 |
| 3238 | 上海寰彤科教设备有限公司 | 寰彤三维核磁共振一体化集成软件[简称：核磁共振成像软件]V1.0 |
| 3239 | 上海金络脑信息技术有限公司 | 金络脑 CNS-核电站泵类设备三维仿真培训平台软件[简称：CNS-核电站泵类设备三维仿真培训平台]V1.0 |
| 3240 | 上海德拓信息技术有限公司 | 德拓 NEUTRINO 广电存储软件 V1.0 |
| 3241 | 上海德拓信息技术有限公司 | 德拓 SMARTOR 智能存储软件 V3.0 |
| 3242 | 上海迪康医学生物技术有限公司 | 迪康 DEM-2000B 眼动检测软件[简称：DEM-2000B 眼动检测系统]V3.0 |
| 3243 | 上海质迈测绘服务有限公司 | 质迈仓储管理软件[简称：ZMWMS]V5.0 |
| 3244 | 上海燧石软件信息科技有限公司 | 燧石空勤待遇综合管理软件[简称：空勤待遇综合管理软件]V1.0 |
| 3245 | 上海阿法迪智能标签系统技术有限公司 | RFID 馆员工作站软件 V3.1.100.33 |
| 3246 | 上海阿法迪智能标签系统技术有限公司 | RFID 自助借还设备软件 V4.0.0.9 |
| 3247 | 中标软件有限公司 | 中标麒麟医疗床边信息系统软件 V1.0 |
| 3248 | 中标软件有限公司 | 中标麒麟村级医疗卫生室专用健康终端定制系统软件 V1.0 |
| 3249 | 中标软件有限公司 | 中标麒麟村级医疗卫生室专用健康终端管理服务软件 V1.0 |
| 3250 | 中标软件有限公司 | 中标麒麟村级医疗卫生室专用健康终端升级服务软件 V1.0 |
| 3251 | 上海岭通信息科技有限公司 | 岭通嵌入式 NTP 实时服务软件 V4.5 |
| 3252 | 上海岭通信息科技有限公司 | 岭通嵌入式卫星时钟信号处理软件 V2.0 |
| 3253 | 上海海得控制系统股份有限公司 | 海得 NetSCADA MES 组态软件 V1.0 |
| 3254 | 上海海得自动化控制软件有限公司 | 海得 e-Control PLC 编程软件 V2.1 |
| 3255 | 上海海得自动化控制软件有限公司 | 海得 e-Control PLC 实时运行软件 V2.1 |
| 3256 | 上海海得控制系统股份有限公司 | 海得 NetSCADA S7E OPC 服务器软件 V1.0 |
| 3257 | 上海海得自动化控制软件有限公司 | 海得摇床控制软件 V1.1 |
| 3258 | 上海市农业技术推广服务中心 | “农技中心”农业技术测土配方施肥专家咨询软件 V1.0 |
| 3259 | 上海市农业技术推广服务中心 | “农技中心”农作物病虫害诊断与防治自助式专家咨询单机版软件 V1.0 |
| 3260 | 上海波汇软件有限公司 | 波汇分布式光纤温度传感器监控软件 V1.0 |
| 3261 | 迪艾工程技术软件(上海)有限公司 | 迪艾 ETA/DYNA-FORM 工程软件[简称：ETA/DYNA-FORM]V5.8 |
| 3262 | 迪艾工程技术软件(上海)有限公司 | 迪艾 ETA/VPG 工程软件[简称：ETA/VPG]V3.4 |
| 3263 | 迪艾工程技术软件(上海)有限公司 | 迪艾 ETA/PreSys 工程软件[简称：ETA/PreSys]V2.0 |
| 3264 | 上海力远计算机科技有限公司 | 力远营销管理软件 V1.0 |

续 表

| 序号 | 企业名称 | 软件产品名称 |
|---|---|---|
| 3265 | 上海能电信息技术有限公司 | 能电智能巡检软件[简称：智能巡检]V1.0 |
| 3266 | 上海正泰自动化软件系统有限公司 | 正泰 NZT3 通信服务器软件[简称：NZT3]V1.0 |
| 3267 | 腾讯科技(上海)有限公司 | QQ 都市软件[简称：QQTown]V1.0 |
| 3268 | 上海巴陆信息科技有限公司 | 巴陆敏捷制造执行管理软件[简称：AMES]V2.0 |
| 3269 | 上海新时达电气股份有限公司 | 新时达 SAP 集成条码系统管理软件[简称：STEP LES]V1.0 |
| 3270 | 上海证券通信有限责任公司 | 证通图形化网络布线管理软件[简称：GNCMS]V1.0 |
| 3271 | 上海上大克来自动化工程有限公司 | 上大克来生产线设备监控及管理软件 V1.0 |
| 3272 | 上海思群科技发展有限公司 | 思群银行新一代综合业务软件 V4.0 |
| 3273 | 上海思群科技发展有限公司 | 思群网上银行软件 V1.0 |
| 3274 | 上海思群科技发展有限公司 | 思群中小企业信用担保软件 V1.0 |
| 3275 | 上海商为电子商务有限公司 | 商为第五代分销软件 V1.0 |
| 3276 | 上海科祺调速电气有限公司 | 科祺 SSC－F5000 系列内反馈斩波调速软件 V1.0 |
| 3277 | 上海家茂电子商务有限公司 | 家茂 B2C 电子商务软件 V1.0 |
| 3278 | 上海同是工程科技有限公司 | 安程 WTH 转换服务软件 V1.0 |
| 3279 | 上海易饰嘉软件科技有限公司 | 易饰嘉物流管理软件 V1.0 |
| 3280 | 上海悠技信息技术有限公司 | 悠技 U－WMS 仓库管理软件[简称：U－WMS]V1.0 |
| 3281 | 上海卫盾信息科技有限公司 | 卫盾网络监控与运维管理软件 V4.3 |
| 3282 | 上海贝锐信息科技有限公司 | 图度企业办公平台软件 V1.0 |
| 3283 | 上海贝锐信息科技有限公司 | Oray 问哈客户服务软件 V1.0 |
| 3284 | 上海贝锐信息科技有限公司 | Oray 代理商管理平台软件 V1.0 |
| 3285 | 上海贝锐信息科技有限公司 | Oray 域名服务自助管理平台软件 V1.0 |
| 3286 | 上海贝锐信息科技有限公司 | Oray 洋葱头站点监控软件 V1.0 |
| 3287 | 上海天朗电子技术有限公司 | 天朗智能环境软件 V1.0 |
| 3288 | 上海天朗电子技术有限公司 | 天朗智能家居调试软件 V1.0 |
| 3289 | 上海林果实业有限公司 | 林果挑战应答令牌软件 V1.0 |
| 3290 | 上海有利软件有限公司 | 有利信息化之道服务软件 V1.0 |
| 3291 | 健格电器电子(上海)有限公司 | 健格 SuperWare 中央监控软件 V5.0 |
| 3292 | 上海百胜软件有限公司 | 百胜 E3 电子商务平台软件 V1.0 |
| 3293 | 上海百胜软件有限公司 | 百胜 OpenShop 电子商务网店软件 V2.0 |
| 3294 | 家讯港湾互动媒体技术(上海)有限公司 | VID 智能互动时尚镜管理软件 V1.0 |
| 3295 | 上海城慧科语信息科技有限公司 | 城慧 AnyEdit 兵棋推演平台软件 V1.0 |
| 3296 | 上海城慧科语信息科技有限公司 | 城慧 AnyAct 虚拟动态仿真平台软件 V1.0 |
| 3297 | 上海城慧科语信息科技有限公司 | 城慧 AnyView 虚拟现实浏览平台软件 V1.0 |
| 3298 | 上海虎瑟数码科技有限公司 | 虎瑟通用网页图形社区软件[简称：网页图形社区]V1.0 |

续 表

| 序号 | 企业名称 | 软件产品名称 |
|---|---|---|
| 3299 | 上海艾麒信息科技有限公司 | 艾麒动态加载平台软件 V1.0 |
| 3300 | 上海融亿信息技术有限公司 | 融亿系统升级软件 V1.0 |
| 3301 | 上海融亿信息技术有限公司 | 融亿数据库软件 V1.0 |
| 3302 | 上海汽车集团股份有限公司 | 上汽新能源汽车用整车控制器软件 Ver_057 |
| 3303 | 上海才扬软件科技有限公司 | 才扬基于 BPM 的快速开发平台软件 V2.0 |
| 3304 | 上海南天电脑系统有限公司 | 南天 FBIS 财政业务综合处理软件 V1.0 |
| 3305 | 上海南天电脑系统有限公司 | 南天 POS 服务平台软件 V1.0 |
| 3306 | 上海先锋商泰电子技术有限公司 | 先锋商泰车载多媒体播放软件 V1.0 |
| 3307 | 商泰软件(上海)有限公司 | 商泰车载音响 CD 机播放软件 V1.0 |
| 3308 | 商泰软件(上海)有限公司 | 商泰智能手机导航软件 V1.0 |
| 3309 | 商泰软件(上海)有限公司 | 商泰车载 AV 音响播控软件 V1.0 |
| 3310 | 上海先锋商泰电子技术有限公司 | 先锋商泰车载音响高保真 DJ 机播控软件 V1.0 |
| 3311 | 上海先锋商泰电子技术有限公司 | 先锋商泰 DJ 音乐播放器软件 V1.0 |
| 3312 | 上海南天电脑系统有限公司 | 南天商业银行第二代支付软件 V1.0 |
| 3313 | 上海同豪土木工程咨询有限公司 | 同豪方案设计师软件 V1.0 |
| 3314 | 上海精函衡器有限公司 | 精函 TM-xA 数据管理多国语言版软件 V2.0 |
| 3315 | 上海精函衡器有限公司 | 精函吊钩秤嵌入式软件 V1.0 |
| 3316 | 上海优达软件技术有限公司 | 优达 J-SAP-M-03 型手动火灾报警按钮软件 V1.0 |
| 3317 | 上海优达软件技术有限公司 | 优达多线联动控制器软件 V2.0 |
| 3318 | 上海优达软件技术有限公司 | 优达 HJ-1750 型中继模块软件 V1.0 |
| 3319 | 上海优达软件技术有限公司 | 优达 JB-3208 型火灾报警控制器(联动型)产品软件 V1.48 |
| 3320 | 上海优达软件技术有限公司 | 优达 J-XAPD-02A 型消火栓按钮软件 V1.0 |
| 3321 | 上海易配适信息技术有限公司 | 易配适 ePS 移动物流管理软件 V1.0 |
| 3322 | 盛绩信息技术(上海)有限公司 | 盛绩《星辰变》网络游戏软件[简称：星辰变]V3.0 |
| 3323 | 上海威润信息科技有限公司 | 威润 WATS PFUT 可编程滤波器控制软件[简称：WATS PFUT]V1.0 |
| 3324 | 上海威润信息科技有限公司 | 威润 WATS EMI Analyzer 电磁环境数据分析软件[简称：WATS EMI Analyzer]V1.1 |
| 3325 | 上海和强软件有限公司 | 合强 A8 协同办公软件 V2.0 |
| 3326 | 上海美华系统有限公司 | 美华加工贸易电子化管理软件 V7.0 |
| 3327 | 上海美华系统有限公司 | 美华口岸通软件 V2.0 |
| 3328 | 鼎捷软件股份有限公司 | DynaPDM 产品生命周期管理软件 V2012 |
| 3329 | 上海启明联和云计算技术有限公司 | PoketDisk 启明网盘软件[简称：PocketDisk 启明网盘]V1.0 |
| 3330 | 上海复旦光华信息科技股份有限公司 | 光华 CS1777 成帧器配置管理软件[简称：CS1777-Manage]V2.0 |

续 表

| 序号 | 企业名称 | 软件产品名称 |
| --- | --- | --- |
| 3331 | 上海复旦光华信息科技股份有限公司 | 光华 SI18000 高速过滤分流平台软件[简称：SI_Cli_Manager]V1.0 |
| 3332 | 上海复旦光华信息科技股份有限公司 | 光华 T_Manager 集中安全管理软件[简称：T_Manager 安全管理]V2.5 |
| 3333 | 上海复旦光华信息科技股份有限公司 | 光华异常行为分析软件[简称：异常行为分析]V1.0 |
| 3334 | 上海博协软件有限公司 | 博协公交媒体管理软件[简称：PTMM]V6.0 |
| 3335 | 上海三明泰格信息技术有限公司 | 三明泰格短信平台数据自动处理软件 V1.0 |
| 3336 | 上海贝锐信息科技有限公司 | 图度 Talk 企业即时通讯软件 V1.0 |
| 3337 | 上海罗盘信息科技有限公司 | 罗盘用电信息化管理软件 V1.0 |
| 3338 | 上海容之自动化系统有限公司 | 容之监舍门锁控制软件[简称：ROG]V3.0 |
| 3339 | 上海华勤通讯技术有限公司 | 华勤 L590MMI 手机软件 V1.0 |
| 3340 | 上海华勤通讯技术有限公司 | 华勤 L210MMI 手机软件 V8.0.5 |
| 3341 | 上海华勤通讯技术有限公司 | 华勤 Q12MMI 手机软件 V1.0.2 |
| 3342 | 上海华勤通讯技术有限公司 | 华勤 L595MMI 手机软件 V1.0.4 |
| 3343 | 上海华勤通讯技术有限公司 | 华勤 H800MMI 手机软件 V1.0.0 |
| 3344 | 上海华勤通讯技术有限公司 | 华勤 Q600MMI 手机软件 V0.2.5 |
| 3345 | 上海华勤通讯技术有限公司 | 华勤 Q8MMI 手机软件 V1.0 |
| 3346 | 上海华勤通讯技术有限公司 | 华勤 Q8MMI 手机软件 V1.0 |
| 3347 | 上海华勤通讯技术有限公司 | 华勤 L600MMI 手机软件 V1.0.1 |
| 3348 | 上海华勤通讯技术有限公司 | 华勤 M81MMI 手机软件 V0.1.7 |
| 3349 | 上海华勤通讯技术有限公司 | 华勤 V92MMI 手机软件 V8.0.2 |
| 3350 | 上海华勤通讯技术有限公司 | 华勤 L130MMI 手机软件 V1.0.2 |
| 3351 | 上海奥勤通讯技术有限公司 | 奥勤 M82MMI 手机软件 V 1.0 |
| 3352 | 上海奥勤通讯技术有限公司 | 奥勤 Q101MMI 手机软件 V1.6 |
| 3353 | 上海摩软通讯技术有限公司 | 摩软 V269MMI 手机软件 V8.0.8 |
| 3354 | 上海摩软通讯技术有限公司 | 摩软 M650MMI 手机软件 V0.2.1 |
| 3355 | 上海摩软通讯技术有限公司 | 摩软 M369MMI 手机软件 V8.0.9 |
| 3356 | 上海摩软通讯技术有限公司 | 摩软 M260MMI 手机软件 V8.0.5 |
| 3357 | 上海摩软通讯技术有限公司 | 摩软 M258MMI 手机软件 V8.0.3 |
| 3358 | 上海摩软通讯技术有限公司 | 摩软 L560MMI 手机软件 V8.0.1 |
| 3359 | 上海若雅软件系统有限公司 | 若雅中小企业商户管家平台软件[简称：商户管家平台]V1.0 |
| 3360 | 上海互联网软件有限公司 | 必优必达行政审批服务平台软件[简称：行政审批服务平台]V1.0 |
| 3361 | 上海杰图天下网络科技有限公司 | 杰图天下三维全景消防应急预案软件[简称：全景消防软件]V1.0 |

续 表

| 序号 | 企业名称 | 软件产品名称 |
|---|---|---|
| 3362 | 聚胜万合信息技术(上海)有限公司 | 聚胜万合互联网网站广告管理和发布软件[简称：Media Vista for Publisher]V1.0 |
| 3363 | 聚胜万合信息技术(上海)有限公司 | 聚胜万合产品监控软件[简称：ServerCruiser]V1.0 |
| 3364 | 上海埃林哲软件系统有限公司 | 皆得益 B2C 销售管理软件 V2.0 |
| 3365 | 上海麦杰科技股份有限公司 | 麦杰厂级监控信息系统管理软件[简称：SIS]V2.0 |
| 3366 | 上海麦杰科技股份有限公司 | 麦杰生产过程回放软件[简称：replay]V1.0 |
| 3367 | 上海银基信息安全技术有限公司 | 银基 Geekdefense 应用防火墙软件[简称：Geekdefense]V1.0 |
| 3368 | 上海银基信息安全技术有限公司 | 银基安全事件管理平台软件[简称：GeekView]V1.0 |
| 3369 | 上海诚明融鑫科技有限公司 | 融鑫损伤、伤残鉴定信息管理软件[简称：伤残鉴定]V1.0 |
| 3370 | 上海诚明融鑫科技有限公司 | 融鑫三维实景工作平台软件[简称：三维实景]V1.0 |
| 3371 | 上海斯睿德信息技术有限公司 | RiskRaider 信用管理软件 V7.0 |
| 3372 | 上海信核数据科技有限公司 | 信核集群数据保护软件[简称：OSNSolution ClusterGuard]V4.2 |
| 3373 | 上海飞旗网络技术有限公司 | F7 Optimal QoS 网络流量管理软件[简称：流量管理软件]V3.7.01 |
| 3374 | 上海飞旗网络技术有限公司 | F7 Optimal QoS 网络应用控管软件[简称：应用控管软件]V3.7.03 |
| 3375 | 上海动联信息技术有限公司 | 动联种子导入工具软件 V2.0 |
| 3376 | 上海动联信息技术有限公司 | 动联浏览器令牌软件 V2.0 |
| 3377 | 上海动联信息技术有限公司 | 动联身份认证软件 V4.0 |
| 3378 | 上海动联信息技术有限公司 | 动联 Windows 认证代理软件 V3.0 |
| 3379 | 上海动联信息技术有限公司 | 动联 Linux 认证代理软件 V2.0 |
| 3380 | 上海摩软通讯技术有限公司 | 摩软 H8MMI 手机软件 V0.0.8 |
| 3381 | 上海畅星智能系统有限公司 | 畅星车载物流系统运行管理软件[简称：畅星车载管理终端]V1.0.0 |
| 3382 | 上海畅星智能系统有限公司 | 畅星代码检查修正软件[简称：畅星代码检查软件]V1.0 |
| 3383 | 上海畅星智能系统有限公司 | 畅星涉外终端软件[简称：畅星涉外软件]V1.0 |
| 3384 | 上海畅星智能系统有限公司 | 畅星 CCS 客户短信管理软件[简称：畅星 CCS]V1.0 |
| 3385 | 亚申科技研发中心(上海)有限公司 | 亚申高通量数据管理软件[简称：HTDMS ]V1.0 |
| 3386 | 上海君睿信息技术有限公司 | 君睿 IQS 智能质监辅助决策分析软件[简称：智能质监辅助决策分析软件]V1.0 |
| 3387 | 上海道华智能科技有限公司 | 道华 TotalView 视频卡口深度应用平台软件[简称：TotalView]V1.0 |
| 3388 | 上海优硕微电子有限公司 | 优硕 UT0X0P 开发软件[简称：UT0X0P Development]V1.0.0.0 |
| 3389 | 盖泰柯通信系统(上海)有限公司 | 盖泰柯 WCDMA 企业级 Femto 基站软件[简称：Femto 基站软件]V2.4.0 |

续 表

| 序号 | 企业名称 | 软件产品名称 |
|---|---|---|
| 3390 | 上海派金信息科技有限公司 | 派金商道远程教育软件[简称：商道]V2.0 |
| 3391 | 上海成生科技有限公司 | 成生降水重要过程及趋势预测业务软件[简称：重要过程及趋势预测业务系统]V1.0 |
| 3392 | 人民日报(上海)数字传播有限公司 | 人民数字电子阅报栏运行软件[简称：RMRB_C_EB]V1.0 |
| 3393 | 人民日报(上海)数字传播有限公司 | 人民数字电子阅报栏控制软件[简称：RMRB_C_SH]V1.0 |
| 3394 | 上海安达通信息安全技术股份有限公司 | 安达通 TPN 全网行为管理网关软件 V6.0 |
| 3395 | 上海大智慧股份有限公司 | 大智慧证券 iPad 版软件[简称：大智慧 for iPad]V2.04 |
| 3396 | 上海大智慧股份有限公司 | 大智慧证券 GPad 版软件[简称：大智慧 GPad 版]V2.00 |
| 3397 | 上海捷控软件技术有限公司 | 捷控先进控制软件 V1.0 |
| 3398 | 广拓软件(上海)有限公司 | 广拓 ST100 电子围栏管理软件[简称：ST100]V2.0 |
| 3399 | 上海荣孚科技发展有限公司 | 荣孚基于神经网络控制的双温区汽车空调控制器软件[简称：双温区汽车空调控制器软件]V2.0 |
| 3400 | 上海若雅软件系统有限公司 | 若雅捷务通移动商务应用软件[简称：捷务通]V1.0 |
| 3401 | 上海企立软件有限公司 | 企立城市应急指挥软件 V1.0 |
| 3402 | 上海华亨电信设备有限公司 | 华亨 AOI 软交换软件 V1.0 |
| 3403 | 鼎亿数码科技(上海)有限公司 | FlingPC 漂流鸭软件 V1.0 |
| 3404 | 鼎亿数码科技(上海)有限公司 | FlingPC 愤怒的蜗牛软件 V1.0 |
| 3405 | 上海团结普瑞玛激光设备有限公司 | 团结普瑞玛激光切割插补算法演示软件 V1.0 |
| 3406 | 上海团结普瑞玛激光设备有限公司 | 团结普瑞玛激光 CAD 绘图软件 V1.0 |
| 3407 | 薪得付信息技术(上海)有限公司 | 薪得付 EasyPortal 管理软件[简称：EasyPortal]V2.0 |
| 3408 | 上海乐龙人工智能软件有限公司 | 乐龙可视化物流教学软件[简称：物流教学软件]V1.1 |
| 3409 | 上海维固工程实业有限公司 | 维固 CRM 软件 V1.0 |
| 3410 | 亚银(上海)信息技术有限公司 | 亚银银行自助设备选址评价软件 V1.0 |
| 3411 | 亚银(上海)信息技术有限公司 | 亚银场租支付管理软件 V1.0 |
| 3412 | 上海中远资讯科技有限公司 | 中远资讯延期运费核算管理软件 V1.0 |
| 3413 | 上海中远资讯科技有限公司 | 中远资讯绩效考核管理软件 V1.0 |
| 3414 | 上海中远资讯科技有限公司 | 中远资讯机关人事管理平台软件 V1.0 |
| 3415 | 上海中远资讯科技有限公司 | 中远资讯修箱集成管理平台软件 V1.0 |
| 3416 | 上海中远资讯科技有限公司 | 中远资讯研发需求管理软件 V1.0 |
| 3417 | 上海道仑软件有限公司 | 道仑 ASAM400 双机热备份软件 V5.0 |
| 3418 | 上海下一代广播电视网应用实验室有限公司 | NGBLab 高清流媒体互动服务头端软件 V1.0 |
| 3419 | 上海下一代广播电视网应用实验室有限公司 | NGBLab EOC 设备网管服务软件 V1.0 |
| 3420 | 中国航空无线电电子研究所 | CARERI ACAS 主机现场诊断工具软件 V1.0 |
| 3421 | 中国航空无线电电子研究所 | CARERI FC 网络仿真工具软件 V1.0 |

续 表

| 序号 | 企业名称 | 软件产品名称 |
| --- | --- | --- |
| 3422 | 中国航空无线电电子研究所 | CARERI FC 网络设计工具软件 V1.0 |
| 3423 | 中国航空无线电电子研究所 | CARERI HDLC 数据传输软件 V1.0 |
| 3424 | 中国航空无线电电子研究所 | CARERI S 模式应答机应用软件 V1.0 |
| 3425 | 中国航空无线电电子研究所 | CARERI615A 加载器软件 V1.0 |
| 3426 | 中国航空无线电电子研究所 | CARERI 导航数据库服务器软件 V1.0 |
| 3427 | 中国航空无线电电子研究所 | CARERI 飞行管控软件 V1.0 |
| 3428 | 中国航空无线电电子研究所 | CARERI 飞机飞行数据循环记录软件 V1.0 |
| 3429 | 中国航空无线电电子研究所 | CARERI 机载控制器拼音输入法软件 V1.0 |
| 3430 | 中国航空无线电电子研究所 | CARERI 基于 CAIRO 的仿真系统控制软件 V1.0 |
| 3431 | 中国航空无线电电子研究所 | CARERI 基于 XML 配置文件的通用型数据快速组织与解析软件 V1.0 |
| 3432 | 中国航空无线电电子研究所 | CARERI 扩频相关峰值天线跟踪软件 V1.0 |
| 3433 | 中国航空无线电电子研究所 | CARERI 民机座舱控制器仿真测试软件 V1.0 |
| 3434 | 中国航空无线电电子研究所 | CARERI 全姿态指示器渲染软件 V1.0 |
| 3435 | 中国航空无线电电子研究所 | CARERI 视频信号通用测试应用软件 V1.0 |
| 3436 | 中国航空无线电电子研究所 | CARERI 数字化检验系统应用软件 V1.0 |
| 3437 | 中国航空无线电电子研究所 | CARERI 数字量模拟量通用测试应用软件 V1.0 |
| 3438 | 中国航空无线电电子研究所 | CARERI 显示处理计算机检测仪测试软件 V1.0 |
| 3439 | 中国航空无线电电子研究所 | CARERI 新型飞行管理系统演示验证软件 V1.0 |
| 3440 | 中国航空无线电电子研究所 | CARERI 信息交换部件测试软件 V1.0 |
| 3441 | 中国航空无线电电子研究所 | CARERI 虚拟软件运行平台管理工具软件 V1.0 |
| 3442 | 中国航空无线电电子研究所 | CARERI 需求管理辅助工具软件 V1.0 |
| 3443 | 中国航空无线电电子研究所 | CARERI 自适应滤波目标跟踪定位技术软件 V1.0 |
| 3444 | 中国航空无线电电子研究所 | CARERI 综合显示控制软件 V1.0 |
| 3445 | 上海大潮电子技术有限公司 | 大潮 GPS 远程车辆安全管理软件 V1.0 |
| 3446 | 上海大潮电子技术有限公司 | 大潮 LED 远程信息发布软件 V1.0 |
| 3447 | 上海大潮电子技术有限公司 | 大潮设备远程升级软件 V1.0 |
| 3448 | 上海空间电源研究所 | SISP 充电机状态控制软件 V1.0 |
| 3449 | 上海空间电源研究所 | SISP 充放电机控制软件 V2.0 |
| 3450 | 上海空间电源研究所 | SISP 电源控制器遥测遥控软件 V2.0 |
| 3451 | 上海空间电源研究所 | SISP 电源综合测试软件 V1.0 |
| 3452 | 上海空间电源研究所 | SISP 多结太阳电池子电池电流模拟软件 V1.0 |
| 3453 | 上海空间电源研究所 | SISP 光伏电池测试软件 V1.0 |
| 3454 | 上海空间电源研究所 | SISP 内容管理系统平台软件 V1.0 |
| 3455 | 上海空间电源研究所 | SISP 柔性太阳电池阵分析与设计软件 V1.0 |

续 表

| 序号 | 企业名称 | 软件产品名称 |
|---|---|---|
| 3456 | 上海空间电源研究所 | SISP 太阳电池结构设计软件 V1.0 |
| 3457 | 上海空间电源研究所 | SISP 太阳电池输出曲线模拟计算软件 V1.0 |
| 3458 | 上海空间电源研究所 | SISP 遥测数据分析软件 V1.0 |
| 3459 | 上海新跃仪表厂 | 新跃 CAN 采集数据软件 V1.0 |
| 3460 | 上海新跃仪表厂 | 新跃大承载下沉式两轴转台软件 V1.0 |
| 3461 | 上海新跃仪表厂 | 新跃电动伺服综合测试软件 V1.0 |
| 3462 | 上海新跃仪表厂 | 新跃舵机舱柔性测试软件 V1.0 |
| 3463 | 上海新跃仪表厂 | 新跃发射筒综合测试软件 V1.0 |
| 3464 | 上海新跃仪表厂 | 新跃光电探测装置交付数据分析软件 V1.0 |
| 3465 | 上海新跃仪表厂 | 新跃 CRF-6098 税控收款机软件 V3.0 |
| 3466 | 上海新跃仪表厂 | 新跃基于星敏感器地面测试软件 V1.0 |
| 3467 | 上海新跃仪表厂 | 新跃记录仪数据分析软件 V1.0 |
| 3468 | 上海新跃仪表厂 | 新跃驾驶仪动态性能交付测试软件 V1.0 |
| 3469 | 上海新跃仪表厂 | 新跃静态测试软件 V1.0 |
| 3470 | 上海新跃仪表厂 | 新跃控制舱导通测试软件 V1.0 |
| 3471 | 上海新跃仪表厂 | 新跃框架控制 FPGA 预处理软件 V1.0 |
| 3472 | 上海新跃仪表厂 | 新跃冗余伺服机构测试软件 V1.0 |
| 3473 | 上海新跃仪表厂 | 新跃数据接口软件 V1.0 |
| 3474 | 上海新跃仪表厂 | 新跃税控收款机管理平台软件 V1.0 |
| 3475 | 上海新跃仪表厂 | 新跃卫星地面测试软件 V1.0 |
| 3476 | 上海新跃仪表厂 | 新跃新一代助推伺服机构加载测试软件 V1.0 |
| 3477 | 上海新跃仪表厂 | 新跃信息设备管理软件 V1.0 |
| 3478 | 上海新跃仪表厂 | 新跃星敏感器星图识别仿真软件 V1.0 |
| 3479 | 上海新跃仪表厂 | 新跃 SKQ-100 税控器软件 V2.8 |
| 3480 | 上海航天控制工程研究所 | 航天地面测试设备终端显示软件 V1.0 |
| 3481 | 上海航天控制工程研究所 | 航天多姿态敏感器联合高性能卡尔曼滤波软件 V1.0 |
| 3482 | 上海航天控制工程研究所 | 航天机动航天器系统实时视景仿真软件 V1.0 |
| 3483 | 上海航天控制工程研究所 | 航天通用高精度卫星轨道姿态动力学模型仿真软件 V1.0 |
| 3484 | 上海航天控制工程研究所 | 航天卫星姿轨控系统星载应用软件 V1.0 |
| 3485 | 上海航天控制工程研究所 | 航天小型机动航天器星载软件 V1.0 |
| 3486 | 上海航天控制工程研究所 | 航天星载高精度轨道预报软件 V1.0 |
| 3487 | 上海航天控制工程研究所 | 航天火工品配电器测试仪软件 V1.0 |
| 3488 | 上海航天控制工程研究所 | 航天太阳电池阵高可靠性智能跟踪控制软件 V1.0 |
| 3489 | 上海自动化仪表股份有限公司 | 上自仪 SIMAX 分散控制系统图形编辑器软件 V1.0 |

续 表

| 序号 | 企业名称 | 软件产品名称 |
|---|---|---|
| 3490 | 上海自动化仪表股份有限公司 | 上自仪 SUPMAX800 控制器 SOE 通信软件 V1.0 |
| 3491 | 上海自动化仪表股份有限公司 | 上自仪 Supmax2000 控制器 IO 通信软件 V1.0 |
| 3492 | 上海宇航系统工程研究所 | 宇航考勤审批管理软件 V1.0 |
| 3493 | 上海宇航系统工程研究所 | 宇航 MIS 信息管理软件 V1.0 |
| 3494 | 上海宇航系统工程研究所 | 宇航行政任务管理软件 V1.0 |
| 3495 | 上海宇航系统工程研究所 | 宇航驱动机构半物理仿真试验软件 V1.0 |
| 3496 | 上海宇航系统工程研究所 | 宇航试验台测控计算机软件 V1.0 |
| 3497 | 上海宇航系统工程研究所 | 宇航视景仿真软件 V1.0 |
| 3498 | 上海宇航系统工程研究所 | 宇航收文管理系统应用软件 V1.0 |
| 3499 | 上海宇航系统工程研究所 | 宇航西窗法雨系统平台软件 V1.0 |
| 3500 | 上海宇航系统工程研究所 | 宇航信息摆渡工作管理软件 V1.0 |
| 3501 | 上海宇航系统工程研究所 | 宇航信息发布系统平台软件 V2.0 |
| 3502 | 上海宇航系统工程研究所 | 宇航仪器仪表管理软件 V1.0 |
| 3503 | 上海宇航系统工程研究所 | 宇航载体台账信息登记平台软件 V1.0 |
| 3504 | 上海新跃联汇电子科技有限公司 | 新跃联汇 QCG－Y5 激光修刻软件 V2.1 |
| 3505 | 上海新跃联汇电子科技有限公司 | 新跃联汇税控产品生产信息管理软件 V2.0 |
| 3506 | 上海航天测控通信研究所 | 航天测控 GNC 计算机管理软件 V1.0 |
| 3507 | 上海航天测控通信研究所 | 航天测控弹载计算机测试台测试软件 V1.0 |
| 3508 | 上海航天测控通信研究所 | 航天测控发射架瞄准指示器软件 V1.0 |
| 3509 | 上海航天测控通信研究所 | 航天测控数管分系统管理软件 V1.0 |
| 3510 | 上海航天测控通信研究所 | 航天测控运输飞船飞控模拟器测控仿真软件 V1.0 |
| 3511 | 上海航天测控通信研究所 | 航天测控卫星数据处理器地面测试软件 V1.0 |
| 3512 | 上海航天测控通信研究所 | 航天测控姿轨控计算机地面测试软件 V1.0 |
| 3513 | 上海航天电子通讯设备研究所 | 航天电子参数烧结软件 V1.0 |
| 3514 | 上海航天电子通讯设备研究所 | 航天电子飞行器测控数据处理计算机软件 V1.0 |
| 3515 | 上海航天电子通讯设备研究所 | 航天电子飞行器远距离测发控设备后端测控软件 V1.0 |
| 3516 | 上海航天电子通讯设备研究所 | 航天电子飞控模拟器测控仿真软件 V1.0 |
| 3517 | 上海航天电子通讯设备研究所 | 航天电子火箭一体化设备推力显示软件 V1.0 |
| 3518 | 上海航天电子通讯设备研究所 | 航天电子火箭一体设备化服务器 B 管理软件 V1.0 |
| 3519 | 上海航天电子通讯设备研究所 | 航天电子卫星数管计算机管理软件 V1.0 |
| 3520 | 上海航天计算机技术研究所 | 航天计算机发射机构测试软件 V1.0 |
| 3521 | 上海航天计算机技术研究所 | 航天计算机火箭一体化设备服务器 A 软件 V1.0 |
| 3522 | 上海航天计算机技术研究所 | 航天计算机火箭一体化设备遥测显示软件 V1.0 |
| 3523 | 上海航天计算机技术研究所 | 航天计算机卫星主控板 80C51 软件 V1.0 |

续 表

| 序号 | 企业名称 | 软件产品名称 |
| --- | --- | --- |
| 3524 | 上海航天计算机技术研究所 | 航天计算机信码器地面专用综合测试软件 V1.0 |
| 3525 | 上海航天计算机技术研究所 | 航天计算机信码器遥控数据处理软件 V1.0 |
| 3526 | 上海航天计算机技术研究所 | 航天计算机制导舱综合测试设备测试控制软件 V1.0 |
| 3527 | 上海新力动力设备研究所 | SSPI 门户系统平台软件 V1.0 |
| 3528 | 上海新力动力设备研究所 | SSPI 信息辅助工具软件 V1.0 |
| 3529 | 上海机电工程研究所 | SEMEI 标定管理软件 V1.0 |
| 3530 | 上海机电工程研究所 | SEMEI 布阵态势管理软件 V1.0 |
| 3531 | 上海机电工程研究所 | SEMEI 发控系统管理软件 V1.0 |
| 3532 | 上海机电工程研究所 | SEMEI 仿真实验主控软件 V1.0 |
| 3533 | 上海机电工程研究所 | SEMEI 仿真系统管理软件 V1.0 |
| 3534 | 上海机电工程研究所 | SEMEI 机电设备仿真模拟器软件 V1.0 |
| 3535 | 上海机电工程研究所 | SEMEI 目标探测管理软件 V1.0 |
| 3536 | 上海机电工程研究所 | SEMEI 系统综合兼容管理软件 V1.0 |
| 3537 | 上海机电工程研究所 | SEMEI 中央控制软件 V1.0 |
| 3538 | 上海机电工程研究所 | SEMEI 综合导航处理软件 V1.0 |
| 3539 | 上海卫星工程研究所 | SISE 基于 CAN 分布式通讯系统的远程终端模拟器软件 V1.0 |
| 3540 | 上海卫星工程研究所 | SISE 基于半物理的通用化星载程控测控仿真软件 V1.0 |
| 3541 | 上海卫星工程研究所 | SISE 卫星 CCSDS 信源调度仿真软件 V1.0 |
| 3542 | 上海卫星工程研究所 | SISE 卫星差分卷积译码界面仿真软件 V1.0 |
| 3543 | 上海卫星工程研究所 | SISE 卫星射频自动化测试软件 V1.0 |
| 3544 | 上海卫星工程研究所 | SISE 卫星数传系统注入数据格式化及编码软件 V1.0 |
| 3545 | 上海卫星工程研究所 | SISE 卫星星载图像定位与配准软件 V1.0 |
| 3546 | 上海卫星工程研究所 | SISE 卫星遥测数据二维曲线绘制软件 V1.0 |
| 3547 | 上海卫星工程研究所 | SISE 卫星遥测数据格式化显示软件 V1.0 |
| 3548 | 上海卫星工程研究所 | SISE 卫星遥测遥控数据管理软件 V1.0 |
| 3549 | 上海卫星工程研究所 | SISE 卫星遥控注数确认返回软件 V1.0 |
| 3550 | 上海卫星工程研究所 | SISE 卫星载荷系统程控数据自动生成软件 V1.0 |
| 3551 | 上海卫星工程研究所 | SISE 星载中心机测控软件 V1.0 |
| 3552 | 上海卫星工程研究所 | SISE 电源控制系统应用软件 V1.0 |
| 3553 | 上海卫星工程研究所 | SISE 试验数据管理和分析软件 V1.0 |
| 3554 | 上海卫星工程研究所 | SISE 数据采集和监控软件 V1.0 |
| 3555 | 上海卫星工程研究所 | SISE 微量天平测试软件 V1.0 |
| 3556 | 上海卫星工程研究所 | SISE 卫星结构精度修整工艺智能化软件 V1.0 |

续 表

| 序号 | 企业名称 | 软件产品名称 |
| --- | --- | --- |
| 3557 | 上海卫星工程研究所 | SISE 卫星外热流电源控制软件 V1.0 |
| 3558 | 上海卫星工程研究所 | SISE 卫星温度测试分析软件 V1.0 |
| 3559 | 上海卫星工程研究所 | SISE 虚拟振动试验集成平台软件 V1.0 |
| 3560 | 上海精密计量测试研究所 | 精密计量证书管理与打印平台软件 V1.0 |
| 3561 | 上海精密计量测试研究所 | 精密计量精测类环塞规计算软件 V1.0 |
| 3562 | 上海精密计量测试研究所 | 精密计量频谱分析仪自动化测量软件 V1.0 |
| 3563 | 上海精密计量测试研究所 | 精密计量实验室系统管理软件 V1.0 |
| 3564 | 上海精密计量测试研究所 | 精密计量校准方法检索软件 V1.0 |
| 3565 | 上海精密计量测试研究所 | 精密计量元器件齐套信息查询软件 V1.0 |
| 3566 | 上海大众科技有限公司 | 大众 LED 广告发布软件 V1.0 |
| 3567 | 上海大众科技有限公司 | 大众车载导航调度终端软件 V1.0 |
| 3568 | 上海大众科技有限公司 | 大众车载终端控制软件 V3.0 |
| 3569 | 上海大众科技有限公司 | 大众出租汽车税控计价器控制软件 V3.0 |
| 3570 | 上海大众科技有限公司 | 大众出租汽车营收管理软件 V1.0 |
| 3571 | 上海大众科技有限公司 | 大众商务公司内控管理信息软件 V1.0 |
| 3572 | 上海大众科技有限公司 | 大众手机订车软件 V1.0 |
| 3573 | 中国商用飞机有限责任公司上海飞机设计研究院 | SADRI ARJ21 文件管理系统平台软件 V1.0 |
| 3574 | 中国商用飞机有限责任公司上海飞机设计研究院 | SADRI CATIA－PCL－C 联合驱动的翼面结构一体化设计软件 V1.0 |
| 3575 | 中国商用飞机有限责任公司上海飞机设计研究院 | SADRI 标准化办公管理平台软件 V1.0 |
| 3576 | 中国商用飞机有限责任公司上海飞机设计研究院 | SADRI 标准规范库及 QPL 管理平台软件 V1.0 |
| 3577 | 中国商用飞机有限责任公司上海飞机设计研究院 | SADRI 标准化表单管理系统平台软件 V1.0 |
| 3578 | 中国商用飞机有限责任公司上海飞机设计研究院 | SADRI 标准件三维虚拟设计信息管理软件 V1.0 |
| 3579 | 中国商用飞机有限责任公司上海飞机设计研究院 | SADRI 大客结构化文档管理软件 V1.0 |
| 3580 | 中国商用飞机有限责任公司上海飞机设计研究院 | SADRI 单元内力挑选及强度计算软件 V1.0 |
| 3581 | 中国商用飞机有限责任公司上海飞机设计研究院 | SADRI 多段机翼结冰对气动特性影响分析软件 V1.0 |
| 3582 | 中国商用飞机有限责任公司上海飞机设计研究院 | SADRI 多段翼型结冰后气动特性影响分析软件 V1.0 |
| 3583 | 中国商用飞机有限责任公司上海飞机设计研究院 | SADRI 多段翼型结冰数值模拟软件 V1.0 |
| 3584 | 中国商用飞机有限责任公司上海飞机设计研究院 | SADRI 飞机灭火系统仿真平台软件 V1.0 |

续 表

| 序号 | 企业名称 | 软件产品名称 |
| --- | --- | --- |
| 3585 | 中国商用飞机有限责任公司上海飞机设计研究院 | SADRI 飞机翼面载荷处理软件 V1.0 |
| 3586 | 中国商用飞机有限责任公司上海飞机设计研究院 | SADRI 基于 Tecplot 的数据后处理及分析软件 V1.0 |
| 3587 | 中国商用飞机有限责任公司上海飞机设计研究院 | SADRI 结冰数值模拟软件 V1.0 |
| 3588 | 中国商用飞机有限责任公司上海飞机设计研究院 | SADRI 民机产品数据构型管理-定义视图软件 V1.0 |
| 3589 | 中国商用飞机有限责任公司上海飞机设计研究院 | SADRI 民机尾翼载荷系统化处理平台软件 V1.0 |
| 3590 | 中国商用飞机有限责任公司上海飞机设计研究院 | SADRI 民用飞机 EWIS 可靠性数据失效率计算软件 V1.0 |
| 3591 | 中国商用飞机有限责任公司上海飞机设计研究院 | SADRI 民用飞机 Halon 1301 灭火系统管路设计计算软件 V1.0 |
| 3592 | 中国商用飞机有限责任公司上海飞机设计研究院 | SADRI 民用机燃油箱惰化工程设计软件 V1.0 |
| 3593 | 中国商用飞机有限责任公司上海飞机设计研究院 | SADRI 燃油系统流体仿真计算平台软件 V1.0 |
| 3594 | 中国商用飞机有限责任公司上海飞机设计研究院 | SADRI 三维翼面结冰数值模拟软件 V1.0 |
| 3595 | 中国商用飞机有限责任公司上海飞机设计研究院 | SADRI 翼面结冰后低速构型 N-S 方程气动特性分析计算软件 V1.0 |
| 3596 | 中国商用飞机有限责任公司上海飞机设计研究院 | SADRI 翼面结冰后高速构型 N-S 方程气动特性分析计算软件 V1.0 |
| 3597 | 中国商用飞机有限责任公司上海飞机设计研究院 | SADRI 翼型结冰对气动特性影响分析软件 V1.0 |
| 3598 | 中国商用飞机有限责任公司上海飞机设计研究院 | SADRI 翼型结冰数值模拟软件 V1.0 |
| 3599 | 上海高机生物工程有限公司 | 高机生物反应器控制分析软件 V2.0 |
| 3600 | 上海华通自动化设备有限公司 | 华通交流电源系统控制软件 V1.0 |
| 3601 | 上海华通自动化设备有限公司 | 华通交流电源自切装置控制软件 V1.0 |
| 3602 | 上海华通自动化设备有限公司 | 华通静态继电器控制软件 V1.0 |
| 3603 | 上海华通自动化设备有限公司 | 华通微机欠频继电器控制软件 V1.0 |
| 3604 | 上海华通自动化设备有限公司 | 华通直流电源系统微机控制软件 V1.0 |
| 3605 | 上海华通自动化设备有限公司 | 华通综合保护装置控制软件 V1.0 |
| 3606 | 上海华通自动化设备有限公司 | 华通组合信号继电器控制软件 V1.0 |
| 3607 | 盟立自动化科技(上海)有限公司 | 盟立自动化自动仓储管理软件 V1.0 |
| 3608 | 上海华菱电站成套设备有限公司 | 华菱交直交变频提升机控制软件 V1.0 |
| 3609 | 上海航天建筑设计院 | 航天建筑项目管理数据系统应用软件 V1.0 |
| 3610 | 上海斯凯普斯信息技术有限公司 | 斯凯普斯 SBO 生产系统管理软件 V1.0 |
| 3611 | 上海思品电子技术有限公司 | 思品 RTLS 实时定位管理软件 V2.0 |

续 表

| 序号 | 企业名称 | 软件产品名称 |
|---|---|---|
| 3612 | 上海硅嘉信息技术有限公司 | 硅嘉供应链管理软件 V1.0 |
| 3613 | 上海依路企业管理咨询有限公司 | 依路供销存管理软件 V1.0 |
| 3614 | 上海航天控制工程研究所 | 航天基于 GPS 数据推导轨道参数控制软件 V1.0 |
| 3615 | 上海航天控制工程研究所 | 航天卫星高可靠性姿态重构软件 V1.0 |
| 3616 | 上海新跃仪表厂 | 新跃基于 FPGA 的串行数据发送软件 V1.0 |
| 3617 | 上海新跃仪表厂 | 新跃激光修刻设备主控软件 V3.0 |
| 3618 | 上海新跃仪表厂 | 新跃框架实时控制软件 V1.0 |
| 3619 | 上海新跃仪表厂 | 新跃税控生产信息管理系统应用软件 V3.0 |
| 3620 | 上海新跃仪表厂 | 新跃卫星高精度多方案轨道计算软件 V1.0 |
| 3621 | 上海新跃仪表厂 | 新跃制导舱离轴监控软件 V1.0 |
| 3622 | 新高和(上海)软件有限公司 | 群刻全自动光盘数据备份归档软件[简称：群刻 QUNKE]V1.0 |
| 3623 | 上海德凯仪器有限公司 | 德凯 DK606 高频红外碳硫分析仪软件 V1.0 |
| 3624 | 上海可鲁系统软件有限公司 | 可鲁 IIS 系统部署软件 V1.0 |
| 3625 | 上海可鲁系统软件有限公司 | 可鲁 IIS 资源库软件 V1.0 |
| 3626 | 上海可鲁系统软件有限公司 | 可鲁 IIS 公共信息模型组态软件[简称：IIS CIM Builder]V1.0 |
| 3627 | 上海可鲁系统软件有限公司 | 可鲁 IIS 组态软件 V1.0 |
| 3628 | 上海可鲁系统软件有限公司 | 可鲁 IIS 用户配置软件 V1.0 |
| 3629 | 上海可鲁系统软件有限公司 | 可鲁 IIS 模式库编辑软件 V1.0 |
| 3630 | 上海杰图天下网络科技有限公司 | 杰图天下移动终端全景展示软件[简称：移动终端全景展示软件]V1.0 |
| 3631 | 上海华勤通讯技术有限公司 | 华勤 L580MMI 手机软件 V1.0.5 |
| 3632 | 上海高通半导体有限公司 | 高通支付终端文字输出软件 V2.0 |
| 3633 | 上海小糸车灯有限公司 | SK D1 镇流器控制软件 SW106 |
| 3634 | 上海精函衡器有限公司 | 精函称重管理嵌入式软件 V1.0 |

# 特别鸣谢

## 《2012上海信息化年鉴》组稿与撰稿单位

中共上海市委组织部
中共上海市委宣传部
上海市人民政府办公厅
上海市人民代表大会常务委员会办公室
共青团上海市委员会
上海市经济和信息化委员会
上海市城乡建设和交通委员会
上海市水务局上海市海洋局
上海市绿化和市容管理局
上海市交通运输和港口管理局
上海市国有资产监督管理委员会
上海市发展和改革委员会
上海市公安局
上海市监狱管理局
上海市国家保密局
上海市人民检察院
上海市高级人民法院
上海市司法局
上海市财政局
上海市统计局
上海市审计局
上海市工商行政管理局
上海市科学技术委员会
上海市通信管理局
上海市农业委员会
上海市环境保护局
上海市文化广播影视管理局
上海市知识产权局
上海市卫生局
上海市民政局
上海市体育局
上海市粮食局
上海市旅游局
上海市质量技术监督局
上海市无线电管理局
上海市新闻出版局
上海市人口和计划生育委员会
上海市民防办公室
上海市商务委员会
上海市安全生产监督管理局
上海市住房保障和房屋管理局
中国保险监督管理委员会上海监管局
中国证券监督管理委员会上海监管局
上海邮政公司
"中国上海"门户网站
中国人民银行上海分行
上海市社会保障卡服务中心
上海超级计算中心
上海市企业信息化促进中心
上海市社区服务中心
上海市计算机病毒防范服务中心
上海市互联网经济咨询中心
上海市数字证书认证中心有限公司(上海CA中心)
上海市信息服务外包发展中心
上海市东方互联网络交换中心
上海集成电路研发中心
上海市社会保障卡服务中心
上海市文广影视集团
文汇新民联合报业集团
解放日报报业集团
上海博物馆
上海市图书馆上海科学技术情报研究所
上海科技馆
复旦大学
上海交通大学
华东师范大学
上海大学
上海师范大学

上海体育学院
上海应用技术学院
上海远程教育集团
上海杉达学院
浦东新区经济和信息化委员会
徐汇区科学技术委员会(信息化委员会)
长宁区科学技术委员会(信息化委员会)
普陀区科学技术委员会(信息化委员会)
闸北区科学技术委员会(信息化委员会)
虹口区科学技术委员会(信息化委员会)
杨浦区科学技术委员会(信息化委员会)
黄浦区科学技术委员会(信息化委员会)
卢湾区科学技术委员会(信息化委员会)
静安区科学技术委员会(信息化委员会)
宝山区经济和信息化委员会
闵行区科学技术委员会(信息化委员会)
嘉定区科学技术委员会(信息化委员会)
松江区科学技术委员会(信息化委员会)
金山区科学技术委员会(信息化委员会)
奉贤区科学技术委员会(信息化委员会)
青浦区科学技术委员会(信息化委员会)
崇明县科学技术委员会(信息化委员会)
上海市集成电路行业协会
上海市信息服务业行业协会
上海市软件行业协会
上海市通信制造业行业协会
上海市信息家电行业协会
上海市光电子行业协会
上海市信息安全行业协会
上海市交通电子行业协会
上海市信息法律协会
上海信息化发展研究协会
上海市信息系统质量技术协会
上海市信用服务行业协会
上海市信息化培训协会
上海市计算机行业协会
上海市计算机用户协会
上海市电子商务行业协会
上海市信息管线有限公司
上海理想信息产业(集团)有限公司
上海亿通国际股份有限公司
上海信投股份有限公司
长江计算机(集团)公司
中国电信股份有限公司上海分公司
中国移动通信集团上海有限公司
中国联通(集团)有限公司上海市分公司
中国铁通集团有限公司上海分公司
宝钢集团有限公司
上海纺织控股(集团)公司
中国石化上海石油化工股份有限公司
上海公共交通卡股份有限公司
上海启明软件有限公司
上海贝尔股份有限公司
上海大唐移动通信设备有限公司
上海全景数字技术公司
上海高清数字科技产业有限公司
上海文广互动有限公司
上海联合光盘有限公司
上海热线信息网络有限公司
上海颐东网络信息有限公司

# 中共上海
# 上海行

## 以应用为核心，努力实现教研咨、管理、服务的全面信息化

近年来，上海市委党校、上海行政学院信息化发展围绕干部教育向“现代化、开放型、研究性、交互式的领导干部教育培训和理论创新基地”的发展要求，以应用为核心，遵循信息化发展规律，建立起了由基础设施、应用系统、校院网站、数据库以及体制机制制度相配套的信息化发展体系，引领和支撑干部教育向现代化、开放型发展。

2000年11月8日，中共中央党校常务副校长郑必坚、副校长龚育之、李君如率中央党校省部班学员到上海市委党校考察。

### 重视基础设施建设

校院现有多功能培训厅、媒体沟通实训室、数字教学厅、数字化会议室、智能化研讨室等功能教室。已建成包含7千多个信息点的外网、内网和上海市公务网、政务外网4个物理安全隔离的校院网络。

### 着力推进应用系统建设

为提升教研咨、管理和服务的信息化应用水平，重点建设综合教务管理应用系统、应急管理案例教学系统、媒体沟通实训室、办公自动化应用系统、校院一卡通系统等应用系统。

### 着重实施网站建设

现有校院门户网站（外网）、校院内网和上海市公务网上海市委党校网站。各网站功能定位清晰、内容各具特色、管理层次分明。

2005年7月27日，“华东地区党校图书馆数字化建设评估工作总结暨信息资源共建共享和专业队伍共建协作会议”在上海市委党校举行，中共中央党校副校长、全国党校图书馆数字化建设评估领导小组组长王伟光（前排左三）到会作了题为《以评估为契机，加快党校图书馆数字化建设的步伐》的重要讲话。

### 坚持信息服务创新，加强数据库建设

校院自建数据库包括教研咨类、管理和服务类数据库共12个。

### 做好信息化运行维护的技术保障

校院采用信息化管理、专业技术保障和日常维护服务三方面相结合的信息化运维保障体系。为实现校院信息化的平稳应用，提供全天候运维技术保障。

# 市委党校
# 政学院

## 开展信息化应用培训

为进一步提高校院信息化应用水平，开展集中培训和个性化培训，并编写培训教材和操作手册。

## 注重与全国党校系统、华东地区党校系统开展交流与合作，推进上海市党校系统资源深度整合

2010年10月，上海市委党校与浙江省委党校共同主办首届华东地区党校信息化和图书馆工作研讨会，创新华东地区党校信息化和图书馆合作的体制机制。

2011年10月，上海市委党校作为首届会长单位，开展华东地区党校、行政学院信息化和图书馆工作合作与交流。组织会议征文、论坛交流、会议研讨、信息化新技术新产品新应用展示、专题培训和学习考察等活动

2012年5月，上海市委党校协办2012年全国党校系统信息化课题研究方法与论文写作培训班。

## 为激励信息化应用和保障信息化应用安全，创新有利于信息化科学发展的体制、机制和制度。

近年来，上海市委党校着力推进上海党校系统远程教学系统(上海网络党校)建设和应用。2009年12月，系统正式开通。目前，已有16所党校接入系统。

2011年10月20—22日，华东地区党校、行政学院信息化和图书馆科学发展合作会议在上海召开，中央党校校委委员、教育长徐伟新到会并讲话，上海市委党校副校长王丽丽做主题报告，上海市委党校常务副校长吕贵主持会议。

2012年5月，全国党校系统信息化课题研究方法与论文写作（暨第四期信息化）培训班在上海市委党校举行，上海市委党校常务副校长王国平出席开班式并讲话。

# 中国人民银行征信中心

中国人民银行征信中心是经中编办批准，于2006年设立的中国人民银行直属事业法人单位，主要职责是依据国家的法律法规和人民银行规章，负责全国统一的企业和个人信用信息基础数据库（以下简称“征信系统”）和动产融资登记系统的建设、运行和管理。目前，中国人民银行征信中心在全国31个省、直辖市、自治区和5个计划单列市设有征信分中心。

截至2011年底，企业和个人征信系统为1 800多万户企业和其他组织及8亿多自然人建立了信用档案。征信系统采集的信息基本覆盖所有贷款类金融机构，并在此基础上，广泛整合企业和个人身份、遵纪守法以及非金融领域负债等方面的非银行信息，为商业银行了解、识别借款人身份和全面判断信用风险提供信息支撑。

目前，征信系统已经成为我国重要的金融基础设施，在社会信用体系建设中发挥着重要的基石作用。征信系统提供的企业和个人的信用报告，正逐渐成为以信贷信息为核心，全面反映企业和个人借债还钱、遵守合同及遵纪守法状况的“经济身份证”。

2010年，由于中国征信体系建设取得的成就及经验的特殊性，中国被国际金融公司和国际征信标准制定小组选为《全球商业环境报告》和国际征信标准制定的样本国。

**地址：**

北京办公区：北京市西城区闹市口大街1号长安兴融中心4号楼8层，邮编100031

上海办公区：上海市浦东新区卡园二路108号4号楼，邮编201201

**客服电话：**

个人征信业务：4008108866

应收账款质押登记：4008858500

融资租赁登记：4008858500

网　址：www.pbccrc.org.cn

# 上海市税务局

2011年，围绕“服务科学发展、共建和谐税收”的工作主题，上海市税务局一方面继续加强税务应用系统的建设和运维工作力度，保证了营改增等税制改革工作的顺利推进，另一方面不断完善行政管理信息化应用水平，持续推进税企互动和税务系统内门户的建设。在信息安全和基础设施建设方面，上海市税务局主动整合系统资源，实现集中视频监控与高清视频会议系统建设。

上海市税务局办税大厅
——自助办税服务终端（ARM）

# 整合资源　主动服务

## 不断提升税务信息化应用水平

上海市税务局机房

上海市税务局信息技术部门全体人员将再接再厉，把“内部挖潜、提升能力、服务基层、服务机关”的工作理念落到实处。

ARM的上线进一步丰富了纳税服务手段，拓展了办税渠道，集多项业务于一体，是人工、电话、网上办税方式的补充和延伸。业务范围包括纳税申报、发票认证、IC卡、传输盘报税、涉税事项查询、凭证打印、发票销售、发票验旧和政策法规查询。

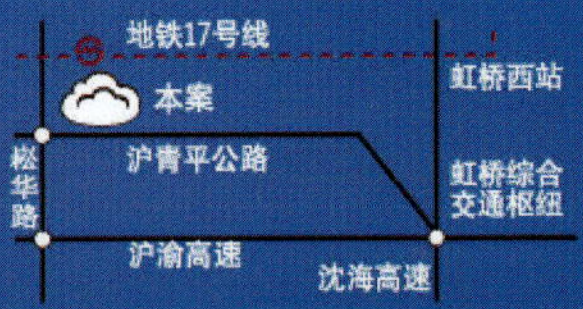

地铁17号线
本案
虹桥西站
沪青平公路
松华路
虹桥综合交通枢纽
沪渝高速
沈海高速

# 上海中移通信技术工程有限公司

## 以“成为卓越的全业务集成与用户个性化信息集成的企业”为战略指引 上海通信建设领域中的重要力量

上海中移通信技术工程有限公司（以下简称“公司”）是中国移动通信集团上海有限公司全资子公司，于2010年4月正式完成注册，注册资金9 000万，肩负突破上海公司现有业务领域，拓展创新综合信息服务，肩负上海公司全面通信业务能力和用户个性化信息需求集成商的重任。公司对内是上海公司系统集成部，对外承担独立法人责任。公司具备电信工程专业承包贰级、通信信息网络系统集成乙级施工资质和第二类电信增值业务资质，通过ISO9001质量管理体系认证，主攻系统集成、软硬件开发、信息服务、通信工程四大业务板块，专业从事通信工程专业承包及通信设备和铁塔、天馈系统维护；通信网络系统集成、计算机信息系统集成及工程设计、技术咨询、技术开发、技术服务；传输带系统工程、空调、电源、设备安装，为工程配套金属件装潢；设计、制作广告，利用自有媒体发布广告；电子、通信、信息技术及软件的研制、开发；通讯器材和产品的批发。

公司现有自有员工141位，技术合作人员260余人，项目管理团队规模达百人，联合施工班组规模达300人，全业务支撑人员近200人。公司内设综合部、财务部、市场业务部、项目管理部、工程施工部、信息集成部6个职能部门，并结合上海公司深化属地经营的战略指导，设立浦东、南区、西区、北区、核心网与重大工程五处区域项目部，贴近服务，支撑属地。通过不懈努力，公司目前已成为上海通信建设领域中的重要力量。

公司曾多次被上海通信管理局、团市委、市安监局、中国移动上海公司、中国网通集团上海市分公司评为或授予“上海市通信建设市场管理先进单位”、“上海市青年安全生产示范岗”、“上海市优秀青年突击队”、“TD施工项目组优秀团队”、“迎奥运基础网络整治工程优秀团队”、“上海移动工程建设优秀施工合作方”、“2008年接入网工程建设优胜奖”等。公司所承担施工的工程项目有多项被原上海邮电管理局、上海通管局、中国移动公司评为优质工程。

自成立以来，公司先后研发了无线视频监控系统、ATM防诈骗干扰器、WLAN业务自动拨测系统等多项适应市场需求的信息化产品，其中部分产品已成功商用。2011年，公司成功夺标第14届国际泳联世界锦标赛新闻中心网络及通信工程、大师杯赛通信及报障工程等国家重点项目，在世游赛各大新闻中心、大师杯赛现场成功打造集WLAN、有线宽带、IMS多功能语音业务、传真等在内的全业务通信网络，并出色完成世游赛、大师杯赛通信保障工作，赢得了世游赛组委会、大师杯赛组委会及各大媒体记者的一致好评，荣获由第十四届世游赛组委会颁发的荣誉证书。

公司近年参与建设的重大工程包括：中国移动扩大的TD-SCDMA试验网核心网工程、中国移动长途7号信令网工程、京沪高铁DK1282.115段移动光缆搬迁、浙江移动G14期设备安装工程、中国网通集团上海申环大厦CNCC工程、上海世博园区高架布道移动通信覆盖工程、中国网通闵行区D环管线优化工程、环球金融中心大厦室内覆盖设备安装工程、上海移动世博TD-LTE演示网核心网建设工程、上海移动垃圾短信监控平台扩容工程、上海移动世博园区传输汇聚环配套光缆新建工程、上海移动长江隧道过江光缆新建工程、上海移动钦册93号七楼局房开局建设工程、虹桥枢纽西航站楼室内覆盖GSM主设备工程、M7线祁连山路站光缆搬迁工程、上海市西藏南路隧道集约化光缆工程、中国移动上海有限公司2009年抗灾超级基站工程、上海市公安局专线工程等.公司曾先后承建中国移动集团一级干线、南沿海光缆、京津沪一级干线、上海移动本地通信、浦东国际机场、金茂大厦、浦东国际会议中心等标志性通信信息网络工程。

历年来，公司还承接了如上海奥运场馆通信建设工程、2010年上海世博会通信网络建设、第十四届世游赛通信建设等重大国际活动的通信建设及保障工程。同时，公司与中国电信、中国移动、中国联通、中国网通等多家大型通信运营商，上海贝尔阿尔卡特、中兴、华为、大唐、诺基亚、西门子、爱立信等企业合作开展工程建设。

公司以“成为卓越的全业务集成与用户个性化信息集成的企业”为战略指引，以成为上海首屈一指的、具备超强社会化服务能力的信息服务企业为目标，全面培育全国化和国际化运作能力，为有力支撑上海移动全业务发展，全面助力上海“两个中心”建设积极贡献力量。

**锦江国际电子商务有限公司**是锦江国际集团投资控股的下属企业。锦江国际集团是中国规模最大的综合性旅游企业集团之一，以酒店管理与投资、旅行服务及相关运输服务为主营业务，注册资本20亿元，直接或间接控股4家上市公司，合资经营多家品牌公司，“锦江”品牌价值逾140亿元。锦江国际集团旗下拥有酒店、旅游及客运三大核心产业，其中锦江酒店规模达1 243家，客房总数19.3万余间/套，名列全球酒店集团300强第12位；锦江旅游是中国旅行社行业的龙头企业之一，拥有上海国旅、上海锦旅、上海旅行社、华亭海外等多家国际旅行社，营业网点近70家，位列全国百强旅行社第3位和上海地区首位；锦江客运车辆规模达10 000辆，综合接待能力列上海同业第一。

锦江国际电子商务有限公司（以下简称“公司”）于2011年1月成立，注册资金1亿元人民币，并于2011年12月底获得由中国人民银行颁发的“支付业务许可证”。公司依托于锦江国际集团雄厚的产业资源，并在锦江品牌优势的基础上，从事酒店、旅游、租车及相关产品网络销售，并对锦江国际集团核心产业实施有效整合，发挥资源联动效应，打造集团统一的电子商务平台。同时，公司将以互联网技术为核心，引进社会资源，全方位开拓电子商务，把锦江国际电商平台打造成为国内最具有价值的旅游电子商务平台。

未来，公司将以为锦江国际集团提供网络营销、会员管理、客户服务、数据集成、决策参考、IT支持、创新成长等七大功能为奋斗目标，不断开拓创新，奋勇前进。

目前，锦江国际电商平台已于2012年4月24日正式上线发布，并向广大消费者推出三大主要产品：锦江旅行+、锦江礼享+、锦江e卡通。

锦江旅行+ 锦江国际集团 官方一站式旅行预订网站

为您提供星级酒店、锦江之星、国内及境外旅游、机票、车辆租赁等全方位商务旅行在线预订平台。

锦江+ / 锦江旅行+

长海医院是一所集医、教、研为一体的现代化大型综合性三级甲等医院，为全国百佳医院。医院有6个牵头建设的国家重点学科、2 119张床位；以具有亚洲一流水平的门急诊大楼为代表，形成了布局合理、设施先进的医疗建筑群，拥有一批现代化顶尖诊疗设备。医院2011年门急诊量254万人次，出院7.3万人次，手术3.9万例，平均住院日8.8天。“十一五”以来，医院获得的科研经费超过3.6亿元，举办的多项大型国际学术会议已成为业界品牌。

近年来，医院在数字化医院建设方面累计投入5 000余万元，经济系统、临床系统、管理系统等加速建设，数字化医院建设成效显著。

在医院数字化建设过程中，紧密结合国家医改要求，遵循公立医院公益性质和社会效益原则，始终坚持以患者为中心，在为患者服务方面不断加大信息化建设投入。以信息获取方便化、服务获得便捷化、就医排队最少化、医疗秩序最优化、患者负担合理化、资源投放可控化为目标，全方位改善病人的就医体验，凸显了医院对患者的人性化关怀，逐步建成了全方位的人性化患者服务系统。

**一、采用全时段挂号模式，解决挂号黄牛滋扰问题**

为了缓解病人挂号难的问题，长海医院在门诊楼前设立24小时自助挂号亭，提供24小时自助挂号和自助预约挂号服务，因“黄牛”滋扰、破坏，致使使用效果大打折扣，后分析问题，破解难题，对挂号系统进行改造，在此基础上开设了24小时人工挂号窗口，通过人工和自助相结合的实名制挂号模式，对挂号人持有身份证的挂号次数进行实时监管，彻底地解决了“黄牛”滋扰造成的门诊停诊时病人挂号难的问题，深受患者欢迎，也得到社会广泛好评和关注，中央电视台等全国多家著名媒体对此进行了报道，并予以高度肯定。

**二、提供全方位预约服务，解决挂号一号难求问题**

依赖医院自身力量开发了集中预约、诊室预约、自助预约、网上预约、病房预约、分时段预约等多种预约挂号系统，患者可根据自身情况自主选择，较好地解决了病人多次往返医院、长时间等待、挂不到号的问题，极大地方便了病人。

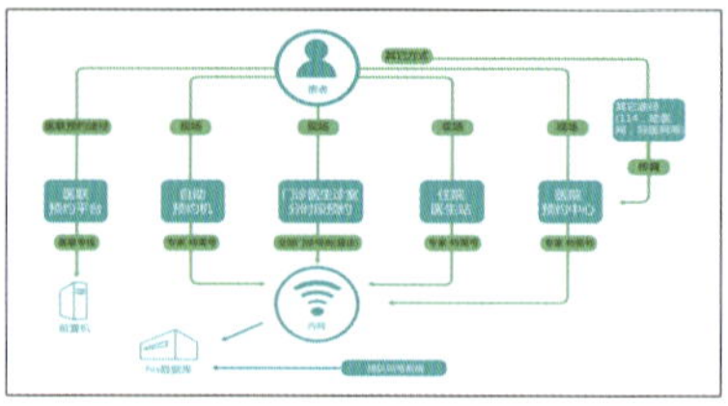

**三、推出一站式付费服务，解决患者多次排队问题**

长海医院与建设银行签订银医合作协议， 安装了40余台自助付费机并采用预付费模式。长海医院组织精干技术力量对医院相关信息系统进行改造，通过各种电子申请的建立，并结合诊间确费、检查点确费、收费窗口确费、自助确费等多种模式，减少病人缴费排队的次数，提高患者的就诊效率。

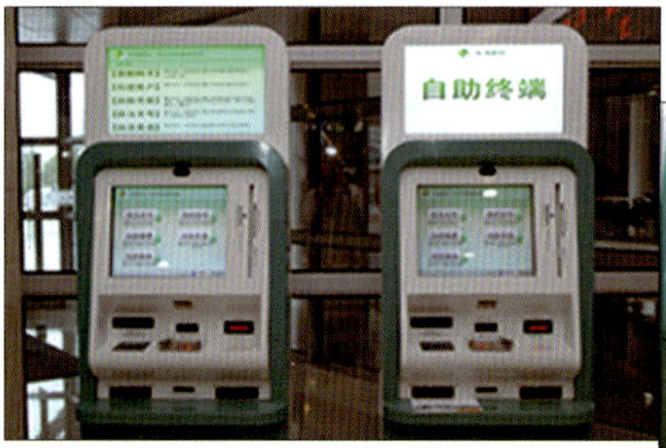

**四、建立多样化排队模式，解决就医秩序混乱问题**

建立多种形式的排队系统，公平与灵活相结合，既满足大部分患者公平排队需要，又兼顾优先人群，通过排队系统，病人可以合理估算出等待的时间，进而缓解患者等待的焦虑心情，做到医院就诊秩序忙而不乱。排队系统与分时段预约挂号、移动输液系统相结合，进一步改善了医院的就诊秩序。

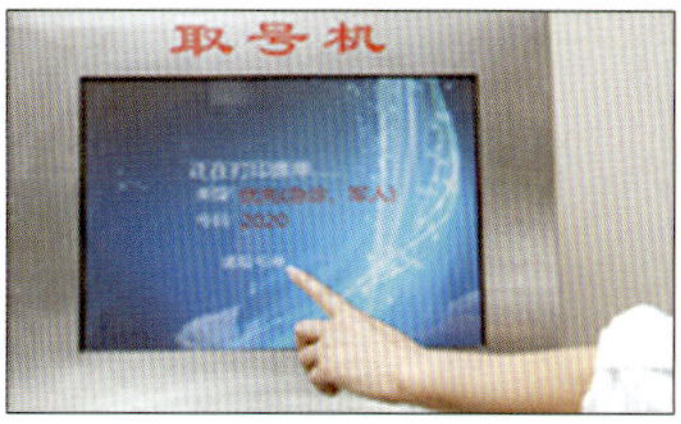


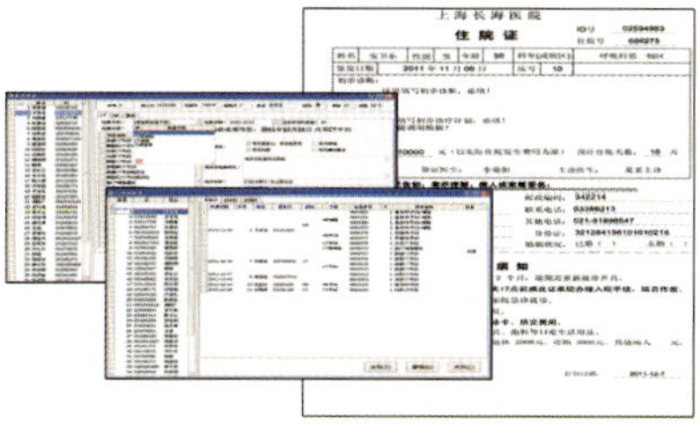

**五、构建电子化医疗文书，解决文书难以辨认问题**

通过门诊医生工作站电子处方、电子诊断证明书、电子住院证、电子申请单、门诊电子病历等功能的逐步实现，为每个诊间配备处方打印机和病历打印机用于医疗文书的打印，彻底解决了医疗文书如天书、难以辨识的问题。

**六、建立即时化信息沟通，解决医患沟通缺失问题**

建立医院网站、触摸查询系统、宣教系统、大屏系统。对医院历史沿革、医院实力、学科特色、医疗专家、典型病例、专家出诊、就诊咨询等进行客观介绍，方便患者做出就医选择，建立医患之间的基本互信。对患者开展疾病教育，借助医患互动，获得更好的诊疗效果，并加深医患双方的互信。有效开展物价公示，方便患者监督医院的医疗收费行为，建立起患者对医院的信任。

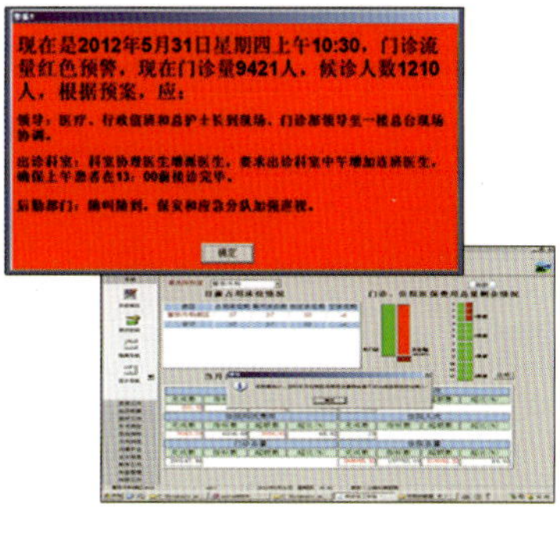


**七、建立实时化门诊管理，解决资源无序投放问题**

近年来，医院门诊量呈两位数增长，门诊接诊压力逐年增加。建立门诊管理系统，对诊间使用情况和医生出诊进行有效监管，大大提高了诊间的利用率和医生的出诊时间。对患者排队情况进行监控，如超过预警线，立即启动应急方案，调配医生加强门诊接诊工作。上述措施的采用，较好地缓解了患者看病难的问题。通过对大处方、抗生素、医保费用等的监管，有效解决了过度医疗问题，降低了患者的医疗负担。

**八、建立共享化检查资料，解决检查院间互认问题**

实现与上海市"医联系统"的互联，高效解决院间检查结果的互认，减轻患者的医疗负担。

正是由于医院在为病人服务方面始终坚持"源于患者信任、终于患者满意"的理念，以病人为中心，不断创新服务模式，持续改进全方位的人性化患者服务系统，长海医院在上海市万人问卷调查中多年均位列第一，获得了患者的高度认可。

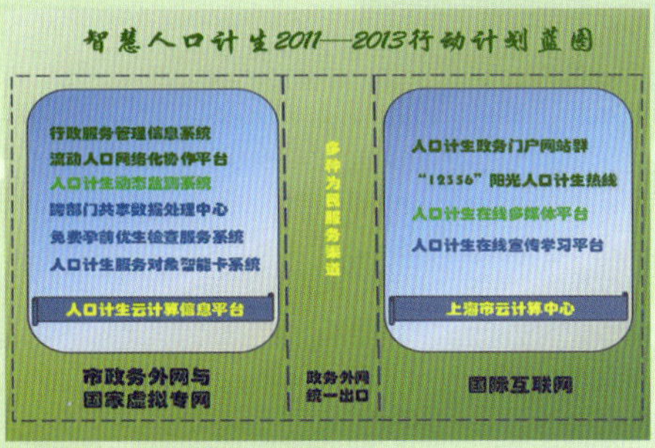


运维用户统一管理系统

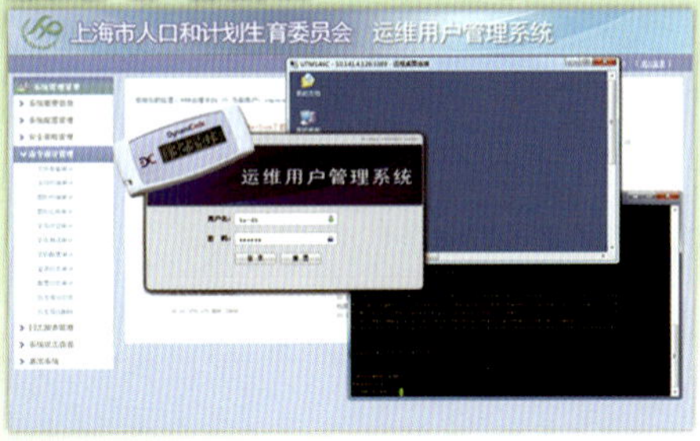


用户行为

实时统计

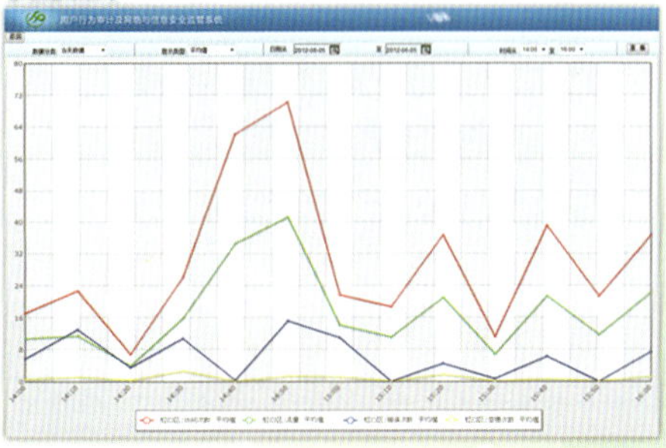

安全监控

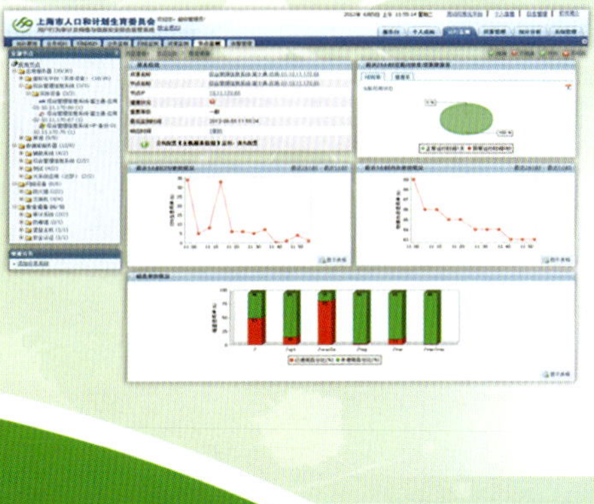


# 上海人口计生

近年来，上海市人口和计划生育委员会（以下简称“市人口计生委”）以上海人口计生系统信息化实际应用需求为主导，以适应社会转型、促进职能转变、推进依法行政、改善服务管理、支持辅助决策为目标，坚持资源共享、规范统一和各方共赢的原则，逐步形成了统一规划、统一数据、统一平台、统一网络，实行分层维护、分级使用的“上海市人口与计划生育综合管理信息系统”，形成了“一库（集中式全员人口计生数据库）、一网（互联互通的全系统信息传输网络）、一平台（门户式综合业务应用平台）”的工作格局，初步实现了网络全方位、业务全纳入、人群全覆盖的上海市人口计生信息化应用模式。

2008年，市人口计生委率先获得国家人口计生委“统计和信息化工作一等奖”，2010年获“上海市重要信息系统‘等级保护’工作先进单位”和“上海市政府网站‘网上办事’特色奖”等荣誉。国家人口计生委前主任李斌在上海调研时对市人口计生委信息化工作曾给予“实至名归”的评价。国家人口计生委发信司于学军司长在总结全国人口计生信息化建设成果时表示，只有上海真正实现了《全国“十一五”人口和计划生育信息化发展纲要》的主要目标。

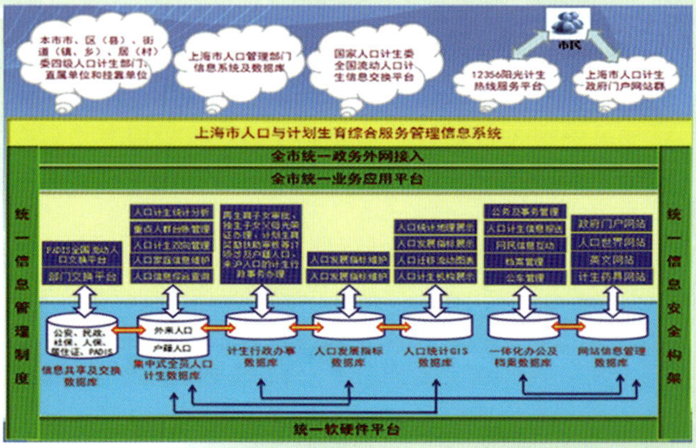

# 上海市监狱管理局

2011年，上海市监狱管理局信息化建设紧紧围绕中心工作，为现代监狱警务机制建设提供技术保障和科技支撑。

重视监狱信息化应用系统的开发、升级和管理工作。推进核心软件建设，在全局开发的14个应用系统中，监狱指挥中心系统、教育改造系统、刑罚执行系统、新版计分考评系统等9个应用系统已全面投入试运行。还完成了对基层监狱监控全覆盖一期工程和喊话对讲、手机屏蔽、无线报警系统的评估验收。

规范监狱指挥中心运行模式，促进场所警戒机制的建设。南汇、宝山、五角场监狱、未成年犯管教所指挥中心相继建成并投入试运行；按照局“一个监区一个分控平台”的建设标准，全面推进全局88个分控平台的建设工作。

改版升级上海监狱信息网，全面提升监狱工作信息化、现代化水平。以规范、实用、指导为原则，初步搭建起“1+4+14”的信息网络平台。显现出信息发布、正规管理、推进工作、网上办公、学习交流的强大功能作用。

加强科技人才队伍建设。制订《2011年度局科技工作管理人员培训班实施方案》，组织全局信息技术人员开展三级警戒架构实务培训，并开展9个核心业务系统的软件操作培训30次，累计培训1200人次。通过培训，提高了全局科技人才的思想认识、技术水平和作战能力。

地　　址：上海市虹口区长阳路111号

联系电话：021-35104888

# 农业部东海区渔政局

农业部东海区渔政局是隶属农业部的区域性渔政渔港监督管理机构，对外称“中华人民共和国东海区渔政局”，属行使国家行政执法职能、列入国家公务员管理的全额事业单位。业务工作归农业部渔业局、中国渔政指挥中心管理，下有长江流域渔业资源管理委员会挂靠。主要职能是负责组织、指导、协调所辖江苏、上海、浙江、福建及长江流域青海、云南、四川、重庆、贵州、甘肃、陕西、河南、湖南、湖北、江西、安徽各省（市）的渔政渔港监督管理工作。根据法律授权和农业部的委托，行使渔政渔港监督管理权，负责监督、检查辖区内贯彻执行国家有关法律法规及有关国际公约、双边或多边渔业协定的情况，并会同有关部门依法调查处理重大渔业纠纷和涉外渔业事件，积极做好渔业许可证的审核发放、资源与渔业水域环境的监测与评估、珍稀水生野生动物的保护与管理、渔港监督、渔业安全、渔业无线电管理等工作。拥有6条渔政船常年在海上及长江巡航，对外维护我国海洋渔业权益，对内维持渔场作业秩序，保护广大渔民的合法权益。

近年来，农业部东海区渔政积极探索钓鱼岛海域渔政巡航管理常态化模式，以护渔维权为主线，维护国家主权和海洋权益。

农业部牛盾副部长、农业部东海区渔政局局长李富荣参加渔业资源增殖放流活动

农业部东海区渔政局局长李富荣在中美绿色合作伙伴关系意向书上签字

农业部东海区渔政局渔政执法人员在钓鱼岛海域执行护渔维权巡航任务

FUSION INTEGRATION
SPECIFICATIONS PERFORMANCE

# 融合 整合 规范 效能

上海工商信息系统以业务应用与数据利用为核心，以三大平台建设为基础，以数据规范为标准全面整合工商行政管理业务系统，实现了系统内信息资源的高度共享。上海工商信息化已基本完成所有工商业务应用系统的建设，面向公众服务的信息化平台基本建成，以市场主体基础信息数据的联网共享应用初具规模。上海工商信息化积极践行工商业务与信息技术的融合，保证了上海工商行政许可、行政处罚、行政监管行为实体与程序的合法、规范，提升了上海工商管理部门的履职能力与行政效能。

上海市工商行政管理计算机信息系统

# 上海市浦东新区航头镇人民政府

航头镇位于浦东新区西南部，是全区唯一地处三区交界的镇，和奉贤区、闵行区接壤，素有浦东“金三角”之称。

航头历史悠久，是浦东最早成陆的地区之一。古为盐场，又是航运码头，更有鹤乡之称，史称鹤沙。元至元十四年（1277），上海镇设市舶司，航头设航运码头，俗称“航头”，即航运码头。明时，这里设有存盐仓库，名“斜角仓”，是重要的盐运码头。

航头人杰地灵，人文昌盛。著名的文学家和翻译家傅雷、中国骑车环行世界第一人潘德明、与索马里海盗英勇抗争的英雄船长彭维源都是航头人。

2002年6月，经市政府批准，撤销航头镇、下沙镇建制，建立新的航头镇。全镇区域面积60平方公里，辖13个村、5个居委会、7个社区工作站，常住人口11.5万（户籍人口5.3万）。2011年，航头实现工业总产值99亿元，固定资产投资51亿元，工商税收11.7亿元，地方级财政收入3.6亿元，新增就业岗位2 000个。

航头是上海重要的人口导入区，已经建成和在建、将建、规划的市属保障性住房、安置房、商品房总面积1 200万平方米，导入人口将超过20万。

在区委、区政府的正确领导下，航头镇强化以人为本、以民为先的执政理念，先后荣膺全国环境优美乡镇、国家卫生镇、全国创建文明村镇工作先进镇、市文明镇、市五好镇党委等殊荣。今后几年，航头将以打造“商贸重镇、宜居城镇、休闲小镇”为目标，建设一个融商贸物流中心、宜居生活区、现代化工业区和特色农业于一体的现代化中心城镇。

航头镇政府网站创立于2003年，2010年1月进行全新改版，增加“互动论坛”。改版后，航头镇政府网站点击量一路飙升，在两年半的时间里点击量超过百万次。

航头镇政府网站在联系群众、服务民生方面发挥了积极的不可替代的作用。航头镇政府网站成为了党和政府与人民群众的“连心桥”、大家表达诉求发表意见的重要平台、镇党委政府倾听民意的重要窗口。通过政府网站，政府职能部门掌握并解决了一系列与老百姓息息相关的问题，如增加公交班次及站点设置、增设道路硬件设施、社区物业及停车管理、镇标标识设计、英雄船长大型雕塑选址等等。

2011年8月，航头镇政府网站在上海市第五届优秀网站评选活动中，荣获“最具潜力奖”称号。这是获奖网站中，唯一一家镇政府网站。

2011年12月1日，航头镇官方微博——“航头新视眼”正式开通试运行。“航头新视眼”按照镇党委书记沈健提出的“关注民生、反映民意、开启民智、服务民众”的工作要求，在联系群众、服务民生等方面发挥了越来越重要的作用，成为镇党委政府又一个倾听民意的重要窗口。在“航头新视眼”的带动和助推下，镇机关、事业单位、非常设机构、镇属公司、各村（居）委及社区工作站60多家单位竞相开博，并落实专人管理。目前，航头镇已经形成了以“航头新视眼”为核心的政务微博群，与政府网站、政府论坛、航头报纸等在功能和服务上互为补充，形成四位一体的信息沟通交流平台。“航头新视眼”开通后，发起了许多线上线下活动。其中，由“航头新视眼”发起的2012上海桃花节“微摄影”比赛活动，吸引了来自全国多地近700名摄影爱好者参与，征集到近400份优秀作品。本次活动荣获上海桃花节“创新活动奖”。

2012年6月，在浦东新区庆祝中国共产党成立91周年暨创先争优活动表彰大会上，航头镇网络党建荣获“浦东新区基层党建工作品牌奖”。

# 创新管理模式　提升建设效益

## 宝山区获2011中国城市信息化管理创新奖

2011年9月24日，宝山区在北京举行的“2011中国城市信息化发展大会暨成果评选”上荣获“2011中国城市信息化管理创新奖”。

围绕推进城市信息化建设，宝山区信息委坚持“三大模式”—— 信息化项目全生命周期管理模式、信息化项目绩效评估模式和信息化集约化建设模式。电子政务建设效益突出，依托信息化的城市管理和社会服务方式日益优化，信息基础设施综合服务能力不断增强，信息化对全区经济社会发展起到了重要的支撑和促进作用。在信息化管理方面，宝山区在上海市率先建立了信息化项目全生命周期管理模式，据此开发的“宝山区信息化项目管理系统”被评为“2006年度上海市信息化应用优秀成果奖”。在上海市率先形成“宝山区信息化项目绩效评估指标体系”，被评为“2008年度上海市信息化优秀成果奖”。

荣誉证书

上海市宝山区信息化委员会

宝山区信息化项目管理

2011中国城市信息化管理创新奖

中国信息协会

二零一一年九月

2011中国城市信息化管理创新奖奖状

环境监察人员监控企业排污情况

宝山公安分局指挥中心

# 青浦区信息化

## 上海市青浦区政府电子政务云服务平台

2011年，上海市政府出台《上海市推进智慧城市2011—2013年行动计划》，由上海市青浦区科学技术委员会、青浦区信息化委员会与国内知名企业浪潮集团联合申报的“青浦区基于国产化产品的电子政务云项目”被认定为上海市第一批云计算应用示范项目中唯一的电子政务云示范项目。

市经济信息化委领导为青浦区电子政务云示范项目颁牌

青浦区电子政务云示范项目以虚拟化为基础，提供高效的可用服务为目标，建立了通用的电子政务应用开发、运行支撑组件和政务信息整合平台，在保障信息安全的同时也有效促进了云计算产业的发展，形成了青浦区统一的面向社会服务和区域政府管理的电子政务应用建设、服务和运维框架。

青浦区电子政务云总体框架

# 中国科学院上海微系统与信息技术研究所
# 信息功能材料国家重点实验室

## 低温超导多通道心磁图仪

心磁图仪（Magnetocardiograohy, MCG）记录心肌细胞间离子流动产生的磁场，是心脏电活动最本质的反映，具有完全无创、无损、无接触、灵敏度高等优点。国内外研究已经证实，心磁图仪在心脏病早期预测和诊断方面具有独特的优势，是一种极具潜力的新型高端医学诊断设备。

在科技部、中国科学院、上海市科委的大力支持下，中国科学院上海微系统与信息技术研究所和漫迪医疗仪器（上海）有限公司联合开发了国内首台低温超导多通道心磁图仪。该设备利用目前已知最灵敏的磁传感器对人体心脏产生的微弱磁信号进行探测，采用先进的噪声抑制技术实现多周期心磁信号的提取；可视化后处理软件可获取阵列信号的多周期平均图、波组图、等高线图、电流密度图等图像和实现多个医学参数的提取。

2010年低温心磁图仪在深圳成功参展第十二届中国国际高新技术成果交易会，在科技部的推荐下于2011年参展国际生物经济大会（BioECO）。目前已经与上海第六人民医院和北京阜外医院达成初步意向，即将开展心磁图仪的临床应用研究。

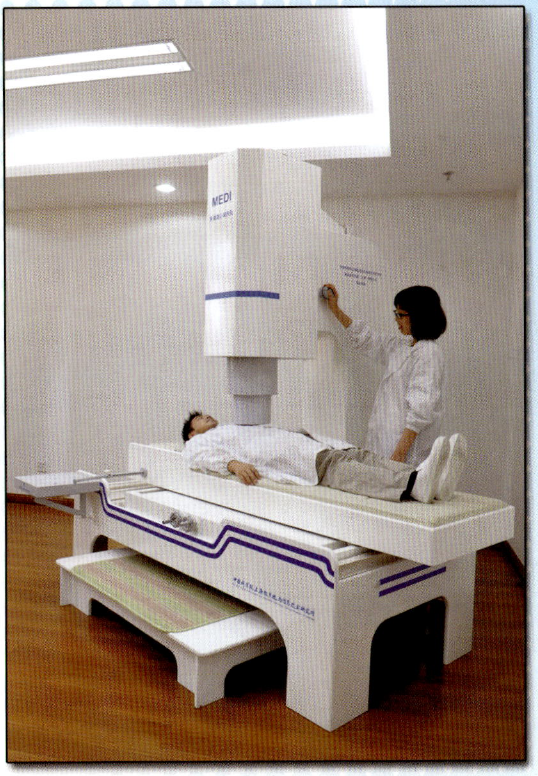


无屏蔽四通道心磁图仪

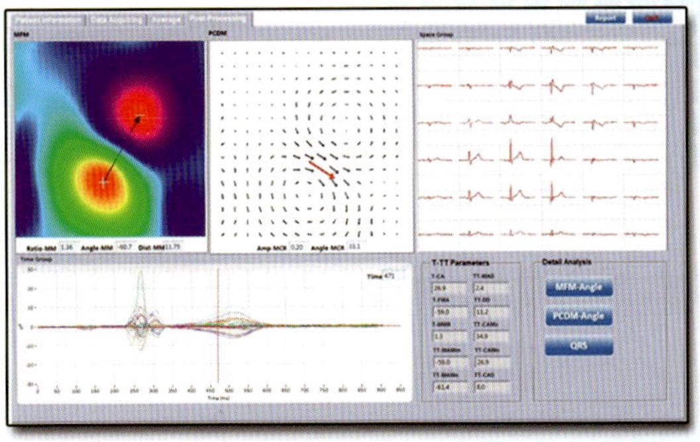


心磁图测量示例

2010年心磁图仪参展第十二届中国国际高新技术成果交易会

**中国科学院上海微系统与信息技术研究所**
**信息功能材料国家重点实验室**
地　址：上海市长宁区长宁路865号　邮编：200050
联系人：孔祥燕
电　话：021-62511070
E-mail：xykong@mail.sim.ac.cn

**漫迪医疗仪器（上海）有限公司**
地　址：上海市闵行区金都路3688号1幢
邮　编：201100
联系人：陈晖
E-mail：13311665202@189.cn

中国太平洋保险（集团）股份有限公司（以下简称“公司”）是中国领先的综合性保险集团公司之一。公司主要通过下属的太保寿险、太保产险为客户提供全面的人寿及财产保险产品和服务，并通过下属的太保资产管理公司管理和运用保险资金。

公司秉承诚信经营的理念，经过十多年的发展，已经成为中国最知名的综合性保险服务商之一，取得了稳固领先的市场地位和强大的竞争优势，经营战略明确，具备高效的执行力和迅速适应市场变化的能力。公司拥有中国最大的保险分销网络之一，保险分销网络覆盖全国。

公司的目标是成为以保险业为主，具有国际竞争力的一流金融服务集团。公司将积极把握中国保险市场快速发展的契机，大力发展保险主业，实现寿险、产险和资产管理核心业务规模和价值的均衡快速增长，建设信誉卓著、品牌杰出、财务稳健、效益优良，具有国际竞争力的一流金融服务集团。

改进产险核心信息系统，支持产险业务发展

2011年，产险核心业务系统全年完成数百个新产品、组合产品的开发、配置及上线，同时在核心系统中实施流程优化和功能完善补充，代码优化、缺陷修复、性能调优等，并完成了车险核保参数在系统中的配置；建立了车险理赔防渗漏系统，利用科技含量较高的车险移动视频查勘系统促进企业战略转型；将低风险、小金额的案件通过自动理算、自动核赔绿色通道快速通过，对于中高风险的案子，调度专业人员人工处理，在减少渗漏的同时也缩短了正常案件的处理时间，提高了客户满意度；此外，还建设了车险移动视频查勘系统，对于3 000元以下的非人伤案件的查勘定损核损的时间大幅缩短，从而明显提高了分公司平均结案时效，也减少了因查勘员经验不足或故意造假行为对公司造成的损失，控制风险，降低成本。建设了车险续保系统，将续保行为自动化，规范化，有效提高了续保接触率和成功率；该系统以任务管理的方式对续保流程进行了统一得管控，对产险销售模式和销售队伍的转型进行了积极的探索。

全面完成实施未来寿险核心业务系统项目，支持寿险业务发展

2011年，实施未来寿险核心业务系统项目全面上线，该项目基于引进国际先进核心业务系统软件包，通过核心业务流程的优化和再造，打造了一个1.5万人以上同时进行业务操作和协同处理的超级生产系统，完成了全司数据大集中。项目推动了核心业务流程的变革和再造，推动了核心流程和支持流程的一体化对接，初步实现公司价值链的电子化运行，核心业务系统和周边系统实现了无缝对接和一体化运行；项目依托国际先进的技术架构，以海量数据处理和大型保险公司持续高效生产运行能力建设为目标，搭建国际先进的IT技术架构，打造了交易、打印、统计、影像、文档、集成六大专业化技术平台。通过项目实施，寿险公司初步实现了管理模式变革，构建了集约化管理体系。

优化和扩容电销网销技术平台，支持新渠道发展

2011年，新版产险电销系统完成多家分公司上线推广工作，支持业务部门完成了淄博职场的建设，为产险电销业务的增长提供了有力的技术支持和保障。

通过对寿险电销系统和产、寿网销系统的维护和持续改进工作，为寿险电销业务、产险网销业务、产险电销业务都有大幅度的增长提供了稳定的技术平台。

通过“神行太保”系统的建设，目前已完成一阶段上线试运行，营销员已开始通过移动终端开展营销工作，规划2012年多数寿险营销员将通过移动终端开展，“神行太保”的应用将会提升客户体验，提高营销员的销售能力。

持续优化实施集成的客户服务中心系统，支持专业公司战略转型

2011年，公司建设的集中的客户服务系统全面推广上线，实现了客户服务“一个号码，一个平台”的目标。通过该项目的实施，规范了产、寿险公司的客户服务流程，实现了客户服务集约化管理，产、寿险所有电话中心已经实现了互为灾备。

产险方面，支持了产险夜间区域集中模式的试点，支持了寿险将3家电话中心合并成2家电话中心；推动了产险理赔查勘由多级调度转化为直接调度模式，大大提高了查勘的速度和效率，减少了调度人员的投入；该项目建成后，也提升了坐席产能，产险坐席利用率大幅提高；此外，通过该系统与车险理赔系统的整合应用，有效降低骗保造成的损失。

通过对系统功能的优化，已初步实现了由该系统指导寿险客服座席进行服务的模式，客户服务的标准化又进一步得到了提升，大大降低了新进员工的培训时间，降低了公司的营运成本，寿险坐席利用率同时得到提高。

加强数据中心基础设施建设，为全司提供稳定安全的IT运行服务

2011年，完成了田林二期机房扩容建设，IT生产能力进一步加强，同年田林数据中心获中国计算机用户协会机房设备应用分会颁发的2011年度中国数据中心优秀节能项目奖；张江同城灾备机房交付使用，使公司具备了应对灾难性事件的基本能力，在保护的业务范围、防范风险以及灾备恢复能力上有很大的提高；建立了服务导入管理体系，从“开发/运行”转变为“开发/导入/运行”模式，提升应用服务质量、降低产品缺陷，确保运行安全；按照内控优化项目组的要求，推动全系统完成了账号权限清理工作，优化了相关管理流程，初步建立了长效治理机制。

中国太平洋保险（集团）股份有限公司
China Pacific Insurance (Group) Co.,Ltd.

太平洋保险
CPIC

# 奉贤区信息化

FENGXIAN DISTRICT INFORMATIZATION

2011年，奉贤区信息化工作紧紧围绕区里“三化两建设”的总体目标和思路，以“智慧城市建设”为契机，加强区域信息基础设施的建设和管理，推进重点信息化项目的建设，完善区电子政务平台，加快信息技术在各领域的应用。“上海奉贤”门户网站在2011年第六届中国特色政府网站评选活动中荣获“服务创新奖”。

**政务领域信息化**

◆ 加强“上海奉贤”门户网站的建设和管理

◆ 开展区长网上办公活动

◆ 推进区网上行政审批平台建设

◆ 推进区电子政务视频会议服务平台建设

◆ 完成区电子政务云计算服务实验平台建设

**社会领域信息化**

◆ 完成奉贤区社区市民电子健康档案信息系统工程建设

◆ 推进村级集体经济民主监督信息系统建设

◆ 开展社保卡的申领及补（换）卡工作

**城市建设管理领域信息化**

◆ 做好南桥新城智慧城市的规划编制

◆ 推进城市管理与应急大联动平台筹备建设

◆ 完成奉贤城管执法综合管理信息化平台建设

**信息产业稳定发展**

**信息化环境建设**

◆ 新一代政府视频办公云建设研讨会在我区举行

◆ 信息化学会二次全体会员会议顺利召开

◆ 开展信息化应用培训活动

**社会诚信体系建设**

◆ 完善诚信信息和数据平台

◆ 推动使用正版软件

# 中国科学院上海微系统与信息技术研究所
# 传感技术（联合）国家重点实验室

## 胎压检测系统（TPMS）符合传感器

• 采用“微创手术式”MEMS工艺,可在半导体Foundry线上实现规模制造，已有偿转让半导体上市公司ASMC，为传感器产业化闯出一条新路。

• 传感器尺寸更小，成品率更高，企业的规模制造成本核算表明：单个芯片成本低至10美分，市场竞争力更高

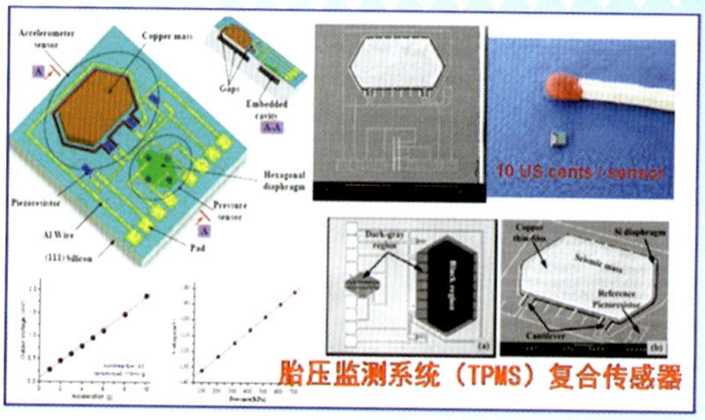


## 水环境监测无线传感器网络

• 研制出一系列新型生化传感器和系统，在达到国标法水质检测指标前提下，实现了现场快速检测。

• 在太湖水域进行了应用实验，进行了传感器信号提取、通讯和组网，构建了水环境监测物联网应用验证平台，为水环境监测提供了新方法和新手段，为水环境监测物联网应用奠定了技术基础。

传感器布设现场

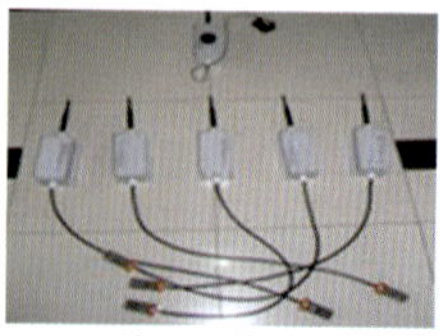

终端/节点

传感器

## 荧光化学传感式痕量炸药探测仪

• 研制的荧光化学传感式痕量炸药探测仪，通过了公安部安全与警用电子产品质量测试中心测试，灵敏度达到0.1ppt。探测仪像警犬一样，可以嗅出隐藏的爆炸物或残留在被检测物表面的炸药痕迹，已应用于北京奥运会、上海世博会、地铁、民航和公安、金融系统等重大活动和重要部门。

在上海世博会上的应用场景

**中国科学院上海微系统与信息技术研究所**
**传感技术（联合）国家重点实验室**
地　址：上海市长宁路865号　邮编：200050
联系人：夏晓媛
电　话：021-62511070
E-mail：yuanxx@mail.sim.ac.cn

## 上海卫生监督生活饮用水和空气质量在线监测技术应用

上海卫生监督生活饮用水和空气质量在线监控预警系统（以下简称“系统”）利用高灵敏度、性能稳定的传感器完成管网水、直饮水和空气质量的监测，经现场无线传输终端获取传感器监测数据，再通过GPRS无线通信技术发送给远程保障指挥中心，指挥中心结合GIS系统建立了一套完善的在线监控预警系统，每5分钟更新一次监测数据，24小时全面、实时、系统地对生活饮用水水质和重点场所空气质量进行监控，实现了对监测区内生活饮用水、各种供水形式水质和重点公共场所空气质量全方位、全程的实时监督保障。

系统采用模块化的设计思想分为两个子系统：现场数据采集通讯系统和保障指挥中心系统。现场数据采集通讯系统利用高灵敏度、性能稳定的传感器完成管网水、直饮水和空气质量的监测，经现场无线传输终端获取传感器监测数据，再通过GPRS无线通信技术发送给远程保障指挥中心；保障指挥中心系统以实时接收管理生活饮用水和空气质量数据为中心，集成了实时控制、信息管理、统计分析、预警管理、打印输出、WebGIS系统、短信服务等功能模块，使卫生监督机构对现场情况的监控与数据管理、数据分析形成一体，提供实时、准确的信息参考，从而及时、准确掌握水质或空气质量状况及其动态变化趋势。

实际应用中，市级卫生监督机构内用户通过局域网，上级卫生行政部门、区县卫生监督机构及相关行政部门用户通过市政务外网，以Web方式或客户端方式连接到指挥中心系统；而其他政务外网以外的用户也都可以通过Internet以Web方式连接到指挥中心系统，连接方式从WWW扩展到WAP，实现了任何有网络连接的计算机、手机、PDA等都可随时随地了解生活饮用水水质和重点场所空气质量的实时信息。

2010年启用至今，尤其经过2010年上海世博会和2011年世界游泳锦标赛的考验，系统体现了监测结果准确、数据传输快速、数据分析查询可视化、信息交互快捷、突发事件处置及时、辅助决策依据充分、指挥高效的特点，为各级卫生监督机构完成卫生监督保障重任助力。

# 上海市城市规划设计研究院
SHANGHAI URBAN PLANNING & DESIGN RESEARCH INSTITUTE

世博会商务会展区规划（A、B片区）

松江区佘山北大型居住社区控制性详细规划

上海市城市规划设计研究院（以下简称“上海市规划院”）创建于1957年，是国内成立最早、规划技术力量最为完善的甲级规划设计和战略咨询单位之一。上海市规划院按照科学规划、以人为本的要求，秉承“精心规划，惠泽千秋”的理念，站在城市学科和规划事业发展的前沿，充分投入到中国改革开放和城市化建设发展的伟大实践与进程，广泛加强与国内外规划机构和社会各界的交流、合作，将“博学、求真、创新、笃实”的精神，寓于为全社会发展提供一流的服务过程中，不断创新规划理念，提升设计水平，力争将上海市规划院打造成国内领先、国际一流的综合性规划研究、咨询、设计机构。

按照国家对科学发展、和谐社会建设的总体要求，切实贯彻上海市委、市政府对推动上海“四个中心”和现代化国际大都市建设目标的总体布署，在上海市规划和国土资源管理局的领导下，以科学规划、保障发展、保护资源为核心，上海市规划院各项工作突出“围绕中心、服务大局，聚焦业务、提升水平，强化管理、完善规程，突出服务、加强保障”的要求，聚焦重点业务领域：一是聚焦创新引领领域，突出前瞻性、战略引领和规划影响力；二是聚焦主体规划领域，突出法定性和发展的保障力与重大城市发展战略；三是聚焦延伸服务领域，突出精细化和技术服务支撑。

徐汇区滨江商务区城市设计

地址：上海市铜仁路331号　　邮编：200040　　电话：021-62473288　　传真：021-62477739　　网址：www.supdri.com

上海市建筑科学研究院（集团）有限公司
Shanghai Research Institute of Building Sciences(Group) Co,.Ltd

# 信息系统工程监理
Information System Engineering Supervision

联系电话：021-54428304,13601794820
电子邮箱： wuyifanfan@hotmail.com

上海市建筑科学研究院创建于1958年，于2004年12月获得工信部颁发的信息系统工程监理资质，长期从事智能化系统、数据中心、软件系统开发与信息系统集成工程的专业监理与咨询业务，累计完成工程总投资额超过8亿元。先后承接上海城市网格化、2010年上海世博会信息化等重大监理项目，赢得了业主和社会各界的广泛赞誉和好评。

【经典案例】
- 上海市政大厦智能化系统工程
- 中国外汇交易中心张江数据中心建设工程
- 上海农商银行“弱电系统及灾备机房”工程
- 《人民日报》电子阅报栏上海播控中心机房及平台系统项目
- 奉贤区城市综合管理与应急联动系统工程

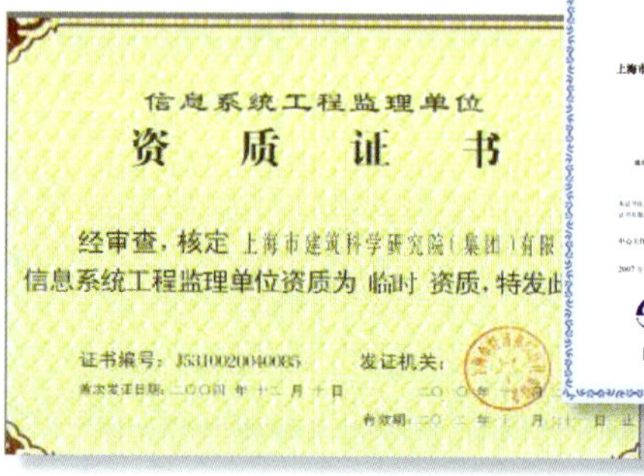

# 上海市智能建筑检测中心

上海市智能建筑检测中心（以下简称“中心”）是上海市建委批准成立的目前唯一专业建筑智能化系统权威检测机构。中心成立于1999年，并于2001年3月获得国家质量认证技术监督局颁发的中华人民共和国计量认证合格证书，2005年1月获得CNAS（中国实验室国家认可委员会）认可证书。

检查和检测资质涵盖建筑智能化、信息化和节能领域，可为上海“申慧奖”评优、国标“绿色建筑”评星、建筑能效评测提供智能化　信息化范围的专项检测和咨询服务。

## >> 检查领域

1. 综合布线系统
2. 信息网络系统功能
3. 建筑设备监控系统
4. 办公自动化系统功能
5. 车库管理系统
6. 背景音响及公共广播系统
7. 门禁控制系统
8. 巡更系统
9. 物业管理系统
10. 集成管理系统

## >> 检测领域

1. 综合布线系统
2. 数据中心机房
3. 计算机网络系
4. 建筑设备监控系统
5. 卫星数字电视及有线电视系统
6. 安全防范系统
7. 会议及电视会议系统
8. 背景音响及公共广播系统
9. 建筑节能工程的配电与照明节能工程
10. 建筑节能工程的检测与控制系统

联系电话：021-54832535，13381741455　电子邮箱：sbhq@sina.com

# 上海船舶研究设计院

上海船舶研究设计院（以下简称“船院”）隶属于中国船舶工业集团，成立于1964年。48年来，船院始终坚持“精心设计，质量第一，讲究信誉，持续改进”的方针，特别是改革开放以来，船院积极主动转型，坚持贴近市场、贴近客户、快速反应经营模式，致力于民用船舶的研发、设计和优化，全力打造安全、节能、经济的绿色船舶，为客户提供一流的服务，稳步提升核心竞争力和整体实力。发展至今，已成为我国民船设计领域规模最大、船型最丰富、市场占有率最高、人才队伍最稳定的科研设计院所之一。

船院设研发部、海洋工程部、设计一部、设计二部、生产设计部。现有员工500余人，各专业人才齐全，具有三维设计平台和先进软件。服务范围涵盖了前期可行性论证直至生产设计的全过程，业务遍及全球。产品主要包括散货船、集装箱船、液货船、矿砂船、滚装/客滚船、多用途船、特种工程船、海洋工程辅助船、海洋工程作业船、海洋平台等，累计开发新船型853型，曾上百次承担并出色完成国家重大科技攻关项目和重大技术装备攻关研制任务。

船院始终围绕“以优秀的船型引领市场”的宗旨，致力于装备先行的深海战略，引领全球的绿色船舶，人才先行的科技创新，以人为本的和谐文化，不断激发科技创新、管理创新的激情和能力，力争发展成为最强大的船舶研究设计院。2012年，船院获“上海市设计创新示范企业”、“上海市城市公众满意企业”、“诚信企业”等称号。

为保证船院在船舶设计领域前瞻性技术研究、共性基础技术应用和研究、船型开发等领域能形成长期和稳定的研发力量，船院建立了以船舶研发设计为服务对象的大型计算中心、数据中心，以数字化水池为服务对象的数字化实验中心，以客户生产、制造、加工为技术服务的快速响应中心，包括高性能计算的船舶设计与优化、船舶性能图谱的计算绘制研究、船舶水动性能研究、水动力CFD计算技术研究、高性能船舶结构强度性能计算研究等等，同时可视化三维设计平台涵盖船院研发设计的各个方面，贯穿分析、设计、建造、维护整个海工产品生命周期，利用高效三维工程设计使得在整个产品设计过程更简洁更高效。

船舶行业正经历着冷酷的大熊市，船院正在寻求危机下的生机。“十二五”规划的深海战略对装备的需求为船院进军海工特种船舶及海工平台领域提供了大好机会。全球绿色船舶节能减排的趋势正在热情地召唤船舶研发设计技术革新。船院浦东新办公大楼的启用，完善了硬件条件，船院科研力量准备就绪，研发团队整装待发。为了迎接新的机遇与挑战，船院已经做好准备！

地 址：上海市浦东新区祖冲之路2633号　电 话：+(86) (21) 38139388　传 真 ：+(86) (21) 64040001　网 站：www.sdari.com.cn

# 中科院上海微系统与信息技术研究所

## SIMIT-IMEC物联网联合实验室
## SIMIT-IMEC Joint Initiative on IOT

### 基本情况Basic Information

中科院上海微系统与信息技术研究所（SIMIT）与欧洲微电子中心（IMEC）于2012年3月签署协议，基于共同的利益和兴趣，成立IOT联合实验室，命名为SIMIT-IMEC物联网联合实验室，以促进双方在物联网领域的合作，分享技术和市场。

Based on conjunct benefits and interests of both sides, Shanghai Institute of Microsystem and Information Technologies (SIMIT) and IMEC had signed an agreement in march, 2012 to set up a joint lab named SIMIT-IMEC Joint Initiative on IOT. The joint initiative will help both sides promote the collaboration and share the technologies and market.

实 验 室
View of offices and lab

芯片设计实验室
View of the IC design Lab

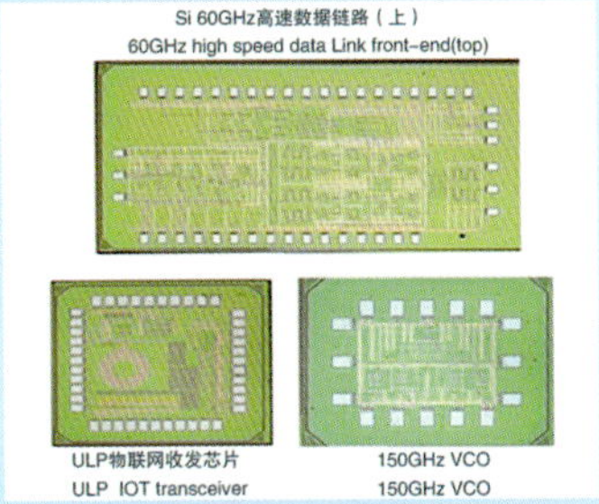


芯片设计工作回顾
Chips Achieved in SIMIT

芯片通信功能测量
Communication test for chips

### 定位Research Field Definition

联合实验室依托IMEC Holst Center在超低功耗无线通信技术方面的国际领先优势及上海微系统与信息技术研究所在超低功耗芯片技术、传感器技术及物联网技术方面的国内领先优势，以超低功耗芯片技术等物联网核心技术及其在物联网领域、尤其是MBAN (医疗体域网)领域的应用为研究及产业化方向。

IMEC Holst center holds technical advantages over the world in Ultra-low power wireless communication and SIMIT are famous in China for its sensor technologies, IOT system technologies as well as ULP Chip design technologies. The joint initiative will try to integrate all those advanced technologies to support jointly IOT technology research and industrialization, especially for MBAV area network technologies.

### 实验室现状About the Lab

目前实验室拥有200多平方米的实验室用房；拥有频率覆盖100MHz-67GHz的包括探针台、频谱分析仪、矢量信号发生器等价值650万人民币的全套从芯片到系统和组网的测试设备；有包括双方高级管理、研究人员组成的指导委员会和由双方高级研究人员组成的研究队伍。在上海物联网中心及SIMIT的支持下，在产业界及相关机构推动下，将推动并引领基于国有知识产权的物联网核心技术的研究和产业化。

Currently the joint Initiative occupies more than 200 $m^2$ area in Jiading Compus; the equipments include probe station, spectrum analyzer, vector network analyzer and vector signal generator covering frequency from 100MHz to 67GHz and supporting measurements from chip level to system level and network level. The joint initiative has its own EDA system equipped with all important system and IC design soft ware and be able to support more than 15 designers and multi-project design. A committee consisting of senior researchers and managers from both sides steers the research and management of the lab.

# 长宁卫生经济信息网

## 长宁区卫生信息化现状

长宁区作为“ 基于市民健康档案的上海卫生信息化工程 ”六个试点区之一，通过打造健康云平台，集成公共卫生、基本医疗、卫生经济等信息，实现 1+18（区属医疗卫生机构 18 家）的数据云。

汇聚了市民在全市医疗机构、社区卫生服务中心就诊等相关的诊疗和健康档案信息，做到自动建档、自动更新，“ 人人拥有、记录一生、管理一生、服务一生 ”。

长宁区卫生从管理角度出发，需要有效利用海量数据，从中提取出有效的医疗卫生信息为科学决策提供依据。

## 项目建设目标

**医疗卫生数据一网打尽**

围绕长宁区公共卫生、社区卫生、基本医疗、卫生经济四维海量数据建立区域医疗卫生信息数据仓库。

**建立统一门户**

以简单直观的方式访问海量的数据，糅合原有众多医疗卫生信息系统到一个门户呈现资金、资产、资源、资质四维信息。

**平衡协调医疗卫生资源**

掌握医疗卫生资源信息，缓解看病难、看病贵的民生问题，为居民提供科学指导，提高患者满意度。

**高效监督管理医疗机构**

提供医疗卫生监督管理部门高效监督和科学决策的平台，真正落实医药体制改革，提高医疗服务质量。

## 建设内容

针对区域医疗工作，长宁卫生希望通过信息化平台实现了全方位监控，将全区各医疗机构的资金、资产、资源、资质信息一网打尽，从而解决看病难、看病贵的问题。通过医疗机构的门急诊、科室就诊、住院情况，针对在治疗过程中的药品配备和使用情况、对手术就诊的监控分析，实现以下几个方面的效果：

1. 掌握全区各医疗机构人力资源情况、医疗设备和资产情况，日常运营情况；
2. 通过了解医疗机构门急诊、科室就诊、住院病人人次与费用，及时协调医务人员和医院资源；
3. 通过了解医疗机构门急诊、科室就诊、住院病人人次与费用，掌握最新的就诊动态信息，分析其原因；
4. 通过了解医疗机构门急诊、科室就诊、住院病人人次与费用，监控医院医务人员和药品使用情况，药品及诊断的费用情况；
5. 通过对药品的配备与使用监控，可以及时找出医院、各科室以及各医生的药品使用收费是否合理、是否完善；
6. 通过对诊断的病因和手术情况，及时分析病理，采取更好的解决措施；
7. 通过系统化，帮助医疗机构逐步建立绩效考核机制，依托信息平台逐步建立工作量导向的绩效考核制度和绩效计算体系；
8. 通过信息平台提供的辅助决策，建立医疗诊断监督管理制度，使得监督有的放矢，有据可依，从而更好地完善监督管理制度，实现科技加制度监督管理体系。

## 应用价值

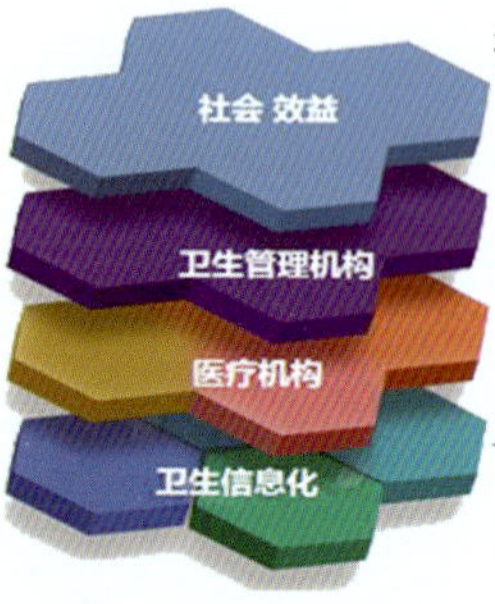


**社会效益**

- 辅助缓解看病难、看病贵等民生问题
- 以公益性为导向，监控各医疗机构服务质量
- 便于及时掌握医改各项政策应用效果

**医疗机构**

- 帮助医疗机构有效掌握运营情况
- 提高服务质量，减少费用支出，提高资源利用率

**卫生管理机构**

- 从宏观到微观深层次监督管理各医疗机构
- 全面掌握医疗卫生资源情况，有效进行分配
- 合理评估医疗机构绩效，深化医改

**卫生信息化**

- 有效利用已有数据整合信息，消灭信息烟囱现象
- 进一步推进卫生信息化进程
- 建立面向运营管理和监督管理的信息门户

# 黄浦区教育信息中心

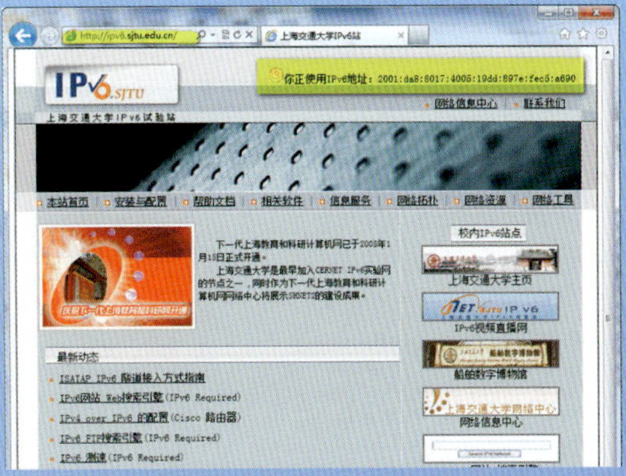


## 正式开通IPv6试验网络

为迎接世界IPv6日（6月8日）到来，2011年3月上旬，上海市黄浦区教育信息中心（以下简称“区教育信息中心”）率先开通IPv6试验网络，通过连接到交大的教科网链路接入CERNET2网络，采用双栈方式实现国际IPv6互联。区教育信息中心从2006年起就着手进行IPv6的试验，并对全区教育网络设备采购提出了要求，必须全面支持IPv6协议。2007年正式成立了黄浦区的IPv6实验室，得到市教委信息中心、交大专家的关心与指导。2009年信息中心已有一条试验线路联接到交通大学信息中心，直接进入新互联网的实验平台。2009年6月14日正式向中国教育和科研计算机网网络信息中心提交IPv6网络地址申请，2009年8月27日得到正式批复。IPv6试验网络的开通，为进一步保持黄浦教育城域网网络基础架构领先地位提供了基础，为IPv6管理和应用开发提供经验参考。

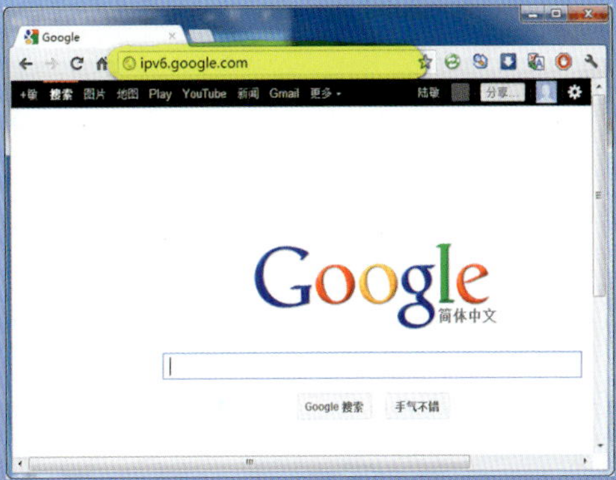


## 区作业平台建设初步完成

为实现教师课后作业质量标准化和学生课业负担“减负”目标，规划建设区作业平台，并在初中数学学科率先试点。通过全体教师上传题目、共建题库，专家组审核设定题目指标，教师在设定的条件下共享题库，抽题组织课后作业，以达到作业在题型、难度、耗时、针对性、覆盖度各方面均衡化、标准化。作业平台进一步完善后将面向学生开放，为学生个性化学习创设基础。

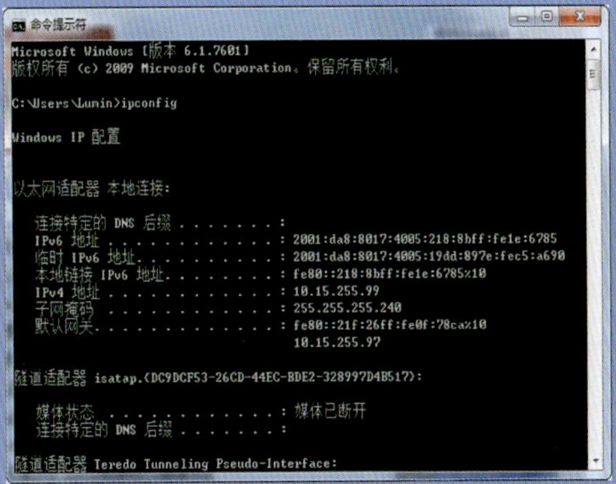


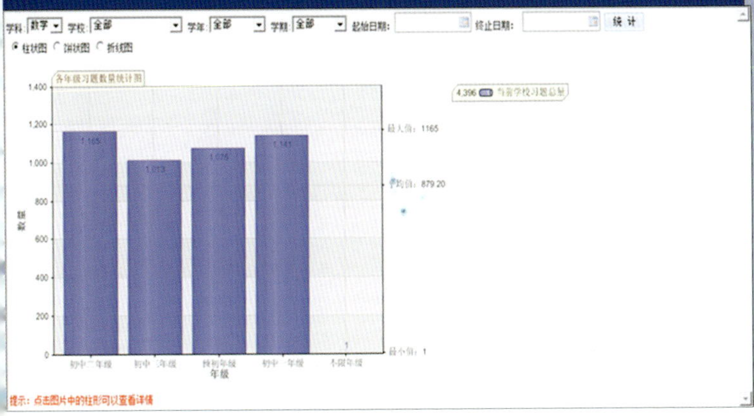


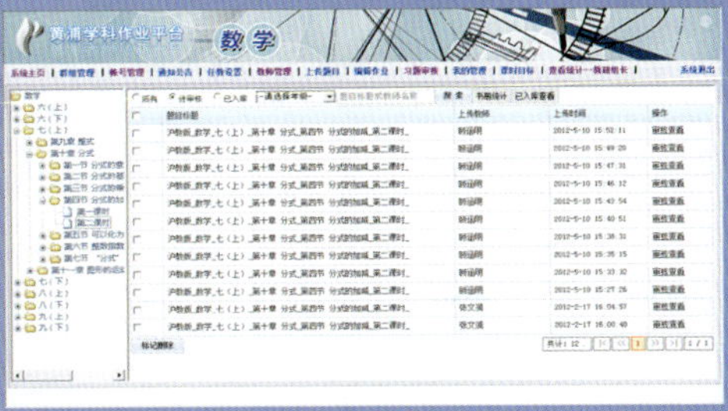

# 上海市电子商务促进中心
## （联合国贸易网络上海中心）

上海市电子商务促进中心（联合国贸易网络上海中心）是为了配合上海市经济结构的战略性调整，努力发展新兴产业和加快上海市国际贸易中心建设的需要，经上海市人民政府批准，在原上海对外经济贸易计算中心、联合国贸易网络上海中心基础上合并，于2011年7月28日批准成立的，中心为上海市人民政府商务委员会直属事业单位。中心将服务作为核心竞争力，为政府、广大企业和客商提供良好的服务，使无形的服务提升为有形的价值。

在2011年度，中心按照既定的时间节点和工作任务，遵循促进商务的要求，积极稳妥地进行了以下主要工作：与中国国际电子商务中心合作，建设中国（上海）国际贸易中心平台并负责其运维；承接世界贸易网点联盟（WTPF）门户网站的建设；和上海市CA中心共同承建上海市“走出去”信息服务平台。

### 应时所需 创新驱动 开发运维电子商务平台 不断提升信息价值 提供决策企划

作为上海国际贸易中心城市建设的配套服务项目，在上海市商务委员会牵头带领下，中心与中国国际电子商务中心合作开展中国（上海）国际贸易中心平台的建设。旨在开创我国商务领域政府公共信息资源服务和社会化电子商务公共服务的新模式。2011年7月，中心执行的这一项目被纳入部市合作23个重点项目之一、《上海电子商务“十二五”发展规划》中。在2011年9月，被列入《上海市推进智慧城市建设2011 —2013年行动计划重点项目和主要任务》，作为推进“四个中心”建设的重点专项建设项目之一。2011年12月26日在上海西郊宾馆，中共中央政治局委员、上海市市委书记俞正声，商务部部长陈德铭和上海市市长韩正共同开通中国（上海）国际贸易中心平台。

### 协作交流 密切联系 促进贸易网点信息资源交流共享 完善国际贸易运营环境

作为设立在中国的第一个联合国贸易网点，也是全球首批19个网点之一，中心拥有稳定可靠的资金、设备、人员和信息的来源与调配。以此为优势承接了WTPF新版门户网站建设运行项目。以提升联盟品牌形象和促进贸易便利化为着手点，中心打造了全新的世界贸易网点联盟(WTPF)门户网站。中心重新设计整个网站的栏目框架，使其作为世界贸易网点联盟的宣传窗口包含了更大的信息量，并开发了新版的后台系统，改进和完善了信息发布的功能。使新版WTPF门户网站进一步加强了实用性，从而为WTPF与全球各贸易网点，为全球各贸易网点之间的联系与沟通提供便利。同时，以促进贸易便利化为出发点，中心独立设计了Global Market（全球市场）子网站，集中传递WTPF提供的各项服务给全球各贸易网点以及各国的中小型进出口企业。其中包括WTPF两大特色服务：ETO（电子贸易机会）与GTDS（全球贸易名录系统）。受众群体除了有WTPF成员暨全球各贸易网点，还有各国从事进出口贸易的企业，特别是中小型企业。同时，中心与联合国贸易网点发展中心总部及其全球各贸易网点联网，加强信息流通与共享，提高贸易效率。

2011年，第十二届世界贸易网点联盟年会，网站正式开通上线 WTPF主席布鲁诺先生与李悦主任签署网站运营托管协议。

### 整合资源 组织协调 提供电子商务发展趋势报告 协助拟定发展标准促进外经发展

中心和上海市CA中心共同承建了上海市“走出去”信息服务平台，并提供技术支持。为各类对外经济合作主体提供对外投资、对外承包工程、国际人力资源合作、对外援助等方面的权威、及时、集约、有效的公共信息；平台实施政务公开、提供网上办事，彰显企业实力、实现广泛链接、帮助架线搭桥。对进一步实现政府对“走出去”事业的引领和指导，提高国际经济技术合作的便利化和高效化有积极意义。

### 积极探索 不断开拓 出版众多商贸类工具图书 服务上海四个中心的加速建设

中心在发展过程中，积极探索服务上海商贸领域和经济建设的创新思想和观念，不断开拓新的服务形式内容。配合上海的经济建设发展进程，中心先后编辑出版了多本有关商务合作交流的工具类图书。如2008年上海世博会前夕，为了让上海和全国的人民了解世界各地的风貌习俗，更好地与世界各地的朋友交流，出版了《如何与外国人打交道——海外商务文化礼仪习俗指南》；2009年为了推进国际贸易的电子商务，编辑出版了《中国外贸企业网上贸易指南》；2010年，计划实施了“上海与全国各地与海外经贸机构合作交流”的项目，并编辑出版了《海内外经贸机构交流合作指南》；2011年，为了帮助在上海投资的外国企业更好的了解关于外国投资的政策法规，编辑出版了《上海市外商投资企业法规政策详解》（获“上海市第十一届银鸽奖”三等奖）；2012年，基于上海市委和市政府对“总部经济”高度重视，计划出版《总部经济在上海》，目前文章内容的采编工作也已基本告一段落，于2012年4月出版发行。

### 技术开发 服务企业 提供一系列产品定制合作开发 增强业务层次 积极助力商务拓展

中心在技术开发方面，以促进贸易便利化和服务专业为重点，会同相关企业进行探讨，反复研究，深入调研客户需求。从而在合作开发业务拓展方面取得了一定进展。在产品定制合作开发方面，有效提升了专业产品的贸易便利化水平。辅以商务平台大大提升了会员企业的物流运作效率。此外，还积极探索新模式以进一步延伸增强业务层次。在较好完成政府部门要求的同时提升了市场的客户服务质量，对电子商务发展起到了较好的促进效果。

上海大学 Shanghai University

## 上海大学 “无限校园”

从2010年至今，上海大学在全校建设校园无线网络，为全校师生带来更加便捷、快速的网络体验。网络布线和AP都由学校自行建设、管理和维护。校园无线网络采用集中管理方案部署，AP只有无线接入的功能，所有的设置通过网络中心AP集中控制器直接管理，实现校园无线网络的统一管理，无线AP直接与无线用户通信，用户可以在不同AP之间实现无缝漫游，享受自由灵活的学习和工作。

校园无线网络建设可以将网络世界带到课堂、操场和学校的每个角落，实现“无限校园”，在校师生可以在任何时候、任何地点利用无线网络进行交流和沟通，学生可以利用无线网络学习知识，查询成绩，寻找就业机会，随时随地获取自己需要的信息或服务。“无限校园”为上海大学师生提供了一个智慧型信息化校园的工作学习环境。

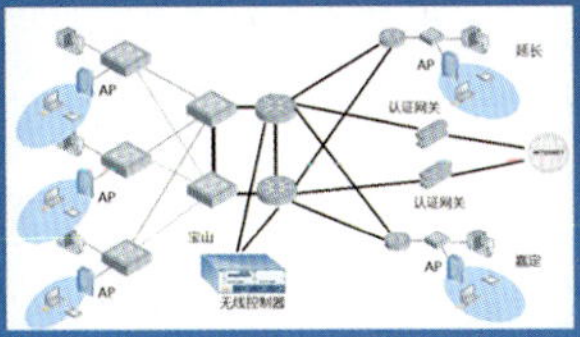


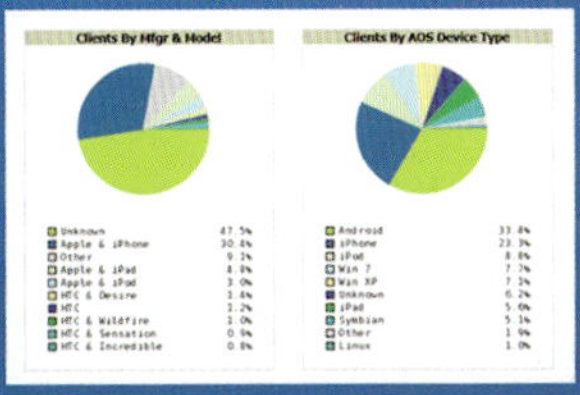


地址：上海市宝山区上大路99号　邮编：200444　总机：021-96928188

# 上海理工大学

## 推进智慧校园建设

2011年学校信息化办公室围绕学校实事工程发力，支撑学校的公共服务，使之更高效更规范更专业，为体现职能部门的效能做出贡献。

在公共服务大厅的信息建设中，运用云终端、短信提醒、自助服务、现场服务质量评价等多种新技术，为更便捷的办事流程提供全面的网络、信息、多媒体技术的综合支持。

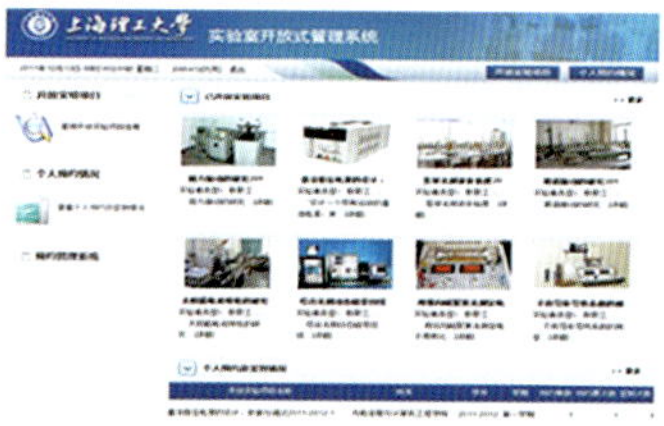

实验室开放式管理系统为实验室设备的充分利用提供透明管理的手段，提高设备利用率，同时提升校工程教育水平。

校无线网络覆盖军工路南北两个校区以及拱极路校区所有办公楼、教学楼、图书馆。在这些区域，师生可以通过电脑、智能手机和Ipad等智能终端访问网络，并支持无线漫游。

360°校园实景展示项目

将楼宇电视由2010年的10个点拓展到63个点，可以展现多种格式信息；同时实现分权管理。每块屏幕可由不同部门管理，以展现不同内容。

“学生成长档案”能根据学生发展实际情况，主动服务学生，拓展素质教育的内涵，实现教育指导方式由“粗放型”向“精细型”转变。

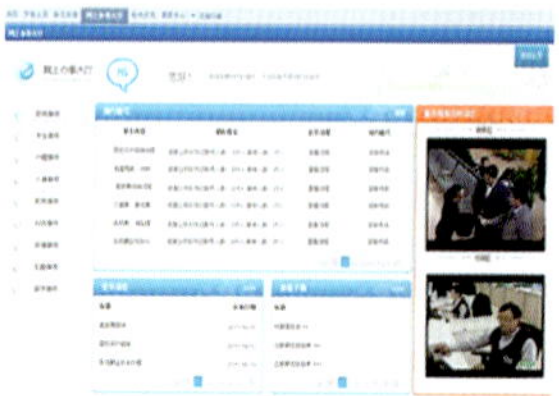

师生可以在“网上公共服务大厅”查询各项事务办理的流程、下载填写所需的有关表格、实施网上预约服务、查看排队等候情况、开通短信提醒服务功能，还可以点击视频窗口查看服务现场的实时场景。

2012年上海理工大学将进一步推进智慧校园建设。主要内容包括重要教研设备资源共享应用智能管理平台建设、面向智能终端的信息门户框架建设、启动IT资源云服务的基础设施建设和基于云服务的数字课堂基础平台框架建设。

地 址：上海市军工路516号　　邮 编：200093　　电 话：021-55270597

学校网站：http://www.usst.edu.cn　　信息办网站：http://net.usst.edu.cn

易班
21campus.cn

易班（http://www.21campus.cn）是由上海市教卫党委、市教委主办的上海大学生的实名互动网站，提供了SNS、博客、微博等Web2.0应用，还根据高校师生的特点，研发了话题、日程表等基于校园特色的应用，集成了大量优质教育资源。易班提供了开放平台，能满足各高校的需求开发易班插件，让大学生在网上充分享受现实校园生活的乐趣。目前，易班已在全市公办和民办高校进行推广，并在学校设立了学生工作站，组织了丰富的网络文化活动，成为了上海高校师生互动交流的主要平台。

易班在2011年先后荣获第四届全国高校百佳网站评选最佳文明社区奖、全国高校校园文化建设优秀成果特等奖、上海市第五届优秀网站评选最佳网站、上海市第五届优秀网站评选优秀网站、上海市第十届教育科研、教育改革实验一等奖、腾讯网2011年度改变教育新力量奖等。

实践证明，易班是服务上海高校师生的有益尝试。在建设发展过程中，易班不断提升和强化服务上海高校师生的质量，具体表现在以下四个方面：

## 一、提炼聚焦，把握易班建设导向定位

易班建设坚持与其他网站差异化发展，不仅满足了大学生交友娱乐等需求，还以大学校园生活为主题，满足了大学生对学习就业等成长成才的核心需求。为此，上海市教卫党委、上海市教委进一步凝炼聚焦，确定易班建设导向定位：一是形成“让大学生在网上充分享受现实校园生活的乐趣”建设理念，提供满足大学生对网络应用需求的功能；二是坚持以“市校共建”为建设模式，通过强化易班服务功能，把思想教育融入到真切的网络服务中，让学生在宽松的舆论氛围中表达需求、互通思想、接受教育；三是紧跟互联网技术发展，不断优化功能和应用，开展校园文化活动，提升大学生使用黏度；四是支持鼓励高校开展自我建设，形成“各具特色、百花齐放”的高校易班。

## 二、扩大规模，提升大学生使用黏度

易班先后通过四批试点建设，逐步覆盖全市大部分高校，使用规模不断扩大，使用黏度不断提升。截至2011年12月底，易班实名注册用户数逾40万人，建立的网上班级18 000余个，用户发帖数850余万，用户上传共享文件158万个，照片200万张，日均用户动态数250万条。

## 三、用户导向，为师生量身定做功能应用

易班坚持创新发展，不断推出为高校师生“量身定做”的新功能，不仅融合了论坛(BBS)、社交网络(SNS)、博客、相册等主流的web2.0应用，还结合大学生实际，研发了具有校园特色的通讯录、日程表、资料库、话题、网上群组、网盘等功能和应用。在此基础上，易班在2011年先后推出IM（即时通讯）、易班微博、网上学习厅、校级平台等新功能和应用近150项，改善用户体验1 200余处。这些功能和应用紧紧围绕大学生校园学习生活和辅导员等教师日常教育管理，得到了师生的一致好评。同时，易班功能开发充分结合当今大学生热衷表现个性、展示自我的性格特点，贴近大学生网络生活喜好，让校园网络聚集了更多人气。

## 四、交流互动，创新服务高校师生

随着功能的丰富和用户数量、使用黏度的增加，易班在网络时代创新服务高校师生的功能不断显现：一是辅导员工作方式创新，例如，2011年被上海高校录取的新生，在收到录取通知书同时，还收到加入易班的邀请信，通过易班与未来的同学、老师“人未相见，网上先见”；老师在易班上发布“新生入学指南”等贴文、博客和微博，为新生解疑释惑，开创了与传统新生教育截然不同的工作方式。二是师生“网络感情”日益增强，易班为师生的日常沟通提供了“网络机会”，建立了“网络感情”，打下了师生关系的互信基础，使辅导员对大学生的教育引导，更容易得到认同。三是高校师生互动交流更加便捷，大学生可以通过易班表达想法和交流思想，教师可以通过易班及时了解大学生的所思所想。例如，辅导员通过易班开展网上班会、网上选举，校领导在易班上开展校长在线活动等，增强了师生互动。

易班是新生事物，没有现成建设经验和模式可供遵循，为保障其建设可持续性，上海市教卫党委、上海市教委进一步制定易班发展规划，主要包括三方面：一是出台《易班建设与发展三年行动规划（2011-2013年）》，明确易班发展蓝图和实现路径；二是对接上海学校德育“十二五”规划，把易班作为未来五年上海高校开展大学生网络思政教育的重要平台，作为辅导员提升网络素养的重要载体，作为评价高校思想政治教育科学化水平的重要指标；三是纳入上海教育信息化建设规划，明确高校信息化建设对易班的投入和保障，把易班作为为高校师生提供信息化服务的重要平台，把信息化建设作为推进易班建设的重要依托。

易班正逐步成为上海高校师生网络互动的主要平台。大学生逐渐成为易班的主人，并把易班视为自己的网络家园。

◆ 易班校园落地活动——“易班来了”

◆ 2011上海高校辅导员年度人物评选

◆ 2011上海高校大学生年度人物评选

◆ 2011上海大学生网络精英夏令营

http://www.21campus.cn

# 信息化护理实训基地

2003年初，旅美海归学者沈小平来到筹建中的上海思博学院创办卫生技术与护理学院。各专业经市政府批准和教育部备案，已于2004年起纳入全国统一高考招生计划，颁发国家承认的大专文凭。目前学院设有护理、卫生信息管理、计算机应用技术（医疗电子信息技术）和软件技术（医院信息管理系统开发与维护）等4个专业，全职教师63名，全日制学生2 200余名。学院还同27家三级甲等医院和40家二级医院建立了教学实习合作关系。2006年和2007年两次荣获上海市政府“上海市民办高校教学高地建设基金”共560万元，2011年又荣获中央财政资助基金项目，建成了一流的国家重点建设信息化护理实训基地。

经卫生部信息化教育项目办公室审核认定，基地挂牌成为上海市及长三角地区唯一的“全国医疗卫生信息技术培训基地”。基地建筑面积达5 700平方米，分为基础医学实验中心、基础护理实训中心、临床护理实训中心、网络化护理示教中心、医院信息管理中心五大模块，全部配置高速局域网系统。所有教室拥有先进的网络化多媒体教学系统，并建有8套网络化课堂联播/远程Centra教学系统、2间HIS医院信息管理系统实训室、2套网络化手术直播系统、1套智能化语音实训室和信息发布系统等。学院在国内首次建立创新型课程并自编教材《护理信息学》，已于2012年3月由人民卫生出版社出版发行。连续6届毕业生共近3 000名，就业率达99%，其中55%以上签约于上海市三甲医院，高就业率和高就业质量受到社会各界和广大用人单位的欢迎和好评。

沈小平院长先后获得1999年国务院侨办“海外优秀华教工作者”称号，2008年上海市政府“上海市白玉兰纪念奖”，2009年首届“上海市华侨华人专业人士杰出创业奖”。研究课题《建设一流信息化护理实训基地，探索创新护理人才培养模式》荣获2009年“高等教育上海市级教学成果二等奖”，同年课题还荣获“第十届全国护理高职高专教育研讨会优秀论文一等奖”。2010年以来，先后获得“第三届上海高等学校市级教学团队带头人”、“上海市归侨侨眷先进个人”奖章和“中国民办教育先进个人”等称号。

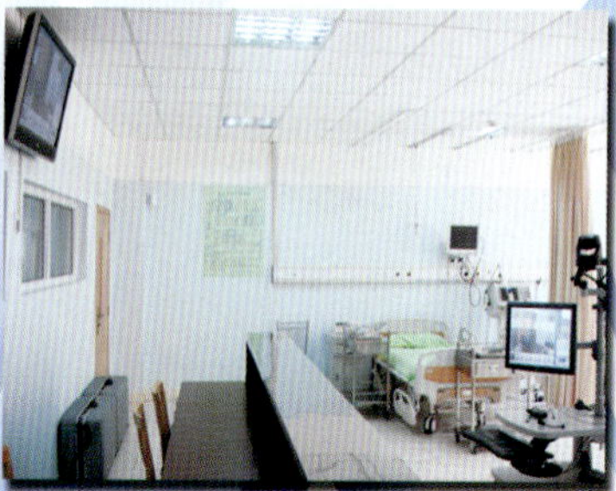

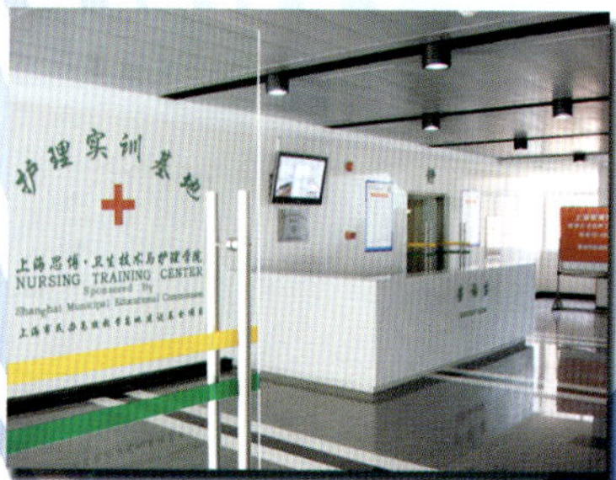

# 同济医院

2011年，上海市同济医院借助先进的虚拟化、统一计算技术，构建了全新虚拟化和医院私有云计算平台。在大幅提升同济医院医生工作效率的同时，亦为医院节省IT成本、构建“绿色医院”打下了坚实基础。

同济医院从业务需求角度出发，部署了数据中心虚拟化应用，借助全面的统一虚拟机配置与管理技术，确保信息网络在虚拟网络的识别、流量控制、安全访问、动态调整等功能上具备优异表现。目前已在私有云中建立了实验室信息系统、影像归档和通信系统、电子病历系统等。

此外，利用虚拟化技术部署了具有高实用性的“桌面云”，医生们的工作站等终端只需要进行输入和输出操作，真正的计算则发生在后台的服务器集群上，这样既确保了工作站运营和维护的便捷性，也简化了医生的工作流程，提高了工作效率，更为医生全力服务患者提供了技术保证。医生工作站终端的耗电量也大幅下降，单台机器电源从200瓦骤降到60瓦。

私有云计算平台不仅推动同济医院医疗信息化实现了创新式发展，同时在整个医疗行业内具有极为重要的示范意义。本项目的成功实施，亦为日后利用虚拟化技术开展社区医疗，构建协作远程医疗等奠定了良好基础。

国家电网公司
STATE GRID
CORPORATION OF CHINA

# 上海市电力公司

SHANGHAI MUNICIPAL ELECTRIC POWER COMPANY

上海市电力公司是负责上海地区电力输、配、售、服的特大型企业。公司统一规划、建设和调度上海电网，为上海的经济发展提供安全、经济、清洁、可持续的电力供应和服务，并对全市安全和节约用电进行监督和指导。公司供电区域覆盖整个上海市，供电面积6 340.5平方公里，是国内负荷密度最高的地区。

2010年国家电网公司首批信息系统实用化评价验收会在上海召开。上海、福建、浙江、河北、河南、青海、华东、西北等八家单位首批通过验收，其典型示范意义，是国家电网公司信息化发展的一个重要里程碑，有力地引导和推动了信息系统实用化，使国网公司信息系统深化应用迈上了良性健康发展轨道。国家电网公司总信息师吴玉生，总部财务部、营销部、生技部、物资部负责人，以及八家单位的领导和代表出席了会议。上海公司党委书记赵义亮致辞，副总经理胥传普及相关部门负责人出席。

“上海市电力公司在灾备中心工程建设中体现了‘世博速度’，希望你们继续发扬世博精神，把灾备中心建设成‘百年工程’”，国家电网公司总信息师吴玉生在上海灾备中心工地现场了解工程进展时做上述表述。

## 公司简介

中建八局是中国建筑股份有限公司（中国最大建筑房地产综合企业集团、中国最大房屋建筑承包商、世界500强排名147位）的全资子公司，近三年主要经济指标平均增长速度均在35%以上，综合实力位居中建股份前列。中建八局2010年度位列中国建筑业企业竞争力百强第2名、“2011上海企业100强”第18名，是最具竞争力和成长性的中国建筑旗舰。

中建八局ERP系统是在梳理、规范集团流程的基础上，建立了建筑总承包行业的企业资源管理系统。采用Oracle EBS技术架构，解决了施工企业因建设项目分布广、管理层级多、业务流程不统一等因素而造成业务数据收集不规范、不及时、不准确等问题。有效地将工程项目的工期、合约、采购、成本、财务等经济类数据关联起来，形成标准的业务流程，达到了对物流、资金流、信息流统一管理的目的。

中建八局ERP系统的应用开创了建筑总承包施工企业的先河，为建筑施工企业信息化起到了示范作用。

经过4年多的运行，系统已涵盖了所有的房建项目，实现了“业务数据透明化、管理流程标准化、成本控制精细化、资源准入规范化、数据采集原始化、业务财务一体化”，提高了企业的经济效益，提升了企业的精细管理水平。

### 所建代表性建筑

大连恒隆广场

昆明新机场

南京南站

上海世纪汇广场

南京奥林匹克体育场

宁波香格里拉大饭店

青岛香格里拉大饭店

天津环渤海国际金融大厦

上海中国弹簧制造有限公司
CHINA SPRING CORPORATION LIMITED

# 中国弹簧——张弛有度 成功之道

上海中国弹簧制造有限公司（以下简称“公司”）始建于1937年，是世界500强企业——上海汽车工业（集团）总公司的全资子公司，公司专业生产汽车悬架弹簧、发动机弹簧、稳定杆，以及其他各类弹簧与弹性件，是中国规模最大的弹簧制造企业，是中国弹簧专业协会理事长单位，是中国弹簧行业的引领者。公司下属企业共13家，在华东、华北、华南、西南等地均设有生产基地。公司在“十二五”期间，将逐步形成减震器弹簧3 000万件、稳定杆1 400万件、发动机弹簧1 5000万件的生产能力，以更具优势的综合竞争力，跻身世界弹簧行业5强之列。

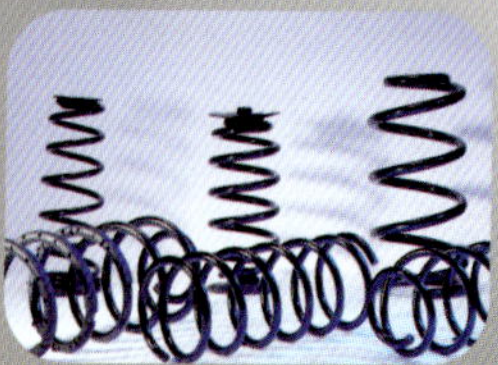

在企业经营发展的同时，公司更关注如何提升企业内部管理能力，并确立公司在“十二五”期间，以深入推进“两化融合”为主线的企业信息化建设总体战略规划。通过信息化建设项目的分类推进和有序实施，建立一个覆盖公司及下属投资企业，涉及公司生产经营各个业务领域，以Oracle ERP系统为基础，附加以企业门户、财务控制、设备管理、人力资源、产品研发、供应商门户、条码追溯、商务智能、客户关系、预算管理等10个业务功能性系统，构成集团化、标准化、一体化的信息平台。从而强化公司总部的信息化管控能力，全面提升企业的整体信息化管理水平，实现工业化和信息化的有机融合，以信息化发展促进企业的转型和升级。

地址：上海市杨浦区控江路1555号信息技术大厦12楼
销售热线：+86-21-55572217　　客服热线：+86-21-55572216
网址：www.shanghai3h.com

# 上海学前教育网

作为上海教科网"一网五环"工程的重要组成部分，上海学前教育网于1999年4月21日正式开通。秉承"搭建信息化平台、提供学前教育一站式服务"的建设初衷与"共建共享"的建设理念，上海学前教育网密切关注时代发展与技术进步，坚持以研究带动应用、以应用推进学前教育现代化发展。

十余年来，上海学前教育网以关注儿童发展为本，以促进教师专业发展、服务0~6岁婴幼儿家庭为己任，全面整合学前教育资源，打造专业、优质的网络资讯交互平台，宣传学前教育方针政策、法律法规，反映上海学前教育改革与发展的经验、成果，研究探讨国内外学前教育热点问题、理论，为各级教育行政部门提供多角度的信息参考，为托幼机构、教师、家长及关心学前教育的各界人士搭建沟通桥梁。

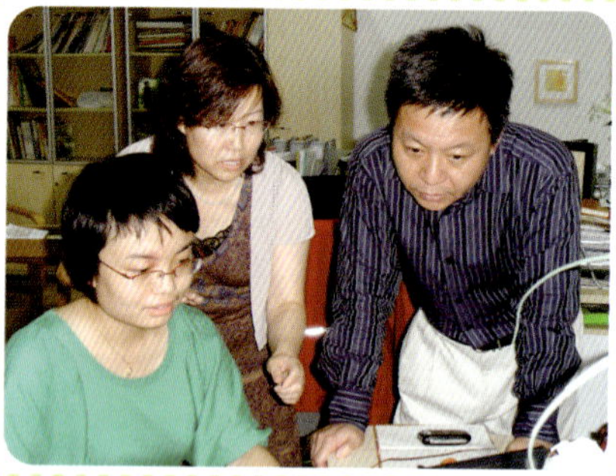

上海学前教育网相继推出新闻、课程教材、教研互动、游戏研究、早期教育、阅读等专栏，每年建设近50个精品专题。网站日平均访问量超过6万次，已成为在全国享有知名度的学前教育专业门户网站。

上海学前教育网率先推出"园园通"管理平台，为幼儿园教学、管理、科研和家园互动的工作效率和质量提升做出贡献，主要有以下特点：

◆集约模式：采用集约化的建设模式，使各类优质资源集中有效地发挥作用，避免低水平重复建设；

◆最小投入：每所幼儿园只需一台能上网的计算机就可以共享集约化建设成果，投入少；

◆技术简约：以实用、易用、开放为基本技术要求，大大降低了应用门槛和推进成本；

◆上下互动：自上而下的行政引导和自下而上的应用需求相结合，形成共建共享的长效机制；

◆服务面广：教师、园长、行政管理者、家长等各类人群都是学前教育信息化的受益者。

# 上海华谊信息技术有限公司

Shanghai Huayi Information Technology Co.,Ltd.

## 公司简介 Company Profile

三方股东为公司揭牌

公 司 前 台

公 司 办 公 区 域

上海华谊信息技术有限公司（以下简称“华谊信息公司”）成立于2011年6月28日，注册资本2 000万元人民币，是上海华谊（集团）公司、石化盈科信息技术有限责任公司和上海宝信软件股份有限公司共同组建的信息技术合资企业。

华谊信息公司的设立，旨在充分依托股东单位的业务、市场、技术、管理、资金及人力资源的优势，打造华谊集团集约化信息平台，提升集团内信息化水平并带动工业化的发展。华谊信息公司把人才优势作为公司信息的最大优势，拥有一支既懂化工业务，又掌握现代信息技术的复合型员工队伍。

华谊信息公司经营范围包括软件开发与测试、信息系统集成、企业管理咨询、信息系统运行维护、互联网信息服务、电子商务、工业自动化系统建设与服务、建筑智能化建设工程设计与施工、电脑软硬件销售等。

华谊信息公司在安徽省芜湖市设有分公司，为皖江城市带承接产业转移示范区内企业提供信息化建设和服务。

华谊信息公司已拥有建筑智能化建设与施工三级资质，并在陆续申办计算机信息系统集成、双软认证等资质。2011年，华谊信息公司被列为上海市第二批发展生产性服务业财政扶持企业。

华谊信息公司将以专业的技术为企业提供信息化建设和优质服务，推动企业信息化带动工业化，提升企业在战略决策、运营管控、资源共享、技术创新、综合信息应用等业务方面的管理能力。

公司总机：64455100

邮编：200025

公司网址：http://www.shhyit.com

公司地址：上海市黄浦区徐家汇路560号华仑大厦8楼

# 上海重型机器厂有限公司

上海重型机器厂有限公司（以下简称“上重公司”）前身为大鑫机器厂，始建于1934年，1958年在闵行现址建立新厂，1962年正式命名为上海重型机器厂，2004年改制为上海重型机器厂有限公司，为上海电气集团股份有限公司成员企业，是国家机械工业大型骨干企业、中国东南地区最大的重型机器制造厂和铸锻中心。

2011—2012年，上重公司在前几年信息化建设的基础上，完善了公司OA系统，初步完成了ERP项目的实施工作，在上海电气集团的大力支持下，在上重公司全体干部员工的努力下，上重公司SAP系统目前已经实现正常运行，在市场营销、技术研发、采购仓储、生产项目、财务成本和人力资源等各条线全面展开。

上重公司坚信，不仅要制造能源装备，更要有节约能源的社会责任。2011年，在公司领导的决策下，上重公司实施了节能可视化项目。本项目拥有集“实时采集、实时分析、实时决策”为一体的“实时感知”能源管理模式及其关键技术，提供实现企业生产过程全方位能源综合化管理的技术支撑，达到企业“能源管理精细化，能源使用高效化”的目的。预计本项目全部完成后，上重公司总体能耗将降低10%。项目以物联网技术的深度应用为核心，具有先进性，究其实施内容及其预期成果可处于国内领先的水平，在重机行业中具有示范作用。

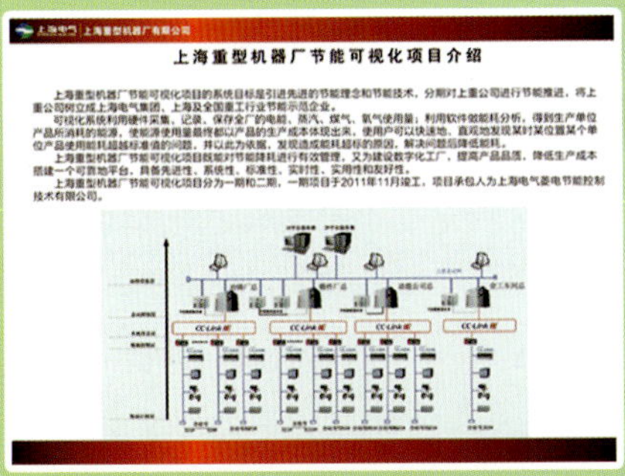
上海电气 | 上海重型机器厂有限公司

上海重型机器厂节能可视化项目介绍

上海重型机器厂节能可视化项目的系统目标是引进先进的节能理念和节能技术，分期对上重公司进行节能推进，将上重公司树立成上海电气集团、上海及全国重工行业节能示范企业。

可视化系统利用硬件采集、记录、保存全厂的电能、蒸汽、煤气、氧气使用量；利用软件做能耗分析，得到生产单位产品所消耗的能源，使能源使用量最终都以产品的生产成本体现出来，使用户可以快速地、直观地发现某时某位置某个单位产品使用能耗超越标准值的问题，并以此为依据，发现造成能耗超标的原因，解决问题后降低能耗。

上海重型机器厂节能可视化项目既能对节能降耗进行有效管理，又为建设数字化工厂，提高产品品质，降低生产成本搭建一个可靠地平台，具备先进性、系统性、标准性、实时性、实用性和友好性。

上海重型机器厂节能可视化项目分为一期和二期，一期项目于2011年11月竣工，项目承包人为上海电气菱电节能控制技术有限公司。

节能可视化项目介绍

节能可视化项目交流会

ERP项目上线启动会

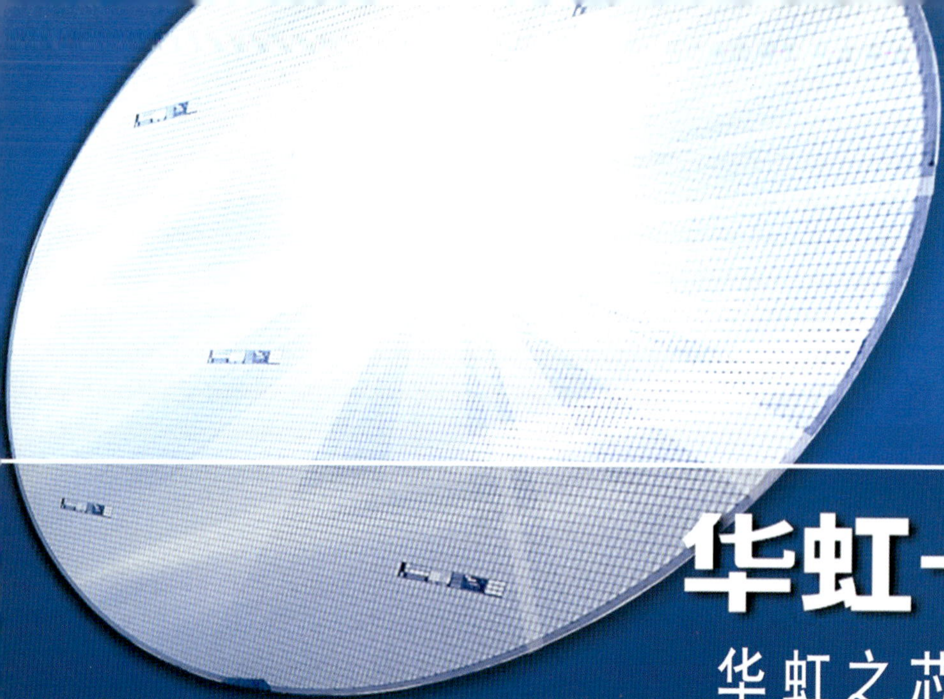

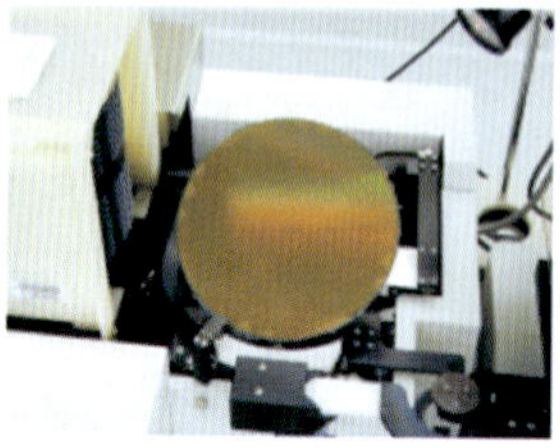

美华系统

SHANGHAI EDI CENTER

上海美华系统有限公司（以下简称“公司”）成立于1998年，注册于张江高新技术开发区内的上海浦东软件园，现有员工170人，具备本科以上学历的员工占员工总数80%。

作为现代物流信息增值服务体系的首创者，公司在全国范围内保持着诸多先列。如：航运信息门户网站“航运商务网”；口岸大通关信息增值服务平台的“亿通网”（后改称“电子口岸网”）；加工贸易联网监管软件获得海关试点认可和推广；将信息技术和实务操作融合为一体的4PL实践者；第一个将行业实际知识技能运用引入专业院校教育体系并开创了实训室建设先河的企业；发起组建非官方的行业联盟“口岸物流联盟”；第一个将口岸物流服务链延伸至国际贸易和供应链金融、保险服务领域的企业……至今拥有超过60 000万家生产制造、外贸、货运物流方面的会员企业，并有2 700多家企业采购了公司的软件和增值服务，公司辛勤劳动所创造的价值正在不断加速倍增。

在公司创业者以及十二年陆续加盟公司的员工的共同努力下，公司建立起“行业儒商”的企业形象，所提供的产品及服务，不仅关注其给公司经营带来的商业价值，而且也注重其社会效应，尤其是靠科技手段优化企业管理效率、提升行业竞争力方面的作用。在提供产品和服务的同时，也为客户提供卓越的供应链管理解决方案，提供相应的管理咨询、IT规划咨询及系统实施、培训、持续维护与支持服务；使国际贸易和口岸物流效率全面提速，为上海成为国际贸易和航运中心提供软环境支持。

公司崇尚给客户最满意的服务。无论是产品销售、项目研发和系统集成，从来不以“交钥匙”自居，而更关注客户的使用效果和用户体验，追求“能用”“好用”和“用好”三个层次的互动反馈，以客户的需要为开发的原动力，在为客户服务的过程中，及时反馈客户的的需要，使得产品实现一次次超越，行业咨询和技术团队日臻成熟，同时也为客户和合作伙伴提高了运营效率和行业竞争力。

在十多年为行业客户提供服务的过程中，公司也逐渐形成了独特的企业文化和品牌内涵，归纳为三句话，即：国企的资源、外资的视野、民营的创劲。

所谓国企的资源，不只因为公司有国有企业的资本结构，而是在承担诸多国家和上海市重大工程的过程中所积累的基础。如：“九五”期间参建“国际贸易无纸化工程”；“十五”期间参建“上海大通关工程”；“十一五”期间参建“上海电子口岸建设”、“洋山港信息平台建设”和“2010上海世博会项目”；“十二五”期间，又是国家后世博重点战略的“四个中心建设”的参与者之一，特别是作为国家级科研项目“数字贸易与现代物流工程研究中心”的主要承担者，将继续发挥出卓越的贡献。十二年来，公司先后参与了全国80%港口信息平台、地方电子口岸平台的咨询、规划、建设和运营任务，承担了上海市经济信息化委、海关、海事局、外经贸委等政府电子政务和内部管理系统的研发；共有15个研究课题获得了上海市科委、市经济信息化委以及国家科技部、标准化研究院、教育主管部门的专项资助，研究成果很多已经在行业内推广。

虽然拥有国企的地位，并不固步自封，自公司成立之日起，就努力保持着和国际上知名企业的交流与合作，因此也同时具有“外资企业的视野”。先后与中国台湾、香港、新加坡、日本、韩国等国家和地区的EDI平台形成对接、研发出诸如:“沪台快通”“电子口岸网日文版“等产品与服务,与著名的美国安永公司联合建立针对欧美企业关务咨询的EASYCARGO服务体系，与台湾物流运筹软件泓志科技共建的运输和装载优化系统等。在公司的客户名录里，包含着许多世界500强企业，如：全球最大的航运企业马士基、全球最大的物流企业DHL，全球知名的老牌货代企业德迅、日立物流以及金鹰、泛成、邦联等等，制造业就更多了，像通用汽车、施耐德电气、京瓷、中村、三洋电器、英业达、富士康等等。也正是在与这些遍及欧美、韩日、港台地区的企业的广泛合作中，使公司始终能保持在产品理念、技术应用和服务品质上与世界最先进成果的接轨，甚至局部的超越和领先。

如果说，上述两点还都是外部条件的话，真正能保持公司良好发展的内在动力是从总经理到基层员工，都有一股“民营企业的闯劲”，以至于很多与公司合作了多年的客户始终以为公司是民营企业。公司所倡导的“创新、诚信、共赢、忧患”企业文化，凝聚着创业者的使命感、价值观和危机意识。组织架构上实行的事业部负责的“责任经营体系”和360度KPI考核机制，引导创新、激励成绩、鼓励勇于承担风险和压力。公司的中层以上管理人员平均年龄刚刚30出头，而平均在公司的工作年限达到7年半，其中一半跨出校门就进入美华，和公司共同奋斗、共同成长，因此公司是全体员工共同的事业，正是这份事业认同感形成了凝聚力，变成了顺境时奋发向上的动力和逆境时克服困难的信心。

在“十二五”的第一年，集 12 年的创新和积累，公司进一步明确了以“货主”为核心的新战略发展重点，即从“制造业”和“国际贸易”入手，在已有的口岸物流信息增值服务商的基础上，努力开拓进出口企业服务外包和流通领域供应链服务业务，成为国内领先的供应链信息服务商，整合各方资源，打造一个集商流、物流、资金流、信息流四流合一的一站式供应链整合服务平台。

美华的经营战略如下图所示。

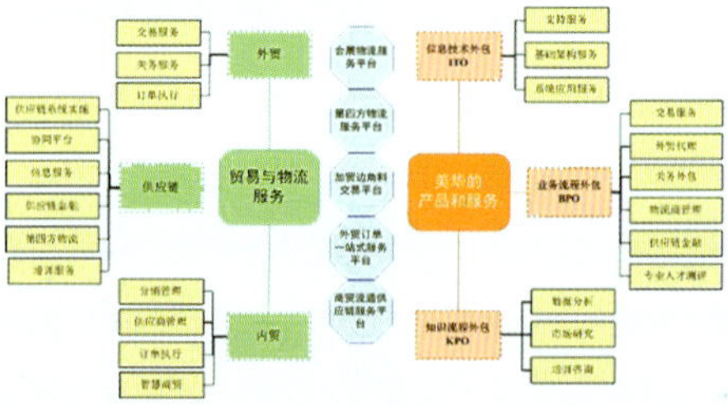


美华坚信：一个公司的地位和规模，取决于她为社会和民生解决了多么大的问题；一个公司的价值，取决于其在客户心目中的形象，即服务和品牌；一个公司的成功，取决于团队坚定的共同价值观。

美华的愿景：成为“数字贸易和现代物流服务外包的领导者”，帮助企业提高供应链效益，推动供应链创新，提高企业核心竞争力。展望未来，也许在有限的时间内还不能达到“伟大”公司的标准，但我们希望在亿通国际领导关心下，在公司实施骨干持股后的能够逐步走出“发展低迷的怪圈”，走上快速发展之路。我们坚信：若干年后，无论是美华的股东、员工、客户、合作伙伴甚至竞争对手都不会否认，美华是一家有价值和值得尊敬的企业。

百果科技
BAIGUO

做的更好

成为最好

上海百果信息科技有限公司（以下简称“百果”）成立于2005年6月，被评为软件企业及高新成果转化企业。公司主要技术人员30%以上有着10余年北美医疗信息行业的工作经验，技术能力完善多样，形成了强大的研发团队。凭借着出色的IT技术人才、经验丰富的行业专家、高水平的管理团队及一流的研发环境，百果科技已在上海市青浦区、浙江省嘉兴市等地区成功地实施了金康工程区域社区卫生服务系统、新型农村合作医疗保险系统及临床医疗信息系统。

2008年，百果《金康工程-社区卫生健康信息共享网络系统》被认定为高新成果转化项目。2009年，百果《金康工程-移动远程农村社区卫生信息系统Mobile-based Tele-Medicine Rural CHS of Golden-Health-Project》被国家科技部列为国家创新基金项目。2012年，百果在青浦成功实现的“农村社区卫生信息共享网络系统”获得2011年度上海市科技进步奖，成果类别:社会公益类；技术领域：信息技术；所属行业：社会服务业；创新性：国内首创。

## 荣誉资质

- 成功通过CMMI4（软件能力成熟度集成模型）国际评估
- 成功通过ISO9001:2008质量管理体系认证
- 获得国家双软企业认定
- 百果的金康工程被列为国家创新基金项目（2009年度）
- 百果的金康工程被认定为上海市高新成果转化项目
- 获得《金康工程软件系统》软件著作权与软件产品证书
- 获得《金康工程医卡通实时结算系统》软件著作权与软件产品证书
- 金康工程医卡通项目被列为上海市青浦区政府2009年重大实事工程
- 青浦区金康工程项目被推荐候选为全国政务网体系建设优秀应用项目
- 获得《百果EXPR电子病历系统》软件著作权与软件产品证书
- 获得《金康工程e社区卫生信息管理系统》软件著作权登记证书
- 获得《百果Excare软件重症监护信息软件》软件著作权登记证书
- 获得《百果诊所信息管理系统》软件著作权与软件产品证书
- 获得《百果BG-HIS医院信息系统软件》软件著作权登记证书
- 获得《百果电子双向转诊网络软件》软件著作权证书
- 百果的《跨系统病人主索引X-MPI技术》获国家应用技术专利
- 百果的《区域卫生信息共享网络系统》获国家实用新型专利
- 获得上海市科技进步奖三等奖(2011年度)

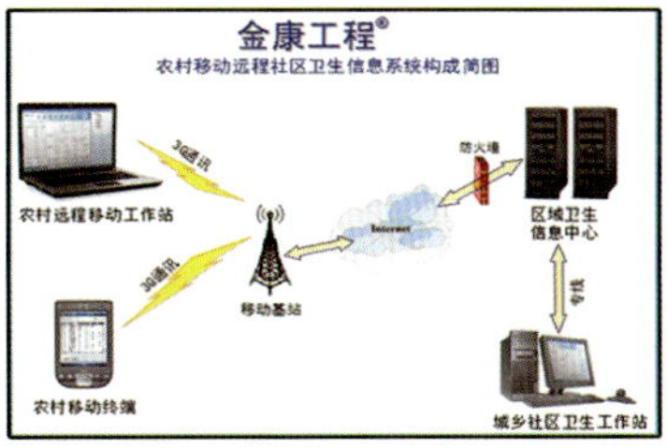


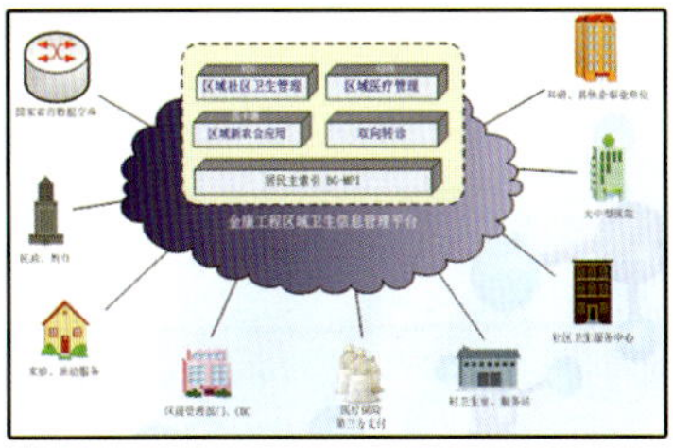

上海百果信息科技有限公司　　地　址：上海怒江北路427号曹杨经贸大厦6楼B座
电话：+86-21-52650506,52650507，52650508　传真：+86-21-52650506,52650507，52650508 转8888

# 号百信息服务有限公司

## 公司介绍

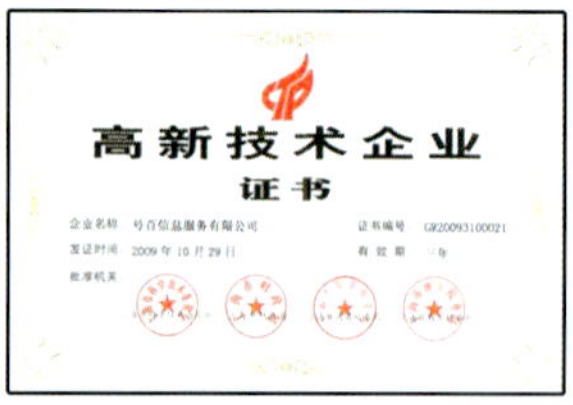


号百信息服务有限公司（以下简称“号百公司”）是中国电信股份有限公司的全资子公司。号百公司于2007年8月16日在上海挂牌成立，注册资本3.5亿元，主要经营电子商务、信息经营、电信传媒、移动互联网等与通信及信息相关业务。号百公司紧密围绕“吃住行游乐购”，充分发挥立体渠道优势，以118114品牌为引领，构建生活搜索＋服务的联盟体系，打造国内综合生活信息服务的第一门户。

### 产品介绍

电子商务业务：是在中国电信号码百事通品牌下，面向个人和政企客户提供的商品、服务搜索及交易服务。包括以机票预订、酒店预订、餐饮预订及旅游会务为内容的全程商旅服务，以各地土特产预订、演出票预订、虚拟货币订购为主的商品订购服务。提供包括互联网、固话、移动等多渠道服务接入手段，实现全国资源共享，突出本地运营特色，满足用户日常生活所需的购物、服务、娱乐等诸多消费需要。

信息经营业务：是中国电信在号码百事通品牌下，面向个人和政企客户提供的综合信息服务类产品。包括基于114/118114语音平台、WWW.118114.CN互联网门户、WAP.118114.CN门户，为个人客户提供的搜索服务、订制服务以及为政企商家提供的信息发布服务。

电信传媒业务：是依托电信现有的各类业务和资源，通过整合各类媒介形式，为客户提供媒体整体解决方案及信息发布业务的总称，电信传媒业务是目前国内覆盖面最广，综合能力最强的媒体提供商之一，发布区域覆盖全国所有省市，广告受众近3.2亿。提供户外媒体，平面媒体，移动媒体，互联网媒体和媒体代理及服务。电信传媒成为全国最大户外媒体供应商之一。获得第八届中国户外广告大会“中国十大户外媒体供应商”及“中国五大户外大屏媒体供应商”称号。

移动互联网业务：

位置服务业务：向社会提供精准的定位、导航服务和应用的号百位置信息服务，融合商旅预定、路线规划、定位导航等形成一站式的出行位置信息服务。

号百客户端：为用户提供全国范围内的，基于位置生活信息的优质移动互联网产品。包含基于地理位置信息服务的订餐（餐馆周边）、订房（酒店周边）、彩票（投注点大奖地图）、生活信息搜索（社区周边）、吃喝玩乐详情推荐、旅游景点、出行路线导航等。产品形态包括号码百事通大厅、天翼导航、号百商旅、号百餐馆、号百彩票、114、航易行（IPhone）、食易行（IPhone）、易出行（IPhone）等。

# hotsales 上海火速网络科技有限公司

上海火速网络科技有限公司（以下简称“公司”）是一家专业从事网络营销与第三方电子商务服务的高科技企业，是国内网络营销及第三方电子商务服务创新企业的典型。

公司致力于为传统企业及电子商务企业提供网络精准营销服务。通过对客户的需求定位以及用户网络行为数据的深入研究与分析，公司采用系统化的策划与全面的运营体系，帮助客户将网络广告及网络营销方案精准覆盖到目标用户。公司通过对各网络广告、网络营销服务的整合、优化来实现互联网媒体流量最大价值，进而提升客户的投资回报率。

公司于2007年研发并运营一比多（www.ebdoor.com）第三方电子商务服务平台，该平台为国内数千万家中小企业提供全程电子商务服务，帮助中小企业客户高效地在互联网上开展网上贸易服务。经过3年运营，一比多平台已跻身国内排名前10位的B2B电子商务服务平台，并获得全国数万家中小企业客户的高度认可。预计在未来数年内，一比多平台能够帮助国内数千万家中小企业的解决贸易难题，全国将有数百万家付费企业客户在一比多平台获得属于自己的商机。

公司先后被认定为上海市高新技术企业、上海市软件企业、上海市“名牌服务”企业（2008年），并被认定为浦东新区企业技术开发机构、“上海市电子商务示范企业”等荣誉。公司先后承担过“上海市创新基金项目”、“浦东新区科技基金项目”、“上海市高新技术成果转化项目”等市级乃至国家级重点项目，获得了政府的高度肯定。

在12年的电子商务和网络营销服务过程中，公司积累了丰富服务经验和业界关系。公司先后与百度、Google、Yahoo、微软、新浪、搜狐、网易、中国互联网络信息中心(CNNIC)等国内外优秀的IT企业与专业机构形成了良好的战略合作关系。同时，公司与国内主要的电子商务开发公司和网络营销工具开发公司形成了稳定的合作关系。公司将聚焦于电子商务服务的整合运营，并致力于拓展覆盖全国的营销渠道网络，最终成功打造“整合网络营销型B2B电子商务服务模式”的商业生态系统，实现我国B2B电子商务服务模式的创新，并将公司打造成世界级水准的第三方电子商务服务及精准网络营销服务商。

**火速愿景：　营销能力最强的电子商务托管服务商**

**火速使命：　帮助企业通过互联网提升市场竞争力**

丁丁网
www.ddmap.com

## 关于我们

丁丁优惠是目前最好用的手机优惠券，由国内知名生活信息服务网站——丁丁网（www.ddmap.com）独立开发，提供覆盖全国范围内商户的优惠券信息。丁丁优惠能够随时随地定位用户所在地理位置，并提供周边一定范围内的美食、休闲、丽人等商户优惠券。用户只需通过手机展示该优惠券页面给服务生，即可享受相应折扣，为广大用户出门消费提供便捷。

## 我们的荣誉

**丁丁网荣获2011福布斯中国潜力企业**

**丁丁网被评选为2011上海市优秀网站**

2011年9月-丁丁优惠荣获网易应用商店生活榜单TOP1
2011年10月-丁丁优惠被评选为出行必备十大软件之一
2011年11月-丁丁优惠荣获新浪生活类最具人气应用TOP
2011年11月-丁丁优惠荣获联通沃商店最具潜力奖
2011年12月-丁丁优惠进入APP Store 年度金榜

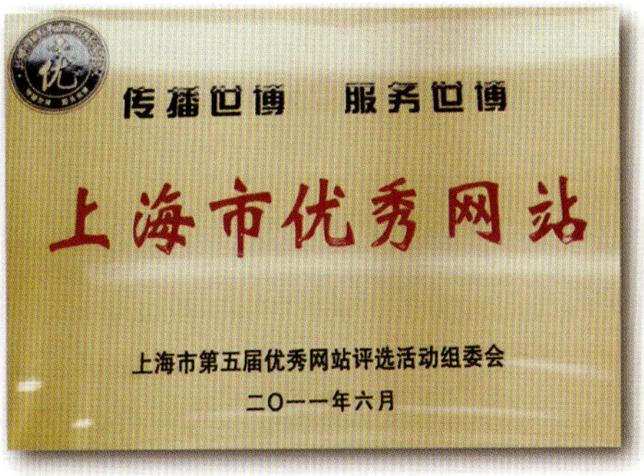

# 基于集群调度的公交出行信息发布系统

## ——上海浦东新区公共交通有限公司

上海浦东新区公共交通有限公司（以下简称“公司”）于2008年12月28日成立，属浦东新区国有独资的特大型城市公共交通运输企业。公司有员工近15 000人，3 600余辆公交车，261条公交线路。共有16个停车场，153个首末站点，其中，2009年10月28日全面启用的上海浦东新区成山路大型立体公交停车场，可同时停放1200辆公交车，其规模与场站设备水平处于世界一流。

根据上海市推进智慧城市建设总体要求和《智慧浦东建设纲要(iPudong2015)浦东新区国民经济和社会信息化“十二五”规划》，在市、区建交委、经信委、科委等有关部门的大力支持下，浦东公交不断加大“智能公交”的开发建设和应用，向以创新管理方式和手段、更便捷市民出行的集约式管理方向努力。

**取得的成果和进展**

1. 公司3600余辆公交车实现GPS全球卫星定位系统的全覆盖。

2. 建设了以信息化、网络化为技术支撑的智能集群调度系统，排除了行车安全隐患，加强了企业对车辆和司乘人员的调度监控，使得调度过程有据可依；改善了员工的工作条件，降低了工作强度，提高了工作效率，提升了服务水平。

3. 建成并完善了公司与所属4家营运企业的两级信息监控指挥平台。

4. 调度系统通过车辆位置的采集与处理，以“让市民出行更便捷”为目的，在部分线路上尝试推出公交出行信息发布电子站牌，同时尝试通过网站、手机地图等多种形式，为出行者提供实时动态的公共交通信息，使出行乘客享受更为丰富多样和准确的信息服务，使乘客不仅“走得了”，还可以“走得快、走得好”。

# 上海芯邦泰智能科技有限公司

**Shanghai SPORTER Intelligent Technology Co.,Ltd.**

## 公司基本情况

上海芯邦泰智能科技有限公司成立于 2007 年 4 月，是一家股份制电子信息产业类高新科技企业，位于上海漕河泾经济开发区内。公司注册资金 500 万人民币。基本定位是立足于汽车电子和智能卡行业的电子信息类产品应用领域，努力开发出安全、可靠、有竞争力的产品，为汽车电子和智能卡行业服务。公司以软件研发见长，已拥有 CPU 卡各类嵌入式操作系统软件（COS），智能卡应用系统软件等；构建完成了基于 linux 操作系统＋ARM9 的产品研发平台，并成功开发了相关产品。

## 研发成果

已有成果：CPU 卡各类嵌入式操作系统；智能卡应用系统软件；适合银行应用的多功能、全功能读卡器和多系列的读卡器产品；POS 机；车载硬盘录像机（DVR）等产品。高素质的研发团队，充足的科研经费投入，配合公司行之有效的科技创新机制和激励机制，取得了多项科研成果并已投入市场，赢得了良好的经济效益和社会效益。

## 荣誉证书

**实用专利**

★硬盘录像机的防

★震装置音视频采集输出装置

★读卡器安全模块共享系统

**证书**

★软件企业证书

★软件产品证书三项证书

★上海软件行业协会会员单位

★软件著作权四项证书

**发明专利**

★移动数字录像机的多功能线控器

★读卡器安全模块共享系统及方法

**质量体系等**

★通过质量体系认证 ISO:9001 2008

★徐汇区第十批导向性科技产业类企业

## 公司主要产品

**公司业务范围：专业从事通信、系统集成、计算机软硬件、集成电路产品应用设计、开发、销售和提供系统解决方案。**

★智能卡操作系统软件：社保 COS、金融 COS、手机 SIM 卡 COS

★智能卡读写器：简易社保卡阅读器、多功能读卡器、全功能读卡器、金融 IC 卡口令终端、其他衍生产品

★车载硬盘录像机（DVR）：I 型（SPTi MD—1）、II 型（SPTi MD—2）、III 型（SPTi MD—3）、IV 型（SPTi MD—4）、IV 型/3G（SPTi MD—4/3G）

★系统、代理：系统——卡应用系统软件及解决方案，车载安防系统解决方案。代理——各种接触式、非接触式智能卡芯片、RFID 芯片及相关产品

通讯地址：上海市漕河泾开发区宜山路 705 号科技大厦 C 座 303 室　联系电话：61919856　传真：61919856-8008　邮政编码：200233

“市场第一　客户满意　以人为本　和谐共赢　立足本职　科学创新”合作、服务、共赢、提高是公司经营的基本策略，通过产品配套、为客户定制（ODM）产品和服务等手段赢得客户和市场

# 上海住房公积金网连续两年荣获

# 中国政府网站优秀奖

上海住房公积金网成立于 2001 年 4 月 25 日，系上海市公积金管理中心的官方网站，作为本市公积金政策发布的官方渠道，在住房公积金政策方面受到各大主流媒体的关注。是为本市住房公积金缴存个人、单位提供政策性住房金融服务的专业网站，也是办理公积金相关业务的唯一网上平台。

上海住房公积金网于 2010 年和 2011 年连续两年荣获由中国信息化研究与促进网、工业和信息化部电子科学技术情报研究所信息化研究与促进中心、中国优秀政府网站推荐及综合影响力评估组组织评估的“中国政府网站优秀奖”称号。

# 上海宝立自动化工程有限公司

上海宝立自动化工程有限公司成立于2006年5月，是由上海宝信软件股份有限公司、日立制作所株式会社、日立（中国）有限公司共同在上海投资的一家主要从事钢铁轧钢控制系统软硬件系统集成业务的中外合资企业。

**用我们的优势，为您提供满意产品和服务**

1. 国际领先的冷轧电气控制领域的技术咨询、系统集成能力；
2. 国际领先的冷轧自动厚度控制（AGC）、自动板形控制（ASC）控制技术；
3. 国际领先的用五机架高速连轧机实现不锈钢生产的电气控制技术；
4. 国际领先的用五机架高速连轧机实现极薄板生产的电气控制技术；
5. 国际领先的带自学习数学模型的完整的过程控制（L2）解决方案；
6. 针对用户复杂的改造需求，提供灵活的解决方案；
7. 实时生产检测语音报警系统，获第三届上海市企业信息化十佳优秀解决方案；
8. 拥有日立PLC实验室的日立PLC技术培训机构。

公司网址：www.baotachi.com　　地　址：中国上海 虹口区广灵四路24号（开隆大厦）甲3层

电　话：021-65613301　　传　真：021－55385522　　邮编：200083

# 上海都市旅游卡发展有限公司

上海都市旅游卡发展有限公司是在上海市领导的亲自关心下，在上海市城乡建设和交通委员会、上海市旅游局等政府主管部门的推动下，以中国2010年上海世博会为契机，为落实党中央、国务院和市委、市政府关于“扩内需、保增长”的战略目标，为推动上海现代服务业和都市旅游业的发展，为实现“建设世界著名旅游城市”的目标，由上海久事公司、上海公共交通卡股份有限公司、上海市旅游咨询服务中心共同投资的一家国有企业。

上海都市旅游卡在上海公共交通领域可实现公交、地铁、轮渡、出租车、磁悬浮、旅游交通、长途客运、路桥收费、加油、停车、汽配修理，以及购买火车票、飞机票等交通出行领域的全面覆盖，并享受政府公交优惠换乘政策。同时，上海都市旅游卡作为旅游行业卡，发挥旅游特色功能，在“吃、住、行、游、购、娱”旅游六要素各领域进行拓展，具有覆盖面广、一卡多用的特点。

上海都市旅游卡除在上海公共交通领域便捷支付外，还可满足上海及长三角部分地区的交通出行、景点参观、酒店住宿、餐饮娱乐、休闲购物、文体赛事、旅游度假等旅游文化方面的便捷支付。

# 上海团结普瑞玛激光设备有限公司

上海团结普瑞玛激光设备有限公司由国际激光界极富盛名的意大利普瑞玛工业与中国最具影响力的激光加工成套设备供应商——上海团结百超合资组建而成，是目前中国最大的大功率激光切割与焊接设备制造商，国内市场占有率达到50%，并集中、意两大专业激光加工设备制造商之优势成为中国激光加工装备行业中产品品种最全、技术最优、规模最大的高科技股份制企业之一。

上海团结普瑞玛激光设备有限公司现为国家高新技术企业，中国激光加工委员会理事单位、激光设备国家标准的起草单位，上海市品牌企业、上海市创新企业，承担多项国家级省部级重大科研项目。获得英国质量保证公司（NQA）ISO9000质量体系及CE认证，连续十年销量第一，投放市场近2 000台大功率激光加工成套设备。

公司地址：上海市闵行区昆阳路2019号

销售热线：021-64090397　　客户服务热线：4006-2019-18

传真号码：021-64093347　　邮政编码：201111

公司网址：www.unityprima.com　　电子邮箱：sales@unityprima.com

**图书在版编目(CIP)数据**

2012上海信息化年鉴/《上海信息化年鉴》编纂委员会编. --上海：上海文化出版社，2012.8
ISBN 978-7-80740-933-5

Ⅰ.①2… Ⅱ.①上… Ⅲ.①信息工作—上海市—2012—年鉴
Ⅳ.①G202-54
中国版本图书馆CIP数据核字(2012)第179589号

*出版人*
王 刚
*责任编辑*
熊雪芳
*封面设计*
吴 昊

*书名*
2012上海信息化年鉴
*出版、发行*
上海文化出版社
地址：上海绍兴路74号
网址：www.shwenyi.com
*印刷*
上海文艺大一印刷有限公司
*开本*
787×1092 1/16
*印张*
36.5
*插页*
92面
*字数*
1 200千字
*版次*
2012年8月第1版 2012年8月第1次印刷
*国际书号*
ISBN 978-7-80740-933-5/2·29
*定价*
360.00元

**告读者 本书如有质量问题请联系印刷厂质量科**
T：021-64511411